Bengel/Reimann

Handbuch der Testamentsvollstreckung

Handbuch der Testamentsvollstreckung

Herausgegeben von

Prof. Dr. Manfred Bengel
Notar in Fürth

Prof. Dr. Wolfgang Reimann
Notar in Passau

Bearbeitet von

Prof. Dr. Manfred Bengel
Notar in Fürth
Honorarprofessor an der Universität Erlangen-Nürnberg

Heinrich Eckelskemper
Notar in Leverkusen

Prof. Dr. Ulrich Haas
ordentlicher Professor an der Universität Mainz

Dr. Hans-Hermann Klumpp
Rechtsanwalt in Karlsruhe

Dr. Dieter Mayer
Notar in München

Prof. Dr. Detlev Piltz
Rechtsanwalt in Bonn
Honorarprofessor an der Universität Mannheim

Prof. Dr. Wolfgang Reimann
Notar in Passau
Honorarprofessor an der Universität Regensburg

Otto Freiherr Riederer von Paar
Rechtsanwalt in Sauerlach

Dr. Bernhard Schaub
Notar in München

Christoph Sandkühler
Rechtsanwalt in Hamm

3. Auflage

Verlag C. H. Beck München 2001

Die Deutsche Bibliothek – CIP-Einheitsaufnahme

Handbuch der Testamentsvollstreckung / hrsg. von Manfred Bengel ; Wolfgang Reimann. Bearb. von Manfred Bengel ... – 3. Aufl. – München : Beck, 2001
ISBN 3 406 47651 1

ISBN 3 406 47651 1

Wilhelmstraße 9, 80801 München
Druck: Kösel GmbH & Co. KG,
Wartenseestraße 11, 87435 Kempten
Satz: Druckerei C. H. Beck Nördlingen

Gedruckt auf säurefreiem, alterungsbeständigem Papier
(hergestellt aus chlorfrei gebleichtem Zellstoff)

Vorwort zur 3. Auflage

Testamentsvollstreckungen haben in der Praxis an Bedeutung gewonnen. Die zu vererbenden Vermögen sind umfänglicher und komplexer geworden, die Aufgaben der Testamentsvollstrecker schwieriger. Hinzu kommt die starke Zunahme von Erbfällen mit internationalem Bezug. Das Bedürfnis nach Information ist damit gestiegen. Das Handbuch der Testamentsvollstreckung kommt diesem Bedürfnis ganz offenbar entgegen. Schon die 1. Auflage, die im Oktober 1993 erschien, wurde vom Publikum günstig aufgenommen, knappe vier Jahre nach der 2. Auflage vom Oktober 1997 ist nunmehr eine 3. Auflage erforderlich geworden.

Sie berücksichtigt die inzwischen eingetretenen gesetzlichen Änderungen, die Rechtsprechung und die Literatur. Gerade die literarischen Äußerungen haben an Umfang stark zugenommen. Die Gestaltungsvorschläge wurden weiter ausgebaut, die steuerlichen Bezüge noch stärker betont, die internationalrechtlichen Fragen durch Hereinnahme neuer Länderberichte zu Spanien und zur Russischen Föderation, soweit Material verfügbar war, ausgebaut.

In personeller Hinsicht hat sich ein Wechsel vollzogen: Rechtsanwalt und Notar Johannes Stockebrand ist aus dem Kreis der Bearbeiter auf eigenen Wunsch ausgeschieden, ihm sei hier für seine bisherige Mitarbeit gedankt. Seinen Part hat Rechtsanwalt Christoph Sandkühler, Geschäftsführer der Notarkammer Hamm, übernommen.

Verlag, Herausgeber und Autoren hoffen, auch mit der 3. Auflage ein Werk vorlegen zu können, das auf breite Akzeptanz beim juristischen Publikum stößt. Wir sind für Kritik und Anregung weiterhin dankbar.

München, im September 2001 — Herausgeber und Verlag

Inhaltsverzeichnis

Abkürzungsverzeichnis

aA	anderer Ansicht
aaO	am angegebenen Ort
Abs.	Absatz
Abschn.	Abschnitt
Abt.	Abteilung
AcP	Archiv für die civilistische Praxis
aE	am Ende
aF	alte Fassung
AG	1. Aktiengesellschaft 2. Die Aktiengesellschaft (Zeitschrift) 3. Amtsgericht
AGBGB	1. Ausführungsgesetz zum Bürgerlichen Gesetzbuch 2. Österreichisches Allgemeines Bürgerliches Gesetzbuch
AGFGG	Ausführungsgesetz zum Gesetz über die Angelegenheiten der freiwilligen Gerichtsbarkeit (landesrechtlich)
AGGVG	Gesetz zur Ausführung des Gerichtsverfassungsgesetzes (landesrechtlich)
AgrarR	Agrarrecht
AktG	Aktiengesetz
allg.	allgemein(e)
Alt.	Alternative
aM	anderer Meinung
Anh.	Anhang
Anm.	Anmerkung
AnwBl.	Anwaltsblatt
AO	Abgabenordnung
ArchBürgR	Archiv für bürgerliches Recht
Art.	Artikel
AStG	Gesetz über die Besteuerung bei Auslandsbeziehungen (Außenhandelsgesetz)
Aufl.	Auflage
AVB	Allgemeine Versicherungsbedingungen
Az.	Aktenzeichen
BauGB	Baugesetzbuch
BauR	Zeitschrift für das gesamte öffentliche und private Baurecht
BayObLG	Bayerisches Oberstes Landesgericht
BayObLGZ	Entscheidungen des Bayerischen Obersten Landesgerichts in Zivilsachen
BB	Der Betriebs-Berater
Bd.	Band
BdF	Bundesministerium der Finanzen
BDSG	Bundesdatenschutzgesetz
BeurkG	Beurkundungsgesetz
BewG	Bewertungsgesetz
BFH	Bundesfinanzhof
BFH GS	BFH-Großer Senat
BG	Schweizer Bundesgericht
BGB	Bürgerliches Gesetzbuch
BGBl.	Bundesgesetzblatt
BGE	Entscheidungen des Schweizer Bundesgerichts
BGH	Bundesgerichtshof

Abkürzungen

BGHZ	Entscheidung des Bundesgerichtshofs in Zivilsachen
BJM	Basler juristische Mitteilungen
BNotK	Bundesnotarkammer
BNotO	Bundesnotarordnung
BORA	Anwaltliche Berufsordnung
BOStB	Berufsordnung der Steuerberaterkammer
BRAGO	Bundesgebührenordnung für Rechtsanwälte
BRAO	Bundesrechtsanwaltsordnung
BStBl.	Bundessteuerblatt
BT	Bundestag
BT-Drucks.	Bundestags-Drucksache
BVerfG	Bundesverfassungsgericht
BVerwG	Bundesverwaltungsgericht
BW	Landesgesetz über die freiwillige Gerichtsbarkeit
BWNotZ	Zeitschrift für das Notariat in Baden-Württemberg
bzgl.	bezüglich
bzw.	beziehungsweise
ca.	circa
civ.	codice civile
Clunet	Journal du droit international
Cod. civ.	französischer Code civil
cod. civ.	italienischer codice civile
Cour cass.	französischer Kassationshof
DB	Der Betrieb
DBA	Doppelbesteuerungsabkommen
DDR	Deutsche Demokratische Republik
DDR-GBl. I	Gerichtsblatt der Deutschen Demokratischen Republik, Teil I
ders.	derselbe
DFG	Deutsche Freiwillige Gerichtsbarkeit
dh.	das heißt
disp. prel. cod. civ.	disposizioni preleminari del codice civile
DJ	Deutscher Jurist
DJZ	Deutsche Juristenzeitung
DM	Deutsche Mark
DNotZ	Deutsche Notar-Zeitschrift
DNotI-Report	Deutscher Notarinstitut-Report
DRiZ	Deutsche Richterzeitung
DRWiss.	Deutsche Rechtswissenschaften
DStR	Deutsches Steuerrecht
DStZ	Deutsche Steuer-Zeitung
DSWR	Datenverarbeitung, Steuer, Wirtschaft, Recht
DtZ	Deutsch-Deutsche Rechtszeitschrift
DVO	Durchführungsverordnung
DVStB	Verordnung zur Durchführung der Vorschriften über Steuerberater, Steuerbevollmächtigte und Steuerberatungsgesellschaften
EFG	Entscheidungen der Finanzgerichte
EG	1. Europäische Gemeinschaft 2. Einführungsgesetz
EGBGB	Einführungsgesetz zum Bürgerlichen Gesetzbuch
EGE	Ehrengerichtliche Entscheidungen
EGH	1. Ehrengerichtshof 2. Entscheidung der Ehrengerichtshöfe der Rechtsanwaltschaft
ErbStDV	Erbschaftsteuer-Durchführungsverordnung
ErbStG	Erbschaft- und Schenkungsteuergesetz

ErbStR	Erbschaftsteuerrichtlinien
EStDV	Einkommensteuer-Durchführungsverordnung
EStG	Einkommensteuergesetz
etc.	et cetera
evtl.	eventuell
EWG	Europäische Wirtschaftsgemeinschaft
EWiR	Entscheidungen zum Wirtschaftsrecht
EWiV	Europäische Wirtschaftsvereinigung
f.	folgende (Seite)
FamRZ	Zeitschrift für das gesamte Familienrecht
fasc.	fascicule
ff.	folgende
FG	1. Finanzgericht 2. Freiwillige Gerichtsbarkeit
FGG	Gesetz über die Angelegenheiten der freiwilligen Gerichtsbarkeit
FGO	Finanzgerichtsordnung
Fl. Nr.	Flurnummer
Fn.	Fußnote
FS	Festschrift
Gaz. Pal.	Gazette du Palais
GBO	Grundbuchordnung
gem.	gemäß
GenG	Gesetz betreffend die Erwerbs- und Wirtschaftsgenossenschaften
GewStDV	Gewerbesteuer-Durchführungsverordnung
GewStG	Gewerbesteuergesetz
GG	Grundgesetz
ggf.	gegebenenfalls
GKG	Gerichtskostengesetz
GmbH	Gesellschaft mit beschränkter Haftung
GmbH & Co. KG	Gesellschaft mit beschränkter Haftung und Compagnie
GmbHG	Gesetz betreffend die Gesellschaften mit beschränkter Haftung
GmbHR	GmbH-Rundschau
GrdStVG	Gesetz über Maßnahmen zur Verbesserung der Agrarstruktur und zur Sicherung land- und forstwirtschaftlicher Betriebe (Grundstücksverkehrsgesetz)
Gruchot	Beiträge zur Erläuterung des Deutschen Rechts, begr. von Gruchot
GS	Großer Senat
GVG	Gerichtsverfassungsgesetz
GWB	Gesetz gegen Wettbewerbsbeschränkungen (Kartellgesetz)
ha.	Hektar
Halbs.	Halbsatz
Hann. Rpfl.	Hannoversche Rechtspflege
HeimG	Heimgesetz
HGB	Handelsgesetzbuch
hM	herrschende Meinung
HOAI	Honorarordnung für Architekten und Ingenieure
HöfeO	Höfeordnung
HR A	Handelsregister Abteilung A
HR B	Handelsregister Abteilung B
HRR	Höchstrichterliche Rechtsprechung (Jahr und Nr.)
h. Rspr.	herrschende Rechtsprechung
idR	in der Regel
i.e.	im einzelnen
IHK	Industrie- und Handelskammer

Abkürzungen

InsO	Insolvenzordnung
IPR	Internationales Privatrecht
IPRax	Praxis des internationalen Privat- und Verfahrensrechts
IPRspr	Deutsche Rechtsprechung auf dem Gebiet des internationalen Privatrechts
iS	im Sinne
iSd.	im Sinne (des)
IStR	Internationales Steuerrecht
iSv.	im Sinne von
i. ü.	im übrigen
iVm.	in Verbindung mit
JBl.	Juristische Blätter (Österreich)
Jcl.	Juris Classeur
JFG	Jahrbuch für Entscheidungen in Angelegenheiten der freiwilligen Gerichtsbarkeit und des Grundbuchrechts
JMBl.	Justizministerialblatt
JR	Juristische Rundschau
JurBüro	Das juristische Büro
JuS	Juristische Schulung
JW	Juristische Wochenschrift
JZ	Juristenzeitung
KAGG	Gesetz über Kapitalanlagegesellschaften
Kap.	Kapitel
KG	1. Kammergericht 2. Kommanditgesellschaft
KG	Jahrbuch für Entscheidungen des Kammergerichts in Sachen der freiwilligen Gerichtsbarkeit, in Kosten-, Stempel- und Strafsachen
KO	Konkursordnung *(aufgehoben)*
KÖSDI	Kölner Steuerdialog
KostO	Gesetz über die Kosten in Angelegenheiten der freiwilligen Gerichtsbarkeit (Kostenordnung)
KStG	Körperschaftssteuergesetz
KTS	Konkurs-, Treuhand- und Schiedsgerichtswesen
KWG	Kreditwesengesetz
LG	Landgericht
LM	Nachschlagewerk des Bundesgerichtshofs hrsg. v. *Lindenmaier, Möhring* u. a. (Loseblatt-Sammlung)
LuftfzRG	Gesetz über Rechte an Luftfahrzeugen
LZ	Leipziger Zeitschrift für Deutsches Recht
m.	mit
m. Anm.	mit Anmerkung
MDR	Monatsschrift für Deutsches Recht
Mio.	Million(en)
MittBayNot.	Mitteilungen des Bayerischen Notarvereins
MittRhNotK	Mitteilungen der Rheinischen Notarkammer
mwN	mit weiteren Nachweisen
NJW	Neue Juristische Wochenschrift
NJW-RR	Neue Juristische Wochenschrift Rechtsprechungsreport
Nr.	Nummer
NRW	Nordrheinwestfalen
NV	Nichtveranlagung
n. v.	nicht veröffentlicht
NWB	Neue Wirtschafts-Briefe für Zivil- und Wirtschaftsrecht (Loseblatt-Sammlung)

o. a. .... oben angegeben
OFD .... Oberfinanzdirektion
OGH .... österreichischer Oberster Gerichtshof
OHG .... Offene Handelsgesellschaft
OLG .... Oberlandesgericht
OLGZ .... Entscheidungen der Oberlandesgerichte in Zivilsachen einschließlich der freiwilligen Gerichtsbarkeit
öNotZ .... österreichische Notariats Zeitung

p. a. .... pro anno
PartGG .... Partnerschaftsgesellschaftsgesetz
Pas. .... Pasicrisie belge
pol. .... polnisch

RabelsZ .... Rabels Zeitschrift für ausländisches und internationales Privatrecht
RAG .... 1. Reichsarbeitsgericht
2. Entscheidungen des Reichsarbeitsgerichts
RBerG .... Rechtsberatungsgesetz
RdL .... Recht der Landwirtschaft
Rdn. .... Randnummer
Recht .... Das Recht (Zeitschrift)
Rev. crit. .... Revue critique de droit international privé
RFH .... Reichsfinanzhof
RFHE .... Sammlung der Entscheidungen und Gutachten des Reichsfinanzhofs
RGBl. .... Reichsgesetzblatt
RGZ .... Entscheidungen des Reichsgerichts in Zivilsachen
RhNotZ .... Rheinische Notarzeitschrift
RichtLBRAK .... Grundsätze des anwaltlichen Steuerrechts (festgestellt von der Bundesanwaltskammer)
RichtLStB .... Richtlinien für die Berufsausübung der Steuerberater und Steuerbevollmächtigten (Standesrichtlinien)
RL .... Richtlinie
RIW .... Recht der internationalen Wirtschaft
rkr. .... rechtskräftig
RM .... Reichsmark
RNotO .... Reichsnotarordnung
Rpfleger .... Der Deutsche Rechtspfleger
RpflG .... Rechtspflegergesetz
Rspr. .... Rechtsprechung
RStBl. .... Reichssteuerblatt

S. .... Seite
s. .... siehe
s. a. .... siehe auch
SchiffsRG .... Schiffsregistergesetz
SchlHA .... Schleswig-Holsteinische Anzeigen
SeuffA .... Seufferts Archiv für Entscheidungen des obersten Gerichts in den deutschen Staaten
s. o. .... siehe oben
sog. .... sogenannte(r)
st. .... ständig(e)
StAZ .... Das Standesamt
StB .... Steuerberater
StBerG .... Steuerberatungsgesetz
StBerGebVO .... Steuerberatungsgebührenverordnung
StBKR .... Steuerberaterkongreß-Report
StEK .... Steuerrechtsprechung in Karteiform

Abkürzungen

StG .... 1. Stiftungsgesetz
2. Stille Gesellschaft
StGB .... Strafgesetzbuch
str. .... streitig
StRefG .... Steuerreform-Gesetz
StRK .... Steuerrechtskommentar
StuW .... Steuer und Wirtschaft
StVJ. .... Steuerliche Vierteljahresschrift

TV .... Testamentsvollstrecker

u. a. .... und andere
Überbl. .... Überblick
UmwG .... Umwandlungsgesetz
UrhG .... Gesetz über Urheberrecht und verwandte Schutzrechte (Urheberrechtsgesetz)
URNr. .... Urkundenrollennummer
UStG .... Umsatzsteuergesetz
UStR .... Umsatzsteuer-Rundschau
usw. .... und so weiter
uU .... unter Umständen
UVR .... Umsatzsteuer- und Verkehrsteuer-Recht

v. .... von, vom
VAG .... Versicherungsaufsichtsgesetz
VerglO .... Vergleichsordnung *(aufgehoben)*
VersR .... Versicherungsrecht
vgl. .... vergleiche
VO .... Verordnung
Vorbem. .... Vorbemerkung
VStG .... Vermögensteuergesetz
VStR .... Vermögensteuer-Richtlinien
VVG .... Gesetz über den Versicherungsvertrag

WährG .... Währungsgesetz
WarnR .... Rechtsprechung des Reichsgerichts, soweit sie nicht in der amtlichen Sammlung der Entscheidung des RG abgedruckt ist, hrsg. v. *Warneyer*
WEG .... Wohnungseigentumsgesetz
WiRO .... Wirtschaftsrecht in Osteuropa
WM .... Wertpapiermitteilungen
WP .... Wirtschaftsprüfer
WPK-Mitt. .... Mitteilungen der Wirtschaftsprüfungskammer
WPO .... Wirtschaftsprüferordnung

zB .... zum Beispiel
ZBGR .... Zeitschrift für Beurkundungs- und Grundbuchrecht
ZEV .... Zeitschrift für Erbrecht und Vermögensnachfolge
ZfRV .... Zeitschrift für Rechtsvergleichung
ZGR .... Zeitschrift für Unternehmens- und Gesellschaftsrecht
ZHR .... Zeitschrift für das gesamte Handelsrecht und Wirtschaftsrecht
Ziff. .... Ziffer
ZIP .... Zeitschrift für Wirtschaftsrecht und Insolvenzpraxis
ZNotP .... Zeitschrift für die notarielle Praxis
ZPO .... Zivilprozeßordnung
ZVG .... Gesetz über die Zwangsversteigerung und Zwangsverwaltung (Zwangsversteigerungsgesetz)
zZt. .... zur Zeit

Verzeichnis der abgekürzt zitierten Literatur

Adams, Interessenkonflikte des Testamentsvollstreckers, 1997
Altenhoff/Busch/Chemnitz, Rechtsberatungsgesetz, 11. Aufl. 2000
Arndt/Lerch/G. Sandkühler, Bundesnotarordnung, 4. Aufl. 2000
Baumbach/Hopt, Handelsgesetzbuch, Kommentar, 30. Aufl. 2000
Baumbach/Hueck, GmbHG, Kommentar, 17. Aufl. 2000
Baur, Der Testamentsvollstrecker als Unternehmer, FS Dölle I, 1963, S. 249
Beck'sches Notarhandbuch, *Brambring/Jerschke* (Herausgeber), 3. Aufl. 2000
Bohrer, Das Berufsrecht der Notare, 1991
Bumiller/Winkler, Freiwillige Gerichtsbarkeit, Kommentar, 7. Aufl. 1999
Bund, Aufgaben und Risiko des Testamentsvollstreckers, JuS 1966, 60
Bunjes/Geist, Umsatzsteuergesetz, Kommentar, 6. Aufl. 2000
Damrau, Der Testamentsvollstrecker, JA 1984, 130
ders., Auswirkungen des Testamentsvollstreckeramtes auf elterliche Sorge, Vormundschaft und Betreuung, ZEV 1994, 1
Dieterich, Testamentsvollstreckung zur Ausübung der Rechte des Nachvermächtnisnehmers vor Anfall des Nachvermächtnisses, NJW 1971, 2017
Dittmann/Reimann/Bengel, Testament und Erbvertrag, 3. Aufl. 2000
Ebenroth, Erbrecht, 1992
Einmahl, Die Ausübung der Verwaltungsrechte des Gesellschaftererben durch den Testamentsvollstrecker, AcP 160 (1960), 29
Erbs/Kohlhaas/Senge, Strafrechtliche Nebengesetze, Loseblatt, 5. Aufl. 1993, Stand Juli 2001
Erman, Bürgerliches Gesetzbuch, Kommentar, Band 1 und 2, 10. Aufl. 2000 (zitiert: *Erman/Bearbeiter)*
Eylmann/Vaasen, Bundesnotarordnung, Beurkundungsgesetz, 2000
Firsching/Graf, Nachlaßrecht, 8. Aufl. 2000
Garlichs, Passivprozesse des Testamentsvollstreckers, 1997
Gehre, Steuerberatungsgesetz, 4. Aufl. 1999
Grunewald, Anm. zum Urteil des OLG Düsseldorf vom 30. 5. 2000, ZEV 2000, 460
Haegele, Zu den Verfügungsrechten eines Testamentsvollstreckers, Rpfleger 1972, 43
Haegele/Winkler, Der Testamentsvollstrecker, 15. Aufl. 1999
Hartmann, Testamentsvollstreckung und Nießbrauch zur Sicherung der Nachfolge des Einzelunternehmers im Zivil- und Steuerrecht, 2. Aufl. 1983
Hartung/Holl, Anwaltliche Berufsordnung, 2. Aufl. 2001
Henssler, Geschäftsmäßige Rechtsberatung durch Testamentsvollstrecker?, ZEV 1994, 261
Henssler, Anm. zum Urteil des BFH vom 13. 5. 1998, ZEV 1998, 359
Henssler/Prütting, Bundesrechtsanwaltsordnung, 1997
Jaeger, Das Notarrecht in der verfassungsrechtlichen Kontrolle, ZNotP 2001, 2
Jaspert/Rinne, Aus der Rechtsprechung des Bundesgerichtshofs zum Berufsrecht der Notare seit 1998, ZNotP 2000, 450
Junge-Ilges, Haftungsvereinbarungen der rechts- und wirtschaftsberatenden Berufe, 1995
Kapp, Die rechtliche Stellung des Testamentsvollstreckers zum Erben, BB 1981, 113
Kapp/Ebeling, Erbschafts- und Schenkungssteuergesetz, Loseblatt, 11. Aufl. 1994, Stand August 2000
Keidel/Kuntze/Winkler, Freiwillige Gerichtsbarkeit, Kommentar zum FGG, 14. Aufl. 1999
Keidel/Winkler, Beurkundungsgesetz, 14. Aufl. 1999
Kuntze/Ertl/Hermann/Eickmann, Grundbuchrecht, 5. Aufl. 1999 (zitiert: *KEHE*)
Kempter/Kopp, Die Rechtsanwalts-AG – eine Anwaltsgesellschaft sui generis außerhalb des anwaltlichen Berufsrechts?, NJW 2000, 3449
Kersten/Bühling/Appell, Formularbuch und Praxis der Freiwilligen Gerichtsbarkeit, 21. Aufl. 2001

Kessler, Der Testamentsvollstrecker im Prozeß, DRiZ 1967, 299
Klein, Abgabenordnung, Kommentar, 7. Aufl. 2000
Kipp/Coing, Erbrecht, 14. Aufl. 1990
Kleine-Cosack, Freiheit zum Zweitberuf: Grundsatzentscheidung des BVerfG zur Anwaltszulassung, NJW 1993, 1289
ders., Testamentsvollstreckung durch Steuerberater und Banken: Plädoyer gegen ein Anwaltsmonopol, BB 2000, 2109
Kirchhof/Söhn, Einkommensteuergesetz, Loseblatt, Stand März 1988
Klumpp, Handlungsspielraum und Haftung bei Vermögensanlagen durch den Testamentsvollstrecker, ZEV 1994, 65
Kuhls/Meurers/Maxl/Schäfer/Goez, Steuerberatungsgesetz, 1995
Lang, Die Zulässigkeit der Testamentsvollstreckung durch Banken und Sparkassen, NJW 1999, 2332
Lange, Die Rechtsmacht des Testamentsvollstreckers und ihre Grenzen, JuS 1970, 101
Lange/Kuchinke, Lehrbuch des Erbrechts, 4. Aufl. 1995
Lehmann, Die unbeschränkte Verfügungsbefugnis des Testamentsvollstreckers, AcP 188 (1988), 1
Littmann/Bitz/Hellweg, Das Einkommensteuerrecht, Loseblattsammlung, Stand April 1999
Lorz, Testamentsvollstreckung und Unternehmensrecht, 1995
Löwisch, Kann der Testamentsvollstrecker Prozesse über das Erbrecht bestimmter Personen führen?, DRiZ 1971, 273
Mattern, In-sich-Geschäfte des Testamentsvollstreckers, BWNotZ 1961, 149
Mayer/Bonefeld/Daragan, Testamentsvollstreckung, 2000
Meincke, Steuerberater als Testamentsvollstrecker, Nachlaßverwalter und Nachlaßpfleger, Steuerberaterkongreß-Report 1992, 209
ders., Erbschaftsteuer und Schenkungsteuergesetz, 12. Aufl. 1999
Merkel, Die Anordnung der Testamentsvollstreckung – Auswirkungen auf eine postmortale Bankvollmacht?, WM 1987, 1001
Meyding, Erbvertrag und nachträgliche Auswechslung des Testamentsvollstreckers, ZEV 1994, 98
Mihm, Berufsrechtliche Kollisionsprobleme beim Anwaltsnotar, 2000
Möhring/Beisswingert/Klingelhöffer, Vermögensverwaltung in Vormundschafts- und Nachlaßsachen, 8. Aufl. 2001
Moench, Erbschafts- und Schenkungssteuer, Loseblatt, Stand 2001
v. Morgen/Goetting, „Gespaltene" Testamentsvollstreckung bei gesamtdeutschen Nachlässen, DtZ 1994, 199
K. Müller, Zur Heilung der fehlenden Verpflichtungsbefugnis eines Testamentsvollstreckers, JZ 1981, 370
ders., Zur Unentgeltlichkeit der Verfügung als Schranke der Verfügungsmacht des Testamentsvollstreckers, WM 1982, 466
Münchener Kommentar zum Bürgerlichen Gesetzbuch, 3. Aufl. 1992ff., 4. Aufl. 2000f. (zitiert: MünchKommBGB/*Bearbeiter*)
Münchener Kommentar zur Zivilprozeßordnung, 2. Aufl. 2000f. (zitiert: MünchKomm-ZPO/*Bearbeiter*)
Münchener Vertragshandbuch, Band IV 2. Halbband, Bürgerliches Recht, 4. Aufl. 1998; Band 1, Gesellschaftsrecht, 5. Aufl. 2000
Muscheler, Die Haftungsordnung des Testamentsvollstreckers, 1994
ders., Testamentsvollstreckung über Erbteile, AcP 195 (1995), 35
Nieder, Handbuch der Testamentsgestaltung, 2. Aufl. 2000
Offergeld, Die Rechtsstellung des Testamentsvollstreckers, 1995
Palandt, Bürgerliches Gesetzbuch, Kommentar, 60. Aufl. 2001 (zitiert: *Palandt/Bearbeiter*)
Pickel, Die Haftung des Testamentsvollstreckers und seine Versicherung, Diss. Köln 1987
Pyszka, Unentgeltliche Verfügungen des Vorerben und des Testamentsvollstreckers, 1989
Rehmann, Die Beschränkung der postmortalen Vollmacht durch eine angeordnete Testamentsvollstreckung am Beispiel der Bankvollmacht, BB 1987, 213
ders., Testamentsvollstreckung an Gesellschaftsanteilen, BB 1985, 297
Reimann, Notare als Testamentsvollstrecker, DNotZ 1994, 659

ders., Urteilsanmerkung, DNotZ 1990, 433
ders., Wirtschaftsprüfer und vereidigte Buchprüfer als Testamentsvollstrecker, WPK-Mitt. Sonderheft 1996
ders., Zur Zulässigkeit der Testamentsvollstreckung für einen Kommanditanteil, DNotZ 1990, 190
ders., Testamentsvollstreckung in der Wirtschaftspraxis, 3. Aufl. 1998
ders., Die Kontrolle des Testamentsvollstreckers, FamRZ 1995, 588
RGRK, Das Bürgerliche Gesetzbuch mit besonderer Berücksichtigung der Rechtsprechung des Reichsgerichts und des Bundesgerichtshofs, Kommentar, 12. Aufl. 1974 ff. (zitiert: RGRK/*Bearbeiter*)
Reithmann, Testamentsvollstreckung und postmortale Vollmacht als Instrumente der Kautelarjurisprudenz, BB 1984, 1394
Rennen/Caliebe, Rechtsberatungsgesetz, Kommentar, 3. Aufl. 2001
Richardi, Das Verwaltungsrecht des Testamentsvollstreckers an der Mitgliedschaft in einer Personengesellschaft, 1961
Rohlff, Nießbraucher und Vorerbe als Testamentsvollstrecker, DNotZ 1971, 518
Schaub, Testamentsvollstreckung durch Banken, FamRZ 1995, 845
ders., Anm. zum Urteil des OLG Düsseldorf vom 30. 5. 2000, MittBayNot. 2001, 90
Schippel, Bundesnotarordnung, Kommentar, 7. Aufl. 2000
Schöner/Stöber, Grundbuchrecht, 12. Aufl. 2001
Schmidt, Einkommensteuergesetz, Kommentar, 20. Aufl. 2001
Soergel, Bürgerliches Gesetzbuch Kommentar, 12. Aufl. 1988, 13. Aufl. 1999 ff. (zitiert: *Soergel/Bearbeiter*)
Staudinger, Bürgerliches Gesetzbuch, Kommentar, 12. Aufl. 1978 ff., 13. Bearbeitung 1993 ff., (zitiert: *Staudinger/Bearbeiter*)
Seidenfus/Huber, Der Testamentsvollstrecker im Steuerrecht, Inf. 2001, 385
Stracke, Die geschäftsmäßige Rechtsberatung durch Testamentsvollstrecker, 2000
Streck, Der Steuerberater als Testamentsvollstrecker und Vermögensverwalter, DStR 1991, 592
Tipke/Kruse, Abgabenordnung, Finanzgerichtsordnung, Loseblattausgabe, 16. Aufl. 1996 ff., Stand März 2001
Trees, Die Begründung von Nachlaßverbindlichkeiten durch rechtsgeschäftliches Handeln des Testamentsvollstreckers, Diss. Mainz 1981
Troll/Gebel/Jülicher, Erbschafts- und Schenkungssteuergesetz, Kommentar, Loseblatt, 7. Aufl. 2001, Stand Februar 2001
Vaasen/Starke, Zur Reform des notariellen Berufsrecht, DNotZ 1998, 661
Wacke, Die Testamentsvollstreckung im deutschen und europäischen Recht, Jura 1989, 577
Weidlich, Die Testamentsvollstreckung im Recht der Personengesellschaften, 1993
Weirich, Erben und Vererben, 4. Aufl. 1998
Wirtschaftsprüfer-Handbuch, Band 1: 12. Aufl. 2000, Band 2: 11. Aufl. 1998
Zeuner, Zur Stellung des wirklichen und des vermeintlichen Testamentsvollstreckers gegenüber Nachlaß und Erben, FS Mühl, 1981, S. 721
Zimmermann, Die Testamentsvollstreckung, 2001

Verzeichnis der Formulierungsvorschläge

Formulierungsvorschläge

1. Kapitel
Das Amt des Testamentsvollstreckers

Übersicht

I. Das Wesen der Testamentsvollstreckung

1. Grundsätzliches

1 Dem Erblasser stehen vielfältige Möglichkeiten offen, mit welchen er erreichen kann, daß sein letzter Wille auch durchgeführt wird. Ein ganz wichtiges und **unentbehrliches erbrechtliches Instrumentarium** bietet hier die Testamentsvollstreckung, deren Inhalt und Grenzen das objektive Erbrecht bestimmt. Kaum eine andere Rechtsordnung hat dem Testamentsvollstrecker eine derart starke Rechtsposition eingeräumt wie das BGB (hierzu Übersichten bei *Lange/Kuchinke* § 31 I 2; *Reimann* FamRZ 1995, 588; *Adams,* Interessenkonflikte des Testamentsvollstreckers, 1 Fn. 6).

2 Der Testamentsvollstrecker leitet seine Legitimation, die Rechtsposition und seinen Aufgabenbereich **unmittelbar** vom Willen des Erblassers ab. Dieser ordnet die Testamentsvollstreckung an und bestimmt den Umfang sowie den Aufgabenbereich und regelmäßig auch die Person (nicht zwingend, vgl. § 2198 BGB), welche den letzten Willen vollstrecken soll. Da das Erbrecht die „Fortsetzung des Vermögensrechts und der vermögensrechtlichen Herrschaft des Menschen über seinen Tod hinaus" (*Lange/Kuchinke* § 1 Vc) ist, bleibt die Aufgabe der Testamentsvollstreckung auf vermögensrechtliche Aufgaben beschränkt. Fortwirkende Persönlichkeitsrechte unterfallen mithin der Personensorge der Familienangehörigen, nicht aber dem Aufgabenbereich des Testamentsvollstreckers (*Reimann,* FS Küchenhoff, 1972, S. 341 ff.).

3 Dem Erben gegenüber hat der Testamentsvollstrecker eine **selbständige Stellung,** auch wenn der Erbe als Gesamtrechtsnachfolger Eigentümer des Nachlasses ist. Der vom Testamentsvollstrecker verwaltete Nachlaß wird ein **„Sondervermö-**

gen" (BGHZ 48, 214), getrennt mit dem Erbfall vom sonstigen Vermögen des Erben. Die Anordnung der Testamentsvollstreckung bewirkt eine absolute Verfügungsbeschränkung des Erben (§ 2211 BGB); allerdings handelt es sich hierbei nicht um ein gesetzliches Veräußerungsverbot iSv. § 135 BGB, sondern um ein rechtsgeschäftliches. Zufolge des „Sondervermögens" tritt mit dem Erbfall **keine Konfusion** bei Ansprüchen des Erben gegen den Erblasser ein (str., aA *Staudinger/Reimann* § 2214 Rdn. 1). Der Erbe ist zwar Herr des Nachlasses; jedoch ist er nur mittelbarer Besitzer. Schließlich ist er auch von der Prozeßführungsbefugnis ausgeschlossen (§§ 2211 ff. BGB).

Das Amt des Testamentsvollstreckers ist **fremdnützig** und grundsätzlich **persönlich** zu führen (§§ 2218, 664 BGB). Seine Rechte übt er an und für Vermögen Dritter aus. Er unterliegt nicht der Aufsicht des Nachlaßgerichts. Seine Weisungen hat er vom Erblasser (hilfsweise bestimmt durch den gesetzlichen Aufgabenkreis) erhalten. Der Erbe ist nicht anordnungsbefugt, obwohl der Testamentsvollstrecker im Innenverhältnis im Hinblick auf Durchführung und Haftung einem Beauftragten gleicht (*Lange/Kuchinke* § 29 II 1). 4

2. Bedeutung

Der Testamentsvollstreckung als **Instrument der erbrechtlichen Gestaltung** kommt in der Praxis eine große Bedeutung zu. Angesichts immer größer werdender Nachlässe und damit verbundener Regelungsschwierigkeiten wird in Zukunft noch stärker auf das Mittel der Testamentsvollstreckung zurückgegriffen werden. Überall da, wo der Erblasser Sorge hat, daß seine Erben uneins sein könnten, daß die von ihm angeordnete Verteilung nicht reibungslos über die Bühne geht, daß die Erben (noch) nicht die für die Verwaltung des Nachlasses oder von Nachlaßteilen (zB Unternehmen, Unternehmensbeteiligungen) erforderliche Sachkunde und/oder Erfahrung haben oder wo bei gesellschaftsrechtlichen Beteiligungen sofortiger Handlungsbedarf besteht, können die erforderlichen Aktivitäten einem Testamentsvollstrecker übertragen werden. Dies gilt insbesondere auch dann, wenn Erben oder Vermächtnisnehmer minderjährig sind. 5

Der Testamentsvollstrecker wird nicht zum Feind des Erben, sondern begleitend, bestimmend, den Erben schützend und verschafft dem Willen des Erblassers Geltung. Seiner Tätigkeit kommt so eine **friedenssichernde Funktion** bei. Als fremdnütziger und unparteiischer Sachverwalter übet er die tatsächliche und rechtliche Herrschaft über den Nachlaß aus. Rechtsgeschichtlich ist er ein Relikt aus der germanischen Treuhandübertragung an den Salmann, der den Willen des Erblassers auszuführen hatte (*Lange/Kuchinke* § 29 I 1). Auch ist mit dem Prinzip der römisch-rechtlichen Universalsukzession die Rechtsstellung des Testamentsvollstreckers nicht ohne weiteres vereinbar. Gleichwohl hat sich der „Fremdkörper im erbrechtlichen System der Gesamtrechtsnachfolge" (MünchKommBGB/*Brandner* Vor § 2197 Rdn. 2) ungeachtet mancher noch offener grundsätzlicher Fragen in der Rechtspraxis nicht nur nicht bewährt, sondern auch als unentbehrlich erwiesen. 6

Denkbare Nachteile der Testamentsvollstreckung, wie die vereinzelt befürchtete „übermäßige Selbstherrlichkeit und Beharrlichkeit" eines Testamentsvollstreckers (MünchKommBGB/*Brandner* Vor § 2197 Rdn. 2) oder dessen „Herrschsucht" oder „hämische Gesinnung" (*Lange/Kuchinke* § 29 II 2), schließlich die Gefahr, der Testamentsvollstrecker könne zu eigenem Nutzen sein Amt als eine Lebensaufgabe betrachten, sind unschwer durch eine **richtige Ausgestaltung** des Umfangs und der Dauer der Testamentsvollstreckertätigkeit vermeidbar. Im übrigen beseitigt 7 bereits das Gesetz einige mögliche negative Auswirkungen durch zeitliche Beschränkung (§ 2210 BGB), eine strenge Haftung gegenüber dem Erben und Vermächtnisnehmer (§§ 2219ff. BGB), letztlich durch die Möglichkeit der Amtsentlassung bei grober Pflichtverletzung oder Unfähigkeit zur ordnungsmäßigen Geschäftsführung (§ 2227 BGB).

3. Die gesetzliche Regelung

8 Das BGB regelt die Testamentsvollstreckung im 6. Titel des Erbrechts (§§ 2197 bis 2228 BGB). Prozessuale Bestimmungen der ZPO (§§ 243, 327, 728, 748f., 779f., 863 und 991 ZPO) sowie Vorschriften im Bereich der freiwilligen Gerichtsbarkeit (FFG, GBO, SchiffsRO) ergänzen die grundlegenden Regeln des BGB. Weitere Bestimmungen des BGB sind unmittelbar oder auf den Testamentsvollstrecker anzuwenden (zB §§ 83, 2042 bis 2056, 2235). Insgesamt ist die gesetzliche Regelung **nicht** sonderlich **klar gegliedert** und teilweise unvollständig (zB die Bestimmungen über die Beendigung des Amtes, §§ 2225ff. BGB). Dessen ungeachtet haben Rechtsprechung und Lehre die vorhandenen Lücken weitgehend gefüllt.

9 Die gesetzlichen Regeln geben einerseits dem Testamentsvollstrecker eine sehr freie und selbständige Stellung; andererseits gestatten sie dem Erblasser eine große Variationsbreite, mit welcher er den weitgefaßten gesetzlichen Rahmen individuell und nach freiem Ermessen seine Befugnisse inhaltlich gegenständlich oder zeitlich **beschränken** kann (§ 2208 BGB).

10 Schließlich kann der Erblasser auch die Aufgaben des Testamentsvollstreckers abweichend vom gesetzlichen Typus **erweitern,** so zB durch die Anordnung, daß er in der Eingehung von Verbindlichkeiten für den Nachlaß nicht beschränkt sein soll (§ 2207 BGB), durch Dauervollstreckung (gem. § 2209 S. 1 Halbs. 2 BGB) und durch die Anordnung der Auseinandersetzung unter mehreren Erben nach billigem Ermessen (§§ 2204, 2048 S. 2 BGB).

II. Die Rechtsstellung des Testamentsvollstreckers

1. Amtstheorie

11 Der lang anhaltende Streit um die Rechtsstellung des Testamentsvollstreckers kann als beendet betrachtet werden. Weder die Vertretertheorie, wonach der Testamentsvollstrecker als Vertreter der Erben oder des Nachlasses oder der Testamentsvollstreckung angesehen wird, noch die reine Treuhändertheorie haben sich durchgesetzt (zum Theoriestreit ausführlich *Lange/Kuchinke* § 29 III 1–3). Die hRspr. und hM bezeichnen den Testamentsvollstrecker als **„Treuhänder und Inhaber eines privaten Amtes“** (BGHZ 25, 275; *Palandt/Edenhofer* Vor § 2197 Rdn. 2 mwN). Dieses private Amt ist dem Testamentsvollstrecker vom Erblasser übertragen; er übt es kraft eigenen Rechts, unabhängig vom Willen der Erben, im eigenen Namen fremdnützig, vor allem im Interesse der Erben im Rahmen der letztwilligen Anordnungen des Erblassers aus (*Staudinger/Reimann* Vor §§ 2197ff. Rdn. 12). Der Testamenstvollstrecker ist also weder Vertreter des Erblassers noch Vertreter des Erben (BGHZ 13, 203). Gleichwohl besteht zwischen dem Testamentsvollstrecker und den Erben ein gesetzliches „Pflichtverhältnis eigener Art“ (BGHZ 25, 280). Insbesondere die §§ 2216 bis 2219 BGB begründen besondere Schutzpflichten für den Testamentsvollstrecker zugunsten des Erben. Da der Testamentsvollstrecker sein Amt aus eigenem Recht ausübt, hat er eine weitgehend

freie Stellung gegenüber den Erben (RGZ 133, 128). Als Träger einer vom Erblasser verliehenen Verwaltungs- und Verfügungsmacht entscheidet der Erblasser nicht nach subjektiver Meinung der Erben, sondern alleine nach objektiven Gesichtspunkten.

Ungeachtet der Amtsposition ist die Rechtsstellung des Testamentsvollstreckers **12** insoweit der eines **gesetzlichen Vertreters** angenähert, daß die §§ 207, 278, 254 BGB und § 241 ZPO auf ihn entsprechend angewandt werden können (RGZ 144, 399; *Staudinger/Reimann* Vor §§ 2197ff. Rdn. 13). Der Testamentsvollstrecker muß sich demzufolge bei seinem Handeln auch als solcher bezeichnen, da er andernfalls Gefahr läuft, aus dem von ihm getätigten Rechtsgeschäften persönlich haftbar gemacht zu werden.

Die Rechtsstellung des Testamentsvollstreckers verbietet nicht Vereinbarungen **13** zwischen dem Testamentsvollstrecker und Dritten oder den Erben des Inhalts, daß der Testamentsvollstrecker bestimmte Handlungen vorzunehmen oder zu unterlassen hat (BGHZ 25, 280). Allerdings darf er sich durch solche Rechtsgeschäfte nicht seiner **Unabhängigkeit** und **Selbständigkeit** gegenüber den Erben völlig begeben; er darf nicht zum Werkzeug in der Hand der Erben werden.

2. Pflegerbestellung für den unbekannten Testamentsvollstrecker?

Erhebliche, in Wissenschaft und Rechtsprechung bislang **ungelöste Probleme** **14** ergeben sich beim verzögerlichen Amtsbeginn des Testamentsvollstreckers (der Testamentsvollstrecker ist entweder noch nicht bestimmt, §§ 2198, 2200 BGB, oder er hat sein Amt noch nicht angenommen, § 2202 BGB), beim Amtswechsel zufolge Todes des Testamentsvollstreckers (§ 2225 BGB) oder Amtsentlassung gem. § 2227 BGB.

Hier gibt es – fehlt eine postmortale Vollmacht – niemanden, der das Verwaltungs- und Verfügungsrecht über den Nachlaß ausüben könnte. Der Erbe selbst ist durch die Anordnung der Testamentsvollstreckung ausgeschlossen.

Damrau (FS Herrmann Lange, 1992, S. 797ff.; ZEV 1996, 81, 83; *Soergel/* **15** *Damrau* § 2202 Rdn. 10; ihm folgend *Palandt/Edenhofer* § 2200 Rdn. 5; *Jauernig/Schlechtriem* § 1913 Anm. 1; *Staudinger/Otte* § 1960 Rdn. 7) will hier § 1913 unmittelbar anwenden: Das Vormundschaftsgericht soll (und kann) einen Pfleger für den unbekannten Testamentsvollstrecker ernennen. Die Anordnung einer Pflegschaft ist der zutreffende Ansatz. Ein **Fürsorgebedürfnis** kann gerade im Hinblick auf notwendige Verwaltungsmaßnahmen genauso wie beim unbekannten Erben bestehen. Mangels ausdrücklicher Regelung ist hier jedoch die **Analogie** die zutreffende und zulässige juristische Methode. Allerdings ist wohl nicht auf die Pflegschaft für den unbekannten Beteiligten (§ 1913 BGB) zurückzugreifen, sondern auf die gesetzlichen Regeln zur Nachlaßpflegschaft (so auch *Haegele/Winkler* Rdn. 111a). Gem. § 1960 BGB ist eine gerichtliche Sicherung des Nachlasses veranlaßt, wenn die Person des verantwortlichen Erben (noch) ungewiß ist und ein aktuelles Handlungsbedürfnis besteht. Nicht vom reinen Wortsinn getragen, deshalb auch nicht durch extensive Auslegung ermittelbar, wäre die unmittelbare Anwendung auf den Testamentsvollstrecker. Jedoch ist die Situation bei (noch nicht) bekannten Testamentsvollstreckern unter telelogischen Gesichtspunkten als wesens- und rechtsähnlich anzusehen. Die bestehende Gesetzeslücke ist also durch Analogie zu schließen. So ist ein Rückgriff auf die den § 1960 erweiternde Norm des § 1913 nicht geboten.

Mit der Analogie zu § 1960 wird das **Nachlaßgericht** zur Bestallung des Pfle- **16** gers zuständig, anders als bei der von *Damrau* vorgeschlagenen Anwendung des

§ 1913, bei welcher das Vormundschaftsgericht zuständig würde. Die Zuständigkeit des Nachlaßgerichts ist sachgerecht, weil es sich letztlich wie beim Pfleger für den unbekannten Erben um eine Nachlaßsache, um eine Nachlaßsicherung und nicht um familien- oder kindschaftsrechtliche, also aus dem 4. Buch des BGB stammende Bereiche, für welche das Vormundschaftsgericht zuständig ist, handelt.

3. Die Überwachung des Testamentsvollstreckers

a) Durch das Gericht

17 Der Testamentsvollstrecker ist **nicht** der **Überwachung** und **Aufsicht** durch das Nachlaßgericht unterstellt, selbst dann nicht, wenn der Erblasser dies anordnet (BayObLGZ 1953, 357). Dem Gericht fehlt damit die Kompetenz über Streitigkeiten zwischen Erben und Testamentsvollstrecker zu entscheiden. Es ist nicht befugt, darüber zu befinden, ob das Amt des Testamentsvollstreckers noch fortbesteht oder bereits erloschen ist. Auch kann das Gericht nicht durch eine einstweilige Anordnung dem Testamentsvollstrecker ein konkretes rechtsgeschäftliches Handeln untersagen (OLG Köln OLGZ 87, 280). Die Konsequenz aus dem durch das Gericht nicht beschränkbaren Verfügungsrecht des Testamentsvollstreckers ist, daß auch der Erblasser nicht anordnen kann, einzelne Verfügungen des Testamentsvollstreckers sollten der Genehmigungspflicht durch das Nachlaßgericht unterstellt werden. Bei Streitigkeiten zwischen Erben und Vermächtnisnehmer einerseits und dem Testamentsvollstrecker andererseits ist damit ausschließlich das Prozeßgericht zuständig (BayObLGZ 1953, 357).

Das **Nachlaßgericht** wird im Bereich des Testamentsvollstreckungsrechtes nur in den vom Gesetz ausdrücklich bestimmten Fällen tätig:

18 *aa) Ernennung des Testamentsvollstreckers durch das Nachlaßgericht.* Gem. § 2200 BGB kann das Nachlaßgericht dann die Ernennung vornehmen, wenn ein diesbezügliches Ersuchen des Erblassers an das Nachlaßgericht in testamentarischer Form vorliegt. Ein entsprechender Wille des Erblassers kann bei fehlender ausdrücklicher Anordnung im Testament auch durch Auslegung ermittelt werden (BayObLG FamRZ 1987, 98; KG OLGZ 92, 138). Über die Ernennung entscheidet der Richter (§ 16 Abs. 1 Nr. 2 RpflG). Eine Pflicht zur Ernennung besteht nicht (siehe 2. Kap. Rdn. 168ff.)

19 *bb) Bestimmung des Testamentsvollstreckers durch Erklärung gegenüber dem Nachlaßgericht.* Gem. § 2198 BGB kann der Erblasser die Bestimmung der Person des Testamentsvollstreckers einem Dritten überlassen oder den Testamentsvollstrecker gem. § 2199 BGB ermächtigen, einen oder mehrere Mitvollstrecker oder einen Nachfolger zu ernennen. Dies geschieht durch Erklärung gegenüber dem Nachlaßgericht in öffentlich beglaubigter Form (§ 2198 Abs. 1 S. 2 BGB).

20 *cc) Annahme und Ablehnung des Amtes.* Gem. § 2202 BGB beginnt das Amt des Testamentsvollstreckers erst mit endgültiger Annahme. Die Annahme wird privatschriftlich gegenüber dem Nachlaßgericht erklärt (§ 2202 Abs. 2 BGB).

21 *dd) Erteilung des Testamentsvollstreckerzeugnisses.* Das Nachlaßgericht ist zuständig für die Erteilung des Testamentsvollstreckerzeugnisses gem. § 2368 BGB. Diese Tatsache ist im Erbschein anzugeben (§ 2364 BGB).

22 *ee) Außerkraftsetzen von Anordnungen.* Bei Gefährdung der Substanz des Nachlasses kann das Nachlaßgericht gem. § 2216 Abs. 2 BGB Verwaltungsanordnungen des

Erblassers außer Kraft setzen. Dieses Recht des Nachlaßgerichtes ist unentziehbar (hierzu ausführlich 4. Kap. Rdn. 37 ff.)

23 *ff) Mehrere Testamentsvollstrecker.* Bei Meinungsverschiedenheiten zwischen mehreren Mitvollstreckern entscheidet gem. § 2224 Abs. 1 BGB das Nachlaßgericht, ob der sich weigernde Mittestamentsvollstrecker zuzustimmen hat oder nicht.

24 *gg) Kündigung des Amtes.* Gem. § 2226 BGB erfolgt die Kündigung des Amtes durch den Testamentsvollstrecker gegenüber dem Nachlaßgericht.

25 *hh) Entlassung.* Aus wichtigem Grund (zB grobe Pflichtverletzung oder Unfähigkeit) kann auf Antrag eines Beteiligten des Nachlaßgericht den Testamentsvollstrecker entlassen (§ 2227 Abs. 1 BGB; hierzu BayObLG ZEV 1995, 366 m. Anm. *Bengel*). Da der vorstehend umschriebene Aufgabenkreis des Nachlaßgerichts auf öffentlichem Recht beruht, kann er weder durch Erblasser noch durch Erben oder Testamentsvollstrecker selbst erweitert oder eingeengt werden. Im übrigen **erlischt** das Amt mit Tod des Testamentsvollstreckers und in den Fällen der Unwirksamkeit seiner Ernennung gem. § 2201 (§ 2225), auch durch Bestellung eines vorläufigen Betreuers (BayObLG ZEV 1995, 63).

h) Familienrechtliche Beschränkungen

26 Sind die **Erben minderjährig,** so darf der Testamentsvollstrecker zu Rechtsgeschäften weder der Zustimmung der gesetzlichen Vertreter und, soweit bei deren Handeln die Genehmigung des Vormundschaftsgerichts erforderlich wäre (§§ 1821, 1822 BGB), auch nicht der Genehmigung durch das Vormundschaftsgericht (hM OLG Celle FamRZ 1968, 489; *Staudinger/Reimann* Vor §§ 2197 ff. Rdn. 28). Zum Problem, wenn der Testamentsvollstrecker gleichzeitig selbst gesetzlicher Vertreter oder Vormund eines Erben ist, vgl. 2. Kap. Rdn. 193 f.

Dies gilt nicht nur für die im Zeitpunkt des Erbfalls vorhandenen Gegenstände, sondern auch bei berechtigtem Zuerwerb durch den Testamentsvollstrecker mit Mitteln des Nachlasses. Zum Erwerb eines Kommanditanteils mit Mitteln der Erbschaft bei Minderjährigen oder unter Vormundschaft stehenden Erben, vgl. 5. Kap. Rdn. 215.

27 **Ehegüterrechtliche Beschränkungen** des Erben gelten ebenfalls nicht für den Testamentsvollstrecker. So ist das absolute Veräußerungsverbot des § 1365 BGB durch den Testamentsvollstrecker nicht zu beachten (hM *Staudinger/Reimann* § 2205 Rdn. 59; *Staudenmeyer* Rpfleger 1960, 385; *Haegele* Rpfleger 1960, 386; aM *Meyer-Stolte* FamRZ 1959, 231).

28 Auch aus der **Gütergemeinschaft** des Erben ergeben sich keinerlei Einschränkungen der Verfügungsmacht des Vollstreckers, weil dieser sein Recht vom Erblasser, nicht vom Erben ableitet (*Haegele* Rpfleger 1960, 386). Allerdings stellt sich bei der Gütergemeinschaft die Frage, ob die Anordnung der Testamentsvollstrekkung verhindert, daß der Erbteil in das Gesamtgut fällt und damit zum Vorbehaltsgut des Erben wird. Regelmäßig ist dies zu verneinen. Die Zuordnung zum Vorbehaltsgut (§ 1418 Abs. 2 Nr. 2 BGB) kann jedoch dann in Betracht kommen, wenn die Auslegung des Testaments ergibt, daß mit der Testamentsvollstreckung das Ziel verfolgt wird, Dritte vom Nachlaß fern zu halten.

29 Eine **Interessenkollision** kann entstehen, wenn das Amt des **Vormundes** und des Testamentsvollstreckers zusammenfällt (hierzu ausführlich *Damrau* ZEV 1994, 1 ff.). Sind Vormund des Erben und Testamentsvollstrecker identisch, so ergibt sich die Situation, daß eine Gestattung des Selbstkontrahierens für den Vormund nicht in Frage kommt (MünchKommBGB/*Schwab* § 1795 Rdn. 19), dem Testamentsvollstrecker indes durch den Erblasser das Selbstkontrahieren gestattet werden kann

(BGH Rpfleger 1960, 88; s.a. 4. Kap. Rdn. 160ff.). Ist eine Interessenkollision nicht ausschließbar, kann dem Vormund die Vertretungsmacht hinsichtlich der Wahrung der Rechte des Erben gegenüber dem Testamentsvollstrecker entzogen werden. Insoweit ist ein Ergänzungspfleger zu bestellen (LG Frankfurt Rpfleger 1990, 207 m. Anm. *Meyer-Stolte*).

c) Durch Dritte

30 Die Beschränkungen des Testamentsvollstreckers gegenüber dem gesetzlichen Rahmen ergeben sich alleine aus den **Anordnungen des Erblassers.** Diese bestimmen Umfang und Dauer der Tätigkeit des Testamentsvollstreckers.

Soweit der Testamentsvollstrecker zufolge letztwilliger Verfügung des Erblassers in seinem Handeln von der Zustimmung Dritter abhängig sein soll, kann die Auslegung zu folgenden Ergebnissen führen:

31 Die Bindung an Dritte ist **keinesfalls** als **Auflage** zu werten, es sei denn, der Testamentsvollstrecker ist unmittelbar als (Mit-)Erbe am Nachlaß beteiligt, weil mit Auflagen nur der Erbe (§ 2192 BGB) oder Vermächtnisnehmer (§ 2147 BGB) beschwert werden kann.

32 Der Dritte selbst könnte **Mitvollstrecker** gem. § 2224 BGB sein, wobei der Mitvollstrecker lediglich auf das bestimmte Teilgebiet beschränkt ist, für welches das Amt gemeinschaftlich zu führen ist.

33 Gem. § 2208 BGB darf der Erblasser die dem Testamentsvollstrecker nach §§ 2203 bis 2206 BGB grundsätzlich zustehenden Rechte ganz oder teilweise **entziehen** oder **einschränken.** Verfügt der Erblasser die Bindung des Testamentsvollstreckers an Weisungen Dritter, so kann dies eine schuldrechtliche und/oder auch dingliche Beschränkung des Verwaltungsrechts sein. Diese ist im Testamentsvollstreckerzeugnis anzugeben (§ 2368 Abs. 1 S. 2 BGB), um gutgläubigen Erwerb durch Dritte auszuschließen.

34 Schließlich könnte es sich lediglich um eine **Anordnung** des Erblassers **gem. § 2216 Abs. 2 S. 1 BGB** handeln, die der Testamentsvollstrecker zu befolgen hat und die vom Erben dann nicht widerruflich ist, wenn sie durch letztwillige Verfügung getroffen ist (*Staudinger/Reimann* § 2216 Rdn. 16).

Ein Verstoß des Testamentsvollstreckers gegen die Anordnung macht sein Handeln nicht unwirksam (anders als bei Mittestamentsvollstreckung oder dinglich wirkender Beschränkung). Er löst allenfalls Schadensersatzansprüche aus (§ 2219 BGB) oder kann zur Entlassung führen (§ 2227 BGB).

III. Testamentsvollstreckung und postmortale Vollmacht

1. Grundsatz, Verhältnis Vollmacht – Testamentsvollstreckung

35 Die **Vollmacht** über den Tod hinaus ist ein **bedeutendes Hilfsmittel** für den Erblasser, neben oder anstelle der Testamentsvollstreckung dem Willen des Vollmachtgebers über seinen Tod hinaus, bzw. beginnend mit dem Ableben, durch eine geeignete Person Geltung zu verschaffen (*Trapp* ZEV 1995, 314ff.; *Damrau* ZEV 1996, 81ff.; *Reimann* ZEV 1996, 420ff.). Die Vollmacht über den Tod hinaus unterscheidet sich von der Testamentsvollstreckung durch den Begründungs-(Erteilungs-)vorgang, weniger im Bereich der Bestimmung des Umfangs, entscheidend indes bei den Möglichkeiten der Beendigung. Terminologisch wird unter „postmortaler Vollmacht“ sowohl die *„transmortale Vollmacht“*, also die Vollmacht, welche bereits zu Lebzeiten des Vollmachtgebers ausgeübt werden kann und durch Tod des Erteilenden nicht erlischt als auch die *„postmortale Vollmacht im engeren*

Sinne," welche erst mit dem Tod des Vollmachtgebers zum Handeln ermächtigt, verstanden.

Unumstritten ist, daß der Erblasser eine Vollmacht über den Tod hinaus erteilen kann. Bei der Frage des Verhältnisses der postmortalen Vollmacht zur Testamentsvollstreckung hingegen sind drei divergierende Rechtsauffassungen festzuhalten:

(1) Die hM und Rspr. sehen grundsätzlich **Vollmacht und Testamentsvollstreckung isoliert** nebeneinander. Danach wird die Vollmacht durch die Anordnung der Testamentsvollstreckung, gleich ob diese vor Erteilung der Vollmacht oder danach letztwillig verfügt wurde, nicht berührt. Begründet wird diese isoliert Betrachtungsweise vor allem damit, daß der Bevollmächtigte die Vollmacht nicht vom Erben herleitet, sondern vom Erblasser selbst. Dessen Verfügungsmacht hingegen ist unbeschränkt, anders als die des durch Testamentsvollstreckung beschränkten Erben. Auch wenn die Anordnung der Testamentsvollstreckung nach Erteilung der Vollmacht erfolgt, sei hierin grundsätzlich keine nachträgliche Einschränkung der Vollmacht zu erblicken (RGZ 88, 345; 106; 186; BGH WM 1962, 840; OLG Hamburg DNotZ 1967, 31; *Palandt/Edenhofer* Vor § 2197 Rdn. 16; *Rehmann* BB 1987, 213). 36

(2) **Abweichend von der Rspr.** wird auch die Ansicht vertreten, daß der postmortal Bevollmächtigte in seinem Handeln über den der Testamentsvollstreckung unterworfenen Nachlaß nicht eingeschränkt ist „soweit der Bevollmächtigung der Wille des Erblassers zu entnehmen ist, die Verfügungsmacht des Testamentsvollstreckers einzuschränken" (MünchKommBGB/*Brandner* § 2211 Rdn. 13). 37

(3) Schließlich vertritt *Staudinger/Reimann* (§ 2211 Rdn. 12) die **Gegenmeinung:** Weil der vom Erblasser Bevollmächtigte nach dem Erbfall als Bevollmächtigter der Erben anzusehen sei, könne er auch nur im Rahmen der Verfügungsmacht der Erben handeln. Diese aber ist durch die Rechte des Testamentsvollstreckers beschränkt. 38

Das Problem kann nur mittels Auslegung gelöst werden. Hierbei hilft die reine Interpretation des Wortlauts von Vollmacht und Anordnung der Testamentsvollstreckung regelmäßig nicht weiter. Begleitumstände, Äußerungen der Beteiligten, schließlich der verfolgte Zweck und die bestehende Interessenslage führen zu einer differenzierten Betrachtung:

– Wird die postmortale **Vollmacht nach Anordnung der Testamentsvollstreckung** oder gleichzeitig ggf. in der Verfügung von Todes wegen erteilt, so ist darin regelmäßig eine Beschränkung der Rechte des Testamentsvollstreckers zu sehen. Der Bevollmächtigte ist nur an die Beschränkungen, die sich aus der Vollmacht selbst ergeben, gebunden. 39

– Wurde die Vollmacht hingegen **vor Errichtung der letztwilligen Verfügung** erteilt und enthält weder die Vollmacht eine besondere Bestimmung, daß sie über den Tod hinaus in jedem Falle gelten solle, wird auch im nachfolgenden Testament überhaupt nicht auf die Vollmacht eingegangen, so ist davon auszugehen, daß mit der im Testament angeordneten Testamentsvollstreckung auch der Handlungsbereich des Bevollmächtigten auf den Kreis beschränkt wird, in welchem sich der Testamentsvollstrecker bewegen kann. Hier kann also der Bevollmächtigte nur im Rahmen der Verfügungsmacht der Erben selbst handeln. 40

– Liegt eine postmortale Vollmacht vor, bei der der Bevollmächtigte erst **nach dem Ableben des Vollmachtgebenden** zum Handeln befugt wird, und wird in einem späteren Testament Testamentsvollstreckung angeordnet, wird man sich, wenn die Auslegung nach den allgemeinen anerkannten Auslegungsgrund- 41 sätzen nicht weiter hilft, wohl der herrschenden Rechtsprechung anschließen müssen. Diese Vollmacht wird durch Anordnung der Testamentsvollstreckung in ihrem Fortbestand nicht berührt.

Unklarheiten können nur dann vermieden werden, wenn in der Verfügung von Todes wegen, welche die Anordnung der Testamentsvollstreckung beinhaltet, eine **Aussage zu früher erteilen Vollmachten** getroffen wird. Hilfsweise sollte in jedem Falle ein Widerruf evtl. früher erteilter Vollmachten, welche über den Tod hinaus wirken, erklärt werden, also klargestellt werden, daß diese Vollmachten entweder mit dem Ableben des Testators enden, oder auf die Verfügungsmacht der Erben beschränkt werden. Zur Frage des Zugangs des Widerrufs siehe Rdn. 58.

2. Erteilung der postmortalen Vollmacht

a) Durch Rechtsgeschäft unter Lebenden

42 Die unter Lebenden erteilte **kausale Vollmacht,** also die Vollmacht, die von einem Grundverhältnis abhängig ist (Auftrag) erlischt gem. §§ 168 S. 1, 672 S. 1, 675 BGB nicht mit dem Tod des Vollmachtgebers (OLG Zweibrücken DNotZ 1983, 105; *Staudinger/Dilcher* § 168 Rdn. 26; *Palandt/Edenhofer* Vor § 2197 Rdn. 16). Ausnahmsweise kann die Auslegung der Vollmacht jedoch zum Erlöschen mit dem Tod des Vollmachtgebers führen. Dies ist vor allem dann anzunehmen, wenn die Vollmacht speziell auf die (lebende) Person des Vollmachtgebers abgestellte Rechtsgeschäfte erfaßt (*Staudinger/Dilcher* § 168 Rdn. 26). Vorstehende Grundsätze gelten sowohl für die kausale Spezial- als auch die kausale Generalvollmacht (*Staudinger/Reimann* Vor § 2197 Rdn. 115). Endet das erkennbare Kausalverhältnis mit dem Tode des Vollmachtgebers, so erlischt hiermit auch die Vollmacht.

43 Besteht zwischen Vollmachtgeber und Bevollmächtigtem kein Grundverhältnis **(isolierte Vollmacht),** entfallen alle aus dem Grundverhältnis herleitenden Gründe für das Fortbestehen nach dem Tod des Vollmachtgebers. Ob dieser zum Erlöschen der isolierten Vollmacht führt, ist durch Auslegung zu ermitteln, wobei im Zweifel auch hier vom Nichterlöschen auszugehen ist (*Staudinger/Reimann* Vor § 2197 Rdn. 102; *Dittmann/Reimann/Bengel* A 76; aA *Staudinger/Dilcher* § 168 Rdn. 27). Zwar gelten für die isolierte Vollmacht nicht die Regeln der §§ 168, 672 BGB; der Übergang der Vollmacht ergibt sich jedoch aus dem Grundsatz der Universalsukzession, nachdem alle nicht höchstpersönlichen Rechte und Pflichten auf den Erben übergehen. Konsequenterweise muß dies auch für die isolierte Generalvollmacht gelten (aA offensichtlich RG JW 1929, 1648).

44 Um Auslegungsschwierigkeiten zu vermeiden, empfiehlt es sich dringend, sowohl bei der kausalen als auch bei der isolierten Spezial- oder Generalvollmacht eine klare Aussage über das Fortbestehen nach dem Tod zu treffen („die Vollmacht soll durch Tod des Vollmachtgebers nicht erlöschen." oder: „... erteile mit Wirkung für mich und meine Erben").

Die Vollmacht kann ferner in der Weise erteilt werden, daß sie **nur für die Zeit nach dem Tod des Vollmachtgebers** Wirkungen entfaltet („die Vollmacht beginnt mit meinem Ableben").

45 Auch wenn gem. § 167 Abs. 2 die Bevollmächtigung **grundsätzlich formfrei** möglich ist, bedarf es häufig, vor allem gegenüber dem Gericht, eines formgebundenen Nachweises (§ 29 GBO, § 12 HGB, § 13 FGG). Die Formbedürftigkeit bei unwiderruflichen Vollmachten zum Grundstücksgeschäft, zur Erteilungsübertragung, zur Schenkung oder Übernahme einer Bürgschaft sind zu beachten (*Palandt/Heinrichs* § 167 Rdn. 2). Unbeachtlich ist, ob die Vollmacht dem Vertre-

ter oder dem Dritten erst nach dem Tode des Erblassers zugeht (§ 130 Abs. 2 BGB).

b) Durch Verfügung von Todes wegen

Die postmortale Vollmacht kann auch **in einer Verfügung von Todes wegen** 46
(Testament oder Erbvertrag) erteilt werden (RGZ 170, 380, 383). Soweit die Vollmacht in einer einseitigen letztwilligen Verfügung enthalten ist, stellt sich das Problem des Zugangs der empfangsbedürftigen Willenserklärung (*Staudinger/Reimann* Vor §§ 2197ff. Rdn. 104). Der zur Wirksamkeit der Vollmachtserklärung notwendige Zugang an den Vertreter oder den Dritten, demgegenüber die Vertretung stattfinden soll, wird erst nach Ablieferung, Eröffnung und Bekanntmachung des Testaments möglich sein. Das Nachlaßgericht wird von sich aus für den Zugang nicht Sorge tragen. So ist es Sache des Erblassers, den Zugang durch begleitende Maßnahmen sicherzustellen (s.a. OLG Köln Rpfleger 1992, 299). Bei postmortalen Vollmachten in privatschriftlichen Testamenten stellt sich ferner das Problem des Nachweises. Denn die Vollmachtsurkunde (Testament) verbleibt nach Eröffnung in den Nachlaßakten. Gleiches gilt zwar auch für das öffentliche Testament und den Erbvertrag. Der beurkundende Notar kann jedoch vom Testator und Vollmachtgeber angewiesen werden, zusätzlich zu der in die Urkundensammlung zu gebenden beglaubigten Abschrift eine Ausfertigung zu nehmen, welche auf Anforderung des Bevollmächtigten nach dem Ableben des Erblassers diesem auszuhändigen ist. Sinnvoller ist es jedoch, unverzüglich nach Beurkundung dem postmortal Bevollmächtigten bereits eine **Ausfertigung** auszureichen. Risiken für den Vollmachtgeber bestehen deshalb nicht, weil beim Handeln der Bevollmächtigte den Vollmachtbeginn durch Vorlage einer Sterbeurkunde nachweisen muß. Dies gilt jedoch nur, soweit die Vollmacht erst mit dem Ableben beginnt.

Der Kautelarjurist wird jedoch wegen der voraufgeführten Verfahrensprobleme 47
regelmäßig von der Aufnahme einer postmortalen Vollmacht in die Verfügung von Todes wegen abraten und auf gesonderte Beurkundung bzw. Beglaubigung der Bevollmächtigung hinwirken.

3. *Wirkung und Umfang der Vollmacht über den Tod hinaus*

a) Vertretung des Erben

Der postmortal Bevollmächtigte **vertritt die Erben** (BGHZ 87, 19; OLG 48
Hamburg DNotZ 1967, 31). Allerdings bezieht sich die Vertretungsmacht grundsätzlich nur auf den Nachlaß, nicht auf das persönliche Vermögen der Erben (RGZ 106, 185; BGH FamRZ 1983, 477; aA *Reithmann* BB 1984, 197, welcher meint, der Erbe könne bei einer postmortalen Vollmacht über den Nachlaß hinaus verpflichtet werden). Die **Grenzen der Vollmacht folgen** zum einen aus dem Umfang der Bevollmächtigung und zum anderen aus den allgemeinen Regeln zum Vollmachtmißbrauch.

Ergeben sich insoweit keine Einschränkungen, so ist der postmortal Bevollmächtigte in der Lage, über Nachlaßgegenstände wirksam zu verfügen, **ohne** daß es eines **Erbscheins** oder eines öffentlichen Testaments mit Eröffnungsniederschrift bedürfte. Der Bevollmächtigte kann mithin alle Rechtsgeschäfte so vornehmen, wie der Erblasser dies selbst hätte tun können (OLG Hamburg DNotZ 1967, 31; *Staudinger/Dilcher* § 168 Rdn. 33; *Staudinger/Reimann* Vor §§ 2197ff. Rdn. 107), es sei denn, daß der Bevollmächtigte in ersichtlich „verdächtiger Weise" von der Vollmacht Gebrauch macht (zur Bankvollmacht: BGH DNotZ 1995, 388).

49 Wird beim Erwerb von Nachlaßgegenständen der Erbe wirksam durch den postmortal Bevollmächtigten vertreten, so entfallen alle etwaigen Beschränkungen des Nachlasses (zB durch Nacherbfolge oder Testamentsvollstreckung). Weder der Nacherbfolge- noch der Testamentsvollstreckungsvermerk ist im Grundbuch einzutragen, bzw. bereits eingetragene Vermerke sind bei Vollzug des Eigentumsübergangs auf den Erwerber zu löschen. Soweit nicht ein Rechtsmißbrauch vorliegt, kann der Bevollmächtigte auch unentgeltlich und – soweit er von § 181 BGB befreit ist – auch zu seinen Gunsten verfügen (BGH DNotZ 1963, 305).

50 Sind die **Erben minderjährig,** so bedarf es weder eine Zustimmung des Vormunds noch einer Genehmigung durch das Vormundschaftsgericht (RGZ 88, 345; 106, 185; *Staudinger/Reimann* Vor § 2197 Rdn. 109). Auch kann der Bevollmächtigte Anmeldungen zum Handelsregister tätigten (OLG Hamburg DNotZ 1967, 31), vorausgesetzt die Form des § 12 HGB ist gewahrt (OLG Hamburg MDR 1974, 1022; *Baumbach/Hopt* HGB § 12 Rdn. 3; siehe auch 5. Kap. Rdn. 208f.). Bei Firmenbezeichnungen hingegen ist eine Vertretung nicht möglich. Sie müssen persönlich bewirkt werden (*Baumbach/Hopt* HGB § 29 Rdn. 3).

b) Vollmacht für den Alleinerben

51 Umstritten ist die Frage, welche Wirkung dem Zusammenfallen der Stellung als Alleinerbe bzw. alleiniger Vorerbe mit der Rechtsposition des Vollmachtnehmers zukommt. Zum einen wird die Ansicht vertreten, daß in diesem Falle unter allen Umständen die postmortale Vollmacht mit dem Tod des Vollmachtgebers **erlischt,** weil begrifflich der Erbe sich nicht selbst vertreten kann (OLG Stuttgart NJW 1947/48, 627; *Palandt/Heinrichs* § 168 Rdn. 4). Zum anderen vertritt die Gegenmeinung, der Bevollmächtigte handle hier nicht mehr für den Verstorbenen, sondern als Vertreter für den jeweiligen Erben (MünchKommBGB/*Schramm* § 168 Fn. 18; *Staudinger/Dilcher* § 168 Rdn. 31; LG Bremen Rpfleger 1993, 235 m. Anm. *Meyer-Stolte*).

51a Die Lösung des Problems ergibt sich aus der Rückbesinnung auf die generellen Regeln zur Vollmacht: Auch die dem Alleinerben über den Tod hinaus erteilte Vollmacht erlischt mit dem Tod des Vollmachtgebers, soweit ein **Auftrag** zugrundeliegt (§§ 673, 675, 168, BGB Konfusion). Die Willenserklärungen des als Bevollmächtigter handelnden Erben sind so auszulegen, daß dieser im Namen des Rechtsinhabers, also eigenen Namens handeln will (*Staudinger/Reimann* Vor §§ 2197ff. Rdn. 112). Dies gilt auch bei der **isolierten Vollmacht** im Hinblick auf die begriffliche Unmöglichkeit des Sich-selbst-Vertretens. Für den Rechtsverkehr sind jedoch die Rechtsscheinregeln der §§ 170ff. BGB zu beachten.

51b Vorstehendes gilt jedoch nur, soweit der Alleinerbe unbeschränkt und unbeschwert ist. So bleibt regelmäßig die postmortale Vollmacht für den befreiten oder unbefreiten alleinigen Vorerben bestehen. Zum Widerrufsrecht des Nacherben siehe Rdn. 56.

c) Vollmacht an den Testamentsvollstrecker

52 Auch der **Testamentsvollstrecker** kann ein **postmortal Bevollmächtigter** sein, sowohl zufolge Spezial- als auch Generalvollmacht (BGH NJW 1962, 1718). Soweit er als Bevollmächtigter handelt, unterliegt er nicht den Beschränkungen der Testamentsvollstreckung. Auch der Abschluß von Insichgeschäften (§ 181 BGB) ist zulässig, soweit er vom Verbot des Selbstkontrahierens und der Mehrvertretung befreit ist (*Staudinger/Reimann* Vor §§ 2197ff. Rdn. 116; aA ohne Angabe von Gründen *Palandt/Edenhofer* Vor § 2197 Rdn. 18). Die Zulässigkeit des Insichgeschäfts beim Handeln als Bevollmächtigter, was ja dem Testamentsvollstrecker

grundsätzlich nicht gestattet ist (§ 2205 BGB), folgt aus dem Grundsatz der Universalsukzession (zur Befreiung des Testamentsvollstreckers von den Beschränkungen des § 181 BGB s. 4. Kap. Rdn. 160ff.). § 2205 BGB kann nicht analog angewendet werden, weil der Erbe die Vollmacht – anders als die Testamentsvollstrekkung – jederzeit widerrufen kann.

Die Grenze für das Handeln des Testamentsvollstreckers in seiner Eigenschaft als 53
Bevollmächtigter stellt das **Mißbrauchsverbot** dar. Unzulässige Rechtsausübung oder Verstoß gegen die guten Sitten ist rechtsmißbräuchlich und führt zur Unwirksamkeit der Willenserklärung und Rechtshandlungen (BGH DNotZ 1963, 305; NJW 1969, 1245; *Hopt* ZfK 133, 322ff.).

4. Beendigung der postmortalen Vollmacht

a) Zeitliche Begrenzung

Die Vollmacht – auch die postmortale Vollmacht – ist grundsätzlich gem. § 168 54
S. 2 BGB **widerruflich.** Ungeachtet dessen kann die Vollmacht unwiderruflich, befristet, unwiderruflich oder bis zum Eintritt einer auflösenden Bedingung unwiderruflich erteilt werden (*Staudinger/Dilcher* § 168 Rdn. 8ff.). Generalvollmachten sind zufolge des Prinzips der Privatautonomie nur als widerruflich zulässig (*Staudinger/Dilcher* § 168 Rdn. 9). Soweit die Unwiderruflichkeit unzulässig ist, wird nicht die Vollmacht insgesamt nichtig; sie ist vielmehr gem. § 139 BGB in eine widerrufliche Vollmacht umzudeuten. Die *isolierte Generalvollmacht* ist stets (wegen sittenwidriger Knebelung) als widerruflich zu werten (*Staudinger/Dilcher* § 168 Rdn. 17). **Befristet unwiderrufliche Vollmachten** sind sowohl bei der kausalen als auch bei der isolierten Vollmacht grundsätzlich zulässig, ungeachtet der Möglichkeit des Widerrufs aus wichtigem Grund. Bedenkenlos ist eine Unwiderruflichkeitsklausel dann, wenn der Bevollmächtigte oder ein Dritter einen Anspruch auf Vornahme des Vertretergeschäftes hat, oder sich die Unwiderruflichkeit aus dem Grundverhältnis ergibt (zB die Vollmacht im Interesse des Bevollmächtigten, erteilt wurde – BGH WM 1965, 107 – oder wenn die Vollmacht zum Vollzug eines vom Vollmachtgeber eingegangenen Verpflichtungsgeschäftes erforderlich ist). Die Regeln zur Widerruflichkeit einer als unwiderruflich erklärten Bevollmächtigung unter Lebenden gelten entsprechend für die postmortale Vollmacht (*Staudinger/Reimann* Vor §§ 2197ff. Rdn. 115). Eine Ausnahme gilt für die Unwiderruflichkeit einer über den Tod hinaus erteilten, auch befristet unwiderruflichen Generalvollmacht wegen der möglichen Umgehung der Testamentsvollstreckung (§ 138 BGB; *Staudinger/Reimann* Vor §§ 171ff. Rdn. 115); diese gilt dann als widerrufliche fort, vorausgesetzt, der Vollmachtgeber hätte sie auch ohne Verzicht auf das Widerrufsrecht erteilt (*Palandt/Edenhofer* Vor § 2197 Rdn. 19).

b) Widerruf

Der **Alleinerbe** kann **stets** die vom Erblasser erteilte widerrufliche Vollmacht 55
zurückziehen. Dieses Recht ist die Konsequenz aus dem Gesamtrechtsnachfolgeprinzip (§ 1922 BGB; *Staudinger/Reimann* Vor §§ 2197ff. Rdn. 114).

Bei einer Erbengemeinschaft ist **jeder Miterbe** für seine Person widerrufsbe- 56
rechtigt. Durch den Widerruf eines Miterben wird das Vertretungsrecht des Bevollmächtigten hinsichtlich der übrigen Miterben nicht berührt; in diesem Falle kann Rückgabe der Vollmachtsurkunde nicht verlangt werden, sondern lediglich die Eintragung eines einschränkenden Vermerks (BGH NJW 1990, 507). Soweit

die Vollmacht kausal ist, ist bei der Widerrufsberechtigung des einzelnen Miterben auf das zugrundeliegende Rechtsverhältnis (§ 168 BGB) abzustellen. So bleibt zB die unwiderrufliche Vollmacht zum Vollzug eines vom Erblasser noch eingegangenen Verpflichtungsgeschäfts über dessen Tod hinaus unwiderruflich. Die isolierte Vollmacht hingegen ist regelmäßig stets widerruflich (siehe Rdn. 54). Der Nacherbe kann bereits vor Eintritt des Nacherbfalles die Vollmacht widerrufen, soweit die Vertretungsmacht sein Nacherbenanwartschaftsrecht erfaßt.

57 Soweit nicht in der Verfügung von Todes wegen etwas anderes bestimmt ist, kann auch der **Testamentsvollstrecker** im Rahmen seines Verwaltungsrechts (§ 2205 BGB) eine Vollmacht über den Tod hinaus widerrufen, soweit die Vollmacht nicht ausnahmsweise unwiderruflich ist (*Staudinger/Reimann* Vor §§ 2197 ff. Rdn. 114).

58 Mit dem Widerruf erlischt die Vertretungsmacht ungeachtet der Frage, ob bei der kausalen Vollmacht der zugrundeliegende Auftrag oder Geschäftsbesorgungsvertrag endet. Der Widerruf erfolgt durch **einseitige empfangsbedürftige Willenserklärung,** die entweder an den Bevollmächtigten selbst oder an den Dritten, demgegenüber die Vertretungsmacht erklärt wurde, zu richten ist (§§ 168 S. 2, 167 BGB).

c) Sonstige Erlöschensgründe

59 Die postmortale Vollmacht erlischt auch **bei Befristung** mit Terminerreichung oder bei Vorliegen einer **auflösenden Bedingung** mit Bedingungseintritt. Ferner kann der Bevollmächtigte durch einseitige empfangsbedürftige Willenserklärung auf die Vollmacht verzichten, bei der kausalen Vollmacht auch dann, wenn mit dem Verzicht gegen eine Pflicht aus dem Grundverhältnis verstoßen wird (*Staudinger/Dilcher* § 168 Rdn. 18).

5. Erbrechtliche Verstärkung der Vollmacht

60 Da sowohl die kausale als auch die isolierte postmortale Vollmacht durch den Erben regelmäßig widerruflich ist (Rdn. 54), muß der Erblasser, wenn er gleichwohl zumindest für eine bestimmte Zeit nach seinem Ableben dem Bevollmächtigten eine stärkere Rechtsposition verleihen will, auf das erbrechtliche Instrumentarium zurückgreifen. So kann er die Erben verpflichten, die Vollmacht (für eine bestimmte Zeit) **nicht widerrufen** (zB durch Auflage, mit deren Überwachung und Durchführung der Testamentsvollstrecker beauftragt wird). Schließlich kann auch der Nicht-Widerruf zur aufschiebenden Bedingung für die Erbeneinsetzung bzw. für die Zuwendung von Vorausvermächtnissen gemacht werden (*Lange* JuS 1970, 102; *Staudinger/Reimann* Vor §§ 2197 ff. Rdn. 116).

IV. Aufgaben und Wirkungskreis des Testamentsvollstreckers

1. Vorbemerkung

61 Die Aufgaben des Testamentsvollstreckers richten sich zunächst nach der Art der Testamentsvollstreckung. Soweit der Erblasser nichts anderes bestimmt, hat der Testamentsvollstrecker die letztwilligen Verfügungen auszuführen (§ 2203 BGB) und die Auseinandersetzung unter mehreren Erben durchzuführen (§ 2204 BGB). Sein Verwaltungsrecht ist nach den gesetzlichen Vorgaben **grundsätzlich allge-**

mein, ausschließlich **und unbeschränkt,** erstreckt sich sonach auf den ganzen Nachlaß und schließt in diesem Umfang das Verfügungsrecht des Erben aus (§ 2211 BGB). Schranken ergeben sich durch das Schenkungsverbot (§ 2205 S. 3 BGB), durch Anordnungen des Erblassers (§ 2208 BGB) und durch die Grundsätze ordnungsgemäßer Verwaltung (§§ 2206, 2216 BGB). Neben diesem Regeltypus der **Abwicklungsvollstreckung** gibt es Sondertypen, und zwar eine Aufgabenerweiterung bei der Dauertestamentsvollstreckung (§ 2209 1. Halbs. BGB) sowie Aufgabeneinengungen bei der schlichten Verwaltungsvollstreckung (§ 2209 1. Halbs. BGB), der Nacherbentestamentsvollstreckung (§ 2222 BGB), der Vermächtnistestamentsvollstreckung (§ 2223 BGB) und schließlich der Testamentsvollstreckung mit beschränktem Aufgabenkreis (§ 2208 BGB).

Durch **Auslegung** ist zu ermitteln, ob überhaupt der Erblasser Testamentsvoll- 62
streckung angeordnet hat, und wenn ja, welchen Aufgabenbereich der Testamentsvollstrecker haben soll. Auf eine bestimmte Ausdrucksweise des Testators kommt es hierbei nicht an. Das Wort „Testamentsvollstrecker" oder „Testamentsvollstreckung" muß nicht notwendig genannt werden. Der Wille des Erblassers muß jedoch zweifelsfrei aus der letztwilligen Verfügung ermittelt werden können (§§ 133, 2087 BGB). Zwar mögen Ausdrücke wie „Beistand", „Pflegschaft", „Kuratel" Anhaltspunkte für einen Testamentsvollstreckungswillen des Erblassers sein (hierzu *Soergel/Damrau* § 2197 Rdn. 7ff.; *Staudinger/Reimann* § 2197 Rdn. 8ff.); da aber die Verwendung solcher Begriffe allenfalls ein Indiz für die Anordnung der Testamentsvollstreckung ist, also noch die weiteren Umstände und letztwilligen Äußerungen herangezogen werden müssen, ist von der Verwendung solcher unklarer Begriffe dringend abzuraten.

Die **Beschränkung** der vom Regeltypus abweichenden Befugnisse des Testa- 63
mentsvollstreckers sowie die **Aufgabenerweiterung** müssen in der Verfügung von Todes wegen deutlich zum Ausdruck kommen oder sich aus anderweitigen Äußerungen des Erblassers bzw. den Umständen klar ergeben (*Staudinger/Reimann* § 2208 Rdn. 2). Beweispflichtig für Beschränkungen der Befugnisse ist derjenige, der sich darauf beruft. § 2208 BGB stellt eine Ausnahmebestimmung dar. Die Erweiterung der gesetzlichen Befugnisse über den gesetzlichen Rahmen hinaus muß der Testamentsvollstrecker nachweisen.

2. Die Abwicklungsvollstreckung

Hat der Erblasser lediglich Testamentsvollstreckung angeordnet und in der Ver- 64
fügung von Todes wegen den Aufgabenkreis weder klar noch durch Auslegung ermittelbar bestimmt, dann treffen den Testamentsvollstrecker die Pflichten der **Ausführung der letztwilligen Verfügungen** (§ 2203 BGB) sowie der **Auseinandersetzung des Nachlasses** (§ 2204 BGB). Das Verwaltungsrecht des Testamentsvollstreckers wird inhaltlich **konkretisiert** und **ergänzt** durch:

- die Berechtigung, den Nachlaß in Besitz zu nehmen (§ 2205 S. 2 1. Halbs. BGB),
- die Berechtigung, Verbindlichkeiten einzugehen (§§ 2206, 2207 BGB),
- die Berechtigung zu Verfügungen über Nachlaßgegenstände (§ 2205 S. 2 2. Halbs. BGB),
- die Befugnis, zum Nachlaß gehörende Rechte gerichtlich geltend zu machen (§ 2212 BGB),
- die Befugnis, das Gläubigeraufgebot, die Zwangsversteigerung von Nachlaßgrundstücken und die Eröffnung des Nachlaßinsolvenzverfahrens zu beantragen (§ 991 ZPO, § 175 ZVG, § 317 InsO),
- die Bestimmungen zur Art und Weise der Verwaltung (§§ 2216, 2218 BGB).

a) Inbesitznahme

65 Zufolge der Gesamtrechtsnachfolge geht der **Besitz** des Erblassers mit dem Erbfall auf den Erben über (§ 857 BGB). Gem. § 2205 BGB steht dem Testamentsvollstrecker das allgemeine, ausschließliche und unbeschränkte Verwaltungsrecht, welches sich regelmäßig auf den ganzen Nachlaß bezieht, zu. Daher hat der Testamentsvollstrecker das Recht und die Pflicht, die Nachlaßgegenstände unmittelbar zu besitzen. Der Erbe muß dem Testamentsvollstrecker den unmittelbaren Besitz einräumen (§ 854 BGB). Der Erbe wird dann mittelbarer Besitzer (§ 868 BGB). Kommt der Erbe der Besitzeinräumung für den Testamentsvollstrecker nicht nach, kann dieser notfalls den unmittelbaren Besitz im Wege der Klage erzwingen, auch gegen den Abwesenheitspfleger des Erben (*Staudinger/Reimann* § 2205 Rdn. 23; Formulierungsvorschläge 4. Kap. Rdn. 8ff.); soweit der Erbe selbst die Nachlaßgegenstände noch nicht in Besitz genommen hat, kann der Testamentsvollstrecker originär durch Besitzergreifung den unmittelbaren Besitz erwerben. Besitzschutz (§§ 858ff. BGB) steht dem Testamentsvollstrecker erst ab Besitzergreifung zu (*Staudinger/Reimann* § 2205 Rdn. 23).

66 Anders als bei der Nachlaßverwaltung (§§ 1981ff. BGB) kann das **Nachlaßgericht** zum Zwecke der Besitzeinsetzung des Testamentsvollstreckers nicht eingreifen. Bei Nachlaßgegenständen, zu deren Freigabe der Testamentsvollstrecker gem. § 2217 BGB verpflichtet ist, entfällt regelmäßig das Recht des Testamentsvollstreckers auf Besitz, da er sie dem Erben ohnehin wieder überlassen müßte (§ 242 BGB).

67 Umstritten ist die Besitzfrage bei der **Gesamthand.** Das Problem stellt sich, wenn eine Beteiligung an einer Gesellschaft bürgerlichen Rechts bzw. an einer Handelsgesellschaft oder ein Erbteil in den Nachlaß fällt, oder wenn der Erblasser in Gütergemeinschaft verheiratet war. Die hM nimmt grundsätzlich Mitbesitz nach § 866 BGB an (BGHZ 86, 340; *Palandt/Bassenge* § 854 Rdn. 14). Folgt man hingegen der Lehre, daß die gesellschaftsrechtliche Gesamthand als teilrechtsfähige Personengruppe mit eigenen Organen zu behandeln sei, so wäre zumindest für den Bereich der BGB-Gesellschaft der Besitz nicht den Gesellschaftern, sondern unmittelbar der Gesamthand zuzurechnen (MünchKommBGB/*Ulmer* § 718 Rdn. 25).

68 Auf die Streitfrage ist jedoch im Bereich des Erbrechts nicht einzugehen. Nach hM geschieht die Vererbung vererblicher Beteiligungen an Personengesellschaften und auch an der Gesellschaft bürgerlichen Rechts an mehrere Miterben durch **„Sondererbfolge“** (BGHZ 47, 2293; 91, 133; *Palandt/Edenhofer* § 1922 Rdn. 16). Diese Singularsukzession hat zur Folge, daß jeder Miterbe eine (für sich selbständige) Beteiligung unmittelbar entsprechend seiner Erbquote erhält, und zwar ohne vorgängige Auseinandersetzung durch den Testamentsvollstrecker. Die angeordnete **Verwaltungsvollstreckung** bewirkt zwar, daß der Gesellschafter-Erbe über den ererbten Anteil nicht verfügen kann (BGHZ 98, 48); für den reinen Abwicklungsvollstrecker hingegen besteht kein Handlungsspielraum, da die Vererbung quasi am Nachlaß vorbei erfolgt (hierzu ausführlich 5. Kap. Rdn. 148ff.).

Anders ist die Rechtslage, wenn die Gesellschaft durch Tod aufgelöst ist und an deren Stelle dann eine Abwicklungsgesellschaft tritt. Die Beteiligung an dieser Abwicklungsgesellschaft fällt in den Nachlaß (BGHZ 98, 48; *Soergel/Damrau* § 2205 Rdn. 27). Eine Sondererbfolge findet nicht statt. Die Beteiligung an der Abwicklungsgesellschaft unterliegt der Testamentsvollstreckung.

69 Bei der **Gütergemeinschaft** (§§ 1415ff. BGB) fällt der Anteil des Erblassers am Gesamtgut in den Nachlaß (§ 1482 BGB). Der Testamentsvollstrecker hat – sofern der überlebende Ehegatte nicht Alleinerbe wird – sich mit dem überlebenden Ehe-

gatten gem. §§ 1471 ff. BGB auseinanderzusetzen. Vor Auseinandersetzung können über Nachlaßgegenstände der überlebende Ehegatte und der Testamentsvollstrecker nur gemeinsam verfügen (*Haegele/Winkler* Rdn. 67). Bei der fortgesetzten Gütergemeinschaft zählt der Anteil des verstorbenen Ehegatten nicht zum Nachlaß, wenn die Gütergemeinschaft mit den gemeinschaftlichen Abkömmlingen fortgesetzt wird (§ 1483 Abs. 1 S. 3).

Fällt in den Nachlaß ein Erbteil an einem anderen Nachlaß, so unterliegt dieser auch der Abwicklungsvollstreckung (BGH NJW 1984, 2464).

Aus dem Recht des Testamentsvollstreckers gegenüber dem Erben auf Herausgabe des Nachlasses und auf Besitzverschaffung folgt zwingend der Anspruch des Testamentsvollstreckers auf **Auskunftserteilung.** Der Erbe ist mithin verpflichtet, Auskunft dem Testamentsvollstrecker zu erteilen, Rechenschaft abzulegen und ggf. die Eidesstattliche Versicherung abzugeben (*Staudinger/Reimann* § 2205 Rdn. 23). **70**

Zur **Nachlaßverwaltung** ist der Abwicklungsvollstrecker berechtigt und verpflichtet bis zur abschließenden Ausführung der letztwilligen Anordnung und der Auseinandersetzung. Hierbei muß er besondere Gewissenhaftigkeit und Sorgfalt walten lassen, um das ihm anvertraute Vermögen – den Nachlaß – zu erhalten und zu sichern. Auch hier ist zu unterscheiden zwischen der selbständigen Tätigkeit als Verwaltungsvollstrecker (§ 2209 BGB) und der Verwaltung des Nachlasses zum Zwecke der Abwicklung schwebender Geschäfte sowie der Beschaffung der zur Ausführung der letztwilligen Verfügungen (§ 2203 BGB) und zur Verteilung des Nachlasses (§ 2204 BGB) erforderlichen Mittel (*Staudinger/Reimann* § 2209 Rdn. 2). **71**

b) Gegenstand der Verwaltung

Verwaltungsgegenstand ist der Nachlaß. Fortwirkende **Persönlichkeitsrechte** (Bestattungsart, Exhumierung, postmortale Organentnahme, Namensschutz) sowie sonstige höchstpersönliche Rechte des Erblassers (auch höchstpersönliche Mitgliedschaftsrechte bei Personengesellschaften. s. 5. Kap. Rdn. 158 ff.) unterfallen nicht der Testamentsvollstreckung (*Staudinger/Reimann* Vor §§ 2197 ff. Rdn. 3; *Soergel/Damrau* § 2205 Rdn. 5). **72**

Während höchstpersönliche Rechte so stark mit der Person des Rechtsträgers verknüpft sind, daß sie von ihnen nicht getrennt werden können und damit mit dem Tod des Inhabers erlöschen, gibt es auch solche persönliche Rechte, die infolge des Einrückens des Erben in die Rechtsstellung des Erblassers in der Person des Erben neu entstehen, ihrer Natur nach aber nicht von einem anderen für den Erben ausgeübt werden könne. Auch Folgerechte sind nicht Gegenstand der Verwaltung durch den Testamentsvollstrecker (RGZ 85, 1). Hierunter fallen bspw. Ansprüche aus einer Verletzung des Persönlichkeitsrechts (nicht jedoch Urheberrechte, weil diese vererblich sind); das Recht des **Widerrufs einer Schenkung** (§ 530 Abs. 2 BGB) sowie das **Anfechtungsrecht** wegen Erbunwürdigkeit (§§ 2341, 235 BGB) und der **Herausgabeanspruch** wegen einer böslichen Schenkung (§ 2287 BGB) gehören nicht zum Nachlaß und werden demzufolge nicht vom Verwaltungsrecht des Testamentsvollstreckers umfaßt. **73**

Auch das Anfechtungsrecht nach §§ 2078, 2079 BGB kann der Testamentsvollstrecker nicht ausüben. **74**

Die **Annahme** oder **Ausschlagung** einer dem Erblasser noch zu dessen Lebzeiten zugefallenen Erbschaft kann nur der Erbe erklären, weil diesen Vorgängen nicht nur vermögensrechtliche, sondern auch persönliche Elemente zugrundeliegen (*Staudinger/Reimann* § 2205 Rdn. 13; *Palandt/Edenhofer* § 2205 Rdn. 4). **75**

76 Der **Pflichtteilsanspruch** entsteht gem. § 2317 Abs. 1 BGB mit dem Erbfall, also mit dem Tod des Erblassers (§ 1922 BGB), auch bei Anordnung der Nacherbfolge. Damit unterfällt der entstandene Pflichtteilsanspruch des Erblassers der Testamentsvollstreckung. Dies gilt auch für den Pflichtteils-Restanspruch gem. § 2305 BGB. Bei Beschränkungen und Beschwerungen (§ 2306 BGB) sowie bei Vermächtnissen (§ 2307 BGB) entsteht nach hM der Pflichtteilsanspruch zwar erst mit der Ausschlagung, wird aber nach durchgeführter Ausschlagung als mit dem Erbfall entstanden behandelt (*Palandt/Edenhofer* § 2317 Rdn. 1). Auch in solchen Fällen kann wegen des persönlichen Charakters das Ausschlagungsrecht nicht dem Testamentsvollstrecker überlassen werden; die Entscheidung der Ausschlagung oder der Annahme der Zuwendungen an den Erblasser verbleibt bei dessen Erben. Die Nachlaßbeteiligung bzw. der Pflichtteilsanspruch als gewöhnliche Geldforderung unterfallen hingegen dem Verwaltungsrecht des Testamentsvollstreckers.

77 Das Recht zur **Kündigung** eines **Mietvertrages** gem. § 580 BGB nF steht dem Testamentsvollstrecker zu;

78 **Ausgleichsansprüche** des Handelsvertreters (§ 89b HGB) können vom Testamentsvollstrecker verwaltet werden.

79 Obwohl die gesetzlichen Vorschriften über die Testamentsvollstreckung keine Regelung enthalten, ob der Erlös aus dem Verkauf eines Nachlaßgegenstandes oder eine mit Mitteln des Nachlasses erworbene Sache wieder zum Nachlaß gehört **(dingliche Surrogation),** ist § 2041 BGB entsprechend auf alle Fälle der Nachlaßsonderung vom Eigenvermögen des Erben entsprechend anzuwenden (*Palandt/Edenhofer* § 2041 Rdn. 1; *Staudinger/Reimann* § 2205 Rdn. 10; RGZ 138, 134). Der Ersatzgegenstand wird also grundsätzlich Bestandteil des Nachlasses, damit gemeinschaftliches Vermögen der Erben und unterfällt der Verwaltung des Testamentsvollstreckers.

c) Inhalt und Umfang der Verwaltungstätigkeit

80 *aa) Verpflichtungsgeschäfte.* Im Rahmen der ordnungsmäßigen Verwaltung (§ 2216 Abs. 1; hierzu auch 4. Kap. Rdn. 18ff.) ist der Testamentsvollstrecker berechtigt, Verbindlichkeiten für den Nachlaß einzugehen (§§ 2206 BGB). Anders als beim freien Verfügungsrecht über Nachlaßgegenstände steht aber dem Testamentsvollstrecker **nur ein eingeschränktes Recht** zur Eingehung von Verbindlichkeiten zu (kausale Bedingung der Erforderlichkeit im Hinblick auf ordnungsgemäße Verwaltung), es sei denn, er ist von der Beschränkung des § 2206 BGB vom Erblasser gem. § 2207 BGB befreit, was bei der Verwaltungsvollstreckung im Zweifel anzunehmen ist (§ 2209 S. 2 BGB).

Soweit allerdings über Nachlaßgegenstände verfügt wird, ist gem. § 2206 Abs. 1 S. 2 BGB die Vertretungsmacht bezüglich des zugrundeliegenden Verpflichtungsgeschäftes nicht auf solche Vorgänge beschränkt, die zur ordnungsgemäßen Verwaltung erforderlich sind. Insoweit entfällt die **kausale Beschränkung** des § 2206 Abs. 1 S. 1 BGB.

81 **Beispiele für Verbindlichkeiten,** durch welche der Nachlaß in zulässiger Weise verpflichtet wird, sind Kaufvertrag, Mietvertrag, Pachtvertrag, Werkvertrag, Dienstvertrag, jedoch nur, wenn die Gegenleistungen angemessen und die Bonität des Vertragspartners nicht zweifelhaft ist oder dieser ausreichende Sicherheiten leistet.

82 Bei **Dauerschuldverhältnissen** (Mietvertrag, Dienstvertrag) ist es durchweg mit dem Prinzip der ordnungsmäßigen Verwaltung vereinbar, daß auch über die Beendigung der Testamentsvollstreckung hinaus der Erbe verpflichtet wird.

Die **Begründung von Gesellschaftsverhältnissen** oder die Beteiligung an Gesellschaften kann der Testamentsvollstrecker grundsätzlich nicht für den Nachlaß oder die Erben vornehmen (*Staudinger/Reimann* § 2206 Rdn. 4). Zu den Ausweichmöglichkeiten über Treuhand oder Vollmacht s. 2. Kap. Rdn. 61 ff. 83

Darlehensverträge sind nur dann für den Nachlaß wirksam, wenn das Darlehen zur ordnungsgemäßen Verwaltung erforderlich ist. Gleiches gilt für die Übernahme einer Bürgschaft (§§ 765 ff. BGB), den Vergleich (§ 779 BGB) und das Schuldversprechen bzw. das Schuldanerkenntnis (§§ 780 f. BGB). Die Verpflichtung zur Bestellung einer dinglichen Sicherung für Verbindlichkeiten ist nach § 2206 Abs. 1 S. 2 BGB zu beurteilen. 84

Zum Bereich der **ordnungsmäßigen Verwaltung** gehören ferner 85

- Erfassung des Nachlaßbestandes anhand der verfügbaren Unterlagen,
- Geltendmachung von Nachlaßrechten jeder Art, vor allem Einziehen noch ausstehender Forderungen,
- Prozeßführung und Einlegung von Rechtsbehelfen und Rechtsmitteln, sofern diese nicht erkennbar aussichtslos oder überflüssig sein (BGH WM 1967, 25),
- Herausgabe von Erträgen aus der Verwaltung des Nachlasses an die Erben, soweit sie zur Erfüllung der Testamentsvollstreckeraufgaben nicht mehr benötigt werden. Jedenfalls muß an den Erben aus den erzielten Erträgen soviel ausgekehrt werden, wie dieser für seinen angemessenen Unterhalt und die Erfüllung seiner gesetzlichen Unterhaltspflichten benötigt,
- Anlage von Geld und Wertpapieren. Eine mündelsichere Anlage ist nicht geboten. Der Testamentsvollstrecker steht bei der Vermögensanlage so frei, wie der Vormundschaftsrichter nach § 1811 BGB den Vormund im äußersten Fall stellen darf (BGH NJW 1987, 1070). Die Grundsätze wirtschaftlicher Vermögensverwaltung sind jedoch zu beachten (hierzu 4. Kap. Rdn. 22 ff.),
- Einhaltung der Verkehrssicherungspflichten zB Räum- und Streupflicht, in bezug auf einen Nachlaßgegenstand.

Auch wenn der Wortlaut des § 2206 Abs. 1 S. 1 BGB auf **objektiv** ordnungsmäßige Verwaltung hindeutet, ist mit der hM im Interesse des Verkehrsschutzes auch dann von einer „ordnungsmäßigen Verwaltung" auszugehen, wenn derjenige, mit dem der Testamentsvollstrecker einen Vertrag abschließt, beim Vertragsabschluß angenommen hat oder ohne Fahrlässigkeit annehmen konnte, daß die Verbindlichkeit zur ordnungsmäßigen Verwaltung erforderlich sei (*Palandt/Edenhofer* § 2206 Rdn. 1; *Staudinger/Reimann* § 2206 Rdn. 10; *Soergel/Damrau* § 2206 Rdn. 3). Mithin kann eine wirksame Nachlaßverbindlichkeit auch bei Nichtvorliegen der objektiven Ordnungsmäßigkeit wirksam begründet werden (BGH NJW 1983, 40). Weiß hingegen der Vertragsgegner oder hätte er wissen müssen, daß das Geschäft nicht der objektiv ordnungsmäßigen Verwaltung entspricht, so kann er allenfalls den Testamentsvollstrecker gem. § 179 (entsprechend) belangen, nicht jedoch Ansprüche gegen den Erben herleiten (*Staudinger/Reimann* § 2206 Rdn. 11). Die Beweispflicht trifft im Streitfall den Dritten. 86

Der Testamentsvollstrecker muß beim Eingehen von Verbindlichkeiten für den Nachlaß klar zu erkennen geben, daß er **nicht** für sich **persönlich** tätig wird. Andernfalls kann er Gefahr laufen, selbst unmittelbar berechtigt und verpflichtet zu werden. 87

Der Testamentsvollstrecker hat das Recht, vom Erben die **Zustimmung** zur Eingehung der Verbindlichkeit zu verlangen (§ 2206 Abs. 2 BGB). Damit hat der Testamentsvollstrecker die Möglichkeit, Klarheit in der Frage herbeizuführen, ob die Eingehung der Verbindlichkeit den Grundsätzen ordnungsgemäßer Verwaltung entspricht oder nicht. Die Zustimmung des Erben bewirkt, daß der Testamentsvollstrecker nicht gem. § 2219 BGB zum Schadensersatz herangezogen werden 88 kann. Darüber hinaus wird auch der Vertragspartner gegen Einwendungen aus § 2206 Abs. 1 S. 1 BGB geschützt. Stimmt der Erbe der Eingehung von Verbindlichkeiten durch den Testamentsvollstrecker zu, obwohl das Geschäft nicht der ordnungsgemäßen Verwaltung dient, so wird das Rechtsgeschäft analog § 177 BGB wirksam (*Soergel/Damrau* § 2206 Rdn. 5; aA offensichtlich *Staudinger/Reimann* § 2206 Rdn. 15).

89 Bei der **Vorerbschaft** ist grundsätzlich der Vorerbe zur Einwilligung berechtigt und verpflichtet. Dessen ungeachtet kann der Testamentsvollstrecker, vor allem bei befristeter, bedingter und nicht befreiter Vorerbschaft, durchweg auch ein rechtliches Interesse an der Mitwirkung des Nacherben haben (OLG Neustadt NJW 1956, 1881; *Palandt/Edenhofer* § 2206 Rdn. 3).

90 Auch wenn der Testamentsvollstrecker gem. § 2206 Abs. 1 S. 2, §§ 2205, 2208 BGB zur Eingehung einer Verbindlichkeit zu einer Verfügung befugt ist, kann der Erbe der Verpflichtung die Zustimmung versagen, wenn das Rechtsgeschäft nicht der ordnungsgemäßen Verwaltung entspricht. Der Testamentsvollstrecker riskiert in diesen Fällen trotz Wirksamkeit des Rechtsgeschäfts die Verpflichtung zum Schadensersatz gem. § 2219 BGB.

91 Die Einwilligung des Erben bedarf **keiner Form,** auch wenn das Verpflichtungsgeschäft selbst formbedürftig wäre (§ 182 Abs. 2 BGB). Die vom Testamentsvollstrecker gem. § 2206 BGB wirksam eingegangen Verbindlichkeiten sind **Nachlaßverbindlichkeiten** gem. § 1967 BGB. Der Erbe haftet hierfür persönlich. Er hat die Möglichkeit der Beschränkung seiner Haftung auf den Nachlaß nach den allgemeinen Regeln (hierzu *Palandt/Edenhofer* Vor § 1967 Rdn. 2). Soweit sich der Testamentsvollstrecker im Rahmen der letztwilligen Verfügungen sowie der gesetzlichen Bestimmungen hält, haftet er für die eingegangenen Verbindlichkeiten nicht persönlich. Beim Überschreiten seiner Verpflichtungsmacht wird der Erbe nicht verpflichtet. Der Testamentsvollstrecker haftet analog § 179 BGB (*Staudinger/Reimann* § 2206 Rdn. 19). Fehlt die Berechtigung des Testamentsvollstreckers zur Eingehung der Verpflichtung, so kann der Erbe gem. § 177 BGB genehmigen (mit der Folge, daß das Geschäft zur Nachlaßverbindlichkeit wird).

92 Soweit die rechtlichen Folgen der Willenserklärung durch Willensmängel, Gutgläubigkeit oder Schlechtgläubigkeit beeinflußt werden, ist alleine auf den Testamentsvollstrecker abzustellen (denn dieser ist selbst Vertragspartei, *Palandt/Heinrichs* § 166 Rdn. 2).

93 Ein **Verschulden** des Testamentsvollstreckers hat der Erbe analog § 278 BGB zu vertreten (hM *Staudinger/Reimann* § 2205 Rdn. 69; *Soergel/Damrau* § 2206 Rdn. 4).

Der Testamentsvollstrecker ist jedoch **nicht Verrichtungsgehilfe** des Erben, weil er nicht vom Willen eines Geschäftsherrn abhängig ist, also weder allgemein noch konkret Weisungen des Erben unterworfen ist. § 831 BGB ist daher weder unmittelbar noch analog anwendbar.

Die Verpflichtungsbefugnis ist über § 2206 Abs. 1 S. 2 BGB auf die Fälle, in denen er zur Verfügung berechtigt ist, erweitert (Rdn. 79).

94 Beim **Verkauf eines Nachlaßgrundstücks** ist zu beachten: Der Abwicklungsvollstrecker darf gem. § 2205 S. 1 BGB über Nachlaßgrundstücke verfügen. Die Verpflichtungsbefugnis (Abschluß des Kaufvertrages) folgt aus § 2206 Abs. 1 S. 2 BGB. Das Geschäft muß **entgeltlich** sein.

Zur Frage der Entgeltlichkeit und zur Abgrenzung von einer (unzulässigen) gemischten Schenkung sowie zum Nachweis gegenüber dem Grundbuchamt siehe 4. Kap. Rdn. 152ff. (*Haegele/Winkler* Rdn. 255).

95 Die zum Zwecke der Durchführung sowohl des Kaufvertrages als auch der Auflassung erforderlichen oder zweckdienlichen sonstigen Verpflichtungsgeschäfte sind

durch § 2206 Abs. 1 S. 1 BGB abgedeckt. Auch die **Vollmacht** an den Käufer, das Vertragsobjekt bereits vor Eigentum mit Grundpfandrechten oder Dienstbarkeiten zu belasten, ist häufig Voraussetzung für das Verfügungsgeschäft, die Eingehung von **Bürgschaften** für den Käufer gegenüber dem den Kaufpreis finanzierenden Kreditinstitut hingegen wird regelmäßig durch § 2206 BGB nicht gedeckt sein (anders jedoch bei Kaufpreisstundung, abgesichert durch Sicherungshypothek).

Die **Übernahme besonderer Verpflichtungen** im Kaufvertrag, abweichend 96
vom gesetzlichen Typus, soll nach *Staudinger/Reimann* § 2206 Rdn. 8 nicht von § 2206 Abs. 1 S. 2 BGB umfaßt sein. Nach dieser Ansicht wäre der Testamentsvollstrecker also nicht befugt, im Kaufvertrag die Gewähr für Freiheit des Nachlaßgrundstücks von öffentlichen Abgaben und anderen öffentlichen Lasten entgegen § 436 BGB zu übernehmen. Dieser sehr formalen Betrachtungsweise kann jedoch nicht zugestimmt werden. Seit Jahrzehnten haben sich im Bereich der Kautelarjurisprudenz Vertrags-Bausteine entwickelt, die in zulässiger Weise von den gesetzlichen Regeln abweichen und von den Beteiligten an einem Rechtsgeschäft als üblich angesehen werden (zB die vorerwähnte Haftung des Verkäufers für Freiheit des Grundstücks von öffentlichen Abgaben und sonstigen öffentlichen Lasten). Der Begriff „ordnungsmäßige Verwaltung" gebietet nicht eine derart enge Auslegung, daß stets nur der gesetzliche Typus mit all seinen, in der Praxis nicht mehr akzeptierten Bestimmungen einzuhalten ist, auch wenn zurecht an die Ordnungsmäßigkeit strenge Anforderungen gestellt werden (BGH NJW 1959, 1820).

Ordnungsmäßige Verwaltung heißt Nutzbarmachung des Nachlasses nach allge- 97
mein gültigen **wirtschaftlichen Regeln.** Demzufolge sind von der Kautelarjurisprudenz abweichend vom gesetzlichen Typus entwickelte Vertragsregeln durchweg mit der „ordnungsmäßigen Verwaltung" vereinbar.

Gerade beim **Verkauf einer Erbschaft** (§§ 2371 ff., 2033 BGB), die in den 98
Nachlaß fällt, zeigt sich dies deutlich. Da der Testamentsvollstrecker zur Veräußerung (Erbteilsübertragung, § 2033 BGB) berechtigt ist, darf er auch das zugrundeliegende schuldrechtliche Geschäft abschließen. Im Rahmen des Erbschaftskaufvertrages kann er von den Sonderregeln der §§ 2374 ff. BGB zumindest in dem Umfang abweichen, als deren Norminhalt schon seit langem von der Vertragspraxis nicht mehr übernommen. also regelmäßig abbedungen bzw. durch andere Vereinbarungen ergänzt und ersetzt wird (vgl. hierzu Beck'sches Notarhandbuch Teil C Rdn. 246 f.).

Zum **Schenkungsversprechen** durch den Testamentsvollstrecker siehe 4. Kap. 99
Rdn. 89, 93.

bb) Die Verfügungsbefugnis. (1) **Begriffsbestimmung.** Verfügungen sind einseiti- 100
ge oder vertragliche Rechtsgeschäfte, die (anders als die Verpflichtungsgeschäfte, § 2206 BGB) unmittelbar darauf gerichtet sind, auf ein bestehendes Recht einzuwirken, es zu verändern, zu übertragen oder aufzuheben (BGHZ 1, 304; 101, 26).

Die Verfügungsgeschäfte sind gesetzlich abschließend bestimmt (numerus clau- 101
sus). Die meisten Verfügungsgeschäfte sind wegen ihres dinglichen Charakters im Sachenrecht geregelt, einige auch im Schuldrecht (Erlaß, § 397 BGB, Abtretung §§ 398 ff. BGB, Schuldübernahme §§ 414 ff. BGB). Zu den Verfügungen zählen auch die **Gestaltungsgeschäfte,** da sie auf die Rechtsstellung des Erklärungsempfängers ohne dessen Zutun einwirken (Anfechtung, § 142 BGB, Rücktritt, § 349 BGB, Aufrechnung, §§ 387 ff. BGB; die Kündigung und der Widerruf (hM *Palandt/Heinrichs* Überbl. v. § 104 Rdn. 17). Ferner wird unmittelbar die Rechtslage geändert durch die Löschungsbewilligung (RGZ 93, 292, nicht jedoch die Bewilligung der Löschung eines Widerspruchs, KG HRR 1928 Nr. 842). Die Prozeßführung über einen Nachlaßgegenstand ist keine Verfügung in diesem Sinne.

102 Auch der **Bestandteilszuschreibungsantrag** gem. § 890 Abs. 2 BGB ist (wegen der Ausdehnung der Haftung nach § 1131 BGB) eine Verfügung iS des § 2205 BGB (*Staudinger/Reimann* § 2205 Rdn. 24). Die verfahrensrechtliche Geltendmachung von Rechten, die Führung eines Prozesses über einen Nachlaßgegenstand hingegen sind keine Verfügungen (*Soergel/Damrau* § 2205 Rdn. 64).

103 (2) **Gegenstände des Verfügungsrechts, Einzelfälle.** Der Verfügungsmacht des Testamentsvollstreckers unterliegen nur die einzelnen Nachlaßgegenstände. Zu **entgeltlichen** Verfügungen ist prinzipiell der Testamentsvollstrecker unbeschränkt befugt (hierzu ausführlich 4. Kap. Rdn. 121ff.). Der Nachlaß als Sachgesamtheit selbst oder Anteile mehrerer Erben am Nachlaß unterfallen nicht dem Verfügungsrecht des Testamentsvollstreckers. Hierüber kann nur der Erbe bzw. jeder einzelne Miterbe über seinen Erbteil gem. § 2033 BGB verfügen (BGH NJW 1984, 2464). Zwar kann der Erblasser dem Testamentsvollstrecker weder ein Verfügungsrecht über den Erbteil selbst einräumen noch die Veräußerung mit Wirkung gegen Dritte von seiner Zustimmung abhängig machen (*Staudinger/Reimann* § 2205 Rdn. 25), aber er kann durch Bedingungen und Auflagen in seiner Verfügung von Todes wegen auf Zeit eine solche Verfügung durch den Erben verhindern.

104 Lebte der Erblasser in **Gütergemeinschaft,** die durch Tod beendet, aber noch nicht auseinandergesetzt ist, so kann über den Anteil am Gesamtgut der Testamentsvollstrecker ebenfalls nicht verfügen (§ 1419 Abs. 1 BGB). Über einzelne Gegenstände selbst kann er nur gemeinsam mit dem überlebenden Ehegatten Verfügungsgeschäfte tätigen (OLG Stuttgart NJW 1967, 1809).

105 **Erbteilsveräußerung:** Veräußert der Miterbe seinen Erbteil, so wird der Erwerber nicht Miterbe. Er wird lediglich wirtschaftlich so gestellt, als ob er Erbe sei. Das Recht des Testamentsvollstreckers zur Verfügung über die Nachlaßgegenstände bleibt unverändert fortbestehen. Einen die Rechte des Testamentsvollstreckers schmälernden gutgläubigen Erwerb kennt das BGB nicht. Der vom Erbteilsveräußerer (Miterbe) erzielte Kaufpreis unterliegt nicht der Verwaltung des Testamentsvollstreckers (*Staudinger/Reimann* § 2205 Rdn. 25). Gleiches gilt bei der Veräußerung des **Nacherbenanwartschaftsrechts** durch den Nacherben, die nach den Regeln des Erbschaftskaufs erfolgt (*Palandt/Edenhofer* Überbl. v. § 2371 Rdn. 1). Der Erbteilserwerber wird ohne Mitwirkung des Testamentsvollstreckers als Rechtsnachfolger des bisherigen Erben im Grundbuch eingetragen (LG Essen Rpfleger 1960, 58).

106 Rechte von Pfändungsgläubigern bei **Pfändung** oder **Verpfändung des Erbteils** beeinträchtigen die Verfügungsbefugnis des Testamentsvollstreckers nicht.

107 Bei der Veräußerung oder Belastung eines Nachlaßgegenstandes durch den Testamentsvollstrecker ist die **Zustimmung** des Pfandgläubigers gem. § 1276 BGB nicht erforderlich (*Palandt/Edenhofer* § 2205 Rdn. 28). Der Pfändungsvermerk wird gegenstandslos und nach § 84 GBO gelöscht. Da das Pfandrecht am Erbteil fortbesteht, erleidet der Pfändungsgläubiger keinen Nachteil. Anstelle der veräußerten Sache fällt das Surrogat (Erlös) in den Nachlaß (§ 2041 BGB).

108 Der Erlös aus der Veräußerung und Übertragung eines Nachlaßgegenstandes zählt zum Nachlaß (siehe Rdn. 79) und wird gemeinschaftliches Vermögen der Erben. In der Erlösverteilung ist regelmäßig eine **Teilauseinandersetzung** und eine konkludente Freigabe gem. § 2217 BGB zu sehen (BGHZ 56, 275; MünchKommBGB/*Brandner* § 2217 Rdn. 8, 12; *Staudinger/Reimann* § 2217 Rdn. 21; zur Freigabe allgemein *Muscheler* ZEV 1996, 401). Die Freigabewirkung tritt unabhängig von einem entsprechenden Willen oder einer dahingehenden Willenserklärung des Testamentsvollstreckers ein (OLG Hamm OLGZ 1973, 258; BayObLG DNotZ 1993, 399 m. Anm. *Weidlich*).

Dies gilt jedoch **nicht** bei der **Verwaltungsvollstreckung,** die sich am Erlösanteil desjenigen Erben fortsetzt, für welchen Testamentsvollstreckung angeordnet ist. Eine solche Freigabe kann auch nicht mehr rückgängig gemacht werden (OLG Köln OLGZ 1965, 117). 109

Fällt in den Nachlaß des Erblassers, über welchen Testamentsvollstreckung angeordnet wurde, ein **Erbteil,** so ist über diesen alleine der Testamentsvollstrecker gem. §§ 2371, 2033 BGB verfügungsberechtigt (BGH NJW 1984, 2464). 110

Soweit der Erblasser die **Auseinandersetzung** in Ansehung des Nachlasses oder einzelner Nachlaßgegenstände **ausgeschlossen** hat (§ 2044 BGB) schränkt dies den Testamentsvollstrecker in seiner Verfügungsbefugnis nicht ein. Er hat zwar das Auseinandersetzungsverbot zu beachten (*Palandt/Edenhofer* § 2044 Rdn. 4). Gleichwohl sind seine Verfügungen gem. §§ 2205, 2206 Abs. 1 S. 2 BGB wirksam (BGH NJW 1971, 805). 111

cc) Die unentgeltliche Verfügung. (1) **Grundsatz.** Bei unentgeltlichen Verfügungen ist die Verfügungsmacht des Testamentsvollstreckers durch § 2205 S. 3 BGB dinglich beschränkt, soweit nicht die Verfügung einer sittlichen Pflicht oder einer auf den Anstand zu nehmenden Rücksicht entspricht. 112

Eine **Befreiung** des Testamentsvollstreckers von dieser Schranke des Verfügungsrechts ist **nicht möglich** (§ 2207 S. 2). Eine gleichwohl vorgenommene unentgeltliche Verfügung des Testamentsvollstreckers ist indes nicht nichtig, sondern zunächst schwebend unwirksam, da die Erben (und Vermächtnisnehmer, str.) die Möglichkeit haben, die Verfügung zu genehmigen (BGH DNotZ 1972, 90; *Staudinger/Reimann* § 2205 Rdn. 29). Die Vorschrift dient dem Schutz der nicht verfügungsberechtigten Erben und etwaiger Vermächtnisnehmer vor Verfügungen des Testamentsvollstreckers, die den Bestand und Wert des Nachlasses schmälern. 113

(2) **Unentgeltlichkeit.** Der Begriff Unentgeltlichkeit setzt sich aus subjektiven und objektiven Kriterien zusammen. **Objektive** Unentgeltlichkeit liegt vor, wenn keine objektiv gleichwertige Gegenleistung dem Nachlaß zufließt. 114

Subjektiv ist erforderlich, daß der Testamentsvollstrecker von der fehlenden gleichwertigen Gegenleistung weiß oder bei ordnungsgemäßer Verwaltung das Fehlen oder die Unzulänglichkeit der Gegenleistung hätte erkennen müssen (BGH NJW 1991, 842). 115

Maßgebender Zeitpunkt ist die Vornahme der Verfügung (BGH WM 1970, 1422). Spätere Wertentwicklungen sind nicht zu berücksichtigen (*Soergel/Damrau* § 2205 Rdn. 76). Erfolgt die Verfügung unter einer Befristung oder einer aufschiebenden Bedingung, zB Verkauf unter Eigentumsvorbehalt bei nicht gleichwertiger Gegenleistung oder Forderungsabtretung unter einer aufschiebenden Bedingung, ist der Zeitpunkt des Eintritts der Befristung bzw. aufschiebenden Bedingung maßgebend. Handelt bei Abschluß des Rechtsgeschäfts ein Nichtberechtigter und genehmigt der Testamentsvollstrecker zu einem späteren Zeitpunkt dessen Verfügung, wirkt die Genehmigung grundsätzlich auf den Zeitpunkt der Vornahme des Rechtsgeschäfts zurück, so daß dieser für die Beurteilung der Entgeltlichkeit eine Rolle spielt (§§ 185 Abs. 2, 184 Abs. 1 BGB). Veräußert bspw. der Erbe ohne Zustimmung des Testamentsvollstreckers im Nachlaß vorhandene Aktien zum Kurswert, steigt jedoch der Kurswert bis zum Tag der Genehmigung durch den Testamentsvollstrecker, so liegt zwar objektiv im Zeitpunkt der Genehmigung ein teilunentgeltliches Geschäft vor. Gleichwohl greift § 2205 S. 3 BGB nicht ein, da von der Rückwirkung der Genehmigung auf den Zeitpunkt der Vornahme der Verfügung durch den Nichtberechtigten auszugehen ist. Ob der Vertragspartner die Pflichtverletzung erkennt oder nicht, ist bedeutungslos (BGH NJW 1963, 1616; *Palandt/Edenhofer* § 2205 Rdn. 33, aM *Lange/Kuchinke* § 29 VI 2b). Uner- 116 heblich ist auch, ob sich die Beteiligten über die Unentgeltlichkeit geeinigt haben. Eine derartige Einigung (vgl. § 516 BGB) hat zwar im Rahmen der §§ 2287, 2325 BGB Bedeutung und wird dort bei einem auffallenden, groben Mißverhältnis zwischen den beiderseitigen Leistungen idR sogar vermutet. Sie ist aber nicht auch in den Fällen des § 2205 S. 3 BGB vorausgesetzt (BGH WM 1991, 205).

117 Der **Gegenwert** muß zunächst in den Nachlaß gelangen. Soll er von vorneherein ohne dingliche Surrogation einem Dritten zustehen, wird er nicht berücksichtigt, mit anderen Worten: In diesen Fällen handelt es sich um eine unentgeltliche und damit unzulässige Verfügung. Ist jedoch einmal die Gegenleistung in den Nachlaß gefallen, so ist es für die Beurteilung der Unentgeltlichkeit ohne Bedeutung, wie der Testamentsvollstrecker mit ihr weiter verfährt (*Staudinger/Reimann* § 2205 Rdn. 32).

118 **Einzelfälle: – Kreditsicherungsgeschäfte** (zB Hypothek oder Grundschuld, Abtretung einer Eigentümergrundschuld oder Sicherungsübereignung) unterfallen dann einer ordnungsmäßigen Nachlaßverwaltung, wenn die Valuta in den Nachlaß fällt und dem Gläubiger keine unüblichen Sicherheiten (Höhe und Zinssatz) gewährt werden (*Soergel/Damrau* § 2205 Rdn. 83). Voraussetzung ist, daß die gesamte Valuta in den Nachlaß gelangt, weil sonst eine teilweise unentgeltliche Verfügung vorliegen könnte, die der voll unentgeltlichen gleichgestellt und damit unwirksam wäre. Gleiches gilt bei **Abtretung einer Eigentümergrundschuld** (*Staudinger/Reimann* § 2205 Rdn. 36).

119 Die Belastung eines Nachlaßgrundstückes für Verbindlichkeiten Dritter stellt eine unentgeltliche und damit unwirksame Verfügung dar. Hingegen ist die **Bestellung einer Eigentümergrundschuld** nicht unentgeltlich, da das Entgelt im neu entstandenen Recht besteht (*Haegele* BWNotZ 1969, 262).

120 Die **Löschung** einer zum Nachlaß gehörigen getilgten Hypothek, eines zur Eigentümergrundschuld gewordenen Grundpfandrechts ist dann eine unentgeltliche Verfügung, wenn dem nachrangigen Gläubiger kein Löschungsanspruch zusteht (§ 1179a BGB) bzw. die Rückgewähransprüche nicht an diesen abgetreten sind. Steht dem nachrangigen Gläubiger kein Anspruch auf Rangverbesserung zu, so führt die Löschung der Eigentümergrundschuld zu einer objektiven Verbesserung dessen Rechtsposition; ohne entsprechende Gegenleistung des nachrangigen Gläubigers handelt es sich also um eine unentgeltliche Verfügung (KG DNotZ 1968, 669). Dies gilt jedoch dann nicht, wenn die Löschung in Erfüllung bereits bestehender oder in einem Kaufvertrag übernommener Verpflichtungen bewilligt wird (KG aaO). Soweit die Eigentümergrundschuld letztrangig eingetragen ist, stellt die Löschungsbewilligung keinesfalls ein unentgeltliches Verfügungsgeschäft dar.

121 Die **Bestandteilszuschreibung** (§ 890 Abs. 2 BGB) wird im Hinblick auf die gesetzliche Haftungserstreckung gem. § 1131 BGB als unentgeltliche Verfügung angesehen (KG JW 1938, 679). Hier ist indes eine differenzierte Betrachtungsweise angezeigt. Es darf nicht allein auf die Wirkung des § 1131 BGB abgestellt werden, sondern auf die wirtschaftliche Bedeutung des Zuflurstückes, welches als Bestandteil zugeschrieben werden soll. Die Bestandteilszuschreibung ist wegen der gesetzlichen Wirkung des § 1131 BGB bei Geringwertigkeit des zuzuschreibenden Grundstückes der kostengünstigere und grundbuchtechnisch einfachere Weg als der der Vereinigung gem. § 890 Abs. 1 BGB.

122 Die **Grundstücksvereinigung** führt zwar dazu, daß die betroffenen Grundstücke nicht wesentliche Bestandteile des neuen einheitlichen Grundstückes werden (BGH DNotZ 1978, 156) und daß lediglich künftige Belastungen das gesamte neue Grundstück erfassen. Belastungen vor Vereinigung bleiben auf den bisherigen Teilen, und nur diese unterliegen der Zwangsvollstreckung (KG NJW-RR 1989, 1360). Die alten Rechte erstrecken sich nicht auf die anderen Grundstücksteile.

Diese Rechtsfolge kann jedoch nicht als unentgeltliche Verfügung zugunsten eines Dritten aufgefaßt werden.

Will der Testamentsvollstrecker **Vermächtnisforderungen** durch die Belastung von Nachlaßgrundstücken zugunsten des Vermächtnisnehmers sichern, so kommt es darauf an, was der Erblasser diesbezüglich angeordnet hat. Soweit keine Bestimmungen des Erblassers vorliegen, ist die Absicherung einer bedingten oder betagten Forderung des Vermächtnisnehmers in Geld durch Eintragung eines Grundpfandrechts als nicht unentgeltlich anzusehen. Nur wenn der Erblasser keine Sicherung oder eine anderweitige Sicherung letztwillig verfügt hat, der Testamentsvollstrecker gleichwohl durch Grundpfandrechte den Vermächtnisnehmer sichert, handelt es sich um eine unentgeltliche Verfügung (so auch *Staudinger/Reimann* § 2205 Rdn. 36). 123

Die **Löschung** von Rechten des Erblassers in Abt. II des Grundbuchs (Reallasten, Vorkaufsrechte) ist dann eine unentgeltliche Verfügung, wenn der eintretenden Vermögenseinbuße kein angemessener Vermögensvorteil, ein Äquivalent, gegenübersteht (*Soergel/Damrau* § 2205 Rdn. 84). 124

Die Erfüllung von **Nachlaßverbindlichkeiten** befreit den Nachlaß. Sie ist also entgeltlich (BayObLG RPfleger 1989, 200). Es muß sich jedoch objektiv um eine Nachlaßverbindlichkeit handeln. So ist die Auflassung eines Nachlaßgrundstückes, die der Testamentsvollstrecker zur Erfüllung einer vermeintlichen, in Wahrheit nicht bestehenden Vermächtnisschuld vornimmt, als unentgeltliche Verfügung unwirksam (*Staudinger/Reimann* § 2205 Rdn. 36). 125

Ist die Verfügung **rechtsgrundlos,** so ist sie auch unentgeltlich und damit unwirksam (*Soergel/Damrau* § 2205 Rdn. 84). 126

Nach *Soergel/Damrau* § 2205 Rdn. 84 soll das **Verjährenlassen einer Forderung** keine unentgeltliche Verfügung darstellen. Verjährenlassen bedeutet die Begründung des Rechts eines Dritten, die Leistung zu verweigern (§ 222 Abs. 1 BGB), und nicht unmittelbar das Erlöschen des Anspruchs, es sei denn, daß Sondervorschriften ein Erlöschen des Anspruchs zufolge haben. Soweit dies der Fall ist (zB im öffentlichen Recht, vgl. *Palandt/Heinrichs* § 222 Rdn. 7), handelt es sich um eine Verfügung, bei deren Unentgeltlichkeit Unwirksamkeit eintritt. 127

Weiß der Testamentsvollstrecker bei **Kaufverträgen** über Nachlaßgegenstände, daß der Kaufpreis keine gleichwertige Gegenleistung an die Erbschaftsmasse darstellt, so ist sowohl bei zu niedrigem als auch bei überhöhtem Kaufpreis eine unentgeltliche Verfügung gegeben (*Spellenberg* FamRZ 1974, 354; aA *Soergel/Damrau* § 2205 Rdn. 83). 128

Unentgeltliche Verfügungen kommen jedoch nicht nur bei Rechtsgeschäften mit Dritten vor. Verteilt im Rahmen der **Erbauseinandersetzung** der Abwicklungsvollstrecker den Nachlaß so, daß ein Miterbe wertmäßig mehr zugeteilt erhält, als seiner Erbquote entspricht, so liegt – wenn die subjektiven Voraussetzungen vorliegen – in jedem Falle eine unentgeltliche Verfügung vor (BGH NJW 1963, 1613; KG Rpfleger 1972, 58; BayObLGZ 1986, 208). Auch ist das Verfügungsverbot des § 2205 S. 3 BGB dann einschlägig, wenn Nachlaßgegenstände im Wege der **Vorwegnahme des Nacherbfalles** bzw. in vorzeitiger Erfüllung einer erst bei Eintritt des Nacherbfalles durchzuführender Auseinandersetzung auf den oder die Nacherben übertragen werden (BGHZ 57, 84). 129

Erfüllt der Testamentsvollstrecker **Vermächtnisse** vor ihrer Fälligkeit (§ 2181 BGB), so kann bei fehlender Gegenleistung Unentgeltlichkeit vorliegen. Gleiches gilt bei Auflassung eines Nachlaßgrundstückes zur Erfüllung einer vermeintlichen, in Wahrheit nicht bestehenden Vermächtnisforderung. 130

Zum Verfügungsverbot bei **gesellschaftsrechtlicher Beteiligung** siehe 5. Kap. Rdn. 109ff. 131

132 Der Vollzug eines **Vergleichs,** mit welchem beiderseits unsichere Ansprüche gleichgestellt werden, beinhaltet grundsätzlich keine unentgeltliche Verfügung (*Staudinger/Reimann* § 2205 Rdn. 37). Dies gilt jedoch dann nicht, wenn keine Äquivalenz vorliegt und der Testamentsvollstrecker dies erkennen müßte (BGH NJW 1991, 842; *Soergel/Damrau* § 2205 Rdn. 83).

133 **Ausstattungen** (§§ 1624, 2050 BGB) darf nur der überlebende Ehegatte als Testamentsvollstrecker des vorverstorbenen Ehegatten dann gewähren, wenn die entsprechende Pflicht vom Erblasser auferlegt worden ist oder die Gewährung einer sittlichen oder der Anstandspflicht entspricht (*Staudinger/Reimann* § 2205 Rdn. 37).

134 Zu den **Verfügungen über Grundstücksrechte und Grundbuchamt** s. 4. Kap. Rdn. 152ff.

135 (3) **Die Zustimmung des Erben zu unentgeltlichen Verfügungen.** § 2205 S. 3 BGB bezweckt den Schutz des Erben gegenüber dem Testamentsvollstrecker (*Soergel/Damrau* § 2205 Rdn. 78) und beinhaltet nicht das Gebot, den Erben vor eigener Freigiebigkeit zu schützen (*Lehmann* AcP 188 (1988), 1). Daraus folgt, daß der Testamentsvollstrecker mit **Zustimmung des Erben** (auch des **Vor- und Nacherben**) über den Rahmen von Pflicht- und Anstandsschenkungen hinaus unentgeltlich über Nachlaßgegenstände verfügen kann (BGHZ 57, 84 hM). Darüberhinaus soll nach überwiegender Meinung auch die **Zustimmung** eventueller **Vermächtnisnehmer** erforderlich sein, auch dann, wenn sich das Vermächtnis nicht auf den verschenkten Gegenstand bezieht (BGHZ 57, 84; *Palandt/Edenhofer* § 2205 Rdn. 35; MünchKommBGB/*Brandner* § 2205 Rdn. 61, 71; *Staudinger/Reimann* § 2205 Rdn. 40). Es ist zwar richtig, daß gem. §§ 2216, 2219 BGB auch der Vermächtnisnehmer in den Schutz vor beeinträchtigenden Verfügungen durch den Testamentsvollstrecker einbezogen wird. Der Vermächtnisnehmer ist aber nicht Eigentümer der Nachlaßsachen, kein Gesamtrechtsnachfolger und er hat auch keine Verfügungsbefugnis. Ihm steht nur ein Forderungsrecht gegen den Beschwerten (nicht unbedingt den Erben) zu. Demzufolge bedarf es nur der Zustimmung des Erben, nicht der des Vermächtnisnehmers, auch dann, wenn sich das Vermächtnis auf den verschenkten Gegenstand bezieht (*Soergel/Damrau* § 2205 Rdn. 79; *Lange/Kuchinke* § 29 VI 2b; str.).

136 **Auflagebegünstigte** und sonstige Nachlaßgläubiger sind im Rahmen des § 2205 S. 3 BGB nicht geschützt, ebenso wenig wie sie vom Schutzbereich der §§ 2216, 2219 BGB erfaßt sind. Der Testamentsvollstrecker bedarf deren Zustimmung nicht.

137 Auch ein **entgegenstehender Wille** des Erblassers ist **unbeachtlich** (BGHZ 57, 84; KG OLGZ 290, 138).

138 Die rechtsgrundlose Verfügung ist der unentgeltlichen gleichgestellt (RGZ 105, 246; 163, 348). Mithin ist eine Leistung, die zur Erfüllung einer **vermeintlichen,** in Wahrheit aber nicht bestehenden **Nachlaßverbindlichkeit** vorgenommen wird, als rechtsgrundlose und damit unentgeltliche Verfügung unwirksam.

139 **„Unbenannte Zuwendungen"** unter Ehegatten (zum Begriff siehe *Morhard* NJW 1987, 1734; *Sandweg* NJW 1989, 1965; *Schotten* NJW 1990, 2841; *Jaeger* DNotZ 1991, 431; *Langenfeld* ZEV 1994, 129) sind regelmäßig nicht als Schenkung iS des § 516 BGB zu qualifizieren. Die unbenannte Zuwendung ist zwar gleich der Schenkung objektiv unentgeltlich. Während letztere subjektiv die Einigung über die Unentgeltlichkeit (Freigiebigkeit) erfordert, fehlt es hieran bei der unbenannten Zuwendung. Bei dieser steht die gleichmäßige Beteiligung des Ehegatten (Empfängers der Leistung) am ehelichen Vermögen im Vordergrund. Der BGH hat die unbenannten Zuwendungen unter Ehegatten den unentgeltlichen Verfügungen im Bereich des Erbrechts gleichgestellt (BGH NJW 1992, 564; BGHZ 116, 167).

Zwar befaßt sich die Entscheidung unmittelbar nur mit der Frage der Unentgeltlichkeit iS des § 2287 BGB, trifft jedoch darüberhinaus auch eine allgemeine Aussage für den Bereich des § 2205 S. 3 BGB. Da der BGH die unbenannte Zuwendung hier als unentgeltliche Verfügung ansieht, ist der Testamentsvollstrecker nicht berechtigt, an den Ehegatten eines Erben einen Gegenstand objektiv ohne Gegenleistung zu überlassen, selbst wenn zwischen den Beteiligten Einigkeit bestehen sollte darüber, daß die Überlassung nur der gleichmäßigen Beteiligung des Ehegatten am vorhandenen Vermögen dienen soll. Der Testamentsvollstrecker bedarf also zur Wirksamkeit der Verfügung der Zustimmung etwa vorhandener übriger Miterben und etwaiger Vermächtnisnehmer.

Eine vom Testamentsvollstrecker getroffene Verfügung ist auch dann im vollen **140** Umfange unwirksam, wenn sie nur **teilweise unentgeltlich** war (KG OLGZ 1968, 337; DNotZ 1972, 176). Davon kann aber nicht schon dann ausgegangen werden, wenn bei Vornahme des Geschäfts ein höherer Preis erzielbar gewesen wäre oder, wenn Leistung und Gegenleistung nicht völlig gleichwertig sind. In solchen Fällen kommt es auf das subjektive Element an, also darauf, ob der Testamentsvollstrecker bei ordnungsmäßiger Verwaltung der Nachlaßmasse die Unzulänglichkeit der Gegenleistung erkannt hat oder hätte erkennen müssen (BayObLG DNotZ 1989, 182).
Zum Zuflußprinzip s. 4. Kap. Rdn. 132ff.

Der Erbe kann auch **nicht** durch ein entsprechendes **Verbot** des Erblassers ge- **141** hindert werden, die Zustimmung zu erteilen. Allerdings bestehen für den Erblasser Möglichkeiten durch Straf- und Verwirkungsklauseln, unentgeltliche Verfügungen zu verhindern (*Staudinger/Reimann* § 2205 Rdn. 41).

Die Zustimmung bedarf nicht der für das Rechtsgeschäft vorgeschriebenen **142** **Form** (KG OLGZ 92, 138). Dem Grundbuchamt muß die Zustimmung des Erben in der Form des § 29 GBO nachgewiesen werden (zum Problem des Nachweises bei der Ansicht, auch der Vermächtnisnehmer müsse zustimmen, s. *Soergel/Damrau* § 2205 Rdn. 98).

Zwar bedarf der Testamentsvollstrecker zu Verfügungen **nicht** der **Zustim- 143** **mung des Vormundschaftsgerichtes,** weil er nicht Vertreter des minderjährigen Erben ist, sondern Treuhänder und Inhaber eines privaten Amtes (s. Rdn. 11ff.); bei der Zustimmung zu einer unentgeltlichen Verfügung hingegen wird der minderjährige Erbe durch Eltern, Vormund, Betreuer oder Pfleger vertreten. Das Handeln des Vertreters bedarf der vormundschaftsgerichtlichen Genehmigung, wenn über ein Nachlaßgrundstück verfügt wird (*Mattern* WM 1973, 535).

Zu den Rechtsfragen bei **Vollmachten des Erblassers** für den Testaments- **144** vollstrecker s. Rdn. 45ff., zur **Legitimation** des Testamentsvollstreckers s. 4. Kap. Rdn. 152ff. und zum Problem der **„Insichgeschäfte"** s. 4. Kap. Rdn. 160ff.

3. Dauertestamentsvollstreckung, Verwaltungsvollstreckung

a) Vorbemerkung

Gem. § 2209 BGB kann der Erblasser anordnen, daß der Testamentsvollstrecker **145** nach Erledigung der ihm sonst zugewiesenen Abwicklungsmaßnahmen **auch** die **Verwaltung** des Nachlasses übernimmt (sog. Dauervollstreckung) oder daß dem Testamentsvollstrecker überhaupt keine anderen Aufgaben als die reine Verwaltung des Nachlasses als Selbstzweck (§ 2209 Halbsatz 1 BGB) übertragen wird. Die Verwaltungsvollstreckung im weiteren Sinne (also auch die Dauervollstreckung) dient der Nutzbarmachung des Nachlasses und dem Zusammenhalt größerer Vermögen oder wirtschaftlicher Unternehmen. Sie ist auf die Erzielung von Erträgen gerichtet und stellt eine Art „fürsorgliche Bevormundung der Erben“ dar (*Palandt/Edenhofer* § 2209 Rdn. 2). Durch die Verwaltungsvollstreckung kann der Geschäftsunerfahrene vor Fehlern in der Vermögensverwaltung geschützt werden. Die Verwaltungsrechte eines unerwünschten Vormunds des Erben oder des verschuldeten Elternteils ruhen während der Dauer der Verwaltungsvollstreckung, ohne daß das Verwaltungsrecht gem. §§ 1638 Abs. 1, 1909 Abs. 1 S. 2 BGB entzogen werden müßte. Durch die Verwaltungsvollstreckung kann der Zugriff der Eigengläubiger des Erben auf den Nachlaß verhindert werden (§ 2214 BGB, § 863 Abs. 1 S. 2 ZPO; *Staudinger/Reimann* § 2209 Rdn. 3). Schließlich dient die Verwaltungsvollstreckung dem Schutz des Abkömmlings bei Enterbung in guter Absicht (§§ 2211, 2328 Abs. 1 S. 2 BGB).

b) Die Anordnung der Verwaltungsvollstreckung

146 Ob Verwaltungsvollstreckung angeordnet wurde ist nach den allgemeinen Auslegungsregeln aus den Anordnungen des Erblassers zu ermitteln. Da die **Verwaltungsvollstreckung Ausnahmecharakter** hat, muß sie eindeutig festgestellt werden können; ansonsten hat der Testamentsvollstrecker die gewöhnlichen Aufgaben der Abwicklungsvollstreckung (MünchKommBGB/*Brandner* § 2203 Rdn. 1). Die Verwaltungsvollstreckung kann auf Teile des Nachlasses, auf einen Erbteil, auf einzelne Nachlaßgegenstände oder einzelne Verwaltungsaufgaben beschränkt werden. Allerdings ist bei einer Mehrheit von Erben die Beschränkung auf einzelne Nachlaßgegenständen nur dann möglich, wenn für diese die Auseinandersetzung ausgeschlossen oder aufgehoben ist (*Staudinger/Reimann* § 2209 Rdn. 10).

147 Zur umfangreichen Rechtsprechung betreffend die **Auslegung** der Anordnungen des Erblassers vgl. *Staudinger/Reimann* § 2209 Rdn. 7; MünchKommBGB/*Brandner* § 2209 Rdn. 7; *Soergel/Damrau* § 2209 Rdn. 3.

148 Wenn die Verwaltungsvollstreckung zusammen mit weiteren Maßnahmen des Erblassers (zB Verpflichtung des Erben zur Erteilung einer unwiderruflichen Generalvollmacht) zu einer sehr starken Beschränkung des Erben führt, so soll dies zu einer **sittenwidrigen Beschränkung** und damit zur Nichtigkeit nach § 138 BGB führen können (*Staudinger/Reimann* § 2209 Rdn. 11; *Soergel/Damrau* § 2209 Rdn. 4). Dieser Ansicht kann jedoch grundsätzlich deshalb nicht zugestimmt werden, weil dem Erben die Möglichkeit der Ausschlagung und des Pflichtteilsverlangens gem. § 2306 BGB verbleibt.

c) Rechtstellung und Aufgaben des Verwaltungsvollstreckers

149 Auch für den Verwaltungsvollstrecker gelten die Regeln der Abwicklungsvollstreckung. Soweit der Erblasser nichts anderes angeordnet hat, richtet sich der Umfang der Verfügungsbefugnis nach § 2205 BGB. Die Ermächtigung des § 2207 BGB gilt im Zweifel gem. § 2209 S. 2 BGB als erteilt. Die §§ 2211 ff. und 2215 ff. BGB finden Anwendung, jedoch mit der Maßgabe, daß anders als der Abwicklungsvollstrecker der Verwaltungsvollstrecker ohne gesonderte Anordnung **nicht** zur **Herausgabe** des Nachlasses oder einzelner Nachlaßgegenstände an den Erben für die Dauer der Verwaltung verpflichtet ist. § 2217 BGB ist demzufolge bei der Verwaltungsvollstreckung nicht anwendbar, denn der Testamentsvollstrecker bedarf zur Erfüllung der Verwaltung als Selbstzweck aller Nachlaßgegenstände, an denen fremde Verwaltung möglich ist, solange die Verwaltungsaufgabe dauert (BGH NJW 1971, 1805; *Staudinger/Reimann* § 2209 Rdn. 13). Eine Herausgabepflicht besteht nur hinsichtlich solcher Gegenstände, an denen eine Verwaltung nicht möglich ist (*Palandt/Edenhofer* § 2208 Rdn. 3).

Die **Erträgnisse** des Nachlasses sind dann dem Erben auszuhändigen, wenn dies dem Willen des Erblassers entspricht oder sich aus den Grundsätzen ordnungsgemäßer Verwaltung ergibt (BGH Rpfleger 1986, 434; *Staudinger/Reimann* § 2209 Rdn. 16). In jedem Falle ist der Testamentsvollstrecker verpflichtet, dem Erben auf dessen Verlangen jährlich Rechnung zu legen (§§ 2218 Abs. 2, 2220 BGB). **150**

4. Die Auseinandersetzung

a) Allgemeines

Gem. § 2204 BGB obliegt dem Testamentsvollstrecker neben der Verpflichtung zur Ausführung letztwilliger Anordnungen (§ 2203 BGB) bei Vorhandensein mehrerer Erben die **Auseinandersetzung.** Hierzu bedarf es keiner besonderen Anordnung des Erblassers; bei der Abwicklungsvollstreckung ist der Testamentsvollstrecker kraft Gesetzes zur Auseinandersetzung berufen. Dies gilt jedoch nicht bei der Verwaltungsvollstreckung (§ 2209 BGB; vgl. Rdn. 136ff.). **151**

Die **Auseinandersetzung kann** jedoch vom Erblasser gem. § 2044 **ausgeschlossen** werden (zur Rechtsnatur des Teilungsverbots *Weckbach,* Die Bindungswirkung von Erbteilungsverboten, 1987; *Kegel,* FS Richard Lange, 1976, S. 927; *Bengel* ZEV 1995, 178). Dieses Auseinandersetzungsverbot wirkt indes gem. § 137 nicht dinglich; es begründet nur eine schuldrechtliche Unterlassungspflicht der Erben. Nach hM hat jedoch der Ausschluß der Auseinandersetzung bei Anordnung einer Testamentsvollstreckung wegen § 2208 dingliche Wirkung mit der Folge, daß sich der Testamentsvollstrecker nicht darüber hinwegsetzen kann (BGHZ 56, 275; *Staudinger/Reimann* § 2204 Rdn. 4 mwN; aA *Soergel/Damrau* § 2204 Rdn. 12). Allerdings kann in diesem Falle der Testamentsvollstrecker mit Zustimmung der Erben und etwaiger Nacherben Auseinandersetzungsverfügungen vornehmen (*Staudinger/Reimann* § 2204 Rdn. 4). **152**

Auch die Erben können einvernehmlich die Auseinandersetzung **ausschließen** oder auf Zeit aufschieben. Die Vereinbarung gem. §§ 2242 Abs. 2, 749 Abs. 2 BGB bedarf der Mitwirkung aller Miterben. Bei minderjährigen Erben handelt deren gesetzliche Vertreter; dieser bedarf der Zustimmung des Vormundschaftsgerichtes (§ 1822 Nr. 2 BGB). Der Beschluß kann sich auf den gesamten Nachlaß oder auf einzelne Gegenstände beziehen. Er bindet gem. §§ 2043, 2045 BGB den Testamentsvollstrecker nur schuldrechtlich, die Auseinandersetzung nicht vorzunehmen (*Staudinger/Reimann* § 2204 Rdn. 5; *Soergel/Damrau* § 2204 Rdn. 5). Trotz entgegenstehender Vereinbarung der Erben kann also der Testamentsvollstrecker wirksam über Nachlaßgegenstände verfügen, es sei denn, es liegt ein Mißbrauch der Verfügungsmacht vor (wenn der Testamentsvollstrecker sein Amt bewußt zum Nachteil des Erben mißbraucht und der Dritte dies weiß oder erkennen mußte, vgl. *Staudinger/Reimann* § 2205 Rdn. 67, *Soergel/Damrau* § 2205 Rdn. 87ff.). **153**

Die Vereinbarung der Erben über den Ausschluß der Auseinandersetzung bedarf als solche **keiner Form,** auch wenn im Nachlaß Grundbesitz vorhanden ist (*Staudinger/Huber* § 749 Rdn. 60). Etwas anderes gilt nur dann, wenn neben dem Ausschluß auch Vereinbarungen über die Art der Aufhebung bei Grundstücken getroffen werden. Der Aufhebungsausschluß wirkt gem. § 751 BGB gegenüber Dritten. Eine Eintragung im Grundbuch ist bei der Erbengemeinschaft, anders als beim Miteigentum (§ 1010 Abs. 2 BGB), nicht zulässig. **154**

Die **amtliche Vermittlung** der Auseinandersetzung durch das Nachlaßgericht bzw. entsprechend landesrechtlicher Zuweisung durch den Notar gem. § 86 FGG **155** kommt bei der Auseinandersetzungsvollstreckung nicht in Frage, selbst wenn alle Erben und der Testamentsvollstrecker das Nachlaßgericht um Vermittlung der Auseinandersetzung angehen (*Keidel/Kuntze/Winkler* FGG § 86 Rdn. 11, 34). Anders ist dies nur, wenn Testamentsvollstreckung **nur** am **Erbteil** besteht (zum Verfahren *Firsching/Graf* S. 575 ff.; *Bracker* MittBayNot. 1984, 114 ff.).

156 Soweit keine anderweitigen Anordnungen des Erblassers vorliegen, hat die Auseinandersetzung regelmäßig **alsbald** durchgeführt zu werden, es sei denn, daß die Erbteile unbestimmt sind, ein zeitweiliger Ausschluß durch den Erblasser oder der Lauf einer von ihm bestimmten Kündigungsfrist oder ein Aufgebot der Nachlaßgläubiger vorliegen (§§ 2043 bis 2045).

157 Da der Testamentsvollstrecker berechtigt ist, die zur Tilgung zweifelhafter, bestrittener oder betagter Forderungen erforderlichen Beiträge **zurückzubehalten** (§ 2046 Abs. 1 S. 2), kann er die Auseinandersetzung nicht aufschieben, bis alle Nachlaßverbindlichkeiten berichtigt sind (*Staudinger/Reimann* § 2204 Rdn. 9).

158 Der Pflicht des Testamentsvollstreckers zur alsbaldigen Auseinandersetzung entspricht das **einklagbare Recht jedes Miterben,** daß die Auseinandersetzung vorgenommen wird (RGZ 100, 97). An der Bewirkung der Nachlaßauseinandersetzung hindert den Testamentsvollstrecker auch nicht seine gleichzeitige Eigenschaft als Miterbe (*Haegele/Winkler* Rdn. 507 f.). Verweigert der Testamentsvollstrecker grundlos die Auseinandersetzung, kann er gem. § 2219 BGB schadensersatzpflichtig werden (*Staudinger/Reimann* § 2204 Rdn. 7). Trotz entgegenstehender Anordnung des Erblassers oder Vereinbarung der Miterben ist der Testamentsvollstrecker bei Vorliegen eines wichtigen Grundes zur Auseinandersetzung verpflichtet. Dies gilt vor allem bei dem gesetzlichen Auseinandersetzungsgebot des § 1683 Abs. 1 BGB (BayObLG NJW 1967, 2407) und in den Fällen des § 749 Abs. 2 BGB. Entgegenstehende Anordnungen des Erblassers oder Vereinbarungen der Erben sind insoweit nichtig und vom Testamentsvollstrecker nicht zu beachten.

b) Die Auseinandersetzung nach Gesetz

159 *aa) Ermittlung des Überschusses.* Der Testamentsvollstrecker hat vorab die Nachlaßverbindlichkeiten zusammenzustellen und zu begleichen (§§ 2205, 2046, 755 BGB). Nachlaßverbindlichkeiten sind sowohl die **Erblasserschulden** als auch die **Erbfallschulden** (§ 1967 Abs. 2 BGB). Zu den Erbfallschulden zählen alle den Erben als solchen treffenden Verbindlichkeiten, die aus Anlaß des Erbfalls entstehen, also geltend gemachte Pflichtteilsrechte und Zusatzpflichtteile (§§ 2303 ff. BGB), der Pflichtteilsergänzungsanspruch gem. § 2325 BGB, die Vermächtnisse und vermächtnisähnlichen Ansprüche (Voraus nach § 1932 BGB, Dreißigster nach § 1969 BGB, Ausbildungsbeihilfeanspruch des Abkömmlings nach § 1371 Abs. 4 BGB), die Unterhaltspflicht bei geschiedenen Ehegatten gem. § 1586 b BGB und die Erbschaftsteuer gem. §§ 9 Abs. 1, 20 ErbStG.

160 Ist ein Miterbe **gleichzeitig Nachlaßschuldner,** muß dieser ohne Rücksicht darauf, ob bei Auseinandersetzung die Schuld ausgeglichen werden könnte, seine Schuld noch vor Auseinandersetzung berichtigen (§ 2039 BGB; *Palandt/Edenhofer* § 2039 Rdn. 13). Nach BGH FamRZ 1971, 644 soll sich im Ausnahmefall jedoch der Miterbe dann auf einen Verstoß gegen Treu und Glauben berufen können, wenn seine Schuld mit Sicherheit durch den Erbanteil gedeckt wird.

161 Die Regeln über die **Ausgleichung von Vorempfängen** hat der Testamentsvollstrecker zu beachten, auch wenn die Ausgleichungspflicht der Rechtsqualität nach weder ein Vermächtnis zugunsten des Begünstigten noch eine Nachlaßverbindlichkeit darstellt, sondern lediglich eine Berechnungsregel für die Erbteilung (*Palandt/Edenhofer* § 2050 Rdn. 2).

Die Ausgleichungspflicht ist in §§ 2050ff. BGB geregelt. Ausgleichungspflichtig sind nur Abkömmlinge, die als gesetzliche Erben zur Erbfolge gelangen, oder Abkömmlinge, die vom Erblasser auf dasjenige, was sie als gesetzliche Erben erhalten würden, eingesetzt sind oder Abkömmlinge, die vom Erblasser im Verhältnis ihrer gesetzlichen Erbteile zueinander eingesetzt sind (§ 2052 BGB). 162

Gegenstand der Ausgleichungspflicht sind: 163

- **Ausstattungen** gem. § 2050 Abs. 1 BGB (Begriff in § 1624 Abs. 1 BGB definiert), **Zuschüsse** zur Verwendung als Einkünfte, soweit sie das den Vermögensverhältnissen der Erblassers entsprechende Maß übersteigen (§ 2050 Abs. 2 BGB) und im gleichen Umfang **Aufwendungen** für die Vorbildung zu einem Beruf gem. § 2050 Abs. 2 BGB, jedoch nur, wenn der Erblasser bei Zuwendung nichts anderes bestimmt hat.
- Alle **sonstigen Zuwendungen** sind nur dann zur Ausgleichung zu bringen, wenn der Erblasser die Ausgleichungspflicht bei der Zuwendung angeordnet hat. Angesichts der weitreichenden Rechtsfolgen ist grundsätzlich eine klare Bestimmung durch den Zuwendenden erforderlich. Nach hM kann eine solche Anordnung jedoch auch konkludent getroffen werden (RZG 67, 306), Sie bedarf keiner Form. Dies folgt schon daraus, daß die Ausgleichungsanordnung auch vor dem Zuwendungsvorgang möglich ist. Die Anordnung muß lediglich dem Abkömmling zugehen, so daß dieser sie ausdrücklich oder stillschweigend annehmen kann (*Staudinger/Werner* § 2050 Rdn. 32; aA zur Formbedürfigkeit MünchKommBGB/*Dütz* § 2050 Rdn. 31). Spätere einseitige Anordnungen des Erblassers unter Lebenden begründen die Ausgleichungspflicht nicht, sind also unwirksam. Auch kann eine spätere Anordnung unter Lebenden nicht im Einvernehmen mit dem Ausgleichungspflichtigen vereinbart werden (*Staudinger/Edenhofer* § 2050 Rdn. 3; *Mayer* ZEV 1996, 443). Nachträgliche Anordnungen sind mithin nur durch eine Verfügung von Todes wegen möglich (Belastung des eigentlich Ausgleichspflichtigen mit entsprechenden Vermächtnissen zugunsten der anderen Erben, vgl. *Dittmann/Reimann/Bengel* Anh. Rdn. 24f.). 164

Die Ausgleichung wird gem. §§ 2055, 2056 BGB **durchgeführt.** Dem Wert des Nachlasses sind die ausgleichspflichtigen Zuwendungen hinzuzurechnen (§ 2055 Abs. 1 S. 2 BGB) und zwar zum Verkehrswert im Zuwendungszeitpunkt (§ 2055 Abs. 2 BGB), es sei denn, der Erblasser hat in seiner Anordnung niedrigere Werte festgesetzt. Der so ermittelte Wert ist unter Berücksichtigung des Kaufkraftschwundes zwischen Zuwendung und Erbfall umzurechnen (*Palandt/Edenhofer* § 2055 Rdn. 3; kritisch hierzu *Staudinger/Werner* § 2055 Rdn. 9). Zur Wertermittlung bei ehemaligen DDR-Grundstücken s. BGH NJW 1993, 2176; *Dressler* NJW 1993, 2519. 165

Die **Werterhöhung** wird nach folgender Formel ermittelt (BGH NJW 1975, 1831): 166

Ausgleichspflichtiger Wert =

$$\frac{\text{Wert bei Zuwendung} \times \text{Lebenshaltungsindex bei Erbfall}}{\text{Lebenshaltungsindex bei Zuwendung}}$$

Hat hingegen der Erblasser einen **höheren Wert festgesetzt** als den Wert bei Zuwendung und den Wert beim Erbfall, so kann dieser insoweit dem Erben weniger als der volle Pflichtteil verbliebene nur dann berücksichtigt werden, wenn die Formvorschriften für den gegenständlich beschränkten Pflichtteilsverzicht (§ 2348 BGB, notarielle Beurkundung) eingehalten sind, es sei denn, daß gleichzeitig eine Anrechnung auf den Pflichtteil (§ 2315 BGB) angeordnet worden ist. 167

Nach der Addition aller ausgleichungspflichtigen Zuwendungen werden die Anteile der einzelnen Miterben wertmäßig errechnet und sodann vom errechneten 168

Betrag der **Wert** des ausgleichungspflichtigen Vorempfanges **abgezogen.** Hat hingegen ein Abkömmling durch Vorempfänge mehr erhalten, als ihm nach dieser Berechnung zustände, dann braucht er den Mehrempfang nicht in den Nachlaß zurückzuerstatten.

169 Bei den **Pflichtteilsansprüchen** muß der Testamentsvollstrecker prüfen, ob **Anrechnungspflichten** gem. § 2315 BGB bestehen. Während die Ausgleichungspflicht aufgrund Gesetzes bestehen kann, wird die Anrechnung auf den Pflichtteil nur bei einer entsprechenden eindeutigen Anordnung des Erblassers durchgeführt. Voraussetzung ist eine lebzeitige Zuwendung des Erblassers unmittelbar an den Pflichtteilsberechtigten. Im Gegensatz zu den §§ 2316, 2050 BGB gilt die Anrechnungspflichtregelung des § 2315 BGB für alle Pflichtteilsberechtigten, also auch für Ehegatten und Eltern. Abkömmlinge sind pflichtteilsberechtigt, wenn sie durch Verfügung von Todes wegen von der Erbfolge ausgeschlossen sind oder im Falle der Ausschlagung des Erbteils oder des Vermächtnisses unter den Voraussetzungen der §§ 2305, 2307 BGB. Die Regeln des § 2315 BGB sind also auch dann anwendbar, wenn der Abkömmling den Zusatzpflichtteil nach § 2305 BGB geltend macht.

170 **Unmittelbarkeit** der Zuwendung zwischen Erblasser und Pflichtteilsberechtigtem muß vorliegen. Die Zuwendung an den Abkömmling des Ehegatten des Abkömmlings genügt nicht (BGH DNotZ 1963, 113), ebenfalls nicht eine Leistung des Erblassers an einen Dritten mit dem Willen, damit ein Geschäft des Pflichtteilsberechtigten zu besorgen. Die Zuwendung muß der Erblasser selbst vornehmen, dh. der zugewendete Gegenstand muß aus dem Vermögen des Erblassers herrühren.

171 Unter Zuwendungen iS § 2315 fallen Schenkungen, auch Ausstattungen nach § 1624 BGB, der wirtschaftliche Vorteil aus **gemischten Schenkungen,** auch formgültige Schenkungsversprechen (§ 518 Abs. 1 BGB), weil das hierdurch begründete Forderungsrecht eine Nachlaßverbindlichkeit darstellt und vorweg zu befriedigen ist (*Staudinger/Ferid* § 2315 Rdn. 23; str.). Nicht hingegen fallen unter eine anrechnungspflichtige Zuwendung iS des § 2315 BGB Schenkungsversprechen von Todes wegen gem. § 2301 BGB, weil diese als Verfügung von Todes wegen gelten, also nicht ein „Rechtsgeschäft unter Lebenden" iS des § 2315 BGB darstellen.

172 Wie bei der Ausgleichung muß auch hier die Zuwendung mit der Bestimmung gemacht werden, daß sie auf den Pflichtteil anzurechnen ist, wobei diese Anordnung vor und spätestens **bei Zuwendung** getroffen werden muß. Die Anrechnungsbestimmung ist formlos, kann auch konkludent erfolgen, ungeachtet der Frage, ob die Zuwendung selbst formbedürftig ist oder nicht. Die häufig verwendeten Klauseln wie: „Die Zuwendung erfolgt unter Anrechnung auf den Erbteil", oder „im Wege der vorweggenommenen Erbfolge", oder „in Vorwegnahme einer künftigen Erbregelung" sind fragwürdig, vor allem im Hinblick darauf, daß solche Formulierungen möglicherweise nur die Motivlage des Veräußerers kennzeichnen (*Sostmann* MittRhNotK 1976, 483; *Weimar* JR 1967, 97). Es ist also im Einzelfall zu ermitteln, ob eine Anrechnung gewollt war oder nicht.

173 Die einmal getroffene Anordnung der Anrechnung kann **formlos** vom Erblasser wieder **aufgehoben** werden (hM, *Nieder* Rdn. 265; *Mayer* ZEV 1996, 446; aA *Lange/Kuchinke* § 37 VI 9a Fn. 332). Verstirbt der Abkömmling, welcher die Zuwendung erhalten hat, vor dem Erblasser oder fällt er aus sonstigen Gründen weg, so muß sich der eintretende Abkömmling gem. §§ 2315 Abs. 3, 2051 Abs. 1 BGB die Zuwendung so anrechnen lassen, wie sie beim Zuwendungsempfänger angerechnet worden wäre. Hierbei ist es unbeachtlich, ob der Gegenstand noch vorhanden ist oder nicht.

Der **Anrechnungsvorgang** beinhaltet drei Schritte: 174
- Für jeden Pflichtteilsberechtigten wird gesondert die jeweilige anrechnungspflichtige Zuwendung dem Nachlaß zugerechnet.
- Aus der Summe (Nachlaß und Zuwendung) wird der Pflichtteilsanspruch errechnet.
- Vom errechneten Pflichtteilsanspruch ist die anrechnungspflichtige Zuwendung abzuziehen.

Für den Testamentsvollstrecker ist für die Berechnung des effektiven Pflichtteilsanspruches die sog. **Planck'sche Formel** hilfreich: 175

$$p = \left(\frac{n + z}{2q}\right) - z$$

p = effektiver Pflichtteilsanspruch
n = Reinnachlaß zZt. des Erbfalls
z = anrechnungspflichtige Zuwendung
q = gesetzlicher Erbteil des Pflichtteilsberechtigten (Nenner)

Der **Wert der Zuwendung** bestimmt sich gem. § 2315 Abs. 2 S. 2 BGB nach der Zeit, zu welcher die Zuwendung erfolgt ist. Bei Grundstücken ist der Verkehrswert anzusetzen. Eine Ausnahme gilt für das Landgut iS der §§ 2312, 2049 BGB, für welches der Ertragswert maßgebend ist, sofern dies angeordnet wurde oder nach § 2049 anzunehmen ist. 176

Nach BGH NJW 1975, 1831 ist für die Bewertung maßgebend der Tag, an dem der **Eigentumsübergang vollzogen** wurde, also bei Grundstücken der Tag der Eintragung im Grundbuch, nicht der der Beurkundung. 177

Der Kaufkraftschwund der Währung ist nach hM zu berücksichtigen (BGH NJW 1975, 1831). Dies geschieht durch die entsprechende Wertfortschreibung (s. Rdn. 166). Bei gemischten Schenkungen ist lediglich der unentgeltliche Teil, also der Nettowert anzurechnen. Bei regelmäßig wiederkehrenden Leistungen muß der Kapitalwert der Gegenleistung berechnet werden (BGH MittBayNot. 1992, 280).

Schließlich muß der Testamentsvollstrecker auch die **Einwirkung der Ausgleichungspflicht auf den Pflichtteil** (§ 2316 BGB) berücksichtigen. Während die Anrechnung von Zuwendungen auf den Pflichtteil gem. § 2315 BGB für alle Pflichtteilsberechtigten in Frage kommt, muß es sich bei den Pflichtteilsberechtigten iS des § 2316 BGB um **Abkömmlinge** handeln, hierzu zählen auch nichteheliche Abkömmlinge. Ferner wird eine **Mehrheit** von Abkömmlingen verlangt. Allerdings ist es nicht erforderlich, daß einer der Abkömmlinge auch tatsächlich zur Erbfolge gelangt. § 2316 BGB ist auch dann einschlägig, wenn die weiteren Abkömmlinge entweder von der Erbfolge ausgeschlossen sind, sie ausgeschlagen haben oder für erbunwürdig erklärt wurden. Im Falle hypothetischer gesetzlicher Erbfolge müßte die Zuwendung ausgleichspflichtig sein. Insoweit wird auf Rdn. 161 verwiesen. Es sind jedoch einige Besonderheiten zu beachten: 178

- Für **Ausstattungen** (§ 2050 Abs. 1 BGB) gilt § 2316 Abs. 3 BGB, wonach der Erblasser die Ausstattung nicht zum Nachteil eines anderen pflichtteilsberechtigten Abkömmlings von der Berücksichtigung ausschließen kann. Damit ist für diesen Fall zwingend die Ausgleichungspflicht vorgeschrieben. Beseitigt werden kann eine solche Ausgleichspflicht nur durch Erb- oder Pflichtteilsverzichtsvertrag des Erblassers mit den übrigen Pflichtteilsberechtigten. 179
- **Zuwendungen nach § 2050 Abs. 3 BGB,** also solche, die erst durch Anordnung ausgleichungspflichtig werden, kann der Erblasser zum Nachteil der Pflichtteilshöhe der Abkömmlinge von der Ausgleichung von vornherein ausschließen, so daß die Ausgleichungspflicht nur zur Entstehung kommt, wenn die gesetzliche Erbfolge eintritt 180

181 – Nach hM soll **§ 2316 Abs. 3 BGB** auch für Zuwendungen nach § 2050 Abs. 2 BGB zwingend gelten, weil § 2050 Abs. 2 BGB gegenüber dem § 2050 Abs. 1 BGB lediglich eine sachliche Erweiterung darstellt (*Palandt/Edenhofer* § 2316 Rdn. 2).

182 Liegt eine ausgleichungspflichtige Zuwendung iS des § 2050 BGB vor, bestimmt sich der **Pflichtteil** des Abkömmlings nach demjenigen, was auf den gesetzlichen Erbteil unter Berücksichtigung der Ausgleichungspflicht entfallen würde. Es ist demnach der Erbteil eines jeden Abkömmlings gem. § 2050 BGB zu berechnen. Zu beachten ist, daß bei der Quotenberechnung auch diejenigen Abkömmlinge mitzuzählen sind, die von der Erbfolge ausgeschlossen wurden, für erbunwürdig erklärt worden sind oder ihren Erbteil ausgeschlagen haben. Nicht berücksichtigt werden solche Abkömmlinge, die auf ihren Erbteil unter Lebenden verzichtet haben oder vorverstorben sind.

183 Bei der **Wertberechnung** ist vorab der gesetzliche Erbteil der Nicht-Abkömmlinge (zB des Ehegatten) vom Nachlaßwert abzuziehen. Zum verbleibenden Wert sind die ausgleichungspflichtigen Zuwendungen hinzuzuzählen; hieraus ist entsprechend der Erbquote nach den Regeln der gesetzlichen Erbfolge der Wert zu ermitteln und von diesem der Vorempfangswert des Abkömmlings abzuziehen. Die Hälfte des so gefundenen Betrages ist der effektive Pflichtteil des Abkömmlings, den der Testamentsvollstrecker als Nachlaßverbindlichkeit zu berücksichtigen hat.

184 Zur sog. **Planck'schen Formel** vgl. bereits Rdn. 175.

185 Beim Effektivnachlaß ist zu berücksichtigen, daß hier, sofern andere Pflichtteilsberechtigte außer Abkömmlingen vorhanden sind **(Ehegatte),** der gesetzliche Erbteil dieser Berechtigten vorweg in Abzug zu bringen ist.

186 Ist eine gem. § 2316 Abs. 1 BGB zu berücksichtigende Schenkung **gleichzeitig** gem. § 2315 BGB auf den Pflichtteil anzurechnen, so kommt sie gem. § 2315 Abs. 4 BGB nur mit der Hälfte des Wertes auf diesen zur Anrechnung (weil der Vorempfang zur Hälfte bei der Ausgleichung bereits berücksichtigt ist). Es ist also zunächst die Berechnung nach dem Ausgleichungsverfahren nach § 2316 Abs. 1 BGB durchzuführen; sodann wird die gleichzeitig für anrechnungspflichtig erklärte Zuwendung in ihrer halben Höhe von dem nach § 2316 Abs. 1 BGB errechneten Ausgleichungspflichtteil des Anrechnungspflichtigen abgezogen. Trifft der überlebende Ehegatte mit Abkömmlingen zusammen, so ist zu berücksichtigen, daß bei der Berechnung nach § 2316 Abs. 1 BGB die Ausgleichsposten nur dem Bruchteil des Nachlasses zuzurechnen sind, der den Abkömmlingen insgesamt zukommt, während hingegen die Abrechnungsposten bei der Berechnung nach § 2315 BGB dem gesamten Nachlaß zuzuschlagen sind.

187 Als Nachlaßverbindlichkeit ist auch der **Ergänzungsanspruch** gem. § 2325 BGB vom Testamentsvollstrecker vorab zu berichtigen. Der Pflichtteilsergänzungsanspruch wird entsprechend dem ordentlichen Pflichtteilsanspruch behandelt; er geht als Geldanspruch auf Ergänzung des Pflichtteils wegen aller Schenkungen, die der Erblasser in den letzten zehn Jahren vor seinem Tode gemacht hat. Gemischte Schenkungen sind nur hinsichtlich ihres unentgeltlichen Teiles heranzuziehen. Verbleiben bei Schenkungen die Nutzungen des verschenkten Gegenstandes beim Schenker, so ist lediglich der Betrag in Ansatz zu bringen, um den der Wert des weggeschenkten Gegenstandes den Wert der kapitalisierten verbliebenen Nutzungen übersteigt, ungeachtet der rechtlichen Ausgestaltung (zB Nießbrauchsvorbehalt oder Gegenleistung des Beschenkten oder Auflage, vgl. BGH DNotZ 1991, 902).

188 Die Vergleichsrechnung geht vom **Niederstwertprinzip** des § 2325 Abs. 2 S. 2 Halbs. 2 BGB aus: Zunächst bleiben bei der Feststellung des maßgebenden Nie-

derstwertes die Gegenleistungen (zB Nießbrauch) unberücksichtigt. Sodann ist der Wert der kapitalisierten vorbehaltenen Nutzungen durch Kapitalisierung zu ermitteln und vom Gegenstandswert im Zeitpunkt der Schenkung abzuziehen. Der so ermittelte Wert wird unter Berücksichtigung des Kaufkraftschwundes bis zum Erbfall umgerechnet (BGH MittBayNot. 1992, 280). Auch die sog. „unbenannten Zuwendungen“ unter Ehegatten können Pflichtteilsergänzungsansprüche auslösen (BGH NJW 1992, 564; *Klingelhöffer* NJW 1993, 1098ff.). Maßgebender Zeitpunkt für den Beginn der 10-Jahresfrist gem. § 2325 Abs. 3 BGB ist nicht der Tag des schuldrechtlichen Schenkungsvertrages; vielmehr kommt es auf den Zeitpunkt an, an dem der Schenker die Verfügungsmacht über den verschenkten Gegenstand an den Beschenkten verliert (*Palandt/Edenhofer* § 2325 Rdn. 22). Diese objektive Leistung des Gegenstandes an den Beschenkten ist demzufolge erst mit Vollendung des Eigentums, bei Grundbesitz mit Umschreibung im Grundbuch erbracht (BGHZ 102, 289).

Der Testamentsvollstrecker hat ferner das **Kürzungsrecht des Erben** gegenüber dem Vermächtnisnehmer gem. § 2318 BGB zu berücksichtigen. Soweit der Erbe von diesem Recht noch nicht Gebrauch gemacht hat, muß der Testamentsvollstrecker den Kürzungsbetrag einbehalten (Zurückbehaltungsrecht), da er sich andernfalls gem. § 2219 Abs. 1 BGB schadensersatzpflichtig machen kann. Der Erbe ist vom Testamentsvollstrecker zur Abgabe der Willenserklärung, ob er sein Leistungsverweigerungsrecht ausübt oder nicht (unter Setzung einer angemessenen Frist), aufzufordern. Hat der Testamentsvollstrecker in voller Höhe erfüllt, so steht ihm in Höhe des Kürzungsbetrages das Rückforderungsrecht gem. § 813 Abs. 1 BGB in den Nachlaß zu. 189

bb) Auseinandersetzungsplan. Nach der Bereinigung der Nachlaßverbindlichkeiten und Feststellung des verteilbaren Überschusses, der auf die Erben nach dem Verhältnis der Erbteile zu verteilen ist (§ 2049 BGB), hat der Testamentsvollstrecker einen **Auseinandersetzungsplan** zu entwerfen, zu dem die Erben gem. § 2004 Abs. 2 BGB zu hören sind. Eine Zustimmung der Miterben ist nicht erforderlich, es sei denn, daß der Testamentsvollstrecker von Anordnungen des Erblassers oder gesetzlichen Bestimmungen abweichen will (*Soergel/Damrau* § 2204 Rdn. 21). Der Testamentsvollstrecker wird im Regelfall sodann durch einseitige empfangsbedürftige Willenserklärung (BayObLGZ 1967, 230) den Plan aufstellen; er kann jedoch auch für die **Auseinandersetzung** den Weg des **Vertrages zwischen Testamentsvollstrecker und Erben** wählen und einen Auseinandersetzungsvertrag schließen (BayObLGZ 1967, 230; *Soergel/Damrau* § 2204 Rdn. 21). Das Verfahren bei der Auseinandersetzung ist im einzelnen und ausführlich dargelegt in 4. Kap. Rdn. 220ff. 190

5. Die Vermächtniserfüllung

a) Vorbemerkungen

Dem Vermächtnisnehmer steht ein **schuldrechtlicher Anspruch** (§ 2174 BGB) gegenüber dem Beschwerten (gesetzlicher oder gewillkürter Erbe oder Vermächtnisnehmer, § 2147 BGB) zu. Unter Vermächtnis versteht man die Zuwendung eines Vermögensvorteils durch Verfügung von Todes wegen an den Bedachten (§ 1939 BGB). Von der Erbeinsetzung unterscheidet sich das Vermächtnis dadurch, daß der Vermächtnisnehmer (Gläubiger) nicht am Nachlaß beteiligt ist. 191

Im Einzelfall können sich **Auslegungsprobleme** ergeben. So ist in der Zuwendung einzelner Gegenstände kein Vermächtnis, sondern eine Erbeinsetzung zu se- 192 hen, wenn diese Gegenstände nach der Vorstellung des Erblassers praktisch den gesamten Nachlaß ausmachen und der Bedachte nach dem Willen des Erblassers dessen wirtschaftliche Stellung fortsetzen sollte (§ 2087 BGB; BayObLGZ 1965, 460). Schwierigkeiten tauchen auch regelmäßig dann auf, wenn der Pflichtteil „zugewendet" wird. In einer solchen Verfügung kann eine bloße Verweisung auf den Pflichtteil oder aber ein Vermächtnis zu sehen sein. Die Unterschiede zeigen sich im Hinblick auf die Verjährung (beim Pflichtteil § 2332 BGB, beim Vermächtnis §§ 195, 198 BGB), bei der Ausschlagung und bei der Höhe eines solchen Vermächtnisses, wenn der Erblasser im gesetzlichen Güterstand verheiratet war (hierzu *Palandt/Edenhofer* § 2304 Rdn. 3).

193 **Gegenstand des Vermächtnisses** kann alles sein, was Ziel eines Anspruchs, also Inhalt einer Leistung sein kann, mithin eine Sache oder ein Recht, auch eine Sachgesamtheit (§ 92 Abs. 2 BGB), Forderungsrechte, der Anspruch auf Befreiung von einer Verbindlichkeit und auch der Verzicht auf Gestaltungsrechte oder Einreden (hierzu ausführlich *Nieder* Rdn. 528). Bei den Vermächtnisarten ist zu unterscheiden zwischen

– dem Vorausvermächtnis, das dem Erben selbst zugewandt ist (§ 2150 BGB),
– dem Wahlvermächtnis (§ 2154 BGB),
– dem Stückvermächtnis (§§ 2169, 2184, 2185 BGB),
– dem Gattungsvermächtnis (§ 2155 BGB),
– dem Verschaffungsvermächtnis (§ 2170 BGB) und

vor allem zwischen dem Vor- und Nachvermächtnis (§ 2191 BGB).

b) Anfall – Fälligkeit

194 Beim Vermächtnis ist zwischen **Anfall** und Fälligkeit zu differenzieren. Der Vermächtnisanspruch, also die Forderung des Vermächtnisnehmers gegenüber dem Beschwerten, wird mit dem Erbfall existent (Anfall § 2176 BGB; BGH NJW 1961, 1915). Ausnahmen regeln die §§ 2177 bis 2179 BGB. Bei aufschiebender Bedingung oder bei Befristung fällt das Vermächtnis erst mit Eintritt der Bedingung oder des bestimmten Zeitpunktes an. Die **Fälligkeit** tritt regelmäßig mit dem Anfall ein; der Testator kann jedoch eine spätere Fälligkeit bestimmen. Soweit der Zeitpunkt des Anfalls und der Fälligkeit divergieren, steht dem Vermächtnisnehmer ab dem Anfall eine vererbliche, übertragbare und verpfändbare Anwartschaft zu, es sei denn der Erblasser hat abweichende Anordnungen getroffen (hierzu ausführlich *Nieder* Rdn. 674ff.). Für den Testamentsvollstrecker ist von Bedeutung, inwieweit während der Anwartschaftszeit Sicherungsrechte für den Vermächtnisnehmer bestehen.

195 Voraussetzung ist in jedem Fall die **Annahme** des Vermächtnisses durch den Bedachten. Die Annahme wird durch formlose empfangsbedürftige Willenserklärung gegenüber dem Beschwerten erklärt (§§ 2176, 2180 BGB) und kann erst nach dem Erbfall, jedoch schon vor dem Anfall erfolgen. Meist erfolgt die Annahme stillschweigend. Eine Ausschlagungsfrist ist für das Vermächtnis, anders als für die Erbschaft (§§ 1943, 1944 BGB), nicht vorgesehen.

196 Wenn der Anspruch auf dingliche Rechtsänderung an einem Grundstück oder auf ein Grundstücksrecht geht, ist er nach Anfall bzw. Annahme durch **Vormerkung** gem. § 883 BGB sicherbar. Soweit der Erblasser nicht ausdrücklich in der Verfügung von Todes wegen eine solche Sicherung mitvermacht hat, kann sie in jedem Fall durch einstweilige Verfügung auf Eintragung einer Vormerkung gem. § 885 Abs. 1 BGB ohne Glaubhaftmachung der Gefährdung des Anspruches erreicht werden (*Staudinger/Otte* § 2179 Rdn. 12; *Nieder* Rdn. 539). Da regelmäßig beim Grundstücksvermächtnis der Vermächtnisnehmer seine Anwartschaft sichern

lassen kann, ist auch der Testamentsvollstrecker befugt, selbst ohne ausdrückliche Anordnung durch den Erblasser, die entsprechende Auflassungsvormerkung zugunsten des Vermächtnisnehmers zu bewilligen. Insoweit liegt keine unentgeltliche Verfügung vor.

Beim **Vor- und Nachvermächtnis** (§ 2191 BGB) stellt sich ebenfalls das Si- **197**
cherungsproblem. Auch hier ist in der Regel der Testamentsvollstrecker durch Eintragung einer Vormerkung befugt (hierzu im einzelnen *Maur* NJW 1990, 1161; *Bengel* NJW 1990, 1826), es sei denn, der Erblasser hat ausdrücklich eine Nichtsicherung des Nachvermächtnisnehmeranwartsanspruches verfügt.

c) Durchführung der Vermächtniserfüllung

aa) Grundstücksvermächtnis. Beim Grundstücksvermächtnis sind die §§ 2165, 2166 **198**
BGB zu beachten. Danach kann der Vermächtnisnehmer im Zweifel nicht die Beseitigung dinglicher Rechte verlangen, weil der Vermächtnisnehmer grundsätzlich nur das erhalten soll, was dem Erblasser zustand. So hat mangels anderweitiger Anordnung durch den Erblasser der Vermächtnisnehmer Dienstbarkeiten, Reallasten, Pfandrechte und Nießbrauch zu übernehmen. Bei Reallasten ist § 1108 BGB zu beachten (persönliche Haftung des Eigentümers). Steht eine auf dem vermachten Grundbesitz ruhende **Hypothek, Grundschuld** oder Rentenschuld dem Erblasser selbst zu, entscheidet die Auslegung nach den Umständen des Einzelfalles, ob diese Rechte mitvermacht sind oder nicht (§ 2165 Abs. 2 BGB). Im übrigen ist der Vermächtnisnehmer verpflichtet, die Hypotheken zugrundeliegenden Forderungen gem. § 2166 BGB zu befriedigen. Dies gilt entsprechend auch bei Grundschulden zur Sicherung einer persönlichen Schuld des Erblassers (BGH NJW 1963, 1612). Anderes gilt bei Grundschulden dann, wenn diese der Sicherung eines Kreditverhältnisses in laufender Rechnung mit wechselndem Bestand dienen (BGHZ 37, 246).

Für **Gesamtgrundschulden** und **Gesamthypotheken** haftet gem. § 2167, **199**
2168 BGB der Bedachte dinglich unbeschränkt. Für das Innenverhältnis bestimmt § 2167 BGB eine Haftungsbeschränkung. Für alle anderen dinglichen Rechte ist § 2165 Abs. 1 S. 1 BGB maßgebend, wonach der Vermächtnisnehmer im Zweifel die Beseitigung nicht verlangen kann.

Dinglich wirkende Verfügungsbeschränkungen bei **Wohnungs-/Teileigen- 200**
tumsvermächtnissen (gem. § 12 WEG) entfallen nicht bei der Vermächtniserfüllung (BayObLGZ 1982, 46; aA LG Nürnberg-Fürth MittBayNot. 1976, 27; *Palandt/Edenhofer* § 2174 Rdn. 12). Da sich gem. § 2164 BGB das Vermächtnis im Zweifel auch auf das **Zubehör** erstreckt, ist auch dieses zu übertragen. Was Zubehör ist, richtet sich nach den §§ 97, 98, 314, 926 BGB.

Besitz, Nutzen und Lasten verbleiben zwar zufolge der Gesamtrechtsnachfol- **201**
ge bis zur Vermächtniserfüllung zunächst beim Erben. Soweit Anfall und Fälligkeit mit dem Ableben des Erblassers zusammenfallen (§§ 2174, 2181 BGB), sind diese Rechte rückwirkend auf den Todestag zu übertragen und die Pflichten ab diesem Zeitpunkt zu übernehmen. Ansonsten stehen die Früchte und Nutzungen ab Anfall dem Vermächtnisnehmer zu (§ 2184 BGB). **Verwendungen** des Beschwerten sind vom Vermächtnisnehmer gem. § 2185 BGB zu erstatten.

Die **Gewährleistung** des Beschwerten für Rechts- und Sachmängel bei Gat- **202**
tungsvermächtnissen richtet sich mangels anderweitiger Verfügungen des Erblassers nach den §§ 2182 und 2183 BGB. Während § 2182 BGB für das Gattungs- und Verschaffungsvermächtnis die Leistungspflicht in Anlehnung an das Kaufrecht konkretisiert, gibt es beim **Stückvermächtnis** keine Rechtsmängelhaftung. Hier entspricht es dem Erblasserwillen, daß der Vermächtnisgegenstand aus dem Nachlaß so

auf den Bedachten übertragen wird, wie er sich im Nachlaß beim Ablebenszeitpunkt vorfindet (*Palandt/Edenhofer* § 2182 Rdn. 1; MünchKommBGB/*Schlichting* § 2182 Rdn. 1). § 2183 normiert nur für das Gattungsvermächtnis eine auf Nachlieferung und Schadenersatz beschränkte Sachmängelhaftung. Beim Stück- und Verschaffungsvermächtnis ist nur diese Sache geschuldet und zu leisten. Eine Haftung des Beschwerten für Sachmängel entfällt deshalb.

203 Während das Bestehen einer Gewährleistungspflicht für Rechts- und Sachmängel von der Art des Vermächtnisses abhängig ist, können Ansprüche aus **positiver Forderungsverletzung** bei allen Vermächtnisarten geltend gemacht werden (*Palandt/Edenhofer* § 2183 Rdn. 1).

204 Stellt eine noch zu vermessende **Teilfläche** den Vermächtnisgegenstand dar, so ist das Genehmigungserfordernis des § 19 BauGB zu beachten. Zwar bedarf das Vermächtnis eines Grundstücks iS des § 1 GrdstVG nicht der Genehmigung nach § 2 Abs. 1 GrdstVG, nach hM aber die Vermächtniserfüllung, also die Auflassung (OLG Hamm RdL 1965, 120, 299; OLG Karlsruhe AgrarR 1975, 106). Auch ist § 16 Abs. 1 HöfeO zu beachten.

205 Die **Kosten** der Vermächtniserfüllung (Notar, Gericht) hat der Beschwerte zu tragen (BGH NJW 1963, 1602). Bei den Notarkosten ist zu beachten, daß nur bei einer beurkundeten Vermächtniszuwendung das Gebührenprivileg des § 38 Abs. 2 Nr. 6 KostO ($^5/_{10}$ Gebühr) einschlägig ist. Bei privatschriftlichen Verfügungen von Todes wegen fällt eine Gebühr gem. § 36 Abs. 2 KostO an (*Korintenberg/Lappe/Reimann/Bengel* KostO § 38 Rdn. 49ff.).

206 Ungeachtet der Mithaftung des Nachlasses gem. § 20 Abs. 3 ErbStG schuldet der Vermächtnisnehmer für das Vermächtnis die **Erbschaftssteuer** (§ 20 Abs. 1 ErbStG).

207 Eine angeordnete **Ersatzvermächtnisnehmerschaft** (§ 2190 BGB) oder eine gem. § 2069 BGB stillschweigend anzunehmende Ersatzberufung ist für den Testamentsvollstrecker dann nicht zu berücksichtigen, wenn der Bedachte den Erbfall selbst erlebt hat (§§ 2160, 2176, 2181 BGB). Denn mit dem Erbfall ist die Forderung des Vermächtnisnehmers entstanden (BGH NJW 1961, 1950), soweit nicht §§ 2177 bis 2179 BGB Ausnahmen bestimmen. Hingegen sind evtl. Rechte des Nachvermächtnisnehmers (Absicherung durch Eintragung einer Vormerkung) stets zu berücksichtigen (Rdn. 197).

208 Für die **Form der Auflassung** ist § 925 BGB einschlägig (gleichzeitige Anwesenheit beider Teile, Beurkundung vor dem Notar). Gem. § 925a BGB muß zwar das Grundgeschäft (Verpflichtungstatbestand) formgerecht beurkundet sein (§ 313 BGB). Dies gilt jedoch nicht für das wirksam angeordnete Vermächtnis in der Verfügung von Todes wegen. Allerdings ist der Verpflichtungstatbestand so in der Auflassungsurkunde darzulegen, daß das Grundbuchamt sich ein ausreichendes eigenes Urteil über die behauptete Rechtslage bilden kann (zB bei privatschriftlichen Testamenten Bezugnahme auf Erbschein und Nachlaßakten, bei beurkundeter Verfügung von Todes wegen auf die entsprechende Urkunde; hierzu *Staudinger/Ertl* § 925a Rdn. 9ff.). Soweit der Erbschein vorgelegt wird, kann das Gericht nicht noch zusätzlich die Vorlage des Testamentes und der Urkunde über die Eröffnung verlangen. Auch ist keine Voreintragung des Erben erforderlich, da die Übertragung als Recht in Frage steht (§ 40 Abs. 1 GBO).

209 *bb) Vermächtnisse bestimmter beweglicher Gegenstände und Rechte.* Die Vermächtniserfüllung beweglicher Gegenstände durch den Testamentsvollstrecker ist regelmäßig problemfrei. Zu beachten ist der Zeitpunkt der Fälligkeit (§ 2181 BGB). Die Eigentumsverschaffung erfolgt gem. §§ 929ff. BGB (idR durch Einigung und Übergabe). Bei **Vorausvermächtnissen** (§ 2150 BGB) ist der Erbe (Alleinerbe)

bereits zufolge der Gesamtrechtsnachfolge Alleineigentümer. Ihm ist lediglich der Alleinbesitz (durch den besitzenden Testamentsvollstrecker) zu verschaffen. Soweit ein Vorausvermächtnis dem Miterben zugewendet ist, bedarf es der Einigung und Übergabe.

Hat der Erblasser ein **Verschaffungsvermächtnis** (§ 2169 BGB) dem Bedachten zugewendet, so ist in der entsprechenden Verfügung von Todes wegen der Auftrag des Erblassers an den Testamentsvollstrecker zu sehen, die zum Erwerb des Vermächtnisgegenstandes erforderlichen Verbindlichkeiten für den Nachlaß einzugehen (*Haegele/Winkler* Rdn. 291). Ein Zwischenerwerb durch die Erbengemeinschaft im Hinblick auf die zu verschaffene Sache ist nicht erforderlich (zur Frage der Eintragung des Testamentsvollstreckervermerks bei durchgeführtem Zwischenerwerb: *Meyding* ZEV 1995, 100). Der Verschaffungsvorgang kann unmittelbar zwischen dem Eigentümer der zu verschaffenden Sache und dem Erwerber (Vermächtnisnehmer) erfolgen. Die Mittel (Gegenleistung) darf der Testamentsvollstrecker aus dem Nachlaß entnehmen. Der mit dem Verschaffungsvermächtnis Beschwerte wird befreit bei ursprünglicher (anfänglicher) Unmöglichkeit (§ 2171 BGB); wird nachträglich die Verschaffung objektiv unmöglich (zB zufälliger Untergang, § 275 Abs. 1 BGB), wird der Beschwerte ebenfalls befreit. Dem Bedachten verbleibt das stellvertretende **commodum** (§ 281 BGB; *Palandt/Edenhofer* § 2170 Rdn. 3). Subjektives Unvermögen zur Verschaffung verpflichtet zum Wertersatz (§ 2170 Abs. 2 BGB). Beim Verschaffungsvermächtnis haftet der Beschwerte nicht für Sachmängel (§ 2183 BGB), für Rechtsmängel in der Regel wie ein Verkäufer (§ 2182 Abs. 2 BGB), es sei denn, der Erblasser hat in seiner Verfügung von Todes wegen eine anderweitige Haftung für Sach- und Rechtsmängel angeordnet. 210

Für **Sach- und Rechtsmängel** gelten ansonsten die §§ 2182, 2183 BGB (s. Rdn. 202f.). 211

Bei **Forderungsvermächtnissen** ist § 2173 BGB zu beachten. Es wird erfüllt durch Übertragung der vermachten Forderung gem. §§ 398ff. BGB nebst Zinsen seit dem Anfall (§ 2184 BGB) samt Nebenrechten (§§ 401, 402 BGB). 212

6. Auflagen

Soweit der Erblasser nichts anderes bestimmt hat, hat der Testamentsvollstrecker die **Auflagen** des Erblassers zu erfüllen. Unbeachtlich ist hierbei, ob mit der Auflage der Erbe oder ein Vermächtnisnehmer beschwert ist. Da der Erblasser den Wirkungskreis des Testamentsvollstreckers beschränken kann, ist es auch denkbar, daß alleinige Aufgabe des Testamentsvollstreckers der Vollzug bestimmter Auflagen ist (BayObLG 1986, 34). 213

Die Auflage ist keine Zuwendung, sondern die Auferlegung einer **Verpflichtung** für den Erben oder Vermächtnisnehmer, der kein Bedachter gegenüber steht (§ 1940 BGB). Im Einzelfall kann die Abgrenzung zur reinen Verwaltungsanordnung des Erblassers gem. § 2216 Abs. 2 BGB und zum unverbindlichen Wunsch des Erblassers schwierig sein. Abgrenzungskriterium ist zunächst die Person des mit der Auflage Beschwerten: Während sich die Verwaltungsanordnungen des Erblassers unmittelbar an den Testamentsvollstrecker richten, wird mit der Auflage der Erbe oder Vermächtnisnehmer beschwert. Wünsche hingegen binden nicht rechtlich, sondern nur moralisch (*Staudinger/Reimann* § 2216 Rdn. 17). 214

Auflagen werden mangels Zeitangabe mit dem Tode des Beschwerten fällig (§§ 2192, 2181 BGB), sind also unverzüglich vom Testamentsvollstrecker zu erfüllen. Inhalt der Auflage kann ein Tun, Unterlassen oder eine Duldung jeglicher Art 215 iS des § 241 BGB sein (hierzu ausführlich *Nieder* Rdn. 951). Der **Vollziehungsanspruch** steht nur einem beschränkten Personenkreis zu (§ 2194 BGB). Entsprechend den Bestimmungen in der Verfügung von Todes wegen ist der Testamentsvollstrecker verpflichtet, für den mit der Auflage Beschwerten (Erbe oder Vermächtnisnehmer) die Auflage zu erfüllen, oder aber gem. § 2194 BGB vom Beschwerten den Vollzug zu verlangen.

V. Schutz des Nachlasses durch Testamentsvollstreckung

1. Allgemeines

216 Die der Verwaltung des Testamentsvollstreckers unterliegenden Nachlaßgegenstände haften nur den Nachlaßgläubigern. Sonstige Gläubiger der Erben, die sog. Eigengläubiger, können sich an diese Nachlaßgegenstände nicht halten (§ 2214 BGB). Ihnen ist in dem Umfang, in dem dem Erben die Verwaltung der Nachlaßgegenstände entzogen ist (§§ 2205, 2211 BGB), der **Zugriff auf den Nachlaß** entzogen. Ein Zugriff würde unzulässig in die Verfügungsgewalt des Testamentsvollstreckers eingreifen (*Soergel/Damrau* § 2214 Rdn. 1; KG OLGZ 12, 373). Dies gilt auch für die Erträge des Nachlasses, es sei denn, sie werden dem Erben zur freien Verfügung überlassen. Zum Problem „Gewinnansprüche bei Gesellschaftsanteilen“ s. 5. Kap. Rdn. 159, 191f. Damit läuft § 2214 BGB praktisch auf eine Absonderung des Nachlasses allein für die Nachlaßgläubiger hinaus.

217 Die **Eigengläubiger** sind gem. § 2214 BGB entsprechend der fehlenden Verfügungsmacht des Erben nach § 2211 BGB an jeglichen Vollstreckungshandlungen einschließlich der Insolvenz gehindert.

218 Auch wenn der Erbe **schuldrechtliche Geschäfte** über Nachlaßgegenstände eingeht, bewirken diese keine Nachlaßverbindlichkeit und verpflichten nur den Erben, ohne gegen den Nachlaß oder den Testamentsvollstrecker erzwungen werden zu können (§ 748 ZPO; *Palandt/Edenhofer* § 2214 Rdn. 1). Der Zugriff auf den Nachlaß ist den Eigentümern bereits ab Erbfall verwehrt, nicht erst mit dem Amtsantritt des Testamentsvollstreckers (*Staudinger/Reimann* § 2214 Rdn. 2).

219 Nicht unter dem Schutz des § 2214 BGB, also **pfändbar,** sind trotz angeordneter Testamentsvollstreckung:

220 Ansprüche des Erben auf **Überlassung** von Nachlaßgegenständen gem. § 2217 Abs. 1 BGB und auf Auszahlung von Nutzungen § 2216 BGB);

221 die Pfändung des Erbteils. Bei der **Pfändung eines Anteils eines Miterben** am Nachlaß (§ 859 Abs. 2 ZPO) ist der Pfändungsbeschluß nicht dem Miterben, sondern dem verwaltungsberechtigten Testamentsvollstrecker als Drittschuldner zuzustellen (RGZ 86, 294); die Pfändung eines Erbanteils kann bei den Grundstükken, die zum Nachlaß gehören, im Grundbuch eingetragen werden (RGZ 90, 232); die Pfändung bedarf nicht der Zustimmung des Testamentsvollstreckers.

222 Bei der **Vor- und Nacherbschaft** können die Eigengläubiger des Vorerben dessen Erbschaft wohl pfänden und beschlagnahmen; sie sind jedoch nicht in der Lage, einzelne Nachlaßgegenstände zwangsweise zu verwerten (MünchKomm-BGB/*Brandner* § 2214 Rdn. 3).

2. Wirkungen der Verpfändung des Erbanteils

223 Die alleinige Verfügungsbefugnis des Testamentsvollstreckers über die einzelnen Nachlaßgegenstände bleibt von der Verpfändung eines Erbanteils gem. § 859

Abs. 2 ZPO unberührt (*Staudinger/Reimann* § 2214 Rdn. 6). Der Pfandgläubiger hat hierbei nicht mehr Rechte als der Erbe selbst (BayObLG DB 1983, 708), aber auch nicht weniger. Das vom Erblasser verfügte **Auseinandersetzungsverbot** gem. § 2044 BGB hat gegen den Pfandgläubiger eines Erbteils gem. § 2244 Abs. 1 S. 2, 751 S. 2 BGB, keine Wirkung, wohl aber das in der Anordnung einer echten Dauervollstreckung zwangsläufig enthaltene befristete Erbteilungsverbot. § 2214 BGB geht insoweit als Ausnahmevorschrift den §§ 2044, 751 BGB vor (zur Frage der Analogiefähigkeit s. *Nieder* Rdn. 693).

Die Pfändung des Erbanteils erfaßt gem. § 859 Abs. 2 ZPO den Gesamthandan- 224
teil als einen Inbegriff von Rechten und Pflichten (BGHZ 97, 392, aA *Thomas/ Putzo* ZPO § 859 Rdn. 1). Allerdings verschafft die Pfändung dem Gläubiger **nicht** die Stellung eines Miterben, so daß der Pfandgläubiger an der „Innenseite" der Erbengemeinschaft nicht teilnimmt (RGZ 90, 235).

Das Pfandrecht gewährt dem Pfandgläubiger dieselben Rechte wie ein rechtsge- 225
schäftliches Pfandrecht (§ 804 Abs. 2 ZPO), die hierdurch bewirkte Verfügungsbeschränkung des Miterben in Bezug auf Nachlaßgegenstände ist im Grundbuch eintragungsfähig (RZG 90, 235). Der Erbteil kann weiter auch **ohne Zustimmung** des Pfandgläubigers vom Miterben wirksam veräußert werden, da die Veräußerung, auch bei Gutgläubigkeit des Erwerbers, das Pfandrecht nicht berührt (*Palandt/Edenhofer* § 1276 Rdn. 3).

Die **Erbauseinandersetzung** sowie die Übertragung sämtlicher Erbanteile auf 226
einen Miterben oder einen Dritten ist nur mit Zustimmung des Pfandgläubigers diesem gegenüber wirksam. Gleiches gilt bei einer Verfügung aller Miterben über Nachlaßgegenstände (BayObLG 1959, 50, 57). Dies bedeutet, daß der Pfändungspfandgläubiger an der „Außenseite" der Miterbenbeteiligung seine vollen Rechte hat und demzufolge Verfügungen des Miterben, die seine Sicherheit beeinträchtigen, von ihm blockiert werden können. Dies gilt für jede Erbteilsübertragung, auch die des Vorerben auf den Nacherben oder an Dritte, für die unentgeltliche und entgeltliche Verfügung.

Da jedoch eine Pfändung das Verwaltungs- und Verfügungsrecht des **Testa-** 227
mentsvollstreckers über Nachlaßgegenstände nicht beeinträchtigt (siehe Rdn. 223), ist dieser stets in der Lage, einzelne Nachlaßgegenstände auf Dritte (auch Miterben oder Nacherben) zu übertragen.

Bei der wirksamen Veräußerung ist der **Pfändungsvermerk** im Grundbuch ge- 228
genstandslos und nach § 84 GBO zu löschen (KG DJ 1941, 350). Eine Mitwirkung des Pfandgläubigers (Zustimmung) zur Veräußerung oder Belastung von Nachlaßgegenständen durch den Testamentsvollstrecker gem. § 1276 BGB ist nicht erforderlich, auch nicht zur Löschung des Pfändungsvermerks im Grundbuch (KG JR 1952, 323).

An die Stelle des veräußerten Gegenstandes tritt der Erlös mit der Folge, daß sich 229
das Pfandrecht des Pfändungsgläubigers am **Surrogat** fortsetzt. Bei unentgeltlichen Verfügungen, die generell gem. § 2205 S. 3 BGB dem Testamentsvollstrecker untersagt sind, gibt es kein Surrogat.

Ist der Erbteil gepfändet, so ist der (Mit-)Erbe **nicht** in der Lage, der unentgelt- 230
lichen Verfügung zuzustimmen. Die Verfügung würde nur mit Zustimmung des Pfandgläubigers diesem gegenüber wirksam (BayObLG 1959, 57).

VI. Der vermeintliche Testamentsvollstrecker

Die Testamentsvollstreckung kann nur durch den Erblasser und nur durch Ver- 231
fügung von Todes wegen angeordnet werden (2. Kap. Rdn. 1 ff.). Die Bestimmung der Person des Testamentsvollstreckers hingegen kann durch den Testator

gem. § 2198 BGB einem **Dritten** übertragen oder durch das **Nachlaßgericht** gem. § 2200 BGB vorgenommen werden. Mängel in der Anordnung der Testamentsvollstreckung, der Bestimmung der Person oder der Inhalt der Verfügung von Todes wegen können dazu führen, daß eine Person irrig der Annahme ist, sie sei Testamentsvollstrecker (der sog. vermeintliche Testamentsvollstrecker).

Im einzelnen sind folgende Fallgestaltungen denkbar:

232 (1) Die Anordnung der Testamentsvollstreckung war **von Anfang an unwirksam.** Dies ist vor allem der Fall bei der Nichtigkeit wegen Willensmangels (§§ 116ff. BGB), bei mutmaßlicher Nichtigkeit (gem. § 2077 BGB), wegen Testierunfähigkeit (§ 2229 BGB), wegen Verstoßes gegen die Formvorschriften (§ 125 BGB) und schließlich wegen Gesetzesverstoßes (§§ 134, 2065, 2263 BGB).

233 (2) **Überholende Ereignisse** können die Testamentsvollstreckungsanordnung von vorneherein ganz oder teilweise unwirksam machen.

Beispiele:

- Die Verfügung von Todeswegen wird gem. §§ 2078ff. BGB angefochten;
- die Erbschaft wird ausgeschlagen;
- in einer späteren letztwilligen Verfügung wird die Anordnung der Testamentsvollstreckung aufgehoben.

234 (3) Das zunächst einmal bestehende Amt des Testamentsvollstreckers ist zu einem späteren Zeitpunkt ganz oder teilweise **erloschen,** ohne daß hiervon der Testamentsvollstrecker Kenntnis hat (zB bei auflösender Bedingung oder Fristablauf gem. § 2210 BGB, objektiver Erledigung seiner sämtlicher Aufgaben).

235 Im Gesetz ist lediglich der letzte Fall geregelt:

Gem. §§ 2218 Abs. 1, 674 BGB wird zugunsten des Testamentsvollstreckers die **Fortdauer** des Amtes solange **unterstellt,** bis er vom Erlöschen Kenntnis erlangt oder das Erlöschen kennen muß (wobei leichte Fahrlässigkeit genügt, § 122 Abs. 2 BGB). In allen anderen Fällen scheidet die unmittelbare Anwendung des § 2218 BGB aus. Umstritten ist, ob in solchen Fällen §§ 2218 Abs. 1, 674 BGB analog angewendet werden können. Der BGH (NJW 1977, 1726) differenziert hier danach, ob die Erben mit der (vermeintlichen) Testamentsvollstreckung einverstanden waren, oder ob sie widersprochen hätten. Wegen der starken Beschränkung der Rechtstellung der Erben durch eine Testamentsvollstreckung könne eine solche den Erben nur zugemutet werden, wenn sie tatsächlich existiere oder vom Erben akzeptiert worden wäre.

236 Lag der vermeintlichen Testamentsvollstreckung niemals eine wirksame Testamentsvollstreckungsanordnung zugrunde, können grundsätzlich die Regeln der **Geschäftsführung ohne Auftrag** (§§ 677ff. BGB) nicht angewendet werden. Zum Wesen der berechtigten Geschäftsführung ohne Auftrag gehört zwingend das Bewußtsein des Geschäftsführers, das Geschäft als Fremdes zu besorgen (BGHZ 16, 12; 40, 28). Die irrtümliche Annahme einer Rechtspflicht oder einer Berechtigung führt dazu, daß der vermeintliche Testamentsvollstrecker letztlich ein eigenes Geschäft (als Testamentsvollstrecker) besorgt. Für die unmittelbare Anwendung der Geschäftsführungsregeln ist also bei einer nichtigen Testamentsvollstreckungsanordnung kein Raum (*Staudinger/Wittmann* Vor §§ 677 bis 687 Rdn. 23).

237 Das Verhältnis zwischen Erben und vermeintlichem Testamentsvollstrecker richtet sich in solchen Fällen alleine nach den Regeln des **Bereicherungsrechtes.**

238 Eine **analoge Anwendung** der §§ 2218, 674 BGB ist jedoch dann gerechtfertigt, wenn der Testamentsvollstrecker in gutem Glauben an die Innehabung des Amtes gehandelt hat (*Soergel/Damrau* § 2218 Rdn. 20; *Haegele/Winkler* Rdn. 632f.). Eine Analogie ist jedoch nur dann zulässig, wenn die Ernennung nicht von Anfang an gegenstandslos ist (BGHZ 41, 23). Sie rechtfertigt sich aus

dem Regelungszweck der §§ 2218, 674 BGB (Schutz des Beauftragten, der ohne Fahrlässigkeit vom Erlöschen des Auftrags keine Kenntnis hat). Die zusätzlich vom BGH geforderte Voraussetzung, daß die Erben der Testamentsvollstreckung nicht widersprochen hätten, wird zu Recht abgelehnt (*Haegele/Winkler* Rdn. 633; *Soergel/Damrau* § 2218 Rdn. 20; s.a. 10. Kap. Rdn. 155ff.).

Das **Außenverhältnis,** also die Rechtsbeziehungen zwischen Testamentsvollstrecker/Erben und Dritten richten sich beim vermeintlichen Testamentsvollstrekker nach den allgemeinen Regeln: **239**

– Ist ein Testamentsvollstreckerzeugnis erteilt, so finden die **Erbscheinsregeln** entsprechende Anwendung (§§ 2368, 2365 BGB). Dies gilt auch dann, wenn der im Zeugnis Bezeichnete in Wirklichkeit nicht Testamentsvollstrecker ist (*Staudinger/Firsching* § 2368 Rdn. 12; s.a. 2. Kap. Rdn. 280 ff.). **240**

– Legitimiert sich der Testamentsvollstrecker auf andere Weise (Vorlage des Testaments und Ausfertigung der Annahmeerklärung), sind die Grundsätze zur **Duldungs-** und **Anscheinsvollmacht** heranzuziehen (hierzu *Palandt/Heinrichs* § 173 Rdn. 9f. mwN). **241**

Zur **Vergütung des vermeintlichen Testamentsvollstreckers** vgl. *Tiling,* Die Vergütung des Testamentsvollstreckers, ZEV 1998, 331f., 339: Hat das Testamentsvollstreckeramt zunächst wirksam bestanden, hat der Testamentsvollstrecker einen Anspruch gem. §§ 2218, 2221 BGB, solange er ohne Verschulden über den Fortbestand des Amtes geirrt hat (§§ 2218, 674 BGB). Falls die Anordnung von Anfang an unwirksam war, wird unterschieden, ob der Testamentsvollstrecker gutgläubig war. Dann steht ihm ein Anspruch aus § 683 BGB auf Aufwendungsersatz und Vergütung gemäß §§ 675, 612 BGB zu, falls die Erben die Tätigkeit nicht von Anfang an abgelehnt haben. Es besteht kein Anspruch, wenn die Erben die Tätigkeit von Anfang an abgelehnt haben (s. auch 8. Kap. Rdn. 148ff.). **242**

2. Kapitel

Die Anordnung der Testamentsvollstreckung. Die Ernennung zum Testamentsvollstrecker. Der Beginn der Testamentsvollstreckung und des Testamentsvollstreckeramtes. Der Nachweis des Amtes

Übersicht

Formulierungsvorschläge

Literatur: *Felix/Carlé/Korn/Stahl/Heissenberg/Kupfer,* Steuerberater und Wirtschaftsprüfer als Testamentsvollstrecker, Beirat (Aufsichtsrat), Pfleger, Schiedsrichter und Liquidator, 1989; *Jansen,* Zur bindenden Wirkung der Ernennung eines Testamentsvollstreckers durch das Nachlaßgericht, NJW 1966, 331; *Reimann,* Der Urkundsnotar als Testamentsvollstrecker, FS Ulrich v. Lübtow, 1991, S. 317; *Ulmer,* Testamentsvollstreckung am Kommanditanteil – Voraussetzungen und Rechtsfolgen, NJW 1990, 73.

I. Die Anordnung der Testamentsvollstreckung

1. Grundsatz

1 Die Anordnung der Testamentsvollstreckung ist **von der Ernennung des Testamentsvollstreckers zu unterscheiden,** auch wenn beides häufig zusammenfällt.

2 In der Ernennung eines Testamentsvollstreckers durch den Erblasser, in der Übertragung des Bestimmungsrechts auf einen Dritten gem. § 2198 BGB und in dem Ersuchen an das Nachlaßgericht gem. § 2200 BGB, einen Testamentsvollstrecker zu ernennen, liegt **zugleich die Anordnung der Testamentsvollstreckung.** Es ist dann lediglich durch Auslegung zu ermitteln, ob bei Nichtantritt des Amtes oder nach Wegfall des konkreten Testamentsvollstreckers die Testamentsvollstreckung selbst andauern soll oder nicht. Klarstellungen hierüber sind in die letztwillige Verfügung aufzunehmen.

3 Der Erblasser kann sich auch darauf beschränken, Testamentsvollstreckung anzuordnen; die Ernennung des Testamentsvollstreckers kann dann von ihm selbst nachgeholt, einem Dritten gem. § 2198 BGB übertragen oder vom Nachlaßgericht gem. § 2200 BGB vorgenommen werden, wenn ein entsprechendes (ausdrückliches oder stillschweigendes) Ersuchen vorliegt. Hat der Erblasser **lediglich Te-**

stamentsvollstreckung angeordnet, ohne einen Testamentsvollstrecker zu ernennen oder einen Bestimmungsberechtigten zu bezeichnen, wird, da ansonsten die Anordnung scheitern müßte, durch Auslegung (§ 2084 BGB) ein Ersuchen an das Nachlaßgericht nach § 2200 BGB anzunehmen sein (MünchKommBGB/*Brandner* § 2197 Rdn. 2).

In der **letztwilligen Verfügung** sollte zwischen der Anordnung der Testamentsvollstreckung und der Ernennung des Testamentsvollstreckers **differenziert** werden. 4

Formulierungsvorschläge für Anordnung und Ernennung 5

„Ich ordne für meinen Nachlaß Testamentsvollstreckung an. Zum Testamentsvollstrecker ernenne ich ......, ersatzweise ......"

„Ich ordne Testamentsvollstreckung an. Ich überlasse die Bestimmung der Person des Testamentsvollstreckers ......, hilfsweise ersuche ich das Nachlaßgericht, den Testamentsvollstrecker zu ernennen."

„Ich ordne Testamentsvollstreckung an. Ich ersuche das Nachlaßgericht, den Testamentsvollstrecker zu ernennen."

Die Testamentsvollstreckung kann **bedingt, befristet und eingeschränkt** angeordnet werden. Sie kann auch nur einen oder einige Erbteile oder auch nur einen Vermächtnisgegenstand betreffen; dann ist es aber zweckmäßig, zugleich auch eine Aussage darüber zu treffen, ob die Testamentsvollstreckerverfügung (§ 2221 BGB) alle Erben oder nur den Miterben trifft, für dessen Erbteil Testamentsvollstreckung angeordnet ist. 6

Formulierungsvorschläge für Bedingung, Befristung, Beschränkung 7

„Ich ordne Testamentsvollstreckung an, jedoch bedingt, nämlich nur
a) für den Fall des Eintritts der Ersatzerbfolge,
b) für den Fall, daß mein Erbe verstirbt und einer seiner Erben, sofern er als Erbeserbe Gegenstände aus meinem unbeweglichen Nachlaß erhält, noch nicht das 25. Lebensjahr vollendet hat."

„Ich ordne Testamentsvollstreckung an. Diese ist befristet bis zur Vollendung des 25. Lebensjahres meines Erben, im Fall des Eintritts der Ersatzerbfolge bis der jüngste Ersatzerbe sein 25. Lebensjahr vollendet hat."

„Ich ordne Testamentsvollstreckung an. Der Testamentsvollstrecker hat ausschließlich die Aufgabe, das Vermächtnis gem. Ziffer III dieses Testaments zu erfüllen."

„Ich ordne Testamentsvollstreckung an, jedoch nur bezüglich des Erbteils meines Sohnes A. Dieser ist alleiniger Schuldner der Testamentsvollstreckervergütung."

„Ich ordne Testamentsvollstreckung an, jedoch nur bezüglich des Vermächtnisgegenstandes gem. Ziff. III dieses Testaments. Der mit der Testamentsvollstreckung beschwerte Vermächtnisnehmer ist alleiniger Schuldner der Testamentsvollstreckervergütung."

2. Prinzip der Eigenanordnung

Die Anordnung der Testamentsvollstreckung ist prinzipiell Sache des Erblassers selbst (§ 2065 Abs. 1 BGB). Eine **Vertretung im Willen** scheidet insoweit völlig aus. Die §§ 2198 bis 2200 BGB ermöglichen es nur, Dritten die Bestimmung der **Person** des Testamentsvollstreckers zu übertragen, der Dritte kann aber nicht ermächtigt werden, die Entscheidung darüber, ob eine Testamentsvollstreckung zu erfolgen hat, zu treffen. 8

Allerdings kann die in einem **gemeinschaftlichen Testament** oder in einem **Erbvertrag** enthaltene Bestimmung, daß der überlebende Ehegatte für sich allein berechtigt sein soll, Testamentsvollstreckung anzuordnen, dahin ausgelegt werden, daß jeder Ehegatte für seinen Nachlaß Testamentsvollstreckung anordnet, wenn auch erst ab dem Zeitpunkt des Ablebens des längerlebenden Eheteils, und zu sei- 9 nem Testamentsvollstrecker denjenigen bestimmt, welchen der überlebende Ehegatte zu seinem eigenen Testamentsvollstrecker ernennt (RG Recht 1921 Nr. 1918).

10 Da eine **Vertretung** nach § 2064 BGB grundsätzlich **unzulässig** ist, kann der Erblasser auch nicht einen anderen ermächtigen, die von ihm, dem Erblasser, getroffene Verfügung über die Testamentsvollstreckung abzuändern oder aufzuheben.

3. Die Form der Anordnung

a) Testament

11 Die Anordnung der Testamentsvollstreckung erfolgt „durch Testament" (§ 2197 BGB). Das Testament braucht **keine weiteren Verfügungen,** insbesondere keine Erbeinsetzung, zu enthalten; es kann sich auf die Anordnung der Testamentsvollstreckung und die Berufung des Testamentsvollstreckers beschränken und es im übrigen bei der gesetzlichen Erbfolge oder bei der Anordnung gegenständlicher Vermächtnisse belassen. Testamentsvollstreckung ist also sowohl bei gewillkürter als auch bei gesetzlicher Erbfolge möglich.

12 Die Anordnung der Testamentsvollstreckung kann wie jede andere einseitige letztwillige Verfügung vom Erblasser jederzeit gem. §§ 2253ff. BGB **widerrufen** werden. Wenn ein Testament eine in einem früheren Testament angeordnete Testamentsvollstreckung nicht erwähnt, ist es eine Frage der Auslegung, ob die Anordnung durch das spätere Testament aufgehoben wird. Bei der Gestaltung späterer Testamente ist also insoweit Vorsicht geboten, vor allem, wenn die gebräuchliche Klausel „vorsorglich widerrufe ich alle bisher von mir getroffenen Verfügungen von Todes wegen" verwendet wird.

b) Gemeinschaftliches Testament

13 Die Testamentsvollstreckung kann auch in einem gemeinschaftlichen Testament (§ 2265ff. BGB) angeordnet werden, jedoch ohne den Charakter einer wechselbezüglichen Verfügung iSv. § 2270 Abs. 1 BGB erhalten zu können (§ 2270 Abs. 3 BGB). Sie kann daher von demjenigen Ehegatten, der den Testamentsvollstrecker ernannt hat, jederzeit gem. §§ 2253ff. BGB **widerrufen** werden (*Staudinger/Reimann* § 2197 Rdn. 15; MünchKommBGB/*Brandner* § 2197 Rdn. 5). Setzen Eheleute in einem gemeinschaftlichen Testament gemeinsam einen Dritten zum Testamentsvollstrecker ein, so ist es eine Frage der Auslegung, ob diese Anordnung für die Nachlässe beider Eheleute gelten soll oder nur für den Nachlaß des Überlebenden. Im Zweifel wird die erste Auslegung vorzuziehen sein, so daß zwei voneinander **unabhängige Testamentsvollstreckungen** entstehen (BayObLGZ 1985, 233). Wenn aber der überlebende Ehegatte Alleinerbe des erstversterbenden sein soll, für den ersten Erbfall keine weiteren letztwilligen Verfügungen getroffen sind, die der Ausführung bedürften, und keine Anhaltspunkte für die Annahme einer Verwaltungsvollstreckung oder Dauervollstreckung (§ 2209 BGB) vorhanden sind, wird im allgemeinen anzunehmen sein, daß der Testamentsvollstrecker nur für den Nachlaß des überlebenden Ehegatten eingesetzt ist (KG HRR 1937 Nr. 259; *Granicky* NJW 1957, 407). Etwas anderes gilt, wenn der Testamentsvollstrecker nach dem erkennbaren Willen der Erblasser schon beim ersten Erbfall die Pflichtteilsansprüche regeln und erfüllen soll (KG aaO; *Staudinger/Reimann* § 2197 Rdn. 15).

c) Erbvertrag

14 Auch in einem Erbvertrag kann Testamentsvollstreckung angeordnet werden, allerdings nur durch **einseitige, nicht durch vertragsmäßige Verfügung**

(§§ 2299 Abs. 1, 2278 Abs. 2 BGB). Eine solche Verfügung kann wie eine testamentarische Verfügung jederzeit widerrufen werden. Ist die Testamentsvollstrekkerernennung vertragsmäßig ausgestaltet, kann eine solche, an sich unwirksame Verfügung, allernfalls in eine jederzeit widerrufliche Anordnung der Testamentsvollstreckung umgedeutet werden (*Staudinger/Reimann* § 2197 Rdn. 16).

d) Rechtsgeschäft unter Lebenden

Die Anordnung der Testamentsvollstreckung durch Rechtsgeschäft unter Lebenden ist nicht möglich. Allerdings kann der Erblasser durch Rechtsgeschäft unter Lebenden mit dem Testamentsvollstrecker die Vergütungsfragen, die mit der Testamentsvollstreckung zusammenhängen, regeln. Die Bedeutung einer lebzeitigen Vereinbarung liegt einmal darin, daß sie die Angemessenheit der Vergütung nach § 2221 BGB konkretisiert und nach Eintritt des Erbfall bei Einwänden der Gegenseite gegen die Höhe der mit dem Erblasser vereinbarten Vergütung den Einwand der unzulässigen Rechtsausübung ermöglicht (*Zimmermann* Rdn. 16, 690). Der Erblasser kann darüber hinaus durch Rechtsgeschäft unter Lebenden **Aufträge über seinen Tod** hinaus erteilen, die gegenüber den Erben wirksam sind (§ 672 BGB). Derartige Aufträge können jedoch gem. § 671 BGB vom Auftraggeber (Erblasser) oder dessen Erben widerrufen werden, es sei denn, die Widerrufsfähigkeit ist durch eine Auflage ausgeschlossen. Dies gilt insbesondere für Vollmachten, die über den Tod des Erblassers hinaus erteilt werden. Ist eine Vollmacht unwiderruflich erteilt, liegt sachlich die Anordnung einer Testamentsvollstreckung vor, mit der Folge, daß die Form der letztwilligen Verfügung gewahrt sein muß; andernfalls ist die Vollmacht unwirksam (*Staudinger/Reimann* Vor §§ 2197ff. Rdn. 54). 15

4. Wirksamkeit der Anordnung

a) Rechtswirksame Verfügung von Todes wegen?

Vor der Frage der Wirksamkeit ist durch **Auslegung** zu ermitteln, ob überhaupt eine Anordnung der Testamentsvollstreckung vorliegt. Dabei ist nach den allgemeinen Grundsätzen der wohlwollenden Testamentsauslegung (vgl. § 2084 BGB) nicht der Wortlaut maßgebend, sondern die Durchsetzung des Erblasserwillens. So wurde etwa die Anordnung, eine bestimmte Geldsumme nur mit einem anderen zusammen anzulegen, als Anordnung der Testamentsvollstreckung ausgelegt (BayObLG FamRZ 1996, 636). Allgemein gilt, daß Testamentsvollstreckung dann als angeordnet gilt, wenn zum Ausdruck kommt, der Erbe solle (zunächst) nicht frei über den Nachlaß verfügen können. Die Wirksamkeit der Anordnung der Testamentsvollstreckung setzt dabei in erster Linie voraus, daß die **Verfügung von Todeswegen,** in der sie enthalten ist, **rechtswirksam ist.** Dies ist nach allgemeinen Grundsätzen zu beurteilen. 16

b) Unwirksamkeit wegen fehlender Testierfreiheit?

Die Wirksamkeit kann jedoch durch die **mangelnde Testierfreiheit des Erblassers** beeinträchtigt werden, wenn er durch Erbvertrag oder gemeinschaftliches Testament gebunden ist. 17

aa) Erbvertragliche Bindung. Die Anordnung einer Testamentsvollstreckung enthält eine Beschränkung des Erben (§§ 2306 Abs. 1 S. 1, 2376 Abs. 1 BGB). Sie kann daher gegenüber einem Vertragserben (§§ 1941 Abs. 2, 2278 Abs. 1 BGB) grund- 18

sätzlich nur in dem Erbvertrag selbst oder durch Aufhebungsvertrag (§ 2290 BGB) oder durch gemeinschaftliches Testament (§ 2292 BGB) verfügt werden; durch **einseitige Verfügung des Erblassers** nur dann, wenn
– eine solche in dem Erbvertrag vorbehalten war (OLG Hamm FamRZ 1996, 637),
– mit Zustimmung des Vertragserben oder
– in den Ausnahmefällen der §§ 2293ff. BGB (Rücktritt) und § 2289 Abs. 2 BGB (Pflichtteilsbeschränkung in guter Absicht).

Der erbvertragliche Vorbehalt, einseitig Testamentsvollstreckung anzuordnen, kann jedoch in der Weise beschränkt werden, daß der Erblasser nur eine bestimmte Person zum Testamentsvollstrecker ernennen darf oder nur berechtigt ist, aus einem bestimmten Personenkreis einen Testamentsvollstrecker zu ernennen (OLG Stuttgart OLGZ 1979, 49). Gerade diese Möglichkeit wird in vielen Fällen als flexible Lösung sachgerecht sein, die den Vertragsteilen eines Erbvertrages einerseits Sicherheit vor Verfügungen des längerlebenden Teils, andererseits diesem ausreichenden Gestaltungsspielraum gewährt.

19 Ernennt jedoch der Erblasser in einem Erbvertrag zu Lasten des vertragsmäßig berufenen Erben **gleichzeitig einseitig** einen Testamentsvollstrecker, so ist diese Anordnung wirksam, wenn der Vertragserbe zugleich Partner des Erbvertrages ist; in seiner vorbehaltlosen Genehmigung der Urkunde ist die konkludente Zustimmung zur Testamentsvollstreckeranordnung zu sehen (OLG Hamm OLGZ 1976, 20, 23). Auch kann der Erblasser dann die Person des Testamentsvollstreckers einseitig nachträglich ändern (OLG Düsseldorf FamRZ 1995, 123).

20 Ist die nachträgliche Anordnung der Testamentsvollstreckung hiernach unwirksam, so wird sie auch nicht dadurch wirksam, daß der Bedachte sich mit ihr vor oder nach dem Erbfall einverstanden erklärt. Die **formlose Zustimmung des Vertragsgegners** eines Erbvertrages oder des vertragsmäßig Bedachten genügen nicht, um einer Verfügung von Todes wegen, die das Recht des in einem früheren Erbvertrag vertraglich Bedachten beeinträchtigen würde, Wirkung zu verleihen (OLG Hamm DNotZ 1974, 627).

21 *bb) Bindung durch gemeinschaftliches Testament.* Wenn in einem gemeinschaftlichen Testament der eine Ehegatte durch eine **wechselbezügliche Verfügung** einen Erben eingesetzt hat, so kann er – da insoweit ein teilweiser Widerruf der Erbeinsetzung vorläge – diesen Erben nach dem Tode des anderen Ehegatten nicht mehr durch Einsetzung eines Testamentsvollstreckers beschränken, es sei denn,
– das gemeinschaftliche Testament enthält einen entsprechenden, uU eingeschränkten Vorbehalt,
– es ist ausnahmsweise nach den besonderen Umständen des Falles anzunehmen, die Ernennung eines Testamentsvollstreckers laufe dem früher erklärten übereinstimmenden (objektiven) Willen der Ehegatten nicht zuwider,
– es liegt einer der Ausnahmefälle der §§ 2294, 2336, 2338 BGB vor.

22 *cc) Teilvollstreckung.* Ist hiernach die Anforderung einer Testamentsvollstreckung für einen Teil der letztwilligen Verfügungen wegen eines entgegenstehenden früheren wechselbezüglichen Testaments unwirksam, so ist doch die Anordnung nicht ohne weiteres im übrigen, also teilweise wirksam; vielmehr ist zu prüfen und durch Auslegung zu ermitteln, ob die **Teilvollstreckung** dem Willen des Erblassers entspricht (§ 2085 BGB).

23 *dd) Bevollmächtigung statt Testamentsvollstreckung?* Ist die Anordnung einer Testamentsvollstreckung durch Erbvertrag oder gemeinschaftliches Testament ausgeschlossen, kann der überlebende Ehegatte den Zweck, den die Anordnung der Testamentsvollstreckung verfolgt hätte, bis zu einem gewissen Grad – die Erben kön-

nen widerrufen! – durch die **Erteilung einer Vollmacht** über den Tod hinaus oder durch auftragsähnliche Maßnahmen erreichen. (vgl. dazu 1. Kap. Rdn. 35ff.).

c) Unwirksamkeit aufgrund des Pflichtteilsrechts?

Die Anordnung der Testamentsvollstreckung kann auch durch das Pflichtteilsrecht blockiert werden. Die Ernennung eines Testamentsvollstreckers **gilt als nicht angeordnet,** wenn sie einen zum Nachlaß berufenen Pflichtteilsberechtigten beschränkt, dem nicht mehr als die Hälfte des gesetzlichen Erbteils hinterlassen ist (§ 2306 Abs. 1 S. 1 BGB). 24

Ob der hinterlassene Erbteil kleiner, gleich oder größer als die Hälfte des gesetzlichen Erbteils ist, wird durch Vergleich der halben gesetzlichen Erbquote mit dem hinterlassenen quotenmäßigen Anteil am Gesamtnachlaß festgestellt. Die Belastungen und Beschwerungen des hinterlassenen Erbteils werden dabei außer Betracht gelassen. Maßgebend sind die erbrechtlichen Verhältnisse zum Zeitpunkt des Erbfalls. Abgestellt wird sowohl beim hinterlassenen als auch bei dem zum Vergleich stehenden gesetzlichen Erbteil grundsätzlich auf die Nachlaßquote, nicht auf den Wert des Hinterlassenen (**Quotentheorie,** vgl. BGH WM 1968, 543; BayObLGZ 1968, 112). Ein zusätzlich zum Erbteil zugewendetes Vermächtnis ist hinzuzurechnen. Ein Wertvergleich anstatt des Quotenvergleichs ist allerdings vorzunehmen, wenn bei Berechnung des Pflichtteils Anrechnungs- und Ausgleichspflichten (§§ 2315, 2316 BGB) zu berücksichtigen sind. Wenn im Einzelfall der Pflichtteil nicht dem Wert des halben gesetzlichen Erbteils entspricht, weil Vorempfänger anzurechnen sind, gibt es keinen Grund, dem Pflichtteilsberechtigten einen zugewendeten beschwerten halben Erbteil lastenfrei zukommen zu lassen (BayObLGZ 1968, 112; *Palandt/Edenhofer* § 2306 Rdn. 5). 25

Die **Unwirksamkeit** der Testamentsvollstreckung kann hiernach auch **gegenüber nur einem Teil der Miterben** eintreten (*Haegele* BWNotZ 1974, 110). 26

Es ist auch fraglich, ob § 2306 Abs. 1 S. 1 BGB auf eine letztwillige Verfügung anwendbar ist, durch welche der Erblasser im Wege einer Teilungsanordnung einen von mehreren Miterben zur Nachfolge in seinen **Anteil an einer Personengesellschaft** beruft, also eine **qualifizierte Nachfolge** in seine volle Beteiligung anordnet (verneinend OLG Hamm FamRZ 1992, 113; *Palandt/Edenhofer* § 2306 Rdn. 1; bejahend *Reimann* FamRZ 1992, 117; siehe auch *Marotzke* EWiR 1991, 977). 27

Die nach § 2306 Abs. 1 S. 2 BGB eintretende Unwirksamkeit der Testamentsvollstreckung ist vom Nachlaßgericht **von Amts wegen** zu beachten (*Haegele* BWNotZ 1974, 109). 28

Der als Erbe berufene Pflichtteilsberechtigte kann gem. § 2306 Abs. 1 S. 1 BGB trotz § 2213 Abs. 1 S. 3 BGB gegen den Testamentsvollstrecker auf **Feststellung der Unwirksamkeit** der Testamentsvollstreckung und auf Unterlassung der Vollstreckungsmaßnahmen klagen (vgl. *Staudinger/Reimann* § 2213 Rdn. 17; OLG Hamm FamRZ 1992, 113). 29

d) Unwirksamkeit aufgrund handels- und gesellschaftsrechtlicher Vorgaben?

Die Testamentsvollstreckung kann durch handels- und gesellschaftsrechtliche Fakten blockiert sein. 30

aa) Einzelkaufmännische Unternehmen und voll haftende Beteiligungen. Die Testamentsvollstreckung an einzelkaufmännischen Unternehmen und an voll haftenden Beteiligungen ist nicht voll anerkannt (vgl. 5. Kap. Rdn. 119ff.; 154ff.). Auch wenn die Rechtsprechung die Testamentsvollstreckung an der „Außenseite" von 31

Unternehmen und voll haftenden Beteiligungen anerkennt, kann doch der Testamentsvollstrecker damit nur einen Teil der Erbenrechte wahrnehmen, im Unternehmen selbst hat er prinzipiell keine Funktion (vgl. *Nieder,* Rdn. 938).

32 *bb) Kommanditbeteiligungen.* Die Testamentsvollstreckung an Kommanditbeteiligungen ist nunmehr zwar anerkannt (BGHZ 108, 187), jedoch mit der Einschränkung, daß die Mitgesellschafter eine Vertretung anderer Gesellschafter durch gesellschaftsfremde Personen nicht hinzunehmen brauchen, auch nicht im Rahmen der Testamentsvollstreckung durch den Testamentsvollstrecker. Die Testamentsvollstreckung erstreckt sich damit – trotz prinzipieller Zulässigkeit – nicht auf den Kommanditanteil, wenn nicht die Mitgesellschafter im Gesellschaftsvertrag oder ad hoc der Wahrnehmung der Gesellschafterrechte durch den Testamentsvollstrecker zugestimmt haben. Die **Zustimmung der Mitgesellschafter** ist zwar kein Wirksamkeitserfordernis für die Testamentsvollstreckung (aA OLG Hamm FamRZ 1992, 113), da die Testamentsvollstreckungsanordnung für den übrigen Nachlaß gültig ist. Gleichwohl ist der Testamentsvollstrecker bezüglich der Kommanditbeteiligung daran gehindert, den Willen des Erblassers durchzusetzen. Die Testamentsvollstreckung ist ferner blockiert, wenn der Erbe des Kommanditisten bereits vor dem Erbfall (aus eigenem Recht) Gesellschafter war. Durch den **erbrechtlichen Zuerwerb** entsteht eine neue vergrößerte, aber einheitliche Kommanditbeteiligung. Würde man die Testamentsvollstreckung für den geerbten Anteil zulassen, käme man zu einer Abspaltung des entstandenen einheitlichen Gesellschaftsanteils, die nicht möglich ist (BGHZ 24, 106; 108, 187). Auch im sog. **Kernrechtsbereich** ist es dem Testamentsvollstrecker verwehrt, die Beteiligung zu verwalten (BGHZ 108, 187; BGH ZEV 1996, 110 m. Anm. *Lorz; Priester,* FS W. Stimpel, 1985, S. 463ff.; vgl. auch 5. Kap. Rdn. 204).

33 *cc) Kapitalgesellschaften.* Im Bereich der Kapitalgesellschaften, in Sonderheit bei der GmbH, ist die Testamentsvollstreckung zwar nach allgemeiner Auffassung zulässig (BGHZ 24, 106; BGH NJW 1959, 1820; BGHZ 51, 209). Gesellschaftsrechtlich kann die Satzung jedoch die **Ausübung von Verwaltungsrechten durch Außenstehende,** damit auch durch einen Testamentsvollstrecker, wirksam beschränken oder ausschließen (BGH NJW 1959, 1820). Dem Testamentsvollstrecker ist ferner die Mitwirkung im sogenannten **Kernrechtsbereich** untersagt, in jedem Fall dort, wo zur Wirksamkeit eines Beschlusses die Zustimmung des betroffenen Gesellschafters erforderlich wäre (*Priester,* FS W. Stimpel, 1985, S. 483; aA *Zimmermann* Rdn. 531). Auch hier stellen die gesellschaftsrechtlichen Vorbehalte keine Zulässigkeitsbeschränkung für die Testamentsvollstreckung im allgemeinen dar, es wird lediglich die Ausübung der Testamentsvollstreckerrechte im betroffenen Bereich verhindert (*Reimann* FamRZ 1992, 117). Vgl. auch 5. Kap. Rdn. 230ff.

5. Vorüberlegungen des Erblassers

a) Prüfung des konkreten Sachverhaltes und der Regelungsziele

34 Das Gesetz ermöglicht es, Testamentsvollstreckung anzuordnen, es gibt aber nicht „die“ Testamentsvollstreckung. Die **konkreten Aufgaben** und Möglichkeiten eines Testamentsvollstreckers ergeben sich erst aus der jeweiligen Situation mit ihren spezifischen Interessen.

35 Zu den **allgemeinen Aufgaben** des Testamentsvollstreckers gehört es, die letztwilligen Verfügungen des Erblassers auszuführen (§ 2203 BGB), die Auseinandersetzung unter mehreren Miterben zu bewirken (§ 2204 BGB) und den Nachlaß zu verwalten (§ 2205 BGB), wobei die Verwaltung auch Selbstzweck sein kann

(§ 2209 BGB). Mit einer schlichten Anordnung der Testamentsvollstreckung im Testament wäre im Hinblick auf diese nur sehr allgemeine Beschreibung des Aufgabenbereichs des Testamentsvollstreckers im Gesetz wenig gedient.

Die eigentlichen Möglichkeiten eröffnen sich für den Testamentsvollstrecker erst dann, wenn die Verfügung von Todes wegen **konkrete Aussagen über die Aufgaben des Testamentsvollstreckers** und Richtlinien darüber, wie das Amt auszuführen ist, enthält. Ist im Testament schlicht Testamentsvollstreckung angeordnet, ist im Zweifel bloß die Abwicklungsvollstreckung gemäß § 2203 BGB gemeint, alle anderen Vollstreckungsmaßnahmen sind die Ausnahme (*Palandt/Edenhofer* § 2203 Rdn. 1). 36

Der Erblasser wird also zunächst zu überprüfen haben, welche **Ziele** er mit seiner Verfügung von Todes wegen durchsetzen möchte. Sodann wird er prüfen müssen, was von diesen Zielen von den Erben und Vermächtnisnehmern selbst realisiert werden kann. Schließlich wird er zu entscheiden haben, ob er sich damit abfinden soll, daß einzelne der von ihm an sich verfolgten Ziele mit den Erben und Vermächtnisnehmern nicht durchgesetzt werden können oder ob er Dritte damit betrauen soll, die verbliebenen Restziele zu verwirklichen. Die Entscheidung hierüber wird davon abhängen, welches Gewicht der Erblasser den einzelnen Zielen zuweist. Er wird insbesondere entscheiden müssen, ob die von ihm verfolgten Ziele die mit einer Testamentsvollstreckung stets verbundene Beschränkung der Erben rechtfertigen. Hierbei sind die Besonderheiten des Nachlasses (zB Unternehmen, Auslandsbesitz etc.) wie auch familiäre Bedürfnisse zu berücksichtigen. 37

Die unter diesen Gesichtspunkten durchzuführende Analyse der Sachlage und der Regelungsziele wird zu einer **Definition der Aufgaben des Testamentsvollstreckers** führen (*Mayer/Bonefeld/Daragan* Rdn. 4ff., 36). 38

b) Kurz- oder längerfristige Beauftragung?

Die Aufgaben des Testamentsvollstreckers können **kurz- oder längerfristiger Art** sein. Im ersten Fall wird das gesetzliche Regelbild der Abwicklungsvollstreckung nach §§ 2203, 2204 BGB im Vordergrund stehen, bei längerfristigen Aufgaben die Verwaltungs- und Dauervollstreckung (§§ 2205, 2209 BGB). 39

Dem eher **kurzfristigen Bereich** ist die fachmännische Organisation der Nachlaßabwicklung zuzuordnen. Dazu gehören: 40
– die Erfüllung von Vermächtnissen und Auflagen,
– die Auseinandersetzung des Nachlasses,
– die Konstituierung des Nachlasses unmittelbar in der Zeit nach dem Ableben des Erblassers, um Differenzen zwischen Nachlaßbeteiligten, insbesondere über die Einzelzuweisung von Gegenständen und über Bewertungsfragen, zu vermeiden,
– bei Unternehmen auch die Auswahl eines Unternehmensnachfolgers aus einer Mehrheit von Erben oder Vermächtnisnehmern, die Festlegung der Unternehmensstruktur und die Einsetzung einer funktionierenden Geschäftsführung für die zum Nachlaß gehörenden Unternehmen.

Dem eher **längerfristigen Bereich** sind zuzuordnen: 41
– Eine geschäftsführende Tätigkeit des Testamentsvollstreckers in der Erbengemeinschaft,
– die Einflußnahme auf künftige Entscheidungen in der Verwaltung des Nachlasses, vor allem bei Nachlaßunternehmungen,
– bei Unternehmen und Unternehmensbeteiligungen deren eigenverantwortliche Verwaltung, also die eigentlich unternehmerische Tätigkeit,
– die Beschränkung des Erben in seinen Zugriffsmöglichkeiten auf den Nachlaß, also nicht die aktive Aufgabenzuweisung an den Testamentsvollstrecker, sondern eine Tätigkeit im „defensiven" Bereich,

- die nachhaltige Abschirmung des Nachlasses gegen die Eigengläubiger des Erben (§ 2214 BGB),
- die Nacherbenvollstreckung gemäß § 2222 BGB.

c) Intensität der Testamentsvollstreckung

42 Je nach **Art der erforderlichen Testamentsvollstreckung** ist nach der Dauer die Intensität der Aufgaben und die Art der Abwicklung festzulegen. Auch die Frage, ob der Testamentsvollstrecker alleine oder mit anderen agieren soll, ist zu entscheiden.

43 Dem Testamentsvollstrecker können dabei **auch andere Aufgaben** zugewiesen werden, die jedem Dritten überantwortet werden können. Der Testamentsvollstrecker kann also zusätzlich

- Vormund oder Betreuer von Nachlaßbeteiligten sein,
- trans- und postmortaler Bevollmächtigter des Erblassers werden,
- Bestimmungsrechte jeder Art nach den §§ 315 ff. BGB ausüben,
- Schiedsgutachter und Schiedsrichter sein,
- im handels- und gesellschaftsrechtlichen Bereich Sonderfunktionen haben, etwa als Geschäftsführer oder Aufsichtsrat bei einer Gesellschaft,
- Stiftungsorgan sein.

6. „Estate Planning" als Grundlage einer erfolgreichen Testamentsvollstreckung

44 Neben einer richtigen Verfügung von Todes wegen, welche die Testamentsvollstreckung enthält, wird eine erfolgreiche Testamentsvollstreckung wesentlich davon abhängen, daß eine umfassende **Nachlaßplanung vor dem Erbfall** betrieben wird. Nachlaßplanung ist aber nicht identisch mit den allgemeinen erbrechtlichen Überlegungen. Sie stellt die Frage der Überleitung des eigenen Vermögens in einen größeren Rahmen. Sie ist bei uns, im Gegensatz zum amerikanischen Recht, wo sie als Estate Planning weitgehend eingeführt ist, relativ unterentwickelt. Lediglich im Steuerrecht ist sie als Steuerplanung bekannt, ferner, wenn internationalrechtliche Bezüge zu ermitteln sind.

45 Nachlaßplanung wird alle diejenigen Maßnahmen mit ins Kalkül einbeziehen müssen, die zur **Vermögensdisposition** erforderlich sind. Zu denken ist hier insbesondere an begleitende Vollmachten, auch solche, die über den Tod hinaus oder ab dem Tod des Vollmachtgebers gelten, neben dem Erbrecht ist auch das Schuldrecht (Schenkungsrecht) mit seinen sachenrechtlichen Bezügen gefragt, aber auch das Familienrecht. Die Erbquote und damit auch die Pflichtteilslast hängt vom Güterstand des Erblassers ab (§ 1931 BGB). Wesentlich ist also die Wahl des richtigen Güterstandes durch den Erblasser, aber auch, daß er die getroffenen Verfügungen von Todes wegen durch flankierende Maßnahmen absichert, vor allem durch den Abschluß von Erb- und Pflichtteilsverzichtsverträgen und durch gesellschaftsvertragliche Regelungen (Vererbungsbeschränkungen, Anwachsungsprinzip, Abfindungsbeschränkungen). Auch hängt die Realisierung der vom Erblasser beabsichtigten Maßnahmen vielfach vom öffentlich-rechtlichen Erfordernissen ab (zB § 19 BauGB, Preisangaben- und Preisklauselgesetz etc.), die, soweit möglich, vorab zu klären sind. Daß eine Nachlaßplanung ohne das Steuerrecht nicht auskommt, liegt auf der Hand. Zu berücksichtigen ist dabei nicht nur das primär mit dem Erbrecht verbundene Erbschaftsteuerrecht, auch das Ertragsteuerrecht hat eminente erbrechtliche Bezüge. Bankverfügungen und Lebensversicherungen sind als „will

substitutes" in die Nachlaßplanung ebenfalls einzubeziehen (vgl. dazu *Reimann* ZEV 1997, 129).

Eine Testamentsvollstreckung wird aber nur dann im gewünschten Umfang wirksam, wenn der Erblasser darüberhinaus dem künftigen Nachlaß bereits zu Lebzeiten, wenn auch uU bedingt durch sein Ableben, die **richtige Struktur** gibt. 46

So ist darauf zu achten, daß **Privat- und Betriebsvermögen** ausreichend klar voneinander **abgegrenzt** sind, wenn beide Bereiche unterschiedlichen Personengruppen zugeordnet oder getrennt verwaltet werden sollen. Dazu gehört auch die rechtzeitige Bildung von Privatvermögen, um Personen, die nicht zur Nachfolge in das Betriebsvermögen ausersehen sind, absichern und versorgen zu können. 47

Dem Testamentsvollstrecker sind auch die nötigen **Mittel für die Ausführung des Amtes** zur Verfügung zu stellen. So ist zu überprüfen, ob etwa durch Maßnahmen, die vor der Anordnung der Testamentsvollstreckung liegen, der Nachlaß geschmälert wurde, etwa durch Bankverfügungen (§§ 328, 331 BGB), die dazu führen, daß die betroffenen Vermögenswerte (zB Bankguthaben, Wertpapiere) aus dem Nachlaß ausgegliedert werden und damit nicht der Verwaltung des Testamentsvollstreckers unterliegen. Gegebenenfalls sind derartige Verfügungen noch zu Lebzeiten des Erblassers aufzuheben. 48

Im **Unternehmensbereich** gilt die Faustregel, daß eine Testamentsvollstreckung bei Kapitalgesellschaften leichter möglich und wirkungsvoller ist als bei einzelkaufmännischen Unternehmen und Personengesellschaften, sei es auch nur dadurch, daß eine Kapitalgesellschaft, vor allem eine GmbH, in den Unternehmensverband eingegliedert ist oder nach außen in Erscheinung tritt (GmbH & Co. KG, „GmbH & Still", Betriebsspaltung). Aus diesem Grunde ist der Erblasser gut beraten, wenn er, sofern er eine Testamentsvollstreckung für unabdingbar hält, den Nachlaß entweder zu Lebzeiten entsprechend umstrukturiert, oder ihm für die Zeit nach dem Erbfall die richtige Rechtsform verordnet. Letzteres kann dadurch geschehen, daß bereits zu Lebzeiten des Erblassers eine Vorratsgesellschaft gegründet wird. Eine solche offene Vorratsgründung ist nunmehr durch die Rechtsprechung des BGH legitimiert (BGH NJW 1992, 1824). Die Umstrukturierung kann aber auch dem Testamentsvollstrecker selbst aufgegeben werden, sei es, daß der Erblasser die Essentialia der künftigen Regelung als Auflage in die Verfügung von Todes wegen aufnimmt, sei es in der Weise, daß er die Gestaltung dem Testamentsvollstrecker überläßt (vgl. *Reimann* S. 64f.). 49

Vor allem bei größerem Vermögen und Unternehmerrechten kann es zweckmäßig sein, den künftigen Testamentsvollstrecker schon **zu Lebzeiten,** sei es „auf Probe", sei es auf Dauer, in die Vermögensverwaltung oder Unternehmensführung **einzubauen.** Damit können einerseits Fehlentscheidungen über die Person des Testamentsvollstreckers noch korrigiert werden, andererseits hat der vorgesehene Testamentsvollstrecker die Möglichkeit, sich einzuarbeiten und eine Vertrauensbasis zu den von ihm später zu betreuenden Personen zu schaffen. 50

7. *Zweckmäßiger Inhalt der Testamentsvollstreckungsanordnung*

Zum erfolgreichen Ausgang einer Testamentsvollstreckung gehören zahlreiche Komponenten. Erkennbare Gefahrenpunkte sind tunlichst von vorneherein durch entsprechende Anordnung des Erblassers zu neutralisieren. Das Testament, in welchem die Testamentsvollstreckung angeordnet wird, ist und bleibt (uU langfristig!) die **Grundlage der Testamentsvollstreckung.** Enthält das Testament keine hinreichend klaren und künftige Entwicklungen einschließenden Anweisungen an den Testamentsvollstrecker, kann auch der Erfolg der Testamentsvollstreckung ge- 51 fährdet sein. Die letztwillige Verfügung, welche die Anordnung zu Testamentsvollstreckung enthält, sollte die Vorüberlegungen des Erblassers sorgfältig umsetzen, die dem Nachlaß eigene oder verordnete Struktur berücksichtigen und auf die neuralgischen Punkte einer Testamentsvollstreckung Bedacht nehmen. Entsprechende inhaltliche Klarstellungen, auch über das gesetzlich gebotene Maß hinaus, sind zweckmäßig (s. die „Checkliste" bei *Nieder* Rdn. 948).

a) Die richtige Aufgabenzuweisung

52 *aa) Grundsatz.* In der letztwilligen Verfügung, welche die Anordnung der Testamentsvollstreckung enthält, sollte auch klargestellt werden, ob der Testamentsvollstrecker die gesetzlichen Aufgaben hat, ob ihm weitere Aufgaben zugewiesen oder ihm an sich zustehende Aufgaben entzogen werden. Die Aufgaben des Testamentsvollstreckers sind den **konkreten Bedürfnissen anzupassen.**

53 *bb) Erweiterung der Aufgaben.* Der Erblasser kann die gesetzlichen Befugnisse des Testamentsvollstreckers **erweitern** und anordnen,
- daß der Testamentsvollstrecker die Verwaltung des Nachlasses nach der Erledigung seiner sonstigen Aufgaben fortzuführen hat (§ 2209 S. 1 Halbs. 2 BGB, sog. Dauervollstreckung),
- daß er die Auseinandersetzung unter mehreren Erben nach billigem Ermessen vorzunehmen hat (§§ 2204, 2048 S. 2 BGB),
- daß er in der Eingehung von Verbindlichkeiten für den Nachlaß nicht beschränkt sein soll (§ 2207 BGB).

54 **Formulierungsvorschlag für Verwaltungsvollstreckung, Auseinandersetzungsvollstreckung und Befreiung von § 2206 BGB**

„Der Testamentsvollstrecker hat die in diesem Testament angeordneten Vermächtnisse und Auflagen zu erfüllen. Auch nach Erfüllung der in diesem Testament angeordneten Vermächtnisse und Auflagen dauert die Testamentsvollstreckung bis zum Tod des überlebenden Ehegatten an, längstens jedoch ist sie auf die Dauer von 10 Jahren, gerechnet ab dem Tag meines Ablebens, angeordnet.

Der Testamentsvollstrecker hat die Auseinandersetzung unter den Miterben entsprechend den gesetzlichen Bestimmungen durchzuführen. Dabei ist er insbesondere berechtigt, die Auseinandersetzung des Nachlasses nach billigem Ermessen (§§ 2204 Abs. 1, 2048 S. 2 BGB) vorzunehmen.

In der Eingehung von Verbindlichkeiten für den Nachlaß ist der Testamentsvollstrecker nicht beschränkt."

55 Von diesen Ausnahmen abgesehen, kann der Erblasser die Machtbefugnisse des Testamentsvollstreckers in dieser Funktion, also im originären Bereich, über das in §§ 2203 bis 2210 BGB zugelassene Höchstmaß hinaus **nicht erweitern.** Allerdings können dem Testamentsvollstrecker alle Aufgaben zugewiesen werden, die auch Dritten letztwillig oder durch Rechtsgeschäft unter Lebenden übertragen werden können.

56 Besondere Aufmerksamkeit hat der Erblasser im originären Aufgabenbereich, wenn der Sachverhalt dies erfordert, der Frage zu widmen, ob und in welchem Umfang der Testamentsvollstrecker von einem etwa bestehenden **Verbot des Selbstkontrahierens** (§ 181 BGB) befreit sein soll (s. dazu 4. Kap. Rdn. 160ff.). Für In-sich-Geschäfte des Testamentsvollstreckers gilt § 181 BGB nicht unmittelbar, sondern nur entsprechend (BGHZ 30, 67 = DNotZ 1959, 480; BGHZ 51, 209 = DNotZ 1969, 381). Ein Geschäft, das der Testamentsvollstrecker mit sich im eigenen Namen oder mit sich als Vertreter eines Dritten abschließt, ist wirksam, wenn es ausschließlich in Erfüllung einer Verbindlichkeit besteht oder eine Gestattung vorliegt. Je nach Sachlage ist bei der Testamentsvollstreckung in weiterem

Umfange als sonst bei der Anwendung des § 181 BGB eine Gestattung des In-sich-Geschäftes anzunehmen. Generell kann aus der selbständigen Stellung des Testamentsvollstreckers gefolgert werden, daß er an sich auch befugt ist, Rechtshandlungen vorzunehmen, die in seinem Interesse liegen, insbesondere wenn er Miterbe ist oder Ansprüche gegen den Nachlaß hat. So besteht insbesondere kein Verbot des Selbstkontrahierens bei Auflassung eines Nachlaßgrundstücks an sich selbst, wenn dem Testamentsvollstrecker die Möglichkeit des Erwerbs letztwillig zugewendet wurde (BayObLG DNotZ 1983, 176). Es kann davon ausgegangen werden, daß der Erblasser dem Testamentsvollstrecker alle diejenigen Rechtsgeschäfte, auch unter § 181 BGB fallende, gestattet hat, die im Rahmen ordnungsgemäßer Verwaltung des Nachlasses (§ 2216 BGB) liegen; insofern besteht ein enger inhaltlicher Zusammenhang zwischen § 181 BGB und § 2216 BGB. Andererseits ist ein In-sich-Geschäft des (erbenden oder nichterbenden) Testamentsvollstreckers, das gegen dieses Gebot ordnungsgemäßer Verwaltung verstößt, selbst dann unwirksam, wenn es etwa einmal vom Willen des Erblassers gedeckt sein sollte; denn das Gebot der ordnungsgemäßen Verwaltung kann auch vom Erblasser nicht außer Kraft gesetzt werden (§ 2220 BGB), eine etwaige Gestattung des Selbstkontrahierens wäre insoweit unwirksam, mit der Folge, daß die Vorschrift des § 181 BGB wieder, wenn auch nur analog, zum Zuge käme (BGH DNotZ 1959, 480). In der Verfügung des Erblassers sind daher umfängliche Aussagen zu § 181 BGB nicht sinnvoll, da sie unwirksam sein und zu Mißverständnissen Anlaß geben könnten. Der Erblasser sollte sich, wenn § 181 BGB überhaupt angesprochen werden soll, darauf beschränken, § 181 BGB nur außer Kraft zu setzen, soweit sich die Maßnahmen des Testamentsvollstreckers im Rahmen der ordnungsgemäßen Verwaltung des Nachlasses bewegen.

Formulierungsvorschlag für Befreiung von § 181 BGB allgemein 57

„Der Testamentsvollstrecker ist im Rahmen der ordnungsgemäßen Verwaltung des Nachlasses von den Beschränkungen des § 181 BGB befreit."

Allerdings können die Erben In-sich-Geschäften des Testamentsvollstreckers entgegen dem ausdrücklichen Erblasserwillen zustimmen (*Staudinger/Reimann* § 2205 Rdn. 65). Der Erblasser kann sich gegen ein derartiges **Zusammenwirken von Testamentsvollstrecker und Erben** nur mittelbar durch Straf- oder Verwirkungsklauseln (für die Erben und/oder den Vollstrecker) schützen. 58

Ein Testamentsvollstrecker, der als solcher **Anteilsrechte an einer GmbH** verwaltet, darf bei seiner Wahl zum Geschäftsführer unmittelbar oder mittelbar (zB durch Bestellung eines gemeinsamen Stimmführers) nur mitwirken, wenn der Erblasser ihm dies gestattet hat oder die Erben zustimmen (BGH DNotZ 1969, 381). Insoweit ist die Lage wegen des fehlenden Eigeninteresses des Testamentsvollstreckers anders zu beurteilen als bei einem Gesellschafter, der bei derartigen Sozialakten mitstimmen darf (BGHZ 18, 205, 211). Da im wirtschaftlichen Bereich horizontale und vertikale Betriebsspaltungen aller Art an der Tagesordnung sind, sollte der Erblasser dort die Vorschrift des § 181 BGB für den Testamentsvollstrecker in weitem Umfang außer Kraft setzen, wenn die Interessenlage dies erfordert. 59

Formulierungsvorschlag für Befreiung von § 181 BGB im Unternehmensbereich 60

„Im Rahmen der so vorzunehmenden Auseinandersetzung ist der Testamentsvollstrecker auch berechtigt, das in meinen Nachlaß fallende Unternehmen nach billigem Ermessen umzustrukturieren, also in eine Gesellschaft oder in mehrere Gesellschaften, auch im Rahmen einer Betriebsspaltung, umzuwandeln. Insoweit wird der Testamentsvollstrecker von mir ausdrücklich von den Beschränkungen des § 181 BGB befreit, soweit er die Erben bei der Gründung mehrerer Gesellschaften, die Erben und das bisherige Unternehmen gegenüber der neuen Gesellschaft und die neuen Gesellschaften untereinander vertritt. Er darf dabei auch bei seiner Wahl zum Geschäftsführer meines bisherigen Unternehmens wie auch der neugegründeten Gesellschaften mitwirken, ebenso bei der Festlegung seiner Vertretungsbefugnis, jedoch nur nach Maßgabe folgender Richtlinien: …"

61 *cc) Zuweisung von Aufgaben außerhalb des Testamentsvollstreckeramtes.* Der Erblasser kann dem Testamentsvollstrecker Befugnisse übertragen, die er auch **jedem Dritten** verleihen könnte, insbesondere kann er ihn ermächtigen, bei Vermächtnissen und Auflagen Bestimmungsrechte auszuüben (vgl. §§ 2048, 2151, 2153 bis 2156, 2192, 2193 BGB).

62 Die Position des Testamentsvollstreckers kann außerhalb des Testamentsvollstreckerrechts dadurch gestärkt werden, daß ihm weitere **Aufgaben im familien- und handelsrechtlichen Bereich** zugewiesen werden, etwa als Bevollmächtigter, Vormund, Geschäftsführer, Aufsichtsrat und Stiftungsorgan. Es ist auch denkbar, dem Testamentsvollstrecker **Bestimmungsrechte** sonstiger Art, zB nach den §§ 315ff. BGB, **schiedsgutachterliche** und **schiedsrichterliche Funktionen** zu übertragen.

63 **Formulierungsvorschläge für Übertragung weiterer Aufgaben außerhalb der Testamentsvollstreckung**

„Zur Verstärkung der Position des Testamentsvollstreckers wird diesem auf die Dauer seines Testamentsvollstreckeramtes zugleich eine Vollmacht, die ihn vom Zeitpunkt meines Ablebens an ermächtigt, in meinem Namen mit Wirkung für und gegen meine Erben zu handeln. Durch Auflage verpflichte ich die Erben, die Vollmacht zu dulden und nicht zu widerrufen, solange das Testamentsvollstreckeramt besteht. Der Testamentsvollstrecker ist als Bevollmächtigter von den Beschränkungen des § 181 BGB befreit und nicht an den Nachweis der ordnungsgemäßen Verwaltung des Nachlasses gemäß § 2216 BGB gebunden. Diese Befreiungen gelten insbesondere, soweit Unternehmen und Unternehmerrechte in meinen Nachlaß fallen und soweit der Testamentsvollstecker im Rahmen der Verwaltung des Nachlasses neue Unternehmen oder Geschäftsanteile an solchen für die Erben erwirbt."

„Ich ernenne den Testamentsvollstrecker zugleich zum Vormund meiner zum Zeitpunkt meines Ablebens minderjährigen Kinder."

„Ich ordne durch Auflage an, daß der Testamentsvollstrecker auf die Dauer seines Testamentsvollstreckeramtes von meinen Erben zum alleinvertretungsberechtigten Geschäftsführer meiner …-GmbH bestellt und von den Beschränkungen des § 181 BGB befreit wird; der Testamentsvollstrecker ist berechtigt, die Auflage selbst zu vollziehen."

„Ich ordne durch Auflage an: Meine Erben haben ihre Gesellschafterrechte an der … GmbH so wahrzunehmen, daß der Testamentsvollstrecker auf die Dauer seines Testamentsvollstreckeramtes zum alleinvertretungsberechtigten Geschäftsführer der GmbH bestellt und zugleich von den Beschränkungen des § 181 BGB befreit wird. Der Testamentsvollstrecker ist berechtigt, bei der Wahrnehmung der Gesellschafterrechte für meine Erben diese Auflage zu seinen Gunsten zu erfüllen."

„Der Testamentsvollstrecker erhält zugleich die Funktion, sich auch in Bewertungsfragen gutachtlich verbindlich für alle Nachlaßbeteiligten zu äußern und sonstige Bestimmungsrechte auszuüben."

„Der Testamentsvollstrecker wird zugleich zum Schiedsrichter ernannt: Vermögensrechtliche Streitigkeiten der Erben und sonstigen Nachlaßbeteiligten, die durch die Verfügung von Todeswegen bedingt sind, sind unter Ausschluß der ordentlichen Gerichte durch den Testamentsvollstrecker als Schiedsrichter zu entscheiden. Der Schiedsrichter entscheidet dabei nach billigem Ermessen, soweit nicht zwingende prozeß- und materiellrechtliche Bestimmungen entgegenstehen, ersatzweise – falls er von seinem Ermessen keinen Gebrauch macht – gelten die Bestimmungen der ZPO und des GVG entsprechend, jedoch mit der Maßgabe, daß im nichtöffentlichem Verfahren verhandelt wird."

dd) Beschränkung der Aufgaben des Testamentsvollstreckers. Der Erblasser kann die regelmäßigen Befugnisse des Testamentsvollstreckers **einschränken,** er kann auch die eine oder andere Befugnis ganz ausschließen (§§ 2208 Abs. 1 S. 1 und 2, Abs. 2, 2209 S. 1 Halbs. 1, 2222f., 2338 Abs. 1 BGB). Je nach Zuweisung durch den Erblasser kann der Testamentsvollstrecker alle gesetzlichen Befugnisse besitzen oder nur „das letzte Wort haben". 64

Mit besonderer Umsicht hat der Erblasser auch vorzugeben, wenn er die Auseinandersetzung des Nachlasses auf bestimmte Zeit ausschließen will; wegen § 2044 BGB ist dies nicht auf Dauer möglich. In einem **Auseinandersetzungsverbot** liegt eine dingliche Beschränkung des Testamentsvollstreckerrechtes. Da die Verfügungsbefugnis über einen Gegenstand nicht komplett ausgeschlossen werden kann, steht die Verfügungsbefugnis dann wiederum den Erben zu (§ 2211 Abs. 1 BGB). Beschließen die Erben – mit Zustimmung etwaiger Nacherben (die Zustimmung der Ersatzerben ist nicht nötig (BGHZ 40, 115)) – die Auseinandersetzung des Nachlasses entgegen dem Verbot des Erblassers, so kann der Testamentsvollstrecker hieran mitwirken (vgl. BGHZ 40, 115, 56, 275 m. Anm. *Mattern* LM § 2208 Nr. 3). Will ein Erblasser das Schwergewicht bei der Auseinandersetzung nicht auf diese Weise unbeabsichtigt auf die Seite des Erben legen, muß er auf ein Auseinandersetzungsverbot zu Lasten des Testamentsvollstreckers verzichten. Ordnet er lediglich an, daß die Auseinandersetzung nur mit Zustimmung des Testamentsvollstreckers zulässig ist, so verbleibt diesem die Verfügungsbefugnis (vgl. *Staudinger/Reimann* § 2204 Rdn. 5). 65

Formulierungsvorschlag für Auseinandersetzungsverbot 66

„Ich ordne gemäß § 2044 BGB an, daß die Auseinandersetzung des Nachlasses auf die Dauer von 10 Jahren nach meinem Ableben ausgeschlossen ist. Danach kann die Auseinandersetzung des Nachlasses von den Miterben unter Einhaltung einer Kündigungsfrist von einem Jahr zum Ende eines Kalenderjahres verlangt werden. Der Testamentsvollstrecker hat das Auseinandersetzungsverbot zu beachten."

Auch im umgekehrten Falle kann es zu Problemen kommen: Ist dem Testamentsvollstrecker die Auseinandersetzung des Nachlasses übertragen, vereinbaren jedoch die **Erben,** sich überhaupt **nicht auseinanderzusetzen** und die Erbengemeinschaft – hinsichtlich des ganzen Nachlasses oder hinsichtlich einzelner Nachlaßgegenstände, für immer, für unbestimmte Zeit oder bis zu einem bestimmten Zeitpunkt – weiterzuführen, bindet dieser Beschluß nach Maßgabe der §§ 2043, 2045 BGB den Testamentsvollstrecker (§§ 2204, 2042, 749 Abs. 2 BGB, vgl. BayObLGZ 21, 312; *Palandt/Edenhofer* § 2204 Rdn. 2; aA MünchKomm-BGB/*Dütz* § 2042 Rdn. 10). Haben die Erben in ihrer Gesamtheit nur das Recht zur Auseinandersetzung, nicht aber die Pflicht dazu, so bindet eine solche Vereinbarung den Testamentsvollstrecker, wenn auch nur schuldrechtlich. Eine Verfügung über Nachlaßgegenstände, die er entgegen dieser Vereinbarung zum Zwecke der Auseinandersetzung vornimmt, ist gleichwohl wirksam (KG OLGE 40, 112); etwaige Regreßansprüche der Erben wegen Überschreitens des „rechtlichen Dürfens" des Testamentsvollstreckers bleiben jedoch unberührt. Ferner darf der Testamentsvollstrecker – auch schuldrechtlich – trotz entgegenstehender Vereinbarung der Erben die Auseinandersetzung vornehmen, wenn ein wichtiger Grund für die vorzeitige Auseinandersetzung vorliegt (§ 749 Abs. 2 BGB). Wird die Auseinandersetzung durch eine Vereinbarung der Erben endgültig verhindert und hat der Testamentsvollstrecker auch sonst keine Aufgaben mehr zu erfüllen, ist sein Amt durch Erledigung der Aufgaben erloschen (BayObLGZ 1953, 357). Besinnen sich später die Erben eines anderen oder verlangt einer von ihnen später die Auseinandersetzung, weil ein wichtiger Grund vorliege (§ 749 Abs. 2 BGB), so ist der frü- 67 here Testamentsvollstrecker nicht mehr zur Auseinandersetzung berufen. Es ist daher ratsam, für den Fall einer derartigen Vereinbarung der Erben dem Testamentsvollstrecker weitere Aufgaben zu übertragen, um ein vorzeitiges Ende der Testamentsvollstreckung zu verhindern.

68 **Formulierungsvorschlag für Auseinandersetzungshindernis**

„Die Testamentsvollstreckung dauert an, wenn die Erben einstimmig beschließen sollten, sich über den Nachlaß nicht auseinanderzusetzen. Aufgabe des Testamentsvollstreckers ist es nach einem derartigen Beschluß den Nachlaß in Besitz zu nehmen und zu verwalten."

69 *ee) Besondere Aufgabenzuweisungen in besonderen Situationen.* Besondere Interessenlagen (vgl. dazu im einzelnen 5. Kap.) fordern besondere Maßnahmen und auf die **typischen Bedürfnisse** des Einzelfalles zugeschnittene Testamentsvollstreckeranordnungen. Es ist also jeweils die besondere Typizität des Falles zu erarbeiten, bevor die entsprechende Testamentsvollstreckeranordnung erlassen wird.

70 **Umfassende Aufgaben – punktuelle Aufgaben:** Ist es – aus welchen Gründen auch immer – nicht möglich oder wahrscheinlich, daß die Erben den Nachlaß nachhaltig nutzen und aus ihm die möglichen Erträge erzielen, ist es sinnvoll, zur Realisierung des letzten Willens **Verwaltungsvollstreckung** anzuordnen. Sie stellt durch den Ausschluß der Verwaltungs- und Verfügungsbefugnis der Erben wie auch durch den Ausschluß des Zugriffs der Eigengläubiger des Erben auf den Nachlaß (§ 2214 BGB) eine Art fürsorgliche Bevormundung des Erben dar. Durch eine Verwaltungsvollstreckung kann auch ein größeres Vermögen für lange Zeit zusammengehalten und damit besser genutzt werden als nach einer Nachlaßteilung. Der Erblasser kann durch die Anordnung einer Verwaltungsvollstreckung einen geschäftsuntüchtigen Erben, einen unerwünschten Vormund sowie unerwünschte familienrechtliche Beschränkungen (§ 1365 BGB, Gütergemeinschaft des Erben, Zugewinnausgleich, Familien- bzw. Vormundschaftsgericht) ausschließen.

71 **Formulierungsvorschlag für Verwaltungsvollstreckung**

„Ich ordne für meinen Nachlaß Testamentsvollstreckung an (Verwaltungsvollstreckung). Der Testamentsvollstrecker hat den Nachlaß in Besitz zu nehmen und zu verwalten, bis ... Auf die Dauer der Testamentsvollstreckung stehen dem Testamentsvollstrecker alle gesetzlichen Rechte zu. Für den Fall, daß der Testamentsvollstrecker das Amt nicht antritt oder nach Antritt des Amtes wegfällt, ernenne ich zum Testamentsvollstrecker .... Hilfsweise ersuche ich den jeweiligen Hauptgeschäftsführer der Industrie- und Handelskammer, einen Testamentsvollstrecker zu ernennen."

72 Besteht kein Anlaß, den Erben wie bei einer Verwaltungsvollstreckung fürsorglich zu bevormunden, sondern ist lediglich beabsichtigt, den Vollzug von getroffenen Verfügungen unabhängig vom Willen des Erben zu machen, genügt eine **Abwicklungsvollstreckung.** Hierzu zählt die Auseinandersetzung des Nachlasses, aber auch der Vollzug von Vermächtnissen und Auflagen. Soll der Testamentsvollstrecker also nur punktuelle Aufgaben haben, wäre es verfehlt, die Testamentsvollstreckung generell anzuordnen, die Aufgabenzuweisung ist dann nur eingeschränkt vorzunehmen.

73 Dies gilt insbesondere dann, wenn die Testamentsvollstreckung nur zur **Erfüllung eines Vermächtnisses** angeordnet wird und der Testamentsvollstrecker zugleich Vermächtnisnehmer ist, aber auch dann, wenn ohne Erbeinsetzung im Wege von Vermächtnissen der Nachlaß gegenständlich verteilt wird. In vielen Fällen wird beabsichtigt sein, auch den Vermächtnisgegenstand der Testamentsvollstreckung zu unterstellen (oder nur diesen) oder durch die Anordnung der Testamentsvollstreckung zu ermöglichen, daß der Vermächtnisnehmer nicht an der Erfüllung des Vermächtnisses, etwa durch Entgegennahme der Auflassung bei einem Grund-

stück, mitwirken muß. Hier ist Testamentsvollstreckung bezüglich des Vermächtnisgegenstandes in analoger Anwendung der §§ 2209, 2210 BGB anzuordnen (BayObLGZ 1986, 34; FamRZ 1991, 490), nicht etwa eine Vermächtnisvollstrekkung gem. § 2223 BGB. Der Testamentsvollstrecker kann zugleich für den Erben und den Vermächtnisnehmer bestellt werden (BGHZ 13, 203).

Formulierungsvorschläge für Testamentsvollstreckung zur Vermächtniserfüllung 74

„Es wird Testamentsvollstreckung angeordnet. Testamentsvollstrecker ist der Vermächtnisnehmer. Einzige Aufgabe des Testamentsvollstreckers ist es, das Vermächtnis zu seinen eigenen Gunsten zu erfüllen. Der Testamentsvollstrecker hat keinen Anspruch auf eine Vergütung; er kann auch nicht Ersatz seiner Aufwendungen verlangen."

„Ich ordne für meinen Nachlaß Testamentsvollstreckung an. Zum Testamentsvollstrecker bestimme ich ... Der Testamentsvollstrecker hat die einzige Aufgabe, die in diesem Testament angeordneten Vermächtnisse zu erfüllen. Zugleich wird Testamentsvollstreckung in bezug auf die Vermächtnisgegenstände angeordnet. Der Testamentsvollstrecker hat insoweit die einzige Aufgabe, alle Rechtshandlungen, die zur Erfüllung der Vermächtnisse von den Vermächtnisnehmern vorzunehmen sind, für diese zu tätigen. Er hat Anspruch auf angemessene Vergütung und Ersatz seiner Aufwendungen."

75 Ähnliches gilt auch, wenn Nacherbfolge angeordnet ist, aber die Verfügungen des Vorerben unabhängig von einer Vielzahl von Zustimmungserklärungen der Nacherben gestellt werden bzw. die Anordnung einer Pflegschaft für unbekannte Nacherben und die Einholung einer vormundschaftsgerichtlichen Genehmigung unnötig sein sollen. Gerade wenn die Nacherbenanordnung nicht auf bestimmte Personen als Nacherben beschränkt, sondern zugunsten gesetzlicher Erben (oder noch nicht vorhandener Abkömmlinge) angeordnet ist, wird nach Mitteln und Wegen zu suchen sein, um diesen Nachteil der Nacherbfolgeanordnung zu beseitigen. Hier ist die **Nacherbenvollstreckung** gem. § 2222 BGB das richtige Instrument. Der Testamentsvollstrecker nimmt dann die Rechte des Nacherben bis zum Eintritt der Nacherbfolge wahr. Die Nacherbenvollstreckung beschwert also nicht den Vorerben, sondern den Nacherben. Nacherbenvollstrecker kann auch der im übrigen als Testamentsvollstrecker Eingesetzte sein. Daneben kann auch der Vorerbe durch eine Verwaltungs- oder Abwicklungsvollstreckung beschwert sein. Auch der Nacherbe kann nach Eintritt des Nacherbfalls mit einer ganz normalen Verwaltungs- oder Abwicklungsvollstreckung beschwert werden.

Formulierungsvorschlag für Nacherbenvollstreckung 76

„Es wird Nacherbenvollstreckung gemäß § 2222 BGB angeordnet. Zum Nacherbenvollstrecker bestimme ich: ..."

77 **Besonderheiten aus der Konsistenz des Nachlasses:** Auch aus der Konsistenz und Struktur des Nachlasses können sich Besonderheiten ergeben, auf die bei der Anordnung der Testamentsvollstreckung Rücksicht zu nehmen ist. Eine Immobilie ist anders zu verwalten als ein Wertpapierdepot, ein Landgut anders als ein Unternehmen. Die immanenten Strukturen des Nachlaßgegenstandes wie auch etwaige sondergesetzliche Regelungen, die für diesen gelten, sind zu beachten, wenn Testamentsvollstreckung angeordnet wird.

78 Gehören etwa **Unternehmerrechte** zum Nachlaß, ist erst der handels- und gesellschaftsrechtliche Hintergrund zu erhellen. Danach ist eine Testamentsvollstreckeranordnung zu erlassen, die auf die besonderen Rechtsprobleme im Grenzbereich Gesellschaftsrecht/Erbrecht ebenso Rücksicht nimmt wie auf die wirtschaftlichen Besonderheiten in diesem Bereich (s. 5. Kap. Rdn. 119 ff.).

79 **Formulierungsvorschlag für Testamentsvollstreckung im Unternehmensbereich**

„Ich ordne für meinen Nachlaß Testamentsvollstreckung an.

Sie endet …

Der Testamentsvollstrecker hat den Nachlaß in Besitz zu nehmen und zu verwalten.

Die Verwaltung des Nachlasses bezieht sich auch auf die in meinen Nachlaß fallenden Unternehmerrechte.

Dabei kann der Testamentsvollstrecker bezüglich meines einzelkaufmännischen Unternehmens in … (HR A …) und meine vollhaftenden Beteiligungen an Personengesellschaften (HR A Nrn. …) wählen, ob er

a) als Treuhänder handelt, also im eigenen Namen auftritt, jedoch für Rechnung der Erben handelt,
b) als Bevollmächtigter, also im Namen und für Rechnung der Erben handelt,
c) die Erben nach außen als Unternehmer auftreten läßt, sich jedoch die Entscheidungsbefugnis im Innenverhältnis vorbehält.

Die Erben haben nach Ausübung des Wahlrechtes durch den Testamentsvollstrecker diesem alle Vollmachten zu erteilen, die erforderlich sind, damit er die Verwaltung des Nachlasses in der gebotenen Effektivität wahrnehmen kann. Die Verpflichtung erfolgt durch Auflage. Die Erfüllung der Auflage kann vom Testamentsvollstrecker selbst vorgenommen werden.

In jedem Fall sind Verfügungen der Erben über das einzelkaufmännische Unternehmen und meine vollhaftenden Beteiligungen ohne Mitwirkung des Testamentsvollstreckers unzulässig.

Soweit meine Beteiligung an der … GmbH (HR B Nr. …) betroffen ist, ist der Testamentsvollstrecker in vollem Umfang – ausgenommen die sog. Kernrechte – berechtigt, die Gesellschafterrechte für meine Erben wahrzunehmen.

Ich werde dafür Sorge tragen, daß die Mitgesellschafter der Wahrnehmung der Gesellschafterrechte durch den Testamentsvollstrecker zustimmen.

Der Testamentsvollstrecker kann sich für einzelne Angelegenheiten einer fachkundigen Beratung bedienen. Die Kosten gehen dabei zu Lasten des Nachlasses.

Der Testamentsvollstrecker hat nach Abschluß der Berufsausbildung meines jüngsten Kindes die Auseinandersetzung unter den Miterben entsprechend den gesetzlichen Bestimmungen herbeizuführen. Dabei ist er insbesondere berechtigt, die Auseinandersetzung des Nachlasses nach billigem Ermessen (§§ 2204 Abs. 1, 2048 S. 2 BGB) vorzunehmen. Im Rahmen der so vorzunehmenden Auseinandersetzung ist der Testamentsvollstrecker auch berechtigt, das in meinen Nachlaß fallende einzelkaufmännische Unternehmen (HRA Nr. …) nach billigem Ermessen umzustrukturieren, also in eine Gesellschaft oder in mehrere Gesellschaften, auch im Rahmen einer Betriebsspaltung, umzuwandeln; dabei ist der Testamentsvollstrecker berechtigt, die Beteiligungsverhältnisse auch abweichend von der Erbquote festzulegen. Bei der Umstrukturierung des in den Nachlaß fallenden Unternehmens hat der Testamentsvollstrecker bei der Auseinandersetzung jedoch folgende Richtlinien zu beachten: …“

80 Entsprechendes gilt auch, wenn **Auslandsgrundbesitz** und **Auslandsbeteiligungen** zum Vermögen des Erblassers gehören und vom Testamentsvollstrecker verwaltet werden sollen (s. dazu 9. Kap.).

81 **Besonderheiten bei Nießbrauch und Vorerbschaft:** Vielfach wird in ganz „normalen“ Fällen gewünscht, dem überlebenden Ehegatten zwar eine nur beschränkte erbrechtliche Rechtsstellung einzuräumen, vor allem wegen des Risikos der Wiederverheiratung, ihm aber doch die Position eines Familienoberhauptes zu verschaffen. Diese Position kann auch anderen Familienangehörigen oder sonstigen Personen zugedacht sein. In Betracht kommt dabei entweder die Kombination der Testamentsvollstreckung mit einem Nießbrauch (sog. Dispositionsnießbrauch) oder einer Nacherbfolgeanordnung. Vgl. zu Einzelheiten und Formulierungsvorschlägen bezüglich Dispositionsnießbrauch 5. Kap. Rdn. 299 ff. sowie zu Vor- und Nacherbschaft 5. Kap. Rdn. 277 ff. Den Ausschlag für eine der beiden Wege kann nur der Einzelfall geben. Vom wirtschaftlichen Ergebnis her gesehen bestehen zwischen

beiden Lösungsmöglichkeiten nur geringe Unterschiede, so daß in der Verfügung von Todes wegen, die eine solche Gestaltung anordnet, Klarstellung geboten ist (vgl. *Petzold* BB 1975, Beilage 6, S. 4).

Insbesondere bei Dauertestamentsvollstreckungen kommt es häufig vor, daß die **Testamentsvollstreckung** sowohl den **Vorerben als auch den Nacherben** betrifft. Einerseits unterliegt ein Testamentsvollstrecker dann nicht den Verfügungsbeschränkungen der §§ 2113 bis 2115 BGB (BGHZ 40, 115; BayObLG MittBayNot. 1983, 229; FamRZ 1991, 985; OLG Stuttgart BWNotZ 1980, 92). Es liegt andererseits auf der Hand, daß der Testamentsvollstrecker einen Nachlaß, welcher der Vor- und Nacherbfolge unterliegt, nicht in derselben Weise verwalten darf, wie ihm das ohne diese Besonderheit gestattet wäre. Dem Vorerben stehen im Verhältnis zum Nacherben die vollen Nutzungen (§ 100 BGB) seiner Vorerbschaft zu, während für den Nacherben lediglich die Substanz des Nachlasses erhalten bleiben muß (BGH FamRZ 1986, 900). Ein auf seinen Vorteil bedachter Vorerbe könnte es darauf anlegen, während der Vorerbschaft möglichst hohe Nutzungen zu erzielen und alle Ausgaben zu vermeiden, die seine Gewinnaussichten schmälern könnten. Dem gegenüber geht das Interesse des Nacherben dahin, hohe Nutzungen zu vermeiden und langfristig auf eine Vermehrung der Nachlaßsubstanz hinzuwirken. Der Erblasser sollte diesen Interessengegensatz, in den der Testamentsvollstrecker geraten kann, berücksichtigen. Der Testamentsvollstrecker sollte weder die dem Vorerben gebührenden Nutzungen schmälern, noch die Substanz zum Nachteil des Nacherben mindern oder gefährden, er hat zugleich die §§ 2142 bis 2146 BGB zu beachten, die den Ausgleich von Aufwendungen zwischen Vor- und Nacherben regeln (BGH NJW 1985, 382; BGH FamRZ 1986, 900; BGH DNotZ 1988, 440; *Möhring/Beisswingert/Klingelhöffer* S. 172ff.; vgl. ausführlich *Staudinger/Reimann* § 2205 Rdnr. 157). 82

Formulierungsvorschlag bei Vor- und Nacherbschaft 83

„Ich ordne für meinen Nachlaß Testamentsvollstreckung an. Der Testamentsvollstrecker hat die Aufgabe, den Nachlaß in Besitz zu nehmen und zu verwalten, und zwar auf die Dauer von 15 Jahren ab meinem Ableben, also uU auch über den Eintritt des Nacherbfalls hinaus.

Der Testamentsvollstrecker hat bei der Verwaltung des Nachlasses die Interessen der Vorerben und der Nacherben angemessen und unter Berücksichtigung der gesetzlichen Bestimmungen, in Sonderheit der §§ 2142 bis 2146 BGB, zu wahren. Nutzungen sind während der Dauer der Vorerbschaft nur insoweit zu ziehen, als sie die Nachlaßsubstanz nicht beeinträchtigen. Nötige Investitionen zur Erhaltung des Wertes des Nachlasses sind vor allem aus den Nutzungen zu tätigen. Ausgaben, welche die Ertragsaussichten des Nacherben schmälern, sind zu unterlassen. Die Erhaltung der Nachlaßsubstanz hat Vorrang vor der Erzielung von Nutzungen, die Vermehrung der Nachlaßsubstanz hat stattzufinden, soweit dadurch der Anspruch des Vorerben auf die Nutzungen nicht ungebührlich beeinträchtigt wird."

b) Der richtige Testamentsvollstrecker

Eine Testamentsvollstreckung steht und fällt mit der **Person des Testamentsvollstreckers,** seiner menschlichen und fachlichen Qualität. 84

Der Erblasser sollte daher prinzipiell den Testamentsvollstrecker **selbst auswählen,** wo die Situation dies gestattet. Die primäre Bestimmung des Testamentsvollstreckers durch das Nachlaßgericht sollte in der Regel ausscheiden, als sekundäres Mittel ist ein Ersuchen nach § 2200 BGB aber gleichwohl in vielen Fällen zweckmäßig, um bei Wegfall der ursprünglich bestimmten Person den Fortbestand der Testamentsvollstreckung zu gewährleisten. 85

Es sollte im Testament nicht nur der Testamentsvollstrecker bestimmt werden, es ist tunlichst auch zu sagen, was bei einem Wegfall des vorgesehenen Testaments- 86 vollstreckers vor oder nach Antritt des Amtes zu geschehen hat. Es sind also – falls gewünscht – entsprechende **Ersatz- und Nachfolgetestamentsvollstreckeranordnungen** zu treffen. Insbesondere ist klarzustellen, ob mit dem Wegfall eines speziellen Testamentsvollstreckers auch die Anordnung der Testamentsvollstrekkung insgesamt erlischt. Gegebenenfalls ist – als ultima ratio – ein Ersuchen an das Nachlaßgericht gemäß § 2200 BGB zu erwägen, um eine unerwünschte vorzeitige Beendigung der Testamentsvollstreckung zu vermeiden. Ist eine Bestimmung des Testamentsvollstreckers durch den Erblasser selbst nicht möglich, ist das Verfahren der Ernennung im Rahmen der §§ 2198 bis 2200 BGB, angepaßt an die Bedürfnisse des Einzelfalls, zu regeln.

87 Zur Frage nach dem „richtigen" Testamentsvollstrecker gehört auch die Frage nach der **Anzahl der Vollstrecker.** Sind mehrere Testamentsvollstrecker vorgesehen, sollte im Testament klargestellt werden, ob es bei der gesetzlichen Regelung (gemeinschaftliche Führung des Amtes im Innen- wie im Außenverhältnis, § 2224 Abs. 1 S. 1 BGB) verbleibt, oder ob eine andere Geschäftsverteilung erwünscht ist (Kollegialverfassung, Geschäftsordnungslösung, gegenständliche Verteilung). Auch die Folgen bei Wegfall eines Mitvollstreckers sollten geregelt werden (vgl. Rdn. 200ff.).

c) Das richtige Verhältnis zwischen Testamentsvollstrecker und Nachlaßbeteiligten

88 Die Testamentsvollstreckung kann gefährdet werden, wenn die Aktivitäten des Testamentsvollstreckers durch permanente **Querelen mit den Nachlaßbeteiligten** gebunden werden. Der Erblasser sollte daher darauf achten, daß auch die Erben während der Dauer der Testamentsvollstreckung zu „ihrem Recht" kommen, sei es durch eine Vertretung im Testamentsvollstreckergremium, durch Mitspracherechte und Kontrollrechte, die über das gesetzliche Maß hinausgehen, oder durch angemessene Ausschüttungen.

89 *aa) Gesetzliche Regelung.* Auf das Rechtsverhältnis zwischen dem Testamentsvollstrecker und dem Erben finden gewisse für den Auftrag geltende Vorschriften entsprechende Anwendung (§ 2218 Abs. 1 BGB). Zwischen dem Testamentsvollstrekker und dem Erben besteht also ein **gesetzliches,** kein vertragliches oder vertragsähnliches **Schuldverhältnis** (MünchKommBGB/*Brandner* Vor § 2197 Rdn. 6).

90 Der Testamentsvollstrecker hat gegenüber den Erben das **Recht,**
– die Herausgabe des Nachlasses (§ 2205 S. 1 BGB),
– den Ersatz seiner notwendigen Aufwendungen (§§ 2218, 670 BGB) und
– eine angemessene Vergütung (§ 2221 BGB) zu veranlangen.

91 Die **Pflichten** des Testamentsvollstreckers gegenüber den Erben ergeben sich aus den §§ 2215 bis 2219 BGB und sind gem. § 2220 BGB – mit wenigen Ausnahmen – zwingender Natur.

92 Der Erblasser ist aber durchaus in der Lage, dem Erben gegenüber dem Testamentsvollstrecker **größere Rechte** einzuräumen. Dies wird – nicht nur aus psychologischen Gründen – vor allem im wirtschaftlichen Bereich gelegentlich zweckmäßig sein: Es fördert die reibungslose Abwicklung einer Testamentsvollstreckung, wenn das Verhältnis zwischen Testamentsvollstrecker und Erben und sonstigen Nachlaßbeteiligten „stimmt".

93 *bb) Regelmäßige Information der Nachlaßbeteiligten.* Eine regelmäßige **Information** der Nachlaßbeteiligten durch den Testamentsvollstrecker über den wirtschaftlichen Fortgang der Dinge hilft dieses Verhältnis zu verbessern.

94 Andererseits ist – vor allem bei einer größeren Anzahl von Nachlaßbeteiligten – das Risiko nicht zu übersehen, daß die Aktivitäten des Testamentsvollstreckers

durch derartige regelmäßige Kontakte zu stark gebunden werden. Es kann daher zweckmäßig sein, die Kontaktpflege nicht mit allen Nachlaßbeteiligten vorzuschreiben, sondern nur mit einem oder einigen kompetenten **Repräsentanten.** Auch die **Bildung eines Beirats** aus dem Kreis der Nachlaßbeteiligten kann vom Erblasser vorgesehen werden. Die Probleme, die bei der Strukturierung des Verhältnisses zwischen den Nachlaßbeteiligten, vor allem den Erben, und dem Testamentsvollstrecker entstehen, sind dann vergleichbar mit denen, die es gibt, wenn der Erblasser eine Gruppenrepräsentation mehrerer Nachfolgestämme gegenüber der Geschäftsführung des Unternehmens anordnet (vgl. dazu ausführlich *Karsten Schmidt* ZHR 146 (1982), 525; *Riegger* in: Münchener Vertragshandbuch, Band 1, III. 9; *Schörnig,* Die obligatorische Gruppenvertretung, 2001). Es ist allerdings bei der gesetzlich vorgeschriebenen Rechnungslegung (§ 2218 BGB) fraglich, ob der Erblasser insoweit anordnen kann, daß die mehreren Erben ihren Rechnungslegungsanspruch nur durch einen gemeinsamen Vertreter geltend machen können. Durch eine **Vertreterklausel** in bezug auf die Ansprüche der Erben gemäß §§ 2215, 2218 BGB wird der Testamentsvollstrecker nicht, was § 2220 BGB verbietet, von den einschlägigen Verpflichtungen befreit, die Verpflichtungen werden lediglich modifiziert. Er bleibt zu Rechenschaft verpflichtet, jedoch mit der Maßgabe, daß er diese „zu Händen" eines Vertreters der Erben abgibt. Allerdings dürfte es nicht möglich sein, der Erbengemeinschaft einen Vertreter aufzuoktroyieren, sie muß insoweit bei der Bestellung des Vertreters autonom bleiben. Nimmt der Vertreter die Rechte der Erben nicht wahr, leben die Rechte der einzelnen Miterben auf Rechnungslegung, wenn auch „pro socio" wieder auf (vgl. *Reimann* S. 141 ff.).

Formulierungsvorschlag für obligatorische Gruppenvertretung (Vertreterklausel) 95

„Ich verpflichte den Testamentsvollstrecker, die Erben über das gesetzlich gebotene Maß hinaus im halbjährlichen Abstand über den wirtschaftlichen Fortgang der Testamentsvollstreckung zu unterrichten und dabei die aufgrund des Rechenwerks meines Unternehmens verfügbaren Daten vorzulegen und zu erläutern. Eine schriftliche Erläuterung kann von den Erben nicht verlangt werden. Auf Verlangen des Testamentsvollstreckers haben meine Erben einen Repräsentanten aus ihrer Mitte zu wählen, dem gegenüber die Erläuterungen abzugeben sind, sofern sie über den gesetzlichen Rechnungslegungsanspruch hinausgehen. Wird kein Repräsentant aus der Mitte der Erben binnen vier Wochen nach Aufforderung durch den Testamentsvollstrecker ernannt, entfällt die vorstehende Verpflichtung zur halbjährlichen Rechnungslegung; die gesetzliche Rechnungslegungspflicht bleibt hiervon unberührt."

cc) Regelmäßige Ausschüttungen. Es verbessert auch die Rechtsposition der Erben, 96 wenn der Erblasser den Testamentsvollstrecker verpflichtet, jährliche Erträge des Nachlasses an die Erben abzuführen. Ein derartiges **Partizipieren der Erben an den Früchten des Nachlasses** fördert das Klima zwischen Testamentsvollstrecker und Nachlaßbeteiligten. Allerdings findet eine solche Anweisung des Erblassers an den Testamentsvollstrecker ihre Grenze in der zwingenden Vorschrift des § 2216 Abs. 1 BGB, also in der Verpflichtung des Testamentsvollstreckers zur ordnungsgemäßen Verwaltung des Nachlasses. Steht daher der Testamentsvollstrecker auf dem Standpunkt, daß die Auskehrung von Nutzungen des Nachlasses der ihm obliegenden ordnungsgemäßen Verwaltung des Nachlasses widerspräche, so darf er die Nutzungen nicht an die Erben herausgeben.

dd) Erbe als Mitvollstrecker. Es verbessert – bei entsprechender persönlicher und 97 fachlicher Eignung – die Kommunikation zwischen Testamentsvollstrecker und Erben und verstärkt auch die Position der Erben, wenn ein **Miterbe zum Mitvollstrecker bestimmt wird.**

d) Die richtige Dauer der Testamentsvollstreckung

98 Eine **zu lange Testamentsvollstreckung** gefährdet deren Erfolg. Erfahrungsgemäß treten mit fortschreitender Länge der Testamentsvollstreckung größere Probleme zwischen Testamentsvollstrecker und Nachlaßbeteiligten auf. Der Wunsch der Erben, den Testamentsvollstrecker „abzuschütteln" wird stärker, je weniger der letzte Wille des Erblassers präsent ist.

99 Für die Dauer der Testamentsvollstreckung ist prinzipiell – abgesehen von den im Gesetz geregelten und ansonsten angenommenen Beendigungstatbeständen – die Anordnung des Erblassers maßgebend. Es ist wichtig, bereits bei der Gestaltung der Verfügung von Todes wegen die Risiken einer zu kurzen und einer zu langen Testamentsvollstreckung zu erkennen und entsprechend gegenzusteuern. Es gelingt auf Dauer nicht, die nächste Generation im Vertrauen auf die Eignung der übernächsten zu übergehen und den Erben ein zu enges Korsett zu verpassen. Das deutsche Recht kennt – abgesehen von § 2210 BGB – keine „rules against perpetuities". Deshalb sollte der Erblasser selbst entsprechende Überlegungen anstellen und auch **Beendigungstatbestände** – ordentliche wie außerordentliche – hinreichend klar fixieren (vgl. *Meincke* Steuerberater-Kongreß-Report 1992, 235).

100 Auch sollte bei einer längerfristigen geplanten Testamentsvollstreckung beachtet werden, daß die Erträge des Nachlasses, auch wenn sie, wie bei Unternehmen weitgehend notwendig und üblich, nicht ausgeschüttet werden, aus dem Nachlaß „herauswachsen", insbesondere wenn sie im Verhältnis zum ursprünglichen Nachlaß erheblich sind (BGH NJW 1984, 2570; BGHZ 91, 132; BGH DNotZ 1987, 116). Dies kann nicht nur zu einem Zugriff von Eigengläubigern des Erben (trotz § 2214 BGB) führen, sondern auch insoweit ipso jure, also ohne rechtsgeschäftliche Erklärung und auch gegen den Willen des Testamentsvollstreckers, zu einer zumindest **partiellen Beendigung der Testamentsvollstreckung.** Der Testamentsvollstrecker könnte in der Folge nur den ursprünglichen Nachlaß (inkl. „normale" Erträge) verwalten, für den Rest der Erträge des ursprünglichen Nachlasses wäre der Erbe zuständig (vgl. 7. Kap. Rdn. 53ff.).

e) Die richtige Kontrolle des Testamentsvollstreckers

101 *aa) Allgemeines.* Der Testamentsvollstrecker hat eine relativ unabhängige Position gegenüber den Nachlaßbeteiligten. Die vom Gesetz vorgesehene Kontrolle ist gering und vor allem bei größeren Nachlässen unzureichend (vgl. 1. Kap. Rdn. 17ff.). Um so wichtiger ist es, bei der Anordnung der Testamentsvollstreckung für entsprechende Kontrollmechanismen zu sorgen. Der Testamentsvollstrecker sollte nicht „omnipotent" sein. Er sollte durch geeignete Mechanismen in ein **Kontrollsystem** eingebunden werden, bei dem auch die Erben geeignete Mitspracherechte haben, sei es auch durch einen Gruppenrepräsentanten als Gesprächspartner des Testamentsvollstreckers oder durch eine Vertretung im Testamentsvollstreckergremium.

102 Der Testamentsvollstrecker unterliegt im allgemeinen nicht der **Aufsicht des Nachlaßgerichts** (wie etwa der Vormund, Betreuer oder Pfleger der Aufsicht des Vormundschaftsgerichts). Er kann deshalb nicht vom Nachlaßgericht durch Ordnungsstrafen zur Führung seiner Geschäfte angehalten werden (*Keidel/Zimmermann* FGG § 33 Rdn. 5). Das Nachlaßgericht hat auch im allgemeinen nicht über Streitigkeiten zwischen Erben und Testamentsvollstrecker – etwa über die Art der Verwaltung oder Auseinandersetzung des Nachlasses – zu entscheiden, es hat insbesondere nicht darüber zu befinden, ob das Amt des Testamentsvollstreckers noch fortbesteht oder wegen Erledigung seiner Aufgaben erloschen ist. Über solche Streitigkeiten hat vielmehr das Prozeßgericht zu entscheiden.

Nur in folgenden, vom Gesetz ausdrücklich bestimmten Fällen, kann das **Nachlaßgericht in Angelegenheiten der Testamentsvollstreckung** tätig werden (vgl. 1. Kap. Rdn. 18ff.): 103

- Nach § 2216 Abs. 2 S. 2 BGB kann das Nachlaßgericht Anordnungen des Erblassers für die Verwaltung des Nachlasses auf Antrag eines Beteiligten außer Kraft setzen, wenn ihre Befolgung den Nachlaß erheblich gefährden würde.
- Das Nachlaßgericht entscheidet bei Meinungsverschiedenheiten unter mehreren Testamentsvollstreckern (§ 2224 BGB).
- Die Kündigung des Amtes durch den Testamentsvollstrecker erfolgt durch Erklärung gegenüber dem Nachlaßgericht (§ 2226 BGB).
- Nach § 2227 BGB kann das Nachlaßgericht den Testamentsvollstrecker auf Antrag eines Beteiligten entlassen, wenn ein wichtiger Grund vorliegt. Diese Zuständigkeit gibt dem Nachlaßgericht mittelbar ein gewisses Recht zur Überwachung des Testamentsvollstreckers.

Die fehlende Aufsicht durch das Nachlaßgericht kann zu einer **unerwünschten Machtfülle** des Testamentsvollstreckers führen. 104

bb) Letztwillige Erweiterung der Kontrolle. Der im Vorstehenden umrissene **Aufgabenkreis des Nachlaßgerichts** beruht auf öffentlichem Recht. Er kann daher vom Erblasser weder erweitert noch eingeengt werden. Insbesondere kann der Erblasser den Testamentsvollstrecker nicht einer weitergehenden Aufsicht des Nachlaßgerichts unterwerfen (BayObLGZ 1953, 357, 361; KG JR 1951, 732). 105

Wohl kann der Erblasser nach § 2208 BGB die Rechte des Testamentsvollstreckers beschränken, er kann dies aber nicht in der Weise, daß er dem Testamentsvollstrecker die Einholung von **Weisungen des Nachlaßgerichts** vorschreibt oder die Wirksamkeit seiner Verfügungen von der Genehmigung des Nachlaßgerichts abhängig macht. Eine Anordnung dieser Art wäre unwirksam. Hierdurch würde aber die Wirksamkeit der Bestellung des Testamentsvollstreckers in der Regel nicht berührt werden (§§ 139, 2085 BGB). Eine Frage der Auslegung ist es, ob die Unwirksamkeit einer Anordnung der bezeichneten Art zur Folge hat, daß der Testamentsvollstrecker die Verfügungen, auf die sich die Anordnung des Erblassers beziehen, nach freiem Ermessen treffen kann oder ob insoweit sein Verfügungsrecht ausgeschlossen und dasjenige des Erben entsprechend ausgedehnt werden soll. 106

Es ist bei minderjährigen oder in der Geschäftsfähigkeit beschränkten Erben auch nicht möglich, den Testamentsvollstrecker letztwillig der **Kontrolle durch das Vormundschaftsgericht** zu unterwerfen (*Palandt/Edenhofer* Vor § 2197 Rdn. 3). 107

Der Erblasser kann durch geeignete Detailanordnungen dafür sorgen, daß andere **Kontrollmechanismen** wirksam werden (vgl. ausführlich *Reimann* FamRZ 1995, 588). Dies ist möglich durch 108

- die Ernennung von Mitvollstreckern (balance-of-power-Aspekt),
- besondere Rechenschaftspflichten gegenüber den Erben,
- dadurch, daß die Erben im Testamentsvollstreckergremium vertreten sind,
- die regelmäßige Kontrolle, zB durch einen Wirtschaftsprüfer.

Der Erblasser kann den Testamentsvollstrecker auch der **Aufsicht beliebiger Dritter** unterstellen, zB einer Stiftung, einer Wirtschaftsprüfungsgesellschaft etc. Allerdings wirkt eine derartige Anordnung nur schuldrechtlich, beschränkt also die Verfügungsbefugnis des Testamentsvollstreckers nicht dinglich. Der Wert derartiger Kontrollanordnungen darf aber gleichwohl nicht unterschätzt werden. 109

f) Die richtige Vergütung

Der Testamentsvollstrecker sollte „honorig" **honoriert** werden, damit er auch die entsprechende Leistung erbringt, er sollte aber nicht übermäßig bedacht sein, 110 würde doch dadurch das Verhältnis zwischen Nachlaßbeteiligten und Testamentsvollstrecker belastet und der Erfolg der Testamentsvollstreckung insgesamt gefährdet werden (vgl. im einzelnen 10. Kap.).

111 Ob und in welcher Höhe der Testamentsvollstrecker eine Vergütung erhält, bestimmt sich in erster Linie nach dem in der letztwilligen Verfügung ausgesprochenen oder aus ihr zu erforschenden **Willen des Erblassers.** Ist in der letztwilligen Verfügung die Vergütung nicht festgesetzt und ist aus ihr auch nicht zu entnehmen, daß die Testamentsvollstreckung unentgeltlich durchzuführen sei, kann der Testamentsvollstrecker eine angemessene Vergütung verlangen. Der Erblasser sollte also, wenn er Testamentsvollstreckung anordnet, auch die **Honorarfrage mitregeln.** Er spart damit dem Testamentsvollstrecker und den Nachlaßbeteiligten viel Ärger. Bei der Beratung hierüber ist zu berücksichtigen, daß eine Testamentsvollstreckung meist sehr viel mehr Arbeit macht, als sich der Erblasser – möglicherweise auch der Testamentsvollstrecker – vorstellt. Die Verpflichtung zur Errichtung des Inventars nach § 2215 BGB, die Rechnungslegung nach § 2218 BGB, die Wahrnehmung steuerlicher Pflichten und vor allem die Verwaltung von Unternehmerrechten erfordern viel Zeit und Sachkunde (*Keim,* Testamente und Erbverträge, G I Vorbemerkung).

112 Der Erblasser kann dabei einen **bestimmten Geldbetrag** festsetzen, einen bestimmten Vom-Hundert-S. von einem von ihm festzulegenden Ausgangswert, insgesamt für die gesamte Zeit der Testamentsvollstreckung, aber auch jährlich, er kann aber auch auf bestimmte gängige Richtlinien Bezug nehmen, auch eine an Zeitaufwand orientierte Vergütung ist denkbar. Der Erblasser kann von seinem Bestimmungsrecht auch in der Weise Gebrauch machen, daß er den Testamentsvollstrecker oder einen Dritten ermächtigt, die Vergütung mit Wirkung für alle Nachlaßbeteiligten festzulegen (§§ 315ff. BGB). Hat der Erblasser die Höhe der Vergütung selbst bestimmt, so kann der Testamentsvollstrecker nur den bestimmten Betrag verlangen, **ohne Rücksicht auf die Angemessenheit** der Vergütung.

113 In vielen Fällen, vor allem im Wirtschaftsbereich, wird es angebracht sein, die Vergütung des Testamentsvollstreckers durch **lebzeitige Vereinbarung** mit diesem zu regeln.

g) Die richtige Streitvermeidungsstrategie

114 Gerade bei komplexen Nachlässen wird es angezeigt sein, Streit nicht erst entstehen zu lassen, und, wenn er einmal entstanden ist, ihn so schnell und so einfach wie möglich zu beenden. Die Anordnung einer Testamentsvollstreckung ist selbst Element einer solchen Streitvermeidungsstrategie.

115 In Frage kommen zusätzlich:
- die Einräumung von Bestimmungsrechten an eine Partei (§ 315 BGB) oder an einen Dritten (§ 317 BGB),
- der Einbau von Schiedsgerichtsklauseln.

116 Bei der Einräumung von Bestimmungsrechten kann der Bestimmungsberechtigte entweder das Recht haben, die Leistung oder eine Leistungsmodalität zu bestimmen und dadurch den Vertragsinhalt rechtsgestaltend zu ergänzen oder aber Tatsachen oder Tatbestandsmerkmale für die Parteien verbindlich festzustellen. Im ersten Fall gelten die Vorschriften der §§ 315ff. BGB unmittelbar, im zweiten Fall sind sie entsprechend anwendbar (BGH DB 1970, 827). Für beide Fallgruppen hat sich die Bezeichnung als **Schiedsgutachter** durchgesetzt. Der Schiedsgutachter kann auch der Testamentsvollstrecker sein. Es handelt sich dann um eine Sonderfunktion, die diesem eingeräumt wird (*Mayer/Bonefeld/Daragan* Rdn. 328).

Auch **Schiedsgerichtsklauseln** können einer reibungslosen Nachlaßabwicklung dienen. Schiedsgerichtsklauseln sind in vermögensrechtlichen Angelegenheiten möglich (§ 1030 Abs. 1 S. 1 ZPO). In nichtvermögensrechtlichen Angelegenheiten sind Schiedsvereinbarungen möglich, soweit die Parteien berechtigt sind, über den Gegenstand des Streits einen Vergleich abzuschließen (§ 1030 Abs. 1 S. 2 ZPO). Das Gesetz zur Neuregelung des Schiedsverfahrensrechtes vom 22. 12. 1997, das am 1. 1. 1998 in Kraft getreten ist, hat den Schiedsgerichten auch die Möglichkeit eingeräumt, einstweiligen Rechtsschutz zu gewähren. Eine Schiedsvereinbarung kann in Form einer selbständigen Vereinbarung (Schiedsabrede) oder in Form einer Klausel in einem Vertrag (Schiedsklausel) geschlossen werden (§ 1029 Abs. 2 ZPO). Für die Form gilt nunmehr § 1031 ZPO, die Formvorschrift des früheren § 1027 Abs. 1 ZPO (Niederlegung des Schiedsvertrages in einer eigenen Urkunde) gilt nicht mehr. Schiedsgerichtsklauseln, die in Gesellschaftsverträgen enthalten sind (statutarische Schiedsabreden), binden die jeweiligen Gesellschafter und können nur unter der Voraussetzung der Satzungsänderung beseitigt werden (BGHZ 38, 155; *Walter* MittRhNotK 1984, 75). Nach § 1066 ZPO gelten die Vorschriften des 10. Buches der Zivilprozeßordnung auch für Schiedsgerichte, die in gesetzlich statthafter Weise durch letztwillige Verfügung angeordnet werden. 117

Schiedsgerichtsklauseln sind also vor allem denkbar in Bezug auf 118
- die Erbauseinandersetzung,
- Streitigkeiten bezüglich Vermächtniserfüllung zwischen Erben und Vermächtnisnehmern,
- Streitigkeiten zwischen Erben, Vermächtnisnehmern und Testamentsvollstreckern, insbesondere über die Höhe der Testamentsvollstreckervergütung.

Problematisch sind Schiedsgerichtsklauseln bei der Frage, ob ein Testamentsvollstrecker richtig bestellt wurde, bei der Frage nach der Berechtigung seiner Entlassung und in Bezug auf den Pflichtteilsanspruch gegen den Erben, da insoweit in gesetzliche Ansprüche eingegriffen würde (vgl. *Wegmann,* Fortbildungsunterlagen zum Schlichtungs- und Schiedsgerichtshof Deutscher Notare – SGH, S. 25 ff.). 119

Formulierungsvorschlag für eine letztwillige Schiedsgerichtsklausel. Formulierung nach *Geimer,* Fortbildungsunterlagen zum Schlichtungs- und Schiedsgerichtshof Deutscher Notare – SGH, S. 67 und 69: 120

„Über alle Streitigkeiten, die die Wirksamkeit, Auslegung meines Testaments oder die Regelung, Abwicklung oder Auseinandersetzung meines Nachlasses betreffen, entscheidet unter Ausschluß des Rechtsweges zu den staatlichen Gerichten ein Schiedsgericht."

Ergänzungen zur Zusammensetzung und zum Verfahren, zB: 121

„Das Schiedsgericht hat nach dem Statut des Schlichtungs- und Schiedsgerichtshofes Deutscher Notare – SGH zu verfahren. Die Schlichtungs- und Schiedsordnung ist in der Urkunde des Notars ***, URNr. ***, enthalten. Auf diese wird verwiesen."

„Das Schiedsgericht entscheidet insbesondere über alle Streitigkeiten, die zwischen den Erben untereinander oder zwischen Erben und Vermächtnisnehmer oder zwischen Erben bzw. Vermächtnisnehmer oder einem Testamentsvollstrecker entstehen, einschließlich Maßnahmen des einstweiligen Rechtsschutzes. Das Schiedsgericht kann nach seinem pflichtgemäßen Ermessen auch die Auseinandersetzung durchführen. Es ist also an die gesetzlichen Teilungsregeln nicht gebunden. Das Schiedsgericht entscheidet verbindlich über den Eintritt einer vom Erblasser angeordneten Bedingung und über die Bewertung des Nachlasses und seiner Bestandteile."

Bei **Erbverträgen** müßte diese Formulierung, wenn auch Streitigkeiten zwischen den Parteien des Erbvertrages zB die Ausübung des Rücktrittsrechts vom Schiedsgericht entschieden werden sollen, noch wie folgt **ergänzt** werden: 122

„Das Schiedsgericht entscheidet auch über die Wirksamkeit bzw. das Fortgelten des Erbvertrages."

II. Die Ernennung zum Testamentsvollstrecker

1. Die Bedeutung der Person des Testamentsvollstreckers für das Gelingen der Testamentsvollstreckung

123 Der Erfolg einer Testamentsvollstreckung hängt wesentlich von der Person des Testamentsvollstreckers ab. Ein persönlich oder fachlich ungeeigneter Testamentsvollstrecker kann jede ausgeklügelte Anordnung der Testamentsvollstreckung durch den von ihm vorgenommenen unzulänglichen Vollzug wirkungslos werden lassen. Deshalb ist auf die **Eignung des vorgesehenen Testamentsvollstreckers** besonderes Augenmerk zu richten, im Bereich der Wirtschaft vor allem auf seine unternehmerischen Qualitäten. Der Kreis der in Frage kommenden Personen wird regelmäßig nicht allzu groß sein, da neben der fachlichen Eignung auch eine gewisse Nähe zur Familie des Erblassers, ggf. auch zu dem Nachlaß (zB einem Unternehmen), vorauszusetzen ist.

124 Im **Idealfall** sollte der Testamentsvollstrecker ua. folgenden Anforderungen genügen (vgl. *Kapp* BB 1981, 115; *Hartmann* S. 14):
- volles Vertrauen des Erblassers;
- menschliche Qualifikation, um mit den zu erwartenden persönlichen Schwierigkeiten fertig werden zu können;
- ausreichende Kenntnis der wirtschaftlichen und rechtlichen Zusammenhänge in seiner Aufgabe;
- ein Alter, das die Aufgabenerfüllung während der gesamten Dauer der Testamentsvollstreckung erwarten läßt;
- ausreichende Zeit.

2. Wer ernennt den Testamentsvollstrecker?

a) Grundsatz

125 Wesentliche Bedeutung für den Erfolg der Testamentsvollstreckung hat, **wer** den Testamentsvollstrecker **ernennt.**

126 Das Gesetz geht von der Bestimmung des Testamentsvollstreckers durch den Erblasser aus (§ 2197 BGB), sieht aber drei **Möglichkeiten der Fremdbestimmung** des Testamentsvollstreckers vor, nämlich
- durch einen **Dritten,** der seinerseits vom Erblasser bestimmt wird (§ 2198 Abs. 1 S. 1 BGB),
- durch den **Testamentsvollstrecker** selbst, wenn dieser ermächtigt ist, einen Mitvollstrecker oder einen Nachfolgevollstrecker zu ernennen (§ 2199 BGB),
- durch das **Nachlaßgericht,** wenn der Erblasser im Testament dieses um die Ernennung ersucht, sei es ausdrücklich, sei es konkludent (§ 2200 Abs. 1 BGB).

127 Die entsprechende Verfügung – Übertragung des Bestimmungsrechts auf einen Dritten – muß in dem **Testament,** in dem die Testamentsvollstreckung angeordnet ist, oder in einer anderen wirksamen Verfügung von Todes wegen enthalten sein. Sie ist in anderer Form auch dann nicht zulässig, wenn die Testamentsvollstreckung selbst in einem Testament wirksam angeordnet ist.

128 Vorrangig wird eine **Ernennung durch den Erblasser** selbst sein. Je weiter sich das Ernennungsrecht von der Person des Erblassers entfernt, desto schlechter

wird die Garantie für das Funktionieren der Testamentsvollstreckung sein. Insbesondere bei Testamentsvollstreckungen im wirtschaftsrechtlichen Bereich wird vor allem eine Ernennung des Testamentsvollstreckers durch das Nachlaßgericht kaum in Frage kommen, da die mit dem Vorgang dort befaßten Personen regelmäßig nicht über die erforderlichen Einblicke in wirtschaftliche Zusammenhänge verfügen (*Felix* DStZ 1987, 601). Die Ernennung durch Dritte, durch den Testamentsvollstrecker selbst bzw. durch das Nachlaßgericht ist vor allem dort als rechtsgestaltendes Mittel dort ins Auge zu fassen, wo es um Dauervollstreckungen geht und Ersatz- bzw. Nachfolgetestamentsvollstrecker auszuwählen sind, der Erblasser selbst jedoch wegen der Weiträumigkeit der Verfügung keine klaren personellen Entscheidungen treffen kann.

b) Die Ernennung des Testamentsvollstreckers durch den Erblasser

Entsprechend dem Grundgedanken des § 2065 Abs. 1 BGB geht das Gesetz (§ 2197 Abs. 1 BGB) davon aus, daß der Erblasser den Testamentsvollstrecker ernennt. Der Erblasser kann gemäß § 2197 Abs. 2 BGB für den Fall, daß der ernannte Testamentsvollstrecker vor oder nach der Annahme des Amtes wegfällt, einen anderen Testamentsvollstrecker ernennen. Eine derartige Ersatztestamentsvollstreckerbestimmung ist ratsam, es sei denn, die Testamentsvollstreckung selbst soll mit dem Wegfall des Testamentsvollstreckers beendet sein. Da Testamentsvollstreckung in der Regel dort angeordnet wird, wo der Erblasser selbst nicht in der Lage ist, das Schicksal seines Vermögens für die Zeit nach seinem Ableben definitiv zu regeln, ist es zu empfehlen, zumindest die Person, der die Regelung in der Zeit nach dem Ableben des Erblassers überantwortet wird, **selbst auszuwählen.** 129

Formulierungsvorschläge für Ernennung durch den Erblasser 130

„Zum Testamentsvollstrecker ernenne ich ......, ersatzweise ...... Treten die vorgenannten Personen das Amt nicht an oder fallen sie nach Annahme des Amtes weg, ist der Testamentsvollstrecker von ...... zu ernennen, hilfsweise nach § 2200 BGB vom zuständigen Nachlaßgericht."

„Zum Testamentsvollstrecker ernenne ich ......, ersatzweise ...... Treten die vorgenannten Personen das Amt nicht an oder fallen sie nach Antritt des Amtes weg, entfällt die Anordnung der Testamentsvollstreckung mit dem Zeitpunkt, in dem kein von mir selbst ernannter Testamentsvollstrecker mehr im Amt ist."

c) Die Ernennung durch einen vom Erblasser bestimmten Dritten

aa) Die Person des Dritten. Ernennungsberechtigter Dritter iSv. § 2198 Abs. 1 BGB kann im **Grundsatz** jeder sein, der als Testamentsvollstrecker ernannt werden kann. 131

Darüber hinaus kann auch der **Alleinerbe** selbst ermächtigt werden, die Person des Testamentsvollstreckers zu bestimmen (RGZ 92, 68, 72; aA *Zimmermann* Rdn. 57). Er kann sich jedoch nicht selbst zum Testamentsvollstrecker ernennen (Rdn. 183). 132

Eine **juristische Person** oder eines ihrer Organe kann bestimmungsberechtigter Dritter sein (zB der Präsident einer Anwaltskammer, der Bürgermeister einer Gemeinde, der Hauptgeschäftsführer der Industrie- und Handelskammer, die Geschäftsführung einer Steuerberatungs- oder Wirtschaftsprüfungsgesellschaft, der Vorstand eines Kreditinstituts etc.), auch der Vorstand eines Gerichtes (OLG Hamm DNotZ 1965, 487). 133

Handelt es sich um das **Amtsgericht** ist evtl. an eine Umdeutung in einem Antrag nach § 2200 BGB zu denken. 134

135 Bestimmungsberechtigter Dritter im Sinne von § 2198 Abs. 1 S. 1 BGB kann nach bisher maßgeblicher Auffassung auch der das Testament beurkundende **Notar** sein (OLG Neustadt DNotZ 1951, 339; MünchKommBGB/*Brandner* § 2198 Rdn. 3; *Staudinger/Reimann* § 2198 Rdn. 3). Allerdings kann der Notar sich aufgrund einer solchen Ermächtigung nicht selbst zum Testamentsvollstrecker ernennen (Münchkomm/*Brandner* § 2198 Rdn. 4). Da dem Urkundsnotar jedoch aus einer solchen Ermächtigung ein rechtlicher Vorteil gem. § 7 BeurkG erwächst, wird von ihr abzuraten sein (vgl. 11. Kap. Rdn. 27).

136 *bb) Die Aufgaben des Dritten.* Sie erschöpft sich in der Bestimmung des Testamentsvollstreckers. Er kann weder vom Nachlaßgericht noch im Wege der Klage zur Ausübung des Bestimmungsrechtes **gezwungen** werden.

137 Ein **mittelbarer Druck,** von dem Bestimmungsrecht Gebrauch zu machen, kann dadurch ausgeübt werden, daß der Erblasser ihm unter der Bedingung der Ausübung des Bestimmungsrechtes letztwillige Zuwendungen macht. Es ist auch denkbar, daß der Erblasser mit dem vorgesehenen Dritten eine **rechtsgeschäftliche Vereinbarung** unter Lebenden abschließt, in welcher sich der Dritte zur Ausübung des Bestimmungsrechtes verpflichtet (*Staudinger/Reimann* § 2198 Rdn. 4). Die Durchsetzbarkeit einer solchen Verpflichtung ist aber fraglich.

138 Kommt es zu **Meinungsverschiedenheiten über das Bestimmungsrecht** und deckt sich die Auffassung des Dritten über sein Bestimmungsrecht und seine Ausübung nicht mit der Ansicht des Nachlaßgerichtes, so kann der Dritte die ihm ungünstige Auffassung des Nachlaßgerichtes im Rahmen eines Fristsetzungsverfahrens (§ 2198 Abs. 2 BGB) im Beschwerdeweg angreifen. Wenn aber das Nachlaßgericht die Bestimmung durch den Dritten nicht als rechtswirksam anerkennt und deshalb, entsprechend dem etwa hilfsweise geäußerten Ersuchen des Erblassers nach § 2200 BGB einen anderen Testamentsvollstrecker ernennt, so steht dem Dritten gegen diese Verfügung nicht das Recht der Beschwerde zu (KG HRR 1939 Nr. 1166).

139 Der bestimmungsberechtigte Dritte steht in keinem **Verhältnis zu den Nachlaßbeteiligten,** sofern er sich nicht selbst zum Testamentsvollstrecker bestimmt. Er haftet den Erben und den sonstigen Nachlaßbeteiligten grundsätzlich nicht für die richtige Auswahl des Testamentsvollstreckers, abgesehen von den Fällen des § 826 BGB.

140 *cc) Die Ausübung des Bestimmungsrechts.* Der Dritte kann sein Bestimmungsrecht auch in der Weise ausüben, daß er, wenn er nicht Alleinerbe (Rdn. 177) oder der Urkundsnotar (§§ 27, 7 BeurkG) ist, **sich selbst ernennt.**

141 Der Erblasser kann dem Bestimmungsberechtigten **Beschränkungen** auflegen und ihm einen Kreis von Personen vorgeben, aus welchen er den Testamentsvollstrecker zu ernennen hat. So kann etwa vorgeschrieben werden, daß der Dritte bei der Auswahl auf die Mitglieder einer Anwaltsozietät beschränkt ist (OLG Oldenburg DNotZ 1990, 431). Auch eine Beschränkung auf die Mitglieder einer bestimmten Familie ist denkbar.

142 *dd) Die Bestimmungserklärung.* Sie muß dem zuständigen **Nachlaßgericht** gegenüber abgegeben werden. Zuständig ist das Amtsgericht, in dessen Bezirk der Erblasser zur Zeit des Erbfalls seinen Wohnsitz hatte (§§ 72, 73 FGG). Die Erklärung gegenüber einem sachlich unzuständigen Gericht (zB Landgericht) ist unwirksam, diejenige gegenüber einem nur örtlich unzuständigen Amtsgericht ist dagegen wirksam, wenn das angegangene Gericht als Nachlaßgericht tätig wird, oder die Erklärung – ggf. innerhalb der vom Erblasser oder vom Nachlaßgericht gesetzten Frist – an das zuständige Gericht weiterleitet (§ 7 FGG).

Eine **Vertretung** bei der Ausübungserklärung im Willen ist unzulässig, zulässig ist eine Vertretung in der Erklärung (*Staudinger/Reimann* § 2198 Rdn. 11). **143**

Nimmt der zum Testamentsvollstrecker Ernannte das Amt nicht an oder ist die Ernennung aus anderen Gründen unwirksam, so ist das Bestimmungsrecht nicht verbraucht, es kann daher **erneut ausgeübt werden.** **144**

Der Dritte kann den Testamentsvollstrecker wie der Erblasser selbst mit **Einschränkungen,** also unter einer Bedingung, auf Zeit oder für einen bestimmten Teil des Nachlasses, einen Erbteil oder einen bestimmten Erben ernennen. Ist im Testament nichts anderes bestimmt, kann der Dritte für den Fall einer zeitlich befristeten Ernennung sich damit auch das Recht sichern, für die Zeit nach Ablauf der Frist einen weiteren Testamentsvollstrecker zu ernennen. **145**

Formulierungsvorschlag für Ernennung durch einen Dritten **146**

„Im Testament des am ...... verstorbenen Erblassers vom...... wurde mir die Bestimmung der Person des Testamentsvollstreckers überlassen. Ich bestimme hiermit bis zum Ablauf des 31. 12. 2008 ...... als Testamentsvollstrecker. Für die Zeit danach behalte ich mit die Bestimmung vor.

Ort, Datum ---------------------------------

(Unterschrift)"

Beglaubigungsvermerk!

Für die Entgegennahme der Erklärung fällt die in den §§ 112 Abs. 1 Nr. 6, 115 KostO vorgesehene **Gebühr** an. Kostenschuldner ist der Erklärende, also der Dritte (§ 2 Nr. 1 KostO). Er ist auch Schuldner der Beglaubigungskosten. Er hat für beide Gebühren einen Regreßanspruch gegen den Erben (gem. §§ 2218, 670 BGB). **147**

Das Nachlaßgericht wird die Bestimmungserklärung dem Benannten sowie den Beteiligten **mitteilen.** **148**

ee) Die Dauer des Bestimmungsrechts. Mit der Erklärung in der vorgeschriebenen Form für die volle Dauer der Testamentsvollstreckung ist das Bestimmungsrecht des Dritten erschöpft. Es erlischt vorher, wenn der Dritte die Bestimmung ablehnt oder wenn dem Dritten durch den Erblasser oder nach § 2198 Abs. 2 BGB durch das Nachlaßgericht auf Antrag eines Beteiligten eine Frist zur Ausübung des Bestimmungsrechts gesetzt wurde und die Frist erfolglos verstrichen ist. **149**

Eine **vom Erblasser gesetzte Frist** kann durch das Nachlaßgericht verlängert und verkürzt werden (aA *Zimmermann* Rdn. 60). **150**

Die **Fristsetzung durch das Nachlaßgericht** erfolgt auf Antrag eines Beteiligten. Beteiligt sind die Erben (Vollerben, Vorerben, Nacherben, Ersatzerben), Mitvollstrecker, Pflichtteilsberechtigte, Vermächtnisnehmer, Auflagenberechtigte und Auflagenbegünstigte (letzteres str.; aA *Palandt/Edenhofer* § 2198 Rdn. 3) sowie Nachlaßgläubiger (BGHZ 35, 296). **151**

Zuständig ist das Nachlaßgericht des letzten Wohnsitzes des Erblassers (§§ 72, 73 FGG). Es handelt sich um eine Rechtspflegerangelegenheit (§ 3 Nr. 2c RPflG). **152**

Formulierungsvorschlag für Fristsetzung durch das Nachlaßgericht **153**

„Beschluß:

Dem N. N., dem vom Erblasser, ... verstorben am ... in ... mit Testament vom ...... die Bestimmung der Person des Testamentsvollstreckers überlassen wurde, wird auf Antrag des Nachlaßbeteiligten ... vom ...... zur Ausübung des Bestimmungsrechtes eine Frist von 4 Wochen, beginnend mit dem Erhalt dieses Beschlusses, gesetzt. Die

Erklärung ist dem Nachlaßgericht ... abzugeben. Falls sie nicht fristgemäß beim Nachlaßgericht einläuft, erlischt das Bestimmungsrecht.

Ort, Datum ---------------------------------

(Unterschrift)

Rechtspfleger“

154 Lehnt das Nachlaßgericht die Fristbestimmung ab, hat der Antragsteller als **Rechtsmittel** zunächst die Möglichkeit der unbefristeten Erinnerung (§ 11 RPflG), dann der einfachen Beschwerde (§§ 19, 20 Abs. 2 FGG). Gegen die Fristbestimmung gibt es die Möglichkeit der befristeten Erinnerung (§ 11 RPflG), dann der sofortigen Beschwerde (§ 80 FGG).

155 Für die Fristsetzung fällt eine **Gebühr** nach § 113 KostO an. Kostenschuldner ist der Antragsteller (§ 2 Nr. 1 KostO); die Erben schulden die Kosten als Nachlaßverbindlichkeiten (§ 1967 Abs. 2 BGB).

156 *ff) Form der Erklärung.* Die Erklärung über die Ernennung des Dritten ist in **öffentlich beglaubigter Form** abzugeben (§ 2198 Abs. 1 S. 2 BGB). Die Bestimmungserklärung in einem öffentlichen Testament (nicht jedoch – wegen der vorgeschriebenen öffentlichen Beglaubigung – in einem privatschriftlichen) wird man als wirksam erachten müssen, wenn das Testament mit dem Willen des Erklärenden dem Nachlaßgericht zugeht (MünchKommBGB/*Brandner* § 2198 Rdn. 7, str.). Hat der Bestimmungsberechtigte die Bestimmungserklärung – aus welchen Gründen auch immer, auch aus Unkenntnis über den Formzwang – nicht in der vorgeschriebenen Form abgegeben, etwa nur privatschriftlich, so hat das Nachlaßgericht ihn zunächst aufzufordern, die erforderliche Form herzustellen, also seine Unterschrift gemäß § 2198 Abs. 1 S. 2 BGB öffentlich beglaubigen zu lassen. Nur wenn der Bestimmungsberechtigte diesem Ansuchen nicht binnen der gesetzten Frist (§ 2198 Abs. 2 BGB) nachkommt, ist die Erklärung unwirksam.

157 Der Erblasser kann eine **strengere Form** vorschreiben (aA *Palandt/Edenhofer* § 2198 Rdn. 2; MünchKommBGB/*Brandner* Rdn. 7).

158 Keiner Beglaubigung bedürfen **öffentliche Urkunden,** die im Rahmen ihrer Zuständigkeit von Gerichten, Ämtern bzw. Amtsinhabern und Behörden errichtet werden, wie die in amtlicher Form erfolgte Bestimmung des Testamentsvollstreckers durch den hierzu ermächtigten Präsidenten eines Oberlandesgerichtes (OLG Stuttgart DNotZ 1986, 300) oder eine Anwaltskammer (KG JFG 23, 306) oder durch einen Notar im Rahmen einer Eigenurkunde (OLG Neustadt DNotZ 1951, 339). Ob dies auch für andere Körperschaften oder Behörden gilt, ist fraglich (verneinend für den Präsidenten der IHK: KG JW 1938, 1900, für den Amtsgerichtsdirektor: OLG Hamm DNotZ 1965, 487). Zur Abgrenzung werden die zu § 29 Abs. 3 GBO entwickelten Grundsätze ergänzend heranzuziehen sein. Im Zweifel ist zu empfehlen, die Bestimmungserklärung beglaubigen zu lassen, wenn die theoretische Möglichkeit besteht, daß der Amtsträger sich bei der Ernennung außerhalb seiner eigentlichen Amtsbefugnisse bewegen könnte.

d) Die Ernennung durch den Testamentsvollstrecker selbst

159 *aa) Ermächtigung des Testamentsvollstreckers.* Gemäß § 2199 BGB kann der Erblasser den Testamentsvollstrecker ermächtigen, einen oder mehrere **Mitvollstrecker** (§ 2199 Abs. 1 BGB) und auch einen **Nachfolger** (§ 2199 Abs. 2 BGB) zu ernennen. Die damit dem Testamentsvollstrecker übertragene Entscheidung betrifft nicht nur die Person des zu Ernennenden, sondern auch die Frage, ob überhaupt ein Mitvollstrecker oder Nachfolger ernannt wird. Ob eine letztwillige Verfügung eine Ermächtigung nach § 2199 BGB enthält, ist durch Auslegung zu ermitteln. Pau-

schale Formulierungen („Der Testamentsvollstrecker hat alle Rechte, die ihm verliehen werden können") reichen regelmäßig nicht aus, da sie sich primär auf seine Aufgaben beziehen, nicht auf Sonderfunktionen, wie die im § 2199 BGB enthaltenen. Zur Absetzung des ernannten Mitvollstreckers kann der Testamentsvollstrekker nicht ernannt werden. Sofern der Erblasser keine Weisungen erteilt, übt der Testamentsvollstrecker sein Bestimmungsrecht nach freiem Ermessen aus. Wer nicht alleiniger Testamentsvollstrecker sein kann (vgl. Rdn. 183ff.), kann auch nicht ermächtigt werden, einen Mitvollstrecker zu ernennen. Der alleinige (nicht befreite) Vorerbe kann nicht (alleiniger) Testamentsvollstrecker sein, er kann also auch nicht gemäß § 2199 BGB ermächtigt werden, einen Mitvollstrecker zu ernennen (OLG Zweibrücken FamRZ 2000, 323). Ist jedoch diejenige Person, die nicht alleiniger Testamentsvollstrecker sein kann, von vorn herein nur zum Mitvollstrecker ernannt, muß für sein Bestimmungsrecht etwas anderes gelten, § 2199 BGB greift hier Platz; macht der Testamentsvollstrecker von seinem Ernennungsrecht keinen Gebrauch, dann ist er selbst nicht allein verfügungsbefugt, bis er selbst oder – gemäß § 2200 BGB darum ersucht – das Nachlaßgericht den Mitvollstrekker ernannt hat (*Damrau* ZEV 2001, 27).

bb) Haftung. Anders als nach § 2198 BGB haftet der Testamentsvollstrecker für die **sorgfältige Auswahl** nach den §§ 2218, 2219 BGB (*Staudinger/Reimann* § 2199 Rdn. 8). 160

cc) Form der Ernennung. **Öffentliche Beglaubigung** (§ 2199 Abs. 3 iVm. § 2198 Abs. 1 S. 2 BGB). 161

dd) Dauer des Ernennungsrechtes. Das Recht zur Ernennung von Mitvollstreckern oder Nachfolgern erlischt mit der völligen **Ausschöpfung des Rechtes,** spätestens aber mit dem Ende des Testamentsvollstreckeramtes des Ernennungsberechtigten. Ein Fristsetzungsverfahren ist nicht vorgesehen. Hat jedoch der Testamentsvollstrecker zugleich mit der Ernennungserklärung sein Amt niedergelegt, dabei aber die Formvorschrift des § 2198 Abs. 1 S. 2 BGB nicht beachtet, also etwa sein Ernennungsrecht privatschriftlich ausgeübt, besteht dieses solange fort, bis die vom Nachlaßgericht entsprechend § 2198 Abs. 2 BGB gesetzte Frist, den Formmangel zu beheben, abgelaufen ist. Auch ist im Einzelfall zu prüfen, ob tatsächlich ein Fall des § 2199 BGB vorliegt, also das Ernennungsrecht an das Amt des Testamentsvollstreckers gebunden ist, oder ob nicht der Testamentsvollstrecker als Person gemäß § 2198 BGB zur Ernennung berechtigt ist. 162

ee) Die Ernennungserklärung. Ein bestimmter Inhalt ist nicht vorgeschrieben. 163

Formulierungsvorschlag für Ernennung durch den Testamentsvollstrecker 164

„Ich bin Testamentsvollstrecker nach dem am ..... in ... verstorbenen N. N. Der Erblasser hat mich im Testament vom ...... ermächtigt, nach § 2199 BGB einen oder mehrere Mitvollstrecker sowie einen Nachfolger zu ernennen.

Ich mache von diesem Bestimmungsrecht Gebrauch und ernenne zu meinem Mitvollstrecker und Nachfolger ..., ersatzweise (als Nachfolger) ....

Ort, Datum ---------------------------------

(Unterschrift)"

Beglaubigungsvermerk!

e) Die Ernennung durch das Nachlaßgericht

aa) Ersuchen des Erblassers. Der Erblasser kann nach § 2200 Abs. 1 BGB das Nachlaßgericht – **ausdrücklich oder stillschweigend** (OLG Hamm OLGZ 1976, 20; BayObLG FamRZ 1987, 98) – ersuchen, einen Testamentsvollstrecker 165 zu ernennen, und zwar einen oder mehrere Testamentvollstrecker, Mitvollstrecker, auch einen Ersatzmann. Ist das Nachlaßgericht ersucht, ist es auch berechtigt, einen Nachfolger zu bestellen, wenn der zuerst Ernannte vor Erledigung seiner Nachlaßgeschäfte wegfällt. Stirbt der vom Erblasser eingesetzte Testamentsvollstrecker noch vor diesem, ist zu prüfen, ob er bei Berücksichtigung der Sachlage mutmaßlich eine Ernennung durch das Nachlaßgericht gewollt hätte, sofern die Gründe für die Anordnung fortbestehen und noch Aufgaben zu erfüllen sind (BayObLG FamRZ 1988, 325). Nimmt dagegen der vom Erblasser eingesetzte Testamentsvollstrecker nach dem Erbfall das Amt nicht an, kann in der Ernennung des Testamentsvollstreckers durch den Erblasser, wenn keine weiteren Anhaltspunkte hinzutreten, noch kein Ersuchen an das Nachlaßgericht gesehen werden (BayObLG FamRZ 1988, 325). Das Ersuchen kann auch bedingt gestellt sein, zB für den Fall der Nichtannahme des Amtes, Fristablaufs, Eintreten bestimmter Aufgaben oder Probleme bei der Nachlaßabwicklung. Eine unwirksame Testamentsvollstreckerbenennung durch den Erblasser kann – nach ergänzender Testamentsauslegung – ein konkludentes Ersuchen auf Benennung eines Testamentsvollstreckers durch das Nachlaßgericht enthalten (OLG Zweibrücken FamRZ 2000, 323).

166 Es empfiehlt sich, für den Fall, daß der vom Erblasser selbst Ernannte das Amt ablehnt und der von ihm ermächtigte Dritte von seinem Bestimmungsrecht keinen Gebrauch macht, **vorsorglich** das **Nachlaßgericht** um Ernennung eines Testamentsvollstreckers zu ersuchen, damit nicht die Anordnung der Testamentsvollstreckung selbst entfällt.

167 Ein **Tätigwerden** des Amtsgerichts **von Amts wegen** (ohne Ersuchen) findet **nicht** statt. Eine Ernennung ohne ein derartiges Ersuchen ist von jedem Beteiligten anfechtbar (*Staudinger/Reimann* § 2200 Rdn. 6; str.).

168 *bb) Ernennung des Testamentsvollstreckers.* Das Nachlaßgericht kann nach pflichtgemäßem **Ermessen** dem Ersuchen des Erblassers nachkommen, muß also nicht tätig werden (OLG Hamm Rpfleger 1984, 316; *Staudinger/Reimann* § 2200 Rdn. 10; aA MünchKommBGB/*Brandner* § 2200 Rdn. 5). Ermessenswidrig wäre es allerdings, wenn das Nachlaßgericht die Ernennung wegen Arbeitsüberlastung ablehnt. Eine Ablehnung unter Hinweis auf die geringe Konsistenz des Nachlasses wäre aber denkbar, ferner wenn das Gericht der Meinung ist, die Aufgaben des Testamentsvollstreckers seien weitestgehend abgeschlossen oder gegenstandslos (BGH NJW 1964, 1316).

169 Bei der **Auswahl des Testamentsvollstreckers** ist das Nachlaßgericht so estellt wie der Erblasser selbst, jedoch mit der Maßgabe, daß es an Weisungen es Erblassers gebunden ist und von diesem ausgeschlossene Personen nicht ernnnen darf (*Staudinger/Reimann* § 2200 Rdn. 11). Auch der Notar, der die Verfügung von Todes wegen beurkundet hat, kann ernannt werden (OLG Stuttgart DNotZ 1990, 430); die §§ 27, 7 BeurkG stehen dem nicht entgegen, auch wenn der Notar einen entsprechenden Wunsch des Erblassers mitbeurkundet hat (OLG Stuttgart DNotZ 1990, 430). An eine Einigung der Erben ist das Nachlaßgericht nicht gebunden (OLG Hamm Rpfleger 1959, 53). Ist in der Anordnung zur Testamentsvollstreckung bestimmt, daß die Ausführung des Amtes unentgeltlich oder gegen geringes Entgelt zu erfolgen habe, kann das Nachlaßgericht keinen „Berufstestamentsvollstrecker" mit hohen Honoraranforderungen ernennen.

170 Da das Nachlaßgericht hier in originär gerichtlicher Funktion tätig wird, richtet sich die **Haftung** für Fehler bei der Auswahl des Testamentsvollstreckers nach allgemeinen Grundsätzen.

171 **Zuständig** ist das Nachlaßgericht des letzten Wohnsitzes des Erblassers (§§ 72, 73 FGG); die Ernennung ist dem Richter vorbehalten (§ 16 Abs. 1 Nr. 2 RPflG).

Sie kann auch konkludent in der Erteilung des Testamentsvollstreckerzeugnisses liegen (BayObLGZ 1985, 233). Das Nachlaßgericht soll vor der Ernennung die Beteiligten anhören, wenn dies ohne erhebliche Verzögerungen und ohne unverhältnismäßige Kosten geschehen kann (§ 2200 Abs. 2 BGB). Wegen des Begriffs der Beteiligten siehe Rdn. 151. Im Verfahren der Ernennung eines Testamentsvollstreckers durch das Nachlaßgericht auf Ersuchen des Erblassers gemäß § 2200 BGB ist die Erteilung eines Vorbescheids des Inhalts, das das Nachlaßgericht beabsichtige, dem Antrag stattzugeben, wenn nicht binnen einer von ihm gesetzten Frist Beschwerde eingelegt werde, unzulässig (OLG Hamm OLGZ 1984, 282; BayObLG NJW-RR 1994, 590).

Formulierungsvorschlag für Ernennung durch das Nachlaßgericht 172

„Beschluß:

Aufgrund des Ersuchens im Testament des am...... in ... verstorbenen N. N. vom ...... wird ... zum Testamentsvollstrecker ernannt. Das Amt beginnt mit dem Zeitpunkt, in dem der Ernannte das Amt annimmt. Die Annahme sowie die Ablehnung des Amtes hat durch Erklärung gegenüber dem Nachlaßgericht zu erfolgen.

Ort, Datum --------------------------------

(Unterschrift)
Richter."

Die Ernennung eines Testamentsvollstreckers durch das Nachlaßgericht ist eine rechtsgestaltende Verfügung der Freiwilligen Gerichtsbarkeit. Die Ernennung wird **wirksam** gegenüber dem Ernannten durch formlose Bekanntmachung (§ 16 Abs. 1 FGG; KG OLGZ 1973, 385), gegenüber den Nachlaßbeteiligten bei formgerechter Bekanntmachung durch Zustellung (§ 16 Abs. 2 FGG). In der Ankündigung des Nachlaßgerichts, ein Testamentsvollstreckerzeugnis zu erteilen, ist die konkludente Ernennung des Testamtentsvollstreckers zu sehen (OLG Düsseldorf ZEV 1998, 353f.). Die Ernennungsverfügung kann trotz ihrer formellen Wirksamkeit allerdings gegenstandlos sein, wenn die Testamentsvollstreckung nicht wirksam angeordnet war oder sie zur Zeit des Erlassens der Ernennungsverfügung in Folge Erledigung aller Aufgaben bereits erledigt war (BGH NJW 1964, 1316). Die Rechtslage kann allerdings anders sein, wenn das Testament die Möglichkeit in der Auslegung dahin bietet, daß noch eine unerledigte Testamentsvollstreckungsaufgabe bestehe (BGH aaO; vgl. auch *Strickrodt* NJW 1964, 1316; *Jansen* NJW 1966, 331; *Johannsen* WM 1969, 1403). 173

Die **Kosten** des gerichtlichen Verfahrens richten sich nach § 113 KostO; Kostenschuldner sind die Erben (§ 2 Nr. 2 KostO); die Kostenschuld ist Nachlaßverbindlichkeit (§ 1967 Abs. 2 BGB). 174

Rechtsmittel ist bei Ablehnung die fristlose, bei Ernennung die sofortige Beschwerde (§ 81 FGG). Die Frist beginnt ab Bekanntgabe. Ab Bekanntgabe an den Ernannten (§ 16 FGG) kann die Ernennungsverfügung vom Nachlaßgericht nicht mehr geändert werden (§ 18 Abs. 2 FGG), unabhängig davon, daß die Ernennung erst mit der Annahme des Amtes (§ 2202 Abs. 1 BGB) wirksam wird. Wird die Ernennung vom Beschwerdegericht wieder aufgehoben, so bleiben in der Zwischenzeit vom Testamentsvollstrecker oder ihm gegenüber getätigte Rechtsgeschäfte wirksam (§ 32 FGG). Beschwerdeberechtigt (§ 20 FGG) ist jeder Miterbe, Mitvollstrecker, Pflichtteilsberechtigte, Vermächtnisnehmer und sonstige Nachlaßgläubiger (*Keidel/Kahl* FGG § 20 Rdn. 48, 49). 175

Eine **Aufhebung der Ernennung** nach Annahme des Amtes durch den Ernannten ist nicht möglich, auch wenn von Anfang an ein wichtiger Grund für die Entlassung (§ 2227 BGB) vorlag. Eine Entlassung ist nur auf Antrag möglich. Ein Antrag ist auch erforderlich, um eine ohne Ersuchen des Erblassers erfolgte Ernen- 176 nung eines Testamentsvollstreckers aufzuheben. Die Ernennung ist wirksam, da das Amtsgericht jedoch unzuständig tätig geworden ist, liegt ein wichtiger Grund für die Entlassung gem. § 2227 BGB vor (KG DNotZ 1955, 648).

177 Gibt der Ernannte keine Erklärung über die Annahme des Amtes ab, kann das Nachlaßgericht gem. § 2202 Abs. 3 BGB eine **Frist** setzen (vgl. Rdn. 238).

3. *Wer kann Testamentsvollstrecker sein?*

a) Grundsatz

178 Die §§ 2197 bis 2228 BGB enthalten nur **eine einzige materiellrechtliche Einschränkung** der Fähigkeit, Testamentsvollstrecker zu sein: § 2201 BGB bestimmt, daß die Ernennung des Testamentsvollstreckers unwirksam ist, wenn er zu der Zeit, zu welcher er das Amt anzutreten hat, geschäftsunfähig oder in der Geschäftsfähigkeit beschränkt ist oder nach § 1896 BGB zur Besorgung seiner Vermögensangelegenheiten einen Betreuer erhalten hat.

179 Es gibt **keine weiteren gesetzlichen Verhinderungsgründe.** Somit kann prinzipiell jede sonstige inländische oder ausländische natürliche oder juristische Person Testamentsvollstrecker sein. Aus der Natur der Sache heraus hat man jedoch uU weitere Inkompatibilitäten abzuleiten, die neben § 2201 BGB stehen.

b) Möglichkeiten und etwaige Ausschlußtatbestände

180 *aa) Juristische Personen. Gesellschaften.* **Juristische Personen** können Testamentsvollstrecker sein (s. § 2210 S. 3 BGB), zB ein Kreditinstitut (s. Rdn. 197), eine Gemeinde oder ein karitativer Verein. Gleiches gilt – obwohl keine juristische Person – wegen §§ 124 Abs. 1, 161 Abs. 1 HGB für die **Handelsgesellschaften** des HGB, als für OHG und KG (*Schlegelberger/Karsten Schmidt* HGB § 124 Rdn. 1). Da Unternehmensumwandlungen das Ende des konkreten Testamentsvollstreckeramtes, wenn nicht sogar der Testamentvollstreckung selbst zur Folge haben können, sollte in der letztwilligen Verfügung, in welcher Testamentsvollstreckung angeordnet und der Testamentsvollstrecker ernannt wird, klargestellt werden, was im Falle der Umwandlung der juristischen Person oder der Handelsgesellschaft gilt (vgl. dazu *Reimann* ZEV 2000, 381). BGB-Gesellschaft und nicht rechtsfähiger Verein hatten nach bisheriger Meinung nicht die Qualifikation zum Testamentsvollstrecker, allerdings sollte es bei überschaubarem Teilnehmerkreis uU möglich sein, die Verfügung dahin umzudeuten, daß die Gesellschafter bzw. Mitglieder zu Testamentsvollstreckern ernannt werden (*Staudinger/Reimann* § 2197 Rdn. 50). Nach der neueren Rechtsprechung des BGH (DNotZ 2001, 234) wird man der BGB-Gesellschaft nunmehr die Fähigkeit, Testamentsvollstrecker zu sein, nicht mehr absprechen können. Dies gilt auch für den nicht rechtsfähigen Verein.

181 *bb) Behörden?* Eine Behörde kann nicht Testamentsvollstrecker sein, da auf diese Weise der gesetzlich festgesetzte Wirkungsbereich durch privatrechtliche Erklärungen erweitert würde. Allerdings kann der **Inhaber eines bestimmten Amtes** zum Testamentsvollstrecker ernannt werden, zB der jeweilige Vorstand einer Behörde etc., der jeweilige Notar einer bestimmten Notarstelle (BayObLGZ 20, 55). Eine solche Bestimmung weist darüber hinaus die Besonderheit auf, daß damit zugleich eine Ersatztestamentsvollstreckerbestimmung getroffen ist (§ 2197 Abs. 2 BGB), auf eine derartige Anordnung werden jedoch die Vorschriften der §§ 2210 S. 3, 2163 Abs. 2 BGB (dreißigjährige Maximaldauer) entsprechend anzuwenden sein.

182 *cc) Nachlaßgericht?* Das Nachlaßgericht kann nicht zum Testamentsvollstrecker ernannt werden. Auch eine Umdeutung in die Berufung des jeweiligen **Nachlaß-**

richters kommt nicht in Betracht, da es dem Erblasser nicht gestattet sein kann, den an sich zuständigen Amtsrichter durch Ernennung zum Testamentsvollstrecker auszuschalten (*Staudinger/Reimann* § 2197 Rdn. 52).

dd) Erben. Der Alleinerbe kann grundsätzlich nicht alleiniger Testamentsvollstrecker sein (RGZ 77, 177, stRspr.; aA *Adams* ZEV 1998, 321). Der **Alleinerbe** kann jedoch zu einem von mehreren Testamentsvollstreckern ernannt werden, zumindest dann, wenn sie nach § 2224 Abs. 1 S. 1 BGB das Amt gemeinschaftlich führen (RGZ 163, 57, stRspr.). Ausnahmsweise kann der Alleinerbe alleiniger Testamentsvollstrecker sein, wenn die Testamentsvollstreckung einen Vermächtnisnehmer beschwert (Verwaltungsvollstreckung bzgl. eines Vermächtnisgegenstandes) oder er nur für die Ausführung der einem Vermächtnisnehmer auferlegten Beschränkungen zu sorgen hat (§ 2223 BGB); diese Art der Testamentsvollstreckung beschränkt nicht den Erben, sondern nur den Vermächtnisnehmer. 183

Ein **Miterbe** kann zum Testamentsvollstrecker bestellt werden, weil er dadurch Rechte erlangt, die er als Erbe nicht hat (§§ 2033 Abs. 2, 2038 bis 2040; 2203ff. BGB, s. BGH DNotZ 1959, 480). 184

Auch **sämtliche Miterben** können zu Testamentsvollstreckern ernannt werden, und zwar unabhängig davon, ob neben ihnen noch ein weiterer Testamentsvollstrecker bestellt wird oder ob sie als Testamentsvollstrecker und Miterben identisch sind; im ersten Fall gilt für die gemeinsame Verwaltung § 2224 BGB, für das Verhalten der Miterben zueinenader § 2038 BGB (vgl. *Palandt/Edenhofer* § 2197 Rdn. 3; *Soergel/Damrau* § 2197 Rdn. 11). 185

Der alleinige **Vorerbe** kann – abgesehen vom Fall der Vermächtnisvollstreckung gem. § 2223 – ebensowenig wie der alleinige Vollerbe zum einzigen Testamentsvollstrecker bestellt werden, auch nicht zu dem Zweck, die Rechte des Nacherben gem. § 2222 BGB auszuüben (hM, vgl. *Staudinger/Reimann* § 2197 Rdn. 54). Er kann jedoch zu einem von mehreren Testamentsvollstreckern oder Nacherben-Vollstreckern ernannt werden, insbesondere, wenn der Erblasser anordnet, daß der Wegfall des erst bestellten Mitvollstreckers nicht den Übergang des Amtes auf den Vorerben allein, sondern die Bestellung eines anderen Mitvollstreckers zur Folge hat. Ebenso kann ein **Mitvorerbe** zum Testamentsvollstrecker und zugleich zum Nacherbenvollstrecker berufen werden, wenn die Testamentsvollstreckung durch ein Kollegium ausgeübt wird (BayObLGZ 1976, 67). 186

Der **Nacherbe** oder einer von mehreren Nacherben kann zu einem den Vorerben beschränkenden Testamentsvollstrecker ernannt werden (BayObLG NJW 1959, 1920). 187

ee) Familienangehörige. Auch Familienangehörige können wegen ihrer Nähe zu den Erben geeignete Testamentsvollstrecker sein. Dies gilt insbesondere für den überlebenden **Ehegatten.** Überträgt ein Erblasser, der seinen Ehegatten und die Kinder zu Erben einsetzt, dem Ehegatten die Testamentsvollstreckung, so gibt er ihm damit, sofern es sich um eine länger andauernde Testamentsvollstreckung, insbesondere um eine Verwaltungsvollstreckung handelt, in vermögensrechtlicher Hinsicht die Stellung eines Familienoberhauptes. Der längerlebende Eheteil ist damit von denjenigen Beschränkungen und Verpflichtungen befreit, die bestünden, wenn er zur Verwaltung der Erbteile der Kinder nur kraft seiner elterlichen Gewalt befugt wäre. Insbesondere entfallen damit etwaige Mitwirkungsbefugnisse des Familiengerichtes. Auch die Erstreckung der Verwaltung durch den längerlebenden Elternteil auf die Zeit nach der Volljährigkeit der Kinder kann erhebliche Vorteile mit sich bringen (*Hartmann* S. 15f.). Sind die Erben minderjährig, besteht unter Umständen wegen § 1796 BGB nach Ansicht des OLG Hamm (FamRZ 1993, 1112) Anlaß, Ergänzungspflegschaft anzuordnen; str., aA *Damrau* ZEV 1994, 1ff.; vgl. ausführlich 188

Staudinger/Reimann § 2197 Rdn. 56). Soll eine Ergänzungspflegschaft – und damit die Mitwirkung des Vormundschaftsgerichtes – vermieden werden, empfiehlt es sich, für diejenigen Rechtsgeschäfte, an deren Ausübung der Testamentsvollstrecker nach Ansicht des OLG Hamm (aaO) verhindert wäre, einen Mitvollstrecker zu ernennen. Die Ernennung des Mitvollstreckers kann gemäß § 2199 Abs. 1 BGB auch dem bisherigen alleinigen Testamentsvollstrecker übertragen werden (*Reimann* MittBayNot. 1994, 56; *Kirchner* MittBayNot. 1997, 203, 205).

189 *ff) Vormund.* Der **Vormund des Alleinerben** kann zugleich Testamentsvollstrecker sein. Wegen der Schwierigkeiten der Abgrenzung beider Ämter vgl. §§ 1778, 1886, 1897, 1909 BGB und *Damrau* ZEV 1994, 1 ff. Wegen der Lösungsmöglichkeiten siehe Rdn. 188.

190 *gg) Sonstige Nachlaßbeteiligte.* Ein **Vermächtnisnehmer** kann Testamentsvollstrecker sein, auch der **Nießbraucher.** Auch ein **Pflichtteilsberechtigter** kann Testamentsvollstrecker sein, da es wegen § 2213 Abs. 1 S. 3 BGB nicht zu einem Interessenkonflikt kommen kann.

191 *hh) Bevollmächtigte.* Der postmortale wie auch der transmortale **Bevollmächtigte,** auch der Generalbevollmächtigte kann Testamentsvollstrecker sein (BGH DNotZ 1963, 305).

192 *ii) Notar.* Der Notar, der die Verfügung von Todes wegen beurkundet **(Urkundsnotar)** ist nicht durch eine materiell-rechtliche Vorschrift, sondern durch eine verfahrensrechtliche Norm (§ 27 BeurkG) daran gehindert, Testamentsvollstrecker zu sein. § 27 BeurkG statuiert durch die Verweisung auf § 7 BeurkG ein Mitwirkungsverbot. Mißachtet der Notar die §§ 27, 7 BeurkG, ist die Beurkundung insoweit unwirksam. Die materiell-rechtliche Nichtigkeit der Anordnung selbst ergibt sich dann aus § 125 BGB. Ob die Teilnichtigkeit die Nichtigkeit der Gesamtverfügung von Todes wegen zur Folge hat, ist bei Testamenten nach § 2085 BGB, bei Erbverträgen nach § 2298 BGB zu beurteilen (*Dittmann/Reimann/Bengel* § 27 BeurkG Rdn. 10). Vgl. ausführlich dazu 11. Kap. Rdn. 17 ff.

193 Ernennt das Nachlaßgericht gemäß § 2200 BGB auf Ersuchen des Erblassers den Notar zum Testamentsvollstrecker, der die letztwillige Verfügung beurkundet hat, so ist dies auch dann wirksam, wenn der Notar den **Wunsch** des Erblassers, nach Möglichkeit ihn zu berufen, **mitbeurkundet** hat (OLG Stuttgart DNotZ 1990, 430 m. Anm. *Reimann*).

194 Wünscht der Erblasser den Urkundsnotar als Testamentsvollstrecker, so ist er darauf angewiesen, ihn in einem **separaten Ergänzungstestament** zum Testamentsvollstrecker zu ernennen, das entweder privatschriftlich verfaßt oder von einem anderen Notar protokolliert ist (OLG Oldenburg DNotZ 1990, 431; *Huhn/v. Schuckmann* BeurkG § 27 Rdn. 7). Das Testament, das die Ernennung zum Testamentsvollstrecker enthält, kann (als ganzes oder als Ergänzungstestament im vorgenannten Sinn) auch vom **Sozius** des Notars beurkundet werden, der zum Testamentsvollstrecker ernannt wird (BGH DNotZ 1987, 768). Dies gilt auch, wenn der beurkundende Notar an der im Testament vorgesehenen Testamentsvollstreckervergütung seines Sozius über die Sozietätseinkünfte beteiligt ist (BGH DNotZ 1997, 466; *Reimann* DNotZ 1994, 659; aA noch OLG Oldenburg DNotZ 1990, 431); die §§ 27, 7 BeurkG stellen auf den unmittelbaren und rechtlichen, nicht auf den mittelbaren oder nur wirtschaftlichen Vorteil ab. In der Praxis wird es kaum noch vorkommen, daß die Ernennung zum Testamentsvollstrecker vom Sozius des Notars beurkundet wird, der Testamentsvollstrecker werden soll, da § 3 Abs. 1 S. 1 Nr. 4 BeurkG nunmehr ein Mitwirkungsverbot in Angelegenheiten eines Sozius statuiert, auch wenn ein Verstoß gegen dieses relative Mitwirkungsverbot nicht zur Unwirksamkeit der Ernennung führen würde, sondern nur dies dienstrechtlich zu ahnden wäre (vgl. ausführlich dazu 11. Kap. Rdn. 3).

Der Erblasser kann das Bestimmungsrecht des Dritten und/oder des Nachlaßge- 195
richtes dadurch beschränken, daß er das **Auswahlrecht** auf den Urkundsnotar und die Mitglieder einer Sozietät **beschränkt.**

jj) Rechtsanwälte, Steuerberater und Wirtschaftsprüfer. Sie sind an sich besonders ge- 196
eignete Testamentsvollstrecker, nicht nur wegen ihrer fachlichen Eignung, sondern auch wegen ihrer **beruflichen Verschwiegenheitspflicht.** Gesetzlichen Beschränkungen kraft Berufsrecht unterliegen sie grundsätzlich nicht (vgl. § 3 BRAO, § 57 Abs. 3 Nr. 2 und 3 StBerG, § 2 Abs. 3 Nr. 2 und 3, 129 Abs. 3 WPO; vgl. *Felix/Carlé/Korn/Stahl/Heisenberg/Kupfer,* Steuerberater und Wirtschaftsprüfer als Testamentsvollstrecker, Beirat (Aufsichtsrat), Pfleger, Schiedsrichter und Liquidator; *Carlé* KÖSDI 1989, 7556; *Streck* DStR 1991, 592; *Reimann* WPK-Mitt. 1996, Sonderheft 7, S. 6f.). Bei Steuerberatern und Wirtschaftsprüfern können sich allerdings Probleme zwecks der Anwendung des RBerG ergeben. Vgl. dazu ausführlich 11. Kap.

kk) Kreditinstitute. Banken und sonstige **Kreditinstitute** kommen als Testa- 197
mentsvollstrecker ebenfalls in Frage. Sie sind insbesondere dann geeignet, wenn sie bereits zu Lebzeiten die Erblasser finanziell betreut haben. Allerdings verstößt nach einer neuen Ansicht (OLG Karlsruhe ZEV 1994, 300; *Henssler* ZEV 1994, 261; *Schaub* FamRZ 1995, 845) die gewerbsmäßige Übernahme von Testamentsvollstreckungen durch ein Kreditinstitut gegen das Rechtsberatungsgesetz (aA *Bork* WM 1995, 225; *Mayer/Bonefeld/Daragan* Rdn. 41; *Zimmermann* Rdn. 101). Dem kann uU durch eine genaue Abfassung der Testamentsvollstreckeranordnung begegnet werden. S. näher hierzu 11. Kap. Rdn. 82ff.

ll) Heimleiter und Heimmitarbeiter. Wegen § 14 HeimG ist die Übernahme einer 198
Testamentsvollstreckung durch Heimleiter und Heimmitarbeiter als Verstoß gegen das Verbot des § 14 HeimG anzusehen, wenn der Erblasser die Vergütung nicht ausgeschlossen hat (*Reimann* in: Dittmann/Reimann/Bengel, Teil A, Rdn. 62; *Zimmermann* Rdn. 115). Auch ein Verstoß gegen Art. 1 § 1 Abs. 1 RBerg ist anzunehmen.

mm) Schiedsrichter und Schiedsgutachter. Auch ein als **Schiedsrichter und** 199
Schiedsgutachter bei der Nachlaßregulierung Beteiligter kann Testamentsvollstrecker sein. Vor allem, wenn Unternehmerrechte in einen Nachlaß fallen, wird es in vielen Fällen geradezu geboten sein, die Position des Testamentsvollstreckers dadurch zu verstärken, daß ihm Rechte als Schiedsgutachter und Schiedsrichter eingeräumt werden. Die Personalunion von Schiedsrichter und Testamentsvollstrecker kann jedoch zu einer Interessenkollision und zu einem Ausschluß vom Schiedsrichteramt führen, wenn der Testamentsvollstrecker Partei ist. Ein dennoch ergangener Schiedsspruch könnte nach § 1041 Nr. 2 ZPO aufgehoben werden. Selbst betroffen ist der Testamentsvollstrecker zB bei Streitigkeiten über die Rechtswirksamkeit von Testamenten, von deren Bestand auch die Bestellung zum Testamentsvollstrecker abhängt, oder bei Streitigkeiten über die Auslegung eines Testamentes, soweit diese den Bestand des Testamentsvollstreckeramtes selbst betreffen, ferner bei den von ihm geführten Aktivprozessen gem. § 2212 BGB und den gegen ihn geführten Aktivprozessen gem. § 2213 BGB, wie schließlich auch bei Streitigkeiten über den von ihm nach § 2204 Abs. 2 BGB vorgelegten Auseinandersetzungsplan. In allen derartigen Fällen kann der Testamentsvollstrecker nicht Schiedsrichter sein (*Walter* MittRhNotK 1984, 69, 78).

4. Mehrere Testamentsvollstrecker

a) Ernennung mehrerer Testamentsvollstrecker

200 Zur Frage nach dem „richtigen" Testamentsvollstrecker gehört auch die Entscheidung darüber, ob man eine Person mit dem Amt betraut oder **mehrere Personen** auswählt. Gerade bei wirtschaftlich komplizierten und schwer zu regulierenden und zu verwaltenden Nachlässen kann es zweckmäßig sein, mehrere Testamentsvollstrecker zu haben, sei es in der Weise, daß

- der eine dem geschäftlichen, der andere dem familiären Bereich zugeordnet ist,
- mehrere Fachleute unterschiedlicher Provenienz zur Testamentsvollstreckung berufen werden,
- mehrere Fachleute aus der gleichen Branche sich auf diese Weise gegenseitig kontrollieren.

201 Der Erblasser kann mehrere Testamentsvollstrecker ernennen (§ 2197 Abs. 1 BGB). Er kann auch einen Dritten oder das Nachlaßgericht ersuchen, mehrere Testamentsvollstrecker zu ernennen (§§ 2198, 2200 BGB). Er kann auch den Testamentsvollstrecker ermächtigen, einen oder mehrere Mitvollstrecker zu ernennen (§ 2199 BGB). Die **Zahl** der Testamentsvollstrecker ist vom Gesetz **nicht begrenzt.** Allerdings wird es nicht stets notwendig sein, Fachleute, die zu Rate gezogen werden, zu Testamentsvollstreckern zu ernennen; es ist auch möglich, daß die Testamentsvollstrecker sich für bestimmte Gebiete des Rates sachkundiger Personen bedienen, ohne daß diese Testamentsvollstrecker sind. Sind mehrere Personen als Testamentsvollstrecker gewünscht, sollte auch eine Anordnung über die Vergütung der Mitvollstrecker im Testament nicht fehlen. Rechtsprechungs und Literatur liefern nur geringe Anhaltspunkte für die Honorierung mehrerer Testamentsvollstrecker.

b) Anordnungen des Erblassers über die Amtsführung

202 Der Erblasser kann Anordnungen für die Amtsführung mehrerer Testamentsvollstrecker nur durch **Verfügung von Todes wegen** treffen. Soweit diese Anordnungen von der gesetzlichen Regelung abweichen, sind sie im Testamentsvollstreckerzeugnis (§ 2358 BGB) zu vermerken (KGJ 22 A 269).

203 Wenn der Erblasser anordnet, daß die Testamentsvollstrecker nur **gemeinschaftlich** handeln dürfen oder daß **Einstimmigkeit** erforderlich sei, so ist diese Anordnung nur ein Hinweis auf die gesetzliche Regelung (§ 2224 Abs. 1 S. 3 BGB), es sei denn, daß im Einzelfall in der Forderung der Einstimmigkeit zugleich der Ausschluß der Entscheidung des Nachlaßgerichts läge.

204 Der Erblasser kann aber auch bestimmen, daß **Stimmenmehrheit** entscheiden solle (Kollegialverfassung); dann kann die Mehrheit den Beschluß auch ohne Mitwirkung der überstimmten Testamentsvollstrecker durchführen.

205 Ferner kann der Erblasser anordnen, daß bei **Meinungsverschiedenheiten** die Ansicht eines bestimmten Testamentsvollstreckers den Ausschlag geben soll oder daß ein Dritter als „Schiedsrichter" entscheiden soll. Er kann also die Anrufung des Nachlaßgerichts bei Meinungsverschiedenheiten (§ 2224 Abs. 1 S. 1 Halbs. 2 BGB) ausschließen (OLG Hamburg OLGE 44, 96).

206 Von diesem Fall abgesehen, entscheidet aber auch dann, wenn der Erblasser die Amtsführung der Mitvollstrecker abweichend vom Gesetz geregelt hat, bei Meinungsverschiedenheiten das **Nachlaßgericht.** Dies wird aber wegen der oft fehlenden Kompetenz des Gerichtes gerade in Wirtschaftsfragen unzweckmäßig sein. Der Erblasser kann aber nicht über das Gesetz hinaus bestimmen, daß die Hand-

lungen der Testamentsvollstrecker der Zustimmung des Nachlaßgerichts bedürften, da die Gerichtsbarkeit dem Parteiwillen entzogen ist.

Der Erblasser kann weiter jedem Testamentsvollstrecker einen bestimmten **Wirkungskreis** zuweisen, innerhalb dessen er ohne Mitwirkung der anderen selbständig handeln kann (Geschäftsordnungslösung). 207

Er kann auch Gegenstände von der gemeinschaftlichen Verwaltung ausschließen und ihre Verwaltung einem besonderen Testamentsvollstrecker übertragen **(gegenständliche Verteilung).** 208

Er kann Anordnungen über die **gegenseitige Vertretung** der Testamentsvollstrecker treffen und bestimmen, daß nach außen die Handlung eines oder einiger von ihnen genügen soll. 209

Der Erblasser kann auch bestimmen, inwieweit Mitvollstrecker sich gegenseitig rechtsgeschäftlich mit ihrer **Vertretung** beauftragen können. 210

Der Erblasser kann überhaupt die **Geschäftsverteilung** im Innenverhältnis und Außenverhältnis verschieden regeln. Dem für ein bestimmtes Teilgebiet bestellten Testamentsvollstrecker stehen die allgemeinen Mitvollstreckerrechte nicht zu. 211

Formulierungsvorschlag für mehrere Testamentsvollstrecker 212

„Die Testamentsvollstrecker führen das Amt in Gemeinschaft. Alle Maßnahmen, die sie durchführen, bedürfen eines einstimmigen Beschlusses. Ist ein einstimmiger Beschluß nicht zu erzielen, hat die beabsichtigte Maßnahme zu unterbleiben."

„Mehrere Testamentsvollstrecker führen das Amt gemeinschaftlich. Alle Maßnahmen bedürfen zu ihrer Durchführung der Einstimmigkeit; ist die Einstimmigkeit nicht zu erzielen, entscheidet, wie auch in allen anderen Fällen bei Meinungsverschiedenheiten, das Nachlaßgericht."

„Die Testamentsvollstrecker führen das Amt gemeinschaftlich. Sie sind nur gemeinsam berechtigt, Verfügungen über Nachlaßgegenstände zu treffen. Im Innenverhältnis entscheiden die Testamentsvollstrecker mit einfacher Mehrheit der Stimmen. Im Zweifel entscheidet die Stimme des Testamentsvollstreckers ...."

„Die Testamentsvollstrecker werden zu Nebenvollstreckern mit getrennten Aufgabenbereichen ernannt: Dem Testamentsvollstrecker A wird die Verwaltung meines Privatvermögens übertragen, dem Testamentsvollstrecker B die Verwaltung meines gesamten betrieblich gebundenen Vermögens (einschließlich etwaigen Sonderbetriebsvermögens). Ist die Abgrenzung zweifelhaft, entscheidet der Testamentsvollstrecker A über die Zuordnung der Aufgaben. Jeder Testamentsvollstrecker ist berechtigt, einen Nachfolger für seinen Aufgabenbereich zu ernennen."

„Die Testamentsvollstrecker führen das Amt gemeinschaftlich. Im Außenverhältnis sind jeweils zwei Testamentsvollstrecker gemeinschaftlich zu Verfügungen über Nachlaßgegenstände berechtigt. Die Testamentsvollstrecker haben unverzüglich nach Amtsannahme eine Geschäftsordnung aufzustellen, in der die Zuordnung der laufenden Geschäfte des Nachlasses im Innenverhältnis festgelegt wird. Dabei gelten folgende Grundsätze: ..."

c) Gesetzliche Regelung

Wenn der Erblasser nichts anderes bestimmt hat, führen mehrere Testamentsvollstrecker das Amt gemeinschaftlich; über Meinungsverschiedenheiten entscheidet das Nachlaßgericht (§ 2224 Abs. 1 S. 1, 3 BGB). Diese Regelung gilt für das Innen- wie für das Außenverhältnis. Dies bedeutet, daß die Testamentsvollstrecker eine Rechtshandlung nur vornehmen dürfen und können, wenn **alle Mitvollstrecker einig** sind. Die Testamentsvollstrecker können ihre Aufgaben gleichwohl nach bestimmten Gebieten unter sich aufteilen, jedoch hat eine solche Vereinbarung nur interne Wirkung (BGH NJW 1967, 2400). 213

Die Testamentsvollstrecker können sich gegenseitig oder einem Dritten **Vollmacht** erteilen, ohne daß sich an ihrer Haftung nach § 2219 BGB hierdurch etwas 214 ändern würde. Eine Generalvollmacht können die Testamentsvollstrecker nur widerruflich für einen bestimmten Kreis von Geschäften erteilen und nur dann, wenn kein Verbot des Erblassers entgegensteht (*Staudinger/Reimann* § 2218 Rdn. 13). Der Erblasser kann die wechselseitige Bevollmächtigung einschränken und ausschließen.

215 **Formulierungsvorschlag für Bevollmächtigungsbeschränkung**

„Die Testamentsvollstrecker sind nicht berechtigt, sich generell wechselseitig zu bevollmächtigen. Eine Bevollmächtigung ist nur im Einzelfall und nur in jederzeit widerruflicher Weise möglich."

216 Nach § 2219 Abs. 2 BGB **haften** die Mitvollstrecker den Erben als Gesamtschuldner, auch wenn nur einen von ihnen ein Verschulden trifft; so haften für den durch einen Mehrheitsbeschluß der Testamentsvollstrecker verursachten Schaden auch die Überstimmten (*Kipp/Coing* Erbrecht § 74 II). Daran ändert es nichts, daß die Testamentsvollstrecker ihre Aufgaben so unter sich verteilt haben, daß jeder von ihnen in seinem Wirkungskreis selbständig handelt, es sei denn, daß die Verteilung auf einer Anordnung des Erblassers selbst beruht (*Staudinger/Reimann* § 2219 Rdn. 18).

d) Wegfall eines Mitvollstreckers

217 Der Erblasser kann für den Fall, daß ein oder mehrere Mitvollstrecker wegfallen, durch Ersatzberufung nach § 2197 Abs. 2 BGB, durch Ernennung eines Bestimmungsberechtigten (§ 2198 BGB), durch Ermächtigung zur Ernennung von Mitvollstreckern (§ 2199 BGB) oder durch Ersuchen an das Nachlaßgericht (§ 2200 BGB) **für Ersatz sorgen.** Er kann dies aber nur durch Verfügung von Todes wegen. Wenn aufgrund einer solchen Anordnung an die Stelle eines wegfallenden Testamentsvollstreckers ein anderer tritt, so ist es eine Frage des Einzelfalles, ob beim Wegfall des Mitvollstreckers die übrigen bis zur Ernennung oder bis zum Amtsantritt des Nachfolgers allein handeln können oder ob sie erst von der Ernennung oder dem Amtsantritt des Nachfolgers an gemeinsam mit diesem wieder zur Ausübung des Amtes befugt sind (*Kipp/Coing* Erbrecht § 74 III). Klarstellungen im Testament sind zweckmäßig.

218 Es kann auch sein, daß nach dem im Testament bekundeten Willen des Erblassers das **Amt aller Testamentsvollstrecker erlischt,** sobald einer wegfällt. Wenn jedoch keine einschlägige Anordnung des Erblassers vorhanden ist, so führen, sobald einer der Mitvollstrecker wegfällt, die übrigen das Amt im Zweifel weiter (§ 2224 Abs. 1 S. 2 BGB). Ein Testamentsvollstrecker fällt vor allem dann weg, wenn er das Amt ablehnt oder wenn sein Amt erlischt (§§ 2202, 2225ff. BGB).

219 Als Wegfall gilt es auch, wenn von zwei Testamentsvollstreckern der eine durch rechtliche oder tatsächliche in seiner Person liegende Gründe **dauernd verhindert** ist, bei einem Rechtsgeschäft mitzuwirken; der andere ist dann allein zum Abschluß des Geschäftes befugt (RGZ 61, 143). Daher gilt, wenn von zwei Testamentsvollstreckern der eine Nachlaßschuldner ist, dieser in bezug auf die Geltendmachung der Forderung wegen sachlicher Behinderung als weggefallen, so daß ihn der andere allein auf Bezahlung der Schuld verklagen kann (RGZ 61, 143; 98, 174). Ähnlich liegt der Fall, wenn von zwei Testamentsvollstreckern der eine an den anderen ein Nachlaßgrundstück veräußert (RGZ 58, 299). Die **vorübergehende Behinderung** eines Mitvollstreckers (zB durch Abwesenheit oder Krankheit) steht dem Wegfall nicht gleich (OLG Celle HannRpfl. 1946, 134).

220 Die übrigen Testamentsvollstrecker können nicht nur die etwa nötigen Erhaltungsmaßregeln allein treffen (§ 2224 Abs. 2 BGB), sondern auch sonstige **dringende Amtshandlungen** allein vornehmen und, wenn der verhinderte Mitvollstrecker seine nachträgliche Genehmigung verweigert, die Entscheidung des

Nachlaßgerichts nach § 2224 Abs. 1 S. 1 BGB herbeiführen (*Staudinger/Reimann* § 2224 Rdn. 25).

e) Notwendige Erhaltungsmaßnahmen

Jeder Testamentsvollstrecker kann selbständig die zur Erhaltung eines der gemeinschaftlichen Verwaltung unterliegenden Nachlaßgegenstandes erforderlichen Maßnahmen treffen (§ 2224 Abs. 2; vgl. §§ 744 Abs. 2, 2038 Abs. 1 S. 2 BGB). Unter **Erhaltungsmaßnahmen** sind insbesondere Maßnahmen zur Erhaltung des Wertes des Gegenstandes zu verstehen. Unter den Begriff der Erhaltungsmaßnahmen fallen nicht nur Maßnahmen tatsächlicher Art (zB Instandsetzungsarbeiten), sondern auch solche rechtlicher Art, zB die Klage auf Feststellung einer Nachlaßforderung oder die Beitreibung einer solchen und die Mitwirkung an ordnungsgemäß einberufenen Gesellschafterversammlungen. 221

Nur die zur Erhaltung der einzelnen Nachlaßgegenstände objektiv **notwendigen Maßnahmen** kann ein Mitvollstrecker allein rechtswirksam treffen. Es genügt nicht, daß er die Maßnahmen für erforderlich halten durfte. Zu anderen Rechtshandlungen, auch wenn sie für die ordnungsmäßige Verwaltung des Nachlasses nötig wären oder Gefahr im Verzug ist, ist der einzelne Mitvollstrecker allein nicht befugt. Das gilt auch, wenn die anderen Testamentsvollstrecker an der Vornahme des Geschäftes vorübergehend (zB durch Abwesenheit) verhindert sind. Der Mitvollstrekker, der das dringende Rechtsgeschäft allein vornimmt, handelt auf eigene Verantwortung. Er kann daher, wenn die anderen Vollstrecker das Geschäft nicht nachträglich genehmigen (§§ 177ff., 185 BGB), die Entscheidung des Nachlaßgerichts nach § 2224 Abs. 1 S. 1 BGB herbeiführen. Andererseits kann der Mitvollstrecker nicht zur Rechenschaft gezogen werden, wenn er trotz Gefahr im Verzug untätig bleibt, soweit nicht etwa eine Benachrichtigung der Mitvollstrecker noch möglich war. 222

Die jedem Mitvollstrecker nach § 2224 Abs. 2 BGB zustehenden Rechte, notwendige Erhaltungsmaßnahmen zu ergreifen, kann der **Erblasser nicht beschneiden.** 223

III. Der Beginn des Amtes

1. Voraussetzungen

Das Amt des Testamentsvollstreckers beginnt **nicht schon mit dem Erbfall.** 224
Der Beginn setzt vielmehr kumulativ
- die Anordnung der Testamentsvollstreckung durch den Erblasser,
- die Ernennung des Testamentsvollstreckers durch den Erblasser, durch einen von ihm ermächtigten Dritten, im Falle des § 2199 BGB auch durch den schon im Amt befindlichen Testamentsvollstrecker, oder das vom Erblasser ersuchte Nachlaßgericht,
- die Annahme des Amtes durch den Ernannten (§ 2202 Abs. 1 BGB)

voraus. Es gibt also einerseits keine Testamentsvollstreckung ohne Anordnung durch den Erblasser, andererseits keine Testamentsvollstreckung gegen den Willen des Testamentsvollstreckers.

Es besteht – schon wegen § 2226 BGB – **kein Annahmezwang,** auch dann nicht, wenn sich der Betroffene rechtsgeschäftlich dazu verpflichtet hat (*Palandt/Edenhofer* § 2202 Rdn. 2). Deshalb scheiden in einem solchen Falle auch Schadenersatzansprüche gegen den Betroffenen aus. Es ist also Vorsorge für den – häufigen – Fall zu treffen, daß der ins Auge gefaßte Testamentsvollstrecker seine Zusage, das 225

Amt anzunehmen und auszuführen, nicht oder nicht auf die gewünschte Dauer einhält oder einhalten kann.

226 Die **Anordnung der Testamentsvollstreckung** und die **Ernennung des Testamentsvollstreckers** durch den Erblasser werden regelmäßig zusammenfallen (§ 2197 BGB). Lediglich bei der Ernennung des Testamentsvollstreckers durch einen vom Erblasser hierzu ermächtigten Dritten (§§ 2198, 2199 BGB) oder durch das vom Erblasser ersuchte Nachlaßgericht (§ 2200 BGB) müssen beide Voraussetzungen getrennt vorliegen. Die Ernennung eines Testamentsvollstreckers durch den Erblasser und das Ersuchen auf Ernennung durch Dritte oder das Nachlaßgericht schließt aber begrifflich die Anordnung der Testamentsvollstreckung ein. Bei bloßer Anordnung der Testamentsvollstreckung wird man unter Umständen im Wege der Auslegung ein Ersuchen des Nachlaßgerichtes nach § 2200 BGB annehmen können (s. Rdn. 159).

227 Der Beginn des Amtes hängt nicht von der **Annahme der Erbschaft** durch den Erben ab. Das Amt des Testamentsvollstreckers kann sogar beginnen, wenn eine Erbenfeststellung überhaupt nicht vorgesehen ist, wie etwa bei der gegenständlichen Verteilung des Vermögens durch den Erblasser im Wege von Vermächtnissen (vgl. *Bengel/Reimann* in: Beck'sches Notar-Handbuch, C Rdn. 92; s. aber Rdn. 261). Gehört allerdings Grundbesitz zum Nachlaß, ist zu beachten, daß eine Eintragung des Testamentsvollstreckers ohne Eintragung der Testamentsvollstreckung ohne Voreintragung der Erben im Grundbuch unzulässig ist (BayObLG 1995, 363). Eine Erbenfeststellung ist also bei Vorhandensein von Grundbesitz notwendig, auch wenn an sich der Nachlaß nur gegenständlich verteilt werden soll.

2. Die Annahme des Amtes

a) Adressat der Annahmeerklärung

228 Die Annahme sowie die Ablehnung des Amtes erfolgt durch Erklärung **gegenüber dem Nachlaßgericht** (§ 2202 Abs. 2 S. 1 BGB). Zuständig ist das Nachlaßgericht, das für die Eröffnung des Testamentes zuständig ist (§§ 72, 73 FGG).

229 **Gebühren** für die Entgegennahme der Annahmeerklärung: § 112 Abs. 1 Nr. 6 KostO. Kostenschuldner sind die Erben (§ 6 S. 2 KostO).

b) Fähigkeit zur Erklärung der Annahme

230 Die Erklärung der Annahme (und der Ablehnung) erfordern die **Geschäftsfähigkeit** des Testamentsvollstreckers. Ist die Ernennung des Testamentsvollstreckers aufschiebend bedingt oder befristet und ist mit dem Wegfall der Geschäftsfähigkeitsbeschränktheit bis zum Amtsantritt zu rechnen, so kann die Erklärung durch den gesetzlichen Vertreter abgegeben werden. Der Testamentsvollstrecker hat, wenn die Beschränkung der Geschäftsfähigkeit wegfällt, dann die Möglichkeit gemäß § 2226 BGB zu kündigen (*Palandt/Edenhofer* § 2202 Rdn. 3).

231 Die Erklärung kann von einem **Bevollmächtigten** des Ernannten abgegeben werden (KG OLGE 10, 452).

c) Inhalt der Annahmeerklärung

232 Die Erklärung ist **bedingungsfeindlich.** Sie kann auch nicht unter einer Zeitbestimmung abgegeben werden (§ 2202 Abs. 2 S. 2 Halbs. 2 BGB). Die Erklärung ist **unwiderruflich** (§ 130 Abs. 1 S. 2 BGB). Allerdings bleibt dem Testamentsvollstrecker stets die Möglichkeit der Kündigung gemäß § 2226 BGB. Nach einer Ablehnung ist die Annahme des Amtes nicht mehr möglich. Sofern das Testament hierfür eine Grundlage gibt, kann allerdings ein bestimmungsberechtigter Dritter

(§ 2198 BGB) oder das Nachlaßgericht (§ 2200 BGB) den Testamentsvollstrecker, der das Amt ursprünglich antreten sollte, aber zunächst abgelehnt hat, zum Testamentsvollstrecker ernennen; das Verfahren beginnt dann von vorne.

Ein bestimmter **Wortlaut** ist nicht vorgeschrieben, es kommt nur darauf an, ob die Erklärung deutlich den Willen erkennen läßt, das Amt anzunehmen oder es abzulehnen. Auch eine konkludente Erklärung, etwa durch Beantragung des Testamentsvollstreckerzeugnisses, ist möglich, sofern Adressat der konkludenten Erklärung das Nachlaßgericht ist, eine schlüssige Handlung gegenüber Dritten reicht jedoch nicht aus. 233

Formulierungsvorschlag für Annahme des Amtes 234

„An das Amtsgericht
– Nachlaßgericht –

Betreff: Nachlaß des ..., verstorben am ...

Ich wurde zum Testamentsvollstrecker über den Nachlaß des am ... in ... verstorbenen ... ernannt.
Ich erkläre hiermit, daß ich das Amt annehme.

Ort, Datum ---------------------------------
(Unterschrift)“

d) Form der Annahmeerklärung

Eine bestimmte Form ist für die Erklärung nicht vorgeschrieben. Sie kann **privatschriftlich oder mündlich** zu Protokoll des Nachlaßgerichtes oder zu Protokoll der Geschäftsstelle eines beliebigen Amtsgerichtes abgegeben werden (§ 11 FGG). Jedes Amtsgericht ist verpflichtet, die Erklärung entgegenzunehmen und, wenn sie nur mündlich erfolgt, zu protokollieren sowie, falls es selbst nicht das zuständige Nachlaßgericht ist, an dieses weiterzuleiten. Erst mit dem Eingang beim zuständigen Nachlaßgericht wird die Erklärung wirksam (§ 130 BGB). Maßgebend ist nicht der Eingang bei der Abteilung Nachlaßgericht des Amtsgerichtes, sondern beim Amtsgericht selbst, auch wenn die Erklärung bei der Geschäftsstelle oder einer anderen Abteilung, etwa dem Grundbuchamt, eingeht (*Staudinger/Reimann* § 2202 Rdn. 12). 235

e) Bestätigung durch das Nachlaßgericht

Der Testamentsvollstrecker kann für seine Erklärung eine **Bestätigung durch das Nachlaßgericht** verlangen. Die Bestätigung ist aber für sich allein kein Testamentsvollstreckerzeugnis (*Haegele/Winkler* Rdn. 106). 236

Formulierungsvorschlag für Bestätigung der Amtsannahme 237

„Bestätigung:
... hat durch schriftliche Erklärung gegenüber dem Amtsgericht – Nachlaßgericht – ... vom ..., eingegangen am ..., erklärt, daß er die Ernennung zum Testamentsvollstrecker des Nachlasses von ..., verstorben am ... in ..., annimmt.

Ort, Datum ---------------------------------
(Unterschrift)
Rechtspfleger“

f) Frist zur Erklärung der Annahme

Das zuständige Nachlaßgericht (§§ 72, 73 FGG) kann dem Ernannten auf Antrag eines der Beteiligten eine **Frist zur Erklärung** über die Annahme bestimmen (§ 2202 Abs. 3 BGB) Nach Ablauf der Frist gilt das Amt als abgelehnt, wenn nicht 238 die Annahme vorher erklärt wird. Zuständig zur Fristbestimmung ist der Rechtspfleger (§ 3 Nr. 2c RPflG). Ist der Amtsbeginn vom Eintritt einer Bedingung oder Befristung abhängig, ist eine Fristbestimmung nicht vor diesem Zeitpunkt möglich. Das Nachlaßgericht kann auch **ohne Antrag** eines Nachlaßbeteiligten (entgegen dem Wortlaut des § 2202 Abs. 3 BGB) die Erklärungsfrist setzen (*Staudinger/Reimann* § 2202 Rdn. 20; zum Begriff des Beteiligten vgl. Rdn. 145). Die Erklärungsfrist erübrigt sich, wenn der Ernannte unbekannt oder nicht erreichbar ist; er ist dann nach § 2227 BGB iVm. § 16 Abs. 2 FGG zu entlassen (*Palandt/Edenhofer* § 2202 Rdn. 4).

239 **Formulierungsvorschlag für Fristsetzung zur Annahmeerklärung**

„Beschluß:

Herr ... wurde zum Testamentsvollstrecker nach dem am ... in ... verstorbenen ... ernannt.

Ihm wird hiermit auf Antrag von ... eine Frist von ... ab Erhalt dieses Beschlusses zur Erklärung über die Annahme des Amtes gesetzt. Die Erklärung ist dem Nachlaßgericht ... gegenüber abzugeben.

Das Amt gilt als abgelehnt, wenn die Annahmeerklärung nicht fristgerecht beim Nachlaßgericht eingeht.

Ort, Datum ---------------------------------

(Unterschrift)
Rechtspfleger"

240 Bei Ablehnung der Fristbestimmung steht dem Antragsteller als **Rechtsbehelf** zunächst die unbefristete Erinnerung (§ 11 RPflG) zu, dann die einfache Beschwerde (§§ 19, 20 Abs. 2 FGG). Gegen die Fristbestimmung steht dem Ernannten zunächst die befristete Erinnerung (§ 11 RPflG), dann die sofortige Beschwerde (§ 81 FGG) zu.

241 **Gebühren für die Fristbestimmung:** § 113 KostO; Kostenschuldner ist der Antragsteller (§ 2 Nr. 1 KostO). Die Erben schulden die Kosten als Nachlaßverbindlichkeit (§ 1967 Abs. 2 BGB).

3. Rechtsgeschäfte vor Amtsbeginn

242 Rechtsgeschäfte, die der Testamentsvollstrecker vor Amtsbeginn (in seiner zukünftigen Funktion) vorgenommen hat, sind **unwirksam.** Sie werden nicht ipso iure durch die spätere Annahme wirksam. Ein einseitiges Rechtsgeschäft ist grundsätzlich nichtig (§§ 180, 141 BGB); dieses einseitige Rechtsgeschäft ist gegebenenfalls erneut vorzunehmen. Im übrigen kann der Testamentsvollstrecker seine vor Annahme vorgenommenen Rechtsgeschäfte nach der Annahme nach Maßgabe der §§ 177, 180 BGB **genehmigen,** ebenso vorher getätigte Verfügungen (§ 185 Abs. 2 S. 1 1. Alt. BGB), wenn nicht die Wirksamkeit der vorzeitigen Verfügung bereits nach § 185 Abs. 2 S. 1 2. Alt. BGB eingetreten ist. Die Genehmigung des Erben zu einem vor Amtsbeginn vorgenommenen Rechtsgeschäft ist ohne Belang.

IV. Der Nachweis des Amtes

1. Grundsatz

243 Das Amt beginnt bei Vorliegen der erforderlichen Voraussetzungen (s. oben Rdn. 224), ohne **Kundbarmachung nach außen.** Die Verwaltungs- und Verfügungsbefugnis des Testamentsvollstreckers bestehen ipso jure mit dem Beginn des

Amtes, in gleicher Weise werden dem (den) Erben die entsprechenden Verwaltungs- und Verfügungsbefugnisse entzogen. Es ist allerdings evident, daß ohne Manifestation des Amtes nach außen Gutglaubensschutzprobleme auftreten würden, vor allem wegen § 2214 BGB. Zu deren Regulierung stehen außerhalb des Testamentsvollstreckerrechtes

- der Erbschein,
- das Grundbuch,
- das Handelsregister,

zur Verfügung, im Recht der Testamentsvollstreckung

- das Testamentsvollstreckerzeugnis (§ 2368 BGB).

Im Erbschein wie auch im Grundbuch wird die Testamentsvollstreckung nur 244
dem Grunde nach verlautbart, während das Testamentsvollstreckerzeugnis die **Person des Testamentsvollstreckers** sowie etwaige Beschränkungen und Erweiterungen des Amtes kundtut. Die Bedeutung des Handelsregisters in Testamentsvollstreckersachen ist umstritten und noch nicht restlos geklärt.

2. *Bekanntmachung im Erbschein*

a) Funktion

Wird ein Erbschein erteilt, ist auch die Testamentsvollstreckung darin als Be- 245
schränkung der Verfügungsmacht der Erben zu vermerken; schuldrechtliche Beschränkungen haben im Erbschein keinen Platz. Ob ein Erbschein erforderlich ist, haben die Erben in eigener Verantwortung nach Sachlage und Notwendigkeit zu prüfen. Ein Erbschein ist grundsätzlich im Grundbuchverfahren erforderlich (§ 35 Abs. 1 S. 1 GBO). Beruht jedoch die Erbfolge auf einer Verfügung von Todes wegen, die in einer öffentlichen Urkunde enthalten ist, so genügt es gemäß § 35 Abs. 1 S. 2 GBO, wenn anstelle des Erbscheins die Verfügung und die Niederschrift über die Eröffnung der Verfügung vorgelegt werden. Entsprechendes gilt im Registerwesen (§ 12 HGB). Im rechtsgeschäftlichen Verkehr kann stets die Vorlegung eines Erbscheins verlangt werden, auch wenn die Erbfolge auf einer Verfügung von Todes wegen beruht, die in einer öffentlichen Urkunde enthalten ist, ohne daß wegen dieses Verlangens Schadensersatzansprüche geltend gemacht werden könnten (BGH WM 1961, 479). Durch die **Verlautbarung der Testamentsvollstreckung im Erbschein** (§ 2364 Abs. 1 BGB) wird die Verfügungsbeschränkung des Erben Dritten bekanntgemacht.

Obwohl § 2364 Abs. 1 BGB nur vom Testamentsvollstrecker und nicht von der 246
Testamentsvollstreckung spricht, wird der **Name** des Testamentsvollstreckers im Erbschein nicht angegeben, es wird vielmehr lediglich vermerkt, daß Testamentsvollstreckung angeordnet ist. Diese Verlautbarung hat auch zu erfolgen, wenn in den Fällen der §§ 2198, 2200 BGB zwar Testamentsvollstreckung angeordnet, aber ein Testamentsvollstrecker noch nicht ernannt ist (MünchKommBGB/*Promberger* § 2364 Rdn. 3; *Palandt/Edenhofer* § 2364 Rdn. 1). Der Name des Testamentsvollstreckers ergibt sich nur aus dem Testamentsvollstreckerzeugnis (§ 2368 BGB).

Formulierungsvorschlag für Verlautbarung im Erbschein 247
„Es ist Testamentsvollstreckung angeordnet."

Der Testamentsvollstreckervermerk ist in den Erbschein von Amts wegen, also 248
ohne speziellen Antrag, aufzunehmen, sofern nur ein Erbschein beantragt wurde.

Die **Eintragung im Erbschein erübrigt sich,** wenn der ernannte Testa- 249
mentsvollstrecker die Annahme abgelehnt hatte und auch ein Ersatzmann nicht er-

nannt ist oder wenn zwischen Erbfall und Erbscheinserteilung die Testamentsvollstreckung weggefallen ist (BayObLG Rpfleger 1974, 345).

b) Sonderfälle

250 Auch die **Nacherbentestamentsvollstreckung** (§ 2222 BGB) ist anzugeben. Bei **aufschiebender Bedingung** wird die Testamentsvollstreckung erst mit deren Eintritt im Erbschein vermerkt. Betrifft die Testamentsvollstreckung nur einen **Miterben,** so ist sie nur in dessen Teilerbschein oder in einem gemeinschaftlichen Erbschein unter Beschränkung auf seinen Erbteil zu vermerken (§§ 2353, 2364 Abs. 1 BGB).

251 Ist nur eine **Vermächtnisvollstreckung** (§ 2223 BGB) angeordnet, ist die Testamentsvollstreckung in dem Erbschein, der nur das Erbrecht der Erben, nicht aber deren schuldrechtliche Beschränkungen auszuweisen hat, nicht zu erwähnen (*Staudinger/Schilken* § 2364 Rdn. 6; MünchKommBGB/*Promberger* § 2364 Rdn. 4).

252 Ist der Testamentsvollstrecker erst für die Zeit nach dem Tod des Erben ernannt (etwa zur Betreuung dessen minderjähriger Erben) so handelt es sich um eine **aufschiebend befristete,** uU auch bedingte Ernennung. Sie ist daher im Erbschein noch nicht oder unter Angabe ihrer hinausgeschobenen Wirksamkeit anzugeben.

253 Ist die Testamentsvollstreckung angeordnet, die erst **nach Eintritt des Nacherbfalls** wirksam werden soll (nicht zu verwechseln mit der Nacherbenvollstrekkung gemäß § 2222 BGB), so wird diese Testamentsvollstreckung nicht im Erbschein ausgewiesen, der das Erbrecht der Vorerben bezeugt. Sie kann auch nicht, wie die gegenüber dem Erbeserben wirksame Testamentsvollstreckung (s. Rdn. 251) behandelt und unter Angabe ihres späteren Wirksamwerdens angegeben werden, da der Nacherbe für die in seiner Person eintretenden Erbfolge einen neuen Erbschein erhält (MünchKommBGB/*Promberger* § 2364 Rdn. 8).

254 Aus der ratio legis des Testamentsvollstreckungsvermerks im Erbschein ist auch zu beurteilen, ob etwaige **Beschränkungen der Befugnisse** des Testamentsvollstreckers im Erbschein zu berücksichtigen sind. Handelt es sich um eine „normale Testamentsvollstreckung", ist der Testamentsvollstrecker über den gesamten Nachlaß verfügungsbefugt (§ 2205 S. 2 BGB), während der Erbe insoweit nicht verfügungsbefugt ist (§ 2211 BGB). In einem derartigen Fall ist in den Erbschein kein Hinweis auf den Umfang der Befugnisse des Testamentsvollstreckers aufzunehmen. Die Testamentsvollstreckung ist hingegen im Erbschein überhaupt nicht zu erwähnen, wenn sie den Erben zu keinem Zeitpunkt in der Verfügungsmacht beschränkt, zB bei einer nur beaufsichtigenden Testamentsvollstreckung gemäß § 2208 Abs. 2 BGB (BayObLG FamRZ 1991, 986; *Staudinger/Schilken* § 2364 Rdn. 6; *Soergel/Damrau* § 2364 Rdn. 1).

255 Fraglich ist, ob **Beschränkungen** der Befugnis des Testamentsvollstreckers im übrigen im **Erbschein** anzugeben sind. Beschränkt die Testamentsvollstreckung den Erben im gesamten Umfang des Nachlasses und sind dabei lediglich auch die Be-fugnisse des Testamentsvollstreckers begrenzt, so ist eine Angabe über den Umfang der Befugnisse des Testamentsvollstreckers nicht erforderlich, sofern der Erbe seinerseits nicht verfügungsbefugt ist (*Staudinger/Reimann* § 2208 Rdn. 4). Handelt es sich dagegen um gegenständliche Beschränkungen, mit der Folge, daß der Erbe über bestimmte Nachlaßgegenstände verfügungsbefugt ist, ist dies im Erbschein zu verlautbaren. Dies gilt sowohl, wenn der Testamentsvollstrecker nur für bestimmte Gegenstände des Nachlasses verfügungsbefugt ist (§ 2208 Abs. 1 S. 2 BGB), wie auch, wenn bestimmte Gegenstände von seiner Verfügungsbefugnis ausgenommen sind (MünchKommBGB/*Promberger* § 2364 Rdn. 12).

Formulierungsvorschlag für Verlautbarung einer beschränkten Testamentsvollstreckung im Erbschein 256

„Testamentsvollstreckung ist angeordnet, beschränkt auf das Grundstück Fl.Nr. ... der Gemarkung ...“

„Testamentsvollstreckung ist angeordnet, außer für die Grundstücke Fl.Nrn. ... der Gemarkung ...“

c) Unrichtige Eintragungen im Erbschein

Der Erbschein ist bei **fehlender Angabe der Testamentsvollstreckung** unrichtig und damit einzuziehen (§ 2361 BGB). Wegen der nachträglichen Erledigung der Testamentsvollstreckung (Amtsbeendigung) s. 7. Kap. Rdn. 71. Ein Wechsel in der Person des Testamentsvollstreckers berührt die Richtigkeit des Erbscheins bei Fortbestehen der Testamentsvollstreckung nicht. 257

Nach §§ 2368 Abs. 3, 2364 Abs. 2 BGB hat der Testamentsvollstrecker einen **Herausgabeanspruch** und kann die Herausgabe des unrichtigen Erbschein verlangen. Nicht nur bei Fehlen oder Unrichtigkeit des Testamentsvollstreckervermerks, sondern auch bei sonstiger Unrichtigkeit des Erbscheins ist es wegen der Aufgaben des Testamentsvollstreckers für den Nachlaß zweckmäßig, daß dieser anstelle des Erben, aber auch gegen den Erben, den Herausgabeanspruch erheben kann. Um die Unrichtigkeit des Erbscheins nachprüfen zu können, hat der Testamentsvollstrecker auch einen gegen den Inhaber des unrichtigen Erbscheins gerichteten Auskunftsanspruch nach §§ 2368 Abs. 3, 2362 Abs. 2 BGB (*Palandt/Edenhofer* § 2364 Rdn. 2). 258

3. Bekanntmachung im Grundbuch, Schiffs- und Luftfahrzeugregister

a) Funktion

Dem Testamentsvollstreckervermerk im Erbschein entsprechen nach Sinn und Inhalt die **Testamentsvollstreckervermerke im Grundbuch** (§ 52 GBO), im Schiffs- und Schiffsbauregister (§§ 55, 74 SchiffsRegO) und im Register für Pfandrechte an Luftfahrzeugen (§ 86 LuftfzRG). Der Vermerk hat zur Folge, daß Verfügungen des Erben nicht mehr eingetragen werden dürfen, weil diesem die Verfügungsbefugnis entzogen ist (§ 2211 BGB). Solange der Vermerk eingetragen ist (§ 891 BGB), hat das Grundbuchamt Eintragungsanträge, die auf eine Bewilligung des Erben gestützt sind, zurückzuweisen (*KEHE/Eickmann* Grundbuchrecht § 52 GBO Rdn. 9). Die Eintragung des Testamentsvollstreckervermerks im Grundbuch kommt nicht in Betracht, wenn ein Grundstück im Eigentum einer Personengesellschaft (BGB-Gesellschaft, OHG, KG, EWIV) steht und Testamentsvollstreckung lediglich über den Nachlaß eines Gesellschafters angeordnet ist (LG Hamburg Rpfleger 1979, 26; *Ulmer* BWNotZ 1990, 69; aA *Hörer* BWNotZ 1990, 16). 259

b) Nachweis der Testamentsvollstreckung

Der Nachweis, daß Testamentsvollstreckung angeordnet ist, ist gegenüber dem Grundbuchamt gemäß § 35 GBO zu führen, also entweder durch Vorlage eines **Testamentsvollstreckerzeugnisses** oder durch **öffentlich beurkundete Verfügung** von Todes wegen mit der **Niederschrift über ihre Öffnung.** Bloße Erklärungen der Beteiligten sind unbeachtlich. Die Vorlage eines Erbscheins reicht allein nicht aus, ist jedoch in der Regel zum Nachweis der gleichzeitig einzutragenden Erbfolge erforderlich (*Zimmermann* Rdn. 241). Geht aus dem öffentli- 260 chen Testament nebst der Öffnungsniederschrift die Tatsache der Annahme des Amtes nicht hervor, so muß darüber ein gesondertes Zeugnis des Nachlaßgerichtes verlangt werden; eine Erklärung des Testamentsvollstreckers gegenüber dem Grundbuchamt genügt nicht (*KEHE/Eickmann* Grundbuchrecht § 52 GBO Rdn. 4).

c) Eintragung

261 Im Grundbuch (§ 52 GBO) ist die Testamentsvollstreckung **gleichzeitig mit der Eintragung des Erben** (KG DNotZ 1956, 195), aber niemals ohne diese zu vermerken, wenn der Nachlaßgegenstand seiner Verwaltung unterliegt. Die Eintragung der Testamentsvollstreckung im Grundbuch ist also unzulässig, wenn nicht die Erben zugleich eingetragen werden (BayObLG FamRZ 1996, 381; *Schaub* ZEV 1996, 150; aA *Bestelmeyer* ZEV 1996, 261), es sei denn, die Eintragung der Erben ist gemäß § 40 GBO nicht erforderlich. Das gleiche gilt auch für das Schiffsregister (§ 55 SchiffsRegO; s. auch § 86 Abs. 1 S. 1 LuftfzRG). Der Erblasser kann die Eintragung nicht verbieten, der Testamentsvollstrecker auf sie nicht verzichten, da er seine Befugnisse im Interesse des Erben auszuüben hat (OLG München JFG 20, 294).

262 Nicht einzutragen ist – entgegen den Wortlaut des § 52 GBO – der **Name des Testamentsvollstreckers.** Dieser ergibt sich – nur – aus dem Testamentsvollstreckerzeugnis nach § 2368 BGB.

263 Auch eine **Beschränkung der Befugnisse** des Testamentsvollstreckers ist – anders als im Erbschein – nicht zu vermerken. Allerdings darf der Testamentsvollstreckervermerk im Grundbuch nicht eingetragen werden, sofern der dort vorgetragene Grundbesitz nicht dem Verwaltungsrecht des Testamentsvollstreckers unterliegt (*KEHE/Eickmann* Grundbuchrecht § 52 GBO Rdn. 5). Ist Nacherbenvollstreckung (§ 2222 BGB) angeordnet, so ist dies anzugeben.

264 Die Eintragung der Testamentsvollstreckung im Grundbuch hat auch dann zu erfolgen, wenn sich die Testamentsvollstreckung auf ein **Vermächtnis** bezieht und der vermachte Gegenstand ein Grundstück ist (BayObLG Rpfleger 1990, 365). Auf die Eintragung der Testamentsvollstreckung im Grundbuch bei einem Vermächtnis muß der Testamentsvollstrecker besonders dann achten, wenn die Erfüllung der Vermächtnisse nicht unmittelbar nach dem Ableben des Erblassers, sondern zu einem späteren Zeitpunkt, in Sonderheit beim Ableben des Erben, zu erfüllen sind. In derartigen Fällen besteht die Gefahr, daß bei Nichteintragung des Testamentsvollstreckervermerks nach dem Ableben des Erblassers der Erbe über den Vermächtnisgegenstand lebzeitig oder letztwillig über diesen Gegenstand verfügt (*Möhring/Beisswingert/Klingelhöffer* S. 179).

265 **Formulierungsvorschlag für Eintragung im Grundbuch**

„Testamentsvollstreckung ist angeordnet."

d) Rechtsbehelfe

266 Gegen die Eintragung kann zunächst formlose **Erinnerung,** dann **Beschwerde** mit dem Antrag auf Löschung eingelegt werden. Ist die Eintragung unterblieben, ist eine Nachholung so lange möglich, als das betreffende Recht noch nicht auf einen Dritten umgeschrieben ist. Danach kommt nur die Eintragung eines **Widerspruchs** in Betracht.

e) Löschung des Testamentsvollstreckervermerks

267 Der Testamentsvollstreckervermerk wird, wenn er **gegenstandslos** ist, nach den §§ 84 ff. GBO, in allen anderen Fällen auf Antrag gelöscht. Voraussetzung ist, daß

entweder der Testamentsvollstrecker die Löschung bewilligt oder der Unrichtigkeitsnachweis gemäß § 22 GBO geführt wird (OLG Hamm Rpfleger 1958, 18).

Im übrigen wird zu differenzieren sein, ob die **Testamentsvollstreckung beendet** ist oder nur **einzelne Gegenstände** aus der Verwaltungsbefugnis des Testamentsvollstreckers ausscheiden (vgl. dazu im einzelnen 7. Kap. Rdn. 73ff.). 268

4. Eintragung in das Handelsregister

a) Eintragungsfähigkeit und Eintragungspflichtigkeit

Ob die Testamentsvollstreckung im Handelsregister zu verlautbaren ist, ist **bestritten** (ausführlich dazu *Plank,* Testamentsvollstreckung und Handelsregister, Diss. Regensburg 1998, S. 79ff.; *Schaub* ZEV 1994, 7). Einzutragen im Handelsregister ist nach neuerer Auffassung nicht nur, was gesetzlich ausdrücklich angeordnet ist, sondern was auch ohne ausdrückliche gesetzliche Vorschrift Sinn und Zweck des Handelsregisters erfordern (*Baumbach/Hopt* HGB § 8 Rdn. 5), zB die Gestattung des Selbstkontrahierens (BGHZ 87, 60). Das Handelsregister soll die Zugehörigkeit gewerblicher Unternehmen zum Handelsstand und die wichtigsten Rechtsverhältnisse der Unternehmen des Handelsstands offenbaren (vgl. *Baumbach/Hopt* HGB § 8 Rdn. 1). 269

Aus der gegenwärtigen Rechtsprechung zur Testamentsvollsteckung (BGHZ 108, 187) ergeben sich dinglich wirkende Beschränkungen der Rechtsmacht des Kommanditisten, die uU Einfluß auf die Wirksamkeit von Gesellschafterbeschlüssen, also Außenwirkung, haben. Man wird auch wegen § 2214 BGB den Ansichten zuneigen müssen (*Schlegelberger/K. Schmidt* HGB § 177 Rdn. 34; *Heymann/Horn* HGB § 177 Rdn. 14; *Rowedder* EWiR 1989, 991; *Ulmer* NJW 1990, 73; *Palandt/Edenhofer* Vor § 2197 Rdn. 15; *Plank* ZEV 1998, 325), welche die Eintragung eines Testamentsvollstreckervermerks im Handelsregister für zulässig und geboten halten (aA *Zimmermann* Rdn. 248). Diese Konsequenz ist wegen des BGH-Urteils vom 14. 5. 1986 (DNotZ 1987, 116) für alle Personenhandelsgesellschaften zu ziehen und auch für einzelkaufmännische Unternehmen. Steht man auf dem Standpunkt (so *Damrau* BWNotZ 1990, 69; *Marotzke* EWiR 1992, 981), das Handelsregister habe nur die Aufgabe, die Vertretungsverhältnisse einer Gesellschaft zu verlautbaren, ist es konsequent, die Eintragungsfähigkeit der Testamentsvollstreckung im Handelsregister zu verneinen (so auch KG NJW-RR 1996, 227; *Mayer/Bonefeld/Daragan* Rdn. 90). 270

Der **Nachweis der Anordnung der Testamentsvollstreckung** ist dem Handelsregister gegenüber gemäß § 12 Abs. 2 S. 2 HGB soweit tunlich durch öffentliche Urkunden zu führen. Der Nachweis ist untunlich, wenn sich die Rechtsnachfolge aus den Akten des Registergerichtes selbst oder aus bei dem selben Gericht geführten Nachlaßakten ergibt; dann genügt eine einfache Bezugnahme (BayObLG WM 1983, 1092). Bei gesetzlicher Erbfolge oder bei willkürter Erbfolge aufgrund privatschriftlichen Testaments ist ein Testamentsvollstreckerzeugnis erforderlich, nicht aber, wenn das Testament in einer öffentlichen Urkunde enthalten, dann genügt die Vorlage einer Ausfertigung des Testaments nebst dem Eröffnungsprotokoll. 271

Formulierungsvorschlag für Eintragung im Handelsregister 272

„Testamentsvollstreckung ist angeordnet."

Eine Eintragung im Handelsregister hat in jedem Fall nur zu erfolgen, wenn die **Verfügungsmacht des Erben dinglich,** nicht nur schuldrechtlich **beschränkt** 273 wird, also nicht bei einer nur beaufsichtigenden Testamentsvollstreckung (§ 2208 Abs. 2 BGB). Wenn der Geschäftsanteil nicht von der Testamentsvollstreckung umfaßt wird, hat die Eintragung im Handelsregister zu unterbleiben.

b) Anmelderecht

274 Zur Anmeldung des Eintritts des Gesellschafter-Erben in das Unternehmen bzw. in die Gesellschaft ist der Testamentsvollstrecker berechtigt und verpflichtet, soweit seine Befugnis reicht (BGHZ 108, 187); diese besteht nur bei Testamentsvollstrekkung nach § 2209, nicht aber bei bloßer Abwicklungsvollstreckung (KG OLGZ 91, 261) oder bei einer nur beaufsichtigenden Vollstreckung (§ 2208 Abs. 2 BGB). Dagegen kann er das Ausscheiden des Erblassers für die Erben, die selbst nicht Gesellschafter wurden, stets anmelden ohne Rücksicht auf die Art der Testamentsvollstreckung (KG aaO; §§ 107; 108 Abs. 1, 143 Abs. 2, 161 Abs. 2 HGB). Ob neben einer bestehenden Befugnis des Testamentsvollstreckers auch noch der Erbe ein Anmelderecht hat, hat der BGH (BGHZ 108, 187) offengelassen, die Frage ist aber zu verneinen (*Reimann* DNotZ 1990, 190).

5. Testamentsvollstreckerzeugnis

a) Funktion

275 Der Erbe bedient sich zum Nachweis seiner Rechte im Rechtsverkehr des Erbscheins, der gutgläubige Dritte kann sich auf die Richtigkeit des Inhalts verlassen (§ 2365 BGB). Die gleiche Funktion hat im Rahmen einer Testamentsvollstreckung das Testamentsvollstreckerzeugnis für den Testamentsvollstrecker. Die **Legitimation des Testamentsvollstreckers** kann nicht nur durch das Testamentsvollstreckerzeugnis erfolgen. Der Testamentsvollstrecker kann den Beweis seiner Ernennung und Amtsannahme auch in anderer Weise, also insbesondere durch Vorlage des Testaments und der Ausfertigung der Annahmeerklärung führen (RGZ 100, 282; BGH WM 1961, 479). Insbesondere bei der Eintragung des Testamentsvollstreckungsvermerkes gemäß § 52 GBO genügt es, wenn die letztwillige Verfügung, auf welcher die Testamentsvollstreckung beruht, in einer öffentlichen Urkunde enthalten ist, und die Niederschrift über ihre Eröffnung vorgelegt wird; geht aus dem Eröffnungsprotokoll die Tatsache der Annahme des Amtes nicht hervor, so muß darüber ein gesondertes Zeugnis des Nachlaßgerichtes erteilt sein (*KEHE/Eickmann* Grundbuchrecht § 52 GBO Rdn. 4). Entsprechendes gilt im Handelsregisterverfahren (s. Rdn. 270). Das Testamentsvollstreckerzeugnis wird durch die Bestätigung des Nachlaßgerichtes über die Annahme des Amtes gemäß § 2202 BGB nicht entbehrlich. Im rechtsgeschäftlichen Verkehr kann immer die Vorlage des Testamentsvollstreckerzeugnisses verlangt werden, insbesondere von Banken, ohne daß ein derartiges Begehren Schadensersatzansprüche auslösen würde (BGH WM 1961, 479). Ist ein Testamentsvollstreckerzeugnis erteilt, so ist für die Befugnis des Testamentsvollstreckers zur Verfügung über ein Grundstück oder Grundstücksrecht oder die sonstige Rechtsstellung des Testamentsvollstreckers allein das Zeugnis maßgebend (BayObLG MittBayNot. 1999, 82).

276 Das Testamentsvollstreckerzeugnis begründet allein die Vermutung der Vollständigkeit und Richtigkeit und genießt **öffentlichen Glauben** (§ 2368 Abs. 3 Halbs. 1 iVm. § 2365 BGB). Auch im übrigen finden die Vorschriften über den Erbschein auf das Testamentsvollstreckerzeugnis entsprechende Anwendung (§ 2368 Abs. 3 BGB). Das Testamentsvollstreckerzeugnis weist die Gültigkeit der Ernennung zum Testamentsvollstrecker aus. An das Zeugnis knüpft sich die **weitere Vermutung,** daß der Testamentsvollstrecker durch keine anderen als die im Zeugnis angegebenen Anordnungen beschränkt ist.

Es **bezeugt nicht,** daß das Amt noch besteht, da das Testamentsvollstrecker- 277
zeugnis gemäß § 2368 Abs. 3 Halbs. 2 BGB (im Gegensatz zum Erbschein) mit Beendigung des Amtes des Testamentsvollstreckers von selbst kraftlos wird. Die mit dem Testamentsvollstreckerzeugnis verbundene Vermutung (§ 2365 BGB) und ein möglicher gutgläubiger Erwerb werden damit gegenstandslos (*Wiegand* JuS 1975, 285). Das Testamentsvollstreckerzeugnis bezeugt auch nicht, daß sich die Verfügungsmacht des Testamentsvollstreckers auf einen bestimmten Nachlaßgegenstand bezieht (*Staudinger/Schilken* § 2368 Rdn. 13). Nicht vermutet wird, daß eine im Testamentsvollstreckerzeugnis angegebene Beschränkung der Befugnisse des Testamentsvollstreckers tatsächlich besteht. Zur umstrittenen Frage der Zulässigkeit eines Fortbestandszeugnisses des Nachlaßgerichtes über die Fortdauer der Testamentsvollstreckung (vgl. MünchKomm/*Promberger* § 2368 Rdn. 13; *Bestelmeyer* ZEV 1997, 316).

b) Arten des Testamentsvollstreckerzeugnisses

Ist nur ein Testamentsvollstrecker ernannt, dessen Rechte sich auf den gesamten 278
Nachlaß beziehen, ist *ein* Testamentsvollstreckerzeugnis zu erteilen. Sind mehrere Testamentsvollstrecker ernannt, so ist ein **Teilzeugnis** über das Recht einen einzelnen, ein **gemeinschaftliches Zeugnis** über das Recht aller sowie ein **gemeinschaftliches Teilzeugnis** über die Rechte mehrerer Testamentsvollstrecker zulässig. Bei einem Teilzeugnis sind die Mitvollstrecker anzugeben; etwas anderes gilt, wenn ein Testamentsvollstrecker nach außen zu völlig selbständigem Handeln ermächtigt ist.

In entsprechender Anwendung von § 2369 BGB ist auch ein **gegenständlich** 279
beschränktes Testamentsvollstreckerzeugnis zulässig, wenn der Erblasser nach ausländischen Recht beerbt (BayObLGZ 1986, 466).

c) Erteilungsverfahren

aa) Zuständigkeit. Das Testamentsvollstreckerzeugnis wird vom zuständigen 280
(§§ 72, 73 FGG) **Nachlaßgericht,** hier vom Richter (§§ 16 Abs. 1, 6 RPflG) erteilt. Dies gilt auch im Geltungsbereich der Höfeordnung (BGHZ 58, 105).

bb) Antrag. Die Erteilung setzt einen Antrag des Testamentsvollstreckers voraus 281
(§ 2368 Abs. 1 BGB). Der Antrag ist an sich formlos möglich, der Formzwang ergibt sich uU aus der Notwendigkeit der Versicherung an Eides statt (vgl. Rdn. 284). In der **Antragstellung** liegt zugleich die Annahme des Amtes. Jeder von mehreren Testamentsvollstreckern kann verlangen, daß ein Testamentsvollstreckerzeugnis erteilt wird (§§ 2368 Abs. 3, 2357 BGB). Antragsberechtigt ist auch ein Nachlaßgläubiger (§§ 792, 896 ZPO; *Palandt/Edenhofer* § 2368 Rdn. 5; str.). Der Erbe ist nicht antragsberechtigt (OLG Hamm NJW 1974, 505; BayObLG MDR 1978, 142; *Staudinger/Schilken* § 2368 Rdn. 4; aA MünchKommBGB/*Promberger* § 2368 Rdn. 20).

Zum notwendigen **Inhalt** des Antrags gehören diejenigen Tatsachen, die im 282
Testamentsvollstreckerzeugnis zu verlautbaren sind (s. Rdn. 288ff.), ferner gem. §§ 2354, 2355, 2368 Abs. 3 BGB: Die Zeit des Todes des Erblassers, die Verfügung von Todes wegen, aufgrund deren er ernannt wird, ob und welche weiteren Verfügungen von Todes wegen des betroffenen Erblassers vorhanden sind, ob ein Rechtstreit über seine Ernennung anhängig ist und ob die Angabe über einen et-

waigen Wegfall der Person, durch die er, der antragstellende Testamentsvollstrecker von seinem Amt ausgeschlossen wäre oder durch die seine Rechtstellung vermindert würde (*Firsching/Graf* Rdn. 4.454, 4.461 f.).

283 *cc) Nachweise.* Der Nachweis der angegebenen Tatsachen erfolgt grundsätzlich durch **öffentliche Urkunden,** im übrigen wie im Rahmen der Erbscheinserteilung durch **Versicherung an Eides statt,** es sei denn, das Nachlaßgericht hat die Versicherung erlassen (§ 2356 Abs. 2 S. 2 BGB) oder die Tatsachen sind bei Gericht offenkundig, § 2356 Abs. 3 BGB (§ 2368 Abs. 3 iVm. § 2356 BGB).

284 *dd) Beurkundung.* Zur Beurkundung der eidesstattlichen Versicherung (mit Antrag auf Zeugniserteilung) sind außer den **Notaren** auch die **Amtsgerichte** zuständig (§ 2368 Abs. 3, § 2356 Abs. 2 S. 1 BGB); zuständig ist der Rechtspfleger. Die aufzunehmende Urkunde ist in der Form des Beurkundungsgesetzes (§ 1 Abs. 2 BeurkG) zu erstellen.

285 **Formulierungsvorschlag für einen Antrag auf Erteilung eines Testamentsvollstreckerzeugnisses**

Der Verstorbene N. N. hat in seiner Verfügung von Todes wegen, die er unter dem ... errichtet hat, Testamentsvollstreckung angeordnet und mich zum Testamentsvollstrekker ernannt. Ich nehme das Amt an und beantrage beim Amtsgericht, mir ein Zeugnis über meine Ernennung zum Testamentsvollstrecker zu erteilen und im Testamentsvollstreckerzeugnis zu vermerken, daß die Aufgaben des Testamentsvollstreckers beschränkt sind,

1. im Rahmen der Verwaltungsvollstreckung gemäß § 2209 BGB auf die Aufgabe, darüber zu wachen, daß die Vorerbin über unbewegliche Nachlaßgegenstände nicht ohne Zustimmung des Testamentsvollstreckers verfügt;
2. auf die Nacherbenvollstreckung gemäß § 2222 BGB.

Im übrigen wird auf den Nachlaßakt Bezug genommen.

286 *ee) Anhörung.* Ist die Ernennung des Testamentsvollstreckers nicht in einer öffentlichen Urkunde, sondern in einem privatschriftlichen Testament enthalten, soll vor Erteilung des Testamentsvollstreckerzeugnisses der **Erbe** über die Gültigkeit der Ernennung **angehört** werden.

287 **Formulierungsvorschlag für Anhörung des Erben bei Erteilung eines Testamentsvollstreckerzeugnisses**

„Herr ... hat am ... beantragt, ihm ein Testamentsvollstreckerzeugnis nach dem am ... in ... verstorbenen ... aufgrund des privatschriftlichen Testamentes vom ... zu erteilen. Gemäß § 2368 Abs. 2 BGB wird Ihnen hiermit Gelegenheit gegeben, zu dem Antrag auf Erteilung des Testamentsvollstreckerzeugnisses Stellung zu nehmen. Sollten Sie binnen ... keine Erklärung abgeben, wird angenommen, daß Sie gegen die Erteilung des beantragten Testamentsvollstreckerzeugnisses keine Einwendungen erheben."

288 *ff) Vorbescheid.* In rechtlich zweifelhaften Fällen kann das Nachlaßgericht eine **in Beschlußform gekleidete Ankündigung** erlassen, daß ein bestimmtes Testamentsvollstreckerzeugnis erteilt werde, falls nicht gegen den Beschluß binnen einer gewissen Frist Beschwerde eingelegt werde. Dieser im Erbscheinsverfahren übliche, vom BGH (NJW 1956, 987) gebilligte Vorbescheid ist auch im Verfahren über die Erteilung eines Testamentsvollstreckerzeugnisses möglich (OLG München DFG 1937, 20; OLG Hamm OLGZ 1984, 282; BayObLG FamRZ 1991, 111; *Lukoschek* ZEV 1999, 1, 2). Ein derartiger Vorbescheid kann ergehen, wenn eine Vorklärung der Sach- und Rechtslage geboten erscheint, um ein unrichtiges Zeugnis zu verhindern (BayObLG FamRZ 1991, 494). Der Vorbescheid unterliegt der einfachen Beschwerde (*Keidel/Winkler* FGG § 84 Rdn. 2).

Ein Vorbescheid darf allerdings nicht ergehen, wenn das Nachlaßgericht den Antrag auf Zeugniserteilung zurückweisen möchte (OLG Düsseldorf NJW-RR 1994, 906). 289

Formulierungsvorschlag für Vorbescheid bei Testamentsvollstreckerzeugnis 290

„Das Gericht hat auf den Antrag des Herrn ... vom ..., ihm ein Testamentsvollstrekkerzeugnis nach dem am ... in ... verstorbenen ... zu erteilen, die Beteiligten angehört. Das Gericht beabsichtigt, das beantragte Testamentsvollstreckerzeugnis zu erteilen, sobald die in der Anlage genannten noch fehlenden Angaben gemacht werden und eine eidesstattliche Versicherung über die im Antrag vom ... enthaltenen tatsächlichen Aussagen abgegeben wurden, falls nicht gegen den Beschluß binnen einer Frist von ... Beschwerde eingelegt wird.“

d) Inhalt des Testamentsvollstreckerzeugnisses

Das Testamentsvollstreckerzeugnis **muß enthalten** 291
- die Bezeichnung des Erblassers,
- die Namen aller Testamentsvollstrecker,
- Abweichungen von der gesetzlichen Verfügungsmacht sowie Beschränkungen und Erweiterungen.

Hierunter fallen insbesondere: **Beschränkungen** hinsichtlich der Verwaltung des Nachlasses oder der Freistellung beim Eingehen von Verbindlichkeiten, Übertragung der Verwaltung als selbständige Aufgabe – Verwaltungs- oder Dauervollstreckung gemäß § 2209 BGB (KG OLGZ 1991, 261; OLG Zweibrücken FamRZ 1998, 581, 582; *Firsching/Graf* Rdn. 4.461 f.), die besondere Anordnung für die Dauer dieser Verwaltungsbefugnis, die Regelung der Befugnisse mehrerer Testamentsvollstrecker, sofern sie von der Bestimmung des § 2224 BGB abweichen. Hat der Erblasser das Ende der Testamentsvollstreckung aus einem besonderen Grund angeordnet, gilt das als inhaltliche Abweichung, mit der ein Dritter nicht zu rechnen braucht, es ist deshalb im Zeugnis besonders anzugeben (RGZ 83, 348; *Palandt/Edenhofer* § 2368 Rdn. 10; MünchKommBGB/*Promberger* § 2368 Rdn. 3). Einzutragen ist auch die Beschränkung des Testamentsvollstreckers auf die Überwachung des Erben (§ 2208 Abs. 2), auf sonstige schuldrechtlich wirkende Aufgaben und Rechte (RGRK/*Kregel* § 2368 Rdn. 1) und auf den Vollzug von Auflagen (BayObLG 1991, 612). 292

Einzutragen sind auch **gegenständliche Beschränkungen.** Bezieht sich die Testamentsvollstreckung nur auf einen Bruchteil des Nachlasses, ist auch der betroffene Miterbe anzugeben. Aufzuführen ist ferner der besondere Aufgabenkreis in den Fällen des § 2222 BGB (Nacherbenvollstreckung) und § 2223 BGB (Vermächtnisvollstreckung). Bei einer Testamentsvollstreckung für Vor- und Nacherbfolge ist ein einheitliches Testamentsvollstreckerzeugnis zu erteilen (BayObLG NJW 1959, 1920). Auch die Untersagung der Erbteilung auf Dauer oder Zeit ist zu erwähnen. 293

Anzugeben sind stets nur solche Abweichungen, die für den Rechtsverkehr mit Dritten bedeutsam sind, nicht **interne Verwaltungsanordnungen** (§ 2216 Abs. 2 BGB). Ebenfalls nicht anzugeben sind Beschränkungen der Verfügungsmacht des Testamentsvollstreckers, die sich aus gesellschaftsrechtlichen Vorgaben ergeben, weil das Nachlaßgericht insoweit keine Beurteilungskompetenz besitzt (BGH NJW 1996, 1284). 294

Wegen der gegenständlichen Beschränkung des Erbscheins gemäß § 2268 Abs. 3 iVm. § 2369 BGB bei Fällen mit **Auslandberührung** (s. 9. Kap.). 295

296 **Formulierungsvorschlag für Testamentsvollstreckerzeugnis mit Beschränkungen**

„Testamentsvollstreckerzeugnis

Der ..., wohnhaft in ..., geboren am ..., ist zum Testamentsvollstrecker über den Nachlaß des am ... in ... verstorbenen ..., zuletzt wohnhaft in ..., geboren am ..., ernannt worden.

Der Testamentsvollstrecker hat in Bezug auf die Verfügungsbefugnis des Testamentsvollstreckers angeordnet daß, ...

Ort, Datum

Amtsgericht – Nachlaßgericht – ---------------------------------

(Unterschrift)
Richter“

e) Erteilung nach Beendigung der Testamentsvollstreckung

297 Auch nach Beendigung der Testamentsvollstreckung kann dem Testamentsvollstrecker ein **Zeugnis über sein erloschenes Amt** erteilt werden (KG NJW 1964, 1905; OLG Stuttgart DNotZ 1981, 294). Es kann nicht nur vom ehemaligen Amtsinhaber, sondern auch vom Nachfolger beantragt werden (AG Starnberg ZEV 1999, 312). Ein nach § 2368 Abs. 3 Halbs. 2 BGB kraftlos gewordenes Testamentsvollstreckerzeugnis darf mit einem Vermerk über die Beendigung im Umlauf verbleiben. Durch die nachträgliche Erteilung des Testamentsvollstreckerzeugnisses über das erloschene Amt wird eine Legitimation verschafft, wie sie auch einem derartig bereits kraft Gesetz entwerteten Testamentsvollstreckerzeugnis jetzt noch zukäme, also ohne Rückwirkung im Sinn der §§ 2366f. BGB auf die in der Vergangenheit abgeschlossenen Rechtsgeschäfte (MünchKommBGB/*Promberger* § 2368 Rdn. 14).

f) Berichtigung

298 Die **Berichtigung** eines gemeinschaftlichen Zeugnisses hinsichtlich Änderungen bei Wegfall und Neuernennung von Testamentsvollstreckern ist **möglich.**

299 **Formulierungsvorschlag für Berichtigung des Testamentsvollstreckerzeugnisses**

„Das Testamentsvollstreckerzeugnis vom ... Az.: ... wird wie folgt berichtigt: Anstelle von ..., der durch Tod aus dem Amt ausgeschieden ist, ist ..., wohnhaft in ..., geboren am ..., zum Testamentsvollstrecker ernannt worden. Er hat sein Amt am ... angenommen.“

300 Ist dagegen ein **Testamentsvollstreckerzeugnis unrichtig erteilt,** so erfolgt die Einziehung und Kraftloserklärung entsprechend den Bestimmungen über den Erbschein (*Firsching/Graf* Rdn. 4.469). Eine Berichtigung oder Ergänzung – etwa aufgrund Testamentsauslegung – kommt nicht in Betracht (OLG Zweibrücken FamRZ 2000, 323).

301 Für das Verfahren bei **Beendigung des Amtes** s. 7. Kap. Rdn. 71.

g) Rechtsmittel

302 Gegen die **Erteilung** des Testamentsvollstreckerzeugnisses steht gemäß § 20 Abs. 1 FGG jedem die Beschwerde zu, dessen Recht durch die Verfügung beeinträchtigt ist (BayObLGZ 1973, 224). Beschwerdeberechtigt ist jeder Erbe und jeder Testamentsvollstreckerprätendent, bei mehreren Testamentsvollstreckern auch diejenigen Testamentsvollstrecker, die den Antrag auf Erteilung des Testamentsvollstreckerzeugnisses nicht gestellt haben und durch das Testamentsvollstreckerzeugnis

in ihren Rechten als Mitvollstrecker beschränkt sein können. Gehört zum Nachlaß die Beteiligung an einer Personengesellschaft, sind auch die Mitgesellschafter beschwerdeberechtigt, wenn die Wahrnehmung der Gesellschafterrechte durch einen Testamentsvollstrecker weder im Gesellschaftsvertrag noch durch die Mitgesellschafter ad hoc für statthaft erklärt wurde (OLG Hamm FamRZ 1992, 113 m. Anm. *Reimann*).

Gegen die **Verweigerung** der Zeugniserteilung hat der Testamentsvollstrecker, nicht aber der Erbe oder ein Nachlaßgläubiger ein Beschwerderecht (§ 20 Abs. 2 FGG). **303**

h) Akteneinsicht, Abschriften, Kosten

Das Recht auf Akteneinsicht steht gemäß § 78 Abs. 1 FGG jedem zu, der ein **berechtigtes Interesse** daran glaubhaft macht; es ist gebührenfrei. Ausfertigungen des Testamentsvollstreckerzeugnisses kann jeder verlangen, der ein rechtliches Interesse daran glaubhaft macht (§ 85 S. 2 FGG). Das Finanzamt erhält gemäß § 12 ErbStV eine Mitteilung über Erteilung des Testamentsvollstreckerzeugnisses. Für die Erteilung des Erbscheins fällt die Gebühr nach § 109 Abs. 2 KostO an. Kostenschuldner ist der Antragsteller (§ 2 Nr. 1 KostO), darüberhinaus sind es die Erben (§ 3 Nr. 3 KostO; § 2206 BGB). **304**

3. Kapitel
Die Konstituierung des Nachlasses

Übersicht

Formulierungsvorschläge

Literatur: *Hachenburg,* Gesetz betreffend die Gesellschaften mit beschränkter Haftung, Großkommentar, 8. Aufl. 1992ff.; *Riegger/Weipert* (Herausgeber), Münchener Handbuch des Gesellschaftsrechts, Bd. 2, Kommanditgesellschaft – Stille Gesellschaft, 1991.

I. Nachlaßverzeichnis

1. Grundlage ordnungsgemäßer Verwaltung

a) Inbesitznahme des Nachlasses

1 Um seine Aufgabe, den Nachlaß zu verwalten, erfüllen zu können, ist der Testamentsvollstrecker **berechtigt und verpflichtet,** die Nachlaßgegenstände in Besitz zu nehmen (§ 2205 S. 2 BGB, §§ 854 Abs. 1, 857, 868 BGB). Da der Besitz nicht unmittelbar vom Erblasser auf den Testamentsvollstrecker übergeht, muß er sich den **unmittelbaren Besitz** sämtlicher nach seiner Auffassung zum Nachlaß gehörenden Gegenstände verschaffen. Er wird unmittelbarer, der Erbe mittelbarer Besitzer (§§ 854, 868 BGB; *Lange/Kuchinke* § 31 VI 1).

2 Das verwaltete Nachlaßvermögen erfährt eine **Doppelzuordnung:** die Rechtsträgerschaft verbleibt beim Erben, die tatsächliche und rechtliche Sachherrschaft geht auf den Testamentsvollstrecker über. Es findet eine **Absonderung** des Nachlasses vom Privatvermögen des Erben statt (MünchKommBGB/*Brandner* § 2205 Rdn. 1 und 3).

3 Nach der Annahme seines Amtes und dieser Inbesitznahme der Nachlaßgegenstände ist der Testamentsvollstrecker verpflichtet, dem Erben unverzüglich ein **Nachlaßverzeichnis** vorzulegen (§ 2215 Abs. 1 BGB). Diese Verpflichtung gilt auch für den **Ersatztestamentsvollstrecker** (§ 2197 Abs. 2 BGB) nach dessen Amtsantritt.

4 Die Verpflichtung entspricht der des Vorerben aus § 2121 BGB, ein Verzeichnis der Erbschaftsgegenstände mitzuteilen (MünchKommBGB/*Brandner* § 2215 Rdn. 1; *Staudinger/Reimann* § 2215 Rdn. 1). Die wesentlichen Unterschiede der beiden Vorschriften liegen darin, daß § 2215 BGB den Testamentsvollstrecker verpflichtet, **unverzüglich** (im Sinne des § 121 Abs. 1 BGB) nach der Annahme des Testa-

mentsvollstreckeramtes (§ 2202 BGB) zu handeln, **ohne eine Aufforderung des Erben** abwarten zu können (RG JW 1904, 338), während die Verzeichnis-Mitteilungsverpflichtung des Vorerben nach § 2121 Abs. 1 BGB erst mit dem Verlangen des Nacherben beginnt. Die Pflicht zur Verzeichnisvorlage endet mit der Amtskündigung, auch wenn bisher noch gar kein Verzeichnis erstellt worden war (OLG Koblenz NJW-RR 1993, 462).

Das vom Testamentsvollstrecker zu errichtende Verzeichnis hat **nur die seiner Verwaltung unterliegenden Nachlaßgegenstände** zu erfassen sowie die ihm bekannten **Nachlaßverbindlichkeiten,** das Verzeichnis des Vorerben nach § 2121 BGB muß dagegen die zur Erbschaft gehörenden Gegenstände schlechthin enthalten. 5

b) Auflistung der Nachlaßgegenstände und Nachlaßverbindlichkeiten

Pflichtaufgabe des Testamentsvollstreckers ist die **Auflistung der Nachlaßgegenstände und Nachlaßverbindlichkeiten** (Aktiva und Passiva). Eine wie bei der Inventarerrichtung durch den Erben nach § 2001 Abs. 2 BGB geschuldete **Beschreibung** der Nachlaßgegenstände wird von ihm **nicht** gefordert und ist nicht notwendig. Der Testamentsvollstrecker ist auch nicht verpflichtet, den **Wert** der einzelnen Nachlaßgegenstände selbst zu ermitteln oder – zB durch Einschaltung von Sachverständigen – ermitteln zu lassen, soweit er selbst dazu nicht in der Lage ist (BayObLG ZEV 1997, 381; *Staudinger/Reimann* § 2215 Rdn. 13; MünchKommBGB/*Brandner* § 2215 Rdn. 3; *Haegele/Winkler* Rdn. 487; *Sarres* ZEV 2000, 90, 92 unter 2.3). 6

Der Testamentsvollstrecker vergibt sich jedoch nichts und ist im Gegenteil gut beraten, ihm **bekannte Werte einzelner Gegenstände in das Nachlaßverzeichnis aufzunehmen,** soweit sie ihm vorliegen bzw. ohne weiteres ermittelt werden können. Jedenfalls sollte das Nachlaßverzeichnis wenigstens die pauschalen Wertangaben enthalten, die es ermöglichen, die **Gerichtsgebühren** einigermaßen korrekt zu ermitteln (s. auch *Reimann* Rdn. 633, 635; *Möhring/Beisswingert/Klingelhöffer* G V 10). Gehören Wertpapiere zum Nachlaß, ist eine Einzelauflistung nicht erforderlich, es genügt eine summarische Aufführung (zB Angabe der Depotnummern bei den verwahrenden Banken). 7

Darüber hinaus ist der Testamentsvollstrecker verpflichtet, den **Erben bei der Inventaraufnahme zu unterstützen** (§ 2215 Abs. 1 BGB am Ende, dazu näheres Rdn. 72ff.). Auch aus diesem Grund ist eine möglichst exakte Beschreibung der Nachlaßgegenstände und eine zumindest vorläufige Wertangabe nicht nur psychologisch wichtig und sinnvoll, sondern kann den Testamentsvollstrecker auch entlasten, wenn er eine ohnehin später geschuldete Leistung jetzt gleich bei der Konstituierung des Nachlasses durch die Vorlage eines so vervollständigten Verzeichnisses vorwegnimmt. 8

Die Auflistung der Nachlaßgegenstände und der Verbindlichkeiten erfordert deren **Erfassung.** Der Testamentsvollstrecker muß deshalb zunächst einmal den **Nachlaß sichten und feststellen,** welche Gegenstände im einzelnen zum Nachlaß gehören. Bei verzeichneten Nachlaßgegenständen (zB Immobilien im Grundbuch) ist diese Feststellung relativ einfach (anders allerdings schon bei Grundstükken im Ausland). Bei einem Betriebsvermögen hilft die Handelsbilanz. Bei beweglichen Gegenständen kann die Feststellung des Nachlasses erhebliche Schwierigkeiten bereiten. Der Testamentsvollstrecker ist deshalb verpflichtet, alle ihm gegebenen **Erkenntnismöglichkeiten auszuschöpfen** und vor allem alle verfügbaren Urkunden und sonstigen Unterlagen zu sichten und zu überprüfen (BGH NJW 1981, 1271). 9

10 Besondere Sorgfalt ist geboten bei der **Abgrenzung von Schenkungen des Erblassers und seinen letztwilligen Verfügungen.** Man unterscheidet dabei

a) **Schenkungen unter der Bedingung, daß der Beschenkte den Schenker überlebt.** Hierbei handelt es sich um ein Schenkungsversprechen, das nach § 2301 BGB den Formvorschriften über Verfügungen von Todeswegen unterfällt.

b) Die bereits **vollzogene Schenkung** folgt dagegen den Vorschriften über Schenkungen unter Lebenden (§ 2301 Abs. 2 BGB).

c) Als dritte Schenkungsform ist seit dem bekannten Bonifatiusfall des Reichsgerichts (RGZ 128, 187) die **Schenkung als Vertrag zugunsten Dritter auf den Todesfall,** im Gesetz nur unvollkommen geregelt, anerkannt und von der Rechtsprechung des BGH ständig bestätigt (BGH NJW 1984, 480; NJW 1987, 3131; MünchKommBGB/*Musielak* § 2301 Rdn. 31 ff.; RGRK/*Kregel* § 2301 Rdn. 17 und 18; *Palandt/Edenhofer* § 2301 Rdn. 17; zur Schenkung von Todes wegen im Internationalen Privatrecht OLG Düsseldorf ZEV 1995, 423; *Lorenz* ZEV 1996, 406).

11 Diese Abgrenzung ist nicht nur wichtig für die Ermittlung des **Nachlaßbestandes** insgesamt, also für die Frage, ob ein solcher Gegenstand überhaupt in den Nachlaß fällt, und für die Errechnung eines **Pflichtteilsergänzungsanspruches** (errechnet anhand der Verkehrswerte) nach § 2325 BGB, wo der Testamentsvollstrecker den Erben bei seiner Auskunfts- und Wertermittlungspflicht zu unterstützen hat (s. Rdn. 72), sondern – für die Berechnung der Erbschaftsteuern – auch dann, wenn die **Schenkung an den Erben selbst** ging.

12 **Beispiel:** Der Erblasser hatte seine langjährige Lebensgefährtin als Alleinerbin eingesetzt. Ehefrau und Tochter waren pflichtteilsberechtigt. Das Nachlaßvermögen, hauptsächlich bestehend aus Immobilien, betrug ca. 4 Mio. DM. Wegen des Ansatzes der Immobilien in der Erbschaftsteuererklärung nach altem, bis zum 31. 12. 1995 geltendem Recht lediglich mit ihrem Einheitswert × 140% (§§ 70 und 121 a BewG, § 12 Abs. 2 ErbStG), den beiden Pflichtteilen für Ehefrau und Tochter sowie einigen Vermächtnissen ergab sich steuerlich ein negativer Nachlaßwert, so daß die Erblasserin erbschaftssteuerfrei blieb. Auch das neue ab 1. 1. 1996 geltende Bewertungsrecht ändert nichts an der Grundsatzproblematik. Unbebaute Grundstücke sind mit ihren um 20% ermäßigten Bodenrichtwerten (nach § 196 BauGB) anzusetzen, bebaute Grundstücke mit ihrem Ertragswert, das ist das 12,5-fache der Jahresmiete (ohne Nebenkosten), vermindert um die Wertminderung wegen Alters (0,5% für jedes Jahr seit der Bezugsfertigkeit, höchstens jedoch 25%), § 12 Abs. 3 ErbStG iVm. §§ 145 und 146 BewG, s. dazu auch die Erbschaftsteuerrichtlinien vom 21. 12. 1998, BStBl. I Sonder-Nr. 2, S. 2 mit Erbschaftsteuerhinweisen vom 21. 12. 1998, BStBl. I S. 1529 (insbes. ErbStR R 17 und H 17) und gleichlautende Ländererlasse vom 9. 6. 2000, BStBl. I S. 810.

13 Im Nachlaß befand sich ein Wertpapierdepot mit einem Kurswert zum Todestag von ca. DM 350 000,–. Die Wertpapiere waren in einem Bankschließfach verwahrt. Sie trugen zwar – auf einem Umschlag – den Vermerk: „Für Frau X". Frau X, die Erbin, konnte jedoch glaubhaft dartun, von dieser Schenkung vor dem Tode des Erblassers nichts gewußt zu haben. Somit verblieb es bei der Erbschaftsteuer-Freiheit. Hätte es sich hier jedoch um **eine Schenkung unter Lebenden gehandelt,** hätte der negative Nacherwerb (Anfall des Nachlaßvermögens im Erbfall) den positiven Vorerwerb (Schenkung des Wertpapierdepots) nicht kompensieren können (§ 14 Abs. 1 S. 2 ErbStG). Es wäre eine Erbschaftsteuer in Höhe von rund DM 100 000,– entstanden. (Zur gemischten Schenkung siehe auch Erlaß betreffend schenkungssteuerliche Behandlung von gemischten Schenkungen sowie von Schenkungen unter einer Auflage vom 9. 11. 1989, BStBl. I S. 445, geändert durch Erlaß vom 6. 12. 1993, BStBl. I S. 1002).

c) Grundlage einer ordnungsgemäßen Amtsführung und Abwicklung

Das Nachlaßverzeichnis nach § 2215 BGB schafft **die Grundlage für eine ordnungsgemäße Amtsführung und Abwicklung** durch den Testamentsvollstrecker. Auf dem Nachlaßverzeichnis baut seine ordnungsgemäße Verwaltung (§ 2216 BGB) auf. Die Verpflichtung zur **Nachlaßherausgabe** und zur **Rechnungslegung** nach § 2218 BGB iVm. §§ 666 und 667 BGB ergibt sich ihrem Umfang nach aus dem zugrundeliegenden Nachlaßverzeichnis. Schließlich ist das Verzeichnis für die **Haftung des Testamentsvollstreckers** nach § 2219 BGB ein **unverzichtbares Abgrenzungskriterium** (*Staudinger/Reimann* § 2215 Rdn. 4f.; MünchKommBGB/*Brandner* § 2215 Rdn. 1; *Soergel/Damrau* § 2215 Rdn. 2; RGRK/*Kregel* § 2215 Rdn. 2; *Erman/M. Schmidt* § 2215 Rdn. 1; *Palandt/Edenhofer* § 2215 Rdn. 1; *Haegele/Winkler* Rdn. 486; *Mayer/Bonefeld/Daragan* Rdn. 96). 14

Von der Verpflichtung zur Vorlage des Nachlaßverzeichnisses kann der Erblasser den Testamentsvollstrecker **nicht befreien** (§ 2220 BGB). Damit soll sichergestellt werden, daß der **Grundbestand der dem Erben verbleibenden Rechte** (neben § 2215 BGB die §§ 2216 bis 2219 BGB) unangetastet bleibt und eine wirksame **Kontrolle** des Testamentsvollstreckerhandelns gewährleistet ist (MünchKommBGB/*Brandner* § 2215 Rdn. 1). Wohl aber kann der **Erbe** – auch stillschweigend – auf den ihm zugedachten Schutz **verzichten** und den Testamentsvollstrecker von der Pflicht zur Vorlage eines Nachlaßverzeichnisses befreien (OLG Hamburg OLGE 43, 403; *Soergel/Damrau* § 2215 Rdn. 1; RGRK/*Kregel* § 2215 Rdn. 1; *Staudinger/Reimann* § 2215 Rdn. 7). Ohne eine solche Befreiung verletzt der Testamentsvollstrecker seine Pflichten in grober Weise, wenn er kein Nachlaßverzeichnis aufstellt (LG Frankfurt BWNotZ 1981, 117; OLG Hamm Rpfleger 1986, 16; OLG Koblenz NJW-RR 1993, 462; *Lange/Kuchinke* § 31 VII 1 mit Fn. 334; *Zimmermann* Rdn. 344). 15

d) Zeitpunkt der Amtsannahme als Stichtag

§ 2215 Abs. 2 BGB schreibt nur vor, daß der Testamentsvollstrecker das Verzeichnis **mit der Angabe des Tages der Aufnahme** zu versehen hat, nicht jedoch, **zu welchem Stichtag** es aufgestellt werden muß. Infrage käme einmal der **Todestag** des Erblassers, zum anderen der Tag der **Annahme** des Testamentsvollstreckeramtes, gegebenenfalls auch der Tag der Erteilung des Testamentsvollstreckerzeugnisses. 16

Für die erste Lösung spricht, daß alle im Zeitpunkt des Erbfalles vorhandenen, in den Nachlaß fallenden Gegenstände auch der Verwaltung des Testamentsvollstreckers unterliegen. Jedoch können sich zwischen Erbfall und Annahme des Testamentsvollstreckeramtes – insbesondere wenn Streit über die Wirksamkeit einer Testamentsvollstreckeranordnung besteht und bis zur Amtsannahme eine längere Zeit vergeht – Verschiebungen und Veränderungen ergeben, die der Testamentsvollstrecker nicht ohne weiteres bereits bei seiner Nachlaßverzeichnung erkennen kann. Deshalb kann er nur **den Bestand im Zeitpunkt seiner Amtsannahme** verantwortlich verzeichnen (ebenso *Staudinger/Reimann* § 2215 Rdn. 9; *Mayer/Bonefeld/Daragan* Rdn. 104). Diesen Bestand muß er auf alle Fälle festhalten. Er darf dabei nicht zuwarten, bis ihm – für seine Tätigkeit mit Außenwirkung – das Testamentsvollstreckerzeugnis erteilt wurde. 17

Sinnvollerweise wird der Testamentsvollstrecker, sollte er feststellen, daß sich zwischen dem Zeitpunkt des Erbfalles und dem Zeitpunkt seiner Amtsannahme **Veränderungen ergeben haben** (ungeachtet einer Rückforderungsmöglichkeit und Rückforderungspflicht des Testamentsvollstreckers bei unberechtigten und unwirksamen Verfügungen in dieser Zwischenzeit), dies durch **einen besonderen** 18

Hinweis in dem Nachlaßverzeichnis vermerken (*Staudinger/Reimann* § 2215 Rdn. 9).

19 Auch für das in mancherlei Hinsicht (s. Rdn. 4) vergleichbare Verzeichnis des Vorerben nach § 2121 BGB ist **maßgeblicher Zeitpunkt** und damit **Stichtag** der Tag seiner **Errichtung** und nicht etwa der Erbfall (BGH NJW 1995, 456 = BGH 127, 360; MünchKommBGB/*Grunsky* § 2121 Rdn. 5; *Staudinger/Behrends/Avenarius* § 2121 Rdn. 4; RGRK/*Johannsen* § 2121 Rdn. 6; *Palandt/Edenhofer* § 2121 Rdn. 2; *Lange/Kuchinke* § 28 V 6).

2. Beweisfunktion

20 Ebenso wie das Nachlaßverzeichnis des Vorerben nach § 2121 Abs. 1 BGB ist das vom Testamentsvollstrecker nach § 2215 Abs. 1 BGB zu erstellende Nachlaßverzeichnis das **wichtigste Beweismittel für eine ordnungsgemäße Abwicklung** zwischen Testamentsvollstrecker und Erben bzw. dort zwischen Vor- und Nacherben. In beiden Fällen hat das Verzeichnis aber nur die Wirkung einer **frei zu würdigenden Urkunde,** der keine Vollständigkeitsvermutung zukommt (MünchKommBGB/*Grunsky* § 2121 Rdn. 6; *Staudinger/Behrends/Avenarius* § 2121 Rdn. 6; RGRK/*Johannsen* § 2121 Rdn. 7). Vollständigkeitsvermutung kommt nur dem Inventar des Erben nach § 2009 BGB zu (zum Inhalt der Vermutung des § 2009 BGB: MünchKommBGB/*Siegmann* § 2009 Rdn. 3 und Rdn. 5 im Verhältnis zu den Nachlaßgläubigern).

21 Das Nachlaßverzeichnis beweist somit, daß die in ihm aufgeführten Gegenstände **im Zeitpunkt seiner Errichtung** nach dem Wissen des Testamentsvollstreckers **zum Nachlaß gehörten.** Durch einfachen Gegenbeweis eines Beteiligten (zB eines Dritten, der Eigentumsrechte für sich beansprucht) kann die Nichtzugehörigkeit zum Nachlaß dargetan werden (*Staudinger/Behrends/Avenarius* § 2121 Rdn. 6).

22 Dieser einfache **Gegenbeweis** ist auch dann möglich, wenn eine amtliche Nachlaßverzeichnung stattgefunden hat. Diese hat zwar eine **höhere Richtigkeitsvermutung** als ein Privatverzeichnis für sich (BGHZ 33, 373, 376 = NJW 1961, 602 = LM BGB § 2314 Nr. 4; OLG Oldenburg NJW-RR 1993, 782), jedoch ist eben auch diese höhere Richtigkeitsvermutung **widerleglich.**

23 Die **Widerleglichkeit** des Nachlaßverzeichnisses **ändert nichts an** seiner **grundlegenden Bedeutung** für eine ordnungsgemäße Nachlaßabwicklung.

3. Form des Nachlaßverzeichnisses

24 § 2515 Abs. 1 BGB spricht nur von einer „Mitteilung" des Verzeichnisses an den Erben. Deshalb könnte man – ungeachtet seiner Beweissicherungsfunktion – auch daran denken, daß eine mündliche Mitteilung an den Erben genügen würde. Da Abs. 2 jedoch vorschreibt, das **Verzeichnis mit Datumsangabe** (Tag der Aufnahme) zu versehen und es außerdem vom Testamentsvollstrecker **zu unterzeichnen** ist (auf Verlangen hat der Testamentsvollstrecker seine Unterzeichnung auch öffentlich beglaubigen zu lassen, § 129 BGB, §§ 36, 39, 40, 63 BeurkG), folgt daraus das **Schriftformerfordernis** (zur Schriftform des Vorerbenverzeichnisses: MünchKommBGB/*Grunsky* § 2121 Rdn. 8; *Staudinger/Behrends/Avenarius* § 2121 Rdn. 5; *Palandt/Edenhofer* § 2121 Rdn. 3). Ein **Verzicht** des Erben, auch ein stillschweigender, auf die Unterzeichnung ist zulässig (RGRK/*Kregel* § 2215 Rdn. 6). In diesem Fall genügt dann eine mündliche Auskunft.

25 Nach § 2215 Abs. 3 BGB kann **der Erbe verlangen,** daß er vom Testamentsvollstrecker bei der Erstellung des Nachlaßverzeichnisses **zugezogen** wird. Um

diese Möglichkeit des Erben sicherzustellen, ist der Testamentsvollstrecker verpflichtet, ihm den **Termin zur Aufnahme** des Verzeichnisses rechtzeitig mitzuteilen (*Soergel/Damrau* § 2215 Rdn. 2). Der Erbe hat nur das Recht, nicht die Pflicht, bei der Aufnahme des Verzeichnisses zugegen zu sein, auch dann nicht, wenn der Testamentsvollstrecker seine Anwesenheit wünscht oder gar verlangen sollte. Irgendeine **Mitwirkungspflicht trifft den Erben nicht.** Er ist weder verpflichtet, die Richtigkeit des vom Testamentsvollstrecker aufgestellten Verzeichnisses anzuerkennen noch es mitzuunterzeichnen (RGRK/*Kregel* § 2215 Rdn. 7).

4. Amtliche Nachlaßverzeichnisse, Länderregelungen

Der Testamentsvollstrecker ist berechtigt, das Verzeichnis durch die **zuständige Behörde,** einen **zuständigen Beamten oder Notar** aufnehmen zu lassen. Verlangt der Erbe diese amtliche Nachlaßverzeichnung, ist der Testamentsvollstrecker hierzu **verpflichtet** (§ 2215 Abs. 4 BGB, entsprechend die Regelung beim Vorerbenverzeichnis nach § 2121 Abs. 3 BGB). 26

Entscheidend ist hierbei, daß das Verzeichnis von einer **sachlich zuständigen Stelle** aufgenommen wird, während es ebenso wie bei der Aufnahme des Inventars durch den Erben nach § 2002 BGB nicht auf die örtliche Zuständigkeit ankommt. Es genügt **eine** zuständige Stelle (MünchKommBGB/*Siegmann* § 2002 Rdn. 3; *Staudinger/Marotzke* § 2002 Rdn. 3; RGRK/*Johannsen* § 2002 Rdn. 7). Nach **Bundesrecht** (§ 20 Abs. 1 BNotO) ist der **Notar** zur Aufnahme dieses Verzeichnisses zuständig. Seine örtliche Zuständigkeit richtet sich ebenso wie die sachliche und örtliche Zuständigkeit der mitgenannten „zuständigen Behörde" oder eines „zuständigen Beamten" nach Landesrecht gemäß § 20 Abs. 4 BNotO, Art. 147 EGBGB. 27

Danach sind in den **einzelnen Bundesländern** für die amtliche Nachlaßaufnahme zuständig: 28

- in **Baden-Württemberg:** der Notar (als Nachlaßgericht), §§ 40 Abs. 3, 41 Abs. 5 bad.-württ. LFGG;
- in **Bayern:** der Notar, Art. 2 bay. Notariatsgesetz;
- in **Bremen:** die Notare, aber auch die Gerichtsvollzieher, § 63 Abs. 2 brem. AGBGB;
- in **Hamburg:** die Notare und Gerichtsvollzieher, § 78 hamb. AGBGB;
- in **Hessen:** Amtsgericht, der Notar, Art. 38, 44 Abs. 1 Nr. 6, 46 Nr. 2, 45 Abs. 1 Nr. 3, 86 hess. FGG (gegebenenfalls auch Gerichtsvollzieher und Ortsgerichte durch Übertragung nach § 5 Ortsgerichtsgesetz in der Fassung vom 2. 4. 1980);
- in **Niedersachsen:** Notar, Urkundsbeamte der Geschäftsstelle des Amtsgerichts, Gerichtsvollzieher, Art. 13, 24 Nr. 2, 25 Nr. 2 nds. FGG;
- in **Rheinland-Pfalz** sind seit dem 8. Rechtsbereinigungsgesetz vom 12. 10. 1995 (GVBl. S. 421, 426) die Notare (durch Anordnung des Nachlaßgerichts) und die Gerichtsvollzieher sachlich zuständig (§ 13 LFGG und § 9 Abs. 1 Nr. 7 AGGVG);
- im **Saarland** ist Art. 31 preuß. FGG, das in den ehemals preußischen Landesteilen die Zuständigkeit dem Amtsgericht und dem Notar zugewiesen hatte, durch das 5. Rechtsbereinigungsgesetz vom 5. 2. 1997 (Amtsblatt S. 528) aufgehoben worden. Es gibt jetzt keine spezielle landesrechtliche Regelung mehr. Zuständig ist also der Notar nach § 20 Abs. 1 BNotO;

In den **neuen Bundesländern** gelten folgende Zuständigkeitsregelungen: 29

- In **Brandenburg, Sachsen und Sachsen-Anhalt** ergibt sich die Zuständigkeit des Notars jetzt auch aus § 20 Abs. 1 BNotO, nachdem durch Art. 13 des Drit-

ten Gesetzes zur Änderung der Bundesnotarordnung und anderer Gesetze vom 31. 8. 1998 (BGBl I S. 2585) die Verordnung über die Tätigkeit von Notaren in eigener Praxis vom 20. 6. 1990 (DDR-GBl. I Nr. 37, S. 475) aufgehoben wurde;
- in **Mecklenburg-Vorpommern:** die Gerichtsvollzieher im Auftrag des Gerichts, § 10 Abs. 1 Nr. 3 des Gesetzes zur Ausführung des Gerichtsstrukturgesetzes vom 10. 6. 1992 (GVBl. S. 314);
- in **Thüringen** übertragen die für die Nachlaßaufnahme nicht zuständigen Amtsgerichte diese Aufgabe auf Antrag des Erben einer Behörde, einem Beamten (Urkundsbeamten der Geschäftsstelle bei den Amtsgerichten) oder einem Notar, §§ 5, 12 Abs. 2 ThürAGGVG vom 12. 10. 1993 idF v. 10. 11. 1995 (GVBl. 1993 S. 612 und 1995 S. 341).

Zu diesen Zuständigkeiten siehe auch *Keidel/Kuntze/Winkler* FGG § 77 Rdn. 5; *Firsching/Graf* Teil 4 Rdn. 4.732; MünchKommBGB/*Siegmann* § 2002 Rdn. 3.

30 **Ein amtliches Nachlaßverzeichnis** kann der Erbe (zu den weiteren Berechtigten Rdn. 34ff.) auch **noch nach längerer Zeit verlangen** (RG JW 1916, 673; MünchKommBGB/*Brandner* § 2215 Rdn. 5). Der Testamentsvollstrecker kann – ohne ein besonderes Verlangen des Erben – von sich aus daran interessiert sein, das Verzeichnis **durch die zuständige Behörde** aufnehmen zu lassen (MünchKommBGB/*Brandner* § 2215 Rdn. 5 unter Hinweis auf die Protokolle V, 312). Die aufnehmende Amtsperson ist nach herrschender Auffassung zur Vornahme von Ermittlungen berechtigt und verpflichtet und damit für den Inhalt des Verzeichnisses – neben dem Testamentsvollstrecker – verantwortlich. Deshalb wird dem Anspruch des Erben – wie dem des Pflichtteilsberechtigten nach § 2314 Abs. 1 S. 3 BGB – auf die amtliche Verzeichnung wegen ihrer größeren **Richtigkeitsgarantien** besondere Bedeutung beigemessen (BGHZ 33, 373, 377 = NJW 1961, 602 = LM BGB § 2314 Nr. 4; OLG Oldenburg NJW-RR 1993, 782; liegt jedoch bereits ein geordnetes Nachlaßverzeichnis vor, kann ein später aufgenommenes amtliches Nachlaßverzeichnis, wenn die zuständige Behörde zB ausschließlich auf Angaben des Testamentsvollstreckers angewiesen ist, nicht zu einer höheren Richtigkeitsvermutung oder einer sonstigen Qualifizierung des Nachlaßverzeichnisses führen, OLG Köln NJW-RR 1992, 8 für den Anspruch eines mit einem Vermächtnis bedachten Pflichtteilsberechtigten nach Verjährung des Pflichtteilsanspruches).

31 Entscheidend ist in jedem Falle die **Sorgfalt und Gewissenhaftigkeit,** mit der der Testamentsvollstrecker sein Verzeichnis aufstellt und gliedert. Wenn er dann noch die nach Landesrecht sachlich zuständige Stelle einschaltet, wird diese Hinzuziehung in vielen Fällen in bezug auf den Erben eine nicht unerhebliche **psychologische Bedeutung** entfalten und damit mittelbar zu einem **stärkerem Gewicht des Nachlaßverzeichnisses** beitragen.

5. Eidesstattliche Versicherung

32 Liegen **Anhaltspunkte** dafür vor, daß der Testamentsvollstrecker nicht mit der erforderlichen Sorgfalt vorgegangen ist, kann er verpflichtet sein, die **Vollständigkeit und Richtigkeit** des von ihm vorgelegten Verzeichnisses **eidesstattlich zu versichern.** Diese Verpflichtung ergibt sich aus § 2218 Abs. 1 BGB, wonach auf das Rechtsverhältnis zwischen Testamentsvollstrecker und Erben ua. auch § 666 BGB und damit auch die Vorschriften über die Abgabe einer eidesstattlichen Versicherung nach §§ 260, 261 BGB anwendbar sind. Wenn also die Voraussetzungen des § 260 Abs. 2 BGB – Besorgnis mangelnder Sorgfalt bei der Aufstellung – gegeben sind, ist der Testamentsvollstrecker zur Abgabe einer eidesstattlichen Versicherung **verpflichtet** (RG JW 1913, 1150; RG WarnR 1914 Nr. 8; OLG Mün-

chen OLGE 40, 134; BGH WM 1964, 950; *Staudinger/Reimann* § 2215 Rdn. 16; MünchKommBGB/*Brandner* § 2215 Rdn. 6; *Haegele/Winkler* Rdn. 493; aA *Kipp/Coing* § 73 II 1: eine Pflicht zur Abgabe der eidesstattlichen Versicherung komme erst bei der Rechenschaftsablegung und Vermögensherausgabe infrage – unter Hinweis auf OLG München OLGE 40, 134).

Zuständig ist das **Amtsgericht,** in dessen Bezirk die Nachlaßverzeichnis- 33
Verpflichtung zu erfüllen ist (§ 261 Abs. 1 S. 1 BGB, §§ 163, 79 FGG). Wenn die Abgabe der eidesstattlichen Versicherung klageweise erzwungen werden muß, ist das **Prozeßgericht** für ihre Abnahme zuständig § (889 ZPO; dazu auch *Haegele/Winkler* Rdn. 493 und ausführlich 6. Kap. Rdn. 126ff.).

6. Kreis der Forderungsberechtigten

Die Verpflichtung des Testamentsvollstreckers, ein Nachlaßverzeichnis aufzu- 34
stellen, besteht nicht nur gegenüber dem **Erben** (also gegenüber dem Alleinerben und jedem Miterben bezüglich des gesamten Nachlasses bei einer Erbengemeinschaft), sondern auch gegenüber dem **Nacherben nach Eintritt des Nacherbfalles** (nicht dagegen vor dessen Eintritt, KG OLGE 18, 344). Forderungsberechtigt sind weiterhin auch **Gläubiger,** die einen Erbteil gepfändet haben, und der an einer Erbschaft oder an einem Erbteil **Nießbrauchsberechtigte** (*Staudinger/Reimann* § 2215 Rdn. 17; MünchKommBGB/*Brandner* § 2215 Rdn. 2; *Haegele/Winkler* Rdn. 485).

Dagegen können vom Testamentsvollstrecker die Aufstellung eines Nachlaßver- 35
zeichnisses **nicht** verlangen der **Vermächtnisnehmer** (so schon RG JW 1904, 334) und der **Pflichtteilsberechtigte** (RGZ 50, 225). Ist einem Vermächtnisnehmer jedoch gleichzeitig der Nießbrauch am Nachlaß oder an einem Erbteil zugewendet, folgt die Pflicht des Testamentsvollstreckers zur Aufstellung eines Nachlaßverzeichnisses und zur Auskunft auch gegenüber dem Vermächtnisnehmer aus §§ 1035, 1068 BGB (RG JW 1904, 338; *Staudinger/Reimann* § 2215 Rdn. 14; RGRK/*Kregel* § 2215 Rdn. 2).

Aus der allgemeinen **Schadensersatzverpflichtung des Testamentsvoll-** 36
streckers nach § 2219 Abs. 1 BGB kann sich für ihn auch eine **mittelbare Verpflichtung** ergeben, dem bloßen Vermächtnisnehmer im Einzelfall ein Nachlaßverzeichnis vorzulegen. Wenn zB ohne ordnungsgemäßes Nachlaßverzeichnis und Auskunftsteilung ein **vermachter Gegenstand nicht bestimmt** und damit auch nicht übergeben werden könnte, wird der Testamentsvollstrecker von sich aktiv werden und den Vermächtnisnehmer durch rechtzeitige Erfüllung seiner Pflichten auch ihm gegenüber klaglos stellen. Ist nämlich die Leistung eines vermachten Gegenstandes durch ein Verschulden des Testamentsvollstreckers unmöglich geworden, kann der Vermächtnisnehmer den Testamentsvollstrecker **auch dann auf Schadensersatz** in Anspruch nehmen, wenn ihm ein Ersatzanspruch gegen den mit dem Vermächtnis beschwerten Erben zusteht. Er ist nicht verpflichtet, zunächst gegen den Erben vorzugehen. Er kann sich direkt an den Testamentsvollstrecker wenden (BGH LM BGB § 2258 Nr. 1; ferner BGH WM 1964, 950, 953 = DB 1964, 1370, dazu auch 6. Kap. Rdn. 34ff.; MünchKommBGB/*Brandner* § 2219 Rdn. 7; *Staudinger/Reimann* § 2215 Rdn. 17).

7. Eltern als Testamentsvollstrecker

Ist ein Testamentsvollstrecker als Elternteil eines minderjährigen Erben zugleich 37
dessen **gesetzlicher Vertreter,** wird teilweise gefordert, zur Prüfung des von ihm

vorgelegten Nachlaßverzeichnisses müsse ein **Pfleger** bestellt werden. Der gesetzliche Vertreter sei von der Prüfung des von ihm selbst als Testamentsvollstrecker aufgestellten Vermögensverzeichnisses nach §§ 1630, 1795, 181 BGB ausgeschlossen (so noch *Soergel/Damrau* § 2215 Rdn. 7; OLG Hamm FamRZ 1993, 112; *Hartmann* Abschn. 2261).

38 Nach anderer Auffassung trifft den gesetzlichen Vertreter die **Inventarisierungsverpflichtung** aus § 1640 BGB (früher: Verzeichnis des Kindesvermögens nach § 1682 BGB; durch das Gesetz zur Neuregelung des Rechts der elterlichen Sorge vom 18. 7. 1979, BGBl. I S. 1061 wurde § 1682 BGB aufgehoben und § 1640 BGB neu eingefügt) nicht in seiner Eigenschaft als Testamentsvollstrecker, sondern **als Verwalter des Kindesvermögens.** Diese Eigenschaft und Verantwortung wird ihm durch seine gleichzeitige Funktion als Testamentsvollstrecker nicht genommen. Er ist nach wie vor uneingeschränkt in der Lage, seine Verpflichtung aus § 1640 BGB (früher § 1682 BGB) zu erfüllen (KG JW 1936, 2748).

39 Für die Prüfung des Nachlaßverzeichnisses ist somit die Bestellung eines **Ergänzungspflegers** nach § 1909 BGB **nicht erforderlich** (*Damrau* ZEV 1994, 1; *Staudinger/Reimann* § 2215 Rdn. 8; MünchKommBGB/*Brandner* § 2215 Rdn. 9; *Haegele/Winkler* Rdn. 491; aA OLG Hamm FamRZ 1993, 1122; *Zimmermann* Rdn. 194: Aus der Doppelstellung als Testamentsvollstrecker und gesetzlicher Vertreter ergebe sich ein Interessengegensatz, der Anlaß für eine Ergänzungspflegschaft sein könne). Der Testamentsvollstrecker-Elternteil muß jedoch das von ihm erstellte Nachlaßverzeichnis nach § 1640 Abs. 1 BGB dem **Vormundschaftsgericht** einreichen, sofern nicht eine der Ausnahmen nach § 1640 Abs. 2 BGB (Wert eines Vermögensgegenstandes liegt nicht höher als DM 30 000,– oder der Erblasser bzw. der Zuwendende hat eine abweichende Anordnung getroffen) vorliegt. Dadurch wird der minderjährige Erbe ausreichend geschützt (*Staudinger/Reimann* § 2215 Rdn. 8; MünchKommBGB/*Brandner* § 2215 Rdn. 9).

8. Kosten, Sicherheitsleistung

40 Nach § 2215 Abs. 5 BGB trägt der **Nachlaß die Kosten** der Aufstellung des Nachlaßverzeichnisses und der öffentlichen Beglaubigung der Unterschrift des Testamentsvollstreckers, soweit eine solche verlangt worden ist.

41 Diese Kosten sind in einer **Nachlaßinsolvenz** (§§ 11 Abs. 2 Nr. 2, 315 ff. InsO) Masseverbindlichkeiten (§ 324 Abs. 1 Nr. 5 InsO).

42 Wird der **Testamentsvollstrecker** kostenpflichtig **verurteilt,** ein Nachlaßverzeichnis vorzulegen oder dem Erben die weiter geschuldete erforderliche Beihilfe zu leisten, hat er diese **Kosten persönlich** zu tragen. Der Nachlaß darf damit nicht belastet werden. Würde der Testamentsvollstrecker nämlich dennoch diese Kosten dem Nachlaß entnehmen, hätte er sie aufgrund seiner **Verpflichtung zur Schadensersatzleistung** nach § 2219 BGB sofort wieder dem Nachlaß zu erstatten (*Soergel/Damrau* § 2215 Rdn. 5; MünchKommBGB/*Brandner* § 2215 Rdn. 7 unter Hinweis auf KG OLGE 10, 303; RGRK/*Kregel* § 2215 Rdn. 9; *Staudinger/Reimann* § 2215 Rdn. 18).

43 Das Gesetz sieht keine Möglichkeit vor, nach der der Erbe vor der Aufnahme der Tätigkeit des Testamentsvollstreckers etwa **Sicherheitsleistung** für dessen Tätigkeit, die ja **erheblich in seine Erbenstellung eingreift,** fordern könnte. Nur der Erblasser selbst könnte bei der Anordnung der Testamentsvollstreckung eine solche Regelung treffen: er kann zB die Ernennung zum Testamentsvollstrecker von einer vorherigen Sicherheitsleistung des von ihm Auserwählten abhängig machen. Die Testamentsvollstreckung steht dann unter einer **aufschiebenden** (Auf-

nahme des Amtes erst nach Sicherheitsleistung möglich) oder **auflösenden** (Wegfall der Ernennung, wenn keine Sicherheit geleistet wird) **Bedingung** (s. a. *Staudinger/Reimann* § 2215 Rdn. 19).

9. Erbteilstestamentsvollstreckung

Die Testamentsvollstreckung kann nach § 2208 Abs. 1 S. 2 BGB auf **einzelne Nachlaßgegenstände** beschränkt sein wie beispielsweise auf ein Unternehmen, auf die Verwaltung eines Geschäfts- oder Gesellschaftsanteils, eine wertvolle Gemäldesammlung, das Eigentum (Miteigentum) an Immobilien oder auch an einem Urheberrecht nach § 28 Abs. 1 UrhG (MünchKommBGB/*Brandner* § 2208 Rdn. 8; *Staudinger/Reimann* § 2208, Rdn. 8; *Palandt/Edenhofer* Einf. v. § 2197 Rdn. 9). 44

Nach ganz herrschender Auffassung ist die Beschränkung der Testamentsvollstreckung auf **den Erbteil** eines oder **die Erbteile** mehrerer Miterben ebenfalls und ohne weiteres zulässig (MünchKomm/*Brandner* § 2208 Rdn. 11; *Staudinger/Reimann* § 2208 Rdn. 16 und § 2205 Rdn. 16; *Palandt/Edenhofer* Einf. v. § 2197, Rdn. 9). Die Erbteilsvollstreckung kann vom Erblasser von vornherein so angeordnet sein. Sie kann sich aber auch daraus ergeben, daß die Anordnung der Testamentsvollstreckung für den gesamten Nachlaß unwirksam ist (weil beispielsweise eine erbvertragliche Bindung entgegensteht, § 2289 Abs. 1 S. BGB). Eine solche Verfügung kann nach § 2084 BGB so ausgelegt werden, daß die Testamentsvollstreckung nur für einen bestimmten Erbteil gelten soll (BGH NJW 1962, 912; BayObLG FamRZ 1991, 231). 45

Richtiger Auffassung nach handelt es sich bei der Testamentsvollstreckung für einen Erbteil jedoch nicht um eine gegenständlich oder inhaltlich beschränkte Testamentsvollstreckung wie bei § 2208 Abs. 1 S. 2 BGB. Sie ist **wesensgleich mit der Testamentsvollstreckung über den Gesamtnachlaß** (alle Erbteile). Es ist ein und dieselbe Rechtsform der Testamentsvollstreckung, auf die die §§ 2190ff. BGB anzuwenden sind. Grenzen ergeben sich lediglich aus den Vorschriften über die **Erbengemeinschaft** nach § 2033ff. BGB (BGH NJW 1962, 912, 913; *v. Preuschen* FamRZ 1993, 1390, 1392f.; *Muscheler* AcP 195 (1995), 35, 50; *Staudinger/Reimann* § 2208 Rdn. 16). Die sich auf den Gesamtnachlaß beziehende Verwaltungskompetenz des Erbteil-Testamentsvollstreckers ist beschränkt durch die sich ebenfalls auf den gesamten Nachlaß beziehenden **Mitverwaltungsrechte der vollstreckungsfreien Erben** (*Muscheler* AcP 195 (1995), 35, 52). 46

Aus der prinzipiellen Gleichstellung der Testamentsvollstreckung über den Gesamtnachlaß und der lediglich über einen einzelnen Erbteil wird gefolgert, daß der Testamentsvollstrecker über §§ 2209 S. 2, 2207 BGB auch hier **gemeinschaftliche Nachlaßverbindlichkeiten** im Sinne von § 2058 BGB begründen könne (*Muscheler* AcP 195 (1995), 35, 48, 60; *ders.,* Die Haftungsordnung der Testamentsvollstreckung, 1994, S. 251ff.). Dem ist jedoch entgegenzuhalten, daß **vor** Teilung des Nachlasses der Teil-Vollstrecker zur Verwaltung dieses Nachlasses und zur Verfügung über Nachlaßgegenstände nur **zusammen** mit den übrigen Miterben berechtigt ist (§§ 2038 Abs. 1 S. 1, 2040 BGB; *Muscheler* AcP 195 (1995), 35, 57; *v. Peuschen* FamRZ 1993, 1390, 1392; *Staudinger/Reimann* § 2208 Rdn. 16). Deshalb kann ein Erbteils-Testamentsvollstrecker gemeinsame Nachlaßverbindlichkeiten, sofern er alleine handelt, nur bei nach § 2038 Abs. 1 S. 2 2. Halbs. BGB zulässigen **Notgeschäftsführungsmaßnahmen** begründen. Entsteht aus dem Handeln des Erbteilvollstreckers eine Nachlaßverbindlichkeit, ohne daß die Vor- 47 aussetzungen von § 2038 Abs. 1 S. 2 2. Halbs. BGB vorliegen, weil ihm der Erblasser für bestimmte Fallkonstellationen Alleinverpflichtungsmacht eingeräumt hat, kann ebenfalls eine gemeinschaftliche Nachlaßverbindlichkeit und nicht etwa nur eine Erbteilsverbindlichkeit entstehen als Rechtsfolge des § 2206 Abs. 1 BGB. Die **Kosten** einer nur für einen Miterbenanteil angeordneten Testamentsvollstreckung sind jedoch von allen Miterben in der ungeteilten Erbengemeinschaft **gemeinschaftlich zu tragen,** wenn der Erblasser, was zulässig ist, nichts anderes verfügt hat (BGH NJW 1997, 326 = LM BGB § 2221 Nr. 7).

48 **Nach der Teilung des Nachlasses** verwaltet der Erbteilsvollstrecker die dem durch diese Verwaltungsrechte beschränkten Miterben zugewiesenen Vermögensgegenstände uneingeschränkt (wie oben unter Rdn. 1 ff. für den General-Vollstrecker). Die Mitwirkungsrechte der übrigen Miterben entfallen. Der Teil-Vollstrecker kann im Rahmen des § 2206 BGB – sofern die Vollstreckung nicht mit der Auseinandersetzung endet – Nachlaßverbindlichkeiten eingehen. Diese betreffen jedoch nicht den Gesamtnachlaß, da ein solcher nach der Auseinandersetzung nicht mehr vorhanden ist, sondern nur die dem Miterben zugewiesenen Vermögensgegenstände, für dessen Erbteil die Testamentsvollstreckung angeordnet war. Der betroffene Miterbe haftet für diese Nachlaßverbindlichkeiten nicht mit seinem sonstigen Vermögen, sondern nur mit den Vermögensgegenständen, die ihm bei der Erbauseinandersetzung zugewiesen worden waren (*Staudinger/Reimann* § 2208 Rdn. 16; *Muscheler* AcP 195 (1995), 35, 60). Für den unter Testamentsvollstreckung stehenden Miterben kommt es auf keinen Fall zu einer persönlichen Eigenschuld (*Muscheler* AcP 195 (1995), 35, 60).

49 Im Gegensatz zum Regeltestamentsvollstrecker kann der Erbteilsvollstrecker **nicht die Auseinandersetzung selbst bewirken** über einen verbindlichen Auseinandersetzungsplan nach § 2204 Abs. 2 BGB, er kann lediglich wie jeder der Vollstreckung nicht unterliegende Miterbe die Auseinandersetzung des Nachlasses nach § 2042 Abs. 1 BGB **verlangen** (*Staudinger/Reimann* § 2208, Rdn. 16; *v. Preuschen* FamRZ 1993, 1390, 1391; *Muscheler* AcP 195 (1995), 35, 55, 70; MünchKommBGB/*Brandner* § 2208 Rdn. 11 und § 2204 Rdn. 20; *Palandt/Edenhofer* § 2204 Rdn. 6).

50 Der Erbteilsvollstrecker kann **weder über den seiner Vollstreckung unterliegenden Erbteil** noch über den Anteil des vollstreckungsbelasteten Miterben an einzelnen Gegenständen **verfügen.** Erstere Rechtsmacht steht nur dem Miterben selbst zu (§ 2033 Abs. 1 BGB). Über einzelne Nachlaßgegenstände kann auch der Miterbe selbst wegen § 2233 Abs. 2 BGB nicht verfügen. Auch der Erblasser kann die Rechtsmacht des Erbteilsvollstreckers (wie generell auch die eines Generalvollstreckers) nicht erweitern und den Testamentsvollstrecker weder ermächtigen, über einen Erbteil zu verfügen noch die Verfügung über einen Miterbenanteil von seiner Zustimmung abhängig zu machen (MünchKommBGB/*Brandner* § 2208 Rdn. 11 und § 2203 Rdn. 3; RGRK/*Kregel* § 2208 Rdn. 10; *Staudinger/Reimann* § 2208 Rdn. 16 und § 2205 Rdn. 33; *Palandt/Edenhofer* § 2208 Rdn. 6).

51 Streitig ist, ob der Testamentsvollstrecker das **Vorkaufsrecht** für den Miterben, dessen Erbteil er verwaltet, nach § 2034 BGB ausüben darf (bejahend MünchKommBGB/*Brandner* § 2208 Rdn. 11; *Staudinger/Reimann* § 2208 Rdn. 16; *Palandt/Edenhofer* § 2204 Rdn. 6; verneinend *Muscheler* AcP 195 (1995), 35, 58). Auch wenn die Folgen der Ausübung des Vorkaufsrechts den Miterben mit einer Kaufpreiseigenschuld belastet, verdrängt unserer Auffassung nach das umfassende Verwaltungsrecht des Erbteilsvollstreckers über diesen Erbteil (ebenso wie die Kompetenz des Regeltestamentsvollstreckers) die Ausübungsbefugnis des mit einer Testamentsvollstreckung belasteten Miterben. Korrektiv gegen eventuelle Fehlent-

scheidungen des Erbteilvollstreckers ist auch hier die Schadensersatzverpflichtung nach § 2219 BGB.

52 Der Erbteil gehört zum Eigenvermögen des Erben. Deshalb können **Eigengläubiger ihn pfänden** sowohl bei der Regel- als auch bei der Erbteilstestamentsvollstreckung. § 2214 BGB hindert nur die Zwangsvollstreckung in einzelne Nachlaßgegenstände, die der Testamentsvollstrecker verwaltet. **Drittschuldner** bei der Erbteilstestamentsvollstreckung sind sowohl der Erbteilstestamentsvollstrecker als auch die übrigen testamentsvollstreckerfreien Miterben, da diese mit dem Einzelvollstrecker den Nachlaß gemeinsam verwalten (*Muscheler* AcP 195 (1995), 35, 66). Bei Erbteilspfändung kann, sofern ein Grundstück zum Nachlaß gehört, diese Pfändung – ohne Zustimmung des Testamtensvollstreckers – im Grundbuch eingetragen werden. Sie ist jedoch nach § 84 GBO als gegenstandslos zu löschen, wenn der Erbteilsvollstrecker zusammen mit den übrigen Miterben gemeinschaftlich über das Nachlaßgrundstück verfügt hat (*Muscheler* AcP 195 (1995), 35, 67; *Staudinger/Reimann* § 2205 Rdn. 35; MünchKommBGB/*Brandner* § 2214 Rdn. 4).

53 Hat der Erbteilstestamentsvollstrecker **nach der Auseinandersetzung** die einem Miterben zugeteilten Vermögensgegenstände **weiterhin zu verwalten,** so geht das – frühere – Pfändungspfandrecht am Erbteil dieses Miterben-Schuldners gem. § 2214 BGB ersatzlos unter, weil jetzt kein Erbteil mehr, sondern nur noch einzelne – frühere – Nachlaßgegenstände vorhanden sind (*Muscheler* AcP 195 (1995), 35, 67).

54 Ist Erbteilstestamentsvollstreckung angeordnet, ist diese Vollstreckung nur in dem für den belasteten Miterben ausgestellten **Teilerbschein** anzugeben. Bei einem gemeinschaftlichen Erbschein ist anzugeben, für welchen Erbteil Testamentsvollstreckung angeordnet ist (*Muscheler* AcP 195 (1995), 35, 58; *Lange/Kuchinke* § 39 V 2 mit Fn. 182).

10. Muster eines Nachlaßverzeichnisses nach § 2215 BGB

55 Der am 8. April 2000
in (Sterbeort)
verstorbene Erblasser (Angabe der Personalien, Geburtstag, Beruf, Güterstand)
hat mich in seinem privatschriftlichen Testament/Ehegattentestament/notariellen Testament
vom 9. März 1997
zum Testamentsvollstrecker ernannt.
Die Testamentseröffnung hat stattgefunden am 14. April 2000 vor dem Nachlaßgericht in A-Stadt.
Ich habe das Amt des Testamentsvollstreckers am 25. April 2000 angenommen.
Das Testamentsvollstreckerzeugnis wurde vom Nachlaßgericht am 27. April 2000 erteilt.
Ich erstelle nach § 2215 BGB folgendes

Nachlaßverzeichnis,
aufgestellt auf den 25. April 2000, dem Tag der Aufnahme meiner Amtstätigkeit.

A. Aktiva

I. Bebaute Grundstücke

56 1. Mehrfamilien-Wohnhaus, X-Straße 5 in A-Stadt, Flurstück Nr. 2.413, eingetragen im Grundbuch von A-Stadt Nr. 47, 1235 qm,
Verkehrswert (geschätzt von Gutachter Z, Gutachten vom 17. 1. 2000) DM ....

2. Miteigentum zu 118/1000 am Grundstück Flurstück Nr. 320/1, Wohnhaus Sonnenstraße 15 in B-Dorf, verbunden mit dem Sondereigentum an der im Aufteilungsplan mit Nr. 7 bezeichneten Wohnung im 2. OG rechts, 74 qm, eingetragen im Wohnungsgrundbuch von C-Stadt Nr. 4718, Verkehrswert (geschätzt von Gutachter Z, Gutachten vom 17. 1. 2000) DM ....

3. ... DM ....

Summe bebaute Grundstücke DM ....

II. Unbebaute Grundstücke

57 1. Flurstück-Nr. 17, 1,673 ha, Wald, eingetragen im Grundbuch von A-Stadt Nr. 48
Verkehrswert (von mir vorläufig geschätzt nach Angaben des Forstamtes A) DM ....

2. ... DM ....

... DM ....

... DM ....

Summe unbebaute Grundstücke DM ....

III. Unternehmen, Beteiligungen

58 1. Sportartikelgeschäft XY e.K., Z-Straße in A-Stadt, Einzelunternehmen, eingetragen im Handelsregister des Amtsgerichts A-Stadt, HRA 999.
Der Wert dieses Unternehmens ist nicht bekannt. Die Aktiva betrugen nach der Bilanz zum 31. 12. 1999 DM ....
Die laufenden Verbindlichkeiten – außer Lieferantenverbindlichkeiten, die in der Zwischenbilanz erfaßt werden – sind nachstehend unter B aufgeführt. Ich werde unverzüglich eine handelsrechtliche Zwischenbilanz zum 25. 4. 2000 erstellen.

2. Geschäftsanteil im Nennwert von EUR 20 000,– an der B-GmbH, Y-Straße in A-Stadt. Die Gesellschaft ist eingetragen im Handelsregister des Amtsgerichts A-Stadt unter HRB 3450.
Der Steuerwert dieses Gesellschaftsanteils betrug zum 1. 1. 2000 320% = EUR 64 000,– = DM 125 173,12

3. Bauherrengemeinschaft Berlin-Wedding, Z-Straße Nr. 8, Gesellschaft bürgerlichen Rechts
   Beteiligungsbetrag = Einlage DM ....
   Summe Unternehmen und Beteiligungen DM ....

IV. Bewegliche Gegenstände

1. Bargeld DM **59**
2. Hausrat
   a) Möbel wie folgt:
      aa) ... DM ....
      bb) ... DM ....
   b) Teppiche:
      aa) ... DM ....
      bb) ... DM ....
   c) Kunstgegenstände, Gemälde
      aa) ... DM ....
      bb) ... DM ....
   d) Gegenstände des persönlichen Gebrauchs wie Kleidung und Wäsche etc., geschätzt DM ....
   e) Kraftfahrzeuge
      aa) Pkw XY, amtl. Kennzeichen
      Schätzwert (DEKRA-Gutachten vom 24. 4. 2000) DM ....
      bb) ... DM ....
   f) Waffensammlung
      aa) ... DM ....
      bb) ... DM ....
   g) Schmuck
      aa) ... DM ....
      bb) ... DM ....
      cc) ... DM ....
   h) Sonstiges DM ....
   Summe bewegliche Gegenstände DM ....

V. Haustiere

1. DM **60**
2. DM ....
   Summe Haustiere DM ....

VI. Forderungen, Bankguthaben

1. Girokonto Nr. 01 bei der X-Bank, A-Stadt DM **61**
2. Postbankkonto Nr. 05 bei der Postbank, C-Stadt DM ....
3. Sparbuch Nr. 999 bei der Sparkasse in A-Stadt DM ....
4. Bausparvertrag Nr. 1234 bei der Bausparkasse ABC, Guthaben am 31. 12. 1999 DM ....
5. Wertpapiere
   a) Depot Nr. 259 bei der X-Bank AG, A-Stadt, Kurswert der Aktien und Schuldverschreibungen zum 8. 4. 2000 gem. anliegender Einzelaufstellung DM ....
   b) Stückzinsen DM ....

c) 1000 Stück Aktien der S-AG im Nennwert von EUR 50,– (im Schließfach Nr. 210 bei Sparkasse in A-Stadt), Kurswert zum 8. 4. 2000 gem. anliegender Bescheinigung der Sparkasse — DM ....

6\. Pfandbrief im Nennwert von DM 10 000,– (fällig am 31. 12. 2002) der X-Anstalt, Kurswert zum 8. 4. 2000 — DM ....

7\. Berlindarlehen — DM ....

8\. Darlehensforderung gegen S, Schuldscheine, Nennwert verzinslich mit 8% p. a. — DM ....

9\. Lebensversicherungen

a) M-Lebensversicherung
Vertrag Nr. 777, Versicherungssumme — DM ....

b) Z-Versicherung,
Vertrag Nr. 666, Versicherungssumme — DM ....

10\. Sonstige Forderungen — DM ....

a) Sterbegeld, M-Krankenkasse — DM ....

b) … — DM ....

Summe Forderungen u. Bankguthaben — DM ....

Summe I.–VI. = Aktiv-Nachlaß
(soweit Werte bekannt sind bzw. geschätzt werden konnten, Unternehmen III 1 vorläufig nur Aktiva) — DM ....

B. Passiva

I. Grundschulden und Hypotheken

62 1. Grundschuld zugunsten der X-Bank über DM 500 000,– und 18% Jahreszinsen, eingetragen zu Lasten des Grundstückes Flurstück-Nr. …, Grundbuch von A-Stadt Nr. 47 (siehe A. I 1), Valutastand am Stichtag — DM ....

2\. Hypothek zugunsten der Z-Bank über DM 100 000,– und 18% Jahreszinsen, eingetragen zu Lasten des unter A II. angegebenen Waldgrundstückes,
Valutastand am Stichtag — DM ....

Summe Grundschulden und Hypotheken — DM ....

II. Bankverbindlichkeiten

63 1. Kontokorrentkredit Konto-Nr. 3210 bei der K-Bank in A-Stadt — DM ....
(abgesichert durch Globalzession der Forderungen des Sportartikelgeschäftes unter A III 1)

2\. Darlehenskonto Nr. 76 85 79 bei der Z-Bank in A-Stadt (gesichert durch Abtretung der Lebensversicherung unter A. VI 9 a) — DM ....

Summe Bankverbindlichkeiten — DM ....

III. Steuerverbindlichkeiten

64 1. Einkommen- und Kirchensteuer, Solid.-Zuschl. 4. Quartal 1999 — DM ....

2. Abschlußzahlung Einkommensteuer, Solidaritätszuschlag und Kirchensteuer 1998 DM ....
3. Umsatzsteuer 3/2000 DM ....
4. Lohnsteuer 3/2000 DM ....

Summe Steuerverbindlichkeiten DM ....

IV. Sozialabgaben, Berufsgenossenschaft

1. Kranken-, Renten- und Arbeitslosenversicherung für 3/2000 DM 65
2. Nachzahlung Berufsgenossenschaft für 1999 DM ....

Summe Sozialabgaben DM ....

V. Versicherungen

1. Betriebshaftpflichtversicherung, fällig am 1. 4. 2000 DM 66
2. Gewässerschadenshaftpflicht, fällig am 15. 4. 2000 DM ....

Summe Versicherungen DM ....

VI. Nachlaßkosten

1. Kostenrechnung des Notariates A-Stadt vom .... DM 67
2. Gutachterkosten (Verkehrswertgutachten für A. I 1 u. 2 vom 17. 1. 2000 und Kfz-Gutachten vom 24. 4. 2000) DM ....

Summe Nachlaßkosten DM ....

VII. Vermächtnisse

1. 2 Jagdwaffen für Dr. Z DM 68
2. Geldvermächtnis für die Sozialstation ... in B-Dorf DM ....
3. Ein Ölgemälde „Abendlandschaft", frühes 19. Jahrhundert, Maler unbekannt, für Frau X, Wert unbekannt, vorläufig unverbindlich von mir geschätzt (s. A. IV 2 c) bb)) DM ....

Summe Vermächtnisse DM ....

VIII. Beerdigungskosten, Grabstein

1. Rechnung Bestattungsunternehmen ... DM 69
2. Zeitungsanzeigen, Todesanzeige und Danksagung DM ....
3. Kosten des Grabsteins (Angebot des Steinmetzmeisters K vom ...) DM ....
4. .... DM ....

Summe Beerdigungskosten, Grabstein DM ....

Summen I. – VIII. = Passiv-Nachlaß DM ....

IX. Hinweis

Nach meinen Feststellungen entspricht der von mir zum 25. 4. 2000 aufgezeichnete Bestand dem **Nachlaßbestand im Zeitpunkt des Erbfalles** am 8. April 2000. Hinweise auf irgendwelche **Veränderungen** zwischen diesen beiden Stich- 70 tagen habe ich nicht feststellen können (außer daß das Sportartikelgeschäft XY mit gewöhnlichem Geschäftsverlauf inzwischen fortgeführt wurde).

A-Stadt, den 29. April 2000

....

(Testamentsvollstrecker)

71 Wenn auch (siehe Rdn. 6f.) inhaltlich eine **Aufzählung** der Nachlaßgegenstände und Nachlaßverbindlichkeiten zur Pflichterfüllung **ausreicht,** sind eine **nähere Beschreibung und Wertangaben zweckmäßig** und sollten vom Testamentsvollstrecker in jedem Falle vorgenommen werden, sofern ihm diese Angaben bekannt sind bzw. die Werte ohne weiteres ermittelt werden können. Diese Wertangaben können dann gleichzeitig der **Gerichtsgebührenermittlung** für die Tätigkeit des Nachlaßgerichtes dienen: $^1/_2$ Gebühr für die Testamentseröffnung (§ 102 KostO); $^1/_2$ Gebühr für die Aufnahme des Nachlaßverzeichnisses (§ 52 KostO); (zur Nachlaßverzeichnungspflicht mit Beispiel eines Nachlaßverzeichnisses s. *Sarres* ZEV 200 90, 92f).

II. Sonstige Verpflichtungen und Obliegenheiten

1. Unterstützung des Erben bei der Inventaraufnahme

72 Neben der Verpflichtung, dem Erben unverzüglich das Nachlaßverzeichnis vorzulegen, hat der Testamentsvollstrecker diesem weiterhin **alle erforderliche Beihilfe zur Aufnahme des Inventars** nach §§ 1993ff., §§ 2001ff. BGB zu **leisten.** Das Nachlaßverzeichnis selbst ist zwar die Grundlage ordnungsgemäßer Verwaltung, kann jedoch die Errichtung des Inventars durch den Erben nicht ersetzen, weil es im Gegensatz zu § 2001 Abs. 2 BGB keine Beschreibung der Nachlaßgegenstände und keine Wertangaben erfordert (Rdn. 6 und MünchKommBGB/*Siegmann* § 2001 Rdn. 2). Es ist **allein Sache des Erben,** sich durch die Inventarerrichtung die Möglichkeit der Haftungsbeschränkung zu erhalten. Auch er und nicht etwa der Testamentsvollstrecker ist der Adressat des Beschlusses des Nachlaßgerichts über eine Frist zur Inventarerrichtung (Inventarfrist nach § 1994 BGB).

73 Wenn das vom Testamentsvollstrecker erstellte Nachlaßverzeichnis nicht bereits den Anforderungen des Inventars entspricht, besteht die **Hilfeleistung für den Erben** vor allem in folgendem:

74 – möglichst genaue **Beschreibung** der Nachlaßgegenstände, gegebenenfalls auch deren Vorlage (RGRK/*Kregel* § 2215 Rdn. 4; *Staudinger/Reimann* § 2215 Rdn. 3; *Soergel/Damrau* § 2215 Rdn. 3);

75 – **Auskunft zur und Unterstützung bei der Wertermittlung;** soweit erforderlich, muß der Testamentsvollstrecker dabei den Wert von Nachlaßgegenständen auf Kosten des Nachlasses ermitteln lassen (MünchKommBGB/*Brandner* § 2215 Rdn. 10; zu eng insoweit *Haegele/Winkler* Rdn. 487 unter Berufung auf RG JW 1916, 613);

76 – die **Pflicht zur Wertermittlung** trifft den Testamentsvollstrecker insbesondere dann, wenn der Erbe seinerseits gegenüber einem Pflichtteilsberechtigten nach § 2314 Abs. 1 S. 1 und 2 BGB sowie wegen eines eventuellen Pflichtteils-Ergänzungsanspruches aus § 2325 BGB auskunfts- und wertermittlungspflichtig ist (so zutreffend RGRK/*Kregel* § 2215 Rdn. 5, der diese Beihilfepflicht nicht nur aus § 2215 Abs. 1 BGB, sondern auch aus § 2218 BGB in Verbindung mit § 666 BGB ableitet).

Gewährt der Testamentsvollstrecker dem Erben trotz Aufforderung nicht die geschuldete Unterstützung, hat der Erbe einen selbständigen **klagbaren Anspruch auf Erfüllung** (*Staudinger/Reimann* § 2215 Rdn. 3; MünchKommBGB/*Brandner* § 2215 Rdn. 10; RGRK/*Kregel* § 2215 Rdn. 4 unter Hinweis auf OLGZ 16, 269). 77

Genügt das vom Testamentsvollstrecker errichtete Nachlaßverzeichnis bereits den Anforderungen des Inventars, enthält es also neben der Auflistung eine ausreichende Beschreibung und Wertangaben, **kann sich der Erbe hierauf berufen.** Es genügt in diesem Fall seine **Erklärung** vor Ablauf der Inventarfrist, daß dieses Nachlaßverzeichnis als das **von ihm eingereichte Inventar** gelten soll (§ 2004 BGB). 78

Der erweiterten Auskunftspflicht des Testamentsvollstreckers im Rahmen der von ihm geschuldeten Hilfeleistung bei der Inventaraufnahme entspricht umgekehrt eine **Auskunftspflicht des Erben ihm gegenüber,** soweit dieser **Nachlaßgegenstände bereits in Besitz genommen hat** (RGRK/*Kregel* § 2215 Rdn. 5 mit § 2205 Rdn. 13; MünchKommBGB/*Brandner* § 2205 Rdn. 48). Gegebenenfalls muß der Testamentsvollstrecker dann gegen den Erben auf **Herausgabe klagen.** Ein Selbsthilferecht auf Wegnahme steht ihm nicht zu (MünchKommBGB/*Brandner* § 2205 Rdn. 48). 79

2. Weitere Konstituierungshandlungen

a) Grundpflichten

Hat der Testamentsvollstrecker sein Amt angenommen (§ 2202 BGB) und **das Testamentsvollstreckerzeugnis** erhalten (§ 2368 BGB, dazu 2. Kap. Rdn. 275 ff. – zur Bekanntmachung der Testamentsvollstreckung im Erbschein 2. Kap. Rdn. 245 ff.), so treffen ihn, wenn er seine Grundpflicht zur Vorlage des Nachlaßverzeichnisses nach § 2215 Abs. 1 BGB erfüllt und den Erben, soweit dieser es verlangt hat, bei der Inventaraufnahme unterstützt hat, bevor er mit den eigentlichen Ausführungshandlungen, dh., den Nachlaß nach §§ 2205, 2216 BGB ordnungsgemäß zu verwalten (siehe dazu im einzelnen 4. und 5. Kap.) beginnt, eine Reihe von **weiteren Grundpflichten.** 80

aa) Inbesitznahme beweglicher Gegenstände. **Bewegliche Gegenstände,** die zum Nachlaß gehören, nimmt der Testamentsvollstrecker – sofern noch nicht geschehen – **in Besitz** (§§ 2205 S. 2, 854 Abs. 1, 857, 868 BGB). Durch diese Inbesitznahme wird der Testamentsvollstrecker unmittelbarer, der Erbe bleibt mittelbarer Besitzer (Rdn. 1). 81

bb) Grundstücke oder Rechte an Grundstücken. Gehören zum Nachlaß **Grundstücke oder Rechte an Grundstücken,** ist zusammen mit der Eintragung der Erben der **Testamentsvollstreckervermerk** von Amts wegen in das **Grundbuch** miteinzutragen (§ 52 GBO; BayObLG FamRZ 1996, 381= ZEV 1996, 151 m. Anm. *Schaub*). Nur ausnahmsweise, wenn die Eintragung der Erben nach § 40 GBO nicht erforderlich ist (Verzicht auf Voreintragung), kann der Testamentsvollstreckervermerk ohne gleichzeitige Eintragung der Erben eingetragen werden (LG Bamberg BWNotZ 1965, 187; *Möhring/Beisswingert/Klingelhöffer* G IV (richtig) 3b; 2. Kap. Rdn. 261; *Schaub* Urteilsanm. ZEV 1996, 151). 82

Die **Eintragung des Testamentsvollstreckervermerkes** ist zwingend und kann nur unterbleiben, wenn das eingetragene Grundstück oder Recht am Grundstück nachweislich der Testamentsvollstreckung nicht unterliegt (MünchKommBGB/*Brandner* § 2205 Rdn. 88 und § 2211 Rdn. 20; *Haegele/Winkler* Rdn. 274; *Meyding* ZEV 1995, 100) 83

84 Der Vermerk wird in Abt. II des Grundbuches eingetragen, wenn er das Eigentum am Grundstück oder Belastungen nach Abt. II betrifft. Er ist in Abt. III einzutragen, wenn er sich auf Grundpfandrechte nach Abt. III bezieht (*Haegele/Winkler* Rdn. 274 mit weiteren Nachweisen aus dem Schrifttum zum Grundbuchrecht). Dem Grundbuchamt gegenüber dient das **Testamentsvollstreckerzeugnis** zur **Legitimation** für die Verfügungsbefugnis. Möglich ist auch die Vorlage einer öffentlich beglaubigten Abschrift der letztwilligen Verfügung mit Niederschrift über deren Eröffnung (§ 35 Abs. 2 GBO mit Abs. 1 S. 2; 2. Kap. Rdn. 260).

85 Ist eine **Vermächtnisvollstreckung** (§ 2223 BGB) in der Weise angeordnet worden, daß der Vermächtnisnehmer über das vermachte Grundstück nur mit Zustimmung des Testamentsvollstreckers verfügen kann, ist **ebenfalls der Testamentsvollstreckervermerk** in das Grundbuch **einzutragen** (BayObLG Rpfleger 1990, 365 = DNotZ 1991, 548; *Möhring/Beisswingert/Klingelhöffer* G IV 3b; 2. Kap. Rdn. 264).

86 Auch wenn ein Erblasser **nach ausländischem Recht beerbt** wird und dieses Recht ein dem deutschen Testamentsvollstreckungsrecht ähnliches Rechtsinstitut kennt (wie zB die „Willensvollstreckung" nach Art. 517, 518 des Schweizerischen Zivilgesetzbuches), muß unter den Voraussetzungen des § 52 GBO auch in diesem Fall bei einem **inländischen Grundstück der Testamentsvollstreckervermerk** eingetragen werden (BayObLG DNotZ 1991, 546; Näheres zur Testamentsvollstreckung bei einem Nachlaß mit Grundbesitz 5. Kap. Rdn. 1ff.).

87 *cc) Testamentsvollstreckervermerk.* Der Testamentsvollstreckervermerk enthält nur den schlichten **Hinweis** darauf, **daß Testamentsvollstreckung angeordnet** ist. Der **Name** des Testamentsvollstreckers ist **ebensowenig anzugeben** wie etwaige Hinweise auf den **Umfang** seiner Befugnisse im einzelnen. Der Testamentsvollstreckervermerk lautet deshalb einfach wie im folgenden Beispiel:

Formulierungsvorschlag Testamentsvollstreckervermerk
- Testamentsvollstreckung ist angeordnet
- es ist ein Testamentsvollstrecker ernannt
- es besteht Testamentsvollstreckung.

88 Wenn ein **Testamentsvollstrecker** jedoch nur für den Nacherben ernannt ist (§ 2222 BGB), muß diese Tatsache zusammen mit dem Testamentsvollstreckervermerk **eingetragen** werden (MünchKommBGB/*Brandner* § 2205 Rdn. 88; 2. Kap. Rdn. 75f.; zur Testamentsvollstreckung, die erst **nach dem Eintritt des Nacherbfalles** wirksam werden soll, s. 2. Kap. Rdn. 250 und 5. Kap. Rdn. 282).

89 Der Testamentsvollstreckervermerk soll **Verfügungen des Erben verhindern,** die ohne die Eintragung des Vermerkes nach § 2211 Abs. 2 BGB wirksam werden könnten (durch **gutgläubigen Erwerb** nach § 892 Abs. 1 S. 2 BGB eines der Testamentsvollstrecker-Verwaltung unterliegenden Grundstückes oder Rechts an einem Grundstück durch einen Dritten).

90 **Antragsberechtigt** zur Berichtigung des Grundbuches durch Eintragung der Erben und des Testamentsvollstreckervermerkes ist der **Testamentsvollstrecker,** der nach § 82 GBO vom Grundbuchamt auch zu dieser Antragstellung verpflichtet werden kann. Nach heute noch herrschender Auffassung soll der Erbe selbst nicht antragsberechtigt sein (*Staudinger/Reimann* § 2205 Rdn. 37; *Soergel/Damrau* § 2205 Rdn. 91). Es dürfte jedoch richtiger sein, auch dem Erben selbst die **Antragsbefugnis** für einen solchen Berichtigungsantrag einzuräumen (MünchKommBGB/*Brandner* § 2205 Rdn. 90; *Haegele/Winkler* Rdn. 273), weil auch er im Regelfall ein **Interesse an einer korrekten Nachlaßabwicklung** oder -verwaltung haben wird. Zur Löschung des Vermerkes muß neben der **Bewilligung des Testa-**

mentsvollstreckers der Grund für die Löschung nachgewiesen werden (2. Kap. Rdn. 268). Anders ist es jedoch bei einer **Löschungsbewilligung nach Freigabe** gem. § 2217 BGB: hier ist das Grundbuchamt weder berechtigt noch verpflichtet, zu prüfen, ob die Freigabe wirksam ist (dazu 6. Kap. Rdn. 186).

Da dem Testamentsvollstrecker unentgeltliche Verfügungen versagt sind (§ 2205 S. 3 BGB), muß er nach Eintragung des Vermerkes im Grundbuch, wenn er über ein Grundstück oder grundstücksgleiches Recht verfügt, dem Grundbuchamt **nachweisen,** daß er entweder **in Erfüllung einer letztwilligen Verfügung** des Erblassers gehandelt hat oder es sich aber um ein **entgeltliches Geschäft** handelt. Diese Nachweise bedürfen nicht der öffentlichen Beglaubigung nach § 29 GBO. Es genügt, wenn der Testamentsvollstrecker plausibel die Rechtmäßigkeit seiner Verfügung darlegt und mit einfachen Beweismitteln untermauert (BGHZ 57, 84, 95 = NJW 1971, 2264, 2267; BayObLG NJW-RR 1989, 587; *Staudinger/Reimann* § 2205 Rdn. 51; MünchKommBGB/*Brandner* § 2205 Rdn. 91; *Palandt/Edenhofer* § 2205 Rdn. 37; *Haegele/Winkler* Rdn. 255). 91

dd) Schiffe und Luftfahrzeuge. Ähnliche Regeln wie bei der Eintragung des Testamentsvollstreckervermerkes in das Grundbuch gelten, wenn zum Nachlaß ein eintragungsfähiges **Schiff** gehört. Auch dann muß im **Schiffsregister** der Testamentsvollstreckervermerk bei der Eintragung der Erben von Amts wegen miteingetragen werden (§§ 41, 55, 58, 74 SchiffsRegO vom 26. 5. 1951, BGBl. I S. 359 = BGBl. III 315–18). Dasselbe gilt bei einem einzutragenden **Luftfahrzeug** nach § 86 Abs. 1 des Gesetzes über Rechte an Luftfahrzeugen (LuftfzRG vom 26. 2. 1959, BGBl. I S. 57 = BGBl. III 403–9; s. auch 2. Kap. Rdn. 259; *Palandt/Edenhofer* Einf. v. § 2197 Rdn. 14). 92

b) Testamentsvollstrecker und Handelsregister

Zu den nach wie vor umstrittensten und schwierigsten Fragen gehört – trotz neuerer Grundsatzentscheidungen der Rechtsprechung und reichhaltiger literarischer Aufbereitung – die Frage, ob und gegebenenfalls in welchen Fällen ein Testamentsvollstreckervermerk im **Handelsregister** einzutragen ist. Im 5. Kap. Rdn. 109ff. werden diese Fragen im einzelnen abgehandelt. Für die **Konstituierung des Nachlasses** sollen deshalb nur folgende erste **Hinweise** gelten (weitere Einzelheiten – auch zum Nachweis der Anordnung der Testamentsvollstreckung nach § 12 Abs. 2 S. 2 HGB und der Anmeldebefugnis gegenüber dem Registergericht – im 2. Kap. Rdn. 269ff.; ferner *Plank* ZEV 1998, 325). 93

aa) Einzelunternehmen. Ein **Handelsgeschäft** des Erblassers (Einzelunternehmen) kann der Testamentsvollstrecker selbst weiterführen, muß aber im **Innenverhältnis als Treuhänder** der Erben handeln. Er muß sich in diesem Fall als **Inhaber** des Geschäfts in das Handelsregister **eintragen** lassen, die bloße Eintragung eines Testamentsvollstreckervermerkes genügt nicht (MünchKommBGB/*Brandner* § 2205 Rdn. 23; *Palandt/Edenhofer* § 2205 Rdn. 8; *Haegele/Winkler* Rdn. 301; *Schaub* ZEV 1994, 71, 72; *Reimann* Rdn. 339ff.; *Staudinger/Reimann* § 2205 Rdn. 95). 94

bb) Personengesellschaften. Nach BGHZ 98, 48 = NJW 1986, 2431 kann der Gesellschaftsanteil des Erblassers an einer **Personengesellschaft** „mit seiner Außenseite" der Testamentsvollstreckungs-Verwaltung unterstellt werden, wobei die Ausübung der Mitgliedschaftsrechte im engeren Sinne den Erben verbleibt. Ein **Kommanditanteil** kann deshalb in eine **Dauervollstreckung** einbezogen werden, wenn die weiteren Gesellschafter damit einverstanden sind (BGHZ 108, 187, 191 = NJW 1989, 3152). Soweit diese Testamentsvollstreckung die Rechtsmacht des Kommanditisten beschränkt und Außenwirkung entfaltet, beispielsweise bei dem Prozeßfüh- 95 rungsrecht für Aktivprozesse nach § 2212 BGB und beim Abblocken der Eigengläubiger des Erben nach § 2214 BGB, hat die Eintragung des **Testamentsvollstreckervermerkes im Handelsregister** ihren guten Sinn und sollte **zugelassen** werden (*Reimann* DNotZ 1990, 190, 194; *Ulmer* NJW 1990, 73, 92; *Palandt/Edenhofer* Einf. v. § 2197 Rdn. 15; *Lorz* § 5 II 1 C; *Schaub* ZEV 1994, 71, 78; *Staudinger/Reimann* § 2205 Rdn. 34; *Mayer/Bonefeld/Daragan* Rdn. 420f.; nach dem – rechtskräftigen – Urteil des LG Mannheim NZG 1999, 824 = ZEV 1999, 443 ist die Mitwirkung des Testamentsvollstreckers an der **Umwandlung** einer GmbH & Co. KG – in eine AG- **ohne Zustimmung der Erben** zulässig; zur Kernbereichslehre, die der Rechtsmacht des Testamentsvollstreckers Grenzen setzt, *Reimann* Rdn. 421ff.; nach Auffassung des Kammergerichts ist dagegen die Anordnung der Testamentsvollstreckung an einem zum Nachlaß gehörenden Handelsgeschäft nicht im Handelsregister eintragungsfähig. Dies soll auch für den Fall der Dauervollstreckung für einen Kommanditanteil gelten, KG GmbHR 1995, 826 = ZEV 1996, 67).

96 *cc) Tod des persönlich haftenden Gesellschafters.* Wird beim Tod des **persönlich haftenden Gesellschafters** die Gesellschaft aufgelöst, übt der **Testamentsvollstrecker** in der dadurch entstandenen **Abwicklungsgesellschaft** die **Kompetenzen des Abwicklers aus und verdrängt die Erben** (BGH NJW 1981, 749 = LM BGB § 730 Nr. 8; MünchKommBGB/*Brandner* § 2205 Rdn. 26). **Das Eintrittsrecht in eine OHG** nach dem Erbfall gehört jedoch **nicht zum Nachlaß,** sondern steht dem Erben **persönlich** zu, so daß hier eine Testamentsvollstreckung nicht infrage kommen kann (BGHZ 22, 186, 192 = NJW 1957, 180; BGHZ 24, 100, 112ff. = NJW 1957, 1026; BGHZ 68, 225, 239 = NJW 1977, 1339; BGHZ 98, 48, 55f. = NJW 1986, 2431; MünchKommBGB/*Brandner* § 2205 Rdn. 33; *Palandt/Edenhofer* § 2205 Rdn. 17; *Reimann* Rdn. 377f, 386ff.; differenzierend *Lorz* § 4 III 3; *Schaub* ZEV 1994, 71, 76).

97 *dd) Gesellschaft bürgerlichen Rechts.* Für die Testamentsvollstreckung an einem Anteil an einer **Gesellschaft bürgerlichen Rechts** gelten – bezüglich der Einschränkung der Verwaltungsvollstreckung und der möglichen Ersatzlösungen – **dieselben Grundsätze wie bei einem OHG-Gesellschaftsanteil** (BGH ZEV 1996, 110 = ZIP 1996, 326; BGH NJW 1981, 749 = LM BGB § 730 Nr. 8; BGHZ 98, 48, 56 = NJW 1986, 2431; MünchKommBGB/*Brandner* § 2205 Rdn. 49). Nach der Rechtsprechung des BGH ist an dem vererbten Anteil am einer Gesellschaft bürgerlichen Rechts **Testamentsvollstreckung auch dann möglich,** wenn die Erben des Gesellschaftsanteils auch schon vor dem Erbfall an der Gesellschaft beteiligt waren (BGH ZEV 1996, 110 = ZIP 1996, 326 = WiB 1996, 343 m. Anm. *Klumpp*).

98 *ee) GmbH-Geschäftsanteil.* Der GmbH-Geschäftsanteil ist in jedem Falle vererblich (§ 15 Abs. 1 GmbHG). Deshalb ist **Verwaltungsvollstreckung am GmbH-Geschäftsanteil zulässig,** ohne daß dies der Zustimmung der Mitgesellschafter, auch nicht in einer personalistisch strukturierten GmbH, bedarf (*Hachenburg/Schilling/Zutt* GmbHG Anh. § 15 Rdn. 119ff.). Der Testamentsvollstrecker hat alle Vermögens- und Mitverwaltungsrechte des Erblassers unter Einschluß des **Stimmrechtes** und etwaiger gesellschaftsrechtlicher **Sonderrechte** wie zB des Geschäftsführungsrechtes (letzteres streitig, bejahend *Priester,* FS Stimpel, 1985, S. 463ff.; s. ferner *Baumbach/Hueck* GmbHG § 15 Rdn. 16 und § 48 Rdn. 4; MünchKommBGB/*Brandner* § 2205 Rdn. 42; *Staudinger/Reimann* § 2205 Rdn. 241f.; *Haegele/Winkler* Rdn. 400; differenzierend *Mayer/Bonefeld/Daragan* Rdn. 427).

99 **Beschränkungen** des Verwaltungsrechts des Testamentsvollstreckers ergeben sich jedoch teils aus **erbrechtlichen Gründen** (wegen § 2206 Abs. 1 BGB bedarf

zB die Kapitalerhöhung, die der Erbe ja aus eigenen Mitteln erbringen muß, dessen Zustimmung), ferner aus **gesellschaftsrechtlichen** Gründen, wenn durch den Gesellschaftsvertrag das Verwaltungsrecht Außenstehender, wozu auch der Testamentsvollstrecker gehört, eingeschränkt ist (BGH NJW 1959, 1820; *Hachenburg/Zutt* GmbHG Anh. § 15 Rdn. 119; *Baumbach/Hueck* GmbHG § 15 Rdn. 16; MünchKommBGB/*Brandner* § 2205 Rdn. 43).

ff) Mischformen. Zu Mischformen wie GmbH & Co. KG, Betriebsaufspaltung und GmbH und Still gilt grundsätzlich das, was für die jeweilige Unternehmensform gilt (*Staudinger/Reimann* § 2205 Rdn. 145; *Reimann* Rdn. 450). **100**

gg) Genossenschaften. Es gelten dieselben Grundsätze wie bei Kapitalgesellschaften im allgemeinen. Der Testamentsvollstrecker hat die ihm in den §§ 2205 ff. BGB eingeräumten Befugnisse in vollem Umfang auszuüben (*Staudinger/Reimann* § 2205 Rdn. 144). **101**

hh) Aktien. Für **Aktien** (sowohl für Inhaber- wie für Namensaktien) gelten dieselben Grundzüge **wie für einen GmbH-Geschäftsanteil.** Sie werden ausschließlich vom **Testamentsvollstrecker verwaltet,** der auch Bezugsrechte nach § 186 AktG ausübt (MünchKommBGB/*Brandner* § 2205 Rdn. 44; *Palandt/Edenhofer* § 2205 Rdn. 25; *Reimann* Rdn. 449). **102**

Ausführlich wird die gesamte Problematik im 5. Kap. Rdn. 109 ff. abgehandelt. **103**

3. Sonstige Pflichten

a) Überprüfung letztwilliger Verfügungen des Erblassers

Der Testamentsvollstrecker hat die letztwilligen Verfügungen des Erblassers auszuführen (§ 2203 BGB). Das erfordert unabhängig davon, ob der Regeltypus einer **Abwicklungsvollstreckung** vorliegt oder als Sondertypus eine **Verwaltungsvollstreckung,** insbesondere die **Dauervollstreckung** nach § 2209 BGB (vgl. MünchKommBGB/*Brandner* § 2203 Rdn. 1; *Nieder* Rdn. 892 ff.), daß der Testamentsvollstrecker von sich aus die **letztwilligen Verfügungen** des Erblassers auf ihre **Rechtswirksamkeit hin überprüft** (*Staudinger/Reimann* § 2216 Rdn. 15; s. aber auch Rdn. 133 ff.). Dazu gehört auch deren **eigenverantwortliche Auslegung.** Der Testamentsvollstrecker kann erst dann seine Verwalterpflichten erfüllen, wenn er weiß, was vom Erblasser letztlich angeordnet wurde. Deshalb muß er auch unverzüglich für eine baldige **Testamentseröffnung** nach den Vorschriften der §§ 2259 ff. BGB sorgen (*Staudinger/Reimann* § 2203 Rdn. 22; MünchKommBGB/*Brandner* § 2203 Rdn. 6). **104**

Beurteilt der Testamentsvollstrecker die Anordnungen des Erblassers **schuldhaft fehlerhaft** und führt er dann auf dieser fehlerhaften Grundlage Maßnahmen aus (er gibt zB einen Gegenstand an einen Dritten heraus, obwohl dessen Anspruch auf einer unwirksamen Vermächtnisanordnung beruht), so trifft ihn die **Schadensersatzverpflichtung** aus § 2219 BGB (*Staudinger/Reimann* § 2203 Rdn. 27; MünchKommBGB/*Brandner* § 2203 Rdn. 7). **105**

b) Prüfung, wer Erbe oder Vermächtnisnehmer geworden ist

Streiten sich mehrere Personen um ein Erbrecht – **Erbprätendentenstreit** –, muß dieser zwischen den Streitenden unmittelbar **ohne Beteiligung des Testamentsvollstreckers** ausgetragen werden. Der Testamentsvollstrecker hat sich herauszuhalten. Er vertritt keine bestimmte Person, sondern hat den Nachlaß für den **106** wirklichen Erben zu verwalten (MünchKommBGB/*Brandner* § 2203 Rdn. 8; RGRK/*Kregel* § 2203 Rdn. 5).

107 Hängt jedoch die **Ausführung letztwilliger Verfügungen** davon ab, wer **tatsächlich Erbe** geworden ist (insbesondere bei Auseinandersetzungen unter mehreren Miterben bei möglichem Ausschluß vom Erbrecht oder bei einem unter einer Verwirkungsklausel zugewendeten Erbrecht), so hat der Testamentsvollstrecker nicht nur das **Rechtschutzinteresse,** sondern **auch die Sachbefugnis** für eine **Feststellungsklage** zur Klärung dieses Erbrechts (BGH WM 1987, 564; BGH NJW 1951, 559 = LM BGB § 1960 Nr. 1; *Staudinger/Reimann* § 2203 Rdn. 28; MünchKommBGB/*Brandner* § 2203 Rdn. 8; RGRK/*Kregel* § 2203 Rdn. 5). Der Testamentsvollstrecker kann und muß somit auch in einem solchen Fall – gegebenenfalls mit gerichtlicher Hilfe – überprüfen bzw. überprüfen lassen, was Grundlage (Rechtsgrundlage) seines Handelns ist, bevor er mit der Ausführung beginnt.

108 Dasselbe gilt bei der Prüfung, inwieweit wirksame zu vollziehende **Vermächtnisse,** bestimmte **Auflagen** oder gesetzliche **Pflichtteilsansprüche** vorliegen.

109 Der Testamentsvollstrecker hat **alle Maßnahmen** zu ergreifen, die notwendig oder auch nur zweckmäßig sind, um entsprechend dem Erblasserwillen den Nachlaß abzuwickeln einschließlich der **Auseinandersetzung** unter mehreren Miterben (§ 2204 BGB). Zu seinen Pflichten gehört auch die Ausübung von **Urheberrechten** zB bei einem literarischen Nachlaß nach § 28 Abs. 2 UrhG und dessen Sicherung, falls erforderlich auch durch Antrag auf Erlaß einer **einstweiligen Verfügung** (vgl. MünchKommBGB/*Brandner* § 2203 Rdn. 9; *Lange/Kuchinke* § 29 V 1).

c) Insolvenzantrag, Nachlaßverwaltung

110 Erkennt der Testamentsvollstrecker, daß der **Nachlaß** zahlungsunfähig oder **überschuldet** ist (§ 320 S. 1 InsO), kann er nach § 317 InsO Antrag auf **Eröffnung des Insolvenzverfahrens** über den Nachlaß stellen. Da es sich hier im Ergebnis um einen **Eigenantrag** handelt, ist auch die **drohende Zahlungsunfähigkeit** Insolvenzeröffnungsgrund (§ 320 S. 2 InsO). Ist der Testamentsvollstrecker nur für einen **Erbteil** eingesetzt (s. Rdn. 45ff.), ist ein Insolvenzeröffnungsantrag unzulässig, da über einen Erbteil ein Insolvenzverfahren nicht stattfinden kann (*Haegele/Winkler* Rdn. 171). Der Testamentsvollstrecker ist befugt bzw. kann bei ordnungsgemäßer Amtsausübung verpflichtet sein, Anordnung der **Nachlaßverwaltung** (§§ 2205 S. 1, 1981 Abs. 1 BGB) sowie Durchführung des Aufgebotsverfahrens für **Nachlaßgläubiger** nach § 1970 BGB, § 991 Abs. 2 und 3 ZPO zu beantragen. Er kann Antrag auf Zwangsversteigerung des Nachlaßgrundstückes und zur Aufhebung der Erbengemeinschaft stellen (§§ 175 Abs. 1, S. 2, 180 ZVG). Er ist berechtigt – und gegebenenfalls verpflichtet –, für den Erben die **Dürftigkeitseinrede** nach §§ 1990, 1992 BGB zu erheben (MünchKommBGB/*Brandner* § 2203 Rdn. 10 und § 2205 Rdn. 4; *Staudinger/Reimann* § 2205 Rdn. 149ff.; RGRK/*Kregel* § 2205 Rdn. 12; *Haegele/Winkler* Rdn. 170 bis 174; *Hartmann* Abschn. 2211; näheres dazu 5. Kap. Rdn. 408ff.).

4. Steuerrechtliche Verpflichtungen bei der Nachlaßkonstituierung (s. auch 8. Kapitel)

a) Steuerpflichten und Haftungsschuld

111 **§ 34 AO** begründet für gesetzliche Vertreter natürlicher und juristischer Personen sowie für Geschäftsführer nichtrechtsfähiger Personenvereinigungen und Vermögensmassen ein **eigenes Pflichtenverhältnis gegenüber der Finanzver-**

waltung. Die genannten Personen haben sämtliche steuerlichen Pflichten der von ihnen Vertretenen zu erfüllen (§ 34 Abs. 1 S. 1 AO).

aa) Steuerpflichten des Vermögensverwalters. § 34 Abs. 3 AO dehnt diese Verpflichtungen auf **Vermögensverwalter aus,** soweit deren Verwaltung reicht. **Der Testamentsvollstrecker gehört zum Kreis dieser Vermögensverwalter** (BFH BStBl. 1970 II S. 826; 1971 II S. 119; *Tipke/Kruse* AO § 34 Rdn. 10 und 16; *Klein/Rüsken* AO § 34 Rdn. 36ff.). 112

Als Verwalter des Nachlasses hat der Testamentsvollstrecker somit die vom Gesetz **auferlegten Steuerpflichten** für das von ihm verwaltete Vermögen zu erfüllen. Er hat insbesondere dafür zu sorgen, daß die fälligen Steuern aus Nachlaßmitteln, die seiner Verwaltung unterliegen, zum jeweiligen Fälligkeitszeitpunkt entrichtet werden. Da es sich hier um die Erfüllung einer dem Testamentsvollstrekker aufgrund **öffentlichen Rechts auferlegten Verpflichtung** handelt, kann er nicht etwa mit den Erben diese Verpflichtungen modifizierende oder gar außer Kraft setzende privatrechtliche Vereinbarungen treffen. Eine solche Vereinbarung ist in jedem Fall gegenüber den Finanzbehörden **unwirksam** (s. auch *Haegele/Winkler* Rdn. 749). 113

Zu den Steuererfüllungspflichten, die den Testamentsvollstrecker als Verwalter fremden Vermögens treffen, gehört insbesondere die Bezahlung der bereits **beim Erbfall fällig gewesenen privaten Steuern** wie zB Einkommen- und Kirchensteuer, die noch gegen den Erblasser festgesetzt wurden, ebenso fällt darunter die Entrichtung bereits gegenüber dem Erblasser festgesetzten Vorauszahlungen auf diese Steuern. Dagegen hat der Testamentsvollstrecker **nicht** die steuerlichen Verpflichtungen, die die **Erben selbst treffen,** also insbesondere die Einkommensteuerpflicht, erfüllen (BFH BStBl. 1977 II S. 481; BStBl. 1978 II S. 383 und 491; niedersächsisches FG EFG 1983, 483; *Häfke* ZEV 1997, 429, 430ff.). **Schuldner der Ertragssteuern** ist nicht etwa das Nachlaßvermögen, vertreten durch den Testamentsvollstrecker, sondern der **Erbe.** Der Steueranspruch richtet sich gegen ihn (BFH BStBl. 1974 II S. 100; BStBl. 1980 II S. 605). Macht das Finanzamt eine nach dem Erbfall entstandene Einkommensteuerschuld des Erben gegenüber diesem als Steuerschuldner geltend, werden dadurch die Interessen des Testamentsvollstreckers selbst dann nicht berührt, wenn die Einkommensteuer als Nachlaßerbenschuld anzusehen wäre. Der Testamentsvollstrecker ist in einem solchen Fall weder klagebefugt noch befugt, die Aussetzung der Vollziehung dieses Steuerbescheids zu beantragen (BFH BStBl. 1996 II S. 322 = NJW-RR 1996, 1025). 114

Fällt ein **Unternehmen** in den vom Testamentsvollstrecker zu verwaltenden Nachlaß, so hat er auch für die **Begleichung der betrieblichen Steuerschulden** wie Körperschaftssteuer, Gewerbesteuer, Umsatzsteuer, Lohnsteuer zu sorgen. **Schuldner dieser betrieblichen Steuern** (bzw. Haftungsschuldner) sind aber auch hier die **Erben bzw. die Gesellschaft,** nicht der Testamentsvollstrecker (*Tipke/Kruse* AO § 34 Rdn. 16; *Klein/Rüsken* AO § 34 Rdn. 28). Bei einer **Dauertestamentsvollstreckung** gehört zu den steuerlichen Pflichten des Testamentsvollstreckers auch die Abgabe der jeweils geschuldeten Steuererklärungen (Körperschaftsteuererklärung, Gewerbesteuererklärung, soweit dazu nicht die Erben verpflichtet sind; Einzelheiten s. dazu 8. Kap. Rdn. 140ff.). 115

bb) Haftungstatbestand, Haftungsbescheid. Nach **§ 69 AO haftet der Testamentsvollstrecker** wie die übrigen in § 34 AO genannten Vertreter und Vermögensverwalter (ebenso wie die Verfügungsberechtigten nach § 35 AO), wenn durch vorsätzliche oder grob fahrlässige Verletzung seiner Pflichten Ansprüche aus dem Steuerschuldverhältnis nicht oder nicht rechtzeitig festgesetzt oder nicht entrichtet werden. 116

117 Der **Haftungstatbestand** ist erfüllt, soweit Steuern oder steuerliche Nebenleistungen (Verspätungszuschläge, Zinsen, Säumniszuschläge, Zwangsgelder und Kosten, s. § 3 Abs. 3 AO) nicht oder nicht rechtzeitig festgesetzt oder entrichtet werden. Der Testamentsvollstrecker kann nicht direkt aus dem Steuerbescheid – neben dem Erben – in Anspruch genommen werden. Als Haftender wird er durch einen **besonderen Haftungsbescheid** (**bzw. Duldungsbescheid,** wenn kraft Gesetzes die Verpflichtung besteht, die Vollstreckung zu dulden), dessen Erlaß im **Ermessen** der Finanzverwaltung steht (§ 191 Abs. 1 S. 1 AO), verpflichtet (zum Auswahlermessen des Finanzamtes *Klein/Rüsken* AO § 191 Rdn. 35ff.). Der Erbe als Erstschuldner und der Testamentsvollstrecker als Haftungsschuldner sind **Gesamtschuldner** nach § 44 Abs. 1 S. 1 AO.

b) Anzeige- und Berichtigungspflicht

118 *aa) Berichtigung unrichtiger Steuererklärungen.* Erkennt ein Steuerpflichtiger, daß eine von ihm oder für ihn abgegebene Steuererklärung unrichtig oder unvollständig ist, muß er dies unverzüglich gegenüber dem Finanzamt **anzeigen** und die erforderliche **Richtigstellung** vornehmen, soweit durch die unrichtige Erklärung eine Steuerverkürzung droht und bereits eingetreten ist (§ 153 Abs. 1 AO). Diese Anzeige- und Berichtigungspflicht besteht bis zum Ablauf der Festsetzungsfrist (§ 169 AO) für die betroffene Steuer. Die Anzeige hat **unverzüglich** nach Erkennen der Unrichtigkeit oder Unvollständigkeit der Erklärung zu erfolgen (*Tipke/Kruse* AO § 153 Rdn. 7 und 8; *Klein/Brockmeyer* AO § 153 Rdn. 6).

119 Die **Anzeige- und Berichtigungspflicht trifft nach** § 153 Abs. 1 S. 2 AO **auch den Testamentsvollstrecker als Vermögensverwalter** nach § 34 AO, sobald er erkannt hat, daß der Erblasser unrichtige oder unvollständige Steuererklärungen abgegeben hat.

120 Wer gegen diese Anzeigepflicht verstößt, kann sich wegen **Steuerhinterziehung** nach § 370 AO strafbar machen. Gegen den Testamentsvollstrecker kann in diesem Zusammenhang auch ein **Haftungsbescheid** nach § 191 AO ergehen.

121 *bb) Durch Miterbenstellung des Testamentsvollstreckers kein Auskunftsverweigerungsrecht.* Ist der Testamentsvollstrecker **gleichzeitig Erbe oder Miterbe,** so trifft ihn diese Anzeigepflicht auch in seiner Eigenschaft als Gesamtrechtsnachfolger (*Tipke/Kruse* AO § 153 Rdn. 3; *Klein/Brockmeyer* AO § 153 Rdn. 2; unzutreffend *Haegele/Winkler* Rdn. 756).

122 Ist **der Testamentsvollstrecker ein Angehöriger** des Erblassers im Sinne von § 15 AO (angehörig im Sinne dieser Vorschrift sind Verlobte, Ehegatten, Verwandte und Verschwägerte gerader Linie, Geschwister, Geschwisterkinder usw. einschl. Pflegeeltern und Pflegekinder), so könnte ihm nach § 101 AO ein **Auskunftsverweigerungsrecht** zustehen. Dieses Auskunftsverweigerungsrecht gilt jedoch dann nicht (und kann deshalb auch nicht von der Anzeigepflicht nach § 153 AO befreien), wenn der Angehörige die **Auskunftspflicht für einen Beteiligten zu erfüllen** hat. Alle unter die §§ 34 und 35 AO fallenden Personen (und somit auch der Testamentsvollstrecker) haben mit der Anzeige nach § 153 AO eine Verpflichtung für alle Beteiligten zu erfüllen (s. auch *Tipke/Kruse* AO § 101 Rdn. 8; *Klein/Brockmeyer* AO § 101 Rdn. 3; aA *Haegele/Winkler* Rdn. 756).

c) Erbschaftsteuer

123 Steuererklärungen sind von dem abzugeben, dem die einzelnen Steuergesetze diese Verpflichtung auferlegen (§ 149 AO). Nach § 31 Abs. 1 ErbStG kann das Finanzamt von jedem, der an einem Erbfall beteiligt ist, unabhängig davon, ob er selbst steuerpflichtig ist, die Abgabe der **Erbschaftsteuererklärung** verlangen. Die dem Pflichtigen hierfür gesetzte Frist muß mindestens einen Monat betragen (§ 31 Abs. 1 S. 1 und 2 ErbStG). Ist ein **Testamentsvollstrecker** (oder Nachlaßverwalter) eingesetzt, ist die **Erbschaftsteuererklärung von diesem abzugeben.** Dabei kann das Finanzamt fordern, daß die Steuererklärung auch von einem oder mehreren Erben mit unterschrieben wird (§ 31 Abs. 5 S. 1 und 2 ErbStG). Die Pflicht des Testamentsvollstreckers zur Abgabe einer Steuererklärung nach § 31 Abs. 5 ErbStG 1974 ist im Regelfall auf **den Erwerb von todeswegen** seitens des/der Erben beschränkt (BFH ZEV 1999, 325). Diese Verpflichtung nach § 31 Abs. 5 ErbStG setzt jedoch nicht voraus, daß die Erben vom Finanzamt nach Abs. 1 aufgefordert sind, eine Erklärung abzugeben. Die nicht rechtzeitige Abgabe dieser Erbschaftsteuererklärung durch den Testamentsvollstrecker hemmt den Anlauf der Frist für die Festsetzung der Erbschaftsteuer gegenüber den Erben (BFH ZEV 2000, 167 = BB 2000, 552).

Ein **Erbschaftsteuerbescheid ist dem Testamentsvollstrecker bekanntzugeben** (§ 32 Abs. 1 S. 1 ErbStG, BFH NJW 1991, 3302 und NJW 1991, 3303). Der Testamentsvollstrecker hat auch für die Bezahlung der Erbschaftsteuer zu sorgen (§ 32 Abs. 1 S. 2 ErbStG) und **haftet persönlich,** wenn er schuldhaft einen Steuerausfall verursacht. 124

Oftmals kann das **Nachlaßverzeichnis** des Testamentsvollstreckers (siehe Rdn. 1ff.) auch gleichzeitig als **wesentliche Grundlage** für die Erstellung der **Erbschaftsteuererklärung** dienen. Dazu sind **vollständige Wertansätze bei allen Aktiv- und Passivposten** notwendig. Gegebenenfalls muß also das Nachlaßverzeichnis noch entsprechend ergänzt werden. Insbesondere sind dann auch bei einzelnen Wirtschaftsgütern anstelle der Verkehrswerte die für die Festsetzung der Erbschaftsteuer maßgebenden **Steuerwerte** anzusetzen: ab 1. 1. 1996 bei unbebauten Grundstücken der Wert nach Fläche und den ermäßigten Bodenrichtwerten gem. § 196 BauGB, bei bebauten Grundstücken der ermäßigte Ertragswert, §§ 12 Abs. 3 ErbStG, 145, 146 BewG (s. Rdn. 12 und 8. Kap. Rdn. 43ff.). 125

III. Der Testamentsvollstrecker im Nachlaßverfahren

1. Problemstellung

In der Praxis wird der Erblasser meist die Aufgabenbereiche des Testamentsvollstreckers nicht in derselben Weise, wie sie gesetzlich typisiert umrissen sind, klar abgegrenzt haben. So stellt sich uU bereits zu einem Zeitpunkt, zu dem der Testamentsvollstrecker noch nicht begonnen hat, seine eigentlichen Aufgaben auszuführen, für ihn das Problem festzustellen, wer als Erbe, Vermächtnisnehmer oder Auflagenbegünstigter am Nachlaß beteiligt, ob Testamentsvollstreckung überhaupt angeordnet ist und in welchem Aufgabenkreis er tätig werden soll. Diese Fragen werden im wesentlichen bereits **im Nachlaßverfahren** geklärt. Der **Umfang** der dem Testamentsvollstrecker in diesem Verfahrensstadium bereits zukommenden **Rechte** hat nicht unerheblichen Einfluß auf die Festlegung seines Aufgabenbereichs sowie seiner späteren Tätigkeit der Nachlaßverwaltung bzw. -abwicklung. 126

2. Testamentseröffnung und Nachlaßverhandlung

a) Eröffnung

Das Nachlaßgericht oder das Gericht, bei dem sich die letztwillige Verfügung in Verwahrung befindet, hat, sobald es vom Tod des Erblassers Kenntnis erlangt, ei- 127 nen Termin zur Eröffnung eines in seiner Verwahrung befindlichen Testaments oder Erbvertrags zu bestimmen (§§ 2260, 2261, 2300 BGB). Hierzu sollen die gesetzlichen Erben und die sonstigen Beteiligten, soweit tunlich, geladen werden. Hierzu gehört auch der **Testamentsvollstrecker** als **sonstiger Beteiligter.** Dies kann in der Praxis jedoch nur geschehen, wenn dem Nachlaßgericht die Person des Testamentsvollstreckers etwa aus einem offen abgelieferten Testament (§ 2259 BGB), das eröffnet wird, oder aus sonstigen Umständen bekannt ist.

b) Akteneinsicht

128 Regelmäßig wird das Nachlaßgericht von der Anordnung einer Testamentsvollstreckung oder der Person des Testamentsvollstreckers vorab keine entsprechende Kenntnis haben, so daß der Testamentsvollstrecker erst nach Eröffnung der letztwilligen Verfügung von deren Inhalt in Kenntnis gesetzt werden kann (§ 2262 BGB). Der Testamentsvollstrecker hat dann das Recht, das eröffnete Testament einzusehen sowie eine (teilweise) **Abschrift** des Testaments zu fordern, die auf Verlangen zu beglaubigen ist (§ 2264 BGB). Die Ablehnung der Einsichtnahme durch den Rechtspfleger beim Nachlaßgericht (§ 3 Nr. 2c RpflG) ist mit dem **Rechtsmittel** der Erinnerung (Beschwerde) angreifbar (§ 11 RpflG, §§ 19ff. FGG).

129 Die Einsichtnahme ist gebührenfrei, § 1 KostO. **Kosten** der Abschriftserteilung und Beglaubigung: §§ 136 Abs. 1, 132 KostO. Die Kosten fallen dem Nachlaß zur Last (§§ 2218, 670 BGB).

130 Der Testamentsvollstrecker hat auch das Recht, Erbverträge sowie die Nachlaßakten insgesamt einzusehen (§ 34 FGG). Die **Akteneinsicht** ist grundsätzlich nur an der Geschäftsstelle des Nachlaßgerichts zu gewähren; ein Recht auf Aushändigung und Übersendung der Nachlaßakten besteht wegen der damit verbundenen Gefahr eines Verlustes der Akten nicht (OLG Köln Rpfleger 1983, 325).

3. Testamentsprüfung und -auslegung

a) Formelle Prüfung

131 Die Prüfung der Frage, ob ein Testament oder Erbvertrag formwirksam errichtet worden ist, entscheidet allein das **Gericht.** Hierbei kann freilich der Testamentsvollstrecker als Beteiligter im Nachlaßverfahren Stellung nehmen.

b) Inhaltliche Prüfung

132 Die **Bestimmung** des **Testamentsinhalts,** etwa ob eine Person als Erbe eingesetzt oder als Vermächtnisnehmer bedacht ist, obliegt ebenfalls ausschließlich dem Gericht. Diesem kommt dabei auch die Aufgabe der **Auslegung** des Testaments zu.

133 Der **Testamentsvollstrecker** dagegen hat nach § 2203 BGB nur die letztwilligen Verfügungen des Erblassers auszuführen, **nicht** aber sie auszulegen oder gar im Sinn von vermuteten Absichten des Erblassers zu erweitern (BayObLG FamRZ 1989, 668). Dies gilt auch dann, wenn der Erblasser in der letztwilligen Verfügung dem Testamentsvollstrecker die Befugnis eingeräumt hat, bei Zweifeln über den Sinn der letztwilligen Bestimmungen das Testament „authentisch zu interpretieren" (RGZ 66, 103); denn eine Vertretung des Erblassers im Willen ist ausgeschlossen. Der Erblasser selbst muß die Verantwortung für seine Verfügungen tragen; er kann sie weder einem Stellvertreter delegieren (§ 2064 BGB) noch kann einem Dritten

die Entscheidung über die Gültigkeit einer Verfügung (§ 2065 Abs. 1 BGB) oder über den Gegenstand oder den Empfänger der Zuwendung (§ 2065 Abs. 2 BGB) überlassen werden.

134 Erst recht ist dem Testamentsvollstrecker die Auslegung des Testaments hinsichtlich solcher Bestimmungen verwehrt, die den Bestand des Testamentsvollstreckeramtes selbst betreffen, auch wenn er hierzu vom Erblasser ermächtigt worden sein sollte. Niemand kann **Richter in eigener Sache** sein (RGZ 100, 76; BGHZ 41, 23).

135 Etwaige Äußerungen des Testamentsvollstreckers zum Testamentsinhalt sind jedoch für das Nachlaßgericht bei der Auslegung von besonderer Bedeutung, sofern sich hierfür Anhaltspunkte im Testament finden (RGZ 66, 103). Denn es ist in der Regel so, daß der Erblasser der Person des Testamentsvollstreckers besonderes Vertrauen entgegenbringt und mit ihrer Ernennung die Erwartung verknüpft, sie werde das Amt unparteiisch und neutral ausführen. Wegen dieser hervorgehobenen Stellung im Verhältnis zum Erblasser kommt den Äußerungen des Testamentsvollstreckers im Zusammenhang mit der **Interpretation des Erblasserwillens** eine erhebliche Bedeutung zu. Dies gilt allerdings mit der Einschränkung, daß gegenüber den Äußerungen des Testamentsvollstreckers größere Zurückhaltung geboten ist, wenn es um die Auslegung solcher testamentarischer Bestimmungen geht, die die Testamentsvollstreckung selbst oder das Amt des Testamentsvollstreckers betreffen.

c) Der Testamentsvollstrecker als Schiedsrichter

136 Wird in letztwilligen Verfügungen ein Schiedsgericht angeordnet (§ 1048 ZPO) und der Testamentsvollstrecker zum **Schiedsrichter** eingesetzt, so kann ihm die Bestimmung der Person des Erben ebenfalls nicht zur Entscheidung überlassen werden, da wegen § 2065 BGB diese Frage vergleichsweise nicht erledigt werden kann und damit der Kompetenz des Schiedsgerichts entzogen ist (§ 1025 ZPO). Eine Entscheidung ist im übrigen gleichfalls nicht möglich, wenn hierdurch eigene Interessen des Testamentsvollstreckers berührt werden.

137 **Beispiele** dieser Art sind Streitigkeiten über die Rechtswirksamkeit von Testamenten, von deren Bestand auch die Bestellung zum Testamentsvollstrecker abhängt oder Streitigkeiten über die letztwillige Anordnung der Testamentsvollstreckung sowie über den Umfang der Rechte, die der Verwaltung des Testamentsvollstreckers unterliegen (vgl. *Kohler* DNotZ 1969, 125).

138 **Außerhalb dieser Grenzen,** dh. bei der Entscheidung von Streitigkeiten, an deren Ausgang der **Testamentsvollstrecker** nicht interessiert ist und deren Entscheidung einer vergleichsweisen Erledigung zugänglich sind, **kann** er als Schiedsrichter **entscheiden**.

4. Anfechtungsrecht

139 Das Recht zur Anfechtung einer Verfügung von Todes wegen (vgl. §§ 2078ff., 2281ff. BGB) steht dem Testamentsvollstrecker nicht zu. Die Anfechtung ist allein **Sache des Erben.**

140 Das gleiche gilt für die **Einrede der Anfechtbarkeit gemäß § 2083 BGB.** Will der Testamentsvollstrecker daher gegenüber der Leistungspflicht aus einer nicht (rechtzeitig) angefochtenen letztwilligen Verfügung die Einrede der Anfechtbarkeit erheben, braucht er die Zustimmung des Erben. Denn die Einrede aus § 2083 BGB ist nur Ausfluß des allein dem Erben zustehenden Rechts zur Anfechtung letztwilliger Verfügungen des Erblassers; es handelt sich nicht um eine

dem Testamentsvollstrecker zustehende Verfügung über den Nachlaß im Sinne von § 2205 BGB, sondern um eine dem Erben zustehende Verfügung über das Erbenrecht (BGH NJW 1962, 1058; *Johannsen* WM 1969, 1402, 1407).

5. Annahme und Ausschlagung der Erbschaft

141 Das Erbrecht selbst unterliegt nicht der Verwaltung des Testamentsvollstreckers, sodaß er **nicht berechtigt** ist, die dem Erben zugefallene Erbschaft anzunehmen, auszuschlagen oder auf sonstige Weise auf ein dem Erben zustehendes Erbrecht zu verzichten (OLG Zweibrücken OLGZ 1980, 142).

6. Erbschein

142 Der Testamentsvollstrecker ist berechtigt, einen **Antrag** auf **Erteilung eines Erbscheins** zu stellen (OLG Hamm FamRZ 1993, 825; OLG München DNotZ 1937, 704; KGJ 22, A 56; KGJ 26, A 62; *Zimmermann* ZEV 1995, 275, 277). Er kann auch verlangen, daß ein **unrichtiger Erbschein eingezogen** wird.

143 Gegen eine unrichtige Entscheidung ist für ihn das **Rechtsmittel** der Beschwerde (§§ 19ff. FGG) bzw. der weiteren Beschwerde (§§ 27ff. FGG) gegeben. Zur Zulässigkeit des Rechtsmittels genügt es, daß ihm die behauptete und durch ausdrückliche Erklärung gegenüber dem Nachlaßgericht angenommene Einsetzung als Testamentsvollstrecker abgesprochen wird und der Erbschein nach Auffassung des Testamentsvollstreckers unrichtige Erben nennt (OLG Oldenburg Rpfleger 1965, 305).

4. Kapitel

Rechtsfragen und Probleme bei der Durchführung einer Testamentsvollstreckung im Normalfall

Übersicht

Formulierungsvorschläge

Literatur: *Haegele,* Einzelfragen zur Testamentsvollstreckung, BWNotZ 1974, 109; *ders.,* Familienrechtliche Fragen um den Testamentsvollstrecker, Rpfleger 1963, 330; *ders.,* Der Testamentsvollstrecker und das Selbstkontrahierungsverbot des § 181 BGB, Rpfleger 1958, 370; *ders.,* Einzel- und Zweifelsfragen zum Testamentsvollstrecker, Rpfleger 1957, 147; *Johannsen,* Die Rechtsprechung des Bundesgerichtshofes auf dem Gebiet des Erbrechts, WM 1969, 1402; 1973, 535; 1977, 276; 1979, 607; *Jung,* Unentgeltliche Verfügungen des Testamentsvollstreckers und des befreiten Vorerben, Rpfleger 1999, 204; *Klingenstein,* Besteht eine Pflicht zur Zwangsversteigerung landwirtschaftlicher Grundstücke durch den Testamentsvollstrecker? BWNotZ 1965, 25; *Kohler,* Letztwillige Schiedsklauseln, DNotZ 1969, 125; *v. Lübtow,* Insichgeschäfte des Testamentsvollstrecker, JZ 1960, 151; *Neuschwandner,* Testamentsvollstrecker und unentgeltliche Verfügung, BWNotZ 1978, 73; *Patschke,* Erbteilsübernahme durch den Miterben, NJW 1955, 444; *Rötelmann,* Anmerkung zum Beschluß des OLG Celle vom 23. 8. 1950, NJW 1951, 198; *Schaub,* Unentgeltliche Verfügungen des Testamentsvollstreckers, ZEV 2001, 257; *ders.,* Die Zivilrechtliche Haftung des Steuerberaters als Testamentsvollstrecker, DSWR 1995, 16; *Schmidt-Kessel,* Erbrecht in der Rechtsprechung des Bundesgerichtshofes 1985–1987, WM Sonderbeilage 8/1988; *Zunft,* Die Übertragung sämtlicher Nachlaßgegenstände an einen Miterben gegen Abfindung der übrigen Erben, JZ 1956, 550.

I. Vorbemerkung

Nach Konstituierung des Nachlasses beginnt für den Testamentsvollstrecker der 1
„Alltag" seiner Verwaltungstätigkeit. Auch bei ganz normalen Nachlässen, die faktisch und rechtlich keine Besonderheiten aufweisen, ergeben sich zum Teil diffizile Fragen im tatsächlichen wie auch im rechtlichen Bereich. Diese sind im Hinblick auf die **rechtlichen Befugnisse des Testamentsvollstreckers** aufzubereiten. Die vom Testamentsvollstrecker beabsichtigten Maßnahmen sind unter seine Befugnisse zu subsumieren. Erst wenn sich ihre Gültigkeit und rechtliche Haltbarkeit herausstellt, können sie mit Erfolg realisiert werden.

II. Allgemeiner Inhalt des Verwaltungsrechts

1. Grundsatz

Der Testamentsvollstrecker hat nicht nur das Recht, sondern gegenüber den Er- 2
ben und Vermächtnisnehmern auch die Pflicht, den Nachlaß zu verwalten. Die Verwaltung umfaßt diejenigen **Maßnahmen,** die zur Vermehrung, Sicherung, Erhaltung und Nutzung des verwalteten Gutes erforderlich sind. Sie bezieht sich nur auf solche Gegenstände und Rechte, die zum Nachlaß gehören und der Testamentsvollstreckung unterliegen (hierzu allg. 1. Kap.).

3 Solange die Testamentsvollstreckung andauert und soweit, wie das Verwaltungsrecht des Testamentsvollstreckers reicht, sind die entsprechenden Rechte der Erben ausgeschlossen. Dies gilt auch dann, wenn zeitweilig kein Testamentsvollstrecker im Amt ist.

4 Wenn ein **Testamentsvollstrecker weggefallen** ist, können die Erben daher auch in der Zeit bis zur Ernennung des Nachfolgers nicht über Nachlaßgegenstände verfügen. In dem Umfang, in dem die Verfügungsbefugnis der Erben ausgeschlossen ist, ist auch deren Privatgläubigern der Zugriff auf Nachlaßgegenstände verwehrt (§§ 2221, 2214 BGB).

2. Konkretisierung des Verwaltungsrechts durch Gesetz und Anordnungen des Erblassers

5 Die Verwaltungsrechte und -pflichten des Testamentsvollstreckers sind gesetzlich festgelegt (hierzu 1. Kap. Rdn. 64 ff.).

6 Diese allgemeinen Möglichkeiten des Testamentsvollstreckers bei der Verwaltung des Nachlasses können durch besondere Anordnungen des Erblassers konkretisiert sein. Die „richtige" Testamenstvollstreckungsanordnung beschränkt sich nicht darauf, Testamentsvollstreckung anzuordnen, sondern enthält zweckmäßigerweise besondere, auf den Einzelfall zugeschnittene Anordnungen und Richtlinien des Erblassers für die Ausführung der Testamentsvollstreckung (vgl. 2. Kap. Rdn. 51 bis 122). Diese **Richtlinien** sind bei der Realisierung des letzten Willens durch den Testamentsvollstrecker **vorrangig**, wenn auch im Rahmen der gesetzlichen Bestimmungen, zu beachten.

III. Die Durchführung der Inbesitznahme des Nachlasses und der Nachlaßgegenstände

7 Dem Testamentsvollstrecker steht ein Anspruch auf Besitzeinräumung zu (hierzu 1. Kap. Rdn. 65 ff.).

8 Wird dieser Anspruch nicht freiwillig erfüllt, ist er – da dem Testamentsvollstrekker eine eigenmächtige Durchsetzung seines Besitzanspruchs verwehrt ist – klageweise geltend zu machen.

9 Für die Geltendmachung der **Herausgabeklage** ist das Prozeßgericht, nicht das Nachlaßgericht, zuständig. Bei Vorhandensein mehrerer Erben sind diese, da sie den Besitz an den Nachlaßgegenständen gemeinschaftlich ausüben und sie diese Gegenstände nur einheitlich herausgeben können (§ 2040 BGB), notwendige Streitgenossen im Prozeß (§ 62 ZPO).

10 Hat der Testamentsvollstrecker von der Zusammensetzung des Nachlasses Kenntnis, sind im **Klageantrag** die herauszugebenden Gegenstände im einzelnen genau zu bezeichnen.

11 **Formulierungsbeispiel: Herausgabeklage des Testamentsvollstreckers gegen den Erben**

„1. Der Beklagte wird verurteilt, folgende zum Nachlaß des am (Datum) in (Ort) verstorbenen (Name) gehörenden Gegenstände an den Kläger herauszugeben:
   a) das Grundstück Rittsteiger Straße 107 in 94036 Passau, vorgetragen im Grundbuch des Amtsgerichts Passau für (Gemarkung), Band (...) Blatt (...), Fl. Nr. (...) zu (...) qm,
   b) den PKW Marke Mercedes Modell XY, schwarz lackiert, amtl. Kennzeichen: M-D-600, Fahrgestellnummer ...,

c) das Gemälde „Roter Mann“ von Karl Veitz, 1990 (Öl auf Leinwand, 240 x 170 cm),
d) . . .
2. Das Urteil ist – ggf. gegen Sicherheitsleistung – vorläufig vollstreckbar.
3. Der Beklagte trägt die Kosten des Rechtsstreits.“

Ist dem Testamentsvollstrecker dagegen der Umfang des Nachlasses im einzelnen nicht bekannt, so hat er gegen die Erben einen vorbereitenden **Auskunftsanspruch** (ebenso *Reimann* WPK-Mitt. Sonderheft Juni 1996, 1, 24; anders zT *Zimmermann* Rdn. 365, der anstelle des vorbereitenden Auskunftsanspruchs sogleich Klage auf Herausgabe „des Nachlasses“ genügen läßt, wenn der Testamentsvollstrecker die Nachlaßgegenstände nicht kennt). Da der Anspruch auf Herausgabe des Nachlasses ein Anspruch auf Herausgabe eines Inbegriffs von Gegenständen ist, ergibt sich der Auskunftsanspruch aus § 260 Abs. 1 BGB. Er kann verlangen, daß die Erben die Richtigkeit und Vollständigkeit der Auskunft eidesstattlich versichern (§ 260 Abs. 2 BGB). Nach erteilter Auskunft ist er berechtigt, die Nachlaßgegenstände herauszuverlangen. 12

Zweckmäßigerweise werden diese drei Ansprüche im Wege der **Stufenklage** (§ 254 ZPO) verbunden mit dem Vorteil, daß der Antrag auf Herausgabe der Gegenstände zunächst unbestimmt sein kann. 13

Formulierungsbeispiel: Auskunfts- und Herausgabeklage des Testamentsvollstreckers gegen den Erben (Stufenklage) 14

„1. Die Beklagten werden verurteilt,
a) dem Kläger Auskunft über den Bestand des Nachlasses des am (Datum) in (Ort) verstorbenen (Name) und über den Verbleib der Nachlaßgegenstände zu erteilen,
b) erforderlichenfalls an Eides statt zu versichern, daß der Bestand des Nachlasses nach bestem Wissen so vollständig angegeben wurde, wie die Beklagten hierzu imstande sind,
c) an den Kläger die nach Erteilung der Auskunft noch zu bezeichnenden Nachlaßgegenstände herauszugeben.
2. Das Urteil ist – ggf. gegen Sicherheitsleistung – vorläufig vollstreckbar.
3. Die Beklagten tragen die Kosten des Rechtsstreits.“

Gegen den Herausgabeanspruch des Testamentsvollsteckers kann **eingewendet** werden, daß 15
– die Sache seiner Verwaltung nicht unterliege,
– er sie sofort nach § 2217 BGB freigeben müsse oder
– er sie dem Erben, der die Sache besitzt, im Wege der Auseinandersetzung sofort wieder zuteilen müsse (§ 242 BGB).

Ein **Dritter**, der nicht Erbe ist, kann gegen den Herausgabeanspruch auch ein **Zurückbehaltungsrecht** wegen Aufwendungen geltend machen, die er für den Nachlaß gemacht hat (MünchKommBGB/*Brandner* § 2205 Rdn. 49). 16

Die **Besitzschutzrechte** aus §§ 859ff. BGB stehen dem Testamentsvollstrecker erst nach Erlangen der tatsächlichen Gewalt zur Seite (*Staudinger/Reimann* § 2205 Rdn. 31; *Palandt/Edenhofer* § 2205 Rdn. 6). Er ist dann unmittelbarer, der Erbe mittelbarer Besitzer (§ 868 BGB). 17

IV. Die (einfache) Verwaltung

1. Die ordnungsgemäße Verwaltung eines „normalen“ Nachlasses

a) Grundsatz

Der Testamentsvollstrecker ist bei Ausführung des Amtes zur ordnungsgemäßen Verwaltung des Nachlasses **verpflichtet.** Er hat dabei die vom Erblasser durch letztwillige Verfügung getroffenen Verwaltungsanordnungen, sofern sie nicht vom 18

Nachlaßgericht außer Kraft gesetzt worden sind, zu befolgen (§ 2216 BGB). Der Erblasser kann den Testamentsvollstrecker von der Pflicht zur Beachtung der Grundsätze einer ordnungsgemäßen Verwaltung **nicht befreien** (§ 2220 BGB). Hierin liegt ein notwendiger Ausgleich für die freie Stellung, die der Testamentsvollstrecker gegenüber den Erben hat.

19 Die Verpflichtung zu ordnungsmäßiger Verwaltung besteht gegenüber den **Erben** und **Vermächtnisnehmern,** nicht gegenüber Auflagenbegünstigten und sonstigen Nachlaßgläubigern (*Staudinger/Reimann* § 2216 Rdn. 8). Jeder einzelne Miterbe kann daher zB den Testamentsvollstrecker darauf verklagen, daß er seine Pflicht erfülle, sei es auf Vornahme einer bestimmten Verwaltungshandlung, die nach dem Maßstab der ordnungsmäßigen Verwaltung geboten ist, sei es auf Unterlassung einer ordnungswidrigen Maßnahme (RGZ 73, 26; BGHZ 25, 275; BGH NJW 1983, 40; MünchKommBGB/*Brandner* § 2216 Rdn. 2).

20 **Inhalt** und **Umfang** der Pflicht sind je nach den dem Testamentsvollstecker übertragenen Aufgaben verschieden (hierzu ausführlich 1. Kap. Rdn. 61ff.). Die ordnungsmäßige Verwaltung bei der regelmäßigen Abwicklungsvollstreckung nach §§ 2203ff. BGB wird also einen anderen Inhalt haben, als die bei der Verwaltungsvollstreckung nach § 2209 BGB oder die bei der inhaltlich oder gegenständlich beschränkten Testamentsvollstreckung nach § 2208 BGB. Hier kommt es immer auf die besonderen Umstände des Einzelfalles an.

21 Jedoch muß der Testamentsvollstrecker wie ein ordentlicher Verwalter fremden Vermögens seine Verwaltung grundsätzlich an dem **Ziel** ausrichten, das Vermögen zu erhalten und – wo dies möglich ist (es besteht aber keine Pflicht zur Mehrung des Nachlaßwertes, BGH NJW-RR 1989, 642) – zu mehren, Verluste zu verhindern und alles zu unterlassen, was sich für Erben und Vermächtnisnehmer nachteilig und schädigend auswirken könnte (vgl. MünchKommBGB/*Brandner* § 2216 Rdn. 2; *Staudinger/Reimann* § 2216 Rdn. 4ff.). Er ist zu besonderer Gewissenhaftigkeit und Sorgfalt angehalten, hat den Grundsatz der Substanzerhaltung des Nachlasses ebenso zu beachten wie das Prinzip der Nutzbarmachung und Gewinnerzielung (*Klumpp* ZEV 1994, 65, 67). An die Ordnungsmäßigkeit der Verwaltung sind **strenge Anforderungen** zu stellen (BGH NJW 1959, 1820; 1967, 443; NJW 1987, 1070 = DB 1987, 575; NJW-RR 1989, 642; vgl. auch die Nachweise Rdn. 26). Der Testamentsvollstrecker haftet nicht nur für die Sorgfalt, die er in eigenen Angelegenheiten zu üben pflegt.

b) Ermittlung des Maßstabs der ordnungsmäßigen Verwaltung

22 Inhalt und Grenzen der Ordnungsmäßigkeit werden – im Interesse der Erben – vordringlich durch **objektive Maßstäbe** bestimmt, nicht primär durch die subjektiven Fähigkeiten des jeweiligen Testamentsvollsteckers (*Staudinger/Reimann* § 2216 Rdn. 5). Der Testamentsvollstrecker hat selbst zunächst als Richtschnur für sein künftiges Handeln diesen Maßstab zu finden und für die Bedürfnisse „seines" Nachlasses zu konkretisieren. Der Testamentsvollstrecker ist gehalten, im Einzelfall wirtschaftlich, vernünftig und aus allgemein nachvollziehbaren Gründen zu handeln. Nicht ausreichend ist, wenn der Testamentsvollstrecker lediglich entsprechend seinem mehr oder minder vorhandenen Verhandlungsgeschick und Durchsetzungsvermögen nach besten Kräften tätig wird, wenn das Geschäft gleichwohl objektiven Wirtschaftlichkeitsanforderungen nicht genügen kann. Insoweit hat der Testamentsvollstrecker sein Handeln stets und immer wieder an diesen objektiven Kriterien zu messen. Die Ordnungsmäßigkeit und Zulässigkeit von Anlageentscheidungen des Testamentsvollstreckers wird daher im wesentlichen durch den Umfang und die Zusammensetzung des jeweiligen Nachlasses bestimmt. So ist zB

bei einem umfangreichen Nachlaß mit beträchtlichen flüssigen Mitteln eine Risikoanlage eher gerechtfertigt als bei kleineren Nachlässen. Dabei ist immer auf eine gewisse Streuung bei den Kapitalanlagen zu achten, um das Ausfallrisiko – und damit letztlich das Haftungsrisiko – beherrschbar zu machen (*Klumpp* ZEV 1994, 65, 67 mit Einzelheiten zu den verschiedenen Anlageformen).

Der pflichtgetreue Testamentsvollstrecker muß auch die Möglichkeit, **Vorteile** 23 für den Nachlaß zu gewinnen, wahrnehmen; er darf sich nicht mit einem mäßigen Erfolg begnügen, wenn sich die Möglichkeit zu einem besseren Erfolg bietet und er nach seiner Veranlagung und seinen Kenntnissen diese Möglichkeiten zu erkennen und zu verwirklichen weiß (BGH WM 1967, 27; vgl. auch AG Bremen WM 1993, 1959), wobei von ihm die Beachtung der in § 276 BGB festgelegten Sorgfalt erwartet werden muß.

Bei der notwendig einzelfallbezogenen Beurteilung sind **sämtliche Umstände** 24 zu berücksichtigen. So kann es durchaus pflichtgemäßem Handeln entsprechen, wenn der Testamentsvollstrecker einen Nachlaßgegenstand erkennbar unter Wert verkauft, soweit sich für ihn nur durch dieses Geschäft die Möglichkeit bietet, etwa im Zusammenhang mit einer dringend erforderlichen Sanierung eines zum Nachlaß gehörigen Grundstücks oder Betriebs erforderliche liquide Mittel zu beschaffen. Der denkbare Einwand, daß die benötigten liquiden Mittel auch auf dem Kapitalmarkt zu erhalten gewesen wären, schlägt nur dann durch, wenn Kredite tatsächlich gewährt worden wären und die hiermit einhergehenden Kosten für Zinsen und Nebenleistungen sowie die Kosten der Absicherung der Kredite insgesamt hinter dem Betrag, um den der betreffende Nachlaßgegenstand zu billig verkauft wurde, zurückbleiben. Im übrigen sind entsprechend dem Gedanken der **Vorteilsausgleichung** und der gebotenen Gesamtbetrachtung des Anlageverhaltens des Testamentsvollstreckers etwaige Erfolge aus anderen Maßnahmen den etwaigen Verlusten aus der getroffenen Anlageentscheidung kompensierend gegenüberzustellen. Bei der Einzelfallbetrachtung ist zB auch das Kriterium der voraussichtlichen Dauer der Testamentsvollstreckung zu berücksichtigen; steht die Auseinandersetzung bevor, wird der Testamentsvollstrecker flüssige Beträge nur noch kurzfristig festverzinslich anlegen dürfen (*Zimmermann* Rdn. 422).

Eine pflichtwidrige Verwaltung liegt indessen nicht schon darin, daß sich der 25 Testamentsvollstrecker von **persönlichen Interessen** statt vom Gedanken ordnungsgemäßer Amtsführung hat leiten lassen, sofern er auch bei pflichtmäßiger Einstellung so hätte handeln dürfen, wie er es getan hat (*Staudinger/Reimann* § 2216 Rdn. 5). Zu einer ordnungsgemäßen Verwaltung gehört auch die Kontrolle desjenigen, dem das unter Testamentsvollstreckung stehende Vermögen überlassen ist, um rechtzeitig mit geeigneten Maßnahmen Gefahren von Verlusten begegnen zu können, die den Inhabern des Vermögens drohen (BGH NJW 1959, 1820; NJW-RR 1995, 577 = ZEV 1995, 110 sowie BGH NJW-RR 1999, 574 = ZEV 1999, 26: Der Testamentsvollstrecker hatte das Grundvermögen von einer Hausverwaltung verwalten lassen und dafür eine um 100% überhöhte Vergütung bezahlt). Dagegen ist es zur ordnungsgemäßen Verwaltung nicht erforderlich, daß der Testamentsvollstrecker solche Nachlaßunterlagen durcharbeitet, die jahrelang zurückliegen und für die künftige Verwaltung des Nachlasses keine Rolle spielen (OLG Düsseldorf FamRZ 2000, 191, 192).

c) Ermessensbildung durch den Testamentsvollstrecker

Insbesondere in Fällen einer länger andauernden Vollstreckung und dort, wo ein 26 „dynamischer" Nachlaß vorzufinden ist, zB wenn zum Nachlaß Beteiligungen an Unternehmen oder spekulativen Objekten gehören, ist vom Testamentsvollstrecker ein hohes Maß an unternehmerischer **Eigeninitiative** gefragt. Er wird sich dabei auch mit Entscheidungen konfrontiert sehen, die von ihm eine besondere unternehmerische Flexibilität und ein gewisses Maß an Risikobereitschaft verlangen. Mit der freien Stellung des Testamentsvollstreckers und der Forderung, daß er sich nicht mit einem mäßigen Erfolg seiner Tätigkeit begnügen darf, sondern Möglichkeiten zu einem besseren Ergebnis wahrnehmen muß (BGH ZEV 1995, 110), wäre es unvereinbar, ihn bei seinen Entscheidungen immer auf den „sichersten Weg" zu verweisen. Vielmehr ist ihm ein **Ermessensspielraum** bei seinen Entscheidungen zuzubilligen (BGHZ 25, 275; BGH WM 1967, 25; NJW 1987, 1070; ZEV 1995, 110; OLG Frankfurt ZEV 1998, 350 m. Anm. *Damrau*; MünchKommBGB/*Brandner* § 2216 Rdn. 2; *Staudinger/Reimann* § 2216 Rdn. 2), der genügend Raum läßt für wirtschaftlich sinnvolle Eigeninitiative und der auch die Eingehung eines wirtschaftlich kalkulierten geschäftlichen Risikos nicht ausschließt (BayObLG ZEV 1998, 348, 350 mwN). Der Ermessensspielraum ist nicht bereits dort überschritten, wo der Testamentsvollstrecker nicht die sicherste Form der Vermögensanlage wählt. Bewußt schreibt auch das Gesetz dem Testamentsvollstrecker eine mündelsichere Anlage nicht vor, wie es dies andererseits tut, wenn der Gesichtspunkt der Sicherheit ganz im Vordergrund steht (vgl. §§ 1079, 1807, 1808, 2119 BGB; OLG Frankfurt ZEV 1998, 350, 352 m. Anm. *Damrau*; *Klumpp* ZEV 1994, 65, 66). Die **Grenzen** des wirtschaftlichen Ermessens werden aber durch die allgemeinen Grundsätze der Wirtschaftlichkeit gezogen (BayObLGZ 1976, 67, 87 mwN), wobei die Grundsätze ordnungsmäßiger Verwaltung, an die nach objektiven Gesichtspunkten strenge Anforderungen gestellt werden (vgl. BGH NJW 1959, 1820, 1821; *Palandt/Edenhofer* § 2216 Rdn. 2), zu beachten sind. Von einer ordnungsgemäßen Verwaltung kann nicht mehr gesprochen, wenn der Testamentsvollstrecker Risikogeschäfte abschließt, die nach ihrer Größenordnung im Fall des Mißlingens den Bestand des Nachlasses insgesamt in Frage stellen (BayObLG ZEV 1998, 348, 350 mwN).

27 Der Testamentsvollstrecker, der in eigener Verantwortung selbständig und unter Umständen gegen den Willen der Erben entscheidet, hat sonach bei seiner Entscheidung allgemeine, nachvollziehbare wirtschaftliche Gesichtspunkte zu beachten. Im Vordergrund steht das Bild eines zwar umsichtigen und soliden, aber **„dynamischen" Geschäftsführers,** der die Risiken und Chancen einer Vermögensanlage kalkuliert und dann eingeht bzw. nutzt oder nicht (*Haegele/Winkler* Rdn. 169; *Schmidt-Kessel* WM Sonderbeilage 8/1988, S. 13; *Schaub* FamRZ 1995, 845, 849). Ihm sind deshalb nur solche Anlagen verwehrt, die nach Lage des Falles den Grundsätzen einer wirtschaftlichen Vermögensverwaltung zuwiderlaufen. Die Eingehung eines kalkulierten Wagnisses ist dadurch nicht ohne weiteres ausgeschlossen (BGH NJW 1987, 1070), denn ohne ein entsprechendes Maß an Risikobereitschaft ist auf Dauer oftmals nicht einmal ein durchschnittlicher Erfolg zu erzielen (*Klumpp* ZEV 1994, 65, 66).

28 Rein **spekulative** Anlagen, mit denen bei großem **Risiko** eine hohe Wertsteigerung oder eine besonders hohe Rendite erstrebt wird, laufen damit nicht ohne weiteres einer ordnungsmäßigen Verwaltung zuwider – jedenfalls dann nicht, wenn diese Geschäfte nicht den gesamten oder nahezu gesamten Nachlaß erfassen. Wäre allerdings letzteres der Fall, dann dürften dem Testamentsvollstrecker – ungeachtet eventueller Regreßansprüche gegen Berater, die die Anlage ohne ausreichende Warnhinweise empfohlen hatten (hierzu BGH NJW 1991, 1108; 1991, 1947; ZIP 1993, 1148) – Wagnis- und Spekulationsgeschäfte nur in ganz besonderen Ausnahmefällen zuzugestehen sein (BGH NJW 1987, 1070; *Schaub* FamRZ 1995, 845, 849; *ders.* DSWR 1995, 16, 17). Zur Vermögensanlage vgl. im einzelnen 5. Kap. Rdn. 420ff.

Dem Testamentsvollstrecker ist auch insoweit ein Ermessensspielraum zuzubilligen, als es um die Entscheidung der Frage geht, zu welchem Zeitpunkt eine bestimmte Verwaltungsmaßnahme durchzuführen ist. Gehört es in aller Regel zur ordnungsmäßigen Verwaltung des Nachlasses, eine Forderung, die zum Nachlaß gehört, einzuziehen, so hat der Vollstrecker dennoch nach seinem Ermessen zu entscheiden, ob es wirtschaftlich geboten ist, die Forderungen zu einem bestimmten **Zeitpunkt** geltend zu machen, oder ob hiervon einstweilen abgesehen werden soll. Dies gilt auch dann, wenn sich die Forderung gegen einen von mehreren Miterben richtet. Der Erbe, gegen den der Testamentsvollstrecker in diesem Fall eine zum Nachlaß gehörende Forderung geltend macht, kann sich seiner Verpflichtung zur Leistung grundsätzlich nicht mit dem Einwand entziehen, es sei nicht erforderlich, diese Forderung einzuziehen, oder er werde durch das Vorgehen des Vollstreckers im Vergleich zu anderen Miterben benachteiligt. 29

Die **Grenze** des dem Testamentsvollstrecker zuzubilligenden Ermessens liegt dort, wo sein Vorgehen dazu führen würde, den **Nachlaß zu schädigen** (BGHZ 25, 275). Dies kann etwa dann der Fall sein, wenn der Vollstrecker eine Forderung nicht einzieht, obwohl er Kenntnis davon hat, daß der Schuldner zunehmend in Vermögensverfall gerät und die Forderung nicht gesichert ist. 30

Weitere Beispiele siehe 1. Kap. Rdn. 81 ff.; 5. Kap. Rdn. 459 ff. 31

d) Maßgeblichkeit von Anordnungen des Erblassers

aa) Beschränkung des Testamentsvollstreckers durch Erblasseranordnungen. Die Alleinentscheidungskompetenz des Testamentsvollstreckers über die Art der Verwaltung findet ihre **Einschränkung** darin, daß der Testamentvollstrecker die vom Erblasser durch letztwillige Verfügung getroffenen Anordnungen für die Verwaltung zu befolgen hat (§ 2216 Abs. 2 S. 1 BGB). Diese Anordnungen sind bindende Richtlinien für die Amtsführung des Testamentsvollstreckers (BayObLG ZEV 1995, 366, 368 m. Anm. *Bengel*). Er hat sie auch gegen den erkennbaren Willen der Erben zu beachten (RGZ 74, 215; vgl. auch OLG Düsseldorf ZEV 1994, 302, 303). Abweichende Anordnungen der Erben braucht der Testamentsvollstrecker nicht zu befolgen. Mit der Erblasseranordnung ist grundsätzlich auch eine **dinglich wirkende Beschränkung** der Verfügungsbefugnis des Testamentsvollstreckers (§ 2208 Abs. 1 S. 1 BGB) verbunden (BGH NJW 1963, 2320; 1971, 2264; 1984, 2464; MünchKommBGB/*Brandner* § 2205 Rdn. 81; kritisch *Lehmann* AcP 188 (1988), 1 ff.). Hierüber können sich Testamentsvollstrecker und Erben nur einvernehmlich hinwegsetzen. Handelt der Testamentsvollstrecker nur im Einvernehmen mit einzelnen von mehreren Miterben, so ist jedenfalls ihnen gegenüber seine Haftung ausgeschlossen (RGZ 105, 250); die entgegen der Erblasseranordnung getroffene Verfügung ist aber unwirksam. 32

Während die Erben vom Testamentsvollstrecker verlangen können, daß dieser die Verwaltungsanordnungen des Erblassers befolgt, kommt dem Nachlaßgericht eine derartige Kompetenz nicht zu. Das **Nachlaßgericht** hat **kein** allgemeines **Aufsichtsrecht** über den Testamentsvollstrecker, und zwar selbst dann nicht, wenn der Erblasser dies anordnet (BayObLGZ 1953, 357; BayObLGZ 21, 312, 314; *Firsching/Graf* Rdn. 4.422; *Staudinger/Reimann* Vor §§ 2197 ff. Rdn. 20). 33

Von bindenden Erblasseranordnungen **zu unterscheiden** sind **außerhalb der letztwilligen Verfügung** und zu Lebzeiten dem Testamentsvollstrecker **erteilte** bindende **Weisungen**. Diese können von den Erben nach § 671 BGB jederzeit widerrufen werden (RGZ 139, 41; BayObLG ZEV 1995, 366, 368 m. Anm. *Bengel*). 34

35 Eine Folgepflicht für den Testamentsvollstrecker besteht hingegen nicht, wenn der Erblasser in der letztwilligen Verfügung bloße **Wünsche, Bitten** und **Hoffnungen,** deren Beachtung er letztlich in das freie Belieben des Testamentsvollstreckers stellt, geäußert hat. Solche Wünsche kommen nur dann als bindende Verwaltungsanordnungen in Betracht, wenn der Erblasser den Willen zum Ausdruck gebracht hat, daß der Testamentsvollstrecker auch seinen Wünschen Folge zu leisten habe, oder wenn die Wünsche den Zweck der Testamentsvollstreckung erst deutlich machen, nicht aber, wenn der Erblasser insoweit die Entscheidung dem Testamentsvollstrecker überläßt und ihm nahelegt, nach seinen Wünschen zu entscheiden (BayObLG Rpfleger 1976, 430).

36 Die Frage, ob eine bindende Erblasseranordnung oder bloß eine Anregung diesbezüglich vorliegt, hat der Testamentsvollstrecker in eigener Verantwortlichkeit zu prüfen. Ihm kommt dabei – sofern nicht das Gericht bei Erteilung des Erbscheins oder des Testamentsvollstreckerzeugnisses eine Entscheidung getroffen hat – die Aufgabe zu, die letztwillige Verfügung **auszulegen.** Kommt es zu keiner Einigung mit den Erben oder den von der umstrittenen Regelung betroffenen Dritten, ist die Klärung der Streitfrage durch die Erhebung einer Feststellungsklage herbeizuführen, wobei das Prozeßgericht zur Entscheidung zuständig ist.

37 *bb) Außerkraftsetzen von Erblasseranordnungen.* Sieht der Testamentsvollstrecker, daß die Anordnungen des Erblassers der Realisierung seines Willens im Wege stehen oder zu Wirkungen führen, die nach seiner Überzeugung den Erblasserwillen ins Gegenteil verkehren könnten, oder daß sie auch nur wirtschaftlich unzweckmäßig sind, wird er einen **Antrag auf Außerkraftsetzung der Erblasseranordnungen** in Erwägung ziehen. Dabei wird er zu berücksichtigen haben, daß die Außerkraftsetzung von Erblasseranordnungen nicht immer möglich ist, wenn der Testamentsvollstrecker sie als – wenn auch im Sinne des Nachlasses – hinderlich ansieht, sondern nur, wenn die gesetzlichen Voraussetzungen dafür vorliegen.

38 Auf Antrag des Testamentsvollstreckers oder eines anderen Beteiligten kann das **Nachlaßgericht** einzelne Verwaltungsanordnungen des Erblassers außer Kraft setzen (§ 2216 Abs. 2 S. 2 BGB). Allerdings können **zB nicht** die Anordnungen über die Testamentsvollstreckung als solche, Anordnungen über deren Dauer und Umfang, über die Zahl der Testamtentsvollstrecker und deren Vergütung sowie etwa dem Erben gemachte Auflagen außer Kraft gesetzt werden (*Palandt/Edenhofer* § 2216 Rdn. 4).

39 Voraussetzung für die Außerkraftsetzung der Anordnung ist die **Besorgnis einer erheblichen Nachlaßgefährdung.** Dabei ist unerheblich, ob die Gefährdung des Nachlasses von Anfang an zu besorgen oder ob sie erst durch nachträgliche Änderung der Umstände zu befürchten war (*Haegele/Winkler* Rdn. 669f.; MünchKommBGB/*Brandner* § 2216 Rdn. 18). Allein letztgenanntem Fall dürfte in der Praxis Relevanz beizumessen sein. Zu denken ist an Situationen, bei denen in der Zeit zwischen der Anordnung durch den Erblasser und dem Vollzug der Anordnung eine Änderung der maßgeblichen Umstände, insbesondere in wirtschaftlicher Beziehung, eingetreten ist, die der Erblasser nicht voraussehen konnte. So kann das Verbot, ein Nachlaßgrundstück unter einem bestimmten Preis zu verkaufen, Anlaß zur Aufhebung geben, wenn sich dieser Preis in absehbarer Zeit nicht erzielen läßt, sofern dieser Umstand nicht vom Testamentsvollstrecker zu vertreten ist. Hierfür können zB auch hoheitliche Maßnahmen verantwortlich sein, etwa die behördliche Genehmigung einer Industrieanlage in der Umgebung, Straßenbaumaßnahmen oder die Einreihung des Objekts unter Denkmalschutz.

Auch eine **wirtschaftliche Gefährdung** der nachlaßbeteiligten Personen kann – obwohl im Gesetz nicht ausdrücklich genannt – zur Außerkraftsetzung der Anordnung führen (BayObLGZ 1961, 155; *Firsching/Graf* Rdn. 4.478). Hat etwa der Erblasser durch die angeordnete Verwaltungsmaßregel gerade die wirtschaftliche Grundlage des Erben sicherstellen wollen, so ist die Anordnung außer Kraft zu setzen, wenn durch ihre Befolgung die wirtschaftliche Lage des Erben und damit die Zweckbestimmung des Nachlasses erheblich gefährdet werden würde. Bei der Entscheidung wird es immer auf die Zweckbestimmung des Nachlasses, auf den Zweck der Verwaltungsanordnung und auf die Interessen der Beteiligten ankommen. 40

Die Aufhebung ist allerdings nicht gerechtfertigt, wenn eine Anordnung des Erblassers lediglich **unzweckmäßig** oder lästig ist (*Staudinger/Reimann* § 2216 Rdn. 28). 41

Die Entscheidung des Nachlaßgerichts – es entscheidet der Richter (§ 16 Abs. 1 Nr. 3 RPflG) – ergeht nur auf **Antrag.** Antragsberechtigt sind der Testamentsvollstrecker und alle am Nachlaß Beteiligten, die an der Art der Verwaltung und dem Umfang der Verwaltungsbefugnisse ein rechtliches Interesse haben. Das sind namentlich die Erben, Vermächtnisnehmer oder Auflagenberechtigte, aber nicht gewöhnliche Nachlaß- oder Privatgläubiger (BGHZ 35, 296, 300 = NJW 1961, 1717; BayObLG DB 1983, 708), weil deren Rechtsstellung durch die Art der Verwaltung nicht unmittelbar betroffen werden kann. Mehrere Testamentsvollstrecker, die das Amt gemeinschaftlich führen, können den Antrag nur gemeinschaftlich stellen. Ist aber bei mehreren Testamentsvollstreckern jedem ein bestimmter Verwaltungskreis zugewiesen, so ist jeder von ihnen allein antragsberechtigt, soweit die Anordnung nur seinen Aufgabenkreis betrifft (MünchKommBGB/*Brandner* § 2216 Rdn. 23). 42

Formulierungsbeispiel: Antrag auf Außerkrafttreten von Erblasseranordnungen 43

„Die Anordnung des Erblassers (Name) in seinem privatschriftlichen/notariellen Testament vom (Datum):

‚Das im Nachlaß vorhandene Grundstück Luitpoldstraße 6 in Landshut darf nicht unter einem Preis von 500 000 Euro verkauft werden',

wird außer Kraft gesetzt."

Das Nachlaßgericht kann bei seiner **Entscheidung** – vor der die Beteiligten gehört werden sollen – die Anordnung nur ganz oder teilweise aufheben oder den Antrag ablehnen, nicht aber selbst eine abweichende Anordnung treffen. Eine Entscheidung kann auch dann noch ergehen, wenn der Testamentsvollstrecker sich bereits eigenmächtig über die Anordnung des Erblassers hinweggesetzt hat, da sie dann der Beseitigung der Haftung des Testamentsvollstreckers nach § 2219 BGB dient (*Haegele/Winkler* Rdn. 673; *Firsching/Graf* Rdn. 4.478; MünchKommBGB/*Brandner* § 2216 Rdn. 19; *Soergel/Damrau* § 2216 Rdn. 13; aA *Staudinger/Reimann* § 2216 Rdn. 27). 44

Kosten des Beschlusses: § 113 KostO. 45

Rechtsmittel: einfache Beschwerde, §§ 19, 20 FGG. 46

Beschwerdeberechtigt ist bei stattgebender Entscheidung jeder beeinträchtigte Antragsberechtigte (§ 20 FGG), bei mehreren das Amt gemeinschaftlich führenden Testamentsvollstreckern jeder selbständig (§ 82 FGG). Bei Zurückweisung des Antrags ist nur der unterlegene Antragsteller beschwerdeberechtigt (§ 20 Abs. 2 FGG), bei mehreren Testamentsvollstreckern sind diese nur gemeinsam **beschwerdeberechtigt** (MünchKommBGB/*Brandner* § 2216 Rdn. 25). Sind jedoch bei mehreren Testamentsvollstreckern bestimmte Wirkungskreise festgelegt und betrifft die Entscheidung nur die auf einen bestimmten Wirkungskreis bezogene Anordnung, ist der betroffene Testamentsvollstrecker allein beschwerdeberechtigt.

e) Kooperation mit den Erben und anderen Personen

47 Der freien Stellung des Testamentsvollstreckers zum Erben entspricht das Recht und die Pflicht, das Amt in **eigener Verantwortung** zu verwalten. Der Testamentsvollstrecker ist nicht verpflichtet, vor Ausführung einer Verwaltungsmaßnahme den Erben hiervon Anzeige zu machen oder ungefragt Auskunft zu erteilen. Lediglich auf Verlangen des Erben ist er zur Auskunft verpflichtet (§§ 2218, 666 BGB).

48 Andererseits ist in einer Vielzahl von Fällen Voraussetzung und Kennzeichen einer erfolgreichen Testamentsvollstreckung das Bemühen des Testamentsvollstreckers, die Erben frühzeitig und umfassend in die Entscheidungsprozesse einzubeziehen, sofern diese kooperationsbereit sind. Insbesondere bei wirtschaftlich bedeutsamen Verwaltungsentscheidungen oder bei Bedenken und Zweifeln hinsichtlich einzelner Maßnahmen wird ein gewissenhafter Testamentsvollstrecker von selbst versuchen, sich mit den Erben abzustimmen. Ein rechtzeitiger und umfassender **Informationsaustausch** ist grundlegende Bedingung dafür, daß zwischen Testamentsvollstrecker und den Erben ein volles gegenseitiges Vertrauen herrscht (RGZ 130, 131; *Kapp* BB 1981, 113).

49 Der **Vorteil** einer engen Kooperation ist einmal, daß den Erben die Entscheidungen des Testamentsvollstreckers verständlich und transparent gemacht werden können. Umso eher werden diese dann bereit sein, Maßnahmen des Testamentsvollstreckers zu billigen. Durch die Einbindung der Erben können beispielsweise auch negative Publizitätseffekte für den Nachlaß und Rechtsstreitigkeiten, die mit hohen Kosten und mit vor allem für die Abwicklungsvollstreckung nachteiligen Zeitverzögerungen verbunden sind, vermieden werden. Insbesondere bei unternehmerischen Beteiligungen kann ein zwischen Testamentsvollstrecker und Erben ausgetragener Streit, vor allem wenn es zu gerichtlicher Auseinandersetzung kommt, zu einer wirtschaftlich nachteiligen Rufschädigung für die Unternehmen, zur Aufdeckung von Geschäftsgeheimnissen, zum Bekanntwerden von weiteren Beteiligungsverhältnissen etc. kommen.

50 Schließlich hat der Testamentsvollstrecker bei Zustimmung aller Erben die Möglichkeit, sich über bestimmte, wirtschaftlich nicht sinnvolle **Erblasseranordnungen hinwegzusetzen** oder die Möglichkeit, ihm **gesetzlich auferlegte Schranken** (vgl. § 2205 S. 3 BGB) **außer Kraft zu setzen** (hierzu Rdn. 37ff.). Praktisch wichtig ist schließlich, daß der Testamentsvollstrecker durch die Zustimmung des von einer Verwaltungsmaßnahme betroffenen Erben diesem gegenüber die **Haftung** (§ 2219 BGB) **vermeiden** kann.

51 Andererseits hat sich der Testamentsvollstrecker immer zu vergegenwärtigen, daß die letzte **Entscheidungskompetenz** bei ihm liegt. Trotz Kooperation mit den Erben ist es daher seine Aufgabe, wirtschaftlich unvernünftige, den Nachlaß negativ beeinflussende Wünsche, Vorschläge und Forderungen der Erben abzulehnen. Denn ohne seine Zustimmung sind die Erben bezüglich der der Verwaltung unterliegenden Gegenstände nicht verfügungsbefugt (§ 2211 Abs. 1 BGB).

52 Dieses **Spannungsverhältnis** in Einklang zu bringen und die für den Nachlaß wirtschaftlich vorteilhaften Entscheidungen zu treffen, erfordert vom Testamentsvollstrecker ein erhebliches Maß an persönlicher Führungsstärke und fachlicher Eignung.

f) Beauftragung anderer Personen

53 Insbesondere bei schwierigen und umfangreichen Testamentsvollstreckungen, bei denen wirtschaftlich bedeutsame Verwaltungsentscheidungen bzw. rechtlich

und sachlich oftmals schwer zu klärende Sachverhalte zu beurteilen sind, wird sich für den Testamentsvollstrecker die **Notwendigkeit** der – zumindest teilweisen – Übertragung seiner Aufgaben auf einen Dritten ergeben. Soweit dem Testamentsvollstrecker die zur Erledigung dieser Aufgaben erforderlichen Qualifikationen fehlen, wird man die Übertragung der Aufgabenerledigung auf andere Personen als dem **Gebot** einer **ordnungsmäßigen Verwaltung** gemäß und damit als zulässig ansehen müssen. Zudem wird sich bei schwierigen Testamentsvollstreckungen häufig bereits aus den Umständen des Einzelfalles und dem – konkludenten – Erblasserwillen ergeben, daß die Einschaltung Dritter zur Aufgabenerledigung bedenkenfrei ist. Dies hat umso mehr dann zu gelten, wenn für die Art der betroffenen Tätigkeit das persönliche Vertrauensverhältnis zum Testamentsvollstrecker keine entscheidende Rolle spielt, vielmehr fachliche Gesichtspunkte im Vordergrund stehen.

Erkennt umgekehrt der Testamentsvollstrecker (oder hätte er dies zumindest 54
erkennen können), daß er einer bestimmten Aufgabe ohne Mithilfe von sachkundigen Ratgebern nicht gewachsen ist, wird man ihn unter Hinweis auf die Grundsätze ordnungsmäßiger Verwaltung sogar für **verpflichtet** halten müssen, bei Erledigung der Aufgabe die **Mitwirkung Dritter zu veranlassen** (*Schaub* DSWR 1995, 16, 18). Unterläßt er es, sich sachkundig beraten und unterstützen zu lassen, kann aus dem Gesichtspunkt des sog. Übernahmeverschuldens gegen ihn ein haftungsbegründender Verschuldensvorwurf hergeleitet werden. Gleichzeitig bietet dieses Verhalten einen Grund für die Entlassung des Testamentsvollstreckers (§ 2227 BGB). Umgekehrt verbietet sich die Einschaltung Dritter, wenn die Angelegenheit vom Testamentsvollstrecker unschwer selbst erledigt werden kann (BGH ZEV 2000, 195).

In der Praxis hat der Testamentsvollstrecker aber darauf zu achten, daß er sein 55
Amt – auch mit Zustimmung des Erben – **als solches nicht** auf einen anderen **übertragen** kann (§§ 2218 Abs. 1, 664 BGB). Von diesem Übertragungsverbot ist grundsätzlich auch die ganze oder teilweise Übertragung der Ausführung der Testamentsvollstreckeraufgaben auf einen Dritten zu dessen eigener Verantwortung erfaßt. Zur Bestellung eines derartigen „Substituten" ist das Einverständnis des Erblassers – das sich auch aus den Umständen konkludent ergeben kann – erforderlich.

Zur Frage, in welchem Umfang der Testamentsvollstrecker **Bevollmächtigte,** 56
Gehilfen oder sonstige **Dritte** bei der Aufgabenerledigung einschalten kann bzw. inwieweit er selbst besondere persönliche Kenntnisse und Qualifikationen für die Aufgabenerledigung ohne zusätzliche Vergütung zur Verfügung stellen muß s. im einzelnen 6. Kap. Rdn. 21ff.

Die Einschaltung und Mithilfe anderer Personen bei der Aufgabenerledigung 57
kann letztlich einmal im **Interesse** des **Nachlasses** liegen, da hierdurch eher die Möglichkeit einer sachgerechten Lösung bestimmter Probleme geschaffen werden kann. Zum anderen wird eine Entscheidung, die unter Zuziehung sachkundigen Rats erfolgt ist, oftmals eine größere **Akzeptanz** bei den Erben oder bei Drittbetroffenen erreichen.

2. Der Umfang des Verwaltungsrechts im Normalfall

a) Grundsatz

Der Verwaltung des Testamentsvollstreckers unterliegt im allgemeinen der ge- 58
samte Nachlaß. Sein Verwaltungsrecht ist grundsätzlich **unbeschränkt.** Soweit das Verwaltungsrecht des Testamentsvollstreckers reicht, sind die Verfügungsbefugnis

des Erben und der Zugriff der Privatgläubiger der Erben auf die verwalteten Nachlaßgegenstände ausgeschlossen (§§ 2221, 2214 BGB).

b) Einschränkungen

59 Gesetzliche Einschränkungen des Verwaltungsrechts ergeben sich aus dem **Verbot der unentgeltlichen Verfügung** über Nachlaßgegenstände (§ 2205 Satz 3 BGB, vgl. dazu 1. Kap. Rdn. 109ff.) und der **Pflicht zur ordnungsgemäßen Verwaltung** des Nachlasses (§§ 2206, 2216 BGB, vgl. 1. Kap. Rdn. 85ff.; 4. Kap. Rdn. 18ff.).

60 Auch der **Erblasser** kann durch **Anordnungen** in letztwilligen Verfügungen das Verwaltungsrecht des Testamentsvollstreckers einschränken, indem er zB vorschreibt, daß bestimmte Nachlaßgegenstände nicht unter einem festgelegten Wert zu veräußern sind. Inwieweit diese Erblasseranordnung auch dinglich unmittelbar gegenüber Dritten wirken s. Rdn. 187ff.

61 Der **Erblasser** kann durch letztwillige Verfügung beispielsweise **anordnen,** daß **bestimmte Gegenstände nicht** der **Verwaltung** des Testamentsvollstreckers **unterliegen** sollen. Er kann die Testamentsvollstreckung auch auf einen **Bruchteil des Nachlasses,** insbesondere einen Erbteil, beschränken (§ 2208 BGB hierzu eingehend *Muscheler* AcP 195 (1995), 35ff.; *ders.,* Die Haftungsordnung der Testamentsvollstreckung, S. 251ff.). Ebenso zulässig ist die gegenständliche Beschränkung des Wirkungskreises des Vollstreckers auf einen gesamthänderisch gebundenen Anteil an einem zum Nachlaß gehörenden einzelnen Gegenstand, zB die Beschränkung auf die Verwaltung lediglich eines Grundstücksanteils (BayObLG Rpfleger 1982, 226).

c) Sonstige Ausnahmen

62 Beschränkungen des Verwaltungsrechts des Testamentsvollstreckers können sich auch aus der **höchstpersönlichen Natur der betroffenen Rechte** ergeben. Hierzu gehört etwa das Recht des Schenkungswiderrufs nach § 530 Abs. 2 BGB, das Recht, die Herausgabe einer Schenkung nach § 2287 BGB zu verlangen (RGZ 77, 5; BGH NJW 1980, 2461), das Anfechtungsrecht wegen Erbunwürdigkeit (§§ 2341, 2345 BGB), das Recht zur Verfolgung einer Verletzung des Namenrechts oder des allgemeinen Persönlichkeitsrechts des Verstorbenen (vgl. *Soergel/Müller* § 2205 Rdn. 5ff.; *Staudinger/Reimann* § 2205 Rdn. 17ff.).

63 Zwar deutet die Aussetzung eines Nießbrauchsvermächtnisses nicht auf den Willen des Erblassers hin, die freie Verfügungsbefugnis des Testamentsvollstreckers zu beschränken (OLG Düsseldorf NJW 1952, 1259); dem Testamentsvollstrecker wird jedoch durch ein solches **Nießbrauchsrecht** für den Vermächtnisnehmer das Verwaltungsrecht insoweit genommen (OLG Düsseldorf NJW 1961, 561).

64 Das Verwaltungsrecht besteht ebenso nicht mehr an Gegenständen, deren der Testamentsvollstrecker zur Erfüllung seiner Obliegenheiten nicht – mehr – bedarf und die er deshalb dem **Erben** zur **freien Verfügung** überlassen hat (§ 2217 BGB; *Palandt/Edenhofer* § 2205 Rdn. 3; vgl. dazu 6. Kap. Rdn. 210ff.).

65 Das Verwaltungsrecht erstreckt sich schließlich nicht auf die **Anteile** der **Miterben am Nachlaß** (§ 2033 Abs. 1 BGB), sofern es sich um die Miterbenanteile an dem Nachlaß handelt, der der Verwaltung des Testamentsvollstreckers unterliegt. Hiervon zu unterscheiden sind jedoch Erbteile an einem anderen Nachlaß, die bereits dem Erblasser zugestanden hatten. Diese Erbanteile gehören von vorneherein zum Nachlaß und unterliegen deshalb der Verwaltung durch den Testamentsvollstrecker (BGH JR 1985, 104 m. Anm. *Damrau*).

Zu denken ist etwa an den **Fall,** daß bei Vorhandensein von gemeinsamen Abkömmlingen ein Ehegatte verstirbt und gesetzliche Erbfolge eintritt, während der überlebende Ehegatte letztwillig dann unter Anordnung von Testamentsvollstreckung beispielsweise zugunsten der gemeinschaftlichen Abkömmlinge verfügt. Hier ist der Anteil des überlebenden Ehegatten am Nachlaß des zuerstversterbenden Ehegatten Bestandteil seines Nachlasses und damit der Verwaltung durch den Testamentsvollstrecker unterworfen, während die Miterbenanteile der Abkömmlinge am Nachlaß des zuerstversterbenden Elternteils nicht der Verwaltung durch den Testamentsvollstrecker unterliegen. 66

d) Surrogation

Der Verwaltung des Testamentsvollstreckers unterliegt auch, was aufgrund eines zum Nachlaß gehörenden Rechtes oder als Ersatz für die Zerstörung, Beschädigung oder Entziehung eines Nachlaßgegenstandes oder durch Rechtsgeschäft erworben ist. Obwohl die gesetzlichen Vorschriften zur Testamentsvollstreckung keine Bestimmung zum Surrogationserwerb enthalten, gilt der Grundsatz der **dinglichen Surrogation entsprechend § 2041 BGB** auch für den der Testamentsvollstreckung unterliegenden Nachlaß (hM; vgl. RGZ 138, 132; BayObLG NJW-RR 1992, 328 = Rpfleger 1992, 62 – DNotZ 1993, 399 m. Anm. *Weidlich* = FamRZ 1992, 604 m. Anm. *Damrau;* MünchKommBGB/*Brandner* § 2205 Rdn. 6; *Staudinger/Reimann* § 2205 Rdn. 15; *Kipp/Coing* § 68 III 1; *Haegele/Winkler* Rdn. 290; *Krug* ZEV 1999, 381, 383). Verkauft daher der Testamentsvollstrecker einen Nachlaßgegenstand, unterliegt der Verkaufserlös wiederum der Testamentsvollstreckung. Ebenso gehört eine mit Mitteln des Nachlasses erworbene Sache wiederum zum Nachlaß, so daß sich hieran die Testamentsvollstreckung fortsetzt. 67

Wird das Rechtsgeschäft **mit Mitteln des Nachlasses** vorgenommen, tritt Mittelsurrogation selbst bei entgegenstehendem Willen des Testamentsvollstreckers oder der Erben ein. Die objektive Beziehung zum Nachlaß reicht hier allein aus (BGH NJW 1968, 1824; OLG Hamm ZEV 2001, 275; OLG München NJW 1956, 1880; *Staudinger/Werner* § 2041 Rdn. 6; *Palandt/Edenhofer* § 2041 Rdn. 2). Der Gegenwert stammt auch dann objektiv aus dem Nachlaß mit der Folge des Surrogationserwerbs, wenn ein Kreditinstitut für eine Zwischenfinanzierung eingeschaltet war (BGH NJW 1990, 1237). 68

Verkauft umgekehrt der Testamentsvollstrecker einen Nachlaßgegenstand, unterliegt der **Verkaufserlös** wiederum entsprechend dem Grundsatz dinglicher Surrogation der Testamentsvollstreckung. 69

Anders verhält es sich allerdings, wenn der Erlös aus dem Verkauf eines Nachlaßgegenstandes – zB eines zum Nachlaß gehörenden Grundstücks – nach Zufluß zum Nachlaß **zunächst** im Wege einer **Teilauseinandersetzung** unter den Miterben aufgeteilt und mit diesem Erlösanteil anschließend ein anderes Grundstück für den Miterben erworben wird. Hier ist durch den Vollzug der Teilauseinandersetzung der Erlösanteil aus dem Nachlaß und damit aus der Verwaltungszuständigkeit des Testamentsvollstreckers ausgeschieden. Diese Wirkung tritt unabhängig von einem entsprechenden Willen oder einer dahingehenden Willenserklärung des Testamentsvollstreckers ein. Demnach ist unerheblich, wenn der Testamentsvollstrecker der „irrigen" Annahme ist, daß auch nach Vollzug der Teilerbauseinandersetzung Testamentsvollstreckung an dem Erlösanteil fortgilt. Ebensowenig ist es für das Ausscheiden des Erlöses aus dem Nachlaß von Bedeutung, ob der Testamentsvollstrecker zu einer derartigen Teilerbauseinandersetzung überhaupt berechtigt war. 70

71 Sind demnach die Erlösanteile im Wege der Teilerbauseinandersetzung aus dem Nachlaß ausgeschieden und ist das Verwaltungsrecht des Testamentsvollstreckers hieran erloschen, so ist auch das **mit** dem betreffenden **Erlösanteil** für einen der Miterben **erworbene Grundstück** weder Teil des Nachlasses noch unterliegt es der Testamentsvollstreckung. An diesem neu erworbenen Grundstück kann daher auch ein Testamentsvollstreckervermerk nicht eingetragen werden (BayObLG FamRZ 1992, 604 m. Anm. *Damrau* = DNotZ 1993, 399 m. krit. Anm. *Weidlich*).

e) Wiederaufleben des Verwaltungsrechts

72 Hat der Testamentsvollstrecker einen zum Nachlaß gehörenden Gegenstand an den Erben freigegeben – näher hierzu 6. Kap. Rdn. 158ff.; 7. Kap. Rdn. 45ff. – und stellt sich heraus, daß die Freigabe unberechtigt oder irrtümlich geschehen ist, kann das **Verwaltungsrecht** des Testamentsvollstreckers an den freigegebenen Gegenständen **wiederaufleben**.

73 Zu denken ist zum einen daran, daß der Erbe sein Herausgabeverlangen geltend gemacht und in erster Instanz obsiegt hat. **Gibt** der **Testamentsvollstrecker** den Nachlaßgegenstand in Anbetracht der Tatsache, daß der Erbe – ggf. gegen Sicherheitsleistung – Vollstreckungsmaßnahmen aus diesem Urteil einleitet, **frei** und obsiegt letztlich in der Rechtsmittelinstanz mit der Folge, daß er den Gegenstand zum Besitz erhält, so steht doch fest, daß mit der erfolgten Herausgabe zunächst das Verwaltungsrecht des Testamentsvollstreckers an dem Gegenstand erloschen ist.

74 Zum anderen ist auf den Fall zu verweisen, daß der Testamentsvollstrecker ohne ein entsprechendes Verlangen des Erben entgegen den Bestimmungen des Testaments einen Nachlaßgegenstand **irrtümlich** dem Erben **freigibt.** Auch hier ist durch die Freigabe das Verwaltungsrecht erloschen. Der Testamentsvollstrecker kann jedoch – gestützt auf § 812 BGB – verlangen, daß sein Verwaltungsrecht wieder hergestellt wird (vgl. BGHZ 12, 100 = DNotZ 1954, 271; *Muscheler* ZEV 1996, 401, 405).

75 In beiden genannten Sachverhalten lebt damit im Zeitpunkt der Rückgabe des Gegenstandes durch den Erben an den Testamentsvollstrecker dessen Verwaltungsrecht wieder auf. Dies gilt auch dann, wenn der an den Erben freigegebene Gegenstand veräußert oder zerstört worden ist. Denn anstelle des herauszugebenden Gegenstandes hat der Erbe hier **Wertersatz** gemäß § 818 Abs. 2 BGB zu leisten (BGHZ 24, 100 = NJW 1957, 1026). Die Testamentsvollstreckung lebt hier an demjenigen, was als Wertersatz zu leisten ist, wieder auf (Surrogation).

3. Streit über Umfang und Grenzen des Verwaltungsrechts

76 Zum Streit zwischen Erben und Testamentsvollstrecker über den Umfang und die Grenzen seines Verwaltungsrechts, insbesondere eine gerichtliche **Auseinandersetzung** hierüber, s. näher 5. Kap. Rdn. 396f.

V. Verpflichtungsgeschäfte des Testamentsvollstreckers

1. Verpflichtungen im Rahmen ordnungsmäßiger Verwaltung

77 Das Eingehen von Verpflichtungen, in Sonderheit von Verbindlichkeiten, wird sich bei einer normalen Testamentsvollstreckung in der Regel nicht vermeiden lassen. Der Testamentsvollstrecker ist auch berechtigt, Verbindlichkeiten für den Nachlaß einzugehen, soweit die Eingehung zur ordnungsgemäßen Verwaltung des

Nachlasses erforderlich ist (§ 2206 Abs. 1 S. 1 BGB). Hierbei muß er im Rechtsverkehr **erkennbar** als Testamentsvollstrecker, der **für den Nachlaß handelt,** auftreten. Andernfalls führt er ein Eigengeschäft aus und wird hierdurch als Privatperson verpflichtet, ohne daß die Bestimmungen zur Testamentsvollstreckung auf diese Rechtsgeschäfte anwendbar wären (*Haegele/Winkler* Rdn. 183; zu Fragen der fehlenden Verpflichtungsbefugnis des Testamentsvollstreckers und deren Heilung *Müller* JZ 1981, 370).

Lediglich wenn es dem Vertragsgegner gleichgültig ist, mit welcher Person er **78** den Vertrag abschließt, wird der Nachlaß auch dann verpflichtet, wenn der Testamentsvollstrecker nicht offenlegt, daß er hierfür handelt (sog. **„Geschäft für den, den es angeht"**; vgl. RGZ 100, 192; BGH NJW 1955, 590; *Palandt/Heinrichs* § 164 Rdn. 8). Diese Voraussetzungen liegen in der Regel bei Bargeschäften des täglichen Lebens vor.

Die Unterscheidung zwischen Eigengeschäft und nachlaßbezogenem Rechtsge- **79** schäft des Testamentsvollstreckers ist in jedem Fall **unabhängig** davon zu treffen, **woher** die **Mittel** zur Erfüllung des Rechtsgeschäfts stammen, dh. ob sie aus dem Nachlaß kommen oder nicht.

Die **Einschränkung** des Verpflichtungsrechts des Testamentsvollstreckers in **80** dem genannten Sinn beruht auf der Erwägung, daß ihm die Nachlaßverwaltung grundsätzlich nur insoweit zusteht, als sie zur Erfüllung der in den §§ 2203, 2204 BGB bezeichneten Aufgaben erforderlich ist. Hierfür genügt aber die Befugnis zur Eingehung von Verbindlichkeiten im Rahmen der ordnungsgemäßen Verwaltung. Zu den Grundsätzen ordnungsmäßiger Verwaltung siehe im einzelnen Rdn. 18ff.

Ist die Eingehung von Verbindlichkeit zur ordnungsmäßigen Verwaltung des **81** Nachlasses nicht erforderlich, ist eine für den Nachlaß **wirksame Verbindlichkeit gleichwohl** – ohne daß das Gesetz dies ausdrücklich regelt – dann **zustandegekommen,** wenn der Vertragspartner des Testamentsvollstreckers bei Geschäftsabschluß annahm und ohne Fahrlässigkeit annehmen konnte, daß die Eingehung der Verbindlichkeit zur ordnungsgemäßen Verwaltung des Nachlasses erforderlich sei, selbst wenn dies objektiv nicht der Fall war (RGZ 83, 348; 130, 131; BGH NJW 1983, 40; *Staudinger/Reimann* § 2206 Rdn. 11; *Palandt/Edenhofer* § 2206 Rdn. 1). Diese Feststellung entspricht den Bedürfnissen des Rechtsverkehrs. Denn der Vertragsgegner kann zwar verpflichtet sein, gewissenhaft zu prüfen, ob der Testamentsvollstrecker im Rahmen ordnungsmäßiger Verwaltung handelt; es würde aber eine nicht zu rechtfertigende Gefährdung und Unsicherheit des Rechtsverkehrs mit dem Testamentsvollstrecker mit sich bringen, wenn man dem Geschäftsgegner auch das Risiko zuweisen würde, daß das Ergebnis seiner Prüfung ohne seine Schuld unrichtig ist (MünchKommBGB/*Brandner* § 2206 Rdn. 7).

Im Streitfall ist der Vertragspartner **beweispflichtig** dafür, daß er angenommen **82** hat und ohne Fahrlässigkeit annehmen konnte, der Testamentsvollstrecker habe die Grundsätze der ordnungsmäßigen Verwaltung beachtet (*Staudinger/Reimann* § 2206 Rdn. 12). Man wird dabei umso strengere Anforderungen an die Prüfungspflicht des Geschäftsgegners stellen müssen, je näher dessen persönliche oder wirtschaftliche Stellung zum Testamentsvollstrecker oder zum Nachlaß ist. Andererseits ist im Interesse des Rechtsverkehrs vom Vertragspartner eine eingehende Nachfrage- und Prüfungspflicht nicht zu verlangen. Sofern keine gegenteiligen Tatsachen und Indizien bekannt oder ohne weiteres erkennbar sind, kann der Geschäftsgegner der Behauptung des Testamentsvollstreckers, das Eingehen einer Verbindlichkeit halte sich im Rahmen seiner Verwaltungsbefugnisse, Vertrauen schenken.

Wußte der Vertragsgegner oder hätte er kennen müssen, daß der Testaments- **83** vollstrecker seine **Befugnisse mißbraucht,** kann er aus dem Vertrag keine

Rechte gegen den Nachlaß herleiten, allenfalls den Testamentsvollstrecker persönlich entsprechend § 179 BGB in Anspruch nehmen (BGH NJW-RR 1989, 642; RGZ 75, 301; 83, 348; 130, 131; *Staudinger/Reimann* § 2206 Rdn. 12).

2. Eingehen einer Verpflichtung zu einer Verfügung

a) Tatbestand

84 In weiterem Umfang ist der Testamentsvollstrecker zum Eingehen einer Verbindlichkeit zu einer Verfügung über einen Nachlaßgegenstand dann **befugt, wenn** er **zu der Verfügung selbst berechtigt** ist (§ 2206 Abs. 1 S. 2 BGB). In dem durch §§ 2205, 2208 BGB gesteckten Rahmen ist der Testamentsvollstrecker grundsätzlich zu Verfügungen über Nachlaßgegenstände berechtigt. Er kann daher auch Verpflichtungen zu solchen Verfügungen wirksam in der gleichen Weise eingehen, ohne Rücksicht darauf, ob dies zur ordnungsmäßigen Verwaltung erforderlich ist. Die Gültigkeit des Vertrages ist – unbeschadet einer Schadensersatzpflicht des Testamentsvollstreckers gegenüber den Erben (§ 2219 BGB) – daher unabhängig davon, ob der Testamentsvollstrecker bei Abschluß des Vertrages seine Pflicht zur ordnungsgemäßen Verwaltung (§ 2216 BGB) beachtet hat. Verletzt also zB der Testamentsvollstrecker bei einem Kaufvertrag über einen Nachlaßgegenstand seine Pflicht zur ordnungsgemäßen Verwaltung, berührt dies – unbeschadet etwaiger Schadensersatzansprüche gegen den Testamentsvollstrecker – nach § 2216 Abs. 1 S. 2 BGB die Gültigkeit des Vertrages nicht. Anderes gilt nur, wenn der Testamentsvollstrecker zusammen mit dem Vertragspartner bewußt zum Nachteil des Nachlasses gehandelt hat. Diese **Kollusion** führt zur Nichtigkeit des Verpflichtungsgeschäfts gemäß § 138 Abs. 1 BGB (*Palandt/Edenhofer* § 2206 Rdn. 2). Fehlt ein derartiger Vorsatz des Vertragspartners, kann sich der Erbe über den Einwand unzulässiger Rechtsausübung (§ 242 BGB) auf den Mißbrauch der Vertretungsmacht durch den Testamentsvollstrecker nur dann berufen, wenn letzterer sich ersichtlich **verdächtig verhalten** hat (BGH NJW-RR 1989, 642). Ebensowenig erwirbt der Vertragspartner Rechte gegen den Nachlaß, wenn er erkannt hat, daß der Testamentsvollstrecker beim Abschluß eines an sich von seiner Ermächtigung gedeckten Verpflichtungsgeschäfts pflichtwidrig gehandelt hat (RGZ 75, 301; 83, 348; 130, 134; MünchKommBGB/*Brandner* § 2206 Rdn. 5).

85 Durch § 2206 Abs. 1 S. 2 BGB ist sichergestellt, daß die dingliche Verfügungsmacht des Testamentsvollstreckers und seine Berechtigung zur Eingehung der Verpflichtung zu einer Verfügung **nicht auseinanderfallen;** denn es gäbe keinen Sinn, dem Testamentsvollstrecker zwar die freie Verfügungsbefugnis zu geben (§ 2205 S. 2 BGB), ihn aber in der Eingehung von Verbindlichkeiten zu seinen Verfügungen zu beschränken (KGJ 27, A 192; *Palandt/Edenhofer* § 2206 Rdn. 2).

86 Für die Beurteilung, ob der Testamentsvollstrecker wirksam Verbindlichkeiten eingehen kann, weil er auch zu den entsprechenden Verfügungen berechtigt ist, entscheidet allein die **objektive Rechtslage.** Einen Gutglaubensschutz des Vertragsgegners gibt es hier – anders als bei § 2206 Abs. 1 S. 1 BGB – nicht. Ist beispielsweise der Testamentsvollstrecker zu einem Schenkungsversprechen nicht berechtigt, weil er grundsätzlich auch keine unentgeltlichen Verfügungen für den Nachlaß treffen kann (hierzu 1. Kap. Rdn. 112), lassen sich aus einem Schenkungsversprechen für den Geschäftsgegner selbst dann keine Rechte gegen den Nachlaß herleiten, wenn er eine (teilweise) Entgeltlichkeit der Verfügung angenommen hat und annehmen durfte.

b) Beispiele

Im Rahmen ordnungsmäßiger Verwaltung kann der Testamentsvollstrecker alle Rechtsgeschäfte abschließen, durch die der Nachlaß verpflichtet wird, zB Kaufverträge, Mietverträge, Werkverträge, Eingehung von Wechselverbindlichkeiten, vertragsmäßige Schuldanerkenntnisse, Vergleiche, Ausbieten einer Nachlaßhypothek oder Führung von Prozessen. Bei Eingehung von Dauerschuldverhältnissen kann deren Laufzeit auch über die Dauer des Amts des Testamentsvollstreckers oder der Testamentsvollstreckung insgesamt hinausgehen, wenn hierfür begründete Tatsachen vorliegen (vgl. *Staudinger/Reimann* § 2206 Rdn. 3f.; MünchKomm-BGB/*Brandner* § 2206 Rdn. 3, 6). 87

Zu den Verbindlichkeiten, die der Vollstrecker **im Rahmen des § 2206 Abs. 1 S. 2 BGB** eingehen kann, gehört zB der Verkauf eines Nachlaßgrundstücks, die Einräumung eines persönlichen Wieder- oder Vorkaufsrechts an einem Nachlaßgegenstand (§§ 497, 504 BGB) sowie die Verpflichtung zur Bestellung eines dinglichen Vorkaufsrechts an einem Nachlaßgrundstück (§ 1094 BGB). 88

Zu **Schenkungsversprechen** ist der Testamentsvollstrecker nur berechtigt, wenn eine sittliche oder Anstandspflicht die Schenkung gebietet (§ 2206 Abs. 1 S. 2 BGB iVm. § 2205 S. 3 BGB). Gleiches gilt für den Abschluß eines Vertrages, bei dem sich der Vertragsgegner zu einer unangemessen niedrigen Gegenleistung verpflichtet, da der Testamentsvollstrecker auch im Rahmen des § 2205 S. 3 BGB zu teilentgeltlichen Verfügungen nicht berechtigt ist (hierzu 1. Kap. Rdn. 140). Dabei ist der Vertrag im vollen Umfang unwirksam, nicht nur in dem Maße, wie die vereinbarte hinter der angemessenen Gegenleistung zurückbleibt. Verkauft zB der Testamentsvollstrecker eine Mehrheit von Nachlaßgegenständen, zB mehrere Aktien, zu einem insgesamt unangemessenen Preis, so kann bei wirtschaftlicher und rechtlicher Einheit des Geschäfts der Vertragsgegner nicht verlangen, daß ihm zumindest die Zahl der Gegenstände (Aktien) übergeben wird, für die sich der vereinbarte Gesamtpreis als angemessen darstellt. Vielmehr ist die gesamte Obligation unwirksam; aus ihr können keine Rechte gegen den Nachlaß hergeleitet werden. 89

Ganz oder teilweise **unentgeltliche Geschäfte** entsprechen regelmäßig auch **nicht** den **Grundsätzen ordnungsmäßiger Verwaltung.** 90

3. Modifikationen der Verpflichtungsbefugnis

a) Erweiterungen

aa) Durch Gesetz. Besteht **Verwaltungsvollstreckung** iS des § 2209 S. 1 Halbs. 1 BGB oder sog. **Dauervollstreckung** iS des § 2209 S. 1 Halbs. 2 BGB, ist im Zweifel, dh. wenn nicht ein anderer Wille des Erblassers anzunehmen ist, der Testamentsvollstrecker in der Eingehung von Verbindlichkeiten für den Nachlaß nicht beschränkt (§ 2209 S. 2 iVm. § 2207 S. 1 BGB). Auch dann ist aber der Testamentsvollstrecker zu einem Schenkungsversprechen nur im Rahmen von Pflicht- und Abstandsschenkungen berechtigt (§§ 2209 S. 2, 2207 S. 2, 2205 S. 3 BGB). 91

bb) Durch den Erblasser. Der Erblasser kann durch letztwillige Verfügung anordnen, daß der Testamentsvollstrecker in der **Eingehung von Verbindlichkeiten** für den Nachlaß **nicht beschränkt** sein soll (§ 2207 BGB). In diesem Fall kann er auch solche Verpflichtungsgeschäfte vornehmen, die einer ordnungsgemäßen Verwaltung des Nachlasses zuwiderlaufen. Dies gilt aber **nur** im Verhältnis nach außen **gegenüber Dritten,** sofern nicht der Mißbrauch der Verpflichtungsbefugnis beim 92

Abschluß des Rechtsgeschäftes für den Dritten erkennbar ist. Im letztgenannten Fall wird auch nach außen keine rechtswirksame Verpflichtung begründet. Dem Erben gegenüber ist der Testamentsvollstrecker aber bei der Eingehung von Verbindlichkeiten für eine ordnungsgemäße Verwaltung des Nachlasses verantwortlich (§§ 2216, 2219 BGB). Hiervon kann der Erblasser den Testamentsvollstrecker – § 2220 BGB – nicht befreien (MünchKommBGB/*Brandner* § 2207 Rdn. 2; *Staudinger/Reimann* § 2207 Rdn. 3).

93 Zu **Schenkungsversprechen** mit verpflichtender Wirkung für den Erben ist er jedoch abgesehen von Pflicht- und Anstandsschenkungen **nicht** berechtigt. Insoweit kann auch der Erblasser rechtswirksam keine entgegenstehende Anordnung treffen (vgl. § 2207 S. 2, § 2205 S. 3 BGB). Ebensowenig ist der Erblasser in der Lage, den Testamentsvollstrecker wirksam zu ermächtigen, den Erben mit seinem Privatvermögen zu verpflichten (BGHZ 12, 100 = NJW 1954, 636).

94 Auch ohne ausdrückliche Anordnung des Erblassers ist die Verpflichtungsbefugnis des Testamentsvollstreckers beim **Verschaffungvermächtnis** (§§ 2169, 2170 BGB) erweitert. Denn der Auftrag des Erblassers zur Erfüllung eines Verschaffungsvermächtnisses enthält regelmäßig auch die Ermächtigung, die zum Erwerb des Vermächtnisgegenstandes unumgänglichen Verpflichtungen – die grundsätzlich nicht zur ordnungsmäßigen Verwaltung des Nachlasses gehören – für den Nachlaß einzugehen (RGZ 85, 7).

95 Durch Erteilung von entsprechenden **Vollmachten** kann der Erbe dem Testamentsvollstrecker schließlich eine Verpflichtungsbefugnis verleihen, die unabhängig von den Bestimmungen zur Testamentsvollstreckung ist und über deren Rahmen hinausgehen kann. Insoweit gelten die Grundsätze für die Erteilung von Vollmachten zur Vornahme von Verfügungen entsprechend (vgl. 1. Kap. Rdn. 35ff.).

96 *cc) Durch die Erben.* Die Verpflichtungsbefugnis des Testamentsvollstreckers kann grundsätzlich, da er seine Rechtsmacht vom Erblasser ableitet, nur durch den Erblasser erweitert werden. Der Erbe hat hierzu **kein Bestimmungsrecht.**

97 Er kann jedoch dem Testamentsvollstrecker durch Erteilung von **Vollmachten** eine erweiterte Verpflichtungsbefugnis insoweit verleihen, als durch die aufgrund Vollmacht abgeschlossenen Rechtsgeschäfte das Eigenvermögen des Erben verpflichtet wird. Dies aber hat unmittelbar mit der treuhänderischen Tätigkeit des Testamentsvollstreckers für den Nachlaß nichts zu tun. Dieser wird in diesen Fällen vielmehr bei Abschluß des Rechtsgeschäftes, wie jeder sonstige vom Erben bevollmächtigte Dritte, tätig.

98 Der **Erblasser** kann **mittelbar** auf die Vollmachtserteilung durch den Erben **Einfluß** nehmen, indem er diesem durch letztwillige Verfügung die Auflage macht, dem Testamentsvollstrecker die Befugnis einzuräumen, auch über den Rahmen des § 2206 BGB hinaus für ihn persönliche Verpflichtungen einzugehen (vgl. 1. Kap. Rdn. 60; BGHZ 12, 100, 103 = DNotZ 1954 *Haegele/Winkler* Rdn. 192).

b) Einschränkungen

99 *aa) Durch den Erblasser.* Der Testamentsvollstrecker hat eine Verpflichtungsbefugnis insoweit nicht, als anzunehmen ist, daß sie ihm nach dem Willen des Erblassers nicht zustehen soll (§ 2208 Abs. 1 S. 1 BGB). Maßgeblich ist der in der letztwilligen Verfügung ausgesprochene oder sich aus anderweitigen Äußerungen des Erblassers ergebende oder aus den Umständen deutlich zum Ausdruck kommende **Wille des Erblassers** (OLG München HRR 1938 Nr. 381; OLG Düsseldorf NJW 1952, 1259).

Eine Beschränkung der Verfügungsbefugnis nach dem **mutmaßlichen Willen** des Erblassers ist zB anzunehmen, soweit bei einer Verfügung über einen Nachlaßgegenstand ein erheblicher Interessenkonflikt beim Testamentsvollstrecker eintritt (RGZ 81, 166; *Staudinger/Reimann* § 2208 Rdn. 4; *Palandt/Edenhofer* § 2208 Rdn. 3). Auch die – an sich unwirksame – Bestimmung des Erblassers, der Testamentsvollstrecker solle für bestimmte Rechtsgeschäfte der Beaufsichtigung durch das Nachlaßgericht unterliegen, kann im Einzelfall im Wege der Auslegung dahin gedeutet werden, daß dem Testamentsvollstrecker eine entsprechende Beschränkung iS des § 2208 Abs. 1 BGB auferlegt ist (*Kipp/Coing* § 69 I 3; *Staudinger/Reimann* § 2208 Rdn. 4). Umstritten ist, ob bei einem Testamentsvollstrecker, der durch Anordnungen des Erblassers gehalten ist, über Nachlaßgegenstände nur in bestimmter Weise zu verfügen, seine Befugniss zu widersprechenden Verfügungen ausgeschlossen ist (bejahend für den Regelfall BGH NJW 1984, 2464; ablehnend *Damrau* JR 1985, 106; *Palandt/Edenhofer* § 2208 Rdn. 3; s. auch Rdn. 125). 100

Ist Testamentsvollstreckung nur für **bestimmte Nachlaßgegenstände** angeordnet (vgl. Rdn. 61), so ist das Verwaltungsrecht und damit die Verpflichtungsbefugnis des Testamentsvollstreckers hierauf beschränkt (vgl. § 2208 Abs. 1 S. 2 BGB). Daneben kommt noch eine **inhaltliche** Beschränkung der Rechtsmacht des Testamentsvollstreckers auf bestimmte Aufgaben in Betracht, wobei ein Mindestumfang der Rechte des Testamentsvollstreckers nicht vorgeschrieben ist, so daß dem Testamentsvollstrecker auch nur eine einzige Aufgabe, zB die Ausführung einer Bestattungsanordnung, die Einholung einer Genehmigung für eine Stiftung von Todes wegen oder die Vollziehung einer Auflage übertragen werden kann (vgl. BayObLG DNotZ 1986, 549; BayObLG Rpfleger 1986, 226 = DNotZ 1986, 549; vgl. auch OLG Köln FamRZ 1990, 1402; *Staudinger/Reimann* § 2208 Rdn. 6; MünchKommBGB/*Brandner* § 2208 Rdn. 7). Schließlich ist der Wirkungskreis des Testamentsvollstreckers auch **zeitlich** beschränkbar, insbesondere durch Verkürzung der in § 2210 BGB genannten Frist oder das Anordnen einer auflösenden Bedingung (BayOLG NJW 1976, 1692; *Haegele/Winkler* Rdn. 143). 101

Da § 2208 BGB eine Ausnahmebestimmung darstellt, muß die Beschränkungen der Befugnisse des Testamentsvollstreckers der **beweisen,** der sich auf sie beruft (RGZ 61, 142; BGHZ 56, 275 = NJW 1971, 805). 102

Die Beschränkungen nach § 2208 BGB sind im **Testamentsvollstreckerzeugnis** anzugeben (§ 2368 Abs. 1 S. 2 BGB). Fehlen derartige Angaben, kann dies zu einem gutgläubigen Erwerb Dritter führen (§§ 2368 Abs. 3, 2366, 2365 BGB). 103

bb) Mißbrauch der Verpflichtungsbefugnis. Mißbraucht der Testamentsvollstrecker seine Befugnisse und **wußte** der Vertragsgegner dies **oder hätte er es erkennen müssen**, können aus einer derartigen Verpflichtung ebenfalls gegen den Nachlaß keine Rechte hergeleitet werden (vgl. näher Rdn. 81). 104

cc) Selbstbindung. Fraglich erscheint, ob sich der Testamentsvollstrecker gegenüber den Erben rechtsverbindlich verpflichten kann, nur solche Rechtsgeschäfte vorzunehmen, denen diese vorher zugestimmt haben. Bedenkt man, daß die Befugnisse des Testamentsvollstreckers primär auf dem Willen des Erblassers beruhen und es Wesen und Natur seines Amtes fordern, daß er in seiner Amtsführung unabhängig ist, soweit nicht das Gesetz oder der Erblasser selbst ihm Bindungen auferlegt haben, erscheint angesichts dieser freien Stellung des Testamentsvollstreckers gegenüber den Erben eine derartige Selbstbindung durchaus problematisch. Denn auch wenn der Erblasser die Testamentsvollstreckung im Interesse und zum Wohl der von ihm eingesetzten **Erben** angeordnet hat, können diese **grundsätzlich** auf sei- 105 ne Amtsführung **keinen Einfluß** nehmen. Die Frage, welche Verwaltungsmaßnahmen im Interesse des Erben liegen, entscheidet sich nicht nach dessen subjektiver Meinung, sondern allein nach objektiven Gesichtspunkten, an denen sich auszurichten Aufgabe des Testamentsvollstreckers ist (BGHZ 25, 275 = NJW 1957, 1916).

106 Die Entscheidung der Frage, inwieweit der Testamentsvollstrecker gegenüber den Erben eine Selbstbindung eingehen kann, ist im Ergebnis danach zu beurteilen, inwieweit er sich hierdurch seiner freien Stellung zu den Erben begibt. Er kann sich durchaus den Erben gegenüber rechtswirksam verpflichten, einzelne oder auch mehrere Rechtsgeschäfte vorzunehmen oder zu unterlassen, soweit er nicht sämtliche ihm zugewiesenen Aufgaben oder Kernbereiche seiner Tätigkeit an einen derartigen Zustimmungsvorbehalt bindet. Unwirksam ist andererseits eine Selbstbindung, die soweit geht, daß der Testamentsvollstrecker sich damit seiner **Unabhängigkeit** und **Selbständigkeit** gegenüber den Erben völlig begibt und sich dadurch die Erfüllung seiner Aufgaben unmöglich macht. Dies trifft beispielsweise zu, wenn ein Testamentsvollstrecker, zu dessen Aufgabe es gehört, den Nachlaß zu verwalten und die Auseinandersetzung unter den Miterben zu bewirken, sich gegenüber den Erben verpflichten würde, nur diejenigen Handlungen vorzunehmen, denen alle Miterben zuvor zugestimmt haben. Er wäre dann nämlich, wenn er den Nachlaß überhaupt verwalten will, uU nur noch ein „Werkzeug" in der Hand der Miterben, da ihm jede Verwaltung, die nicht deren Zustimmung findet, unmöglich wäre (BGHZ 25, 275, 280 = NJW 1957, 1916). Ebenso **unvereinbar** mit dem Amt des Testamentsvollstreckers wäre eine Verpflichtung den Erben gegenüber, sein Amt jederzeit auf Verlangen eines der Miterben niederzulegen. Derartige Verpflichtungen kann der Testamentsvollstrecker rechtswirksam nicht eingehen (BGH aaO).

107 Andererseits hat der Testamentsvollstrecker das Recht, einzelne Nachlaßgegenstände aus seiner Verwaltung **freizugeben** (§ 2217 BGB; *Muscheler* ZEV 1996, 401; vgl. 6. Kap. Rdn. 210ff.), So kann die Problematik der Selbstbindung von vorneherein umgangen bzw. entschärft werden, da sich dann auf die – ob zu Recht oder Unrecht – freigegebenen Gegenstände das Verwaltungsrecht des Testamentsvollstreckers ohnehin nicht mehr erstreckt und die Erben über diese Gegenstände frei verfügen können.

4. Einwilligung der Erben

108 Auf Verlangen des Testamentsvollstreckers ist der Erbe – bei Vor- und Nacherbschaft nur der Vorerbe – verpflichtet, zur Eingehung einer in § 2206 Abs. 1 BGB bezeichneten Verbindlichkeit seine Zustimmung zu erteilen (§ 2206 Abs. 2 BGB). Die Bestimmung verfolgt den **Zweck,** in Fällen, in denen es zweifelhaft ist, ob die Eingehung der Verbindlichkeit zur ordnungsgemäßen Verwaltung des Nachlasses erforderlich ist, eine abschließende Klärung herbeizuführen. Im Verhältnis des Testamentsvollstreckers zu den Erben dient sie dazu, jenen vor möglichen Schadensersatzansprüchen der Erben nach § 2219 BGB zu schützen (vgl. *Müller* JZ 1981, 370; *Staudinger/Reimann* § 2206 Rdn. 14).

109 Im Hinblick auf die Wirkung der Einwilligung der Erben auf das vom Testamentsvollstrecker vorgenommene Rechtsgeschäft wird teilweise die Ansicht vertreten, daß die Einwilligung mit der Gültigkeit des Rechtsgeschäfts unmittelbar nichts zu tun habe. Dem Erben sei bei erteilter Zustimmung allerdings der Einwand mangelnder Verpflichtungsbefugnis des Testamentsvollstreckers unter dem Gesichtspunkt des „venire contra factum proprium" (§ 242 BGB) verwehrt

(*Erman/Hense* § 2206 Rdn. 3; *Müller* JZ 1981, 370, 379). Zutreffender Auffassung nach führt dagegen die nachträgliche Zustimmung (Genehmigung) des Erben ebenso wie die vor der Eingehung der Verbindlichkeit erteilte Einwilligung zum Handeln des Testamentsvollstreckers (vgl. § 184 BGB) nach allgemeinen Grundsätzen zur **Wirksamkeit des** vom Testamentsvollstrecker eingegangenen **Verpflichtungsgeschäfts** (MünchKommBGB/*Brandner* § 2206 Rdn. 12).

Die **Heilungsmöglichkeit** durch Zustimmung der Erben bezieht sich nicht nur auf solche Rechtsgeschäfte, bei denen Zweifel an dem Vorliegen der Verpflichtungsbefugnis nach § 2206 Abs. 1 BGB aufkommen können (so aber *Erman/Schmidt* § 2206 Rdn. 3; *Müller* JZ 1981, 370, 379; auch RGZ 74, 215). Vielmehr kann die Zustimmung der Erben auch dann zur Wirksamkeit des – zunächst schwebend unwirksamen – Rechtsgeschäfts führen, wenn dieses Rechtsgeschäft eindeutig aus dem Rahmen der Verpflichtungsbefugnis nach § 2206 Abs. 1 BGB herausfällt. Denn zum einen sind die Beschränkungen des Testamentsvollstrekkers bei der Begründung von Nachlaßverbindlichkeiten vorwiegend im Interesse der Erben angeordnet worden. Auf diesen gesetzlichen Schutz können die Erben daher auch verzichten (MünchKommBGB/*Brandner* § 2206 Rdn. 12; aA *Müller* JZ 1981, 370, 378). Zum anderen ist – zumindest für Verfügungen des Testamentsvollstreckers – anerkannt, daß sich Testamentsvollstrecker und Erben gemeinsam über eine Erblasseranordnung, die das Verfügungsrecht des Testamentsvollstreckers beschränkt, hinwegsetzen können (BGHZ 56, 275). Gleiches muß für Verpflichtungsgeschäfte gelten. Auch hier können die Erben und der Testamentsvollstrecker die Grenzen, innerhalb derer der Testamentsvollstrecker Verbindlichkeiten mit Wirkung für die Erben eingehen kann, erweitern (*Lange/Kuchinke* § 31 VI 3g; MünchKommBGB/*Brandner* § 2206 Rdn. 12; aA *Staudinger/Reimann* § 2206 Rdn. 16). Dies dient der Rechtssicherheit. Denn andernfalls könnte der Testamentsvollstrecker mit Zustimmung der Erben – entgegen Erblasseranordnung – wirksam verfügen, gleichwohl wäre das entsprechende Verpflichtungsgeschäft auch mit Zustimmung der Erben nicht wirksam. Der Geschäftsgegner hätte dann – da den Kondiktionsansprüchen der Erben ausgesetzt – nicht rechtsbeständig erworben. Hier gebietet das Interesse des Rechtsverkehrs, die zunächst schwebend unwirksamen Verpflichtungs- und Verfügungsgeschäfte des Testamentsvollstreckers mit Zustimmung der Erben wirksam werden zu lassen. 110

Dem Testamentsvollstrecker ist in der Praxis anzuraten, bei Zweifeln über den Umfang seiner Verpflichtungsbefugnis die Erben zur Einwilligung in das Geschäft aufzufordern. Dieser Anspruch richtet sich nur gegen Erben bzw. Vorerben, nicht gegen Nacherben oder Ersatznacherben. Notfalls ist **Klage** gegen den Erben **auf Zustimmung** zu erheben (*Staudinger/Reimann* § 2206 Rdn. 13). Dies kann allein der Testamentsvollstrecker, nicht der Vertragsgegner. Zuständig für die Klage ist das Prozeßgericht. 111

Formulierungsbeispiel: Klage auf Zustimmung des Erben zu Verpflichtungsgeschäften des Testamentsvollstreckers 112

„Der Beklagte wird verurteilt, seine Zustimmung zu dem vom Kläger als Testamentsvollstrecker mit (Name) auf die Dauer von (Zeitraum) gegen einen Mietzins von monatlich (Betrag) abzuschließenden Mietvertrages über das zum Nachlaß gehörende Grundstück (genaue Beschreibung) zu erteilen."

Liegen die Voraussetzungen für eine Feststellungsklage (§ 256 ZPO) vor, kann der **Erbe** seinerseits gegen den Testamentsvollstrecker – aber auch gegen den Dritten – **Klage** auf Feststellung der mangelnden Verpflichtungsbefugnis des Testamentsvollstreckers oder auf Feststellung der Unwirksamkeit der von ihm einge- 113 gangenen Verpflichtung erheben. Unterliegt der Testamentsvollstrecker im Rechtsstreit gegen den Erben, trägt er die Kosten persönlich.

114 Der Erbe ist – insoweit ist § 2206 Abs. 2 BGB restriktiv zu interpretieren – zur **Einwilligung verpflichtet,** wenn die Eingehung der Verbindlichkeit durch den Testamentsvollstrecker den Grundsätzen ordnungsmäßiger Verwaltung entspricht (**§ 2206 Abs. 1 S. 1 BGB**), andernfalls kann er die Einwilligung verweigern. Durch die Einwilligung bleibt das Recht des Erben, die Beschränkung seiner Haftung für die Nachlaßverbindlichkeiten geltend zu machen (§ 2206 Abs. 2 BGB) unberührt.

115 Im Falle des **§ 2206 Abs. 1 S. 2 BGB** kann dagegen der Testamentsvollstrekker eine Verbindlichkeit zu einer Verfügung, zu der er nach §§ 2205, 2208 BGB befugt ist, auch dann wirksam eingehen, wenn sie **nicht** zur ordnungsmäßigen Verwaltung erforderlich ist, macht sich dadurch aber möglicherweise gegenüber den Erben schadensersatzpflichtig (§ 2219 BGB). Trotz des Wortlauts des § 2206 Abs. 2 BGB ist der Erbe berechtigt, seine Einwilligung daher auch dann zu verweigern, wenn der Testamentsvollstrecker die Verbindlichkeit zu einer Verfügung eingehen will, die er entgegen dem Erfordernis ordnungsmäßiger Verwaltung trifft. Andernfalls wäre der Erbe verpflichtet, in eine Handlung einzuwilligen, die für ihn Schadensersatzansprüche erzeugen würde. Dies kann von ihm nicht verlangt werden (vgl. *Palandt/Edenhofer* § 2206 Rdn. 3; *Staudinger/Reimann* § 2206 Rdn. 15).

5. Rechtsfolgen

116 Aus Geschäften, die der Testamentsvollstrecker innerhalb seiner Verpflichtungsmacht eingeht, werden die Erben verpflichtet. Es handelt sich um **Nachlaßverbindlichkeiten** (§ 1967 BGB). Der Testamentsvollstrecker wird aus diesen Rechtsgeschäften persönlich nicht verpflichtet. Er hat jedoch die eidesstattliche Versicherung nach § 807 ZPO abzugeben (MünchKommBGB/*Brandner* § 2206 Rdn. 14).

117 Da der Testamentsvollstrecker im Rahmen seiner Verpflichtungsbefugnis, auch wenn er nur den Nachlaß verpflichtet, selbst Vertragspartei ist, kommt es auf seine Person an, soweit es sich um **Willensmängel,** die Kenntnis, Unkenntnis oder das Kennenmüssen von Umständen bei Abgabe der verpflichtenden Willenserklärung handelt.

118 Kommt es bei der Vertragsdurchführung zu **Vertragsverletzungen,** die auf einem Verschulden des Testamentsvollstreckers beruhen, hat der Erbe hierfür entsprechend § 278 BGB wie für eigenes Verschulden – ohne Möglichkeit der Exkulpation – einzustehen. Dasselbe muß im Rahmen eines vorvertraglichen Verhandlungsverschuldens gelten (vgl. *Staudinger/Reimann* § 2206 Rdn. 18; § 2205 Rdn. 87).

119 Überschreitet bei Abschluß des Rechtsgeschäfts der Testamentsvollstrecker die Grenzen seiner Verpflichtungsbefugnis, befindet sich jedoch der Vertragsgegner in **gutem Glauben** daran, daß jener die Grundsätze ordnungsmäßiger Verwaltung (§ 2206 Abs. 1 S. 1 BGB) beachtet, ist das Rechtsgeschäft ebenfalls wirksam und führt zu einer Verpflichtung der Erben. Diese sind auf Schadensersatzansprüche gegen den Testamentsvollstrecker (§ 2219 BGB) verwiesen. Daneben kann dies ein Grund zur Entlassung des Testamentsvollstreckers sein (§ 2227 BGB). Anders ist es jedoch, wenn der gute Glaube des Vertragsgegners, wie im Fall des § 2206 Abs. 1 S. 2 BGB, nicht geschützt ist. Trotz vorhandenen guten Glaubens des Dritten ist hier eine wirksame Verbindlichkeit für den Nachlaß nicht begründet worden. Der

Dritte kann lediglich vom Testamentsvollstrecker entsprechend § 179 Abs. 1 BGB wahlweise Vertragserfüllung oder Schadensersatz verlangen.

Hat der Geschäftsgegner **erkannt,** daß der Testamentsvollstrecker nicht mehr innerhalb der Grenzen seiner Verpflichtungsmacht handelt oder hätte er dies zumindest erkennen können, so haftet auch der Testamentsvollstrecker nicht (§ 179 Abs. 3 BGB). 120

VI. Verfügungen des Testamentsvollstreckers über Nachlaßgegenstände

1. Gegenstand und Reichweite der Verfügungsbefugnis

a) Unbeschränkte Verfügungsbefugnis

Die Verfügungsbefugnis des Testamentsvollstreckers ist Ausfluß und notwendiger **Bestandteil seines Verwaltungsrechts,** reicht grundsätzlich soweit wie dieses und erstreckt sich auf alle Verfügungsgeschäfte (zum Begriff 1. Kap. Rdn. 100ff.). Ohne sie könnte der Testamentsvollstrecker die ihm obliegenden Aufgaben nicht erledigen. Das Verfügungsrecht des Testamentsvollstreckers bezieht sich nur auf die einzelnen Nachlaßgegenstände. Auch der nur mit der Verwaltung beauftragte Testamentsvollstrecker ist im Zweifel zur Verfügung hierüber befugt (OLG Düsseldorf NJW 1952, 1259). Die vom Testamentsvollstrekker vorgenommenen Rechtshandlungen sind, von unentgeltlichen Verfügungen abgesehen, für den Erben rechtswirksam. Wird beispielsweise mit Mitteln des Nachlasses ein Grundstück in der Versteigerung durch den Testamentsvollstrekker erworben, ist der Erbe – nicht der Testamentsvollstrecker – Ersteher und im Zuschlagsbeschluß als solcher zu bezeichnen, allerdings mit dem Vermerk (§ 52 GBO), daß das Grundstück der Verwaltung des Testamentsvollstreckers unterliegt. Dieser Grundsatz gilt auch, wenn der Erbe geschäftsunfähig oder beschränkt geschäftsfähig ist, dh. auch hier ist die Verfügungsmacht des Testamentsvollstreckers nicht eingeschränkt wie die eines gesetzlichen Vertreters, es sei denn, es werden – zB im Rahmen einer Auseinandersetzung – Sondervereinbarungen mit den Beteiligten getroffen, die über die letztwillige Verfügung hinausgehen (*Haegele* Rpfleger 1957, 149; *ders.* Rpfleger 1963, 336; aA *Feige* BWNotZ 1955, 269). 121

Im Umfang seines Verwaltungsrechts ist der Testamentsvollstrecker vor allem zu **entgeltlichen Verfügungen** über Nachlaßgegenstände ohne Beschränkung durch den Erben – dh., ohne daß dieser hierüber selbst eine Verfügungsbefugnis hätte (§ 2211 BGB) und ohne daß der Testamentsvollstrecker der Zustimmung des Erben für seine Verfügung bedürfte (MünchKommBGB/*Brandner* § 2205 Rdn. 50f.; *Haegele/Winkler* Rdn. 194) – berechtigt. Dies gilt auch für solche Verfügungen, die im Interesse des Testamentsvollstreckers liegen, wenn dieser gleichzeitig Miterbe ist. 122

Widerspricht eine Verfügung im Einzelfall den Grundsätzen **ordnungsmäßiger Verwaltung,** ist sie gleichwohl – unentgeltliche Verfügungen ausgenommen – **wirksam** (*Haegele/Winkler* Rdn. 196). Allerdings bleibt im Verhältnis zu den Erben die Verfügung pflichtwidrig mit der Folge, daß diese den Vollstrecker schadensersatzpflichtig machen oder seine Entlassung verlangen können. 123

In der Anordnung einer befreiten **Vorerbschaft** ist keine dingliche Beschränkung der Verfügungsmacht des Testamentsvollstreckers zu sehen (BayObLG NJW 1959, 1920). Die Verfügungsbefugnis des Testamentsvollstreckers unterliegt auch keinen **familienrechtlichen Beschränkungen** (vgl. 5. Kap. Rdn. 364). 124

b) Ausnahmen

125 Ein Fehlen bzw. eine – dinglich wirkende – Beschränkung der Verfügungsmacht des Testamentsvollstreckers ist dagegen in folgenden **Fällen** anzunehmen:

- Ist dem **Testamentsvollstrecker** die Befugnis zur Ausführung der letztwilligen Verfügung vom Erblasser genommen worden und hat er nur die Ausführung der betreffenden Verfügung von dem Erben **zu beaufsichtigen** und zu verlangen (vgl. § 2208 Abs. 2 BGB), so hat der Testamentsvollstrecker in diesem Fall keine Verfügungsmacht über Nachlaßgegenstände (*Damrau* JR 1985, 106).
- Ist Testamentsvollstreckung nur über **Teile des Nachlasses** – auch, ganz oder teilweise, einzelne Gegenstände – angeordnet, erstreckt sich die Verfügungsmacht des Vollstreckers nur auf die der Testamentsvollstreckung unterworfenen Gegenstände, nicht aber auf andere Nachlaßgegenstände. So kann der Erblasser zB das Verwaltungs- und Verfügungsrecht des Testamentsvollstreckers auch gegenständlich auf einen gesamthänderisch gebundenen Anteil an einem zum Gesamthandsvermögen gehörenden einzelnen Gegenstand (zB Grundstücksanteil) beschränken (BayObLG Rpfleger 1982, 226).
- Das Verfügungsrecht des Testamentsvollstreckers bezieht sich nicht auf solche Gegenstände, für die eine Testamentsvollstreckung grundsätzlich nicht angeordnet werden kann, weil sie **vollstreckungsfreier Teil** des Nachlasses sind (vgl. *Staudinger/Reimann* § 2205 Rdn. 16ff.; 1. Kap. Rdn. 2). Zu denken ist an dem Erben zustehende höchstpersönliche Rechte ebenso wie an die Anteile mehrerer Erben am Nachlaß. Die Verfügung über einen solchen Anteil selbst steht nur dem Miterben zu (§ 2033 BGB). Hiervon zu unterscheiden ist das Verfügungsrecht über die einzelnen Nachlaßgegenstände, das dem Testamentsvollstrecker zusteht.
- Ist der Testamentsvollstrecker durch Anordnungen des Erblassers in seinem **Verwaltungsrecht** auf Zeit oder dauernd, ganz oder teilweise, hinsichtlich aller oder einzelner Nachlaßgegenstände **beschränkt,** so ist entsprechend auch seine Verfügungsmacht dinglich beschränkt. Hat etwa der Erblasser bei mehreren Erben die Art und Weise der Auseinandersetzung in der letztwilligen Verfügung angeordnet oder hat er ein Auseinandersetzungsverbot ausgesprochen, sind hiermit im Widerspruch stehende Verfügungen des Testamentsvollstreckers unwirksam (BGH NJW 1984, 2464 m. abl. Anm. *Damrau* JR 1985, 106; vgl. auch BGH NJW 1971, 1805; 1963, 2320; OLG Zweibrücken ZEV 2001, 274; *Lehmann* AcP 188 [1988], 1ff.). Zur Frage, inwieweit der Testamentsvollstrecker mit Zustimmung der Erben wirksam verfügen kann, vgl. Rdn. 131).

126 Führt die Befolgung der dinglich wirkenden Anordnung des Erblassers zu einer Nachlaßgefährdung, kann die Anordnung auf Antrag vom Nachlaßgericht außer Kraft gesetzt werden (§ 2216 Abs. 2 S. 2 BGB). Durch die **Außerkraftsetzung** seitens des Nachlaßgerichts kann der Vollstrecker wieder unbeschränkt über die betreffenden Gegenstände verfügen.

2. Mögliche Verfügungsbeschränkungen

a) Allgemeines

127 Die grundsätzlich unbeschränkte Verfügungs- und Verwaltungsbefugnis des Testamentsvollstreckers ist einmal mit unmittelbarer dinglicher Wirkung beschränkt durch das **gesetzliche Verbot unentgeltlicher Verfügungen** (§ 2205 S. 3 BGB). Eine weitere gesetzliche Verfügungsschranke bildet das entsprechend § 181 BGB auf den Testamentsvollstrecker anwendbare **Verbot des Selbstkontrahierens.** Eine

Verfügung, die er als Testamentsvollstrecker mit sich selbst im eigenen Namen oder als Vertreter eines Dritten vornimmt, ist damit grundsätzlich unwirksam.

Daneben kann aufgrund **Erblasserwillens** die Verfügungsmacht des Testamentsvollstreckers mit dinglicher Wirkung modifiziert werden, sei es durch Verfügungsverbote oder Verfügungsbeschränkungen (§ 2208 Abs. 1 S. 1 BGB), sei es durch die Beschränkung der Verwaltung auf einzelne Nachlaßgegenstände (§ 2208 Abs. 1 S. 2 BGB). **128**

Die **Grundsätze ordnungsmäßiger Verwaltung** (§ 2216 Abs. 1 BGB) tangieren dagegen **nicht** unmittelbar die Verfügungsbefugnis des Testamentsvollstreckers. Sie betreffen vielmehr das Innenverhältnis zwischen Testamentsvollstrecker und den Erben. Eine Verfügung, die entgegen den Grundsätzen ordnungsmäßiger Verwaltung vorgenommen worden ist, ist – aus Gründen der Verkehrssicherheit – wirksam (*Kipp/Coing* § 68 IV 1; MünchKommBGB/*Brandner* § 2205 Rdn. 58). Hiervon unberührt bleiben freilich Ansprüche der Erben auf Schadensersatz oder Entlassung des Testamentsvollstreckers aus dem Amt. **129**

Dort aber, wo das **Interesse des Rechtsverkehrs nicht** mehr **schutzwürdig** ist, weil der Dritte erkennt, oder bei Beachtung der erforderlichen Sorgfalt hätte erkennen können, daß der Testamentsvollstrecker seine Stellung wissentlich zum Nachteil des Erben mißbraucht und die Grundsätze ordnungsmäßiger Verwaltung unbeachtet läßt, schlägt diese Pflichtverletzung unmittelbar auf die dingliche Verfügungsmacht des Testamentsvollstreckers durch. Die Pflichtverletzung führt in diesem Ausnahmefall zur Unwirksamkeit der Verfügung (RGZ 75, 299; 83, 348; 130, 131; BGHZ 30, 67; *Staudinger/Reimann* § 2205 Rdn. 85). **130**

Die unter Überschreitung der Verfügungsmacht vom Testamentsvollstrecker vorgenommenen Rechtsgeschäfte sind **schwebend unwirksam.** Die Unwirksamkeit kann grundsätzlich durch die Zustimmung des Erben als Träger der Nachlaßrechte – bei mehreren Erben durch Zustimmung aller – geheilt werden (BGHZ 13, 179 = NJW 1954, 1155). Während die Zustimmung der Erben und etwaiger Nacherben ausreicht zur Überwindung der auf dem Erblasserwillen beruhenden Verfügungsschranken, bedarf es – jedenfalls nach überwiegender Auffassung – zur Wirksamkeit einer Verfügung, die entgegen einer gesetzlichen Schranke (§ 2205 S. 3 BGB, § 181 BGB entsprechend) vorgenommen worden ist, neben der Zustimmung der (Nach-)Erben auch der Zustimmung etwaiger Vermächtnisnehmer. Dagegen ist die Zustimmung etwaiger Auflagenbegünstigter und Nachlaßgläubiger zur Wirksamkeit der Verfügung des Testamentsvollstreckers in keinem Fall erforderlich (vgl. 1. Kap. Rdn. 136; MünchKommBGB/*Brandner* § 2205 Rdn. 57ff.). **131**

b) Unentgeltliche Verfügungen

aa) Grundsatz. Bei unentgeltlichen Verfügungen ist die Verfügungsmacht des Testamentsvollstreckers gemäß § 2205 S. 3 BGB **beschränkt.** Vgl. dazu 1. Kap. Rdn. 112ff. **132**

bb) Zuflußprinzip. Für die Frage der Entgeltlichkeit der Verfügung ist entscheidend, ob der erfolgten Verminderung des Nachlasses eine entsprechende gleichwertige Gegenleistung korrespondiert. Bei der Frage der Gleichwertigkeit der Gegenleistung ist zu berücksichtigen, daß der Testamentsvollstrecker im Rahmen der Grundsätze ordnungsmäßiger Verwaltung einen Ermessensspielraum bei der Preisfindung hat (*Soergel/Damrau* § 2205 Rdn. 83). Er hat nicht vor jeder Verfügung ein Sachverständigengutachten über den Wert der Leistung/Gegenleistung einzuholen, zumal abweichend von Gutachten idR die Markverhältnisse den Preis und damit die Höhe der Gegenleistung bestimmen (*Zimmermann* Rdn. 476; *Schaub* ZEV 2001, 257, 259; enger *Jung* Rpfleger 1999, 204, 208). Die Gegenleistung muß nach **133** dem sog. **Zuflußprinzip** in den Nachlaß fließen (RG JW 1938, 949; BGHZ 7, 274, 278f.; OLG Frankfurt Rpfleger 1977, 170; *Kipp/Coing* § 68 IV 2d; *Staudinger/Reimann* § 2205 Rdn. 43: MünchKommBGB/*Brandner* § 2205 Rdn. 66; aA *Müller* WM 1982, 466, 473). Ist dies nicht der Fall, bleibt sie bei Prüfung der Frage, ob die Verfügung unentgeltlich ist, im allgemeinen außer Betracht. Dagegen ist es unerheblich, wie der in den Nachlaß gelangte Gegenwert vom Testamentsvollstrecker tatsächlich verwendet wird (KG DNotZ 1938, 310; *Staudinger/Reimann* § 2205 Rdn. 43). Auch wenn der Testamentsvollstrecker die vollwertige Gegenleistung später pflichtwidrig verwendet, bleibt seine Verfügung entgeltlich und wird nicht durch die pflichtwidrige Verwendung später zu einer unentgeltlichen.

134 Der Grundsatz, daß dem Nachlaß eine gleichwertige Gegenleistung zufließen muß, erfährt allerdings eine **Einschränkung** bzw. **Ausnahme:**

135 Erbringt der Testamentsvollstrecker aus dem Nachlaß eine **Vorleistung,** bedeutet dies nicht, daß diese Verfügung bis zum Erhalt der vereinbarten vollen Gegenleistung unentgeltlich erfolgt. Die Verfügung ist vielmehr in einem solchen Fall bereits entgeltlich, wenn nur eine dazu in Abhängigkeit stehende Gegenleistung geschuldet wird, die als angemessen bezeichnet werden kann, sofern die Gegenleistung später überhaupt erbracht wird (KG DNotZ 1972, 176). Ist letzteres nicht der Fall, zB wenn der Schuldner in Vermögensverfall gerät, ist die Verfügung dagegen als unentgeltlich zu qualifizieren.

136 Es ist offenkundig, daß in Fällen, in denen die zunächst vereinbarte Gegenleistung später ganz oder teilweise nicht erbracht wird, für den Testamentsvollstrecker besondere Gefahren bestehen. Hierauf ist zum einen bei der **notariellen Vertragsgestaltung** hinzuweisen, indem entsprechende **Belehrungen** in den Vertrag aufgenommen werden. Gleichzeitig muß daran gedacht werden, das **Erfüllungsgeschäft vorläufig auszusetzen** und es erst nach Erhalt des vereinbarten Kaufpreises in einem gesonderten Vertragsnachtrag auszuführen. Beispielsweise kann vorgesehen werden, daß die Auflassung eines Grundstücks erst erklärt wird, wenn die vereinbarte Gegenleistung vom Erwerber erbracht worden ist.

137 **Formulierungsbeispiel: Aussetzen der Auflassung zur Wahrung des Zuflußprinzips bei entgeltlicher Verfügung**

„Die Vertragsteile verpflichten sich, die Auflassung zu erklären und entgegenzunehmen, sobald der vereinbarte Kaufpreis (zuzüglich angefallener Verzugszinsen) in voller Höhe bezahlt ist."

138 Ebenso ist an die Gestaltung zu denken, daß das **Erfüllungsgeschäft** nur **unter** der **aufschiebenden Bedingung** der vollständigen Erbringung der Gegenleistung erfolgt. Wird zB ein Geschäftsanteil an einer Kapitalgesellschaft durch den Testamentsvollstrecker abgetreten, ist es ratsam, die Abtretung des Geschäftsanteils unter der aufschiebenden Bedingung der Kaufpreiszahlung vorzunehmen.

139 **Formulierungsbeispiel: Aufschiebend bedingte Abtretung zur Wahrung des Zuflußprinzips bei entgeltlicher Verfügung**

„Der Verkäufer tritt hiermit den Geschäftsanteil in Höhe von Euro … an der … – GmbH an den Käufer unter der aufschiebenden Bedingung der vollständigen Kaufpreiszahlung ab. Der Käufer nimmt die Abtretung an."

140 In gleicher Weise könnte dem Käufer bei unbedingtem Abschluß des Kaufvertrages über den Geschäftsanteil ein **Angebot** auf Abtretung des Geschäftsanteils gemacht werden, das dieser nur unter der Voraussetzung annehmen kann, daß er die Zahlung des Kaufpreises durch Zahlungsbeleg und Ausführungsbestätigung der betreffenden Bank nachgewiesen oder der Testamentsvollstrecker dem beurkundenden Notar den Erhalt der Gegenleistung bestätigt hat.

Formulierungsbeispiel: Vertragsangebot zur Wahrung des Zuflußprinzips bei entgeltlicher Verfügung 141

„Der Verkäufer bietet hiermit dem Käufer unwiderruflich die Abtretung des verkauften Geschäftsanteils in Höhe von DM ... an der ... – GmbH an.

Der Käufer kann die Annahme zu notarieller Urkunde erklären unter der Bedingung, daß dem beurkundenden Notar vom Verkäufer die vollständige Zahlung des gesamten Kaufpreises schriftlich bestätigt worden ist oder der Käufer die vollständige Zahlung des vereinbarten Kaufpreises durch Vorlage von Zahlungsbelegen sowie einer Ausführungsbestätigung der betreffenden Bank nachgewiesen hat."

Überträgt der Testamentsvollstrecker zum anderen bei der **Auseinandersetzung** Nachlaßgegenstände auf einen **Miterben,** so können bei der Prüfung der Entgeltlichkeit seiner Verfügung auch **Ausgleichsleistungen** berücksichtigt werden, die der begünstigte Miterbe an einen anderen Miterben zu bewirken hat, die also nicht in den Nachlaß fallen (KG DNotZ 1972, 176). Hierbei wird ausnahmsweise vom Zuflußprinzip abgewichen. 142

cc) Vollmacht. Zu unentgeltlichen Verfügungen ist der Testamentsvollstrecker berechtigt, wenn er vom Erblasser hierzu bevollmächtigt ist. Denn als Bevollmächtigter unterliegt er grundsätzlich **nicht** den **Beschränkungen,** denen ein Testamentsvollstrecker unterworfen ist (BGH DNotZ 1963, 305; Tabellarischer Überblick zum Verhältnis Vollmacht-Testamentsvollstreckung bei *Zimmermann* Rdn. 14). 143

Einzelheiten zu Erteilung, Umfang, Widerruf und Nachweis der Vollmacht s. 1. Kap. Rdn. 35ff. 144

An unentgeltlichen Verfügungen wird der vom Erblasser bevollmächtigte Testamentsvollstrecker daher nicht durch § 2205 S. 3 BGB gehindert. Die zugunsten der Erben – und Vermächtnisnehmer – wirkende Schutzvorschrift kommt nicht zum Zuge; gleichwohl sind die Erben hinreichend dadurch abgesichert, daß sie die vom Erblasser erteilte Vollmacht **widerrufen** können (*Haegele/Schöner/Stöber* Grundbuchrecht Rdn. 3440). 145

Bei **mehreren Erben** ist der Widerruf der Vollmacht durch einen von ihnen möglich; die Vollmacht wirkt jedoch gegenüber den übrigen Miterben weiter (BGH NJW 1962, 1718; OLG Hamburg DNotZ 1967, 37; *Werkmüller* ZEV 2000, 305, 306). 146

Ist die Vollmacht widerrufen, hat der Bevollmächtigte – sofern die Vollmacht in gesonderter Urkunde erteilt wurde – die Vollmachtsurkunde dem Vollmachtgeber zurückzugeben; ein **Zurückbehaltungsrecht** steht ihm hieran **nicht** zu (§ 175 BGB). Widerruft nur einer von mehreren Miterben, ist jedoch diesem gegenüber die Vollmachtsurkunde nicht zurückzugeben (RG JW 1938, 1892); es kann lediglich die Eintragung eines einschränkenden Vermerks verlangt werden (BGH NJW 1990, 507). 147

Die einzige Schranke für den Bevollmächtigen liegt in dem **Verbot des Vollmachtsmißbrauchs.** Ein Mißbrauch liegt aber nicht vor, wenn die Erben mit der Vornahme des Geschäfts einverstanden sind, zB wenn der Testamentsvollstrecker mit ihrer Zustimmung Wechselverbindlichkeiten eingeht, die dazu dienen sollen, seine eigenen Schulden zu tilgen (BGH DNotZ 1963, 305). 148

dd) Rechtsfolgen. Verfügt der Testamentsvollstrecker unentgeltlich, ohne im Rahmen der genannten Ausnahmen hierzu berechtigt zu sein, ist die Verfügung unwirksam. Da die Erben und Vermächtnisnehmer die Möglichkeit haben, die Verfügung zu genehmigen (vgl. BGH NJW 1971, 2264; *Haegele* Rpfleger 1972, 43f.; *Haegele* BWNotZ 1974, 109, 115; *Staudinger/Reimann* § 2205 Rdn. 40, 56; MünchKommBGB/*Brandner* § 2205 Rdn. 60; aA – nur Zustimmung der Erben, 149 nicht der Vermächtnisnehmer erforderlich – *Neuschwander* BWNotZ 1978, 73f.; *Soergel/Damrau* § 2205 Rdn. 79; *Lange/Kuchinke* § 31 VI 2b; vgl. auch 1. Kap. Rdn. 135), handelt es sich um eine **schwebende Unwirksamkeit.** Wird die Genehmigung verweigert, ist die Verfügung endgültig unwirksam mit der Folge, daß die Gegenstände, über die verfügt worden ist, nach wie vor zum Nachlaß gehören. Dies gilt auch für Grundstücke trotz Auflassung und Eintragung des Eigentumswechsels im Grundbuch. Bei teilentgeltlicher Verfügung ist dennoch das gesamte Rechtsgeschäft unwirksam (vgl. 1. Kap. Rdn. 140). Auch eine weitere Zuzahlung des Erwerbers zwecks Ausgleichung von Leistung und Gegenleistung, verhilft dem Geschäft nicht (mehr) zur Wirksamkeit (*Palandt/Edenhofer* § 2113 Rdn. 12 zur gleichen Problematik bei der Vorerbschaft).

150 Bei Unwirksamkeit der Verfügung kann sich der Vertragsgegner gegenüber dem Herausgabeverlangen der Erben **nicht** auf einen **gutgläubigen** bestandskräftigen **Rechtserwerb** berufen. Denn der gute Glaube des Erwerbers ersetzt grundsätzlich nur das fehlende Eigentum des Veräußerers, nicht aber seine mangelnde Verfügungsbefugnis (vgl. RGZ 128, 279; *Palandt/Bassenge* § 892 Rdn. 3; § 932 Rdn. 3). Dies gilt in gleicher Weise, wenn der Dritte zwar die Unentgeltlichkeit des Rechtsgeschäfts erkannt, gutgläubig aber auf das Vorliegen der notwendigen Zustimmungserklärungen vertraut hat. Auch hier ist er nicht schutzwürdig.

151 Verfügen umgekehrt die Erben als Nichtberechtigte unentgeltlich, kann diesem Rechtsgeschäft der Testamentsvollstrecker **nachträglich** nicht wirksam nach § 185 BGB **zustimmen.** Denn in dieser Zustimmung läge wiederum eine unentgeltliche Verfügung (RG DRWiss. 1939, 1949; *Staudinger/Reimann* § 2205 Rdn. 40).

152 *ee) Legitimation.* Der Testamentsvollstrecker weist seine allgemeine Rechtsstellung durch das **Testamentsvollstreckerzeugnis** (§ 2368 BGB) nach. Gegenüber dem Grundbuchamt gilt die Sondervorschrift des § 35 Abs. 1 S. 2, Abs. 2 GBO. Für die Frage, ob entgeltlich oder unentgeltlich verfügt wurde, gibt es dagegen keine allgemeine Legitimation, der Testamentsvollstrecker hat vielmehr konkrete Nachweise zu führen.

153 Die Frage, ob eine Verfügung unentgeltlich ist, unterliegt der gerichtlichen Nachprüfung. Im Streitfall hat der Testamentsvollstrecker **nachzuweisen,** daß seine Verfügung nicht unentgeltlich war. Da insoweit Maßstab und zugleich Grenze seiner Verfügungsbefugnis die **Grundsätze** einer **ordnungsgemäßen Verwaltung** des Nachlasses (§ 2216 BGB) sind, hat der Testamentsvollstrecker diejenigen Tatsachen vorzutragen und zu beweisen, aus denen sich die Ordnungsmäßigkeit seines Verwaltungshandelns ergibt. Es genügt also nicht, daß er lediglich die vereinbarte und gezahlte Gegenleistung nachweist und im übrigen behauptet, das Geschäft habe sich für ihn aufgrund seiner persönlichen Handlungsfähigkeit und seiner subjektiven Einschätzung als im vollen Umfang entgeltlich dargestellt. Denn weil die subjektive Komponente des Begriffs der Unentgeltlichkeit erfordert, daß der Testamentsvollstrecker jedenfalls bei ordnungsmäßiger Verwaltung das Fehlen bzw. die Unzulänglichkeit der Gegenleistung hätte erkennen müssen, sind – objektivierend und losgelöst vom subjektiven Erkenntnishorizont des Testamentsvollstreckers – die Grundsätze ordnungsmäßiger Verwaltung zu beachten. Der Testamentsvollstrecker muß die **Beweggründe** für die Verfügung demnach substantiiert **vortragen,** so daß diese verständlich und der Wirklichkeit gerecht werdend erscheinen (KG JW 1929, 1805; OLG Zweibrücken Rpfleger 1968, 89; BayObLGZ 1956, 54; BayObLGZ 1969, 278; *Staudinger/Reimann* § 2205 Rdn. 51; *Palandt/Edenhofer* § 2205 Rdn. 37).

154 Die **Angemessenheit** der vereinbarten und gezahlten Gegenleistung kann einmal dadurch **nachgewiesen** werden, daß der Testamentsvollstrecker auf Schätzgutachten hinweist oder aber auf vorher eingeholte Vergleichsangebote, die zu vergleichbaren oder geringeren Konditionen zum Vertragsabschluß hätten führen können. Ebenso sind eidesstattliche Versicherungen und notarielle Bescheinigungen taugliche Nachweismittel. Soweit besondere werterhöhende oder wertmindernde Momente bei der Preiskalkulation eine Rolle gespielt haben, sind auch diese darzulegen.

Trotz dieser relativ **strengen Anforderungen** ist andererseits im Grundsatz anerkannt, daß eine Entgeltlichkeit der Verfügung regelmäßig dann anzunehmen ist, wenn sie auf einem zweiseitigen entgeltlichen Rechtsgeschäft, vornehmlich einem Kaufvertrag beruht und der andere Vertragsteil ein unbeteiligter Dritter ist. Umgekehrt werden um so schärfere Beweisanforderungen an den Testamentsvollstrecker gestellt werden müssen, je näher seine persönliche oder wirtschaftliche Beziehung bzw. Verflechtung zum Vertragsgegner ist (OLG Frankfurt MittBayNot. 1980, 77). 155

Da in dem Abschluß eines **Vergleichs** ebenfalls eine unentgeltliche Verfügung des Testamentsvollstreckers liegen kann (vgl. BGH WM 1991, 205), ist auch hier darauf zu achten, daß die Einzelheiten der Preiskalkulation und die näheren Umstände der schließlichen Preisfindung beweiskräftig festgehalten werden, ohne daß sie notwendig Vergleichsinhalt werden müssen. Bei einem gerichtlich protokollierten Vergleich sollte der Testamentsvollstrecker auf die Aufnahme eines Protokollvermerks hinwirken mit dem Inhalt, daß der Vergleich auf Vorschlag des Gerichts zustandegekommen ist. 156

Formulierungsbeispiel: Entgeltlicher Vergleich 157

„Nach eingehender Erörterung der Sach- und Rechtslage schließen die Parteien auf Vorschlag des Gerichts folgenden

Vergleich:

…"

In diesem Fall kann der Testamentsvollstrecker sich bei Zweifeln an der Ausgewogenheit des Vergleichs auf den unabhängigen, **gerichtlichen Vorschlag,** dem er gefolgt ist, berufen. 158

Zu Besonderheiten bei **Grundstücksgeschäften** s. 5. Kap. Rdn. 1 ff. 159

c) Insichgeschäfte des Testamentsvollstreckers

aa) Grundsatz. Gemäß § 181 BGB kann ein Vertreter im Namen des Vertretenen mit sich im eigenen Namen oder als Vertreter eines Dritten ein Rechtsgeschäft nicht vornehmen, es sei denn, es ist ihm gestattet, oder das Rechtsgeschäft besteht ausschließlich in der Erfüllung einer Verbindlichkeit. Die Vorschrift beruht auf dem Gedanken, daß die Mitwirkung derselben Person auf beiden Seiten des Rechtsgeschäfts die **Gefahr** eines **Interessenkonflikts** und damit der Schädigung eines Teils in sich birgt. § 181 BGB ist auf den Testamentsvollstrecker als Partei kraft Amtes zwar nicht unmittelbar, aber doch entsprechend anzuwenden, denn die Gefahr einer Interessenkollision ist nicht von der Hand zu weisen, wenn er Rechtsgeschäfte in bezug auf den Nachlaß vornimmt, an denen er auf der anderen Seite des Rechtsgeschäfts im eigenen Namen beteiligt ist (BGHZ 30, 67; = NJW 1959; 1429 = JZ 1960, 173 m. Anm. *v. Lübtow* JZ 1960, 151; BGHZ 51, 210; 56, 101; *Staudinger/Reimann* § 2205 Rdn. 59 ff.). Der Erblasser wird in seiner Testamentsvollstreckeranordnung uU bereits konkrete Hinweise auf ein mögliches Selbstkontrahieren ausgesprochen haben (vgl. 2. Kap. Rdn. 56). Diese finden aber ihre Grenzen im Gebot ordnungsgemäßer Verwaltung des Nachlasses. 160

161 Das Verbot des Selbstkontrahierens erfaßt **alle Rechtsgeschäfte,** demnach Verträge jeglicher Art (vgl. RGZ 79, 283; 89, 371; BGHZ 50, 10), einseitige Rechtsgeschäfte, wie zB Kündigung, Rücktritt, Bevollmächtigung, Zustimmung und Anfechtung (RGZ 143, 352; BGHZ 77, 9), sowie geschäftsähnliche Handlungen, wie zB Mahnung und Fristsetzung (BGHZ 47, 357).

162 Bei Verträgen ist ein verbotenes Insichgeschäft anzunehmen, wenn der Testamentsvollstrecker **auf beiden Seiten des Rechtsgeschäfts** auftritt, zB wenn er als Testamentsvollstrecker für den Nachlaß ein Rechtsgeschäft mit sich selbst als Privatperson oder mit einem von ihm vertretenen Dritten in dessen Namen vornimmt. Zu denken ist etwa an den Fall, daß ein zum Testamentsvollstrecker eingesetzter Elternteil gleichzeitig als gesetzlicher Vertreter seiner zu Erben berufenen minderjährigen Kinder handeln will. Hier ergibt sich aus der Doppelstellung als Testamentsvollstrecker einerseits und als gesetzlicher Vertreter der Erben andererseits ein Interessengegensatz, der die Wahrnehmung beider Aufgaben durch ein und dieselbe Person ausschließt; der als Testamentsvollstrecker eingesetzte Elternteil kann daher bei Auseinandersetzung der Erbengemeinschaft etwa auf Seiten der minderjährigen Kinder nicht als deren gesetzlicher Vertreter mitwirken (OLG Hamm FamRZ 1993, 1122). Im Namen eines Dritten als dessen Vertreter kann der Testamentsvollstrecker dabei nur dann handeln, wenn Befreiung von den Beschränkungen des § 181 BGB sowohl vom Erblasser als auch vom Dritten erteilt ist.

163 Schließt er dagegen den Vertrag auf einer Seite zugleich als Privatperson und als Testamentsvollstrecker für den Nachlaß oder handelt er für den Nachlaß als Testamentvollstrecker und zugleich für Dritte als deren Vertreter, gibt er keine gegenläufigen, sondern **parallele Willenserklärungen** ab. Das Verbot des Selbstkontrahierens greift hier **nicht** (RGZ 127, 105; BGHZ 50, 10; BayObLG FGPrax 1995, 20; OLG Jena NJW 1995, 3126; *Palandt/Heinrichs* § 181 Rdn. 7).

164 Bei **einseitigen Rechtsgeschäften** und rechtsgeschäftsähnlichen Handlungen ist § 181 BGB dann anwendbar, wenn Erklärender und Erklärungsempfänger identisch sind, dh. der Testamentsvollstrecker eine Erklärung für den Nachlaß abgibt gegenüber sich selbst als Privatperson.

165 *bb) Wirksamkeitsvoraussetzungen.* Der Testamentsvollstrecker kann ein Insichgeschäft wirksam vornehmen, wenn ihm dies gestattet ist. Da er seine Handlungsbefugnis vom Willen des Erblassers ableitet, ist dessen **Gestattung** erforderlich. Diese kann ausdrücklich oder stillschweigend erteilt sein. In der Gestattung liegt ein besonderer Vertrauensbeweis, mit dem der Erblasser die Erwartung zum Ausdruck bringt, der Testamentsvollstrecker werde seine Pflicht zur ordnungsgemäßem Verwaltung des Nachlasses (§ 2216 BGB) über seine persönlichen Belange zu stellen wissen (BGHZ 51, 209).

166 Der Testamentsvollstrecker kann sich, auch wenn ihm das Selbstkontrahieren vom Erblasser gestattet ist, nicht über **zwingende Vorschriften,** wie zB das Verbot unentgeltlicher Verfügungen (§§ 2205 S. 3, 2207 S. 2 BGB) oder die Verpflichtung zur ordnungsgemäßen Verwaltung des Nachlasses (§§ 2216, 2220 BGB) hinwegsetzen.

167 Inwieweit eine stillschweigende Gestattung des Erblassers reicht, ist Frage der **Auslegung** der Verfügung von Todes wegen im Einzelfall, insbesondere der Testamentsvollstreckungsanordnung. Dabei wird einem Testamentsvollstrecker, der nicht Miterbe oder sonst letztwillig bedacht ist, ein Erwerb von Nachlaßgegenständen durch Insichgeschäfte im allgemeinen nicht gestattet sein (BGH NJW 1959, 1429). Hat der Erblasser den Testamentsvollstrecker dagegen – rechtlich zulässig – zum Miterben bestimmt (RGZ 61, 139; 130, 131; BGH NJW 1959, 1429) und

diesen ohne Beschränkungen mit der Auseinandersetzung unter den Miterben und der Verwaltung des Nachlasses betraut, besteht zwar ebenfalls ein natürlicher Interessenwiderstreit. In der Berufung durch den Erblasser liegt jedoch ein besonderer Vertrauensbeweis, der grundsätzlich die Annahme rechtfertigt, der Erblasser habe trotz der bestehenden Interessenkollision dem Testamentsvollstrecker in weitem Umfang auch den Abschluß von Rechtsgeschäften mit sich selbst gestattet. Dieser kann jedoch in jedem Fall nur solche Rechtsgeschäfte mit sich selbst vornehmen, die im Rahmen ordnungsmäßiger Verwaltung des Nachlasses (§ 2216 BGB) liegen. Insofern besteht ein enger inhaltlicher Zusammenhang zwischen § 181 und § 2216 BGB (BGHZ 30, 67 = NJW 1959, 1429 = JZ 1960, 173 m. Anm. *v. Lübtow* JZ 1960, 151; *Staudinger/Reimann* § 2205 Rdn. 62). Hat zB der Erblasser dem Testamentsvollstrecker im Testament erlaubt, ein antikes Möbel um 20000 DM zu erwerben und ist dies der angemessene Preis, ist das Insichgeschäft somit erlaubt. Hat der Erblasser keine Preisangabe gemacht, ist ebenfalls nur der Selbsterwerb zum wahren Wert ordnungsgemäß und wirksam. Kauft sich der Testamentsvollstrecker das Möbel um 3000 DM, ist das Geschäft unwirksam (*Zimmermann* Rdn. 465).

Dagegen ist ein Insichgeschäft des Testamentsvollstreckers, das gegen das **Gebot ordnungsmäßiger Verwaltung** des Nachlasses verstößt, selbst wenn es vom Willen des Erblassers gedeckt sein sollte, unwirksam, da dieser § 2216 BGB **nicht außer Kraft setzen** kann (§ 2220 BGB). Eine etwaige Gestattung des Selbstkontrahierens durch den Erblasser wäre daher insoweit unwirksam, und die Regelvorschrift des § 181 BGB käme wieder entsprechend zum Zug (BGHZ 30, 67). Insbesondere ein Eigenerwerb des zum Miterben berufenen Testamentsvollstreckers ist, wenn er unter Wert erfolgt, unwirksam, falls nicht ein entsprechendes Vorausvermächtnis des Erblassers vorliegt (vgl. das Beispiel in Rdn. 167 aE). 168

Ohne Gestattung des Erblassers ist der Testamentsvollstrecker auch nicht berechtigt, bei seiner Wahl zum **Geschäftsführer** einer **GmbH** unmittelbar oder mittelbar mitzuwirken, wenn er als solcher Anteilsrechte an der Gesellschaft verwaltet (BGHZ 51, 209). 169

Vom Verbot des Selbstkontrahierens ausgenommen sind solche Rechtsgeschäfte, die der Testamentsvollstrecker lediglich in **Erfüllung einer Verbindlichkeit,** die den Nachlaß trifft, tätigt. Hierzu gehört insbesondere die Erfüllung von Vermächtnissen oder Vorausvermächtnissen, auch soweit sie dem Testamentsvollstrecker selbst zugewendet worden sind (BayObLG Rpfleger 1982, 344) sowie die Erfüllung seines eigenen fälligen Anspruchs auf Tätigkeitsvergütung und Auslagenersatz durch Entnahme aus dem Nachlaß (BGH WM 1973, 360, 361). 170

cc) Beweissituation und Legitimation. Der **Testamentsvollstrecker** muß die Gestattung des Selbstkontrahierens durch den Erblasser beweisen. 171

Dies kann er einmal dadurch tun, daß er die **ausdrückliche Gestattung** darlegt und es durch Vorlage der entsprechenden Verfügungen von Todes wegen beweist. Bei Zweifeln über den Umfang der Gestattung ist eine Auslegung der letztwilligen Verfügung vorzunehmen. Der Testamentsvollstrecker ist hier gut beraten, wenn er Auslegungsalternativen aufzeigt und Umstände vorträgt, die eine ihm günstige Auslegung rechtfertigen. Die Darlegungs- und Beweislast dafür, daß trotz dieser nachgewiesenen Gestattung etwa der Rahmen ordnungsmäßiger Verwaltung des Nachlasses überschritten worden sei, trifft dann die Gegenseite. 172

Ist die **Gestattung** des Erblassers dagegen **nicht ausdrücklich** ausgesprochen, sondern – insbesondere wenn der Testamentsvollstrecker als Miterbe berufen ist – aus der Ordnungsmäßigkeit des Verwaltungshandelns abgeleitet worden, obliegt dem Testamentsvollstrecker wiederum der Nachweis, daß er die Grundsätze ordnungsmäßiger Verwaltung beachtet hat und daraus folgend die Gestattung des Erb- 173 lassers anzunehmen ist (BGH NJW 1959, 1429). Die Gegenseite müßte beweisen, daß die Gestattung geringeren Umfang gehabt hat (zum ganzen BGHZ 30, 67 = NJW 1959, 1429; MünchKommBGB/*Brandner* § 2205 Rdn. 78; *Staudinger/Reimann* § 2205 Rdn. 67).

174 Seine Verfügungsbefugnis kann der Vollstrecker auch dadurch nachweisen, daß er dartut, lediglich eine die Erben treffende **(Nachlaß-)Verbindlichkeit zu erfüllen.** Hier läßt das Gesetz selbst eine Ausnahme vom Verbot des Selbstkontrahierens zu.

175 Zu denken ist – vor allem in Bezug auf Grundstücke oder grundstücksgleiche Rechte – etwa an folgende **Fälle:**

176 – Der Testamentsvollstrecker **erfüllt** ein ihm zugewandtes **Vermächtnis** durch Auflassung des Grundstücks an sich. Er kann hier dem Grundbuchamt die Gestattung des Selbstkontrahierens dadurch belegen, daß er auf die Nachlaßakten verweist, wenn diese beim gleichen Amtsgericht geführt werden, sowie auf die in diesen Akten enthaltene letztwillige Verfügung mit der Vermächtnisanordnung; aus den Nachlaßakten ersichtlich ist auch die Behauptung des Testamentsvollstreckers, daß die Vermächtnisanordnung durch den Erblasser nicht widerrufen worden ist.

177 Werden die **Nachlaßakten** bei einem anderen Amtsgericht geführt, hat er eine beglaubigte Abschrift der letztwilligen Verfügung, die dieses Vermächtnis enthält, und eine Bescheinigung, daß sich weitere letztwillige Verfügungen – in denen etwa ein Widerruf der entsprechenden Anordnung enthalten sein könnte – nicht im Nachlaß befinden, vorzulegen (vgl. auch 5. Kap. Rdn. 41 ff.).

178 – Der Testamentsvollstrecker erfüllt eine Erblasserschuld, dh. solche Schulden, die vom Erblasser herrühren und für die der Erbe haftet.

179 Beispielsweise kann der Testamentsvollstrecker als Privatperson noch zu Lebzeiten des Erblassers mit diesem einen **Veräußerungsvertrag über eine Grundstücksteilfläche** geschlossen haben, in dem – ohne daß eine Auflassungsvollmacht erteilt ist – die Verpflichtung zur Auflassung nach Vorliegen des Veränderungsnachweises enthalten ist. Der entsprechende Grundstückskaufvertrag kann in gleicher Weise vom Erblasser auch mit einem Dritten geschlossen worden sein.

180 Nach dem Tod des Erblassers kann der **Testamentsvollstrecker,** handelnd für den Nachlaß einerseits und für sich als Privatperson bzw. als Vertreter des Drittkäufers andererseits die **Auflassung wirksam erklären,** ohne hieran durch § 181 BGB gehindert zu sein. Er erfüllt mit der Erklärung der Auflassung lediglich eine Verbindlichkeit. Dem Grundbuchamt gegenüber ist eine beglaubigte Abschrift der notariellen Urkunde betreffend den Messungskauf vorzulegen. Damit ist in geeigneter Form (§ 29 GBO) der Nachweis erbracht, daß mit der Auflassung lediglich eine Erblasserverbindlichkeit erfüllt wird. Soweit sich die betreffende Urkunde bereits beim Grundbuchamt befindet, kann auf die Grundakten verwiesen werden.

181 *dd) Rechtsfolgen.* Bei Vornahme eines unzulässigen Rechtsgeschäfts überschreitet der Testamentsvollstrecker die ihm eingeräumte Rechtsmacht. Folge ist die Unwirksamkeit des Rechtsgeschäfts. Dieses ist jedoch nicht nichtig, sondern entsprechend § 177 Abs. 1 BGB **schwebend unwirksam.** Dieser Wirksamkeitsmangel kann durch die Zustimmung des Erben – bei mehreren bedarf es der Zustimmung sämtlicher Miterben – und etwaiger Nacherben behoben werden (BGHZ 30, 67 = NJW 1959, 1429). Der Erblasserwille stellt hierbei keine Schranke dar. Laufen die Geschäfte dem ausdrücklichen oder mutmaßlichen Willen des Erblassers zuwider, ist – entsprechend den Grundsätzen zur gemeinsamen Verfügungsbefugnis von Testamentsvollstrecker und Erben gegen den erklärten Erblasserwillen (BGHZ 40, 115; 56, 275) – eine Genehmigung durch die Erben gleichwohl möglich (*Mattern*

BWNotZ 1961, 149, 155; *Staudinger/Reimann* § 2205 Rdn. 65; aA *v. Lübtow* JZ 1960, 151, 157; *Palandt/Edenhofer* § 2205 Rdn. 30).

Fordert der Dritte, für den der Testamentsvollstrecker als Vertreter gehandelt hat, die Erben bzw. Nacherben zur Zustimmung auf, oder ergeht diese **Aufforderung** durch den Testamentsvollstrecker als Privatperson, wenn er beim Abschluß des Rechtgeschäfts im eigenen Namen gehandelt hat, können die Zustimmungsberechtigten nur mehr dem Dritten bzw. dem Testamentsvollstrecker gegenüber zustimmen. Die nachträgliche Zustimmung (Genehmigung) kann nur bis zum Ablauf von zwei Wochen nach dem Empfang der Aufforderung erklärt werden. Wird sie nicht erklärt, gilt sie als verweigert. § 177 Abs. 2 BGB gilt entsprechend (RGZ 56, 107; BGHZ 65, 125). Das Rechtsgeschäft ist damit endgültig unwirksam. **182**

Neben den Erben müssen **auch** etwa vorhandene **Vermächtnisnehmer** zustimmen. Dies deshalb, weil das unzulässige Insichgeschäft außerhalb einer ordnungsmäßigen Verwaltung liegt und der Verstoß hiergegen nicht nur die Zustimmung der übrigen Erben – einschließlich Nacherben – erfordert, sondern auch die der Vermächtnisnehmer. Denn Letztgenannte sind in den Schutzbereich der Vorschriften, die vom Testamentsvollstrecker eine ordnungsgemäße Verwaltung verlangen, einbezogen (§§ 2216, 2219 BGB). Insoweit gelten dieselben Grundsätze wie bei der Zustimmung zu einer unentgeltlichen Verfügung (vgl. Rdn. 149; die Entscheidung BGHZ 30, 67 = NJW 1959, 1429, die die Zustimmung der Erben zur Heilung des unwirksamen Rechtsgeschäfts fordert, ist nunmehr im Lichte der Entscheidung BGH NJW 1971, 2264, die zu unwirksamen Verfügungen die Zustimmung der Miterben und Vermächtnisnehmer fordert, zu interpretieren). **183**

Das Erfordernis einer Zustimmung etwaiger Vermächtnisnehmer ist bislang höchstrichterlich **nicht entschieden,** aus den genannten Gründen aber zu bejahen. Jedenfalls sollte der Testamentsvollstrecker zur Beseitigung etwaiger Zweifel in jedem Fall die Zustimmung etwaiger Vermächtnisnehmer einholen. **184**

Die nachträgliche Zustimmung **wirkt** grundsätzlich auf den Zeitpunkt der Vornahme des Rechtsgeschäfts **zurück** (§ 184 BGB). **185**

Bei **einseitigen Rechtsgeschäften,** die gegen das Verbot des Selbstkontrahierens verstoßen, gilt § 180 BGB entsprechend. **186**

d) Beschränkung der Verfügungsmacht durch den Erblasser

Der Erblasser kann für die Verwaltung des Testamentsvollstreckers durch letztwillige Verfügungen Anordnungen treffen. Der Testamentsvollstrecker hat diese, sofern sie nicht auf Antrag vom Nachlaßgericht außer Kraft gesetzt worden sind, grundsätzlich zu befolgen (§ 2216 Abs. 2 BGB). Diese Verwaltungsanordnungen des Erblasser – abzugrenzen von bloßen Wünschen, Anregungen und Bitten – erzeugen nicht nur lediglich schuldrechtliche Bindungen für den Testamentsvollstrecker; sie nehmen ihm überdies gemäß § 2208 Abs. 1 S. 1 BGB auch **dinglich** das Recht, über die Nachlaßgegenstände in einer Weise zu verfügen, die zu den Erblasseranordnungen in Widerspruch stehen. Die Beschränkung der Rechtsmacht des Testamentsvollstreckers durch den Erblasser bedeutet also nicht nur, daß er obligatorisch gehalten ist, gewisse ihm etwa zustehende Rechte nicht auszuüben; der Testamentsvollstrecker hat vielmehr diese Rechte nicht (BGH NJW 1984, 2464 m. Anm. *Damrau* JR 1985, 106; *Staudinger/Reimann* § 2208 Rdn. 17; MünchKomm-BGB/*Brandner* § 2208 Rdn. 7; § 2205 Rdn. 81; *Palandt/Edenhofer* § 2208 Rdn. 1; kritisch *Lehmann* AcP 188 [1988], 1 ff.). **187**

Die durch den Erblasser festgelegte Verfügungsschranke bedeutet allerdings **nicht,** daß in diesen Fällen das Verwaltungs- und damit Verfügungsrecht des Te- **188** stamentsvollstreckers an diesen Gegenständen vollends endet mit der Folge, daß die **Erben** nunmehr wieder **verfügungsberechtigt** wären. Ohne entsprechende Mitwirkung des Vollstreckers sind die Erben demnach nicht berechtigt, bzgl. solcher Nachlaßgegenstände Rechtsgeschäfte vorzunehmen, bei denen ein Verfügungsrecht des Testamentsvollstreckers nicht besteht. Im Ergebnis würde dies aber nun bedeuten, daß weder Testamentsvollstrecker noch Erben über den von der Erblasseranordnung betroffenen Nachlaßgegenstand verfügen können. Eine derartige „res extra commercium“ wird jedoch von der Rechtsordnung nicht anerkannt. § 137 S. 1 BGB ist hierfür gesetzgeberischer Ausdruck. Demnach muß es zumindest zulässig sein, daß der Testamentsvollstrecker **mit Zustimmung aller Miterben** (BGH NJW 1984, 2464) – und etwaiger Nacherben – über einen zum Nachlaß gehörenden Gegenstand verfügt, selbst wenn damit einer anderslautenden Erblasseranordnung widersprochen wird. Der Testamentsvollstrecker kann sich bei Einvernehmen mit den übrigen Mit- und Nacherben somit über eine derartige Erblasseranordnung hinwegsetzen (hierzu BGHZ 56, 275; BGH NJW 1984, 2464 = JR 1985, 104; *Staudinger/Reimann* § 2205 Rdn. 4; *Lehmann* AcP 188 [1988], 1, 13; *Haegele* Rpfleger 1972, 43, 47).

189 Der **Zustimmung** etwaiger **Ersatznacherben** bedarf es ebensowenig wie der etwaiger **Auflagenbegünstigter** oder **Nachlaßgläubiger.** Auch vorhandene **Vermächtnisnehmer** müssen ihre Zustimmung **nicht** erteilen, da es vorliegend um die Überwindung einer den Testamentsvollstrecker beschränkenden Erblasseranordnung geht, zu der es allein der Zustimmung sämtlicher Erben und Nacherben bedarf, anders als dies bei der Überwindung von den dem Testamentsvollstrecker gesetzlich auferlegten Beschränkungen – bei denen auch Vermächtnisnehmer mitwirken müssen – der Fall ist (vgl. Rdn. 131).

190 Als **Beispielsfälle** für die genannte Problematik sind zu nennen (vgl. *Damrau* JR 1985, 106):

– Verfügungen des Testamentsvollstreckers entgegen einer Teilungsanordnung des Erblassers (§ 2048 BGB),
– Auseinandersetzung von Nachlaßgegenständen durch den Testamentsvollstrecker vor Ablauf einer vom Erblasser hierfür bestimmten Zeit (§ 2044 BGB; vgl. auch BayObLG ZEV 1995, 370, 371),
– Veräußerung eines Nachlaßgegenstandes unter einem vom Erblasser festgelegten Wert.

191 In allen Fällen sollte, insbesondere wenn die Zustimmung der Miterben nur schwer zu erlangen ist, der Testamentsvollstrecker gleichzeitig versuchen, die Erblasseranordnung vom Nachlaßgericht **außer Kraft setzen** zu lassen (§ 2216 Abs. 2 BGB).

3. Die Verfügungsmacht des Testamentsvollstreckers bei angeordneter Nacherbfolge

192 Hat der Erblasser Vor- und Nacherbfolge bestimmt und gleichzeitig Testamentsvollstreckung angeordnet, ist zu **differenzieren,** je nachdem, ob sie nur gegen den Vorerben, nur gegen den Nacherben (vor oder nach Eintritt des Nacherbfalls) oder gegen beide wirken soll (vgl. auch 2. Kap. Rdn. 81 ff.; 5. Kap. Rdn. 277 ff.).

a) Testamentsvollstreckung für Vor- und Nacherben

193 Ist der Testamentsvollstrecker **zugleich für Vor- und Nacherben** eingesetzt (zu diesem Fall vgl. BGHZ 127, 360 = NJW 1995, 456 = ZEV 1995, 67 m. Anm. *Skibbe*), kommt es zu Besonderheiten gegenüber einer „normalen“ Testamentsvollstreckung (vgl. 2. Kap. Rdn. 82). Der Testamentsvollstrecker unterliegt dann nicht den für den Vorerben in §§ 2113 bis 2115 BGB angeordneten Beschränkungen (BGHZ 40, 115; BayObLG MittBayNot. 1983, 229; FamRZ 1991, 985; OLG Stuttgart BWNotZ 1980, 92; *Kipp/Coing* § 68 IV 3; *Lange/Kuchinke* § 31 VI 2a; *Soergel/Damrau* § 2205 Rdn. 58). Für ihn gelten nur die Beschränkungen, die sich aus den Vorschriften zur Testamentsvollstreckung ergeben, insbesondere das Verbot (teil-)unentgeltlicher Verfügungen (§ 2205 S. 3 BGB). Der Testamentsvollstrecker kann daher bei Vor- und Nacherbschaft über ein zum Nachlaß gehörendes Grundstück, grundstücksgleiches Recht, eine Hypothekenforderung, Grundschuld und Rentenschuld entgeltlich verfügen. Er bedarf hierzu nicht der Zustimmung des Nacherben.

Verkauft er etwa ein zum Nachlaß gehöriges **Grundstück,** so ist der im 194
Grundbuch eingetragene Nacherbenvermerk ohne Bewilligung der Nacherben und etwaiger Ersatznacherben im Wege der Grundbuchberichtigung (§ 22 Abs. 1 GBO) zu löschen. Denn der Nacherbenvermerk entspricht nicht mehr der materiellen Rechtslage, da der Testamentsvollstrecker berechtigt war, das Grundstück ohne Zustimmung der Nacherben aufzulassen, so daß mit Vollzug der Auflassung das Grundstück endgültig aus der der Nacherbfolge unterliegenden Erbschaft ausgeschieden ist. Die Auflassung des Grundstücks bleibt auch bei Eintritt der Nacherbfolge endgültig wirksam. Dabei ist es unerheblich, ob der Testamentsvollstrecker selbst die Auflassung erklärt oder die vom Vorerben – als Nichtberechtigtem – erklärte Auflassung nach § 185 Abs. 1 BGB genehmigt (BayObLG MittBayNot. 1991, 122; BayObLG NJW-RR 1986, 1070; BGHZ 40, 115 = NJW 1963, 2320).

Diese Grundsätze gelten auch bei Testamentsvollstreckung und **befreitem Vor-** 195
erben (KG DJZ 1928, 931; RG JW 1938, 1454; *Palandt/Edenhofer* § 2205 Rdn. 28; *Staudinger/Reimann* § 2205 Rdn. 157). Auch hier ist der Testamentsvollstrecker lediglich den sich aus den Vorschriften zur Testamentsvollstreckung ergebenden Beschränkungen unterworfen. Solange der Testamentsvollstrecker den Nachlaß nicht an den Vorerben herauszugeben hat, verdrängt sein Verwaltungs- und Verfügungsrecht grundsätzlich dasjenige des befreiten Vorerben. Aus der Tatsache allein, daß der Erblasser bestimmt hat, der Vorerbe solle über den Nachlaß frei verfügen können, ergeben sich entsprechende Beschränkungen der Befugnisse des Testamentsvollstreckers bzw. der Testamentsvollstreckung insgesamt noch nicht (BayObLG NJW 1959, 1920). Lediglich für die Frage, wann und in welchem Umfang er Nachlaßgegenstände an den Vorerben herauszugeben hat (§ 2117 BGB), ist die Tatsache der Befreiung des Vorerben von Bedeutung.

b) Testamentsvollstreckung (nur) für den Vorerben

Ist der Testamentsvollstrecker **nur** für den **Vorerben** ernannt, ohne selbst 196
Nacherbe zu sein oder zugleich dessen Rechte mitzuverwalten, ist umstritten, ob er den für den Vorerben geltenden Beschränkungen der §§ 2113 bis 2115 BGB unterliegt.

Eine Auffassung vertritt den Standpunkt, daß die **für** den **Vorerben geltenden** 197
Verfügungsbeschränkungen auch hier für den Testamentsvollstrecker **ohne Relevanz** sind, da die Vorschriften der §§ 2113 bis 2115 BGB lediglich im Verhältnis des Vorerben zum Nacherben bedeutsam sind, dagegen für das Verhältnis zum Testamentsvollstrecker keine Aussage treffen (*Haegele/Winkler* Rdn. 215; OLG Neustadt NJW 1956, 1881, OLG Stuttgart BWNotZ 1980, 92).

Dem entgegen steht die Ansicht, daß der Testamentsvollstrecker in diesem Fall 198
den **Beschränkungen,** denen der Vorerbe **unterliegt,** ebenfalls unterworfen ist. Dieser Auffassung ist beizupflichten. Denn der nur für den Vorerben bestellte Te-

stamentsvollstrecker kann nicht mehr Rechte haben als der Vorerbe ohne Testamentsvollstreckung hätte. Im übrigen liegt der Grund dafür, daß der zugleich für Vor- und Nacherben eingesetzte Testamentsvollstrecker den für den Vorerben geltenden weitergehenden Verfügungsbeschränkungen nicht unterliegt, darin, daß sich in seiner Person die Verfügungsbefugnis für den Vorerben und das Zustimmungsrecht des Nacherben vereinigen. Dieser Aspekt trifft aber gerade bei dem nur für den Vorerben eingesetzten Testamentsvollstrecker nicht zu, sofern er nicht darüberhinaus selbst Nacherbe ist (MünchKommBGB/*Brandner* § 2205 Rdn. 55; § 2222 Rdn. 9; *Brox* Erbrecht Rdn. 389; *Erman/Schmidt* § 2113 BGB Rdn. 2; *Zimmermann* Rdn. 373, *Mayer/Bonefeld/Daragan* Rdn. 546). Ist daher der Vorerbe nicht von den Beschränkungen der §§ 2113ff. BGB befreit, so kann der Testamentsvollstrecker nicht frei über Nachlaßgegenstände verfügen (ebenso *Staudinger/Reimann* § 2205 Rdn. 156).

199 Angesichts der Streitfrage empfiehlt es sich für den nur für den Vorerben eingesetzten Testamentsvollstrecker daher in jedem Fall, die **Zustimmung** des oder der Nacherben zu dem betreffenden Rechtsgeschäft **einzuholen.** Bei Grundstücksgeschäften bedarf diese – in formeller Hinsicht – der Form des § 29 GBO. Die Zustimmung ist dem Testamentsvollstrecker oder dem Vertragspartner gegenüber zu erklären. Mit Zustimmung des – auch bedingten oder weiteren – Nacherben ist die Verfügung sogleich voll wirksam. Der Zustimmung eines Ersatznacherben bedarf es nicht. Ist der Nacherbe minderjährig, handeln seine gesetzlichen Vertreter. Sind Grundstücke oder grundstücksgleiche Rechte – nicht Hypotheken, Grundschulden und Rentenschulden (§ 1821 Abs. 2 BGB) – betroffen, benötigt dieser weiter der Genehmigung des Vormundschaftsgerichts (§ 1821 Abs. 1 BGB). Ist der gesetzliche Vertreter des Nacherben selbst Vorerbe, kann er wegen § 181 BGB die Zustimmung nicht erteilen (MünchKommBGB/*Grunsky* § 2113 Rdn. 15; aA OLG Hamm NJW 1965, 1490 für den Fall, daß die Zustimmung gegenüber dem durch die Verfügung Begünstigten, nicht gegenüber dem Vorerben, erfolgt). Hier ist demnach ein Ergänzungspfleger zu bestellen, dessen Zustimmung in den Fällen des § 1821 Abs. 1 BGB der vormundschaftsgerichtlichen Genehmigung bedarf (§§ 1909, 1915 BGB).

200 Bei **unbekannten Nacherben** ist ein Pfleger nach § 1913 BGB zu bestellen, dessen Zustimmung in den Fällen der §§ 1821, 1822 BGB vom Vormundschaftsgericht genehmigt werden muß.

201 Wird die **Zustimmung** vom Nacherben **nicht erteilt,** ist, solange die Vorerbschaft besteht, die Wirksamkeit der Verfügung hiervon nicht berührt. Bei Eintritt der Nacherbfolge ist sie jedoch insoweit unwirksam, als sie das Recht des Nacherben vereiteln oder beeinträchtigen würde. Die Unwirksamkeit ist demnach hinausgeschoben auf den Zeitpunkt des Nacherbfalls, in ihrem Umfang aber von absoluter Wirkung, so daß von diesem Zeitpunkt ab sich jeder auf sie berufen kann, der ein rechtliches Interesse hat (BGHZ 52, 269).

202 Ist es dem für einen nichtbefreiten Vorerben eingesetzten Testamentsvollstrecker zB bis zum Zeitpunkt des Abschlusses eines Grundstückskaufvertrages nicht möglich, die Zustimmungen der Nacherben einzuholen oder zumindest sicherzustellen, sollte in den Vertrag ein **Rücktrittsvorbehalt** zugunsten des Testamentsvollstreckers aufgenommen werden für den Fall, daß bis zu einem bestimmten Zeitpunkt die – materiell-rechtlich an keine Form gebundenen (§ 182 Abs. 2 BGB) – Zustimmungen der Nacherben – gegebenenfalls in grundbuchmäßiger Form (§ 29 GBO) – nicht vorliegen.

203 Andernfalls drohen seitens des Käufers **Schadensersatzansprüche** wegen Unmöglichkeit (§§ 323ff. BGB), wenn der Nacherbe beim Eintritt des Nacherbfalls die Unwirksamkeit der Verfügung geltend macht. Will der Käufer rasch Klarheit

über die Rechtswirksamkeit des Vertrages gewinnen, kann er den Nacherben zur Erteilung der Zustimmung auffordern. Dieser kann dann nur mehr gegenüber dem Käufer die Zustimmung erklären. Wird sie nicht binnen zwei Wochen ab dem Zugang der Aufforderung seitens des Käufers erklärt, gilt sie als verweigert. Der Vertrag ist endgültig unwirksam. § 177 Abs. 2 BGB ist insoweit entsprechend anwendbar.

Formulierungsbeispiel: Vertragliches Rücktrittsrecht für Testamentsvollstrekker des Vorerben 204

„Der Verkäufer (oder: Jeder Vertragsteil) behält sich das Recht vor, von dem schuldrechtlichen Teil dieses Vertrages durch einseitige Erklärung zurückzutreten, wenn die Zustimmung der Nacherben zu diesem Vertrag (evtl. in grundbuchmäßiger Form) nicht bis spätestens (Datum) wirksam erteilt worden ist. Die Erklärung des Rücktritts hat durch eingeschriebenen Brief zu erfolgen. Im Fall des Rücktritts ist der Verkäufer verpflichtet, Zug um Zug gegen Löschung der für den Käufer eingetragenen Vormerkung sowie der zu seinen Gunsten eingetragenen Finanzierungsgrundpfandrechte den bereits empfangenen Kaufpreis oder Kaufpreisteil ohne Verzinsung an den Käufer bzw. an die Gläubiger der für Rechnung des Käufers eingetragenen Finanzierungsgrundpfandrechte – soweit zur Herbeiführung der Lastenfreistellung erforderlich – zurückzuzahlen. Der Verkäufer hat im Fall eines Rücktritts dem Käufer den entstehenden Schaden zu ersetzen und insbesondere bereits anfallende oder durch die Rückabwicklung noch anfallenden Kosten, einschließlich der Kosten für die Löschung der Vormerkung und der Löschung der für dessen Rechnung bereits eingetragenen Finanzierungsgrundpfandrechte zu tragen."

Zugunsten des Käufers ist andererseits die **Kaufpreisfälligkeit,** wenn möglich, 205
von der Zustimmung der Nacherben abhängig zu machen. Mit deren Zustimmung ist das Rechtsgeschäft insoweit zweifelsfrei wirksam geworden und gleichzeitig die Löschung des im Grundbuch eingetragenen Nacherbenvermerks sichergestellt. Gleichzeitig ist der Käufer davor geschützt, den Kaufpreis ganz oder teilweise bezahlen zu müssen, ohne daß feststeht, ob es zum Vertragsrücktritt kommt; denn selbst nach erfolgtem Rücktritt ist der Rückzahlungsanspruch des Käufers mitunter wirtschaftlich nur schwer durchsetzbar oder – bei zwischenzeitlicher Insolvenz des Verkäufers – ganz oder teilweise nicht mehr realisierbar.

c) Testamentsvollstreckung (nur) für den Nacherben

Ist der Testamentsvollstrecker allein für den Nacherben ernannt, kann dies zum 206
einen eine Testamentsvollstreckung für den Nacherben **während der Vorerbschaft,** zum anderen aber auch eine Testamentsvollstreckung für den Nacherben **ab Eintritt der Nacherbfolge** sein. Letztgenannter Fall unterscheidet sich bis auf den Aspekt, daß es sich um eine aufschiebend bedingt für den Fall des Eintritts der Nacherbfolge angeordnete Testamentsvollstreckung handelt, nicht von der gewöhnlichen Testamentsvollstreckung bei einem oder mehreren Erben ohne angeordnete Vorerbschaft.

Demgegenüber betrifft die Vorschrift des **§ 2222** BGB zum Nacherbenvollstrek- 207
ker den Fall, daß der **Testamentsvollstrecker für den Nacherben während der Vorerbschaft** eingesetzt ist, dh. die Testamentsvollstreckung mit dem Erbfall, nicht erst mit Eintritt des Nacherbfalls beginnt (*Palandt/Edenhofer* § 2222 Rdn. 1; *Staudinger/Reimann* § 2222 Rdn. 1) und mit dem Eintritt des Nacherbfalls endet (zu Auslegungsproblemen BayObLG ZEV 1995, 22 m. Anm. *Klumpp* = NJW-RR 1995, 711).

Die Nacherben-Testamentsvollstreckung dient hauptsächlich im Interesse des 208
Nacherben einer **wirksamen Beaufsichtigung des Vorerben** (RGZ 77, 177). Die Rechtsstellung des Nacherbenvollstreckers ist vergleichbar der eines Pflegers

für den Nacherben. Insbesondere bei noch nicht erzeugten oder unbekannten Nacherben macht die Anordnung einer Testamentsvollstreckung für die Nacherben eine Pflegerbestellung nach § 1913 BGB entbehrlich. Überdies unterliegt der Testamentsvollstrecker auch weder der Aufsicht durch das Vormundschaftsgericht noch bedarf er bei Vornahme bestimmter Rechtsgeschäfte der Genehmigung durch das Vormundschaftsgericht, die der Pfleger für unbekannte Nacherben (§ 1913 S. 2 BGB) benötigen würde (vgl. MünchKommBGB/*Brandner* § 2222 Rdn. 2; *Palandt/Edenhofer* § 2222 Rdn. 4; BayObLG NJW 1960, 966).

209 Die **Rechte und Pflichten** des Nacherbentestamentsvollstreckers ergeben sich im wesentlichen nicht aus den §§ 2203ff. BGB. Der Nacherbentestamentsvollstrecker hat insbesondere kein allgemeines Verwaltungs- und Verfügungsrecht. Vielmehr ergeben sich Aufgaben und Befugnisse aus den Vorschriften der §§ 2116 bis 2123, 2127, 2128 BGB und § 773 ZPO (Rechte) und den §§ 2120, 2123 BGB (Pflichten) (BGHZ 127, 360, 364 = NJW 1995, 456 = ZEV 1995, 67 m. Anm. *Skibbe*). Innerhalb seines Aufgabenbereichs hat der Nacherbenvollstrecker auch die Prozeßführungsrechte der §§ 2212 und 2213 BGB. Soweit die Rechtsstellung eines Testamentsvollstreckers reicht, ist der Nacherbe von der Wahrnehmung seiner Rechte und Pflichten ausgeschlossen. Die Nacherbenvollstreckung beschränkt damit nur den Nacherben, nicht den Vorerben. Letzterer unterliegt lediglich den sich aus der Vorerbschaft ergebenden Beschränkungen (MünchKommBGB/*Brandner* § 2222 Rdn. 2, 5; *Staudinger/Reimann* § 2222 Rdn. 4).

210 Soweit der Nacherbenvollstrecker einer Verfügung des Vorerben über Nachlaßgegenstände zustimmen soll mit der Folge, daß die nacherbenrechtlichen Beschränkungen hieran erlöschen und sie aus dem Nachlaß ausscheiden (KG HRR 1933 Nr. 1202), ist er dem Nacherben gegenüber an die **Grundsätze ordnungsmäßiger Verwaltung** nach § 2216 BGB **gebunden** und haftet gegebenenfalls diesem aus § 2219 BGB.

211 Der Nacherbentestamentsvollstrecker kann – auch wenn der Erblasser derartiges anordnen sollte – **nicht** den Zeitpunkt des Eintritts der Nacherbfolge **bestimmen** (§ 2065 BGB; BGHZ 15, 199). Ebensowenig kann er über die Rechtsstellung des Nacherben verfügen, indem er etwa auf die Nacherbenanwartschaft verzichtet oder sie auf einen anderen, zB den Vorerben, überträgt (KG JW 1937, 1553; MünchKommBGB/*Brandner* § 2222 Rdn. 6).

d) Testamentsvollstrecker als Vorerbe

212 Ist der Testamentsvollstrecker **zugleich Mit-Vorerbe** oder ist der alleinige **Vorerbe Mit-Testamentsvollstrecker,** so ist der Testamentsvollstrecker dem Nacherben gegenüber ebenso beschränkt wie ein gewöhnlicher Vorerbe (*Haegele/Winkler* Rdn. 216). Die sich aus der Vorerbschaft ergebenden gesetzlichen Beschränkungen (§§ 2113ff. BGB) gelten auch für ihn, sie werden nicht durch die Vorschriften zur Testamentsvollstreckung überlagert oder verdrängt. Die Kombination von Mit-Vorerben- und Testamentsvollstreckerstellung ermöglicht aber, dem Testamentsvollstrecker eine besondere Stellung im Erbenkreis zu verleihen (s. 2. Kap. Rdn. 186).

4. Die Verfügungsbefugnis bei Pfändung des Erbanteils

a) Umfang des Pfändungsschutzes

213 Die Gläubiger des Erben, die nicht zu den Nachlaßgläubigern gehören, die sog. **Eigengläubiger,** können sich nicht an diejenigen Nachlaßgegenstände halten, die der Verwaltung des Testamentsvollstreckers unterliegen (§ 2214 BGB). Die Eigen-

gläubiger sind gemäß § 2214 BGB entsprechend der fehlenden Verfügungsmacht des Erben gemäß § 2211 BGB an jeglichen Vollstreckungshandlungen einschließlich der Insolvenz gehindert.

Die **Dauertestamentsvollstreckung schützt** also den **Nachlaß,** auch seine Erträge, soweit sie nicht ausgeschüttet werden, vor dem Zugriff der Eigengläubiger der Erben, solange die Testamentsvollstreckung besteht (vgl. 1. Kap. Rdn. 216ff.). Anerkannter Zweck der Testamentsvollstreckung und stärkstes Motiv namentlich bei der Verwaltungsvollstreckung (mit wie ohne „exheredatio bona mente") ist daher der Schutz des Nachlasses vor dem Zugriff der Erbengläubiger. 214

Der **Pfändungsschutz,** der durch die Testamentsvollstreckung gewährt wird, besteht allerdings **nicht unbeschränkt.** So können die Gläubiger des Erben die Ansprüche des Erben auf Überlassung von Nachlaßgegenständen gemäß § 2217 Abs. 1 BGB und auf Auszahlung von Nutzungen (§ 2216 BGB) pfänden (MünchKommBGB/*Brandner* § 2214 Rdn. 4). 215

b) Wirkungen der Pfändung des Erbanteils

Die Pfändung des Erbanteils gemäß § 859 Abs. 2 ZPO läßt die alleinige **Verfügungsbefugnis** des Testamentsvollstreckers an den einzelnen Nachlaßgegenständen **unberührt** (*Staudinger/Reimann* § 2214 Rdn. 6). Der Pfandgläubiger hat dabei nicht mehr Rechte als der Erbe selbst, dessen Erbteil er gepfändet hat (BayObLG DB 1983, 708). Der Pfandgläubiger hat aber auch nicht weniger Rechte als der Erbe. Gegen den Pfandgläubiger des Erbteils hat gemäß §§ 2044 Abs. 1 S. 2, 751 S. 2 BGB ein vom Erblasser verfügtes Auseinandersetzungsverbot gemäß § 2044 BGB keine Wirkung, wohl aber das in der Anordnung einer echten Dauervollstreckung zwangsläufig enthaltene befristete Erbteilungsverbot, da § 2214 BGB als Ausnahmevorschrift den §§ 2044, 751 BGB vorgeht und diese nur in den Grenzen ihres Grundgedankens analogiefähig sind (*Nieder* Rdn. 693; kritisch *Ensthaler* Rpfleger 1988, 4). 216

Die Pfändung des Erbanteils erfaßt gemäß § 859 Abs. 2 BGB den Miterbenanteil als einen Inbegriff von Rechten und Pflichten. Die Pfändung verschafft zwar dem Gläubiger **nicht die Stellung eines Miterben** (RGZ 90, 235), das Pfandrecht gewährt aber dem Pfandgläubiger dieselben Rechte **wie ein rechtsgeschäftliches Pfandrecht** (§ 804 Abs. 2 ZPO). Vgl. i.e. 1. Kap. Rdn. 221. 217

Da die Pfändung das Verwaltungs- und Verfügungsrecht des Testamentsvollstreckers über die Nachlaßgegenstände nicht beeinträchtigt (*Staudinger/Reimann* § 2214 Rdn. 6), ist der Testamentsvollstrecker in der Lage, einzelne Nachlaßgegenstände auf Dritte zu übertragen. Wenn ein Testamentsvollstrecker einen Nachlaßgegenstand, auch ein Grundstück, wirksam veräußert, wird auch die Eintragung des Pfändungsvermerkes im Grundbuch gegenstandslos und kann nach § 84 GBO gelöscht werden (KG DJ 1941, 350). Eine Mitwirkung der Pfandgläubiger an der Löschung des Pfändungsvermerks ist nicht nötig. Der Testamentsvollstrecker bedarf also zu einer **Veräußerung oder Belastung von Nachlaßgegenständen** im Gegensatz zu den Erben eines Nachlasses, der nicht von einem Testamentsvollstrecker verwaltet wird, nicht der Zustimmung des Pfändungsgläubigers gemäß § 1276 BGB (KG JR 1952, 323). 218

Allerdings tritt an die Stelle des veräußerten Gegenstandes, etwa des Grundstücks, der Erlös in den Nachlaß, mit der Folge, daß sich das **Pfandrecht** des Pfändungsgläubigers **am Surrogat** fortsetzt. 219

VII. Die Auseinandersetzung des Nachlasses

1. Auseinandersetzungsplan

a) Rechtsnatur und Wirkungen

220 Zum Zwecke der Auseinandersetzung hat der Testamentsvollstrecker einen **Auseinandersetzungsplan** aufzustellen. Dies geschieht durch einseitiges, empfangsbedürftiges Rechtsgeschäft, das keiner Form bedarf.

221 Da es sich nicht um einen Vertrag, sondern um ein einseitig feststellendes Rechtsgeschäft handelt, findet § 313 BGB keine Anwendung, auch wenn Grundstücke zum Nachlaß gehören (*Haegele* Rpfleger 1963, 331; *Nieder* in Münchener Vertragshandbuch, IV. 2. Halbband, Form. XIX. 1, Anm. 2. 2. a).

222 Dem Auseinandersetzungsplan kommt lediglich **schuldrechtliche Wirkung** zu. Da er nicht unmittelbar dinglich wirkt, sind zu seinem Vollzug die entsprechenden Verfügungsakte, zB bei Grundstücken die Auflassung (*Nieder* in Münchener Vertragshandbuch, IV. 2. Halbband, Form. XIX. 1, Anm. 2.2. a; *Staudinger/Reimann* § 2204 Rdn. 36f.; *Muscheler* AcP 1995 (195), 35, 68) erforderlich.

b) Verfahren

223 Für den Auseinandersetzungsplan sind ebenso wie für die Auseinandersetzung unter den Miterben die **Vorschriften der §§ 2042 bis 2046 und §§ 750 bis 758 BGB** maßgebend. Vorrangig zu beachten sind jedoch die vom **Erblasser** getroffenen **Anordnungen** (vgl. *Nieder* in Münchener Vertragshandbuch, IV. 2. Halbband, Form. XIX. 1, Anm. 2.2. a; *Haegele/Winkler* Rdn. 510f.), wobei der Erblasser ins einzelne gehende Anordnungen über die Art und Weise der Auseinandersetzung treffen oder lediglich generell bestimmen kann, daß der Testamentsvollstrecker nach billigem Ermessen die Auseinandersetzung zu bewirken hat (§ 2048 S. 2 BGB). Der Testamentsvollstrecker genügt auch dann seiner Pflicht zur Aufstellung eines Auseinandersetzungsplans, wenn er den Erben einen Plan zukommen läßt, der einer möglichen Auslegung des Erblasserwillens entspricht (OLG Köln ZEV 1999, 226).

224 *aa) Gesetzliche Bestimmungen.* Die §§ 2042ff. BGB legen **Art und Weise** der Auseinandersetzung fest. Zunächst sind aus dem Nachlaß die Nachlaßverbindlichkeiten zu berichtigen. Hierzu ist erforderlich, daß der Testamentsvollstrecker die beteiligten Gläubiger und den Schuldenstand im einzelnen ermittelt (vgl. BGHZ 51, 125; vgl. 1. Kap. Rdn. 151ff.).

225 Zu den **Nachlaßverbindlichkeiten** gehören die vom Erblasser selbst herrührenden Schulden sowie die Verbindlichkeiten aus Pflichtteilen, Vermächtnissen und Auflagen (§ 1967 BGB). Vorrangig sind die vom Erblasser selbst herrührenden Schulden vor anderen Verbindlichkeiten zu erfüllen (§§ 1973, 1991 Abs. 4, 1992 BGB).

226 Sind Bestand oder Höhe einer Verbindlichkeit streitig oder sind diese noch nicht fällig, muß der Testamentsvollstrecker den zur Erfüllung erforderlichen Betrag **zurückbehalten.** Bei einer Pflichtteilsforderung ist der Testamentsvollstrecker nicht berechtigt, diese ohne den Willen des Erben mit Wirkung gegen diesen anzuerkennen (BGHZ 51, 125).

227 Soweit zur Erfüllung der Nachlaßverbindlichkeiten erforderlich, ist der Nachlaß **in Geld umzusetzen** (§ 2046 Abs. 3 BGB).

228 Sodann ist nach Berichtigung der Nachlaßverbindlichkeiten der verbleibende **Überschuß** unter den Erben nach dem Verhältnis ihrer Erbteile **aufzuteilen**

(§ 2047 Abs. 1 BGB). Hierbei sind die Vorschriften über die Gemeinschaftsteilung nach § 752ff. BGB anzuwenden (§ 2042 Abs. 2 BGB).

Die **Teilung** hat grundsätzlich **in Natur** zu erfolgen, wenn ein gemeinschaftlicher Gegenstand oder mehrere sich ohne Minderung ihres Wertes in gleichartige, den Erbanteilen entsprechende Teile zerlegen lassen. Unteilbare Gegenstände sind dagegen grundsätzlich zu veräußern und der Erlös ist aufzuteilen (§§ 2204 Abs. 1, 2042 Abs. 2, 753 BGB). An diese starren gesetzlichen Vorgaben ist der Testamentsvollstrecker jedoch nicht ausnahmslos gebunden (so aber *Staudinger/Reimann* § 2204 Rdn. 12; *Soergel/Damrau* § 2204 Rdn. 8; OLG Karlsruhe NJW-RR 1994, 905, 906); denn § 2042 Abs. 2 BGB gilt nur für den Fall, daß kein Auseinandersetzungsvertrag – der hier durch den Auseinandersetzungsplan des Testamentsvollstreckers ersetzt wird – vorhanden ist (*Lange/Kuchinke* Erbrecht § 29 V 6; *Zimmermann* Rdn. 662f.). Der Testamentsvollstrecker kann daher ausnahmsweise auch teilbare Sachen verkaufen und den Erlös aufteilen oder unteilbare Sachen einem Miterben zuweisen und bei den anderen Miterben einen Ausgleich vornehmen. Entscheidend ist, was eher dem Willen des Erblassers entspricht und was zweckmäßiger ist (vgl. *Zimmermann* Rdn.662f. mit Beispielen). 229

Teilbar sind zB (vgl. *Nieder* in Münchener Vertragshandbuch, IV. 2. Halbband, Form XIX. 1, Anm. 2. 2. a; *Zimmermann* Rdn. 662ff.): 230

- Geldbeträge,
- Wertpapiere, falls eine Stückelung möglich ist,
- Forderungen,
- Geschäftsanteile, wenn nicht durch Satzung eine Teilung ausgeschlossen ist,
- unbebaute Grundstücke, sofern eine etwa erforderliche Teilungsgenehmigung nach § 19 BauGB und den einschlägigen landesrechtlichen Vorschriften erteilt werden kann. Dies gilt auch für Baugrundstücke, wenn die Einzelgrundstücke bebaubar bleiben und der Gesamtwert der Einzelgrundstücke nicht hinter dem Gesamtwert des Grundstücks zurückbleibt bzw. die Einzelgrundstücke nicht wertmäßig erheblich verschieden sind (*Palandt/Thomas* § 752 Rdn. 3).

Unteilbar sind dagegen: 231

- Hausgrundstücke, da sich gleichwertige, den Anteilen der Miterben entsprechende Wohnungen in der Regel nicht bilden lassen. Auch die Begründung von Wohnungs- und Teileigentum führt nicht zur Teilbarkeit iS des § 752 BGB (OLG München NJW 1952, 1297; OLG Hamm NJW-RR 1992, 665; *Palandt/Thomas* § 752 Rdn. 3),
- Aktien (§ 8 Abs. 3 AktG),
- Unternehmen,
- gewerbliche Schutzrechte.

Den **Antrag** auf Durchführung der Zwangsversteigerung zum Zwecke der Aufhebung der Gemeinschaft kann nur der Testamentsvollstrecker stellen. 232

Ist die Teilung in Natur sonach ausgeschlossen, erfolgt die Auseinandersetzung durch **Verkauf und Teilung des Erlöses.** Dies geschieht bei beweglichen Gegenständen nach den Vorschriften über den Pfandverkauf (§§ 1253ff. BGB), bei Grundstücken gemäß §§ 180ff. ZVG durch Zwangsversteigerung. Betreibt ein Miterbe unzulässigerweise das Verfahren, so kann der Testamentsvollstrecker dagegen Rechtsmittel einlegen (*Stöber,* Zwangsversteigerungsgesetz, Kommentar, 16. Aufl. 1999, § 180 ZVG Rdn. 3.15). Sofern die Teilung oder Veräußerung an Dritte ausgeschlossen ist, etwa weil der Erblasser dies so anordnet, ist ein Nachlaßgegenstand unter den Miterben zu versteigern (§ 753 Abs. 1 S. 2 BGB). 233

An diese gesetzlichen Bestimmungen zur Verwertung unteilbarer Nachlaßgegenstände ist der Testamentsvollstrecker **zwingend** aber **nicht** gebunden. Er kann auch unteilbare Gegenstände nach pflichtgemäßem Ermessen im Wege des freihändigen Verkaufs verwerten (RGZ 108, 283; *Haegele/Winkler* Rdn. 512). Hierbei hat er die Grundsätze ordnungsmäßiger Verwaltung zu beachten, vor allem in Bezug auf die beim Verkauf vereinbarte Gegenleistung.

234 Bei **landwirtschaftlichen Grundstücken** kann und wird es in der Regel empfehlenswert sein, statt freihändigen Verkaufs die Zwangsversteigerung nach § 180 ZVG zu bewirken, da der Erwerber in der Zwangsversteigerung keiner Genehmigung nach § 2 GrdstVG bedarf (§ 37 GrdstVG), so daß hierdurch möglicherweise ein höherer Erlös zu erzielen ist als beim freihändigen Verkauf (*Klingenstein* BWNotZ 1965, 25, 27f.; *Palandt/Edenhofer* § 2204 Rdn. 3).

235 *bb) Anordnungen des Erblassers.* Bei einer Auseinandersetzung hat der Testamentsvollstrecker daneben und **bevorzugt** die vom Erblasser in der letztwilligen Verfügung getroffenen Anordnungen **zu beachten.** Hat der Erblasser etwa eine Teilungsanordnung verfügt, ist nach dieser zu verfahren. Ist in der letztwilligen Verfügung die Veräußerung von Nachlaßwerten an fremde Personen untersagt worden, kann die Veräußerung bzw. der Verkauf des betroffenen Nachlaßgegenstandes allein unter den Erben erfolgen (*Haegele/Winkler* Rdn. 513).

236 *cc) Anhörung der Erben.* Vor Ausführung des Teilungsplans hat der Testamentsvollstrecker die Erben zu hören (§ 2204 Abs. 2 BGB). Das Gesetz sieht die Anhörung erst **vor Ausführung** des Teilungsplans vor. Es sollte aber in jedem Fall eine Anhörung bereits **vor** endgültiger **Planaufstellung** erfolgen, damit die Erben Gelegenheit haben, Wünsche und Bedenken zu äußern.

237 Anzuhören sind diejenigen Erben, die von der Auseinandersetzung betroffen sind. Bei abwesenden, ungeborenen und **minderjährigen Erben** ist – falls im letztgenannten Fall deren gesetzliche Vertreter an der Erbengemeinschaft beteiligt sind – eine **Pflegerbestellung** unumgänglich (§§ 1909, 1911ff. BGB). Für mehrere minderjährige, abwesende oder ungeborene Miterben kann dabei ein und derselbe Pfleger bestellt werden (*Haegele* Rpfleger 1963, 330, 333; *Damrau* ZEV 1994, 1, 4; *Soergel/Damrau* § 2204 Rdn. 23).

238 **Formulierungsbeispiel: Anhörung der Erben zum Auseinandersetzungsplan**

„An
Herrn Rudolf Meindl
Englstraße 136

80123 München

Betr. Nachlaßsache Max Meindl, verstorben am 1. 1. 2001

Sehr geehrter Herr Meindl,

in vorbezeichneter Angelegenheit habe ich auf der Grundlage des eigenhändigen Testamentes des Erblassers vom .... und unter Beachtung der gesetzlichen Vorschriften den aus der Anlage ersichtlichen Auseinandersetzunsplan aufgestellt. Ich gebe Ihnen hiermit Gelegenheit, zu diesem Plan Stellung zu nehmen.

Ich unterstelle Ihr Einverständnis mit dem Auseinandersetzungsplan, falls ich nicht bis spätestens .... eine gegenteilige Antwort von ihnen erhalten habe. Ich werde dann die notwendigen Schritte zum Vollzug des Teilungsplans veranlassen.

Hochachtungsvoll

....

München, den .... Der Testamentsvollstrecker“

239 Die Übermittlung dieses Schreibens sollte möglichst per Einschreiben/Rückschein erfolgen, um den **Zugangsnachweis** zu erhalten.

Die **unterlassene Anhörung** führt nicht zu einer Unwirksamkeit des Teilungsplans; der Testamentsvollstrecker kann aber möglicherweise in die Haftung genommen werden (MünchKommBGB/*Brandner* § 2204 Rdn. 6; *Staudinger/Reimann* § 2204 Rdn. 31). 240

Dem **Grundbuchamt** gegenüber braucht der Nachweis nicht erbracht zu werden, daß die Erben gehört worden sind (*Haegele/Winkler* Rdn. 519). 241

Dagegen ist eine **Genehmigung** des Plans durch die Erben **nicht** erforderlich (BayObLGZ 1967, 230, 240). Die Vollziehung des Plans kann im Ergebnis ohne Rücksicht auf etwaige Einwendungen der Erben erfolgen. Da es sich nicht um einen Vertrag, sondern um ein einseitiges Rechtsgeschäft handelt, ist eine Genehmigung durch das Vormundschaftsgericht nicht erforderlich (*Palandt/Edenhofer* § 2204 Rdn. 4; *Soergel/Damrau* § 2204 Rdn. 23). Weicht allerdings der Teilungsplan des Testamentsvollstreckers von der gesetzlichen Regelung oder den Erblasseranordnungen ab, haben die Erben zuzustimmen (vgl. BGHZ 56, 275, 284 = NJW 1971, 1805; *Haegele* Rpfleger 1957, 147; aA *Damrau* ZEV 1994, 1, 4). Für minderjährige Erben ist ein Pfleger zu bestellen, wobei auch bei mehreren minderjährigen Erben die Bestellung eines Pflegers genügt, da sie ähnlich wie bei der Anhörung – Rdn. 237 – auf „derselben Seite" stehen und untereinander keine Rechtsgeschäfte schließen, wie dies für § 181 BGB charakteristisch ist (vgl. *Damrau* ZEV 1994, 1, 5; aA – mehrere Pfleger – *Haegele* Rpfleger 1957, 147; *Zimmermann* Rdn. 673). Bei Beteiligung Minderjähriger bedarf der Testamentsvollstrecker zu einem sich im Rahmen seiner Befugnisse haltenden Teilungsplan nicht der Genehmigung des Vormundschaftsgerichts, ausgenommen, wenn im Plan besondere Vereinbarungen der Erben enthalten sind, die weder den Anordnungen des Erblassers noch gesetzlichen Vorschriften entsprechen (*Palandt/Edenhofer* § 2204 Rdn. 4). 242

c) Vereinbarungen der Erben über die Auseinandersetzung

aa) Grundsatz. Der vom Testamentsvollstrecker im Rahmen seiner Befugnisse, dh. entsprechend Erblasseranordnung und gesetzlichen Vorschriften, aufgestellte Teilungsplan ersetzt den Auseinandersetzungsvertrag zwischen den Miterben und wirkt **verpflichtend und berechtigend für und gegen die Erben** (RG JW 1910, 1989; JW 1938, 2972). Die Bindungswirkung des Teilungsplans tritt erst dann ein, wenn der Testamentsvollstrecker endgültig erklärt hat, daß die Auseinandersetzung nach dem Plan geschehen soll (*Damrau* ZEV 1994, 1, 4; aA *Zimmermann* Rdn. 655); eine nachträgliche Rückgängigmachung des bindend gewordenen Teilungsplanes ist nicht möglich (*Haegele/Winkler* Rdn. 522). Der Plan ist auch dann noch bindend, wenn die Testamentsvollstreckung vor seiner Durchführung wegfällt (*Staudinger/Reimann* § 2204 Rdn. 29). 243

Ein **Widerspruch der Erben** gegen den Auseinandersetzungsplan hindert dessen Ausführung nicht. Der widersprechende Erbe kann aber vor dem Prozeßgericht – nicht Nachlaßgericht – gegen den Testamentsvollstrecker auf Feststellung der Unwirksamkeit des Teilungsplans oder auf anderweitige Auseinandersetzung **klagen.** Eine einstweilige Verfügung kann ebenfalls beantragt werden zur Verhinderung einer bevorstehenden Planvollziehung. Umgekehrt kann der Testamentsvollstrecker gegenüber dem widersprechenden Erben Klage auf Feststellung der Wirksamkeit des vorgelegten Teilungsplans erheben. 244

Vereinbarungen der Erben über die Auseinandersetzung binden den Testamentsvollstrecker grundsätzlich nicht. Er hat das Recht, die letztwilligen Verfügungen des Erblassers erforderlichenfalls auch gegen den Willen der Erben durchzusetzen (s. Rdn. 251f.). 245

246 Dennoch ist dem Testamentsvollstrecker anzuraten, nicht zuletzt um die Gefahr einer Haftung nach § 2219 BGB gegenüber den Erben zu vermeiden, eine **Einigung** aller Erben über die Art der Auseinandersetzung herbeizuführen. Zu empfehlen ist dies einmal, wenn sich die **Vereinbarungen** der Erben im Rahmen der Erblasseranordnungen halten, zum anderen aber auch bei einer Abweichung hiervon, wenn ein vernünftiger Grund dafür vorliegt. Denn die Erben können ohnehin nach Abschluß der Auseinandersetzung und Beendigung der Testamentsvollstreckung eine Verteilung nach ihren Vorstellungen durchführen (BayObLGZ 5, 472; *Staudinger/Reimann* § 2204 Rdn. 27).

247 Selbst wenn der Testamentsvollstrecker einer Vereinbarung der Erben zustimmt, die von den Anordnungen des Erblassers abweicht, würde er sich dadurch **nicht** unbedingt einer **Pflichtverletzung** schuldig machen. Zu beachten ist allerdings, daß bei abweichenden Vereinbarungen gegebenenfalls eine vormundschaftsgerichtliche Genehmigung erforderlich ist, wenn Minderjährige beteiligt sind (*Staudinger/Reimann* § 2204 Rdn. 27).

248 In gleicher Weise sollten berechtigte **Wünsche** der Erben in bezug auf die Auseinandersetzung vom Testamentsvollstrecker beachtet werden, wenn diesen nicht ausdrücklich Erblasseranordnungen widersprechen.

249 *bb) Ausnahmen.* Gebunden ist der Testamentsvollstrecker an Vereinbarungen der Erben über die **Ausgleichungspflicht von Abkömmlingen** (§§ 2050ff. BGB; hierzu ausführlich Kap. 1 Rdn. 161ff.), sowie dann, wenn ein Ausgleichsberechtigter auf Ausgleichung verzichtet. Weiter bindet ihn eine Vereinbarung aller Erben über den – ganzen oder teilweisen – **Ausschluß oder Aufschub der Auseinandersetzung.** Denn den Zeitpunkt der Nachlaßauseinandersetzung bestimmen grundsätzlich die Erben. Das Recht der Erben über die Auseinandersetzung ist nämlich nicht mit der Pflicht verbunden, diese zu dulden (BayObLGZ 21, 312; OLG München DNotZ 1936, 810; *Palandt/Edenhofer* § 2204 Rdn. 2; *Haegele/Winkler* Rdn. 542).

250 Bei einer wirksamen Vereinbarung aller Erben, die Erbengemeinschaft hinsichtlich des Nachlasses ganz oder teilweise fortzusetzen, ist der Testamentsvollstrecker berechtigt und verpflichtet, die **Auseinandersetzung** zu **unterlassen,** den Nachlaß ungeteilt den Erben zu überlassen (§ 2217 BGB) und sein Amt als Testamentsvollstrecker in Ansehung der Nachlaßauseinandersetzung als erledigt zu betrachten (*Haegele/Winkler* Rdn. 542).

251 Vereinbarungen der Erben über den Zeitpunkt der Nachlaßauseinandersetzung wirken nur **schuldrechtlich.** Der Testamentsvollstrecker kann jederzeit entgegen der Erbenvereinbarungen wirksam verfügen, wobei er sich aber schadensersatzpflichtig macht. Er ist jedoch berechtigt, eine von einer bindenden Erbenvereinbarung abweichende Auseinandersetzung vorzunehmen, wenn ein wichtiger Grund hierfür vorliegt (§ 749 Abs. 2 BGB). Bei der Annahme, trotz übereinstimmenden Willens aller Erben, die Erbengemeinschaft fortzusetzen, sei ihre Aufhebung aus wichtigem Grund erforderlich, ist allerdings Vorsicht geboten (MünchKommBGB/*Brandner* § 2204 Rdn. 22).

252 Umgekehrt können Vereinbarungen mit den Erben sowie etwaigen Nacherben, nicht Ersatznacherben, den Handlungsspielraum des Testamentsvollstreckers bei der Auseinandersetzung auch **erweitern.** Dies gilt dann, wenn der Erblasser in der letztwilligen Verfügung dem Testamentsvollstrecker bei der Auseinandersetzung bestimmte Anordnungen vorgegeben hat, über die nunmehr hinweggegangen werden soll. Der Testamentsvollstrecker ist zu einer Auseinandersetzung entgegen Erblasseranordnung auch dann berechtigt, wenn alle Erben und Nacherben hierzu ihr Einverständnis erklären (BGHZ 40, 115; 56, 275; *Palandt/Edenhofer* § 2204 Rdn. 2).

d) Vollzug des Aufteilungsplans

Da der Teilungsplan nur schuldrechtlich wirkt, sind entsprechend dem Aufteilungsplan und der dort getroffenen Zuordnung der Nachlaßgegenstände die einzelnen **Verfügungsakte** bezüglich der betroffenen Gegenstände vom Testamentsvollstrecker **noch vorzunehmen.** Bei beweglichen Sachen erfolgt dies durch Einigung und Übergabe (§§ 929ff. BGB), bei Forderungen durch Abtretung (§§ 398ff. BGB) und bei Grundstücken durch deren Auflassung und Eigentumsumschreibung im Grundbuch (§§ 873, 925 BGB). Sind von der Auseinandersetzung land- oder forstwirtschaftliche Grundstücke erfaßt, ist die Genehmigungspflicht nach § 2 GrdstVG zu beachten. Die Übertragung des Geschäftsanteils einer GmbH erfordert notarielle Beurkundung (§ 15 GmbHG), ebenso die Übertragung von Grundstückseigentum (§ 313 BGB). 253

Der Testamentsvollstrecker hat darauf zu achten, daß er einem **Miterben** nicht mehr zuteilt, als diesem nach seiner Erbquote zusteht, sofern ihm nicht ein Vorausvermächtnis zugewendet wurde, denn die Zuteilung eines Mehrwertes würde sich als unentgeltliche und damit unwirksame Verfügung darstellen (BGH NJW 1963, 1613; aA – allerdings unzutreffend – OLG Düsseldorf BB 1987, 526, das alle vom Testamentsvollstrecker im Rahmen der Erbauseinandersetzung getroffenen Verfügungen als nicht unentgeltlich ansieht; vgl. auch *Haegele/Winkler* Rdn. 516). 254

Ist der **Testamentsvollstrecker zugleich Miterbe,** ist regelmäßig – dh., wenn sich kein anderer Wille des Erblassers erkennen läßt – die Annahme gerechtfertigt, daß der Erblasser trotz eines Interessenwiderstreits dem Testamentsvollstrecker die Vornahme von Rechtsgeschäften mit sich selbst gestattet hat. In diesem Fall kann er das ihm nach dem Teilungsplan Zugeteilte annehmen, insbesondere Grundstücke an sich selbst auflassen (RGZ 61, 139; *Staudinger/Reimann* § 2204 Rdn. 40; *Haegele* Die Justiz 1955, 218; MünchKommBGB/*Brandner* § 2204 Rdn. 12). 255

Aufgrund des schuldrechtlich wirkenden Teilungsplans sind die **Miterben zur Mitwirkung** bei den entsprechenden Übertragungsakten **verpflichtet.** Der Testamentsvollstrecker kann die Mitwirkung notfalls im Wege der Klage erzwingen. 256

Hat der Testamentsvollstrecker einen **Auseinandersetzungsplan entgegen den Anordnungen des Erblassers** aufgestellt, ist dieser unverbindlich, sofern ihm nicht alle Erben zustimmen (*Haegele/Winkler* Rdn. 529). Werden aufgrund dieses Auseinandersetzungsplanes Leistungen an die Miterben erbracht, sind diese Verfügungen zwar wirksam, aber ohne Rechtsgrund erfolgt. Gegenüber dem Leistungsempfänger hat die Erbengemeinschaft daher den Rückgewähranspruch nach § 812 BGB, der von jedem Miterben nach § 2039 BGB geltend gemacht werden kann; es kann jedoch nur Leistung an alle Miterben verlangt werden. 257

Die **Kosten der Auseinandersetzung** fallen den Erben zur Last. 258

2. *Auseinandersetzungsvertrag*

a) Einigkeit über die Teilung

Sind sich die Miterben, worauf der Testamentsvollstrecker hinwirken sollte, bei der Auseinandersetzung des Nachlasses einig, kann der Testamentsvollstrecker auch einen Auseinandersetzungsvertrag mit den Erben schließen. Dieser tritt an die Stelle des Aufteilungsplans (BayObLG ZEV 1995, 370, 371). Im Gegensatz zum 259

Aufteilungsplan, bei dem die Erben nur gehört werden müssen (vgl. Rdn. 236ff.), bedarf der Auseinandersetzungsvertrag der Mitwirkung der Erben. Es handelt sich um einen **gegenseitigen** schuldrechtlichen **Vertrag,** der den Rechtsgrund für den Erwerb der Nachlaßgegenstände durch die Erben bildet (BGH DNotZ 1956, 406; *Nieder* in Münchener Vertragshandbuch IV 2. Halbband, Form. XIX. 1, Anm. 2.2.b; *Haegele/Winkler* Rdn. 518).

260 Die **Vorteile** des Auseinandersetzungsvertrages liegen zum einen daran, daß die Erben an der Auseinandersetzung unmittelbar beteiligt werden und ihnen nicht einseitig vom Testamentsvollstrecker bestimmte Vorgaben gemacht werden. Hierdurch kann die Verhandlungsatmosphäre zwischen Testamentsvollstrecker und Miterben entscheidend beeinflußt werden. Zum anderen bietet sich für den Testamentsvollstrecker zusammen mit den Miterben die Möglichkeit, eine von den Erblasseranordnungen abweichende Aufteilung des Nachlasses vorzunehmen. Die Auseinandersetzung kann flexibler gestaltet werden. Schließlich ist aus Sicht des Testamentsvollstreckers zumindest die Zustimmung aller Miterben sichergestellt, wenn im Zuge des Auseinandersetzungsvertrages einem Miterben mehr zugeteilt wird als seiner Erbquote entspricht mit der Folge, daß dieses Rechtsgeschäft als unentgeltlich iS des § 2205 S. 3 BGB zu qualifizieren ist (vgl. hierzu 1. Kap. Rdn. 129). Nach dem von der Rechtsprechung vertretenen Standpunkt (BGHZ 57, 84 = NJW 1971, 2264; BayObLG FamRZ 1987, 104; Rpfleger 1989, 200) bedarf es dann nur mehr der Zustimmung etwaiger Nacherben, sofern Nacherbschaft angeordnet ist, und etwaiger Vermächtnisnehmer, sofern deren Vermächtnisse noch nicht erfüllt sind.

261 Dem Auseinandersetzungsvertrag kommt ebenfalls **nur schuldrechtliche Wirkung** zu, so daß es zum Vollzug der Vereinbarung noch der dinglichen Übertragung der Nachlaßgegenstände bedarf (*Nieder* in Münchener Vertragshandbuch, IV 2. Halbband, Form. XIX. 1. Anm. 2.2.b.) Insoweit entscheidet sich der Auseinandersetzungsvertrag nicht vom Aufteilungsplan (vgl. Rdn. 253ff.). Soll etwa ein der Miterbengemeinschaft zum Gesamthandseigentum zustehendes Grundstück künftig den einzelnen Miterben in Miteigentum zustehen oder soll hieran Wohnungseigentum gebildet werden, bedarf es hierzu jeweils der Auflassung (BGHZ 21, 229; BayObLGZ 65, 324; 82, 46).

b) Form

262 Der schuldrechtliche Erbauseinandersetzungsvertrag ist grundsätzlich formfrei. Enthält er allerdings formbedürftige Abreden, wie zB die Verpflichtung zur Übertragung eines Grundstücks (§ 313 BGB), eines GmbH-Anteils (§ 15 GmbHG) oder die Übernahme einer Bürgschaft (§ 766 BGB), sind die entsprechenden Formvorschriften zu beachten (KGJ 52, 272; *Palandt/Edenhofer* § 2042 Rdn. 4; *Nieder* in Münchener Vertragshandbuch, IV 2. Halbband, Form. XIX. 1, Anm. 2.2.b; *Damrau* ZEV 1994, 1, 3).

263 **Übernimmt** ein **Miterbe** im Wege der Erbauseinandersetzung **alle Erbanteile** gegen Abfindung, ist dies kein nach § 2371 BGB formgebundener Erbteilsverkauf, sondern ein formfreier Auseinandersetzungsvertrag (RG WarnR 1909 Nr. 512, *Zunft* JZ 1956, 550; *Nieder* in Münchener Vertragshandbuch, IV 2. Halbband, Form. XIX. 1, Anm. 2.2.b; aA *Patschke* NJW 1955, 444). Der Vollzug dieses Vertrages durch dingliche Übertragung der Erbanteile bedarf nach § 2033 BGB allerdings der notariellen Form (*Nieder* in Münchener Vertragshandbuch, IV 2. Halbband, Form. XIX. 1, Anm. 2.2.b; aA OLG Celle NJW 1951, 198 m. Anm. *Rötelmann* NJW 1951, 198).

c) Genehmigungsbedürftigkeit, Vorkaufsrecht

Steht ein Miterbe unter Vormundschaft, Pflegschaft oder Betreuung, bedarf der Erbauseinandersetzungsvertrag der Genehmigung des **Vormundschaftsgerichts** nach § 1822 Ziff. 2 BGB. Dies gilt nicht, wenn Eltern für ihre minderjährigen Kinder bei dem Erbauseinandersetzungsvertrag handeln. § 1643 Abs. 1 BGB, der insoweit einschlägig ist, verweist nicht auf § 1822 Ziff. 2 BGB. Auch § 1643 Abs. 2 BGB erwähnt den Erbteilungsvertrag nicht. Die Eltern bedürfen nur dann der vormundschaftsgerichtlichen Genehmigung, wenn der im Namen ihrer Kinder abgeschlossene Erbteilungsvertrag oder dessen Vollzug andere nach § 1643 Abs. 1 BGB genehmigungspflichtige Geschäfte mitenthält (*Nieder* in Münchener Vertragshandbuch, IV 2. Halbband, Form. XIX. 1, Anm. 2.2.b). Eine vormundschaftsgerichtliche Genehmigung ist auch dann erforderlich, wenn für die minderjährigen Kinder ein Pfleger bestellt wird, weil für diesen als Vertreter über § 1915 BGB der § 1822 Ziff. 2 BGB anwendbar ist. Die Genehmigung das Verpflichtungsvertrags deckt sodann dessen Vollzug (KG KGJ 28 A 7; KG RJA 3, 59; MünchKommBGB/*Schwab* § 1828 Rdn. 8). **264**

Sind die Eltern, ein Elternteil oder andere Verwandte gerader Linie neben den Kindern an der auseinanderzusetzenden Erbengemeinschaft beteiligt, können die Kinder gemäß §§ 1629 Abs. 2, 1795 BGB nicht durch die Eltern vertreten werden, sondern bedürfen eines **Ergänzungspflegers** (§ 1909 BGB). Jeder der mehreren minderjährigen Miterben bedarf wegen § 181 BGB eines eigenen gesetzlichen Vertreters (BGHZ 21, 229 = NJW 1956, 1433 = DNotZ 1956, 559; RGZ 93, 334; umstritten ist, ob der Pfleger vom Vormundschafts- oder Familiengericht zu bestellen ist, vgl. *Zimmermann* Rdn. 686 – Vormundschaftsgericht; OLG Zweibrücken FGPrax 1999, 179 – Familiengericht). Nur dann, wenn die Auseinandersetzung genau nach den gesetzlichen Teilungsregeln der §§ 2042ff. BGB erfolgt, können alle minderjährigen Miterben von einem gesetzlichen Vertreter vertreten werden, da es sich nur um die Erfüllung einer Verbindlichkeit handelt (BGHZ 21, 229; *Nieder* in Münchener Vertragshandbuch, IV 2. Halbband, Form. XIX. 1, Anm. 2.2.b). Dieser Fall ist praktisch selten. Nichts anderes kann gelten, wenn die Auseinandersetzung den Teilungsanordnungen des Erblassers folgt. Hier bildet der Auseinandersetzungsvertrag nicht mehr als die Erfüllung einer rechtsgeschäftlichen Pflicht; er stellt keine neue Verbindlichkeit dar – dann würde es sich um ein Insichgeschäft handeln. Eine weitere Ausnahme ist dann zu machen, wenn die minderjährigen Erben einem Volljährigen ihre Miterbenanteile übertragen und dieser die minderjährigen Miterben in Geld auszahlt; dann genügt ein Pfleger für alle minderjährigen Erben, weil diese nicht Vereinbarungen untereinander treffen, sondern mehrere Verträge mit dem Volljährigen abschließen (*Damrau* ZEV 1994, 1, 3). **265**

Ein im gesetzlichen Güterstand lebender **Ehegatte** bedarf gemäß **§ 1365 BGB** der Zustimmung des anderen, wenn der Erbteil sein ganzes oder doch wesentliches Vermögen bildet (BGHZ 35, 135 = NJW 1961, 1301), wobei bei einem kleineren Vermögen das Rechtsgeschäft zustimmungsbedürftig bleibt, wenn dem Ehegatten etwa 10% seines Vermögens verbleiben, bei größerem Vermögen liegt die Grenze bei ca. 15% (BGH NJW 1991, 1739). **266**

Ist ein **land- oder forstwirtschaftliches Grundstück** betroffen, unterliegt die Auflassung der Genehmigungspflicht nach § 2 GrdstVG (*Palandt/Edenhofer* § 2042 Rdn. 11). **267**

Dagegen löst ein Erbauseinandersetzungsvertrag mit der Pflicht zur Übereignung eines den **Vorkaufsrechten nach § 24 BauGB** bzw. nach den Vorschriften der Landesbaugesetze unterliegenden Nachlaßgegenstandes an einen der Ge- **268** samthänder das Vorkaufsrecht **nicht** aus (BGH DNotZ 1970, 423); es ist daher auch keine Bescheinigung über das Nichtbestehen eines gemeindlichen Vorkaufsrechts erforderlich (OLG Krefeld MittRhNotK 1977, 55; LG Koblenz MittRhNotK 1978, 53).

VIII. Nachlaßverwaltung und Insolvenzverfahren über den Nachlaß

269 Auch im Verlaufe einer „normalen" Testamentsvollstreckung kann es zu **unvorhergesehenen Entwicklungen** kommen, die in einer Nachlaßverwaltung oder einem Nachlaßinsolvenzverfahren enden können.

1. Nachlaßverwaltung

270 Der Testamentsvollstrecker ist – als Ausdruck seines Verwaltungsrechtes – berechtigt, die Anordnung der Nachlaßverwaltung beim Nachlaßgericht zu **beantragen** (§§ 2205 S. 1, 1981 Abs. 1 BGB).

271 **Zuständig** für die Anordnung ist das Nachlaßgericht (§ 1962 BGB), und zwar der Rechtspfleger (§§ 3 Nr. 2c, 16 Abs. 1 Nr. 1, RPflG).

272 Bei **unübersichtlichem** – aber zur Befriedigung der Nachlaßgläubiger möglicherweise ausreichendem – **Nachlaß** wird er im Rahmen ordnungsmäßiger Verwaltung verpflichtet sein, einen entsprechenden Antrag auf Nachlaßverwaltung zu stellen. Verstößt er hiergegen, macht er sich schadensersatzpflichtig.

273 Sind **mehrere Testamentsvollstrecker** vorhanden, kann der Antrag nur gemeinschaftlich gestellt werden. Einigen sie sich darüber nicht, so entscheidet auf Antrag eines von ihnen das Nachlaßgericht nach § 2224 Abs. 1 BGB.

274 Das **Antragsrecht** des Testamentsvollstreckers verdrängt nicht dasjenige der Erben, vielmehr kommt diesen ein eigenes Antragsrecht zu, um ihr Vermögen vor dem Zugriff der Nachlaßgläubiger schützen zu können (§§ 2211, 2213 BGB, § 728 Abs. 2 ZPO). Gegen eine dem Antrag des Erben entsprechende Anordnung der Nachlaßverwaltung gibt es keine Beschwerde, § 76 Abs. 1 FGG.

275 Ist auf **Antrag** eines **Nachlaßgläubigers** die Nachlaßverwaltung angeordnet worden, kann gegen diese Entscheidung der Testamentsvollstrecker die sofortige Beschwerde einlegen (§§ 1981 Abs. 2 BGB, 76 Abs. 2 FGG).

276 **Gebühren** für die Anordnung der Nachlaßverwaltung: § 106 KostO.
Für die Kosten haften die Erben wie für Nachlaßverbindlichkeiten (§ 6 KostO).

277 Eine Nachlaßverwaltung ist **nicht zulässig** über einen Erbteil oder nach Teilung des Nachlasses, ebenso nicht nach Eröffnung des Insolvenzverfahrens über den Nachlaß (*Palandt/Edenhofer* § 1975 Rdn. 4).

278 Mit Anordnung der Nachlaßverwaltung tritt – rückwirkend auf den Zeitpunkt des Erbfalls – eine Haftungsbeschränkung der Erben auf den Nachlaß in Bezug auf Nachlaßverbindlichkeiten ein (§ 1975 BGB). Gleichzeitig **ruhen** während der Nachlaßverwaltung die **Verwaltungs- und Verfügungsrechte** des Testamentsvollstreckers, sofern dieser – was rechtlich möglich ist – nicht selbst zum Nachlaßverwalter bestellt ist. Die Testamentsvollstreckung als solche bleibt auch während der Nachlaßverwaltung bestehen. Damit ist der Testamentsvollstrecker während deren Dauer berechtigt und aufgrund der ihm obliegenden Sorgfalt auch verpflichtet, den Nachlaßverwalter zu überwachen sowie Mängel der Verwaltung durch geeignete Anträge beim Nachlaßgericht zu bekämpfen (RG LZ 1919, 875; KG OLGE 18, 316; *Haegele/Winkler* Rdn. 174).

Mit **Beendigung der Nachlaßverwaltung** – zu Beendigungsgründen s. *Palandt/Edenhofer* § 1988 Rdn. 1ff. – leben die Rechte des Testamentsvollstreckers im vollen Umfang wieder auf. 279

2. *Insolvenzverfahren über den Nachlaß*

Bei Überschuldung des Nachlasses kann – neben dem Erben und einem Nachlaßgläubiger – der Testamentsvollstrecker die Eröffnung des Insolvenzverfahrens über den Nachlaß beantragen, allerdings nur, wenn er den gesamten Nachlaß zu verwalten hat (§ 317 InsO). Über einen Erbteil allein ist die Nachlaßinsolvenz nicht zulässig (vgl. 5. Kap. Rdn. 408). Mehrere Testamentsvollstrecker müssen den **Antrag** gemeinschaftlich stellen (§ 2224 BGB) bzw. bei Meinungsverschiedenheiten eine Entscheidung des Nachlaßgerichtes herbeiführen, sofern es sich um eine Gesamtvollstreckung nach § 2224 BGB handelt. Der Erblasser kann jedoch in seiner Anordnung von der Regel des § 2224 BGB abweichen (vgl. 2. Kap. Rdn. 196ff.), so daß dann uU einzelne Testamentsvollstrecker oder ein Testamentsvollstrecker allein das Antragsrecht haben. 280

Der nur zur Verwaltung einzelner Nachlaßgegenstände oder nur zur Verwaltung eines Erbteils ernannte Testamentsvollstrecker bzw. der durch entsprechende Anordnungen des Erblassers in der Verwaltung des Nachlasses beschränkte Vollstrekker hat das **Antragsrecht** dagegen **nicht** (vgl. MünchKommBGB/*Brandner* § 2205 Rdn. 87). 281

Ob für den Testamentsvollstrecker eine **Antragspflicht** entsprechend § 1980 BGB besteht, ist umstritten (angesichts des Wortlauts von § 1980 BGB und § 317 Abs. 1 InsO zu Recht ablehnend *Staudinger/Reimann* § 2205 Rdn. 152; *Arnold* in *Gottwald,* Insolvenzrechtshandbuch, § 104 Rdn. 13; *Zimmermann* Rdn. 643; aA *Haegele/Winkler* Rdn. 170; *Jaeger/Weber* § 224 KO Rdn. 24). Da bei verspäteter Antragstellung eine Schadensersatzpflicht gegenüber den Erben aus § 2219 BGB entstehen kann, wenn diese mangels Informationen des Testamentsvollstreckers keinen rechtzeitigen eigenen Insolvenzantrag stellen können, empfiehlt sich schon deshalb für den Testamentsvollstrecker eine rechtzeitige Antragstellung (*Mayer/Bonefeld/Daragan* Rdn. 117). 282

Der Testamentsvollstrecker muß den Eröffnungsgrund glaubhaft machen, § 317 Abs. 2 InsO. Eröffnungsgründe sind beim Antrag des Testamentsvollstreckers: Zahlungsunfähigkeit, drohende Zahlungsunfähigkeit und/oder Überschuldung (§ 320 Abs. 1 S. 2 InsO). Das Insolvenzgericht hört die Erben zum Antrag des Testamentsvollstreckers an, § 317 Abs. 3 InsO. 283

Zum **Nachlaßinsolvenzverwalter** kann auch der **Testamentsvollstrecker** ernannt werden (*Kipp/Coing* § 72 II). Verlangt ein Beteiligter dies, kann es angezeigt sein, ihn als Testamentsvollstrecker dann zu entlassen (§ 2227 BGB). 284

Durch die Eröffnung des Nachlaßinsolvenzverfahrens erlischt das Testamentsvollstreckeramt nicht. Allerdings ist während der Dauer des Insolvenzverfahrens der zur Insolvenzmasse gehörende Nachlaß der **Verwaltung** und Verfügung durch den Testamentsvollstrecker **entzogen;** die Befugnisse des Testamentvollstreckers beschränken sich im wesentlichen auf das insolvenzfreie Vermögen (vgl. 5. Kap. Rdn. 411f.). 285

Im **Prüfungstermin** kann der Testamentsvollstrecker – neben dem Erben – eine Forderung nach § 178 InsO bestreiten. Hierzu ist er aufgrund seines Prozeßführungsrechts für Passivprozesse gemäß § 2213 BGB berechtigt. Allein dieses Bestreiten im Prüfungstermin verhindert die Zwangsvollstreckung des Nachlaßgläubigers aus der Eintragung in diese Tabelle gemäß § 178 Abs. 2 InsO (MünchKommBGB/*Brandner* § 2205 Rdn. 87). 286

287 Hat der Testamentsvollstrecker vor Insolvenzeröffnung **anfechtbare Rechtsgeschäfte** vorgenommen, können diese, ebenso wie solche der Erben, gemäß § 129ff. InsO angefochten werden.

288 Ist das **Insolvenzverfahren beendet,** tritt der Testamentsvollstrecker wieder in dem Umfang wie vor Insolvenzeröffnung in seine Rechte ein (*Haegele/Winkler* Rdn. 171).

289 Zum Thema **Testamentsvollstreckung in der Insolvenz** vgl. im übrigen 5. Kap. Rdn. 407ff.

5. Kapitel

Die Ausführung des Amtes bei besonderen typischen Situationen

Übersicht

Formulierungsvorschläge

I. Nachlaß mit Grundbesitz

Literatur: *Bauer/v. Oefele,* Grundbuchordnung, Kommentar, 1999; *Demharter,* Grundbuchordnung, Kommentar, 23. Aufl. 1999; *Haegele,* Zur Verfügungsbefugnis des Testamentsvollstreckers über Grundbesitz, Die Justiz 1953, 139; *Häußermann,* Überlassung von Nachlaßgegenständen durch den Testamentsvollstrecker, BWNotZ 1969, 281; *Jung,* unentgeltliche Verfügungen des Testamentvollstreckers und des befreiten Vorerben, Rpfleger 1999, 204; *Schaub,* Die Legitimation des im öffentlichen Testament nicht bezeichneten Testamentsvollstreckers, ZEV 1995, 361; *ders.,* Die Veräußerung von Grundstücken durch den Testamentvollstrecker, ZEV 2000, 49; *Schmid,* Ausstattung und Schenkung, BWNotZ 1971, 29; *Stöber,* GBO-Verfahren und Grundstückssachenrecht, 2. Aufl. 1998; *Zahn,* Testamentvollstreckung im Grundbuchverkehr, MittRhNotK 2000, 89.

1. Grundsätze zum Grundbuchverfahren

a) Eintragungsverfahren

1 *aa) Bewilligungsberechtigung gegenüber Grundbuchamt.* Die Eintragung von Grundstücksrechten oder grundstücksgleichen Rechten im Grundbuch hat – neben dem Erfordernis eines Antrages (§ 13 GBO), der Voreintragung des Betroffenen (§ 39 GBO, Ausnahme: § 40 GBO), bei Briefrechten der Vorlegung des Briefes (§ 41 GBO) und dem mitunter erforderlichen Vorliegen besonderer Zustimmungserklärungen (§§ 22 Abs. 2, 27 GBO) – die **Bewilligung** des von ihr Betroffenen zur Voraussetzung.

2 § 19 GBO regelt, daß zur Eintragung die einseitige Bewilligung des von ihr Betroffenen genügt, ohne daß das Grundbuchamt die zum Eintritt einer Rechtsänderung notwendigen sachlich-rechtlichen Erklärungen der Beteiligten prüft (sog. **formelles Konsensprinzip).** Das Grundbuchamt hat deshalb grundsätzlich nicht zu prüfen, ob das zum Bestellen eines dinglichen Rechts erforderliche materiellrechtliche Rechtsgeschäft rechtswirksam zustandegekommen ist oder ob es rechtswirksam begründet worden ist (BayObLG MittBayNot. 1981, 188).

3 Eine Ausnahme gilt lediglich im Falle der Auflassung eines Grundstücks und bei der Bestellung, Inhaltsänderung oder Übertragung eines Erbbaurechts (§ 20 GBO, sog. **materielles Konsensprinzip**).

4 Das **Grundbuchamt prüft** demnach die Antrags- und Bewilligungsberechtigung des Betroffenen, in den Fällen des § 20 GBO auch seine Auflassungserklärung (BayObLG Rpfleger 1989, 200 = MittBayNot. 1989, 163).

5 Trotz des Wortlauts des § 19 GBO, wonach die Bewilligung von demjenigen abzugeben ist, dessen grundbuchmäßiges Recht von der Eintragung betroffen wird, ist bei Testamentsvollstreckung die Eintragungsbewilligung nicht von den Erben als Rechtsinhabern abzugeben. Denn in Fällen, in denen Verfügungsbefugnis und Rechtsinhaberschaft getrennt sind, wie bei der Testamentsvollstreckung, wo dem Testamentsvollstrecker lediglich erstere zusteht, ist die **Bewilligung** nach § 19 GBO allein vom Verfügungsberechtigten, das ist der **Testamentsvollstrecker,** abzugeben. Daneben ist die Zustimmung des Rechtsinhabers, das ist der Erbe, nicht erforderlich (*Schöner/Stöber* Grundbuchrecht Rdn. 101). Allein die Antrags- und Bewilligungsberechtigung des Testamentsvollstreckers hat das Grundbuchamt daher zu prüfen. **Ausnahmsweise** können jedoch trotz angeordneter Testamentsvoll-

streckung die **Miterben Antrag auf Grundbuchberichtigung** stellen (§ 13 GBO), weil dieser Antrag keine Verfügung über das betroffene Grundstück darstellt, die lediglich der Testamentsvollstrecker gemäß § 2211 BGB vornehmen könnte. Der Eintragungsantrag ist keine rechtsgeschäftliche Willenserklärung, sondern reine Verfahrenshandlung und kann vom (Mit-)Erben als Betroffenen gestellt werden (LG Stuttgart ZEV 1998, 357, 358 mwN; *Bertsch* Rpfleger 1968, 178; *Zimmermann* Rdn. 366; aA *Soergel/Damrau* § 2205 Rdn. 91 unter Hinweis auf KGJ 51, 216; OLG München JFG 20, 373). Der Testamentsvollstrecker ist durch den Antrag des Erben nicht benachteiligt, weil der Testamentsvollstreckervermerk zugleich von Amts wegen miteingetragen wird, § 52 GBO (*Zimmermann* Rdn. 366).

bb) Maßgeblicher Zeitpunkt für die Verfügungsbefugnis. Die Verfügungsbefugnis des bewilligenden Testamentsvollstreckers muß bis zum Zeitpunkt der **Eintragung** des Rechts vorliegen, dh. bis zu dem Zeitpunkt, zu dem die Verfügung wirksam werden soll. Es gilt der Grundsatz, daß dann, wenn ein Verfügungsgeschäft außer der Willenserklärung noch weitere Wirksamkeitsvoraussetzungen hat, die erst später eintreten, die Verfügungsbefugnis noch zur Zeit des Eintritts des letzten Tatbestandsmerkmals gegeben sein muß, also bei Grundstücksverfügungen grundsätzlich noch zur Zeit der der Einigung nachfolgenden Eintragung (BGH NJW 1958, 1286; DNotZ 1971, 411). 6

Fällt nach der Bewilligung und vor Eintragung – bei § 19 GBO – die **Bewilligungsbefugnis** des Testamentsvollstreckers **weg** oder geschieht gleiches – bei § 20 GBO – nach der materiell-rechtlichen Einigung oder wird die Befugnis entsprechend beschränkt, ist die Verfügung unwirksam. Das Grundbuchamt darf eine Eintragung nicht mehr vornehmen. 7

Eine **Ausnahme** von diesen Grundsätzen macht § 878 BGB. Trotz zum Zeitpunkt der Eintragung fehlender oder beschränkter Verfügungsbefugnis ist die Eintragung demnach vorzunehmen, wenn die Verfügungsbefugnis zum Zeitpunkt der Einigung bzw. Bewilligung jedenfalls vorlag, der Eintragungsantrag beim Grundbuchamt rechtswirksam gestellt ist und zu diesem Zeitpunkt die Verfügungsbefugnis noch gegeben war, vorausgesetzt weiter, daß außer der Verfügungsbefugnis keine weiteren materiell-rechtlichen Voraussetzungen für die Rechtsänderung fehlen. Die Vorschrift soll der Gefahr von Rechtsnachteilen für den Begünstigten infolge Abhängigkeit von den Zufälligkeiten des Eintragungsverfahrens, auf deren Dauer die Beteiligten keinen Einfluß haben, vorbeugen (*Palandt/Bassenge* § 878 Rdn. 1). 8

„Berechtigter" im Sinne des § 878 BGB ist auch der **Testamentsvollstrecker,** obwohl er nicht der betroffene Rechtsinhaber ist. 9

Dennoch ist **§ 878 BGB** nach Auffassung der Rechtsprechung auf das Handeln des Testamentsvollstreckers **nicht anwendbar** (OLG Köln MittRhNotK 1981, 139; OLG Frankfurt OLGZ 1980, 100; BayObLG NJW 1956, 1279, OLG Celle DNotZ 1953, 158 = NJW 1953, 945; AG Starnberg FamRZ 1999, 743; offengelassen, aber wohl auch in diesem Sinne BayObLG ZEV 1999, 67 m. krit. Anm. *Reimann*). Verliert daher der Testamentsvollstrecker nach Eingang des Antrags beim Grundbuchamt (§ 13 GBO), jedoch vor Eintragung, seine Verfügungsbefugnis, kann das Grundbuchamt das entsprechende Rechtsgeschäft nicht mehr vollziehen. 10

Zu denken ist etwa an den Fall, daß der Testamentsvollstrecker aus dem Amt entlassen wird nach wirksam erklärter Auflassung und nach Eingang des Umschreibungsantrages beim Grundbuchamt. Hier ist das Grundbuchamt entsprechend dem vorgenannten Grundsatz (Rdn. 6), daß die **Verfügungsbefugnis** des Bewilligenden **bis** zum Zeitpunkt der **Eintragung des Rechts** vorliegen muß, gehindert, die Eintragung der Rechtsänderung im Grundbuch vorzunehmen. 11

12 Die durch **§ 878 BGB** statuierten **Vorwirkungen** kommen dem Testamentsvollstrecker **nicht** zugute. Denn § 878 BGB regelt nur, daß die Verfügungsbeschränkung des Berechtigten insoweit unbeachtlich ist, als sie zu einem Zeitpunkt nach Einigung bzw. Bewilligung und Eingang des Antrages beim Grundbuchamt eingetreten ist; die Rechtsstellung des Verfügenden im übrigen muß aber bestehen bleiben. Wird daher ein Testamentsvollstrecker etwa durch Beschluß des Nachlaßgerichtes, der mit seiner Bekanntmachung an den Beteiligten nach § 16 FGG wirksam wird, ohne daß eine hiergegen gerichtete Beschwerde aufschiebende Wirkung hätte, aus dem Amt entlassen, hat der Testamentsvollstrecker hierdurch seine Rechtsstellung insgesamt verloren. Er wird nicht nur in seiner Verfügungsmacht beschränkt. Auf den Fall des **Wegfalls der Verfügungsmacht insgesamt** kann die Ausnahmevorschrift des § 878 BGB aber nicht angewendet werden (OLG Köln MittRhNotK 1981, 139; OLG Frankfurt OLGZ 1980, 100; BayObLG NJW 1956, 1279; OLG Celle DNotZ 1953, 158 = NJW 1953, 945; aA OLG Brandenburg VIZ 1995, 365; LG Neubrandenburg MDR 1995, 491).

13 **Hiergegen spricht** freilich, daß der **Schutzzweck des § 878 BGB,** der insbesondere den Begünstigten von den Zufälligkeiten des Grundbuchverfahrens bewahren will, auch dann zum Tragen kommen muß, wenn Verfügungsberechtigter und Rechtsinhaber nicht identisch sind. Andernfalls würde der Erwerber beim Vertragsschluß unmittelbar mit dem dinglich Berechtigten bessergestellt, da der Wegfall von dessen Verfügungsbefugnis im Rahmen des § 878 BGB nicht schädlich wäre, wohingegen dies beim Vertragsschluß mit dem Testamentsvollstrecker etwa der Fall ist (so zB OLG Brandenburg VIZ 1995, 365; LG Neubrandenburg MDR 1995, 491; *Böhringer* BWNotZ 1984, 137, 139f.; *Schöner/Stöber* Grundbuchrecht Rdn. 124; MünchKommBGB/*Wacke* § 878 Rdn. 13; *Palandt/Bassenge* § 878 Rdn. 11; *Staudinger/Ertl* § 878 Rdn. 20; *Schaub* ZEV 2000, 49, 50).

14 Die **Praxis** hat sich an der Meinung der Rechtsprechung zu orientieren. In Fällen des Wegfalls der Verfügungsbefugnis des Testamentsvollstreckers nach Einigung bzw. Bewilligung und Eintragungsantrag im Grundbuch, aber vor Eintragung, ist der **Erwerber nicht geschützt.** Die Eintragung kann dann lediglich erfolgen, wenn die Erben als Rechtsinhaber der unwirksamen Verfügung des Testamentsvollstreckers zustimmen bzw. diese genehmigen (§ 185 BGB). Verweigern diese ihre Einwilligung, kann der Erwerber Gefahr laufen, den bereits bezahlten Kaufpreis oder Kaufpreisteil nicht mehr oder verspätet zurückzuerhalten.

15 Will sich der Erwerber auf diese Risiken und Unwägbarkeiten nicht einlassen, kann ihm nur dringend empfohlen werden, **Leistungen** seinerseits **erst** zu erbringen, **wenn die Verfügung der anderen Seite im Grundbuch vollzogen** ist (*Schöner/Stöber* Grundbuchrecht Rdn. 124). In der **notariellen Vertragsgestaltung** (vgl. hierzu *Schaub* ZEV 2000, 49; *Zahn* MittRhNotK 2000, 89, 108) ist hierauf besonderes Augenmerk zu legen. Es empfiehlt sich dringend, in den genannten Fällen die Kaufpreiszahlung über **Anderkonto** abzuwickeln und die Auszahlung vom Anderkonto von einem vorherigen Grundbuchvollzug abhängig zu machen. Der grundbuchamtliche Vollzug der notariellen Urkunde ist damit zur Voraussetzung der Auszahlungsreife der auf dem Anderkonto eingezahlten Beträge zu machen. Andererseits ist aber im Interesse des Veräußerers sicherzustellen, daß der Notar, wie etwa bei dem Grundstückskaufvertrag, die Urkunde zum Vollzug der Auflassung erst dann dem Grundbuchamt vorlegt, wenn der Käufer den gesamten Kaufpreis auf das Anderkonto einbezahlt hat. Als Alternative zur Kaufpreisabwicklung über Anderkonto kann die Absicherung des Käufers über **Bürgschaften** oder **vergleichbare Sicherheiten,** die vom Verkäufer beizubringen sind, erreicht werden. Die Bürgschaft oder sonstige Sicherheit muß solange aufrechter-

halten bleiben, bis der notarielle Vertrag im Grundbuch vollzogen ist. Erst dann ist auch die Bürgschaftsurkunde vom Käufer zurückzugeben.

Die **Mitwirkung der Erben** und deren ausdrückliche Zustimmung zum Rechtsgeschäft bieten dem Käufer nur dann Sicherheit, wenn nach Wegfall des zunächst bei diesem Rechtsgeschäft handelnden Testamentsvollstreckers gewährleistet ist, daß damit die Testamentsvollstreckung insgesamt beendet ist und beim Ersatz-Testamentsvollstrecker zum Zuge kommt (*Schaub* ZEV 2000, 49, 51; *Zahn* MittRhNotK 2000, 89, 109). Weil die Rechtssprechung teilweise relativ großzügig zur Annahme einer Ersatzberufung neigt, um den vom Erblasser mit der Testamentsvollstreckung verfolgten Zweck zu sichern, ist dies kein sicherer Lösungsweg. Diese Gefahren gilt es auch zu beachten, wenn sog. **Notarbestätigungen** durch den Notar abgebeben werden sollen (zB bei Grundschuldbestellungen für die Bank, daß die Urkunde vom Notar beim Grundbuchamt eingereicht wurde und Eintragung an bestimmter Rangstelle gewährleistet ist). Der Notar kann hier nicht die gewünschte Rangbescheinigung abgeben, sondern muß ausdrücklich darauf hinweisen, daß durch den Wegfall der Verfügungsbefugnis des Testamentsvollstreckers bis zur Grundbucheintragung die Grundschuldbestellung unwirksam wird (*Schaub* ZEV 2000, 49, 51; *Zahn* MittRhNotK 2000, 89, 109; *Mayer/Bonefeld/Daragan* Rdn. 343). 16

b) Beweis- und Feststellungslast

Das **Legalitätsprinzip** verpflichtet das Grundbuchamt, das Grundbuch mit der wirklichen Rechtslage in Einklang zu halten. Es darf nicht bewußt dazu mitwirken, das Grundbuch unrichtig zu machen. Dieses Postulat stellt im Vergleich zum Grundsatz der Eintragung aufgrund einseitiger formgerechter Bewilligung die Ausnahme dar. Das Interesse an vollständiger Richtigkeit des Grundbuchs ist im Vergleich zum Interesse an schneller Eintragung nachrangig. 17

In diesem **Spannungsverhältnis** zwischen **Bewilligungsgrundsatz** und **Legalitätsprinzip** stehen die Fragen, unter welchen Voraussetzungen das Grundbuchamt berechtigt ist, Anträge wegen fehlender Nachweise zurückzuweisen oder zu beanstanden und wie zu entscheiden ist, wenn im Grundbuchverfahren eine Tatsache ungeklärt bleibt. 18

Diese letztlich mit der Beweis- bzw. Feststellungslast zusammenhängenden Fragen sind dahin zu beantworten, daß der **Antragsteller grundsätzlich** die **Beweislast** für die Ordnungsmäßigkeit der Eintragungsbewilligung trägt und das Grundbuchamt bei fehlenden Nachweisen zur Beanstandung oder Zurückweisung berechtigt ist. Dies bezieht sich allerdings nur auf solche Tatsachen, die vorgetragen werden müssen, um den Antrag schlüssig zu machen. 19

Soweit es sich um **Einwendungen** und **Einreden** – im materiellen Sinn – handelt, liegt die **Beweislast** dagegen beim **Grundbuchamt.** Das Grundbuchamt trägt die Beweislast auch dafür, daß durch den Vollzug der Bewilligung das Grundbuch unrichtig würde, so daß bloße Zweifel, ob durch die beantragte Eintragung das Grundbuch unrichtig wird, die Eintragung nicht hindern können. Für die Beweislast im Grundbuchverfahren gelten dieselben Regeln wie im materiellen Recht (vgl. zum ganzen: *Schöner/Stöber* Grundbuchrecht Rdn. 209a). 20

Bleibt beispielsweise **ungeklärt,** ob der Bewilligende verfügungsbeschränkt ist bzw. war oder nicht, hat das Grundbuchamt die Bewilligung zu vollziehen. 21

Für den **Testamentsvollstrecker** ist dies insbesondere in Bezug auf seine **Verfügungsbefugnis** von Belang. Grundsätzlich ist – mit Ausnahme unentgeltlicher Verfügungen (§ 2205 S. 3 BGB) – von seiner unbeschränkten Verfügungsbefugnis in Bezug auf die Nachlaßgegenstände auszugehen, sofern sich nicht aus 22 dem Testamentsvollstreckerzeugnis Einschränkungen ergeben. Bloße **Zweifel** des **Grundbuchamtes** an der Befugnis des Testamentsvollstreckers zur Vornahme bestimmter Rechtsgeschäfte berechtigen dieses daher nicht zur Zurückweisung der Eintragungsanträge. Anders verhält es sich, wenn das Grundbuchamt die Verfügungsbeschränkung sicher nachweisen kann, etwa indem es eine den Testamentsvollstrecker dinglich beschränkende Erblasseranordnung beweiskräftig dartut.

23 Bezüglich der Frage, ob der Testamentsvollstrecker ein **Insichgeschäft** wirksam vornehmen kann, ist dagegen – entsprechend materiellem Recht – vom Grundsatz des Verbots des Selbstkontrahierens auszugehen. Soweit hiervon eine Ausnahme bestehen sollte, hat diese nach anerkannten Beweislastregeln der Testamentsvollstrecker nachzuweisen. Ihn trifft demnach die **Beweislast** dafür, daß er zur Vornahme der entsprechenden Verfügung mit sich selbst berechtigt war bzw. ist.

24 Ebenso ist das Grundbuchamt berechtigt, **wegen fehlender Nachweise** Anträge zu beanstanden oder zurückzuweisen, wenn die Beweislast hierfür beim Antragsteller liegt und dem Grundbuchamt aus den Eintragungsunterlagen selbst oder durch sonstige Umstände Tatsachen – nicht lediglich subjektive Vermutungen, Bedenken oder Zweifel – bekannt werden, die den Beweiswert der Eintragungsunterlagen erschüttern. Grundsätzlich ist zu bemerken, daß im Antragsverfahren das Grundbuchamt zur Anstellung von Ermittlungen weder berechtigt noch verpflichtet ist; es ist vielmehr **Sache** des **Antragstellers,** die erforderlichen **Unterlagen beizubringen** (BayOLG Rpfleger 1982, 467; Rpfleger 1970, 22; *Demharter* § 1 GBO Rdn. 15; *Schöner/Stöber* Grundbuchrecht Rdn. 209a).

25 Liegt die Beweislast dagegen beim Grundbuchamt, ist eine Beanstandung oder Zurückweisung nur möglich, wenn sich aus den Eintragungsunterlagen bzw. offenkundiger oder gerichtsbekannter Tatsachen die Unwirksamkeit der Eintragungsgrundlage nachweisen läßt. Eintragungen können nicht schon dann abgelehnt werden, wenn sie möglicherweise mit der wahren Rechtslage nicht übereinstimmen oder bloße Zweifel an der wirksamen Rechtsbegründung bestehen. Vielmehr muß das **Grundbuchamt** aufgrund feststehender Tatsachen zur **sicheren Kenntnis** oder **Überzeugung** kommen, daß durch die beantragte Eintragung das Grundbuch unrichtig würde (*Schöner/Stöber* Grundbuchrecht Rdn. 209a). Für die Beurteilung der Beweislast sind wiederum die Regeln materiellen Rechts bedeutsam.

2. Nachweise im einzelnen

a) Testamentsvollstreckerzeugnis

26 Der Testamentsvollstrecker hat seine Verfügungsbefugnis grundsätzlich durch das **Testamentsvollstreckerzeugnis** (§ 2368 BGB) nachzuweisen. Das Zeugnis ist in **Urschrift** oder **Ausfertigung** vorzulegen; eine beglaubigte Abschrift genügt nicht. Hat allerdings der beurkundende Notar in der Urkunde bescheinigt, daß ihm das Testamentsvollstreckerzeugnis in Ausfertigung bei der Beurkundung vorgelegen hat, genügt es, wenn er eine beglaubigte Abschrift hiervon der Niederschrift beifügt und diese zusammen mit der Niederschrift – in beglaubigter Form – beim Grundbuchamt einreicht (*Brambring* in: Beck'sches Notarhandbuch, A I, Rdn. 291). Die Vorlegung des Testamentsvollstreckerzeugnisses wird ersetzt durch **Verweisung** auf die **das Testamentsvollstreckerzeugnis enthaltenden Nachlaßakten,** wenn diese sich bei demselben Amtsgericht oder dessen Zweigstelle befinden. Hierbei bedarf es keines gesonderten Nachweises, daß der Testamentsvollstrecker das Amt angenommen hat (RG JW 1906, 132f.; KG OLGE 40, 49; *Schaub* ZEV 1995, 361; *ders.* ZEV 2000, 49, 50).

Ist der Testamentsvollstrecker in einer **öffentlich beurkundeten Verfügung** 27 **von Todes wegen** ernannt worden, ist die Vorlage eines Testamentsvollstreckerzeugnisses nicht notwendig. Zu verlangen ist aber, daß die Person des Testamentsvollstreckers in diesen Fällen namentlich genau bezeichnet ist (*Schaub* ZEV 1995, 361). Es genügt gem. § 35 Abs. 1 S. 2, Abs. 2 GBO regelmäßig, wenn die Verfügung von Todes wegen nebst der Eröffnungsniederschrift vorgelegt (zum urkundlichen Nachweis durch Vorlage einer beglaubigten Abschrift in diesen Fällen KG ZEV 1998, 72) und außerdem die Amtsannahme nachgewiesen wird; dieser Nachweis wird durch ein Zeugnis des Nachlaßgerichts über die Annahme oder durch die Niederschrift über die Annahmeerklärung erbracht (KGJ 28, 283; 38, 136). Da die **Annahme des Amtes** in diesem Fall in einer dem § 29 GBO entsprechenden Form **nachgewiesen** werden muß, genügt die Verweisung auf die Nachlaßakten dann nicht, wenn diese nur eine privatschriftliche Annahmeerklärung des Testamentsvollstreckers enthalten (KG OLGE 40, 49).

Handelt der Testamentsvollstrecker **vor Erteilung des Zeugnisses,** hat er 28 nachzuweisen, daß er sein Amt gegenüber dem Nachlaßgericht angenommen hat (§ 2202 Abs. 2 BGB), wobei für die Frage, in welcher Form die Annahmeerklärung nachgewiesen sein muß, wieder die vorgenannten Grundsätze gelten.

Wird der Testamentsvollstrecker **durch einen Dritten bestimmt** (§§ 2198, 29 2199 BGB) oder **durch** das **Nachlaßgericht ernannt** (§ 2200 BGB), müssen dem Grundbuchamt die Bestimmung des Dritten oder die Ernennung durch das Nachlaßgericht in der Form des § 29 GBO nachgewiesen werden, wobei bei Bestimmung durch das Nachlaßgericht daneben ein Rechtskraftzeugnis beigebracht werden muß, vgl. § 81 FGG (*Schaub* ZEV 2000, 49, 50; aA *Haegele/Winkler* Rdn. 685; *Zimmermann* Rdn. 25).

Nur aus besonderen Gründen kann das Grundbuchamt verlangen, daß der Te- 30 stamentsvollstrecker ein Testamentsvollstreckerzeugnis vorlegt, obwohl er sich durch Vorlage des in einer öffentlichen Urkunde enthaltenen Testaments und des Eröffnungsprotokolls legitimieren kann. Dieses Verlangen steht jedoch nicht im Belieben des Grundbuchamts, sondern ist nur im **Einzelfall** zu rechtfertigen, etwa wenn die Beurteilung der Verfügungsbefugnis besonders zweifelhaft und schwierig ist (KG OLGE 16, 172; OLG Köln ZEV 2000, 232 will das Verlangen auf die Fälle beschränken, in denen Zweifel tatsächlicher Art gegeben sind, während bei rechtlich schwierigen Auslegungsfragen das Grundbuchamt selbst zu entscheiden hat).

Der **Notar** hat bei Beurkundung das Testamentsvollstreckerzeugnis darauf zu 31 **prüfen,** ob sich aus ihm inhaltliche oder gegenständliche Beschränkungen der Verfügungsbefugnis ergeben (*Brambring* in: Beck'sches Notarhandbuch, A. I., Rdn. 291).

Nicht ausreichend zur Legitimation ist dagegen die Eintragung des Testa- 32 mentsvollstreckers im Grundbuch gem. § 52 GBO (BayObLG ZEV 1999, 67). Ebensowenig kann der Erbschein, in dem nach § 2364 BGB die Ernennung des Testamentsvollstreckers angegeben ist, das Testamentsvollstreckerzeugnis ersetzen (*Bauer/v. Oefele/Schaub* § 52 GBO Rdn. 19), auch dann nicht, wenn – fälschlicherweise – der Name des Testamentsvollstreckers darin aufgeführt ist.

b) Nachweis des Umfangs der Testamentsvollstreckung

Grundsätzlich bezieht sich das Verwaltungsrecht des Testamentsvollstreckers auf 33 den gesamten Nachlaß, § 2205 S. 1 BGB, sofern der Erblasser keine besonderen

Anordnungen getroffen hat. Dementsprechend enthält das Testamentsvollstreckerzeugnis auch keine entsprechenden inhaltlichen Beschränkungen. Diese *negative Vermutungswirkung* des § 2368 Abs. 3 BGB iVm. § 2365 BGB gilt auch gegenüber dem Grundbuchamt. Das Grundbuchamt hat daher davon auszugehen, daß keine weiteren als die im Zeugnis angegebenen Beschränkungen der Verfügungsbefugnis des Testamentsvollstreckers bestehen, insbesondere berechtigen bloße Zweifel des Grundbuchamtes an den Angaben im Vollstreckerzeugnis nicht zur Annahme der Aufhebung der gesetzlichen Vermutungswirkung (*Bauer/v. Oefele/Schaub* § 52 GBO Rdn. 21; *ders.* ZEV 2000, 49, 50; *Schöner/Stöber* Grundbuchrecht Rdn. 3464). Ist umgekehrt das Verwaltungsrecht des Testamentsvollstreckers mit dinglicher Wirkung durch Erblasseranordnung beschränkt, wird dies im Testamentsvollstreckerzeugnis vermerkt (zB zeitliche Beschränkung der Testamentsvollstreckung), so daß sich der Nachweis hieraus ergibt (BayObLG ZEV 1999, 67, 68).

c) Nachweis der Entgeltlichkeit

34 Das Grundbuchamt hat stets sorgfältig zu prüfen, ob der Testamentsvollstrecker im Rahmen seiner Verfügungsbefugnis gehandelt hat. So ist zB in jedem Fall die Entgeltlichkeit des vom Testamentsvollstrecker vorgenommenen Rechtsgeschäfts zu prüfen (KG JW 1932, 1390; *Demharter* § 52 GBO Rdn. 23, 24; ausführlich *Bauer/v. Oefele/Schaub* § 52 GBO Rdn. 84ff.), denn § 2205 S. 3 BGB statuiert eine **dinglich** wirkende **Beschränkung** der Rechtsmacht des Testamentsvollstreckers. Der in § 2205 S. 3 BGB gebrauchte Ausdruck „unentgeltliche Verfügung" gewinnt seine Bedeutung nur aus dem der Verfügung zugrundeliegendem Kausalgeschäft. Ist das Kausalgeschäft unentgeltlich, so wird auch die Verfügung so bezeichnet (KGJ 33, A 164). Das Grundbuchamt wird daher bei Prüfung einer Eintragungsbewilligung des Testamentsvollstreckers in Ausnahme des das Grundbuchverfahren beherrschenden formellen Konsensprinzips die Frage prüfen müssen, ob eine entgeltliche Kausa vorliegt, von deren Vorhandensein die Verfügungsbefugnis abhängt (*Jung* Rpfleger 1999, 204, 205). Ein **Unterlassen** dieser Prüfung stellt einen Verfahrensfehler dar, aufgrund dessen allein bereits ein Amtswiderspruch einzutragen ist (OLG Zweibrücken Rpfleger 1968, 88).

35 Der Nachweis der Entgeltlichkeit braucht nicht in der Form des § 29 GBO geführt zu werden, da diesen Nachweis durch öffentliche Urkunde zu führen meist unmöglich sein wird. Die Rechtsprechung hat daher **Beweiserleichterungen** vorgesehen, wo es praktisch unmöglich ist, Urkunden beizubringen. Es genügt, daß im Weg der freien Beweiswürdigung des Grundbuchamts Zweifel an der Pflichtmäßigkeit ausgeräumt werden können (vgl. BayObLG Rpfleger 1970, 22; Rpfleger 1989, 200; LG Köln MittRhNotK 1989, 172). Als Maßstab und zugleich Grenze der Verfügungsbefugnis des Testamentsvollstreckers sind dabei die Grundsätze einer ordnungsmäßigen Verwaltung des Nachlasses zu beachten. Die Beweiserleichterungen für den Testamentsvollstrecker greifen noch heute unbestrittener Auffassung ohne weiteres Platz, obwohl die Möglichkeit eines den Vorschriften des § 29 GBO entsprechenden Nachweises durch Zustimmung der Erben seit der BGH-Entscheidung vom 24. 9. 1971 (BGHZ 57, 84; s. auch 1. Kap. Rdn. 135ff.) vorhanden ist (*Jung* Rpfleger 1999, 204, 207f. mwN).

36 Das Grundbuchamt kann verlangen, daß der Testamentsvollstrecker die erforderlichen **Unterlagen beibringt,** die **Beweggründe** für die Verfügung substantiiert **vorträgt** und daß diese verständlich und der Wirklichkeit gerecht werdend erscheinen (KG DNotZ 1954, 470; 1968, 669) sowie begründete Zweifel an der Pflichtmäßigkeit der Handlung nicht ersichtlich sind. Eine bloße Erklärung des

Testamentsvollstreckers, daß er nicht unentgeltlich verfügt, reicht jedoch unter keinen Umständen aus. Das Grundbuchamt, das den notwendigen Erklärungen des Testamentsvollstreckers über die Entgeltlichkeit **kein Mißtrauen** entgegenzubringen hat, sofern nicht besondere Umstände ein solches rechtfertigen, muß in der Lage sein, nach allgemeinen **Erfahrungssätzen** die Entgeltlichkeit zu beurteilen. Dabei wird dann, wenn die Verfügung Bestandteil eines Rechtsgeschäfts mit einem Dritten ist, der nicht zugleich Miterbe ist bzw. dem Testamentsvollstrecker wirtschaftlich oder persönlich nahe steht, regelmäßig anzunehmen sein, daß die Verfügung auch vollständig entgeltlich ist. Eine anderslautende Annahme ist in diesen Fällen jedenfalls vom Grundbuchamt zu beweisen. Obwohl die Geltungskraft des genannten Erfahrungssatzes eingeschränkt sein mag bei Verfügungen im Rahmen von Rechtsgeschäften mit einem Miterben oder sonstigen dem Testamentsvollstrecker nahestehenden Personen, ist die Beweislast für die fehlende Entgeltlichkeit auch dann beim Grundbuchamt zu sehen, wenn der Miterbe oder der sonst nahestehende Dritte zu einer nicht offenbar unangemessen niedrigen Gegenleistung verpflichtet ist. Diese Gegenleistung muß nicht in einer einmaligen Geldzahlung bestehen, sondern kann auch in anderer Weise vereinbart sein (zB Wohnungsrecht, beschränkte persönliche Dienstbarkeit, Nießbrauch, Leibrente, dauernde Last etc. für die Erben). Entscheidend aber ist, daß sie dem Nachlaß zugute kommt (hierzu und zur im Hinblick auf § 2113 Abs. 2 BGB vergleichbaren Problematik beim Vorerben: OLG Hamm Rpfleger 1991, 59 m. krit. Anm. *Brinkmann* Rpfleger 1991, 300; *Jung* Rpfleger 1999, 204, 206f.).

Ist bei dem Rechtsgeschäft des Testamentsvollstreckers **keinerlei Gegenleistung** vereinbart, wird der Nachweis der Entgeltlichkeit ohnehin dem Grundbuchamt gegenüber nicht erbracht werden können. 37

Bei vereinbarter Gegenleistung, gleichviel ob diese zur vollen oder nur zur teilweisen Entgeltlichkeit des Rechtsgeschäfts führt, ist demnach das Grundbuchamt nur zur Beanstandung berechtigt und verpflichtet, wenn aufgrund bestimmter Anhaltspunkte **berechtigte Zweifel** an der Verfügungsbefugnis des Testamentsvollstreckers bestehen, die sich jedoch nicht allein aus den vorliegenden Eintragungsunterlagen zu ergeben brauchen, sondern auch sonst bekannt geworden sein oder auf der Lebenserfahrung beruhen können. Dabei darf das Grundbuchamt weitere Nachweise nur verlangen, wenn sich seine Bedenken aufdrängen. Es müssen konkrete Anhaltspunkte für das vermeintliche Eintragungshindernis vorliegen; bloße **Vermutungen genügen nicht** (vgl. BayObLGZ 1956, 54; 1969, 278). Bestehen berechtigte Zweifel, muß das Grundbuchamt durch Zwischenverfügung den erforderlichen Nachweis beispielsweise durch ein entsprechendes **Verkehrswertgutachten** anfordern. Von Amts wegen dürfen Ermittlungen weder angestellt noch dabei gewonnene Beweise verwertet werden. 38

Die genannte Beweislastverteilung rechtfertigt sich aus dem Gedanken, daß der Testamentsvollstrecker **grundsätzlich unbeschränkt verfügungsbefugt** ist und die fehlende Verfügungsbefugnis bei Unentgeltlichkeit die gesetzliche Ausnahme darstellt. Ausnahmetatbestände sind aber regelmäßig von dem zu beweisen, der sich hierauf beruft. 39

Um eventuellen **Bedenken des Grundbuchamtes** im übrigen **Rechnung zu tragen,** kann auch vorgesehen werden, daß das Verfügungsgeschäft bis zur Zahlung und dem Erhalt der Gegenleistung ausgesetzt und erst nach diesem Zeitpunkt vollzogen wird (vgl. 4. Kap. Rdn. 136f.). Eine weitere Möglichkeit besteht darin, daß der Testamentsvollstrecker den Anspruch auf die Gegenleistung dinglich – zB durch Kaufpreissicherungshypothek – oder in sonstiger Weise – zB durch Beibringung von Bürgschaften oder Sicherheiten seitens des Käufers – sicherstellt. 40

d) Nachweis der Erfüllung letztwilliger Verfügungen

41 Auch der Nachweis, daß es sich um die Erfüllung einer Anordnung des Erblassers handelt, die die Unentgeltlichkeit der Verfügung ausschließt, muß **nicht** in der **Form des § 29 GBO** geführt werden, sofern es praktisch **unmöglich** ist, **Urkunden beizubringen.** Wo dies umgekehrt allerdings möglich ist, ist eine Lokkerung der strengen Beweisanforderung (§ 29 GBO) nicht geboten (BayObLG NJW-RR 1986, 1070).

42 Demnach ist **zu unterscheiden** zwischen der letzwilligen Verfügung des Erblasser, die die entsprechende **Anordnung** – zB Vermächtnis – für den Testamentsvollstrecker enthält einerseits und andererseits der Frage, **in welcher Weise** der Testamentsvollstrecker diese Anordnung erfüllt hat.

43 Das Grundbuchamt kann verlangen, daß der Testamentsvollstrecker die für die Erblasseranordnung enthaltene letztwillige Verfügung in **beglaubigter Abschrift** vorlegt. Auch bei einem privatschriftlichen Testament muß der Testamentsvollstrecker eine beglaubigte Abschrift, die er vom Nachlaßgericht erhält (vgl. § 2264 BGB) dem Grundbuchamt vorlegen. Befindet sich die letztwillige Verfügung in den Nachlaßakten desselben Amtsgerichts oder dessen Zweigstelle, wird die Vorlage einer beglaubigten Abschrift der letztwilligen Verfügung ersetzt durch die **Verweisung** auf die **Nachlaßakten.**

44 Umgekehrt kann der Testamentsvollstrecker naturgemäß nicht durch öffentliche Urkunden nachweisen, ob er eine letztwillige Anordnung des Erblassers auch **pflichtgemäß erfüllt** hat. Hier müssen ihm die von der Rechtsprechung anerkannten **Beweislockerungen** zugutekommen (BayOLG NJW-RR 1986, 1070). Es genügt der substaniierte Vortrag von Tatsachen, die seine Handlungen als pflichtgemäß erscheinen lassen. Hierdurch können Zweifel des Grundbuchamts ausgeräumt werden. Das Grundbuchamt beurteilt diese Tatsachen wiederum im Wege der **freien Beweiswürdigung.**

e) Nachweis der Zustimmung der Erben und Vermächtnisnehmer

45 Verfügt der Testamentsvollstrecker über Grundstücksrechte unentgeltlich, jedoch mit **Zustimmung** aller Erben (Nacherben) und Vermächtnisnehmer, ist deren – materiell-rechtlich formfreie, § 182 Abs. 2 BGB – Zustimmung dem Grundbuchamt in der Form des § 29 GBO vorzulegen.

46 Die **Erbenstellung** der Betroffenen wird nach § 35 bzw. § 36 GBO **nachgewiesen** (BayObLG NJW-RR 1986, 1070; 1989, 587), dh durch Vorlage der **Urschrift** oder einer **Ausfertigung** – nicht einer beglaubigten Abschrift – des **Erbscheins,** durch **Verweisung** auf die **Nachlaßakten,** sofern diese beim selben Amtsgericht geführt werden (BGH DNotZ 1982, 159) **oder** durch ein sogenanntes **Überweisungszeugnis** (§ 36 GBO). Beruht die Erbfolge auf einer Verfügung von Todes wegen, die in einer öffentlichen Urkunde enthalten ist, genügt es, wenn anstelle des Erbscheins die Verfügung und die Niederschrift über die Eröffnung der Verfügung vorgelegt werden. Auch hier kann auf die bei dem selben Amtsgericht geführten Nachlaßakten verwiesen werden.

47 Die **Feststellung, ob und wie viele Vermächtnisse** der Erblasser getroffen und wer jeweils die Person des Bedachten ist, kann das Grundbuchamt durch Einsichtnahme in die Testamentseröffnungsakten prüfen, sofern die Nachlaßakten beim gleichen Amtsgericht geführt werden. Ist dies nicht der Fall, wird es vom zuständigen Nachlaßgericht beglaubigte Testamentsabschriften verlangen müssen, versehen mit einer Bescheinigung des Nachlaßgerichts, daß sich weitere Testamente oder Erbverträge nicht im Nachlaß befinden.

Die **Zustimmung** der so festgestellten **Vermächtnisnehmer** ist formgerecht (§ 29 GBO) nachzuweisen, sofern die Vermächtnisse nicht erfüllt sind oder sich sonst erledigt haben. Wie die bereits erfolgte Erfüllung eines Vermächtnisses darzutun ist, richtet sich nach Lage des einzelnen Falles. Bei einem Grundstücksvermächtnis ist der Nachweis erbracht, wenn der Bedachte bereits als neuer Eigentümer im Grundbuch eingetragen ist. Hat sich das Vermächtnis in sonstiger Weise erledigt, zB durch den Tod des Vermächtnisnehmers, ohne daß ein Ersatzvermächtnis angeordnet worden ist, ist dieser Nachweis – soweit die Vorlage öffentlicher Urkunden unschwer möglich ist – ebenso in der Form des § 29 GBO zu führen, zB durch Vorlage der Sterbeurkunde (BGH NJW 1971, 2264; *Haegele* Rpfleger 1972, 43, 45; *Schöner/Stöber* Grundbuchrecht Rdn. 3439). 48

Hat der Erblasser **Nacherbfolge** angeordnet und ist daher auch die **Zustimmung** des Nacherben erforderlich, ergeben sich Schwierigkeiten, wenn im Zeitpunkt der Vornahme der Verfügung die Nacherbfolge noch nicht eingetreten und die Nacherben der Person nach noch nicht bekannt sind. Häufigster Fall ist, daß zu Nacherben auf den Tod des Vorerben dessen in diesem Zeitpunkt vorhandenen Abkömmlinge berufen sind. Hier muß bei der Zustimmung ein Pfleger gemäß § 1913 BGB (mit Genehmigung des Vormundschaftsgerichts, § 1915 BGB iVm. §§ 1821, 1822 BGB) oder ein nach § 2222 BGB ernannter Testamentsvollstrecker mitwirken. 49

Ist allerdings bei einem Grundstück die **Nacherbfolge** gemäß § 51 GBO **im Grundbuch vermerkt,** ist die Einwilligung des oder der Nacherben in die unentgeltliche Verfügung nicht unbedingt erforderlich, da die Verfügung diesem gegenüber nicht wirksam ist (LG Oldenburg Rpfleger 1981, 197). Dennoch ist dem Testamentsvollstrecker jedenfalls dann, wenn nicht ausgeschlossen werden kann, daß zu einem späteren Zeitpunkt Nacherben zur Erbfolge gelangen werden, ebenso zu raten, beim zuständigen Vormundschaftsgericht die Anordnung einer Pflegschaft nach § 1913 BGB und die Bestellung eines Pflegers zu beantragen, der als gesetzlicher Vertreter für die noch unbekannten und ungewissen Nacherben deren Zustimmung erteilt. Bei Verfügungen über bestimmte Grundstücksrechte bedarf die Zustimmung des Pflegers hierzu der vormundschaftsgerichtlichen Genehmigung (§§ 1915, 1821, 1822 BGB). 50

Die Empfehlung rechtfertigt sich in der Praxis schon deshalb, weil der **Geschäftsgegner** regelmäßig auf der Zustimmung der Nacherben bestehen wird. Andernfalls besteht für ihn nämlich die Gefahr, daß die künftigen Nacherben die ihnen gegenüber bestehende Unwirksamkeit der Verfügung später geltend machen (§ 2113 Abs. 1 BGB). Wegen des eingetragenen Nacherbenvermerks scheidet für ihn auch die **Möglichkeit** eines **gutgläubigen Erwerbs** nach § 2113 Abs. 3 BGB aus. Umgekehrt ist bei erteilter Zustimmung der Nacherben die Verfügung auch diesen gegenüber wirksam, so daß nach Vollzug im Grundbuch der Nacherbenvermerk zu löschen ist. 51

f) Nachweis bei Insichgeschäften

Der **Testamentsvollstrecker** muß, da ihm Insichgeschäfte nur ausnahmsweise erlaubt sind, **nachweisen,** daß ihm das Selbstkontrahieren gestattet ist. Vgl. näher hierzu 4. Kap. Rdn. 160ff. 52

Beruft er sich für die Erlaubnis auf eine **ausdrückliche Gestattung** des Erblassers, hat er dem Nachlaßgericht die entsprechende letztwillige Verfügung in beglaubigter Abschrift vorzulegen. Er kann sich auch auf die entsprechenden Nachlaßakten berufen, sofern sich diese beim selben Amtsgericht befinden. Es gelten die Ausführungen zu Rdn. 43 entsprechend. 53

54 Ergibt sich die Gestattung des Selbstkontrahierens aus dem **konkludenten Erblasserwillen,** ist die letztwillige Verfügung in gleicher Weise dem Grundbuchamt gegenüber nachzuweisen. Lediglich für die Frage der Auslegung der letztwilligen Verfügung, insbesondere inwieweit in der letztwilligen Verfügung Anhaltspunkte dafür vorhanden sind, daß der Erblasserwille tatsächlich auf eine Befreiung des Testamentsvollstreckers von den Beschränkungen des § 181 BGB gerichtet war, sind die Grundsätze freier Beweiswürdigung heranzuziehen. Nachweise in öffentlich-beglaubigter Form können hier naturgemäß nicht erbracht werden.

55 Der Nachweis muß ebenfalls nicht in der Form des § 29 GBO erbracht werden, wenn der Testamentsvollstrecker behauptet, die **Grundsätze ordnungsgemäßer Verwaltung** beachtet zu haben mit der Folge, daß hieraus eine Gestattung des Erblassers konkludent anzunehmen sei (OLG München HRR 1940, Nr. 1128; KG JFG 7, 284; KG JW 1937, 2100; *Staudinger/Reimann* § 2205 Rdn. 67).

g) Nachweis des Handelns gemäß Erblasseranordnung

56 Ist der Testamentsvollstrecker aufgrund Erblasseranordnung in seiner Verfügungsmacht – dinglich – beschränkt, sei es, daß die Testamentsvollstreckung nur auf einzelne Nachlaßgegenstände beschränkt ist oder daß dem Testamentsvollstrekker die Berechtigung zur Verfügung über Nachlaßgegenstände ganz oder teilweise entzogen ist (vgl. hierzu 4. Kap. Rdn. 187ff.), so sind diese **Beschränkungen** nach § 2368 Abs. 1 S. 2 BGB im **Testamentsvollstreckerzeugnis** anzugeben (MünchKommBGB/*Promberger* § 2368 Rdn. 9). Das Zeugnis weist demnach aus, daß für den Testamentsvollstrecker keine weiteren als die in ihm angegebenen Beschränkungen seiner Befugnisse bestehen.

57 Ist das Testamentsvollstreckerzeugnis in Kraft, ist zu vermuten, daß keine sonstigen als die im Zeugnis enthaltenen Beschränkungen für den Testamentsvollstrecker bestehen. Diese – negative – **Vermutungswirkung** des § 2368 Abs. 3 BGB iVm. § 2365 BGB gilt auch gegenüber dem Grundbuchamt. Dieses hat im Eintragungsverfahren daher davon auszugehen, daß keine weiteren, als die im Zeugnis angegebenen Beschränkungen der Verfügungsbefugnis des Testamentsvollstreckers bestehen. Bloße Zweifel des Grundbuchamts an den Angaben im Testamentsvollstreckerzeugnis heben diese Vermutung nicht auf. Widerlegt ist die Vermutung aber dann, wenn dem Grundbuchamt – nachweislich und positiv – bekannt ist, daß eine im Zeugnis nicht dargestellte Beschränkung der Testamentsvollstreckerbefugnisse besteht. Hierfür ist die volle Überzeugung des Grundbuchamtes erforderlich, bloße Zweifel an der Richtigkeit und Vollständigkeit der Angaben im Vollstreckerzeugnis genügen nicht (MünchKommBGB/*Promberger* § 2368 Rdn. 35, 39; *Schöner/Stöber* Grundbuchrecht Rdn. 3464).

3. Einzelne Grundstücksgeschäfte

a) Gewährung einer Grundstücksausstattung

58 Ein Grundstück oder Grundstücksrecht kann der Testamentsvollstrecker einem Kind des Erblassers als Ausstattung (§ 1624 BGB) nur zuwenden, wenn ihm vom Erblasser eine entsprechende Verpflichtung ausdrücklich letztwillig auferlegt worden ist. Diese Verpflichtung kann sich auch durch Auslegung der letztwilligen Verfügung ergeben, wenn der **Wille des Erblassers** zumindest andeutungsweise in der letztwilligen Verfügung erkennbar ist (*Schöner/Stöber* Grundbuchrecht Rdn. 3448; *Haegele* Die Justiz 1953, 139, 141). Die Ausstattung kann auch der

überlebende Ehegatte als Testamentsvollstrecker einem gemeinschaftlichen Kind gewähren. An andere Personen als an **Kinder des Erblassers** – zB an Enkel des Erblasser – kann eine Ausstattung nach der Legaldefinition in § 1624 BGB nicht gewährt werden (hierzu und zur Abgrenzung der Ausstattung von der Schenkung: *Schmid* BWNotZ 1971, 29).

Oftmals wird eine Ausstattung einer Person gewährt, die zugleich Miterbe ist; hierbei ist darauf zu achten, daß die Ausstattung, sofern nichts anderes bestimmt ist, der **Ausgleichung** unterliegt (§§ 2050ff., § 2316 BGB), und gegebenenfalls auf einen Pflichtteil anzurechnen ist (§ 2315 BGB). Auf welche Weise der entsprechende Ausgleich durchzuführen ist, ist vom Testamentsvollstrecker bei Gewährung der Ausstattung zweckmäßigerweise mitzuregeln. **59**

Liegt keine letztwillige Erblasseranordnung bezüglich der Gewährung einer Ausstattung vor, ist der Testamentsvollstrecker zu einer solchen nicht berechtigt (§ 2205 S. 3 BGB). Die Ausstattung ist zwar keine Schenkung im Sinne des § 516 BGB, sie erfolgt gleichwohl **objektiv ohne Gegenleistung** (RG WarnR 1942 Nr. 42). Mithin unterfällt sie – ebenso wie die unbenannte Zuwendung unter Ehegatten, die objektiv ebenfalls unentgeltlich ist (vgl. BGH MittBayNot. 1992, 150) – der Verfügungsschranke des § 2205 S. 3 BGB (*Staudinger/Reimann* § 2205 Rdn. 42; *Schöner/Stöber* Grundbuchrecht Rdn. 3448; anders *Haegele/Winkler* Rdn. 266; *Haegele* Die Justiz 1953, 139, 142). Der Ausnahmetatbestand, daß die Ausstattung einer diesbezüglichen Pflicht oder einer auf den Anstand zu nehmenden Rücksicht entspricht, wird im Grundstücksverkehr keine praktische Relevanz erlangen. **60**

b) Betriebs- oder Hofübergabe

Gehört zum Nachlaß ein Unternehmen, Betrieb oder landwirtschaftlicher Hof, ist der Testamentsvollstrecker zu dessen Übergabe an einen von mehreren Miterben dann berechtigt, wenn der **Erblasser** den Übernehmer in der letztwilligen Verfügung **bestimmt** hat. **Ausnahmen** gelten lediglich für Höfe im Sinne der Höfeordnung (§ 1 Höfeordnung, Art. 64 EGBGB; zum Geltungsbereich der Höfeordnung: *Palandt/Edenhofer* Art. 64 EGBGB Rdn. 6) im Zusammenhang mit formlosen Hofübergabeverträgen zwischen dem Hofeigentümer als Erblasser und seinen Abkömmlingen (hierzu: BGH NJW 1967, 1364; 1983, 2504; 1993, 267). **61**

Hat der Erblasser nicht bestimmt, zu welchem Wert die Übergabe stattfinden soll, ist für die Bestimmung der Gegenleistung grundsätzlich der wirkliche **Wert des Nachlaßgegenstandes** maßgeblich. Bei einem landwirtschaftlichem Gut gilt im Zweifel der **Ertragswert** (§ 2049 BGB), dessen Höhe sich, unterschiedlich nach den landesrechtlichen Vorschriften (Art. 137 EGBGB iVm. landesrechtlichen Vorschriften), in der Regel nach dem 25 bis 28fachen des jährlichen Reinertrages bestimmt. Im übrigen ist zu beachten, daß evtl. **Ausgleichszahlungen** an die weichenden Erben zu leisten sind (§§ 2050, 2052 BGB). **62**

Ist eine Hofübergabe in bestimmten Gegenden allgemein oder in der überwiegenden Zahl der Fälle unterhalb des Ertragswertes üblich, der für das betreffende Bundesland gilt, so ist eine Übergabe zu diesem niedrigeren Wert bedenkenfrei, da dieser niedrigere Wert tatsächlich dem wirklichen Wert entspricht. Der wirkliche Wert ist **nach Regionen differenziert** festzulegen (vgl. auch *Haegele/Winkler* Rdn. 267; aA *Schöner/Stöber* Grundbuchrecht Rdn. 3449). **63**

Übergibt dagegen der Testamentsvollstrecker einen Betrieb oder Hof an einen der Erben zu einem **unter** dem wirklichen **Wert** liegenden Ansatz, dann ist er hierzu nur dann berechtigt, wenn der Erblasser eine entsprechende verpflichtende Anordnung getroffen hat. Diese kann sich auch aus dem sonstigen Willen des Erb- **64** lassers ergeben, wenn dieser zumindest in der letztwilligen Verfügung seine Andeutung gefunden hat. Hier gelten dieselben Grundsätze wie bei der Grundstücksausstattung (Rdn. 58).

65 Hat der **Erblasser** in der letztwilligen Verfügung einen **Wert** für die Übergabe **positiv bestimmt,** muß sich der Testamentsvollstrecker hieran grundsätzlich halten. Verändern sich aber zwischen dem Zeitpunkt der Erblasseranordnung und dem Zeitpunkt der Übergabe die maßgeblichen wertbestimmenden Faktoren aufgrund externer Umstände, kann der Testamentsvollstrecker zu einem unterhalb liegenden Wert nur dann übergeben, wenn er entweder vorher die Erblasseranordnung gemäß § 2216 Abs. 2 BGB außer Kraft setzen läßt oder wenn er bei Übergabe die Zustimmung oder Genehmigung sämtlicher übriger Miterben und der Vermächtnisnehmer einholt. In beiden Fällen kann so eine Übergabe zu einem ermäßigten Preis durch den Testamentsvollstrecker erfolgen.

66 Da das Gesetz für letztgenannte Problemstellung adäquate Lösungsmöglichkeiten vorsieht, kann man den Testamentsvollstrecker daneben **nicht** als ermächtigt ansehen, in **analoger** Anwendung des **§ 2048 Satz 2 BGB** den Übernahmepreis nach billigem Ermessen selbst festzusetzen (so aber *Haegele/Winkler* Rdn. 267; *Haegele* Die Justiz 1953, 139, 142; *Schöner/Stöber* Grundbuchrecht Rdn. 3449). Für eine Rechtsanalogie fehlt es am Tatbestand der Regelungslücke.

67 Bei Übertragung von land- und forstwirtschaftlichen Grundstücken ist das **Genehmigungserfordernis des § 2 GrdstVG** zu beachten.

c) Grundpfandrechte

68 *aa) Bestellung und Abtretung.* Bei Belastung eines Nachlaßgrundstücks mit einer Grundschuld, Rentenschuld oder Hypothek ist zu **unterscheiden** (hierzu *Bauer/v. Oefele/Schaub* § 52 GBO Rdn. 58ff.):

69 – Der Testamentsvollstrecker ist berechtigt, für den Erben oder die Erben in Erbengemeinschaft eine **Eigentümergrundschuld** am Nachlaßgrundstück eintragen zu lassen. Deren Bestellung und Eintragung ist wirksam. Die Verfügung ist nicht unentgeltlich, da das Entgelt hier in dem für den oder die Erben neu entstandenen dinglichen Recht besteht. Gleichzeitig ist ein Testamentsvollstreckervermerk nach § 52 GBO einzutragen (*Haegele* Die Justiz 1953, 139, 141; *ders.* BWNotZ 1969, 262).

70 – Bei Bestellung einer **Fremdgrundschuld** zugunsten eines Dritten, insbesondere zugunsten von finanzierenden Kreditinstituten, stellt sich regelmäßig die Frage, ob der Testamentsvollstrecker hierdurch unentgeltlich und damit nicht wirksam verfügt. Der Testamentsvollstrecker hat hier in der Bestellungsurkunde die Beweggründe für die Belastung und deren Zweck im einzelnen darzulegen. Sind Beweggründe und Belastungszweck nach allgemeiner Lebenserfahrung verständlich und erscheinen der Wirklichkeit gerecht werdend, so steht der Eintragung der Fremdgrundschuld kein Hindernis im Wege, wenn nicht dem Grundbuchamt gegenteilige Tatsachen bekannt sind (KG DNotZ 1938, 310; LG Aachen Rpfleger 1984, 98). Überdies kann das Grundbuchamt verlangen, daß der Testamentsvollstrecker nachweist, daß die Auszahlungsansprüche aus dem dem Grundpfandrecht zugrundeliegenden Kreditverhältnis dem Nachlaß zustehen und daß Kredite an den Nachlaß tatsächlich ausgereicht werden. Ist die **Valuta** dem **Nachlaß zugeflossen,** ist dann aber – insbesondere für die Prüfung des Grundbuchamts – unerheblich, wie die Valuta im einzelnen verwendet wird (LG Aachen Rpfleger 1984, 98). Die bloße Erklärung des Testamentsvollstrekkers, er habe den vollen Gegenwert aus der Grundschuld für den Nachlaß erhalten, genügt allein nicht, auch wenn der Geldgeber dies bestätigt, sofern nicht

die Beweggründe der Bestellung im einzelnen substantiiert dargetan werden (*Haegele* Die Justiz 1953, 139, 141).

71 Sind Nachlaßgrundstücke bereits vom Erblasser mit Grundpfandrechten belastet worden und will der Testamentsvollstrecker diese Grundpfandrechte **revalutieren,** bedarf es für dieses Vorgehen keines weiteren Nachweises gegenüber dem Grundbuchamt. Das einmal wirksam bestellte Grundpfandrecht bleibt bestehen. Die Tatsache der neuerlichen Kreditaufnahme und der Zurverfügungstellung der bereits eingetragenen Grundschuld als Sicherung für den Geldgeber ist dem Grundbuchamt in aller Regel auch nicht bekannt. Dennoch ist der Testamentsvollstrecker im Rahmen ordnungsmäßiger Verwaltung gehalten, die **Zweckbestimmungserklärung** (Sicherungsabrede), in der bestimmt wird, für welche Forderungen des Gläubigers die Grundschuld haftet, entsprechend **einzuschränken,** und zwar dahin, daß die Grundschuld dem Gläubiger nur zur Sicherung gegen den Nachlaß gerichteter Forderungen dienen darf. Es muß ausgeschlossen werden, daß sie auch Forderungen des Geldgebers gegen die Erben persönlich oder den Testamentsvollstrecker persönlich absichert.

72 Die Grundpfandrechtsbestellung ist unwirksam, wenn die Valuta dem **Testamentsvollstrecker** selbst, nicht dem Nachlaß, **zufließt,** zB eine Grundschuld zur Sicherung eines dem Testamentsvollstrecker persönlich gewährten Kredits verwendet oder bestellt wird. Zwar ist das Rechtsgeschäft aus Sicht des finanzierenden Gläubigers entgeltlich, nicht aber vom maßgeblichen Standpunkt der Erben aus. Die Verfügung des Testamentsvollstreckers ist hier wegen § 2205 S. 3 BGB unwirksam. Der finanzierende Gläubiger kann die Grundschuld auch nicht gutgläubig erwerben, da der öffentliche Glaube des Grundbuchs (§ 892 BGB) die Mängel des Erwerbsgeschäfts nicht heilt (*Schöner/Stöber* Grundbuchrecht Rdn. 3443). **Tritt** allerdings der Grundschuldgläubiger die nicht wirksam bestellte Grundschuld an einen Dritten **ab,** ist dieser bei Gutgläubigkeit durch den öffentlichen Glauben des Grundbuchs geschützt.

73 Bestellt der **Testamentsvollstrecker** ein **Grundpfandrecht für sich** selbst **an** einem **Nachlaßgrundstück,** ist er hieran durch § 181 BGB gehindert. Selbst wenn er durch den Erblasser von den Beschränkungen des § 181 BGB befreit worden wäre, kann der Testamentsvollstrecker wirksam im eigenen Namen eine Grundschuld am Nachlaßgrundstück nicht bestellen, da sich dieses Rechtsgeschäft als unentgeltlich darstellt, insbesondere, wenn die Grundschuld zur Aufnahme von Krediten für den Testamentsvollstrecker selbst bestimmt ist (*Schöner/Stöber* Grundbuchrecht Rdn. 3445). Vom Verbot unentgeltlicher Verfügungen kann der Testamentsvollstrecker auch durch den Erblasser nicht befreit werden. Wird gleichwohl für den Testamentsvollstrecker persönlich eine Grundschuld am Nachlaßgrundstück eingetragen und diese an einen Dritten abgetreten, besteht für diesen die Möglichkeit gutgläubigen Erwerbs der Grundschuld nach § 892 BGB (s. Rdn. 77).

74 Wird vom Testamentsvollstrecker eine für den Erben eingetragene **Eigentümergrundschuld** an einen finanzierenden Dritten **abgetreten,** entspricht die Rechtslage derjenigen bei unmittelbarer Bestellung einer Grundschuld zugunsten eines Dritten (vgl. Rdn. 70f.).

75 Ist unter Berücksichtigung dieser Ausführungen eine Grundpfandrechtsbestellung wirksam nicht möglich oder **nicht wirksam** erfolgt, bieten sich zur Erreichung des gewünschten wirtschaftlichen Erfolges folgende **Möglichkeiten:**

76 – Soweit die Grundpfandrechtsbestellung wegen Verstoßes gegen § 2205 Satz 3 BGB unwirksam ist, wird die Verfügung bei **Zustimmung** aller **Miterben** und der **Vermächtnisnehmer** wirksam. Für minderjährige Erben handeln deren Eltern (§ 1629 Abs. 1 BGB) bzw. bei Vorliegen der Voraussetzungen der §§ 1629

Abs. 2, Satz 1, 1795 BGB ein zu bestellender Ergänzungspfleger (§ 1909 BGB). Wegen der Frage der vormundschaftsgerichtlichen Genehmigung (§ 1643 BGB bzw. § 1915 BGB) ist insbesondere auf § 1821 Abs. 2 BGB zu verweisen.

77 – Weiter tritt eine Heilung auch dann ein, wenn der **Testamentsvollstrecker** ein zum Nachlaß gehöriges Grundstück entgegen dem Verbot unentgeltlicher Verfügungen zunächst mit einer Grundschuld belastet, das **Grundstück später** aber **selbst erwirbt.** Die Grundschuldbestellung ist dann wirksam (RG DRWiss. 1939, 1949; *Haegele* Die Justiz 1953, 139, 141).

78 – Schließlich ist daran zu denken, daß der Testamentsvollstrecker vor Belastung das betroffene **Grundstück** den Erben zur freien Verfügung nach § 2217 BGB **überläßt** und den Testamentsvollstreckervermerk daran löschen läßt. Die Erben können anschließend zugunsten eines Dritten oder des Testamentsvollstreckers wirksam entsprechende Grundpfandrechte bestellen.

79 Oftmals wird in der Vertragspraxis bei Bestellung von Fremdgrundschulden von Seiten der Kreditgeber gleichzeitig neben der Grundpfandrechtsbestellung mit dinglicher Zwangsvollstreckungsunterwerfung (§ 800 ZPO) vom Eigentümer des Grundstücks die Abgabe eines **abstrakten Schuldversprechens** (§ 780 BGB) **mit persönlicher Zwangsvollstreckungsunterwerfung** verlangt. An der Abgabe dieser Erklärung ist der Testamentsvollstrecker gehindert, da er den **Erben** nicht persönlich in bezug auf sein gesamtes Vermögen, sondern nur in bezug auf den Nachlaß verpflichten kann. Zu einem wirksamen Schuldanerkenntnis mit persönlicher Zwangsvollstreckungsunterwerfung bedarf es daher der Zustimmung des betroffenen Erben oder einer entsprechenden Bevollmächtigung des Testamentsvollstreckers durch den Erben.

80 *bb) Löschungen, Freigaben, Rangrücktritte, Rangvorbehalte.* Bewilligt der Testamentsvollstrecker die Löschung eines zur Eigentümergrundschuld gewordenen Grundpfandrechts, das nicht an letzter Rangstelle steht, liegt hierin eine unentgeltliche und unwirksame Verfügung, wenn nicht der durch die Löschung **im Rang aufrückende** nachrangige **Grundpfandrechtsgläubiger** eine **Gegenleistung** für die Rangverbesserung an die Nachlaßmasse gewährt. Etwas anderes gilt dann, wenn die Löschung in Erfüllung der in einem Kaufvertrag übernommenen Verpflichtung bewilligt wird, dem Käufer das Nachlaßgrundstück lastenfrei zu verschaffen (KG DNotZ 1968, 669; mißverständlich *Staudinger/Reimann* § 2205 Rdn. 47). Beantragt und bewilligt der Testamentsvollstrecker die Löschung einer zugunsten des Erblassers (Berechtigten) eingetragenen Rückauflassungsvormerkung, ohne daß eine Gegenleistung gegenübersteht, ist diese Verfügung unwirksam, es sei denn der Erbe stimmt der Löschung zu oder das Grundbuch ist aufgrund des Todes des Berechtigten – weil die Vormerkung auf die Lebenszeit des Berechtigten beschränkt war – unrichtig geworden (BayObLG Rpfleger 1995, 452).

81 Stimmt der Testamentsvollstrecker wegen § 27 GBO der Löschung eines am Nachlaßgrundstück eingetragenen Grundpfandrechts zu, ist diese Zustimmung dann nicht als unentgeltliche Verfügung anzusehen, wenn die Zustimmung **in Erfüllung** einer durch Löschungsvormerkung oder durch gesetzlichen Löschungsanspruch gesicherten **Löschungsverpflichtung** erfolgt (LG Stade JurBüro 1980, 1574).

82 Der Testamentsvollstrecker kann auch die Löschung einer zum Nachlaß gehörigen getilgten Hypothek auf seinem **eigenen Grundstück** bewilligen und als Eigentümer der Löschung zustimmen, allerdings nur, wenn er von den Beschränkungen des § 181 BGB durch den Erblasser befreit ist (BGH NJW 1980, 1577 = DNotZ 1981, 22; *Schöner/Stöber* Grundbuchrecht Rdn. 3452; anders: KG HRR 1937, 995; *Staudinger/Reimann* § 2205 Rdn. 47).

Sind dem Erben zustehende dingliche Belastungen betroffen, insbesondere Grundpfandrechte, kann der Testamentsvollstrecker die Freigabe an bestimmten Grundstücken, Grundstücksteilen oder Grundstücksanteilen (zB. Wohnungs- und Teileigentum) bewilligen, wenn für die **Freigabe** (§ 875 BGB) ein entsprechender Gegenwert an den Nachlaß erbracht wird, sofern die Freigabe nicht in Erfüllung einer vertraglichen Verpflichtung erfolgt. Es gelten dieselben Grundsätze wie bei der Abgabe einer Löschungsbewilligung (vgl. Rdn. 80). 83

Diese Grundsätze gelten auch bei Erklärungen von **Rangrücktritten** (§ 880 BGB) bei eingetragenen Belastungen, bei denen die Erben materiell Berechtigte sind. Die Folge des Rangrücktritts ist eine Verschlechterung des Werts des betroffenen Rechts, insbesondere im Hinblick auf die Zwangsversteigerung (vgl. §§ 10ff. ZVG). Demnach ist, wenn der Rangrücktritt ohne angemessene Gegenleistung erfolgt, dieser als unentgeltliche Verfügung unwirksam, sofern der Rangrücktritt nicht in Erfüllung einer vertraglichen Verpflichtung erklärt wird oder der Testamentsvollstrecker die Beweggründe und Motive für den Rangrücktritt im einzelnen nachvollziehbar darlegt (vgl. Rdn. 80). 84

Wird anläßlich der Belastung eines Nachlaßgrundstücks ein Rangvorbehalt (§ 883 BGB) zugunsten eines weiteren Gläubigers vereinbart, kann der Testamentsvollstrecker für die **Erben als Eigentümer** des Grundstücks – gleichzeitig mit der Belastung nach § 873 BGB und bei späterem **Rangvorbehalt** nach § 877 BGB – diesen Rangvorbehalt vereinbaren. Rangvorbehalte sind regelmäßig im Zusammenhang mit einer geplanten Finanzierung zugunsten künftiger Finanzierungsgläubiger bedeutsam. Der Testamentsvollstrecker kann im Hinblick auf das Verbot unentgeltlicher Verfügungen einen Rangvorbehalt wirksam vereinbaren, denn der Rangvorbehalt als solcher führt zunächst nur zu einer einschränkenden Wirkung der Belastung, bei der Eintragung mithin zur Benachteiligung des Rechtsinhabers der Belastung (MünchKommBGB/*Wacke* § 881 Rdn. 8). 85

Für den Grundstückseigentümer bietet der eingetragene Rangvorbehalt lediglich die Möglichkeit, später entsprechende vorrangige Belastungen eintragen zu lassen. Erst zu dem Zeitpunkt, zu dem der Testamentsvollstrecker mit Wirkung für das Nachlaßgrundstück demnach den Rangvorbehalt **ausnutzt,** tritt eine Belastung des Nachlaßgrundstücks ein (*Staudinger/Kutter* § 881 Rdn. 26; MünchKommBGB/*Wacke* § 881 Rdn. 15). 86

Erst mit Bestellung des vorbehaltenen Rechts, insbesondere entsprechender Grundpfandrechte, stellt sich die Frage nach der **Unentgeltlichkeit** der Verfügung des Testamentsvollstreckers. Sie ist in gleicher Weise zu beantworten, wie bei der Begründung der entsprechenden Belastung, insbesondere bei Bestellung von Grundpfandrechten (s. Rdn. 70f.). 87

Ist umgekehrt der **Erbe** materiell **Rechtsinhaber der** an einem anderen Grundstück eingetragenen **Belastung,** und soll gleichzeitig oder nachträglich zu dieser Belastung ein Rangvorbehalt vereinbart werden, bedarf diese Einigung über den Rangvorbehalt – über den Wortlaut des § 881 Abs. 2 BGB hinaus – der Zustimmung des benachteiligten Rechtsinhabers (MünchKommBGB/*Wacke* § 881 Rdn. 8). Diese Zustimmung gibt der Testamentsvollstrecker für den Erben ab. Hierbei ist zu berücksichtigen, daß bereits im Zeitpunkt der Zustimmung ein wirtschaftlicher Nachteil für die Rechtsposition des Erben eintritt. Denn mit Eintragung des Rangvorbehalts bei dessen Recht wird dieses unmittelbar wirtschaftlich nachteilig tangiert. Zur späteren Ausübung des Rangvorbehalts durch den Eigentümer bedarf es der Zustimmung des Gläubigers des zurücktretenden Rechts nicht mehr, da er bereits durch die Bestellung des Vorbehaltes eingewilligt hat (MünchKommBGB/*Wacke* § 881 Rdn. 11; *Palandt/Bassenge* § 881 Rdn. 6). 88

89 Im Hinblick auf § 2205 S. 3 BGB ist die Zustimmung des Testamentsvollstreckers zur Eintragung des Rangvorbehalts wiederum danach zu beurteilen, ob hierfür wirtschaftlich nachvollziehbare Gründe sprechen. Es kommt auf die Motivlage im Einzelfall an. Wird der **Rangvorbehalt zeitgleich** mit der Begründung des Rechts zugunsten der Erben an einem anderen Grundstück vereinbart, dürfte sich die Verfügung des Testamentsvollstreckers in aller Regel nicht als unentgeltlich darstellen, da die Rechtsposition vom jeweiligen Eigentümer des zu belastenden Grundstücks von vorneherein nur eingeschränkt um den Rangvorbehalt eingeräumt wurde. Die **spätere Zustimmung** zur Eintragung eines Rangvorbehalts bei einem dem Erben zustehenden Recht an einem anderen Grundstück ist wegen der wirtschaftlichen Einbuße für das betroffene Recht nach denselben Grundsätzen wie ein Rangrücktritt zu beurteilen (vgl. Rdn. 84).

d) Sonstige Grundstücksverfügungen

90 *aa) Vermächtniserfüllung.* Bei Erfüllung eines vom Erblasser angeordneten Vermächtnisses handelt der Testamentsvollstrecker für die Erben. Bei der notariellen Beurkundung braucht nur der Testamentsvollstrecker zu erscheinen und ist im Urkundeneingang als Beteiligter (§ 9 Abs. 1 S. 1 Nr. 1 BeurkG) aufzuführen mit dem Hinweis auf die Vertretung kraft Amtes. Bei der Erfüllung des Vermächtnisses, insbesondere bei der Auflassung von Grundstücken, hat der **Vermächtnisnehmer mitzuwirken.** Ist durch die angeordnete Testamentsvollstreckung nicht auch der Vermächtnisnehmer – was möglich ist – beschränkt, umfaßt die Rechtsmacht des Testamentsvollstreckers nicht auch die Entgegennahme der Auflassung durch den Vermächtnisnehmer. Ist dagegen auch der Vermächtnisnehmer durch die Testamentsvollstreckung beschränkt, kann das Vermächtnis ohne Mitwirkung des Vermächtnisnehmers erfüllt werden (BGHZ 13, 203; *Bengel/Reimann* in: Beck'sches Notarhandbuch C. V. Rdn. 266, 269). Ist Testamentsvollstreckung für den Vermächtnisnehmer angeordnet, ist im Grundbuch ein Testamentsvollstreckervermerk einzutragen (§ 52 GBO). Dies gilt auch dann, wenn der Grundbesitz noch erworben werden muß, weil der Erblasser ein Verschaffungsvermächtnis nach §§ 2270 BGB angeordnet hat (*Meyding* ZEV 1995, 100).

91 Die Auflassung eines zum Nachlaß gehörenden Grundstücks, die der Testamentsvollstrecker in Erfüllung einer **vermeintlichen,** in Wirklichkeit nicht bestehender Vermächtnisverpflichtung vornimmt, ist als unentgeltliche Verfügung unwirksam (s. 1. Kap. Rdn. 125).

92 *bb) Veräußerung belasteten Grundbesitzes.* Verkauft der Testamentsvollstrecker im Rahmen seiner Befugnisse ein Nachlaßgrundstück, das mit Grundpfandrechten belastet ist, hat er mit dem Käufer eine **Regelung** bzgl. der den Grundpfandrechten zugrundeliegenden **Verbindlichkeiten** zu treffen. Einmal besteht die Möglichkeit, daß der Käufer das Grundstück insoweit **lastenfrei** übernimmt. Die Lastenfreistellung ist damit zu einer der Voraussetzungen der Kaufpreisfälligkeit zu machen, wobei es genügt, daß dem beurkundenen Notar die zur Lastenfreistellung erforderlichen Unterlagen von Seiten der Pfandrechtsgläubiger – ggf. unter Auflagen, die aus dem Kaufpreis zu erfüllen sind – vorliegen. Etwa zugrundeliegende Verbindlichkeiten sind dann vom Käufer unter Anrechnung auf den Kaufpreis wegzufertigen, wodurch gleichzeitig die Auflagen der Pfandrechtsgläubiger erfüllt sind und die Löschungen der eingetragenen Grundpfandrechte erfolgen können.

93 Will umgekehrt der Käufer die eingetragenen Grundpfandrechte **übernehmen,** muß der Testamentsvollstrecker auch eine Bestimmung bzgl. der zugrundeliegenden Forderungen treffen. Er kann das Grundstück nicht so verkaufen, daß der

Käufer die Grundpfandrechte übernimmt, ohne die **Erben von** der **Haftung für die** den Pfandrechten **zugrundliegenden persönlichen Forderungen zu befreien** (*Schöner/Stöber* Grundbuchrecht Rdn. 3450; *Haegele/Winkler* Rdn. 269). Es muß vielmehr sichergestellt sein, daß der Käufer mit für die Erben schuldbefreiender Wirkung auch die zugrundeliegenden Forderungen übernimmt – ggf. unter Anrechnung auf den Kaufpreis –. Für diese Schuldübernahme bedarf es der Genehmigung der Grundpfandrechtsgläubiger (§§ 415ff. BGB). Für den Fall, daß diese Genehmigung nicht erteilt wird, ist gleichzeitig zu regeln, daß dann der Käufer verpflichtet ist, die den Grundpfandrechten zugrundeliegenden Verbindlichkeiten abzulösen und eine Bestätigung des Finanzierungsgläubigers beizubringen, wonach die Erben aus jeder Mithaft bzgl. der den Grundpfandrechten zugrundeliegenden Verbindlichkeiten endgültig entlassen sind.

cc) Ausführung eines Teilungsplanes bzw. Auseinandersetzungsvertrages. Hat der Testamentsvollstrecker wirksam einen Teilungsplan zur Auseinandersetzung des Nachlasses unter den Miterben aufgestellt (hierzu 4. Kap. Rdn. 220ff.), muß dieser Teilungsplan – dinglich – ausgeführt werden. Bei dem Teilungsplan selbst wirken – bis auf ihre Anhörung – die Erben nicht mit. Selbst die Tatsache der Anhörung muß dem Grundbuchamt nicht nachgewiesen werden (vgl. 4. Kap. Rdn. 241). 94

Dagegen ist erforderlich, daß die nach dem Inhalt des Teilungsplans erwerbenden **Miterben** bei dessen Vollzug **mitwirken,** insbesondere bei der Entgegennahme der Auflassung von Grundstücken. Der Testamentsvollstrecker handelt hierbei lediglich für die Erben in Erbengemeinschaft, nicht für diese persönlich. Der Erwerber hat seine Eigenschaft als Miterbe in der Form des § 35 GBO (ggf. § 36 GBO) nachzuweisen (*Bengel/Reimann* in: Beck'sches Notarhandbuch, C. V. Rdn. 267f.; *Haegele/Winkler* Rdn. 527). 95

Gleiches gilt, wenn zwischen den Erben einerseits und dem Testamentsvollstrekker andererseits ein **Auseinandersetzungsvertrag** zustandegekommen ist. Auch hier müssen zu dessen Durchführung die Erben als Erwerber persönlich mitwirken. 96

dd) Grundstücksvereinigung. Die Vereinigung zweier oder mehrerer rechtlich selbständiger Grundstücke, die dem Nachlaß zugehören und der Verwaltung des Testamentsvollstreckers unterliegen, zu einem rechtlich selbständigen Grundstück (§ 890 Abs. 1 BGB) ist keine **unentgeltliche Verfügung** des Testamentsvollstrekkers. Er ist hierzu berechtigt. Dies gilt auch dann, wenn eines oder mehrere der rechtlich unselbständigen Grundstücke belastet ist bzw. sind. Denn die Einzelbelastungen des jeweiligen Grundstücks bleiben selbständig weiter bestehen, sie erstrekken sich gesetzlich nicht auf den jeweiligen anderen Teil des (neuen) Grundstücks (BGH LM BGB § 1018 Nr. 26 für Grunddienstbarkeit; *Stöber,* GBO – Verfahren und Grundstückssachenrecht, Rdn. 504). 97

Zum Vollzug der Grundstücksvereinigung ist die **Voreintragung der Erben** als der Betroffenen im Wege der Grundbuchberichtigung (§ 22 GBO) – kostenfrei innerhalb zwei Jahren seit dem Erbfall (§ 60 Abs. 4 KostO) – **erforderlich** (§ 39 GBO), wobei von Amts wegen gleichzeitig der Testamentsvollstreckervermerk eingetragen wird (§ 52 GBO). Die Ausnahmen vom Grundsatz der Voreintragung nach § 40 GBO sind tatbestandlich hier nicht gegeben. 98

ee) Bestandteilszuschreibung. Erklärt der Testamentsvollstrecker eine Bestandteilszuschreibung bei Nachlaßgrundstücken (§ 890 Abs. 2 BGB), wodurch ein rechtlich selbständiges Grundstück zum Bestandteil eines anderen Grundstücks gemacht wird, so daß ein rechtlich einheitliches Grundstück – ebenso wie bei der 99

Grundstücksvereinigung nach § 890 Abs. 1 BGB – entsteht, ist **zu unterscheiden:**

100 Ist das **Hauptgrundstück,** dh. das Grundstück dem zugeschrieben wird, **nicht** mit Grundpfandrechten **belastet,** ist die Verfügung des Testamentsvollstreckers wirksam. Ist dagegen das **Hauptgrundstück** mit einem Grundpfandrecht **belastet,** bewirkt – anders als die Grundstücksvereinigung – die Bestandteilszuschreibung gesetzlich eine **Hafterstreckung** auf das zuzuschreibende Grundstück (§ 1131 S. 1 BGB). Damit erfolgt eine **Wertminderung** des zuzuschreibenden Grundstücks. Die Verfügung des Testamentsvollstreckers ist damit unentgeltlich im Sinne von § 2205 S. 3 BGB und damit unwirksam, wenn keine Umstände ersichtlich sind, die diese Wertverschlechterung vom Standpunkt einer ordnungsgemäßen Verwaltung als notwendig oder doch billigenswert erscheinen lassen (KG JW 1938, 679, *Staudinger/Reimann* § 2205 Rdn. 47). **Unerheblich** ist dagegen in jedem Fall, ob das **zuzuschreibende Grundstück belastet** ist oder nicht. Denn selbst im Falle einer Belastung mit Grundpfandrechten erfolgt – in dieser Richtung – eine Hafterweiterung auf das Hauptgrundstück nach den gesetzlichen Vorschriften nicht. Eine Wertminderung für das Hauptgrundstück ist damit ausgeschlossen.

101 Soweit **Belastungen** in **Abteilung II** des Grundbuchs in Rede stehen, zB Grunddienstbarkeiten, Nießbrauch, Reallasten, sind die Verfügungen des Testamentsvollstreckers im Hinblick auf § 2205 S. 3 BGB in jedem Fall wirksam, da diese Belastungen Einzelbelastungen der Einzelgrundstücke bleiben (*Stöber,* GBO – Verfahren und Grundstückssachenrecht, Rdn. 511 mwN). Eine gesetzliche **Hafterstreckung** vergleichbar mit § 1131 BGB erfolgt hier **nicht.**

102 Auch bei Bestandteilszuschreibung ist die **Voreintragung** der Erben mit Eintragung des Testamentsvollstreckervermerks Vollzugsvoraussetzung (§§ 39, 52 GBO).

103 *ff) Freigabe von Nachlaßgrundstücken an die Erben.* Liegt eine wirksame Freigabe von Nachlaßgegenständen durch den Testamentsvollstrecker an die Erben vor (hierzu näher 6. Kap. Rdn. 179 ff.) bewirkt die Freigabe, daß der betreffende Nachlaßgegenstand aus der Verfügungsgewalt des Testamentsvollstreckers entlassen wird und in die freie Verfügungsgewalt des Erben übergeht. Auch bei Grundstükken ist die Freigabe an **keine Form** gebunden, wobei allerdings dem Grundbuchamt gegenüber der Nachweis in der Form des § 29 GBO erfolgen muß (OLG Hamm DNotZ 1973, 428; *Staudinger/Reimann* § 2217 Rdn. 17 f.; *Haegele/Winkler* Rdn. 498). Ist der Testamentsvollstrecker zugleich Notar, kann die öffentliche Beglaubigung nicht durch eine notarielle Eigenurkunde ersetzt werden (OLG Düsseldorf Rpfleger 1989, 58). Dem Grundbuchamt ist demnach lediglich die Tatsache der Freigabe in der Form des § 29 GBO nachzuweisen; es bedarf nicht des Nachweises, ob die Freigabe freiwillig erfolgt ist oder nicht. Das Grundbuchamt braucht auch **nicht** zu **prüfen, ob** der Testamentsvollstrecker **pflichtgemäß gehandelt** hat, wenn er die zum Nachlaß gehörenden Grundstücke den Erben freigibt (*Haegele/Winkler* Rdn. 498).

104 Wenn das Nachlaßgrundstück freigegeben worden ist, ist der Erbe im Wege der **Grundbuchberichtigung** (§ 22 GBO) als neuer Eigentümer einzutragen. Gleichzeitig ist der **Testamentsvollstreckervermerk** an dem Grundstück auf Antrag des Testamentsvollstreckers **zu löschen** (§ 52 GBO). Der Erbe ist aber auch selbständig berechtigt, die Berichtigung des Grundbuchs für die freigebenen Grundstücke durch Eintragung des Erben als Eigentümer unter Löschung des etwa eingetragenen Testamentsvollstreckervermerks zu beantragen (KG J 40 A 213; *Staudinger/Reimann* § 2217 Rdn. 19; *Häußermann* BWNotZ 1969, 234, 237).

105 *gg) Umschreibung eines Grundstücks.* Der Testamentsvollstrecker kann auch die Umschreibung eines zum Nachlaß gehörenden Grundstücks oder Grundstücks-

rechts auf die Erben im Grundbuch durch Berichtigungsantrag veranlassen (§§ 13, 22 GBO; KGJ 51 A 214; KG RJA 11, 125; KG RJA 13, 57; OLG München JFG 20, 373). Den Erben steht das Recht, die **Berichtigung des Grundbuchs** zu beantragen, nicht zu, wenn der Nachlaßgegenstand der Verwaltung eines Testamentsvollstreckers unterliegt (OLG München JFG 20, 373). Der Testamentsvollstrecker hat jedoch in jedem Fall seine Befugnis zur Verfügung dem Grundbuchamt durch ein Zeugnis nach § 2368 BGB oder gemäß § 35 Abs. 2, 3 GBO und die Erbfolge gemäß § 35 Abs. 1, 3 GBO nachzuweisen. Der Testamentsvollstrecker ist nicht befugt, zum Zwecke der berichtigenden Umschreibung eines Grundstücksrechts auf den Erben eine Berichtigungsbewilligung abzugeben. Eine solche Befugnis anstelle des Erblassers die Berichtigung zu bewilligen, wird durch § 2205 BGB nicht begründet. Die Unrichtigkeit des Grundbuchs ist vielmehr gemäß §§ 22, 35 GBO nachzuweisen (KG DNotZ 1938, 169; JW 1938, 2830). Die nach § 22 Abs. 2 GBO erforderliche Zustimmung des Eigentümers zu seiner Eintragung hat bei Testamentsvollstreckung nicht der Erbe, sondern der Testamentsvollstrecker in der Form des § 29 GBO zu erteilen (KGJ 24 A 204; 40, 204; zum ganzen *Staudinger/Reimann* § 2205 Rdn. 37).

hh) Ausübung des Vorkaufsrechts. Ist der Erblasser Vorkaufsberechtigter und geht 106 dieses **Vorkaufsrecht** auf den Erben über, entweder, weil es – beim subjektiv-persönlichen Vorkaufsrecht ausnahmsweise **vererblich** gestaltet wurde (vgl. § 514 BGB; OLG Hamm Rpfleger 1989, 148; LG Würzburg MittBayNot. 1991, 120) oder weil es als subjektiv-dingliches Vorkaufsrecht als Bestandteil des Grundstücks (§ 96 BGB) der Gesamtrechtsnachfolge unterliegt –, ist in der Rechtsprechung bislang nicht entschieden, ob der vom Eigentümer mit dem Dritten abgeschlossene Kaufvertrag gemäß § 577 BGB den Erben oder dem Testamentsvollstrecker mitzuteilen ist. Berücksichtigt man, daß zumindest bei einer angeordneten Verwaltungsvollstreckung der Nachlaß der alleinigen Verwaltungs- und Verfügungsbefugnis des Testamentsvollstreckers unterliegt, wird man davon ausgehen können, daß die wirksame **Ausübung** des Vorkaufsrechts allein durch den Verwaltungsvollstrecker erfolgen kann, der dazu auch nicht der Zustimmung der Erben bedarf. Eine Beschränkung des Verwaltungsrechts des Testamentsvollstreckers wegen der höchstpersönlichen Natur des betroffenen Rechts ist beim dinglichen Vorkaufsrecht nicht anzunehmen. Obwohl die Ausübung des Vorkaufsrechts die Rechtslage in bezug auf das betroffene Grundstück nicht unmittelbar ändert, ist die Ausübung dennoch als Verfügung im Sinne des § 2205 BGB anzusehen, wie etwa auch die Kündigung oder die Ausübung eines Gestaltungsrechts (*Staudinger/Reimann* § 2205 Rdn. 32). Damit unterfällt die **Ausübung** des (dinglichen) Vorkaufsrechts **der ausschließlichen Verfügungsbefugnis** des Testamentsvollstreckers. Dieses Ergebnis ist auch mit dem Zweck der Vorschrift des § 510 BGB, eine zügige Entscheidung über die Ausübung des Vorkaufsrechts zu gewährleisten (so *Staudinger/Mader* § 510 Rdn. 1), in Übereinklang zu bringen. Angesichts der Unsicherheit zum Stand der Rechtsprechung kann sich in der Praxis aber eine zusätzliche Benachrichtigung der Erben empfehlen.

Hat dagegen der Erblasser Wohnungseigentum angemietet und greifen die Vor- 107 aussetzungen des **gesetzlichen Vorkaufsrechts nach** § 577 BGB ein, ist zu beachten, daß mit dem Tod des Mieters das Mietverhältnis grundsätzlich endet, es sei denn, das vorrangige Eintrittsrecht der in § 563 BGB genannten Personen greift Platz. Während bei Beendigung des Mietverhältnisses infolge des Todes des Mieters auch das gesetzliche Vorkaufsrecht nach § 577 BGB entfällt, ist bei Fortsetzung des Mietverhältnisses nach § 563 BGB zu beachten, daß dieses Sondererbrecht als höchstpersönliches Recht nicht der Testamentsvollstreckung unterliegt (*Soergel/*

Damrau § 2205 Rdn. 7). Damit ist hier der vom Eigentümer mit dem Dritten abgeschlossene Kaufvertrag nicht dem Testamentsvollstrecker sondern dem Erben anzuzeigen.

108 *e) Testamentsvollstreckervermerk im Grundbuch*

Hierzu s. 2. Kap. Rdn. 259ff.

II. Testamentsvollstreckung im Handels- und Gesellschaftsrecht

Literatur: *Assmann/Schütze,* Handbuch des Kapitalanlagerechts, 2. Aufl. 1997; *Bley/Mohrbutter,* Vergleichsordnung, 4. Aufl. Bd. I 1979, Bd. II 1981; *Damrau,* Zur Testamentsvollstreckung am Kommanditanteil, NJW 1984, 2785; *Dörrie,* Erbrecht und Gesellschaftsrecht bei Verschmelzung, Spaltung und Formwechsel, GmbHR 1996, 245; *ders.,* Reichweite der Kompetenzen des Testamentsvollstreckers an Gesellschaftsbeteiligungen, ZEV 1996, 370; *Haegele,* Der Testamentsvollstrecker bei Konkurs, Vergleich und Anfechtung außerhalb des Konkurses, KTS 1969, 158; *Goette,* Zur Befugnis des Testamentsvollstreckers über Gesellschaftsanteile im Nachlaß, DStR 1998, 304ff.; *Gottwald* (Herausgeber), Insolvenzrechts-Handbuch, 2. Aufl. 2001; *Groß,* Stimmrecht und Stimmrechtsanschluß bei der Testamentsvollstreckung am GmbH-Anteil, FamRZ 1994, 1361; *Gschwendtner,* Zur „Treuhandlösung" beim Nießbrauch und bei der Testamentsvollstreckung an einem Kommanditanteil, DStZ 1995, 708; *Hehemann,* Testamentsvollstreckung bei Vererbung von Anteilen an Personengesellschaften, BB 1995, 1301; *Heinemann,* Mindeststammkapitalerhöhung bei Testamentsvollstreckung, GmbHR 1985, 349; *Holch,* Testamentsvollstreckung an einer OHG-Beteiligung, DNotZ 1958, 282; *Jaeger,* Konkursordnung, Großkommentar, 8. Aufl. 1958/73, bearbeitet von *Weber; John,* Testamentsvollstreckung über ein einzelkaufmännisches Unternehmen, BB 1980, 757; *Keidel/Schmatz/Stöber,* Registerrecht, 6. Aufl. 1997; *Kilger/Schmidt,* Insolvenzgesetze, KO/VerglO/GesO, Kommentar, 17. Aufl. 1997; *Klein,* Die Testamentsvollstreckung in Gesellschaftsbeteiligungen an offenen Handelsgeschäften und Kommanditgesellschaften, DStR 1992, 292 und 326; *Kreppel,* Der Testamentsvollstrecker und die Erben des Gesellschafters, DStR 1996, 430; *Kuhn/Uhlenbruck,* Konkursordnung, 11. Aufl. 1994; *Marotzke,* Die Mitgliedschaft in einer offenen Handelsgesellschaft als Gegenstand der Testamentsvollstreckung, JZ 1986, 457; *Mayer,* Testamentsvollstreckung am Kommanditanteil, ZIP 1990, 976; *ders.,* Handbuch des Gesellschafts- und Wirtschaftsrechts, 1999; *Mayer,* Zulässigkeitsgrenzen bei der Gestaltung von Personengesellschaftsverträgen, MittBayNot. 1992, 1ff.; *Riegger/Weipert* (Herausgeber), Münchener Handbuch des Gesellschaftsrechts, Bd. 2, 1991; *Nerlich/Römermann,* Insolvenzordnung, 2000; *Pentz,* Zum Umfang der Verwaltungsbefugnis eines Testamentsvollstreckers an einem KG-Anteil, NZG 1999, 825ff.; *Plank,* Die Eintragungsfähigkeit des Testamentsvollstreckervermerks im Handelsregister, ZEV 1998, 325ff.; *Priester,* Testamentsvollstreckung am GmbH-Anteil, FS W. Stimpel, 1985, S. 463; *Quack,* Die Testamentsvollstreckung an Kommanditanteilen, BB 1989, 2271ff.; *Reimann,* Dauertestamentsvollstreckung für Kommanditanteile, DNotZ 1990, 190; *ders.,* Testamentsvollstreckung an Gesellschaftsanteilen jetzt möglich? MittBayNot. 1986, 232ff.; *Schaarschmidt,* Die Sparkassenkredite, 1991; *Schilling,* Gesellschafterwechsel von Todes wegen bei der Personengesellschaft, BWNotZ 1995, 4; *Schlegelberger,* Handelsgesetzbuch, Bd. 3, 1. und 2. Halbband, 5. Aufl. 1986/1992; *K. Schmidt,* Gesellschaftsrecht, 3. Aufl. 1997; *ders.,* Handelsrecht, 5. Aufl. 1999; *E. Schmitz,* Testamentsvollstreckung an Personengesellschaftsanteilen, ZGR 1988, 140; *Scholz,* GmbHG, 9. Aufl. 2000; *Steinbeck,* Zur „Einheitlichkeit" der Mitgliedschaft in einer Personengesellschaft, DStR 1995, 1425; *Ulmer,* Testamentsvollstreckung am Kommanditanteil, NJW 1990, 73; *ders.,* Testamentsvollstreckung an Kommanditanteilen? ZHR 146 (1982), 555ff.; *Wachter,* Testamentsvollstreckung an GmbH-Geschäftsanteilen, ZNotP 1999, 226ff.; *Weidlich,* Beteiligung des Testamentsvollstreckers und des Erben bei der formwechselnden Umwandlung von Personengesellschaften und GmbH, MittBayNot. 1996, 1; *ders.,* Befugnisse des Testamentsvollstreckers bei der Verwaltung von Beteiligungen einer werbenden BGB-Gesellschaft, ZEV 1998, 339ff.; *Wenninger,* Kompetenzen des Testamentsvollstreckers bezüglich gesellschaftsrechtlicher Umwandlungsmaßnahmen, ZEV 1999, 445f.; *Winkler,* Aktuelle Probleme zur Testamentsvollstreckung, MittBayNot. 1994, 506; *ders.,* „Echte" Testamentsvollstreckung an Unternehmen und OHG-

Anteil, FS Schippel, 1996, S. 519; *Wurm/Wagner/Zartmann,* Das Rechtsformularbuch, 14. Aufl. 1998.

1. Problemstellung

Ist der Erblasser Unternehmer, geht sein Wille häufig dahin, daß der Testamentsvollstrecker das Handelsgeschäft oder die Gesellschaftsbeteiligung als lebendes Unternehmen erhalten und selbst weiterführen soll. Die **Gründe** dafür, daß der Erblasser die Fortführung seines Unternehmens den Erben nicht zutrauen oder nicht zumuten will, sind vielgestaltig. So kann etwa der als Unternehmensnachfolger vorgesehene Erbe zum Zeitpunkt des Todesfalls noch zu jung und geschäftsunerfahren oder ganz allgemein für die Unternehmensführung ungeeignet sein. Das „Lebenswerk" des Unternehmers, soll, von einer Einflußnahme der Erben möglichst ungestört, erhalten und die Fortführung über den Tod des Inhabers hinaus sichergestellt sein. **109**

Im Einzelfall kann auch beabsichtigt sein, den Zugriff der **Eigengläubiger** der Erben auf den Nachlaß zu verhindern (§ 2214 BGB) oder den Testamentsvollstrekker nur für eine Interimszeit einzusetzen, bis der von ihm bestimmte Unternehmensnachfolger an dessen Stelle treten kann und soll. **110**

Diesen Zielvorstellungen stehen jedoch, bedingt durch die Unvereinbarkeit bestimmter Prinzipien des Erbrechts und des Handels- und Gesellschaftsrechts, Hindernisse entgegen. Sie beruhen auf dem Widerspruch zwischen der strikt auf den Nachlaß beschränkten Verpflichtungsmacht des Testamentsvollstreckers (§§ 2206, 2207 BGB) und der handelsrechtlichen **Haftungssituation** beim einzelkaufmännischen Unternehmen und der Beteiligung eines persönlich haftenden Gesellschafters. Nach den Grundsätzen des Handelsrechts haften der Inhaber einer Einzelfirma (vgl. §§ 22, 25, 27 HGB) und der Nachfolger in die persönlich haftende Beteiligung bei einer Personengesellschaft (vgl. §§ 128, 130 HGB) grundsätzlich persönlich und unbeschränkt. Nach den Bestimmungen des Erbrechts (§ 2206 BGB) kann der Testamentsvollstrecker Verbindlichkeiten nur für den Nachlaß eingehen und er kann nicht verhindern, daß der Erbe die Beschränkung seiner Haftung für die Nachlaßverbindlichkeiten herbeiführt (vgl. §§ 1967, 1973ff., 1980, 1990 und ausdrücklich § 2206 Abs. 2 BGB). **111**

Die Weiterführung eines ererbten Handelsgeschäfts und die Verwaltung einer ererbten Beteiligung an einer Personengesellschaft durch den Testamentsvollstrekker, in seiner Eigenschaft und kraft seines Amts als Testamentsvollstrecker, würde dazu führen, daß weder der Testamentsvollstrecker selbst noch die Erben für die von ihm begründeten Neuverbindlichkeiten unbeschränkt bzw. unbeschränkbar haften. Damit stünde es in der Macht des Erblassers, sein Unternehmen durch Einschaltung eines Testamentsvollstreckers zu **einem Unternehmen mit beschränkter Haftung** umzugestalten, ohne sich der hierfür vorgesehenen Rechtsformen (GmbH, Aktiengesellschaft) bedienen zu müssen (RGZ 132, 138, 144). Ebensowenig ist es einzusehen, daß der Erbe eines persönlich haftenden Gesellschafters – außerhalb des Anwendungsbereichs des Wahlrechts nach § 139 HGB – eine Haftungsbeschränkung herbeiführen kann. **112**

Nach einhelliger Meinung kann der Testamentsvollstrecker daher ein ererbtes Handelsgeschäft oder eine ererbte persönlich haftende Beteiligung an einer Personengesellschaft nicht als solcher, dh. kraft seines ihm erbrechtlich übertragenen Amtes, verwalten (RGZ 132, 138, 144; BGHZ 12, 100; 24, 106, 113; BGH NJW 1989, 3154; *Staudinger/Reimann* § 2205 Rdn. 89ff.). Da aber andererseits ein erhebliches **praktisches Bedürfnis** für die Zulassung einer Testaments- **113** vollstreckung in diesem Bereich besteht, haben Rechtsprechung und Literatur Ersatzkonstruktionen entwickelt, die im wesentlichen darauf hinauslaufen, daß entweder der Erbe (Vollmachtslösung, dazu Rdn. 127) oder der Testamentsvollstrecker (Treuhandlösung, dazu Rdn. 120) die unbeschränkte Haftung übernehmen.

2. *Ausgestaltung der Testamentsvollstreckung*

114 Bei der Ausgestaltung der Testamentsvollstreckung im Handels- und Gesellschaftsrecht – wie auch sonst im Bereich der Testamentsvollstreckung ganz allgemein (vgl. 1. Kap. Rdn. 145) – ist zwischen der **Abwicklungsvollstreckung** (§§ 2203, 2204 BGB) und der **Dauertestamentsvollstreckung** (§ 2209 S. 1 Halbs. 2 BGB) zu unterscheiden.

115 Die Verfügung von Todes wegen muß hierzu **eindeutige Angaben** enthalten. Ist im Testament schlicht Testamentsvollstreckung angeordnet, ist im Zweifel lediglich die Abwicklungsvollstreckung gemeint (*Palandt/Edenhofer* § 2203 Rdn. 1). Entscheidende Vorüberlegung des Erblassers muß deshalb sein, welche Ziele er mit der Anordnung der Testamentsvollstreckung erreichen möchte. Sollen die Aufgaben des Testamentsvollstreckers eher kurzfristiger Art sein (zB Erfüllung von Vermächtnissen und Auflagen, Auswahl des geeigneten Unternehmensnachfolgers, Festlegung der Unternehmensstruktur), so ist die Anordnung einer Abwicklungsvollstreckung angezeigt. Soll der Testamentsvollstrecker dagegen längerfristig das Unternehmen oder die Unternehmensbeteiligung verwalten, soll ihm also die eigentliche unternehmerische Tätigkeit obliegen, so kommt nur eine Dauervollstreckung in Betracht (vgl. *Reimann* S. 61 f.).

a) Abwicklungsvollstreckung

116 Ist dem Testamentsvollstrecker die Aufgabe zugewiesen worden, die letztwilligen Verfügungen des Erblassers zur Ausführung zu bringen (§ 2303 BGB) bzw. bei einer Erbenmehrheit den Nachlaß auseinanderzusetzen (§ 2204 BGB), so endet sein Verwaltungs- und Verfügungsrecht bereits frühzeitig nach Durchführung der Abwicklung. Hier ist die **Haftungsbeschränkung** auf den Nachlaß für die vom Testamentsvollstrecker im Rahmen seiner Aufgabe eingegangenen Verbindlichkeiten hinzunehmen, da es sich um die Erfüllung einer zweckgebundenen, vorübergehenden und vom Testamentsvollstrecker möglichst rasch zu erledigenden Verwaltungsaufgabe handelt (*Brandner,* FS W. Stimpel, 1985, S. 997).

117 Das läßt sich damit rechtfertigen, daß in diesem Fall der Testamentsvollstrecker nicht unternehmerisch, sondern lediglich als **Abwickler** auftritt. Er darf dann ebenso wie ein Nachlaßpfleger, Nachlaßverwalter und Nachlaßkonkursverwalter, im Rahmen ordnungsgemäßer Verwaltung Verbindlichkeiten für das vererbte Handelsgeschäft eingehen. Bei Personengesellschaften ist wegen des Grundsatzes der Sondererbfolge eine Auseinandersetzung durch den Testamentsvollstrekker nicht erforderlich (vgl. dazu Rdn. 151), insoweit kommt nur der „reinen" Abwicklungsvollstreckung (vgl. § 2203 BGB) die vorbeschriebene Sonderstellung zu.

b) Dauertestamentsvollstreckung

118 Erweitert der Erblasser den Wirkungskreis des Testamentsvollstreckers dahingehend, daß er ihm die **Verwaltung** seines Handelsgeschäfts oder seiner Gesellschaftsbeteiligung auch für die Zeit nach der Erledigung der sonstigen Aufgaben

überträgt (§ 2209 BGB), so führt dies zu der dargestellten Inkongruenz zwischen erb- und handelsrechtlichen Haftungsregeln.

3. Einzelunternehmen

a) Weiterführung durch den Testamentsvollstrecker

Handelsgeschäfte und auch sonstige gewerbliche Unternehmen, die kein Handelsgeschäft im Sinne des HGB sind, gehören zum Nachlaß und sind **frei vererblich.** Entsprechendes gilt für freiberufliche Praxen. Soll der Testamentsvollstrecker das Handelsgeschäft selbst weiterführen, so müssen aufgrund der haftungssystematischen Bedenken (dazu Rdn. 110) Ersatzkonstruktionen entwickelt werden, die dazu führen, daß entweder der Erbe oder der Testamentsvollstrecker für die von diesem im Zuge der Geschäftsfortführung eingegangenen Verbindlichkeiten unbeschränkt persönlich haftet. **119**

aa) Treuhandlösung. Hier führt der Testamentsvollstrecker das Handelsgeschäft nach außen **im eigenen Namen** und unter eigener unbeschränkter Haftung fort. Inhaber des Handelsgeschäfts ist in diesem Fall der Testamentsvollstrecker. Er muß sich als solcher – ohne Testamentsvollstreckervermerk (*Staudinger/Reimann* § 2205 Rdn. 96) – in das Handelsregister eintragen lassen und führt das Unternehmen nicht als Testamentsvollstrecker, sondern nach außen uneingeschränkt als dessen Inhaber fort und persönlich für neue Geschäftsschulden voll haftend, wenn auch im Innenverhältnis zum Erben als dessen Treuhänder und für dessen Rechnung (MünchKommBGB/*Brandner* § 2205 Rdn. 22; *John* BB 1980, 758ff.). **120**

Bei der **Handelsregisteranmeldung** haben die Erben, da sie nach außen die Übertragung eines Handelsgeschäfts anmelden und die Testamentsvollstreckung als solche das Unternehmen gerade nicht erfaßt, mitzuwirken (*Staudinger/Reimann* § 2205 Rdn. 96; *Brandner,* FS W. Stimpel, 1985, S. 1004; aA *Haegele/Winkler* Rdn. 301 und *Keidel/Schmatz/Stöber* Registerrecht Rdn. 195). Im Rahmen dieser Anmeldung und auch später kann der Testamentsvollstrecker eine neue Prokura erteilen (KG NJW 1950, 1086). **121**

Formulierungsvorschlag für die Anmeldung der Testamentsvollstreckung beim Handelsregister des Einzelunternehmens (Treuhandlösung) **122**

„An das
Amtsgericht
– Handelsregister A –

... (Ort)

Betreff: ...
HRA ...

Der im Handelsregister des Amtsgerichts München als alleiniger Inhaber der unter obiger Registernummer betriebenen Firma „Buchhandel und Verlag Otto Huber" eingetragene Otto Huber ist am 19. April 1993 verstorben. Als seine Erben hat er seine Kinder, Peter und Marion Huber, eingesetzt und mich, den Unterzeichneten Peter Müller laut Testamentsvollstreckerzeugnis des Amtsgerichts München vom 8. Juni 1993; AZ: VI 539/93, das ich in Ausfertigung vorlege, zum Testamentsvollstrecker eingesetzt, mit der Anordnung, das unter der vorbezeichneten Firma betriebene Handelsgeschäft auf die Dauer von 10 Jahren seit seinem Tode zu verwalten.

Der testamentarischen Bestimmung des Erblassers zufolge soll ich, der Unterzeichnete Testamentsvollstrecker, auf die Dauer der Testamentsvollstreckung den Buchhandel und Verlag nach außen auf meinen Namen führen. Dazu bin ich bereit. Die Erben haben ihr Einverständnis erteilt.

Demgemäß melde ich unter **Zustimmung der beiden Erben** an:

Die Firma Buchhandel und Verlag Otto Huber wird von mir als Alleininhaber unverändert fortgeführt.

Ich zeichne die Firma wie folgt:

Buchhandel und Verlag Otto Huber

Die vorhandenen Prokuren bleiben bestehen. Der Einheitswert des Betriebsvermögens beträgt DM ...

Der Übergang der in dem Betrieb des Geschäfts begründeten Verbindlichkeiten wird ausgeschlossen.

Die Geschäftsräume der Firma befinden sich wie bisher in 80796 München, Clemensstraße 74.

München, den ...

Folgt Beglaubigungsvermerk betreffend die Unterschriften des Testamentsvollstreckers und der Erben.

123 Im Verhältnis zu den Erben kann der Testamentsvollstrecker bei der Treuhandlösung seine Rechte nur dann wahrnehmen, wenn der Erblasser diese durch **Auflage** oder **Bedingung** der Erbeinsetzung verpflichtet hat, eine treuhänderische Übertragung des Handelsgeschäfts auf den Testamentsvollstrecker vorzunehmen, da die Fortführung des Geschäfts über dessen Amtsbefugnisse hinausgeht (MünchKommBGB/*Brandner* § 2205 Rdn. 23).

124 Für den Erben steht die Überlassung des Handelsgeschäfts an den Testamentsvollstrecker einer **Geschäftseinstellung** gleich, sie können somit eine Haftungsbeschränkung für die Altschulden gem. § 27 Abs. 2 HGB herbeiführen (*Haegele/Winkler* Rdn. 306; *John* BB 1980, 758).

125 Da der Testamentsvollstrecker aus erbrechtlichem Rechtsgrund erwirbt, muß er zunächst so haften, wie dies beim erbrechtlichen Erwerb für den Erben vorgesehen ist, also nach § 27 Abs. 1 HGB. Er kann jedoch die Haftung für die **Altschulden** entsprechend §§ 27 Abs. 1, 25 Abs. 2 HGB auf den Nachlaß beschränken (vgl. *Nieder* Rdn. 705, mwN). Für **neubegründete Geschäftsschulden** haftet der Testamentsvollstrecker unbeschränkt mit seinem Privatvermögen, da sie von ihm in seiner Eigenschaft als Inhaber des Handelsgeschäfts eingegangen werden.

126 Da die Erben Inhaber des Gesellschaftsvermögens bleiben (BGH NJW 1975, 54), stellt sich die Frage, wie es zu einer **Haftung** des Geschäftsvermögens und zum **Erwerb** für das Geschäftsvermögen kommt. Zwar sind die Erben nicht zu einer treuhänderischen Übertragung der Gegenstände des Geschäftsvermögens an den Testamentsvollstrecker verpflichtet (*K. Schmidt* Handelsrecht S. 98), dieser kann jedoch über das Geschäftsvermögen kraft der ihm erteilten Ermächtigung verfügen, bei Verpflichtungsgeschäften im Rahmen der ihm gezogenen Grenzen das Geschäftsvermögen verpflichten und für den Geschäftsbetrieb Gegenstände erwerben (*Staudinger/Reimann* § 2205 Rdn. 95; MünchKommBGB/*Brandner* § 2205 Rdn. 22).

127 Soweit die Eingehung neuer Verbindlichkeiten zur ordnungsgemäßen Verwaltung des Nachlasses erforderlich war, kann der Testamentsvollstrecker im Innenverhältnis vom Erben Befreiung von der persönlichen Haftung oder Ersatz verlangen (§§ 2216, 2218, 670 BGB und hierzu *Staudinger/Reimann* § 2205 Rdn. 95). Für diesen **Aufwendungsersatzanspruch** haftet der Erbe gegenüber dem Testamentsvollstrecker unbeschränkt, dh. nicht auf den Nachlaß beschränkbar (BGHZ 12, 100, 104; *Holch* DNotZ 1958, 282). Auch im übrigen beurteilt sich das Innenverhältnis von Testamentsvollstrecker und Erben nach dem Recht der Testamentsvollstreckung.

Sind **Minderjährige** an der Erbengemeinschaft beteiligt, ist gem. § 1822 Nr. 3 BGB eine vormundschaftsgerichtliche Genehmigung einzuholen, da das Erwerbsgeschäft vom Testamentsvollstrecker im Innenverhältnis für Rechnung und auf Risiko der Erben geführt wird (*Nieder* Rdn. 705). 128

bb) Vollmachtslösung. Der Testamentsvollstrecker kann das Geschäft auch **im Namen der Erben** als deren Bevollmächtigter weiterführen. Dann werden die Erben als Inhaber des Geschäfts in das Handelsregister eingetragen (*Staudinger/Reimann* § 2205 Rdn. 99). Die Eintragung eines Testamentsvollstreckervermerks ist in diesem Fall ausgeschlossen (RGZ 132, 138; BGHZ 12, 100). 129

Die Erben haften für die **neu entstehenden Geschäftsverbindlichkeiten** persönlich und unbeschränkt und für die **Altschulden,** sofern sie das Geschäft ohne die Firma fortführen, erbrechtlich beschränkbar oder falls sie es unter Übernahme der Firma mit oder ohne Nachfolgezusatz fortführen, unbeschränkt (§§ 25, 27 HGB). Sie haben stets die Möglichkeit, durch Bekanntmachung oder entsprechenden Eintrag im Handelsregister eine erbrechtlich beschränkte Haftung nach den Vorschriften des BGB herbeizuführen (§ 25 Abs. 2 HGB entsprechend). 130

Da die vom Testamentsvollstrecker begründeten Verbindlichkeiten keine Nachlaßverbindlichkeiten sind, kann der Testamentsvollstrecker das Geschäft im Namen der Erben nur mit deren **Zustimmung** und Vollmacht fortführen (BGHZ 12, 100, 103; BayObLG NJW 1969, 2051). Der Erblasser muß zur Sicherstellung seiner Anordnung die Erben deshalb ausdrücklich (vgl. BGHZ 12, 100, 104), dh. durch eine entsprechende **Bedingung** oder **Auflage** zur Erteilung dieser Zustimmung und Vollmacht anhalten (§§ 2208 Abs. 2, 2194 BGB; BGHZ 12, 100, 103). Sind die Erben minderjährig, bedarf die Vollmachtserteilung der vormundschaftsgerichtlichen Genehmigung (§ 1822 Nr. 3 BGB). 131

Da der Wille des Erblassers dahingeht, daß das Unternehmen für die Verwaltungsdauer der Testamentsvollstreckung unabhängig vom Erben fortgeführt wird, muß die Vollmacht bis zur regulären oder vorzeitigen Beendigung der Testamentsvollstreckung **unwiderruflich** ausgestaltet und ein Weisungsrecht der Erben ausgeschlossen sein (vgl. MünchKommBGB/*Ulmer* § 705 Rdn. 92). Dies kann durch die Auflage sichergestellt werden, die Vollmacht nicht zu widerrufen und nicht selbst hinsichtlich des Nachlasses tätig zu werden. 132

Der **Umfang der Vollmacht** kann vom Erblasser in der Verfügung von Todes wegen bestimmt werden, etwa dergestalt, daß der Unternehmernachfolger dem Testamentsvollstrecker eine Prokura, ggf. auch Immobiliarprokura (vgl. § 49 Abs. 2 HGB) mit der Berechtigung zur Veräußerung und Belastung von Grundstücken zu erteilen hat. Eine Zeugniserteilung des Nachlaßgerichts über den Inhalt und den Umfang einer solchen Vollmacht scheidet aus (BayObLGZ 1969, 138). Eine dem Testamentsvollstrecker im Testament erteilte **Generalvollmacht** verstößt, wenn sie unwiderruflich sein soll, gegen die guten Sitten (§ 138 BGB), auch wenn sie sachlich auf den Nachlaß beschränkt ist und ein Selbstkontrahieren nicht gestattet ist; denn der Erbe kann nicht mit gebundenen Händen einem so ausgedehnten Machtbereich des Testamentsvollstreckers ausgeliefert werden (*Haegele/Winkler* Rdn. 314; *Staudinger/Reimann* § 2205 Rdn. 98). 133

Gegen die **Zweckmäßigkeit** der Vollmachtslösung spricht allerdings, daß dadurch die Verpflichtungsbefugnis des Testamentsvollstreckers auf das Privatvermögen der Erben ausgedehnt wird und der Erbe letztlich testamentarisch gezwungen wird, das Handelsgeschäft selbst zu betreiben (kritisch deshalb auch BGH BB 1969, 773; ablehnend zur Vollmachtslösung auch MünchKommBGB/*Brandner* § 2205 Rdn. 20f.). 134

135 Schwierigkeiten in der Praxis lassen sich jedenfalls dadurch ausräumen, daß man die **Vollmacht** inhaltlich **begrenzt,** etwa unentgeltliche Verfügungen ausschließt bzw. eingegangene Verpflichtungen nur auf den Nachlaß beschränkt (*Haegele/Winkler* Rdn. 316). Da eine „verdrängende" Vollmacht ausgeschlossen ist (arg. § 137 BGB; vgl. *Ulmer* ZHR 146 [1982] 555), sind die Erben überdies – auch wenn sie der Vollmachtserteilung zugestimmt haben – nicht daran gehindert ihre Unternehmerrechte selbst auszuüben.

136 Die Erben werden bei der Vollmachtslösung selbst und als Erbengemeinschaft im **Handelsregister** eingetragen. Anmeldepflichtig sind alle Erben, nicht der Testamentsvollstrecker (*Keidel/Schmatz/Stöber* Registerrecht Rdn. 195).

b) Testamentarische Gestaltung

137 Sowohl bei der Treuhand-, als auch bei der Vollmachtslösung, muß der Erblasser durch Auflage die Erben verpflichten, eine treuhänderische Übertragung des Geschäfts auf den Testamentsvollstrecker vorzunehmen bzw. eine Vollmacht zu erteilen. Die Befugnis des Erblassers zum Einsatz dieser **erbrechtlichen Druckmittel** ist unter Hinweis auf § 138 BGB nicht unbestritten (vgl. bei Rdn. 133; zweifelnd BGH BB 1969, 773; anders noch RGZ 172, 199, 205). Unzumutbare Gefahren für den Erben sind damit jedenfalls nicht verbunden; will er das persönliche Haftungsrisiko vermeiden, kann er die Erbschaft ausschlagen (*Haegele/Winkler* Rdn. 360; zum Meinungsstand vgl. *Nieder* Rdn. 710).

138 Die Anordnung einer Dauertestamentsvollstreckung am Handelsgeschäft enthält grundsätzlich für den Erben die Auflage, dem Testamentsvollstrecker die Führung des Handelsgeschäfts zu ermöglichen. Entscheidet sich der Erblasser in seiner testamentarischen Anordnung nicht für eine der beiden Lösungen, ist **im Zweifel** anzunehmen, daß der Testamentsvollstrecker das Geschäft als Treuhänder im eigenen Namen und für Rechnung der Erben führen soll (BGHZ 24, 106, 112; *Staudinger/Reimann* § 2205 Rdn. 100). Die Anordnung im Testament sollte es dem freien Ermessen des Testamentsvollstreckers überlassen, ob er die Vollmachts- oder Treuhandlösung wählt.

139 Lehnt der Erbe eine Vollmachtserteilung an den Testamentsvollstrecker ab (vgl. dazu BGHZ 24, 106, 112), so kann der Testamentsvollstrecker entweder Klage gegen den Erben auf Vollmachtserteilung erheben (BayObLGZ 169, 138) oder die Treuhandlösung wählen. Im zuletzt genannten Fall übernimmt er allerdings die nicht zu unterschätzende Haftung mit seinem eigenen Vermögen. Hierzu wird der Testamentsvollstrecker nur bei entsprechender Bonität des Unternehmens und Absicherung etwaiger Ansprüche im Innenverhältnis zum Erben, bereit sein. Um dem Testamentsvollstrecker die Übernahme des Amts annehmbar zu machen, sollte ihm der Erblasser deshalb zum **Ausgleich** der Haftungsrisiken zumindest eine Umsatz- oder Gewinnprovision zugestehen (*Haegele/Winkler* Rdn. 329).

140 **Formulierungsvorschlag für Vollmacht im Testament zur Ausübung der Testamentsvollstreckerrechte bei einem einzelkaufmännischen Unternehmen**

„Zu meinem Testamentsvollstrecker mit dem ausschließlichen Wirkungskreis meines bilanzierten Betriebsvermögens und der Fortführung meines einzelkaufmännischen Unternehmens ernenne ich Herrn X. Er hat das Unternehmen nach seinem freien Ermessen entweder im eigenen Namen und unter eigener persönlicher Haftung als Treuhänder für Rechnung der Erben oder im eigenen Namen und unter Haftung der Erben als deren Bevollmächtigter zu führen.

Die Erben werden hiermit im Wege der Auflage verpflichtet, dem Testamentsvollstrecker die entsprechenden Befugnisse einzuräumen, wobei eine erteilte Vollmacht dahingehend begrenzt werden kann, daß unentgeltliche Verfügungen von ihr nicht umfaßt sind. Die Testamentsvollstreckung endet am .....

Danach hat der Testamentsvollstrecker gegenüber den Erben einen Anspruch auf Befreiung von seiner unbeschränkten Haftung für die Geschäftsverbindlichkeiten. Dem Testamentsvollstrecker stehen alle Rechte zu, die ihm nach dem Gesetz eingeräumt werden können. Er ist auch von den Beschränkungen des § 181 BGB befreit. Als Vergütung erhält er neben seinem bisherigen Gehalt, falls er die Vollmachtslösung wählt 5% und falls er die Treuhandlösung wählt 20% des ausgewiesenen jährlichen Reingewinns."

c) Sonstige Gestaltungsmöglichkeiten

aa) Umstrukturierung des Unternehmens. Der Testamentsvollstrecker kann das Handelsgeschäft auch durch dessen **Verpachtung** fortführen oder den Erben selbst im Rahmen einer Freigabe des Handelsgeschäfts die Fortführung ermöglichen (*Staudinger/Reimann* § 2205 Rdn. 103; *Donner* DNotZ 1944, 144; zur Registeranmeldung bei Verpachtungsgeschäften vgl. *Keidel/Schmatz/Stöber* Registerrecht Rdn. 198; zur Erteilung einer Prokura an den Testamentsvollstrecker vgl. *Weidlich* ZEV 1994, 205, 211). 141

Aufgrund der aufgezeigten Schwierigkeiten dürfte es allerdings die praktikabelste Lösung sein, den Erben durch Auflage und den Testamentsvollstrecker durch Anordnung zu veranlassen, das zum Nachlaß gehörende Einzelunternehmen im Wege der Sachgründung auf eine GmbH überzuführen oder nach §§ 152ff. UmwG umzuwandeln. Nach der Faustregel, wonach eine Testamentsvollstreckung bei **Kapitalgesellschaften** leichter möglich und wirkungsvoller ist (vgl. dazu Rdn. 226), kann die Testamentsvollstreckung dann auf die GmbH-Geschäftsanteile bezogen werden. Überdies kann dem Testamentsvollstrecker allein oder zusammen mit einem Dritten die Geschäftsführung eingeräumt werden (*Brandner,* FS W. Stimpel, 1985, S. 991, 1005). 142

Formulierungsvorschlag für Auflage im Testament zur Umstrukturierung eines einzelkaufmännischen Unternehmens 143

„Die Erben werden im Wege der Auflage verpflichtet, mein einzelkaufmännisches Unternehmen auf eine GmbH im Wege der Sachgründung oder Umwandlung überzuführen. Die Beteiligungsverhältnisse der Erben an der GmbH haben dabei der Beteiligung am Nachlaß zu entsprechen. Das Stammkapital ist im Rahmen der gesetzlichen Vorschriften beteiligungskonform festzusetzen. Im übrigen wird wegen der Ausgestaltung der Gesellschaftssatzung auf die Anlage I zu diesem Testament Bezug genommen; diese Anlage stellt einen wesentlichen Bestandteil der Verfügung dar. Abweichungen von den Vorgaben, die in der Anlage enthalten sind, sind nur zulässig, wenn eine Gesetzesänderung sie zwingend erfordert."

Im Einzelfall kann es auch sinnvoll sein, daß der Erblasser bereits zu Lebzeiten eine **Vorratsgesellschaft** in der Rechtsform einer GmbH gründet (vgl. 2. Kap. Rdn. 49). 144

Bei Abfassung der Verfügung von Todes wegen sollte in jedem Fall klargestellt werden, welche **Ersatzlösung** (Vollmachtslösung, Treuhandlösung) gewollt ist. Zweckmäßigerweise sollte dem Testamentsvollstrecker die Wahl unter mehreren Lösungen eingeräumt werden (Formulierungsvorschlag bei 2. Kap. Rdn. 80). 145

bb) Beaufsichtigende Testamentsvollstreckung. Völlig neue Einsatzmöglichkeiten für das Instrument der Testamentsvollstreckung eröffnen sich im Bereich des Einzelunternehmens auch aufgrund der neueren Rechtsprechung des Bundesgerichtshofs zur Personengesellschaft, wonach eine Verwaltungsvollstreckung an der „Außenseite" der Beteiligung zulässig ist, der Testamentsvollstrecker lediglich nicht „im Inneren" der Gesellschaft anstelle des Erben tätig werden kann (dazu ausführlich Rdn. 158). Der Erblasser kann somit auch dann, wenn ein Einzelunternehmen in 146 den Nachlaß fällt, Testamentsvollstreckung anordnen – ohne die Ersatzlösungen oder aber neben diesen –, und zwar in der Form der **beaufsichtigenden Testamentsvollstreckung.** Damit kann er in jedem Fall erreichen, daß der Erbe auch als Inhaber des ererbten Unternehmens ohne Mitwirkung des Testamentsvollstreckers nicht über dieses verfügen kann und daß dessen Eigengläubiger nicht in das Unternehmen und die daraus erwachsenden Vermögensrechte vollstrecken können (vgl. *Reimann* S. 74; *Staudinger/Reimann* § 2205 Rdn. 104).

147 *cc) Testamentsvollstreckung über einzelne Gegenstände des Betriebsvermögens.* Beim einzelkaufmännischen Unternehmen bleibt der Erbe **Eigentümer** des hierzu gehörenden Betriebsvermögens und Inhaber der damit im Zusammenhang stehenden Einzelrechte. Es ist daher möglich, Testamentsvollstreckung in Bezug auf diese einzelnen Gegenstände, die zu den Aktiven und Passiven des Unternehmens gehören, anzuordnen, mit der Folge, daß dem Testamentsvollstrecker insoweit auch die Verwaltungsbefugnisse des § 2204 BGB zustehen (vgl. *Reimann* S. 75). Damit sind die Einzelgegenstände und das Unternehmen selbst dem alleinigen Verfügungsrecht des Erben entzogen.

4. Testamentsvollstreckung bei einer Personengesellschaft

a) Schicksal der Gesellschaftsbeteiligung beim Tod eines Gesellschafters

148 *aa) Ausscheiden des Gesellschafters.* Nach der geänderten Rechtslage durch das Handelsrechtsreformgesetz vom 22. 6. 1998 (BGBl. I S. 1474) wird eine OHG bzw. KG durch den Tod eines persönlich haftenden Gesellschafters nicht mehr aufgelöst, sondern – soweit der Gesellschaftsvertrag keine abweichende Regelung trifft – mit den verbleibenden Gesellschaftern fortgesetzt. Der Tod des persönlich haftenden Gesellschafters führt zu seinem Ausscheiden aus der Gesellschaft (vgl. § 131 Abs. 3 S. 2 HGB).

149 *bb) Fortsetzung der Gesellschaft unter den verbleibenden Gesellschaftern.* Mit dem Ausscheiden des verstorbenen Gesellschafters und der Fortsetzung durch die übrigen Gesellschafter, entsteht ein gegen die Gesellschaft gerichteter Abfindungsanspruch aus § 738 Abs. 1 BGB. Dieser schuldrechtliche Abfindungs- und Auseinandersetzungsanspruch gegen die Gesellschaft stellt den Gegenwert für den verlorenen Anteil dar und fällt in den Nachlaß. Der Testamentsvollstrecker kann in diesem Fall die Abfindungs- und Auseinandersetzungsansprüche der Erben gegen die Gesellschaft geltend machen, ohne daß Besonderheiten des Gesellschaftsrechts entgegenstünden (vgl. auch *Haegele/Winkler* Rdn. 374).

150 *cc) Fortsetzung der Gesellschaft mit den Erben.* Häufig enthält der Gesellschaftsvertrag eine Regelung in Gestalt einer **erbrechtlichen Nachfolgeklausel,** wonach die Gesellschaft mit dem oder den (allen oder einigen) Erben des persönlich haftenden Gesellschafters fortgesetzt wird (vgl. § 139 Abs. 1 HGB). Dadurch wird der Anteil vererblich gestellt mit der Konsequenz einer Sondererbfolge des oder der als Nachfolger berufenen Erben in die hinterlassene Gesellschaftsbeteiligung, und zwar persönlich und nach Maßgabe ihrer Erbquoten. Auch hier stellt sich wieder die Frage nach dem Umfang des dem Testamentsvollstrecker zustehenden Machtbereichs (dazu Rdn. 154).

b) Sondererbfolge und Nachlaßzugehörigkeit des Anteils

151 Durch das Prinzip der **Sondererbfolge** in Gesellschaftsanteile soll verhindert werden, daß der Anteil in die Rechtszuständigkeit einer nicht mitgliedsfähigen Er-

bengemeinschaft fallen würde, deren von § 2058 BGB beschriebene Haftungsverfassung mit dem in § 128 HGB festgelegten Grundsatz der unbeschränkten Haftung kollidieren würde (BGH NJW 1981, 749, 750). Die Sonderrechtsnachfolge bewirkt, daß der Gesellschaftsanteil quasi an der Erbengemeinschaft vorbeigesteuert wird und jeder zur Nachfolge berufene Erbe eine **selbständige Gesellschafterstellung** erhält. Wurde im Gesellschaftsvertrag bestimmt, daß die Gesellschaft mit dem oder den Erben des verstorbenen Gesellschafters fortgesetzt wird (= einfache erbrechtliche Nachfolgeklausel), so kommt es in Abweichung vom Prinzip der Gesamtrechtsnachfolge somit zu einer Aufspaltung des Gesellschaftsanteils entsprechend den Quoten der berufenen Miterben.

Wurden im Gesellschaftsvertrag dagegen einschränkende Anforderungen an **152** Zahl, Person, oder Qualifikation der Nachfolger gestellt (sog. **qualifizierte Nachfolgeklausel**), so gilt der Grundsatz: Gesellschaftsrecht geht vor Erbrecht, dh. abweichend von der Erbrechtsquote des Unternehmensnachfolgers erlangen der oder die im Gesellschaftsvertrag als Nachfolger bestimmten Erben die Gesellschafterstellung unmittelbar und in dem Umfang, wie sie der Erbe inne gehabt hat (BGH NJW 1983, 2373; BayObLG DNotZ 1981, 702).

Aufgrund dieser vom Prinzip der Universalsukzession (§ 1922 BGB) abweichen- **153** den Sonderrechtsnachfolge, wurde lange Zeit die Auffassung vertreten, der Gesellschaftsanteil sei überhaupt nicht **Nachlaßbestandteil** geworden und unterliege damit nicht der Testamentsvollstreckung (vgl. die Nachweise bei *Damrau* NJW 1984, 2786f.). Dem hat der Bundesgerichtshof nunmehr ausdrücklich widersprochen (BGH NJW 1989, 3152).

c) Testamentsvollstreckung am Gesellschaftsanteil eines persönlich haftenden Gesellschafters

aa) Abwicklungsvollstreckung/Dauertestamentsvollstreckung. Die Abwicklungsvoll- **154** streckung (dazu Rdn. 116) ist allgemein für die Beteiligung an einer Personengesellschaft zugelassen (vgl. *Flume* NJW 1988, 161, 163). Die Beteiligung unterliegt der Testamentsvollstreckung, soweit und solange dies für die dem Testamentsvollstrecker obliegende Abwicklung notwendig ist. In einer mit dem Tod des Erblassers entstandenen **Abwicklungsgesellschaft** übt der Testamentsvollstrecker unter Ausschluß der Erben die Befugnisse des Abwicklers aus (BGH NJW 1981, 749, 750); das Auseinandersetzungsguthaben fällt unter seine Verwaltung und seine ausschließliche Verfügungsbefugnis (BGH NJW 1985, 1953).

Auch der aufgrund des Ausscheidens des verstorbenen persönlich haftenden Ge- **155** sellschafters (vgl. dazu Rdn. 148) entstehende **Abfindungsanspruch** sowie der Abfindungsanspruch des Erben, der gem. § 139 Abs. 2 HGB sein Ausscheiden aus der Gesellschaft erklärt, unterliegt der Testamentsvollstreckung (MünchKommBGB/*Brandner* § 2205 Rdn. 26).

Demgegenüber kommt der Auseinandersetzungsvollstreckung (§ 2204 BGB) am **156** vererbten Anteil einer **werbenden Gesellschaft** durch den Testamentsvollstrecker keine praktische Bedeutung mehr zu, weil infolge der Sondererbfolge die Beteiligung von selbst auf die als Nachfolger des Erblassers gesellschaftsvertraglich berufenen Miterben entsprechend ihren Erbquoten übergeht (vgl. dazu Rdn. 151 und *Klein* DStR 1992, 294). Schwierigkeiten bereitet auch hier die Dauertestamentsvollstreckung, dh. die Verwaltung der Gesellschafterstellung durch den Testamentsvollstrecker. Ihre Zulässigkeit wurde von der Rechtsprechung (vgl. zuletzt BGH NJW 1985, 1953) und vom Schrifttum (vgl. die Nachweise bei *Bommert* BB 1984, 178) bisher unter Hinweis auf die Haftungsproblematik (Rdn. 111) und den höchstpersönlichen Charakter der Gesellschafterstellung (dazu BGHZ 65, 79, 84) ganz überwiegend abgelehnt

157 Voraussetzung für die Ausübung der Testamentsvollstreckerrechte ist danach, daß die übrigen Gesellschafter der Rechtsausübung durch den Testamentsvollstrecker nachträglich **zustimmen** oder die Zulässigkeit einer Testamentsvollstreckung bereits im Gesellschaftsvertrag vorgesehen ist (vgl. BGH NJW 1995, 2551; *Staudinger/Reimann* § 2205 Rdn. 121 und ausführlich Rdn. 165). Die Zustimmung der Mitgesellschafter kann aber unter Umständen schon in einer Vererblichkeitsklausel (vgl. Rdn. 150) oder einer allgemeinen Zulassung der Übertragung des Gesellschaftsanteils liegen (*Staudinger/Reimann* § 2205 Rdn. 121; aM MünchKommBGB/*Brandner* § 2205 Rdn. 29). Überdies muß der Erbe durch eine Bedingung oder Auflage in der Verfügung von Todes wegen dazu angehalten werden, die Ausübung der Mitgliedschaftsrechte durch den Testamentsvollstrecker zu dulden. Wie beim einzelkaufmännischen Unternehmen, muß also auch hier auf Ersatzlösungen zurückgegriffen werden. Verweigern die übrigen Gesellschafter ihre Zustimmung und führt der Erbe den Anteil fort, so ändert dies an der Testamentsvollstreckung an der Außenseite des Anteils (dazu Rdn. 159) nichts (BGH NJW 1986, 2431, 2433).

158 *bb) Aufspaltung der Rechtsstellung des Gesellschafters.* Die vorstehenden Beschränkungen, insbesondere das Zustimmungserfordernis der Mitgesellschafter und die Notwendigkeit der Duldung durch den Gesellschafter-Erben, sollen nach Auffassung des Bundesgerichtshofs (BGH NJW 1985, 1953 – Gesellschaftsrechtssenat – und BGH NJW 1986, 2431 – Erbrechtssenat) allerdings nur greifen, wenn es um die sog. **„Innenseite"** der Beteiligung geht, also um die vererbten höchstpersönlichen Mitgliedschaftsrechte, wie etwa das Stimmrecht, das Recht auf Teilnahme an der Gesellschafterversammlung, das Recht auf Vertretung und Geschäftsführung und das Informationsrecht.

159 Dagegen unterliegt die **„Außenseite"** der Beteiligung der Verwaltung durch den Testamentsvollstrecker (vgl. neuestens BGH ZEV 1996, 110 m. Anm. *Lorz*), so daß ihm insbesondere die laufenden Gewinnansprüche, ein künftiger Auseinandersetzungsanspruch und damit der Anteilswert und die mit dem Anteil verbundenen Vermögensrechte unterstellt sind.

160 Der Bundesgerichtshof ist damit von seiner bisherigen Auffassung abgerückt, nach welcher die Gesellschaftsbeteiligung in vollem Umfang dem Machtbereich des Testamentsvollstreckers entzogen ist (dazu Rdn. 154). Der Testamentsvollstrecker kann zwar nicht selbst mit Wirkung für den Erben in seiner Funktion als Gesellschafter handeln, andererseits kann aber auch der Erbe über die Beteiligung nur eingeschränkt disponieren. Dem Testamentsvollstrecker kommt dadurch eine **beaufsichtigende Funktion** zu, er kann verhindern, daß die Gesellschafter-Erben über ihre ererbten Geschäftsanteile verfügen (§ 2211 BGB) und daß die Eigengläubiger der Erben in den Gesellschaftsanteil und in die daraus erwachsenden Vermögensrechte vollstrecken (§ 2214 BGB und hierzu *D. Mayer* ZIP 1990, 976, 979; *Dörrie* ZEV 1996, 375).

161 Danach haben die Gesellschafter-Erben zu allen die vermögensrechtliche Außenseite die Beteiligung betreffenden Maßnahmen die **Zustimmung** des Testamentsvollstreckers einzuholen, dh. insbesondere zu Maßnahmen die den Auseinandersetzungs- oder Abfindungsanspruch als solchen betreffen; etwa wenn Bestimmungen des Gesellschaftsvertrags über die Bewertung der Anteile oder über Höhe, Fälligkeit und Zahlungsweise des Abfindungsanspruchs geändert werden (*D. Mayer* ZIP 1990, 979). Gleiches gilt für alle Maßnahmen und Beschlüsse, die den Gewinn betreffen, wie die Verteilung, Verwendung, Ausschüttung, Fälligkeit, Thesaurierung und Verzinsung (*Reimann* MittBayNot. 1985, 135 und 1986, 132; *D. Mayer* ZIP 1990, 979).

Da die Funktionen des Testamentsvollstreckers an der „Außenseite" der Beteiligung **erbrechtlichen Ursprungs** sind, können sie durch den Gesellschaftsvertrag nicht ausgeschlossen oder eingeschränkt werden (*Reimann* S. 84). 162

Demgegenüber ist eine **Kündigung** der Gesellschaft durch den Nachfolger-Erben auch ohne Zustimmung des Testamentsvollstreckers zulässig (ausführlich dazu *Dörrie* ZEV 1996, 375). Er kann auch die Umwandlung der persönlich haftenden Gesellschafterstellung in eine Kommanditistenstellung verlangen bzw. bei Nichtannahme dieses Verlangens durch die Mitgesellschafter, das Ausscheiden aus der Gesellschaft erklären. Diese Maßnahmen müssen der alleinigen Entscheidung des Gesellschafter-Erben vorbehalten bleiben, sonst könnte der Testamentsvollstrecker eine über den Nachlaß hinausgehende persönliche Haftung des Gesellschafter-Erben zwangsweise aufrecht erhalten (vgl. *Klein* DStR 1992, 295). Das Abfindungs- bzw. Auseinandersetzungsguthaben gelangt aber analog § 2041 BGB vollumfänglich in den Nachlaß und unterliegt der Verwaltungsmacht des Testamentsvollstreckers (*Dörrie* ZEV 1996, 375). Für die mit der „Innenseite" der Beteiligung umschriebenen höchstpersönlichen Mitgliedschaftsrechte steht dem Testamentsvollstrecker insoweit eine „beaufsichtigende Funktion" zu, als er im Rahmen des ihm eingeräumten Zuständigkeitsbereichs die erforderlichen **Auskunfts- und Kontrollrechte** einschließlich des Rechts, die Vorlage des Jahresabschlusses der Gesellschaft zu verlangen, ausüben kann. Ein eigenes Mitwirkungsrecht in der Gesellschaft wird hierdurch jedoch nicht begründet (BGH NJW 1986, 2431, 2433 und ausführlich dazu *Schmidt* ZGR 1988, 140, 155). Ebensowenig erstreckt sich das Prozeßführungsrecht des Testamentsvollstreckers auf Rechtsstreitigkeiten, die innere Angelegenheiten der Gesellschaft (etwa den Streit über die Aufnahme eines weiteren Gesellschafters) betreffen (BGH ZEV 1998, 72 m. Anm. *Ulmer* JZ 1998, 468 und *Holoch* JuS 1998, 660). 163

Der Gesellschafter-Erbe nimmt seine Rechte aus der Gesellschaftsbeteiligung selbst wahr, ist aber bei bestimmten Maßnahmen auf die **Mitwirkung** des Testamentsvollstreckers angewiesen (dazu Rdn. 160ff.). 164

Da die Grenzen zwischen „Außenseite" und „Innenseite" der Beteiligung fließend sind und deshalb ein Streit um die **Kompetenzabgrenzungen** zwischen Testamentsvollstrecker und Gesellschafter-Erben vorprogrammiert ist, wird die Praxis auch in Zukunft nicht umhin können, durch **Ersatzlösungen** (vgl. Rdn. 166) sicherzustellen, daß dem Testamentsvollstrecker die Ausübung der Gesellschafterrechte in ihrer Gesamtheit ermöglicht wird. Selbst wenn der Gesellschaftsvertrag eine „umfassende" Testamentsvollstreckung zuläßt, braucht der Gesellschafter-Erbe sonst eine Einflußnahme des Testamentsvollstreckers auf die „Innenseite" der Beteiligung nicht zu dulden (*Reimann* S. 82f.). 165

cc) Ersatzlösungen. Sollen auch gesellschaftsinterne Maßnahmen, die weder eine Verfügung über den Anteil darstellen, noch den Abfindungsanspruch tangieren, in den Machtbereich des Testamentsvollstreckers fallen, so muß auf die schon bisher praktizierten **Ersatzkonstruktionen** zurückgegriffen werden. Wie beim einzelkaufmännischen Unternehmen, werden auch bei der Beteiligung des persönlich haftenden Gesellschafters, die sog. Treuhandlösung, bei der der Testamentsvollstrecker die Gesellschafterstellung treuhänderisch für den Gesellschafter-Erben hält, oder die Vollmachtslösung, bei der zwar der Erbe Gesellschafter bleibt, dem Testamentsvollstrecker aber Vollmacht zur Wahrnehmung der Gesellschafterrechte erteilt, vorgeschlagen (dazu MünchKommBGB/*Brandner* § 2205 Rdn. 29f.). 166

Diese Ersatzlösungen setzen eine **Zustimmung der Mitgesellschafter** im Gesellschaftsvertrag oder eine ad hoc-Ermächtigung des Testamentsvollstreckers durch 167 den oder die Gesellschafter-Erben voraus (vgl. Rdn. 157; *Bommert* BB 1984, 178, 183).

168 Alle Ersatzlösungen setzen darüber hinaus voraus, daß die Erben dem Testamentsvollstrecker eigene Rechte übertragen oder Ermächtigung zu ihrer Ausübung erteilen. Will der Erblasser durch letztwillige Auflage oder auflösende Bedingung der Erbeinsetzung die Bevollmächtigung des Testamentsvollstrecker bzw. die treuhänderische Übertragung des Anteils durch den Erben sicherstellen, so bestehen die gleichen **Bedenken** wie bei der Fortführung eines einzelkaufmännischen Unternehmens durch den Testamentsvollstrecker (vgl. dazu Rdn. 119 und BGH BB 1969, 773).

169 **Gegen die Treuhandlösung** spricht, daß der Testamentsvollstrecker im Außenverhältnis der zwingenden Haftung aus § 128 HGB ausgesetzt ist und nur im Innenverhältnis zum Erben Aufwendungsersatz und Freistellung nach § 670 BGB verlangen kann.

170 **Gegen alle Vollmachtslösungen,** und zwar sowohl gegen eine Vollmacht der Erben an den Testamentsvollstrecker (dazu BayObLG FamRZ 1986, 613 und *Rehmann* BB 1985, 297, 299) als auch gegen eine postmortale Vollmacht des Erblassers für den Testamentsvollstrecker (dazu *Reithmann* BB 1984, 1394) spricht, daß sie der Erbe nach dem Erbfall widerrufen kann. Soll der Widerruf durch erbrechtliche Gestaltungsmittel (Auflage, auflösende Bedingung) verhindert werden, bleibt wieder die Frage nach der Zulässigkeit dieses erbrechtlichen Druckmittels (ausführlich hierzu *Nieder* Rdn. 712ff.).

171 Bei dieser Rechtslage sollte die Praxis möglichst davon Abstand nehmen, eine vollhaftende Beteiligung einer Dauertestamentsvollstreckung unterstellen zu wollen. Im Hinblick auf die nunmehrige Zulassung der Erstreckung einer Testamentsvollstreckung auf einen **Kommanditanteil** (dazu Rdn. 194ff.) könnte künftig für den Fall des Todes eines persönlich haftenden Gesellschafters die **Umwandlung** seiner Beteiligung in eine Kommanditbeteiligung gesellschaftsvertraglich vorgesehen und hierfür Testamentsvollstreckung angeordnet werden (GroßKommHGB/*Ulmer* § 139 Rdn. 180). Dem Nachfolger-Erben kann dann gesellschaftsvertraglich das Recht eingeräumt werden, unter bestimmten Voraussetzungen, zB nach Ablauf der für die Testamentsvollstreckung vorgesehenen Frist, die (Rück-)Umwandlung der Kommanditistenstellung in eine Komplementärstellung zu verlangen (*Klein* DStR 1992, 296 und ausführlich *ders.* in: Münchener Handbuch des Gesellschaftsrechts. Bd. 2, KG, § 45 Rdn. 50).

172 Falls die Anordnung einer Testamentsvollstreckung unumgänglich ist, sollte man das angestrebte Ziel, dem Testamentsvollstrecker die Ausübung der Mitgliedschaftsrechte zu ermöglichen, auf **mehreren Wegen,** zu erreichen versuchen und dabei eindeutig in der Verfügung von Todes wegen klarstellen, welche Ersatzlösung gewünscht wird (*Nieder* Rdn. 716).

173 **Formulierungsvorschlag für Vollmacht im Testament zur Ausübung der Testamentsvollstreckerrechte bei persönlich haftender Beteiligung**

„Damit der Testamentsvollstrecker seine Rechte und Pflichten auch in Bezug auf die Gesellschaftsbeteiligung an der Y-OHG wahrnehmen kann, belaste ich meine Erben mit der Auflage, ihm die Ausübung sämtlicher Gesellschaftsrechte vermögens- und personenrechtlicher Natur, einschließlich des Stimmrechts zu ermöglichen, soweit dem nicht zwingende gesetzliche Vorschriften entgegenstehen. Ich bevollmächtige den Testamentsvollstrecker hiermit mit Wirkung gegenüber meinen Erben, alle ihre vermögens- und mitgliedschaftlichen Rechte aus meiner Beteiligung in vollem Umfang auszuüben und mache meinen Erben hiermit die Auflage, auf Verlangen des Testamentsvollstrekkers nach meinem Tod ihm diese Vollmacht in notariell beurkundeter Form zu bestätigen. Mein Testamentsvollstrecker kann nach seiner Wahl die Beteiligung auch als

Treuhänder für meine Erben verwalten. Für diesen Fall mache ich meinen Erben die Auflage, ihm die Beteiligung treuhänderisch zu übertragen. Meinen Erben mache ich überdies zur Auflage, auf Verlangen des Testamentsvollstreckers meine Gesellschaftsbeteiligung an der Y-OHG in eine Kommanditbeteiligung umzuwandeln. Sollte einer meiner Erben ohne wichtigen Grund den obigen Auflagen nicht nachkommen und/oder die Vollmacht widerrufen, so hat er im Wege der hiermit von mir angeordneten Vermächtnisbelastung seinen Anteil an der Beteiligung unverzüglich an die anderen Erben im Verhältnis ihrer Erbquoten herauszugeben. Die Erfüllung dieses bedingten Vermächtnisses gehört auch zu den Aufgaben des Testamentsvollstreckers.

Zu folgenden Maßnahmen ist der Testamentsvollstrecker nur mit schriftlicher Einwilligung sämtlicher Erben berechtigt:

aa) Veräußerung und Belastung der Gesellschaftsbeteiligung;

bb) ganz oder teilweise Veränderung der Beteiligungsverhältnisse und der Gewinnverteilung;

cc) Erhöhung der Einlage;

dd) Abänderung des Gesellschaftsvertrages, insbesondere Einschränkung oder Ausschluß der Vererblichkeit des Gesellschaftsanteils;

ee) Auflösung und Umwandlung der Gesellschaft;

ff) sonstige Maßnahmen, die den Kernbereich der Mitgliedschaft des Gesellschafter-Erben berühren.

Der Testamentsvollstrecker kann sich für einzelne Angelegenheiten einer fachkundigen Beratung bedienen. Die Kosten gehen insoweit zu Lasten des Nachlasses."

dd) Eingriffe in den Kernbereich der Mitgliedschaft. Bei den praktizierten Ersatzkonstruktionen (dazu Rdn. 166) stellt sich die Frage, ob der Testamentsvollstrecker bei der Wahrnehmung von Rechten im **„Kernbereich der Mitgliedschaft"** einer Zustimmung der Gesellschafter-Erben bedarf. Zum Schutz der Minderheitsgesellschafter gegen Mehrheitsbeschlüsse wird im Gesellschaftsrecht – unabhängig von der Gesellschaftsform – anerkannt, daß es unentziehbare bzw. mehrheitsfeste Rechte gibt, die zwar durch Gesellschaftsvertrag und Satzung abdingbar sind, dem Gesellschafter aber nicht ohne oder gegen seinen Willen entzogen werden können (sog. Kernbereichslehre und dazu BGH NJW 1989, 3152, 3155; *Priester,* FS W. Stimpel, 1985, S. 471; *Quack* BB 1989, 2271, 2273: *Ulmer* NJW 1990, 72, 79ff.; *D. Mayer* ZIP 1990, 978f.; *Weidlich* ZEV 1994, 206; *Staudinger/Reimann* § 2205 Rdn. 122; *Dörrie* ZEV 1996, 374). 174

Dieser Kernbereich der Mitgliedschaft beschränkt nicht nur die Zulässigkeit von Mehrheitsbeschlüssen, sondern setzt auch der Rechtsmacht des Testamentsvollstreckers **Grenzen.** Er umfaßt alle Rechte, die geeignet sind, die Rechtsstellung des Gesellschafters selbst in ihrem Bestand zu erhalten (*Quack* BB 1989, 2271, 2273; *D. Mayer* ZIP 1990, 978 und katalogische Aufbereitung bei *Weidlich* S. 47ff.). Das gilt insbesondere für Änderungen der gesellschaftsvertraglichen Regelungen über Kapitalanteil, Gewinnbeteiligung und Auseinandersetzungsguthaben, aber auch für das Recht auf Kündigung der Gesellschaft aus wichtigem Grund (§ 133 HGB, vgl. *D. Mayer* ZIP 1990, 978). Hierzu gehören auch die unentziehbaren, zwingenden Mitgliedschaftsrechte, wie §§ 118 Abs. 2 (Informationsrecht) und das Wahlrecht nach § 139 HGB (Überblick bei *Weidlich* ZEV 1994, 206; *Klein* DStR 1992, 295). 175

Das Recht des Gesellschafter-Erben, von den Mitgesellschaftern die Erfüllung ihrer Verpflichtungen gegenüber der Gesellschaft zu verlangen und im eigenen Namen Klage auf Leistung an die Gesellschaft zu erheben (sog. **actio pro socio,** vgl. dazu MünchKommBGB/*Ulmer* § 705 Rdn. 169) kann dagegen vom Testamentsvollstrecker allein ausgeübt werden, sofern dies nach den Maßstäben einer ordnungsgemäßen Verwaltung (§ 2216 Abs. 1 BGB) geboten ist. Unterläßt der Testamentsvollstrecker dies pflichtwidrig, so ist er nach § 2219 Abs. 1 BGB zur 176

Schadensersatzleistung verpflichtet (vgl. *Ulmer* NJW 1990, 78). Die gleiche Betrachtungsweise ist bei der Geltendmachung von **Beschlußmängeln** angezeigt (*Weidlich* S. 53).

177 Bei der **Stimmrechtsausübung** ist danach zu differenzieren, ob aufgrund der Stimmabgabe der vorgenannte Kernbereich tangiert wird. Wo der Gesellschafter aber auch im übrigen gegen seinen Willen Mehrheitsentscheidungen hinnehmen muß, bereitet es unter dem Aspekt des Schutzes des Gesellschafter-Erben keine Probleme, wenn die Stimmrechtsbefugnis allein dem Testamentsvollstrecker zugewiesen wird. Für den kernbereichsrelevanten Bereich ist der Testamentsvollstrecker zwar zur alleinigen Ausübung des Stimmrechts befugt, er hat jedoch die Zustimmung des Gesellschafter-Erben zur Beschlußfassung einzuholen (**Doppelzuständigkeit** von Testamentsvollstrecker und Gesellschafter-Erbe und hierzu *Quack* BB 1989, 2273). Im Einzelfall kann die Stimmrechtsausübung auch gegen das Verbot unentgeltlicher Verfügungen nach § 2205 S. 3 BGB verstoßen. Dies ist stets der Fall, wenn der Beschluß zu einem Eingriff in die Rechtsposition des Gesellschafter-Erben ohne gleichwertige Gegenleistung führt (Einzelheiten bei *Dörrie* ZEV 1996, 371).

178 Soweit es sich um kernbereichsrelevante Beschlußgegenstände handelt, besitzt der Gesellschafter-Erbe neben dem Testamentsvollstrecker das Recht, an der **Gesellschafterversammlung** teilzunehmen und seine Meinung zu äußern. Weiterhin besitzt er das Recht, Anträge zu stellen und zu begründen. Liegt der Beschlußgegenstand dagegen außerhalb des Kernbereichs der Mitgliedschaft, so können diese Rechte durch den Testamentsvollstrecker allein ausgeübt werden (vgl. *Weidlich* S. 50 mwN).

179 Aufgrund der schwierigen Abgrenzungsfragen ist der Praxis zu empfehlen, bei angeordneter Testamentsvollstreckung nur bei Ausübung der **laufenden Verwaltungsrechte** und bei Gesellschaftsvertragsänderungen, die sich nur geringfügig oder mittelbar auf die Rechtsstellung des Gesellschafter-Erben auswirken, auf die ausdrückliche Zustimmung des Gesellschafter-Erben zu verzichten. Andernfalls besteht die Gefahr der Nichtigkeit des allein unter Mitwirkung des Testamentsvollstreckers gefaßten Beschlusses (*D. Mayer* ZIP 1990, 978).

180 Dieser grundsätzlichen **Einschränkung der Befugnisse** des Testamentsvollstreckers über die Kernbereichslehre, steht auch nicht die Tatsache entgegen, daß der Testamentsvollstrecker, mit Ausnahme einer unentgeltlichen Veräußerung (vgl. § 2205 S. 3 BGB), zu allen Verfügungen über den Anteil und damit auch zu einer ordentlichen Kündigung einer unbefristeten Gesellschaft (§ 132 HGB) und zur Erhebung der Auflösungsklage aus wichtigem Grund (§ 133 HGB) befugt ist (dazu *Ulmer* NJW 1990, 73, 79f.; *Staudinger/Reimann* § 2205 Rdn. 123). All diese Maßnahmen führen nämlich zu einer Beendigung der Mitgliedschaft mit angemessenem Vermögensausgleich für den Erben. Hinzu kommt, daß der Testamentsvollstrecker von seiner Gestaltungsmacht ohnehin nur Gebrauch machen kann, wenn dies einer ordnungsgemäßen Verwaltung entspricht (§ 2216 Abs. 1 BGB).

181 Erfolgt die Ausübung dieser Rechte willkürlich und greift sie in unzulässiger Art und Weise in die persönliche Rechtsstellung des Gesellschafter-Erben ein, kann sich überdies eine **Haftung** des Testamentsvollstreckers sowohl aus der Verletzung der gesellschaftsrechtlichen Treuepflicht als auch aus § 2219 BGB ergeben (*D. Mayer* ZIP 1990, 978; *Staudinger/Reimann* § 2205 Rdn. 122).

182 Der Erbe bleibt neben dem Testamentsvollstrecker zur Ausübung der ordentlichen und außerordentlichen **Kündigungsrechte** berechtigt und zwar unabhängig davon, ob das Kündigungsrecht auf Gründen beruht, die in den persönlichen Verhältnissen des Gesellschafter-Erben liegen, oder in den Verhältnissen der Gesellschaft bzw. der Mitgesellschafter ihre Ursachen haben (*Weidlich* S. 56f.; aA *Ulmer* NJW 1990, 80; zweifelnd auch *Staudinger/Reimann* § 2205 Rdn. 123).

ee) Verfügungen über den Gesellschaftsanteil. Der Gesellschafter-Erbe ist nach § 2211 Abs. 1 BGB daran gehindert, den Gesellschaftsanteil im Wege der **Anteilsübertragung** zu veräußern. Diese Befugnis steht nach § 2205 S. 1 BGB dem Testamentsvollstrecker zu. Nach § 2205 S. 3 BGB kann dieser allerdings nicht unentgeltlich über den Anteil verfügen (*Palandt/Edenhofer* § 2205 Rdn. 33). Verfügungen des Testamentsvollstreckers über den Gesellschaftsanteil sind in analoger Anwendung des § 135 HGB durch Ausübung eines eigenen Kündigungsrechts des Testamentsvollstreckers möglich, wenn nicht der Gesellschafter-Erbe von der ihm zu gewährenden Möglichkeit Gebrauch macht, analog § 2217 Abs. 2 BGB durch Sicherheitsleistung in Höhe des zu erwartenden Auseinandersetzungs- bzw. Abfindungsguthaben den Testamentsvollstrecker an der Beendigung der Mitgliedschaft zu hindern (*Dörrie* ZEV 1996, 375). Der Testamentsvollstrecker darf die Beteiligung nicht unter Wert veräußern, er hat im Falle der Ausübung des Austrittsrechts gegen Barabfindung nach §§ 29ff., 125, 207ff. UmwG auf deren Vollwertigkeit zu achten und darauf, daß die Abfindungsleistung an den Gesellschafter-Erben im Falle des Ausscheidens (zB bei einer Buchwertklausel) nicht hinter dem Verkehrswert der Beteiligung zurückbleibt (*Weidlich* ZEV 1994, 209; *Dörrie* ZEV 1996, 372). 183

Eine weitere Schranke ergibt sich aus § 2216 Abs. 1 BGB, wonach der Testamentsvollstrecker nur dann über den Gesellschaftsanteil verfügen kann, wenn dies einer **ordnungsgemäßen Verwaltung** entspricht. Ein Verstoß gegen § 2216 Abs. 1 BGB berührt jedoch anders als ein Verstoß gegen § 2205 S. 3 BGB die Wirksamkeit der Verfügung nicht (vgl. § 2206 Abs. 1 S. 2 BGB). Der Gesellschafter-Erbe kann in diesen Fällen nur Schadensersatzansprüche nach § 2219 Abs. 1 BGB geltend machen. Auch die vom Bundesgerichtshof entwickelten Grundsätze zu den sog. „Hinauskündigungsklauseln" (dazu BGH NJW 1985, 2421ff. und *D. Mayer,* Handbuch des Gesellschafts- und Wirtschaftsrechts, Kap. B Rdn. 226ff.) stehen dieser Verfügungsbefugnis des Testamentsvollstreckers nicht entgegen (*Weidlich* S. 84). 184

ff) Zusammentreffen von eigenem und ererbtem Anteil. War der **Erbe** bereits vor dem Erbfall (aus eigenem Recht) **Gesellschafter** und erbt er eine weitere Kommanditbeteiligung hinzu, so ließ sich nach bisheriger Auffassung des Bundesgerichtshofs die Testamentsvollstreckung nicht realisieren. Es wurde vorgetragen, durch den erbrechtlichen Zuerwerb entstünde eine neue vergrößerte, aber einheitliche Kommanditbeteiligung. Würde man die Testamentsvollstreckung für den ererbten Anteil zulassen, käme man zu einer Abspaltung des entstandenen einheitlichen Gesellschaftsanteils, die nicht möglich sei (vgl. BGHZ 24, 106, 113 unter Hinweis auf die Lehre von der „Einheitlichkeit der Gesellschaftsbeteiligung", offengelassen von BGH NJW 1989, 3152, 3155). 185

Der für erbrechtliche Fragen zuständige IV. BGH-Senat hat demgegenüber nunmehr entschieden, daß das Zusammentreffen von eigenem und ererbten Anteil eine Testamentsvollstreckung am ererbten Anteil nicht ausschließt (BGH ZEV 1996, 110 m. Anm. *Lorz*). Dies gelte jedenfalls insoweit, als es sich um die Verwaltung der aus dem Anteil folgenden übertragbaren Vermögensrechte handle (vgl. BGH aaO). Auch im übrigen ist aber zu beachten, daß das „Einheitlichkeitsdogma" nicht zwingend ist, zumal Privatvermögen und Nachlaß, zu dem die ererbte Beteiligung gehört, verschiedene Vermögensmassen sind (vgl. *Staudinger/Reimann* § 2205 Rdn. 131). Eine „Aufstockung" der Beteiligung kann insbesondere nicht dazu führen, daß es den Privatgläubigern des Gesellschafter-Erben verwehrt bleibt, auf den Nachlaß zuzugreifen (vgl. *Ulmer* NJW 1984, 1501). Es muß deshalb eine vermögensmäßige Trennung des vorhandenen und ererbten Gesellschaftsanteils ak- 186 zeptiert und der bisherige Anteil des Gesellschafter-Erben weiter seinem Privatvermögen und der ererbte Anteil dem Nachlaßvermögen zugeordnet werden (vgl. dazu auch *Lüttge* NJW 1994, 5; *Esch* BB 1993, 664).

187 Ist beim Tod eines Gesellschafters einer **zweigliedrigen Gesellschaft** der überlebende Gesellschafter zugleich alleiniger Erbe, führt die Zulassung der Testamentsvollstreckung an der Außenseite der vererbten Beteiligung (dazu Rdn. 158) zudem nach Auffassung des Bundesgerichtshofs dazu, daß das Gesellschaftsverhältnis für die Dauer der Testamentsvollstreckung insoweit als nicht erloschen anzusehen ist (BGH NJW 1986, 2431, 2430). Auch hieraus und aus dem Umstand, daß in eng begrenzten Ausnahmefällen auch eine Sonderzuordnung des Anteils anerkannt wird (dazu *K. Schmidt* Gesellschaftsrecht S. 1080), läßt sich schließen, daß das Abspaltungsverbot der Testamentsvollstreckung grundsätzlich nicht entgegensteht.

188 Obwohl der Beschluß des Erbrechtssenats (vgl. Rdn. 186) verdeutlicht, daß das Dogma der zwingend einheitlichen Beteiligung auf schwankendem Grund (vgl. *Lorz* ZEV 1996, 113) steht, ist bis zur Schaffung einer einheitlichen Linie zwischen Erbrechts- und Gesellschaftsrechtssenat bei lebzeitiger Aufnahme eines Erben in die Gesellschaft Vorsicht geboten. Insbesondere sollten die Befugnisse des Testamentsvollstreckers im Hinblick auf die vermögensrechtliche Komponente der ererbten Beteiligung exakt definiert werden.

189 *gg) Tod des einzigen Komplementärs einer KG.* War der Erblasser der einzige Komplementär einer KG, so kann der Testamentsvollstrecker jedenfalls für die in § 139 Abs. 3 HGB (Wahlrecht des Gesellschafters) vorgesehene Übergangszeit von drei Monaten die Rechte des Gesellschafter-Erben wahrnehmen. Nach Ablauf der Drei-Monatsfrist kann eine effektive Ausübung der Testamentsvollstreckerrechte wegen des Grundsatzes der **Selbstorganschaft** nur noch durch eine Umgestaltung der Gesellschaft (zB durch Aufnahme einer Komplementär-GmbH) oder durch eine treuhänderische Übernahme der Komplementärbeteiligung seitens des Testamentsvollstreckers erreicht werden (zu diesem Problemkreis ausführlich *Weidlich* S. 92ff.). Sämtliche Maßnahmen erfordern die Zustimmung des Gesellschafter-Erben.

190 *hh) Umfang der Testamentsvollstreckung bei Verweigerung der Zustimmung durch die überlebenden Gesellschafter.* Fehlt eine Zulassung im Gesellschaftsvertrag oder verweigern die überlebenden Gesellschafter die Zustimmung zur Testamentsvollstreckung, so fallen die aus dem ererbten Anteil folgenden abspaltbaren Vermögensrechte (vgl. § 717 S. 2 BGB und Rdn. 158) also die **„Außenseite"** der Beteiligung dem Herrschaftsbereich des Testamentsvollstreckers zu (BGH NJW 1986, 2431, 2433; *Schmitz* ZGR 1988, 152f.; *Reimann* MittBayNot. 1986, 233). Im Zweifel wird man nämlich davon ausgehen können, daß der Erblasser mit der Anordnung der Testamentsvollstreckung zugleich das Ziel verfolgt, einen Zugriff der Eigengläubiger des Gesellschafter-Erben auf die aus der Gesellschaftsbeteiligung erwachsenden Vermögensrechte und eine Verfügung des Gesellschafter-Erben über den ererbten Gesellschaftsanteil zu verhindern. Im Einzelfall kann es ihm auch darauf ankommen, die Einkünfte aus dem Gesellschaftsanteil auch den nicht in die Gesellschaft einrückenden Erben zukommen zu lassen.

191 Eine Einschränkung ist allerdings hinsichtlich der **Gewinnansprüche** und Wertsteigerungen des Gesellschaftsanteils zu machen, da diese auch Folge der vom Gesellschafter-Erben entfalteten persönlichen Tätigkeit sind (BGH NJW 1986, 2431, 2433). Diese Ansprüche sind daher nicht völlig dem Nachlaß, sondern zu einem angemessenen Teil auch dem Gesellschafter-Erben zuzuordnen. Die daraus resultierenden Bewertungsprobleme treten auch anderweitig auf und sind hinzu-

nehmen (BGH NJW 1985, 1953, 1954; *Klein* DStR 1992, 95; *Staudinger/Reimann* § 2205 Rdn. 121; ablehnend *Weidlich* S. 102f. mwN).

Zu jeder **Veränderung der Vermögensansprüche,** wie etwa einer Änderung der Auseinandersetzungsregelungen bzw. der Höhe des Gewinnanteils des Gesellschafter-Erben ist die Zustimmung des Testamentsvollstreckers erforderlich (*Reimann* MittBayNot. 1985, 136; *D. Mayer* ZIP 1990, 979; *Haegele/Winkler* Rdn. 373; *Schmitz* ZGR 1988, 154f.; *Weidlich* S. 104). **192**

Darüber hinaus steht dem Testamentsvollstrecker das Recht zu, von der Gesellschaft die Mitteilung der jährlichen Bilanzen zu verlangen und Einsicht in die Geschäftsbücher und Geschäftspapiere zu nehmen und überhaupt alle mit den Vermögensrechten im Zusammenhang stehende **Informationsrechte** wahrzunehmen, andernfalls wäre eine effektive Geltendmachung der zugeordneten Vermögensansprüche nicht möglich (aA *Weidlich* S. 104 mwN). **193**

d) Testamentsvollstreckung an einer Kommanditbeteiligung

aa) Ausgangslage. Obwohl wegen der beschränkten Kommanditistenhaftung die auf den Nachlaß begrenzte Verpflichtungsbefugnis des Testamentsvollstreckers anders als bei der Beteiligung eines persönlich haftenden Gesellschafters kein Hindernis darstellt, war die **Zulässigkeit** der Testamentsvollstreckung an Kommanditbeteiligungen bis in jüngste Zeit stark umstritten und höchstrichterlich nicht geklärt (Überblick bei *Haegele/Winkler* Rdn. 363ff.). **194**

Es ist davon auszugehen, daß jedenfalls die aus der vererbten Beteiligung folgenden abspaltbaren Vermögensrechte, dh. die **„Außenseite“** der Kommanditbeteiligung in der selben Weise dem Herrschaftsbereich des Testamentsvollstreckers unterliegt, wie dies für die Beteiligung eines persönlich haftenden Gesellschafters bereits dargestellt wurde (vgl. Rdn. 158). Eine Zustimmung der Mitgesellschafter ist hierzu nicht erforderlich. **195**

Die Zulässigkeit einer die gesamte Kommanditistenstellung, also auch die **Verwaltungsrechte** („Innenseite“ der Beteiligung) erfassenden Dauertestamentsvollstreckung ist nunmehr höchstrichterlich geklärt (BGH NJW 1989, 3152 und hierzu *Ulmer* NJW 1990, 73; *Reimann* DNotZ 1990, 190 und *D. Mayer* ZIP 1990, 976). **196**

bb) Voraussetzungen einer umfassenden Testamentsvollstreckung. Die Testamentsvollstreckung an der Kommanditbeteiligung muß vom Erblasser durch letztwillige Verfügung **formwirksam angeordnet** sein; eine Regelung im Gesellschaftsvertrag reicht hierfür nicht aus (*Klein* DStR 1992, 326). **197**

Die Testamentsvollstreckung geht **ins Leere,** wenn die Beteiligung – etwa durch eine Fortsetzungsklausel im Gesellschaftsvertrag – nicht auf erbrechtlichem Weg auf den Nachfolger übergegangen ist. **198**

Alle Gesellschafter müssen der Testamentsvollstreckung zugestimmt haben. Die **Zustimmung** kann im Gesellschaftsvertrag oder auch später erteilt werden (BGH NJW 1985, 1953, 1954). Bei einer später erteilten Zustimmung sind Erklärungsgegner die jeweils anderen Gesellschafter, nicht dagegen die Gesellschaft (*D. Mayer* ZIP 1990, 976). Eine solche Zustimmung kann auch **stillschweigend** erteilt werden. Davon ist auszugehen, wenn die Anteile – wie in der Regel bei Publikums-KGs – nach dem Gesellschaftsvertrag frei veräußerlich sind (*Ulmer* NJW 1990, 73, 76). Ob auch bei einer personalistisch strukturierten, beteiligungskonformen GmbH & Co. KG von einer stillschweigenden Zustimmung zur Testamentsvollstreckung ausgegangen werden kann (so *D. Mayer* ZIP 1990, 977; *Ulmer* NJW 1990, 73, 76), ist Auslegungsfrage. Die Zustimmung sollte vorsichtshalber bis zu einer eindeutigen Klärung durch die Rechtsprechung ausdrücklich geregelt werden (*Klein* DStR 1992, 326). Die Anordnung einer erbrechtlichen Nachfolgeregelung **199** im Gesellschaftsvertrag deckt im Regelfall auch die Anordnung einer Testamentsvollstreckung (vgl. bei Rdn. 157). Zur Rechtslage bei fehlender Zustimmung vgl. Rdn. 190.

200 Zur Anordnung einer Dauertestamentsvollstreckung, wenn der Erbe bereits vor dem Erbfall Gesellschafter war (vgl. Rdn. 186).

201 Der Testamentsvollstrecker ist nicht befugt, die dem Kommanditisten aufgrund seiner Mitgliedschaft zustehenden Herrschafts- und Mitverwaltungsrechte, insbesondere das Stimmrecht, auszuüben, wenn dies zu einer **persönlichen Haftung** des Gesellschafter-Erben ohne dessen Einwilligung führen würde. Das gilt insbesondere für Maßnahmen, die zu einem Wiederaufleben der Haftung nach § 172 Abs. 4 HGB infolge Rückzahlung der Einlage des Kommanditisten führen und für Beschlüsse betreffend die Erhöhung der Hafteinlage (BGH NJW 1989, 3152, 3155; Einzelheiten bei *Dörrie* ZEV 1996, 373 – dort auch zu Ausnahmen, wenn die Haftsummenerhöhung aus dem Nachlaß sichergestellt ist) oder Begründung sonstiger Nebenpflichten des Kommanditisten (*Staudinger/Reimann* § 2205 Rdn. 128). Zuzulassen sind allerdings solche Maßnahmen des Testamentsvollstreckers, bei denen eine Verpflichtung des Gesellschafter-Erben mit seinem sonstigen, also nicht ererbten **Vermögen** ausgeschlossen ist, also die Erfüllung aus der ererbten Beteiligung selbst oder dem Nachlaß gewährleistet ist (*Reimann* DNotZ 1990, 192; *Klein* DStR 1992, 327).

202 Die Tatsache, daß die Kommanditgesellschaft als solche oder der Eintritt des Erblassers in die KG im Zeitpunkt des Erbfalls noch nicht im **Handelsregister** eingetragen war, steht einer Testamentsvollstreckung nicht entgegen, obwohl der Kommanditist in diesen Fällen gem. § 176 HGB bis zur Registereintragung unbeschränkt haftet (BGH NJW 1989, 3152, 3155).

203 Offenblieb, ob auch Anteile eines Kommanditisten in die Dauertestamentsvollstreckung einbezogen werden können, der abweichend von der gesetzlichen Regelung (vgl. §§ 164, 170 HGB) **geschäftsführungs- bzw. vertretungsbefugt** war. Die praktische Bedeutung der damit zusammenhängenden Fragen ist allerdings gering, da der erbrechtliche Übergang der Geschäftsführungs- und Vertretungsbefugnis wegen deren höchstpersönlichen Charakters ohnehin ausgeschlossen ist, wenn die Nachfolgeklausel hierzu keine besondere Regelung enthält (*D. Mayer* ZIP 1990, 977). Kommt man ausnahmsweise zu vererblichen Sonderrechten des verstorbenen Gesellschafters wird man eine Testamentsvollstreckung nur zulassen können, wenn alle übrigen Gesellschafter **ausdrücklich** ihre Zustimmung dazu erteilen, daß der vorgesehene Testamentsvollstrecker die Möglichkeit hat, sie durch seine Geschäftsführungs- und Vertretungsbefugnisse möglicherweise sogar mit ihrem gesamten Vermögen zu verpflichten (vgl. *Staudinger/Reimann* § 2205 Rdn. 130).

204 Zu Eingriffen in den **Kernbereich** der Mitgliedschaft ist der Testamentsvollstrecker ohne Zustimmung des Gesellschafter-Erben nicht befugt (zum Kernbereich vgl. Rdn. 174). Hierzu gehören insbesondere Maßnahmen des Testamentsvollstreckers, die nach ihrer Art und ihrem Inhalt geeignet sind, die dem Erben verbleibenden oder ihm bei Beendigung der Testamentsvollstreckung zukommenden persönlichen Mitgliedschaftsrechte nachteilig zu verändern (*Ulmer* NJW 1990, 73, 80). Aufgrund der vorhandenen Abgrenzungsprobleme ist bis zu einer eindeutigen Klärung der Problematik durch die Rechtsprechung zu empfehlen, rein vorsorglich die Zustimmung des Gesellschafter-Erben zu solchen Handlungen des Testamentsvollstreckers einzuholen, die über die Ausübung der laufenden Verwaltungsrechte hinausgehen oder die Rechtsstellung des Erben nicht nur geringfügig über das Maß hinaus beeinträchtigen, welches der Erbe aufgrund der angeordneten Testamentsvollstreckung ohnehin üblicherweise zu dulden ver-

pflichtet ist (*D. Mayer* ZIP 1990, 978; *Klein* DStR 1992, 328; *Weidlich* ZEV 1994, 206).

Dem Testamentsvollstrecker steht die **Verfügungsbefugnis** über die Gesellschaftsbeteiligung zu § 2205 S. 2 BGB-Grenze: § 2205 S. 3 BGB). Darüber hinaus ist er zur ordentlichen Kündigung (§ 132 HGB) und zur Erhebung der Auflösungsklage aus wichtigem Grund (§ 133 HGB) berechtigt, wobei letzteres Recht im Hinblick auf die Unentziehbarkeit nach § 133 Abs. 3 HGB daneben auch vom Gesellschafter-Erben ausgeübt werden kann (vgl. bei Rdn. 182 und *Ulmer* NJW 1990, 73, 79). **205**

Formulierungsvorschlag für die Anordnung einer Testamentsvollstreckung im Testament bei einer KG-Beteiligung **206**

„Für meine Gesellschaftsbeteiligung an der X-KG ordne ich Testamentsvollstreckung an. Die Anordnung einer Testamentsvollstreckung ist nach § ... des Gesellschaftsvertrags ausdrücklich zugelassen. Die Testamentsvollstreckung umfaßt neben sämtlichen Kapitalkonten auch meine sonstigen Konten, zB Darlehenskonten. Der Testamentsvollstrecker übt die Rechte aus der Kommanditistenstellung, insbesondere das Stimmrecht, nach eigenem billigen Ermessen aus. Soweit zu einzelnen Maßnahmen die Zustimmung der Erben erforderlich ist, belaste ich diese mit der Auflage, dem Testamentsvollstrecker die Ausübung sämtlicher Gesellschaftsrechte zu ermöglichen, soweit dem nicht zwingende gesetzliche Vorschriften entgegenstehen. Ausgenommen sind lediglich Maßnahmen, die zu einer persönlichen Haftung meiner Erben führen, insbesondere zu einem Wiederaufleben der Haftung nach § 172 Abs. 4 HGB infolge Rückzahlung der Einlage und die Mitwirkung an Beschlüssen über eine Erhöhung der Hafteinlage.

Ich bevollmächtige hiermit den Testamentsvollstrecker mit Wirkung gegenüber meinen Erben, alle ihre vermögens- und mitgliedschaftlichen Rechte aus meiner Beteiligung im vorstehenden Umfang auszuüben und mache meinen Erben zur Auflage, auf Verlangen des Testamentsvollstreckers nach meinem Tod ihm diese Vollmacht in notariell beurkundeter Form zu bestätigen. Der Testamentsvollstrecker ist von den Beschränkungen des § 181 BGB befreit.

Sollte einer meiner Erben ohne wichtigen Grund den obigen Auflagen nicht nachkommen und/oder die Vollmacht widerrufen, so hat er im Wege der hiermit von mir angeordneten Vermächtnisbelastung seinen Anteil an der Beteiligung unverzüglich an die anderen Erben im Verhältnis ihrer Erbquoten herauszugeben. Die Erfüllung dieses bedingten Vermächtnisses gehört auch zu den Aufgaben des Testamentsvollstreckers."

Formulierungsvorschlag für die Zulassung einer Testamentsvollstreckung im Gesellschaftsvertrag **207**

„Die Anordnung einer Testamentsvollstreckung am Gesellschaftsanteil ist zulässig. Der oder die Testamentsvollstrecker können auch berechtigt werden als Bevollmächtigte oder als Treuhänder der Erben oder Vermächtnisnehmer sämtliche Rechte aus dem Gesellschaftsanteil auszuüben. Hierzu gehören auch die höchstpersönlich eingeräumten Sonderrechte, wie etwa das Recht auf Geschäftsführung bzw. Vertretung. Für die treuhänderische Übertragung von Gesellschaftsanteilen auf den Testamentsvollstrecker und die Rückübertragung auf die Erben oder Vermächtnisnehmer ist die Zustimmung der anderen Gesellschafter nach § ... des Vertrages nicht erforderlich."

e) Testamentsvollstreckung und Handelsregister

aa) Kompetenz zur Anmeldung. Der Gesellschaftsanteil unterliegt in seiner Gesamtheit der Verwaltungsbefugnis des Testamentsvollstreckers. Die dem Registergericht gegenüber zu erfüllenden **Anmeldepflichten** sind daher grundsätzlich durch den Testamentsvollstrecker vorzunehmen, da es sich hier nicht um Pflichten handelt, die den Gesellschafter-Erben höchstpersönlich treffen (BGH NJW 1989, 3152, 3153; KG NJW-RR 1991, 835f.; *Staudinger/Reimann* § 2205 Rdn. 133). **208**

209 Da die Testamentsvollstreckung in bezug auf die Beteiligung eines persönlich haftenden Gesellschafters nur die abspaltbaren Vermögensrechte umfaßt, nicht aber die Beteiligung selbst (dazu Rdn. 158) ist für Anmeldungen, bei denen eine Anmeldepflicht aus den §§ 107, 143, 162 und 175 HGB folgt, die aus einer Vertragsänderung resultieren oder den Kernbereich der Mitgliedschaft tangieren (dazu Rdn. 174) die Zustimmung des Gesellschafter-Erben erforderlich (*Ulmer* NJW 1990, 82; *Klein* DStR 1992, 328f.; aA BGH NJW 1989, 3152, 3155, der ein Anhörungsrecht des Gesellschafter-Erben für ausreichend hält).

210 Dies gilt insbesondere in den Fällen, in denen die Anmeldung eine unmittelbare **Haftung** des Gesellschafter-Erben auslöst, etwa wenn dieser nach § 139 HGB die Stellung eines Kommanditisten gewählt hat und die Eintragung verzögert wird oder der Gesellschafter-Erbe mit dem Erbfall unmittelbar in eine Kommanditistenstellung einrückt und die Kommanditgesellschaft im Zeitpunkt des Erbfalls noch nicht eingetragen ist (vgl. dazu auch BGH NJW 1989, 3152, 3153).

211 Bei **erbrechtlicher Nachfolge** in eine Kommanditbeteiligung und wirksam angeordneter Dauertestamentsvollstreckung ist auch die dem Gesellschafter-Erben obliegende Pflicht zur Anmeldung seines „Eintritts" in die Gesellschaft vom Testamentsvollstrecker zu erfüllen (BGH NJW 1989, 3152, 3153; KG NJW-RR 1991, 835f.). Das Anmelderecht des Testamentsvollstreckers besteht auch bei einer Abwicklungsvollstreckung, wenn trotz der Sondererbfolge in die Kommanditbeteiligung weitere Auseinandersetzungsmaßnahmen erforderlich sind – wie etwa bei einer Anmeldung betreffend die Ausführung eines Vermächtnisses oder einer Teilungsanordnung im Hinblick auf die Kommanditbeteiligung. In diesen Fällen ist der Testamentsvollstrecker nicht nur berechtigt den „zweiten Schritt", dh. den Gesellschafterwechsel aufgrund Vermächtniserfüllung bzw. Vollzug der Teilungsanordnung anzumelden, sondern auch die aufgrund des Erbfalls eingetretene Sondererbfolge – nur so kann der Erblasserwille sachgerecht erfüllt werden. Dies entbindet die Beteiligten jedoch nicht von der Pflicht, die mit dem Erbfall eingetretene Erbfolge in der Form des § 12 Abs. 2 S. 2 HGB nachzuweisen (KG DB 2000, 2011). Ist auch hinsichtlich des sonstigen Nachlasses Testamentsvollstreckung angeordnet, obliegt dem Vollstrecker auch die Anmeldepflicht der etwaigen weichenden Erben (KG NJW-RR 1991, 836). Betreffen die anmeldepflichtigen Veränderungen die Erhöhung der Einlage oder sonstige dem Kernbereich der Mitgliedschaft zuzuordnenden Vorgänge, hat das Registergericht den Erben im Eintragungsverfahren zu hören (BGH NJW 1989, 3152, 3153). Daneben steht dem Gesellschafter-Erben ein selbständiges Anmelderecht zu (*D. Mayer* ZIP 1990, 978).

212 *bb) Eintragung der Testamentsvollstreckung in das Handelsregister.* Die im Handelsregister vorzunehmenden Eintragungen beschränken sich nicht nur auf die Fälle der vom Gesetz ausdrücklich angeordneten Eintragungspflicht. Das Handelsregister dient vielmehr auch dazu, der Allgemeinheit bestimmte für den Handelsverkehr bedeutsame Tatsachen und Rechtsverhältnisse offenzulegen und den Rechtsverkehr dadurch zu schützen (BGHZ 87, 59, 62). Neben den vom Gesetz ausdrücklich angeordneten Eintragungen sind daher auch solche Tatsachen eintragungsfähig und -pflichtig, an deren **Offenlegung** der Rechtsverkehr ein berechtigtes Interesse hat (*Staudinger/Reimann* Vor §§ 2197ff. Rdn. 102; *Reimann* DNotZ 1990, 194; *Schaub* ZEV 1994, 71). Die aus der Anordnung der Testamentsvollstreckung resultierende Beschränkungen der Rechtsmacht des Gesellschafter-Erben wirkt sich auch im Außenverhältnis aus (zB fehlende Veräußerungsbefugnis des Gesellschafter-Erben nach § 2211 Abs. 1 BGB). Die Eintragungsfähigkeit eines Testamentsvollstreckervermerks in das Handelsregister im Fall der Dauertestamentsvollstrekkung (nicht bei nur beaufsichtigender Testamentsvollstreckung, § 2208 Abs. 2

BGB) – sowie eine entsprechende Anmeldepflicht sind deshalb zu bejahen (offengelassen von BGH NJW 1989, 3152, 3153; *Ulmer* NJW 1990, 82; *Reimann* DNotZ 1990, 194; *D. Mayer* ZIP 1990, 978 und *Klein* DStR 1992, 328 sowie 2. Kap Rdn. 263ff.; aA KG ZEV 1996, 67 m. abl. Anm. *Schaub* und zust. Anm. *Kick* EWiR 1995, 981; *Keidel/Schmatz/Stöber* Registerrecht Rdn. 288f. mwN; *Damrau* BWNotZ 1991, 69). Es genügt dabei, die Tatsache der Testamentsvollstreckung im Handelsregister kundzutun, etwa wie folgt: „Testamentsvollstreckung ist angeordnet" (zutr. *Plank* ZEV 1998, 325ff.). Eine Eintragung kommt aber nur in Betracht, wenn der Gesellschaftsanteil tatsächlich von der Testamentsvollstrekkung erfaßt wird.

Formulierungsvorschlag für die Anmeldung der Testamentsvollstreckung zum Handelsregister 213

„An das
Amtsgericht
– Handelsregister A –

... (Ort) ...

Betreff: ...
HRA: ...

Im Handelsregister des Amtsgerichts ... (Ort) sind unter HRA ... die Kommanditgesellschaft in Firma A KG sowie Herr A als deren Komplementär und die Herren B und C als deren Kommanditisten eingetragen.

Zur Eintragung in das Handelsregister melden wir an:

Der Kommanditist B ist durch Tod am ... aus der Gesellschaft ausgeschieden. Er ist von seiner Witwe D, geborene E, ... (Beruf) und seinem Sohn F, ... (Beruf), beide wohnhaft in ... (Ort, Straße), ausweislich des beigefügten Erbscheins des Amtsgerichts – Nachlaßgericht – ... (Ort) vom ... – Aktenzeichen: ... – zu gleichen Teilen beerbt worden. Laut Testamentsvollstreckerzeugnis des Amtsgerichts – Nachlaßgericht – ... (Ort) vom ..., Aktenzeichen: ... –, das in Ausfertigung der Anmeldung beiliegt, wurde Herr T zum Testamentsvollstrecker eingesetzt, mit der Anordnung, alle vermögensrechtlichen und mitgliedschaftlichen Rechte aus der Kommanditbeteiligung in vollem Umfang auszuüben. Die Anordnung der Testamentsvollstreckung ist nach § 8 des Gesellschaftsvertrags der Kommanditgesellschaft zulässig.

D und F sind als Erben des B im Wege der Sonderrechtsnachfolge als Kommanditisten mit einer Einlage von je DM 20000,— in die Gesellschaft eingetreten.

Es wird beantragt, die Anordnung der Testamentsvollstreckung durch Eintragung eines Testamentsvollstreckervermerks kenntlich zu machen.

Der persönlich haftende Gesellschafter A, der Testamentsvollstrecker T und die Kommanditisten D und F versichern, daß den Erben des ausgeschiedenen Kommanditisten B von Seiten der Gesellschaft keinerlei Abfindung für aufgegebene Rechte aus dem Gesellschaftsvermögen gewährt oder versprochen worden ist.

..., den ...

Folgt Beglaubigungsvermerk betreffend die Unterschriften von A, T, D, F und C.

f) Gründung einer Personengesellschaft durch den Testamentsvollstrecker

Einen Vertrag über die **Errichtung** einer OHG kann der Testamentsvollstrecker für den Nachlaß oder für die Erben grundsätzlich nicht abschließen (BGH WM 1969, 492; *Staudinger/Reimann* § 2206 Rdn. 4). 214

Bei der Beteiligung des Erben als Kommanditist an einer KG wird man darauf abstellen müssen, ob dem Erben durch die Gründung oder den Gesellschaftsvertrag **persönliche Verpflichtungen** (§§ 171 Abs. 1, 172, 176 HGB) auferlegt sind. War die Kommanditeinlage bereits vor dem Erwerb durch den Testamentsvoll- 215 strecker voll einbezahlt und liegt auch keine haftungsschädliche Einlagenrückgewähr (vgl. § 172 Abs. 4 HGB) vor, so kann der Testamentsvollstrecker eine derartige Beteiligung für den Erben eingehen (OLG Hamburg DNotZ 1983, 381 und ausführlich *Damrau* DNotZ 1984, 664). Ebenso ist zu entscheiden, wenn die Einzahlungspflicht aus Mitteln des Nachlasses erfüllt wird und somit eine persönliche Verpflichtung des Erben ausscheidet (*Reithmann* BB 1984, 1396f.). Hat der Erblasser den Wunsch, daß sein Einzelunternehmen nach seinem Tod in eine Personengesellschaft **umstrukturiert** wird, so muß er seine Erben zu dieser Gründung im Wege der Auflage (oder Bedingung) ausdrücklich verpflichten.

g) Testamentsvollstreckung am Gesellschaftsanteil einer BGB-Gesellschaft

216 *aa) Haftungsproblematik.* Für die Beteiligung an einer Gesellschaft des bürgerlichen Rechts gilt im wesentlichen das gleiche wie beim **persönlich haftenden** Gesellschafter (dazu Rdn. 148), dh. daß sie einer Verwaltungsvollstreckung grundsätzlich nicht unterliegt (vgl. BGH NJW 1981, 749), es sei denn mit ihrer „Außenseite" (dazu BGH ZEV 1996, 110) oder mittels Ersatzlösungen.

217 War im Gesellschaftsvertrag einer BGB-Gesellschaft bereits von Anfang an eine Beschränkung der Haftung auf das Gesellschaftsvermögen vorgesehen (dazu BGH NJW 1985, 619) wurde von Teilen der Literatur die Auffassung vertreten, für die Beurteilung der Wirksamkeit und des Umfangs einer Testamentsvollstreckung käme es nicht auf den Vergleich mit der OHG (unbeschränkte Haftung nach § 128 HGB) an, sondern es seien die für Kommanditbeteiligungen dargestellten Grundsätze anzuwenden (vgl. Vorauflage Rdn. 217ff.; *Weidlich* ZEV 1998, 339ff.; *Winkler,* FS Schippel, 1996, S. 529.

218 Nach der früheren Rechtsprechung des BGH war es nämlich möglich, durch Einschränkung der gesellschaftsvertraglichen Vertretungsmacht die Verpflichtungsbefugnis des geschäftsführenden Gesellschafters einer BGB-Gesellschaft zu beschränken, wobei diese Beschränkung jedenfalls dann wirksam war, wenn der Gesellschaftsgläubiger sie erkennen konnte (BGH NJW 1987, 3124; NJW 1992, 1503). Durch die neue Rechtsprechung des BGH zur BGB-Gesellschaft „mit beschränkter Haftung" (DB 1999, 2205) ist nunmehr aber auch für die Beurteilung der Zulässigkeit und des Umfangs einer Testamentsvollstreckung ausschließlich auf die für die OHG entwickelten Grundsätze zurückzugreifen. Bekanntlich hat der BGH festgestellt, daß eine einseitige gesellschaftsrechtliche Haftungsbeschränkung, etwa durch ein Auftreten im Rechtsverkehr unter der Bezeichnung GbR-mbH oder durch sonstige Kundbarmachung an die Öffentlichkeit nicht möglich ist. Eine Haftungsbeschränkung ist danach nur wirksam, wenn es dem handelnden Gesellschafter gelingt, die Beschränkung in einem individuell ausgehandelten Vertrag aufzunehmen. Nach hM bedeutet die Entscheidung des BGH letztlich das Ende der BGB-Gesellschaft mbH (*Dauner/Lieb* DStR 1999, 1992; *Ulmer* ZIP 1999, 554, 563ff.; *Reiv* ZIP 1999, 1329; *Heil* MittRhNotK 1999, 37; *Gronau/Kunold* DStR 1999, 1965).

219 Damit kann nunmehr auch für die BGB-Gesellschaft das Bestehen eines Haftungskonflikts und die Notwendigkeit einer Beschränkung der Befugnisse des Testamentsvollstreckers auf die Außenseite des Gesellschaftsanteils, verbunden mit der Herausnahme der Geschäftsführungs- und Vertretungsbefugnis nicht mehr bezweifelt werden.

220 *bb) Mindestschutz des Gesellschafter-Erben.* Hinsichtlich des notwendigen Mindestschutzes des Gesellschafter-Erben im **kernbereichsrelevanten** Bereich, ist auf die Ausführungen zur Rechtsstellung des persönlich haftenden Gesellschafters hinzuweisen (Rdn. 174).

Formulierungsvorschlag für die Anordnung einer Testamentsvollstreckung im Testament bei BGB-Gesellschaft 221

Text wie bei Rdn. 173.

h) Testamentsvollstreckung bei einer stillen Gesellschaft

Da die stille Gesellschaft, auch die atypische stille Gesellschaft, nur schuldrechtliche Rechtsbeziehungen begründet, ist eine Testamentsvollstreckung uneingeschränkt zulässig (BGH WM 1962, 1084). 222

Durch den Tod des Geschäftsinhabers wird die Gesellschaft aufgelöst, wenn der Gesellschaftsvertrag nicht etwas anderes vorschreibt (§ 727 Abs. 1 BGB). Der Testamentsvollstrecker des verstorbenen Geschäftsinhabers befindet sich – auch im Fall vertraglich vorgesehener Fortsetzung der Gesellschaft – in der gleichen Lage, wie derjenige, der ein **einzelkaufmännisches** Unternehmen zu verwalten hat (dazu Rdn. 119). 223

Wird die Gesellschaft entsprechend der gesetzlichen Regelung in § 234 Abs. 2 HGB durch den Tod des stillen Gesellschafters nicht aufgelöst, dann ist die Beteiligung vom Testamentsvollstrecker als **Nachlaßbestandteil** zu verwalten (*Haegele/Winkler* Rdn. 391). Die Ausübung der Rechte des stillen Gesellschafters durch den Testamentsvollstrecker setzt jedoch die Zustimmung des Geschäftsinhabers voraus (BGH WM 1962, 1084). Dem Geschäftsinhaber steht folglich auch kein außerordentliches Kündigungsrecht wegen der Beeinträchtigung seiner Gesellschafterrechte durch den Testamentsvollstrecker zu (vgl. *Polzer* in: Münchener Handbuch des Gesellschaftsrechts, Bd. 2, StG, § 27 Rdn. 28). 224

i) Testamentsvollstreckung bei einer EWIV

Nach § 1 EWIV-AG vom 14. 4. 1988 (BGBl. I S. 514) gilt für die EWIV das OHG-Recht, soweit nicht die EG-VO Nr. 2137/85, etwas anderes vorsieht. Daher sind für die Testamentsvollstreckung an einem EWIV-Anteil die Grundsätze über die OHG anzuwenden (vgl. bei Rdn. 154). 225

j) Testamentsvollstreckung bei einer Partnerschaft

Freiberufler haben nach dem PartGG seit 1. 7. 1995 die Möglichkeit, sich in der Rechtsform einer Partnerschaft zusammenzuschließen. Kraft Verweisung im PartGG sind wesentliche Regelungen über die OHG und die BGB-Gesellschaft anzuwenden (§ 1 Abs. 2 PartGG). § 9 Abs. 2 PartGG sieht allerdings – anders als bei der OHG – vor, daß der Tod eines Partners grundsätzlich nur zum Ausscheiden des Verstorbenen führt. Demzufolge wächst die Beteiligung des ausscheidenden Partners an der Partnerschaft gem. § 738 BGB den verbleibenden Partnern zu. Der Auseinandersetzungsanspruch fällt in den Nachlaß und kann als vermögensrechtlicher Anspruch mit einer Testamentsvollstreckung belastet werden (vgl. *Staudinger/Reimann* § 2205 Rdn. 139). 226

Wird die Partnerschaft durch den Partnerschaftsvertrag vererblich gestellt, so kommt als geeigneter Nachfolger nur ein Partner iSd. PartGG in Betracht (vgl. § 9 Abs. 4 S. 2 PartGG). Die berufsrechtliche Qualifikation des Testamentsvollstreckers allein ermöglicht die Nachfolge nicht, wenn nicht der Erbe bzw. der Vermächtnisnehmer selbst als geeigneter Partner nach dem PartGG bzw. dem entsprechenden Partnerschaftsvertrag in Frage kommt (vgl. *Staudinger/Reimann* § 2205 Rdn. 139). 227

Ist die Beteiligung an der Partnerschaft nach dem Partnerschaftsvertrag vererblich gestellt und rückt ein „geeigneter" Partner in die Gesellschafterstellung ein, so gilt 228 für die Zulässigkeit und den Umfang einer Testamentsvollstreckung das zur OHG Gesagte entsprechend (vgl. Rdn. 154).

k) Die Testamentsvollstreckung in der Liquidationsgesellschaft

229 Trifft der Gesellschaftsvertrag keine abweichende Regelung, so führt der Tod eines Gesellschafters nach den §§ 131 Nr. 4 HGB, 727 Abs. 1 BGB zur Auflösung einer Personengesellschaft. Die Gesellschaftsbeteiligung ist als **Teil des Nachlasses** anzusehen (BGH NJW 1982, 45, 46). Ist Testamentsvollstreckung angeordnet, so ist eine Zustimmung der überlebenden Gesellschafter hierzu nicht erforderlich. Ein Interesse der übrigen Gesellschafter, vor dem Eindringen gesellschaftsfremder Personen geschützt zu sein, besteht bei der Liquidationsgesellschaft nicht (vgl. *Richardi* S. 79f.; vgl. i. ü. ausführlich hierzu *Weidlich* S. 127ff.).

5. Testamentsvollstreckung bei einer Kapitalgesellschaft

a) GmbH

230 *aa) Ausgangslage.* Nach der zwingenden Vorschrift des § 15 Abs. 1 GmbHG sind Geschäftsanteile **vererblich** und werden Nachlaßbestandteil. Sie fallen ggf. mehreren Erben in Erbengemeinschaft zu (§§ 2032 BGB, 18 GmbHG). Eine Sondererbfolge wie bei Personengesellschaften findet beim GmbH-Anteil nicht statt. Die Verwaltungsvollstreckung am GmbH-Anteil ist zulässig und bedarf nicht der Zustimmung der Mitgesellschafter, auch nicht in einer personalistisch strukturierten GmbH (dazu ausführlich *Priester,* FS W. Stimpel, 1985, S. 463ff.). Das gilt auch dann, wenn nach der Satzung der GmbH die Abtretung des Geschäftsanteils von der Zustimmung der Gesellschaft und/oder der Mitgesellschafter abhängt (§ 15 Abs. 5 GmbHG und hierzu *Priester,* FS W. Stimpel, 1985, S. 470). Bei einer „Freiberufler-GmbH" kommt eine Testamentsvollstreckung allerdings nur dann in Betracht, wenn der Testamentsvollstrecker sogenannter Berufsträger ist (vgl. §§ 28 Abs. 4 Nr. 6 WPO, 50a Abs. 1 Nr. 6 StBerG, 59e Abs. 5 BRAO und dazu *Wachter* ZNotP 1999, 226f.).

231 Sind dem Testamentsvollstrecker die Verwaltungsbefugnisse übertragen, so ist er, unter Ausschluß der Erben, zu allen Rechtshandlungen und Rechtsgeschäften berechtigt, welche die Gesellschafterstellung des oder der Erben mit sich bringt, mit Ausnahme **höchstpersönlicher** Rechte des Erben. Dabei kann er auch an Gesellschafterbeschlüssen mitwirken, die Verbindlichkeiten, insbesondere Nachschußpflichten für den Erben zur Folge haben (vgl. §§ 2209 iVm. 2207 BGB und hierzu *Hachenburg/Zutt* GmbHG Anh. § 17 Rdn. 120; aA *Burchard* GmbHR 1954, 150). Die Haftung muß jedoch auf den Nachlaß beschränkt sein.

232 Ist mit dem Geschäftsanteil das Recht auf Geschäftsführung als Sonderrecht verbunden, so kann der Testamentsvollstrecker auch dieses Recht ausüben, wenn die Satzung dies nicht ausschließt (*Hachenburg/Zutt* GmbHG Anh. § 15 Rdn. 121). Schranken ergeben sich auch hier im sog. **Kernbereich** der Mitgliedschaft (Rdn. 239), sowie aufgrund erbrechtlicher (Rdn. 235) und gesellschaftsvertraglicher (Rdn. 237) Beschränkungen der Verwaltungsbefugnisse des Testamentsvollstreckers.

233 Im Rahmen der Verwaltung übt der Testamentsvollstrecker die aus dem Anteil fließenden Vermögens- und Verwaltungsrechte aus; der Erbe ist insoweit von der Rechtswahrnehmung ausgeschlossen. **Gewinnausschüttungen** sowie die Auskehrung einer etwaigen Liquidationsquote haben an den Testamentsvollstrecker zu erfolgen. Er nimmt an den Gesellschafterversammlungen teil und übt das Stimm-

recht aus. Er ist zur Veräußerung des Geschäftsanteils befugt. Ebenso kann er einer in der Satzung zugelassenen **Kündigung** der Mitgliedschaft bzw. einer Einziehung des Geschäftsanteils zustimmen, vorausgesetzt, daß ein angemessenes Abfindungsentgelt in den Nachlaß fließt (vgl. *Priester,* FS W. Stimpel, 1985, S. 473). Im Innenverhältnis gegenüber dem Erben ist der Testamentsvollstrecker bei seinem Verwaltungshandeln, wie bei einer etwaigen Anteilsveräußerung, an das ihm vom Gesetz auferlegte pflichtgemäße Ermessen gebunden (§§ 2216 Abs. 1, 2219 BGB). Zur Mitwirkung des Testamentsvollstreckers im Rahmen von Umwandlungsvorgängen nach dem UmwG vgl. bei Rdn. 252ff.

bb) Gründung einer GmbH. Nach wie vor ungeklärt ist, ob sich ein Testamentsvollstrecker zu Lasten der Erben an der **Gründung** einer GmbH beteiligen kann. Da der Testamentsvollstrecker nach § 2206 Abs. 1 BGB grundsätzlich nur den Nachlaß, nicht aber die Erben persönlich verpflichten kann, widerspricht seine Mitwirkung an der Gründung dem zwingenden Grundsatz der Kapitalaufbringung und der daraus resultierenden Haftung nach §§ 9, 9a, 24 GmbHG (einschließlich der Differenzhaftung, dazu *Baumbach/Hueck* GmbHG § 1 Rdn. 45 und § 11 Rdn. 56, 59). Eine Beteiligung kommt daher allenfalls dann in Betracht, wenn bei der Anmeldung alle Stammeinlagen aus Mitteln, die der Testamentsvollstreckung unterliegen, voll eingezahlt worden sind und eine **persönliche Haftung** der Gesellschafter-Erben ausgeschlossen ist (BayObLG NJW 1976, 93; *Hachenburg/Ulmer* GmbHG § 2 Rdn. 35; *Staudinger/Reimann* § 2205 Rdn. 89). Keine Bedenken gegen eine Gründungsbeteiligung des Testamentsvollstreckers bestehen dann, wenn er aufgrund gesonderter Ermächtigung seitens der Erben diese persönlich verpflichten kann – was der Erblasser durch Auflage sicherstellen kann (dazu *Haegele/Winkler* Rdn. 407) – oder als Treuhänder persönlich und unbeschränkt haftet (*Baumbach/Hueck* GmbHG § 1 Rdn. 46; *Hachenburg/Ulmer* GmbHG § 2 Rdn. 35). Auch **der Erwerb eines Geschäftsanteils** an einer bestehenden GmbH durch den Testamentsvollstrecker ist ohne Ermächtigung seitens der Erben nur möglich, wenn diese dadurch nicht – etwa über eine Ausfallhaftung nach § 24 GmbHG oder die Erstattungspflicht nach § 31 GmbHG – persönlich verpflichtet werden. 234

cc) Grenzen der Rechtsausübung. Eine Einschränkung aus erbrechtlicher Sicht ergibt sich aus der Beschränkung der Verpflichtungsbefugnis des Testamentsvollstreckers nach § 2206 Abs. 1 BGB, die jeder von der Zustimmung des Erben nicht gedeckten Handlung entgegensteht, durch die der Erbe über die Mittel des Nachlasses hinaus persönlich verpflichtet wird, namentlich bei einer **Kapitalerhöhung** gegen Einlagen (*Priester,* FS W. Stimpel, 1985, S. 478) oder bei der Begründung neuer Nebenleistungspflichten. Die Mitwirkung an einer Kapitalerhöhung gegen Einlagen kommt nur in Betracht, wenn das Stammkapital voll eingezahlt und eine Nebenleistungspflicht nicht vorgesehen ist (BayObLG NJW 1976, 1693; Einzelheiten bei *Dörrie* ZEV 1996, 373). Anders liegen die Dinge, wenn die **Kapitalerhöhung aus Gesellschaftsmitteln** erfolgt. Hier ergeben sich im Grundsatz weder Einzahlungspflichten noch Haftungsgefahren für den Erben (*Priester,* FS W. Stimpel, 1985, S. 477f.). Im Hinblick auf die Haftung aus § 24 GmbHG ist überdies eine Volleinzahlung des bisherigen und des neuen Kapitals erforderlich (*Scholz/Priester* GmbHG § 55 Rdn. 107). 235

Ferner kann der Testamentsvollstrecker keine **unentgeltlichen Verfügungen** treffen (§ 2205 S. 3 BGB). Er ist deshalb von der Stimmabgabe bei Gesellschaftsvertragsänderungen ausgeschlossen, wenn diese eine unentgeltliche Verfügung über den Geschäftsanteil des Gesellschafter-Erben zum Gegenstand haben, was immer dann der Fall ist, wenn die Rechte des Gesellschafter-Erben aus dem Geschäftsanteil verkürzt werden (zu Ausnahmen vgl. BGH NJW 1981, 115). Entsprechendes 236 gilt für die Kündigung der Mitgliedschaft ohne angemessene Abfindung (zur vergleichbaren Kündigung durch den Vorerben, BGH DB 1984, 182). Ist der Testamentsvollstrecker aufgrund einer testamentarischen Teilungsanordnung bzw. einem Vermächtnis verpflichtet einen GmbH-Geschäftsanteil an einen Miterben oder Vermächtnisnehmer zu übertragen, so liegt **keine unentgeltliche Verfügung** vor; ein etwaiger Zustimmungsvorbehalt in der Satzung (§ 15 Abs. 5 GmbHG) ist nicht zu beachten (OLG Düsseldorf DB 1990, 214).

237 Gesellschaftsrechtlich kann die **Satzung** die Ausübung von Verwaltungsrechten durch Außenstehende, also auch durch einen Testamentsvollstrecker, wirksam **beschränken** oder ausschließen (BGH NJW 1959, 1820). Von einem solchen Ausschluß ist auch ohne ausdrückliche Anordnung auszugehen, wenn die Satzung eine höchstpersönliche Ausübung der Mitverwaltungsrechte, insbesondere des Stimmrechts, vorsieht; dann ist dem Testamentsvollstrecker die Ausübung der Verwaltungsrechte versagt (*Petzold* GmbHR 1977, 25, 28). Gleiches gilt, wenn die Satzung die Vertretung eines Gesellschafters auf bestimmte Personen, etwa Mitgesellschafter oder zur Berufsverschwiegenheit verpflichtete Personen beschränkt, es sei denn, der Testamentsvollstrecker gehört dem zugelassenen Personenkreis an (*Priester,* FS W. Stimpel, 1985, S. 471). In diesem Fall werden die Rechte von den Erben wahrgenommen, es sei denn, der Gesellschaftsvertrag schließt sie ebenfalls von deren Wahrnehmung aus (BGH DB 1979, 1715, 1716).

238 In Anlehnung an die neuere Rechtsprechung zum Personengesellschaftsrecht (dazu Rdn. 158) wird eine sachgerechte Auslegung des Erblasserwillens dazu führen, daß in diesem Fall zumindest die **vermögensrechtlichen Ansprüche** (insbesondere der Anspruch auf Gewinn und Liquidationserlös) dem Recht des Testamentsvollstreckers unterliegen (ebenso *Haegele/Winkler* Rdn. 400; *Hachenburg/Zutt* GmbHG Anh. § 15 Rdn. 119; *Staudinger/Reimann* § 2205 Rdn. 142).

Auch die Überlassung einzelner aus der Mitgliedschaft fließender Rechte „zur Ausübung", insbesondere des Stimmrechts, dürfte dann zulässig sein (OLG Hamm DB 1956, 511; aA *Scholz/Winter* GmbHG § 15 Rdn. 208).

239 Schließlich duldet die Mitgliedschaft ohne Zustimmung ihres Inhabers, des Gesellschafter-Erben, keinen Eingriff in ihren **Kernbereich**. Die für das Personengesellschaftsrecht dargestellten Grundsätze gelten auch hier (dazu Rdn. 174 und ausführl. *Priester,* FS W. Stimpel, 1985, S. 481 ff.). Hierzu gehört insbesondere die Mitwirkung an Satzungsänderungen, bei denen die Zustimmung des betroffenen Gesellschafters eine notwendige Wirksamkeitsvoraussetzung darstellt, dh. ein Beschluß mit $^3/_4$-Mehrheit (vgl. § 53 Abs. 2 GmbHG) nicht genügt (vgl. hierzu die Checkliste bei *D. Mayer,* Beck'sches Notarhandbuch, D I, Rdn. 101 und ausführlich *Scholz/Priester* GmbHG § 53 Rdn. 86 ff.). Zu erwähnen ist insbesondere auch die ausdrückliche gesetzliche Regelung in § 53 Abs. 3 GmbHG betreffend die Vermehrung der dem Gesellschafter nach dem Gesellschaftsvertrag obliegenden Leistungen. Eine Ausnahme gilt dann, wenn die Erfüllung der zusätzlichen Leistungen aus Nachlaßmitteln sichergestellt ist, da hier der Erbe persönlich nicht berührt wird. Auch das Informationsrecht nach § 51 a GmbHG ist dem Kernbereich zuzuordnen (vgl. *Staudinger/Reimann* § 2205 Rdn. 141).

240 Die Ausübung des **Stimmrechts** verbleibt auch im „Kernbereich" beim Testamentsvollstrecker, jedoch ist eine Zustimmung des Erben erforderlich (vgl. *Priester,* FS W. Stimpel, 1985, S. 484).

241 Bei seiner Bestellung und Anstellung als **Geschäftsführer** einer GmbH darf der Testamentsvollstrecker nur mitstimmen, wenn ihm der Erblasser oder der Erbe dies gestattet hat (§ 47 Abs. 4 S. 2 GmbH; unrichtig BGH NJW 1969, 841, der auf § 181 BGB abstellt). Auch bei seiner **Entlastung** als Geschäftsführer oder als Beiratsmitglied ist der Testamentsvollstrecker nach § 47 Abs. 4 S. 1 GmbHG vom

Stimmrecht ausgeschlossen (BGH DB 1989, 1715ff.). In diesem Fall werden die Gesellschafterrechte vom Erben wahrgenommen, es sei denn, der Gesellschaftsvertrag schließt ihn von der Wahrnehmung dieser Rechte ebenfalls aus; dann dürfen weder Testamentsvollstrecker noch Erbe ihr Stimmrecht ausüben (BGH DB 1989, 1715, 1716f.; vgl. dazu auch 2. Kap. Rdn. 59).

dd) Erweiterung der Rechtsmacht des Testamentsvollstreckers. Die nach vorstehenden Grundsätzen begrenzte Rechtsmacht des Testamentsvollstreckers kann nicht durch die im Rahmen des Personengesellschaftsrechts erörterten **Ersatzlösungen** (Treuhand/Vollmachtslösung) erweitert werden (ausführlich *Priester,* FS W. Stimpel, 1985, S. 480). Dagegen kann der Erblasser dem Testamentsvollstrecker eine ergänzende Vollmacht erteilen, etwa um ihm die Verfügungsmacht über Nachlaßgegenstände bereits vor Amtsbeginn (§ 2202 Abs. 1 BGB) einzuräumen und ihn gegebenenfalls auch zur Vornahme unentgeltlicher Geschäfte (vgl. demgegenüber § 2206 Abs. 1 S. 1 BGB) zu ermächtigen (Einzelheiten mit Formulierungsbeispiel bei *Wachter* ZNotP 1999, 229). 242

b) GmbH & Co. KG

Da sich die mit der Testamentsvollstreckung an persönlich haftenden Beteiligungen natürlicher Personen verbundenen Probleme bei der Komplementär-GmbH und bei der Kommanditbeteiligung nicht stellen, bietet sich die GmbH & Co. KG bei gesellschaftsrechtlich stark ausgeprägter Stellung der GmbH innerhalb der KG als für die Testamentsvollstreckung **geeignete Rechtsform** an. Diesem Gesichtspunkt sollte bei der Wahl der Unternehmensform in Zukunft mehr Aufmerksamkeit geschenkt werden. 243

c) Aktiengesellschaft

Das für den Bereich der GmbH Gesagte gilt entsprechend für die Aktiengesellschaft. Wegen der strengen persönlichen Haftung der Gründer (§ 46 AktG) verneint die hM das Recht des Testamentsvollstreckers, sich an der **Gründung** einer Aktiengesellschaft zu beteiligen (*Staudinger/Reimann* § 2205 Rdn. 143; KölnerKomm/*Kraft* § 2 Rdn. 29). Die im Nachlaß befindlichen Aktien (Inhaber- und Namensaktien) verwaltet der Testamentsvollstrecker mit allen Rechten und Pflichten und mit den Einschränkungen, die für GmbH-Anteile gelten. Das Bezugsrecht nach § 186 AktG im Rahmen einer Kapitalerhöhung ist vom Testamentsvollstrecker auszuüben (MünchKommBGB/*Brandner* § 2205 Rdn. 44). 244

6. Testamentsvollstreckung bei einer Genossenschaft

Der Testamentsvollstrecker kann (wegen der Verpflichtung zur Einzahlung des Anteils) prinzipiell nicht mit Wirkung für den Nachlaß **Mitglied** einer Genossenschaft werden (*Staudinger/Reimann* § 2205 Rdn. 144). Nach § 77 Abs. 1 GenG geht mit dem Tod eines Genossen die Mitgliedschaft auf die Erben über; sie endet mit dem Schluß des Geschäftsjahres, in dem die Erbfolge eingetreten ist. Bis zu diesem Zeitpunkt kann nach allgemeinen Grundsätzen für mehrere Erben das Stimmrecht durch einen Bevollmächtigten ausgeübt werden. Für den Zeitraum der Fortsetzung der Mitgliedschaft, kann der Testamentsvollstrecker die Mitgliedschaftsrechte wahrnehmen (*Palandt/Edenhofer* § 2205 Rdn. 26). 245

§ 77 Abs. 2 GenG sieht die Möglichkeit einer **Fortsetzung der Mitgliedschaft** durch den/die Erben des verstorbenen Genossen vor. Etwa hierzu erforderlichen Erklärungen kann der Testamentsvollstrecker abgeben, wenn dadurch weiterge- 246 hende Verpflichtungen als sie für den Erben des Genossenschaftsanteils vorher bestanden haben, nicht begründet werden (MünchKommBGB/*Brandner* § 2205; aA *Haegele/Winkler* Rdn. 430).

7. *Testamentsvollstreckung und Vereinsrecht*

247 Die Mitgliedschaft in einem rechtsfähigen und nicht rechtsfähigen Verein ist nach § 38 BGB weder übertragbar noch vererblich. Selbst wenn die Satzung die Vererblichkeit vorsieht (§ 40 BGB) ist eine **Verwaltung** durch den Testamentsvollstrecker **ausgeschlossen,** soweit der höchstpersönliche Charakter der Mitgliedschaftsrechte tangiert wird (*Soergel/Damrau* § 2205 Rdn. 36). Ähnlich wie für den Bereich der Personengesellschaften wird man aber davon ausgehen müssen, daß die „Außenseite" der Vereinsmitgliedschaft, wie etwa fällige Vermögensansprüche, der Testamentsvollstreckung unterliegen (*Staudinger/Coing* § 35 Rdn. 6).

8. *Testamentsvollstreckung und Stiftungsrecht*

248 Die Entstehung einer rechtsfähigen Stiftung setzt neben dem Stiftungsgeschäft eine stiftungsbehördliche Genehmigung voraus. Das Stiftungsgeschäft kann als Rechtsgeschäft unter Lebenden vorgenommen werden (§ 81 BGB) oder in einer Verfügung von Todes wegen bestehen (§ 83 BGB). Obwohl § 83 BGB die Verpflichtung des Nachlaßgerichts statuiert, die **stiftungsbehördliche Genehmigung** einzuholen, empfiehlt sich beim Stiftungsgeschäft von Todes wegen die Anordnung einer Testamentsvollstreckung. Da der Testamentsvollstrecker in aller Regel zum Erblasser in einer besonderen Vertrauensstellung steht, kann er nicht ohne weiteres institutionell ersetzt werden (vgl. *Seifart/v. Campenhausen,* Handbuch des Stiftungsrechts, Rdn. 93). Der Testamentsvollstrecker sollte insbesondere befugt sein, die Satzung entsprechend etwaigen Anforderungen der Genehmigungsbehörde abzufassen oder zu verändern, da Lücken in diesen Regelungen die Erbeinsetzung und das Entstehen der Stiftung verhindern können. Mangels anderweitiger Regelung durch den Stifter ist davon auszugehen, daß sich die Befugnis des Testamentsvollstreckers insoweit auf die Gründungssatzung beschränkt und nicht auch spätere Satzungsänderungen mitumfaßt (BGHZ 41, 23).

249 Der Testamentsvollstrecker kann auch zur **Überwachung** des Stiftungsträgers und zur Sicherung des Vollzugs des letztwillig angeordneten Stiftungsgeschäfts eingesetzt werden. Das empfiehlt sich vor allem dann, wenn ein Beirat nicht bestellt werden soll oder noch nicht in der letztwilligen Verfügung eingesetzt ist.

250 Das Amt des Testamentsvollstreckers endet mit der Erledigung aller ihm zugewiesenen Aufgaben, sofern nicht der Stifter etwas anderes bestimmt hat oder ein Fall der §§ 2225 bis 2227 BGB vorliegt. Sobald die im Testament vorgesehene Stiftung genehmigt ist, kann ihr Vorstand ihre Rechte auch gegenüber dem Testamentsvollstrecker geltend machen. Der Testamentsvollstrecker kann auch gleichzeitig zum Vorstand der Stiftung berufen werden. Die in § 2210 BGB vorgesehene Befristung einer Dauervollstreckung auf 30 Jahre kommt in diesem Fall nicht zur Anwendung, da die Wahrnehmung der Vorstandsaufgaben keine Testamentsvollstreckung mehr ist (vgl. Münchener Vertragshandbuch, Bd. 1, Gesellschaftsrecht, S. 947). Soll eine andere Person als der Testamentsvollstrekker zum Stiftungsvorstand berufen werden, so kann der Erblasser den Testaments-

vollstrecker auch als Beirats- oder Kuratoriumsmitglied bestimmen und ihm damit eine im wesentlichen überwachende Funktion gegenüber dem Vorstand zukommen lassen.

Formulierungsvorschlag für Testamentsvollstreckung im Rahmen eines Stiftungsgeschäfts von Todes wegen: 251

„Zum Testamentsvollstrecker und ersten Vorstand der X-Stiftung bestimme ich T. Er ist befugt, nach meinem Tode die beigefügte Satzung für die X-Stiftung einschließlich der Stiftungszwecke zu ändern, soweit das erforderlich ist, um dem hier niedergelegten Stifterwillen Geltung zu verschaffen. Sollte er seine Aufgaben auf Dauer nicht wahrnehmen können, so soll der Präsident der Industrie- und Handelskammer M einen Nachfolger bestimmen."

9. Testamentsvollstreckung und Umwandlungsrecht

a) Fortbestand der Testamentsvollstreckung bei Umwandlungen 252

aa) Testamentsvollstreckung an den Anteilen der übertragenden Gesellschaft

– Umwandlung einer Personenhandelsgesellschaft auf bzw. in eine Kapitalgesellschaft

Die bloße Änderung der Rechtsform des Rechtsträgers führt zu keinem Ausscheiden des Gesellschaftsanteils aus dem Nachlaß, so daß die Verwaltungsbefugnis des Testamentsvollstreckers in den Fällen der Verschmelzung und Spaltung (vgl. §§ 20, 131 UmwG) und des Formwechsels (vgl. § 202 Abs. 1 Nr. 2 UmwG) am **neuen Gesellschaftsanteil** grundsätzlich **weiterbesteht** (vgl. *Vossius* in *Widmann/Mayer* UmwR § 20 Rdn. 361ff.; *Weidlich* MittBayNot. 1996, 2). So kann zB bei der Umwandlung einer **Kommanditbeteiligung** in einen **GmbH-Anteil** davon ausgegangen werden, daß sich eine am Kommanditanteil angeordnete Testamentsvollstreckung am GmbH-Anteil im Rahmen der bei Rdn. 230ff. dargestellten Schranken fortsetzt.

Bestand die Testamentsvollstreckung an einem Komplementär-Anteil bzw. Anteil eines OHG-Gesellschafters erfaßt die Testamentsvollstreckung nur die mit der **Außenseite** der Beteiligung verbundenen Vermögensrechte (vgl. dazu Rdn. 158ff.), demzufolge kann der Testamentsvollstrecker auch hinsichtlich des GmbH-Anteils gem. § 2205 S. 1 BGB nur die Vermögensrechte verwalten (vgl. *Weidlich* MittBayNot. 1996, 2). 253

– Umwandlung einer Kapitalgesellschaft auf bzw. in eine Personengesellschaft 254

Auch bei der **Verschmelzung/Spaltung** auf eine **Personenhandelsgesellschaft** setzt sich eine Testamentsvollstreckung am Gesellschaftsanteil des Gesellschafters der übertragenden Gesellschaft im Grundsatz am Gesellschaftsanteil des Gesellschafters beim übernehmenden Rechtsträger fort (§§ 20, 131 UmwG). Gleiches gilt für den **Formwechsel** einer Kapitalgesellschaft in eine **Personengesellschaft** (§ 202 Abs. 1 Nr. 2 UmwG). Soweit der Anteilsinhaber an der Übertragerin in der Übernehmerin **persönlich haftender Gesellschafter** wird (Personengesellschaft, KGaA), erfaßt die Testamentsvollstreckung allerdings nicht mehr voll umfänglich den Gesellschaftsanteil, sondern nur mehr das geldwerte Substrat der Mitgliedschaft, also die vermögensrechtliche Seite (vgl. dazu Rdn. 158ff.). Geht aus solchen Gründen das Verwaltungsrecht des Testamentsvollstreckers hinsichtlich der „Innenseite" der Beteiligung unter, so hat dieser einen Anspruch auf Wiederherstellung auch der Verwaltungsrechte an der Beteiligung dadurch, daß ihm der im Zuge der Umwandlung zugeordnete bzw. erworbene Gesellschaftsanteil **treuhänderisch** übertragen wird, soweit dies nach dem Inhalt der Testamentsvollstreckung und dem Gesellschaftsvertrag möglich ist (vgl. dazu *Vossius* in *Widmann/Mayer* § 20 UmwG Rdn. 367).

255 *bb) Übertragerin als Testamentsvollstreckerin.* Ist der übertragenden Gesellschaft eine (Dauer-)Testamentsvollstreckung übertragen (§ 2210 BGB), so wird aus der Auslegung der Verfügung von Todes wegen in Verbindung mit dem Rechtsgedanken des § 2199 Abs. 2 BGB eine Ermächtigung des Erblassers abzuleiten sein, daß die Übernehmerin das Amt weiter ausübt (vgl. *Vossius* in *Widmann/Mayer* § 20 UmwG Rdn. 267 mwN).

b) Beteiligung von Testamentsvollstrecker und Erbe am Umwandlungsverfahren

256 *aa) Umwandlungsbeschluß.* Der Testamentsvollstrecker darf aufgrund seiner beschränkten Rechtsmacht für den Erben keine persönlichen Verpflichtungen begründen. Deshalb hat der Testamentsvollstrecker jede Art von gesellschaftsrechtlicher Leistungsmehrung für den Erben zu vermeiden, wenn die Leistung nicht aus dem Nachlaß erbracht werden kann. Hinzu kommt, daß der Testamentsvollstrekker dem Verbot unentgeltlicher Verfügungen nach § 2205 S. 3 BGB unterliegt. Diese Vorgaben sind im Rahmen der Stimmabgabe bei einem Umwandlungsbeschluß zu beachten (ausführlich hierzu *Dörrie* GmbHR 1996, 245; *ders.* ZEV 1996, 373; *Weidlich* MittBayNot. 1996, 3).

257 *– Umwandlung einer Personenhandelsgesellschaft auf bzw. in eine Kapitalgesellschaft*

Bei **Verschmelzungen** oder **Spaltungen** auf eine bestehende **GmbH** fordern die §§ 51 Abs. 1 S. 1 und 3, 125 UmwG wegen der in § 24 GmbHG normierten Ausfallhaftung die Zustimmung aller bzw. aller in der Gesellschafterversammlung anwesenden Anteilsinhaber des übertragenden Rechtsträgers, wenn auf die Geschäftsanteile der übernehmenden GmbH nicht alle zu leistenden Einlagen in voller Höhe bewirkt sind. Entsprechendes gilt gem. §§ 51 Abs. 1 S. 3, 125 UmwG bei einer **reinen GmbH-Verschmelzung** oder **GmbH-Spaltung,** wenn die Einlageverpflichtungen gegenüber der übertragenden GmbH noch nicht voll bewirkt sind. Für den Formwechsel einer Personenhandelsgesellschaft in eine Kapitalgesellschaft (vgl. §§ 214ff. UmwG) verweist § 197 UmwG auf die Gründungsvorschriften des Zielrechtsträgers. Gemäß § 9a GmbHG, § 46 AktG haften die Gesellschafter bzw. die Gründer für die Richtigkeit und Vollständigkeit der zum Zweck der Gründung der Gesellschaft gemachten Angaben (sog. Gründerhaftung). Gemäß § 9 GmbHG haften überdies die Gesellschafter einer Sacheinlage für deren Werthaltigkeit (Differenzhaftung). Die übrigen Gesellschafter trifft insoweit eine Gesamthaftung, § 24 GmbHG. Beim Formwechsel in eine Aktiengesellschaft oder Kommanditgesellschaft auf Aktien ergibt sich eine vergleichbare Verpflichtung zur Zahlung des Differenzbetrags auch für den Aktionär, der entgegen § 36a Abs. 2 S. 1 AktG eine Sacheinlage zu Unterpari erbringt (BGHZ 68, 191, 195). Diese Differenzhaftung trifft – anders als die Gründerhaftung – alle Gesellschafter, auch soweit sie gegen den Formwechsel gestimmt haben (vgl. *Widmann/Mayer* § 197 UmwG Rdn. 64; *Lutter/Decher* § 197 UmwG Rdn. 38). Da es sich insoweit um eine erbrechtlich unbeschränkbare Gesellschafterhaftung handelt, darf der Testamentsvollstrecker grundsätzlich nur im Zusammenwirken mit dem Gesellschafter/Erben die Zustimmung zum Umwandlungsbeschluß erteilen (vgl. *Dörrie* GmbHR 1996, 246). Im Grundsatz müssen deshalb Testamentsvollstrecker und Erbe bei der Stimmabgabe zusammenwirken. Reicht ein Mehrheitsbeschluß mit ¾ der Stimmen, so haben die anderen Gesellschafter die Möglichkeit, trotz fehlender Zustimmung des Testamentsvollstreckers und/oder des Erben die Umwandlung herbeizuführen. In diesen Fällen können Erbe und/oder Testamentsvollstrecker von der Möglichkeit

Gebrauch machen, bei Vorliegen der Voraussetzung des § 29 UmwG bzw. in den Fällen des § 207 UmwG (Formwechsel) gegen Barabfindung das Ausscheiden aus der übernehmenden bzw. durch Formwechsel entstehenden Kapitalgesellschaft zu verlangen (vgl. hierzu *Weidlich* MittBayNot. 1996, 3). Liegen die Voraussetzungen für einen Mehrheitsbeschluß nicht vor, so besteht jedenfalls in entsprechender Anwendung des § 2206 Abs. 2 BGB eine entsprechende Zustimmungsverpflichtung des Gesellschafter/Erben, wenn nachgewiesen ist, daß der Nachlaß jedes persönliche Haftungsrisiko abdeckt, bzw. wenn der Testamentsvollstrecker analog § 2128 Abs. 2 BGB aus dem Nachlaß Sicherheit leistet, um etwaige Haftungsrisiken des Gesellschafter/Erben auszuschalten (vgl. dazu *Dörrie* GmbHR 1996, 246).

Unabhängig von den vorgenannten Haftungsrisiken ist überdies davon auszuge- 258
hen, daß die Umwandlung einer Personenhandelsgesellschaft auf bzw. in eine Kapitalgesellschaft eine sogenannte kernbereichsrelevante Maßnahme darstellt, die der Zustimmung des Gesellschafter/Erben bedarf (vgl. *Kallmeyer* UmwG § 193 Rdn. 27). Dies gilt unabhängig davon, ob durch den Umwandlungsvorgang im Einzelfall ein persönliches Haftungsrisiko des Gesellschafter/Erben begründet wird (anders *Dörrie* GmbHR 1996, 246f.) und auch unabhängig davon, ob durch den Umwandlungsvorgang weitergehende persönliche Verpflichtungen für den Erben begründet werden (aA LG Mannheim ZEV 1999, 443; *Hehemann* BB 1995, 1301, 1309; *Wenninger* ZEV 1999, 446). Hiergegen spricht auch nicht, daß der Testamentvollstrecker sogar – in den Grenzen des § 2205 BGB – über den ganzen Anteil verfügen könnte, denn im Einzelfall kann die Umwandlung der Beteiligung – insbesondere vor dem Hintergrund des Steuerrechts – einen viel schwerwiegenderen Eingriff in den Kernbereich der Rechtsstellung des Gesellschafters bedeuten. Vor dem Hintergrund der Kernbereichslehre ist es für den Gesellschaftererben unerheblich, ob seine Rechte aufgrund der Mehrheitsherrschaft der übrigen Gesellschafter oder aufgrund Anordnung der Testamentvollstreckung eingeschränkt werden (*Weidlich* MittBayNot. 2000, 572). Da der Umwandlungsbeschluß die Rechtsstellung des Gesellschafters, jedenfalls im Regelfall, grundlegend verändert müssen Testamentsvollstrecker und Erbe bei der Stimmabgabe im Rahmen des Umwandlungsbeschlusses zusammenwirken (kritisch *Reimann* ZEV 2000, 381; *ders.*, Testamentvollstreckung in der Wirtschaftspraxis, Rdn. 472ff.).

– Umwandlung einer Kapitalgesellschaft auf bzw. in eine Personengesellschaft 259

Da die Grundsätze der sogenannten „Kernbereichslehre" auch bei einer Kapitalgesellschaft als Ausgangsrechtsträger zu beachten sind (dazu Rdn. 239 und *Haegele/Winkler* Rdn. 410a), müssen auch bei der Umwandlung einer Kapitalgesellschaft auf bzw. in eine Personengesellschaft Testamentsvollstrecker **und** Erbe zustimmen (vgl. *Weidlich* MittBayNot. 1996, 4). Ausgeschlossen ist es insbesondere, daß der Testamentsvollstrecker seine Zustimmung (§§ 40 Abs. 2 S. 2, 125, 233 Abs. 1, Abs. 2 S. 3 UmwG) zu einer Umwandlung erteilt, die für den Gesellschafter-Erben zu einer persönlichen und unbeschränkten Haftung führt. Im Einzelfall kann allerdings anders zu entscheiden sein, wenn der Testamentsvollstrecker dafür Sorge trägt, daß der Gesellschafter-Erbe in der aufnehmenden Gesellschaft eine **Kommanditistenstellung** erhält, denn hier wird die Hafteinlage des Gesellschafter-Erben in Sachwerten aus dem Vermögen des übertragenden Rechtsträgers erbracht und befreit den Erben in Höhe ihres wahren Werts nach § 171 Abs. 1 2. Halbs. HGB von seiner Kommanditistenhaftung gegenüber den Gesellschaftsgläubigern (vgl. *Dörrie* GmbHR 1996, 249 mwN). Dabei muß der Testamentsvollstrecker aber darauf achten, daß eine etwaige Überbewertung der eingebrachten Sacheinlage ausgeschlossen ist bzw. eine etwaige Differenz aus dem Nachlaß erbracht werden kann (Einzelheiten bei *Dörrie* GmbHR 1996, 249).

260 Erfolgt ein **Formwechsel** der **Kapitalgesellschaft** in eine **Gesellschaft bürgerlichen Rechts,** so müssen Testamentsvollstrecker und Erbe bei der Stimmabgabe im Rahmen des Umwandlungsbeschlusses ebenfalls zusammenwirken, da nach der neueren Rechtsprechung des BGH (vgl. dazu Rdn. 217ff.) die Haftung des Gesellschafters/Erben im Außenverhältnis durch eine allgemeine Begrenzung der Vertretungsmacht nicht mehr eingeschränkt werden kann. Die Doppelzuständigkeit von Testamentsvollstrecker und Erbe ergibt sich hier aus der unbeschränkten persönlichen Haftung bei der Ziel-GbR (vgl. auch *Wachter* ZNotP 1999, 231).

261 – *Formwechsel einer Kapitalgesellschaft in eine Kapitalgesellschaft*

Der Testamentsvollstrecker ist berechtigt, aufgrund seiner Verwaltungsbefugnis bei einer Satzungsänderung mitzuwirken, durch die eine Gesellschaft in eine andere umgewandelt wird, wenn dadurch weitergehende Verpflichtungen für den Erben nicht begründet werden (BayObLG NJW 1976, 1692). Außerhalb des Anwendungsbereichs des § 241 UmwG (Zustimmungserfordernis sämtlicher Gesellschafter) wird man deshalb die alleinige Stimmabgabe des Testamentsvollstreckers im Rahmen eines Umwandlungsbeschlusses betreffend den Formwechsel einer GmbH in eine Aktiengesellschaft zulassen müssen (vgl. zum alten Recht: BayObLG NJW 1976, 1692 und hierzu ausführl. *Haegele/Winkler* Rdn. 409; zweifelnd *Weidlich* MittBayNot. 1996, 4).

262 Die gleichen Grundsätze gelten beim Formwechsel einer Aktiengesellschaft bzw. Kommanditgesellschaft auf Aktien in eine GmbH, soweit nicht § 242 UmwG das Zustimmungserfordernis sämtlicher Gesellschafter anordnet. Diesem Ergebnis steht die über § 197 UmwG iVm. § 9a GmbHG angeordnete Gründerhaftung nicht entgegen, da sie nach § 9a Abs. 3 GmbHG an die Kenntnis bzw. das Kennenmüssen der die Ersatzpflicht begründenden Tatsachen anknüpft. Dem Gesellschafter-Erben werden aber aufgrund der verdrängenden Rechtsmacht des Testamentsvollstreckers die fraglichen Tatsachen regelmäßig verborgen bleiben. Eine Wissenszurechnung im Hinblick auf die Kenntnis des Testamentsvollstreckers scheidet aus (zutr. *Dörrie* GmbHR 1996, 248). Das gleiche gilt für den bei vorstehend Rdn. 261 skizzierten Fall des Formwechsels einer GmbH in eine Aktiengesellschaft (vgl. § 245 Abs. 1 S. 1 UmwG iVm. §§ 46, 50, 51 AktG), da auch die Gründerhaftung gem. § 46 Abs. 3, 4 AktG auf die Kenntnis bzw. das Kennenmüssen der die Ersatzpflicht begründenden Tatsache abstellt.

263 – *Verbot unentgeltlicher Verfügungen*

Eine weitere Schranke für den Testamentsvollstrecker bei der Stimmabgabe im Rahmen von Umwandlungsbeschlüssen besteht darin, daß es ihm nicht gestattet ist, unentgeltlich über Nachlaßgegenstände zu verfügen (§ 2205 S. 3 BGB). Unentgeltlichkeit in diesem Sinne liegt immer dann vor, wenn aufgrund der Verfügung des Testamentsvollstreckers objektiv aus dem Nachlaß Vermögensopfer ohne gleichwertige Gegenleistungen erbracht werden und dies subjektiv dem Testamentsvollstrecker bekannt war oder bei ordnungsgemäßer Verwaltung des Nachlasses von ihm hätte bemerkt werden müssen (*Dörrie* GmbHR 1996, 250). Erklärt der Testamentsvollstrecker deshalb im Rahmen des Umwandlungsbeschlusses den Austritt des Gesellschafter-Erben gegen Barabfindung nach §§ 29ff., 125, 207ff. UmwG, so muß er darauf achten, daß die Barabfindung vollwertig ist. Dabei kann er sich auf die Angemessenheitsprüfung nach §§ 30 Abs. 2, 125, 208 UmwG durch einen Umwandlungsprüfer verlassen (weitere Einzelheiten bei *Dörrie* GmbHR 1996, 150).

264 *bb) Umwandlungsbericht.* Soweit der Testamentsvollstrecker zur Stimmabgabe alleine berechtigt ist, kann er auch allein auf die Erstattung des Umwandlungsbe-

richts gem. §§ 8 Abs. 3, 127, 192 Abs. 3 UmwG verzichten (Einzelheiten bei *Weidlich* MittBayNot. 1996, 4).

cc) Klage- und Nachprüfungsrechte. Die §§ 14 Abs. 1, 125, 195 UmwG sehen die Möglichkeit einer Anfechtung des Umwandlungsbeschlusses innerhalb einer Frist von einem Monat vor. Die Ausübung des Klage- und Nachprüfungsrechts im Rahmen der gesetzlichen Schranken (vgl. §§ 14 Abs. 2, 125, 195 Abs. 2 UmwG) steht dem Testamentsvollstrecker grundsätzlich alleine zu (Einzelheiten bei *Weidlich* MittBayNot. 1996, 4). **265**

dd) Sonderproblem der Umwandlung von Kapitalgesellschaften auf bzw. in Personen-(Handels-)Gesellschaften bei Vorhandensein einer Erbengemeinschaft. Ist an dem übertragenden oder formwechselnden Rechtsträger eine Erbengemeinschaft beteiligt und soll die übertragende Gesellschaft auf bzw. in eine Personen-(Handels-)Gesellschaft umgewandelt werden, so muß vor dem Wirksamwerden der Umwandlung eine Auseinandersetzung der Erbengemeinschaft in der übertragenden bzw. formwechselnden Kapitalgesellschaft durchgeführt werden, da die Erbengemeinschaft als solche nicht Mitglied einer Personen(Handels-)-Gesellschaft sein kann und darf (zu den Einzelheiten und insbesondere zur Mitwirkung des Testamentsvollstreckers im Rahmen der Auseinandersetzung vgl. *Dörrie* GmbHR 1996, 251 ff.; *Weidlich* MittBayNot. 1996, 4). **266**

10. Gestaltungsüberlegungen im Einzelfall

a) Bestimmung des Unternehmensnachfolgers durch den Testamentsvollstrecker

Läßt sich zum Zeitpunkt der Errichtung der Verfügung von Todes wegen noch nicht abschließend bestimmen, wer von mehreren Erben zur Unternehmensnachfolge berufen sein soll, so soll häufig dem Testamentsvollstrecker die Befugnis zur **Benennung des Unternehmensnachfolgers** eingeräumt werden. Dabei ist § 2065 Abs. 2 BGB zu beachten, wonach der Erblasser die Bestimmung der Person, die eine Zuwendung erhalten soll, oder den Gegenstand der Zuwendung nicht im Grundsatz einem anderen überlassen (RGZ 159, 296, 299) kann. Für den Dritten darf deshalb kein Wertungsspielraum verbleiben (vgl. *Haegele* BWNotZ 1972, 74, 75). Der Dritte kann anstelle des Erblassers keine Auswahl und keine echte Ermessensentscheidung treffen, sondern nur den objektiv feststellbaren Willen des Erblassers verwirklichen (vgl. BGH NJW 1955, 100; *Klunzinger* BB 1970, 1198; *Grossfeld* JZ 1968, 121). Da der Testamentsvollstrecker somit nicht wählen, sondern nur bezeichnen darf, scheidet diese Gestaltungsvariante in der Praxis regelmäßig aus. Die Ansicht über die Eignung zum Nachfolger hängt letztlich immer davon ab, welche Eigenschaften der Auswählende für die Leitung gerade dieses Unternehmens und zu diesem Zeitpunkt für die wichtigsten hält und damit von seiner eigenen **Ermessensentscheidung** (*Klunzinger* BB 1970, 1198). **267**

Dagegen kann der Erblasser nach § 2151 Abs. 1 BGB im Rahmen einer **Vermächtnisanordnung** mehrere mit einem Vermächtnis in der Weise bedenken, daß der Beschwerte oder ein Dritter (und damit auch der eingesetzte Testamentsvollstrecker) zu bestimmen hat, wer von den eingesetzten Vermächtnisnehmern das Vermächtnis erhalten soll. Auch hier muß der Erblasser aber die Auswahl auf einen objektiv bestimmbaren und leicht überschaubaren Personenkreis beschränken (vgl. RGZ 96, 15, 17). Er kann somit das einzelkaufmännische Unternehmen oder den Anteil an einer Personengesellschaft allen seinen generell in Frage kommenden Unternehmensnachfolgern vermachen und anordnen, daß der Testamentsvollstrek- **268** ker zum geeigneten Zeitpunkt gemäß § 2151 BGB bestimmt, wer von den benannten potentiellen Unternehmensnachfolgern das Vermächtnis erhalten soll.

269 Bei dieser Auswahl kann der Testamentsvollstrecker nach Belieben entscheiden, ohne daß seine Entscheidung gerichtlich nachprüfbar ist (*Staudinger/Otte* § 2151 Rdn. 6 u. 7). Der Erblasser ist jedoch befugt, entsprechende **Auswahlrichtlinien** festzulegen (zB „derjenigen der beiden Söhne, der als erster ein Betriebwirtschaftsexamen absolviert hat") und dabei entweder eine gerichtliche Überprüfungsmöglichkeit zulassen oder ausschließen (*Staudinger/Otte* § 2151 Rdn. 7). Diese Möglichkeit der Drittbestimmung durch den Testamentsvollstrecker kann auch dann als Gestaltungsmittel eingesetzt werden, wenn das vermachte Unternehmen das ganze oder nahezu ganze Vermögen des Erblassers darstellt (sog. Universalvermächtnis und hierzu *Palandt/Edenhofer* Einf. v. § 2147 Rdn. 6). Die Auswahl ist vom bestimmungsberechtigten Testamentsvollstrecker dem Beschwerten gegenüber formlos zu erklären (§ 2151 Abs. 2 BGB). Kann oder will der Testamentsvollstrecker die Wahl trotz Fristsetzung durch das Nachlaßgericht nicht treffen, steht das Vermächtnis allen Bedachten als Gesamtgläubigern (§ 428 BGB) zu (§ 2151 Abs. 3 BGB).

270 **Formulierungsvorschlag für die Bestimmung des Unternehmensnachfolgers durch einen Testamentsvollstrecker**

„Meine unter der Firma X einzelkaufmännisch betriebene Musikgroßhandlung vermache ich hiermit mit Aktiven und Passiven und dem Betriebsvermögen, wie es sich aus der letzten Jahresbilanz vor meinem Tod ergibt, meinem Sohn A und meiner Tochter B in der Weise, daß meine Ehefrau als Testamentsvollstreckerin frühestens nach Volljährigkeit und spätestens nach Vollendung des 23. Lebensjahres des jüngsten meiner beiden Kinder nach freiem Ermessen, dh. ohne gerichtliche Nachprüfbarkeit bestimmen soll, wer von ihnen als für die Betriebsführung am geeignetsten das Vermächtnis erhalten und Unternehmensnachfolger werden soll. Das Vermächtnis ist Vorausvermächtnis. Ersatzvermächtnisnehmer werden nicht bestellt."

Folgt: Testamentsvollstreckungsanordnung gemäß dem Formulierungsvorschlag bei Rdn. 140.

b) Bestimmung der Unternehmensstruktur durch den Testamentsvollstrecker

271 Insbesondere bei einzelkaufmännischen Unternehmen und bei vollhaftenden Anteilen an einer Personengesellschaft kann es zum Zwecke der Haftungsbeschränkung, aus steuerlichen oder sonstigen Gründen, sinnvoll sein, eine **Unternehmensumwandlung** in eine GmbH oder GmbH & Co. KG zumindest erbrechtlich anzuordnen. Dabei können die Erben durch eine Auflage, deren Vollziehung die Einsetzung des Testamentsvollstreckers sichert, zum Abschluß eines vom Erblasser im Rahmen der Verfügung von Todes wegen entworfenen Gesellschaftsvertrages verpflichtet werden (vgl. *Westermann,* FS Möhring, 1965, S. 183, 197). Diese „Umwandlungslösung" bietet sich vor allem auch deshalb an, weil die Einsetzung eines Testamentsvollstreckers in diesem Bereich nach wie vor problembehaftet ist und weil bis zur Wahl eines geeigneten Unternehmensnachfolgers, für die Übergangszeit, ein Fremdgeschäftsführer die Unternehmensfortführung sicherstellen kann, ohne daß die – gegebenenfalls minderjährigen – Erben aus der unternehmerischen Tätigkeit voll haften.

272 **Formulierungsvorschlag für die Auflage im Testament zur Umstrukturierung eines Unternehmens durch den Testamentsvollstrecker**

„Meinem Sohn A vermache ich eine wertmäßig 75%ige Beteiligung und meiner Tochter B eine wertmäßig 25%ige Beteiligung an dem von mir unter der Firma X, Musikverlag, einzelkaufmännisch betriebenen Unternehmen. Die Beteiligungen erstrecken sich auf alle zu dem Unternehmen gehörenden Aktiven und Passiven, einschließlich sämtlicher Betriebsgrundstücke.

Den von mir eingesetzten Vermächtnisnehmern mache ich zur Auflage, den genannten Musikverlag in Form einer Gesellschaft mit beschränkter Haftung fortzuführen, deren Gesellschafter – entsprechend der vorgenannten Beteiligungsquote – mein Sohn A und meine Tochter B sein sollen. Mein Sohn A und meine Tochter B sollen stets einzelvertretungsbefugte und von § 181 BGB befreite Geschäftsführer dieser Gesellschaft sein. Im übrigen wird wegen der Ausgestaltung des Gesellschaftsvertrags auf die Anlage I zu diesem Testament Bezug genommen; diese Anlage stellt einen wesentlichen Bestandteil der Verfügung dar. Abweichungen von den Vorgaben, die in der Anlage enthalten sind, sind nur zulässig, wenn eine Gesetzesänderung sie zwingend erfordert. Dabei ist jedoch auf eine möglichst den vorstehenden Quoten entsprechende Beteiligung der Vermächtnisnehmer (Unternehmensnachfolger) Wert zu legen.

Zu meinem Testamentsvollstrecker, mit dem ausschließlichen Wirkungskreis, die Vollziehung der vorgenannten Auflage sicherzustellen, ernenne ich Herrn Y."

c) Testamentsvollstreckung zum Schutz der Gesellschaft

Besteht die Gefahr, daß **Eigengläubiger** des ausgewählten Unternehmensnachfolgers in den Gesellschaftsanteil und die daraus erwachsenden Vermögensrechte vollstrecken, so kann die Einsetzung einer Testamentsvollstreckung den Anteil deren Zugriff entziehen (vgl. *D. Mayer* ZIP 1990, 976, 979 und § 2214 BGB). Überdies kann der Erblasser mit der Anordnung der Testamentsvollstreckung sicherstellen, daß der Erbe nur mit der Zustimmung des Vollstreckers über den Gesellschaftsanteil verfügen kann und er auch zu allen die vermögensrechtliche Außenseite des Anteils betreffenden Maßnahmen einer Zustimmung des Testamentsvollstreckers bedarf (vgl. bei Rdn. 161). 273

d) Einsetzung des Testamentsvollstreckers als Gesellschaftsorgan

Will der Erblasser die fachliche Qualifikation des eingesetzten Testamentsvollstreckers nutzen, ohne ihm im konkreten Fall die Verwaltung der Gesellschafterrechte insgesamt zuzuweisen, so kommt eine Einsetzung als **Geschäftsführer** für das zum Nachlaß gehörende Unternehmen in Betracht. Durch die im Bereich der Kapitalgesellschaften und GmbH & Co. KG (im Rahmen der Geschäftsführungs-GmbH) mögliche Fremdorganschaft, kann der Testamentsvollstrecker auch als Nichtgesellschafter mit der Funktion des Geschäftsführers betraut werden. Der Erblasser kann dabei den Testamentsvollstrecker schon zu seinen Lebzeiten zum Geschäftsführer bestellen oder ihn zu seiner Bestellung ermächtigen. Soll der Testamentsvollstrecker erst nach dem Erbfall zum Geschäftsführer bestellt werden, so ist zu beachten, daß der Testamentsvollstrecker bei einem solchen Bestellungsbeschluß ohne Gestattung durch den Erblasser oder die Erben selbst nicht mitwirken kann (vgl. Rdn. 241). Im Testament ist eine entsprechende Ermächtigung vorzusehen. Dem Risiko des **Widerrufs** der Geschäftsführerbestellung durch die Gesellschafterversammlung kann ggf. durch die Anordnung einer Testamentsvollstreckung entgegengewirkt werden (vgl. *Reimann* S. 118 und der Formulierungsvorschlag in 2. Kap. Rdn. 60). Insbesondere bei Aktiengesellschaften oder bei Familiengesellschaften ganz allgemein, kann der Testamentsvollstrecker auch zum **Aufsichtsrat** oder **Beirat** der Gesellschaft bestimmt werden, ohne daß ihm gleichzeitig „echte" Gesellschafterrechte eingeräumt werden. 274

e) Der Testamentsvollstrecker als Gesellschafter

Zahlreiche Schwierigkeiten im Bereich der Testamentsvollstreckung an Personengesellschaftsanteilen können dadurch vermieden werden, daß dem Testaments- 275 vollstrecker eine „Zwergbeteiligung“ an der Gesellschaft bereits unter Lebenden eingeräumt wird. Mit dieser „Zwergbeteiligung“ können entsprechende **Sonderrechte** (wie zB ein Mehrfachstimmrecht oder ein Schutz vor einer Abberufung als Gesellschaftsorgan ohne wichtigen Grund) verbunden werden (vgl. *Reimann* S. 119).

f) Sicherstellung der ordnungsgemäßen Rechnungslegung

276 Die Bereitschaft der Erben, die Ausübung der Gesellschafterrechte durch den Testamentsvollstrecker zu dulden und ihm auch im „Kernbereich“ der Mitgliedschaft (dazu Rdn. 174) die entsprechenden Befugnisse einzuräumen, wird umso größer sein, je effektiver der Informationsfluß zwischen Testamentsvollstrecker und den übrigen Nachlaßbeteiligten funktioniert. Es erscheint deshalb gerade im Unternehmensbereich zweckmäßig, die gesetzlich ohnehin vorgeschriebene **Rechnungslegung** (§ 2218 BGB), durch eine exakte Umschreibung des Rechnungslegungsanspruchs der Erben zu konkretisieren (vgl. dazu den Formulierungsvorschlag in 2. Kap. Rdn. 101).

III. Sonderfälle der Testamentsvollstreckung

1. *Testamentsvollstreckung bei Vor- und Nacherbschaft*

277 Nach § 2100 BGB kann der Erblasser eine Person in der Weise einsetzen, daß diese erst Erbe (Nacherbe) wird, nachdem zunächst ein anderer Erbe (Vorerbe) geworden ist. Der Erblasser kann dadurch sicherstellen, daß die Substanz des Nachlasses bestimmten Personen, etwa seinen Abkömmlingen, erhalten bleibt. Er kann durch diese Anordnung Pflichtteilsberechtigte des Vorerben dadurch umgehen, daß infolge der Nacherbschaft der Nachlaß in der Hand des Vorerben ein **Sondervermögen** bildet, das bei Eintritt des Nacherbfalls als Nachlaß des Erblassers nicht zum pflichtteilsunterworfenen Vermögen des Vorerben gehört (*Staudinger/Behrends/Avenarius* § 2100 Rdn. 41).

a) Regelungsziel

278 Wird die Nacherbeneinsetzung mit einer Testamentsvollstreckung kombiniert, so kann zudem erreicht werden, daß **Eigengläubiger** des Vorerben nicht in den Nachlaß vollstrecken können (§§ 2115, 2215 BGB).

b) Aufgabenbereich des Testamentsvollstreckers

279 Bei einer Testamentsvollstreckung im Bereich der Vor- und Nacherbschaft gibt es folgende **Möglichkeiten** (vgl. dazu *Nieder* Rdn. 541):

280 *aa) Testamentsvollstreckung mit Normalbefugnissen.* Hier beschränkt sich die Aufgabe des Testamentsvollstreckers auf die allgemeine **Abwicklung des Nachlasses** (Inbesitznahme, Aufstellung eines Nachlaß- und Schuldenverzeichnisses, Erfüllung eventueller Vermächtnisse); nach Erledigung dieser Arbeiten hat der Testamentsvollstrecker den Nachlaß dem Vorerben auszuhändigen (§§ 2203, 2209 BGB und dazu *Krech* DNotZ 1940, 269, 270).

281 *bb) Testamentsvollstreckung für die Vorerbschaft.* Hier steht dem Testamentsvollstrecker für die Dauer der Vorerbschaft die allgemeine Verwaltungsvollstreckung gemäß § 2209 BGB, sowie die damit verbundene **Verwaltungs- und Verfügungsbefugnis** über den Nachlaß zu. Anders als der Vorerbe (vgl. §§ 2113, 2114

BGB) ist der Testamentsvollstrecker nur nach § 2205 S. 3 BGB in seinem Verfügungsrecht über den Nachlaß beschränkt (RG JW 1938, 1454; *Haegele/Winkler* Rdn. 202; *Palandt/Edenhofer* § 2205 Rdn. 3a; aA MünchKommBGB/*Brandner* § 2222 Rdn. 9).

282 *cc) Testamentsvollstreckung für die Nacherbschaft.* Die Testamentsvollstreckung tritt erst nach Eintritt der Nacherbfolge in Kraft und besteht für den Nacherben während der gesamten **Dauer der Nacherbschaft.**

Formulierungsvorschlag für Testamentsvollstreckung für die Dauer der Nacherbschaft

„Der Testamentsvollstrecker hat die Aufgabe nach Eintritt der Nacherbfolge den Nachlaß in Besitz zu nehmen und zu verwalten, bis der jüngste der eingesetzten Nacherben das 18. Lebensjahr vollendet hat".

283 *dd) Testamentsvollstreckung für Vor- und Nacherbschaft.* Der Testamentsvollstrecker ist hier zugleich für den Vor- und Nacherben ernannt, mit der Folge, daß er ab dem Erbfall während der Dauer der Vor- und Nacherbschaft das Verwaltungs- und Verfügungsrecht anstelle des Vor- und danach des Nacherben ausübt. In diesem Fall ist der Testamentsvollstrecker während der Vorerbschaft unbestritten nur gemäß § 2205 S. 3 BGB in der Verfügung beschränkt, nicht dagegen nach den weitergehenden §§ 2113, 2114 BGB (BGH NJW 1963, 2320; BayObLG MittBayNot. 1991, 122). Bei seiner Verwaltung hat er die gesetzliche **Verteilung** von **Nutzen** und **Lasten** zwischen Vor- und Nacherben genau zu beachten, sonst wird er ggf. schadensersatzpflichtig. So stehen dem Vorerben im Verhältnis zum Nacherben insbesondere die vollen Nutzungen (§ 100 BGB) der Vorerbschaft zu, während für den Nacherben lediglich die Substanz des Nachlasses erhalten bleiben muß (BGH NJW-RR 1986, 1069, 1988, 386). Überdies muß der Testamentsvollstrekker die §§ 2141 bis 2146 BGB beachten, die den Ausgleich von Aufwendungen zwischen Vor- und Nacherben regeln (BGH NJW 1985, 382).

Formulierungsvorschlag für den Ausgleich von Aufwendungen zwischen Vor- und Nacherben

„Dem von mir als Vorerben eingesetzten Sohn X entziehe ich die Verwaltung des Erbteils und übertrage sie dem eingesetzten Testamentsvollstrecker, der dem Vorerben nur den Reinertrag seines Erbteils in monatlichen Raten auszahlen soll. Der Testamentsvollstrecker ist befugt, bis zum Eintritt der Nacherbfolge die Rechte und Pflichten der Nacherben auszuüben."

284 *ee) Nacherbentestamentsvollstreckung (§ 2222 BGB).* Soll der Testamentsvollstrecker bis zum Eintritt des Nacherbfalls, also zwischen Erbfall und der Beendigung der Vorerbschaft, also noch vor dem Zeitpunkt, zu dem der Nacherbe die Erbschaft antritt, die Rechte des Nacherben ausüben, muß der Erblasser eine Nacherbentestamentsvollstreckung anordnen (vgl. dazu BGH ZEV 1995, 22). Die Anordnung einer Nacherbentestamentsvollstreckung wird insbesondere dann zweckmäßig sein, wenn der Nacherbe unter **elterlicher Gewalt,** unter Pflegschaft oder Betreuung des Vorerben steht, wenn er noch nicht geboren oder noch nicht gezeugt ist oder seine Persönlichkeit erst durch ein künftiges Ereignis bestimmt werden soll (vgl. *Reimann* S. 131). Dadurch entfällt das Erfordernis, für die – unbekannten – Nacherben zur Wahrnehmung ihrer Rechte und Pflichten einen Pfleger oder Betreuer zu bestellen (vgl. *Kanzleiter* DNotZ 1970, 335). Im Rahmen der Nacherbentestamentsvollstreckung kommt dem Testamentsvollstrecker nur die **Aufgabe** zu, während der Dauer der Vorerbschaft die Kontroll-, Sicherungs- und Mitwirkungsrechte an dessen Stelle auszuüben und dessen Pflichten zu erfüllen. Die Nacherbentestamentsvollstreckung kann mit den unter Rdn. 269 bis 273 beschrie-

benen Typen **kombiniert** werden (vgl. *Staudinger/Reimann* § 2222 Rdn. 4). Die Nacherbentestamentsvollstreckung gem. § 2222 BGB beschränkt nicht den Vorerben, sondern den Nacherben, da dieser seine Rechte nicht wahrnehmen kann. Die Zustimmung zu einer Verfügung des Vorerben nach den §§ 2113ff. BGB hat der Testamentsvollstrecker und nicht der Nacherbe zu erteilen (*Staudinger/Reimann* § 2222 Rdn. 12); eine Genehmigung des **Vormundschaftsgerichts** braucht der Testamentsvollstrecker nicht einzuholen (vgl. BayObLG NJW-RR 1989, 1096 und *Kanzleiter* DNotZ 1970, 335).

Formulierungsvorschlag für die Anordnung einer Nacherbentestamentsvollstreckung im Rahmen eines gemeinschaftlichen Testaments

„Der Erstversterbende von uns ernennt Herrn X zu seinem Testamentsvollstrecker mit der Aufgabe, die Rechte und Pflichten seiner Nacherben bis zum Eintritt des Nacherbefalles wahrzunehmen. Der Überlebende selbst ist als alleiniger Vorerbe nicht mit der Testamentsvollstreckung belastet. Kann oder will der Testamentsvollstrecker das Amt nicht übernehmen, ersucht der Erstversterbende von uns das Nachlaßgericht, einen Nacherbentestamentsvollstrecker zu ernennen."

c) Beendigung des Amtes

285 In den Fällen der Testamentsvollstreckung für die Vorerbschaft und der Nacherbentestamentsvollstreckung gem. § 2222 BGB, **endet das Amt** des Testamentsvollstreckers mit dem Eintritt der Nacherbfolge (§ 2139 BGB). Es erledigt sich auch durch Ausschlagung oder sonstigen Wegfall der Vor- und Nacherbfolge. Ist die Testamentsvollstreckung dagegen für den Nacherbfall angeordnet, oder soll sie die Vor- und Nacherbschaft umfassen, so entfaltet sie mit der Ausschlagung (§ 2142 BGB) oder dem sonstigen Wegfall der Nacherbschaft keine Wirkung mehr (*Haegele/Winkler* Rdn. 157). Auf die Rechte des Nacherben kann der Testamentsvollstrecker nicht verzichten, insbesondere nicht die Nacherbschaft ausschlagen oder die Anwartschaft (auf den Vorerben) übertragen. **Einzelne Nachlaßgegenstände** kann er jedoch dem Vorerben entgeltlich zur freien Verfügung überlassen (KG DNotZ 1933, 420). Wenn für den Vorerben und den Nacherben ein und dieselbe Person als Testamentsvollstrecker bestimmt ist, so kann dieser rechtlich Nachlaßgegenstände dem Vorerben zur freien Verfügung dergestalt überlassen, daß die nacherbrechtlichen Beschränkungen daran erlöschen und die Gegenstände endgültig aus dem Nachlaß ausscheiden (*Haegele/Winkler* Rdn. 161). Der Erblasser kann die Bestimmung des **Zeitpunkts,** in dem die Nacherbfolge eintreten soll, nicht dem Testamentsvollstrecker überlassen (BGHZ 15, 199).

d) Eintragung des Nacherbenvermerks im Grundbuch

286 Bei der Eintragung des Nacherbenvermerks im **Grundbuch** (§ 51 GBO) ist die Tatsache der Ernennung eines Testamentsvollstreckers mit einzutragen (§ 52 GBO). Der Testamentsvollstrecker kann auf die Eintragung des Nacherbenvermerks im Grundbuch verzichten, ohne daß das Nacherbenrecht hierdurch berührt wird (BayObLG DNotZ 1990, 56). Obwohl dadurch der Schutz des Nacherben vor pflichtwidrigen Verfügungen des Vorerben entfällt, ist das Grundbuchamt nicht befugt, zu prüfen, ob die Verzichtserklärung des Testamentsvollstreckers zweckmäßig ist und eine ordnungsgemäße Verwaltungstätigkeit des Testamentsvollstreckers (vgl. § 2205 BGB) darstellt (BayObLG DNotZ 1990, 56).

e) Der alleinige Vorerbe als Testamentsvollstrecker

287 Der alleinige Vorerbe kann, abgesehen von einer Vermächtnisvollstreckung nach § 2223 BGB, ebensowenig wie der alleinige Vollerbe zum einzigen Testaments-

vollstrecker bestellt werden, und zwar auch nicht zum Nacherbentestamentsvollstrecker gem. § 2222 BGB (vgl. RGZ 77, 177; OLG Karlsruhe MDR 1981, 943; aA *Rohlff* DNotZ 1971, 527f.). Als zulässig werden jedoch folgende **Gestaltungsmöglichkeiten** angesehen (dazu *Nieder* Rdn. 541):

Alleiniger Vorerbe neben dritten **Mittestamentsvollstreckern,** wenn gewährleistet ist, daß der Wegfall der anderen nicht zur alleinigen Vollstreckung durch den Vorerben führt. 288

Mitvorerbe, wenn neben ihm Dritte zur gemeinschaftlichen Testamentsvollstreckung berufen sind (BayObLG NJW 1976, 1692). 289

Mehrere Miterben können zu Mittestamentsvollstreckern für den Nachlaß oder den Nacherben ernannt werden, da hier eine gewisse gegenseitige Kontrolle besteht (*Staudinger/Behrends-Avenarius* § 2100 Rdn. 38). 290

Von **mehreren Vorerben** kann einer zum Nacherbentestamentsvollstrecker gem. § 2222 BGB ernannt werden (BayObLG NJW-RR 1989, 96). 291

Ein Testamentsvollstrecker, der zugleich **Mittestamentsvollstrecker** ist, ist, sofern er nicht zugleich die Rechte des Nacherben wahrnehmen kann, in seiner Verfügungsmacht wie ein Vorerbe beschränkt (MünchKommBGB/*Brandner* § 2205 Rdn. 33). 292

Der Nacherbe oder einer von mehreren Nacherben, kann zum den Vorerben beschränkenden Testamentsvollstrecker ernannt werden (BayObLG NJW 1959, 1920); er unterliegt dann **nicht** den **Beschränkungen** der §§ 2113, 2114 BGB. Bei der Abfassung des Testaments ist darauf zu achten, daß der **Aufgabenbereich** des Testamentsvollstreckers exakt umschrieben wird. Eine nicht eindeutige testamentarische Anordnung des Erblassers ist nach den allgemeinen Grundsätzen des § 2084 BGB auszulegen (MünchKommBGB/*Brandner* § 2222 Rdn. 3). 293

f) Besonderheiten im Unternehmensbereich

Betrifft die Anordnung der Vor- und Nacherbschaft die Gesellschaftsbeteiligung an einer **Personengesellschaft,** so geht sie ins Leere, wenn der Gesellschaftsvertrag die Fortsetzung der Gesellschaft mit den Erben eines durch Tod ausgeschiedenen Gesellschafters nicht zuläßt (BGHZ 78, 177). Selbst wenn aber eine Nachfolgeklausel vorgesehen ist (dazu Rdn. 150), kann der Vorerbe – die Zustimmung der Mitgesellschafter vorausgesetzt – eine Änderung des Gesellschaftsvertrags dahingehend herbeiführen, daß die Beteiligung mit seinem Ableben, unvererblich wird, dh. der Nacherbe nur in den Abschichtungsanspruch nachfolgt; die Grenzen dieser Änderungsbefugnis sind allein in der Unentgeltlichkeit zu finden (§ 2113 Abs. 2 BGB). Unentgeltlichkeit ist **nicht** gegeben, wenn eine Vertragsänderung alle Gesellschafter gleichmäßig betrifft, oder wenn der Vorerbe zwar einseitigen Änderungen zu Lasten seines Anteils zustimmt, ihm im Gegenzug aber wertgleiche Sonderrechte eingeräumt werden (BGHZ 78, 177). 294

Aus den vorgenannten Gründen ist die Position des Nacherben bei einem Handelsgeschäft und bei der Beteiligung an einer Gesellschaft gefährdet und kann nur durch die Einsetzung eines Testamentsvollstreckers verstärkt werden (vgl. dazu *Reimann* S. 131). Dadurch kann sichergestellt werden, daß der Vorerbe das Handelsgeschäft nicht einstellt oder an Änderungen des Gesellschaftsvertrages mitwirkt, die die Nachfolge des Nacherben in den Gesellschaftsanteil verhindern. Wichtiges Instrument hierfür ist die sog. „beaufsichtigende Testamentsvollstreckung" (vgl. dazu *Reimann* S. 133 und ausführlich Rdn. 146). 295

2. Testamentsvollstreckung zur Vermächtnis- bzw. Auflagenerfüllung

296 Der Erblasser kann einen Testamentsvollstrecker auch zu dem Zweck ernennen, die ordnungsgemäße **Erfüllung eines Vermächtnisses** (zB Übertragung eines Grundstücks) oder die Erfüllung von Auflagen durch den Erben sicherzustellen (vgl. *Kreiß* BWNotZ 1986, 12). Soll der Testamentsvollstrecker für die Ausführung der einem Vermächtnisnehmer auferlegten Beschwerungen sorgen (§ 2223 BGB), so ist er dem Vermächtnisnehmer und den aus den Beschwerungen Berechtigten gegenüber verantwortlich (vgl. *Reimann* NJW 1990, 1829). Vergleichbar der Nacherbentestamentsvollstreckung nach § 2222 BGB (dazu Rdn. 274), kann der Testamentsvollstrecker auch bei Anordnung eines **Nachvermächtnisses** die Rechte des Nachvermächtnisnehmers ausüben (*Staudinger/Reimann* § 2223 Rdn. 10).

297 Handelt es sich bei dem Gegenstand des Vermächtnisses um ein **Grundstück,** so kommt die Eintragung eines Testamentsvollstreckervermerks entsprechend § 52 GBO in Betracht, es sei denn, daß der vermachte Gegenstand nach dem Willen des Erblassers nicht der Verwaltung des Testamentsvollstreckers unterliegt (BayObLG FamRZ 1990, 913 und *Haegele/Winkler* Rdn. 163). In diesem Fall kann der Erblasser auch anordnen, daß der Vermächtnisnehmer über das vermachte Grundstück nur mit Zustimmung des Testamentsvollstreckers verfügen kann. Der Schutz des Nachvermächtnisnehmers kann in diesem Fall mit einem entsprechenden Vermerk im Grundbuch sichergestellt werden (BayObLG FamRZ 1990, 913).

Formulierungsvorschlag:

„Der Testamentsvollstrecker hat lediglich die Aufgabe, die meinen Erben auferlegten Vermächtnisse und Auflagen zu erfüllen."

3. Bestimmung des Zuwendungsempfängers durch den Testamentsvollstrecker

298 Nicht nur für den Bereich der Unternehmensnachfolge (dazu Rdn. 252), sondern auch ganz allgemein kann der Erblasser anordnen, daß dem Testamentsvollstrecker gem. § 2151 BGB die **Auswahl** unter mehreren Vermächtnisnehmern obliegt. Die Vorschrift des § 2205 BGB steht der Erfüllung einer vom Erblasser durch Verfügung von Todes wegen angeordneten Leistungspflicht aus Vermächtnissen und Auflagen nicht entgegen, da es sich insoweit nie um eine **unentgeltliche** Verfügung handelt (BayObLG Rpfleger 1989, 200). Der Erblasser kann auch anordnen, daß die zum Vollzug einer **Teilungsanordnung** erforderliche Teilung nach billigem Ermessen des Testamentsvollstreckers erfolgt (§ 2048 S. 2 BGB).

4. Nießbrauch und Testamentsvollstreckung

a) Allgemeines

299 Insbesondere bei Verfügungen von Todes wegen unter Ehegatten, geht der Wunsch des Erblassers häufig dahin, zwar einerseits das Vermögen seinen gemeinschaftlichen Abkömmlingen zu erhalten, andererseits aber die Versorgung des überlebenden Ehegatten sicherzustellen **(sog. Versorgungsnießbrauch).** Vorteil der Nießbraucher-Testamentsvollstreckerlösung gegenüber der als Alternative ebenfalls zur Verfügung stehenden Vorerbschaft ist aus der Sicht des Erben, daß bei beiden zwar die gleiche Verfügungsbefugnis des Bedachten besteht, der Erbe aber

gegenüber dem Testamentsvollstrecker nach §§ 2218, 666 BGB weitergehende Ansprüche auf Auskunftserteilung und Rechnungslegung hat als nach § 2122 BGB der Nacherbe gegen den Vorerben.

Während der befreite Vorerbe nicht mehr der Verpflichtung zur ordnungsgemäßen Verwaltung nach § 2136 BGB unterliegt und seine Befugnisse lediglich an dem Verbot der absichtlichen Schädigung des Nacherben eine Grenze finden, trifft den „Nießbrauch"-Testamentsvollstrecker die unabdingbare Verpflichtung zur **ordnungsgemäßen Ausübung** seines Amts (§ 2216 BGB). Anders als der Vorerbe als Eigentümer auf Zeit, ist der Nießbraucher nach §§ 1036 Abs. 2, § 1037 Abs. 1, 1041 BGB überdies verpflichtet, die wirtschaftliche Zweckbestimmung des belasteten Vermögensgegenstands zu belassen. Will der Erblasser somit die Position der künftigen Berechtigten der Nachlaßgegenstände verstärken, so kommt auch nach Wegfall der erbschaftsteuerlichen Bevorzugung der Nießbrauchertestamentsvollstrecker-Kombination eine bedeutsame Rolle in der Praxis zu (vgl. hierzu *Nieder,* in: Münchener Vertragshandbuch, S. 741 f.). 300

Durch die Anordnung des Nießbrauchs erhält der Nießbraucher das unvererbliche und bei natürlichen Personen unübertragbare dingliche Recht sämtliche **Nutzungen** des belasteten Gegenstands zu ziehen (§§ 1030 Abs. 1, 1036, 1059, 1061 BGB). Der Nießbrauch an einem Nachlaß ist dabei die in der Praxis am häufigsten vorkommende Form des Vermögensnießbrauchs (MünchKommBGB/*Petzoldt* § 1089 Rdn. 1). Auf ihn finden nach § 1089 BGB die Vorschriften der §§ 1065 bis 1088 BGB über den Nießbrauch an einem Vermögen entsprechende Anwendung. Dem Nießbrauch unterliegen in diesem Fall sämtliche einzelnen Nachlaßgegenstände (*Staudinger/Promberger* § 1089 Rdn. 16). 301

Die gleichzeitige Einsetzung des Nießbrauchers zum Testamentsvollstrecker ist trotz des bestehenden Interessenwiderstreits zulässig (*Rohlff* DNotZ 1971, 521). Hierdurch wird der Berechtigte in die Lage versetzt, über alle Nachlaßgegenstände in den Grenzen einer ordnungsgemäßen Verwaltung des Nachlasses (§§ 2216, 2220 BGB) zu verfügen. Auf die Substanz kann aber auch vom Nießbraucher-Testamentsvollstrecker nur mit Hilfe eines zusätzlichen Vermächtnisses zugegriffen werden. 302

Formulierungsvorschlag für die Kombination von Nießbrauch und Testamentsvollstreckung im Rahmen eines gemeinschaftlichen Testaments 303

„Der Erstversterbende von uns vermacht dem Überlebenden an seinem gesamten Nachlaß den Nießbrauch auf Lebenszeit und ernennt ihn zu seinem Testamentsvollstrecker mit der Aufgabe, sich selbst den Nießbrauch am Nachlaß zu verschaffen und ihn zu verwalten. Er ist in der Eingehung von Verbindlichkeiten für den Nachlaß nicht beschränkt und von § 181 BGB befreit."

b) Bruchteils- und Quotennießbrauch

Der **Quotennießbrauch** ist immer dann richtiges Gestaltungsmittel, wenn bei einer auf Lebenszeit zu versorgenden Person die Zuwendung eines Bruchteils der Nutzungen einer Sache ausreicht, die Sache selbst aber anderen bereits fest zugewiesen werden soll (*Nieder* in: Münchener Vertragshandbuch, IV 2. Halbband, S. 754). So kann etwa ein Grundstück mit einem Nießbrauch belastet werden, der nur auf eine Quote der Gesamtnutzungen geht (vgl. BayObLG DNotZ 1974, 241). Alternativ kann ein Nießbrauch auch an einer Miteigentumsquote (§ 1066 BGB) oder auch nur an bloßen Bruchteilen eines Gegenstandes begründet werden (sog. Bruchteilsnießbrauch). 304

Der **Unterschied** zwischen Bruchteils- und Quotennießbrauch besteht darin, 305
daß beim ersten nur ein ideeller Bruchteil des ganzen Gegenstands mit dem Nieß-

brauch belastet ist, beim zweiten dagegen der ganze Gegenstand, der Nießbrauch aber nur auf die Nutzungen zu einer Quote geht (*Staudinger/Promberger* § 1030 Rdn. 32).

306 Um dem Nießbraucher die Abzugsfähigkeit der von ihm getragenen Aufwendungen für Gebäudeteile zu ermöglichen, muß er die Verpflichtung hierzu vertraglich übernehmen und die **gesetzliche Lastenverteilung** muß entsprechend modifiziert werden (vgl. dazu BFH BStBl. 1990 I S. 462).

307 **Formulierungsvorschlag für die Anordnung eines Quotennießbrauchs und Testamentsvollstreckung**

„Meiner Ehefrau A vermache ich den lebenslangen unentgeltlichen Quotennießbrauch am ganzen Grundstück bezogen auf 1/3 der gesamten Nutzungen an meinem Mehrfamilienhausgrundstück in ... (Ort, Straße). Abweichend von der gesetzlichen Lastenverteilungsregelung hat der Nießbraucher auch die danach dem Grundstückseigentümer obliegenden Lasten zu tragen, insbesondere die außergewöhnlichen Ausbesserungen und Erneuerungen. Soweit diese Abänderung des gesetzlichen Schuldverhältnisses zwischen Eigentümer und Nießbraucher als Inhalt des dinglichen Nießbrauchs nicht zulässig ist, soll sie nur schuldrechtlich erfolgen. Die Ausübung des Quotennießbrauchs ist nicht übertragbar. Eine dingliche Sicherstellung soll nicht erfolgen. Meine Ehefrau A ernenne ich zum Testamentsvollstrecker mit der Aufgabe, das Mehrfamilienhaus zu verwalten. Sie ist dabei von allen gesetzlichen Beschränkungen, soweit zulässig und von den Beschränkungen des § 181 BGB befreit."

c) Nießbrauch am Unternehmen

308 *aa) Grundlagen.* Insbesondere im Bereich des Handels- und Gesellschaftsrechts kommt die Kombination von Nießbrauch und Testamentsvollstreckung in Betracht, wenn – wie im Regelfall – die rechtliche und wirtschaftliche Stellung des überlebenden Ehegatten gestärkt und ihm bestimmte Mittel zur **standesgemäßen Versorgung** zur Verfügung gestellt werden sollen. Die Kombination erleichtert auch die endgültige Auswahl des Unternehmensnachfolgers, wenn diese vom Erblasser nicht selbst vorgenommen werden kann. Der Nießbraucher-Testamentsvollstrecker kann so zB etwa über Vermächtnisse, ermächtigt werden, den endgültigen Unternehmensnachfolger nach Beendigung des Nießbrauchs zu bestimmen (vgl. *Reimann* S. 122).

309 *bb) Nießbrauch am Einzelunternehmen.* Der Nießbrauch an einem Einzelunternehmen kann durch Vermächtnis in **dreierlei Form** angeordnet werden (vgl. *Nieder* in Münchener Vertragshandbuch, IV 2. Halbband, S. 762):

– Zuwendung eines **Nutzungsvermächtnisses,** aufgrund dessen der Vermächtnisnehmer lediglich einen schuldrechtlichen Anspruch gegen den Erben auf den ganzen oder teilweisen Reinertrag des Unternehmens hat (BGH WM 1969, 337).
– Schlichter **Ertragsnießbrauch am Unternehmen,** also Zuwendung des zwar dinglichen Nießbrauchs an den einzelnen Unternehmensgegenständen, jedoch nur auf den Ertrag gerichtet, wobei der Nießbraucher keinen unmittelbaren Besitz an den Betriebsvermögensgegenständen hat, von der Wirtschaftsführung ausgeschlossen ist, kein Unternehmer wird und auch nicht haftet. Diese Form kann mangels Unternehmerstellung des Nießbrauchers praktisch nur zu einer Quote des Ertrags (Quotennießbrauch, dazu Rdn. 304) bestellt werden (BGH DNotZ 1954, 402).
– Echter Unternehmernießbrauch, also Zuwendung des **vollen dinglichen Nießbrauchs** am Unternehmen mit unmittelbarem Besitz an den Gegenständen des Betriebsvermögens, Verfügungsmacht über das Umlaufvermögen und voller Haftung nach außen (BayObLG DNotZ 1974, 241).

Beim Nießbrauch am Handelsgeschäft ist zwischen dem Umlaufvermögen, den Forderungen und dem Anlagevermögen einschließlich des Grundbesitzes zu unterscheiden. Das **Umlaufvermögen** wird Eigentum des Nießbrauchers (§ 1067 BGB), während das **Anlagevermögen** im Eigentum der Erben verbleibt. Über Forderungen darf der Nießbraucher grundsätzlich nur im Wege der ordnungsgemäßen Einziehung verfügen (§ 1074 BGB). **310**

Bei einem kaufmännischen Unternehmen wird § 1074 Abs. 1 S. 2 BGB, wonach dem Nießbraucher andere Verfügungen als die ordnungsgemäße Einziehung nicht gestattet sind, als nicht anwendbar erachtet, mit der Folge, daß die Erben verpflichtet sind, die **Forderungen** auf den Nießbraucher zu übertragen (*Soergel/ Damrau* § 1085 Rdn. 8). **311**

Der Nießbraucher kann in entsprechender Anwendung des § 1048 BGB innerhalb der Grenzen einer ordnungsgemäßen Wirtschaft über einzelne Stücke eines Grundstückinventars verfügen und ist dann zur Ersatzbeschaffung verpflichtet (BGH DB 1973, 1046). Über die restlichen Werte des **Anlagevermögens** kann er grundsätzlich nicht oder nur unter Mitwirkung des Erben **verfügen.** Ist dagegen Testamentsvollstreckung angeordnet, so kann der Nießbraucher-Testamentsvollstrecker Verfügungen auch über die restlichen Werte des Anlagevermögens gem. § 2216 BGB vornehmen. Nur im Hinblick auf derartige Verfügungen muß der Testamentsvollstrecker auf seine Rechtsmacht als solcher zurückgreifen, im übrigen (bezüglich des Umlaufvermögens, den Forderungen und einzelner Inventargegenstände) kann er als Nießbraucher handeln (vgl. *Haegele/Winkler* Rdn. 126). **312**

Beim **Zusammentreffen** von echtem Unternehmensnießbrauch und Testamentsvollstreckung in einer Person (sog. Dispositionsnießbrauch) ist der Wille des Erblassers zu unterstellen, daß das Unternehmen von dem Bedachten in seiner Eigenschaft als Nießbraucher und nicht als Testamentsvollstrecker geführt werden soll (*Rohlff* DNotZ 1971, 519). Da der Nießbraucher hierdurch die volle Unternehmerstellung erhält, spielen die Probleme im Zusammenhang mit der Zulässigkeit einer Testamentsvollstreckung beim einzelkaufmännischen Unternehmen (dazu Rdn. 111) hier keine Rolle; es handelt sich um eine normale Verwaltungstestamentsvollstreckung (*John* BB 1980, 757). **313**

Bezüglich des Unternehmens hat der Testamentsvollstrecker die alleinige Aufgabe, das Nießbrauchsvermächtnis gegenüber sich selbst zu erfüllen (*Nieder,* in: Münchener Vertragshandbuch, Bd. 4, S. 764). Soll er nach dem Willen des Erblassers das Unternehmen in seiner Eigenschaft als Testamentsvollstrecker führen, was deutlich im Testament zum Ausdruck zu bringen wäre, muß auf die allgemeinen **„Ersatzlösungen"** zurückgegriffen werden (dazu Rdn. 166). **314**

Da der Nießbraucher das Handelsgeschäft sonst im Regelfall als Inhaber betreibt, ist die Nießbrauchsbestellung vom Besteller und Nießbraucher zum **Handelsregister** anzumelden (*Staudinger/Promberger* Anh. zu §§ 1068, 1069 Rdn. 36). Der Nießbraucher haftet gem. § 25 HGB als Unternehmensinhaber im Außenverhältnis für die Geschäftsschulden des Erblassers. Die Haftung kann durch Vereinbarung mit den Erben und Eintragung im Handelsregister ausgeschlossen werden (§ 25 Abs. 2 HGB); zu einer Mitwirkung hierbei sind die Erben aber nicht verpflichtet (MünchKommBGB/*Petzoldt* § 1085 Rdn. 12). **315**

Formulierungsvorschlag für die Anordnung von Unternehmensnießbrauch und Testamentsvollstreckung im Testament (vgl. hierzu *Nieder* in: Münchener Vertragshandbuch, IV 2. Halbband, XVI, 22): 316

„Meiner Ehefrau A vermache ich auf Lebenszeit den vollen dinglichen Nießbrauch, also nicht bloß den Ertragsnießbrauch, an dem von mir unter der Firma A Tabakwaren Groß und Einzelhandel einzelkaufmännisch betriebenen Unternehmen, das im Handelsregister des Amtsgerichts M unter HRA ... eingetragen ist. Der Nießbrauch ist wie folgt auszugestalten:

Der Nießbrauch ist der Nießbraucherin an dem Betriebsgrundstück in ... (Ort, Straße) sowie an allen beweglichen Wirtschaftsgütern des Betriebsvermögens, somit an allen Gegenständen, die steuerlich bei dem Einzelunternehmen aktiviert sind, ein zuräumen. Alle Gegenstände des Umlaufvermögens gehen in das Eigentum der Nießbraucherin über. Sie ist verpflichtet, sie nach Beendigung des Nießbrauchs entsprechend in Natur zu erstatten. Alle betrieblichen Forderungen sind an die Nießbraucherin abzutreten. Entsprechend ist die Nießbraucherin verpflichtet, alle zum Zeitpunkt meines Todes bestehenden betriebsbedingten Verbindlichkeiten zu übernehmen bzw. falls die Gläubiger der befreienden Schuldübernahme nicht zustimmen sollten, die Erben von jeglicher Inanspruchnahme freizustellen. Die Nießbraucherin ist, im Rahmen einer ordnungsgemäßen Wirtschaft und mit der Verpflichtung zur Ersatzbeschaffung, berechtigt auch über Gegenstände des Anlagevermögens zu verfügen. Die Vermächtnisnehmerin hat in ihrer Eigenschaft als Nießbraucherin die Firma mit oder ohne Beifügung eines Nachfolgezusatzes im eigenen Namen und unter eigener Haftung fortzuführen. Diejenigen persönlichen Steuern, die die Erben hinsichtlich des nießbrauchsbelasteten Unternehmens und die Nießbraucherin auf Erträge, die zivilrechtlich nicht ihr, sondern den Erben zustehen, zu zahlen haben, können aus den jährlichen Gewinnen des Unternehmens entnommen werden. Bei der Berechnung der auf solche Erträge entfallenden Einkommensteuer sind diese jeweils als Spitzeneinkünfte anzusehen.

Die Nutzungen der Nießbraucherin errechnen sich wie folgt:

Auszugehen ist vom jährlichen Steuerbilanzgewinn. Davon sind zunächst diejenigen persönlichen Steuern in Abzug zu bringen, die die Erben und die Nießbraucherin aufgrund der obigen Regelung zu entnehmen berechtigt sind. Danach sind etwaige Verluste vergangener Jahre auszugleichen, soweit dies nicht bereits in der Steuerbilanz geschehen ist. Danach ist für die Erben ein Betrag in Höhe von 20% der in der Steuerbilanz vorgenommenen Abschreibungen abzuziehen als Ausgleich für die erhöhten Wiederbeschaffungskosten der Ergänzungsinvestitionen. Der danach verbleibende Rest steht der Nießbraucherin zu 75% und den Erben zu 25%, letzteren zur Sicherung des Wachstums des Unternehmens, zu. Die Erben dürfen die Ihnen zugerechneten Beträge nicht entnehmen. Verluste trägt die Nießbraucherin nur insoweit, als sie durch die obige Regelung bis zur Beendigung des Nießbrauchs wieder durch Gewinne ausgeglichen werden können.

Ich ernenne meine Ehefrau A zu meiner Testamentsvollstreckerin. Ihr stehen dabei alle Rechte zu, die ihr nach dem Gesetz eingeräumt werden können. Sie ist von den Beschränkungen des § 181 BGB befreit. Eine besondere Vergütung erhält die Testamentsvollstreckerin nicht."

d) Nießbrauch an Geschäftsanteilen von Personengesellschaften

317 Ein Nießbrauchsvermächtnis an einem **Personengesellschaftsanteil** kann insbesondere dann angezeigt sein, wenn eine den Eintritt eines Vorerben gestattende gesellschaftsvertragliche Bestimmung fehlt (vgl. dazu Rdn. 294 und *Nieder* Rdn. 552). Von den für eine Nießbrauchsbestellung vorgeschlagenen Möglichkeiten (dazu *Nieder* in: Münchener Vertragshandbuch, Bd. 4, S. 768ff.), kommt als praxisgerechte Lösung allenfalls der sogenannte Vollnießbrauch in Betracht. Die an sich gewollte Begründung eines normalen Nießbrauchsrechts iS des BGB mit dem Verbleib der Rechtsinhaberschaft als Stammwert beim Besteller und dem Übergang der Nutzungsbefugnis auf den Nießbraucher scheidet bei Personengesellschaftsanteilen aus, da die Abspaltung einzelner Teilbefugnisse am Gesellschaftsanteil durch Übertragung an Nichtgesellschafter, mit dem Wesen der Gesamthandsgemeinschaft unvereinbar ist (sog. Abspaltungsverbot und dazu BGH NJW 1956, 1198).

318 Ist die Übertragung und Belastung der Beteiligung entgegen §§ 717, 719 BGB im Gesellschaftsvertrag ausdrücklich zugelassen oder stimmen sämtliche Gesellschafter zu, so ist gem. § 1069 Abs. 2 BGB auch eine Nießbrauchsbestellung an der

Beteiligung möglich. Aufgrund des Abspaltungsverbots muß der Nießbraucher aber über die gesetzliche Gestaltung des Nießbrauchs im BGB hinausgehend für die Dauer seines Rechts **treuhänderisch** anstelle des Gesellschafters die volle Gesellschafterstellung nach innen und außen mit allen haftungs- und registerrechtlichen Konsequenzen einnehmen (treuhänderische Vollrechtsübertragung auf Zeit – BGH DNotZ 1975, 735).

In diesem Fall ist der Nießbraucher anstelle des Bestellers als Gesellschafter im **Handelsregister** einzutragen. Es stehen ihm alle gesellschaftlichen Verwaltungsrechte in dem Umfang zu, wie sie der bisherige Gesellschafter hatte (also insbesondere das Stimmrecht). Gewinne gebühren ihm nur insoweit, als sie auch der Gesellschafter zu entnehmen berechtigt wäre (BGHZ 59, 316; BGH NJW 1972, 1755). 319

Zu Maßnahmen, die das **Stammrecht** am Gesellschaftsanteil beeinträchtigen (§ 1071 BGB), wie etwa zur Änderung des Gesellschaftsvertrages, die Aufnahme und Ausschließung von Gesellschaftern und die Kündigung der eigenen Beteiligung, ist er nur im Zusammenwirken mit den anderen Gesellschaftern befugt. Alle diese Maßnahmen sind auch ohne Mitwirkung der Erben gesellschaftsrechtlich wirksam, obwohl bürgerlich-rechtlich das Stammrecht am Gesellschaftsanteil nicht durch den Nießbraucher beeinträchtigt werden darf (§ 1071 BGB). Der auf diese Weise vom Nießbraucher treuhänderisch gewonnene Überschuß an äußerer Rechtsmacht, kann nur schuldrechtlich im Innenverhältnis korrigiert werden (BGH DNotZ 1975, 735; zu weiteren Einzelheiten vgl. *Nieder* Rdn. 572 und dessen Formulierungsvorschlag im Münchener Vertragshandbuch, Bd. 4, XVI, 23). 320

Wird mit dem Nießbrauch gleichzeitig Testamentsvollstreckung angeordnet, so beseitigt dies die dogmatischen Schwierigkeiten, die bezüglich der Befugnisse des Testamentsvollstreckers an Gesellschaftsanteilen bestehen. Der Testamentsvollstrekker wird kraft des Nießbrauchs **Vollrechtsinhaber,** also „vollwertiger" Gesellschafter. 321

Die Testamentsvollstreckung kann auch angeordnet werden, um die Erfüllung des **Nießbrauchvermächtnisses** sicherzustellen (§ 2203 BGB) und um dem Nießbraucher Kompetenzen einzuräumen, die er als solcher bürgerlich-rechtlich nicht hätte (dazu Rdn. 321), zB zur Mitwirkung an Gesellschaftsvertragsänderungen, zur Aufnahme und Ausschließung von Gesellschaftern und Aufkündigung der Beteiligung (vgl. *Reimann* S. 126). 322

e) Nießbrauch bei Kapitalgesellschaften

Beim Nießbrauch am Geschäftsanteil einer **GmbH** handelt es sich um einen Nießbrauch an einem Recht gem. §§ 1068ff. BGB (OLG Karlsruhe WM 1989, 534). Die Bestellung bedarf nach § 1069 Abs. 1 BGB der gleichen Form wie die Übertragung des Rechts, also nach § 15 Abs. 3 GmbHG der Form der notariellen Beurkundung. Die Bestellung ist nach § 16 GmbHG bei der Gesellschaft anzumelden (*Scholz/Winter* GmbHG § 16 Rdn. 33). 323

Im Unterschied zur Nießbrauchsbestellung am Anteil einer Personengesellschaft (Vollrechtsnießbrauch und dazu Rdn. 318), geht bei der Bestellung eines Nießbrauchs am Geschäftsanteil einer GmbH nicht die volle Gesellschafterstellung auf den Nießbraucher über. Nach hM (vgl. die Nachw. bei *Nieder* Rdn. 574) fallen dem Nießbraucher nur die **Vermögensrechte** zu, während die Herrschafts- oder Mitverwaltungsrechte beim Gesellschafter verbleiben. 324

Der Nießbraucher kann während der Dauer des Nießbrauchs den **Jahresreingewinn** (§ 29 GmbHG) nach Feststellung der Gewinnverwendung beziehen, wenn die Bestellung des Nießbrauchs bei der Gesellschaft angemeldet wurde. 325

326 Der Nießbraucher hat keinen Anspruch darauf, bei einer **Kapitalerhöhung** zur Übernahme eines neuen Geschäftsanteils zugelassen zu werden; bei Kapitalerhöhungen aus Gesellschaftsmitteln muß ihm aber an dem neuen Anteil ebenfalls der Nießbrauch eingeräumt werden (*Scholz/Winter* GmbHG § 15 Rdn. 145).

327 Auch wenn die **Stimmrechte** beim Gesellschafter verbleiben, hat dieser bei ihrer Ausübung auf die Interessen des Nießbrauchers Rücksicht zu nehmen (*Staudinger/Promberger* Anh. zu §§ 1068, 1069 Rdn. 88).

328 Durch die allgemein zulässige Anordnung einer Testamentsvollstreckung (dazu Rdn. 226) wird hier sichergestellt, daß auch die Ausübung der Mitverwaltungsrechte und des Stimmrechts dem Testamentsvollstrecker obliegen, wodurch die Position des Nießbrauchers gegenüber dem Gesellschafter-Erben verstärkt wird. Die allgemeinen **Schranken** einer Testamentsvollstreckung, insbesondere im „Kernbereich der Mitgliedschaft" hat der Testamentsvollstrecker auch in diesem Fall zu beachten (dazu Rdn. 173).

329 **Formulierungsvorschlag** bei *Nieder,* Münchener Vertragshandbuch, IV 2. Halbband XVI, 25.

5. Testamentsvollstrecker und Urheberrecht

330 Nach § 28 Abs. 1 UrhG ist ein Urheberrecht **vererblich.** Will der Erblasser, für den Fall, daß ihm seine Erben zur Wahrung seines geistigen Nachlasses nicht geeignet erscheinen, die Ausübung des Urheberrechts einer besser geeigneten Person anvertrauen, ohne jedoch zugleich seinen Erben die wirtschaftlichen Früchte aus der Nutzung seiner Werke zu entziehen, so kommt gemäß § 28 Abs. 2 UrhG die Anordnung einer Testamentsvollstreckung in Betracht. Die Testamentsvollstrekkung bezieht sich jedoch nicht auf das Urheberpersönlichkeitsrecht, das bei den Erben verbleibt (*Klingelhöffer* ZEV 1999, 421).

331 Nach § 28 Abs. 2 S. 2 UrhG ist dabei die Anwendung des § 2210 BGB ausgeschlossen, um die nach dieser Vorschrift grundsätzlich eintretende 30jährige Befristung zu vermeiden. Die Testamentsvollstreckung kann somit für die ganze Dauer der **Urheberschutzfrist** oder kürzer befristet angeordnet werden, etwa bis zum Tod des Erben oder des Testamentsvollstreckers (vgl. *Schricker* Urheberrecht § 28 Rdn. 11). Auch die in § 2210 S. 3 BGB enthaltene Verweisung auf § 2163 Abs. 2 BGB entfällt (*Hubmann/Rehbinder,* Urheber- und Verlagsrecht, S. 188). Die Testamentsvollstreckung kann auch ausdrücklich auf die **Verwaltung** des Urheberrechts beschränkt werden (§ 2208 Abs. 1 S. 2 BGB). Auch eine weitere Eingrenzung der Aufgaben des Testamentsvollstreckers (etwa nur Verwaltung der Nutzungsrechte oder bestimmter Nutzungsrechte) ist möglich (*Schricker* Urheberrecht § 28 Rdn. 12).

Testamentsvollstrecker kann auch ein Miterbe sein (KG JR 1952, 324).

332 Soweit die Verwaltungsbefugnisse des Testamentsvollstreckers reichen, ist nur er zur Geltendmachung von Ansprüchen, auch **vor Gericht,** berechtigt (*Fromm/Nordmann* Urheberrecht § 28 Rdn. 2).

333 Die **Befugnis zur Einsetzung** eines Testamentsvollstreckers steht nur dem Urheber selbst zu. Die Anordnung der Fortdauer der Testamentsvollstreckung bei Weitervererbung durch die Erben scheidet dabei aus, weil der Gesetzgeber die Befugnis nach § 28 Abs. 2 UrhG ausdrücklich dem Urheber vorbehalten hat (*Fromm* NJW 1966, 1245).

6. *Testamentsvollstrecker und Bankenrecht*

a) Allgemeine Kreditverbindlichkeiten

Verbindlichkeiten zu Lasten des Nachlasses kann der Testamentsvollstrecker nach § 2206 BGB nur eingehen, soweit dies zur **ordnungsgemäßen Verwaltung** des Nachlasses erforderlich ist, es sei denn, der Erblasser hat angeordnet, daß der Testamentsvollstrecker in der Eingehung von Verbindlichkeiten nicht beschränkt sein soll (§ 2207 S. 1 BGB). Die kreditgebende Bank ist geschützt, wenn sie ohne Verschulden annehmen darf, daß die Eingehung der Verbindlichkeit durch den Testamentsvollstrecker sich im Rahmen der ordnungsgemäßen Verwaltung hält (BGH NJW 1983, 403). Da das Kreditinstitut hierfür die Beweislast trägt (*Staudinger/Reimann* § 2206 Rdn. 12), wird es sich im Regelfall die Einwilligung des Erben zur Eingehung der Verbindlichkeit vorlegen lassen; der Erbe ist gem. § 2206 BGB verpflichtet, diese Einwilligung zu erteilen. 334

Ist der Testamentsvollstrecker durch Anordnung des Erblassers in der Verfügung über Nachlaßgegenstände beschränkt oder hat der Erblasser angeordnet, daß der Testamentsvollstrecker in der Eingehung von Verbindlichkeiten für den Nachlaß nicht beschränkt sein soll, so muß dies im **Testamentsvollstreckerzeugnis** (dazu ausführlich 2. Kap. Rdn. 268ff.) angegeben werden. Die Bank wird deshalb stets die Vorlage eines Testamentsvollstreckerzeugnisses verlangen, um durch den öffentlichen Glauben des Zeugnisses (§ 2368 Abs. 3 iVm. §§ 2365, 2366 BGB) gesichert zu sein. Das Kreditinstitut ist nach Nr. 24 AGB der Banken berechtigt, auch an denjenigen, der in einer notariellen Ausfertigung oder beglaubigten Abschrift einer Verfügung von Todes wegen nebst zugehöriger Eröffnungsniederschrift als Alleinerbe oder Testamentsvollstrecker bezeichnet ist, mit befreiender Wirkung leisten (*Schönle,* Bank- und Börsenrecht, S. 35). 335

Nach § 2205 S. 3 BGB ist der Testamentsvollstrecker, ebenso wie der Vorerbe, zu **unentgeltlichen Verfügungen** über Nachlaßgegenstände nicht berechtigt. Von dieser Beschränkung kann er auch durch eine Anordnung des Erblassers nicht befreit werden. Mit Zustimmung des Erben ist jedoch auch eine unentgeltliche Verfügung wirksam (BGH NJW 1971, 2264). Bei der Abwicklung eines Kreditgeschäfts hat das Kreditinstitut sicherzustellen, daß der Gegenwert, zB die Darlehenssumme eines zu Lasten des Nachlasses gewährten Darlehens, ausschließlich durch Zahlung auf ein Nachlaßkonto in den Nachlaß gelangt. In diesem Fall kommt es nicht darauf an, ob der Testamentsvollstrecker die Darlehenssumme zum Nutzen des Nachlasses oder zum eigenen Vorteil oder zum Vorteil eines Dritten verwendet, es sei denn, daß der Darlehensgeber von der pflichtwidrigen Verwendung der Darlehensvaluta Kenntnis hatte oder sie kennen mußte (*Schaarschmidt* Sparkassenkredite S. 171). 336

b) Vertrag zugunsten Dritter auf den Todesfall

Bei Vorhandensein eines **Bankkontos** oder Wertpapierdepots kann der Erblasser mit seiner Bank in einer Zusatzabmachung vereinbaren, daß das Konto bzw. der Depotinhalt mit seinem Tod unabhängig von der Erbfolge auf einen bestimmten Dritten übergeht (§ 331 BGB). Der Erwerb des begünstigten Dritten gehört in diesen Fällen nicht zum Nachlaß und ist dem Zugriff der Nachlaßgläubiger entzogen (RGZ 51, 403, 404). Da dem Testamentsvollstrecker nur die Verwaltung des Nachlasses obliegt (§ 2205 S. 1 BGB), muß der Erblasser das Konto oder Depot ausdrücklich in den Nachlaß einbeziehen, wenn er in bezug auf diesen Vermö- 337 genswert Testamentsvollstreckung anordnen will (*Staudinger/Jagmann* § 332 Rdn. 4; *Werkmüller* ZEV 2000, 305).

338 Das gleiche gilt im Rahmen einer widerruflichen **Bezugsberechtigung** bei einer Lebensversicherung, bei Bausparverträgen mit Drittbegünstigung auf den Todesfall (BGH NJW 1965, 1913, 1914) oder im Rahmen einer betrieblichen Altersversorgung (vgl. MünchKommBGB/*Gottwald* § 331 Rdn. 2). Auch bei der Anlegung eines Sparbuchs auf den Namen eines Dritten vollzieht sich der Erwerb des Dritten außerhalb des Nachlasses (BGH NJW 1984, 480).

c) Kontenführung

339 War der Erbe bereits vor dem Tod des Erblassers Mitinhaber eines Bankkontos (sogenanntes Gemeinschaftskonto), beurteilen sich die Rechte des Testamentsvollstreckers danach, ob das Gemeinschaftskonto in der Form eines Und-Kontos oder in der Form eines Oder-Kontos angelegt ist (vgl. dazu *Borg* NJW 1981, 905). Von einem Oder-Konto spricht man, wenn jeder der Inhaber allein und unbeschränkt verfügungsberechtigt ist. Diese Kontenform entsteht mangels besonderer Abmachung mit der Bank durch bloße Einrichtung des Kontos von Anfang an für mehrere Personen (*Eichel* MittBayNot. 1977, 45). Beim Und-Konto sind sämtliche Kontoinhaber nur gemeinsam verfügungsbefugt; die Kontoinhaberschaft des Erblassers fällt hier in den Nachlaß, so daß der weitere Kontoinhaber bei angeordneter Testamentsvollstreckung nur mit Zustimmung des Testamentsvollstreckers verfügungsbefugt ist. Demgegenüber erstreckt sich die Testamentsvollstreckung nicht automatisch auf die Mitberechtigung des Erben aus einem Oder-Konto. Der Erbe kann hier von der Bank die volle Leistung verlangen, also Auszahlung des Kontoguthabens auf seinen Namen, und zwar ohne Eingriffsmöglichkeit des Testamentsvollstreckers. Dem Testamentsvollstrecker verbleibt hier lediglich die Befugnis, den Ausgleichsanspruch der Erben bzw. Miterben gegen den verbleibenden Kontoinhaber gem. § 430 BGB geltend zu machen, sofern eine solche Ausgleichspflicht nicht ausgeschlossen ist (dazu BGH MittBayNot. 1986, 197).

d) Börsentermingeschäfte

340 Im Rahmen sog. Börsentermingeschäfte (vgl. dazu Rdn. 460ff.) stellt sich die Frage, ob für die **Börsentermingeschäftsfähigkeit** auf die Person des Testamentsvollstreckers oder des Erben abzustellen ist. Mit Börsentermingeschäftsfähigkeit ist die personelle Abgrenzung der „Börsenrechtssphäre" angesprochen, innerhalb derer der Börsengesetzgeber dem Börsenterminhandel weitgehende Freiheit einräumen wollte (Handbuch Kapitalanlagerecht – *Häuser/Welter* § 16 IV, Rdn. 189ff.). Neben sog. „Börsenleuten" (vgl. dazu § 53 Abs. 2 BörsG) sind im Handelsregister eingetragene Vollkaufleute termingeschäftsfähig (§ 53 Abs. 1 BörsG). Ist der Testamentsvollstrecker somit selbst als Vollkaufmann im Handelsregister eingetragen, so steht seine Börsentermingeschäftsfähigkeit außer Zweifel. Da der Testamentsvollstrecker Träger eines privaten Amtes ist, das ihm vom Erblasser übertragen wurde und das er Kraft eigenen Rechts, also unabhängig vom Willen des Erben und im eigenen Namen ausübt (herrschende Amtstheorie und hierzu *Staudinger/Reimann* Vor §§ 2197ff. Rdn. 14f.) kommt es für die Beurteilung der Börsentermingeschäftsfähigkeit auf seine Person und nicht auf die Person des Erben an.

341 Ob es sich bei der Vornahme von Börsentermingeschäften um eine **ordnungsgemäße Verwaltung** des Nachlasses nach § 2216 BGB handelt, kommt auf den Einzelfall an. Bei der Entscheidung über die Anlage von Nachlaßvermögen ist auch die Eingehung eines kalkulierten Wagnisses nicht ohne weiteres ausgeschlossen.

Von rein spekulativen Anlagen, jedenfalls dann, wenn sie den gesamten Nachlaß oder einen sehr hohen Teil davon erfassen (BGH NJW 1987, 1070), dürfte der Testamentsvollstrecker aber ausgeschlossen sein. Im Regelfall wird deshalb die Vornahme von Termingeschäften durch den Testamentsvollstrecker nicht mehr einer ordnungsgemäßen Nachlaßverwaltung zuzuordnen sein.

7. Testamentsvollstreckung bei behinderten Kindern

a) Ausgangslage

Eltern, die ein behindertes Kind zu versorgen haben, stehen bei der Regelung ihres künftigen Nachlasses in einem schwierigen **Interessenkonflikt.** Einerseits soll die Versorgung des behinderten Kindes möglichst über dem gesetzlichen Sozialhilfeniveau sichergestellt werden, andererseits aber ist gewollt, daß eine Anrechnung von Zuwendungen aus dem Nachlaß der Eltern auf die gesetzlichen Sozialhilfeleistungen nicht erfolgen soll. Da nach dem Tode der Eltern häufig eine Heimunterbringung des behinderten Kindes unvermeidbar ist, sehen viele Eltern die Gefahr, daß der dem behinderten Kind zugewandte Nachlaß durch die hohen Heimunterbringungskosten in kürzester Zeit aufgebraucht ist und dann weder für Leistungen an das behinderte Kind noch für andere Abkömmlinge zur Verfügung steht (dazu grundlegend *Grimm/Krampe/Pieroth,* Testamente zugunsten von Menschen mit geistiger Behinderung, Marburg 1995; *Wietek,* Verfügungen von Todes wegen zugunsten behinderter Menschen, Konstanz 1997; *Engelmann,* Letztwillige Verfügungen zugunsten Verschuldeter oder Sozialhilfebedürftiger, Köln 1999; *Kübler,* Das Behindertentestament unter Berücksichtigung der Stellung des Betreuers, Münster 1998; *Settergren,* Das Behindertentestament im Spannungsverhältnis zwischen Privatautonomie und sozialhilferechtlichem Nachrangprinzip, Hamburg 1999). 342

Bei allen Gestaltungsüberlegungen ist zu beachten, daß auch ein behindertes Kind in einer Verfügung von Todes wegen nicht völlig übergangen werden kann; in einem solchen Fall könnte der Sozialhilfeträger den Pflichtteilsanspruch des Kindes überleiten (§ 90 BSHG und dazu *van de Loo* NJW 1990, 2856). Weiter ist zu beachten, daß eine Nachlaßregelung, die in ihren Auswirkungen Nachlaßmittel dem Leistungsträger der Sozialhilfe entzieht und das staatliche **Nachrangprinzip** der Sozialhilfe (dazu § 2 BSHG) unterläuft, vom Damoklesschwert der Sittenwidrigkeit nach § 138 Abs. 1 BGB bedroht ist (dazu Rdn. 357). 343

b) Die maßgeblichen Grundsätze des Sozialhilferechts

Nach § 2 BSHG erhält keine Sozialhilfe, wer sich selbst oder mit Hilfe von anderen, insbesondere von Angehörigen helfen kann. Die Leistungen der Sozialhilfe werden also nur nachrangig gewährt (sog. Grundsatz der Subsidiarität der Sozialhilfe). Je nach Art der in Anspruch genommenen Hilfe ist der **Subsidiaritätsgrundsatz** unterschiedlich ausgeprägt. Nimmt der Behinderte Leistungen nach dem BSHG in Anspruch, muß er sein Einkommen und sein Vermögen, auch das im Erbwege erworbene einsetzen, und zwar in unterschiedlicher Intensität bei den verschiedenen Hilfeleistungen, stärker bei der Hilfe zum Lebensunterhalt, bei denen der Hilfesuchende seine Arbeitskraft, sein Einkommen (§§ 76ff. BSHG) und sein Vermögen (§§ 88, 89 BSHG) einsetzen muß, weniger stark bei der Hilfe in besonderen Lebenslagen (§§ 27ff. BSHG und dazu ausführlich *Karpen* MittRhNotK 1988, 132f.). 344

Der Hilfsbedürftige hat somit im Prinzip sein gesamtes verwertbares Vermögen einzusetzen. Ausgenommen davon sind nur die in § 88 Abs. 2 BHSG aufgeführten 345

Gegenstände (das sog. „Schonvermögen"), wie zB angemessener Hausrat, Familien- und Erbstücke, deren Veräußerung eine besondere Härte bedeuten würde, nicht luxuriöse Gegenstände zur Befriedigung geistiger Bedürfnisse, kleine Barbeträge. Außerdem braucht ein „angemessenes" Hausgrundstück, das der Hilfesuchende selbst bewohnt, nicht eingesetzt zu werden (dazu *Karpen* MittRhNotK 1988, 131, 133f.). Das **Hausgrundstück** braucht nicht vom Behinderten selbst bewohnt zu sein, es genügt, daß ein Mitglied der Bedarfsgemeinschaft nach § 11 Abs. 1 BSHG und § 28 BSHG darin wohnt (*Schulte* NJW 1991, 546, 548). Ausdrücklich erwähnt in § 88 Abs. 2 Nr. 7 BSHG ist die Eigentumswohnung, sie war allerdings bisher bereits über die Rechtsprechung „geschont" (BVerwG FamRZ 1991, 697).

346 Die Höhe der kleinen Barbeträge ist in der Durchführungsverordnung (abgedruckt bei Sartorius I Nr. 417) festgelegt. Danach beträgt der **Schonbetrag** bei der Hilfe zum Lebensunterhalt für den Hilfesuchenden derzeit DM 2500,– für den nicht getrenntlebenden Ehegatten weitere 1200,– sowie je DM 500,– für jede Person, die vom Hilfesuchenden oder seinem Ehegatten überwiegend unterhalten wird. Bei der Hilfe in besonderen Lebenslagen handelt es sich um einen Betrag von DM 4500,– ggf. zuzüglich Familienzuschlägen und DM 8000,– bei Schwerstbehinderten.

347 § 89 BSHG sieht die Gewährung von Sozialhilfe in Form eines **Darlehens** vor, falls der sofortige Verbrauch oder die sofortige Verwertung des Vermögens nicht möglich ist oder für den Betroffenen eine Härte darstellen würde.

348 Auch wenn der Behinderte nicht Erbe wird, droht der **sozialhilferechtliche Rückgriff.** Nach § 90 BSHG kann der Sozialhilfeträger Ansprüche, die dem Hilfeempfänger gegen Dritte zustehen, durch schriftliche Anzeige an den Dritten (sog. Überleitungsanzeige), auf sich überleiten. Überleitungsfähig sind alle Ansprüche iS des § 194 Abs. 1 BGB, selbst dann, wenn sie höchstpersönlich sind (§ 90 Abs. 1 S. 4 BSHG) und damit auch der Pflichtteilsanspruch. Dies gilt selbst dann, wenn der Pflichtteilsanspruch vom Berechtigten selbst noch nicht geltend gemacht wurde (*Reimann* DNotZ 1992, 246). Beim gemeinschaftlichen Testament oder Erbvertrag der Eltern sollte der Gefahr der Überleitung des Pflichtteilsanspruchs nach dem Tode des Erstversterbenden dadurch begegnet werden, daß das behinderte Kind schon nach dem ersten Erbfall bedacht wird (so der Formulierungsvorschlag von *Dittmann/Reimann/Bengel* Formulare Rdn. 63 unter II 1).

349 Nach § 92c BSHG muß der Erbe eines Hilfeempfängers die innerhalb von 10 Jahren vor dem Erbfall aufgewendeten **Kosten der Sozialhilfe,** die einen bestimmten Freibetrag (§ 81 Abs. 1 BSHG) übersteigen, dem Sozialhilfeträger erstatten. Nach dem Ableben eines Behinderten gibt es zudem kein Schonvermögen mehr; die Bedarfsgemeinschaft ist mit dem Ableben des Behinderten aufgelöst.

c) Gestaltungsmöglichkeiten

350 *aa) Übertragung unter Lebenden.* Der Wunsch der Beteiligten, durch **lebzeitige Übergabe** des nach ihrer Auffassung gefährdeten Vermögens an andere Personen als das behinderte Kind Abhilfe zu schaffen (dazu Beck'sches Notarhandbuch, Kapitel C Rdn. 138f.), wird häufig an der Überleitungsmöglichkeit des Pflichtteilsergänzungsanspruchs (§ 90 BSHG iVm. 2325 BGB) und auch an den Regelungen in § 528 BGB (Widerruf der Schenkung) und 419 BGB (Haftung des Vermögensübernehmers) scheitern (vgl. hierzu *Gitter* DNotZ 1984, 595 und *Krauß* MittBayNot. 1992, 81ff.).

351 *bb) Erbrechtliches Gestaltungsinstrumentarium.* Bei Verfügungen von Todes wegen hat sich – in unterschiedlichen Variationen – eine **Kombination** der Anordnung

von Vor- und Nacherbfolge und Testamentsvollstreckung eingebürgert (demgegenüber ist die von der Literatur teilweise vertretene Lösung über ein Vermächtnis zu Gunsten des behinderten Abkömmlings – vgl. etwa *Bengel* ZEV 1994, 30 – nach wie vor problembehaftet, vgl. hierzu DNotI-Report 1999, 149). Der Behinderte wird dabei in Höhe eines Erbteils, der zumindest geringfügig über dem gesetzlichen Pflichtteil liegen sollte (dazu Rdn. 348) – zum befreiten oder nicht befreiten – Vorerben eingesetzt. Dabei empfiehlt es sich den Behinderten als **nicht** befreiten Vorerben einzusetzen, da nur hierdurch ein Zugriff des Sozialhilfeträgers auf die Substanz des dem Behinderten zugewandten Anteils verhindert werden kann (vgl. dazu auch SächsOVG MittBayNot. 1998, 27 m. Anm. *Krauß*), wenn eine vom Erblasser getroffene Verwaltungsanordnung (dazu Rdn. 356) von der Rsp. nicht anerkannt wird (DNotI-Report 1996, 53). Als Nacherben werden seine Abkömmlinge, bzw. falls nicht vorhanden, seine Geschwister oder andere Verwandte eingesetzt. Der Nacherbfall tritt mit dem Tod des Vorerben ein. Für den Erbteil, der auf den Behinderten entfällt, wird Dauertestamentsvollstreckung bis zum Tode des Behinderten angeordnet (§§ 2209f. BGB). Zum Testamentsvollstrecker wird eine dem Behinderten nahestehende Person bestimmt, der der Erblasser nach § 2216 Abs. 2 BGB die Anweisung erteilt, aus den Erträgen des Erbteils dem Behinderten Zuwendungen zu machen, die möglichst nicht auf die Sozialhilfeleistungen anrechenbar sind.

Die Einsetzung des Kindes zum **Vorerben** verhindert den Vermögensübergang 352
auf die Erben des behinderten Kindes und die Haftung des Nacherben nach § 92c BSHG. Da der Nacherbe nicht Erbe des Vorerben ist, trifft ihn die Kostenersatzpflicht nach § 92c BSHG nicht.

Ist der dem behinderten Kind zugewendete Erbteil größer als der Pflichtteil, 353
gelten gem. § 2306 Abs. 1 S. 1 BGB die Beschwerungen des Erben als nicht weggefallen. Das hieraus folgende **Ausschlagungsrecht** des behinderten Erben ist ein Gestaltungsrecht und kein Anspruch iS der §§ 90 Abs. 1 BSHG, 194 Abs. 1 BGB, so daß eine Überleitung dieses Rechts nach § 90 BSHG nicht in Betracht kommt (*Reimann* MittBayNot. 1990, 248; *Karpen* MittRhNot. 1988, 149; *Kuchinke* FamRZ 1992, 363; *Nieder* NJW 1994, 1266; *J. Mayer* DNotZ 1994, 347, 355; aA *van de Loo* NJW 1990, 2856). Jedenfalls bedürfte die Ausschlagung der Erbschaft der vormundschaftsgerichtlichen Genehmigung (§ 1822 Nr. 2 BGB). Bei seiner Entscheidung hat das Vormundschaftsgericht ausschließlich die Interessen des Mündels, nicht jedoch des Sozialhilfeträgers zu wahren. Es wird also die Genehmigung der Ausschlagung davon abhängig machen, ob das Mündel durch die Verfügung von Todes wegen effektiv besser gestellt ist als im Falle des überleitbaren Pflichtteilsanspruchs. Ein Zwang zur Ausübung des Ausschlagungsrechts besteht nicht; der Sozialhilfeträger ist nicht berechtigt seine Hilfe gem. §§ 25 Abs. 2 Nr. 1, 29a BSHG auf das zum Lebensunterhalt Unerläßliche einzuschränken, nur weil der Behinderte nicht ausschlägt und den Pflichtteil nicht verlangt (*Nieder* NJW 1994, 1264, 1266; DNotI-Report 1996, 53).

Durch die gleichzeitige Anordnung einer Testamentsvollstreckung wird erreicht, 354
daß der Nachlaß handlungsfähig bleibt, auch wenn das behinderte Kind unter Vormundschaft steht (dazu Rdn. 360) und zum anderen der Zugriff von **Eigengläubigern** des behinderten Erben, zu denen auch der Sozialhilfeträger gehört, erschwert wird (§ 2214 BGB). Aus § 2214 BGB folgt, daß die einzelnen Nachlaßgegenstände kein verwertbares Vermögen iS des § 88 Abs. 1 BSHG darstellen (*van de Loo* NJW 1990, 2855).

Zwar bleibt der Erbteil – auch der Vorerbteil – als solcher **pfändbar** (arg. aus 355
§§ 2233 Abs. 1, 2376 Abs. 1 BGB), der Testamentsvollstrecker ist hierdurch aber nicht gehindert, weiter über die einzelnen Nachlaßgegenstände zu verfügen (BGH

NJW 1967, 200). Außerdem erlischt die Pfändung des Vorerbteils mit Eintritt des Nacherbfalles, da der Nacherbe nur Rechtsnachfolger des Erblassers und nicht des Vorerben ist und damit nicht Schuldner des Pfändungsgläubigers wird (§ 2139 BGB). Das gleiche gilt bei Pfändung von einzelnen der Nacherbfolge unterliegenden Erbschaftsgegenständen (§ 2115 BGB).

356 Im Rahmen seiner Pflicht zur ordnungsgemäßen Nachlaßverwaltung ist der Testamentsvollstrecker – ohne Befreiungsmöglichkeit des Erblassers (vgl. § 2220 BGB) – verpflichtet, für den **angemessenen Unterhalt** des Erben zu sorgen, soweit dieser aus regelmäßigen Einkünften des Nachlasses getragen werden kann. Dieser Anspruch des Erben ist pfändbar und kann gem. § 90 BSHG übergeleitet werden. Allerdings kann der Erblasser seinerseits für die Verwaltung letztwillige Anordnungen treffen, an die der Testamentsvollstrecker gebunden ist (§ 2216 Abs. 2 S. 1 BGB und hierzu *van de Loo* NJW 1990, 2855; *Krampes* AcP 1991, 527, 544; *Nieder* NJW 1994, 1264; *J. Mayer* DNotZ 1994, 347, 357). So ist der Erblasser berechtigt, anzuordnen, daß einem Erben die Reinerträgnisse seines Erbteils nur in Gestalt von Naturalverpflichtungen herauszugeben sind, und zwar selbst dann, wenn hierdurch Gläubigerinteressen beeinträchtigt werden. Der Testamentsvollstrecker kann also angewiesen werden, Erträgnisse aus dem der Verwaltung unterliegenden Erbteil nur für solche Leistungen an den Behinderten zu verwenden, auf die der Sozialhilfeträger nach §§ 88, 89, 76 ff. BSHG nicht zugreifen kann (*Nieder* NJW 1994, 1264; aA *J. Mayer* DNotZ 1994, 347, 357 – Verstoß gegen das sozialhilferechtliche Nachrangprinzip). **Grenzen** für solche Weisungen können sich allerdings aus § 2216 Abs. 2 S. 2 BGB ergeben, wenn hierdurch die wirtschaftliche Existenz des behinderten Erben erheblich gefährdet wird (dazu *Krampes* AcP 191 (1991), 526, 544 f.). Eine Anordnung, die vorrangig auf die Auffüllung und Erhaltung des Schonvermögens (dazu Rdn. 345) zielt, liegt dabei stets im wohlverstandenen Interesse des Kindes, dagegen dürfte ein völliger Ausschluß des Anspruchs des Erben auf Auskehrung des Nachlasses einschließlich der Früchte unwirksam sein (BGH NJW-RR 1988, 386; *Haegele/Winkler* Rdn. 179; *Nieder* NJW 1994, 1264). Verwaltungsanordnungen im vorstehenden Sinne sind jedenfalls dann im Hinblick auf § 138 BGB unbedenklich, wenn der Nachlaß so groß ist, daß die Versorgung des Behinderten aus den Ertragnissen des Pflichtteils sichergestellt ist (vgl. DNotI-Report 1996, 52).

Eine Aufhebung der Verwaltungsanordnung des Erblassers durch den Sozialhilfeträger (vgl. § 2216 Abs. 2 S. 2 BGB) kommt nicht in Betracht (vgl. DNotI-Report 1996, 52, aA *Otte* JZ 1990, 1027).

d) Sittenwidrigkeit des „Behindertentestaments"

357 Im Hinblick auf die mit den vorgenannten Gestaltungen eintretende Schädigung des Sozialhilfeträgers, ist die Frage nach der Sittenwidrigkeit von „Behindertentestamenten" aufgeworfen worden (vgl. BGH DNotZ 1992, 241; LG Konstanz FamRZ 1992, 360 m. Anm. *Kuchinke; Otte* JZ 1990, 1027 f.; *Krampes* AcP 191 (1991), 526; *Schubert* JR 1991, 106; *van de Loo* NJW 1990, 2856). Dabei geht es vor allem um die Frage, ob der Sozialhilfeträger nicht nur von der Heranziehung der Nachlaßsubstanz, sondern auch von den unter der Testamentsvollstreckung **erwirtschafteten Erträgen,** ausgeschlossen werden kann. Werden die aufgezeigten Grenzen beachtet (dazu Rdn. 356), so kommt das Sittenwidrigkeitsverdikt jedenfalls nicht schon deshalb zum Tragen, weil der Erblasser durch die Verfügung von Todes wegen den Nachlaß am Sozialhilfeträger vorbeisteuern will (vgl. BGH DNotZ 1992, 241 ff. und deutlich BGH ZEV 1994, 35; dazu ausführlich *Bengel* ZEV 1994, 29; *Reimann* MittBayNot. 1994, 52 und *Engelmann* MittBayNot. 1999, 509).

Der beurkundende Notar hat die von den Beteiligten gewünschte Gestaltung nicht zu bewerten, er muß insbesondere die Beurkundung nicht wegen Sittenwidrigkeit der Gestaltung ablehnen; über die aufgrund der Rechtsprechung möglichen Gefahren, sollte er jedoch ausreichend **belehren** (*Reimann* DNotZ 1992, 247). Wertungsmäßig ist dabei insbesondere auch zu berücksichtigen, daß in das Grundgesetz in Art. 3 Abs. 3 S. 2 im Jahre 1994 das Verbot aufgenommen wurde, Behinderte zu diskriminieren. Dies kann im Einzelfall eine differenzierte Gestaltung, je nach dem Zustand des Behinderten, bedingen (dazu ausführlich *J. Mayer* ZEV 1999, 60ff.; 2000, 16ff. mit Fallgruppenbildungen). 358

Formulierungsvorschlag für Behindertentestament mit nicht befreiter Vorerbschaft und Testamentsvollstreckung (in Anlehnung an *Dittmann/Reimann/Bengel* Anh. Formulare, Rdn. 63): 359

„Ich setze hiermit meine beiden Kinder H. und G. zu meinen Erben zu gleichen Teilen ein. Sollte einer der genannten Erben nicht zur Erbfolge gelangen, bestimme ich als Ersatzerben den jeweils anderen.

Der Sohn G. ist dabei stets nur

Vorerbe.

Der Vorerbe wird von den Beschränkungen der §§ 2113ff. BGB ausdrücklich **nicht** befreit.

Nacherbe wird mein anderer Sohn H. Für den Fall, daß mein Sohn H. nicht Nacherbe werden will oder kann, also beispielsweise ausschlägt oder vorverstirbt, treten an seine Stelle als

Ersatznacherben

jeweils seine Abkömmlinge zu unter sich gleichen Stammanteilen gemäß den Regeln der gesetzlichen Erbfolge. Die Ersatznacherbeneinsetzung ist jedoch auflösend bedingt für den Fall, daß der Nacherbe sein Anwartschaftsrecht auf den Vorerben überträgt, so daß also in diesem Fall die Ersatznacherbfolge erlischt.

Mit Rücksicht darauf, daß mein Sohn G. wegen geistiger und körperlicher Behinderung nicht in der Lage sein wird, seine Angelegenheiten selbst zu besorgen, insbesondere die ihm durch den jeweiligen Erbfall zufallenden Vermögenswerte selbst zu verwalten, ordne ich für den Erbteil meines Sohnes G.

Testamentsvollstreckung

im Sinne einer Dauervollstreckung gem. § 2209 BGB an. Aufgabe des jeweiligen Testamentsvollstreckers ist die Verwaltung des Erbteils meines Sohnes G.

Der jeweilige Testamentsvollstrecker hat alle Verwaltungsrechte auszuüben, die meinem Sohn G. als Vorerben zustehen. Über den Erbteil selbst darf der Testamentsvollstrecker nicht verfügen. Für den jeweiligen Testamentsvollstrecker ordne ich folgende verbindliche Verwaltungsanordnung gem. § 2216 Abs. 2 BGB an:

Er hat meinem Sohn G. die ihm gebührenden anteiligen jährlichen Reinerträge (Nutzungen) des Nachlasses, insbesondere Zinserträge, Dividenden- und Gewinnanteile und etwaige sonstige Gebrauchsvorteile und Früchte von Nachlaßgegenständen, **nur** in Form folgender Leistungen zuzuwenden:

- Überlassung von Geldbeträgen in Höhe des jeweiligen Rahmens, der nach den jeweiligen einschlägigen Gesetzen einem Behinderten maximal zur freien Verfügung stehen kann;
- Geschenke zu Weihnachten, Ostern, Pfingsten und zu seinem Geburtstag, wobei bei der Auswahl der Geschenke auf die Bedürfnisse und Wünsche meines Sohnes G. ausdrücklich einzugehen ist;
- Zuschüsse zur Finanzierung eines Urlaubs und zur Urlaubsgestaltung;
- Zuwendung zur Befriedigung geistiger und künstlerischer Bedürfnisse sowie zur Befriedigung der individuellen Bedürfnisse meines Sohnes in bezug auf Freizeit, wozu insbesondere auch Hobbies und Liebhabereien zählen.

Für welche der genannten Leistungen die jährlichen Reinerträgnisse verwendet werden sollen, ob diese also auf sämtliche Leistungen gleichmäßig oder nach einem bestimmten Schlüssel verteilt werden, oder ob diese in einem Jahr nur für eine oder mehrere der genannten Leistungen verwendet werden, entscheidet der jeweilige Testamentsvollstrecker nach billigem Ermessen, wobei er allerdings immer auf das Wohl meines Sohnes G. bedacht sein muß.

Werden die jährlichen Reinerträgnisse in einem Jahr nicht in voller Höhe in Form der bezeichneten Leistungen meinen Sohn G. zugewendet, sind die entsprechenden Teile vom jeweiligen Testamentsvollstrecker gewinnbringend anzulegen. Sind größere Anschaffungen für meinen Sohn G., wie beispielsweise der Kauf eines Gegenstands zur Steigerung des Lebensstandards, zu besorgen, oder eine größere Reise oder ähnliches beabsichtigt, hat der jeweilige Testamentsvollstrecker entsprechende Rücklagen zu bilden, die dann zugunsten meines Sohnes G. zur gegebenen Zeit entsprechend zu verwenden sind.

Im übrigen gelten für die Testamentsvollstreckung die gesetzlichen Bestimmungen.

Zum Testamentsvollstrecker über den Erbteil meines Sohnes G. wird mein Sohn H., geb. am ..., ernannt.

Ersatztestamentsvollstrecker für den Fall, daß der vorgenannte Testamentsvollstrekker vor oder nach Annahme des Amtes wegfällt – auch durch eigene Kündigung – soll ein vom Nachlaßgericht ausgewählter Testamentsvollstrecker sein. In diesem Fall gehen die Kosten für die Testamentsvollstreckung zu Lasten des Nachlasses.

Eine Vergütung erhält mein Sohn H. als Testamentsvollstrecker nicht.

Der amtierende Notar hat ausdrücklich darauf hingewiesen, daß unter bestimmten Voraussetzungen ein Testament zu Lasten des Sozialhilfeträgers sittenwidrig sein kann. Im Hinblick auf diesen Hinweis wünsche ich die Beurkundung des Testaments in dieser Form und stelle den Notar insoweit von jeder Haftung frei.

Für den Fall, daß die obigen Verfügungen wegen Sittenwidrigkeit unwirksam sein sollten, setze ich hiermit meinen Sohn H. zu meinem alleinigen und unbeschränkten Erben ein."

IV. Testamentsvollstreckung in familienbezogenen Angelegenheiten

1. *Beteiligung Minderjähriger*

360 Ist der Erbe geschäftsunfähig oder beschränkt geschäftsfähig, bedarf der Testamentsvollstrecker für Verfügungen – wie überhaupt für Rechtsgeschäfte – über Nachlaßgegenstände keiner Genehmigung des Vormundschaftsgerichts, und zwar auch dann nicht, wenn ein gesetzlicher Vertreter eine solche Genehmigung benötigen würde (RGZ 61, 144; OLG Celle FamRZ 1968, 498; BayObLG FamRZ 1992, 606; MünchKommBGB/*Brandner* § 2205 Rdn. 84). Der Erblasser kann nicht wirksam anordnen, daß für solche Verfügungen eine Genehmigung des Nachlaß- oder Vormundschaftsgerichts erforderlich sein soll (*Haegele/Winkler* Rdn. 218). Gegenüber dem Testamentsvollstrecker werden die Rechte des Erben von seinem gesetzlichen Vertreter wahrgenommen. Trifft dieser mit Zustimmung des Testamentsvollstreckers eine Verfügung über das Vermögen des minderjährigen Erben, so ist auch hierzu eine vormundschaftsgerichtliche Genehmigung nicht erforderlich (AG Bremen Rpfleger 1972, 369).

361 Schließt der Testamentsvollstrecker allerdings entgegen einer gesetzlichen oder vom Erblasser angeordneten Verfügungsbeschränkung, also unter Überschreitung seiner Rechtsmacht, ein vormundschaftsgerichtlich zu genehmigendes Rechtsgeschäft (zB eine Verfügung über ein Grundstück, § 1821 Abs. 1 Nr. 1 BGB), dann ist die Genehmigung des Vormundschaftsgerichts erforderlich, denn hier beruht die Wirksamkeit des Rechtsgeschäfts auf der Zustimmung der Erben (RGZ 56, 275, 284).

362 Nach § 2204 BGB hat der Testamentsvollstrecker zum Zwecke der Auseinandersetzung der Erbengemeinschaft einen Auseinandersetzungsplan aufzustellen. Dieser Auseinandersetzungsplan bedarf auch bei Vorhandensein minderjähriger

oder unter Vormundschaft stehender Erben nicht der Genehmigung des Vormundschaftsgerichts (anders dagegen der Erbteilungsvertrag nach §§ 1822 Nr. 2, 1643 BGB), weil der Testamentsvollstrecker hier keinen Erbteilungsvertrag unter oder mit den Erben schließt, sondern mit der Auseinandersetzung den Willen des Erblassers verwirklicht (*Staudinger/Reimann* § 2204 Rdn. 22). Weicht der Testamentsvollstrecker allerdings im Einvernehmen mit den Erben bei der Ausgestaltung des Teilungsplan von den Anordnungen des Erblassers ab, ist die Zustimmung des Vormundschaftsgerichts einzuholen, da die Wirksamkeit des Planes hier auf der Zustimmung der Erben beruht (BGH NJW 1971, 1805).

Ist ein Vormund des Erben zum Testamentsvollstrecker ernannt, so muß bei einem rechtsgeschäftlichen Handeln des Testamentsvollstreckers ein Ergänzungspfleger bestellt werden (§§ 1909, 1775 Abs. 2, 181 BGB); der Vormund ist in diesem Fall durch seine Doppelstellung rechtlich gehindert, den Erben in bezug auf die Wahrung seiner Rechte gegenüber dem Testamentsvollstrecker zu vertreten (vgl. § 1795 Abs. 2 BGB und *Palandt/Edenhofer* Einf. v. § 2197 Rdn. 6). **363**

Ebenso ist zu entscheiden, wenn der gesetzliche Vertreter der zu Erben eingesetzten minderjährigen Kinder zum Testamentsvollstrecker ernannt ist (OLG Hamm FamRZ 1993, 1122).

2. Familienrechtliche Verfügungsbeschränkungen

Lebt der Erbe im gesetzlichen Güterstand der Zugewinngemeinschaft, so unterliegen die Verfügungen des Testamentsvollstreckers nicht den etwaigen Verfügungsbeschränkungen eines solchen Erben nach §§ 1365, 1369 BGB (vgl. *Staudinger/Reimann* § 2205 Rdn. 79). Das gleiche gilt, wenn ein Erbe in Gütergemeinschaft lebt und in seiner Person den Verfügungsbeschränkungen der §§ 1423, 1424 BGB unterliegt (*Haegele* Rpfleger 1960, 386). Beruhen Verfügungen des Testamentsvollstreckers – zB bei Auseinandersetzungen – nicht nur auf der letztwilligen Anordnung, sondern auch auf besonderen Vereinbarungen mit den Beteiligten, kommen jedoch die Familienrechtlichen Beschränkungen zur Geltung (*Staudinger/Reimann* § 2205 Rdn. 79). **364**

3. Überschuldeter Ehegatte

Besteht die Gefahr, daß Eigengläubiger des überlebenden Ehegatten auf den vom verstorbenen Ehegatten ererbten Nachlaß zugreifen, kann ein solcher Zugriff durch eine Kombination von Vorerbschaft und Testamentsvollstreckung verhindert werden (dazu *Nieder* in: Münchener Vertragshandbuch, Bd. 4, XVI, 17). Fraglich ist auch in diesem Zusammenhang, ob der Erblasser gem. § 2216 Abs. 2 S. 1 BGB anordnen kann, daß die Reinerträge des der Nacherbfolge unterliegenden Vermögens vom Testamentsvollstrecker nur in Form von **Naturalverpflegungen** an den Vorerben herauszugeben sind (vgl. dazu *Staudinger/Reimann* § 2209 Rdn. 20). Dies wird man unter Beachtung der beim Behindertentestament aufgestellten Grundsätze bejahen können (vgl. Rdn. 356 und zum Meinungsstand *Nieder* Rdn. 1050). In der Verfügung von Todes wegen sollte das **Motiv** für die Beschränkung der Erben durch Nacherbfolge und Testamentsvollstrecker angegeben werden, um dem Erben für den Fall, daß er wider Erwarten schuldenfrei wird, die Möglichkeit einer Anfechtung nach § 2078 Abs. 2 BGB offenzuhalten. **365**

Formulierungsvorschlag eines Testaments bei überschuldeten Ehegatten **366**

„Ich setze meinen Ehemann A zu meinem alleinigen Vorerben ein. Er ist von allen Beschränkungen befreit, von denen nach dem Gesetz Befreiung erteilt werden kann.

Der Nacherbfall tritt mit dem Tod des Vorerben ein. Das Anwartschaftsrecht der Nacherben ist weder vererblich noch übertragbar.

Nacherben sind unsere gemeinschaftlichen Abkömmlinge gemäß der gesetzlichen Erbfolge erster Ordnung zum Zeitpunkt des Nacherbfalls.

Der Vorerbe wird durch eine allgemeine Dauertestamentsvollstreckung für die Zeit der Vorerbschaft beschränkt. Der Testamentsvollstrecker hat gleichzeitig die Befugnisse gem. § 2222 BGB (Nacherbentestamentsvollstreckung). Der Testamentsvollstrecker ist in der Eingehung von Verbindlichkeiten für den Nachlaß nicht beschränkt. Es unterliegt dem billigen Ermessen des Testamentsvollstreckers, dem Vorerben die Nutzungen des Nachlasses und einzelne Nachlaßgegenstände zur freien Verfügung zu überlassen. Er kann dabei dem Vorerben auch Erträgnisse nur in Form von Naturalverpflegung und Wohnraum zur ausschließlichen Eigennutzung zukommen lassen. Zum Testamentsvollstrecker ernenne ich … (vgl. Rdn. 359).

Die Beschränkung des Ehemanns durch Nacherbfolge und Testamentsvollstreckung erfolgt allein zu dem Zweck, den Nachlaß vor dem Zugriff seiner Eigengläubiger zu schützen."

4. Überschuldeter Abkömmling

367 Während für den überschuldeten Ehegatten trotz Anordnung der Vorerbschaft und Testamentsvollstreckung die Möglichkeit der Erbausschlagung und des Pflichtteilsverlangens gem. § 2306 BGB bleibt, kann der Erblasser durch eine Anordnung nach § 2338 BGB bei einem überschuldeten Abkömmling dessen **standesgemäßen Unterhalt** sicherstellen und gleichzeitig die Substanz des Zugewendeten anderen Personen sichern. Voraussetzung für die Anwendung des § 2338 BGB ist, daß der spätere Erbschaftserwerb durch die Verschwendungssucht oder die Überschuldung des Abkömmlings erheblich gefährdet ist. Die Verfügungsmacht des Erben kann gem. § 2338 BGB durch die Anordnung einer Vor- und Nacherbschaft und die Einsetzung eines Verwaltungstestamentsvollstreckers beschränkt werden, mit der Maßgabe, daß dem Abkömmling der Anspruch auf den jährlichen Reinertrag des Pflichtteils verbleibt. Es handelt sich hierbei um einen Sonderfall der in § 2209 BGB geregelten Verwaltungsvollstreckung. Mit der Wirkung des § 2338 BGB kann der Erblasser keine andere Art der Testamentsvollstreckung anordnen (MünchKommBGB/*Frank* § 2338 Rdn. 15). Unterstellt der Erblasser dem Testamentsvollstrecker nicht nur den Nachlaß, sondern auch die Verwaltung der **Nachlaßerträge,** soweit sie nicht zur Bestreitung des angemessenen Unterhalts des Abkömmlings benötigt werden, so verstößt dies gegen § 2338 Abs. 1 S. 2 BGB; der Erbe kann sich von dieser Beschränkung durch Ausschlagung und Pflichtteilsverzicht befreien.

368 **Formulierungshinweis:** (vgl. hierzu *Nieder* in Münchener Vertragshandbuch, IV 2. Halbband, XVI, 18).

5. Testamentsvollstreckung und Gütergemeinschaft

369 Zu den Sonderfragen der Testamentsvollstreckung bei einfacher und fortgesetzter Gütergemeinschaft vgl. ausführlich *Haegele/Winkler* Rdn. 77 ff.

6. Testamentsvollstreckung und Ehescheidung

370 Beim gesetzlichen Güterstand der Zugewinngemeinschaft entsteht die Ausgleichsforderung des ausgleichsberechtigten Ehegatten gemäß § 1378 BGB mit Be-

endigung des Güterstandes, dh. mit Rechtskraft des Zugewinnausgleichsurteils (§ 1378 Abs. 3 S. 1 BGB). Sie ist von diesem Zeitpunkt an vererblich und übertragbar. Der ausgleichsberechtigte Ehegatte ist in diesem Fall Eigengläubiger des Erben und nicht Nachlaßgläubiger (vgl. § 1967 Abs. 2 BGB). Ist Testamentsvollstreckung angeordnet, so kann der ausgleichsberechtigte Ehegatte sich nicht an die der Verwaltung des Testamentsvollstreckers unterliegenden Nachlaßgegenstände halten (§ 2214 BGB). Solange die Testamentsvollstreckung besteht, steht mithin das ererbte Vermögen (der Nachlaß) zur Erfüllung der Zugewinnausgleichsforderung nicht zur Verfügung (vgl. *Reimann* FamRZ 1989, 1256). Gehört zum Nachlaß ein Unternehmen oder eine Unternehmensbeteiligung, so sind allerdings Veränderungen des Nachlasses, insbesondere Veränderungen im Bereich der Unternehmensgewinne und dem Wert der Beteiligung, die auf der verantwortlichen Mitwirkung des Gesellschafter-Erben beruhen, zu einem angemessenen Anteil ausschließlich dem Gesellschafter-Erben zuzuordnen (BGH DNotZ 1987, 120). Die sich darauf ergebende Umschichtung zwischen Nachlaß und Eigenvermögen des Erben ist auch im Rahmen des § 2214 BGB zu berücksichtigen (vgl. *Reimann* FamRZ 1989, 1256).

371 Durch Anordnung einer Testamentsvollstreckung kann somit der ausgleichsverpflichtete Erblasser den Fortbestand des Unternehmens sicherstellen und Liquiditätsengpässe vermeiden.

V. Testamentsvollstreckung im Prozeß und Insolvenzverfahren

1. Allgemeines

372 Der Testamentsvollstrecker ist auch im Prozeß nicht Vertreter der Erben, er ist vielmehr selbst **Partei kraft Amtes** (vgl. BGH NJW 1988, 1390; *Staudinger/Reimann* § 2205 Rdn. 150). Er ist in dem von ihm geführten Prozeß Partei und kann als solche vernommen werden (§§ 445ff. ZPO); der Erbe als Zeuge (§§ 373ff. ZPO). Der Erbe kann dem vom Testamentsvollstrecker geführten Prozeß als Nebenintervenient beitreten und gilt dann als Streitgenosse des Testamentsvollstreckers (*Staudinger/Reimann* Vor §§ 2197ff. Rdn. 37).

373 Die §§ 2212 und 2213 BGB regeln, wer zur **Prozeßführung** berechtigt ist, wenn ein Recht für oder gegen einen Nachlaß gerichtlich geltend gemacht wird, für den ein Testamentsvollstrecker ernannt ist. Regelungsgegenstand des § 2212 BGB ist das Prozeßführungsrecht im **Aktivprozeß,** dh. die gerichtliche Geltendmachung von Rechten, die zum Nachlaß gehören. § 2213 BGB betrifft dagegen das Prozeßführungsrecht im **Passivprozeß,** in dem ein Anspruch gegen den Nachlaß gerichtlich geltend gemacht wird. Diese Vorschriften werden ergänzt durch zahlreiche Regelungen in der ZPO, nämlich § 327 ZPO zur Rechtskraftwirkung eines zwischen dem Testamentsvollstrecker und einem Dritten ergangenen Urteils und §§ 748, 749, 779 Abs. 2, 780 Abs. 2 ZPO zur Zwangsvollstrekkung in einen der Testamentsvollstreckung unterliegenden Nachlaß.

2. Prozeßführungsrecht im Aktivprozeß

a) Grundlagen

374 In Aktivprozessen ist der Testamentsvollstrecker prozeßführungsbefugt, soweit das den Gegenstand des Prozeß bildende Recht seiner Verwaltung unterliegt (§ 2212 BGB). Eine vom nicht prozeßführungsberechtigten Erben oder – außerhalb der Verwaltungsbefugnis – vom Testamentsvollstrecker erhobene Klage, ist als **unzulässig** abzuweisen (BGH NJW 1960, 523; BFH ZEV 1996, 156). Mehrere Testamentsvollstrecker, die das Amt gem. § 2224 Abs. 1 BGB gemeinschaftlich führen, klagen in notwendiger **Streitgenossenschaft** nach § 62 ZPO (RGZ 98, 174).

b) Umfang des Prozeßführungsrechts

375 Der Testamentsvollstrecker kann **alle Prozeßhandlungen** vornehmen, also insbesondere Klage, Prozeßaufrechnung, Einrede, Vollstreckungsgegenklage, Vergleich, Zwangsvollstreckung, Arrest und einstweilige Verfügung. Unerheblich ist, ob der Prozeß vor einem ordentlichen Gericht oder vor einem Verwaltungsgericht stattfindet, oder ob es sich um ein Schiedsverfahren handelt.

c) Einschränkung des Prozeßführungsrechts

376 Zur Führung eines Prozesses über die **Feststellung des Erbrechts** als solches, ist der Testamentsvollstrecker in der Regel nicht berechtigt (BGH NJW 1960, 523, zu den Ausnahmen siehe MünchKommBGB/*Brandner* § 2212 Rdn. 10).

377 Auch der Anspruch des Vertragserben aus § 2287 BGB wegen böswilliger Schenkungen gehört nicht zum Nachlaß und kann vom Testamentsvollstrecker deshalb nur mit **Ermächtigung des Erben** als dessen gewillkürter Prozeßstandschafter geltend gemacht werden (BGH NJW 1980, 2461).

d) Prozeßunterbrechung

378 Einen vom Erblasser geführten Rechtsstreit, der durch seinen **Tod unterbrochen** worden ist (§ 239 ZPO), kann der Testamentsvollstrecker, soweit er prozeßführungsbefugt ist, aufnehmen (§§ 249, 241 ZPO).

379 Bei Wechsel der Person des Testamentsvollstreckers gelten die §§ 241, 246 ZPO. Erlischt das Amt oder Verwaltungsrecht des Testamentsvollstreckers während des Prozesses aus einem nicht in seiner Person liegenden Grund, so tritt eine **Unterbrechung** des Verfahrens nach § 239 ZPO ein, oder es muß, sofern ein Prozeßbevollmächtigter bestellt ist, einem Aussetzungsantrag nach § 246 ZPO entsprochen werden (BGH NJW 1964, 2301).

e) Gerichtsstand

380 Soweit seine Prozeßführungsbefugnis reicht, kann der Testamentsvollstrecker bei Aktivprozessen den **Gerichtsstand** des § 27 ZPO in Anspruch nehmen, wenn einer der dort geregelten Fälle gegeben ist (MünchKommBGB/*Brandner* § 2212 Rdn. 14).

f) Risiken für den Testamentsvollstrecker

381 Aus einer pflichtwidrigen Prozeßführung, kann der Testamentsvollstrecker gegenüber dem Erben zum **Schadensersatz** verpflichtet sein (§ 2219 BGB), etwa bei mutwilliger Prozeßverzögerung.

382 In die aufgrund eines verlorenen Prozesses entstandenen **Kosten** wird der Testamentsvollstrecker verurteilt; er haftet aber nur mit dem Nachlaß (*Staudinger/Reimann* § 2212 Rdn. 4).

g) Prozeßführungsrecht der Erben

383 § 2212 BGB enthält keine zwingende Regelung (BGH NJW 1963, 297). Der Erblasser kann deshalb das Prozeßführungsrecht dem Erben zuteilen. Auch kann

der prozeßführungsbefugte Testamentsvollstrecker den Erben zur Prozeßführung wirksam **ermächtigen.** Der Erbe kann dann als gewillkürter Prozeßstandschafter auf Leistung an sich selbst klagen (BGH WM 1967, 53).

h) Rechtskraftwirkung

Nach § 327 Abs. 1 ZPO wirkt ein **Urteil,** das zwischen dem Testamentsvollstrecker und einem Dritten über ein der Verwaltung des Testamentsvollstreckers unterliegendes Recht ergeht, für und gegen den Erben. Dies gilt nicht für andere als die in § 327 ZPO genannten Entscheidungen (MünchKommZPO/*Gottwald* § 327 Rdn. 7). 384

i) Vollstreckungstitel

Nach Beendigung der Testamentsvollstreckung oder des den Urteilsgegenstand betreffenden Verwaltungsrechts, kann sich der Erbe nach §§ 728 Abs. 2, 727 ZPO eine **vollstreckbare Ausfertigung** des vom Testamentsvollstrecker erstrittenen Urteils erteilen lassen. 385

3. Prozeßführungsrecht im Passivprozeß

a) Grundlagen

Ein **Passivprozeß** ist jeder gerichtliche Streit, gleichgültig vor welcher Gerichtsbarkeit und in welcher Verfahrensart, in dem eine Leistung aus dem Nachlaß oder die Feststellung einer Nachlaßverbindlichkeit begehrt wird (MünchKomm-BGB/*Brandner* § 2213 Rdn. 2). Nicht in den Anwendungsbereich des § 2213 BGB gehört die Geltendmachung eines Anspruchs gegen den Testamentsvollstrecker persönlich (BGH WM 1988, 125). 386

b) Geltendmachung gegen den Erben

Vor der Annahme der Erbschaft hat der Erbe keine passive Prozeßführungsbefugnis. Schon in diesem Stadium kann aber eine Klage gegen den Testamentsvollstrecker erhoben werden (§ 2213 Abs. 2 BGB), sobald er das Amt angenommen hat (§ 2202 Abs. 1 BGB) und soweit er in der Sache prozeßführungsberechtigt ist. **Nach Annahme** der Erbschaft ist der Erbe zwar im Passivprozeß prozeßführungsberechtigt, will der Gläubiger aber die Zwangsvollstreckung in die der Testamentsvollstreckung unterliegenden Nachlaßgegenstände betreiben, benötigt er neben dem Urteil gegen den Erben auf Leistung stets auch ein Urteil gegen den Testamentsvollstrecker auf Duldung der Zwangsvollstreckung (§ 748 Abs. 2 ZPO); ein Urteil gegen den Erben allein wirkt nicht gegen den Testamentsvollstrecker (*Staudinger/Reimann* § 2213 Rdn. 21). 387

c) Geltendmachung gegen den Testamentsvollstrecker

Bei der von Amts wegen zu prüfenden (vgl. BGH NJW 1964, 2301) Prozeßführungsbefugnis des Testamentsvollstreckers im Passivprozeß ist danach zu unterscheiden, ob dieser den ganzen Nachlaß oder nur einzelne Nachlaßgegenstände verwaltet. Verwaltet er den **ganzen Nachlaß,** kann der Nachlaßgläubiger den Testamentsvollstrecker verklagen, und zwar allein oder neben dem Erben (§ 2213 Abs. 1 S. 1 BGB, § 748 Abs. 1 ZPO und hierzu BGH NJW 1988, 1390). Liegt beim Testamentsvollstrecker nur die Verwaltung **einzelner Nachlaßgegenstände** (§ 2208 Abs. 1 S. 2 BGB), so ist die gerichtliche Geltendmachung des 388

Gläubigeranspruchs nur gegen den Erben zulässig (§ 2213 Abs. 1 S. 2 BGB). Eine Leistungsklage gegen den Testamentsvollstrecker ist mangels Prozeßführungsbefugnis nicht zulässig, eine Duldungsklage gegen ihn nach § 2213 Abs. 3 BGB aber erforderlich, wenn der Gläubiger in die der Verwaltung unterliegenden Nachlaßgegenstände vollstrecken will (§ 748 Abs. 2 ZPO). Gegenüber der Duldungsklage kann der Testamentsvollstrecker alle materiellen Einwendungen und Einreden des Erben erheben (MünchKommBGB/*Brandner* § 2213 Rdn. 10). Schwierigkeiten ergeben sich dann, wenn eine Leistungsklage gegen den Erben sich auf die Herausgabe eines Gegenstands bezieht, den der Testamentsvollstrecker verwaltet und besitzt. Hier wird der Erbe auf eine Leistung verklagt, zu der er rechtsgeschäftlich wegen § 2211 BGB nicht in der Lage ist. Vor diesem Hintergrund sollte die Prozeßführungsbefugnis des Testamentsvollstreckers zumindest insoweit bejaht werden, als er zu rechtsgeschäftlichen Verfügungen über die von ihm verwalteten Gegenstände befugt ist (vgl. ausführlich *Garlichs/Mankel* MDR 1998, 511).

d) Geltendmachung eines Pflichtteilsanspruchs

389 Keine Prozeßführungsbefugnis steht dem Testamentsvollstrecker hinsichtlich des **Pflichtteilsanspruchs** zu (§ 2213 Abs. 1 S. 3 BGB). Zur Vollstreckung in den Nachlaß benötigt der Gläubiger aber zusätzlich einen Haftungstitel nach § 2213 Abs. 3 BGB gegen den Testamentsvollstrecker (vgl. § 748 Abs. 3 ZPO). Beide Titel brauchen zwar nicht in einem Verfahren erwirkt werden, müssen aber zu Beginn der Zwangsvollstreckung vorliegen (RGZ 109, 166). Auch hier stehen dem Testamentsvollstrecker alle Einwendungen und Einreden des Erben zu. Wird der Testamentsvollstrecker danach zur Duldung der Zwangsvollstreckung in den von ihm verwalteten Nachlaß verurteilt, wirkt dieses Urteil nicht zu Lasten des Erben; umgekehrt entfaltet ein Leistungsurteil gegen den Erben keine Rechtskraft im Duldungsprozeß gegen den Testamentsvollstrecker (MünchKommZPO/*Gottwald* § 327 Rdn. 6). Ist der Pflichtteilsanspruch unbestritten, so ist er als Nachlaßverbindlichkeit (§ 1967 Abs. 2 BGB) vom Testamentsvollstrecker zu erfüllen (§§ 2205, 2046 BGB).

e) Gerichtsstand

390 Sowohl Erbe als auch Testamentsvollstrecker können am **Gerichtsstand** der Erbschaft verklagt werden (§§ 27, 28 ZPO); der Testamentsvollstrecker auch an seinem allgemeinen Gerichtsstand (MünchKommBGB/*Brandner* § 2213 Rdn. 17).

f) Urteilswirkung

391 Urteile **gegen den Erben** wirken in einem Rechtsstreit mit diesem nur für, nicht aber gegen den Testamentsvollstrecker, auch nicht im Pflichtteilsprozeß (RGZ 109, 106f.). Hat der Erbe dagegen eine günstige Entscheidung erstritten, kann sich auch der Testamentsvollstrecker hierauf berufen (MünchKomm-ZPO/*Gottwald* § 327 Rdn. 10). Dagegen wirken Urteile **gegen den Testamentsvollstrecker** hinsichtlich des Nachlasses auch gegen den Erben (§ 327 Abs. 2 ZPO).

g) Zwangsvollstreckung

392 Für die **Zwangsvollstreckung** in einen vom Testamentsvollstrecker im ganzen verwalteten Nachlaß ist ein gegen ihn ergangenes Urteil erforderlich und ausreichend (§ 748 Abs. 1 ZPO). Der Vorbehalt der beschränkten Erbenhaftung ist un-

nötig (§ 780 Abs. 2 ZPO). Obwohl Vollstreckungsschuldner der Testamentsvollstrecker ist bejaht die ganz hM eine allgemeine Erinnerungsbefugnis (§ 766 ZPO) des Erben auch bei Gesamtverwaltung (vgl. die Nachweise bei *Garlichs* Rpfleger 1999, 60). Eine solche sogenannte „Dritterinnerungsbefugnis" sollte aber nur eingeräumt werden, wenn der Erbe sich auf die Verletzung von Normen beruft, die ihm als Dritten Schutz gewähren sollen (vgl. die Einzelheiten bei *Garlichs* Rpfleger 1999, 60).

Im Falle der **Teilverwaltung** (dazu Rdn. 388) bedarf es eines Leistungsurteils gegen den Erben, der sich die Haftungsbeschränkung im Urteil vorbehalten lassen muß (§ 780 Abs. 1 ZPO). Zur Zwangsvollstreckung in die verwaltungsunterworfenen Nachlaßgegenstände ist ein Duldungsurteil gegen den Testamentsvollstrecker erforderlich (vgl. § 748 Abs. 2 ZPO iVm. § 2213 Abs. 1 S. 2, Abs. 3 BGB und hierzu MünchKommBGB/*Brandner* § 2214 Rdn. 18ff.) 393

Aus einem nur gegen den Erben ergangenen Urteil kann bei Bestehen einer Testamentsvollstreckung nur vollstreckt werden, wenn dem Testamentsvollstrecker kein **Verwaltungsrecht** zusteht und dann auch nur in das persönliche Vermögen des Erben. Es entfaltet keine Rechtskraft gegen den Testamentsvollstrecker und es kann daher, solange das Verwaltungsrecht des Testamentsvollstreckers besteht, nicht in den Nachlaß vollstreckt werden (MünchKommZPO/*Arnold* § 748 Rdn. 26). 394

Zur **Umschreibung** eines gegen den Erblasser erwirkten **Vollstreckungstitels** für und gegen den Testamentsvollstrecker und zur Umschreibung eines gegen des Testamentsvollstrecker erwirkten Titels auf den Erben vgl. *Haegele/Winkler* Rdn. 455ff. 395

4. Persönliche Prozesse des Testamentsvollstreckers

Nicht in den Anwendungsbereich des § 2213 BGB gehört die Geltendmachung eines Anspruchs gegen den Testamentsvollstrecker persönlich (MünchKommBGB/*Brandner* § 2215 Rdn. 3). Persönlich Beklagter ist der Testamentsvollstrecker etwa, wenn er auf Leistung von Schadensersatz wegen Pflichtverletzung in Anspruch genommen wird, wenn Nachlaßgegenstände herausverlangt werden, wenn seine Rechtsstellung als Testamentsvollstrecker von der Entscheidung abhängt, oder wenn es um die **Gültigkeit des Testaments** geht, auf dem seine Ernennung beruht (vgl. die Nachw. bei *Haegele/Winkler* Rdn. 448). 396

Für Streitigkeiten zwischen Erben und Testamentsvollstrecker gilt folgendes: 397

Eine allgemeine Zuständigkeit des **Nachlaßgerichts** zur Entscheidung von Streitigkeiten zwischen Erben und Testamentsvollstrecker besteht nicht (*Keidel/Kuntze/Winkler* FGG § 81 Rdn. 10). Das Nachlaßgericht kann nur in den gesetzlich bestimmten Fällen tätig werden (zB im Rahmen einer sofortigen Beschwerde gegen die Ernennung und Entlassung eines Testamentsvollstreckers nach § 81 FGG. Im übrigen ist das Nachlaßgericht nur in den einzelnen im Gesetz festgelegten Fällen zuständig (vgl. etwa §§ 2198, 2202 Abs. 3, 2216 Abs. 2, 2224 Abs. 1, 2227, 2228 und 2368 BGB). Streitigkeiten werden dann im Rahmen des Verfahrens nach der freiwilligen Gerichtsbarkeit entschieden.

Nicht zuständig ist das Nachlaßgericht dagegen für eine Entscheidung darüber, ob die Testamentsvollstreckung als solche beendet oder ob sie aufzuheben ist (BGH NJW 1964, 316). Auch zur Entscheidung von Meinungsverschiedenheiten über Rechtsfragen, zB Auslegung von Testamentsbestimmungen, ist das Nachlaßgericht nicht berufen (BGHZ 20, 264). Zur Entscheidung über Schadensersatzansprüche gegen den Testamentsvollstrecker wegen Pflichtverletzung über Ansprüche auf 398

Herausgabe von Nachlaßgegenständen, Widerspruch gegen die Erstellung eines Teilungsplans (dazu § 2204 BGB), Erstellung eines Nachlaßverzeichnisses und Rechenschaftslegung, ist ebenfalls das **Prozeßgericht** berufen.

5. Testamentsvollstrecker und Zwangsversteigerung

399 Nach Annahme der Erbschaft ist der Testamentsvollstrecker befugt, Antrag auf Zwangsversteigerung von **Nachlaßgrundstücken,** die seiner Verwaltung unterstehen, zu stellen, wenn ein Nachlaßgläubiger für seine Forderung ein Recht auf Befriedigung aus dem Nachlaßgrundstück hat (vgl. *Staudinger/Reimann* § 2205 Rdn. 149). Steht dem Testamentsvollstrecker ein Verwaltungsrecht an dem Nachlaß zu, so kann eine Zwangsvollstreckung nur durch einen an ihn gerichteten Titel bewirkt werden (*Staudinger/Reimann* § 2213 Rdn. 26f.).

400 Im Rahmen einer ordnungsgemäßen Verwaltung kann der Testamentsvollstrecker im Zwangsversteigerungsverfahren mit Wirkung für den Nachlaß Gebote abgeben. Erhält er den **Zuschlag,** so ist er im Zuschlagsbeschluß zu erwähnen und bei der Eintragung der Erben im Grundbuch miteinzutragen (*Staudinger/Reimann* § 2205 Rdn. 149).

401 Zu den Mitwirkungsbefugnissen im Zusammenhang mit dem Antrag auf Teilungsversteigerung zwecks Herbeiführung der Auseinandersetzung zwischen den Miterben (§§ 2204, 2042ff. BGB) siehe die Kommentare und Vollstreckungshandbücher zu § 170 ZVG.

6. Testamentsvollstreckung und Schiedsvertrag

402 Erbrechtliche Streitigkeiten können nach § 1029 ZPO durch ein Schiedsgericht entschieden werden. Die Anordnung des Schiedsgerichtsverfahrens erfolgt durch eine letztwillige Verfügung des Erblassers (*Kohler* DNotZ 1962, 125ff.). Die **ausschließliche Zuständigkeit** des Schiedsgerichts kann dabei im Wege der Auflage angeordnet werden. Die Formvorschriften des § 1031 ZPO findet bei letztwilligen Verfügungen keine Anwendung (*Kohler* DNotZ 1962, 127). Bei einem Erbvertrag ist die Schiedsrichteranordnung jedoch, sofern sie sich auf Streitigkeiten der Vertragsschließenden bezieht, gesondert dem Erbvertrag beizufügen und vom Erblasser zu unterzeichnen (*Nieder* in: Münchener Vertragshandbuch, IV 2. Halbband, XVI, 26, Anm. 10).

403 Miterben einerseits und Testamentsvollstrecker andererseits können wegen künftiger Rechtsstreitigkeiten einen **Schiedsvertrag** abschließen; dies gilt jedenfalls für Streitigkeiten, die ohne Schiedsvertrag im Verfahren nach der ZPO auszutragen wären. Auch für echte Streitsachen im Verfahren der freiwilligen Gerichtsbarkeit ist heute anerkannt, daß die staatliche Gerichtsbarkeit durch Schiedsvertrag ausgeschlossen werden kann (*Keidel/Kuntze/Winkler* FGG § 1 Rdn. 5). Demgegenüber kann der Erblasser nicht durch letztwillige Verfügung ein Schiedsgericht für Streitigkeiten über die Entlassung des Testamentsvollstreckers vorsehen (RGZ 133, 135).

404 Auch der Testamentsvollstrecker kann zum Schiedsrichter bestellt werden. Dabei darf aber das Drittbestimmungsverbot des § 2065 Abs. 2 BGB nicht umgangen werden (BGH NJW 1955, 100). Ferner kann der Testamentsvollstrecker nicht für Streitigkeiten über den Bestand seines Amts zum Schiedsrichter berufen werden, weil er nicht in eigener Sache Richter sein kann (BGH NJW 1964, 1316). Vom **Schiedsrichteramt ausgeschlossen** ist der Testamentsvollstrecker auch in einem

Rechtsstreit mit den Erben. Die gegenteilige Auffassung (insbesondere *Kohler* DNotZ 1962, 125, 129) beruft sich zu Unrecht auf eine Reichsgerichtsentscheidung (RGZ 100, 76), in der es im wesentlichen nur um die Zulässigkeit einer letztwilligen Schiedsgerichtsanordnung überhaupt ging, auch hier würde der Testamentsvollstrecker als Richter in eigener Sache auftreten (zustimmend *Staudinger/ Reimann* § 2212 Rdn. 31).

Wurde der **Schiedsvertrag** bereits **vor Amtsantritt** des Testamentsvollstrekkers vom Erblasser abgeschlossen, so tritt der Testamentsvollstrecker ohne weiteres in diesen Schiedsvertrag ein (BGHZ 24, 15). Wurde der Schiedsvertrag nach dem Tode des Erblassers von den Miterben abgeschlossen, so ist der Testamentsvollstrecker dadurch nicht gebunden. Der Testamentsvollstrecker ist in der Verwaltung des Nachlasses von den Miterben unabhängig (§§ 2205, 2211 BGB). Da die Miterben den Testamentsvollstrecker somit materiellrechtlich nicht binden können, können sie ihn auch nicht an einen Schiedsvertrag binden (*Damrau* EWiR 1985, 815). 405

Zu den Einzelfragen vgl. i.ü. ausführlich bei 1. Kap. Rdn. 17 und *Walter*, Schiedsverträge und Schiedsklauseln in der notariellen Praxis, MittRhNotK 1984, 69.

Formulierungsvorschlag für die testamentarische Bestimmung eines Testamentsvollstreckers als Schiedsrichter 406

„Streitigkeiten der Erben, Vermächtnisnehmer und sonstigen Begünstigten untereinander, welche sich bei der Durchführung der letztwilligen Anordnung ergeben, sind unter Ausschluß der ordentlichen Gerichte durch einen Schiedsrichter als Einzelrichter zu entscheiden. Soweit es um die Feststellung einzelner Tatsachen geht, kann der Schiedsrichter auch ohne Schiedsverfahren als Schiedsgutachter eine Feststellung treffen. Soweit keine zwingenden Gesetze entgegenstehen, entscheidet der Schiedsrichter, und zwar auch in seiner Funktion als Schiedsgutachter, prozeß- und materiellrechtlich nach freiem Ermessen. Schiedsrichter und -gutachter ist der jeweils eingesetzte Testamentsvollstrecker für die Dauer seines Amtes. Der Schiedsrichter erhält für jeden Streitfall eine Pauschale in Höhe von 10/10 der vollen Gebühr entsprechend der Gebührentabelle der Bundesrechtsanwaltsgebührenordnung (BRAGO). Damit sind sämtliche Ansprüche, ausschließlich der entstandenen und nachgewiesenen Spesen und Auslagen, abgegolten. Die Beteiligten werden im Wege der Auflage verpflichtet, die vorstehende Anordnung zu beachten."

7. *Testamentsvollstreckung in der Insolvenz*

a) Allgemeines

Das Amt des Testamentsvollstreckers, der zur Verwaltung des Nachlasses berufen ist, wird durch die Eröffnung des Nachlaßinsolvenzverfahrens nicht beendet. Seine Befugnis, den zur Masse gehörenden Nachlaß festzustellen, in Besitz zu nehmen und zu verwalten sowie über Nachlaßgegenstände zu verfügen und Nachlaßgläubiger zu befriedigen (§ 2205 BGB), geht aber auf den **Insolvenzverwalter** über (§§ 22, 80 InsO). Gläubiger aus Verpflichtungen, die der Testamentsvollstrecker nach Insolvenzeröffnung eingegangen ist (§ 2206 BGB), können sich nicht an den Nachlaß (Insolvenzmasse) halten (*Arnold* in: *Gottwald*, Insolvenzrechts-Handbuch, § 103 Rdn. 11). Soweit der Testamentsvollstrecker nicht zum Insolvenzverwalter ernannt ist, beschränkt sich seine Tätigkeit während des Insolvenzverfahrens auf den nicht dem Insolvenzverfahren unterliegenden, also den **beschlagfreien Teil** des Nachlasses, soweit dieser der Testamentsvollstreckung unterliegt. 407

b) Stellung des Nachlaßinsolvenzantrages

408 Der Testamentsvollstrecker ist zur Stellung des Nachlaßinsolvenzantrages berechtigt (vgl. § 317 Abs. 1 InsO), sofern er den **ganzen Nachlaß,** nicht nur einzelne Nachlaßgegenstände oder lediglich einen Erbteil zu verwalten hat (vgl. *Haegele* KTS 1969, 158). Gründe für die Eröffnung des Insolvenzverfahrens über den Nachlaß sind die Zahlungsunfähigkeit und die Überschuldung (§ 320 S. 1 InsO). Die Eröffnung des Insolvenzverfahrens wird nicht dadurch ausgeschlossen, daß der Erbe die Erbschaft noch nicht angenommen hat oder daß er für die Nachlaßverbindlichkeiten unbeschränkt haftet (§ 316 Abs. 1 InsO). Über einen Erbteil findet ein Insolvenzverfahren nicht statt (§ 316 Abs. 3 InsO). Beantragt der Erbe, der Nachlaßverwalter oder ein anderer Nachlaßpfleger oder ein Testamentsvollstrecker die Eröffnung des Verfahrens, so ist auch die drohende Zahlungsunfähigkeit Eröffnungsgrund (§ 320 S. 2 InsO).

409 Eine **Antragspflicht** des Testamentsvollstreckers ist abzulehnen (vgl. die Nachw. bei *Arnold* in: *Gottwald,* Insolvenzrechts-Handbuch, § 104 Rdn. 13; *Staudinger/Reimann* § 2205 Rdn. 152; aA *Haegele/Winkler* Rdn. 170). Der Testamentsvollstrecker hat aber zu beachten, daß er dem Erben gegenüber schadensersatzpflichtig werden kann, wenn er bei erkennbarer Überschuldung des Nachlasses von seinem Antragsrecht nicht Gebrauch macht (MünchKommBGB/*Siegmann* § 1981 Rdn. 11).

c) Beschwerderecht des Testamentsvollstreckers

410 Der Testamentsvollstrecker ist berechtigt, gegen den Insolvenzeröffnungsbeschluß (vgl. § 27 InsO) **sofortige Beschwerde** einzulegen, wenn er zur Verwaltung des Nachlasses im ganzen befugt ist (vgl. *Haegele* KTS 1969, 158).

d) Folgen der Insolvenzeröffnung über einen Erbanteil

411 Wird über das Gesamtvermögen eines Miterben – oder des Alleinerben – das Insolvenzverfahren eröffnet, so endet die Testamentsvollstreckung ebenfalls nicht. Die Verfügungsbeschränkung des Erben nach § 2211 BGB gilt auch für den Insolvenzverwalter; die **Eigengläubiger** der Erben können nicht auf die der Testamentsvollstreckung unterliegenden Nachlaßgegenstände zugreifen (vgl. § 2214 BGB und *Haegele* KTS 1969, 160).

412 Der Nachlaß gehört zur **Insolvenzmasse** des Erben, da er dem Zugriff der Nachlaßgläubiger zur Verfügung stehen muß (vgl. *v. Puch* NJW 1960, 47; *Haegele* KTS 1969, 160; aA OLG Düsseldorf KTS 1962, 115). Dies gilt auch dann, wenn die Testamentsvollstreckung während der Dauer der Erbeninsolvenz endet (LG Aachen NJW 1960, 46; *Kuhn/Uhlenbruck* KO § 9 Rdn. 4b; aA *Haegele* KTS 1969, 160).

e) Insolvenzanfechtung

413 Im Rahmen der **Insolvenzanfechtung** nach §§ 129ff. InsO werden Rechtshandlungen des Testamentsvollstreckers dem Gemeinschuldner zugerechnet (BGH NJW 1954, 1036).

f) Bestreiten von Forderungen durch den Testamentsvollstrecker

414 Das Recht zum **Widerspruch** gegen eine Forderung im Verfahren der Forderungsprüfung (§ 178 InsO) steht sowohl dem Erben als auch dem verwaltungsberechtigten Testamentsvollstrecker zu. Nur das Nichtbestreiten durch den Testa-

mentsvollstrecker gibt aber für deren Beitreibung außerhalb des Insolvenzverfahrens aus Nachlaßgegenständen einen Vollstreckungstitel gem. § 748 Abs. 1 ZPO (*Kilger/K. Schmidt* KO § 214 Rdn. 5).

g) Masseschulden im Insolvenzverfahren

Masseschulden im Insolvenzverfahren sind nach § 324 Abs. 1 Nr. 5 InsO die Verbindlichkeiten aus den von einem Testamentsvollstrecker bis zur Beendigung des Insolvenzverfahrens im Rahmen einer ordnungsgemäßen Verwaltung des Nachlasses mit Dritten vorgenommenen Rechtsgeschäften (RGZ 60, 31). Hierzu gehören auch Steuerforderungen, die durch Rechtsgeschäfte eines Testamentsvollstreckers ausgelöst worden sind (*Kuhn/Uhlenbruck* KO § 224 Rdn. 6). **415**

Masseschulden nach § 324 Abs. 1 Nr. 6 InsO sind Verbindlichkeiten, welche für den Erben gegenüber einem Testamentsvollstrecker aus dessen Geschäftsführung entstanden sind, soweit die Nachlaßgläubiger verpflichtet sein würden, wenn der Testamentsvollstrecker die Geschäfte unmittelbar für sie zu besorgen gehabt hätte (*Haegele* KTS 1969, 162). Auch der Anspruch auf eine **angemessene Vergütung** für die Tätigkeit des Testamentsvollstreckers gehört hier her (*Kuhn/Uhlenbruck* KO § 225 Rdn. 7). **416**

h) Zwangsvollstreckung nach dem Erbfall

Maßnahmen der Zwangsvollstreckung in den Nachlaß, die nach dem Eintritt des Erbfalls erfolgt sind, gewähren kein Recht auf abgesonderte Befriedigung (§ 321 InsO und dazu ausführlich *Siegmann* ZEV 2000, 221f.). **417**

i) Einzelunternehmen und Gesellschaftsanteile in der Nachlaßinsolvenz

Wird mit dem Nachlaß ein Einzelunternehmen des Erblassers von einem Testamentsvollstrecker verwaltet, so gehört das Geschäft als Ganzes einschließlich des Erwerbs, den der Testamentsvollstrecker bei Fortsetzung des Geschäfts im Rahmen seiner Verwaltungsaufgabe macht, zum Nachlaß und damit – wenn die Verwaltung bis zur Eröffnung des Nachlaßinsolvenzverfahrens besteht – zur **Insolvenzmasse.** Durch die Verwaltung stellt der Nachlaß nämlich ein Sondervermögen dar, für das – wie bei der Verwaltung durch eine Miterbengemeinschaft – der Surrogationsgrundsatz gilt (*Bauer* JZ 1958, 465, 467). Dies gilt auch dann, wenn der Testamentsvollstrecker als treuhänderischer Geschäftsinhaber oder als Bevollmächtigter des Erben (dazu Rdn. 119) den Betrieb fortführt (vgl. *Jaeger/Weber* KO § 214 Rdn. 31). **418**

War der Erblasser Gesellschafter einer OHG oder persönlich haftender Gesellschafter einer KG, so gehört der Gesellschaftsanteil zum Nachlaß (dazu Rdn. 151). Fehlt eine den Insolvenzfall abdeckende Fortsetzungsklausel im Gesellschaftsvertrag oder wird das Fortbestehen durch die übrigen Gesellschafter nicht beschlossen, so wird die Gesellschaft mit der Nachlaßinsolvenz **aufgelöst** (entsprechend § 131 Nr. 5 HGB; zu den Einzelheiten vgl. ausführlich *Arnold* in: *Gottwald,* Insolvenzrechts-Handbuch, § 105 Rdn. 18ff.) Aus der Anordnung einer Testamentsvollstreckung am Gesellschaftsanteil ergeben sich im Insolvenzfall keine Besonderheiten. **419**

VI. Vermögensanlage durch den Testamentsvollstrecker

Literatur: *Assmann/Schütze* (Herausgeber), Handbuch des Kapitalanlagerechtes, 2. Aufl. 1997 mit 1. Ergänzungslieferung 1999; *Brockhaus,* Enzyklopädie, 19. Aufl. Bd. 10, 1989; GFA-Gesellschaft für Fondsanalyse mbH (Herausgeber), FondsGuide Deutschland 2000, Ratgeber Investmentfonds, 2000; *Hehn* (Herausgeber), Innovative Anlagekonzepte 2000; *Coing,* Die Anlagevorschriften des deutschen Erbrechts, FS Heinz Kaufmann, 1972, S. 127; *Lochmann,* Bank- und Börsenbegriffe, 1991; *Wendling,* So macht Ihr Geld Gewinn, 3. Aufl. 1991; Vademecum der Investmentfonds, 29. Ausgabe 1996; *Wunderle* (Leitender Autor), Die richtige Vermögensstrategie 1985–2000, 1985.

1. Besondere Verpflichtung zur ordnungsgemäßen Verwaltung

a) Keine Spezialvorschrift

420 Eine **besondere Vorschrift,** wie und nach welchen Grundsätzen **der Testamentsvollstrecker ihm anvertrautes Vermögen zu verwalten,** zu **erhalten** und gegebenenfalls zu **mehren** hätte, **gibt es im BGB nicht.** Es gilt der allgemeine Grundsatz der Verpflichtung zur ordnungsgemäßen Nachlaßverwaltung nach § 2216 Abs. 1 BGB.

421 Man könnte deshalb versuchen, zur Problemlösung mögliche Analogien aus verwandten Rechtsgebieten aufzuspüren. So hat ein **Vormund** das zum Vermögen des Mündels gehörende Geld verzinslich und zwar in einer ganz bestimmten Form, nämlich **mündelsicher** anzulegen (§§ 1806 und 1807 BGB). Inhaberpapiere hat er bei einer Hinterlegungsstelle oder bei einem der in § 1807 Abs. 1 Nr. 5 BGB genannten Kreditinstitute zu hinterlegen.

422 Ähnliche Hinterlegungsvorschriften gelten für den **Vorerben** bei der Verwaltung zur Erbschaft gehörender Inhaberpapiere (§ 2116 BGB). Geld darf der Vorerbe ebenfalls nur dauerhaft nach den für die Anlegung von **Mündelgeld** geltenden Vorschriften anlegen (§ 2119 BGB).

423 Auch im **Sachenrecht** gibt es eine vergleichbare Bestimmung: ziehen **Nießbraucher und Gläubiger** eine Forderung nach ihrer Fälligkeit ein, haben sie das eingezogene Kapital ebenfalls nach den für die Anlegung von Mündelgeld geltenden Vorschriften verzinslich anzulegen und dem Nießbraucher daran den Nießbrauch zu bestellen (§ 1079 BGB).

424 Diesen Vorschriften ist gemeinsam, daß sie für die dort geregelten Anlageentscheidungen einen **sicheren Weg** verlangen. Das BGB schreibt immer dort, wo die **Sicherheit die entscheidende Rolle** spielt, die **mündelsichere Anlage** vor.

b) Keine Verpflichtung zur mündelsicheren Anlegung, Erfolgszwang

425 Diese **engen Bindungen** an mündelsichere Anlagen **passen jedoch nicht auf den Status sowie die Rechte und Pflichten eines Testamentsvollstreckers,** insbesondere wenn Dauervollstreckung angeordnet ist (§ 2209 S. 1 Halbs. 2 BGB). Die Pflicht zur mündelsicheren Anlage wäre eine **Fessel,** die eine dauerhafte erfolgreiche Vermögensverwaltung stark behindern würde. Eine analoge Anwendung dieser Bestimmungen aus dem Vormundschaftsrecht und der Bestimmungen zum Verhältnis Nießbraucher/Gläubiger sowie Vorerbe/Nacherbe **kann wegen unterschiedlicher Zielsetzung deshalb nicht in Betracht kommen.** Die Beschränkungen in den Vorschriften der §§ 2216ff. BGB gelten für den Testamentsvollstrecker weder direkt noch entsprechend und zwar auch dann nicht für die Behandlung von Nachlaßgeldern und Wertpapieren, wenn **Nacherbschaft** angeordnet ist. Nur der Erbe selbst ist beschränkt, nicht jedoch der Testamentsvollstrecker in seiner Verwaltung und seinen Anlageentscheidungen (*Staudinger/Reimann* § 2216 Rdn. 13 und RGRK/*Kregel* § 2216 Rdn. 4, jeweils unter Bezugnahme auf KGJ 44, 87; MünchKommBGB/*Brandner* § 2216 Rdn. 8; *Coing* S. 136).

Die Rechtsprechung des Reichsgerichts und ihr folgend die des BGH sieht in den Anlageentscheidungen eines Testamentsvollstreckers **Brennpunkte** ordnungsgemäßer Verwaltung, die **besondere Gewissenhaftigkeit und Sorgfalt des Testamentsvollstreckers** voraussetzen (RGZ 130, 131, 135). Der Testamentsvollstrecker muß danach das ihm anvertraute Vermögen nicht nur erhalten und sichern und drohende Verluste verhindern, sondern auch die **Nutzung des Nachlasses** (s. 6. Kap. Rdn. 193f.) **gewährleisten.** Deshalb stellt die Rechtsprechung an die Ordnungsmäßigkeit der Verwaltung in diesem Bereich durchgängig **strenge Forderungen** (BGH LM BGB § 2205 Nr. 3, 4, 5 = NJW 1959, 1820; BGH NJW 1967, 443 = LM ZPO § 3 Nr. 31 = WM 1967, 25, 27). 426

Die Rechtsprechung unterwirft den Testamentsvollstrecker gewissermaßen einem **Erfolgszwang.** Von ihm wird erwartet, daß er bei seinen Anlageentscheidungen **erfolgreich** ist. Er darf sich nicht mit durchschnittlichen Ergebnissen oder gar **mäßigem Erfolg** zufrieden geben, sondern wird im Gegenteil verpflichtet, Möglichkeiten zu ergreifen, die **bessere Ergebnisse** versprechen (Grundsatzentscheidung des BGH vom 3. 12. 1986, NJW 1987, 1070, 1071 = DB 1987, 576 = WM 1987, 239 = MDR 1987, 278 = Rpfleger 1987, 160 unter Hinweis auf OGHZ 3, 242, 247 = NJW 1950, 597; *Staudinger/Reimann* § 2216 Rdn. 13; *Soergel/Damrau* § 2216 Rdn. 3; *Erman/M. Schmidt* § 2216 Rdn. 3; etwas defensiver BGH NJW-RR 1989, 642). Wenn der Testamentsvollstrecker erfolgreich sein muß, ist es selbstverständlich ausgeschlossen, ihn an den „sichersten Weg" zu binden und ihm nur mündelsichere Anlagen zu gestatten (BGH aaO). 427

Die Rechtsprechung hat dem Testamentsvollstrecker aus diesen Gründen gerade bei Anlageentscheidungen folgerichtig ein **weites Ermessen** eingeräumt. Nur wenn er diese großräumig gesteckten Grenzen verläßt, verstößt er gegen seine Verpflichtung zur ordnungsgemäßen Nachlaßverwaltung und macht sich gegebenenfalls – bei Verschulden – schadensersatzpflichtig (BGHZ 25, 275, 283 = NJW 1957, 1916 = LM BGB § 2205 Nr. 2: der Testamentsvollstrecker ist dabei zB auch berechtigt und verpflichtet, zum Nachlaß gehörende Ansprüche gegen den jeweiligen Schuldner geltend zu machen und zwar auch dann, wenn dieser Schuldner zugleich Miterbe des vom Testamentsvollstrecker verwalteten Nachlasses ist). 428

2. Testamentsvollstrecker nicht nur Berater, sondern Entscheidungsträger

Die oben angeführte Grundsatzentscheidung des BGH vom 3. 12. 1986 (NJW 1987, 1070) weist zutreffend darauf hin, daß der Testamentsvollstrecker – und zwar sowohl als Person und als Institution – das **besondere Vertrauen** des Erblassers genießt, der bewußt seinen Nachlaß unter die Obhut dieser Vertrauensperson gestellt hat. Deshalb ist der Testamentsvollstrecker auch nicht vergleichbar mit **Beratern** (Rechtsanwälten, Steuerberatern, Wirtschaftsberatern, Notaren und anderen Beratern), die bei ihrer Beratungstätigkeit den sicheren Weg nicht verlassen dürfen, jedenfalls verpflichtet sind, ihren Mandanten jeweils über vorhandene und dem Berater **bekannte Risiken aufzuklären** (siehe zB auch die neuere Rechtsprechung zur Beratungs- und Aufklärungspflicht von Banken, soweit sie einen **Wissensvorsprung** gegenüber ihren Kunden haben: BGH NJW 1987, 1815 = WM 1987, 459; BGH WM 1991, 85 = BB 1991, 155 – der Konflikt zwischen der Pflicht eines Kreditinstitutes, den Kunden auf Risiken hinzuweisen, und der Pflicht zur Wahrung des Bankgeheimnisses ist im Einzelfall durch Güterabwägung zu lösen –; WM 1992, 216 = ZIP 1992, 163; die Vermittler von Penny Stocks hatten 429 über die besonderen Risiken dieser Form der Geldanlage aufzuklären: BGH NJW 1991, 1108 und NJW 1991, 1947; zur Beratungspflicht und Prospekthaftung von Banken BGH NJW 1992, 2148 = WM 1992, 1269 = ZIP 1992, 987; BGH NJW 1996, 2865 = WM 1996, 1781; BGH NJW 1996, 1744 = WM 1996, 664; zur Haftung des Kapitalanlagevermittlers, der es unterläßt, das Anlagekonzept auf wirtschaftliche Plausibilität hin zu prüfen: BGH WM 2000, 426; *Palandt/Heinrichs* § 276 Rdn. 22f. sowie 27ff.; BGH NJW 1992, 2148 = WM 1992, 1269 = ZIP 1992, 987; die zum Bauherrenmodell entwickelten Prospekthaftungsgrundsätze gelten auch für den Erwerb im Bauträgermodell, BGH NJW 2001, 436; zur umfassenden, auch wirtschaftlichen Beratungspflicht des Anwaltes MünchKomm-BGB/*Grundmann* § 276 Rdn. 128; *Palandt/Heinrichs* § 276 Rdn. 39ff.; Haftung des Steuerberaters für falsche Beratung bei der Beteiligung an steuersparenden Vermögensanlagen BGH BB 1987, 2325; WM 1991, 1304; zur Notarhaftung *Palandt/Thomas* § 839 Rdn. 112ff. sowie umfassend zur Anlageberatung allgemein Handbuch Kapitalanlagerecht – *v. Heymann* § 5 Rdn. 18ff., § 6, Finanzierung von Kapitalanlagegeschäften und 1. Ergänzungslieferung § 5 Rdn. 2ff. und 11ff.; eine Bank wird schadensersatzpflichtig, wenn sie einen Kunden dazu verleitet, in Aktien auf Kredit zu spekulieren, BGH NJW 1997, 1361 = BB 1997, 855; eine besondere Aufklärungspflicht der Bank wird angenommen, falls sie im Zusammenhang mit Planung, Durchführung oder Vertrieb bei einem steuersparenden Bauherrenmodell über ihre Rolle als reine Kreditgeberin hinausgeht, OLG Schleswig WM 2000, 1381).

430 Diese Berater haben ihre Mandanten so zu beraten und aufzuklären, daß sie **alle Tatsachen insoweit nennen,** als sie **entscheidungsrelevant** sind, und die Mandanten sich dann selbst ein Urteil bilden können über Chancen und Risiken einer Anlage, um darauf gestützt die **Entscheidung selbst zu treffen.** Sie werden vom Berater zwar begleitet, bleiben jedoch **Entscheidungsträger.**

431 Der Testamentsvollstrecker dagegen ist **selbst Entscheidungsträger** und nicht nur Berater, schon gar nicht Berater des Erben. Gegebenenfalls muß er seine Entscheidungen auch **gegen den Willen** der Erben durchsetzen (BGH NJW 1987, 1070, 1071 rechte Spalte; *Klumpp* ZEV 1994, 65, 66 unter 3.). Er ist gegenüber den Erben weisungsunabhängig (BGH NJW 1959, 1429 = BGHZ 30, 67, 73; siehe auch 6. Kap. Rdn. 2).

3. Einzelkriterien für Anlageentscheidungen des Testamentsvollstreckers

a) Entscheiden nach wirtschaftlichen Gesichtspunkten

432 Der Testamentsvollstrecker handelt nicht wie ein Berater, sondern **wie der Unternehmer** selbst **nach freiem Ermessen** unter Beachtung **wirtschaftlicher Gesichtspunkte.** Gerade bei der **Dauervollstreckung** ist die Testamentsvollstreckung nicht zu einem bestimmten Zweck wie in § 2203 BGB (Ausführung der letztwilligen Verfügungen des Erblassers) und in § 2204 BGB (Auseinandersetzung unter Miterben) als reine **Abwicklungsvollstreckung** übertragen, sondern gewissermaßen als **Selbstzweck** bis zur Dauer von 30 Jahren oder aufgrund besonderer Erblasseranordnung sogar noch darüber hinaus bis zum Tode des Erben (§ 2210 S. 1 und S. 2 BGB). In einem solchen Fall ist der Testamentsvollstrecker **berechtigt und verpflichtet,** mit dem Nachlaß am allgemeinen wirtschaftlichen Verkehr teilzunehmen und für dessen **Nutzung und Mehrung** nach **allgemein gültigen wirtschaftlichen Regeln** zu sorgen (BGH NJW 1967, 443 = LM ZPO

§ 3 Nr. 31 = WM 1967, 25, 27; *Staudinger/Reimann* § 2216 Rdn. 4; *Coing* S. 131). Dabei muß sowohl der Grundsatz der **Substanzerhaltung** beachtet werden wie auch das Prinzip der **Nutzbarmachung und Gewinnerzielung** (*Coing* S. 132f.; MünchKommBGB/*Brandner* § 2216 Rdn. 8).

Unter der Voraussetzung, daß keine anderweitigen, speziellen Anordnungen des Erblassers vorliegen, bildet lediglich das **Verbot unentgeltlicher** und nicht vollentgeltlicher **Verfügungen** nach § 2205 S. 3 BGB eine Schranke für das **freie Handlungsermessen** des Dauer-Testamentsvollstreckers (s. dazu auch BGH ZEV 1995, 110). 433

b) Handeln wie ein dynamischer Geschäftsführer

Damit die schöpferischen Initiativen des Testamentsvollstreckers bei Anlageentscheidungen nicht eingeengt und beschnitten werden, vergleicht ihn der BGH mit dem Leitbild eines zwar umsichtigen und soliden, aber **dynamischen Geschäftsführers,** der nach eigener Entscheidung und entsprechend seinem Wissen und Können einzelne Chancen und Risiken kalkuliert und dann nach Abwägen der Vor- und Nachteile entweder solche Risiken bewußt eingeht und Geschäftschancen nutzt oder eben sein läßt (BGH NJW 1987, 1070, 1071 rechte Spalte). 434

Die Eigenschaft „Dynamik" bedeutet – von der Negativabgrenzung her – wiederum, daß der Testamentsvollstrecker **nicht wie ein Vormund** auf den sichersten Weg **beschränkt werden darf.** Dies würde von vornherein seinen Erfolg, zu dem er gewissermaßen „verurteilt" ist, hindern. Andererseits läßt sich natürlich schwer definieren, wie weit eine solche „Dynamik" gehen darf bzw. muß. Dabei hat es in der Rechtsprechung immer wieder Versuche gegeben, die Dynamik nach oben zu bremsen, wenn es bei risikoreichen Anlagen zu Einbrüchen und Schäden für das verwaltete Vermögen gekommen ist. Umgekehrt sind aber auch Fälle denkbar, in denen ein Testamentsvollstrecker zur Verantwortung gezogen werden kann, wenn er zu wenig „Dynamik" entwickelt und sich tatsächlich nur auf den „sichersten Weg" beschränkt hat, obwohl ohne besondere Gefährdungslage andere, wesentlich ertragreichere Anlagegeschäfte sich angeboten hatten (ein gutes Beispiel gibt hierzu AG Bremen WM 1993, 1959; s. weiter *Klumpp* ZEV 1994, 65, 67 unter 3.2). 435

c) Grenzen bei spekulativem Handeln

Stehen keine anderweitigen Anordnungen des Erblassers entgegen, ist der Testamentsvollstrecker **so frei**, wie **das Vormundschaftsgericht einen Vormund äußerstenfalls nach § 1811 BGB stellen darf.** Der Testamentsvollstrecker darf dann alle Handlungen und Verfügungen vornehmen (selbstverständlich wieder unter Beachtung des § 2205 S. 3 BGB), die „nach Lage des Falles den Grundsätzen einer wirtschaftlichen Vermögensverwaltung nicht zuwiderlaufen" (§ 1811 S. 2 BGB; BGH NJW 1987, 1070, 1071 rechte Spalte). 436

Der BGH führt dort zu diesem Kriterium unter Hinweis auf die bei *Coing* S. 133 erwähnten Beratungen zu § 2119 BGB an, daß auch **spekulative Anlagen** nicht zwingend den Grundsätzen ordnungsgemäßer Verwaltung zuwiderlaufen. Auch hier gelten wieder die Prinzipien – vernünftiger – Wirtschaftlichkeit: **rein spekulative Anlagen,** die hohe Gewinne versprechen, jedoch auch mit einem großen Risiko behaftet sind und praktisch kaum Sicherheit bieten, sind nach den Grundsätzen ordnungsgemäßer Verwaltung jedenfalls dann **ausgeschlossen,** wenn die gesamte Nachlaßmasse oder ein sehr hoher Teil davon in dieses Spekulationsgeschäft eingebracht würde (BGH aaO; *Coing* S. 133). 437

438 Ein eine hohe Rendite versprechendes Spekulationsgeschäft kann also dann gewagt werden, wenn bei **einem Totalverlust des Einsatzes der Nachlaß im übrigen unberührt** bleibt und im Ganzen dieses Geschäft ohne großen Schaden übersteht, wenn also zB 1/10 des frei verfügbaren Nachlaßvermögens in hohe Rendite versprechende Penny Stocks angelegt worden war und dann verloren ging (ungeachtet eventueller Regreßansprüche gegen die Bank, die diese Anlage ohne ausreichende Warnhinweise empfohlen hatte, BGH NJW 1991, 1108 und NJW 1991, 1947; ferner zur Haftung einer Bank bei nicht „anlegergerechter" Beratung bei der Zeichnung der Anleihe der australischen Bond Ltd.: BGH ZIP 1993, 1148 = BB 1993, 1903 = WM 1993, 1455; nachdem die „Schieflage" dieser Gesellschaft allgemein bekannt geworden war, verneinte die Rechtsprechung solche Warnhinweise: OLG Frankfurt/M. WM 1996, 1216; die Empfehlung der Fokker-Anleihe ist von der Rechtsprechung überwiegend als pflichtwidrig angesehen worden: OLG Nürnberg ZIP 1998, 330; OLG Braunschweig NJW-RR 1998, 626; OLG Koblenz BB 1999, 1677; BGH WM 2000, 1441 gegenüber einem Anleger, der eine Anlage zur Alterssicherung wünscht).

439 Eine solche Anlage wäre dem Testamentsvollstrecker dagegen als grober Kunstfehler anzulasten und würde ihn schadensersatzpflichtig machen, wenn er dabei die **gesamten Nachlaßmittel** oder einen sehr wesentlichen Teil davon eingesetzt und **dem Risiko eines Totalverlustes** preisgegeben hätte (*Klumpp* ZEV 1994, 65, 67 unter 3.3 und 3.4; s. auch den Fall von BayObLG Rpfleger 1998, 286: Ersteigerung einer Immobilie bei nicht liquidem Nachlaß und ungesicherter Finanzierung).

d) Umfang und Zusammensetzung des Nachlasses bestimmen Anlageverhalten

440 Der **Umfang und die Zusammensetzung** des Nachlasses bestimmen ebenfalls ganz wesentlich die Zulässigkeit und Ordnungsmäßigkeit des Anlageverhaltens des Testamentsvollstreckers. Verfügt der Testamentsvollstrecker über einen **umfangreichen Nachlaß** mit beträchtlichen – freien – Mitteln, kann es – auch und gerade unter dem Gesichtspunkt der von ihm geforderten „Dynamik" – geboten sein, mit einem **begrenzten Betrag** in eine **Risikoanlage** einzusteigen. Hat er dagegen nur einen kleineren Nachlaß zu verwalten oder werden sämtliche liquiden Mittel zur Aufrechterhaltung und Fortführung eines Unternehmens benötigt, scheidet eine Risiko-Kapitalanlage von vornherein aus (*Coing* S. 133).

441 Der umsichtige, dynamische Testamentsvollstrecker wird, sofern die Voraussetzungen gegeben sind, immer auch für eine gewisse **Streuung** bei seinen Kapitalanlagen sorgen. Bei einiger Flexibilität können so gegebenenfalls Verluste der einen Anlage durch Gewinne in anderen Anlageformen wieder aufgefangen und ausgeglichen werden. Durch solch **sinnvolle Vorsichtsmaßnahmen** sorgt der Testamentsvollstrecker dafür, daß Verluste in Teilbereichen oder bei einer bestimmten Anlage ihm nicht als Pflichtverletzung vorgehalten werden können (BGH NJW 1987, 1070, 1071 rechte Spalte).

442 Der **Kauf von Aktien bei fallenden Kursen** kann sinnvoll oder sogar vorteilhaft sein, wenn bei richtiger Würdigung der relevanten Indikatoren kurz- und mittelfristig wieder mit einer **Hausse** zu rechnen ist. Nachteilig kann ein solcher Kauf dann sein und zu einer Pflichtverletzung führen, wenn bei der Kaufentscheidung abzusehen war, daß der Kurs dieser Aktie weiterhin fallen wird und mittelfristig mit einer Erholung nicht zu rechnen ist, weil dem Unternehmen keine großen Marktchancen mehr zugetraut werden (beispielsweise wegen Produktionsumstellung und großem innovativem Vorsprung der Konkurrenzunternehmen oder wegen veränderter Umweltschutz-Gesetzgebung).

e) Vermögensumschichtungen, Vorteilsausgleichung

Der Testamentsvollstrecker kann verpflichtet sein, **Umschichtungen** vorzunehmen beispielsweise durch Verkauf von Wertpapieren, um von günstigen **Bezugsrechten** zum Bezug junger Aktien Gebrauch machen zu können (BGH NJW 1967, 443 = WM 1967, 25, 29; MünchKommBGB/*Brandner* § 2216 Rdn. 8; RGRK/*Kregel* § 2216 Rdn. 4). 443

Gehören zum vom Testamentsvollstrecker verwalteten Vermögen Aktien namhafter deutscher Industrieunternehmen, verstößt er nicht gegen seine Pflichten, wenn er diese **trotz sinkender Kurse nicht veräußert,** um sie gegebenenfalls gegen fest verzinsliche Schuldverschreibungen einzutauschen (OLG Köln AG 1964, 308). 444

Wird dem Testamentsvollstrecker Pflichtverletzung durch falsche Anlageentscheidung vorgeworfen, so ist auf den **Zeitpunkt des Geschäftsabschlusses** und die damals **vorhandenen Erkenntnisse** abzustellen und nicht rückblickend zu verurteilen. Verlustreiche Geschäfte können im Zeitpunkt der Kaufentscheidung durchaus ordnungsgemäßer Wirtschaft entsprochen haben (*Erman/M. Schmidt* § 2216 Rdn. 3). 445

Zum zweiten muß das **Gesamtverhalten** des Testamentsvollstreckers gewürdigt werden. Zutreffend hat der BGH in seinem schon mehrfach zitierten Grundsatzurteil vom 3. 12. 1986 (NJW 1987, 1070, 1071 rechte Spalte) darauf hingewiesen, daß sich die Erben nicht mehr oder minder willkürlich einen oder mehrere Wertpapierposten heraussuchen dürfen, bei denen Kursverluste eingetreten sind, um damit den Testamentsvollstrecker schadensersatzpflichtig zu machen. Schon der Grundsatz der **Vorteilsausgleichung** gebietet, das Anlageverhalten des Testamentsvollstreckers insgesamt zu beurteilen und zu bewerten. Haben sich andere Anlagemaßnahmen des Testamentsvollstreckers als für den Nachlaß erfolgreich erwiesen, darf dies bei nachteiligen Handlungen auf anderen Gebieten nicht außer Betracht bleiben. 445

Wird schließlich einem Testamentsvollstrecker vorgeworfen, daß sich die von **ihm gekauften Papiere negativ entwickelt hätten,** muß gleichzeitig auch **der Kursverlauf der früher gehaltenen Wertpapiere,** die zur Beschaffung der Mittel zum Ankauf der neuen Papiere verwandt wurden, geprüft werden. Unabhängig von der Verschuldensfrage kann ein Schadensersatzanspruch schon daran scheitern, daß auch bei den verkauften Papieren ein ähnlicher Kursverfall eingetreten ist wie bei den neu angeschafften (ähnlich BGH aaO, der allerdings auf die hypothetische Entwicklung abstellt; bei rückwärtiger Betrachtung kommt es auf hypothetische Entwicklungen nicht an, da im Beurteilungszeitpunkt ex post die tatsächlichen Kursverläufe ja bereits bekannt sind). 446

4. Einverständnis der Erben

Sind die Erben **allgemein über Aktiengeschäfte** des Testamentsvollstreckers informiert und dem Grundsatz nach damit einverstanden, daß ein Teil des Nachlaßvermögens in Aktien angelegt oder gehalten wird (dies wird insbesondere auch dann der Fall sein, wenn der Erblasser bereits über Aktienvermögen verfügt hatte), braucht der Testamentsvollstrecker nicht bei jedem einzelnen An- oder Verkauf **noch speziell die Zustimmung der Erben einzuholen.** 447

Anderes gilt nur dann, wenn die Erben **gegen konkrete Einzelgeschäfte Einwendungen** und Bedenken erhoben hatten (BGH NJW 1987, 1070, 1071 rechte Spalte). 448

449 Gerade in diesen Fällen zeigt sich sehr deutlich, wie nützlich es für den Testamentsvollstrecker sein kann, wenn er seine **Benachrichtigungspflicht** den Erben gegenüber ernst nimmt (Einzelheiten dazu 6. Kap. Rdn. 54ff.). Wir haben dort darauf hingewiesen, daß sich eine offensive „Informationspolitik" des Testamentsvollstreckers auf Dauer günstig auswirkt und im Großen und Ganzen eine konfliktfreiere Abwicklung ermöglicht (6. Kap. Rdn. 61f.; *Reimann* Rdn. 601), ohne daß sich der Testamentsvollstrecker dadurch pflichtwidrig den Weisungen der Erben unterstellt.

450 Wenn die Erben sonach über **die große Linie der Anlagepolitik** informiert sind, können sie auch eine spontane Anlageentscheidung des Testamentsvollstrekkers, selbst wenn dieser seine Absichten kurzfristig geändert hat, nicht rügen. Bei der Vermögensanlage ist **Flexibilität** nicht nur zulässig, sondern kann im Einzelfall aus **wirtschaftlichen Gründen geradezu geboten** sein (so auch BGH NJW 1987, 1070, 1072 linke Spalte; *Coing* S. 134 zur Anpassung von Anlageentscheidungen an den Konjunkturverlauf).

5. Die wichtigsten Anlagearten im Überblick

a) Erste Orientierungshilfe

451 Die nachstehenden Ausführungen sollen einen **ersten Überblick** über den „Dschungel von Möglichkeiten" (*Wendling* S. 41) geben, die es auf dem Anlagemarkt gibt. Sie können und wollen weder einen Leitfaden über Kapitalanlagemöglichkeiten noch gar Ausführungen in Handbüchern des Kapitalanlagerechtes (siehe dazu das vorangestellte Literaturverzeichnis) ersetzen, sondern für den Testamentsvollstrecker als erste **Orientierungshilfe** dienen. Je nach Umfang, Schwierigkeit und auch Novität der einzelnen Anlageform für den Testamentsvollstrecker wird sich dieser gewissenhaft anhand der einschlägigen Erläuterungswerke weiter informieren und/oder **beraten** lassen (vgl. *Hehn,* Innovative Anlagekonzepte, Vorwort 5 und *Hehn/Weber* S. 231ff., beispielsweise auch zur Frage, ob sogenannte Hedge Funds wieder interessant sind; dazu auch der Bericht in der FAZ vom 22. 7. 2000, S. 25: Risiko-Fonds erobern Europa).

b) Fünf Grundformen von Kapitalanlage-Geschäften

452 Das Handbuch des Kapitalanlagerechts, herausgegeben von *Assmann* und *Schütze,* unterscheidet **fünf Grundformen** von Kapitalanlagegeschäften
- Effektengeschäfte
- Börsentermingeschäfte
- Investmentgeschäfte
- Immobilienanlagen
- Beteiligung an Gesellschaften

(Handbuch des Kapitalanlagerechtes, §§ 11, 15, 18, 20, 22).

Die von Banken und Sparkassen empfohlene Anlageformel lautete für Deutschland viele Jahre lang: $^1/_3$ Pfandbriefe (bzw. Kommunalobligationen oder Teilschuldverschreibungen), $^1/_3$ Aktien und $^1/_3$ Immobilien (Mietshäuser bzw. Gewerbeimmobilien; dazu *Raeschke/Kessler* WM 1993, 1830).

453 *aa) Effektengeschäfte.* In § 1 Abs. 1 S. 2 Nr. 4 Kreditwesengesetz (KWG) ist die „Anschaffung und Veräußerung von Wertpapieren für andere" als **Effektengeschäft** bezeichnet. Es handelt sich also um **Umsatzgeschäfte über Wertpapiere,** die – von Banken – für andere (ihre Kunden) ausgeführt werden. Im Regelfall werden dabei zumindest zwei Rechtsgeschäfte abgeschlossen: das Geschäft zwi-

schen Bank und Kunden (Auftraggeber) und das Ausführungs-(Deckungs-)Geschäft der Bank zur Gegenseite (dem Wertpapieremittenten, dazu Handbuch Kapitalanlagerecht – *Roth* § 11 Rdn. 17ff.).

bb) Terminhandel. Gegenstände des **Terminhandels** sind Waren und Wertpa- **454**
piere, Devisen und Finanztermingeschäfte (Handbuch Kapitalanlagerecht – *Häuser/Welter* § 15 Rdn. 17ff.). Die besonderen rechtlichen Schwierigkeiten auf diesem Gebiet liegen darin, daß die Verbindlichkeit von **Börsentermingeschäften** im Börsengesetz nicht abschließend geregelt ist. Die nicht verbotenen Geschäfte sind in §§ 50ff. des Börsengesetzes geregelt. Daneben kann aber im Einzelfall zu prüfen sein, ob einem Geschäft der Differenzeinwand der §§ 764, 762 BGB entgegensteht und seine Verbindlichkeit aufhebt (Handbuch Kapitalanlagerecht – *Häuser/Welter* § 16 Rdn. 3ff. und 1. Ergänzungslieferung 2000, § 16 Rdn. 11ff.; *Hopt* HGB § 53 BörsG Rdn. 13ff.; zur Aufklärungspflicht der Vermittler von Warentermin-Direktgeschäften BGH NJW 1992, 1879 = WM 1992, 770; BB 1994, 1101; WM 1996, 1214 = BB 1996, 1574; WM 1997, 811; zum Abschluß von Börsentermingeschäften durch den Testamentsvollstrecker *Werkmüller* WM 2000, 1361).

cc) Investmentgeschäfte. Im angelsächsischen Raum bedeutet der Begriff „Invest- **455**
ment" ganz allgemein die **Anlage von Geldkapital.** Das Gesetz über Kapitalanlagegesellschaften (KAGG) geht von einer engeren Bedeutung aus. **Investmentfonds** (in der Schweiz: Anlagefonds) sind danach von einer Kapitalanlagegesellschaft (Investmentgesellschaft, Investment-Trust) verwaltetes **Sondervermögen,** das aus dem eingelegten Geld von Kapitalanlegern gebildet wurde. Die Anlagegesellschaft legt die Gelder der Anleger im eigenen Namen für deren gemeinschaftliche Rechnung nach dem Grundsatz der **Risikomischung** – gesondert vom eigenen Vermögen – in Wertpapieren, Immobilien oder anderen Vermögensgegenständen (auch Optionen) an. Die eingebrachten Gelder, Wertsteigerungen und Erträge bilden den Fonds. Für seine Beteiligung erhält der Anleger ein Wertpapier (Anteilsschein, Investmentzertifikat; siehe Brockhaus, 19. Aufl. Bd. 10, 1989, Stichwort Investmentfonds; Handbuch Kapitalanlagerecht – *Baur* § 18 Rdn. 26ff. und 1. Ergänzungslieferung 2000 § 18 Rdn. 1ff.; *Lochmann* S. 42, Stichwort Investmentsfonds). Die deutsche **Investment-Branche** zählt seit mehreren Jahren zum expansivsten Bereich der Finanzdienstleistungen. Im Jahr 1950 betrug das Fonds-Vermögen deutscher Investmentfonds 2 Mio. DM, Ende 1995 über 700 Milliarden DM. Mitentscheidend für diese Entwicklung war neben der Umsetzung der EG-Richtlinie zur Koordinierung des Investmentrechts vom 20. 12. 1985 das 2. Finanzmarktförderungsgesetz vom 26. 7. 1994 (BGBl. I S. 1749). Es ermöglichte neben der Zulassung von Geldmarktfonds weitere anlegerorientierte Produktentwicklungen. Das gesamte Mittelaufkommen der **Publikumsfonds** (deutsche Fonds sowie Luxemburger Fonds deutscher Herkunft) und der **Spezialfonds** betrug 1995 41 Milliarden DM (*Laux,* Vademecum der Investmentfonds 1996, VIII). Die *GFA – Gesellschaft für Fonds-Analyse mbH* – hat 2000 erstmals ein Fonds Rating (völlig neu entwickeltes Wertungssystem) herausgegeben, das den unübersichtlichen Fonds-Markt in Deutschland überschaubarer machen soll (Vorwort und der Beitrag von *Klöpper,* Was will der FondsGuide leisten?, S. 3ff.). Allgemein gelten die Fonds insbesondere auch als relativ einfache Zugangsmöglichkeit zu Wachstumsmärkten (FAZ vom 10. 7. 2000, S. 33).

dd) Immobilienanlagen. Bei der Immobilienanlage investiert der Anleger kurzfristig **456**
verfügbares Geldkapital (Eigenkapital oder finanziertes Kapital) **in bebaute oder unbebaute Grundstücke.** Er verknüpft damit die in der Regel auch weitgehend unproblematisch zu realisierende Absicht, aus diesem Grundeigentum **langfristig**

Nutzungen zu ziehen (abgesehen von kurzfristigen Immobilienspekulationen) und am bis heute generell ungebrochenen **Wertzuwachs** teilzunehmen (Handbuch Kapitalanlagerecht – *Strohm* § 20 Rdn. 1 ff.). Wenn auch vielfach die unmittelbaren Nutzungen keinen kurzfristigen Überschuß der Einnahmen über die Ausgaben (Totalgewinn) gewährleisten und gelegentlich – insbesondere bei bestimmten Anlagemodellen – das Finanzamt mit dem drohenden Verdikt der bloßen **Liebhaberei** auf den Plan rufen, erfreut sich diese Anlageform hohen Interesses. Entsprechend groß ist auch die Versuchung für manche Initiatoren, nicht immer seriös konzipierte Modelle anzubieten. Gerade hier ist deshalb auch für den Testamentsvollstrecker **besondere Vorsicht** geboten. Insgesamt wird dieser Markt jetzt nach dem Auslaufen der hohen Gebäudeabschreibung für Immobilien in den neuen Bundesländern (Fördergebietsgesetz i. d. F. durch das Jahressteuergesetz 1996 und JahressteuerergänzungsG vom 11. 10. und 18. 12. 1995, BGBl. I S. 1250 u. 1959) in etwas ruhigere, teilweise sogar rückläufige Bahnen geraten. Nach dem neuen, durch das Steuerentlastungsgesetz 1999/2000/2002 vom 24. 3. 1999 (BGBl. I S. 402) geschaffenen § 2b EStG dürfen negative Einkünfte aus Immobilien-Fonds oder ähnlichen Modellen nicht mehr mit anderen Einkünften ausgeglichen werden, wenn bei dieser Beteiligung steuerliche Vorteile im Fordergrund stehen. Die Realisierbarkeit hoher Steuervorteile aus diesen Beteiligungen gehören damit endgültig der Vergangenheit an (*Schmidt/Seeger* EStG, 19. Aufl. 2000, § 2b Rdn. 3 ff.; FAZ vom 21. 7. 2000, S. 53).

457 *ee) Beteiligung an Gesellschaften.* Das gleiche Vorsichtsgebot gilt für die **Beteiligung an Gesellschaften,** wenn es sich um sogenannte **Abschreibungs- und Verlustzuweisungsmodelle** nach dem Grundmodell einer GmbH & Co. KG (Publikums- oder Massengesellschaft) handelt (Handbuch Kapitalanlagerecht – *Wagner* § 22 Rdn. 1, § 23 Rdn. 195 ff. und 1. Ergänzungslieferung 2000 § 23 Rdn. 6 ff.).

458 Mit dem **Wegfall steuerlicher Investitionsanreize** und fortwährender Verunsicherung durch immer neue „rechtsschöpferische Interpretationen mit Rückwirkung zu Lasten der Kapitalanleger" haben sich **neue Anlagenformen** wie Ansparfonds, Arbeitnehmervermögensbeteiligungen, geschlossene Immobilienfonds und Venture Capitalfonds herausgebildet (Handbuch Kapitalanlagerecht – *Wagner* § 22 Rdn. 87 ff.) bis zu den sonstigen Spezialfonds und Pensions-Sondervermögen zur Altersvorsorge (*Laux* und *Hidding,* Vademecum der Investmentfonds 1996, VIII, XII und XVII; *Hehn,* Innovative Anlagekonzepte, passim; *Hehn/Sahner und Jäger,* Due Diligence bei Börseneinführungen, S. 203 ff.).

6. Kurzcharakteristika gebräuchlicher Anlagearten

a) Zinsanlagen als klassische Anlageart

459 **Zinsanlagen** werden als **die klassische Anlageart** bezeichnet. Sie sind weitgehend risikolos und gehören zur Gruppe **der variabel verzinslichen Anlagen** (insbesondere Sparbücher) und der **fest verzinslichen** (Pfandbriefe, die in der Bundesrepublik nur von wenigen privaten und öffentlichen Spezialbanken, den Realkreditinstituten, ausgegeben werden dürfen; Kommunalobligationen und Teilschuldverschreibungen; börsennotierte, fest verzinsliche deutsche Wertpapiere gelten als die sichersten der Welt; während der letzten 40 Jahre ist in der Bundesrepublik keine einzige börsennotierte Schuldverschreibung notleidend geworden, *Lochmann* S. 99). Nachdem der Bundestag die gesetzlichen Vorschriften über den Sparverkehr im Kreditwesengesetz gestrichen hat (Gesetz zur Änderung des Geset-

zes über das Kreditwesen und anderer Vorschriften über Kreditinstitute vom 21. 12. 1992, BGBl. I S. 2211), ist der Weg frei für **mehr Wettbewerb der Kreditinstitute um Spargelder** und damit auch für attraktivere Zinsen beim Standard-Sparbuch mit gesetzlicher Kündigungsfrist. Dennoch ist die Spareinlage und damit das klassische Sparkonto für den Bundesbürger nach wie vor die bevorzugte Form der Geldanlage (*Lange* BB 1993, 1677).

b) Risikoreiche Aktien

Risikoreicher ist die Geldanlage in **Aktien.** Die Grenze zur **Spekulation** kann 460
nicht immer leicht abgesteckt werden. Die Kursentwicklung einer Aktie hängt nicht nur von der Entwicklung des Unternehmens selbst ab, sondern auch von der allgemeinen nationalen und internationalen Wirtschaftslage, von speziellen Marktfaktoren und vielfach unerklärlichen Zusammenhängen und auch psychologischen Effekten, die selbst von lang gedienten Börsen-Profis nicht exakt vorausgesehen werden können (*Wendling* S. 41). Trotz aller temporärer – manchmal sehr kräftiger – Kursschwankungen ließen sich in der Vergangenheit durchweg hohe Erträge mit Aktien bei **langfristiger Anlage** erzielen. Seit 1972 brachten die deutschen Aktien, gemessen an der Wertermittlung des deutschen Aktienmarkts einschließlich reinvestierter Dividenden, durchschnittlich jährlich 12,2%. Geht man bis auf das Jahr 1948 zurück, ergibt sich eine jährliche Aktienrendite (vor Steuern) von 14,5% (FAZ vom 15. 7. 1997, S. 23). Dagegen warfen festverzinsliche DM-Wertpapiere im Durchschnitt nur 8,7% und Dreimonatsgeld lediglich 7,1% jährlich ab (FAZ vom 29. 8. 1996, S. 20). Bezogen auf das gesamte 20. Jahrhundert war die reale Rendite für Aktien in Schweden mit 8,2% auf Jahresbasis am höchsten. In den USA betrug die Rendite 6,9%. Deutschland nimmt in dieser Skala den 9. Rang ein mit einer Realrendite von 4,4% (FAZ vom 22. 3. 2000, S. 32). Wie sensibel die Aktienmärkte allerdings reagieren können, zeigte beispielsweise der kräftige Kursrutsch der internationalen Finanzmärkte Anfang Dezember 1996 aufgrund einer Äußerung des Präsidenten der amerikanischen Notenbank (FAZ vom 7. 12. 1996, S. 15). Nach zum Teil kräftigen Kursverlusten am Neuen Markt gehören diese Favoriten heute weitgehend der Vergangenheit an, die Anleger kehren wieder stärker zu Finanz- und Konsumwerten zurück (FAZ vom 5. 4. 2000, S. 31) Auch im Jahr 2001 hat der Neue Markt seinen Sinkflug fortgesetzt (FAZ v. 7. 7. 2001, 25). Aus diesem Grund sind Aktien im Regelfall nur bei mittel- und längerfristigen Anlagen empfehlenswert. Wer dagegen kurzfristig Liquidität benötigt und in Krisenzeiten verkaufen muß, kann bei dieser Anlageform auch viel verlieren.

Bei der Verwaltung größerer Geld- und Wertpapiervermögen ist ein Testa- 461
mentsvollstrecker gut beraten, wenn er eine **professionelle Vermögensverwaltung** beauftragt (Banken bzw. deren Vermögensverwaltungs-Tochtergesellschaften, private Vermögensverwalter mit den Anlagevorgaben konservativ-ausgewogen, ertragsorientiert oder – für einen der Haftung des § 2219 BGB unterworfenen Testamentsvollstrecker nicht ratsam – spekulativ). Ein besonderes Augenmerk wird er dabei auf die oft sehr unterschiedlichen **Gebühren dieser Profis** richten müssen (siehe dazu im einzelnen Steiner/Bruns, Wertpapier-Management, 4. Aufl. 1995; Geldverwalter, Auswahl-Gebühren-Leistung, Das Wertpapier (Zeitschrift) 1996, 51). Manche Depots werden von „tüchtigen" Anlageberatern so lange umgeschichtet und gedreht, bis das Kapital verbraucht ist (Rössner/Arendts WM 1996, 1517). Eine Bank, die einen unerfahrenen Kunden dazu verleitet, in Aktien **auf Kredit** zu spekulieren, ist regelmäßig zum Ersatz des durch die Spekulation entstehenden Schadens verpflichtet (BGH NJW 1997, 1361 = BB 1997, 855).

c) Risikostreuung durch Investmentzertifikate

462 Eingeschränktes Risiko bei ordentlicher Rendite können **Investmentzertifikate** bieten. Durch eine Mischung verschiedener Anlagen im Kapitalsammelbekken (Fondstopf) wird das **Risiko gestreut,** die Gewinnerwartung aber auch abgefedert (*Wendling* S. 41; *Lochmann* S. 96).

463 Im Gegensatz zu den Aktien wird das Wertpapier-Investmentzertifikat nicht an der Börse gehandelt. Die Fondsverwaltung bietet jedoch eine Rücknahme zu einem bestimmten „Rücknahmepreis" an. Die Investmentfonds haben in der Bundesrepublik in den letzten Jahren einen starken Aufschwung erlebt. Neben Aktien und/oder fest verzinslichen Wertpapieren verwalten sie auch vielfach Immobilien. Die Wertentwicklung bekannter Fonds wird wie der Börsenkurs von Aktien täglich veröffentlicht (*Lochmann* S. 96; *Wendling* S. 41). **Aktien-Fonds** bieten einfache Zugangsmöglichkeiten zu den Wachstumsmärkten (FAZ vom 10. 7. 2000, S. 33; s. ferner GFA, FondsGuide Deutschland 2000). Das Plazierungsvolumen der **geschlossenen Immobilienfonds** in Deutschland hat 1996 das Rekordniveau von rund 11,3 Milliarden DM erreicht (1995: 9,5 Milliarden DM). Der beständige Aufstieg geschlossener Immobilienfonds in der Anlegergunst der letzten Jahre ist allerdings mit dem Wegfall der 50%igen Sonderabschreibung in den neuen Bundesländern gestoppt. Experten erwarten für geschlossene Immobilienfonds schwierige Zeiten (zur Beratungspflicht des persönlich haftenden Gesellschafters bei einem an Steuervorteilen orientierten geschlossenen Immobilienfonds in Form einer Kommanditgesellschaft KG WM 2000, 1329), nachdem hohe Steuervorteile als Anlegekriterium weitgehend ausscheiden (§ 2b EStG, dazu Rdn. 456).

d) Immobilien bieten Inflationsschutz und steuerliche Anreize

464 Die **Immobilienanlage** bietet wegen des bereits oben erwähnten permanenten Wertzuwachses (durch die natürliche Bodenknappheit) **hohen Inflationsschutz** neben **steuerlichen Anreizen.** Wird der Immobilienbesitz durch Dritte verwaltet, entstehen im Regelfall allerdings auch beträchtliche **Verwaltungskosten,** die gegenzurechnen sind (*Wendling* S. 42). Nach teilweise **drastisch gesunkenen Immobilienpreisen** in Mitte der neunziger Jahre wird jetzt wieder mit steigenden Preisen gerechnet, wobei die Immobilienkäufer in bezug auf Lage der Grundstücke und ihre Vermietbarkeit zu Recht immer wählerischer werden. Ein Problem bei der weiteren Entwicklung der Immobilienpreise ist auch der Wegfall der degressiven Abschreibungsmöglichkeiten für vermietete Gewerbeimmobilien (soweit sie nicht zu einem Betriebsvermögen gehören, § 7 Abs. 4 S. 1 Nr. 2, Abs. 5 S. 1 EStG in der Fassung von Art. 1 Nr. 5 des Mißbrauchsbekämpfungs- und Steuerbereinigungsgesetzes vom 21. 12. 1993, BGBl. I S. 2310).

e) Rohstoffe

465 Einen gewissen Inflationsschutz bieten auch **Rohstoffe,** insbesondere **Gold und Platin und andere Edelmetalle,** unterliegen aber auch erheblichen Kursschwankungen und teilweise dramatischem Kursverfall (Silber!). **Warentermingeschäfte** sind – nicht nur wegen rechtlicher Unsicherheit und zum Teil enteignungsgleichen Gebühren der Makler – eindeutig im Bereich **Spekulation angesiedelt** und sollten auch vom dynamischen, risikofreudigen Testamentsvollstrecker tunlichst gemieden werden.

f) Kunstgegenstände und Antiquitäten

466 Unter dem Aspekt der **Wertsteigerung** ist bei langfristiger Kapitalanlage auch an **Kunstgegenstände** und **Antiquitäten** zu denken. Der im Jahre 1975 vom

Londoner Auktionshaus Sotheby's erstellte Preisindex für zwölf Bereiche aus Kunst und Antiquitäten weist bis Anfang der neunziger Jahre eine nahezu Verfünffachung der Durchschnittspreise wichtiger Sammelgebiete auf (*Wendling* S. 163).

Dennoch kann vor Kunstgegenständen als „Spekulationsobjekt" nur gewarnt **467**
werden. Einmal setzen sie **hervorragende Sach- und Marktkenntnisse** voraus, zum anderen bestimmen – auf die Gesamtzahl gesehen – nur die Werke weniger Künstler die rasanten Preisentwicklungen und zum dritten ist die Gefahr von Fälschungen nicht kleiner geworden (siehe auch die warnenden Hinweise von *Wendling* S. 163ff.). Selbst bei Altmeister-Gemälden stehen neuen Rekordpreisen auch immer wieder Preiseinbrüche gegenüber (FAZ vom 15. 7. 2000, S. 54).

6. Kapitel
Auskunftspflicht, Rechnungslegung, Herausgabe des Nachlasses

Übersicht

Formulierungsvorschläge

Literatur: *Baumbach/Lauterbach/Albers/Hartmann,* Zivilprozeßordnung, 58. Aufl. 2000; *Canaris,* Bankvertragsrecht, 2. Bearbeitung in: HGB-Großkommentar, 3. Aufl. 3. Bd., 3. Teil 1981; *Hachenburg,* Gesetz betreffend die Gesellschaften mit beschränkter Haftung, Großkommentar, 8. Aufl. 1992 ff.; *Riegger/Weipert* (Herausgeber), Münchener Handbuch des Gesellschaftsrechts, Bd. 2, Kommanditgesellschaft – Stille Gesellschaft, 1991; *Stürner,* Die Aufklärungspflicht der Parteien im Zivilprozeß, 1976; *ders.,* Strafrechtliche Selbstbelastung und verfahrensförmige Wahrheitsermittlung, NJW 1981, 1757 ff.; *Scholz,* GmbH-Gesetz, 9. Aufl. 2000; *Zöller,* Zivilprozeßordnung, 22. Aufl. 2001.

I. Das gesetzliche Schuldverhältnis zwischen Testamentsvollstrecker und Erben

1. Absonderung des Nachlasses, Vereinbarungen mit dem Erben

a) Gesetzliches Schuldverhältnis eigener Art

1 Die Verwaltung des Nachlasses durch den Testamentsvollstrecker führt zu einer **Absonderung** des Nachlasses vom Privatvermögen des Erben, der jedoch **Rechtsträger** (Inhaber) des Nachlasses bleibt (MünchKommBGB/*Brandner* § 2205 Rdn. 1 und 3). Diese Absonderung gebietet, den „entmachteten" Erben durch eine Reihe von Rechtsvorschriften abzusichern und den Testamentsvollstrecker einer wirksamen Kontrolle zu unterwerfen. **Grundlage** für eine ordnungsgemäße Amtsführung und Abwicklung ist zunächst die Verpflichtung des Testamentsvollstreckers, dem Erben unverzüglich nach Amtsannahme ein **Nachlaßverzeichnis** vorzulegen (§ 2215 BGB, dazu 3. Kap. Rdn. 1 ff.).

2 Die wichtigsten Vorschriften, die darüber hinaus das Rechtsverhältnis zwischen Erben und Testamentsvollstrecker bestimmen, sind in § 2218 BGB genannt. Danach findet das **Auftragsrecht** entsprechende Anwendung. Da es sich hier jedoch um ein **gesetzliches Schuldverhältnis eigener Art** handelt, liegt eigentlich kein Auftragsverhältnis und insgesamt überhaupt **kein Vertragsverhältnis** vor (BGH NJW 1977, 1726 = BGHZ 69, 235; MünchKommBGB/*Brandner* § 2218 Rdn. 1; *Staudinger/Reimann* § 2218 Rdn. 2; *Soergel/Damrau* § 2218 Rdn. 1; *Palandt/Edenhofer* § 2218 Rdn. 1; *Erman/M. Schmidt* § 2218 Rdn. 1; RGRK/*Kregel* § 2218

Rdn. 2; *Haegele/Winkler* Rdn. 467; *Lange/Kuchinke* § 31 VII 1). Die wichtigste Rechtsfolge hieraus ist: Der Erbe ist gegenüber dem Testamentsvollstrecker **nicht weisungsberechtigt** (BGH NJW 1959, 1429 = BGHZ 30, 67, 73).

b) Schutzvorschriften für den Erben, Verzichtsmöglichkeit

3 Ebenso wie der Erblasser den Testamentsvollstrecker von der Verpflichtung zur Vorlage des Nachlaßverzeichnisses nicht befreien kann, haben auch die in § 2218 Abs. 1 BGB angeführten, ansonsten disponiblen Bestimmungen des Auftragsrechts hier **zwingenden Charakter** (§ 2220 BGB).

4 Das dem Erblasser auferlegte gesetzliche Befreiungsverbot schließt aber nicht aus, daß – wie beim Nachlaßverzeichnis – der Erbe seinerseits auf **bestimmte Schutzvorschriften verzichten** kann, auch stillschweigend. Verzichten kann der Erbe auf die Einhaltung des § 664 Abs. 1 S. 3 BGB (die Haftung für das Verschulden eines vom Testamentsvollstrecker beigezogenen Gehilfen kann ausgeschlossen werden einschließlich der Haftung für dessen Vorsatz, weil das Ausschlußverbot des § 276 Abs. 2 BGB wegen § 278 S. 2 BGB bei der Haftung für Handlungen eines Erfüllungsgehilfen nicht eingreift) sowie auf die Bestimmungen der §§ 666 bis 668 BGB (Auskunfts- und Rechenschaftspflicht, Herausgabepflicht nach Beendigung des Amtes, Verzinsungspflicht, wenn er Gelder des Nachlasses für sich verwendet hat). Der Testamentsvollstrecker wiederum kann auf seinen Anspruch aus § 670 BGB (Aufwendungsersatz) verzichten.

5 Verzichtet der Erbe im Rahmen dieser **Gestaltungsmöglichkeiten** auf Einzelrechte, so kann er wirksam zu einer **raschen Abwicklung** der Testamentsvollstreckung beitragen, sofern nicht Dauervollstreckung angeordnet ist. Solche Vereinbarungen können die Rechtsstellung des Testamentsvollstreckers **erweitern.** Umgekehrt kann dieser aber auch durch eigenen Rechtsverzicht seinen Wirkungskreis zugunsten des Erben einschränken lassen.

c) Gestaltungs- und Vertragsfreiheit darf das Amt des Testamentsvollstreckers nicht aushöhlen

6 Diese Gestaltungs- und Vertragsfreiheit ist – über das Gebot der **höchstpersönlichen** Verpflichtung hinaus; dazu Rdn. 8ff. – nicht schrankenlos. Ein Vertrag, in dem sich der Testamentsvollstrecker zB verpflichten würde, er werde sich **generell dem Willen des Erben unterwerfen,** wäre **unwirksam.** Der Testamentsvollstrecker kann sich also nicht wirksam binden, vor jeder Handlung, die er auszuführen gedenkt, den Erben anzuhören und dessen Zustimmung einzuholen. Damit wäre das Amt des Testamentsvollstreckers **ausgehöhlt,** er wäre nicht mehr Testamentsvollstrecker, sondern in unzulässiger Weise Vollstrecker des Willens des Erben.

7 Eine ähnliche und damit ebenso **unwirksame Aushöhlung** läge vor, wenn sich der Testamentsvollstrecker verpflichten würde, sein Amt jederzeit auf Verlangen des Erben niederzulegen (BGHZ 25, 275 = NJW 1957, 1916; BGHZ 30, 67, 73 = NJW 1959, 1429; MünchKommBGB/*Brandner* § 2218 Rdn. 2).

2. Höchstpersönliche Verpflichtung, Einschaltung Dritter

a) Keine Übertragbarkeit des Amtes im Ganzen

8 Unverzichtbar und damit nicht der Gestaltungsfreiheit der Parteien Testamentsvollstrecker und Erbe unterworfen ist die Bestimmung des § 664 Abs. 1 S. 1 BGB: als **Vertrauensperson** muß der Testamentsvollstrecker sein Amt persönlich aus-

üben. Aus dieser **höchstpersönlichen Natur** des Testamentsvollstreckeramtes folgt, daß der Testamentsvollstrecker sein Amt nicht im Ganzen auf einen Dritten übertragen darf, auch wenn der Erbe ausdrücklich zustimmen würde (RGZ 81, 166, 170; *Staudinger/Reimann* § 2218 Rdn. 3 und 9; MünchKommBGB/*Brandner* § 2218 Rdn. 2 und 5; *Soergel/Damrau* § 2218 Rdn. 2; *Palandt/Edenhofer* § 2218 Rdn. 2).

Die höchstpersönliche Natur seines Amtes zwingt den Testamentsvollstrecker somit, dieses auch eigenverantwortlich und durch **den Einsatz seiner eigenen Person** auszuüben. Aus der Fülle der ihm übertragenen Aufgaben ergibt sich aber, daß es – insbesondere bei umfangreicheren Nachlässen mit schwierigen Verwaltungsaufgaben – dem Testamentsvollstrecker schlechthin unmöglich ist, jede Einzelhandlung selbst auszuführen. 9

b) Lösungsmöglichkeiten

Das in § 2218 BGB in Bezug genommene Auftragsrecht läßt folgende **Lösungsmöglichkeiten** zu: 10

aa) Übertragung einzelner Aufgaben. **Einzelne Aufgaben** können an Dritte zur Ausführung übertragen werden (sogenannte **Substitution** oder Vollübertragung nach § 664 Abs. 1 S. 3 BGB), wenn diese Übertragung durch eine letztwillige Anordnung des Erblassers gestattet ist (§ 2216 Abs. 2 S. 1 BGB). Der Erblasser kann also insoweit den Testamentsvollstrecker von der persönlichen Amtsausübung in bezug auf **Einzelaufgaben befreien** (MünchKommBGB/*Brandner* § 2218 Rdn. 5; *Staudinger/Reimann* § 2218 Rdn. 10; *Soergel/Damrau* § 2218 Rdn. 2; *Lange/Kuchinke* § 31 VII 1).

Aus praktischen Gründen ist die Vollübertragung einzelner Aufgaben nicht nur bei umfangreichen, sondern auch bei **schwierigen oder besonders eilbedürftigen Testamentsvollstreckungsaufgaben** einfach notwendig, um eine ordnungsgemäße Ausführung zu gewährleisten. *Reimann* weist in diesem Zusammenhang zutreffend darauf hin, daß der Testamentsvollstrecker sogar **verpflichtet** sein kann, sein Amt vorübergehend auf einen Dritten zu übertragen oder wenigstens die Wahrnehmung einzelner Aufgaben, wenn er persönlich verhindert ist, zB durch Erkrankung, und eine Handlung keinen Aufschub duldet (*Staudinger/Reimann* § 2218 Rdn. 10; RGRK/*Kregel* § 2218 Rdn. 5). 11

Ist die Substitution durch letztwillige Verfügung des Erblassers oder aus dem Gebot ordnungsgemäßer Verwaltung im Einzelfall **erlaubt,** haftet der Testamentsvollstrecker bei dem Einsatz von Substituten nur für sein **Auswahl- und Aufsichtsverschulden** nach § 664 Abs. 1 S. 2 BGB. Er muß deshalb die von ihm eingesetzte Person (in aller Regel ein Fachmann für die zu bewältigende Aufgabe) sorgfältig ausgewählt, in die Aufgabe eingewiesen und, soweit erforderlich, beaufsichtigt haben. Haftungsmaßstab ist § 276 BGB (*Kipp/Coing* § 73 II 5b; *Staudinger/Reimann* § 2218 Rdn. 10, 12; MünchKommBGB/*Brandner* § 2218 Rdn. 5). 12

Hat der Testamentsvollstrecker dagegen eine **Einzelaufgabe unerlaubt auf einen Dritten übertragen,** so haftet er auf **vollen Schadensersatz** und zwar auch dann, wenn ihn sonst kein weiteres Verschulden trifft und der eingesetzte Gehilfe ohne Ausführungsverschulden handelt. Der Testamentsvollstrecker hat den Schaden zu ersetzen, der durch diese unerlaubte Ausführung (unerlaubte Übertragung auf einen Dritten) entstanden ist. **Vergleichsmaßstab** ist die (hypothetische) Lage, die entstanden wäre, wenn er selbst gehandelt hätte. Ergibt sich dabei kein Unterschied, ist auch kein ausgleichungspflichtiger Schaden vorhanden (*Staudinger/Reimann* § 2218 Rdn. 12; MünchKommBGB/*Brandner* § 2218 Rdn. 5; *Kipp/Coing* § 73 II 5b). 13

14 *bb) Hinzuziehung von Gehilfen.* **Gehilfen,** die den Testamentsvollstrecker bei seiner Amtsausübung unterstützen, darf er in den Grenzen ordnungsgemäßer Verwaltung jederzeit zuziehen. Die Abgrenzung zwischen dem Einsatz solcher Gehilfen und der im Zweifel unerlaubten Substitution ist nicht immer leicht zu ziehen. Auch hier sollte jedoch einfach **vom Grundsatz praktikabler Handhabung** ausgegangen werden: was muß der Testamentsvollstrecker kraft Amtes selbst erledigen, was kann er auf einen Dritten übertragen? Man wird immer dann, wenn er die **Ausführung** bestimmter Aufgaben einem Dritten überläßt, er selbst dann aber noch „die Sache in der Hand behält", also die Ausführung veranlaßt, bestimmt und überwacht, im Zweifel von einer **bloßen Gehilfen-Bestellung** ausgehen müssen (*Staudinger/Reimann* § 2218 Rdn. 10; MünchKommBGB/*Brandner* § 2218 Rdn. 5a).

15 Beauftragt der Testamentsvollstrecker einen ihn auf diese Weise unterstützenden Gehilfen, so ist dieser **Erfüllungsgehilfe** im Sinne des § 278 BGB. Der Testamentsvollstrecker haftet deshalb nicht nur für eigenes Verschulden bei der Auswahl, Ein- und Anweisung sowie Beaufsichtigung, sondern für **jedes Verschulden dieses Erfüllungsgehilfen bei der Ausführungshandlung** (§ 664 Abs. 1 S. 3, § 278 BGB), sofern mit dem Erben nicht zulässigerweise – s. Rdn. 4 – eine andere Vereinbarung getroffen wurde.

16 *cc) Einschaltung selbständiger Vertragspartner.* Eine weitere Fallkonstellation der Einschaltung Dritter liegt vor, wenn der Testamentsvollstrecker mit **selbständigen Vertragspartnern eigene Verträge** (zB **Dienst- oder Werkverträge**) abschließt zur Durchführung seiner Aufgaben. Dies ist der Fall, wenn der Testamentsvollstrecker einen Dachdecker beauftragt, das sturmgeschädigte Dach eines zum Nachlaß gehörenden Wohnhauses instandzusetzen, wenn er mit einem Maler einen Werkvertrag über die Durchführung von Schönheitsreparaturen abschließt, wenn er einen Steuerberater mit der Erstellung der Erbschaftssteuererklärung beauftragt oder einen Rechtsanwalt mit der Führung eines Rechtsstreites über einen zum Nachlaß gehörenden Vermögensgegenstand.

17 Die Kompetenz des Testamentsvollstreckers, selbständige Vertragspartner einzuschalten, erscheint selbstverständlich. Jedoch kann im Einzelfall eine solche Auftragsvergabe ausgeschlossen sein. Ein derartiges Verbot kann zB vorliegen, wenn der Erblasser durch die Ernennung einer ganz bestimmten, qualifizierten Person mit entsprechender Vorbildung und einer auf die Besonderheiten des Falles zugeschnittenen besonderen Vergütungsanordnung – wenn auch nur konkludent – bestimmt hat, daß der **Testamentsvollstrecker diese Aufgaben persönlich ausführen solle.** Dann kann die Beauftragung eines Rechtsanwaltes zur Erstellung eines Auseinandersetzungsplanes oder für die Nachlaßabwicklung selbst (ohne daß dieser Mittestamentsvollstrecker wäre) gegen die Verpflichtung, nur solche Verbindlichkeiten für den Nachlaß einzugehen, die zur ordnungsgemäßen Verwaltung erforderlich sind (§ 2206 Abs. 1 S. 1 BGB), verstoßen (Fall von NJW 1983, 40, 41 = BGH LM BGB § 2206 Nr. 3; siehe auch MünchKommBGB/*Brandner* § 2218 Rdn. 5a).

18 Ohne eine solche spezielle Anordnung ist der Testamentsvollstrecker jedoch nicht verpflichtet, neben seiner eigentlichen Vollstreckertätigkeit seine besonderen **berufsspezifischen Kenntnisse** ohne besondere Vergütung in den Dienst des Nachlasses zu stellen. Er kann also, wenn er neben seiner Testamentsvollstreckeraufgabe berufsspezifische Arbeiten wie die eines Rechtsanwaltes, Steuerberaters, Buchprüfers, Architekten, Bauingenieurs usw. übernimmt, dafür auch noch eine **besondere Vergütung** verlangen nach den für die jeweiligen Berufsgruppen geltenden Gebühren- und Honorarordnungen wie BRAGO, Steuerberatergebühren-

VO, HOAI etc. (MünchKommBGB/*Brandner* § 2221 Rdn. 24; *Staudinger/Reimann* § 2218 Rdn. 32; *Soergel/Damrau* § 2218 Rdn. 14; *Haegele/Winkler* Rdn. 635; *Kipp/Coing* § 73 II 5b).

Auch bei der Einschaltung Dritter als selbständige Vertragspartner haftet der Testamentsvollstrecker nur für deren **sorgfältige Auswahl,** Ein- und Anweisung und Aufsicht, soweit erforderlich: würde ein Testamentsvollstrecker aufgrund eigener Sachkunde erkennen können, daß ein Steuerberater oder Rechtsanwalt die ihm übertragenen Verpflichtungen nicht ordnungsgemäß und unter Wahrung der Interessen des Nachlasses verfolgt, kann er verpflichtet sein, dieses Mandat zu kündigen. 19

dd) Ernennung eines Nachfolgers. Das **Verbot,** das Testamentsvollstreckeramt im Ganzen auf eine andere Person zu übertragen, kann allerdings **umgangen** bzw. über einen **anderen Weg erreicht werden:** der Testamentsvollstrecker kann sein Amt jederzeit kündigen (§ 2226 S. 1 BGB). Sofern ihn der Erblasser dazu ermächtigt hat, kann er dann einen **Nachfolger ernennen** (§ 2199 Abs. 2 BGB). Im Ergebnis wird damit also dasselbe erreicht – wenn auch in zwei Schritten –, wie wenn der Testamentsvollstrecker von vornherein sein Amt auf einen Dritten übertragen hätte (MünchKommBGB/*Brandner* § 2218 Rdn. 5; *Staudinger/Reimann* § 2218 Rdn. 9; RGRK/*Kregel* § 2218 Rdn. 5; *Palandt/Edenhofer* § 2218 Rdn. 2). Ein zu mißbilligender **Gestaltungsmißbrauch** liegt indessen **nicht** vor, weil dieser Weg eben nur gangbar ist, wenn dem Testamentsvollstrecker die Nachfolgerbenennungs-Ermächtigung erteilt wurde. Fehlt sie – vom Erblasser bewußt unterlassen oder auch nur vergessen –, bleibt es beim Gebot höchstpersönlicher Amtsausübung. 20

3. Vollmachtserteilung durch den Testamentsvollstrecker

a) Spezialvollmacht, Prokura, Handlungsvollmacht

Ein weiterer, von der Frage der Zulässigkeit der Übertragung einzelner Obliegenheiten auf Dritte oder der Einschaltung von Gehilfen zu unterscheidender Fall ist der Problemkreis der **Vollmachtserteilung.** Eine Vollmachtserteilung ist bei der praktischen Durchführung des Testamentsvollstreckeramtes in vielen Fällen unerläßlich und ohne weiteres zulässig, weil dadurch der Vollstrecker das einzelne Geschäft, auf das sich die Vollmacht bezieht, noch nicht aus seinen Händen und aus seiner Verantwortung gibt. Übliche Vollmachten sind zB die **Bankvollmacht** (*Staudinger/Reimann* § 2218 Rdn. 13 mit Rechtsprechungsnachweisen; MünchKommBGB/*Brandner* § 2218 Rdn. 6); die Erteilung einer **Prozeßvollmacht** an einen Rechtsanwalt; die Erteilung einer Vollmacht zur Führung außergerichtlicher Verhandlungen; die Erteilung der Vollmacht an einen Architekten, mit der Baurechtsbehörde über einen Bauantrag zu verhandeln; die Vollmachtserteilung an einen Steuerberater zu Verhandlungen mit der Finanzverwaltung etc. 21

Über diesen engen Wirkungskreis einer **Spezialvollmacht** hinaus ist anerkannt, daß der Testamentsvollstrecker zB auch **Prokura** oder **Handlungsvollmacht** erteilen darf, wenn er ein Handelsgeschäft im eigenen Namen für die Erben weiterführt. In diesem Fall nimmt der Testamentsvollstrecker die Inhaberstellung nach § 48 HGB für die Prokuraerteilung ein (MünchKommBGB/*Brandner* § 2218 Rdn. 6; *Staudinger/Reimann* § 2218 Rdn. 13). 22

b) Grenzen der Generalvollmacht

23 Umstritten ist immer noch, inwieweit der Testamentsvollstrecker einem Dritten **Generalvollmacht** erteilen darf, weil diese dem Verbot, das Amt als Ganzes auf einen Dritten zu übertragen, widersprechen könnte. *Haegele/Winkler* Rdn. 468 hält deshalb die Erteilung einer Generalvollmacht grundsätzlich für unzulässig, soweit der Erblasserwille nicht etwas anderes aussage. Auch für *Kipp/Coing* (§ 73 II 5b) ist die Erteilung einer Generalvollmacht wegen der Unübertragbarkeit des Testamentsvollstreckeramtes bedenklich.

24 Für zulässig hält dagegen *Palandt/Edenhofer* (§ 2218 Rdn. 2) eine Generalvollmacht, wenn sich der Testamentsvollstrecker den Widerruf vorbehalten hat; nach *Staudinger/Reimann* kann der Testamentsvollstrecker Generalvollmacht immer dann erteilen, wenn der Erblasser eine solche Bevollmächtigung letztwillig nicht untersagt hat. Gleichzeitig muß nach dieser Auffassung jedoch der Testamentsvollstrekker sich auch das Recht des jederzeitigen **Widerrufes** vorbehalten haben (§ 2218 Rdn. 13; ebenso RGRK/*Kregel* § 2218 Rdn. 5 und *Erman/M. Schmidt* § 2218 Rdn. 2; *Mayer/Bonefeld/Daragan* Rdn. 337). Für *Soergel/Damrau* ist – ohne nähere Begründung – eine Generalvollmacht unproblematisch (§ 2218 Rdn. 3).

25 Weitergehend vertritt *Brandner* (MünchKommBGB § 2218 Rdn. 6) die Auffassung, daß die Erteilung einer Generalvollmacht dann nicht gegen das Verbot der Amtsübertragung verstoße, wenn dies **mit dem Erblasserwillen zu vereinbaren** sei. Die interne Entscheidungsbefugnis gegenüber dem Generalbevollmächtigten müsse dabei dem Testamentsvollstrecker verbleiben, es dürfe in Wirklichkeit keine verbotene Vollübertragung der Amtsausführung sein. Dazu gehöre notwendigerweise auch die **jederzeitige Widerruflichkeit** der Vollmacht. Durch diese Widerruflichkeit bleibe die grundsätzlich gebotene **persönliche Amtsführung** des Testamentsvollstreckers gewahrt.

26 Es ist sicherlich richtig, daß derjenige, der eine Generalvollmacht jederzeit widerrufen kann, **Herr des Verfahrens** bleibt und letztlich – wenn auch mit sehr verlängertem Arm – das Amt noch persönlich führt. Die jederzeitige Widerruflichkeit unterscheidet diese Fallgestaltung sehr wesentlich von der – unwiderruflichen – Vollübertragung des Amtes. Es darf jedoch nicht verkannt werden, daß sich diese theoretisch bedeutsamen Unterschiede praktisch verwischen, wenn der Testamentsvollstrecker einen Generalbevollmächtigten weitgehend selbständig gewähren läßt und ihn nur an der langen Leine führt.

27 Eine ähnliche Problematik ist uns aus dem Gesellschaftsrecht geläufig, wo zB der Grundsatz gilt, daß die von einem GmbH-Geschäftsführer erteilte Generalvollmacht dessen Organstellung, Zuständigkeiten und Verantwortung nicht verdrängen darf. Dies gilt selbst für den Fall, daß sämtliche Gesellschafter der Generalvollmachts-Erteilung zugestimmt haben (BGH NJW 1977, 199). Zulässig ist also die im rechtsgeschäftlichen Außenverkehr der Geschäftsführer-Vertretungsmacht gleichkommende Generalvollmacht, nur darf sie eben **nicht diese verdrängen** und sie muß **widerruflich** sein (*Baumbach/Hueck/Zöllner* GmbHG § 35 Rdn. 36a; *Scholz/Uwe H. Schneider* GmbHG § 35 Rdn. 17ff.; so jetzt ausdrücklich auch für den Testamentsvollstrecker *Lange/Kuchinke* § 31 VII 1). Der Geschäftsgegner kann es aber dem einzelnen Geschäft nicht ansehen, ob dieses in den GmbH-Geschäftsführer bzw. den Testamentsvollstrecker **verdrängender Weise** abgeschlossen wird. Allenfalls rückblickend bei Überprüfung eines längeren Zeitraumes oder einer größeren Anzahl von Geschäftsvorfällen könnte diese Frage ex post entschieden werden. Deshalb ist es nach wie vor weitverbreitete Praxis, daß zB Grundbuchanträge von Generalbevollmächtigten, die für eine GmbH handeln, als unzulässig zurückgewiesen werden.

Aus diesen Gründen kann auch jedem Testamentsvollstrecker nur geraten werden, einmal mit der Erteilung einer Generalvollmacht äußerst **zurückhaltend** zu sein und zum zweiten tunlichst **Grundbuchanträge immer selbst zu stellen,** will er nicht mit unerwünschten Zurückweisungen oder Verzögerungen rechnen müssen. 28

c) Vollmacht endet mit Ende des Testamentsvollstreckeramtes

Der Testamentsvollstrecker erteilt sowohl die Einzel- als auch die Generalvollmacht **im eigenen Namen.** Er ist der Vollmachtgeber, nicht der Erbe. Daraus folgt, daß nach § 168 BGB mit der Beendigung des Testamentsvollstreckeramtes auch jede vom Testamentsvollstrecker erteilte **Vollmacht erlischt** (MünchKommBGB/*Brandner* § 2218 Rdn. 6; *Staudinger/Reimann* § 2218 Rdn. 14; *Soergel/Damrau* § 2218 Rdn. 3; *Palandt/Edenhofer* § 2218 Rdn. 2; *Haegele/Winkler* Rdn. 469 und 827). 29

Die gegenteilige Auffassung von *Kipp/Coing* (§ 73 II 5b am Ende), nach der der Bevollmächtigte nicht den Testamentsvollstrecker vertrete, sondern den Erben in demselben Sinne, in dem diesen der Testamentsvollstrecker vertrete, **verstößt** schon gegen das **Verbot der Vollübertragung der Amtsführung** und ist deshalb abzulehnen. Es bleibt also bei dem Ergebnis, daß mit dem Ende des Amtes des Testamentsvollstreckers auch jede Befugnis eines von ihm Bevollmächtigten, für den Nachlaß zu handeln, erlischt. 30

4. Kreis der Anspruchsberechtigten

a) Erbe, Nacherbe nach Eintritt des Nacherbfalles

Das gesetzliche Schuldverhältnis nach §§ 2215 bis 2220 BGB regelt das Rechtsverhältnis zwischen Testamentsvollstrecker und dem Erben. **Anspruchsberechtigt** wie zB beim Anspruch auf Auskunftserteilung ist im Regelfall der **Erbe selbst.** Wie die Verpflichtung zur Aufstellung des Nachlaßverzeichnisses **gegenüber dem Nacherben** erst nach Eintritt des Nacherbfalles entsteht (s. 3. Kap. Rdn. 34), besteht auch die Verpflichtung zur Auskunftserteilung **nur gegenüber dem Vorerben.** Der Nacherbe hat den Auskunftsanspruch nach Eintritt des Nacherbfalles, wenn der Erbe nicht mehr Erbe ist und die Erbschaft dem Nacherben angefallen ist (§ 2139 BGB). 31

Vor Eintritt des Nacherbfalles hat der Nacherbe gegenüber dem Vorerben einen Anspruch auf Auskunftserteilung, wenn ein Grund zu der Annahme besteht, daß die Rechte des Nacherben durch die Verwaltung des Nachlasses erheblich verletzt werden (§ 2127 BGB, dazu MünchKommBGB/*Grunsky* § 2127 Rdn. 3). Schuldner dieser Auskunftserteilung – die Auskunft bezieht sich auf den derzeitigen Bestand der Erbschaft, nicht dagegen auch auf die seit dem Erbfall etwa eingetretenen Veränderungen (MünchKommBGB/*Grunsky* § 2127 Rdn. 4) – ist der Vorerbe. Da der Anspruch jedoch erst entsteht, wenn durch die Verwaltung des Nachlasses die Rechte des Nacherben erheblich verletzt werden und diese Verwaltung im Falle der Anordnung einer Testamentsvollstreckung durch den Testamentsvollstrecker geschieht, richtet sich in diesem Sonderfall der **Auskunftsanspruch des Nacherben auch gegen den Testamentsvollstrecker** (MünchKommBGB/*Brandner* § 2218 Rdn. 4; *Staudinger/Reimann* § 2218 Rdn. 6; *Soergel/Damrau* § 2218 Rdn. 17). Nach BGH NJW 1995, 456 = BGHZ 127, 360 = BGH LM BGB § 2218 Nr. 7 = ZEV 1995, 69 (m. Anm. *Skibbe*) muß der **Nacherben-Testamentsvollstrecker dem Nacherben schon vor dem Nacherbfall** und auch dann, wenn er zugleich 32 als Testamentsvollstrecker zur Verwaltung des Nachlasses während der Vorerbschaft eingesetzt ist, auf dessen Verlangen **Auskunft erteilen** über den bei Übernahme des Testamentsvollstreckeramtes **vorhandenen Bestand des Nachlasses** (nach Erteilung dieser Auskunft über den späteren Bestand nur dann, wenn die Nacherben eine erhebliche Verletzung ihrer Rechte durch die Verwaltung des Nachlasses dartun) sowie über den **Verbleib von Nachlaßgegenständen,** bezüglich derer der Nacherben-Testamentsvollstrecker Rechte der Nacherben gemäß §§ 2113ff. und 2116ff. BGB wahrgenommen hat.

33 Muß der Auskunftsanspruch **gerichtlich durchgesetzt** werden, kann er sowohl gegenüber dem Vorerben als auch gegenüber dem Testamentsvollstrecker geltend gemacht werden. Das **Prozeßführungsrecht für Passivprozesse** steht sowohl dem Erben (Vorerben) als auch dem Testamentsvollstrecker zu, wenn dieser den gesamten Nachlaß verwaltet. Hat der Testamentsvollstrecker kein Verwaltungsrecht, steht ihm auch das Prozeßführungsrecht nicht zu, § 2213 Abs. 1 S. 1 und 2 BGB.

b) Vermächtnisnehmer und Pflichtteilsberechtigte, Nießbraucher

34 Auch **Vermächtnisnehmer und Pflichtteilsberechtigte** haben im Regelfall ebensowenig einen Anspruch auf Auskunftserteilung wie sie auch grundsätzlich nicht die Errichtung eines Nachlaßverzeichnisses fordern können (s. 3. Kap. Rdn. 35; *Staudinger/Reimann* § 2218 Rdn. 6; MünchKommBGB/*Brandner* § 2218 Rdn. 4; *Soergel/Damrau* § 2218 Rdn. 17; RGRK/*Kregel* § 2218 Rdn. 3; *Palandt/Edenhofer* § 2218 Rdn. 1; *Erman/M. Schmidt* § 2218 Rdn. 10).

35 Anspruch auf Aufstellung eines Nachlaßverzeichnisses und auf Auskunftserteilung hat der Vermächtnisnehmer allerdings dann, wenn ihm gleichzeitig der **Nießbrauch** am Nachlaß oder an einem Erbteil zugewendet worden war. Sein Anspruch ergibt sich in diesem Fall aus §§ 1035, 1068 BGB (s. 3. Kap. Rdn. 35; *Staudinger/Reimann* § 2215 Rdn. 8; RGRK/*Kregel* § 2215 Rdn. 2).

36 Der Vermächtnisnehmer ist auskunftsberechtigt, wenn ihm ein solcher **Auskunftsanspruch** vom Erblasser **ausdrücklich vermacht** wurde (*Palandt/Edenhofer* § 2218 Rdn. 9). Diese Fälle sind nicht besonders häufig, weil im Regelfall der Vermächtnisnehmer seinen Anspruch bei klarer Definition des ihm Zugewandten auch ohne besondere zusätzliche Auskunftserteilung realisieren kann.

37 Häufiger sind dagegen die Fälle, in denen ein Anspruch auf solche Auskunftserteilung (und auch Rechnungslegung) **stillschweigend mitvermacht** wurde, wenn nur durch eine solche zusätzliche Auskunft der **Vermächtnisgegenstand** oder der Umfang des Vermächtnisses **bestimmt** werden kann. Dies ist nicht nur der Fall, wenn ein **Sachinbegriff** oder eine **Sachgesamtheit** (zB Warenlager mit wechselndem Bestand, § 92 Abs. 2 BGB; BGH WM 2000, 1704; *Palandt/Heinrichs* Überbl. v. § 90 Rdn. 5) vermacht wurde (auch das Vermächtnis über Hausrat, über einen Weinkeller, eine Bibliothek, eine Viehherde oder Münzsammlung fällt darunter, RGRK/*Johannsen* § 2155 Rdn. 10), auch eine erst **künftig entstehende Sache** (zum Kaufvertrag über eine erst künftig entstehende Sache s. BGH BB 2000, 275), sondern auch wenn eine bestimmte **Quote des Nachlasses** oder ein bestimmter Bruchteil des Bar- oder Wertpapiervermögens als Vermächtnis zugewandt wurde. Auch in diesen Fällen kann der Bedachte seinen Anspruch ohne eine zusätzliche Auskunft des Erben bzw. Testamentsvollstreckers nicht hinreichend genau bestimmen. Rechtsprechung und Literatur nehmen an, daß hier ein **einklagbarer Anspruch auf Auskunft mitvermacht wurde** (BGH WM 1964, 950, 953 = DB 1964, 1370; MünchKommBGB/*Schlichting* § 2174 Rdn. 8; MünchKommBGB/*Brandner* § 2218 Rdn. 23; RGRK/*Johannsen* § 2174 Rdn. 14;

RGRK/*Kregel* § 2218 Rdn. 3; *Palandt/Edenhofer* § 2218 Rdn. 9; *Haegele/Winkler* Rdn. 475; *Kipp/Coing* § 73 III).

Der mitvermachte Auskunftsanspruch richtet sich **gegen den Beschwerten.** Er ist vom **Testamentsvollstrecker,** soweit der vermachte Gegenstand seiner Verwaltung unterliegt, **zu erfüllen.** Für eine Auskunftsklage ist er – neben den Erben – passiv legitimiert (§§ 2213 BGB; MünchKommBGB/*Brandner* § 2213 Rdn. 8, § 2218 Rdn. 23 und § 2219 Rdn. 7). 38

Letztendlich läßt sich auch aus der **Schadensersatzverpflichtung** des Testamentsvollstreckers gegenüber einem Vermächtnisnehmer eine Verpflichtung zur Auskunftserteilung herleiten (wie eine Pflicht zur Aufstellung eines Nachlaßverzeichnisses, s. 3. Kap. Rdn. 36), wenn der Vermächtnisnehmer ohne eine solche Auskunftsleistung nicht in der Lage ist, sein Vermächtnis zu realisieren (BGH WM 1964, 950; MünchKommBGB/*Brandner* § 2219 Rdn. 7; *Staudinger/Reimann* § 2218 Rdn. 6). 39

c) Pfändungspfandgläubiger

Auch der Pfändungspfandgläubiger ist auskunftsberechtigt. Pfändet ein Gläubiger den Anteil eines Miterben am Nachlaß nach § 859 Abs. 2 ZPO, erhält er ohne weiteres den **Hilfsanspruch auf Auskunft und Rechnungslegung,** auch wenn diese Nebenansprüche nicht ausdrücklich mitgepfändet wurden. Der Auskunftsanspruch besteht selbst dann, wenn die Forderung des Pfändungspfandgläubigers hinter dem Wert des gepfändeten Erbteils zurückbleibt (*Staudinger/Reimann* § 2218 Rdn. 15; RGRK/*Kregel* § 2218 Rdn. 6, jeweils mit Hinweisen auf ältere Rechtsprechung). Dagegen ist der Anspruch auf Auskunft ebenso wie der Anspruch auf Rechenschaftslegung als bloßer Hilfsanspruch losgelöst vom Anspruch selbst (Erbteil) **nicht für sich allein übertragbar** und damit auch wegen § 851 ZPO nicht pfändbar (*Staudinger/Reimann* § 2218 Rdn. 15; RGRK/*Kregel* § 2218 Rdn. 6). 40

Haben mehrere Pfändungsgläubiger einen Erbteil eines Miterben gepfändet und ist der Testamentsvollstrecker ihnen aufgrund ihres Hilfsanspruches auskunftsverpflichtet, so richtet sich seine Verpflichtung grundsätzlich nach der **Priorität der ausgebrachten Pfändungen** (siehe zum Prioritätsprinzip auch BGH NJW 1991, 45 = WM 1990, 2126), dh., er hat seine Pflicht erfüllt, wenn er dem an erster Rangstelle stehenden Pfändungsgläubiger Auskunft erteilt hat. Sind ausnahmsweise einmal mehrere gleichrangige Pfändungspfandgläubiger vorhanden, so wird sich der Testamentsvollstrecker nach § 432 BGB helfen. Da es sich um eine unteilbare Leistung handelt, wird der Testamentsvollstrecker seine Auskunft allen Pfändungsgläubigern **gemeinschaftlich** erteilen, jeder dieser Gläubiger kann ohnehin Leistung nur an alle gemeinsam fordern (s.a. *Staudinger/Reimann* § 2218 Rdn. 15). Denkbar ist allerdings auch, daß diese Gläubiger (wie zB mehrere Miterben) gemeinsam einen **Vertreter** benennen, zu dessen Händen dann der Testamentsvollstrecker mit Wirkung für alle Gläubiger die Auskunft erteilt (zu einer solchen „Vertreterklausel" siehe auch *Reimann* Rdn. 644; *Klumpp* ZEV 1999, 305, 307; s. Rdn. 314 bis 316). 41

d) Erbschaftserwerber

Auf das Rechtsverhältnis zwischen dem Testamentsvollstrecker und dem Erben findet u.a. die Vorschrift des § 664 Abs. 2 BGB entsprechende Anwendung. Nach der Auslegungsregel des § 664 Abs. 2 BGB ist der Anspruch auf Ausführung des Auftrages – da zumeist auf ein persönliches Vertrauensverhältnis gegründet – grundsätzlich **nicht übertragbar.** Bezogen auf das Rechtsverhältnis Testa- 42 mentsvollstrecker/Erbe bedeutet dies, daß der Erbe seine Rechtsstellung und damit seinen Anspruch auf Auskunftserteilung **nicht auf einen Dritten** übertragen kann.

43 **Verkauft der Erbe** nach § 2371 BGB (in der Form der notariellen Beurkundung) **seine Erbschaft** oder ein Miterbe seinen **Erbteil** an einen Dritten, so ändert der schuldrechtliche Vertrag nichts an der Erbenstellung des Verkäufers, der somit auch seinen Auskunftsanspruch gegenüber dem Testamentsvollstrecker noch nicht verliert, wie andererseits der Käufer der Erbschaft/des Miterbenanteils noch keinen Auskunftsanspruch erwirbt. Dieser Auskunftsanspruch geht erst auf den Erwerber über mit der **Erfüllung** des Erbschaftskaufvertrages durch **Einzelübertragung** der verkauften Sachen und Rechte (§§ 433 Abs. 1 und 2374 BGB, dazu *Palandt/Edenhofer* Überbl. v. § 2371 Rdn. 2). Der Miterbe erfüllt seine Übertragungsverpflichtung durch **Übertragung des Erbteils** nach § 2033 BGB, der Nacherbe durch Übertragung des **Anwartschaftsrechts** entsprechend § 2033 BGB. Die Verfügung bedarf in beiden Fällen der notariellen Beurkundung (§ 2033 Abs. 1 S. 2 BGB – s. dazu *Palandt/Edenhofer* Überbl. v. § 2371 Rdn. 2, § 2108 Rdn. 6; MünchKommBGB/*Musielak* § 2371 Rdn. 4).

44 Mit der Übertragung eines Miterbenanteils (der Erbschaft) erhält der Erwerber sämtliche Rechte und Pflichten des Miterben (Erben) hinsichtlich Verwaltung und Auseinandersetzung des Nachlasses, also auch den **Auskunftsanspruch gegenüber dem Testamentsvollstrecker** (s. auch MünchKommBGB/*Dütz* § 2033 Rdn. 26 unter Hinweis auf RGZ 83, 27, 30; *Palandt/Edenhofer* § 2033 Rdn. 6). Der Auskunftsanspruch geht ebenso wie der Anspruch auf Rechnungslegung als **Nebenrecht** mit auf den Erwerber über entsprechend §§ 413, 401 BGB (*Staudinger/Reimann* § 2218 Rdn. 15).

45 Diese Regeln über den Verkauf der Erbschaft und das **Erfüllungsgeschäft** gelten auch für **ähnliche Verträge** wie Rückkauf, Weiterverkauf, Tausch und Schenkung einer Erbschaft (eines Miterbenanteils) gem. § 2385 BGB. Auch hier geht mit dem dinglichen Erfüllungsgeschäft der Auskunftsanspruch als Nebenrecht auf den Erwerber über.

e) Miterben

46 Den Auskunftsanspruch gegenüber dem Testamentsvollstrecker kann **jeder Miterbe** allein geltend machen und den Testamentsvollstrecker darauf verklagen. Da es sich bei dem Anspruch auf Auskunft und Rechnungslegung um einen Anspruch handelt, der zum Nachlaß gehört, kann der klagende Miterbe nur **Leistung an alle Erben gemeinsam** fordern (§ 2039 S. 1 BGB, BGH NJW 1965, 396 = DNotZ 1965, 621; *Staudinger/Reimann* § 2218 Rdn. 21; *Erman/M. Schmidt* § 2218 Rdn. 3 und 10; ausnahmsweise – wenn die Mitglieder der Erbengemeinschaft zahlreich und über viele Orte verstreut sind und so die Vollstreckung eines auf Auskunftserteilung an alle Gläubiger lautenden Urteils nahezu unmöglich ist – kann für den klagenden Miterben ein **Individualanspruch** auf Auskunftserteilung und Rechnungslegung bejaht werden, BGH NJW 1996, 656 = LM BGB § 666 Nr. 18 für einen Grundstücks-Miteigentümer). Nach anderer Auffassung ergibt sich diese Rechtsfolge nicht aus § 2039 BGB, sondern aus § 432 Abs. 1 S. 1 BGB (die Miterben sind Gläubiger einer unteilbaren Leistung, so MünchKommBGB/*Brandner* § 2218 Rdn. 3, der im Gegensatz zu BGH NJW 1965, 396 im Anschluß an RGZ 86, 66, 68 die Auffassung vertritt, diese Ansprüche gehörten nicht zum Nachlaß). Der Meinungsstreit hat keine praktische Bedeutung: beide Auffassungen sind sich darüber einig, daß jeder Miterbe allein auf Leistung (Auskunft und Rechnungslegung) an alle Miterben klagen kann. Eine notwendige Streitgenossenschaft

besteht hierfür nicht (*Staudinger/Reimann* § 2218 Rdn. 21; MünchKommBGB/ *Dütz* § 2039 Rdn. 20).

Ein Miterbe kann die Auskunftsklage auch **gegen den Widerspruch** der übrigen Miterben erheben, dies ist ja gerade der Sinn des § 2039 BGB (MünchKommBGB/*Dütz* § 2039 Rdn. 14). Klagt der einzelne Miterbe auf Leistung an sich allein, ohne von den anderen Miterben hierzu ermächtigt zu sein, ist seine Klage unbegründet. Die Miterben können jedoch einen von ihnen **ermächtigen,** die Auskunft – mit Wirkung für alle Erben – entgegenzunehmen oder förmlich einen **Vertreter** bestellen, zu dessen Händen die Auskunft dann zu bewirken ist (zur Zulässigkeit einer solchen Ermächtigung MünchKommBGB/*Dütz* § 2039 Rdn. 26; *Reimann* Rdn. 44ff.; *Klumpp* ZEV 1999, 305, 307; näheres s. Rdn. 314ff.). 47

Sind **mehrere Testamentsvollstrecker** berufen, sind sie bezüglich ihrer Pflichten zur Auskunftserteilung und Rechnungslegung ebenfalls **nicht notwendige Streitgenossen.** Ein einzelner Miterbe kann also auch in diesem Fall gegen einen von mehreren Testamentsvollstreckern (Mitvollstrecker) alleine vorgehen (*Reimann* Rdn. 642). Er muß selbstverständlich aber auch hier grundsätzlich auf Leistung **an alle Miterben gemeinsam** klagen (§§ 2039, 432 BGB; *Staudinger/ Reimann* § 2218 Rdn. 21 unter Hinweis auf RG JW 1913, 495 und BGH NJW 1965, 396). 48

f) Einsetzung eines Ergänzungspflegers?

Ist als Testamentsvollstrecker der **gesetzliche Vertreter** eines minderjährigen Erben (Miterben) eingesetzt, ist streitig, ob ein **Ergänzungspfleger** nach § 1909 BGB bestellt werden muß, der die Rechte des Minderjährigen auf Auskunftserteilung und Rechnungslegung gegenüber dem Testamentsvollstrecker geltend macht. Zwar gilt der gesetzliche Ausschluß der Vertretungsmacht nach § 1795 BGB gemäß § 1629 Abs. 2 S. 1 BGB auch für die Eltern (dazu *Palandt/Diedrichsen* § 1629 Rdn. 23), dennoch folgt aus den §§ 1795 Abs. 2, 181, 1629 Abs. 2 BGB nicht zwingend, daß der Testamentsvollstrecker-Elternteil gehindert sei, diese Rechte gegen sich selbst geltend zu machen (so allerdings OLG Hamm FamRZ 1993, 1122; *Soergel/Damrau* § 2218 Rdn. 18). Nach unserer Auffassung ist einem Elternteil **nicht deshalb ein Pfleger** zur Seite zu stellen, weil er vom Erblasser **zusätzlich** zum Testamentsvollstrecker ernannt wurde. Da eine Überprüfung der Auskunft (Rechnungslegung) als Realakt zu qualifizieren ist, stehen einer Pflegerbestellung auf der Grundlage von § 1667 BGB gravierende Bedenken entgegen. Es reicht die Überwachung durch das Vormundschaftsgericht nach § 1823 BGB, da sich diese auch auf seine Tätigkeit als Testamentsvollstrecker bezieht (*Damrau* ZEV 1994, 1, 3 unter 1.3 und 5; *Staudinger/Reimann* § 2218 Rdn. 22; MünchKommBGB/*Brandner* § 2218 Rdn. 13; *Haegele/Winkler* Rdn. 557, der allerdings speziell für den Fall der Rechnungslegung für einen minderjährigen Erben (Miterben) eine Pflegerbestellung fordert). 49

Es bedarf also ebenso wie zur Prüfung des Nachlaßverzeichnisses bei der Konstituierung des Nachlasses nach § 2215 BGB **keines Ergänzungspflegers** (s. 3. Kap. Rdn. 37ff.). Hier wie dort handelt es sich nicht um ein gesetzlich verbotenes Selbstkontrahieren, sondern um die **Erfüllung einer gesetzlichen Verpflichtung** als Verwalter des Kindesvermögens, die durch die gleichzeitige Eigenschaft als Testamentsvollstrecker nicht entfällt. 50

Hat ein minderjähriger Erbe einen **Vormund** (weil er nicht unter elterlicher Sorge steht oder weil die Eltern weder personensorge- oder vermögenssorgeberechtigt sind, § 1773 BGB), ist der Vormund auch berechtigt, vom Testaments- 51 vollstrecker Auskunft und Rechnungslegung zu verlangen. Diese Auskunft ist ihm und nicht etwa dem Vormundschaftsgericht zu erteilen (ebenso erfolgt ihm gegenüber die Rechnungslegung nach § 259 BGB, nicht nach § 1840 BGB gegenüber dem Vormundschaftsgericht: *Staudinger/Reimann* § 2218 Rdn. 22).

52 Dasselbe gilt für einen **Betreuer** eines volljährigen Sorgebedürftigen (§ 1896 BGB; das Betreuungsgesetz vom 12. 9. 1990, BGBl I S. 2002, setzte ab 1. 1. 1992 anstelle der Vormundschaft über Volljährige sowie anstelle der Gebrechlichkeitspflegschaft das einheitliche Rechtsinstitut der Betreuung; vgl. *Palandt/Diederichsen* Einf. v. § 1896 Rdn. 1). Zahlreiche Regelungen der Vormundschaft über Minderjährige, so auch der gesetzliche Ausschluß der Vertretungsmacht in bestimmten Fällen nach § 1795 BGB, gelten gleichermaßen für das Betreuungsrecht, § 1908i BGB.

g) Auskunftsanspruch des Testamentsvollstrecker-Nachfolgers

53 Die rechtlichen Beziehungen zwischen einem Testamentsvollstrecker und seinem Nachfolger sind im Gesetz nicht eigens geregelt und zwar weder für den Fall, daß der Erblasser den Testamentsvollstrecker ermächtigt hat, einen Nachfolger zu ernennen (§ 2199 Abs. 2 BGB), noch in den sonstigen Fällen, in denen das Amt eines Testamentsvollstreckers endet, bevor seine Aufgabe abgeschlossen ist. Da der Testamentsvollstrecker-Nachfolger jedoch ebenso wie sein Vorgänger den Nachlaß in Besitz zu nehmen und ihn zu verwalten hat, gleicht seine Stellung zu seinem Amtsvorgänger der des Erben gegenüber dem Testamentsvollstrecker bei Beendigung der Testamentsvollstreckung. Daraus folgt, daß auf das Rechtsverhältnis zwischen dem Testamentsvollstrecker und seinem Nachfolger die in § 2218 Abs. 1 BGB genannten Vorschriften über den Auftrag **entsprechende Anwendung finden** (BGH NJW 1972, 1660 = DNotZ 1973, 107 = LM BGB § 2218 Nr. 5; *Staudinger/Reimann* § 2218 Rdn. 8; *Soergel/Damrau* § 2218 Rdn. 19; *Palandt/Edenhofer* § 2218 Rdn. 10). Der Testamentsvollstrecker ist **seinem Nachfolger somit ebenso auskunftsverpflichtet wie dem Erben.**

II. Benachrichtigung des Erben

1. *Pflicht zum Handeln ohne Aufforderung*

54 Der in § 2218 Abs. 1 BGB auf das Rechtsverhältnis zwischen Testamentsvollstrecker und Erben für anwendbar erklärte § 666 BGB normiert **drei Informationspflichten: die Benachrichtigungspflicht, die Auskunftspflicht** und die **Rechenschaftspflicht.**

55 Die **Benachrichtigungs- oder Mitteilungspflicht** des Testamentsvollstreckers ist, da hier im Gesetzestext im Gegensatz zur Auskunftsanspruch-Regelung das Verlangen des Berechtigten nicht genannt ist, **unaufgefordert** zu erfüllen. Der Testamentsvollstrecker darf also nicht warten, bis der Erbe auffordert, ihn zu benachrichtigen. Die Benachrichtigungspflicht kann schon deshalb nicht von einer vorherigen Aufforderung des Erben abhängen, weil der Erbe vielfach gar nicht weiß und gar nicht wissen kann, welche Geschäfte der Testamentsvollstrecker gerade ausführt oder in welchem Ausführungsstadium sich einzelne Maßnahmen befinden. Maßgebend für die Benachrichtigungspflicht ist deshalb die **jeweilige objektive Lage** eines einzelnen Geschäftes, die einem umsichtigen und objektiven Testamentsvollstrecker gebietet, den Erben zu benachrichtigen, völlig unabhängig von dessen Informationsverlangen (MünchKommBGB/*Seiler* § 666 Rdn. 5; RGRK/*Steffen* § 666 Rdn. 5; *Palandt/Sprau* § 666 Rdn. 2).

Durch die Verpflichtung, unverzüglich und **unaufgefordert** zu handeln, unterscheidet sich die Benachrichtigung von der Auskunft und der Rechenschaft, die nur auf Verlangen zu geben sind. Im Ergebnis sind jedoch alle diese drei Verpflichtungen aus § 666 BGB **„Auskunfterteilung" im weiteren Sinne** mit unterschiedlicher Intensität (MünchKommBGB/*Seiler* § 666 Rdn. 2). 56

2. Reichweite der Informationspflicht

a) Pflicht zur Vollinformation

Da im Recht der Testamentsvollstreckung der Auftrag **nicht** – wie bei manch anderer Fallkonstellation denkbar – **durch die Auftragserteilung in seinen einzelnen Ausführungsstadien** inhaltlich und gegebenenfalls auch zeitlich bestimmt ist, läßt sich hier die **Erforderlichkeit** einer Benachrichtigungspflicht nicht wie sonst vielfach möglich damit begründen, daß sich bei der Auftragsdurchführung nicht nur unwesentliche **Abweichungen** von der bei der Auftragserteilung zugrunde gelegten oder bei ihr ausdrücklich angesprochenen Abwicklung ergeben (so RGRK/*Steffen* § 666 Rdn. 2). In diesen Fällen wird eine Benachrichtigungspflicht auch bejaht, wenn die Mitwirkung des Auftraggebers notwendig wird und er darauf vom Beauftragten hinzuweisen ist. Im allgemeinen kann der Grundsatz gelten: je freier und losgelöster von konkreten Weisungen der Beauftragte in der Ausführung sein soll, desto freier ist er auch in seiner Mitteilungspflicht (MünchKommBGB/*Seiler* § 666 Rdn. 5; RGRK/*Steffen* § 666 Rdn. 2). 57

Der Testamentsvollstrecker hat den Willen des Erblassers auszuführen, nicht dagegen den Willen des Erben. Er ist gegenüber dem Erben weisungsfrei (Rdn. 6 und 7). Deshalb kann hier als **Leitlinie** entsprechend der Grundidee des § 666 BGB folgendes angegeben werden: Der Testamentsvollstrecker hat dem Erben **alle ihm bis dahin unbekannten Informationen** zu geben, damit er jeweils über die **Maßnahmen insgesamt,** die **der Testamentsvollstrecker ausführt, unterrichtet** ist, insbesondere muß der Erbe über **wichtige Einzelfragen** und **bedeutende anstehende Entscheidungen** informiert werden (MünchKommBGB/*Seiler* § 666 Rdn. 5; *Haegele/Winkler* Rdn. 477). Der Auftraggeber soll durch diese Informationen jederzeit in der Lage sein, **eigene Mitwirkungspflichten,** soweit erforderlich, zu erfüllen, seine Rechte wahrzunehmen und die richtigen Entscheidungen zu treffen. Er muß die **Übersicht** über das Geschehen be- bzw. erhalten (BayObLG ZEV 1998, 348; vgl. auch BGHZ 109, 260, 266 = NJW 1990, 510 zu einem Anspruch auf Rechnungslegung). 58

Diese **Funktion** bestimmt auch ihren **Inhalt und Umfang.** Deshalb dienen Benachrichtigung und Auskunft zwar vielfach der **Vorbereitung** von Ansprüchen des Auftraggebers (Herausgabe, Schadensersatz etc.), erschöpfen sich jedoch hierin bei weitem nicht (MünchKommBGB/*Seiler* § 666 Rdn. 1). 59

b) Kontinuierliche Unterrichtung

Im Verhältnis Testamentsvollstrecker/Erben sind diese Kriterien insoweit zu modifizieren, als – wie mehrfach ausgeführt – der Testamentsvollstrecker **Weisungen des Erben nicht** unterliegt. § 665 BGB ist in § 2218 BGB für dieses gesetzliche Schuldverhältnis gerade **nicht für anwendbar** erklärt worden. 60

Ein besonnener Testamentsvollstrecker wird ungeachtet dessen den Erben über wichtige **Verfahrensabschnitte und Ergebnisse der Testamentsvollstreckung kontinuierlich unterrichten.** Wenn irgendmöglich, wird er versuchen, sein Amt in den wesentlichen Grundzügen mit Zustimmung des Erben auszufüh- 61 ren, weil dies einfach eine **konfliktfreiere Abwicklung** gewährleistet. Vielfach liegt es auch im speziellen Interesse des Testamentsvollstreckers, im Konsens mit dem Erben zu handeln, insbesondere dann, wenn es um die Begründung von Verbindlichkeiten für den Nachlaß geht und der Erbe zustimmungsverpflichtet ist (§ 2206 Abs. 2 BGB).

62 Der Testamentsvollstrecker wird also, obwohl eine generelle Verpflichtung hierzu nicht besteht, im Einzelfall sorgfältig abwägen, ob und inwieweit er den Erben **von einem bevorstehenden Geschäftsabschluß** oder gar von Maßnahmen unterrichtet, die lediglich ein bestimmtes Geschäft **vorbereiten** (MünchKomm-BGB/*Brandner* § 2218 Rdn. 9; *Staudinger/Reimann* § 2218 Rdn. 17; *Soergel/Damrau* § 2218 Rdn. 4; *Haegele/Winkler* Rdn. 477f.). Eine offensive „Informationspolitik" zahlt sich auch hier auf Dauer aus (ebenso *Mayer/Bonefeld/Daragan* Rdn. 218).

c) Beispiele aus der Rechtsprechung

63 *aa) Vorherige Anhörungspflicht des Erben.* In RGZ 130, 131, 139 bejahte das Reichsgericht eine Benachrichtigungs- und damit verbunden eine **vorherige Anhörungspflicht** des Erben. Als Testamentsvollstrecker war die zweite Ehefrau des Erblassers (sie war gleichzeitig Miterbin) eingesetzt. Sie verkaufte ein Nachlaßgrundstück zu einem sehr günstigen, erheblich unter dem Verkehrswert liegenden Preis an ihre Kinder aus der Ehe mit dem Erblasser (diese waren gleichfalls als Miterben eingesetzt). Die Kinder aus der ersten Ehe des Erblassers (ebenfalls Miterben) wurden über dieses Geschäft von der Testamentsvollstreckerin nicht informiert. Sie klagten auf Schadensersatz. Ein solches Unterpreisgeschäft – so das Reichsgericht – könne nicht nur wegen Sittenverstoßes nach § 138 Abs. 1 BGB nichtig, sondern auch unwirksam sein, wenn der Testamentsvollstrecker seine **Vertrauensstellung mißbrauche.** Weil eine vom Erblasser angeordnete Sicherung zugunsten der Erben unausführbar geworden war, war nach Auffassung des Reichsgerichts in diesem Fall eine vorherige Benachrichtigungs- und Anhörungspflicht der Testamentsvollstreckerin geboten.

64 Eine daraus und danach entstehende Meinungsverschiedenheit hätte im Rechtswege geklärt werden können. Das Geschäft hätte so lange aufgeschoben werden müssen. Ein Verstoß gegen diese Pflichten führe – wenn das Geschäft dennoch wirksam abgeschlossen sei – zur **Schadensersatzpflicht** nach § 2219 BGB.

65 *bb) Information vor Ausführung eines Geschäftes, Selbstkontrahieren.* Besonders instruktiv für die Klärung der Frage, wann ein Testamentsvollstrecker die Erben **vor Ausführung eines Geschäftes informieren** und zu seinen beabsichtigten Handlungen hören muß, ist der in NJW 1959, 1429 (= BGHZ 30, 67, 72f. = DNotZ 1959, 480) entschiedene Fall: der Erblasser hatte seine drei Kinder zu Miterben zu je $^1/_3$ eingesetzt und eine Tochter gleichzeitig zur Testamentsvollstreckerin ernannt.

66 Zur Frage der **Zulässigkeit des Selbstkontrahierens des Testamentsvollstreckers** hat der BGH zunächst festgestellt, ein solches sei nicht grundsätzlich unzulässig, finde aber seine Grenzen im Willen des Erblassers und in der Ordnungsmäßigkeit der Verwaltung des Nachlasses.

67 Sodann zur Hauptfrage: Trotz der Unabhängigkeit seiner Amtsführung von den Erben, auf die er nicht wirksam verzichten könne, könnten Umstände des Einzelfalles auch bei Vorgängen, die eine Verwaltungsmaßnahme **lediglich vorbereiteten,** eine **Benachrichtigung** erforderlich machen. Sei dies zu bejahen, resultiere daraus eine **Mitteilungspflicht** an den Erben.

68 Entscheidendes Kriterium war für den BGH einmal die Tatsache, daß der von der Testamentsvollstreckerin angesetzte Verkaufspreis erheblich unter dem Schätz-

wert eines von ihr selbst eingeholten Gutachtens lag, sich aber mit dem vom Bruder gebotenen und von der anderen Schwester (der Klägerin) als ernstlich zu erwägender Preis deckte. Sei nach dieser Abwägung eine Mitteilungs- und Anhörungspflicht zu bejahen (der Fall wurde an das Berufungsgericht zurückgewiesen), folge daraus – bei Verschulden – eine **Schadensersatzverpflichtung** der Testamentsvollstreckerin nach § 2219 BGB, sofern die **Pflichtverletzung schadensursächlich** war. Die unterlassene Mitteilungs- und Anhörungspflicht führe aber noch nicht zu Unwirksamkeit des Grundstücksverkaufs an sie selbst. Die Nichterfüllung dieser Verpflichtung könne nur in Verbindung mit sonstigen Umständen, insbesondere der Unzeitigkeit des Verkaufes oder der Unterwertigkeit des Kaufpreises zur Annahme eines Verstoßes gegen die Pflicht zur ordnungsgemäßen Verwaltung nach § 2216 BGB und damit über die entsprechende Anwendung des § 181 BGB zur **Unwirksamkeit des Geschäftes** führen.

d) Zusammenfassung der Rechtsprechungsergebnisse

Die Ergebnisse der Rechtsprechung zu diesem Problemkreis können sonach wie folgt zusammengefaßt werden: Eine Pflicht des Testamentsvollstreckers, die Erben **unverlangt** auch von **bloß vorbereitenden Verwaltungsmaßnahmen zu benachrichtigen** und – daraus folgend – sie **auch anzuhören** und gegebenenfalls ihre Gegenvorstellungen zu berücksichtigen, kann sich aus den Umständen des Einzelfalles ergeben. Diese Pflichten sind insbesondere dann zu bejahen, wenn der Testamentsvollstrecker selbst **Miterbe** ist, aber vom Erblasser – auch stillschweigend – vom Verbot des Selbstkontrahierens befreit wurde. Die Informations- und Anhörungspflicht **steigert sich** dann, wenn er sich selbst Nachlaßgegenstände überträgt und der Anschein begründet ist, daß nicht der volle Gegenwert in die Nachlaßmasse fließe. Dasselbe gilt für mutmaßlich vorteilhafte Geschäfte, die der Testamentsvollstrecker zugunsten einzelner Erben unter möglicher **Benachteiligung** der übrigen abschließt, oder für Geschäftsabschlüsse mit ihm nahestehenden Personen, die für diese vorteilhaft sind. 69

Ebenso wird man eine Benachrichtigungs- und Anhörungspflicht vor dem Abschluß **objektiv risikobehafteter Geschäfte** bejahen müssen, die einerseits für den Nachlaß sehr gewinnbringend sein können, andererseits aber auch erhebliche Verlustrisiken bergen (siehe dazu auch 5. Kap. Rdn. 425 ff., 440 ff., Testamentsvollstreckung und Vermögensanlage). Schließlich bestehen diese Verpflichtungen immer dann, wenn sich eine wesentliche **Abweichung** von dem vom Erblasser angenommenen und durch bestimmte Sicherungsmechanismen noch **gesteuerten Geschehensablauf** ergibt und somit auch für den Erben eine neue Situation eintritt. 70

Darüber hinaus lassen sich allgemeine Regeln darüber, wie, **in welcher Form und wie häufig** die Benachrichtigung durch den Testamentsvollstrecker vorgenommen werden sollte, bei der Vielfalt der in Frage kommenden Geschäfte und Interessenlagen kaum aufstellen. Der Testamentsvollstrecker ist jedoch gut beraten, wenn er – gerade auch bei größeren Nachlässen und Dauervollstreckung – den (die) Erben regelmäßig **fortlaufend in bestimmten gleichbleibenden Abständen** informiert (ähnlich etwa den Gläubigerrundschreiben eines Insolvenzverwalters bei umfangreicheren Verfahren, BayObLG ZEV 1998, 384; *Staudinger/Wittmann* § 666 Rdn. 4; *Staudinger/Reimann* § 2218 Rdn. 16; *Haegele/Winkler* Rdn. 478; *Hartmann* Abschn. 2.2.6 3). Daneben können **besondere Geschäftslagen,** unerwartete Ereignisse, ein günstiges Angebot, der Ausgang eines Rechtsstreites u. a. eine besondere Benachrichtigung **außer der Reihe erfordern,** auch wenn die Abstände der periodischen Benachrichtigung relativ kurz gehalten sind. 71

72 Gesetzlich besonders geregelt ist die Benachrichtigungspflicht des Testamentsvollstreckers bei der Aufstellung eines **Auseinandersetzungsplanes** zur Nachlaßauseinandersetzung unter Miterben (§ 2204 Abs. 2 BGB). Der **Anhörung** über den Teilungsplan vorausgehen muß zwingend eine **Benachrichtigung** der Erben hierüber. Diese Benachrichtigung sollte sinnvollerweise schon vor der endgültigen Planaufstellung erfolgen. Der Testamentsvollstrecker wird also zunächst seinen **Entwurf** übersenden und den Erben Gelegenheit geben, ihre eigenen Anregungen, Einwendungen und Vorschläge vorzubringen. Inwieweit der Testamentsvollstrecker diesen Vorstellungen der Erben dann Rechnung trägt, entscheidet er eigenverantwortlich unter Beachtung der Grundsätze ordnungsgemäßer Nachlaßverwaltung. Er ist nicht verpflichtet, den Einwendungen oder einem förmlichen Widerspruch eines Erben zu folgen. Selbst eine Nichtanhörung vor Aufstellung und Ausführung des Teilungsplanes macht diesen nicht unwirksam. Wie generell bei Unterlassung gebotener Benachrichtigung kann jedoch auch dieses Versäumnis zur **Schadensersatzverpflichtung des Testamentsvollstreckers** nach § 2219 BGB führen (MünchKommBGB/*Brandner* § 2204 Rdn. 6; *Haegele/Winkler* Rdn. 519).

3. Inhalt und Form

a) Auftragsrechtliche Treuepflicht

73 **Inhaltlich** läßt sich die Benachrichtigungspflicht nicht genau definieren. Sie kann sich auf die verschiedensten Fakten und Rechtsverhältnisse, soweit sie für den Erben von Interesse sind, beziehen. Die **auftragsrechtliche Treuepflicht** als Grundlage der Benachrichtigungspflicht kann je nach Ausgestaltung des Einzelfalles in eine schärfer konturierte **Aufklärungs-, Beratungs- und auch Warnpflicht** münden (*Staudinger/Wittmann* § 666 Rdn. 1).

74 Die Benachrichtigungspflicht kann sich auch auf **Beziehungen zu Dritten** und Rechtsverhältnisse mit diesen sowie auf deren Rechtsverhältnisse erstrecken, soweit sie für einzelne Geschäfte und Vertragsgestaltungen von Bedeutung sein können. Darunter fallen Namen von Vertragspartnern, deren Rechtsformen, Gesellschafter und Organe (bei Handelsgesellschaften und juristischen Personen), von möglichen Verkaufs- und Kaufinteressenten, Vertragskonditionen wie Kaufpreisfälligkeit, Sicherung des Kaufpreises, Übergabestichtag, Währungsrisiken bei Geschäften mit Auslandsberührung, erwartete Zahlungseingänge, um gegebenenfalls einen teuren Kredit ablösen zu können usw. (zum Kaufinteressenten siehe zB BGH WM 1971, 995; ferner MünchKommBGB/*Seiler* § 666 Rdn. 5).

b) Besondere Benachrichtigungspflichten

75 **Besondere Benachrichtigungspflichten** für den Testamentsvollstrecker ergeben sich, wenn er – etwa als Rechtsanwalt, Steuerberater oder Architekt – noch **spezifischen Berufspflichten** unterliegt. Dann gelten die von der Rechtsprechung herausgearbeiteten Grundsätze für einzelne Berufsgruppen als Sachwalter über fremdes Vermögen auch für die Ausgestaltung ihrer **Benachrichtigungspflichten als Testamentsvollstrecker.** Ob diese speziellen berufstypischen Benachrichtigungspflichten zu einer Verlängerung der Verjährungsfrist für die Haftung eines Testamentsvollstreckers, der einem besonderen Berufsrecht unterliegt, führen können, ist sehr fraglich. Einiges spricht dafür, daß einzige Haftungsgrundlage auch für einen solchen Berufsträger, hat er das Amt eines Testamentsvollstreckers ausgeübt, § 2219 BGB ist und für ihn dann – ohne zwischen den einzelnen

Handlungen abgrenzen zu müssen – eine einheitliche dreijährige Verjährungsfrist entsprechend § 852 BGB gilt (dazu im einzelnen 12. Kap. Rdn. 77 ff.).

aa) Rechtsanwalt. Ein **Rechtsanwalt** ist verpflichtet, seinen Mandanten auf mög- 76
liche Schadensersatzansprüche gegen ihn selbst wegen fehlerhafter Beratung hinzuweisen. Unterläßt er diese Benachrichtigung, obwohl er seinen eigenen Fehler noch in nicht verjährter Zeit erkannt hatte, trifft ihn durch diese **neue schuldhafte Pflichtverletzung eine sogenannte sekundäre Schadensersatzverpflichtung,** nach der er (wegen positiver Vertragsverletzung) seinen Mandanten so zu stellen hat, als sei der Primäranspruch nicht verjährt. Der Sekundäranspruch gegen den Anwalt verjährt nach § 51 1. Alt. BRAO drei Jahre nach der Verjährung des Primäranspruches, wenn das Mandat noch fortbesteht, spätestens jedoch drei Jahre nach Beendigung des Mandates (BGHZ 94, 380, 389 = NJW 1985, 2250 = LM BRAO § 51 Nr. 8; BGH NJW 1988, 266; – zu diesem Fragenkomplex siehe auch *Hansens,* NJW 1992, 1353). Ein weiterer Anspruch („Tertiär-Anspruch") wegen Unterbleibens eines Hinweises auf den Sekundäranspruch und dessen Verjährung besteht jedoch nicht (BGHZ 94, 380, 391 = NJW 1985, 2250; ebenso nicht für den Steuerberater, BGH NJW-RR 1991, 91 = LM StBerG Nr. 40).

bb) Steuerberater. Seit dem BGH-Urteil vom 20. 1. 1982 (NJW 1982, 1285 = 77
BGHZ 83, 17 = LM StBerG Nr. 18; ferner weiteres Urteil vom 20. 1. 1981, NJW 1982, 1288 = LM StBerG Nr. 15) verletzt ein Steuerberater oder Steuerbevollmächtigter in gleicher Weise wie ein Rechtsanwalt seine Sorgfaltspflicht schuldhaft, wenn er seinen Mandanten wegen Irrtums über seine (primäre) Belehrungspflicht nicht auf die **drohende Verjährung einer Schadensersatzforderung** gegen sich selbst hinweist (BGHZ 96, 290, 298 = NJW 1986, 1162 = LM StBerG Nr. 29; weiterhin BGH NJW-RR 1987, 86; OLG Köln VersR 1989, 1130). Ein Steuerberater, der in einem Bauherrenmodell als Treuhänder tätig geworden ist, muß auf begangene Pflichtverletzungen seinerseits und die laufende Verjährungsfrist hinweisen (BGH BauR 1990, 749). Die erneute Verletzung eines fortbestehenden Auftrages, die einen weiteren Schadensersatzanspruch begründet und die Erkenntnis des zuvor begangenen Fehlers verhindert hat, kann ausreichender Anlaß dafür sein, daß der Steuerberater über seine auf der früheren Pflichtwidrigkeit beruhende Haftung und über die Verjährungsvorschriften **hätte belehren** müssen (BGH NJW 1991, 2828 = BGHZ 114, 150 = BGH LM StBerG Nr. 41; BGH NJW 1995, 2108 = LM StBerG Nr. 55; BGH NJW 1998, 1488 = LM StBerG Nr. 64/65). Nach Beendigung des Mandats trifft den Steuerberater, sofern er nicht von seinem Mandanten ein neues Mandat über denselben Gegenstand erhalten hat, keine Prüfungs- und Hinweispflicht auf einen eventuellen Regreßanspruch und die dafür geltende Verjährungsfrist (BGH NJW-RR 1997, 50 = BB 1996, 1859 = LM StBerG Nr. 62).

cc) Architekt. Auch der **Architekt ist Sachwalter über fremdes Vermögen.** 78
Deshalb treffen ihn ähnliche Hinweis- und Benachrichtigungspflichten wie den Rechtsanwalt und Steuerberater (BGHZ 71, 144, 149 = NJW 1978, 1311; BGHZ 92, 258; BGH NJW-RR 1986, 182). Er ist verpflichtet, einen Bauherrn bei der Verfolgung dessen Gewährleistungsansprüche umfassend zu beraten und zu informieren, auch wenn sich die Ansprüche wegen möglicher Planungs- oder Überwachungsfehler gegen ihn selbst richten können.

c) Keine besondere Form

Die Benachrichtigung erfordert keine besondere Form BayObLG ZEV 1998, 79
348; *Zimmermann* Rdn. 318). Mündliche und fernmündliche Benachrichtigung ge-

nügt. Jedoch ist allein schon aus **Dokumentations- und Beweisgründen eine schriftliche, fernschriftliche Benachrichtigung oder Information per Telefax** dringend zu empfehlen *(Mayer/Bonefeld/Daragan* Rdn. 226).

4. Schadensersatz, Unwirksamkeit

80 Die Ansprüche auf Auskunftserteilung und Rechnungslegung sind **selbständige Ansprüche und deshalb auch einklagbar.** Der Erbe hat einen **Erfüllungsanspruch.** Dagegen handelt es sich bei der Benachrichtigungspflicht lediglich um eine **Schutzpflicht** zugunsten des Erben. Die Informationserteilung selbst kann nicht eingeklagt werden. Ihre **Verletzung gibt dem Erben einen Schadensersatzanspruch** aus § 2219 BGB gegenüber dem Testamentsvollstrecker (BGHZ 30, 67, 73 = NJW 1959, 1429 = DNotZ 1959, 480; BGH DB 1959, 706; MünchKommBGB/*Brandner* § 2218 Rdn. 9; *Soergel/Damrau* § 2218 Rdn. 4; *Staudinger/Wittmann* § 666 Rdn. 2; MünchKommBGB/*Seiler* § 666 Rdn. 13f.; RGRK/*Steffen* § 666 Rdn. 25 mit § 665 Rdn. 15; *Haegele/Winkler* Rdn. 477).

81 Dagegen macht ein Verstoß gegen eine im Einzelfall gebotene Benachrichtigung und Anhörung das vom Testamentsvollstrecker abgeschlossene Geschäft noch nicht ohne weiteres unwirksam. Nur wenn ein nicht unerheblicher Verstoß gegen die Grundsätze ordnungsgemäßer Verwaltung nach § 2218 BGB vorliegt, **kann dies über eine entsprechende Anwendung des § 181 BGB zur Unwirksamkeit führen** (s. dazu Rdn. 68). Ein Verstoß gegen die Auskunfts- und Rechenschaftspflichten des Testamentsvollstreckers kann jedoch ein **Entlassungsgrund** sein (BayObLG ZEV 1998, 348).

III. Auskunftspflicht

1. Auskunft auf Verlangen

a) Erteilung einer Auskunft

82 Im Gegensatz zur unaufgefordert vorzunehmenden Benachrichtigung setzt die Erteilung einer Auskunft ein **Verlangen** des Berechtigten, hier des Erben, voraus. Der Erbe bestimmt also den Takt und das Maß der Auskunftsleistungen des Testamentsvollstreckers unabhängig davon, ob – wie bei der Benachrichtigungspflicht – das Tatbestandsmerkmal der **Erforderlichkeit** im Sinne der ersten Alternative des § 666 BGB vorliegt.

83 Das Recht des Erben, jederzeit Auskunft zu verlangen, ist aber **nicht schrankenlos.** Es ist eingebettet in die allgemeinen Grundsätze des Rechtsverhältnisses zwischen einem Geschäftsherrn und einem Geschäftsführer und unterliegt der Beachtung des Grundgedankens des § 666 BGB. Die dem Erben zustehenden Ansprüche auf Benachrichtigung, Auskunft und Rechenschaftslegung haben den Zweck, ihm die Nachrichten und den Kenntnisstand zu verschaffen, die er benötigt, um seine jeweilige Rechtsposition und tatsächliche Stellung während der Zeit der Testamentsvollstreckung **stets richtig und vollständig beurteilen zu können** (BGH NJW 1995, 67 = ZEV 1995, 67 m. Anm. *Skibbe,* 69 zur Auskunftsverpflichtung des Nacherben-Testamentsvollstreckers; BGHZ 109, 260, 266 = NJW 1990, 510; OLG Hamm NJW-RR 1992, 1029 zum Auskunftsanspruch eines Unterhaltsberechtigten). Dabei spielt es keine Rolle, ob die Auskunftserteilung der Vorbereitung konkreter Ansprüche dient oder in dieser Absicht begehrt worden ist (MünchKommBGB/*Seiler* § 666 Rdn. 1 und 7; MünchKommBGB/*Brandner*

§ 2218 Rdn. 8; *Staudinger/Wittmann* § 666 Rdn. 7; *Staudinger/Reimann* § 2218 Rdn. 18; RGRK/*Steffen* § 666 Rdn. 7; RGRK/*Johannsen* § 2218 Rdn. 6; *Haegele/Winkler* Rdn. 479). Der Erbe hat also einen Anspruch darauf, auch gegenüber dem Testamentsvollstrecker „immer auf der Höhe der Zeit“ zu sein.

b) Grenzen des Auskunftsbegehrens

Das **Auskunftsbegehren** des Erben darf nicht schikanös sein und unterliegt deshalb auch dem allgemeinen Gebot von **Treu und Glauben** nach § 242 BGB (MünchKommBGB/*Seiler* § 666 Rdn. 7; *Staudinger/Reimann* § 2218 Rdn. 18; RGRK/*Steffen* § 666 Rdn. 7). Mißbräuchlich wäre das Auskunftsverlangen eines Erben zB dann, wenn er es dazu benutzen wollte, einen ihm nicht genehmen Testamentsvollstrecker etwa durch tägliche Anfragen so zu belasten und in Atem zu halten, bis dieser schließlich entnervt sein Amt zur Verfügung stellen würde. Andererseits kann der Grundsatz von Treu und Glauben auch dazu führen, daß der zur Auskunftserteilung verpflichtete Testamentsvollstrecker seine Auskunftserteilung **wiederholen** muß (BGH NJW-RR 1988, 1073; NJW 1982, 574; WM 1964, 735; *Palandt/Heinrichs* § 261 Rdn. 20). 84

Neben dem **Schikaneverbot** unterliegt der Auskunftsanspruch auch einem bestimmten **Wertigkeitsgebot:** ein Auskunftsanspruch kann ausgeschlossen sein, wenn einerseits das Interesse des Auftraggebers (Erben) so unbedeutend ist, daß es in keinem vernünftigen Verhältnis zu dem Aufwand stehen würde, der notwendig wäre, um die geforderte Auskunft erteilen zu können (BGH WM 1984, 1164; MünchKommBGB/*Seiler* § 666 Rdn. 7; *Palandt/Sprau* § 666 Rdn. 1). 85

c) Absolute Pflicht zur Auskunftserteilung

Die Pflicht zur Auskunftserteilung ist, wenn der Anspruch dem Grunde nach besteht, **absolut.** Der zur Auskunft Verpflichtete darf auch dann die Auskunft nicht verweigern, wenn er damit eine **eigene Straftat offenbaren** müßte. Das Auskunftsrecht ist gerade in den Fällen besonders wichtig, in denen der Beauftragte gegen ihm obliegende Pflichten verstoßen hat. Würde man sie von der Auskunftspflicht ausschließen, so würde § 666 BGB bei besonders schweren Verstößen die ihm zugewiesene Aufgabe nicht mehr erfüllen (BGHZ 41, 318, 323 = NJW 1964, 1459). Die §§ 666, 259 und 260 BGB enthalten insoweit keine Lücke, so daß auch kein Aussageverweigerungsrecht entsprechend § 384 Nr. 2 ZPO besteht. 86

Auch gibt es sonst keinen übergeordneten Rechtssatz, der es verbieten würde, von einem Schuldner Auskünfte (oder die Versicherung deren Richtigkeit an Eides Statt) zu verlangen, wenn er sich dadurch einer strafbaren Handlung bezichtigen würde. Wer ein fremdes Rechtsgut verletzt, hat grundsätzlich dafür einzustehen und für die Wiedergutmachung zu sorgen. Wenn dies nicht anders möglich ist als durch eine Selbstbezichtigung des Schädigers, so muß er sich dem beugen (es sei denn, daß eine spezielle gesetzliche Ausnahme zugelassen ist, was, wie erwähnt, bei § 666 BGB gerade nicht der Fall ist, BGHZ 41, 318, 323, 327; siehe auch BGH NJW 1990, 510, 511 = BGHZ 109, 260 und OLG Celle WM 1974, 735). Der **privatrechtliche Rechtsschutzanspruch eines Gläubigers hat absoluten Vorrang** vor dem Schutz des Schuldners vor Selbstbezichtigung. Grundsätzlich steht auch das **Berufsgeheimnis** aufgrund privatrechtlicher Vertragsverhältnisse der Auskunftspflicht-Erfüllung insoweit nicht entgegen, als der Auskunftsberechtigte selbst „Herr des Geheimnisses“ ist. Die anwaltliche Schweigepflicht greift deshalb nur dann ein, wenn es um die Geheimnisse Dritter, also nicht der auskunftsberechtigten Erben selbst geht (BGH NJW 1990, 510, 511ff.; MünchKommBGB/*Krüger* § 259 Rdn. 33ff.). 87

88 Diese zivilrechtlich erzwungene Selbstbezichtigung führt lediglich in einem eventuell folgenden Strafverfahren zu einem strafprozessualen **Verwertungsverbot** analog § 136a Abs. 3 S. 2 StPO (so BVerfG NJW 1981, 1431 zur Pflicht eines Gemeinschuldners, im Konkursverfahren auch über strafbare Handlungen Auskunft geben zu müssen; dazu auch *Stürner,* Die Aufklärungspflicht der Parteien des Zivilprozesses, § 12, S. 174 bis 192 sowie *Stürner,* Strafrechtliche Selbstbelastung und verfahrensförmige Wahrheitsermittlung, NJW 1981, 1757, 1760).

2. Inhalt, Grad und Maß der Auskunft

a) Inhalt und Grenzen

89 Auch für das Maß und die inhaltliche Ausgestaltung der Auskunftserteilung lassen sich keine starren Regeln aufstellen. **Inhalt und Grenzen** der Auskunft bestimmen sich nach dem **Verlangen des Erben unter Beachtung der Ausgestaltung des Rechtsverhältnisses zwischen Erben und Testamentsvollstrecker im übrigen** (MünchKommBGB/*Seiler* § 666 Rdn. 4 und 7). Maßgebend für die Ausgestaltung der Auskunftserteilung im einzelnen ist weiter der **Grundgedanke** des § 666 BGB, nämlich dem Auftraggeber die ihm regelmäßig fehlenden Informationen zu verschaffen, die er benötigt, um seine eigene Rechtsstellung beurteilen und gegebenenfalls entsprechend reagieren zu können (MünchKommBGB/*Seiler* § 666 Rdn. 1 und 7). Schließlich gilt auch hier **der Grundsatz von Treu und Glauben** nach § 242 BGB (BGH WM 1984, 1164, 1165; MünchKommBGB/*Seiler* § 666 Rdn. 7; *Staudinger/Wittmann* § 666 Rdn. 7).

b) Beispiele aus der Rechtsprechung (für andere Rechtsverhältnisse)

90 *aa) BGHZ 87, 346 = NJW 1984, 55:* Der **Geschäftsbericht einer Lebensversicherungsgesellschaft** enthält in der Regel eine ausreichende Auskunft über den Geschäftsgewinn. Der Versicherungsnehmer hat daneben keinen Anspruch auf Einzelauskünfte über Höhe, Art der Ermittlung oder Verteilung des Gewinnes.

91 *bb) BGH WM 1984, 1164, 1165:* Der **Rechtsbeistand,** dem **Inkassoauftrag** erteilt wurde, hat gegenüber seinem Klienten jeweils Auskunft über den Stand der Geschäfte zu geben.

92 *cc) OLG Karlsruhe NJW 1971, 1042:* Ein **Bankkunde** hat gegenüber seiner Bank den Anspruch auf Auskunft über eine von dieser über den Bankkunden an eine dritte Person erteilte Auskunft.

93 *dd) OLG Celle WM 1974, 735:* Die Auskunft muß auch dann erteilt werden, wenn der dazu Verpflichtete sich wegen eines eventuellen Mißbrauches einer **Treuhänderstellung** selbst bezichtigen müßte.

94 *ee) OLG Neustadt MDR 1965, 293:* Auskunft und Rechenschaftslegung nach § 666 BGB beziehen sich nur auf **das bestimmte Geschäft** und den **bestimmten** Auftrag. Eine Pflicht des Beauftragten auf **allgemeine Auskunft** dahin, welche Geschäfte er für den Auftraggeber geführt hat, läßt sich rechtlich **nicht** begründen. Das bestimmte Auftragsverhältnis kann zwar einen allgemeinen Inhalt haben. War zB ein Rechtsanwalt beauftragt, die Vermögensverhältnisse des Gemeinschuldners allgemein zu regeln, so muß er über alles Aufschluß geben, was unter diesen Auftrag fiel. Im Fall des OLG Neustadt hatte der Rechtsanwalt lediglich einzelne Mandate zu betreuen, aber keinen Gesamtauftrag und damit auch keine „mit Einnahmen und Ausgaben verbundene Verwaltung" übertragen erhal-

ten. Im Gegensatz zur dortigen Fallkonstellation trifft diese **umfassende Pflichtenlage** jedoch auf den **Testamentsvollstrecker** zu. Er hat mit der Nachlaßverwaltung – wenn auch vom Erblasser ausgesprochen – einen **„Gesamtauftrag"** gegenüber dem Erben erhalten, der ihn insoweit auch zu umfassender Auskunft über den Nachlaß verpflichtet.

ff) OLG Hamburg WM 1994, 698: **Das Auskunftsrecht eines Aktionärs** gem. §§ 131, 337 Abs. 4 AktG erstreckt sich grundsätzlich auch auf die Mitteilung der Jahresergebnisse der in den Konzernabschluß der Muttergesellschaft **einbezogenen Unternehmen** zur Erforderlichkeit von Auskünften im Aktienrecht s. auch BayObLG NJW 1996, 1904 = AG 1996, 180; KG AG 1996, 421, 423 und AG 1994, 83 und 496). 95

gg) BGH ZIP 2001, 561: Der Auskunftsanspruch des Inhabers eines Girokontos gegen die Bank erlischt nicht mit dem Ablauf der handelsrechtlichen **Aufbewahrungsfrist,** wenn die Bank die erforderlichen Unterlagen über den Fristablauf hinaus aufbewahrt. 96

c) Art und Umfang

Das Auskunftsverlangen bestimmt auch Art und Umfang der Auskunft. Stellt der auskunftsberechtigte Erbe **präzise Einzelfragen,** kann die Auskunftserteilung des Testamentsvollstreckers relativ **knapp** gehalten werden und sich in der Beantwortung dieser Einzelfragen erschöpfen. Bei der Frage nach einem Geschäftsabschluß kann die Schilderung der **Motive,** die gerade zu einem Abschluß mit einem bestimmten Partner unter Übergehung anderer – scheinbar gleichwertiger Angebote – geführt haben, sowie der **Konditionen** des Geschäftes im einzelnen (sofern die Vorlage des Vertrages selbst nicht verlangt wird oder nicht erfolgen soll – im Interesse des dritten Partners –) einen relativ **umfangreichen Bericht,** gegebenenfalls ergänzt durch diverse Anlagen, notwendig machen. 97

Da der Testamentsvollstrecker nicht einen einzelnen, abgrenzbaren Auftrag gegenüber dem Erben erfüllt, sondern durch seine Stellung umfassend zur Nachlaßverwaltung berechtigt und verpflichtet ist, sind hier – im Gegensatz etwa zu einem Rechtsanwalt oder Rechtsbeistand, der nur Auskunft zu erteilen hat über konkret erteilte Mandate und deren Abwicklung (dazu BGH WM 1984, 1164, 1165; OLG Neustadt MDR 1965, 293) – **nicht von vornherein Beschränkungen** auf ein bestimmtes Geschäft denkbar. Das Auskunftsbegehren kann also ohne weiteres die **gesamte Palette** des besonderen Schuldrechtsverhältnisses zwischen Erben und Testamentsvollstrecker erfassen, die Auskunft muß diesem Begehren in allen Feldern folgen. 98

Grenzen zieht aber auch hier das Gebot von **Treu und Glauben.** Es muß jeweils im Einzelfall entschieden werden unter Abwägung der beiderseitigen Interessen, was der Erbe billigerweise noch an Auskunft fordern kann und was andererseits dem Testamentsvollstrecker in Bezug auf die Auskunfterteilung, insbesondere auch bei **Wiederholungen,** noch zuzumuten ist. Das Auskunftsbegehren eines Erben scheitert also, wenn es schwierige und gegebenenfalls kostenintensive Ermittlungen des Testamentsvollstreckers voraussetzte, ohne daß ein berechtigtes Interesse des Erben vorliegen würde. 99

Ein Anspruch auf Auskunftserteilung besteht, sofern der Erbe die Information zur **Festigung oder zum Erhalt seiner Rechtsstellung benötigt** (BGH NJW 1983, 2243, 2244; OLG Hamm NJW-RR 1992, 1029 jeweils zu Unterhaltsansprüchen). Eine Verpflichtung zur Auskunftserteilung wird verneint, wenn die begehrte Auskunft den behaupteten Anspruch des Auskunftsgläubigers **unter kei-** 100

nem Gesichtspunkt beeinflussen kann (BGH NJW 1982, 573, 574 zum Umfang des Auskunftsrechts und seiner Begrenzung nach Treu und Glauben bei einer Nebenkostenabrechnung für ein großes Gewerbe- und Wohnzentrum; BGH NJW 1982, 2271 zum Auskunftsanspruch eines Ehegatten nach § 1580 BGB in Verbindung mit § 1605 Abs. 1 BGB für die Berechnung seines Unterhaltsanspruches; BGH NJW 1985, 384 zum Auskunftsanspruch eines Pflichtteilsberechtigten gegen den Beschenkten; BGH NJW-RR 1987, 876 zu den notwendigen Informationen zur Durchsetzung eines Marktverwirrungsschadens bei Warenzeichenverletzung – die dort niedergelegten Grundsätze gelten jedoch allgemein für Auskunftsansprüche; OLG Düsseldorf NJW 1988, 2389; OLG Oldenburg NJW-RR 1993, 782 zum Auskunftsanspruch des Pflichtteilsberechtigten, der gleichzeitig Vermächtnisnehmer ist, gegen den Erben; BGH LM BGB § 810 Nr. 15 = BB 1992, 1236 zum Auskunftsanspruch und Recht auf Einsicht des Berechtigten bei Verlust seiner eigenen Vertragsunterlagen in die Vertragsunterlagen des Verpflichteten; zum – fehlenden – Auskunftsanspruch eines Heimbewohners, wenn sein Rückforderungsanspruch gegen den Heimträger wegen überbezahlter Beträge schon deshalb begründet ist, weil das Erhöhungsbegehren des Heimträgers unwirksam war, BGH NJW 1995, 2923 = LM BGB § 259, 242 Nr. 33; Auskunftsanspruch zur Berechnung des Abfindungsanspruchs eines ausgeschiedenen BGB-Gesellschafters, BGH NZG 2000, 780; Auskunft über den gegenwärtigen Bestand einer Mustersammlung, BGH WM 2000, 1704).

101 **Diese Beschränkung des Auskunftsrechts gilt allgemein.** Im Rechtsverhältnis Erbe/Testamentsvollstrecker ist jedoch wieder zu beachten, daß es sich hier nicht um einen bestimmten, eng begrenzten Einzelauftrag handelt, so daß im Ergebnis **alle Auskünfte,** die sich auf den Nachlaß auswirken können, erteilt werden **müssen.** Der Testamentsvollstrecker kann eine Auskunftserteilung nur dann mit Erfolg verweigern, wenn feststeht, daß die begehrte Auskunft den **Nachlaß in keiner Weise berühren kann.**

d) „Wissensverschaffungspflicht"

102 Der Testamentsvollstrecker kann im Einzelfall auch verpflichtet sein, über **sein eigenes Wissen hinaus** sich die zur Auskunftserteilung notwendigen **Kenntnisse zu verschaffen,** dh., von seinen eigenen Auskunftsrechten gegenüber Dritten (zB dem Kreditinstitut des Erblassers) Gebrauch zu machen. Der Testamentsvollstrecker darf sich somit in bestimmten Fällen nicht mit seinem eigenen, das Begehren des Erben nicht vollständig oder nicht in befriedigender Weise erfüllende Wissen zufriedengeben, ihn trifft vielmehr eine **„Wissensverschaffungspflicht"** (so bejaht im Rechtsverhältnis zwischen Erben und Pflichtteilsberechtigtem vom BGH in NJW 1989, 1601 = BGHZ 107, 104, 108 = LM BGB § 666 Nr. 13 = LM BGB § 398 Nr. 63; ebenso schon BGHZ 89, 24, 28 = NJW 1984, 487; zur Wissensverschaffungspflicht des Mitglieds einer Anwaltssozietät, das zur Auskunftserteilung über bestimmte Umsätze seiner Sozietät verurteilt wurde: OLG Frankfurt BB 1996, 2433; zur Informationsverschaffungspflicht auch BGH WM 2000, 1704).

103 In diesen Fällen kann der Auskunftsanspruch des Testamentsvollstreckers (des Erben) gegen den Dritten an den Erben (Pflichtteilsberechtigten), dem die Auskunft geschuldet ist, abgetreten werden (so BGH aaO für das Rechtsverhältnis Erbe/Pflichtteilsberechtigter). Dem steht nicht entgegen, daß der Auskunftsanspruch nach §§ 675, 676 BGB grundsätzlich nicht isoliert, dh. **nicht ohne den Hauptanspruch,** dessen **Vorbereitung und Berechnung** er in der Regel dient, abtretbar ist (RGRK/*Steffen* § 666 Rdn. 11; MünchKommBGB/*Seiler* § 666 Rdn. 3;

Staudinger/Wittmann § 666 Rdn. 1; *Soergel/Mühl* § 666 Rdn. 2; *Palandt/Sprau* § 666 Rdn. 1). Trotz grundsätzlicher Unübertragbarkeit einer Forderung kann die Abtretung an **bestimmte Personen** im Einzelfall zulässig sein. Dies gilt auch für die Abtretung des Auskunftsanspruches des Erben an den, **dem die zu erteilende Auskunft letztlich zugute kommt** (BGH aaO).

Von besonderer Bedeutung ist die zitierte Entscheidung auch deshalb, weil sie **104** dort dem Interesse des Erben an der Erlangung der **Auskunft** des Kreditinstitutes **Vorrang** gibt vor dem Interesse des Zuwendungsempfängers an der Wahrung des Bankgeheimnisses. Informationsbedürfnis und Auskunftsanspruch eines Erben können somit in der Gewichtung seines Rechtsverhältnisses zum Testamentsvollstrecker – bei konkreter Abwägung der beiderseitigen Interessenssphären im Einzelfall – **dem Bankgeheimnis** (siehe dazu *Canaris* in HGB-Großkommentar, Bankvertragsrecht, 2. Bearbeitung 1981, Rdn. 36ff., 61, 191ff.) vorgehen ebenso wie dem **Datenschutz.** § 24 BDSG gestattet die Übermittlung personenbezogener Daten nur dann, wenn der Dritte (der Auskunftsbegehrende) hieran ein berechtigtes Interesse hat und soweit schutzwürdige Belange des Betroffenen nicht beeinträchtigt werden (dazu auch MünchKommBGB/*Krüger* § 259 BGB Rdn. 33ff.). Das **Informationsbedürfnis des Erben** kann ein solches berechtigtes **Interesse** sein, weil er ohne diese Auskunft seine Verpflichtung gegenüber dem Pflichtteilsberechtigten nicht erfüllen könnte.

Diese **Grundsätze** sind unserer Auffassung nach **uneingeschränkt** auf das **105** **Rechtsverhältnis Testamentsvollstecker/Erbe anwendbar,** denn auch hier dient die Erfüllung eines Auskunftsanspruches, der dem Testamentsvollstrecker aufgrund einer Sonderrechtsbeziehung zu einem Dritten (spezielles Vertragsverhältnis) zusteht und im Rahmen seiner Amtspflichten begründet wurde bzw. in das er aufgrund seiner Amtspflichten zur Verwaltung des Nachlasses eintrat, letztlich nur dem Erben.

3. Vorlage eines Bestandsverzeichnisses

a) Besondere Form

Eine besondere Form der Auskunftserteilung ist in § 260 Abs. 1 2. Alt. BGB **106** geregelt: wer über den **Bestand eines Sachinbegriffes** (Mehrheit von Gegenständen, Lagerbestand etc., siehe Rdn. 37) oder ein **Sondervermögen** wie zB einen Nachlaß (RG Recht 1907 Nr. 3838; MünchKommBGB/*Krüger* § 260 Rdn. 5) Auskunft zu erteilen hat, muß dem Berechtigten **ein Verzeichnis des Bestandes** vorlegen. Diese besondere Art der Auskunftsverpflichtung trifft den Testamentsvollstrecker schon zu Beginn seiner Tätigkeit mit der Verpflichtung, dem Erben das Nachlaßverzeichnis nach § 2215 BGB als Grundlage ordnungsgemäßer Verwaltung vorzulegen (3. Kap. Rdn. 1ff.). Es ist jedoch durchaus denkbar, daß der Testamentsvollstrecker nicht nur bei der Konstituierung des Nachlasses eine solche **Verzeichnisverpflichtung** zu erfüllen hat, sondern auch **später im Rahmen der Ausführung seines Amtes,** wenn durch Umschichtungen, Veränderungen oder Neuerwerb ein Bestand (neu) zu dokumentieren ist.

b) Vorlage des Nachlaßverzeichnisses nicht ausreichend

Die Auskunft muß nach § 260 Abs. 1 BGB durch Vorlage eines **Bestandsverzeichnisses** erfüllt werden. Verlangt der Erbe die Vorlage eines solchen Verzeichnisses (nach einer gewissen Dauer der Testamentsvollstreckung), kann sich der Testamentsvollstrecker nicht darauf berufen, bereits das Nachlaßverzeichnis nach **107**

§ 2215 BGB vorgelegt zu haben. Grundsätzlich **befreit die Vorlage des Nachlaßverzeichnisses nicht von einer Auskunftspflicht,** auch nicht, wenn sie sich auf eine Mehrheit von Gegenständen (Sachinbegriff) bezieht (MünchKommBGB/*Brandner* § 2218 Rdn. 8; *Soergel/Damrau* § 2218 Rdn. 5; *Möhring/Beisswingert/Klingelhöffer* G V 10; *Hartmann* Abschn. 2.263 (2)). Es handelt sich um zwei verschiedene, selbständig zu erfüllende Pflichten, mag der Testamentsvollstrecker auch bei späterer Auskunftserteilung über einen Bestand auf das die Grundlage seiner Verwaltung bildende Nachlaßverzeichnis – in Teilen – zurückgreifen können, soweit die dortigen Ansätze schon entsprechend genau sind und – als Wahlangabe – realistische, nicht lediglich zum Zwecke der Gerichtsgebührenermittlung pauschalierte Wertansätze enthalten (*Möhring/Beisswingert/Klingelhöffer* G V 10; *Reimann* Rdn. 633ff.; *Mayer/Bonefeld/Daragan* Rdn. 234).

108 Das Bestandsverzeichnis muß ähnlich wie das Nachlaßverzeichnis (s. dazu das Muster 3. Kap. Rdn. 55ff.) so **gegliedert** sein, daß der Erbe es überprüfen kann. Erforderlich ist zunächst eine **Einteilung in Aktiva** und **Passiva** und darüber hinaus – vor allem bei größeren Verzeichnissen – eine **Untergliederung** nach einzelnen **Sachgruppen** (BGHZ 33, 373, 374 = NJW 1961, 602; BGH LM BGB § 260 Nr. 1). Was im einzelnen erforderlich ist, kann nur aus den Umständen des Einzelfalles abgeleitet werden (MünchKommBGB/*Krüger* § 260 Rdn. 8ff.). Insbesondere bestimmen bei einem solchen Auskunftsbegehren des Erben der **Zeitablauf** seit Vorlage des Nachlaßverzeichnisses, wesentliche **Veränderungen** des Nachlaßvermögens durch Umschichtungen, Veräußerungen etc. und sonstige grundlegende Veränderungen der Lage Inhalt und Umfang des Bestandsverzeichnisses.

c) Kein Ergänzungsanspruch

109 Grundsätzlich kann bei der Vorlage eines **Bestandsverzeichnisses ebensowenig wie bei einer Rechenschaftslegung eine Ergänzung verlangt** werden (nur Anspruch aus § 259 Abs. 2 BGB auf Abgabe der eidesstattlichen Versicherung, BGH LM ZPO § 254 Nr. 3 und 6), jedoch sind, da Anspruch auf **vollständige Unterrichtung** (dazu auch BGHZ 126, 109, 113 = NJW 1995, 386 zum Auskunftsanspruch eines Arbeitnehmers bei einer Diensterfindung) besteht, durchaus Fälle denkbar, bei denen eine Ergänzung zulässig und möglich und somit auch als **Erfüllung geschuldet** ist: wenn einzelne Positionen – eventuell infolge eines Rechtsirrtums – nicht aufgenommen wurden, obwohl sie in das Bestandsverzeichnis gehören, kann bezüglich dieser **Ergänzung gefordert** werden. Dasselbe gilt, wenn die Angaben **offensichtlich unvollständig** sind (BGH DB 1982, 2393). Die Rechtsprechung begründet diesen Resterfüllungsanspruch mit dem etwas formalistisch anmutenden Argument, insoweit habe bisher ein Bestandsverzeichnis überhaupt noch nicht vorgelegen (BGHZ 92, 62, 69 = NJW 1984, 2822; BGH NJW 1983, 2243, 2244; BGH LM BGB § 260 Nr. 1; MünchKommBGB/*Krüger* § 259 Rdn. 24 und § 260 Rdn. 44; *Hartung* MDR 1998, 510). Hat der zur Auskunftserteilung Verpflichtete seine Erklärungen **als unrichtig widerrufen,** liegt ebenfalls eine **ordnungsgemäße Auskunftserteilung** (Bestandsverzeichnis) nicht vor. Er muß seine Auskunft – dieses Mal richtig – wiederholen (BGH NJW 1986, 423). Strenggenommen handelt es sich hier nur um eine erstmalige – korrekte – Erfüllung.

110 Hat der Testamentsvollstrecker ein Bestandsverzeichnis vorzulegen, kann er dies auch „in Etappen" tun: die Rechtsprechung erachtet es für zulässig, wenn anstelle eines **Gesamtverzeichnisses** (dies ist allerdings der Regelfall ordnungsgemäßer Pflichterfüllung) **mehrere Teilverzeichnisse** vorgelegt werden, sofern diese nur

in ihrer **Addition den Auskunftsanspruch tatsächlich erschöpfen** (BGH LM BGB § 260 Nr. 14; BGH NJW 1962, 245, 246).

d) Keine Belege

Bei der Auskunftserteilung über eine Sachgesamtheit müssen im Gegensatz zur Rechenschaftslegung nach § 259 Abs. 1 BGB **keine Belege** vorgelegt werden (BGH LM BGB § 810 Rdn. 5; OLG Koblenz WM 1997, 870, 871). Ist jedoch für den Berechtigten der Besitz eines Beleges (Steuerbescheid, Verwaltungsakt, sonstiger Bescheid, Quittung) notwendig, um seine Situation richtig einschätzen und verantwortlich disponieren zu können, kann auch im Rahmen eines Auskunftsbegehrens **die Vorlage solcher Unterlagen** gefordert werden (BGH LM BGB § 260 Nr. 1; MünchKommBGB/*Krüger* § 260 Rdn. 42; *Palandt/Heinrichs* §§ 259 bis 261 Rdn. 21). Derselbe Vorlageanspruch besteht, wenn die Angaben bisher offensichtlich unvollständig waren (BGH DB 1982, 2393 = LM BGB § 259 Nr. 23). 111

4. Kosten der Auskunftserteilung, Zurückbehaltungsrecht

a) Kosten

Die Kosten einer Auskunftserteilung trägt der dazu **Verpflichtete.** Der Auskunftsschuldner hat diese Kosten zu tragen, weil er die Leistung schuldet ohne Rücksicht darauf, ob deren Erfüllung Kosten verursacht oder nicht (BGHZ 84, 31, 33 = NJW 1982, 1643 für den Anspruch eines Ehegatten gegen den anderen auf Auskunftserteilung über den Bestand des Endvermögens nach § 1379 Abs. 1 S. 1 BGB; ferner BGHZ 107, 200 = NJW 1989, 2887, 2888). Hält der Auskunftsberechtigte die **Wertermittlung** durch den auskunftsverpflichteten Ehegatten nicht für ausreichend und verlangt er die Begutachtung durch einen Sachverständigen, so hat er nach der Auffassung des BGH, die allerdings nicht unstreitig ist, diese Kosten selbst zu tragen (BGH aaO). Aus der Bestimmung des § 2314 Abs. 2 BGB zur **Kostentragungspflicht des Nachlasses** bei der Auskunfts- und Wertermittlungspflicht des Erben gegenüber dem Pflichtteilsberechtigten lasse sich nichts anderes herleiten. Dort stehe der Aktivbestand des Nachlasses für die Kosten zur Verfügung. Sie belasteten im Ergebnis Erben und Pflichtteilsberechtigten. 112

Im Verhältnis **Testamentsvollstrecker/Erben** stehen sich nicht wie im Verhältnis ausgleichsberechtigter Ehegatte zum verpflichteten zwei selbständige Vermögen gegenüber. Auch hier geht es wie im Rechtsverhältnis Erbe/Pflichtteilsberechtigter nur um das **Nachlaßvermögen,** dessen Verwaltung und Erhaltung. Zu **dessen Lasten** müssen somit unabhängig davon, ob nur eine **schlichte Auskunft** vom Testamtensvollstrecker verlangt wird oder auch eine **Wertermittlung** (die er zB bei der Erstellung des Nachlaßverzeichnisses gar nicht schuldet, dazu 3. Kap. Rdn. 6f.), diese **Kosten gehen.** Zweitrangig ist die Art der Abrechnung: entweder steht dem die Auskunft erteilenden Testamentsvollstrecker ein Aufwendungsersatzanspruch zu nach §§ 2218, 670 BGB oder aber ist seine Vergütung so zu bemessen, daß sie einen angemessenen Ausgleich auch für diese Auskunftsleistungen darstellt. 113

Zum selben Ergebnis kommt man, wenn man die **Kostentragungspflicht für die Aufstellung des Nachlaßverzeichnisses** nach § 2215 Abs. 5 BGB **auch auf die Fälle der Auskunftserteilung** (mit gegebenenfalls ergänzender Wertermittlung) anwendet, was sachgerecht erscheint (ebenso wie zB teilweise die Beihilfepflicht des Testamentsvollstreckers dem Erben gegenüber bei der Inventaraufnahme nicht nur aus § 2215 Abs. 1 BGB, sondern auch aus § 2218 BGB iVm. § 666 BGB abgeleitet wird, zB RGRK/*Kregel* § 2215 Rdn. 5). Es handelt sich somit um im 114

Rahmen ordnungsgemäßer Verwaltung begründete **Nachlaßverbindlichkeiten** (§§ 2216, 2206 BGB).

b) Persönliche Kostentragung

115 Unberührt hiervon bleibt die Kostentragungspflicht des Testamentsvollstreckers, wenn er sich zu unrecht geweigert hatte, die begehrte Auskunft zu erteilen oder sich fälschlich auf ein Zurückbehaltungsrecht berufen hatte und auf Klage des Erben verurteilt wurde. Der Testamentsvollstrecker hat dann ebenso wie bei einer unberechtigten Weigerung, ein Nachlaßverzeichnis vorzulegen, **diese Kosten persönlich zu tragen.** Er darf den Nachlaß damit nicht belasten (s. 3. Kap. Rdn. 42). Würde er dennoch pflichtwidrig den Nachlaß belasten, würde er sich nach § 2219 BGB schadensersatzpflichtig machen. Er hätte die entnommene Summe dem Nachlaß sofort wieder zuzuführen (*Garlichs* ZEV 1996, 447, 448 unter 4.1.3). Bei einem Rechtsstreit um die Auskunftspflicht bemißt sich die **Beschwer** des erstinstanzlich Verurteilten nach dem mutmaßlichen **Aufwand** für die Auskunftserteilung, nicht nach dem Wert des Auskunftsanspruches (BGH NJW 1995, 664 = BGHZ 128, 85; BGH FamRZ 1996, 1543); der **Streitwert** selbst jedoch beträgt 10–25% des Werts der Hauptsache, des voraussichtlichen Anspruchs (BGH NJW 1995, 1016; *Zimmermann* Rdn. 319).

c) Zurückbehaltungsrecht

116 Ein **Zurückbehaltungsrecht** wegen seiner Vergütung oder eines Aufwendungsersatzanspruches steht dem Testamentsvollstrecker gegen den Auskunftsanspruch des Erben (dasselbe gilt für dessen Anspruch auf Rechenschaft) **nicht** zu. Zwar wäre der von § 273 BGB geforderte rechtliche Zusammenhang zu bejahen. Aufgrund der **Funktion** der Auskunft, dem Erben erst Klarheit über seine Position und möglichen Ansprüche zu verschaffen, ist der Testamentsvollstrecker jedoch **vorleistungspflichtig** (BGH LM BGB § 2221 Nr. 1; *Soergel/Damrau* § 2218 Rdn. 9; *Staudinger/Reimann* § 2218 Rdn. 21; MünchKommBGB/*Seiler* § 666 Rdn. 3; *Staudinger/Wittmann* § 666 Rdn. 2; RGRK/*Steffen* § 666 Rdn. 16).

5. Form

a) Mündliche Auskunft ausreichend

117 Eine **bestimmte Form** ist für die Auskunftserteilung **nicht** vorgeschrieben. Die Auskunft kann also grundsätzlich auch **mündlich** oder **fernmündlich** erteilt werden. Wenn mit der Begründung, die Auskunft sei eine „Wissenserklärung", behauptet wird, sie bedürfe grundsätzlich der Schriftform, kann dem nicht gefolgt werden (so jedoch OLG München FamRZ 1995, 737; MünchKommBGB/*Keller* § 260 Rdn. 51; *Palandt/Heinrichs* §§ 259 bis 261 Rdn. 20; *Stürner,* Die Aufklärungspflicht der Parteien im Zivilprozeß, S. 340). Nicht nur in einfachen Fällen (so *Soergel/Wolf* § 260 Rdn. 57) kann die Auskunft somit **auch mündlich** erteilt werden. Da die Auskunft jedoch dem auskunftsberechtigten Erben die für die richtige Beurteilung seiner Rechtsstellung notwendigen Informationen enthalten und ihm auch die **Nachprüfung** ihrer Richtigkeit ermöglichen muß (Rdn. 89), **empfiehlt** es sich jedenfalls aus **Beweisgründen,** die **Schriftform einzuhalten** (s. auch *Sarres* ZEV 2000, 90; *Zimmermann* Rdn. 319).

118 Wenn zur Auskunftserteilung über eine Sachgesamtheit ein **Bestandsverzeichnis** (Rdn. 105ff.) vorzulegen ist, ergibt sich schon aus dem Begriff des Verzeichnisses, daß hier **Schriftform gefordert ist.**

b) Belegvorlage nur ausnahmsweise

119 Wie bei der Vorlage eines Bestandsverzeichnisses besteht auch beim Auskunftsanspruch im allgemeinen keine Verpflichtung zur Vorlage von Belegen (BGH LM BGB § 810 Nr. 5). Ebenso wie dort wird man jedoch eine solche Verpflichtung bejahen müssen, wenn für den Berechtigten der Besitz eines Beleges notwendig ist, um seine Rechtsposition richtig einschätzen zu können oder wenn er **den Beleg benötigt,** um einen **Rechtsanspruch nachzuweisen** (Quittung, Steuerbescheid, amtliche Bescheinigung etc., s. Rdn. 111; zur Belegvorlage eines zur Auskunftserteilung verpflichteten Unterhaltsschuldners OLG Hamm NJW-RR 1992, 1029).

6. Auskunftsanspruch, wenn der Testamentsvollstrecker gleichzeitig Miterbe ist

a) Auskunftsanspruch unter Miterben

120 Miterben sind untereinander über den Nachlaßbestand nicht auskunftsverpflichtet (BGHZ 61, 180, 182 = NJW 1973, 1876; MünchKommBGB/*Keller* § 260 Rdn. 19; *Palandt/Heinrichs* §§ 259 bis 261 Rdn. 15), auch nicht zB über Umstände, die Einfluß auf die Testierfähigkeit des Erblassers haben könnten (BGH NJW-RR 1989, 450; nur bei beeinträchtigenden Schenkungen wird dem Vertragserben ausnahmsweise ein solcher Auskunftsanspruch zugebilligt: BGH NJW 1986, 1755 = BGHZ 97, 188 = LM BGB § 2287 Nr. 17; auch hier verneinend *Sarres/Afraz* ZEV 1995, 433). Eine Auskunftspflicht läßt sich aus § 2038 Abs. 1 S. 2 BGB, wonach jeder Miterbe dem anderen gegenüber zur Mitwirkung bei der ordnungsgemäßen Verwaltung verpflichtet ist, nicht ableiten, da die bloße Miterbenstellung nicht die für eine Auskunftsverpflichtung **erforderliche Sonderbeziehung** begründet (BGH NJW-RR 1989, 450 = JR 1990, 16; MünchKommBGB/*Krüger* § 260 Rdn. 31; *Palandt/Edenhofer* § 2038 Rdn. 13; *Sarres* ZEV 1996, 300; aA MünchKommBGB/*Dütz* § 2038 Rdn. 48 unter Hinweis auf BGHZ 97, 188 = NJW 1986, 1755).

121 Auskunftspflichtig sind Miterben untereinander nur nach § 2057 BGB über **ausgleichspflichtige Zuwendungen,** wenn ein Miterbe Nachlaßgegenstände in seinem Besitz hat (§ 2027 Abs. 2 BGB) oder wenn der Miterbe zur Zeit des Erbfalles in häuslicher Gemeinschaft mit dem Erblasser gelebt hat (§ 2028 Abs. 1 BGB), ferner wenn ein Miterbe als Beauftragter oder Geschäftsführer ohne Auftrag die **Nachlaßgeschäfte** führt (§§ 666, 681 BGB; *Palandt/Edenhofer* § 2038 Rdn. 13; MünchKommBGB/*Dütz* § 2038 Rdn. 48; *Lange/Kuchinke* § 43 II 7c).

b) Testamentsvollstrecker bleibt auch als Miterbe auskunftspflichtig

122 Der Testamentsvollstrecker, der sein Amt angetreten und die Verwaltung des Nachlasses übernommen hat, kann sich, wenn die übrigen Miterben von ihm Auskunft verlangen, **nicht darauf berufen,** ihn treffe eine solche Auskunftsverpflichtung ebenfalls nicht. Die ansonsten von der Rechtsprechung und herrschenden Auffassung in der Literatur vermißte **Sonderbeziehung** zwischen den Miterben ist hier vorhanden, weil der Testamentsvollstrecker-Miterbe durch seine Funktion als Abwickler oder Verwalter **zusätzliche Rechte und Pflichten** gegenüber den übrigen Miterben übernommen hat, die ihn aus seiner normalen Miterbenstellung herausheben. **Sämtliche Benachrichtigungs- und Auskunftspflichten eines Testamentsvollstreckers bestehen also uneingeschränkt** auch dann, **wenn er gleichzeitig Miterbe geworden** ist.

123 Die **speziellen Auskunftspflichten,** die ihn wie jeden anderen Miterben treffen, wenn deren tatbestandliche Voraussetzungen gegeben sind (§§ 2027 Abs. 2, 2028 Abs. 1 und 2057 Abs. 1 BGB), bleiben hiervon unberührt. Der Testamentsvollstrek-

ker-Miterbe hat sie ebenso zu erfüllen wie seine Testamentsvollstrecker-Auskunftsverpflichtung (ebenso *Haegele/Winkler* Rdn. 482; *Hartmann* Abschn. 2.265). Auch wenn danach einzelne Auskünfte identisch sein können, ist jeweils zu prüfen, auf welchem **Rechtsgrund** (Testamentsvollstrecker- oder Miterbenverpflichtung) sie beruhen, wenn zB wegen einer verschuldeten Falschauskunft, die zu einem Schadenseintritt geführt hat, nachher um die Schadensersatzverpflichtung des Testamentsvollstreckers nach § 2219 BGB gestritten wird.

7. Verjährung

124 Der **Anspruch auf Auskunftserteilung verjährt** wie der **Anspruch auf Rechenschaftslegung selbständig.** Er unterliegt der regelmäßigen Verjährungsfrist nach § 195 BGB, **verjährt** also in **30 Jahren.** Eine kürzere Verjährungsfrist für den Hauptanspruch selbst gilt für den Auskunfts- und Rechenschaftsanspruch nicht (BGHZ 108, 393, 399 = NJW 1990, 180; BGH NJW 1985, 384 = LM BGB § 2314 Nr. 13). Dagegen hatte BGHZ 33, 373, 379 = NJW 1961, 602 = LM BGB § 2314 Nr. 4 noch angenommen, daß der Auskunftsanspruch als Hilfsanspruch nicht später verjähren könne als der Hauptanspruch, auf dem er beruhe oder zu dessen Durchsetzung er bestehe (entschieden am Beispiel des Auskunftsanspruches des Pflichtteilsberechtigten, der nach drei Jahren mit dem Pflichtteilsanspruch nach § 2332 Abs. 1 BGB verjähre).

125 Ist der Hauptanspruch jedoch verjährt, kann auch der Auskunftsanspruch im Regelfall nicht mehr geltend gemacht werden, weil insoweit das **Informationsinteresse** des Berechtigten **weggefallen ist** (BGHZ 108, 393, 399 = NJW 1990, 180; *Palandt/Heinrichs* §§ 259 bis 261 Rdn. 27).

8. Die Abgabe der eidesstattlichen Versicherung

a) Höchstpersönliche Verpflichtung bei Auskunftserteilung über einen Bestand

126 Hat der Testamentsvollstrecker das **Nachlaßverzeichnis** nicht mit der erforderlichen **Sorgfalt** erstellt, kann er verpflichtet sein, die Vollständigkeit und Richtigkeit des von ihm vorgelegten Verzeichnisses eidesstattlich zu versichern (3. Kap. Rdn. 32f.).

127 Nach dem Wortlaut des § 260 Abs. 2 BGB besteht die **Verpflichtung** zur Abgabe der eidesstattlichen Versicherung **nicht** bei einer schlichten **Einzelauskunft** über eine bestimmte Tatsache, sondern nur, wenn die Auskunftserteilung durch Vorlage eines **Verzeichnisses** nach **Abs. 1 geschuldet ist,** also wenn über den **Bestand eines solchen Inbegriffes** Auskunft zu erteilen ist. Heute ist jedoch anerkannt, daß über die Tatbestandsgrenzen der §§ 259, 260 BGB hinaus **jede Auskunftsverpflichtung mit einer Verpflichtung auf Abgabe der eidesstattlichen Versicherung bewehrt ist.** Erfolgt keine ausdrückliche Verweisung auf §§ 259 Abs. 2, 260 Abs. 2 BGB, sind diese Bestimmungen unter entsprechender Anpassung der Verpflichtungsformel **entsprechend anzuwenden** (OLG Hamburg NJW-RR 1993, 829; BAG NJW 1994, 2044; MünchKommBGB/*Krüger* § 260 Rdn. 48; *Palandt/Heinrichs* §§ 259 bis 261 Rdn. 29).

128 **Die materiell-rechtliche Verpflichtung** der eidesstattlichen Versicherung kann auch mehraktig, dh. durch **mehrere einzelne Versicherungen** insgesamt erfüllt werden (BGH NJW 1962, 245; LM BGB § 260 Nr. 12 und 14).

129 Eine Mehrheit von Teilauskünften und entsprechenden Versicherungen genügt jedoch nur dann, wenn sie nach dem erklärten Willen des Auskunftsschuldners in

ihrer Summierung die Auskunft im geschuldeten **Gesamtumfang** darstellen. Dies ist insbesondere dann der Fall, wenn ein Auskunftspflichtiger ein bereits vorgelegtes Verzeichnis nachträglich in einzelnen Punkten ergänzt (BGH LM BGB § 260 Nr. 14).

Die Verpflichtung zur Abgabe einer eidesstattlichen Versicherung ist **höchst- 130
persönlich** (KG NJW 1972, 2093). Der Testamentsvollstrecker darf hier also auch in den Fällen, in denen ihm zur Erfüllung des zugrundeliegenden Anspruches Stellvertretung erlaubt ist, **keinen Stellvertreter** damit beauftragen. Trotz dieser höchstpersönlichen Natur geht der Anspruch auf Abgabe der eidesstattlichen Versicherung aber auf die **Erben** des **Anspruchsberechtigten** über (BGHZ 104, 369, 371 = NJW 1988, 2729; kritisch hierzu MünchKommBGB/*Krüger* § 259 Rdn. 41). Für die **Eidesverpflichtung** des Testamentsvollstreckers ist der Übergang dieser Pflicht auf seine Erben dagegen **ausgeschlossen.** Das Amt erlischt mit seinem Tod (§ 2225 BGB) und damit auch die Eidesverpflichtung. Aus §§ 2218, 673 S. 2 BGB läßt sich ein Übergang der Eidespflicht nicht ableiten (siehe auch im einzelnen 7. Kap.).

b) Besorgnis mangelnder Sorgfalt bei der Aufstellung

Tatbestandsvoraussetzung für die Verpflichtung zur Abgabe einer eidesstattlichen 131
Versicherung ist nach § 260 Abs. 2 BGB die **Besorgnis,** daß das **Bestandsverzeichnis nicht mit der erforderlichen Sorgfalt aufgestellt** worden ist. Bei der Prüfung dieses Tatbestandsmerkmals kommt es nicht darauf an, ob das Verzeichnis vom Testamentsvollstrecker selbst erstellt wurde ohne Zuziehung eines zuständigen Beamten oder Notars oder durch amtliche Nachlaßverzeichnung (dazu im einzelnen 3. Kap. Rdn. 26ff.; auch die amtliche Nachlaßverzeichnung führt nicht immer zu einer höheren Richtigkeitsvermutung des Nachlaßverzeichnisses, OLG Köln NJW-RR 1992, 8; aA OLG Oldenburg NJW-RR 1993, 782). Die eidesstattliche Versicherung ist **das einzige Zwangsmittel** zur Sicherstellung der Vollständigkeit und Richtigkeit einer Auskunft. Ein Anspruch zB auf Überprüfung durch einen Sachverständigen oder gegebenenfalls durch Bucheinsicht kennt das BGB nicht (BGHZ 92, 62, 64 = NJW 1984, 2822).

aa) Mehrfache „Nachbesserung". Auch eine **mehrfache „Nachbesserung"** des 132
Bestandsverzeichnisses oder die Tatsache, daß der Testamentsvollstrecker seine Angaben wiederholt korrigiert hat, kann die Annahme einer Sorgfaltspflichtverletzung rechtfertigen (BGH LM BGB § 259 Nr. 8 = NJW 1961, 602). Entscheidend ist also das **Gesamtverhalten** des Testamentsvollstreckers, wobei es noch kein Grund ist, von ihm die Abgabe der eidesstattlichen Versicherung zu verlangen, wenn er zwar früher einmal eine Auskunft verweigert, sie dann aber später dennoch – im Ergebnis rechtzeitig – erteilt hatte (BGH NJW 1966, 1171).

bb) Lückenhafte Auskunft läßt Erfüllungsanspruch bestehen. Ist die Auskunft **lücken- 133
haft,** wenn zB einzelne Zeitabschnitte oder Sachgebiete ganz fehlen (s. Rdn. 109), behält der Berechtigte seinen **ursprünglichen Erfüllungsanspruch** in den noch nicht erbrachten Teilen, weil insoweit eine Auskunft – ein Bestandsverzeichnis – überhaupt noch nicht vorliegt. Ein Anspruch auf Abgabe der eidesstattlichen Versicherung besteht – noch – nicht (OLG Oldenburg FamRZ 1992, 1104, 1105). Ist die Auskunft dagegen dem Grunde nach, jedoch **nicht mit der erforderlichen Sorgfalt** erteilt, wobei allerdings auch eine Unvollständigkeit Grund zur Annahme mangelnder Sorgfalt sein kann, kann grundsätzlich keine Auskunftsleistung mehr gefordert werden, sondern lediglich die **Abgabe der eidesstattlichen Versicherung** (BGHZ 92, 62, 64, 68 = NJW 1984, 2822; BGH LM ZPO § 254 Nr. 3

und Nr. 6; MünchKommBGB/*Seiler* § 666 Rdn. 13; RGRK/*Alff* §§ 259 bis 261 Rdn. 13; *Hartmann* Abschn. 2.261). Unrichtigkeit oder Unvollständigkeit führen aber noch nicht automatisch zu einem Anspruch auf Abgabe der eidesstattlichen Versicherung (sondern – noch – zu einem Anspruch auf ergänzende Auskunft), insbesondere dann nicht, wenn sie auf einer **entschuldbaren Unkenntnis** oder **einem unverschuldeten Irrtum beruhen** (BGHZ 89, 139, 140 = NJW 1984, 484, 485). Hätten die Mängel aber **bei gehöriger Sorgfalt vermieden** werden können – der Testamentsvollstrecker ist verpflichtet, bei eigenen Kenntnislücken diese durch volle Ausschöpfung seiner eigenen Auskunftsansprüche zu füllen –, verpflichtet dieser Umstand zur Abgabe der eidesstattlichen Versicherung. Wenn inhaltliche Mängel nicht feststehen, können auch sonstige Gründe für die **Annahme einer Sorgfaltspflichtsverletzung** sprechen (BGHZ 89, 139), beispielsweise mehrfache Korrektur der Auskunft (BHG LM BGB § 259 Nr. 8 = NJW 1961, 602) oder Versuche des Auskunftsschuldners, die Auskunftserteilung mit allen Mitteln zu verhindern (OLG Frankfurt NJW-RR 1993, 1483; *Palandt/Heinrichs* §§ 259 bis 261 Rdn. 30).

134 *cc) Ergänzungsantrag.* Da die **Abgrenzung** im Einzelfall sehr schwierig sein kann, empfiehlt es sich, in solchen Fällen zur Sicherheit einen Antrag auf Ergänzung der Leistung (Auskunftserteilung oder Rechenschaftsablegung) **vorzuschalten.**

135 **Beispiel:**

1. Der Beklagte wird verurteilt, sein Bestandsverzeichnis vom 1. 3. 2000 über die Kunstsammlung des Erblassers X dahingehend zu ergänzen, daß auch Auskunft über die in der Zeit vor dem 1. Nov. 1999 durchgeführten An- und Verkäufe erteilt wird.

2. Der Beklagte wird weiterhin verurteilt, die Vollständigkeit und Richtigkeit seiner Angaben an Eides Statt zu versichern.

136 Ist das Gericht der Auffassung, daß das bisher vom Verpflichteten vorgelegte Bestandsverzeichnis **lückenhaft** sei, wird es dem Antrag Nr. 1 auf **ergänzende Erfüllung** stattgeben. Ist es dagegen der Auffassung, der Beklagte habe dem Grunde nach seinen Anspruch erfüllt, das Verzeichnis sei jedoch **nicht mit der erforderlichen Sorgfalt** erteilt, wird es – nur – dem Antrag Nr. 2 auf Abgabe der eidesstattlichen Versicherung stattgeben und den Antrag Nr. 1, da bereits erfüllt ist, mangels Rechtsschutzinteresses abweisen. Dies könnte den Schluß nahelegen, daß der Berechtigte in solchen Zweifelsfällen von vornherein nur den Antrag auf Abgabe der eidesstattlichen Versicherung stellen sollte, um keine **Teilabweisung** seiner Klage zu riskieren. Wenn die bisher erteilte Auskunft jedoch lückenhaft ist und ganze Teile fehlen, fährt er sicherer, wenn er **förmlich diese Ergänzung** (durch Leistungsantrag) **verlangt** und sich nicht auf die „mittelbare Nachbesserung" über die eidesstattliche Versicherung verläßt. Er wird im Regelfall mit dem Ergänzungsantrag **präzisere** Auskünfte erhalten (BGH DB 1982, 2393).

137 *dd) Zwangsgeld.* Kommt der Verurteilte seiner Verpflichtung zur Auskunftserteilung (Rechenschaftsablegung) nicht nach, kann der Gläubiger beim **Prozeßgericht 1. Instanz als Vollstreckungsorgan** nach § 888 ZPO (zuständig hierzu ist der Richter, nicht der Rechtspfleger, § 20 Nr. 17 RPflG) beantragen, daß gegen den Schuldner wegen dieser Nichtvornahme ein **Zwangsgeld** und für den Fall, daß dieses nicht beigetrieben werden kann, **Zwangshaft** festgesetzt wird.

138 *ee) Stufenklage.* Der Erbe kann **von vornherein mit dem Anspruch auf Auskunftserteilung** (ebenso wie mit dem Anspruch auf Rechenschaftsablegung) durch eine **Stufenklage** nach § 254 ZPO **zugleich** auch den Anspruch auf **Abgabe der eidesstattlichen Versicherung** geltend machen. Jedoch darf der Klage in der zweiten Stufe (Abgabe der eidesstattlichen Versicherung) erst dann stattgege-

ben werden, wenn über die frühere Stufe durch Teilurteil entschieden ist (BGHZ 10, 385 = NJW 1954, 70 = LM BGB § 2218 Nr. 1; BGH LM ZPO § 254 Nr. 3 und 7; MünchKommBGB/*Krüger* § 259 Rdn. 45f.).

Hat der Schuldner die erste Stufe (Auskunftserteilung, Rechenschaftsablegung) erfüllt, verweigert er aber die Abgabe der eidesstattlichen Versicherung, zu der er ebenfalls (in der zweiten Stufe) verurteilt worden war, wird das **Amtsgericht als Vollstreckungsgericht** nach §§ 889 Abs. 2, 888 ZPO tätig (dazu im einzelnen Rdn. 152ff.). 139

ff) Rechtsschutzinteresse für eine Stufenklage. Zu beachten ist, daß nicht immer ein Rechtsschutzinteresse dafür besteht, **in die Auskunftsklage** (Klage auf Rechenschaftsablegung) auch gleich als **zweite Stufe den Antrag auf Abgabe der eidesstattlichen Versicherung** mitaufzunehmen. Dies ist nur dann gerechtfertigt, wenn von Anfang an der Verdacht besteht, der Testamentsvollstrecker werde die Auskunft **nicht mit der erforderlichen Sorgfalt** erteilen bzw. das Bestandsverzeichnis nicht ordnungsgemäß aufstellen. Wird der Antrag zur zweiten Stufe ohne eine solche Darlegung – und im Streitfall mit entsprechendem Beweisangebot – gestellt, droht **mangels Rechtsschutzinteresse** Klageabweisung. In diesen Fällen sollte deshalb besser die Erfüllung der ersten Stufe abgewartet werden. Danach kann der Erbe im Regelfall ziemlich genau feststellen, ob der Testamentsvollstrekker **Anlaß zu Zweifeln** an der Vollständigkeit und Richtigkeit seiner Erklärungen gegeben hat und deshalb die Abgabe der eidesstattlichen Versicherung schuldet. Ergibt die im Zuge einer Stufenklage erteilte Auskunft, daß kein Leistungsanspruch besteht, so tritt insoweit auch keine Erledigung der Hauptsache ein. Bei einseitiger Erledigterklärung gibt es weder nach § 91 ZPO noch in entsprechender Anwendung des § 93 ZPO eine Kostenentscheidung zugunsten des Klägers. Diesem kann jedoch ein **materiell-rechtlicher Kostenerstattungsanspruch** zustehen, den er im anhängigen Rechtsstreit geltend machen kann (BGH LM ZPO § 254 Rdn. 18 = MDR 1994, 717). 140

c) Bei Bestandsverzeichnis auch vollständige Angabe der Passiva

Während bei der Rechenschaftslegung die eidesstattliche Versicherung sich allein auf die **Vollständigkeit der Einnahmen** bezieht, weil sich der Auskunftsschuldner durch eine unvollständige Aufzählung der Ausgaben nur selbst benachteiligt, muß bei der eidesstattlichen Versicherung der Richtigkeit eines Bestandsverzeichnisses nach § 260 Abs. 1 BGB auch die **Passivseite** stimmen und vollständig angegeben sein (BGHZ 33, 375 = NJW 1961, 602). Deshalb muß der **Testamentsvollstrecker** (ebenso wie derjenige, der zur Ermittlung der Höhe eines Schadensersatzanspruches rechenschaftspflichtig ist) auch die **Ausgaben und Verbindlichkeiten vollständig angeben** und unterliegt auch in bezug auf diese der Verpflichtung zur Abgabe der eidesstattlichen Versicherung (BGHZ 92, 64, 68 = NJW 1984, 2822; MünchKommBGB/*Krüger* § 259 Rdn. 38; siehe auch OLG Hamm NJW-RR 1992, 1029). 141

d) Keine Eidesverpflichtung bei Angelegenheiten von nur geringer Bedeutung

Nach § 260 Abs. 3, § 259 Abs. 3 BGB besteht bei Angelegenheiten **von nur geringer Bedeutung keine Verpflichtung** zur Abgabe der eidesstattlichen Versicherung. Das Tatbestandsmerkmal der geringen Bedeutung ist erfüllt, wenn einmal die Angelegenheit insgesamt nur untergeordnete Bedeutung hat, aber auch dann, wenn der bei der Auskunftserteilung gerügte Mangel selbst nur unbedeutend ist. So wird zB ein Erbe von der Pflicht zur Abgabe der eidesstattlichen Versiche- 142 rung frei, wenn er die Mängel einer noch vom Erblasser vorgelegten Abrechnung behebt (BGHZ 104, 369, 371 = NJW 1988, 2729). Dasselbe muß für den Testamentsvollstrecker gelten, wenn er für die Vorlage des Nachlaßverzeichnisses oder eines später abzugebenden Bestandsverzeichnisses unvollständige Aufzeichnungen des Erblassers benutzt hat und diese dann nach Rüge sofort **ergänzt und korrigiert.**

143 Das **Rechtsschutzinteresse** für die Abgabe der eidesstattlichen Versicherung kann auch entfallen, wenn der berechtigte Erbe auf **anderem Wege schneller, besser und ohne Inanspruchnahme gerichtlicher Hilfe zum Ziel** seines Begehrens kommt, wenn es beispielsweise für ihn einfacher ist als für den Testamentsvollstrecker, sich Gewißheit über die Ordnungsmäßigkeit eines Bestandsverzeichnisses (einer Rechenschaftslegung) aus einer **Bucheinsicht** zu verschaffen (BGH NJW 1998, 1636; BGHZ 92, 62, 64, 65 = NJW 1984, 2822; BGHZ 55, 201, 206 = NJW 1971, 656; BGH BB 1961, 190; MünchKommBGB/*Krüger* § 259 Rdn. 44; *Palandt/Heinrichs* §§ 259 bis 261 Rdn. 31).

144 Ebenso wie ein Auskunftsverpflichteter von seiner Verpflichtung auch dann nicht entbunden ist, wenn er sich mit der Auskunftserteilung einer **strafbaren Handlung** bezichtigen müßte, **schützt ihn dies nicht vor der Verpflichtung,** die Richtigkeit und Vollständigkeit einer solchen Auskunft auch **eidesstattlich versichern** zu müssen (s. dazu Rdn. 86ff.; BGH NJW 1990, 510 = BGHZ 109, 260; NJW 1964, 1469; BGHZ 41, 318). Weder einzelne Vorschriften der Zivil- oder der Strafprozeßordnung noch übergeordnete Rechtsvorschriften verbieten die Durchsetzung dieser Ansprüche. Wer ein fremdes Rechtsgut verletzt hat, hat grundsätzlich für Wiedergutmachung zu sorgen, auch wenn er dadurch eine eigene strafbare Handlung offenbaren muß (BGH aaO).

e) Freiwillige Abgabe der eidesstattlichen Versicherung, Verfahrensvorschriften

145 Gibt der Testamentsvollstrecker auf ernsthaftes Verlangen des Erben die **eidesstattliche Versicherung freiwillig** ab, regelt sich das **Verfahren** nach §§ 261 BGB, 163, 79 FGG. Voraussetzung für eine Terminansetzung ist jedoch, daß der Gläubiger die eidesstattliche Versicherung tatsächlich verlangt hat oder wenigstens mit ihrer freiwilligen Abgabe einverstanden ist (BayObLGZ 1953, 237; MünchKommBGB/*Krüger* § 261 Rdn. 2f.), Klage angedroht oder eine solche Klage bereits anhängig gemacht hat (*Palandt/Heinrichs* §§ 259 bis 261 Rdn. 32). Auch wenn im streitigen Verfahren bereits ein den Anspruch auf Abgabe der eidesstattlichen Versicherung zusprechendes **Urteil ergangen ist,** kann der Verpflichtete noch **vor der Durchführung der Zwangsvollstreckung** durch den Gläubiger – zur Vermeidung dieser – die Abgabe der Versicherung **im FGG-Verfahren wählen.**

146 **Örtlich** zuständig ist das Amtsgericht, in dessen Bezirk der **Erblasser seinen Wohnsitz** oder seinen letzten Aufenthalt hatte. Der in einem anderen Gerichtsbezirk wohnende Testamentsvollstrecker ist jedoch (wie jeder andere zur Abgabe der eidesstattlichen Versicherung Verpflichtete) auch berechtigt, die von ihm freiwillig abzugebende eidesstattliche Versicherung **an seinem Wohnsitz** oder an seinem **Aufenthaltsort** im Inland zu leisten (§ 261 Abs. 1 S. 2 BGB).

147 **Sachlich** zuständig ist das **Amtsgericht,** Abteilung **Freiwillige Gerichtsbarkeit.** § 163 FGG verweist auf § 79 FGG und spricht damit das Verfahren vor den Nachlaßgerichten an (§§ 72ff. FGG), dessen Aufgaben zB in Baden-Württemberg durch die Notariate wahrgenommen werden (§ 38 LFGG Baden-Württemberg). Mit dieser Verweisung ist jedoch nur die subjektive Antragsberechtigung – sowohl des Berechtigten wie des Verpflichteten – für die freiwillige Abgabe der eidesstattlichen Versicherung geregelt, nicht die sachliche Zuständigkeit, die beim Amtsge-

richt verbleibt (*Bumiller/Winkler* § 163 Rdn. 7ff.; *Keidel/Kuntze/Winkler* § 163 Rdn. 4ff.; RGRK/*Alff* § 261 Rdn. 28).

148 **Funktionell** zuständig für die Abnahme der eidesstaatlichen Versicherung ist der **Rechtspfleger** (§ 3 Nr. 1b RPflG). Die Abgabe der eidesstattlichen Versicherung vor einem Notar ist nicht ausreichend (OLG Zweibrücken MDR 1979, 492).

f) Klage auf Abgabe der eidesstattlichen Versicherung

149 **Verweigert** der Testamentsvollstrecker die Abgabe der eidesstattlichen Versicherung **endgültig,** ist der Erbe auf den **Klageweg** verwiesen. Wie oben (Rdn. 138ff.) ausgeführt, kann er die Klage auf Abgabe der eidesstattlichen Versicherung mit der Klage auf Auskunftserteilung (Rechenschaftslegung) und Leistung verbinden, wenn von vornherein der Verdacht bestand, die Auskunft werde nicht mit der erforderlichen Sorgfalt erteilt. Für die Klage selbst ergeben sich keine Besonderheiten. **Zuständig ist das Prozeßgericht** (Amts- oder Landgericht je nach Streitwert). **Örtlich zuständig** ist das Gericht, in dessen Bezirk der Testamentsvollstrecker seinen Wohnsitz (§ 13 ZPO) oder – bei einer juristischen Person als Testamentsvollstrecker, zB einer Bank – Geschäftssitz hat (§ 17 Abs. 1 ZPO).

150 Dagegen ist der besondere **Gerichtsstand der Erbschaft** nach § 27 ZPO für eine Klage auf Auskunft und Abgabe der eidesstattlichen Versicherung gegen den Testamentsvollstrecker nicht ohne weiteres gegeben. Wenn der Testamentsvollstrecker in dem besonderen **Wahlgerichtsstand** der Erbschaft (allgemeiner Gerichtsstand des Erblassers zur Zeit seines Todes) verklagt werden soll, muß es sich um einen der in § 27 Abs. 1 ZPO genannten **Klagetypen** (Feststellung des Erbrechts, Ansprüche gegen einen Erbschaftsbesitzer, Ansprüche aus Vermächtnis oder sonstigen Verfügungen von Todes wegen, Pflichtteilsansprüche oder die Teilung der Erbschaft) handeln (*Zöller/Vollkommer* § 27 Rdn. 3ff.).

151 Klagt ein **Vermächtnisnehmer** wegen eines Anspruches aus seinem Vermächtnis zB den ihm (weil vermacht oder einen Schadensersatzanspruch vorbereitend, s. dazu Rdn. 36ff.) ausnahmsweise gegen den Testamentsvollstrecker zustehenden **Auskunftsanspruch** ein, so kann er diese Klage auch vor dem Gericht des besonderen Gerichtsstands der Erbschaft erheben (OLG München Rpfleger 1978, 185; *Baumbach/Lauterbach/Albers/Hartmann* § 27 Rdn. 6). Dasselbe muß für die **Auskunftsklage eines durch letztwillige Verfügung eingesetzten Erben** im Gegensatz zum gesetzlichen Erben (wenn der Erblasser zwar einen Testamentsvollstrecker eingesetzt, im übrigen aber nicht letztwillig verfügt hat) gelten, weil es sich bei der Klage des Erben gegen den Testamentsvollstrecker auf Auskunft und Abgabe der eidesstattlichen Versicherung auch um einen **Anspruch aus einer sonstigen Verfügung von Todes wegen handelt.**

152 Muß die eidesstattliche Versicherung im **Zwangsvollstreckungsverfahren** erzwungen werden, wird das **Amtsgericht als Vollstreckungsgericht** tätig. **Örtlich** zuständig ist das Amtsgericht, in dessen Bezirk der Testamentsvollstrecker im Inland seinen Wohnsitz (hilfsweise: Aufenthaltsort) hat, ansonsten das Amtsgericht, in dessen Bezirk das Prozeßgericht des ersten Rechtszuges seinen Sitz hat (§ 889 Abs. 1 S. 1 ZPO). **Funktionell** zuständig für die Abnahme der eidesstattlichen Versicherung ist der **Rechtspfleger** (§ 20 Nr. 17 RPflG).

153 Verweigert der Testamentsvollstrecker die Abgabe der eidesstattlichen Versicherung oder erscheint er schon gar nicht zum Termin, so kann das Gericht nach § 889 Abs. 2, § 888 ZPO **Zwangsgeld,** ersatzweise **Zwangshaft** oder von vornherein Zwangshaft festsetzen, dieselben Zwangsmittel also, die gegen einen zur Auskunftserteilung verurteilten Schuldner verhängt werden können, wenn er diese Auskunft nicht oder nur unvollständig erbracht hat (OLG Hamm NJW-RR 1992,

1029 zur Zwangsgeldfestsetzung nach § 888 BGB bei unzureichender Auskunftserteilung; OLG Karlsruhe FamRZ 1994, 1275; *Baumbach/Lauterbach/Albers/Hartmann* ZPO § 888 Rdn. 16). Die Anordnung der **Zwangshaft** ist dem **Richter** vorbehalten (§ 4 Abs. 2 Nr. 2 RPflG).

154 § 261 Abs. 2 BGB gestattet sowohl dem Vollstreckungsgericht als auch dem Gericht der freiwilligen Gerichtsbarkeit, von der in § 260 Abs. 2 BGB festgelegten **Formel für die eidesstattliche Versicherung abzuweichen.** Diese Änderungsmöglichkeit kann gerade für den Fall der Verpflichtung eines Testamentsvollstreckers zur Abgabe der eidesstattlichen Versicherung bedeutsam sein, da sich Inhalt und Umfang einer Rechenschaftslegungs- und Auskunftspflicht sowohl nach dem jeweils zugrunde liegenden Rechtsverhältnis als auch nach der konkreten Fallausgestaltung richten (BGHZ 33, 373, 375 = NJW 1961, 602 zur **Einbeziehung auch der Passiva** in das Verzeichnis und die Formulierung der eidesstattlichen Versicherung beim Auskunftsanspruch des Pflichtteilsberechtigten; OLG Bamberg NJW 1969, 1304; MünchKommBGB/*Krüger* § 261 Rdn. 4 ff.).

g) Kosten trägt der Antragsteller

155 Bezüglich der **Kostentragungspflicht** für das Verfahren der eidesstattlichen Versicherung bringt § 261 Abs. 3 BGB eine allgemeine **Ausnahme** vom sonst üblichen Grundsatz, daß der Verpflichtete auch die Kosten des wegen seines Verhaltens notwendig gewordenen Verfahrens zu tragen hat: die **Kosten hat der Antragsteller** zu tragen. Diese Kostenregelung gilt sowohl für die freiwillige Abgabe der eidesstattlichen Versicherung im FGG-Verfahren (für eine Kostenentscheidung nach § 13 a FGG ist kein Raum, KG OLGZ 1970, 408 = Rpfleger 1970, 243) als auch für das **Zwangsvollstreckungsverfahren** vor dem Amtsgericht (*Palandt/Heinrichs* §§ 259 bis 261 Rdn. 35).

156 Unter die Ausnahmevorschrift des Abs. 3 fallen jedoch **nicht die Prozeßkosten** für den Rechtsstreit über die Verpflichtung zur Abgabe einer eidesstattlichen Versicherung, auch nicht die Kosten des **Erzwingungsverfahrens** nach §§ 889 Abs. 2, 888 ZPO (MünchKommBGB/*Krüger* § 261 Rdn. 7; *Palandt/Heinrichs* §§ 259 bis 261, Rdn. 35).

157 **Gebühren:** Im FGG-Verfahren fällt für die Abgabe der eidesstattlichen Versicherung eine volle Gebühr nach § 124 KostO an. Im Zwangsvollstreckungsverfahren wird nach Nr. 1643 Gebührenverzeichnis zum GKG eine Festgebühr von DM 50,– für den Antrag auf Abnahme der eidesstattlichen Versicherung angesetzt.

IV. Herausgabepflichten

1. Zwei Haupttatbestände

a) Schlußherausgabe und vorgelagerte Herausgabepflicht

158 Zum **Ende** seines Amtes hat der Testamentsvollstrecker **alle Nachlaßgegenstände,** die zu diesem Zeitpunkt vorhanden sind (einschließlich der **Surrogate** – siehe §§ 2019, 2041 und 2111 BGB) an den oder die Erben **herauszugeben** (§ 2218 BGB iVm. § 667 BGB).

159 Eine **vorgelagerte Herausgabepflicht** normiert § 2217 BGB. Danach hat der Testamentsvollstrecker die Nachlaßgegenstände, die er bei der Erfüllung seiner Obliegenheiten offensichtlich nicht mehr benötigt, dem Erben zur freien Verfügung zu überlassen, sofern dieser die Herausgabe verlangt. Mit der Herausgabe erlischt sein Recht zur Verwaltung dieser Gegenstände.

b) Vorzeitige Freigabe auf Verlangen und freiwillige Freigabe

Bei der vorzeitigen Herausgabe bzw. Freigabe von Nachlaßgegenständen, also der Herausgabe vor Beendigung des Testamentsvollstreckeramtes, sind wiederum **zwei Fallgruppen zu unterscheiden:** die Überlassung aufgrund eines **Verlangens** des Erben nach § 2217 Abs. 1 S. 1 BGB – mit dem Unterfall der Freigabe **gegen Sicherheitsleistung** nach § 2217 Abs. 2 BGB – und die im Gesetz nicht eigens geregelte **freiwillige Überlassung** von Nachlaßgegenständen an den Erben. 160

Die Freigabeverpflichtung nach § 2217 BGB in den beiden Fallgruppen nach Abs. 1 und 2 hängt davon ab, ob der Erblasser **nicht anderweitig letztwillig verfügt hat.** Er kann den Freigabeanspruch des Erben entgegen der Regelung des § 2217 BGB einschränken, er kann den Testamentsvollstrecker von den Freigabepflichten aus § 2217 BGB auch **generell befreien.** Er kann noch einen Schritt weitergehen und dem Testamentsvollstrecker die Überlassung von Gegenständen an den Erben bis zur Beendigung der Testamentsvollstreckung **untersagen.** § 2217 BGB fällt nicht unter die in § 2220 BGB genannten zwingenden Vorschriften, von deren Einhaltung der Erblasser den Testamentsvollstrecker nicht befreien kann (siehe dazu auch MünchKommBGB/*Brandner* § 2217 Rdn. 1 und *Staudinger/Reimann* § 2217 Rdn. 2). 161

2. Herausgabe, Überlassung von Nachlaßgegenständen auf Verlangen des Erben

a) Entbehrlichkeit des Gegenstandes für die Erfüllung der Testamentsvollstrecker-Obliegenheiten

Verlangt der Erbe die Freigabe eines Nachlaßgegenstandes, **muß** der Testamentsvollstrecker diesen dem Erben überlassen, wenn er ihn zur Erfüllung seiner Obliegenheiten „offenbar" nicht bedarf. Der Begriff „Obliegenheiten" ist in § 2217 Abs. 1 S. 1 BGB zutreffenderweise weiter gefaßt als der engere Begriff „Verpflichtungen". 162

Welche Gegenstände für den Testamentsvollstrecker bei Durchführung seiner Aufgabe entbehrlich sind, entscheidet sich danach, wie sein Aufgabenbereich vom Erblasser bestimmt wurde. 163

aa) Abwicklungsvollstreckung. Wenn der Testamentsvollstrecker – lediglich – die **letztwilligen Verfügungen des Erblassers auszuführen** hat (**Abwicklungsvollstreckung** nach § 2203 BGB, bei Miterben auch § 2204 BGB, als **Regeltypus,** dazu 1. Kap. Rdn. 64ff.; *Nieder* Rdn. 892), benötigt er alle die Gegenstände, die zur Ausführung dieser Verfügungen gebraucht werden. In erster Linie sind es die Nachlaßgegenstände, mit denen oder mittels derer der Testamentsvollstrecker **Vermächtnisse** und **Auflagen,** gegebenenfalls **Teilungsanordnungen** zu erfüllen hat. Solche Gegenstände können auch bei einem entsprechenden Verlangen des Erben nicht vorzeitig, dh. nicht vor Ausführung dieses Auftrages freigegeben werden. Sie würden dessen Ausführung verhindern (BGHZ 56, 275; BayObLG DNotZ 1993, 399; *Staudinger/Reimann* § 2217 Rdn. 10). 164

Der **Ausschluß vorzeitiger Freigabe** ist bei der Abwicklungsvollstreckung unproblematisch, weil sie im Regelfall in einem relativ kurzen, jedenfalls überschaubaren Zeitraum durchgeführt werden kann. 165

Hat der Testamentsvollstrecker **Nachlaßverbindlichkeiten** zu erfüllen, benötigt er dazu Geld (Bargeld und Bankguthaben) mindestens bis zur Höhe der Summe aller dieser Verbindlichkeiten. Der überschießende Betrag kann – unter Zurückhaltung einer bestimmten Reserve –, wenn keine weiteren Aufgaben mehr zu erfüllen sind, **freigegeben** werden. 166

167 *bb) Auseinandersetzungsvollstreckung.* Hat der Testamentsvollstrecker die **Auseinandersetzung** als Unterfall der Abwicklungsvollstreckung unter Miterben (§ 2204 BGB) vorzunehmen, so benötigt er dazu **alle Nachlaßgegenstände bis zur Schlußverteilung** (*Kipp/Coing* § 73 II 4c; MünchKommBGB/*Brandner* § 2217 Rdn. 3; *Staudinger/Reimann* § 2217 Rdn. 11; *Haegele/Winkler* Rdn. 495). Nach RGRK/*Kregel* § 2217 Rdn. 2 bedarf der Testamentsvollstrecker auch dann, wenn er die Erbauseinandersetzung vorzunehmen hat, nur der Nachlaßgegenstände, die an Dritte herauszugeben sind oder die er zu veräußern hat, um Mittel zur Tilgung der Nachlaßverbindlichkeiten zu erhalten. Dieser Restriktion ist unserer Auffassung nach nicht zu folgen, weil sie die Dispositionsmöglichkeiten des Testamentsvollstreckers zu sehr einengen würde.

168 Eine vorzeitige Freigabe kann allerdings dann in Frage kommen, wenn alle Miterben die **Teilung durch Vereinbarung ausgeschlossen** haben, dh., wenn sie damit einverstanden sind, einen bestimmten Gegenstand (Betrieb, Grundstück, Kunstwerk) einem Erben – sei es mit oder ohne Ausgleichszahlung – zu überlassen. Eine solche Vereinbarung der Erben über den ganzen oder teilweisen **Ausschluß der Auseinandersetzung** hat der Testamentsvollstrecker zu beachten (MünchKommBGB/*Brandner* § 2204 Rdn. 22 und § 2217 Rdn. 3; *Staudinger/Reimann* § 2217 Rdn. 11).

169 **Verlangen die Erben gemeinsam die Überlassung** der Gegenstände, kann darin ebenfalls ein **Verzicht auf die Auseinandersetzung** liegen. Wenn Dauervollstreckung angeordnet ist und sonstige Aufgaben nicht fortbestehen, ist der Auftrag des Testamentsvollstreckers mit diesem **Freigabeverlangen** insgesamt beendet (*Staudinger/Reimann* § 2217 Rdn. 11).

170 *cc) Dauervollstreckung.* Hat der Erblasser dem Testamentsvollstrecker die **Verwaltung** des Nachlasses übertragen, also schlichte **Verwaltungsvollstreckung** auf Zeit nach § 2209 S. 1 1. Halbs. BGB angeordnet oder **Dauervollstreckung** nach S. 1 2. Halbs. (s. dazu 1. Kap. Rdn. 145ff; *Nieder* Rdn. 893), ist eine **Freigabe** von Nachlaßgegenständen **ausgeschlossen.** Was der Verwaltung des Testamentsvollstreckers unterworfen ist, darf nicht freigegeben werden. Alle der Dauervollstrekkung unterliegenden Gegenstände und Rechte müssen in der Verfügungsgewalt des Testamentsvollstreckers bleiben (BayObLG DNotZ 1993, 399m. Anm. *Weidlich,* 403; BGHZ 56, 275, 284 = NJW 1971, 1805; MünchKommBGB/*Brandner* § 2209 Rdn. 17 und § 2217 Rdn. 3; *Staudinger/Reimann* § 2209 Rdn. 16 und § 2217 Rdn. 10; *Nieder* Rdn. 921).

171 *dd) Freigabepflicht.* **Freigabepflicht** besteht in allen Fallkonstellationen **nur,** wenn der Testamentsvollstrecker den Gegenstand **offenbar nicht** mehr zur Erfüllung seiner Obliegenheiten **benötigt.** Dazu gehört selbstverständlich auch die Erfüllung von **Steuerschulden.** Solange noch Mittel zur Erfüllung von Steuerverbindlichkeiten benötigt werden, kann es insoweit keinen Freigabeanspruch des Erben geben. Gibt der Testamentsvollstrecker zB vor der restlosen Begleichung der Erbschaftssteuer frei, kann er als **Haftungsschuldner persönlich zur Steuerzahlung** herangezogen werden (§§ 34 Abs. 1 S. 1, 60 AO, 31 Abs. 5, 32 Abs. 1 ErbStG – dazu 3. Kap. Rdn. 111ff. und 123ff.; MünchKommBGB/*Brandner* § 2217 Rdn. 10; *Staudinger/Reimann* § 2217 Rdn. 6).

172 Im Ergebnis muß also **ohne große Nachforschungen** und Beweiserhebungen erkennbar sein, daß bei vernünftiger Betrachtungsweise der Gegenstand für die Erfüllung der Testamentsvollstreckeraufgaben in ihrer konkreten Anordnung keine Rolle mehr spielen wird. Freigabepflichtig sind danach auch die Gegenstände, die der Testamentsvollstrecker **aus Rechtsgründen** gar nicht verwalten kann (BGHZ 10, 102 = NJW 1954, 636 = LM BGB § 2216 Nr. 1: dort erörtert für die Frage

der Verwaltungskompetenz eines vom Erblasser betriebenen Handelsgeschäfts; *Soergel/Damrau* § 2217 Rdn. 3).

b) Freigabeverlangen

aa) Freigabeanspruch. **Verlangt ein Erbe die Freigabe,** so ist dies ein **Begehren auf Umkehrung der Inbesitznahme** durch den Testamtensvollstrecker und **Entlassung aus dessen Verwaltungsrecht ohne Wechsel der Rechtsträgerschaft** (zB Eigentümerstellung), die ja stets beim Erben geblieben ist (3. Kap. Rdn. 2). Ein Überlassunganspruch des Erben kann somit schon ab dem Zeitpunkt, in dem der Testamentsvollstrecker den Nachlaß in Besitz genommen hat, bestehen. 173

Ist das Überlassungsbegehren des Erben aus den oben unter a) genannten Gründen gerechtfertigt, hat er einen **Freigabeanspruch** gegenüber dem Testamentsvollstrecker (BGHZ 12, 100, 101 = NJW 1954, 836; BGHZ 24, 106, 109 = NJW 1957, 1026; MünchKommBGB/*Brandner* § 2217 Rdn. 5). Dieser **Anspruch** ist, auch wenn er im Regelfall auf Besitzverschaffung geht, **abtretbar** und damit auch **pfändbar** (MünchKommBGB/*Brandner* § 2217 Rdn. 5). 174

Nach der – älteren – Rechtsprechung und der noch herrschenden Kommentarliteratur soll dem Testamentsvollstrecker gegenüber einem Freigabeverlangen **kein Zurückbehaltungsrecht** wegen seines Honorars oder wegen von ihm für den Nachlaß geleisteter Ansprüche zustehen (MünchKommBGB/*Brandner* § 2217 Rdn. 5 und *Staudinger/Reimann* § 2217 Rdn. 14, jeweils unter Hinweis auf RG HRR 1930 Nr. 110; *Palandt/Edenhofer* § 2217 Rdn. 9). Da der Begriff „aus demselben rechtlichen Verhältnis" nach § 273 Abs. 1 S. 1 BGB im weitesten Sinne zu verstehen ist (*Palandt/Heinrichs* § 273 Rdn. 9f.), überzeugt diese Auffassung nicht. Nach unserer Auffassung **ist dem Testamentsvollstrecker in diesen Fällen ein Zurückbehaltungsrecht zuzubilligen** (ebenso *Muscheler* ZEV 1996, 401, 402). Es ist nicht einzusehen, warum der Testamentsvollstrecker mit seinen eigenen Ansprüchen auf Vergütung (bzw. auf Vorschuß auf Vergütung) gegenüber einem Freigabeverlangen des Erben zurückstehen und somit selbst vorleistungspflichtig gemacht werden sollte (insbesondere, wenn die in seiner Verwaltung verbleibenden Gegenstände wertmäßig hinter seinem Vergütungsanspruch zurückbleiben würden und ihrerseits für die Erben ohne großes Interesse wären). 175

bb) Gemeinsames Freigabeverlangen der Miterben notwendig. Bei **Miterbenschaft** müssen sämtliche Erben den Anspruch **gemeinsam** geltend machen. Das **Freigabeverlangen** stellt eine **Verfügung** über den Gegenstand dar, deshalb gilt § 2040 Abs. 1 BGB (*Staudinger/Reimann* § 2217 Rdn. 8; MünchKommBGB/*Brandner* § 2217 Rdn. 5; RGRK/*Kregel* § 2217 Rdn. 3; *Soergel/Damrau* § 2217 Rdn. 3; aA *Muscheler* ZEV 1996, 401: jeder Erbe kann allein Freigabe verlangen, allerdings nur an alle Erben gemeinsam). § 2039 BGB ist nicht anwendbar, das Freigabeverlangen kann deshalb wirksam **nicht von einem einzelnen Miterben** gestellt werden, auch wenn Überlassung an alle Miterben gemeinsam beantragt würde. Die Unanwendbarkeit des § 2039 BGB folgt aus dem **Verfügungscharakter** des Freigabeverlangens, nicht daraus, daß der Freigabeanspruch nicht zum Nachlaß gehöre, sondern allein im Rechtsverhältnis des Erben zum Testamentsvollstrecker begründet sei (so jedoch MünchKommBGB/*Brandner* § 2217 Rdn. 5). 176

cc) Kostentragungspflicht des Nachlasses bei Rechtsstreitigkeiten über Freigabe. Der Freigabeanspruch richtet sich nach herrschender Auffassung gegen den **Testamentsvollstrecker persönlich,** weil mit dem Freigabeverlangen um dessen **Verwaltungsrecht** gestritten werde. Deshalb müsse der Testamentsvollstrecker die **Kosten,** wenn er in diesem Rechtsstreit unterliegt, auch **persönlich** tragen. Er 177 dürfe sie nicht dem Nachlaß entnehmen (*Lange/Kuchinke* § 31 VIII 1 mit Fn. 366; MünchKommBGB/*Brandner* § 2217 Rdn. 5; *Soergel/Damrau* § 2217 Rdn. 3).

178 **Dieser Auffassung kann nicht gefolgt werden.** Richtig ist, daß das Verwaltungsrecht, das der Testamentsvollstrecker dem Freigabeverlangen entgegensetzt, hier selbst Streitgegenstand ist. Der Testamentsvollstrecker reklamiert dieses Verwaltungsrecht jedoch nicht für sich persönlich, sondern zur **Führung seines Amtes,** so wie er es verantwortungsvoll zu führen gedenkt und so wie er sich dazu für verpflichtet hält (im Ergebnis ebenso *Garlichs* ZEV 1996, 447, 448 unter 4.2). Deshalb besteht keine Rechtfertigung, ihm persönlich die Kosten eines verlorenen Rechtsstreites aufzuerlegen, wenn seine Weigerung nicht von vornherein offensichtlich unbegründet ist. Würde man bei solchen Prozessen generell den Testamentsvollstrecker mit dem Prozeßrisiko persönlich belasten, führte dies in vielen Fällen zu vom Erblasser nicht gewünschten und von der Aufgabenstellung des Testamentsvollstreckers her **nicht gerechtfertigten vorschnellen Freigaben** (ebenso *Muscheler* ZEV 1996, 401, 402).

c) Rechtsnatur der Freigabe

179 *aa) Gemischter Realakt.* Die **Rechtsnatur** der Freigabe ist nicht unumstritten. Nach bislang herrschender Auffassung ist sie ein sogenannter **gemischter Realakt** (OLG Hamm Rpfleger 1973, 133 = DNotZ 1973, 428; *Erman/M. Schmidt* § 2217 Rdn. 2). Nach neuerer Auffassung handelt es sich bei der Freigabe um die **rechtsgeschäftliche, empfangsbedürftige Erklärung** des Verzichts des Testamentsvollstreckers auf das Verwaltungs- und Verfügungsrecht über den betreffenden Gegenstand (*Staudinger/Reimann* § 2217 Rdn. 15; MünchKommBGB/*Brandner* § 2217 Rdn. 7; *Palandt/Edenhofer* § 2217 Rdn. 5, der diese Meinung jetzt als die herrschende bezeichnet; *Lange/Kuchinke* § 31 VIII 1 mit Fn. 368; *Kipp/Coing* § 73 II a). Nach *Muscheler* (ZEV 1996, 401, 403f.) ist die Freigabe ein **dinglicher Vertrag.**

180 Die dogmatische Streitfrage hat keine praktische Bedeutung. Entscheidend ist, daß die Freigabe jedenfalls **Verfügungscharakter** hat. Mit der Überlassung an den Erben **verliert der Testamentsvollstrecker sein Verwaltungs-, Verfügungs- und auch das Prozeßführungsrecht** (*Staudinger/Reimann* § 2217 Rdn. 16 und 19; s. auch BayObLG DNotZ 1993, 399). § 265 ZPO (Fortbestehen des Prozeßführungsrechtes des Veräußerers der streitbefangenen Sache) findet keine Anwendung, da es sich bei der Freigabe **nicht um eine Veräußerung des Gegenstandes handelt** (MünchKommBGB/*Brandner* § 2217 Rdn. 8; *Soergel/Damrau* § 2217 Rdn. 8).

181 Mit der Freigabe an den Erben **endet auch das Zugriffsverbot** nach § 2214 BGB für die **Privatgläubiger** des Erben (MünchKommBGB/*Brandner* § 2217 Rdn. 8).

182 Die dingliche Wirkung der Freigabe tritt ein, auch wenn tatsächlich die **sachlichen Voraussetzungen** für einen Freigabeanspruch des Erben **nicht** vorgelegen haben, also wenn es zB nicht von vornherein offensichtlich war, daß der Testamentsvollstrecker diesen Gegenstand nicht mehr zur Erfüllung seiner Aufgaben benötigte (BGHZ 56, 275, 284 = NJW 1971, 1805; BGHZ 57, 84, 87 = NJW 1971, 2264; *Staudinger/Reimann* § 2217 Rdn. 19; MünchKommBGB/*Brandner* § 2217 Rdn. 8). Entscheidend ist allein, ob eine Freigabeerklärung (ein Freigabeakt) vorliegt ohne Rücksicht auf eventuelle (Willens-)Mängel. Gibt der Testamentsvollstrecker **pflichtwidrig** frei, so kann dies – nur – zu seiner **Schadensersatzverpflichtung** gegenüber Erben und Vermächtnisnehmern nach § 2219 BGB führen. Nachlaßgläubiger haben einen Schadensersatzanspruch, wenn die pflichtwidrige Freigabe ihnen gegenüber eine unerlaubte Handlung darstellt (BGHZ 57, 84,

88 = NJW 1971, 2264; *Staudinger/Reimann* § 2217 Rdn. 20; MünchKommBGB/*Brandner* § 2217 Rdn. 9; *Soergel/Damrau* § 2217 Rdn. 9).

bb) Konkludente Freigabe. Die Freigabe, bei der der Wille des Testamentsvollstreckers lediglich darauf gerichtet sein muß, den Nachlaßgegenstand aus seiner Verfügungsgewalt zu entlassen, kann **formlos** erklärt werden. Sie kann sich auch **konkludent** aus den Umständen ergeben, so wenn zB der Testamentsvollstrecker **ein Handelsgeschäft dem Erben überläßt,** damit dieser es künftig im eigenen Namen führt (BGHZ 12, 100, 104 = NJW 1954, 636) oder wenn der Testamentsvollstrecker den Erben ermächtigt, ein **zum Nachlaß gehörendes Recht im eigenen Namen gerichtlich geltend** zu machen, da nach heute herrschender Auffassung § 2212 BGB (Prozeßführungsrecht des Testamentsvollstreckers für Aktivprozesse) keine zwingende Regelung darstellt und der Testamentsvollstrecker somit den Erben wirksam zur Prozeßführung ermächtigen kann (BGHZ 38, 281, 286 = NJW 1963, 297; BFH BB 1988, 2024 für die Geltendmachung eines Steuererstattungs-Anspruches; MünchKommBGB/*Brandner* § 2212 Rdn. 3 und 18 sowie § 2217 Rdn. 7; *Staudinger/Reimann* § 2217 Rdn. 18). 183

Eine **konkludente Freigabe** liegt jedoch nur dann vor, wenn sich aus den **Umständen eindeutig ergibt,** daß der Testamentsvollstrecker den Gegenstand auch tatsächlich endgültig aus seiner Verfügungsmacht entlassen wollte, weil dies zum Erlöschen seiner Vollstreckerbefugnis in bezug auf das Freigabeobjekt führt (MünchKommBGB/*Brandner* § 2217 Rdn. 7). 184

cc) Löschung des Testamentsvollstrecker-Vermerks bei Nachlaßgrundstücken. Soll ein **Nachlaßgrundstück** oder ein Recht an einem Grundstück freigegeben werden, so muß der Testamentsvollstreckervermerk nach § 52 GBO (ebenso bei Schiffen nach § 55 SchiffRegO und bei Luftfahrzeugen nach § 86 Abs. 1 LuftfzRG, dazu 3. Kap. Rdn. 82, 92) gelöscht werden. 185

Sowohl der Erbe als auch der Testamentsvollstrecker können Löschung durch Grundbuchberichtigung nach § 22 GBO beantragen. Der **Freigabenachweis** bedarf der öffentlichen Beglaubigung nach § 29 Abs. 1 S. 1 GBO. Diese Formvorschrift ist auch einzuhalten, wenn der **Testamentsvollstrecker Notar ist** (OLG Düsseldorf Rpfleger 1989, 58; *Palandt/Edenhofer* § 2217 Rdn. 5). Das Grundbuchamt ist dabei weder berechtigt noch verpflichtet, zu prüfen, ob tatsächlich die Gründe für eine wirksame Freigabe vorliegen (*Staudinger/Reimann* § 2217 Rdn. 20). 186

d) Keine Freigabe bei Überlassung zur Verwaltung und Nutzung

Eine Freigabe liegt nicht vor, wenn der Testamentsvollstrecker einen Nachlaßgegenstand dem Erben **lediglich zur Verwaltung und Nutzung** überläßt. In diesem Fall verbleibt die **Verfügungsbefugnis** selbst beim Testamentsvollstrecker (*Staudinger/Reimann* § 2217 Rdn. 17; MünchKommBGB/*Brandner* § 2217 Rdn. 7; *Soergel/Damrau* § 2217 Rdn. 6; *Palandt/Edenhofer* § 2217 Rdn. 5). Auch wenn der Testamentsvollstrecker zustimmt, daß an einem Nachlaßgrundstück ein **Vorkaufsrecht** bestellt oder es in sonstiger Weise zB durch Eintragung eines Grundpfandrechtes **belastet** wird, liegt darin noch keine Freigabeerklärung (OLG Düsseldorf NJW 1963, 162; MünchKommBGB/*Brandner* § 2217 Rdn. 7). Die **Zustimmung** des Testamentsvollstreckers (in der Form des § 29 GBO) ist bei Grundstücksbelastungen jedoch in jedem Fall notwendig (*Haegele/Winkler* Rdn. 498; *Staudinger/Reimann* § 2217 Rdn. 19). 187

Da die Verwaltungskompetenz des Testamentsvollstreckers über die übrigen, nicht freigegebenen Nachlaßgegenstände durch eine Einzelfreigabe nicht berührt 188 wird, erfährt das **Testamentsvollstreckerzeugnis** (§ 2368 BGB) **keine Änderung.** Die Freigabe von einzelnen Nachlaßgegenständen wird dort nicht eingetragen (BayObLGZ 1959, 135; *Haegele/Winkler* Rdn. 500).

e) Irrtümliche Freigabe

189 Gibt der Testamentsvollstrecker einen Nachlaßgegenstand frei, ohne daß die tatbestandlichen Voraussetzungen des § 2217 BGB vorliegen, hat er gegen den Erben einen **schuldrechtlichen Anspruch auf Rückgewähr.** Dies ist der Fall, wenn der Testamentsvollstrecker zB zu Unrecht von einem entsprechenden Freigabeverlangen des Erben ausgegangen ist; wenn er irrigerweise meint, den Gegenstand zur Erfüllung von Nachlaßverbindlichkeiten nicht mehr zu benötigen (überraschend meldet sich ein bisher nicht bekannter Nachlaßgläubiger) oder wenn er über die Tragweite der Freigabehandlung selbst im Irrtum ist (er ist sich zB bei der Zustimmung zur Umwandlung einer Aktiengesellschaft in eine Kommanditgesellschaft nicht darüber im klaren, daß er damit die seiner Verwaltung unterliegenden Aktien freigibt, Fall von BGHZ 24, 106, 110 = NJW 1957, 1026 = LM BGB § 2218 Nr. 1 m. Anm. *Fischer*).

190 Folgt man der Auffassung, die Freigabe sei eine rechtsgeschäftliche Willenserklärung (dazu Rdn. 179), steht dem Testamentsvollstrecker ein **Anfechtungsrecht wegen Irrtums** über den Erklärungsinhalt (§ 119 Abs. 1 1. Alt. BGB) oder wegen eines Irrtums in der Erklärungshandlung (§ 119 Abs. 1 2. Alt. BGB; *Muscheler* ZEV 1996, 401, 404 sieht hier nur einen unbeachtlichen Motivirrtum) zu. Erst nach der Vernichtung der Willenserklärung durch die Anfechtung ist der Weg zum **Rückgabeverlangen** nach § 812 BGB frei. Die Vertreter der Theorie des gemischten Realaktes lassen dagegen den Kondiktionsanspruch nach § 812 BGB ohne vorherige förmliche Anfechtungserklärung zu.

191 **Der bereicherungsrechtliche Rückgewähranspruch** geht auf **Wiederherstellung des Verwaltungsrechts** des Testamentsvollstreckers (BGHZ 12, 100, 105 = NJW 1954, 636; *Staudinger/Reimann* § 2217 Rdn. 20; MünchKommBGB/*Brandner* § 2217 Rdn. 9; *Soergel/Damrau* § 2217 Rdn. 9; *Erman/M. Schmidt* § 2217 Rdn. 2; *Palandt/Edenhofer* § 2217 Rdn. 7; *Kipp/Coing* § 73 II 4d; *Lange/Kuchinke* § 31 VIII 1 mit Fn. 369; *Haegele/Winkler* Rdn. 506a). Er ist **ausgeschlossen,** wenn der Testamentsvollstrecker das Fehlen der Freigabepflicht kannte und dennoch freigegeben hat (§ 814 BGB). Ist die Rückgewähr des freigegebenen Gegenstandes nicht mehr möglich, weil er inzwischen untergegangen ist oder gesellschaftsrechtlich umgewandelt wurde, kann der Testamentsvollstrecker **Wertersatz** nach § 818 Abs. 2 BGB verlangen (BGHZ 24, 100, 110f. = NJW 1957, 1026 = LM BGB § 2218 Nr. 1; MünchKommBGB/*Brandner* § 2217 Rdn. 9; *Staudinger/Reimann* § 2217 Rdn. 20).

f) Herausgabe von Nutzungen

192 Die Freigabepflicht nach § 2217 Abs. 1 S. 1 BGB bezieht sich nach seinem Wortlaut nur **auf Nachlaßgegenstände.** Zu dem im Gesetz nicht näher definierten **Begriff Gegenstände** gehören neben beweglichen und unbeweglichen Sachen auch Forderungen, Immaterialgüterrechte und sonstige Vermögensrechte wie insbesondere gesellschaftsrechtliche Anteile, nicht dagegen Persönlichkeitsrechte, Familienrechte und unselbständige Gestaltungsrechte (*Palandt/Edenhofer* § 2217 Rdn. 5 und *Palandt/Heinrichs* Überbl. v. § 90 Rdn. 2). **Nutzungen** fallen nach herrschender Auffassung **nicht** unter die Regelung des § 2217 BGB. Ihre Herausgabe richtet sich entsprechend **dem Grundsatz ordnungsgemäßer Verwaltung** nach § 2216 Abs. 1 BGB (BGH NJW-RR 1986, 1096 = LM BGB

§ 2216 Nr. 8 = WM 1986, 1095 = Rpfleger 1986, 434; *Nieder* Rdn. 691; *Staudinger/Reimann* § 2217 Rdn. 17; MünchKommBGB/*Brandner* § 2217 Rdn. 4; *Soergel/Damrau* § 2217 Rdn. 6; *Palandt/Edenhofer* § 2217 Rdn. 10; *Haegele/Winkler* Rdn. 494).

Bei einer Dauervollstreckung hat der Testamentsvollstrecker den Nachlaß in Besitz zu nehmen und ordnungsgemäß zu verwalten. Dies gilt grundsätzlich auch für die **Nutzungen des Nachlasses,** denn sie **gehören** ihrerseits selbst wiederum **zum Nachlaß** (BGH NJW-RR 1986, 1069 = LM BGB § 2216 Nr. 8; BGH NJW-RR 1988, 386 = DNotZ 1988, 440). 193

Bei der Überprüfung, ob die **Herausgabe von Nutzungen** ordnungsgemäßer Verwaltung entspricht, kann die Regelung des § 2217 Abs. 1 BGB als **Richtschnur** herangezogen werden: Vermögenswerte, die der Testamentsvollstrecker zur Ausführung seines Amtes nicht benötigt, hat er auf dessen Verlangen dem Erben zu überlassen. Er muß dabei allerdings berücksichtigen, daß zu einer ordnungsgemäßen Vermögensverwaltung auch die **Rücklagenbildung** gehören kann ebenso wie die Vornahme von **Neuinvestitionen,** um den Nachlaß nachhaltig zu sichern (MünchKommBGB/*Brandner* § 2209 Rdn. 12 und § 2217 Rdn. 4). 194

Der Testamentsvollstrecker ist deshalb **verpflichtet,** dem Erben aus dem Nachlaß die **Mittel zu überlassen,** die dieser für nach dem Erbfall aus dem Nachlaß fällig werdende **Steuerzahlungen** braucht (Vermögenssteuer auf den Bestand des Nachlasses – bis zum 31. 12. 1996 –, Einkommensteuer auf seine Erträge; MünchKommBGB/*Brandner* § 2209 Rdn. 10). Stehen dem Testamentsvollstrecker entsprechende – flüssige – Mittel nicht zur Verfügung, muß der Erbe, der für diese Steuern Steuerschuldner ist und bleibt, die Beträge aus eigenen Mitteln erbringen. 195

Das Erbrecht anerkennt nur in einem einzigen Fall einen **Anspruch** eines Abkömmlings auf den **jährlichen Reinertrag:** Bei der **Pflichtteilsbeschränkung** in **guter Absicht,** wenn der Erblasser dazu noch nach § 2338 Abs. 1 S. 2 BGB Testamentsvollstreckung angeordnet hat (s. MünchKommBGB/*Brandner* § 2209 Rdn. 12; MünchKommBGB/*Frank* § 2338 Rdn. 15). 196

3. Erweiterung des Freigabeanspruches gegen Sicherheitsleistung

a) Konfliktslage

Der Erbe kann aus vielerlei Gründen, die verschiedenste Ursachen haben können, die **Herausgabe** eines bestimmten Nachlaßgegenstandes **verlangen,** weil er dessen Herausgabe wünscht oder weil er diesen Gegenstand tatsächlich benötigt. Auf der anderen Seite steht das Bestreben des Testamentsvollstreckers, das der Erfüllung seiner Aufgaben dienende Nachlaßvermögen möglichst **ungeschmälert zusammenzuhalten.** 197

Diese **Konfliktslage** versucht § 2217 Abs. 2 BGB in der Weise zu entschärfen, als er den Testamentsvollstrecker zur Überlassung bestimmter Nachlaßgegenstände **verpflichtet,** wenn der Erbe hierfür **Sicherheit leistet.** 198

b) Fallgruppen

aa) Verbindlichkeiten, die nicht auf einem Vermächtnis oder auf einer Auflage beruhen. In der ersten Fallgruppe des § 2217 Abs. 2 BGB geht es um **Nachlaßverbindlichkeiten, die nicht auf einem Vermächtnis oder auf einer Auflage beruhen.** Vermächtnisse und Auflagen müssen vom Testamentsvollstrecker erfüllt werden (s. Rdn. 164). Hier kommt eine Freigabe betroffener Gegenstände auch gegen Sicherheitsleistung nicht in Betracht. Bezüglich anderer Nachlaßverbindlichkeiten 199 kann der Testamentsvollstrecker die Überlassung nicht verweigern, wenn der Erbe für deren Berichtigung ausreichende Sicherheit leistet.

200 *bb) Bedingte und betagte Vermächtnisse oder Auflagen.* Die Erfüllung solcher Vermächtnisse oder Auflagen kann, je nach Anordnung, zeitlich weit hinausgeschoben sein. Die betroffenen Gegenstände werden in dieser Zeit einerseits für die Verwaltung des Nachlasses nicht benötigt, andererseits muß sie der Testamentsvollstrecker für den Bedingungseintritt bereithalten. Der Erbe müßte **zuwarten,** bis die **Bedingung eintritt.**

201 Diese unnötige **Wartezeit** kann in **beiden Fallgruppen,** also auch bei den gewöhnlichen Nachlaßverbindlichkeiten nach *aa),* **durch Sicherheitsleistung abgekürzt** werden (*Staudinger/Reimann* § 2217 Rdn. 22; MünchKommBGB/*Brandner* § 2217 Rdn. 11; *Soergel/Damrau* § 2217 Rdn. 12; *Palandt/Edenhofer* § 2217 Rdn. 4).

202 *cc) Auflösend bedingte Vermächtnisse.* § 2217 Abs. 2 BGB spricht generell von „bedingten Vermächtnissen". Deshalb fallen auch **auflösend bedingte Vermächtnisse** darunter.

203 Sinn und Zweck dieser Bestimmung fordern jedoch eine **Einschränkung** – teleologische Reduktion – wie folgt: Liegt ein **Nachvermächtnis** nach § 2191 BGB vor, gilt der erste Vermächtnisnehmer als beschwert. Der Testamentsvollstrecker muß dieses Erstvermächtnis – ohne Bedingung für ihn – erfüllen. Mit der Übertragung des Gegenstandes auf den Erstvermächtnisnehmer scheidet er endgültig aus dem Nachlaß aus. Es gäbe keinen Sinn, wenn der Erbe hier gegen Sicherheitsleistung Überlassung an sich fordern könnte. § 2217 Abs. 2 BGB gilt also **nicht für auflösend bedingte Vermächtnisse,** die als **Nachvermächtnis** ausgestaltet sind (*Staudinger/Reimann* § 2217 Rdn. 23; *Soergel/Damrau* § 2217 Rdn. 12; weitergehend will MünchKommBGB/*Brandner* § 2217 Rdn. 11 die Bestimmung generell im Falle eines auflösend bedingten Vermächtnisses nicht anwenden).

204 Soll jedoch bei einem auflösend bedingten Vermächtnis beim Eintritt der Bedingung der vermachte Gegenstand nicht einem Dritten zugewendet werden, fällt er in den Nachlaß zurück. Es liegt ein sogenanntes **Rückvermächtnis** vor. Der mit dem Vermächtnis Beschwerte, im Regelfall der Erbe, kann die **Rückgabe vom Vermächtnisnehmer,** dessen Rechtsstellung endet, verlangen (OLG Frankfurt ZEV 1997, 295; *Palandt/Edenhofer* § 2177 Rdn. 7; *Lange/Kuchinke* § 29 V 1 C am Ende). In einem solchen Fall kann der Erbe Herausgabe vom Testamentsvollstrekker gegen Sicherheitsleistung fordern (*Staudinger/Reimann* § 2217 Rdn. 23).

c) Arten der Sicherheitsleistung, Gläubiger

205 Für die vom Erben zu erbringende Sicherheitsleistung gelten die **allgemeinen Vorschriften der §§ 232 ff. BGB.** Die Sicherheit kann durch Stellung eines tauglichen Bürgen (eines Kreditinstituts) erbracht werden, wenn auch §§ 232 Abs. 2, 239 BGB von der Nachrangigkeit einer Sicherheitsleistung durch Bürgenstellung ausgehen. **Im Wirtschaftsverkehr** ist die **Bankbürgschaft** inzwischen das Sicherungsmittel Nr. 1 geworden. Auch bei der **Ermessensentscheidung der Gerichte** über die Art der Sicherheitsleistung nach § 108 ZPO bei **vorläufiger Vollstreckbarkeit** wird zumeist für die **selbstschuldnerische Bürgschaft** einer angesehenen Bank entschieden (*Baumbach/Lauterbach/Albers/Hartmann* ZPO § 108 Rdn. 7).

206 **Berechtigter** für die Empfangnahme der Sicherheit im Sinne der §§ 233, 240 BGB ist der **Testamentsvollstrecker** selbst. Nach herrschender Auffassung genügt es jedoch, wenn **die Sicherheit direkt an den Gläubiger** der abzulösen-

den Nachlaßverbindlichkeit, also an den Vermächtnisnehmer des bedingten oder betagten Vermächtnisses oder an den Auflagenberechtigten geleistet wird. Der Gläubiger der Nachlaßforderung, für die der Erbe die Sicherheit zu leisten hat, könnte ohnehin den Freigabeanspruch des Erben pfänden und sich überweisen lassen zusammen mit dem durch die Sicherheitsleistung entstehenden Pfandrecht (§§ 829, 830, 835, 837 ZPO iVm. §§ 1250, 1153 BGB; dazu *Staudinger/Reimann* § 2217 Rdn. 24). Dem Testamentsvollstrecker muß jedoch der **Nachweis** erbracht werden, wenn die Sicherheitsleistung direkt an den Gläubiger, Vermächtnisnehmer oder Auflagenberechtigten geht (*Staudinger/Reimann* § 2217 Rdn. 24; MünchKommBGB/*Brandner* § 2217 Rdn. 11; *Soergel/Damrau* § 2217 Rdn. 12; RGRK/*Kregel* § 2217 Rdn. 12; *Palandt/Edenhofer* § 2217 Rdn. 4; *Kipp/Coing* § 73 II 4e).

Nach *Lange/Kuchinke* (§ 31 VIII 1 mit Fn. 371) wird es den Interessen des Testamentsvollstreckers nicht gerecht, wenn die Sicherheit an Nachlaßgläubiger, Vermächtnisnehmer und Auflagenberechtigte geleistet wird. Würde er nämlich von diesen wegen pflichtwidriger Aushändigung des Vermächtnisgegenstandes etc. in Anspruch genommen, müßte ihm die Sicherheit des Erben zur Verfügung stehen. Diese Auffassung übersieht, daß bei einer solchen **Direktabsicherung** des Nachlaßgläubigers, Vermächtnisnehmers, Auflagenberechtigten diesen das erforderliche **Rechtsschutzinteresse** für einen Anspruch gegen den Testamentsvollstrecker **fehlt.** 207

Da die Sicherheitsleistung auf ganz bestimmte Fallgruppen (Rdn. 199 bis 202) beschränkt ist, kann sie **nicht so weit gehen** und nicht in einem solchen Umfang geleistet werden, daß dadurch die Testamentsvollstreckung **insgesamt aufgehoben wird** (MünchKommBGB/*Brandner* § 2217 Rdn. 11; *Soergel/Damrau* § 2217 Rdn. 12). 208

Andererseits kann der Erblasser den Testamentsvollstrecker durch letztwillige Verfügung auch speziell **von der erweiterten Freigabepflicht nach § 2217 Abs. 2 BGB befreien,** auch wenn er dessen Verpflichtung zur **Freigabe auf Verlangen** nach Abs. 1 nicht ausgeschlossen hat (dazu Rdn. 161). **Nicht jeder Gegenstand** eignet sich zur Freigabe gegen Sicherheitsleistung. Ausgeschlossen sind danach insbesondere zB Kunstgegenstände, Familienerbstücke oder sonstige Unikate, die, wenn auch aufschiebend bedingt, einer bestimmten Person zugedacht sind. Auch wenn die Sicherheitsleistung für ihre Freigabe erheblich über ihrem materiellen Wert liegt, ist dadurch nicht gewährleistet, daß der Gegenstand dann tatsächlich im Falle des Bedingungseintritts dem Bedachten zugewendet werden kann, weil er zu diesem Zeitpunkt entweder bereits vom Erben versilbert oder anderweitig über ihn verfügt wurde. Die Herausgabe gegen Sicherheitsleistung **beschränkt sich** im Ergebnis deshalb auf **vertretbare Sachen,** insbesondere auf Geldvermächtnisse und Geldauflagen. 209

4. Berechtigung zur freiwilligen Überlassung von Nachlaßgegenständen

a) Freigaberecht des Testamentsvollstreckers?

§ 2217 BGB normiert in den beiden Tatbeständen nach den Abs. 1 und 2 eine **Freigabepflicht** des Testamentsvollstreckers bei Vorliegen der dort genannten Voraussetzungen (Freigabeverlangen des Erben und Entbehrlichkeit des Nachlaßgegenstandes für die Aufgabenerfüllung des Testamentsvollstreckers bzw. Sicherheitsleistung des Erben). Zur Frage, ob und unter welchen Voraussetzungen der Testamentsvollstrecker darüber hinaus zur **Freigabe berechtigt** ist, sagt § 2217 BGB nichts aus (BGHZ 56, 275, 284 = NJW 1971, 1805). 210

211 Aus der Tatsache, daß auch eine **rechtsgrundlose Freigabe dinglich wirksam ist** (Rdn. 182), wird überwiegend der Schluß gezogen, daß eine Freigabe – erst recht – **zulässig** ist, wenn der **Erbe** (gegebenenfalls Vor- und Nacherbe) **zustimmt.** Nach der Rechtsprechung gilt dies selbst dann, wenn die Freigabe **einer Erblasser-Anordnung** nach § 2208 BGB **widerspricht** (BGHZ 56, 275, 284 = NJW 1971, 1805; BGHZ 57, 84, 87 = NJW 1971, 2264; *Nieder* Rdn. 921; MünchKommBGB/*Brandner* § 2217 Rdn. 12; *Staudinger/Reimann* § 2217 Rdn. 5; *Haegele/Winkler* Rdn. 501 ff.; *Möhring/Beisswingert/Klingelhöffer* G V 7). Setzen etwa Testamentsvollstrecker und Erben den Nachlaß in der Weise (zum Teil) auseinander, daß sie das **Gesamthandseigentum** der Erben an einem zum Nachlaß gehörenden Grundstück in **Bruchteilseigentum** der einzelnen Erben **umwandeln,** handelt es sich dabei um eine **endgültige, wirksame Freigabe.** Der Testamentsvollstreckervermerk ist im Grundbuch zu löschen, auch wenn die Voraussetzungen des § 2217 BGB nicht vorgelegen haben (BGHZ 40, 115, 117 = NJW 1963, 2320; BGHZ 56, 275, 281, 285 = NJW 1971, 1805; BayObLG DNotZ 1993, 399).

212 Der BGH begründet seine Rechtsprechung mit der allgemeinen Erwägung, „daß die Interessen des Erben, denen die Testamentsvollstreckung dient, durch die Nichtbeachtung einer vom Erblasser für den Testamentsvollstrecker gesetzten Verfügungsschranke dann nicht rechtserheblich beeinträchtigt werden, wenn der Erbe selbst zustimmt“. Ferner verweist der BGH auf die Vorschrift des § 137 S. 1 BGB, wonach die **Verfügungsfreiheit** des Rechtsinhabers **nicht mit Außenwirkung** (dagegen ist das Verfügungsverbot als schuldrechtliche Verpflichtung wirksam) **ausgeschlossen** werden kann (nach BGH NJW 1997, 861, 862 = BGHZ 134, 182, 186 entfaltet § 137 BGB wegen der Sicherheit des Rechtsverkehrs keine dingliche Wirkung; s. ferner BayObLG NJW 1978, 700, 701; *Palandt/Heinrichs* § 137 Rdn. 1).

213 Bei der Diskussion über die Frage, ob und inwieweit ein **Freigaberecht** des Testamentsvollstreckers vorliegt, ist die Begründung des BGH, die Testamentsvollstreckung diene den Interessen des Erben, zutreffend mit dem Hinweis auf die **Verpflichtung** des Testamentsvollstreckers aus § 2203 BGB, **die letztwilligen Verfügungen des Erblassers auszuführen,** kritisiert worden. Der BGH verwechsle dabei **Zulässigkeit** (was der Testamentsvollstrecker **tun dürfe**) und **Wirksamkeit** (was er **tun könne;** *Staudinger/Reimann* § 2217 Rdn. 4; ebenso *Soergel/Damrau* RdNr. 4). Auch eine unzulässige Freigabe ist – ebenso wie die irrtümlich veranlaßte – dinglich wirksam mit der Rechtsfolge, daß nach § 814 BGB eine Rückforderung (Wiedereinräumung des Verwaltungsrechts des Testamentsvollstreckers) ausgeschlossen ist (bei irrtümlicher Freigabe nach erfolgreicher Anfechtung steht dem Testamentsvollstrecker allerdings ein schuldrechtlicher Rückgewähransspruch zu, s. Rdn. 190, 191; *Staudinger/Reimann* § 2217 Rdn. 20; *Soergel/Damrau* § 2217 Rdn. 9; *Muscheler* ZEV 1996, 401, 405 hält freiwillige Freigaben wegen § 2205 S. 3 BGB für dinglich unwirksam).

214 Im Gegensatz zur einseitig auf die Interessenssphäre des Erben abgestellte Argumentation des BGH muß beachtet werden, daß gerade der **weitgehende Verfügungsausschluß des Erben über Nachlaßgegenstände der eigentliche Grund** für eine **Testamentsvollstrecker-Einsetzung** ist, vielfach auch im wohlverstandenen Interesse des Erben (nicht nur bei der Pflichtteilsbeschränkung „in guter Absicht“ nach § 2338 BGB). Sind sich jedoch Testamentsvollstrecker und Erbe einig, gilt auch hier das viel zitierte Motto: „Wo kein Kläger ist, ist auch kein Richter“. Denkbar wäre allerdings, daß ein **Testamentsvollstrecker-Nachfolger** die freiwillig freigegebenen Gegenstände wieder zum Verwaltungsvermögen zurückfordern könnte (*Staudinger/Reimann* § 2217 Rdn. 4; *Lange/Kuchinke* § 31 VIII 1 mit Fn. 369).

b) Anordnung von Straf- und Verwirkungsklauseln, bedingte Testamentsvollstrecker-Ernennung

Gegen eine einseitige Interpretation der Amtsführung des Testamentsvollstreckers allein aus dem **Blickwinkel des Erben** kann sich der Erblasser zur Durchsetzung seines Willens mit der **Anordnung von Straf- und Verwirkungsklauseln schützen** (*Staudinger/Reimann* § 2217 Rdn. 5; *Palandt/Edenhofer* § 2217 Rdn. 2; *Haegele/Winkler* Rdn. 506 mit Rdn. 211). **Möglicher Inhalt** einer solchen Klausel könnte beispielsweise sein, daß der Testamentsvollstrecker eine **bedingte Nacherbschaft** anordnet für den Fall, daß sich Erbe und Testamentsvollstrecker über unentgeltliche Verfügungen oder sonstige dem Willen des Erblassers zuwiderlaufende Veräußerungen einigen. Denkbar ist auch, den Erben für diesen Fall mit einem **bedingten Vermächtnis** zu belasten. Aber auch solche Klauseln bleiben **wirkungslos,** wenn die bedingt Berufenen diesen Verfügungen zustimmen. Auch ist es wirtschaftlich nicht sinnvoll, oft gar nicht möglich, eine unendliche Reihe von **Ersatznachfolgern** für solche nach dem Willen des Erblassers mißbräuchlichen Verfügungen vorzusehen (*Haegele/Winkler* Rdn. 211). 215

Sinnvoller als solche Klauseln kann eine **bedingte Testamentsvollstrecker-Ernennung** sein, wonach das Amt des erstberufenen Testamentsvollstreckers dann enden soll, wenn er vom **Erblasser ausdrücklich mißbilligte** oder **unentgeltliche Verfügungen im Zusammenwirken mit dem Erben vornimmt** oder vorzunehmen beabsichtigt. Eine solche bedingte Testamentsvollstrecker-Ernennung ist ebenso wie die Person des dann vorgesehenen Ersatztestamentsvollstreckers im **Testamentsvollstreckerzeugnis** anzugeben (*Haegele/Winkler* Rdn. 212, 691 mit Rdn. 55; MünchKommBGB/*Promberger* § 2368 Rdn. 3). 216

Eine **andere wirksame Begrenzung** willkürlicher Freigabe durch den Testamentsvollstrecker – auch bei übermäßiger Zulassung der Sicherheitsleistung nach § 2217 Abs. 2 BGB –, der sich durch solche Handlungen möglicherweise „durch die Hintertür" seines Amtes entledigen könnte, liegt in seiner **Schadensersatzverpflichtung** aus § 2219 BGB (BGHZ 57, 84, 88 = NJW 1971, 2264; MünchKommBGB/*Brandner* § 2217 Rdn. 12 am Ende; vgl. auch *Lange/Kuchinke* § 31 VIII 1). 217

Schadensersatzansprüche drohen dem Testamentsvollstrecker in erster Linie von durch seine Freigaben möglicherweise betroffenen **Vermächtnisnehmern,** deren Zustimmung zur **Wirksamkeit der Freigabe nicht erforderlich ist** (BGHZ 57, 84, 88 = NJW 1971, 2264). **Gewöhnliche Nachlaßgläubiger** sind dagegen nicht durch die Schadensersatzverpflichtung des Testamentsvollstreckers aus § 2219 BGB geschützt, selbst nicht bei an sich nach § 2205 S. 3 BGB verbotenen unentgeltlichen Verfügungen, wenn der Erbe (und gegebenenfalls Nacherbe) zugestimmt haben. Ihnen bleiben nur die allgemeinen **Schadensersatzansprüche** aus **unerlaubter Handlung** (BGHZ 57, 84, 88, 93 = NJW 1971, 2264). 218

5. Muster für Freigabeerklärungen nach § 2217 BGB

a) Freigabe auf Verlangen

Ich bin der alleinige Testamentsvollstrecker für den Nachlaß des am 5. Juni 2001 in W-Stadt verstorbenen Herrn A. Ich habe mein Amt am 1. Juli 2001 angenommen. **Testamentsvollstreckerzeugnis** wurde mir vom Nachlaßgericht in X-Stadt am 15. 7. 2001 erteilt. 219

Zum Nachlaß gehört auch das Gemälde „Flußlandschaft im Winter" in Öl des Malers YZ, um 1830, 60 × 80 cm. Da dieses Gemälde **zur Erfüllung der mir vom Erblasser übertragenen Aufgaben offenbar nicht benötigt** wird und der einzige Erbe C (bei Er- 220 bengemeinschaft: alle Erben gemeinsam) die Übertragung auf sich (auf den Miterben C unter Anrechnung eines Betrages in Höhe von DM 12000,– auf seinen späteren Auseinandersetzungsanspruch) verlangt hat (verlangt haben), gebe ich dieses Gemälde aus dem Nachlaß frei und überlasse es dem Erben (Miterben).

Ort, Datum, Unterschrift.

b) Einigung mit allen Erben

221 Ich bin der alleinige Testamentsvollstrecker für den Nachlaß des am 5. Juni 2001 in W-Stadt verstorbenen Herrn A. (weiter wie Rdn. 219). Es ist **Dauervollstreckung** angeordnet.

222 **Ungeachtet dieser Anordnung des Erblassers bin ich mir mit sämtlichen Erben darüber einig,** daß das Sparkonto Nr. 12345 bei der K-Bank in A-Stadt mit einem derzeitigen Guthaben von DM 66584,– weder zur Erfüllung von allgemeinen Nachlaßverbindlichkeiten noch von Steuerschulden noch zur Erfüllung eines Vermächtnisses benötigt wird. In Übereinstimmung mit allen vier Erben wird das Konto aufgehoben und der Guthabensbetrag, aufgeteilt in vier gleiche Teile zu je DM 16646,–, an die vier Erben ausbezahlt auf die von ihnen angegebenen Konten wie folgt: ...

Ort, Datum, Unterschrift.

c) Grundstücksfreigabe

223 Der am 3. 7. 2001 in A-Stadt verstorbene Kaufmann CE hat mich zum Testamentsvollstrecker für seinen Nachlaß eingesetzt (wie Rdn. 219). Zum Nachlaßvermögen gehört u.a. auch das im Grundbuch von A-Stadt Nr. 378 eingetragene **Flurstück-**Nr. 280/3, 1 ha 57 ar 32 qm, Grünland. Testamentsvollstreckervermerk ist eingetragen.

224 Ich **gebe** dieses **Grundstück aus der Testamentsvollstreckung frei** und **bewillige** die Löschung des Testamentsvollstreckervermerkes im Grundbuch.

A-Stadt, den ...

Notarielle Unterschriftsbeglaubigung

d) Umwandlung von Gesamthandseigentum in Bruchteilseigentum

225 Erklärung des Testamentsvollstreckers in einer **notariellen Urkunde:** Im Grundbuch Nr. 568 von X-Stadt sind Frau A und Frau B als Eigentümer des Grundstückes Flurstück-Nr. 22/4, Hof- und Gebäudefläche, Gartenstraße 2a in ungeteilter Erbengemeinschaft eingetragen. Als Testamentsvollstrecker stimme ich der **Umwandlung dieses Gesamthandseigentums in Bruchteilseigentum** in der Weise zu, daß Frau A und Frau B jeweils Miteigentümer zu ½ werden. Ich bewillige die Eintragung dieser Rechtsänderung im Grundbuch und bewillige und beantrage ferner die Löschung des Testamentsvollstreckervermerkes.

e) Freigabeerklärung in Briefform

226 **Schreiben** des Testamentsvollstreckers an den Alleinerben: Ich gebe den PKW BMW 520i, amtl. Kennzeichen KA-XX 5324, Kilometerstand 61500, aus dem Nachlaß frei und **überlasse das Fahrzeug Ihrer Verfügung.**

Karlsruhe, den ...

RS
Testamentsvollstrecker

f) Freigabe gegen Sicherheitsleistung

227 Nach § 7 Abs. 3 des Testaments des Erblassers A vom 23. April 1998 erhält dessen Enkelin UV ein Geldvermächtnis in Höhe von DM 20000,–, sofern sie bis zum 31. März

2002 ihre Ausbildung zur Volljuristin erfolgreich abgeschlossen hat (bestandenes zweites juristisches Staatsexamen). Der Alleinerbe K, der in den neuen Bundesländern eine Zweigniederlassung seines Sanitär- und Installationshandwerkbetriebes errichten möchte, hat gebeten, ihm für diese Investition **alle flüssigen Mittel** zur Verfügung zu stellen, die ich als Nachlaßverwalter nicht oder nicht mehr benötige. Er hat mir eine bis zum 30. 6. 2002 **befristete selbstschuldnerische Bürgschaft** der L-Bank in Höhe von DM 21 000,– übersandt. Ich gebe deshalb den Betrag von DM 20 000,– auf dem Konto Nr. 12345 des Erblassers bei der R-Sparkasse in A-Stadt frei. Ich überweise den Betrag umgehend auf das Konto des Erben K Nr. 0151721 bei der V-Bank in M-Dorf.

Ort, Datum, Unterschrift.

6. Herausgabe am Ende des Amtes

a) Herausgabe des gesamten Nachlasses

Endet das Amt des Testamentsvollstreckers (zu den Beendigungsgründen im einzelnen s. 7. Kap.), muß er nach §§ 2218, 667 BGB den **gesamten Nachlaß an den Erben herausgeben.** Herauszugeben ist **alles,** was der Testamentsvollstrekker in Ausführung seines Amtes erlangt hat, also auch alle **Surrogate** (Ersatzstücke), die durch Rechtsgeschäfte **mit Mitteln der Erbschaft** erworben wurden (vgl. §§ 2019, 2041 und 2111 BGB; RGZ 138, 132, 134; *Staudinger/Reimann* § 2218 Rdn. 26; *Soergel/Damrau* § 2218 Rdn. 10; *Palandt/Edenhofer* § 2218 Rdn. 4). 228

Die Herausgabepflicht erstreckt sich auch auf **Nutzungen,** Früchte, Gewinne, das gesamte Zubehör, die **Nachlaßakten** sowie die **eigenen schriftlichen Aufzeichnungen und Unterlagen des Testamentsvollstreckers über die Nachlaßverwaltung** (BGH NJW 1972, 1660 = LM BGB § 2218 Nr. 5). 229

Ein vom Testamentsvollstrecker verwalteter **Gesellschaftsanteil** ist auf den oder die Erben gemeinsam oder den Testamentsvollstrecker-Nachfolger zu übertragen, ebenfalls unter Beachtung der einschlägigen Formvorschriften (zB § 15 GmbHG, Einzelheiten dazu 5. Kap. Rdn. 109ff.). 230

Die Herausgabepflicht besteht bei Amtsbeendigung sowohl **gegenüber dem Erben** als auch gegenüber einem eventuellen **Testamentsvollstrecker-Nachfolger.** 231

Die Bestimmung des § 260 BGB findet auch hier Anwendung. Der Testamentsvollstrecker hat dem Erben ein **Bestandsverzeichnis vorzulegen** und gegebenenfalls auf seinen Antrag dessen Vollständigkeit und Richtigkeit an Eides Statt zu versichern (siehe dazu Rdn. 126ff.). Wenn keine allzu großen Veränderungen und Umschichtungen stattgefunden haben, kann die Bezugnahme auf das Nachlaßverzeichnis nach § 2215 BGB (Anfangsverzeichnis) genügen (MünchKommBGB/*Brandner* § 2218 Rdn. 15; *Staudinger/Reimann* § 2218 Rdn. 25). 232

War der Testamentsvollstrecker mit der Auseinandersetzung unter Miterben beauftragt (§ 2204 BGB), hatte er zuvor einen **Auseinandersetzungsplan aufzustellen,** die Erben vor dessen Ausführung anzuhören, den Plan auszuführen und die einzelnen Wirtschaftsgüter unter Beachtung der gesetzlichen Übertragungserfordernisse (Einigung und Übergabe, §§ 929ff. BGB bei beweglichen Sachen, Einigung und Eintragung nach §§ 873, 925 BGB bei Immobilien) zu übereignen (MünchKommBGB/*Brandner* § 2204 Rdn. 10). Mit der Durchführung des Auseinandersetzungsplanes ist im Regelfall bei der Auseinandersetzungsverwaltung **auch die Herausgabepflicht** nach § 667 BGB vollständig **erfüllt.** 233

b) Abtretbarkeit des Herausgabeanspruchs, Zurückbehaltungsrecht, Verjährung

Der Herausgabeanspruch des Erben aus § 667 BGB ist kein höchstpersönliches Recht, deshalb ist dieser Anspruch ohne weiteres **abtretbar und pfändbar.** Da 234 der Testamentsvollstrecker wegen seiner Ansprüche auf Vergütung und Aufwendungsersatz (auf § 670 BGB wird in § 2218 Abs. 1 BGB ebenfalls verwiesen) **ein Zurückbehaltungsrecht** nach §§ 273, 274 BGB gegenüber diesem Herausgabeanspruch hat und ein solches Zurückbehaltungsrecht gleichermaßen – nur mit umgekehrten Vorzeichen – dem Erben bei der Forderung des Testamentsvollstreckers nach Aufwendungsersatz und Vergütung wegen seines Herausgabeanspruchs zusteht (*Staudinger/Reimann* § 2218 Rdn. 26; MünchKommBGB/*Brandner* § 2218 Rdn. 15; *Soergel/Damrau* § 2218 Rdn. 10; *Kipp/Coing* § 73 IV 3), muß einer der beiden den ersten Schritt tun, damit sich die Ansprüche **nicht gegenseitig blokkieren.** Es empfiehlt sich eine **Zug-um Zug-Abwicklung.**

235 Der **Herausgabeanspruch des Erben verjährt in 30 Jahren.** Es gibt hier keine Sondervorschrift, so daß wie allgemein bei der Herausgabepflicht des Beauftragten nach § 667 BGB die Regelverjährungsfrist des § 195 BGB gilt (BGHZ 79, 89 = NJW 1981, 918, 920). Auch eine gleichzeitig begangene unerlaubte Handlung kann nicht zu einer Verkürzung dieser Regelverjährungsfrist führen (RGZ 96, 53; *Staudinger/Wittmann* § 667 Rdn. 21; MünchKommBGB/*Seiler* § 667 Rdn. 25; *Palandt/Sprau* § 667 Rdn. 9).

c) Verzinsungspflicht

236 Hatte der Testamentsvollstrecker **Geld aus dem Nachlaß** für eigene Zwecke verwendet, muß er dieses **verzinsen** (§§ 2218, 668 BGB). Es gilt der gesetzliche Zinssatz von 4% nach § 246 BGB. Diese Verzinsungspflicht besteht unabhängig davon, ob der Testamentsvollstrecker wußte, daß er Nachlaßgeld für eigene Zwekke verwendet hatte oder ob er gutgläubig annahm, es habe sich um eigene Mittel gehandelt. Der gute oder böse Glaube spielt ebenso wie bei einem Verwahrer (§ 688 BGB) oder bei einem Vormund, der Mündelgelder für sich verwendet hat (§ 1834 BGB), keine Rolle (MünchKommBGB/*Brandner* § 2218 Rdn. 17; *Staudinger/Reimann* § 2217 Rdn. 27; *Staudinger/Wittmann* § 668 Rdn. 3; *Palandt/Thomas* § 668 Rdn. 1). Gerät der Testamentsvollstrecker – zB nach einer Mahnung des Erben – in Verzug, ist der Betrag mit 5% über dem Basiszinssatz nach § 1 des Diskont-Überleitungs-Gesetzes von 9. 6. 1998 zu verzinsen (§ 288 Abs. 1 nF BGB). Der Erbe kann jedoch einen **höheren Zinssatz** verlangen, wenn er selbst mit Bankkredit arbeitete und einen entsprechend höheren Soll-Zinssatz zahlen mußte oder wenn ihm durch die verspätete Auszahlung günstige Anlagemöglichkeiten verlorengegangen sind (§ 288 Abs. 2 BGB).

237 Generell kommt auch bei der Herausgabeverpflichtung des Testamentsvollstrekkers eine Verpflichtung zur **Schadensersatzleistung** nach § 2219 BGB infrage, wenn er nach Beendigung seines Amtes die Nachlaßgegenstände nur mit **Verzug** herausgibt und dadurch dem **Erben einen Nachteil entsteht** (*Staudinger/Reimann* § 2218 Rdn. 27; vgl. auch MünchKommBGB/*Brandner* § 2219 Rdn. 14).

V. Rechnungslegung

1. Grundlagen, Begriff

a) Unterschied zwischen Rechenschaftslegungs-, Auskunfts- und Aufklärungspflicht

238 Neben seiner Pflicht zur Auskunftserteilung ist der Testamentsvollstrecker dem Erben gegenüber **rechenschaftspflichtig** (§§ 2218, 666 BGB). Er hat somit den Erben nicht nur – laufend – zu benachrichtigen, ihm auf Verlangen über den Stand der Geschäfte und Maßnahmen Auskunft zu erteilen, er hat ihm auch in Ergänzung

dieser Pflichten **nach der Ausführung** seines Amtes umfassend **Rechenschaft abzulegen.**

Die **Rechenschaftslegungspflicht** unterscheidet sich wie die **Auskunftspflicht** von bloßen **Aufklärungspflichten** dadurch, daß Auskunft und Rechenschaft dem Berechtigten Informationen über ihm unbekannte Verhältnisse und Vorgänge geben, damit er sein eigenes Verhalten und seine eigenen **Dispositionen** danach ausrichten kann, während zur Erfüllung einer Aufklärungspflicht der Adressat spontan über erkennbar entscheidungserhebliche Umstände zu informieren ist, die diesem verborgen geblieben sind. Die Betrachtungsweise bei der Aufklärungspflicht ist sonach retrospektiv, gerichtet auf früheres Verhalten, während bei der **Auskunfts- und Rechenschaftspflicht der Blick nach vorne,** auf die **Ausrichtung künftigen Verhaltens** gerichtet ist (MünchKommBGB/*Roth* § 242 Rdn. 210). 239

Benachrichtigung, Auskunft und Rechenschaft sind **nur graduell unterschiedliche,** auch in der Pflichtenentstehung und im Zeitpunkt der Pflichtenerfüllung unterschiedliche Ausgestaltungen einer **einheitlichen Auskunftsverpflichtung im weiteren Sinne** (Rdn. 56; MünchKommBGB/*Seiler* § 666 Rdn. 2; zur Unterscheidung zwischen der unaufgefordert vorzunehmenden Benachrichtigung und der Auskunftsverpflichtung aufgrund eines Verlangens des Berechtigten siehe Rdn. 82ff.). 240

b) Rechenschaftsablegung nur auf Verlangen

Ebenso wie die Auskunftserteilung eine Aufforderung des Berechtigten voraussetzt, muß Rechenschaft nach § 666 BGB auch nur **auf Verlangen** abgelegt werden, wenn, wie im Recht der Testamentsvollstreckung, keine besondere anderweitige vertragliche Regelung vorliegt (*Staudinger/Wittmann* § 666 Rdn. 8; MünchKommBGB/*Seiler* § 666 Rdn. 11). 241

Die Rechenschaftsablegungspflicht geht in ihrer **Intensität** über die Auskunftspflicht hinaus. Sie erfordert **genauere Information** (BGHZ 39, 87, 92, 94 = NJW 1963, 950). Danach ist der Berechtigte nicht nur über den jeweiligen Stand der Geschäfte und Maßnahmen zu informieren, sondern er hat Anspruch auf eine **genaue Darstellung des gesamten Ablaufes** und der **Ergebnisse** der Geschäftstätigkeit. Diese Darstellung muß ihm einen vollständigen Überblick über seine Rechtsstellung verschaffen. Daraus folgt, daß die Rechenschaft folgende Qualifikationsmerkmale aufzuweisen hat: sie muß 242

- alles relevante **Tatsachenmaterial** enthalten, also **vollständig** sein;
- mit größtmöglicher Sorgfalt abgelegt, also soweit es irgendmöglich ist, **richtig** sein;
- sie muß **verständlich** aufgebaut und gegliedert sein;
- sie muß für den Berechtigten **nachprüfbar** sein (siehe zu diesen Kriterien MünchKommBGB/*Seiler* § 666 Rdn. 8; *Staudinger/Wittmann* § 666 Rdn. 9, jeweils mit zahlreichen Nachweisen aus der Rechtsprechung des Reichsgerichts; *Mayer/Bonefeld/Daragan* Rdn. 249; *Zimmermann* Rdn. 322; ferner BGHZ 41, 318 = NJW 1964, 1469 = LM BGB § 666 Nr. 6 und BGHZ 109, 260 = NJW 1990, 510).

c) Rechenschaftsablegung dient der Klärung von Ansprüchen

Eine diese Kriterien erfüllende Rechenschaftsablegung kann dazu führen, daß Ansprüche des Auftraggebers gegen den Pflichtigen zu bejahen oder aber auch zu verneinen sind, jedenfalls **dient die Rechenschaftsablegung der Klärung solcher Anspruchsgrundlagen,** zB der Prüfung, ob Herausgabeansprüche nach 243

§ 667 BGB bestehen. Es ist jedoch **nicht erforderlich, daß solche Ansprüche erhoben,** angekündigt oder gar begründet sind. Auch ohne eine dieser Anspruchsgrundlagen liegt im Regelfall das erforderliche **Rechtsschutzinteresse** für eine Rechenschaftsablegung des Berechtigten (des Erben) vor (BGHZ 28, 177, 179f. = NJW 1958, 1964; BGHZ 41, 318, 320 = NJW 1964, 1469 = LM BGB § 666 Nr. 6; BGH NJW 1984, 1461, 1462 = LM GmbHG § 37 Nr. 5; MünchKommBGB/*Seiler* § 666 Rdn. 8; *Staudinger/Wittmann* § 666 Rdn. 10). Die Klärung eines möglichen weitergehenden (Zahlungs-)Anspruchs ist der **Sinn der Rechnungslegung** und kann daher nicht als deren Voraussetzung verlangt werden (BGHZ 126, 109, 116 = NJW 1995, 386, 387 zum Arbeitnehmererfinderrecht).

244 Besteht die Verpflichtung darin, über eine mit **Einnahmen oder Ausgaben verbundene Verwaltung** Rechenschaft abzulegen, so muß eine **geordnete Zusammenstellung** der Einnahmen und/oder der Ausgaben in der Abrechnung mitgeteilt werden. Soweit **Belege** erteilt zu werden pflegen, sind diese ebenfalls mitvorzulegen (§ 259 Abs. 1 BGB). Man spricht in diesem Spezialfall der Rechenschaftsablegung von **Rechnungslegung,** die also einmal an die Voraussetzung einer mit Einnahmen und/oder Ausgaben verbundenen laufenden Verwaltung geknüpft ist und zum anderen dem Grundsatz nach eine Belegvorlagepflicht enthält (MünchKommBGB/*Seiler* § 666 Rdn. 10; MünchKommBGB/*Krüger* § 259 Rdn. 21f.; *Soergel/Mühl* § 666 Rdn. 6).

245 Da der Testamentsvollstrecker insbesondere bei der Verwaltungsvollstreckung und Dauervollstreckung, aber auch im Regelfall bei der schlichten Abwicklungsvollstreckung (zu den Begriffen und der Abgrenzung 1. Kap. Rdn. 64ff.; *Nieder* Rdn. 892) **eine mit Einnahmen und/oder Ausgaben verbundene Verwaltung vorzunehmen hat,** ist für die Ausgestaltung seiner Rechenschaftsablegungsverpflichtung neben § 666 BGB **auch § 259 BGB heranzuziehen.**

246 Die in § 259 BGB normierte **Rechenschaftspflicht greift am weitesten.** Sie umfaßt sowohl **die Mitteilung der Fakten,** die für den Berechtigten zur Beurteilung seiner eigenen Rechtsstellung, Ansprüche und Dispositionsmöglichkeiten erforderlich sind, als auch **die Abrechnung = Rechnungslegung im engeren Sinne** (MünchKommBGB/*Krüger* § 259 Rdn. 21).

2. Rechtsnatur des Rechenschaftsablegungsanspruches

a) Unterfall des allgemeinen Auskunftsanspruches

247 Da **die Rechenschaftsablegungspflicht** nur ein mit einem größeren Pflichtenkreis belegter **Unterfall des allgemeinen Auskunftsanspruches** ist (siehe Rdn. 56, 82ff., 240), folgt die rechtliche Ausgestaltung dieses Anspruches der des Auskunftsanspruches.

248 *aa) Unselbständige Nebenpflicht.* Auskunfts- und Rechenschaftsablegungsanspruch sind **insoweit selbständig,** als sie dem Berechtigten einen **einklagbaren** Anspruch gewähren (MünchKommBGB/*Seiler* § 666 Rdn. 3 unter Hinweis auf RG WarnR Nr. 464).

249 Trotz ihrer partiellen Selbständigkeit handelt es sich bei diesen Pflichten letztlich aber um **unselbständige Nebenpflichten** bei der Ausführung des Auftrages. Sie gewähren dem Berechtigten – lediglich – einen **Hilfsanspruch** (BGHZ 33, 373, 379 = NJW 1961, 602; MünchKommBGB/*Krüger* § 259 Rdn. 15; *Staudinger/Wittmann* § 666 Rdn. 1; RGRK/*Steffen* § 666 Rdn. 16; *Palandt/Heinrichs* §§ 259 bis 261 Rdn. 25).

Die Nebenleistungspflicht ist am **selben Leistungsort** wie die Hauptverbindlichkeit (hier: Herausgabe des Nachlasses) zu erfüllen (§ 269 Abs. 1 BGB, Wohnsitz des Schuldners oder Gerichtsstände nach § 27 ZPO, Gerichtsstand der Erbschaft bzw. § 31 ZPO, Ort der Vermögensverwaltung-Testamentsvollstreckung; s. dazu auch MünchKommBGB/*Krüger* § 269 Rdn. 42). 250

Daraus folgt, daß der Anspruch auf Rechenschaftsablegung auch nicht selbständig, sondern **nur zusammen** mit dem **zugrundeliegenden Hauptanspruch** (der Übertragung eines Erbteils oder Einzelübertragung der zum Nachlaß gehörenden Sachen und Rechte durch den Erben – Rdn. 43f. – **abgetreten** werden kann (BGHZ 107, 104, 110 = NJW 1989, 1601; MünchKommBGB/*Krüger* § 259 Rdn. 17; *Staudinger/Wittmann* § 666 Rdn. 1; *Palandt/Heinrichs* §§ 259 bis 261 Rdn. 26). Die Abtretung des Hauptanspruches erstreckt sich im Zweifel – wenn nicht ausdrücklich etwas anderes vereinbart ist – auch auf den Auskunfts- und Rechenschaftsablegungsanspruch (OLG München VersR 1985, 846; MünchKommBGB/*Krüger* § 259 Rdn. 17; *Palandt/Heinrichs* §§ 259 bis 261 Rdn. 26 und § 401 Rdn. 4). 251

bb) Pfändung mit Hauptanspruch. Wird der Hauptanspruch gepfändet, geht der Anspruch auf Rechenschaftsablegung **mit Pfändung und Überweisung** des Hauptanspruches auf den Pfändungsgläubiger über. Pfändet ein Gläubiger den Anteil eines Miterben am Nachlaß nach § 859 Abs. 2 ZPO, hat er ohne weiteres einen **Hilfsanspruch auf Auskunfts- und Rechnungslegung,** auch wenn diese Nebenansprüche nicht ausdrücklich mitgepfändet wurden (Rdn. 40). 252

Bei **mehreren Pfändungen gilt** (für den ausdrücklich gepfändeten oder als Hilfsanspruch mit übergegangenen Rechenschaftsablegungsanspruch) grundsätzlich die **Priorität** der ausgebrachten Pfändungen für die Pflichterfüllung des Testamentsvollstreckers. Dieser muß, wenn es verlangt wird, die Rechenschaft gegenüber dem **erstrangigen Pfändungspfandgläubiger** ablegen (Rdn. 41). 253

cc) Bei Miterben Leistung nur an alle gemeinsam. Gibt es **mehrere Gläubiger** des Rechenschaftsablegungs-Anspruches, sind also **Miterben** vorhanden, so kann jeder einzelne Miterbe den Anspruch gegenüber dem Testamentsvollstrecker alleine geltend machen und diesen gegebenenfalls – auch gegen den Widerspruch der übrigen – einklagen. Da der Anspruch zum Nachlaß gehört, kann der fordernde oder klagende Miterbe jeweils nur **Leistungen an alle Erben gemeinsam** verlangen (§ 2039 S. 1 BGB; BGH NJW 1965, 396 = DNotZ 1965, 621; weitere Einzelheiten und Nachweise oben Rdn. 46f.). Diese Klage gegen den Testamentsvollstrecker kann sowohl in dessen **allgemeinem Gerichtsstand** (§ 13 ZPO) erhoben werden als auch vor dem **Gericht der Vermögensverwaltung** nach § 31 ZPO (MünchKommBGB/*Brandner* § 2218 Rdn. 13). 254

Verschiedentlich ist angenommen worden, dem Verpflichteten sei es zuzumuten, **jedem der Berechtigten einen Rechenschaftsbericht** zukommen zu lassen, wenn dies durch entsprechende **Mehrfertigungen** oder **Kopien** keine allzugroßen Mühen mache (BGH WM 1981, 991, 992; MünchKommBGB/*Krüger* § 259 Rdn. 20). Man wird im Regelfall deshalb auch einem Testamentsvollstrecker zumuten können, seinen Rechenschaftsbericht (jedenfalls den Schlußbericht) für **sämtliche Miterben zu vervielfältigen** und diesen zuzuleiten (zur Zulässigkeit einer „Vertreterklausel" für die Geltendmachung der Ansprüche aus §§ 2215, 2218 BGB siehe Rdn. 314ff.). 255

dd) Verpflichtung und Anspruch vererblich. **Die Verpflichtung zur Rechenschaftsablegung ist vererblich,** obwohl der Beauftragte zu seinen Lebzeiten verpflichtet ist, die Rechenschaftsablegung **persönlich** vorzunehmen ungeachtet 256 der Einschaltung von Gehilfen (Einzelheiten Rdn. 10ff. und 14ff.; BGH ZIP 1988, 1058; BGH NJW 1985, 3068, 3069; MünchKommBGB/*Krüger* § 259 Rdn. 17). Die **Insolvenz** des Beauftragten hat keinen Einfluß auf den Fortbestand des Auftragsverhältnisses (*Staudinger/Wittmann* § 673 Rdn. 8), ist jedoch beim Testamentsvollstrecker ein **Entlassungsgrund** (7. Kap. Rdn. 15, 21).

257 Ebenso wie die Verpflichtung zur Rechenschaftsablegung vererblich ist, ist auch der **Anspruch auf Rechenschaftsablegung** vererblich. Als Hilfsanspruch geht er mit der Erbschaft (Miterbenanteil, Übertragung einzelner Nachlaßgegenstände) über.

258 *ee) Unaufschiebbare Maßnahmen des Testamentsvollstrecker-Erben.* Der **Erbe eines Testamentsvollstreckers** ist nach §§ 2218, 673 S. 2 BGB verpflichtet, die Erben, deren Erbschaft der Testamentsvollstreckung unterliegt, vom Tod des Testamentsvollstreckers **unverzüglich zu verständigen.** Er hat ferner die **unaufschiebbaren Maßnahmen** so lange vorzunehmen, bis der Erbe oder ein Testamentsvollstrecker-Nachfolger selbst handeln können (*Staudinger/Reimann* § 2218 Rdn. 35; MünchKommBGB/*Brandner* § 2218 Rdn. 21; *Soergel/Damrau* § 2218 Rdn. 13).

259 **Andere als unaufschiebbare Maßnahmen** zu ergreifen und durchzuführen, ist der Testamentsvollstrecker-Erbe **nicht verpflichtet,** da ja das **Testamentsvollstreckeramt** mit dem Tode des Verpflichteten erlischt und als solches **nicht auf seinen Erben übergeht** (§ 2225 BGB). Die Rechenschaftsablegung ist aber eine aus dem beendeten Amt resultierende Verpflichtung, die der Testamentsvollstrekker-Erbe ebenso **noch auszuführen hat,** wie er verpflichtet ist, bei dieser Form der Amtsbeendigung die **Herausgabeansprüche** aus § 667 BGB **zu erfüllen** (vgl. MünchKommBGB/*Seiler* § 673 Rdn. 3; *Staudinger/Wittmann* § 673 Rdn. 7).

260 Da sich der **Testamentsvollstrecker-Erbe** nur auf die **vorhandenen Akten und sonstigen Unterlagen** stützen kann, ist insbesondere dort, wo die Rechenschaftsablegung durch den ursprünglich verpflichteten Testamentsvollstrecker sich weitgehend auch auf dessen persönliches Wissen und seine Erkenntnisse stützen würde, ein **weniger strenger Sorgfaltsmaßstab** anzulegen (was sich auch bei der Frage, ob der Testamentsvollstrecker-Erbe zur Abgabe der eidesstattlichen Versicherung verpflichtet sein kann, auswirken wird). Unter Umständen kann der Testamentsvollstrecker-Erbe sogar ganz von der Rechenschaftsverpflichtung befreit sein, wenn Umstände, die er nicht zu vertreten hat, ihn hindern, die Rechenschaft abzulegen (MünchKommBGB/*Krüger* § 259 Rdn. 17 unter Hinweis auf RG HRR 1933 Nr. 569; MünchKommBGB/*Seiler* § 673 Rdn. 5). Eine von der Verpflichtung befreiende Unmöglichkeit nach § 275 BGB liegt allerdings dann nicht vor, wenn der Testamentsvollstrecker-Erbe zB deshalb nicht in der Lage ist, Rechenschaft abzulegen, weil der Testamentsvollstrecker keinerlei Aufzeichnungen über seine Amtsführung gefertigt und hinterlassen hat.

261 Die Verpflichtungen des Testamentsvollstrecker-Erben können nur eingreifen, wenn **vorher das gesetzliche Schuldverhältnis** Testamentsvollstrecker-Erbe **schon bestanden** hat. Hat zB der Erbe die Erbschaft ausgeschlagen und ist nicht auch gegenüber dem Ersatzerben Testamentsvollstreckung angeordnet, ist der Testamentsvollstrecker-Erbe nicht verpflichtet, die Notmaßnahmen nach § 673 S. 2 BGB für den Ersatzerben auszuführen oder ihm Rechenschaft abzulegen (BGH NJW 1977, 1726; *Staudinger/Wittmann* § 673 Rdn. 10).

b) Verzicht auf Rechenschaftsablegung

262 Der Erblasser darf einen Testamentsvollstrecker zwar nicht von der Rechenschaftsablegungs-Verpflichtung befreien (auch nicht etwa auf dem Umweg, daß er den Erben durch eine entsprechende Auflage dazu anhält, darauf zu verzichten), je-

doch kann der **Erbe** von sich aus jederzeit **auf die Rechenschaftsablegung verzichten** (*Staudinger/Reimann* § 2220 Rdn. 5; MünchKommBGB/*Brandner* § 2220 Rdn. 4; *Palandt/Edenhofer* § 2220 Rdn. 1; *Haegele/Winkler* Rdn. 142). Ein Verzicht auf Rechenschaftsablegung ist häufig bei unproblematischen Nachlaßabwicklungen im **Familienkreise,** insbesondere dann, wenn der **Testamentsvollstrecker Miterbe** geworden ist und seine Aufgabe sich im wesentlichen auf eine einfache, in der letztwilligen Verfügung mit hinreichender Genauigkeit angeordnete **Auseinandersetzung** bezieht.

Ist der Testamentsvollstrecker Miterbe, kann er sich, wenn die übrigen Miterben nicht auf Rechenschaftsablegung – sei es ausdrücklich, sei es durch konkludentes Verhalten – verzichtet haben, **nicht darauf berufen, ihn treffe keine Rechenschaftsablegungspflicht,** weil Miterben normalerweise untereinander nicht auskunftsverpflichtet sind. Wie schon bei der – schlichten – Auskunftserteilung kann sich der **Testamentsvollstrecker-Miterbe** erst recht bei der Rechenschaftsablegung nicht mit diesem Argument selbst entpflichten. Die Rechtsstellung als Miterbe **verändert seine ihm gesetzlich auferlegte Rechenschaftsablegungsverpflichtung in keiner Weise** (Einzelheiten siehe Rdn. 122f.). 263

Ist der Testamentsvollstrecker (gleichgültig ob Erbe oder nicht) **gesetzlicher Vertreter** eines minderjährigen Erben, so ist er **nicht** nach §§ 1795 Abs. 2, 181, 1629 BGB daran gehindert, den Rechenschaftsablegungsanspruch des von ihm Vertretenen gegen sich selbst geltend zu machen. Es reicht die Überwachung durch das Vormundschaftsgericht nach § 1823 BGB, da diese sich auch auf die Tätigkeit der Eltern als Testamentsvollstrecker bezieht (*Damrau* ZEV 1994, 1, 3; *Staudinger/Reimann* § 2218 Rdn. 22; MünchKommBGB/*Brandner* § 2218 Rdn. 13; s. Rdn. 49f.; aA *Haegele/Winkler* Rdn. 557, der zur Wahrung der Rechte des minderjährigen Erben/Miterben bei der Rechnungslegung eine Pflegerbestellung für erforderlich hält). 264

c) Kein Zurückbehaltungsrecht gegenüber Rechenschaftsablegungsanspruch

Während der Testamentsvollstrecker dem Herausgabeanspruch des Erben aus § 2218, § 667 BGB seine Ansprüche auf Vergütung und Aufwendungsersatz entgegenhalten kann (Rdn. 234), hat er gegenüber dem Rechenschaftsablegungs-Anspruch des Erben ebenso wie gegenüber dessen Auskunftsanspruch (Rdn. 116) ein solches **Zurückbehaltungsrecht** nach einhelliger Auffassung **nicht** (*Staudinger/Reimann* § 2218 Rdn. 21; *Soergel/Damrau* § 2218 Rdn. 9; MünchKommBGB/*Krüger* § 273 Rdn. 50). Der Grund für den Ausschluß des Zurückbehaltungsrechts liegt darin, daß der Erbe im Regelfall ohne die Erfüllung der Ansprüche aus § 666 BGB nicht in der Lage ist, **seine eigene Rechts- und Vermögensposition richtig zu beurteilen.** Auch kann er nicht erkennen, ob ihm gegebenenfalls Schadensersatzansprüche gegen den Testamentsvollstrecker zustehen, mit denen er gegen dessen Aufwendungsersatz- und Vergütungsansprüche aufrechnen könnte. Aus der Natur dieses Schuldverhältnisses (vgl. dazu auch MünchKommBGB/*Krüger* § 273 Rdn. 42) ist deshalb der **Testamentsvollstrecker vorleistungspflichtig.** 265

d) Rechenschaftsablegungspflicht gegenüber Testamentsvollstrecker-Nachfolger

Der Testamentsvollstrecker ist seinem Nachfolger gegenüber **ebenso auskunfts- und rechenschaftsablegungsverpflichtet wie gegenüber dem Erben** selbst. § 2218 Abs. 1 BGB und die dort genannten Bestimmungen über den Auftrag finden **entsprechende Anwendung** auf das Rechtsverhältnis zwischen dem Testamentsvollstrecker und seinem Nachfolger (BGH NJW 1972, 1660 = DNotZ 266

1973, 107 = LM BGB § 2218 Nr. 5; *Staudinger/Reimann* § 2218 Rdn. 8; *Soergel/Damrau* § 2218 Rdn. 19; *Palandt/Edenhofer* § 2218 Rdn. 10; *Haegele/Winkler* Rdn. 552; s. ferner oben Rdn. 53).

3. Umfang und Form der Rechenschaftsablegung

a) Geordnete und vollständige Gegenüberstellung der Einnahmen und Ausgaben, Belegvorlage

267 Eine Rechenschaftsablegung, die gleichzeitig die **Kriterien einer Rechnungslegung** erfüllt, muß eine übersichtliche, geordnete und vollständige Gegenüberstellung der **Einnahmen und Ausgaben** enthalten (BGH NJW 1982, 573 = LM BGB § 259 Nr. 21 zu einer Nebenkostenabrechnung des Vermieters, wenn die Mietsache Teil eines großen Gewerbe- und Wohnzentrums ist; BGH NJW 1985, 2699; BGH LM ZPO § 1042 Nr. 4; MünchKommBGB/*Krüger* § 259 Rdn. 21; *Palandt/Heinrichs* §§ 259 bis 261 Rdn. 23). Die Aufstellung muß dabei nicht nur den **aktuellen Zustand** zu einem bestimmten Stichtag angeben, sondern auch nachvollziehbar darstellen, wie sich dieser Zustand aus den Daten und Zahlen der Vergangenheit **entwickelt hat** (OLG Köln NJW-RR 1989, 528). Diese Art der Darstellung erfordert bei der Rechenschaftsablegung im Gegensatz zur Auskunft (s. Rdn. 117) **zwingend Schriftform.**

268 **Belege** sind der **Rechnungslegung** beizufügen, soweit sie üblicherweise (nach der Verkehrssitte) ausgestellt werden und dem Pflichtigen zur Verfügung stehen bzw. von ihm beschaffbar sind (BGHZ 39, 87, 94f. = NJW 1963, 950; *Locher* NJW 1968, 2324; MünchKommBGB/*Krüger* § 259 Rdn. 23; *Staudinger/Selb* § 259 Rdn. 12; *Palandt/Heinrichs* §§ 259–261 Rdn. 23; *Mayer/Bonefeld/Daragan* § 250). Nach § 667 BGB hat der Testamentsvollstrecker – unabhängig von der Rechenschaftsablegungsverpflichtung – **sämtliche in seinem Besitz befindlichen Belege** einschließlich der selbst gefertigten Aufzeichnungen über die Nachlaßverwaltung **herauszugeben** (BGH NJW 1972, 1660 = LM BGB § 2218 Nr. 5; Rdn. 228).

269 Auch wenn Belege im Einzelfall nicht – mehr – herausgegeben werden müssen, weil die Herausgabepflicht erfüllt ist oder weil es sich zB nicht um zum Nachlaß gehörende Unterlagen handelt oder weil sie keinen näheren Bezug zur Nachlaßverwaltung haben, muß der zur Rechenschaft verpflichtete Testamentsvollstrecker dem Erben die **notwendige Übersicht verschaffen** (BGHZ 109, 260, 266 = NJW 1990, 510 zum Fall der Rechenschaftsablegung eines Rechtsanwaltes). Der Erbe muß jedenfalls in der Lage sein (wie allgemein der Berechtigte in den sonstigen von der Rechtsprechung entschiedenen Fällen), **ohne fremde Hilfe und ohne zusätzliche Recherchen** seine Rechtsstellung zu überprüfen und zu erkennen, ob seine Ansprüche gegen den Verpflichteten oder umgekehrt eventuell dessen Ansprüche gegen ihn dem Grund und der Höhe nach gerechtfertigt sind (BGH NJW 1982, 573 = LM BGB § 259 Nr. 21; BayObLG NJW-RR 1988, 18; MünchKommBGB/*Krüger* § 259 Rdn. 23; *Palandt/Heinrichs* §§ 259 bis 261 Rdn. 23; *Staudinger/Wittmann* § 666 Rdn. 9). Dieser Verpflichtung ist **nicht Genüge** getan, wenn ohne eine übersichtliche Aufstellung Belege lediglich – mehr oder minder ungeordnet – vorgelegt werden mit dem **Angebot, diese mündlich zu erläutern** (BGHZ 39, 87, 95 = NJW 1963, 950; OLG Köln NJW-RR 1989, 568).

270 Kann der zur Rechenschaftsablegung Verpflichtete keine Belege vorlegen, obwohl sie zu seiner Abrechnung gehören, muß er für jeden einzelnen fehlenden Beleg darlegen und beweisen, daß die beteiligten Dritten (Belegbesitzer) diese Belege trotz seines ernsthaften **Herausforderungsverlangens nicht herausgeben**

konnten oder nicht herausgeben wollten (MünchKommBGB/*Krüger* § 259 Rdn. 23 unter Hinweis auf LG Aurich NdsRpfl. 1983, 18). Ebenso wie bei der **Wissensverschaffungspflicht** eines Auskunftsverpflichteten (BGH NJW 1989, 1601 = BGHZ 107, 104, 108 = LM BGB § 666 Nr. 13; dazu Rdn. 102ff.) wird man auch in Fällen der Beleglosigkeit des Rechenschaftsablegungs-Schuldners diesen verpflichteten können, für den Erben wichtige Belege gegebenenfalls **von Dritten** (zB Kontoauszüge bei Banken etc.; s. dazu BGH ZIP 2001, 561; OLG Saarbrücken NJW-RR 2000, 229 zur Rückforderung weggegebener Unterlagen) **herauszuklagen oder aber dem Erben diese Ansprüche abzutreten.** In Frage kommt in diesem Zusammenhang auch die Abtretung des Urkunden-Einsichtsrechts nach § 810 BGB an den berechtigten Erben.

Sind **Belege verlorengegangen,** muß der Testamentsvollstrecker versuchen, 271
diese zu **rekonstruieren.** Dazu gehört, daß er Angaben und Aufzeichnungen zu diesen Belegen aus dem Gedächtnis macht, auf Hilfspersonen oder sonstige Dritte und deren Erinnerungsvermögen zurückgreift, soweit diese Einsicht in die Belege hatten oder über deren Inhalt Auskunft erteilen können. Er hat alle sonstigen **Auskunftsquellen** heranzuziehen, die weiterhelfen könnten. Verlorengegangene Daten sind gegebenenfalls zu **schätzen** (BGHZ 39, 87, 94 = NJW 1963, 950; MünchKommBGB/*Seiler* § 666 Rdn. 9; BGH LM BGB § 810 Nr. 15 = BB 1992, 1236 zum Auskunfts- und Einsichtsrecht des Berechtigten in die Unterlagen des Verpflichteten bei Verlust seiner eigenen Vertragsurkunden).

Auch der Testamentsvollstrecker kann seiner Pflicht zur Rechenschaftsablegung 272
(zB bei einer reinen Abwicklungsvollstreckung) dadurch genügen, daß er **erklärt, es seien keine Einnahmen vorhanden.** Einer Rechnungslegung bedarf es in einem solchen Falle nicht (siehe dazu auch BGH NJW 1959, 1219; MünchKommBGB/*Krüger* § 259 Rdn. 23).

b) Zurückgreifen auf eine frühere Abrechnung

Im Einzelfall kann es ausreichen, wenn die Rechenschaftsablegung auf eine frü- 273
here Abrechnung zurückgreift, insbesondere wenn sie periodisch vorgelegt wurde (s. dazu Rdn. 295). Notwendig ist jedoch, daß auch auf diese Weise eine **vollständige Übersicht** erreicht wird, dh., die neuere Rechenschaftsablegung muß lückenlos an die frühere **anknüpfen** und deren Angaben übernehmen und **fortführen** (OLG Köln NJW-RR 1989, 568; MünchKommBGB/*Seiler* § 666 Rdn. 9, *Staudinger/Wittmann* § 666 Rdn. 9; RGRK/*Steffen* § 666 Rdn. 14; *Palandt/Sprau* § 666 Rdn. 4).

Kommt der Testamentsvollstrecker seiner Rechnungslegungspflicht nicht nach, 274
so kann der berechtigte **Erbe,** um sein Ziel gegebenenfalls schneller und einfacher zu erreichen, anstelle einer Klage auf Erfüllung der Rechnungslegung **die Abrechnung auch selbst vornehmen.** Diese Abrechnung ist dann so lange verbindliche Rechtsgrundlage für die Abwicklung des Rechtsverhältnisses (zB Abwicklung der Herausgabeansprüche), bis der vorher säumige Testamentsvollstrecker konkret darlegt und beweist, daß und gegebenenfalls in welchen Positionen die Rechnung des Erben unrichtig oder unvollständig ist. Insbesondere ist er in diesem Fall verpflichtet, den **Nachweis** über den Verbleib der vom Erben vermißten Einnahmen zu erbringen (*Staudinger/Wittmann* § 666 Rdn. 10; *Soergel/Mühl* § 666 Rdn. 6; *Palandt/Sprau* § 666 Rdn. 4).

c) Erfüllungsanspruch, Ergänzung

Der **Erfüllungsanspruch** des Berechtigten besteht solange fort, bis der Ver- 275
pflichtete eine Rechenschaftsablegung vorgelegt hat, die den **formellen Anfor-**

derungen genügt. Dies ist nicht der Fall, wenn eine aus sich heraus verständliche, leicht überprüfbare Gegenüberstellung von Einnahmen und Ausgaben fehlt. Die formellen Voraussetzungen sind auch dann nicht erfüllt, wenn der Berechtigte aus den ihm übergebenen Unterlagen, Geschäftsbüchern, Schriftstücken sich erst selbst mit viel Akribie und Mühe eine **Übersicht erarbeiten muß.** Es genügt also nicht, wenn nur die Grundlagen einer Rechenschaft vorgelegt wurden (BGHZ 39, 87, 85 = NJW 1963, 950; MünchKommBGB/*Krüger* § 259 Rdn. 23; dazu Rdn. 269).

276 Wurden **mehrere unterschiedliche Rechenschaften** abgegeben, müssen diese – ebenfalls noch als Erfüllungsanspruch – **ergänzt** und einander **zugeordnet** werden, damit Klarheit darüber herrscht, was letztlich Inhalt der Rechenschaftsablegung sein soll (BGH MDR 1983, 128, 129; BGH LM BGB § 260 Nr. 14; MünchKommBGB/*Krüger* § 259 Rdn. 24).

277 **Ergänzung der Rechenschaftsablegung** kann **ausnahmsweise** auch dann gefordert werden, wenn ein **bestimmter Vermögensteil** überhaupt nicht angegeben wurde, weil es auch hier an der Darlegung der richtigen Abrechnungsgrundlagen fehlt. Dasselbe soll gelten, wenn eine Rechenschaftsablegung auf **Fälschungen** beruht (BGHZ 92, 62, 69 = NJW 1984, 2822; BGH NJW 1983, 2243, 2244; BGH LM BGB § 260 Nr. 1; MünchKommBGB/*Krüger* § 259 Rdn. 24 unter Hinweis auf RG HRR 1933 Nr. 465; ferner BGHZ 39, 87, 96 = NJW 1963, 950; dazu auch Rdn. 109 und Rdn. 133ff. für den Anspruch auf Auskunftserteilung). Stützt sich die Rechenschaft überwiegend auf **Schätzungen,** verfährt der BGH bei Lücken mit dem **Ergänzungsanspruch** großzügiger (wegen der Schwäche des Druckmittels „eidesstattliche Versicherung"). Er geht erst dann von der formalen Vollständigkeit aus, wenn auch die **Schätzungsgrundlagen** umfassend dargelegt sind. Erst dann besteht kein Ergänzungsanspruch mehr, sondern nur noch die Sanktionsmöglichkeit nach § 259 Abs. 2 BGB (BGHZ 92, 62, 69 = NJW 1984, 2822, 2824; MünchKommBGB/*Krüger* § 259 Rdn. 25).

278 Ansonsten berühren **sachliche Beanstandungen** der Rechenschaftsablegung den Erfüllungsanspruch nicht. Trotz sachlicher Einwendungen besteht kein Erfüllungsanspruch mehr. Eine Verurteilung zu weiterer Rechnungslegung ist ausgeschlossen. Es bleibt der Anspruch des Berechtigten auf **Abgabe der eidesstattlichen Versicherung** nach § 259 Abs. 2 BGB durch den Verpflichteten (BGH LM ZPO § 254 Nr. 3 und 6; BAG AP BGB § 611 – Konkurrenzklausel – Nr. 26; MünchKommBGB/*Krüger* § 259 Rdn. 24; *Palandt/Heinrichs* §§ 259 bis 261 Rdn. 22; s. dazu ebenfalls Rdn. 133ff.).

279 Das Verlangen nach Abgabe der **eidesstattlichen Versicherung** ist **das einzige (Zwangs-)Mittel,** um eine richtige und vollständige Rechnungslegung zu erzwingen. Es besteht auch kein Anspruch auf Überprüfung der Rechnung durch einen Sachverständigen. Einen solchen Anspruch sieht das BGB nicht vor (BGHZ 92, 62, 64 = NJW 1984, 2822; *Palandt/Heinrichs* §§ 259 bis 261 Rdn. 23).

280 Da die Rechenschaftspflicht in ihrer Intensität weiter geht als eine schlichte Auskunftserteilung (s. Rdn. 56 und Rdn. 240ff.), besteht nach Erfüllung des Anspruches auf Rechenschaftsablegung **keine Pflicht zur Auskunftserteilung** mehr, vorausgesetzt, es handelt sich um denselben Sachverhalt. Mit einer ordnungsgemäßen und vollständigen Rechenschaftsablegung hat der Verpflichtete **endgültig erfüllt,** ohne daß über Umwege noch weitere Ansprüche an ihn herangetragen werden könnten (BGHZ 93, 327 = NJW 1985, 1693; *Palandt/Sprau* § 666 Rdn. 4).

281 Kommt es ohne Verschulden des Rechenschaftspflichtigen zu **Verzögerungen,** weil zB noch ein den Nachlaß berührender Rechtsstreit zu führen ist, kann es für den Erben unzumutbar sein, länger zuzuwarten. In solchen Fällen verlangt die

Rechtsprechung eine **vorläufige Abrechnung** unter Ausklammerung der noch nicht endgültig zu beurteilenden Position. Ist diese geklärt, ist die endgültige Rechenschaftsablegung alsbald nachzuholen (LG Stuttgart NJW 1968, 2337; MünchKommBGB/*Krüger* § 259 Rdn. 25).

4. Grenzen des Rechenschaftsanspruches

a) Schikaneverbot, Zumutbarkeit

Da die Rechenschaftsablegungspflicht eine besonders ausgestaltete Auskunftserteilung ist, unterliegt sie wie jene dem Gebot von **Treu und Glauben** und dem **Schikaneverbot** (Rdn. 84f.). Wie jene untersteht sie ferner einem **Wertigkeitsgebot:** Eine Rechenschaftslegung kann für den Verpflichteten **unzumutbar** sein, wenn das Interesse des Berechtigten unter Beachtung seiner schutzwürdigen Interessen als Gläubiger so gering ist, daß es in keinem vernünftigen **Verhältnis** zu dem Aufwand an Arbeit und Zeit des verpflichteten Schuldners steht (BGHZ 70, 86, 91 = NJW 1978, 538; BGH NJW 1982, 574; BGH WM 1984, 1164; MünchKommBGB/*Krüger* § 259 Rdn. 28; Palandt/*Heinrichs* §§ 259 bis 261 Rdn. 24). **282**

Im Recht des Testamentsvollstreckers sind allerdings kaum Fälle denkbar, in denen ihm der **Unzumutbarkeitseinwand** zustehen würde (dieser Einwand hat insbesondere im Wettbewerbsrecht Bedeutung, wenn es darum geht, inwieweit der zur Rechenschaftslegung Verpflichtete dem Berechtigten als einem Konkurrenten Daten preisgeben müßte, die dieser in mißbräuchlicher Weise ausnützen könnte): Eine geordnete Abrechnung mit Zusammenstellung der Einnahmen und/oder Ausgaben kann von einem Testamentsvollstrecker allemal verlangt werden. **Grenzen** könnten seiner Verpflichtung dann gezogen sein, wenn es in Fällen der **Beleglosigkeit** um seine **Wissensverschaffungspflicht** bei Dritten geht (BGH NJW 1989, 1601 = BGHZ 107, 104, 108; dazu Rdn. 270 und Rdn. 102ff.) **283**

b) Verzicht und Verstoß gegen Treu und Glauben

Hat der berechtigte Erbe bei Beendigung der Testamentsvollstreckung Rechenschaft nicht verlangt und der Testamentsvollstrecker auch von sich aus nicht – wozu er **ohne Verlangen nicht verpflichtet** ist – Rechenschaft abgelegt, kann einem späteren Verlangen zweierlei entgegengehalten werden: **284**

(1) **Verzicht** ausdrücklicher oder meist stillschweigender Art; **285**

(2) **Verstoß gegen Treu und Glauben,** insbesondere dann, wenn der Erbe früher bei der Herausgabe der Nachlaßgegenstände eine solche Rechenschaftsablegung **nicht gefordert und sie auch nicht** – auch wiederum durch konkludentes Handeln möglich – **vorbehalten** hat (BGHZ 39, 87, 92 = NJW 1963, 950; *Staudinger/Wittmann* § 666 Rdn. 13; MünchKommBGB/*Krüger* § 259 Rdn. 35; *Palandt/Heinrichs* §§ 259 bis 261 Rdn. 24).

In diesem Fall **kann** der Rechenschaftsablegungsanspruch durch zu langes Zuwarten **verwirkt** sein (BGH aaO). Allerdings ist zu beachten, daß Verwirkung nicht immer schon dann anzunehmen ist, wenn die Erben die Rechenschaftsablegung des Testamentsvollstreckers vorbehaltslos entgegengenommen haben (*Haegele/Winkler* Rdn. 555). Verwirkung ist nämlich **illoyal verspätete Geltendmachung des Rechts.** Zum **Zeitmoment** muß ein **Umstandsmoment** durch Verhalten des Gläubigers (Erben) hinzukommen, auf das der Schuldner (Testamentsvollstrekker) sein Verhalten eingerichtet hat (Einzelheiten bei MünchKommBGB/*Roth* § 242 Rdn. 464, 469). **286**

287 Der Anspruch ist dagegen **nicht verwirkt,** wenn der Berechtigte, der dem Rechenschaftsablegungsverpflichteten bisher ohne weiteres vertraut und zB eben die Gegenstände, die ihm herausgegeben wurden, als den tatsächlich lediglich noch vorhandenen Bestand entgegengenommen hat, **Tatsachen erfährt** und diese nachweist, die geeignet sind, **Zweifel an der Zuverlässigkeit** des Verpflichteten und seiner Geschäftsführung (der Amtsführung des Testamentsvollstreckers) zu erwecken (BGH 39, 87, 92 = NJW 1963, 950; MünchKommBGB/*Krüger* § 259 Rdn. 35; *Staudinger/Wittmann* § 666 Rdn. 13; *Palandt/Heinrichs* §§ 259 bis 261 Rdn. 24).

288 Ebensowenig wie beim Auskunftsverlangen des Erben zieht bei der Rechenschaftsablegungsverpflichtung der Einwand des Testamentsvollstreckers, er würde sich durch die begehrte Offenlegung eventuell **eigener strafbarer Handlung** oder mißbräuchlichen Verhaltens **bezichtigen.** Er bleibt auch in einem solchen Fall zur uneingeschränkten Rechenschaftsablegung verpflichtet. Der **Anspruch des Erben** hat absoluten Vorrang vor dem Schutz des Testamentsvollstreckers vor Selbstbezichtigung (BGH NJW 1990, 510, 511 = BGHZ 109, 260; BGH NJW 1964, 1469 = BGHZ 41, 318, 323; näheres dazu Rdn. 86ff.).

c) Rechtsschutzbedürfnis für Rechenschaftsablegung

289 Wie für einen Auskunftsanspruch das Rechtsschutzbedürfnis fehlt, wenn feststeht, daß die begehrte Auskunft den behaupteten Anspruch des Gläubigers **unter keinem Gesichtspunkt beeinflussen kann,** entfällt auch unter denselben Voraussetzungen eine Verpflichtung zur Rechenschaftsablegung. Eine **Rechenschaftsablegung** ist im Ergebnis sinnlos und deshalb **nicht geschuldet,** wenn von vornherein feststeht, daß auch nach Rechnungslegung der diese verlangende Gläubiger vom Rechnungslegungs-Schuldner keinesfalls etwas wird fordern können. Es würde sich um eine bloße grundlose Pflichtübung handeln (BGHZ 108, 399 = NJW 1990, 180; BAG ZIP 1994, 642, 644; siehe ferner die Zitate zum Auskunftsanspruch aus anderen Rechtsgebieten in Rdn. 100: BGH NJW 1982, 573 zu einer Nebenkostenabrechnung; BGH NJW 1982, 2271 bei einem Unterhalts-Auskunftsanspruch; BGH NJW 1985, 384 zum Auskunftsanspruch eines Pflichtteilsberechtigten gegen einen vom Erblasser Beschenkten; BGH NJW-RR 1987, 876 zum Auskunftsanspruch bei Warenzeichenverletzung; OLG Düsseldorf NJW 1988, 2389 sowie auch BAG AP HGB § 87c Nr. 3; MünchKommBGB/*Krüger* § 259 Rdn. 35).

290 Ein solcher **Begrenzungsfall** könnte im Testamentsvollstreckerrecht zB dann vorliegen, wenn der Testamentsvollstrecker den Nachlaß nach § 2204 BGB auseinanderzusetzen hatte und entsprechend seinem **Auseinandersetzungsplan** – nach vorheriger Anhörung aller Miterben – verteilt und auseinandergesetzt wurde. Für eine darüber hinausgehende Rechenschaftablegung dürfte in einem solchen Fall das **Rechtsschutzbedürfnis fehlen.** Ähnliches könnte gelten, wenn bei einer Verwaltungsvollstreckung zB bis zur Volljährigkeit des jüngsten Kindes des Erblassers (§ 2209 S. 1 Halbs. 1 BGB) lediglich ein Bank- oder Bausparguthaben zu verwalten war und am Ende der Testamentsvollstreckung das Guthaben mit allen Kontoauszügen herausgegeben wird.

5. Zeitliche Schranke

291 Nach dem Wortlaut des § 666 BGB ist die Rechenschaft **nach Ausführung des Auftrages** zu erteilen (BGH LM BGB § 666 Nr. 8 = BB 1967, 905). Das bedeutet für den Testamentsvollstrecker, daß er in **allen Fällen der Beendigung**

seines Amtes (s. dazu 7. Kap.) seine Rechenschaft abzulegen hat. Er schuldet sie jedoch nicht unaufgefordert. Die Beendigung der Testamentsvollstreckung ist für den Erben nur das Signal, daß er jetzt Rechenschaftsablegung **verlangen** kann, aber auch muß, wenn er diese Pflichterfüllung des Testamentsvollstreckers für sich in Anspruch nehmen will (MünchKommBGB/*Seiler* § 666 Rdn. 11; *Staudinger/Wittmann* § 666 Rdn. 8; RGRK/*Steffen* § 666 Rdn. 13).

Verlangt der Erbe im Zusammenhang mit dem Ende der Testamentsvollstrek- 292
kung – ein längeres Zuwarten könnte zur **Verwirkung** des Anspruches führen (Rdn. 286) – Rechenschaft, so ist der Testamentsvollstrecker verpflichtet, unverzüglich zu handeln und die Rechenschaft innerhalb einer **angemessenen Frist** zu erteilen, ohne daß es dazu einer speziellen Fristsetzung des Erben bedarf (MünchKommBGB/*Seiler* § 666 Rdn. 11; RGRK/*Steffen* § 666 Rdn. 13, jeweils unter Hinweis auf RGZ 56, 116, 118).

Welche Frist dem Testamentsvollstrecker dabei einzuräumen ist, hängt von den 293
Umständen ab, insbesondere vom **Umfang** des verwalteten Nachlasses, der **Art seiner Zusammensetzung, Art und Zahl** der zwischenzeitlich abgewickelten **Geschäfte** und davon, ob gegebenenfalls an früher – periodisch – erteilte Rechenschaftsablegungen angeknüpft werden kann oder die Rechenschaftsablegung von Grund auf neu aufzubauen ist. Vergleichsmaßstab ist der – im Streitfall durch einen Sachverständigen festzustellende – Zeitaufwand, den ein in der Besorgung fremder Vermögens- und Rechtsangelegenheiten nicht unerfahrener Dritter unter Beachtung seiner sonstigen Pflichten (auch beruflichen Pflichten) benötigen würde.

Das **Verlangen** nach Rechenschaftsablegung braucht nicht wörtlich oder aus- 294
drücklich gestellt zu werden. Auch hier genügt **konkludentes Verhalten** des Berechtigten. Im Regelfall ist davon auszugehen, daß Rechenschaft verlangt wird, wenn – wie im Falle der Testamentsvollstreckung – die Geschäfts- oder Amtsführung mit Einnahmen und/oder Ausgaben verbunden ist oder sonstwie die Vermögensinteressen des Berechtigten berührt hat (RGRK/*Steffen* § 666 Rdn. 13; MünchKommBGB/*Seiler* § 666 Rdn. 11).

6. Jährliche Rechnungslegung

a) Regelmäßige Rechnungslegung bei länger andauernder Verwaltung

Bei länger andauernder Verwaltung kann der Erbe vom Testamentsvollstrecker 295
jährlich Rechnungslegung verlangen (§ 2218 Abs. 2 BGB). „Länger dauernd" im Sinne dieser Bestimmung ist jede Testamentsvollstreckung, die, wie sich aus Wortlaut und Sinn ergibt, **länger als ein Jahr** dauert. Mit anderen Worten: **spätestens ein Jahr nach seinem Amtsantritt** hat der Testamentsvollstrecker Rechnung zu legen, unabhängig davon, ob eine reine Abwicklungsvollstreckung nach §§ 2203, 2204, eine länger dauernde Verwaltungsvollstreckung nach § 2209 S. 1 Halbs. 1 oder eine Dauervollstreckung nach § 2209 S. 1 Halbs. 2 BGB (dazu 1. Kap. Rdn. 145ff.; *Nieder* Rdn. 893; *Haegele/Winkler* Rdn. 130ff.) vorliegt (BayObLG ZEV 1998, 348; MünchKommBGB/*Brandner* § 2218 Rdn. 11; *Staudinger/Reimann* § 2218 Rdn. 36; *Soergel/Damrau* § 2218 Rdn. 7; *Mayer/Bonefeld/Daragan* Rdn. 261).

b) Vollständigkeitserfordernis auch für die jährliche Rechnungslegung

Von ihrem **Zweck** her – laufende Unterrichtung – einerseits und der **Zu-** 296
mutbarkeit (mehrfache Wiederholung der Rechnungslegung) andererseits ist es sicherlich richtig, wenn insgesamt die **jährliche Rechnungslegung nicht so**

umfangreich und detailliert zu sein braucht wie die **Schlußabrechnung** oder eine einmalige Rechnungslegung des Testamentsvollstreckers, die notwendigerweise zugleich Schlußabrechnung ist. Die Schlußabrechnung muß **schlechthin alles** enthalten, was Relevanz zum Nachlaß hat oder auch nur haben kann (zB auch Darlegung möglicher Ersatzansprüche gegenüber Dritten). Solche – einmaligen – Rechtslagen und Positionen müssen nicht unbedingt jedesmal aufs Neue in der jährlichen Rechnungslegung enthalten sein, wenn sich nur aus der Aneinanderreihung der einzelnen Abrechnungen ihre Existenz ergibt. Ähnliches gilt für unveränderte Bestände (Kunstsammlung, Bibliothek, unbebautes Grundstück, das keine Erträge abwirft u. a.), die nicht ständig erneut aufgelistet werden müssen.

297 Andererseits muß die jährliche Rechnung jedoch alle **diejenigen Positionen** enthalten, die sich während der Rechnungsperiode gegenüber dem Vorjahr verändert haben. Insbesondere sind somit **sämtliche Einnahmen** und **Ausgaben** wenigstens in der Art einer **Einnahme-Überschußrechnung** anzugeben. Die Zu- und Abflüsse aus dem Nachlaßvermögen müssen in der zeitlichen Reihenfolge mit Datumsangabe einzeln aufgeführt werden. Zum Rechnungsjahresende ist eine geordnete Vermögensübersicht (ein Status) zu erstellen, aus dem der Erbe **Entwicklung und Ergebnis** der vermögensrelevanten Vorgänge des vergangenen Jahres ablesen kann (*Staudinger/Reimann* § 2218 Rdn. 36; *Möhring/Beisswingert/Klingelhöffer* G V 10; ähnlich auch MünchKommBGB/*Brandner* § 2218 Rdn. 11, der ausführt, daß sich die inhaltlichen Anforderungen an eine Jahresrechnung nach den Einzelfallumständen richteten und durch den Rechnungszweck einerseits, die Zumutbarkeit andererseits bestimmt würden; s. ferner BayObLG ZEV 1998, 348: die Verletzung der Pflicht zur jährlichen Rechnungslegung kann ein Grund für die **Entlassung** des Testamentsvollstreckers sein).

298 Die Rechtsprechung des Reichsgerichts dagegen wollte, ohne sich genauer festzulegen, eine **Übersicht** genügen lassen, aus der sich der Erbe ein **allgemeines Bild** machen könnte, wie, in welcher Weise und in welchem Umfang der Testamentsvollstrecker in dieser Rechnungsperiode seine Aufgaben abgewickelt habe (RG WarnR 1936 Nr. 159; RG SeuffA 90, Nr. 172; ebenso *Soergel/Damrau* § 2218 Rdn. 7; *Haegele/Winkler* Rdn. 483; RGRK/*Kregel* § 2218 Rdn. 13).

299 Nach dieser Rechtsprechung sind die Bestimmungen der §§ 1840 und 1841 BGB über die **Berichterstattung und Rechnungslegung des Vormundes** für die jährliche Rechnungslegung des Testamentsvollstreckers **nicht ohne weiteres anwendbar.** Nach § 1841 BGB soll die jährliche Rechnungslegung des Vormundes eine geordnete Zusammenstellung der Einnahmen und Ausgaben enthalten sowie über den Ab- und Zugang des Vermögens Auskunft geben. Die Rechnung ist, soweit Belege erteilt zu werden pflegen, mit diesen zu versehen. Betreibt der Vormund ein Erwerbsgeschäft mit kaufmännischer Buchführung, genügt als Rechnung auch ein aus den Büchern gezogener Jahresabschluß (Bilanz mit Gewinn- und Verlustrechnung, § 1841 Abs. 2 S. 1 BGB).

300 Richtig ist, daß der Testamentsvollstrecker **dem Erben** und nicht (etwa wie der Vormund dem Vormundschaftsgericht) dem Nachlaßgericht auskunfts- und rechenschaftsverpflichtet ist und auch nicht dessen Aufsicht untersteht. Dennoch erscheint wenigstens die **entsprechende Anwendung** dieser Vorschriften auf die jährliche Rechenschaftsablegung des Testamentsvollstreckers **geboten.** Sie können, unter Beachtung der Umstände des Einzelfalles und des Umfanges und der Schwierigkeit der Testamentsvollstreckeraufgabe, durch das Kriterium der **Zumutbarkeit** im einzelnen auch etwas abgemildert werden. In Zeiten komplexer wirtschaftlicher Sachverhalte, häufig wechselnder Ausgangssituationen (auch von der Gesetzeslage her!) und damit einhergehender rascher Veränderung einzelner

Vermögenspositionen wird jedoch, wie vielleicht noch zu Beginn dieses Jahrhunderts, eine **pauschale Überblicksverschaffung den Interessen der Erben nicht gerecht.**

c) Mindesterfordernisse

301 Nach diesen **Kriterien** muß die jährliche **Rechnungslegung** eines Testamentsvollstreckers folgende Mindesterfordernisse erfüllen:

aa) Einnahmen- und Ausgabenauflistung. Lückenlos und mit genauer **Datumsangabe** sind **sämtliche Einnahmen** und **Ausgaben** aufzuführen, es sei denn, es handle sich um eine statische Verwaltung ohne solche Geldbewegungen (zB Verwaltungsvollstreckung über ein wertvolles Gemälde oder eine Kunstsammlung bis zu einem bestimmten Mindestalter des jüngsten Miterben).

302 *bb) Getrennte Einnahmen- und Ausgabenrechnungen für mehrere Gebäude.* Gehören zum Nachlaß mehrere Mietshäuser, muß **für jedes Objekt eine getrennte Einnahmen- und Ausgabenrechnung** vorgelegt werden (Mieteinnahmen incl. Nebenkosten einerseits, Energiekosten, Steuern, Erhaltungs- und Reparaturaufwendungen andererseits).

303 *cc) Bezugnahme auf kaufmännische Buchführung, Handelsbilanz.* Gehört zum Nachlaß ein **Unternehmen** und zwar **gleichgültig, in welcher Rechtsform** es geführt wird, und erfordert dies eine **kaufmännische Buchführung** nach § 238 HGB, genügt die Bezugnahme auf den aufgrund handelsrechtlicher und steuerrechtlicher Vorschriften ohnehin jährlich vorzulegenden Jahresabschluß (Bilanz nach den Bestimmungen der §§ 266 bis 274 HGB sowie Gewinn- und Verlustrechnung nach §§ 275 bis 277 HGB).

304 Die **Handelsbilanz ist dabei auch maßgeblich für die Steuerbilanz,** nur ausnahmsweise gilt der Grundsatz der umgekehrten Maßgeblichkeit der Steuerbilanz für die Handelsbilanz. Handelsbilanz und Steuerbilanz können, wie bei größeren Unternehmen üblich, getrennt erstellt werden oder aber die allein zu stellende Handelsbilanz berücksichtigt schon die steuerlichen Vorschriften. Dann liegt eine sogenannte Einheitsbilanz vor. Dabei muß jedoch berücksichtigt werden, daß durch einen Gesellschaftsvertrag die Handelsbilanz nicht allgemein durch eine Steuerbilanz ersetzt werden kann. Die **Einheitsbilanzklausel** in einem Gesellschaftsvertrag ist deshalb **nur als Anpassungsregel** zulässig (BayObLG NJW 1988, 916 = BB 1988, 34; *Hopt* HGB § 242 Rdn. 304; *Baumbach/Hueck/Schulze-Osterloh* GmbHG § 42 Rdn. 20; *Heidenheim/Meister* in Münchener Vertragshandbuch, Bd. 1, Gesellschaftsrecht, IV. 19 Anm. 43).

305 *dd) Einnahme-/Überschußrechnung.* Bei nicht buchführungspflichtigen kleineren Unternehmen und der übergangsweisen Fortführung (zur Abwicklung) des Büros (Kanzlei) eines **Selbständigen** (Anwalt, Architekt, Steuerberater, Arzt) genügt eine einfache **Einnahme-/Überschußrechnung** nach § 4 Abs. 3 EStG.

306 *ee) Steuererklärung.* Eine solche nach dem **Verwaltungsgegenstand differenzierende, im Ergebnis jedoch detaillierte und nicht nur pauschalierende jährliche Rechnungslegung** muß schon deshalb gefordert werden, weil ohne sie der Erbe seiner Verpflichtung zur jährlichen Abgabe seiner **Einkommensteuererklärung** (dazu 3. Kap. Rdn. 111ff. und 8. Kap. Rdn. 140ff.) nicht oder nur höchst unzureichend nachkommen könnte. Wer sonst als der Testamentsvollstrekker kann ihm die zur Erfüllung dieser steuerlichen Pflichten erforderlichen Angaben liefern? Die **bloße Übersichtsverschaffung** kann also schon aus diesen Gründen **nicht ausreichend sein.**

d) Frist für jährliche Rechenschaftsablegung

307 Nicht geregelt im Gesetz ist, innerhalb welcher Frist die jährliche Rechnungslegung auf Verlangen des Erben vorgenommen werden muß. Wie bei der gewöhnlichen Rechenschaftsablegung im Zusammenhang mit der Beendigung des Testamentsvollstreckeramtes muß man dem Vollstrecker auch bei jährlicher Rechnungslegung eine **angemessene Frist** einräumen. Diese läßt sich – nicht zuletzt auch wegen ihres **steuerlichen Zweckes** – bei der jährlichen Rechnungslegung zeitlich besser eingrenzen als die Frist für die allgemeine (Schluß-)Rechenschaftsablegung. Zum einen erfordert sie, weil es sich nicht um eine einmalige (und bei länger dauernder Verwaltung nur zum ersten Mal um eine erstmalige) handelt, im Regelfall weniger Arbeits- und Zeitaufwand als die Rechenschaftsablegung am Ende der Amtszeit des Testamentsvollstreckers.

308 Zum zweiten muß die jährliche Rechenschaftsablegung dem Erben **so rechtzeitig** vorgelegt werden, daß er ohne Zeitdruck und ohne Fristverlängerung seine jährliche Einkommensteuererklärung abgeben kann (zum 31. 5. eines jeden Jahres nach § 149 Abs. 2 AO ohne die allgemeinen und speziellen Fristverlängerungen). Verwaltet der Testamentsvollstrecker eine **Kapitalgesellschaft,** muß er den Jahresabschluß innerhalb der Drei- bzw. Sechs-Monatsfrist nach Beginn des nächsten Geschäftsjahres gem. § 264 HGB erstellen. Hat die von ihm verwaltete Gesellschaft ein vom Kalenderjahr **abweichendes Wirtschaftsjahr,** verstieße es nach unserer Auffassung gegen Treu und Glauben, wenn der Erbe neben dem handelsrechtlichen und steuerrechtlichen Jahresabschluß noch eine gesonderte Rechenschaftsablegung jeweils zu Beginn des neuen Kalenderjahres fordern würde. Der Testamentsvollstrecker wäre hier ohne Not zu unnötiger Doppelarbeit verurteilt. Das Rechenschaftsablegungs-Begehren des Erben ist somit durch § 242 BGB in Fällen dieser Art **eingeschränkt,** er ist auf **den ordentlichen Jahresabschluß** zu verweisen (*Staudinger/Reimann* § 2218 Rdn. 38; *Mayer/Bonefeld/Daragan* Rdn. 264).

309 Beginnt die Testamentsvollstreckung – wie üblich – während eines laufenden Kalenderjahres, ist nach folgendem **Beispiel** zu verfahren: Beginn der Testamentsvollstreckung am 1. 7. 1999. Erste Rechenschaftsablegung für die Zeit vom 1. 7. 1999 bis 31. 12. 1999 („Rumpfgeschäftsjahr") spätestens bis Mitte Mai 2000 (wegen der Abgabefrist der Einkommensteuererklärung am 31. 5. 2000). Ab 2000 dann im Jahresrhythmus jeweils für ein Kalenderjahr bis spätestens April/Mai des Folgejahres.

310 Zwar könnte auch dann **von einer jährlichen Rechenschaftsablegung gesprochen werden,** wenn der Testamentsvollstrecker zB **jeweils zum 30. 6. eines Kalenderjahres** seine Rechenschaft ablegen würde. Dem Erben würde es nur wenig nützen, wenn er (da nur Land- und Forstwirten bzw. Gewerbetreibenden, deren Firma im Handelsregister eingetragen ist und die regelmäßig Abschlüsse machen, ein vom Kalenderjahr abweichendes Wirtschaftsjahr gestattet wird, § 4a Abs. 1 Nr. 1 bis 3 EStG und § 8b und c EStDV) eine solche Abrechnung zu einem innerhalb eines Jahres liegenden Stichtages bekommen würde. Er müßte dann nämlich jeweils für die Abgabe einer Jahres-Einkommensteuererklärung die Ergebnisse zweier jährlicher Abrechnungen des Testamentsvollstreckers mühsam umrechnen. Der Testamentsvollstrecker hat somit in allen Fällen, in denen das Steuerrecht keine Abweichung gebietet, das **Kalenderjahr als Abrechnungsperiode** zu wählen.

e) Rechtsnatur, Verzicht, Rechtsschutzbedürfnis

311 Für die **Rechtsnatur** des Anspruches auf jährliche Rechnungslegung gilt **dasselbe wie für den gewöhnlichen Rechenschaftsablegungs-Anspruch:** es

handelt sich um einen **Hilfsanspruch,** der zusammen mit dem Hauptanspruch gepfändet werden kann (zB wenn die Mieten aus einem Mietshaus gepfändet sind; wobei allerdings das Zugriffsverbot der Eigengläubiger des Erben nach § 2214 BGB zu beachten ist, sofern der Testamentsvollstrecker das Haus nicht – während einer jährlichen Abrechnungsperiode – nach § 2217 BGB freigegeben hat, Rdn. 162ff.).

Der Erbe kann auf jährliche Rechenschaftsablegung **verzichten.** Er braucht ihre **312** Abgabe einfach nicht zu verlangen. Dann ist der Anspruch für die abgelaufenen Jahre erledigt, ohne daß mit dem Rechtsinstitut der Verwirkung gearbeitet werden müßte (dazu Rdn. 286). Wenn ein Erbe jährliche Rechenschaftsablegung fordern will, muß er diese **zeitnah alljährlich verlangen.** Im Regelfall ist deshalb nach Ablauf des Folgejahres der Rechenschaftsablegungsanspruch für das Vorjahr ausgeschlossen. Der Erbe kann nur noch für das laufende und das vergangene Kalenderjahr Rechnungslegung fordern.

Schließlich kann auch für den Anspruch auf jährliche Rechenschaftsablegung das **313** **Rechtsschutzbedürfnis fehlen.** Dies ist dann der Fall, wenn sich der Nachlaß trotz längerer Verwaltung nicht verändert, keine Einnahmen eingehen und keine Ausgaben gemacht werden mußten (**Beispiel:** Verwaltungsvollstreckung eines wertvollen Gemäldes bis zu einem bestimmten Endzeitpunkt).

f) Zulässigkeit einer Vertreter-Klausel

Der jährliche Rechenschaftsablegungs-Anspruch steht wie der Anspruch auf **314** Schlußabrechnung und – laufende – Auskunftserteilung bei mehreren Erben **jedem Miterben einzeln** zu, der jedoch immer nur **Leistung an alle Erben gemeinsam** („actio pro socio") verlangen kann (Einzelheiten Rdn. 46f. und Rdn. 254f.). Im Zeitalter moderner technischer Hilfsmittel (Schreibautomaten, Personal-Computer, Fotokopierer) ist es dem Testamentsvollstrecker im Regelfall zumutbar, für jeden Miterben ein Exemplar seines Rechenschaftsberichtes herzustellen und diesen zuzusenden (BGH WM 1981, 991, 992). Entscheidend ist also nicht diese Vervielfältigungs-Mehrarbeit, sondern die Gefahr, daß bei einer Mehrheit von Erben der Testamentsvollstrecker mit **den Willensbildungsproblemen dieser Gruppe belastet wird** und diese seine Arbeit insbesondere bei der jährlichen Rechnungslegung erheblich behindern können. Deshalb stellt die Praxis die Frage, ob der Erblasser ohne Verstoß gegen § 2220 BGB anordnen kann, der – jährliche – Rechnungslegungsanspruch mehrerer Erben dürfe nur durch einen **gemeinsamen Vertreter** geltend gemacht werden.

Im **Gesellschaftsrecht** – und zwar sowohl bei der KG als auch bei der GmbH – **315** wird seit längerem die Anordnung einer **obligatorischen Gruppenvertretung** für den Erbfall anerkannt (BGHZ 46, 291 = NJW 1967, 826; *Hueck* ZHR 125 [1963], 1; *K. Schmidt* ZHR 146 [1982], 525; *Weipert* in Münchener Handbuch des Gesellschaftsrechts, KG § 9 Rdn. 18ff.; *Riegger* in Münchener Vertragshandbuch, Bd. 1, Gesellschaftsrecht, III. 3 Anm. 29; *Hachenburg/Hüffer* GmbHG § 47 Rdn. 103ff.). Dadurch soll sichergestellt werden, daß sich die Organe der Gesellschaft nicht plötzlich mit einer heterogenen Gruppe neuer Gesellschafter mit möglicherweise völlig unterschiedlichen Interessen und erheblichen Willensdivergenzen auseinandersetzen müssen. Diese **Spannungslage** ist im Recht der Testamentsvollstreckung zwar geringer, da die Erben gegenüber dem Testamentsvollstrecker keine Mitwirkungs- oder gar Weisungsrechte haben. Dennoch kann es auch hier wegen unterschiedlicher Auffassungen unter den Miterben über die einzelnen Fälligkeitszeitpunkte der Rechenschaftsablegung, ihre Entgegennahme als vollständig und richtig oder bei Ergänzungsforderungen bzw. der Frage, ob Antrag auf Abgabe der eidesstattlichen Versicherung gestellt werden soll, **sinnvoll sein,** ihre **Auffas-**

sungen und Ansprüche zu konzentrieren und zu **kanalisieren** und einem **gemeinsamen Vertreter zur Ausübung zu übertragen.** Ein **Verstoß** gegen § 2220 BGB liegt in einer solchen Erblasser-Klausel **nicht,** da der Testamentsvollstrecker dadurch nicht von seinen Verpflichtungen befreit, sondern nur in die Lage versetzt wird, diese – im Interesse aller Erben – **besser und zügiger zu erfüllen** (*Reimann* Rdn. 644ff.; *Klumpp* ZEV 1999, 305; *Staudinger/Reimann* § 2218 Rdn. 37; *Mayer/Bonefeld/Daragan* Rdn. 266).

316 Im Gegensatz zum Gesellschaftsrecht (*Karsten Schmidt* ZHR 146 [1982], 525, 528, 547) hat der Erblasser, da hier das **Abspaltungsverbot** nicht gilt (*Weipert* in: Münchener Handbuch des Gesellschaftsrechts, Bd. 2/KG § 9 Rdn. 19; *Scholz/ K. Schmidt,* GmbHG, 8. Aufl. 1993, Anh. § 45 Rdn. 44) durchaus die Möglichkeit, der Erbengemeinschaft **den Vertreter aufzuzwingen.** Dies gilt jedenfalls dann, wenn der Erblasser den Vertreter aus der Erbengemeinschaft auswählt, insofern also auch hier das Prinzip der „Selbstorganschaft" beachtet. Zwar zählt die Bestimmung des notwendigen gemeinsamen Vertreters an sich zur ordnungsgemäßen Verwaltung des gemeinsamen Vermögens, die auch durch Mehrheitsbeschluss nach §§ 2038 Abs. 2, 745 Abs. 1 BGB möglich ist (*Hachenburg/Hüffer* GmbHG § 47 Rdn. 103; *K. Schmidt* ZHR 146 (182), 525, 545), jedoch kann der Erblasser hier ebenso wie bei der Anordnung des Auseinandersetzungsausschlusses regelnd eingreifen. Entschließt sich der Erblasser zu einer solchen Klausel in einer letztwilligen Verfügung, liegt darin kein Verstoß gegen § 2220 BGB. Der Testamentsvollstrekker wird durch eine solche Regelung nicht unzulässigerweise von seinen Verpflichtungen befreit, sondern im Gegenteil in die Lage versetzt, diese Verpflichtungen – und das im Interesse aller Erben – besser und zügiger zu erfüllen (*Klumpp* ZEV 1999, 305, 307). Nimmt der so bestimmte Vertreter die Rechte der Erben nicht wahr, leben die ursprünglichen Rechte der einzelnen Miterben auf Rechnungslegung, wenn auch „pro socio" wieder auf, weil ein längerer oder dauernder Rechenschaftsausschluß gegen § 2220 BGB verstoßen würde (*Staudinger/Reimann* § 2218 BGB Rdn. 37; *Reimann* Rdn. 647; *Klumpp* ZEV 1999, 305, 307 unter 3.3; *Mayer/Bonefeld/Daragan* Rdn. 266).

7. *Muster einer Rechenschaftsablegung*

317 Dieses **Muster einer Rechenschaftsablegung** kann sowohl für die Schluß-Rechenschaftsablegung als auch für die jährliche Rechnungslegung benutzt werden, da beide sich – s. Rdn. 296f. – dem Grunde nach nicht unterscheiden.

318 **Rechenschaftsablegung des Testamentsvollstreckers** Dr. B. C. über den Nachlaß des am 15. Februar 2000 verstorbenen Erblassers XY in A-Stadt für die Zeit vom 3. April 1999 (Amtsantritt) bis zum 31. Dezember 2000.

319 *A. Bestand*

Der Nachlaß besteht aus

1.	Mehrfamilien-Wohnhaus, Ankergasse Nr. 11, A-Stadt;		
2.	Unbebautes Grundstück Flurstück-Nr. 320/4, Bauplatz, Ringstraße 15 in A-Stadt;		
3.	Waldgrundstück 1,673 ha der Gemarkung B-Dorf, Gewann „Birkenäcker";		
4.	Einzelunternehmen Sportartikelgeschäft XY in A-Stadt;		
5.	Hausrat;		
6.	Giro-Konto-Nr. 123 bei der ABC-Bank, A-Stadt	DM	6264,86;
7.	Mietkonto Nr. 7890 bei der L-Bank, A-Stadt	DM	10650,43;
8.	Festgeldkonto Nr. 100000 bei der Z-Sparkasse, B-Stadt	DM	100000,00;
9.	10 Geschäftsanteile im Nennwert von je DM 100,– der Volksbank F-Stadt eG	DM	1000,00;

10. Lebensversicherung, Versicherungsschein Nr. 000 bei der K-Lebensversicherungsgesellschaft, Versicherungssumme DM 150 000,00.

Im übrigen verweise ich auf das Nachlaßverzeichnis vom 7. 4. 2000 auf den 3. 4. 2000 und die dortigen Wertangaben.

Wegen der **Verbindlichkeiten** verweise ich ebenfalls auf das Nachlaßverzeichnis vom 7. 4. 2000. Diese Verbindlichkeiten haben sich, soweit mir bekannt ist, seit dem Erbfall am 15. 2. 2000 nur insoweit verändert, als dem Darlehenskonto Nr. 0784 bei der Z-Bank in A-Stadt zwischenzeitlich Zinsen bis zum 31. März 2001 in Höhe von DM 387,50 belastet wurden, so daß sich dort ein Darlehensstand zum Stichtag meines Amtsantrittes in Höhe von DM 42 798,76 ergab. 320

Folgende Rechnungen habe ich über das Girokonto Nr. 123 bei der ABC-Bank bezahlt: 321

a) Kostenrechnung des Notariates A-Stadt vom 6. 5. 2000	DM	247,40
b) Gutachterkosten (Verkehrswertgutachten)	DM	1650,00
c) Abschlußzahlung für die private Krankenversicherung des Erblassers gem. Abrechnung der V–Versicherung vom 8. 5. 2000	DM	568,90

Das Girokonto weist danach zum 31. 12. 2000 einen Haben-Stand von DM 3798,56 auf. Die Kontoauszüge für das gesamte Jahr 2000 sind lückenlos in Fotokopie beigefügt.

B. Laufende Einnahmen und Ausgaben

1. Mieteinnahmen Mehrfamilien-Wohnhaus Ankergasse Nr. 11, A-Stadt: 322
Folgende Mieten wurden eingenommen:

a) Mieter A (Wohnung EG rechts) 9 × DM 950,–	DM	8 550,00
plus Nebenkostenvorauszahlung 9 × DM 100,–	DM	900,00
b) Mieter B und Z (Wohnung 1. OG links): Diese Wohnung stand vom Juni bis einschl. Sept. 2000 leer und war zuvor vom Mieter Z bewohnt, somit 2 Monate zu DM 600,– (von Z)	DM	1 200,00
und – nach dem Mieterwechsel und Mieterhöhung – 3 Monate zu DM 700,00 (von B)	DM	2 100,00
plus Nebenkosten 2 Monate × DM 80,00 und	DM	160,00
3 Monate × DM 90,00	DM	270,00
Summe Mieteinnahmen	DM	13 180,00

2. Ausgaben Mehrfamilien-Wohnhaus Ankergasse Nr. 11, A-Stadt: 323

a) Grundsteuer 4 × 125,–	DM	500,00
b) Heizöl, Rechnung LZ vom 5. 10. 2000	DM	1 879,33
c) Allgemeinstrom	DM	209,88
d) Gebäudebrandversicherung	DM	682,90
e) Wasserschadens-Haftpflichtversicherung	DM	298,75
f) Eigentümer-Haftpflichtversicherung	DM	384,44
Summe der Ausgaben	DM	3 955,30

3. Überschuß der Einnahmen über die Ausgaben somit DM 9 224,70 324
Sämtliche dieser Einnahmen und Ausgaben wurden über das Giro-Konto Nr. 7890 bei der L-Bank in A-Stadt (Mietkonto) abgewickelt. Dieses Konto weist zum 31. 12. 2000 einen Stand von DM 19 875,13 auf. Die Kontoauszüge für das gesamte Jahr 2000 sind lückenlos beigefügt.

4. Sonstige Einnahmen: 325
Dividendengutschrift der Volksbank F-Stadt eG einschl. Körperschaftssteuervergütung (ohne Kapitalertragsteuerabzug) DM 85,00
Die Gutschrift erfolgte auf ein neu eingerichtetes Sparkonto Nr. 55 666 bei der Volksbank-F-Stadt eG.

5. Für das derzeit ertraglose Waldgrundstück Gewann „Birkenäcker" mußte noch (die Verhandlungen mit der land- und forstwirtschaftlichen Berufsgenossenschaft sind 326

noch nicht abgeschlossen) wegen seiner früheren Zugehörigkeit zu einem land- und forstwirtschaftlichen Betrieb ein Berufsgenossenschaftsbeitrag in Höhe von DM 150,– – über das Giro-Konto Nr. 123 bei der ABC-Bank – am 11. Okt. 2000 bezahlt werden.

327 6. Für das von mir fortgeführte Einzelunternehmen Sportartikel-Geschäft XY habe ich – mit Hilfe des Steuerberaters H. H. – am 2. Febr. 2001 den Jahresabschluß (Bilanz nebst Gewinn- und Verlustrechnung) zum 31. 12. 2000 erstellt. Der Jahresabschluß weist einen Überschuß in Höhe von DM 123428,95 aus. Nach Abzug des Verlustvortrages aus dem Vorjahr in Höhe von DM 18984,07 verbleibt eine Jahresergebnis von DM 104444,88.
Die Bilanz zum 31. 12. 2000 (Handelsbilanz = Steuerbilanz, soweit gesetzlich zulässig) sowie die Gewinn- und Verlustrechnung zum 31. 12. 1999 sind beigefügt.

Karlsruhe, den 3. Febr. 2001.

....
(Testamentsvollstrecker)

8. Kosten

328 Die Kosten der Rechenschaftsablegung gehen **zu Lasten des Nachlasses.** Der allgemeine Grundsatz, daß die Kosten einer Auskunft und Rechenschaftsablegung der dazu Verpflichtete zu tragen habe (vgl. BGHZ 84, 31, 33 = NJW 1982, 1643 für den Auskunftsanspruch eines Ehegatten gegenüber dem anderen über den Bestand seines Endvermögens), führt hier nicht zu einem angemessenen Ergebnis. Das gesetzliche Schuldverhältnis Erbe/Testamentsvollstrecker legt letzterem die Verpflichtung zur Rechenschaftsablegung im Interesse des Erben auf. Die Rechenschaftsablegung soll eine ordnungsgemäße Verwaltung des Nachlasses sicherstellen. Sie ist damit eine Amtspflicht und keine persönliche Pflicht des Testamentsvollstreckers. Für seine Amtspflichten erhält er Vergütung und/oder Aufwendungsersatz (§ 2221 BGB sowie §§ 2218, 667 BGB). Deshalb ist er berechtigt, **die Kosten einer Rechenschaftsablegung,** die insbesondere bei jährlicher Rechnungslegung (s. dazu Rdn. 295ff.) erheblich sein können, **dem Nachlaß zu entnehmen** bzw. dem Erben in Rechnung zu stellen (s. Rdn. 112ff.).

329 Etwas anderes gilt nur, wenn Erbe und Testamentsvollstrecker einen Rechtsstreit über die Frage der richtigen und vollständigen Erfüllung der Rechenschaftsverpflichtung führen oder wenn der Testamentsvollstrecker erst durch Urteil zur Rechenschaftsablegung gezwungen werden muß. In diesem Falle hat der Testamentsvollstrecker die Kosten bei Verurteilung selbstverständlich **persönlich** zu tragen (s. Rdn. 115; *Staudinger/Reimann* § 2218 Rdn. 31; *Garlichs* ZEV 1996, 447, 448 unter 4.1.3).

9. Verjährung

330 Auch in der Verjährungsfrage zeigt sich die **Selbständigkeit** des Anspruches auf Rechenschaftsablegung. Er unterliegt der **30jährigen regelmäßigen Verjährungsfrist** nach § 195 BGB. Entgegen der früheren Rechtsprechung (BGHZ 33, 373, 379 = NJW 1961, 602 = LM BGB § 2314 Nr. 4), die Auskunfts- und Rechenschaftsablegungsanspruch als Hilfsanspruch nicht später verjähren ließ als den Hauptanspruch, nimmt die Rechtsprechung jetzt in jedem Falle eine Verjährungsfrist von 30 Jahren an, auch wenn der Hauptanspruch früher verjähren sollte (BGHZ 108, 393, 399 = NJW 1990, 180; dazu Rdn. 124f.). Da hier jedoch der

Hauptanspruch (Herausgabe des Nachlasses bei Beendigung der Verwaltung) selbst auch erst in 30 Jahren verjährt (Rdn. 235) ebenso wie der Schadensersatzanspruch aus § 2219 BGB gegen den Testamentsvollstrecker wegen fehlerhafter Amtsführung (MünchKommBGB/*Brandner* § 2219 Rdn. 15; *Staudinger/Reimann* § 2219 Rdn. 22; str., s. Kap. 12 Rdn. 78 ff.: drei Jahre analog § 852 BGB), kann ohnehin **keine Kollision** eintreten. Haupt- und Hilfsanspruch unterliegen derselben langen Verjährungsfrist. Auch der Verjährungsbeginn dürfte im Regelfall zusammenfallen. Er liegt in der Beendigung des Amtes.

Da somit der Testamentsvollstrecker wegen seiner Herausgabe- und Rechenschaftspflicht dem Erben 30 Jahre lang verpflichtet bleibt, sollte er die **Nachlaßakten** und die von ihm für die Verwaltung des Nachlasses selbst angelegten Akten ebenfalls **30 Jahre lang aufbewahren,** es sei denn, daß ihm nach Rechenschaftsablegung förmlich **Entlastung** erteilt wurde und er die Akten im Zuge der Beendigung seines Amtes mit den übrigen Gegenständen vollständig herausgegeben hat (siehe auch *Haegele/Winkler* Rdn. 553). 331

Diese langen Fristen sind ebenfalls ein **Grund dafür,** dem Testamentsvollstrecker einen **Entlastungsanspruch** nach abgelegter Rechenschaft zuzubilligen (s. Rdn. 333 ff.). Dadurch kann mit einem vernünftigen Abwicklungsmodus sowohl im Interesse des Erben als auch im Interesse des Testamentsvollstreckers alsbaldige Klarheit geschaffen werden. Der Testamentsvollstrecker kann sämtliche Unterlagen und Akten – wozu er ja beim Amtsende verpflichtet ist (s. Rdn. 228 f.) – herausgeben. Wenn er für seine Person ganz sicher gehen will, kann er sich ungeachtet dessen – zum Verbleib in seinen Handakten – wichtige Belegstücke kopieren, wenn er nicht ohnehin schon im Besitz von Doppelschriften ist und bleibt. 332

10. Entlastungsanspruch des Testamentsvollstreckers?

a) Verlust des Rügerechts, Entlastungsanspruch des Beauftragten

Hat der nach § 666 BGB zur Rechenschaftsablegung verpflichtete Auftragnehmer seine Verpflichtungen erfüllt und nach Verlangen des Berechtigten in angemessener Frist ordnungsgemäß Rechnung gelegt, kann man vom Auftraggeber verlangen, diesen **Rechenschaftsbericht** nicht nur schlicht entgegenzunehmen, sondern ebenfalls in angemessener Zeit **zu überprüfen.** Nimmt er ihn einfach ohne jede Überprüfung entgegen und legt ihn zu den Akten, **verliert** er nach einem gewissen, den Umständen des Einzelfalles angepaßten Zeitablauf nach **Treu und Glauben** sein **Rügerecht** (RGRK/*Steffen* § 666 Rdn. 26; MünchKommBGB/*Seiler* § 666 Rdn. 12; *Staudinger/Wittmann* § 666 Rdn. 13; Rdn. 285). 333

Ein Teil der Kommentarliteratur gibt darüber hinaus dem Beauftragten einen **Anspruch auf Entlastung** gegenüber dem Gläubiger. Unterläßt der Berechtigte danach innerhalb angemessener Frist eine Überprüfung der Rechenschaftsablegung, **verliert er nicht nur sein Rügerecht, sondern entlastet den Beauftragten** weiterhin in der Weise, daß wegen aller durch den Rechenschaftsbericht oder sonst bis zu diesem Zeitpunkt bekannt gewordenen Verhaltensweisen des Beauftragten **keinerlei Ansprüche** gegen diesen **mehr** geltend gemacht werden können (vgl. BGHZ 94, 324, 326 = NJW 1986, 129), seien es Ansprüche auf Ergänzung der Rechenschaftsablegung, auf Abgabe der eidesstattlichen Versicherung oder auf Schadensersatz. 334

b) Kein Entlastungs-, aber Feststellungsanspruch des Testamentsvollstreckers?

Dem Testamentsvollstrecker dagegen will die herrschende Auffassung **keinen Entlastungsanspruch** gegen den Erben zubilligen. Er könne deshalb nicht auf 335

Entlastung oder auf Anerkennung seiner Rechnung klagen (*Staudinger/Reimann* § 2218 Rdn. 21; *Soergel/Damrau* § 2218 Rdn. 7; *Haegele/Winkler* Rdn. 484 und 554 – jedenfalls bestehe kein Entlastungsanspruch bezüglich eines einzelnen Geschäfts –; *Zimmermann* Rdn. 322). Auch diese Autoren bejahen jedoch das **Rechtsschutzinteresses** für eine Klage des Testamentsvollstreckers **auf Feststellung** gegenüber dem Erben, daß diesem nach der Rechenschaftsablegung keine weiteren Ansprüche mehr gegen ihn zustehen oder daß er bei der Ausführung einzelner Geschäfte seine Pflichten ordnungsgemäß erfüllt habe (so schon RG WarnR 1909 Nr. 245 = JW 1909, 75 und *Hartmann* Abschn. 2.263 (2) am Ende neben den oben genannten Autoren).

336 *aa) Unterschied zwischen Testamentsvollstrecker und „schlichtem" Beauftragten?* Zunächst ist aus dogmatischen Gründen **nicht ersichtlich,** weshalb bei der Entlastungsfrage zwischen dem Testamentsvollstrecker, für dessen Rechtsverhältnis zum Erben ja § 666 BGB uneingeschränkt für anwendbar erklärt wurde, und dem „schlichten" unmittelbar unter § 666 BGB fallenden Beauftragten **ein Unterschied zu machen sei.**

337 Zum zweiten gibt es mehrere rationale Gründe **für einen Entlastungsanspruch** des Testamentsvollstreckers: wer wie er fremde Vermögensinteressen oft viele Jahre lang mit großem Aufwand und Engagement verwaltet hat, hat einen **Anspruch** darauf, daß bei der Beendigung seiner Tätigkeit ein **formeller Schlußstrich** gezogen wird wie zB bei der Beendigung des Amtes eines Geschäftsführers oder Vorstandes einer Kapitalgesellschaft. Gerade wenn ein Erbe einen Rechenschaftsbericht nur zu seinen Akten nimmt und sich weder zur Frage des Inhaltes noch der Vollständigkeit der Rechenschaftsablegung äußert, also keinerlei Stellungnahme zur Amtsführung des Testamentsvollstreckers abgibt, ist es diesem **nicht zuzumuten,** länger andauernde **Ungewißheit** darüber erdulden zu müssen, ob und gegebenenfalls welche weiteren (Erfüllungs-)Ansprüche gegen ihn geltend gemacht werden sollen oder sogar eine Schadensersatzklage gegen ihn geplant ist. Hinzu kommt die lange dreißigjährige Verjährungsfrist sowohl für den Herausgabe- als auch für den Rechenschaftsablegungsanspruch des Erben gegenüber dem Testamentsvollstrecker (Rdn. 330 ff.).

338 *bb) Anspruch des Testamentsvollstreckers auf förmliche Entlastung für künftigen Streitausschluß.* Es ist deshalb sachgerecht, dem Testamentsvollstrecker einen **Anspruch auf förmliche Entlastung** gegenüber dem Erben **zuzubilligen,** um künftige Streitigkeiten über seine korrekte und endgültige Pflichterfüllung auszuschließen (ebenso MünchKommBGB/*Brandner* § 2218 Rdn. 14; *Erman/M. Schmidt* § 2218 Rdn. 4; *Mayer/Bonefeld/Daragan* Rdn. 797).

339 Dabei ist es nicht erforderlich, nach jährlicher Rechenschaftsablegung auch einen **alljährlichen Entlastungsanspruch** zu gewähren. Geschuldet ist er nach unserer Auffassung jedenfalls am **Ende der Amtszeit eines Testamentsvollstreckers.**

340 Die Entlastung bedarf **keiner bestimmten Form.** Es genügt, wenn der Erbe dem Testamentsvollstrecker auf seine mündliche oder schriftliche Bitte hin erklärt, daß er mit seiner Amtsführung einverstanden sei und ihm Entlastung erteile. Die Entlastung braucht auch nicht ausdrücklich erteilt zu werden. Sie ist auch **durch konkludentes Handeln** möglich, zB durch vorbehaltlose Erstattung der Aufwendungen des Testamentsvollstreckers (RGRK/*Steffen* § 666 Rdn. 26; *Staudinger/Wittmann* § 666 Rdn. 11).

341 *cc) Leistungsklage.* Ob der Testamentsvollstrecker seinen Entlastungsanspruch allerdings mit einer **Leistungsklage durchsetzen** kann, ist zweifelhaft. Im Recht der GmbH hat im Gegensatz zum Aktienrecht (§ 120 Abs. 2 S. 2 AktG) die nach

§ 46 Nr. 5 GmbHG beschlossene Entlastung eines Geschäftsführers **Verzichtswirkung** (in bezug auf Ersatzansprüche und Kündigungsgründe). Deshalb ist der BGH (BGHZ 94, 324 = NJW 1986, 129) der Auffassung, daß der GmbH-Geschäftsführer keinen mit einer Leistungsklage durchsetzbaren Anspruch auf Entlastung habe mit einer formalistisch anmutenden Argumentation: habe die Gesellschaft Ersatzansprüche, so sei kein Grund ersichtlich, weshalb sie darauf verzichten sollte. Müßten die Gesellschafter andererseits verzichten, weil die Geschäftsführung ordnungsgemäß gewesen sei, gäbe es nichts, worauf sie verzichten könnten. Dem wiederum wird jedoch von der Literatur zutreffend entgegengehalten, daß **Entlastungsverweigerung ohne zureichenden Sachgrund eine unzulässige Diskriminierung** und damit auch Verletzung der Treuepflicht der GmbH sei, gegen die unter rechtsstaatlichen Verhältnissen Verteidigung möglich sein müsse (*Hachenburg/Hüffer* GmbHG § 46 Rdn. 68f.; *Baumbach/Hueck/Zöllner* GmbHG § 46 Rdn. 29; *Buchner* GmbHR 1988, 14).

Die vom BGH einem GmbH-Geschäftsführer zugebilligte Feststellungsklage 342
(BGHZ 94, 324 = NJW 1986, 129) schließt diese Lücke nicht, weil eine **negative Feststellungsklage** nach dieser Rechtsprechung **nur dann zulässig ist,** wenn sich die Gesellschaft **konkreter Ersatzansprüche berühmt.** Die allgemein gefaßte Feststellung, daß der Gesellschaft keine Ersatzansprüche mehr zustünden, sei jedoch mangels Rechtsschutzinteresse nicht möglich.

Würde sonach diese – abzulehnende – Rechtsprechung des BGH auf das Recht 343
des Testamentsvollstreckers übertragen, steht zu befürchten, daß auch ihm die bisher von der Literatur zugebilligte **allgemeine negative Feststellungsklage** (bejahend *Staudinger/Reimann* § 2218 Rdn. 21; *Soergel/Damrau* § 2218 Rdn. 7; *Haegele/Winkler* Rdn. 484 und 554) **genommen würde.** Nach unserer Auffassung kann deshalb der Testamentsvollstrecker seinen Entlastungsanspruch mit einer **Leistungsklage** durchsetzen.

dd) Meinungsverschiedenheiten über Einzelgeschäft. Besteht bei einem **Einzelge-** 344
schäft Streit, ob sich der Testamentsvollstrecker **schadensersatzpflichtig** gemacht hat oder ob ihm eine sonstige Pflichtverletzung anzulasten ist, kann er nach beiden Auffassungen hier jedenfalls auf **Feststellung** klagen, daß er diese Verpflichtung ordnungsgemäß erfüllt habe. Er hat schon im Hinblick auf die weiter anstehenden Geschäfte – wenn dieser Streit während seiner Amtszeit entsteht – ein Rechtschutzinteresse an einer alsbaldigen Klärung, damit seine weitere Amtsführung nicht mit solchen Ungewißheiten belastet ist (*Erman/M. Schmidt* § 2218 Rdn. 4; MünchKommBGB/*Brandner* § 2218 Rdn. 14).

Bestehen **Meinungsverschiedenheiten** zwischen Testamentsvollstrecker und 345
Erbe in **bezug auf die Durchführung eines einzelnen Geschäftes** und die damit notwendige **Begründung von Verbindlichkeiten,** kann der Testamentsvollstrecker vom Erben dessen **Einwilligung** nach § 2206 Abs. 2 BGB verlangen und ihn bei Weigerung auf Erteilung dieser Einwilligung verklagen (MünchKommBGB/*Brandner* § 2206 Rdn. 10 und 11 sowie § 2218 Rdn. 14; *Erman/M. Schmidt* § 2218 Rdn. 4). Das rechtskräftige Urteil ersetzt in diesem Falle die Einwilligungserklärung des Erben (§ 894 ZPO).

11. Eidesstattliche Versicherung

a) Eidesstattliche Versicherung nur über Einnahmen

Hat der Testamentsvollstrecker die Rechenschaft entweder überhaupt nicht oder 346
nicht den formellen Anforderungen entsprechend abgelegt, **besteht der Erfüllungsanspruch** des Erben **fort,** den er klageweise durchsetzen kann (Münch-

KommBGB/*Seiler* § 666 Rdn. 13; Rdn. 275ff.). Die Vollstreckung richtet sich, je nach dem, ob eine vertretbare oder unvertretbare Handlung vorliegt, nach §§ 887 und 888 ZPO.

347 Hat der Erbe Grund zur Annahme, daß die in der Rechnung enthaltenen Angaben über die **Einnahmen** nicht mit der erforderlichen Sorgfalt gemacht wurden, so hat er nach § 259 BGB Anspruch darauf, daß der Testamentsvollstrecker die **eidesstattliche Versicherung darüber abgibt,** daß er **die Einnahmen nach bestem Wissen so vollständig** angegeben habe, als er dazu im Stande sei. Die eidesstattliche Versicherung ist das einzige Druckmittel, um eine in bezug auf die Einnahmen vollständige Rechnungslegung zu erzwingen. Einen Anspruch auf Überprüfung der Rechnung etwa durch einen Sachverständigen sieht das Gesetz dagegen nicht vor (BGHZ 92, 62, 64 = NJW 1984, 2822; Rdn. 279).

348 Die Rechenschaftspflicht des Testamentsvollstreckers bezieht sich auch auf **die Ausgaben** (dazu Rdn. 267; MünchKommBGB/*Krüger* § 259 Rdn. 38). Die Unvollständigkeit der Ausgabenseite kann also auch hier ein Verlangen nach Abgabe der eidesstattlichen Versicherung rechtfertigen (wie bei der Versicherung der Vollständigkeit und Richtigkeit eines Bestandsverzeichnisses, oben Rdn. 141, damit nicht etwa Verbindlichkeiten erfunden oder die interne Schuldnerhaftung falsch dargestellt wird, OLG Köln FamRZ 1990, 1128).

b) Stufenklage

349 Ist die Rechenschaft selbst noch nicht abgelegt, kann der berechtigte Erbe in einer **Stufenklage** nach § 254 ZPO drei Anträge zu ihrer Erfüllung – zeitlich gestaffelt – miteinander verbinden:
– als erstes beantragt der Erbe Verurteilung zur Rechenschaftslegung;
– sodann stellt er Antrag auf Abgabe der eidesstattlichen Versicherung;
– im dritten Antrag verlangt er Herausgabe des sich aus der eidesstattlich versicherten Rechenschaftsablegung ergebenden Bestandes (wenn eine Herausgabe überhaupt noch nicht stattgefunden hat) oder der Differenz gegenüber dem, was der Testamentsvollstrecker bisher schon an den Erben herausgegeben hatte.

350 Wie sich aus dem Begriff **Stufenklage** schon ergibt, kann über die zweite bzw. dritte Stufe erst dann entschieden werden, wenn über die frühere Stufe durch Teilurteil – rechtskräftig – entschieden ist (BGHZ 10, 385 = NJW 1954, 70 = LM BGB § 2218 Nr. 1; BGH LM ZPO § 254 Nr. 3 und 7; MünchKommBGB/*Krüger* § 259 Rdn. 45f.; Rdn. 138).

c) Anspruchsvoraussetzungen

351 Die **tatbestandlichen Voraussetzungen** für einen Anspruch auf Abgabe der eidesstattlichen Versicherung nach § 259 Abs. 2 BGB entsprechen denen des § 260 Abs. 2 BGB bei der Verpflichtung, **ein ordnungsgemäßes Bestandsverzeichnis** vorzulegen mit dem Unterschied, daß bei § 259 Abs. 2 BGB grundsätzlich nur auf die Einnahmenseite (Aktivseite) abgestellt wird, während bei der eidesstattlichen Versicherung der Richtigkeit eines Bestandsverzeichnisses nach § 260 Abs. 1 BGB auch die **Passivseite** vollständig und richtig angegeben sein muß (BGHZ 33, 375 = NJW 1961, 202; Rdn. 141). Die Rechenschafts- und damit auch die Eidespflicht für den Testamentsvollstrecker bezieht sich ebenfalls auf die Ausgabenseite (Rdn. 348).

352 Auch eine frühere Unvollständigkeit oder Unrichtigkeit einer Auskunftserteilung kann unter dem Gesichtspunkt des **Gesamtverhaltens** des Testamentsvollstreckers herangezogen werden, wenn es um die Prüfung geht, ob die Rechenschaft nicht mit der **erforderlichen Sorgfalt** abgelegt worden ist (BGH LM

BGB § 259 Nr. 8 = NJW 1961, 602; MünchKommBGB/*Krüger* § 259 Rdn. 38f.; Rdn. 132f.).

Ist die Rechnungslegung unrichtig oder unvollständig, muß der Testamentsvoll- 353
strecker nur dann nicht die eidesstattliche Versicherung abgeben, wenn diese Unrichtigkeit oder Unvollständigkeit auf **entschuldbarer Unkenntnis** beruhte (BGHZ 89, 140 = NJW 1984, 484).

Ebenso wie bei der Eidesverpflichtung nach § 260 BGB entfällt auch bei § 259 354
BGB die Leistungspflicht in Angelegenheiten **von nur geringer Bedeutung** (§ 259 Abs. 3 BGB). Nach der Rechtsprechung **fehlt** ferner ein **Rechtsschutzinteresse** in all den Fällen, in denen der Erbe auf anderem Wege schneller, besser und ohne Inanspruchnahme gerichtlicher Hilfe sein Begehren verwirklichen kann. Dies ist zB dann der Fall, wenn es für den Berechtigten einfacher ist als für den Verpflichteten, sich Gewißheit über die Ordnungsgemäßheit einer Rechenschaftsablegung aus einer Bucheinsicht zu verschaffen (BGHZ 92, 62, 64f. = NJW 1984, 2822; BGHZ 55, 201, 206 = NJW 1971, 665; BGH BB 1961, 190; MünchKommBGB/*Krüger* § 259 Rdn. 43f.; *Palandt/Heinrichs* §§ 259 bis 261 Rdn. 31; Rdn. 143).

Die **Furcht, sich strafrechtlicher Verfolgung auszusetzen** oder eigenen 355
Kompetenzmißbrauch offenbaren zu müssen, lassen die Verpflichtung zur Abgabe der eidesstattlichen Versicherung dagegen **nicht entfallen** (BGHZ 109, 260 = NJW 1990, 510; BGH NJW 1964, 1469 = BGHZ 41, 318; Rdn. 86ff. und Rdn. 144).

d) Freiwillige Abgabe der eidesstattlichen Versicherung

Der Testamentsvollstrecker kann – bei entsprechendem Verlangen des Erben – 356
die eidesstattliche Versicherung auch in diesem Fall **freiwillig** abgeben. Das Verfahren richtet sich nach den Bestimmungen der §§ 261 BGB, 163, 79 FGG. **Örtlich** zuständig ist das Amtsgericht, in dessen Bezirk der Erblasser seinen Wohnsitz oder letzten Aufenthalt hatte, **sachlich** zuständig das **Amtsgericht Abteilung Freiwillige Gerichtsbarkeit** und nicht etwa das Nachlaßgericht (dessen Aufgaben zB in Baden-Württemberg nach § 38 LFGG Baden-Württemberg durch die Notariate wahrgenommen werden, Rdn. 147). **Funktionell** zuständig ist der **Rechtspfleger** nach § 3 Nr. 1b RPflG.

e) Klage, Vollstreckung

Verweigert der Testamentsvollstrecker die Abgabe der eidesstattlichen Versi- 357
cherung, muß der Erbe vor **dem örtlich zuständigen Prozeßgericht klagen** (im Wohnsitz des Testamentsvollstreckers nach § 13 ZPO oder auch im Gerichtsstand der Erbschaft nach § 27 ZPO, Rdn. 149).

Muß aus einem der Klage auf Abgabe der eidesstattlichen Versicherung stattge- 358
benden Urteil **vollstreckt** werden, wird das **Amtsgericht,** in dessen Bezirk der Testamentsvollstrecker seinen Wohnsitz hat, als **Vollstreckungsgericht** tätig. Funktionell zuständig ist der **Rechtspfleger** (§ 20 Nr. 17 RPflG). Zwangsmittel sind nach § 889 Abs. 2, § 888 ZPO **Zwangsgeld,** ersatzweise Zwangshaft. Die Anordnung der Zwangshaft ist dem **Richter** vorbehalten (§ 4 Abs. 2 Nr. 2 RPflG; Rdn. 152f.).

f) Anpassung der Formel, Kosten, Gebühren

Die Möglichkeit des Gerichts – sowohl des Vollstreckungsgerichts als auch des 359
Gerichtes der freiwilligen Gerichtsbarkeit –, **von der festgelegten Formel ab-**

zuweichen, gilt sowohl für die Auskunftsfälle des § 260 BGB als auch für Rechenschaftsablegungsfälle nach § 259 BGB. Gerade wenn es bei letzteren nicht **nur um die Einnahmenseite** geht, kann bei der Abgabe der eidesstattlichen Versicherung die vom Prozeßgericht festgelegte Formel nach § 259 Abs. 2 ZPO abgeändert werden (BGHZ 33, 373 = NJW 1961, 602; OLG Bamberg NJW 1969, 1304; MünchKommBGB/*Krüger* § 261 Rdn. 4ff.; Rdn. 154).

360 Die **Kosten** des Verfahrens über die Abgabe der eidesstattlichen Versicherung trägt nach § 261 Abs. 3 BGB auch im Falle der eidesstattlichen Versicherung der Richtigkeit einer Rechenschaftsablegung der **Antragsteller,** also im Rechtsverhältnis Testamentsvollstrecker/Erbe der **Erbe.** Ausgenommen von dieser Kostentragungspflicht sind die **Prozeßkosten** eines Rechtsstreites über die Verpflichtung zur Abgabe einer eidesstattlichen Versicherung. Diese Kosten hat der Testamentsvollstrecker, wenn er in dem Rechtsstreit unterliegt, persönlich zu tragen (Rdn. 155f.).

361 **Gebühren.** S. Rdn. 157.

7. Kapitel
Die Beendigung des Amtes

Übersicht

Formulierungsvorschläge

Literatur: *Muscheler,* Die Entlassung des Testamentsvollstreckers, AcP 197 (1997), 226; *Reimann,* Beendigung der Testamentvollstreckung durch Umwandlung?, ZEV 2000, 381.

I. Allgemeines

1. Problem

1 Die Frage, wann das Amt des Testamentvollstreckers und – darüberhinausgehend – die Testamentsvollstreckung insgesamt erlischt, hat im Hinblick auf die Verwaltungs-, Verfügungs- und Verpflichtungsbefugnisse des Testamentsvollstreckers (§§ 2205 ff. BGB), die damit verbundene Verdrängung der entsprechenden Rechte des Erben sowie den Ausschluß des Zugriffs von Eigengläubigern des Erben auf den Nachlaß (§ 2214 BGB) entscheidende Bedeutung. Zu unterscheiden ist zwischen der (bloßen) **Beendigung des konkreten Testamentsvollstreckeramtes** einerseits und – andererseits – der **Testamentsvollstreckung** insgesamt. Desweiteren kann es zu einer gegenständlichen Beendigung der Testamentsvollstreckung unter Fortbestand des konkreten Testamentsvollstreckeramtes und der Testamentsvollstreckung insgesamt kommen.

2. Gesetzliche Grundlagen

2 Die **reguläre Dauer** einer Testamentsvollstreckung richtet sich primär nach den Anordnungen des Erblassers, jedoch mit der in § 2210 BGB gesetzten zeitlichen

Schranke. Das Gesetz regelt die mit einer **vorzeitigen Beendigung** der Testamentsvollstreckung zusammenhängenden Fragen in den §§ 2225 bis 2227 BGB. Die Regelung ist unvollständig. Sie ist aus dem Wesen der Testamentsvollstreckung heraus zu vervollständigen.

3. Überlegungen und Anordnungen des Erblassers

Im Hinblick auf die unvollständige gesetzliche Regelung empfiehlt es sich, mit der Anordnung der Testamentsvollstreckung zugleich deren reguläre Dauer und die sonstigen, zu einem **Ende der Testamentsvollstreckung** führenden Tatbestände möglichst exakt zu regeln, insbesondere klarzustellen, ob mit der Beendigung eines konkreten Testamentsvollstreckeramtes auch die Testamentsvollstrekkung insgesamt beendet sein oder mit einem Nachfolgetestamentsvollstrecker fortgesetzt werden soll. Zweifelsfragen dieser Art lassen sich, sofern der Lebenssachverhalt dies gestattet, vor allem durch einen Endtermin der Testamentsvollstrekkung regeln. 3

II. Beendigungstatbestände

1. Tod des Testamentsvollstreckers (§ 2225 BGB)

Das Amt eines Testamentsvollstreckers erlischt mit seinem **Ableben.** Stirbt der Testamentsvollstrecker bereits vor dem Erbfall, so ist seine Ernennung unwirksam. 4

2. Geschäftsunfähigkeit, Beschränkung der Geschäftsfähigkeit des Testamentsvollstreckers, Bestellung eines Betreuers (§§ 2225, 2201 BGB)

Das Amt erlischt, wenn der Testamentsvollstrecker geschäftsunfähig (§ 104 BGB) oder in der Geschäftsfähigkeit beschränkt wird (§ 106 BGB), ferner wenn nach § 1896 BGB zur Besorgung seiner sämtlichen Vermögensangelegenheiten ein Betreuer bestellt wird (BayObLG NJW-RR 1995, 330). Ein nachträglicher Wegfall der **Unfähigkeitsgründe** hat keine rückwirkende Kraft, der Unfähigkeitsgrund führt also zur endgültigen Beendigung des Amtes dieses Testamentsvollstreckers (*Soergel/Damrau* § 2201 Rdn. 4), es sei denn, daß ein Betreuungsbeschluß aufgrund einer Anfechtungsklage gemäß §§ 672, 684 Abs. 4 ZPO aufgehoben wird (*Staudinger/Reimann* § 2201 Rdn. 6); dann bleiben jedoch auch die zwischenzeitlich erfolgten Verfügungen des Erben oder eines Ersatztestamentsvollstreckers grundsätzlich wirksam (§ 32 FGG analog). 5

3. Verlust der Rechtsfähigkeit bei juristischen Personen (§ 2225 BGB analog)

Ist eine juristische Person zum Testamentsvollstrecker bestellt, so steht der Verlust der Rechtsfähigkeit dem Tod einer natürlichen Person gleich. Dies gilt auch, wenn das Vermögen der juristischen Person im Wege der **Gesamtrechtsnachfolge** auf einen anderen Rechtsträger übergeht (zB Gesamtrechtsnachfolge bei Körperschaften des öffentlichen Rechts im Wege einer Gebietsreform). Bei handelsrechtlichen Umwandlungen ist nach den Tatbeständen des Umwandlungsgesetzes (Verschmelzung, Spaltung, Vermögensübertragung und Formwechsel) zu unter- 6 scheiden. Bei der Verschmelzung durch Neugründung (§§ 36 Abs. 1 S. 1, 20 Abs. 1 Nr. 2 S. 1 UmwG) erlischt die Testamentsvollstreckung in jedem Fall, während bei der Verschmelzung durch Aufnahme (§ 20 Abs. 1 Nr. 2 S. 1 UmwG) das Amt dann fortbesteht, wenn der aufnehmende Rechtsträger Testamentsvollstrecker war. Bei der Spaltung sind Aufspaltung (§ 123 Abs. 1 UmwG), Abspaltung (§ 123 Abs. 2 UmwG) und Ausgliederung (§ 123 Abs. 3 UmwG) zu unterscheiden. Bei der Aufspaltung erlischt die Testamentsvollstreckung, während bei Abspaltung und Ausgliederung entsprechend § 131 Abs. 1 Nr. 1 S. 2 UmwG das Amt beim ursprünglichen Rechtsträger verbleibt. Bei der Vermögensübertragung erlischt das Amt bei der Vollübertragung mit der Eintragung in das Handelsregister (§ 176 Abs. 3 S. 2 UmwG), während bei der Teilübertragung der übertragende Rechtsträger Testamentsvollstrecker bleibt. Ein Formwechsel (§§ 190ff. UmwG) hat keine Folgen für das Testamentsvollstreckeramt. Zur Frage, ob die Umwandlung der Testamentsvollstreckergesellschaft zum Erlöschen des Testamentsvollstreckeramts führt werden unterschiedliche Meinungen vertreten; vgl. ausführlich *Reimann* ZEV 2000, 381.

4. Kündigung durch den Testamentsvollstrecker (§ 2226 BGB)

a) Zeitpunkt

7 Der Testamentsvollstrecker kann jederzeit kündigen, die Kündigung ist also im Außenverhältnis mit dem Zeitpunkt, zu dem gekündigt wird, wirksam. Dies gilt auch, wenn der Testamentsvollstreckung ein Auftragsverhältnis zugrundeliegt und dieses eine Kündigungsfrist vorsehen sollte, ferner wenn der Testamentsvollstrecker auf das Kündigungsrecht verzichtet hat (§§ 2226 S. 3, 671 Abs. 3 BGB); ein solcher Verzicht hat keine absolute Wirkung, dh die trotzdem ausgesprochene Kündigung ist auch dann wirksam, wenn kein wichtiger Grund vorliegt, sie begründet uU aber eine Schadensersatzpflicht des Testamentsvollstreckers gegenüber dem Erben oder (vgl. § 2219 BGB) dem Vermächtnisnehmer. Kündigt der Testamentsvollstrecker – auch ohne Auftragsverhältnis und ohne Kündigungsverzicht – zur Unzeit, so kann er verpflichtet sein, dem Erben den daraus entstehenden Schaden zu ersetzen (§ 671 Abs. 2 S. 2 BGB); die Vergütung ist um den Schaden zu kürzen, falls sie noch nicht ausgezahlt ist (OLG Hamburg OLGE 18, 320). Der Erblasser kann die Kündigung des Amtes nicht ausschließen, uU aber durch auflösend bedingte Zuwendungen erschweren.

b) Wirksamwerden

8 Die Kündigung wird mit **Eingang beim Nachlaßgericht** wirksam (§ 130 BGB). In der Kündigung kann jedoch ein späterer Zeitpunkt festgelegt werden, zu dem sie wirksam werden soll.

c) Form

9 Die Kündigung erfolgt durch **Erklärung gegenüber dem Nachlaßgericht** (§ 2226 S. 2 BGB). Auch eine stillschweigende Kündigung ist möglich, wenn auch nicht zweckmäßig. Die Kündigung ist unwiderruflich, kann aber nach §§ 119, 123 BGB angefochten werden (KG RhNotZ 1932, 140). Anfechtungsgrund ist etwa die irreführende Annahme des Testamentsvollstreckers, seine Kündigung führe zu einem Ende der Testamentsvollstreckung insgesamt, nicht nur zu einer Beendigung seines Amtes. Schadenersatzansprüche der Erben nach § 2219 und entsprechend § 627 Abs. 2 BGB bleiben im Falle einer Anfechtung unberührt.

Formulierungsvorschlag für Kündigungserklärung: 10

„An das Nachlaßgericht: Ich kündige hiermit mein Amt als Testamentsvollstrecker des am ...... in ...... verstorbenen ...... mit Wirkung zum ...... Ich gebe die mir erteilte Ausfertigung des Testamentsvollstreckerzeugnisses vom ...... zurück. Ich verfüge nicht über weitere Ausfertigungen des Testamentsvollstreckerzeugnisses."

d) Teilweise Kündigung

Die Kündigung kann auf einen **Teil des Amtes,** also auf einen Teil der Aufgaben und Geschäfte des Vollstreckers, beschränkt werden, wenn sich seine Berechtigung hierzu aus der letztwilligen Verfügung entnehmen läßt. Andernfalls ist fraglich, welche Konsequenzen die teilweise Niederlegung des Amtes hat: Das Amt könnte im vollen Umfang enden (hM, vgl. *Soergel/Damrau* § 2226 Rdn. 2; *Staudinger/Reimann* § 2226 Rdn. 3; MünchKommBGB/*Brandner* § 2226 Rdn. 3), es könnte aber auch in vollem Umfang fortbestehen (OLG Hamm FamRZ 1992, 113). Zunächst wird aber die (Teil-)Kündigungserklärung selbst auf ihren Erklärungswillen hin zu überprüfen und am Erblasserwillen zu messen sein. Es wird regelmäßig zu bezweifeln sein, ob ein Testamentsvollstrecker, der meint, sein Amt nur noch partiell ausüben zu können, nach dem Willen des Erblassers noch geeignet ist, dessen Willen insgesamt zu exekutieren (*Reimann* FamRZ 1992, 118). 11

Von mehreren Testamentsvollstreckern kann **jeder für sich** kündigen. Ob dann auch das Amt der übrigen Mitvollstrecker erlischt oder ob es fortbesteht, hängt von der letztwilligen Verfügung und ihrer Auslegung ab (§ 2224 Abs. 1 S. 2, 3 BGB). Klarstellungen in der letztwilligen Anordnung sind zweckmäßig. 12

e) Verpflichtung zur Kündigung

Die Vereinbarung einer Verpflichtung des Testamentsvollstreckers zur Amtsniederlegung mit dem Erben ist zulässig und einklagbar (RGZ 156, 75; BGHZ 25, 281; BGH NJW 1962, 912; FamRZ 1966, 140). Die **Nichteinhaltung der Vereinbarung** könnte uU auch einen Entlassungsgrund (§ 2227 BGB) darstellen (OLG Hamm JMBl. NRW 1958, 101). Eine derartige Vereinbarung (mit den Erben) ist aber nur zulässig, wenn dadurch die Unabhängigkeit des Testamentsvollstreckers und seine Verpflichtung zur ordnungsgemäßen Verwaltung nicht beeinträchtigt wird (*Coing* JZ 1958, 170). Unzulässig ist demgemäß eine Verpflichtung des Testamentsvollstreckers, das Amt jederzeit auf Verlangen eines oder aller Erben niederzulegen, es sei denn, daß der Erblasser dies ausdrücklich oder stillschweigend gebilligt hat (BGHZ 25, 275). 13

f) Gebühr

Für die **Entgegennahme der Kündigung** durch das Nachlaßgericht fällt eine Gebühr an (§ 112 Abs. 1 Nr. 6 KostO). 14

5. Entlassung (§ 2227 BGB)

a) Voraussetzungen

Die Entlassung setzt (1) eine gültige Ernennung – die Annahme des Amtes (BayObLGZ 1988, 42; aA *Palandt/Edenhofer* § 2227 Rdn. 1) –, nicht aber den Beginn der Amtstätigkeit voraus, ferner (2), daß das Amt nicht erloschen ist, schließlich (3) materiell das Vorliegen eines wichtigen Grundes und (4) formell den Antrag eines Beteiligten. Der **Erblasser kann** die Entlassung des Testamentsvollstreckers – schon wegen § 2220 BGB – **nicht ausschließen** (RGZ 133, 128). 15

b) Wichtiger Grund

16 *aa) Beurteilung.* Ein wichtiger Grund ist nicht nur bei den im Gesetz besonders genannten Beispielsfällen der groben Pflichtverletzung und der Unfähigkeit zur ordnungsgemäßen Geschäftsführung gegeben. Er liegt vielmehr **ohne Rücksicht auf ein Verschulden** auch dann vor, wenn der Testamentsvollstrecker, sei es durch die bei ihm bestehenden Verhältnisse, sei es durch sein persönliches Verhalten, begründeten Anlaß zu der Annahme gibt, daß ein **längeres Verbleiben im Amt** der Ausführung des letzten Willens des Erblassers **hinderlich sei** oder daß sich dadurch eine Schädigung oder erhebliche Gefährdung der Interessen der an der Ausführung oder am Nachlaß Beteiligten ergeben würde (BayObLGZ 1957, 317; BayObLG Rpfleger 1985, 444). Tatsachen, die dem Erblasser bei der Berufung des Testamentsvollstreckers bekannt waren, rechtfertigen eine Entlassung nur dann, wenn der Erblasser bei Kenntnis der Auswirkungen dieser Tatsachen den Testamentsvollstrecker nicht ernannt hätte (OLG Düsseldorf MittRhNotK 1964, 505; BayObLG FamRZ 1991, 490). Ob ein wichtiger Grund vorliegt, hat das Nachlaßgericht unter Berücksichtigung aller Umstände zu entscheiden. Liegt ein wichtiger Grund vor, wird das Gericht die Entlassung auszusprechen haben. Auch wenn der Terminus „kann" in § 2227 BGB eher die Bedeutung einer Zuständigkeitszuweisung hat, wird das Nachlaßgericht doch im Rahmen eines gewissen Ermessens zu entscheiden haben, ob die Entlassung der Nachlaßabwicklung förderlich ist (BayObLZ 1976, 67; OLG Hamm NJW 1968, 800; FamRZ 1994, 1419; OLG Celle OLGZ 1978, 442; OLG Zweibrücken FamRZ 1999, 472; *Mayer/Bonefeld/Daragan* Rdn. 303).

17 *bb) Grobe Pflichtverletzung.* Als grobe Pflichtverletzung ist jedes **erhebliche und schuldhafte Zuwiderhandeln** gegen die dem Testamentsvollstrecker vom Gesetz und Erblasser auferlegten Pflichten (§§ 2203 ff., 2216 BGB) oder gegen die nach der erkennbaren Absicht des Erblassers von dem Vollstrecker zu wahrenden Interessen (vgl. § 266 StGB) anzusehen. Verschulden ist hier – anders als bei den übrigen Entlassungsgründen – vorausgesetzt.

18 *cc) Unfähigkeit.* Sie ist nach den zu führenden Geschäften und den **persönlichen Fähigkeiten** des Testamentsvollstreckers zu beurteilen. Es ist irrelevant, ob die Unfähigkeit zur ordnungsgemäßen Geschäftsführung erst nach der Annahme des Amtes eingetreten ist oder schon früher vorhanden war, ob sie verschuldet ist oder nicht (KG OLGE 9, 407; 37, 258). Die Unfähigkeit kann auch darin begründet sein, daß der Testamentsvollstrecker durch Krankheit, Verschollenheit oder Abwesenheit auf längere Zeit an der Abwicklung seiner Geschäfte gehindert ist, Abwesenheit genügt allerdings nur, wenn nicht durch andere Hilfsmittel (schriftliche, telegraphische Anweisungen, Bevollmächtigungen) Abhilfe geschaffen werden kann (BayObLG FamRZ 1991, 615).

19 *dd) Sonstige Gründe.* Der Testamentsvollstrecker kann auch aus anderen **objektiven Gründen** entlassen werden, die weder als grobe Pflichtverletzung noch als Unfähigkeit zur ordnungsmäßigen Geschäftsführung bezeichnet werden können. § 2227 BGB ist auch dazu bestimmt, einen Ersatz für das dem Geschäftsherrn sonst zustehende Widerrufsrecht (§ 671 Abs. 1 BGB) zu gewähren. Die Entlassung eines Vollstreckers ist mithin schon dann zulässig, wenn Umstände vorliegen, die den Erblasser, wenn er noch lebte, mutmaßlich zum Widerruf der Ernennung des erwählten Vollstreckers veranlaßt hätten und die auch, objektiv betrachtet, diesen Widerruf als im Interesse der Erben oder sonst Beteiligten liegend erscheinen lassen (BayObLGZ 1953, 357; vgl. KGJ 36 A 73; KG OLGE 34, 300; 40, 137).

ee) Beispiele. Als Entlassungsgründe im Sinne von § 2227 BGB gelten **grobe Pflichtverletzung (Verschulden als Voraussetzung):** Völlige Untätigkeit des Vollstreckers. Verletzung der aus den §§ 2215, 2218 BGB resultierenden Pflichten, zB unbegründete Weigerung, dem Erben den Nachlaß herauszugeben oder Rechnung zu legen (KG SeuffA 58, Nr. 241), auch, wenn dem Erben kein Nachlaßverzeichnis vorgelegt wird, selbst wenn eine mündliche Auskunft erteilt wurde (LG Frankfurt BWNotZ 1981, 117). Kein Entlassungsgrund ist die verspätete Mitteilung über die Unvollständigkeit des Nachlaßverzeichnisses (BayObLGZ 14, 580), selbst dann nicht, wenn der Testamentsvollstrecker Rechtsanwalt ist (OLG Hamm Rpfleger 1986, 16). Übermittelt der Testamentsvollstrecker trotz Mahnung und Fristsetzung kein Nachlaßverzeichnis, so kann darin eine schuldhafte, grobe Pflichtverletzung liegen (BayObLG ZEV 1997, 381). Entlassungsgrund ist die völlig ungenügende Abrechnung, aber nicht die bloß verspätete Abrechnung (BayObLGZ 16, 68, 72), die Ausnutzung des Amtes, um sich selbst Vermögenswerte zuzuspielen (OLG Zweibrücken DNotZ 1973, 112); die Entnahme einer zu hohen Vergütung ist nur unter besonderen Umständen ein Entlassungsgrund (OLG Zweibrücken DNotZ 1973, 112; KG JW 1937, 475; OLG Köln Rpfleger 1987, 458). 20

Unfähigkeit (ohne Verschulden). Eröffnung des Konkursverfahrens über das Vermögen des Testamentsvollstreckers, Notwendigkeit, über eigene Vermögensverhältnisse eine eidesstattliche Versicherung abzugeben (LG Berlin JW 1928, 922; einschränkend OLG Hamm FamRZ 1994, 1419). Verurteilung des Testamentsvollstreckers zu einer Freiheitsstrafe, uU Entlassung einer Person als Vormund (BayObLG Rpfleger 1982, 266). Längere Krankheit (vgl. Rdn. 18). 21

Sonstige Gründe (ohne Verschulden). Feindschaft zwischen Erben und Vollstrecker (BayObLGZ 1953, 364; OLG Köln OLGZ 1969, 281), es sei denn der Gegenstand der Testamentsvollstreckung läßt es zu, den persönlichen vom rein geschäftlichen Verkehr zu trennen (OLG Köln OLGZ 1969, 281). Mißtrauen der Erben gegenüber dem Testamentsvollstrecker, sofern es nicht auf subjektiven Gefühlsmomenten beruht, also objektiv gerechtfertigt ist (BayObLG-Rp. 1995, 59; Rpfleger 1980, 152; OLG Hamm Rpfleger 1959, 53; NJW 1968, 800; OLG Frankfurt ZEV 1998, 350). Erheblicher Interessengegensatz zwischen Testamentsvollstrecker und Erben (BayObLGZ 1985, 298; Rpfleger 1985, 444; FamRZ 1991, 490; OLG Schleswig SchlHA 1958, 312; OLG Stuttgart OLGZ 1968, 457; OLG Zweibrücken Rpfleger 1977, 306; einschränkend OLG Düsseldorf FamRZ 1995, 65); ist der Testamentsvollstrecker zugleich Nachlaßgläubiger, rechtfertigt dieser Interessengegensatz die Entlassung nur, wenn ein gedeihliches Walten des Testamentsvollstreckers ausgeschlossen ist oder doch die Besorgnis begründet ist, daß die Interessen der Erben durch ihn gefährdet werden (BayObLGZ 1988, 42). Nachhaltiges Zerwürfnis zwischen mehreren Testamentsvollstreckern mit der Folge der Entlassung aller Testamentsvollstrecker oder einiger von ihnen (KG OLGE 32, 62; BayObLGZ 32, 371; OLG Hamburg OLGE 26, 358). Unberechtigte Prozeßführung und dadurch eintretende Gefährdung der Erben. Unwissenheit über Umfang und Art hoher Nachlaßverbindlichkeiten trotz jahrelanger Amtsausübung (BayObLG Rpfleger 1984, 403). Unzulässigkeit der Ernennung, etwa wenn das Nachlaßgericht in der irrigen Annahme, ein Ersuchen des Erblassers nach § 2200 BGB habe vorgelegen, einen Testamentsvollstrecker ernannt hat (KG DNotZ 1955, 649). Hat sich der zur Abwicklung des Nachlasses bestellte Testamentsvollstrecker anläßlich der Anhörung im Rahmen eines Entlassungsverfahrens gegenüber den Erben zur Klärung der Sachlage zu bestimmten, ihm als Testamentsvollstrecker obliegenden Leistungen verpflichtet und hält er diese Vereinbarung nicht ein, so kann darin ein wichtiger Grund für die Entlassung liegen (BayObLG FamRZ 2000, 22

193). Kritisch zur Ausweitung der Entlassungsgründe durch die Rspr. *Muscheler* AcP 197 (1997), 226ff.

c) Entlassungsantrag

23 *aa) Antragsverfahren.* Die Entlassung erfolgt nur auf Antrag, **nicht von Amts wegen,** auch eine Zurücknahme der gerichtlichen Ernennung (§ 2200 BGB) von Amts wegen ist nicht möglich. Der Entlassungsantrag kann zurückgenommen werden (RGZ 133, 128) bis zur formellen Rechtskraft der Entlassungsverfügung (Bekanntgabe an den Testamentsvollstrecker, später nur noch falls sofortige Beschwerde gegen die Entlassungsverfügung eingelegt wurde, dann bis zum Wirksamwerden der Entscheidung). Der Erblasser kann das Antragsrecht eines Beteiligten nicht ausschließen (RGZ 133, 128).

24 *bb) Antragsberechtigung.* Antragsberechtigt ist jeder **Beteiligte**, der ein **rechtliches Interesse** an der Testamentsvollstreckung hat (BGHZ 35, 296). Beteiligt ist
- der Erbe, auch wenn er seinen Anteil am Nachlaß nach § 2033 BGB übertragen oder verpfändet hat oder wenn dieser Anteil gepfändet worden ist, da seine Haftung für die Nachlaßverbindlichkeiten (§§ 1967, 2058 BGB) weiterbesteht (§§ 2382, 2385 BGB); eine Mitwirkung des Pfandgläubigers bei der Antragstellung ist nicht nötig;
- der Nacherbe;
- der Vermächtnisnehmer (KG JFG 5, 154; KG OLGE 40, 137; OLG München DFG 1937, 35);
- der Auflageberechtigte (§ 2194 BGB);
- der Auflagebegünstigte, da auch seine objektiv, wenn auch ohne Anspruch gegebene Rechtsstellung durch die Testamentsvollstreckung betroffen ist (*Erman/M. Schmidt* § 2198 Rdn. 5; aM *Palandt/Edenhofer* § 2227 Rdn. 7; *Mayer/Bonefeld/Daragan* Rdn. 287; *Zimmermann* Rdn. 806);
- Mitvollstrecker.
- der Pflichtteilsberechtigte (BGHZ 35, 296; KG NJW 1963, 1553); aA: AG Berlin-Schöneberg (ZEV 2000 32 f.): Der Pflichtteilsberechtigte besitzte kein Antragsrecht iSv. § 2227 Abs. 1 BGB, da es der im Testament zu Ausdruck gekommene Wille des Erblassers sei, den Pflichtteilsberechtigten von jeder Beteiligung am Nachlaß fernzuhalten; es erscheine daher nicht nachvollziehbar, warum ein Pflichtteilsberechtigter, dem ausdrücklich vom Erblasser das Erbrecht entzogen worden ist, mittelbar über ein Antragsrecht nach § 2227 BGB Einfluß auf die Verwaltung des Nachlasses nehmen können solle.
- der bestimmungsberechtigte Dritte im Sinne von § 2198 Abs. 1 BGB (KGJ 41, 30)

Sonstige Dritte sind grundsätzlich nicht antragsberechtigt.

Nicht beteiligt sind:
- der gewöhnliche Nachlaßgläubiger, anders als bei § 2198 BGB (BGHZ 35, 296);
- Miterben in Bezug auf persönliche Auseinandersetzungen zwischen dem Testamentsvollstrecker und einem anderen Miterben, sofern dadurch die Testamentsvollstreckung insgesamt nicht belastet wird (BayObLGZ 30, 299).
- der Testamentsvollstrecker selbst, da er sein Amt jederzeit niederlegen kann (§ 2226 BGB).

d) Verfahren

25 *aa) Gerichtliche Zuständigkeit.* Die Entscheidung kann nicht durch Verfügung des Erblassers oder durch Vereinbarung zwischen Erben und Testamentsvollstrek-

ker einem **Schiedsgericht** überantwortet werden (*Staudinger/Reimann* § 2227 Rdn. 29). Zuständig ist der **Richter** (§ 16 Abs. 1 Nr. 5 RPflG).

26 *bb) Amtsverfahren.* Ist der Entlassungsantrag gestellt, hat das Gericht die Ermittlungen **von Amts wegen** vorzunehmen (§ 12 FGG).

27 *cc) Anhörungen.* Der Testamentsvollstrecker ist anzuhören (Art. 103 Abs. 1 GG, § 2227 Abs. 2 BGB), **Unterlassung** stellt **Gesetzesverletzung** dar (OLG Hamburg OLGE 8, 280; BayObLG FamRZ 1999, 987). Auch die sonstigen Hauptbeteiligten sind nach Möglichkeit zu hören, insbesondere alle Miterben, wenn der Entlassungsantrag von einem Miterben gestellt wurde (OLG Hamm FamRZ 1994, 1419). Die Art der Anhörung (schriftlich oder mündlich) steht im pflichtgemäßem Ermessen des Gerichts (BayObLG FamRZ 1998, 325).

28 **Formulierungsvorschlag für Entlassungsbeschluß:**

„I.: Der Testamentsvollstrecker . . . wird aus seinem Amt entlassen.
Gründe: . . .
II.: Ausfertigung von Ziffer I. an Testamentsvollstrecker, Erben und sonstige Beteiligte . . .

III.: Kostenbehandlung § 113 KostO

Ort, Datum

. . . .
(Unterschrift)
Richter“

29 *dd) Wirksamkeit.* Die Entlassungsverfügung ist dem Testamentsvollstrecker zuzustellen (§§ 16 Abs. 2, 81 Abs. 2 FGG). Mit **Zustellung an den Entlassenen** endet das Amt ohne Rücksicht auf die Rechtskraft der Entscheidung (BayObLGZ 1969, 142). Ein anderer Zeitpunkt kann vom Gericht nicht bestimmt werden (KG DRiZ 1929 Nr. 489). Das Rechtsmittel bei Entlassung wider Willen des Testamentsvollstreckers ist die sofortige, bei Anlehnung des Antrags die unbefristete Beschwerde (§§ 81, 20 FGG). Wird die Entlassung auf Beschwerde aufgehoben, werden die Funktionen des Testamentsvollstreckers als fortbestehend angesehen (BayObLGZ 1959, 128). Wird die Entlassung abgelehnt, so ist die Verfügung nur dem Antragsteller bekanntzugeben, ist aber der Testamentsvollstrecker gehört worden, ist sie auch diesem mitzuteilen. Gegen die Entlassungsverfügung steht auch einem Dritten, dessen Recht durch die Verfügung beeinträchtigt wird, die sofortige Beschwerde zu (BayOLG FamRZ 1996, 110).

30 *ee) Eingeschränkte Entlassung.* Sie ist **unzulässig** (*Haegele* BWNotZ 1974, 119). Eine **vorläufige Amtsenthebung** ist **nicht zulässig** (KG JFG 3, 174; OLG Köln DNotZ 1987, 324). Das Beschwerdegericht – nur dieses – kann nach § 24 Abs. 3 FGG allerdings einstweilige Anordnungen erlassen, etwa, daß der Vollstrecker vorerst weiteramtieren soll. Das Nachlaßgericht darf nicht durch einstweilige Anordnungen in die Amtsführung des Testamentsvollstreckers eingreifen (OLG Köln DNotZ 1987, 324).

31 *ff) Wiedereinsetzung.* Nach Wegfall des Entlassungsgrundes besteht **kein Anspruch auf Wiedereinsetzung** in das Amt (BayObLGZ 1964, 153; OLG Schleswig SchlHA 1965, 107). Gegebenenfalls kann eine **erneute Ernennung** nach § 2200 BGB in Frage kommen.

32 *gg) Aufhebung der Testamentsvollstreckung.* Die **Aufhebung** der Testamentsvollstreckung insgesamt **kann** durch das Nachlaßgericht **nicht verfügt werden.** In

Betracht kommt lediglich, wenn die Voraussetzungen dafür vorliegen, die Entlassung des Testamentsvollstreckers und etwaiger Ersatztestamentsvollstrecker.

33 *hh) Akteneinsicht, Ausfertigungen, Kosten:* §§ 78, 85 FGG, § 113 KostO.

6. Endtermin. Auflösende Bedingung

34 Ist in der letztwilligen Verfügung ein Endtermin für die Testamentsvollstreckung oder eine auflösende Bedingung vorgesehen, so **erlischt** das Amt des Testamentsvollstreckers mit Eintritt des Endtermins oder der auflösenden Bedingung.

35 Eine Verwaltungsvollstreckung endet im Regelfall spätestens **30 Jahre nach dem Erbfall** (§ 2210 S. 1 BGB). Der Erblasser kann jedoch anordnen, daß die Verwaltung bis zum Tod des Erben oder des Testamentsvollstreckers oder bis zum Eintritt eines anderen Ereignisses in der Person des einen oder des anderen – nicht aber Dritten – fortdauern soll (§ 2210 S. 2 BGB). Ist der Erbe oder der Testamentsvollstrecker eine juristische Person, so verbleibt es bei der 30jährigen Frist (§§ 2110 S. 3, 2163 Abs. 2 BGB). Als Erbe im Sinne von § 2210 BGB gilt auch der Nacherbe.

36 Hat der Erblasser angeordnet, daß beim Tod des Verwaltungsvollstreckers ein **Nachfolger** zu ernennen sei (§ 2199 Abs. 2 BGB), kann dadurch die 30-Jahres-Frist nur überschritten werden, wenn der Nachfolger beim Erbfall bereits gelebt hat (*Kipp/Coing* § 69 III 2; *Staudinger/Reimann* § 2210 Rdn. 9) oder noch vor Ablauf der 30-Jahres-Frist ernannt wurde (*Soergel/Damrau* § 2210 Rdn. 2).

37 Wurde nach § 28 Abs. 2 UrhG durch letztwillige Verfügung die **Ausübung eines Urheberrechtes** einem Testamentsvollstrecker übertragen, gilt § 2210 BGB wegen der 70-Jahres-Frist des § 84 UrhG nicht (§ 28 Abs. 2 S. 2 UrhG; vgl. auch *Fromm* NJW 1966, 1245; *Westermann* FamRZ 1969, 561). Vgl. 5. Kap. Rdn. 330ff.

38 Die **zeitliche Schranke** des § 2210 BGB gilt nur bei der **Verwaltungsvollstreckung,** nicht bei der ausführenden Vollstreckung (§ 2203 BGB). Wenn also die Verwaltung des Nachlasses als selbständige Aufgabe gemäß § 2210 BGB beendet ist, kann das Amt des Testamentsvollstreckers fortbestehen, wenn sonstige Aufgaben auszuführen sind; da die Auflage nicht den zeitlichen Beschränkungen des Vermächtnisses unterliegt (§§ 2162, 2192 BGB), kann der Testamentsvollstrecker die zur Erfüllung einer Auflage notwendige Verwaltung uU unbeschränkt fortführen. Der Erbe ist gegen einen Mißbrauch durch § 2217 BGB geschützt.

7. Erledigung aller Aufgaben

39 Das Amt des Testamentsvollstreckers erlischt durch **vollständige Erledigung** aller dem Vollstrecker zugewiesenen Aufgaben (BayObLG ZEV 1995, 370; aA *Zimmermann* Rdn. 837), wozu regelmäßig die Ausführung der letztwilligen Verfügungen des Erblassers und die Bewirkung der Auseinandersetzung unter mehreren Erben gehört (§§ 2203, 2204 BGB).

40 Das Amt des Testamentsvollstreckers erlischt auch dann, wenn die **Erben vereinbaren,** daß die Auseinandersetzung unterbleiben, die Erbengemeinschaft also für immer oder auf Zeit fortgesetzt werden soll, und wenn der Testamentsvollstrecker alle übrigen Aufgaben bereits erfüllt hat (BayObLGZ 1953, 357; OLG München DNotZ 1936, 810).

41 Wenn der Testamentsvollstrecker nur für den Vorerben bestellt ist, so endet sein Amt mit der **Aushändigung der Erbschaft an den Nacherben.**

Ist der Testamentsvollstrecker zur Verteilung des Nachlasses und Errichtung einer **Stiftung** bestellt, so endigt sein Amt mit der Erledigung dieser Aufgaben (KG OLGE 34, 299). 42

Das Amt des Testamentvollstreckers erlischt auch, wenn der **Nachlaß erschöpft** ist (KG OLGE 37, 259). Ergeben sich für den Nachlaß nachträglich Rückerstattungsansprüche, so lebt die scheinbar beendete Testamentsvollstreckung wieder auf (OLG München NJW 1951, 74). 43

Wenn alle Aufgaben des Testamentsvollstreckers erledigt sind, so **erlischt** sein **Amt** von selbst. Eine Anzeige an das Nachlaßgericht, eine Aufhebung der Testamentsvollstreckung insgesamt oder eine Entlassung des Vollstreckers ist weder nötig noch zulässig. 44

8. *Gegenständlich beschränkte Beendigung*

a) Freigabe

Hinsichtlich **einzelner Nachlaßgegenstände** erlischt das Amt des Testamentsvollstreckers bei Freigabe nach § 2217 BGB (vgl. zur Freigabe 6. Kap. Rdn. 158ff.). Bezieht sich die Freigabeerklärung auf Grundbesitz oder Rechte daran, bedarf sie der Form des § 29 GBO. Ist der Testamentsvollstrecker Notar, ist eine Eigenurkunde nicht zulässig (OLG Düsseldorf MittRhNotK 1989, 19). 45

Formulierungsvorschlag für Freigabeerklärung (weitere Vorschläge 6. Kap. Rdn. 219ff.): 46

„Das Grundstück Fl.Nr. . . . Gemarkung . . . wird gemäß § 2217 BGB dem Erben zur freien Verfügung überlassen. Es wird bewilligt und beantragt, den Testamentsvollstreckervermerk am genannten Grundstück zu löschen."

Die Freigabe führt zu einem **endgültigen Ausscheiden** des freigegebenen Gegenstandes aus der Verwaltungs- und Verfügungsbefugnis des Testamentsvollstreckers. Wird den Erben nur die Verwaltung und Nutznießung überlassen, liegt keine Freigabe vor, auch nicht bei einer Freigabe der Nutzungen (hier gilt § 2216 BGB). 47

Die Freigabe ist ein **gemischter Realakt** (OLG Hamm Rpfleger 1973, 133; str.); sie wird wirksam, wenn der Wille des Testamentsvollstreckers vorhanden ist, den betreffenden Nachlaßgegenstand aus seiner Verfügungsgewalt zu entlassen (OLG Hamm DNotZ 1973, 482). Sieht man in der Freigabe nach § 2217 BGB einen gemischten Realakt, wird sie ohne Rücksicht auf § 130 BGB wirksam, wenn der Freigabetatbestand gesetzt wird. Sieht man in der Freigabe eine abstrakte empfangsbedürftige Willenserklärung, so wird sie wirksam, wenn sie dem Erben (§ 130 BGB) bzw. seinem gesetzlichen Vertreter (§ 131 BGB) zugeht. Ist der Testamentsvollstrecker gesetzlicher Vertreter des Erben, wäre, sofern man die Freigabe als abstrakte empfangsbedürftige Willenserklärung ansieht, § 181 BGB zu beachten. 48

Bei **irrtümlicher Freigabe** besteht ein schuldrechtlicher Rückgewähranspruch des Testamentsvollstreckers nach § 812 BGB (BGHZ 12, 104; 24, 106). Auch kann der Erbe durch freiwillige Rückgabe des freigegebenen Nachlaßgegenstandes die Verfügungsgewalt des Testamentsvollstreckers wieder herstellen (KG J 40, 207). 49

Problematisch sind die Fälle, in denen ein Nachlaßgegenstand veräußert und die am Erlös bestehende Erbengemeinschaft durch **Teilung des Erlöses,** etwa durch Anlegung auf getrennten Konten der Miterben, aufgelöst wird. Durch diese Teilauseinandersetzung zwischen den Miterben hinsichtlich des Erlöses ist dieser uU (so BayObLG FamRZ 1992, 604) aus dem Nachlaß ausgeschieden, so daß ein Testamentsvollstrecker den Erlösanteil nicht zur Beschaffung eines Ersatzgegenstandes 50 ohne Mitwirkung des Erben verwenden kann. Bei irrtümlicher Freigabe verbleibt es beim Rückgewähranspruch des Testamentsvollstreckers (*Damrau* FamRZ 1992, 606). Auch dürfte (entgegen der Auffassung des BayObLG) der Erlös regelmäßig Surrogat des veräußerten Nachlaßgegenstandes sein (*Weidlich* DNotZ 1993, 403).

b) Veräußerung von Nachlaßgegenständen

51 Das Amt des Testamentsvollstreckers erlischt – gegenständlich beschränkt – auch bei **wirksamer Veräußerung** durch den Testamentsvollstrecker oder einen vom Erblasser über den Tod hinaus Bevollmächtigten; solche Gegenstände scheiden aus dem Nachlaß aus. Handelt es sich um Grundbesitz, ist der Testamentsvollstreckervermerk hieran von Amts wegen zu löschen (*KEHE/Eickmann* Grundbuchrecht, § 53 GBO Rdn. 17).

52 **Formulierungsvorschlag für Löschungsantrag wegen Veräußerung:**

„Durch die Veräußerung gem. Urkunde vom ... URNr. ... des ... Notars ... in ... scheidet das Grundstück Fl.Nr. ... Gemarkung ... aus dem Nachlaß aus. Es wird beantragt, den Testamentsvollstreckervermerk am genannten Grundstück zu löschen."

c) Veräußerung eines Erbanteils

52a Da der Erblasser nicht die Möglichkeit hat, die Verfügungsbefugnis des Erben über den Erbanteil auszuschließen, kann ein Miterbe seinen Anteil auch gegen den Willen des Erblassers und des Testamentsvollstreckers frei veräußern. Ist die Testamentsvollstreckungs-Anordnung inhaltlich auf die Person des ursprünglichen Miterben bezogen, kann durch eine derartige gegen den Willen des Testamentsvollstreckers vorgenommene Veräußerung die Testamentsvollstreckung für den veräußerten Erbanteil erlöschen. Anders ist der Fall zu beurteilen, daß die Testamentsvollstreckung nach dem Willen des Erblassers unabhängig von der Person des Miterben bzw. des Inhabers eines Erbanteils fortdauern soll, wie dies etwa bei Unternehmen regelmäßig der Fall sein wird. Klarstellungen im Testament sind also insoweit geboten, wenn Streit vermieden werden soll.

d) Partielles Hinauswachsen aus dem Nachlaß

53 Vor allem bei länger andauernden Testamentsvollstreckungen können die Erträge des Nachlasses aus dem Nachlaß hinauswachsen, wenn sie im Verhältnis zum ursprünglichen Umfang des Nachlasses erheblich sind (BGH NJW 1984, 2570; BGHZ 91, 132; BGH DNotZ 1987, 116). Dies gilt insbesondere in den Fällen, in denen die Erträge nicht an die Erben ausgekehrt werden, sondern im Nachlaß verbleiben und dessen Bestand und Wert verstärken. Werden zB bei Unternehmen und Unternehmensbeteiligungen die Erträge thesauriert, wird das Unternehmen bzw die Beteiligung werthaltiger. Im Lauf der Zeit kann dann der „Ertragsanteil" höher sein als der ursprüngliche Bestand. Gesichtspunkte des Gläubigerschutzes (§ 2214 BGB) wie auch die Eigenrechte der Erben führen in derartigen Fällen zu der Annahme einer **partiellen Beendigung der Testamentsvollstreckung.** Eine quantitative Abgrenzung zwischen Nachlaß und Nicht-mehr-Nachlaß ist generell nicht möglich. Es wird dabei vor allem auch das Verhältnis der Erträge des Altnachlasses zu denen des Neunachlasses abzustellen sein.

54 Die **Folge des Hinauswachsens** eines Nachlaßteils aus dem Nachlaß ist einmal, daß Eigengläubiger der Erben nicht mehr durch § 2214 BGB daran gehindert sind, Zugriff auf den „freien Anteil" zu nehmen, zum anderen, daß der Testamentsvollstrecker insoweit seine Verwaltungs- und Verfügungsbefugnisse verliert. Es kommt dann zu einer Doppelzuständigkeit: Der Testamentsvollstrecker könnte nur noch den ursprünglichen Nachlaß (incl. „normaler" Erträge) verwalten, für

den Rest wären die Erben zuständig. Unabhängig von der im Einzelfall vorgenommenen quantitativen Abgrenzung ist diese Rechtslage unbefriedigend, vor allem bei Unternehmen und Unternehmensbeteiligungen, also gerade dort, wo es relativ häufig zu einer solchen Doppelzuständigkeit kommen wird.

Da die genannte Rechtsfolge kraft Gesetzes eintritt, ist eine **Abhilfe durch Testament** zunächst nicht möglich. Eine Testamentsvollstreckung sollte deshalb nicht zu langfristig konzipiert werden, da in solchen Fällen die Doppelzuständigkeit geradezu mit eingeplant ist. 55

Wird eine derartige **Doppelzuständigkeit** im Zuge einer Testamentsvollstreckung bemerkt, empfiehlt es sich für den Testamentsvollstrecker, in Verhandlungen mit den Erben einzutreten, eine Genehmigung des bisher von ihm getätigten, möglicherweise unwirksamen Geschäftes nach § 185 BGB durch die Erben anzustreben und den problematischen Bereich aus der Testamentsvollstreckung gemäß § 2217 BGB freizugeben. Den vom Erblasser angestrebten Zielen kann im Einzelfall dadurch zu Erfolg verholfen werden, daß dem Testamentsvollstrecker vertragliche Mitwirkungs- und Aufsichtsbefugnisse für den freigegebenen Anteil eingeräumt werden. Im Unternehmensbereich ist insbesondere an eine Funktion des bisherigen Testamentsvollstreckers als Aufsichtsrat und in den sonstigen Kontrollgremien zu denken. 56

Der Erblasser kann, wenn eine Doppelzuständigkeit dieser Art bei Abfassung der Verfügung bereits abzusehen ist, bedingt dadurch **Vorsorge** treffen, daß er den Erben durch Auflage verpflichtet, im Fall einer Freigabe derartige Mitwirkungs- und Aufsichtsbefugnisse einzuräumen. 57

9. Eintritt des Nacherbfalls

Bei einer **Nacherbenvollstreckung** (§ 2222 BGB) erlischt das Amt des Testamentsvollstreckers mit Eintritt des Nacherbfalls. 58

10. Sonstige Möglichkeiten der Beendigung

Eine **Beendigung der Testamentsvollstreckung ipso jure** ist im übrigen nicht denkbar. Die Eröffnung des Nachlaßkonkurses oder der Nachlaßverwaltung ist kein Grund zur Beendigung der Testamentsvollstreckung; jedoch ruhen während der Dauer dieser Verfahren die Aufgaben und Befugnisse des Testamentsvollstreckers (RG LZ 1919, 875). Auch die Ernennung des Testamentsvollstreckers zum Vormund oder Betreuer des Alleinerben beendigt die Vollstreckung nicht (vgl. aber 3. Kap. Rdn. 183), ebensowenig der Tod des Erben, wenn nicht ausnahmsweise der Erblasser den Testamentsvollstrecker nur für die Lebenszeit des Erben bestellen wollte (vgl. § 2338 BGB; OLG München DFG 1937, 211; NJW 1951, 74). Auch die Eröffnung des Konkurses über das Vermögen des Testamentsvollstreckers oder die Abgabe einer eidesstattlichen Versicherung durch den Testamentsvollstrecker führt nicht zur automatischen Beendigung seines Amtes; sie kann aber seine Entlassung nach § 2227 BGB zur Folge haben, als Entlassungsgrund reicht dies alleine aber nicht stets aus (OLG Hamm FamRZ 1994, 1419). Das Amt des Testamentsvollstreckers erlischt auch nicht von selbst, wenn die Erben mit dem Testamentsvollstrecker die Beendigung seines Amtes vereinbaren, der Testamentsvollstrecker jedoch – auch aus rechtlicher Unkenntnis – nicht gemäß § 2226 BGB kündigt. Das gleiche gilt, wenn sich der Testamentsvollstrecker in der irrigen Meinung, seine Aufgaben seien erledigt, lange Zeit nicht mehr um sein Amt gekümmert hat. In diesen Fällen kann aber eine **Verpflichtung des Testamentsvollstreckers** bestehen, **sein Amt niederzulegen** (BGH NJW 1962, 912). 59

III. Folgen der Beendigung

1. Beendigung der Testamentsvollstreckung insgesamt?

60 Mit der **Beendigung des Amtes** des Testamentsvollstreckers endet die Testamentsvollstreckung selbst bei Eintritt des Endtermins oder der auflösenden Bedingung (Rdn. 34 ff.), bei vollständiger Erledigung aller Aufgaben (Rdn. 39 ff.), bei der Freigabe gemäß § 2217 BGB bzw. bei wirksamer Veräußerung (nur) bezüglich der betroffenen Gegenstände (Rdn. 45 ff.) und bei einer Nacherbenvollstreckung mit dem Eintritt des Nacherbfalls (Rdn. 58).

61 Bei **Wegfall des Testamentsvollstreckers** (Rdn. 4 bis 33) endet die Testamentsvollstreckung selbst nur dann, wenn ein weiterer Vollstrecker nicht mehr vorhanden ist (§ 2224 Abs. 1 S. 2 BGB) und der Erblasser nicht durch Ersatzberufung (§ 2197 Abs. 2 BGB), durch Ernennung eines bestimmungsberechtigten Dritten (§ 2198 BGB), durch Ermächtigung zur Ernennung eines Nachfolgers (§ 2199 Abs. 2 BGB) oder durch Ersuchen an das Nachlaßgericht (§ 2200 BGB) vorgesorgt hat. Gegebenenfalls ist also bei Wegfall des Testamentsvollstreckers eine Ersatzberufung durchzuführen; die Testamentsvollstreckung dauert dann fort.

62 Ist streitig, ob die Testamentsvolltreckung insgesamt oder nur das Amt eines bestimmten Testamentsvollstreckers erloschen ist, entscheidet darüber das **Prozeßgericht,** nicht das Nachlaßgericht (BGHZ 41, 23).

2. Ende der Testamentsvollstreckerbefugnisse

a) Grundsatz

63 Mit der Beendigung des Amtes verliert der Testamentsvollstrecker seine Verwaltungs-, Verfügungs- und Verpflichtungsbefugnis. Nach Beendigung des Amtes vorgenommene Rechtshandlungen sind **grundsätzlich unwirksam.**

b) Unaufschiebbare Geschäfte

64 Bei Amtsbeendigung durch den Tod des Testamentsvollstreckers hat dessen Erbe den Tod des Testamentsvollstreckers den Erben, für dessen Erbschaft die Vollstrekkung angeordnet ist, unverzüglich anzuzeigen. Er hat unaufschiebbare Geschäfte auszuführen, bis der verständigte Erbe selbst oder ein Nachfolger des verstorbenen Testamentsvollstreckers anderweitig Vorsorge treffen kann. Insoweit gilt der **Erbe des Testamentsvollstreckers** als mit der Vollstreckung **beauftragt** (§§ 2218 Abs. 1, 673 S. 2 BGB; *Staudinger/Reimann* § 2218 Rdn. 34). Eine Anzeige an das Nachlaßgericht durch den Erben des Testamentsvollstreckers ist nicht vorgeschrieben, aber zweckmäßig.

c) Fiktion des Fortbestehens

65 Bei anderweitiger Beendigung des Amtes – praktisch wohl nur bei Beendigung durch Erledigung aller Aufgaben – gilt das Amt zugunsten des Testamentsvollstrekkers solange als fortbestehend, bis dieser von dem Erlöschen Kenntnis erlangt hat oder erlangt haben muß (§§ 2218, 674 BGB). Auch wenn das Gesetz das **Fortbestehen des Amtes** nur zugunsten des Testamentsvollstreckers **unterstellt,** dauern doch auch dessen Pflichten gegen den Erben im wesentlichen ebensolange fort, zumindest unter dem Gesichtspunkt der Geschäftsführung ohne Auftrag (*Staudinger/Reimann* § 2218 Rdn. 35). Eine Fiktion des Fortbestehens kommt nicht in

Betracht, wenn der Testamentsvollstrecker entlassen wird (§ 2227 BGB), da die Entlassung dem Widerruf des Auftrags entspricht und daher § 674 BGB nicht gelten kann.

d) Sonstiger Gutglaubensschutz. Schwebende Grundbuchverfahren

Im übrigen – außer den Fällen der §§ 2218, 674 BGB – ist ein Dritter in seinem **guten Glauben** nur geschützt, wenn Grundbesitz betroffen ist und im Grundbuch noch der Testamentsvollstreckervermerk eingetragen war (§ 892 BGB). 66

Endet bei einer Veräußerung von Grundbesitz durch den Testamentsvollstrecker dessen Amt nach Eingang des Umschreibungsantrags beim Grundbuchamt, jedoch vor Vollzug der Auflassung im Grundbuch, liegt eine für die Eintragung erforderliche **wirksame Einigung** nicht mehr vor. Die Verfügungsbefugnis hat grundsätzlich in dem Augenblick vorhanden zu sein, in dem die Verfügung wirksam wird. § 878 BGB gilt in diesen Fällen nicht (BGH NJW 1958, 1286; DNotZ 1971, 411; OLG Köln MittRNotK 1981, 139). Ein Testamentsvollstrecker, der in Erfüllung seiner Aufgaben Grundbesitz veräußert, sollte daher sein Amt erst niederlegen, wenn das Rechtsgeschäft grundbuchamtlich vollzogen ist (vgl. 5. Kap. Rdn. 6ff.). Bei Beendigung des Testamentsvollstreckeramtes aufgrund einer im Testamentsvollstreckerzeugnis nicht verlautbarten auflösenden Bedingung oder Befristung bejaht die hM (MünchKommBGB/*Promberger* § 2368 Rdn. 3, 35, 36, 41; *Palandt/Edenhofer* § 2368 Rdn. 10; *Haegele/Winkler* Rdn. 704) einen gutgläubigen Erwerb eines Dritten aufgrund einer Verfügung des Nichttestamentsvollstreckers. 67

e) Erlöschen von Vollmachten

Eine vom Testamentsvollstrecker aufgrund seines Amtes erteilte Vollmacht erlischt mit **Beendigung des Amtes** (KGJ 41 A 79). Versäumt der Testamentsvollstrecker, nach Beendigung des Amtes die Vollmacht zurückzuverlangen, kommt eine Haftung entsprechend § 179 BGB in Betracht (RG DRiZ 1933 Nr. 295). 68

f) Schwebende Prozesse

Wenn während des Prozesses das Amt des Testamentsvollstreckers oder sein Verwaltungsrecht erlischt, finden die §§ 239, 246 ZPO entsprechende Anwendung. Der Rechtsstreit wird also in der Regel **unterbrochen.** Ist der Testamentsvollstrecker durch einen Prozeßbevollmächtigten vertreten, tritt keine Unterbrechung ein, das Verfahren ist auf Antrag nur **auszusetzen.** Handelt es sich um einen Wechsel in der Person des Testamentsvollstreckers, so sind die §§ 241, 246 ZPO entsprechend anzuwenden (RGZ 155, 350). Der Tod des Testamentsvollstreckers kann je nachdem entsprechende Anwendung der §§ 239, 246 ZPO oder der §§ 241, 246 ZPO gebieten (RG JW 1913, 876; RG Gruchot 59, 497). § 265 ZPO ist bei dem Erlöschen der Prozeßführungsbefugnis des Testamentsvollstreckers nicht entsprechend anwendbar (BGHZ 1, 65, 68). 69

3. Herausgabe und Rechenschaftspflicht

Nach der Beendigung des Amtes hat der Testamentsvollstrecker den Nachlaß an den Erben **herauszugeben, Rechenschaft abzulegen** und uU eine **eidesstattliche Versicherung** hierüber abzugeben (§ 2218 BGB). S. im einzelnen 6. Kap. 70

4. *Testamentsvollstreckerzeugnis*

71 Das Testamentsvollstreckerzeugnis wird mit Beendigung des Amtes **von selbst kraftlos** (§ 2368 Abs. 3 Halbs. 2 BGB) und verliert seine Beweiskraft ohne Rücksicht darauf, ob ein Dritter das Erlöschen kennt. Das Zeugnis kann nicht iS von § 2361 BGB „eingezogen" oder für kraftlos erklärt werden, das Nachlaßgericht soll es aber zur Wahrung der Rechtssicherheit von Amts wegen zurückfordern (BayObLGZ 1953, 357; OLG Köln Rpfleger 1986, 261) und entweder bei den Gerichtsakten behalten oder auf ihm vermerken, wann das Amt erloschen ist (KGJ 28 A 201). War noch kein Testamentsvollstreckerzeugnis erteilt, ist es auch nach Beendigung des Amtes möglich, ein Zeugnis mit einem entsprechenden Negativvermerk zu erteilen (KG DNotZ 1965, 480; *Firsching/Graf* Rdn. 4471). Stellt sich nachträglich heraus, daß noch Aufgaben zu erledigen sind, so ist das Zeugnis nicht neu zu erteilen, es ist dem Vollstrecker lediglich wieder auszuhändigen (BayObLGZ 1953, 357). Ein isoliertes Zeugnis über den Wegfall des Testamentsvollstreckers (Negativattest) ist nicht möglich (OLG München NJW 1951, 74), wohl aber – bei entsprechendem Rechtsschutzbedürfnis – über das Fortbestehen des Amtes (*Firsching/Graf* Rdn. 4472). Ist die Einziehung eines Testamentsvollstreckerzeugnisses durch Rückgabe zu den Gerichtsakten vollzogen, ist eine Rechtsbeschwerde mit dem Ziel der Aufhebung des Einziehungsbeschlusses unzulässig, kann aber in einen zulässigen Antrag auf Erteilung eines neuen inhaltsgleichen Testamentsvollstreckerzeugnisses umgedeutet werden (OLG Köln Rpfleger 1986, 261). Umstritten ist auch die Frage, ob ein Testamentsvollstreckerzeugnis nach Aufhebung der Entlassung des Testamentsvollstreckers nach Beschwerde wirksam bleibt. Nach BayObLG (FamRZ 1991, 615, 617) ist das Testamentsvollstreckerzeugnis nicht als kraftlos geworden anzusehen; die in der Zwischenzeit vorgenommenen Verfügungen des Testamentsvollstreckers bleiben in entsprechender Anwendung des § 32 FGG wirksam. (aA *Bestelmeyer* ZEV 1997, 316ff.: Testamentsvollstrecker wird durch Beschwerdeentscheidung ex nunc wieder Testamentsvollstrecker; zwischenzeitlich getroffenen Verfügungen sind aufgrund des Wegfalls der Vermutungs- und Gutglaubenswirkung des Testamentsvollstreckerzeugnisses unwirksam.)

5. *Erbscheinberichtigung*

72 Nach § 2364 Abs. 1 BGB ist die Ernennung eines Testamentsvollstreckers im Erbschein anzugeben. Der Name des Vollstreckers erscheint im Erbschein – anders als im Testamentsvollstreckerzeugnis nach § 2268 BGB – nicht. Die Beendigung des Amtes des Testamentsvollstreckers macht den Erbschein nur dann unrichtig, wenn mit der **Amtsbeendigung** auch die Testamentsvollstreckung **insgesamt** beendet wurde; der Erbschein ist dann unrichtig (§ 2361 BGB). Er kann nicht berichtigt werden (OLG Hamm OLGZ 1983, 59). Ein Wechsel in der Person des Testamentsvollstreckers berührt die Richtigkeit des Erbscheins nicht.

6. *Grundbuch*

a) Grundsatz

73 Ist Testamentsvollstreckung angeordnet, so ist dies, wenn Grundbesitz zum Nachlaß gehört, von Amts wegen mit der Erbfolge in das Grundbuch miteinzutragen (§ 52 GBO). Die **Löschung des Testamentsvollstreckervermerks** im

Grundbuch richtet sich nach den Bestimmungen der Grundbuchordnung. Demnach kommen zwei denkbare Verfahren in Betracht, nämlich

- die Amtslöschung (§§ 84ff. GBO);
- die Löschung auf Antrag (§ 46 GBO).

Die **Amtslöschung** – auch auf Anregung eines Beteiligten möglich – kommt 74
bei Gegenstandslosigkeit der Eintragung in Frage. Eine Eintragung ist nach § 84 Abs. 2 GBO gegenstandslos, soweit das Recht, auf das sie sich bezieht, nicht besteht und seine Entstehung ausgeschlossen ist, ferner soweit das Recht, auf das sie sich bezieht, aus tatsächlichen Gründen dauernd nicht ausgeübt werden kann. Als „Recht" iSv. § 84 GBO gelten auch Vormerkungen, Widersprüche, Verfügungsbeschränkungen, Enteignungsvermerke und ähnliches (§ 84 Abs. 3 GBO), damit auch der Testamentsvollstreckervermerk.

Die Löschung erfolgt im übrigen nur **auf Antrag** (§ 13 GBO) und nur entwe- 75
der aufgrund Bewilligung durch den Betroffenen (§ 19 GBO) oder aufgrund Unrichtigkeitsnachweises gemäß § 22 GBO. Einer Löschungsbewilligung durch den Testamentsvollstrecker nach § 19 GBO sind Grenzen gesetzt, weil dieser auf die Eintragung des Testamentsvollstreckervermerks nicht verzichten kann (OLG München JFG 20, 294; *Demharter* GBO § 52 Rdn. 15). Die Ansicht, eine Löschung des Testamentsvollstreckervermerks komme „nur aufgrund eines Unrichtigkeitsnachweises" nach § 22 GBO in Betracht (*Demharter* aaO), ist aber als generalisierende Aussage falsch. Auch eine Löschungsbewilligung des Testamentsvollstreckers ist im Einzelfall denkbar.

Bei der Frage, wie der Testamentsvollstreckervermerk gelöscht wird, ist nämlich 76
nach dem Beendigungsgrund zu differenzieren, vor allem danach, ob die **Testamentsvollstreckung insgesamt beendet** ist oder nur eine **gegenständliche Beendigung** vorliegt.

b) Gesamtbeendigung der Testamentsvollstreckung

Ist die **Testamentsvollstreckung insgesamt beendet,** bestimmt sich das 77
weitere Verfahren nach dem Beendigungsgrund (vgl. dazu Rdn. 4–59).

Endet die Testamentsvollstreckung aufgrund eines **Endtermins,** kommt sowohl 78
die Amtslöschung nach §§ 84ff. GBO wie auch die Löschung auf Antrag mit Unrichtigkeitsnachweis gemäß § 22 GBO in Betracht. Beim Endtermin ist das Ende der Testamentsvollstreckung offenkundig. Der Unrichtigkeitsnachweis ist bei einer Antragslöschung nach § 22 GBO in der Form des § 29 GBO zu führen. Dieser Nachweis ist grundsätzlich auch durch Bezugnahme auf die Nachlaßakten möglich. Auch ein privatschriftliches Testament kann hier berücksichtigt werden (OLG Hamm NJW-RR 1996, 1230; BayObLGZ 1969, 278; Rpfleger 1989, 200; *Demharter* GBO § 51 Rdn. 35, § 52 Rdn. 23, 25; *Schaub* in Bauer/v. Oefele GBO § 51 Rdn. 151 für den Nachweis der Entgeltlichkeit einer Verfügung des Vorerben). In den Fällen, in denen die Beendigung der Testamentsvollstreckung offenkundig ist (OLG Hamm Rpfleger 1958, 15), wird das Grundbuchamt bei Prüfung der Beendigung der Testamentsvollstreckung ebenso wie bei der Prüfung der Entgeltlichkeit der Verfügung des Testamentsvollstreckers zur Vornahme einer freien Beweiswürdigung hinsichtlich der nicht in der Form des § 29 GBO nachgewiesenen Tatsachen für berechtigt gehalten (*Schaub* in Bauer/v. Oefele GBO § 52 Rdn. 99 iVm. 85ff.). Dies bedeutet aber andererseits, daß den Antragsteller die Darlegungslast hinsichtlich der Grundbuchunrichtigkeit trifft, er also zumindest substantiiert darlegen muß, daß und warum die Testamentsvollstreckung nicht mehr besteht.

Bei Beendigung aufgrund einer **auflösenden Bedingung** hat das Grundbuch- 79
amt im denkbaren Amtslöschungsverfahren nach freiem Ermessen aufgrund der

Würdigung der vorliegenden Umstände zu entscheiden (§ 85 Abs. 2 GBO). Bei der Antragslöschung ist wie beim Endtermin zu verfahren. Die Beurteilung der Frage, ob die auflösende Bedingung eingetreten ist, kann hier allerdings gelegentlich problematisch sein.

80 Ist die Testamentsvollstreckung erloschen, weil der **bisherige Testamentsvollstrecker** – durch Tod, durch Geschäftsunfähigkeit etc., durch Verlust der Rechtsfähigkeit bei juristischen Personen, bei Kündigung durch den Testamentsvollstrecker, bei Entlassung – **weggefallen** ist und ein **Nachfolge-Testamentsvollstrecker** nach den testamentarischen Anordnungen des Erblassers **nicht zu ernennen** war, wird eine Amtslöschung nur selten in Betracht kommen. Auch der Unrichtigkeitsnachweis ist schwierig.

81 Die Erben können in diesen Fällen die Löschung des Vermerks beantragen und hierbei den Wegfall der Testamentsvollstreckung durch einen **neuen Erbschein,** der keinen Testamentsvollstreckervermerk mehr erhält, oder durch nachlaßgerichtlichen Löschungsvermerk auf dem Testamentsvollstreckerzeugnis beweisen (§§ 13, 22 GBO). Die Löschung ist auch aufgrund eines **rechtskräftigen Urteils** des Prozessgerichtes über die Beendigung der Testamentsvollstreckung möglich (*Zimmermann* Rdn. 848). Die Löschung aufgrund einer **abstrakten Löschungsbewilligung des Testamentsvollstreckers** oder durch eine notariell beglaubigte abstrakte Erklärung des Testamentsvollstreckers, daß die Testamentsvollstreckung beendet sei, ist nach hM nicht möglich (OLG Hamm Rpfleger 1958, 15; *Demharter* GBO § 52 Rdn. 27; *Mayer/Bonefeld/Daragan* Rdn. 341; *Haegele/Winkler* Rdn. 830; unentschieden: BayObLG FamRZ 1990, 669; aA *KEHE/Eickmann* GBO § 52 Rdn. 16; *Schelter* DNotZ 1992, 683). Eine Ausnahme muß dann gelten, wenn nach dem Testament ein Ersatztestamentsvollstrecker bei Ausscheiden des gegenwärtigen Testamentsvollstreckers nicht genannt ist; in derartigen Fällen kann der Testamentsvollstrecker durch eine Kündigung gemäß § 2226 BGB die gesamte Testamentsvollstreckung zum Erliegen bringen; es wäre ein unnötiger Umweg, wenn er hier nicht durch eine abstrakte Löschungsbewilligung den Testamentsvollstreckervermerk aus dem Grundbuch entfernen könnte (*Zimmermann* Rdn. 245).

82 Die Löschungsbewilligung des bisherigen Testamentsvollstreckers ist im Fall seiner Beendigung nach § 2226 BGB möglich, wenn die **Kündigung** so ausgesprochen ist, daß sie erst mit Löschung des Testamentsvollstreckervermerks im Grundbuch wirksam wird, ansonsten ist die Löschungsbewilligung des bisherigen Testamentsvollstreckers als Antrag auf Amtslöschung nach §§ 84ff. GBO umzudeuten (vgl. *Zimmermann* Rdn. 245). Auch ein Löschungsantrag der Erben oder sonstiger Nachlaßbeteiligter ist in derartigen Fällen denkbar, jedenfalls als Anregung einer Amtslöschung nach § 84 GBO.

83 Problematisch bleibt der Fall, daß ein **Erbschein nicht erteilt** wurde, weil die Erbfolge auf einer **notariell beurkundeten letztwilligen Verfügung** beruhte; hier genügt nach § 35 Abs. 1 S. 2 GBO für den Grundbuchverkehr, wenn anstelle des Erbscheins die Verfügung und die Niederschrift über die Öffnung der Verfügung vorgelegt werden. Auch für das Registerwesen gilt diese Erleichterung (§ 12 HGB). Was für die Eintragung des Testamentsvollstreckervermerks nicht verlangt werden kann, nämlich die Erteilung eines Erbscheins, kann dann wohl auch für seine Löschung nicht erforderlich sein. Die Erleichterung, die § 35 Abs. 1 S. 2 GBO gewährt, würde den Beteiligten entzogen, wenn für die Löschung des Testamentsvollstreckervermerkes dann doch ein Erbschein erforderlich wäre. Es muß hier im Normalfall genügen, wenn die Beendigung des konkreten Testamentsvollstreckeramtes durch Unwirksamkeitsvermerk auf dem Testamentsvollstreckerzeugnis nachgewiesen und durch Bezugnahme auf den Nachlaßakt und das dort verwahrte notarielle Testament schlüssig dargetan wird, daß die Testamentsvollstreckung insgesamt beendet ist, weil ein Nachfolgetestamentsvollstrecker nicht vorgesehen ist. Nur wenn die Beurteilung des Sachverhalts, etwa wegen unübersichtlicher Testamente, die sich uU widersprechen und nur schwer miteinander in Einklang zu bringen sind, für das Grundbuchamt unzumutbar wäre, wird dann doch erstmals ein Erbschein, der keinen Testamentsvollstreckervermerk enthält, notwendig sein.

c) Gegenständliche Beendigung

Eine **gegenständlich beschränkte Beendigung** kann vorliegen (vgl. 84
Rdn. 45ff., 51ff., 53ff.) bei Freigabe einzelner Nachlaßgegenstände durch den Testamentsvollstrecker (§ 2217 BGB), bei wirksamer Veräußerung durch den Testamentsvollstrecker oder einem vom Erblasser über den Tod hinaus Bevollmächtigten, z.B. auch bei Einbringung von Grundbesitz in eine Gesellschaft, sowie bei partiellem Hinauswachsen einzelner Nachlaßgegenstände aus dem Nachlaß. Der Testamentsvollstreckervermerk ist hier aufgrund einer entsprechenden notariell beglaubigten Erklärung des Testamentsvollstreckers an dem betreffenden Grundstück, das aus der Testamentsvollstreckung ausgeschieden ist, zu löschen (*Zimmermann* Rdn. 245).

Formulierungsvorschläge s. Rdn. 46, 52. 85

d) Persönliche Beendigung

Wechselt nur die **Person des Testamentsvollstreckers,** ist grundbuchamtlich 86
nichts zu veranlassen, da der Name des Testamentsvollstreckers nicht im Grundbuch eingetragen wird.

8. Kapitel
Testamentsvollstreckung im Steuerrecht

Übersicht

Literatur: *Carlé,* Steuerberater als Testamentsvollstrecker, KÖSDI 1989, 7561; *Ebeling,* Erweiterter Abzug von Testamentsvollstreckergebühren nach gewandeltem Einkommensteuerrechts-Verständnis des Bundesfinanzhofs zur Erbauseinandersetzung, BB 1992, 325; *Felix* u. a., Steuerberater und Wirtschaftsprüfer als Testamentsvollstrecker, Beirat, Pfleger, Schiedsrichter und Liquidator, 1989, Abschn. E: Rechtsstellung des Testamentsvollstreckers im Besteuerungs- und Rechtsbehelfsverfahren, S. 50; *Gschwendtner,* Zur „Treuhandlösung" bei der Testamentsvollstrekkung an einem Kommanditanteil, DStZ 1995, 708; *Häfke,* Steuerliche Pflichten, Rechte und Haftung des Testamentsvollstreckers, ZEV 1997, 429; *Kanerz,* Der Steuerberater als Testamentsvollstrecker, Stbg. 1994, 212; *Kapp,* Rechte und Pflichten des Testamentsvollstreckers im Besteuerungsverfahren, DStR 1985, 725; *Martin,* Testamentsvollstrecker, Nachlaßverwalter und Nachlaßpfleger im Erbschaftsteuerrecht, StVj. 1991, 115; *Noll/Schuck,* Abzugsfähigkeit der Gebühren des – steuerberatenden – Testamentsvollstreckers, DStR 1993, 1437; *Petzoldt,* Erbschaftsteuererklärung und -bescheid bei Testamentsvollstreckung, NWB Fach 10, S. 635 (1991); *Pietsch,* Die Bekanntgabe des Erbschaftsteuerbescheides an den Testamentsvollstrecker, UVR 1991, 237; *Piltz,* Die steuerliche Haftung des Testamentsvollstreckers, ZEV 2001, 262; *Schuhmann,* Zur Angemessenheit des Testamentsvollstreckerhonorars im Erbschaftsteuerrecht, UVR 1991, 363; *G. u. M. Siegmann,* Einkommensteuerschuld und Erbenhaftung, StVj 1993, 337; *Thietz/Bartram,* Die Befugnisse des Testamentsvollstreckers im Erbschaftsteuerverfahren, DB 1989, 798.

Kommentare zum ErbStG: *Moench/Kien-Hümbert/Weinmann,* Loseblatt; *Christoffel/Geckle/Pahlke,* 1998; *Wilms,* Loseblatt (siehe zu weiterer erbschaftsteuerrechtlicher Literatur das allgemeine Literaturverzeichnis).

Vorbemerkung: Die Vermögensteuer wird ab 1997 nicht mehr erhoben. Für die Abwicklung noch nicht abgeschlossener Verfahren ist sie folgend noch einbezogen.

I. Allgemeines

1. Steuerrechtlicher Status des Testamentsvollstreckers

Die zivilrechtliche Besonderheit der Testamentsvollstreckung liegt darin, daß Vermögen einer Person (dem Erben oder Vermächtnisnehmer, an den das Vermächtnis ausgekehrt ist, folgend: „Eigentümer", „Erbe" oder „Erwerber") gehört, daß aber eine andere Person, nämlich der Testamentsvollstrecker, das Recht hat, dieses Vermögen zu verwalten und über es zu verfügen. Inhaberschaft und Ausübung des Rechts fallen auseinander. 1

Der Steuergesetzgeber stand bei diesem Befund vor der Frage, ob er die mit dem unter Testamentsvollstreckung stehenden Vermögen zusammenhängenden Steuerpflichten und -rechte dem Eigentümer oder dem Testamentsvollstrecker zuweisen sollte. Die Frage war nicht leicht zu beantworten, weil es – über die wichtigste und im Allgemeinverständnis ganz im Vordergrund stehende Pflicht, Steuern zu zahlen hinaus – zahlreiche **steuerliche Pflichten** gibt. Vgl. folgende Übersicht: 2

- Steuerschuld (§ 37 AO)
- Haftungsschuld (§§ 37, 69, 191 AO)
- Steuerliche Nebenleistungen, als da sind:
  Verspätungszuschlag (§ 152 AO)
  Zinsen (§ 233 AO)
  Säumniszuschläge (§ 240 AO)
  Zwangsgeld (§ 329 AO)
  Kosten (§§ 178, 337 AO)
- Pflicht zur Abgabe von Steuererklärungen (§§ 149 AO, 25 Abs. 3 EStG, 49 KStG, 19 VStG, 14a GewStG, 25 GewStDV, 18 UStG, 31 ErbStG)
- Aufzeichnungs- und Buchführungspflichten (§§ 140, 141 AO)
- Anzeigepflichten (§§ 137 bis 139, 153 AO, 29 EStDV, 18, 19 GrEStG, 30, 33, 34 ErbStG)
- Mitwirkungs- und Auskunftspflichten (§§ 90, 93, 135, 200 AO, 16, 17 AStG).

Auf der anderen Seite stehen die **Rechte der Steuerpflichtigen,** insbesondere: 3

- Steuervergütungsanspruch (§§ 37 AO, 36b EStG)
- Erstattungsansprüche (§§ 37 AO, 36, 44c EStG, 22 VStG, 34 ErbStG, 20 GewStG, 16 GrEStG, 11 AStG)
- Anhörungsrecht (§§ 91, 199 AO)
- Recht, Rechtsmittel einzulegen (§§ 348, 349 AO, 40, 41, 114, 115, 128, 149 FGO)
- Beratungs- und Auskunftsrecht (§ 89 AO)
- Wahlrechte bei der Besteuerung, insbesondere im ErbStG und EStG.

Der Gesetzgeber hat sich nicht für eine durchgängige Entweder-Oder-Lösung entschieden. Vielmehr hat er die vielfältigen Steuerpflichten und -rechte, die eine Person betreffen können, zum Teil dem Eigentümer, zum anderen Teil dem Testamentsvollstrecker zugewiesen, dabei auch nach Steuern differenzierend. So ist zB bei der Erbschaftsteuer der Erwerber anzeigepflichtig und Steuerschuldner, der Testamentsvollstrecker aber steuererklärungspflichtig. Für Steuern, die schon vor dem 4

Erbfall in der Person des Erblassers verwirklicht waren, ist der Testamentsvollstrecker berichtigungspflichtig (wenn bisherige Erklärungen falsch waren), der Erbe Steuerschuldner, der Testamentsvollstrecker wiederum verpflichtet, die Steuer aus dem seiner Verwaltung unterliegenden Vermögen zu entrichten.

5 Diese differenzierenden Pflichtenstellungen machen die **steuerrechtliche Stellung** des Testamentsvollstreckers etwas unübersichtlich. Als Leitlinie (Einzelheiten im folgenden) zum Grundverständnis gilt: Das Steuerrecht verpflichtet den Testamentsvollstrecker nur soweit, als seine zivilrechtlichen Befugnisse (kraft Testaments und/oder Gesetzes) reichen. Daraus folgt, daß es nicht Aufgabe des Testamentsvollstreckers ist, öffentlich-rechtliche Pflichten des Erben zu erfüllen (BFH vom 29. 8. 1973, BStBl. 1974 II S. 100; 10. 7. 1991, BFH NV 1992, 223). In dem zivilrechtlich gesteckten Rahmen ist der Testamentsvollstrecker kein gesetzlicher Vertreter des Eigentümers iS des § 34 Abs. 1 AO, wohl aber Vermögensverwalter iS des § 34 Abs. 3 AO. Bei mehreren Testamentsvollstreckern trifft die Pflichtenstellung aus § 34 AO alle Testamentsvollstrecker in gleicher Weise. Das Finanzamt kann sich wahlweise an den einen oder anderen wenden, ungeachtet, wie die Testamentsvollstrecker im Innenverhältnis „ihre Zuständigkeit" geregelt haben (RFH vom 17. 12. 1924, RFHE 15, 146). Steuerpflichtiger iS des § 33 AO ist der Testamentsvollstrecker nur in dem Rahmen, in dem ihm die Steuergesetze Pflichten zuweisen.

6 Auch steuerliche Rechte kann der Testamentsvollstrecker nicht umfassend für den Eigentümer geltend machen, sondern nur in dem ihm durch die Steuergesetze zugewiesenen Rahmen. ZB kann die erbschaftsteuerlichen Wahlrechte nur der Erwerber selbst ausüben, den Erstattungsantrag auf von ihm überzahlte Erbschaftsteuer kann nur der Testamentsvollstrecker geltend machen.

7 **Steuerschuldner** für die Steuern auf das unter Testamentsvollstreckung stehende Vermögen und seine Erträge ist regelmäßig nur der Erwerber, nicht der Testamentsvollstrecker. Ausnahmsweise kann es anders liegen, zB bei der Umsatzsteuer, wenn der Testamentsvollstrecker ein Einzelunternehmen in der sog. Treuhandlösung fortführt. Wenn auch der Testamentsvollstrecker nur in Ausnahmefällen selbst Steuerschuldner ist, so trifft ihn jedoch durchgängig eine strenge Haftung für die Steuerschulden des Eigentümers.

Fazit: Für jede Steuer muß geprüft werden, welche steuerlichen Pflichten und Rechte den Testamentsvollstrecker und welche den Erwerber/Eigentümer betreffen.

8 Der Erblasser kann durch **Anordnungen im Testament** den steuerrechtlichen Status des Testamentsvollstreckers nicht beeinflussen, insbesondere nicht Steuerpflichten, deren Erfüllung Sache des Erben ist, mit öffentlich-rechtlicher Wirkung dem Testamentsvollstrecker zuweisen und umgekehrt. Das Steuerrecht als öffentliches Recht steht nicht zur Disposition des Erblassers. Eine Einflußnahme des Erblassers auf den steuerlichen Status des Testamentsvollstreckers ist deswegen nur dadurch möglich, daß der Erblasser die Aufgaben des Testamentsvollstreckers sachlich beschränkt und damit erreicht, daß den Testamentsvollstrecker nur in diesem ihm sachlich zugewiesenen Bereich die steuergesetzlichen Pflichten treffen. Auch die Erben können den steuerrechtlichen Status des Testamentsvollstreckers durch vertragliche Vereinbarung mit diesem nicht ändern. Allenfalls durch tatsächlich vereinbarungsgemäße Begrenzung der Testamentsvollstreckertätigkeit läßt sich das als faktische Nebenfolge herbeiführen. Daß Testamentsvollstreckung angeordnet ist und wer Testamentsvollstrecker ist, erfährt das Finanzamt – außer durch Handlungen des Testamentsvollstreckers ihm gegenüber (vgl. Rdn. 24, 29, 58) – durch die von § 7 Abs. 1 Nr. 3 ErbStDV angeordnete Übersendung des Testamentsvollstreckerzeugnisses vom Gericht an das zuständige Finanzamt.

2. Übersicht

Die folgende Darstellung gliedert sich nach den **Lebenssachverhalten,** die der Testamentsvollstrecker mit Antritt seines Amtes vorfindet, die er steuerlich bewältigen muß. In diesem Rahmen werden die in Betracht kommenden Steuern behandelt. Die drei Grundabschnitte entsprechen der zeitlichen Reihenfolge: 9

- Steuern, die vor dem Erbfall in der Person des Erblassers entstanden sind. Das können sein insbesondere Einkommensteuer, Vermögensteuer, Gewerbesteuer, Umsatzsteuer, Grunderwerbsteuer, praktisch alle Steuern,
- als durch den Erbfall ausgelöste Steuer die Erbschaftsteuer,
- nach dem Erbfall in Ansehung des unter Testamentsvollstreckung stehenden Vermögens entstehende Steuern, insbesondere wiederum Einkommensteuer, Vermögensteuer, Gewerbesteuer, Umsatzsteuer und alle weiteren Steuern.

Ergänzend treten hinzu Abschnitte über das Rechtsverhältnis zwischen den Erwerbern und dem Testamentsvollstrecker bezüglich der Steuern (Innenverhältnis), die Abzugsfähigkeit der Testamentsvollstrecker-Gebühren, die mehr den Erwerber als den Testamentsvollstrecker interessiert, und schließlich einige internationale Aspekte.

II. Vor dem Erbfall entstandene Steuern (Steuern des Erblassers)

1. Steuerschuldner

a) Allgemeines

In aller Regel werden im Zeitpunkt des Erbfalles in der Person des Erblassers bereits **Steuerschulden** entstanden sein, die noch nicht beglichen sind, gleich ob schon durch Steuerbescheid festgesetzt oder nicht. Typische Fälle hierfür sind die laufenden Steuern, wie Einkommensteuer, Vermögensteuer, Umsatzsteuer. 10

Alle diese Steuerschulden sind Nachlaßverbindlichkeiten. Sie gehen im Wege der Gesamtrechtsnachfolge auf den Erben über (§ 45 AO). Auch **verfahrensrechtlich** treffen den Erben die gleichen Pflichten und hat er die gleichen Rechte wie zuvor der Erblasser (BFH vom 9. 5. 1978, BStBl. 1978 II S. 501). Daraus folgt – ohne Berücksichtigung der Testamentsvollstreckung – daß der Erbe die Steuerschulden zu begleichen hat, Steuererstattungen beanspruchen kann, als falsch erkannte Steuererklärungen des Erblassers anzuzeigen und zu berichtigen hat (§ 153 AO), Steuererklärungen für die Zeit vor dem Erbfall abzugeben hat, bei der Ermittlung des Sachverhalts vor dem Erbfall mitzuwirken hat, Auskunft zu geben und Urkunden vorzulegen hat, Bücher und Aufzeichnungen für diese Zeit führen muß und eine Betriebsprüfung, die Zeiträume vor dem Erbfall betrifft, dulden muß (BFH vom 9. 5. 1978, BStBl. 1978 II S. 501).

Im Falle einer Testamentsvollstreckung ändert sich die vorstehende Rechtslage zum Teil. Die Stellung des Erben als Steuerschuldner bleibt aufrechterhalten. Jedoch werden verschiedene andere steuerliche Pflichten des Rechtsnachfolgers entweder (unter Wegfall der Pflichtenstellung des Erben) gänzlich auf den Testamentsvollstrecker verlagert oder Pflichten des Testamentsvollstreckers treten zusätzlich zur Pflichtenstellung des Erben hinzu. 11

Allgemein gilt, daß der Testamentsvollstrecker steuerrechtlich nicht weiter verpflichtet und berechtigt sein kann als seine **zivilrechtlichen Machtbefugnisse** reichen. Den Testamentsvollstrecker, dessen einzige Aufgabe zB in der Überwa- 12 chung der Erfüllung einer Auflage oder der Erfüllung eines Vermächtnisses besteht oder der den Vermächtnisgegenstand anstelle des Vermächtnisnehmers zu verwalten hat, treffen keine Steuerpflichten im Hinblick auf den Erben. Die folgenden Ausführungen gehen als Grundmuster von der umfassend angeordneten Testamentsvollstreckung mit Auseinandersetzungs- und Verwaltungsbefugnissen aus.

13 Eine Außenprüfung/**Betriebsprüfung** wegen vor dem Erbfall entstandener Steuern kann gegen den Testamentsvollstrecker angeordnet werden (FG Baden-Württemberg vom 12. 2. 1990, rkr., EFG 1990, 400).

b) Einzelsteuern

14 *aa) Einkommensteuer.* Die Einkommensteuerpflicht des Erblassers endet mit seinem Tode (vgl. *Schmidt* EStG § 1 Rdn. 14). Seine Einkünfte werden nicht mit denen des Erben zusammengerechnet. Die Einkommensteuererklärung erfaßt folglich die vom Erblasser bis zu seinem **Tode** erzielten Einkünfte.

15 Im Einkommensteuerrecht gibt es zahlreiche **Wahlrechte,** mit denen der Steuerpflichtige Einfluß auf die Höhe der Steuerbelastung nehmen kann. Beispielhaft seien genannt:

- Getrennte Veranlagung oder Zusammenveranlagung von Ehegatten (§ 26 Abs. 1 S. 1 EStG)
- Gewinnermittlung durch Vermögensvergleich oder Einnahmeüberschußrechnung für Freiberufler (§ 4 Abs. 1 und 3 EStG)
- Wahlmöglichkeit zwischen verschiedenen Abschreibungsmethoden (§ 7 Abs. 1 bis 3 EStG)
- Möglichkeit der Rücklage für Ersatzbeschaffung (§ 6b EStG)
- Sämtliche der zahlreichen erhöhten Abschreibungen und Sonderabschreibungen sind als Wahlrecht ausgestaltet
- Wahlrecht für den Abzug von Sonderausgaben (§ 10 EStG) und außergewöhnlichen Belastungen (§§ 33, 33a EStG).

16 Soweit der Erblasser diese Wahlrechte hätte ausüben können, aber noch nicht ausgeübt hat, ist der Testamentsvollstrecker hierzu befugt. Da die Erben die Einkommensteuerschuld des Erblassers zu begleichen haben, sollte der Testamentsvollstrecker sie darauf hinweisen, in welcher Weise er das Wahlrecht auszuüben gedenkt. Besonders gilt dies für die Wahlrechte, die die Einkommensteuerbelastung der Erben auf deren nach dem Erbfall bezogenen Einkünfte beeinflussen können, zB die Ausübung eines Abschreibungswahlrechts, die dazu führen kann, daß sich die für die Erben mögliche Abschreibung auf das betreffende Wirtschaftsgut vermindert oder erhöht.

17 *bb) Vermögensteuer.* Die Vermögensteuerpflicht des Erblassers endet erst mit Ablauf des **Sterbejahres,** weil die Vermögensteuer nach den Verhältnissen zu Beginn des Kalenderjahres festgesetzt wird (§ 5 VStG). Die Vermögensteuerpflicht der Erben beginnt mit dem nächsten 1. Januar. Soweit es bei der Vermögensteuer Wahlrechte gibt, hat diese wie bei der Einkommensteuer der Testamentsvollstrecker auszuüben.

18 *cc) Gewerbesteuer.* Der Tod eines gewerblichen Unternehmens gilt als **Einstellung** des Gewerbebetriebs durch ihn und als Neugründung durch den Erben, wenn dieser den Betrieb fortführt (§ 2 Abs. 5 GewStG und BFH vom 1. 4. 1971, BStBl. 1971 II S. 526). Wahlrechte (zB § 9 Nr. 1 S. 2 und Nr. 7 S. 2 GewStG) übt der Testamentsvollstrecker aus.

19 *dd) Umsatzsteuer.* Der Tod des Unternehmers führt zum **Erlöschen** seiner Unternehmereigenschaft und seines Unternehmens (Abschnitt 19 Abs. 6 UStR). Der

Erbe rückt als Gesamtrechtsnachfolger in die abgabenrechtliche Stellung des Erblassers auch bezüglich der Umsatzsteuer ein (§ 45 AO). Der Erbe schuldet die Umsatzsteuer, die auf die Umsatztätigkeit des Erblassers zurückgeht (BFH 30. 7. 1986, BFH NV 1986, 771; 19. 11. 1970, BStBl. 1971 II S. 121 – Vereinnahmung von Entgelten für Leistungen des Erblassers). Der Erbe kann als Gesamtrechtsnachfolger des Erblassers auch die Erklärungen oder Handlungen vornehmen, die für die (abgeschlossene) Umsatztätigkeit des Erblassers rechtserheblich sind. Hat zB der Erblasser eine umsatzsteuerlich bindende Erklärung abgegeben (zB Option zur Regelbesteuerung nach § 19 Abs. 2 S. 1 und 2 UStG), übernimmt der Erbe diese Rechtslage. Hat der Erblasser solche Erklärungen oder Handlungen nicht vorgenommen, kann sie der Erbe mit Wirkung für die Steuer in Ansehung der vom Erblasser verwirklichten Umsätze vornehmen. Er kann zB steuerfreie Umsätze des Erblassers als steuerpflichtig behandeln (§ 9 Abs. 1 UStG) und muß ggf. die Abrechnungspflichten des Erblassers erfüllen (§ 14 Abs. 1 S. 1 und 2 UStG).

Im Falle einer Testamentsvollstreckung bleibt zwar der Erbe materiell-rechtlich 20
Schuldner der vom Erblasser verwirklichten Umsatzsteuer. Als Verwalter des Nachlasses kann jedoch der Testamentsvollstrecker statt des Erben die für die Umsatztätigkeit des Erblassers noch erheblichen Erklärungen oder Handlungen vornehmen. Soweit diese Einfluß auf die Besteuerung haben, zB Verzicht auf Steuerbefreiung oder Option zur Steuerpflicht, wird der Testamentsvollstrecker solche Erklärungen nicht ohne Absprache mit dem Erben abgeben, um sich keinen Schadensersatzansprüchen auszusetzen. Der Testamentsvollstrecker wird darüber hinaus seine Maßnahmen bezüglich des Nachlasses darauf untersuchen müssen, ob sie zu einer Berichtigung des von dem Erblasser vorgenommenen **Vorsteuerabzugs** nach § 15a UStG führen, was häufig vergessen wird.

Beispiel: Der Erblasser hat zwei Jahre vor seinem Tode einen Supermarkt für DM 1 Mio + DM 160 000 USt gebaut. Wegen umsatzsteuerpflichtiger Vermietung an eine Kaufhauskette wurden dem Erblasser die TDM 160 als Vorsteuer erstattet. Der Erblasser testierte: „Das Grundstück erhalten meine beiden Kinder, den lebenslangen Nießbrauch daran meine Frau." Wenn der Testamentsvollstrecker den Nießbrauch bestellt, führt das zu einer (anteiligen) Rückzahlungspflicht für die TDM 160 Vorsteuer (BFH 16. 9. 1987, BStBl. 1988 II S. 205, 207), und zwar selbst dann, wenn die Ehefrau das Grundstück in der bisherigen Weise weitervermietet. Auf diese Rechtsfolge muß der Testamentsvollstrecker die Beteiligten aufmerksam machen.

Eine ganz andere Frage ist, ob die Erben nach dem Tode „automatisch" ebenso 21
umsatzsteuerliche Unternehmer sind, wie es der Erblasser war, und welche Rechtsstellung der Testamentsvollstrecker dann hat. Dazu Rdn. 104.

ee) Erbschaftsteuer. Zu den einmaligen Steuern, die der Erblasser vor seinem Tode 22
verwirklicht, aber noch nicht getilgt haben kann, gehört die Erbschaftsteuer, wenn er selbst vor seinem Tode etwas geerbt oder geschenkt bekommen hat. Das Erbschaftsteuerrecht kennt für den Erben oder Beschenkten eine Reihe von **Wahlrechten,** mit denen die Steuerbelastung maßgeblich beeinflußt werden kann (Aufzählung s. Rdn. 47). Diese Wahlrechte kann der Testamentsvollstrecker für den Erblasser gegenüber dem Finanzamt ausüben, was er wie bei allen anderen Wahlrechten, zu deren Ausübung er Befugnis hat, nicht ohne Abstimmung mit den Erben tun sollte. Dieser Fall ist abzugrenzen von der Ausübung von Erbschaftsteuerwahlrechten bei der Erbschaftsteuer aufgrund des Todes des Erblassers, die nicht dem Testamentsvollstrecker, sondern den Erwerbern zusteht (dazu Rdn. 48).

23 *ff) Grunderwerbsteuer.* Die Grunderwerbsteuer gehört ebenfalls zu den einmaligen Steuern, die bereits der Erblasser verwirklicht haben kann, wenn er zB vor seinem Tode ein Grundstück gekauft hat. Wahlrechte (vgl. § 16 GrEStG) übt der Testamentsvollstrecker aus.

2. Anzeige und Richtigstellung

24 Erkennt der Testamentsvollstrecker vor Ablauf der Festsetzungsfrist (§ 169 AO), daß eine vom Erblasser abgegebene Steuererklärung unrichtig oder unvollständig ist und daß es dadurch zu einer Verkürzung von Steuern kommen kann oder bereits gekommen ist, so ist er verpflichtet, dies unverzüglich **anzuzeigen** und die erforderliche **Richtigstellung** vorzunehmen (§ 153 Abs. 1 iVm. § 34 AO). Diese Vorschrift gewinnt praktische Bedeutung vor allem in den Fällen, in denen dem Testamentsvollstrecker bekannt ist oder bei Ausübung seines Amtes bekannt wird, daß der Erblasser das Vorhandensein von Vermögen oder Erträgen vor den Finanzbehörden bisher verheimlicht hat. Es gibt erstaunlich viele Nachlaßverzeichnisse und sogar Erbschaftsteuererklärungen, in denen mehr Vermögen auftaucht als zuvor in den Vermögensteuererklärungen. Wenn der Testamentsvollstrecker sich zur Fertigung der Erbschaftsteuererklärung die bisherigen Vermögensteuererklärungen vorlegen läßt und die Differenzen bemerkt, muß er sie anzeigen und die bisherigen Steuererklärungen richtigstellen.

25 Ebensowenig wie der Steuerpflichtige selbst ist allerdings der Testamentsvollstrecker verpflichtet, nach **Unrichtigkeiten** zu suchen. Erkennenmüssen oder Erkennenkönnen setzen die Anzeigepflicht nicht in Gang (*Tipke/Kruse* § 153 AO Anm. 4). Deswegen braucht sich der Testamentsvollstrecker, der die Erbschaftsteuererklärung fertigt, die Vermögensteuererklärung des Erblassers nicht vorlegen zu lassen. Praktisch wird das jedoch meistens geschehen.

26 Die Anzeigepflicht besteht ferner, wenn die Voraussetzungen für eine **Steuerbefreiung,** Steuerermäßigung oder sonstige Steuervergünstigung nachträglich ganz oder teilweise wegfallen (§ 153 Abs. 2 AO).

27 An der Anzeige- und Berichtigungspflicht ändert sich nichts dadurch, daß der Testamentsvollstrecker selbst Rechtsnachfolger oder naher Angehöriger des Erblassers ist (aA *Hartmann/Aschfalk,* Testamentsvollstreckung und Nießbrauch zur Sicherung der Nachfolge des Einzelunternehmers, 2. Aufl. 1983, S. 128; *Haegele/Winkler* Rdn. 756).

28 Der Testamentsvollstrecker, der seiner Anzeige- und Berichtigungspflicht nach § 153 AO nicht nachkommt, kann sich der leichtfertigen **Steuerverkürzung** (§ 378 AO) oder der **Steuerhinterziehung** (§ 370 AO) schuldig machen. Außerdem haftet er für die hinterzogene Steuer (§ 71 AO).

3. Steuererklärungen

29 Hat der Erblasser für die in seiner Person entstandenen Steuern noch keine Steuererklärungen abgegeben, so hat der Testamentsvollstrecker dies zu tun (*Hübschmann/Hepp/Spitaler/Boeker* § 34 AO Anm. 89; *Tipke/Kruse* § 34 AO Anm. 16). Diese Verpflichtung wird auf den Testamentsvollstrecker bei fast jeder Testamentsvollstreckung zukommen. Da es sich um vergangene, seinem Einblick entzogene Sachverhalte handelt, sind **Nachforschungen** bei entsprechenden Wissensträgern meist unvermeidlich, zB bei Ehegatten, Banken, Steuerberatern, bei Unternehmensvermögen im Nachlaß auch bei den zuständigen Abteilungen des Unternehmens.

4. Steuerbescheide

Steuerbescheide aufgrund von Steuertatbeständen, die der Erblasser verwirklicht hat, gegen den aber kein Steuerbescheid mehr ergangen ist, sind an den Erben zu richten und diesem bekanntzugeben (Anwendungserlaß zur AO (AOAE) zu § 122 Nr. 2.13.1.1. im Anschluß an BFH vom 15. 2. 1978, BStBl. 1978 II S. 491 und vom 8. 3. 1979, BStBl. 1979 II S. 501). Nur wenn der Testamentsvollstrecker zugleich **Empfangsbevollmächtigter** der Erben ist, was nicht automatisch, sondern nur aufgrund entsprechender Bevollmächtigung durch die Erben der Fall ist, ist der Bescheid ihm bekanntzugeben (vgl. Nieders. FG vom 24. 8. 1982, rkr., EFG 1983, 483). 30

Ein Steuerbescheid, der nach dem Erbfall (noch) an den verstorbenen Steuerschuldner gerichtet wird, ist nichtig (BFH vom 17. 6. 1992, BStBl. 1993 II S. 174).

Ist der Testamentsvollstrecker im Rahmen seiner Verwaltung des gesamten Nachlasses nach § 2313 Abs. 1 BGB zur Erfüllung von Nachlaßverbindlichkeiten verpflichtet und soll er zur Erfüllung der Steuerschuld aus dem von ihm **verwalteten Nachlaß** herangezogen werden, kann der Steuerbescheid sowohl an ihn als auch an die Erben gerichtet werden (AOAE zu § 122 Nr. 2.13.1.1 S. 2 im Anschluß an BFH vom 30. 9. 1987, BStBl. 1988 II S. 120). Wird der Bescheid an den Erben gerichtet, ist dem Testamentsvollstrecker eine Ausfertigung des Steuerbescheides zu übersenden. 31

Die persönliche **Haftung** des Testamentsvollstreckers für die Steuerschulden (§ 69 iVm. § 34 Abs. 3 AO) besteht auch dann, wenn der Steuerbescheid nicht an ihn, sondern an den Erben gerichtet ist (AOAE aaO S. 5). 32

5. Rechtsbehelfe

Die Einlegung von Rechtsbehelfen gegen Steuerbescheide, die vom Erblasser verwirklichte Steuertatbestände betreffen, ist nicht Aufgabe des Testamentsvollstreckers, wenn er hierzu von den Erben nicht eigens bevollmächtigt ist. Vom Testamentsvollstrecker eingelegte Rechtsbehelfe wären unzulässig. Nur der **Erbe** selbst kann sie einlegen (BFH vom 16. 12. 1977, BStBl. 1978 II S. 383 und vom 15. 2. 1978, BStBl. 1978 II S. 491; Nieders. FG vom 24. 6. 1975, EFG 1976, 19). 33

Nur wenn der Testamentsvollstrecker selbst in Anspruch genommen wird, insbesondere durch **Haftungs-** oder **Duldungsbescheid,** ist er auch zur Einlegung von Rechtsbehelfen befugt, weil er selbst betroffen ist. 34

Wenn sich aus dem Bescheid nicht eindeutig ergibt, wer in Anspruch genommen werden soll, empfiehlt es sich vorsorglich, daß Testamentsvollstrecker und Erbe Rechtsmittel einlegen. 35

6. Steuerzahlungen und -erstattungen

Der Testamentsvollstrecker hat die in der Person des Erblassers entstandenen Steuerschulden aus **Nachlaßmitteln** zu tilgen. Das ergibt sich aus § 34 AO (BFH vom 15. 2. 1978, BStBl. 1978 II S. 491; vom 16. 12. 1977, BStBl. 1978 II S. 383; vom 30. 9. 1987, BStBl. 1988 II S. 120; *Schwarz* AO § 34 Anm. 20). Die in § 34 AO statuierte Verpflichtung des Testamentsvollstreckers zur Sorge für die Steuerentrichtung erstreckt sich nur auf die von ihm tatsächlich verwalteten Mittel. Deshalb ist der Testamentsvollstrecker nicht verantwortlich, solange ein Erbschaftsbe- 36 sitzer den Nachlaß in Händen hat oder ein Nachlaßverwalter über den Nachlaß verfügt (*Tipke/Kruse* § 34 AO Anm. 12).

37 **Steuererstattungsansprüche** des Erblassers fallen in den Nachlaß und sind deshalb vom Testamentsvollstrecker geltend zu machen (*Meincke* StBKR 1992, 238).

7. *Haftung*

38 Für die Erfüllung der Steuerschulden des Erblassers haftet der Testamentsvollstrecker unter den Voraussetzungen des § 69 AO iVm. § 34 AO bei vorsätzlicher oder grob fahrlässiger **Verletzung** seiner Pflichten (vgl. FG Rheinland-Pfalz vom 30. 4. 1963, rkr., DStZ/E 1963, 370; *Piltz* ZEV 2001, 262). Insbesondere haftet der Testamentsvollstrecker für vom Erblasser **hinterzogene Steuern,** wenn er seiner Anzeige- und Berichtigungspflicht nach § 153 AO nicht nachkommt. Bei mehreren Testamentsvollstreckern kann Verschulden des einen Testamentsvollstreckers vorliegen, des anderen nicht, oder das des einen größer sein als des anderen – je nach Aufgabenstellung (vgl. *Tipke/Kruse* § 34 AO Anm. 11). Wieder eine andere Frage ist, ob ein Testamentsvollstrecker für das Verschulden eines anderen Testamentsvollstreckers seinerseits verantwortlich ist, weil er ihn überwachen muß. Eine solche Überwachungspflicht kann sich bei mehreren Testamentsvollstreckern aus den Anordnungen des Testaments ergeben. Dann haftet der Testamentsvollstrecker ggf. wegen Verletzung seiner Überwachungspflicht.

39 Besteht das der Testamentsvollstreckung unterliegende Vermögen in einem Unternehmen und kann für die Zeit vor dem Erbfall noch eine **Betriebsprüfung** angeordnet werden, muß der Testamentsvollstrecker damit rechnen, daß diese Betriebsprüfung zu Steuernachforderungen führt und entsprechende Mittel aus dem Nachlaß zur Steuerzahlung zurückbehalten.

40 Wenn der Testamentsvollstrecker für die Steuerschulden haftet, ist er neben dem Steuerschuldner **Gesamtschuldner** (§ 44 Abs. 1 AO). Ob das Finanzamt ihn anstelle des Steuerschuldners in Anspruch nimmt, steht in seinem Ermessen (§ 191 Abs. 1 AO), wobei die Ermessenserwägungen in jedem Fall darzulegen sind (*Tipke/Kruse* § 191 AO Anm. 104). Praktisch wichtig ist, daß die Haftungsinanspruchnahme des Testamentsvollstreckers nicht voraussetzt, daß die Vollstreckung in das bewegliche Vermögen des Steuerschuldners ohne Erfolg geblieben oder aussichtslos ist (so die Regel des § 219 S. 1 AO). Denn für Testamentsvollstrecker gilt die Ausnahme des § 219 S. 2 AO, wonach ohne obige Voraussetzungen die Haftung geltend gemacht werden kann, wenn § 69 AO Haftungsgrundlage ist.

8. *Vollstreckung*

41 Die finanzbehördliche Vollstreckung wegen Steuerforderungen gegen Erben aufgrund vom Erblasser herrührender Steuerschulden richtet sich nach § 265 AO. Für die Vollstreckung in einen unter Testamentsvollstreckung stehenden Nachlaß folgt daraus: Der **vollstreckbare Verwaltungsakt** muß sich gegen den Testamentsvollstrecker richten (§ 265 AO iVm. § 748 Abs. 1 ZPO). Ein (weiterer) Bescheid gegen den Erben ist entbehrlich (BFH vom 30. 9. 1987, BStBl. 1988 II S. 120; vom 29. 11. 1995, BStBl. II 1996 S. 322/5). Ein vollstreckbarer Verwaltungsakt nur an den Erben ist rechtswidrig und darf nicht vollstreckt werden. Liegt ein solcher Verwaltungsakt an den Erben vor, genügt gegen den Testamentsvollstrecker ein Verwaltungsakt auf **Duldung** der Vollstreckung gem. § 2213 Abs. 3 BGB und § 748 Abs. 3 ZPO (BFH aaO). Steht dem Testamentsvollstrecker nur die

Verwaltung einzelner Nachlaßgegenstände zu, sind in jedem Falle zwei Verwaltungsakte erforderlich, nämlich Steuerbescheid und Leistungsgebot gegen den Erben und Duldungsbescheid gegen den Testamentsvollstrecker gem. § 748 Abs. 2 ZPO (*Müller-Eiselt* in *Hübschmann/Hepp/Spitaler* AO § 265 Rdn. 43). Dies wird bei der Testamentsvollstreckung für Vermächtnisnehmer stets einschlägig sein.

III. Durch den Erbfall entstandene Steuer (Erbschaftsteuer)

Die durch den Erbfall entstehende Steuer ist die Erbschaftsteuer. Zwar kann eine Erbfolge aufgrund bestimmter testamentarischer Anordnungen auch andere Steuern, insbesondere Einkommensteuer auslösen. Systematisch gehört letzterer Bereich jedoch zu den nach dem Tode entstandenen Steuern (s. Rdn. 127f.). 42

1. Steuerschuldner

a) Allgemeines

Der Tod eines Menschen löst zivilrechtlich bei anderen Personen einen **Erwerb von Todes wegen** aus, und zwar durch Erbfolge, Vermächtnis, Pflichtteil, Erbersatzanspruch oder Auflagenvollziehung. Gemäß § 1 Abs. 1 Nr. 1 ErbStG unterliegt der Erwerb von Todes wegen der Erbschaftsteuer. Zum Teil abweichend von dem zivilrechtlichen Verständnis des Erwerbes von Todes wegen definiert § 3 ErbStG näher, welche Vorgänge erbschaftsteuerlich als Erwerbe von Todes gelten und damit bei dem Erwerber, wenn – zusätzlich – bei ihm dadurch eine **Bereicherung** eintritt (§ 10 Abs. 1 ErbStG), die Erbschaftsteuerpflicht auslösen. § 3 ErbStG lautet: 43

§ 3 Erwerb von Todes wegen

(1) Als Erwerb von Todes wegen gilt

1. der Erwerb durch Erbanfall (§ 1922 des Bürgerlichen Gesetzbuchs), auf Grund Erbersatzanspruchs, durch Vermächtnis (§§ 2147ff. des Bürgerlichen Gesetzbuchs) oder auf Grund eines geltend gemachten Pflichtteilsanspruchs (§§ 2303ff. des Bürgerlichen Gesetzbuchs);
2. der Erwerb durch Schenkung auf den Todesfall (§ 2301 des Bürgerlichen Gesetzbuchs). Als Schenkung auf den Todesfall gilt auch der auf dem Ausscheiden eines Gesellschafters beruhende Übergang des Anteils oder des Teils eines Anteils eines Gesellschafters einer Personengesellschaft oder Kapitalgesellschaft bei dessen Tod auf die anderen Gesellschafter oder die Gesellschaft, soweit der Wert, der sich für seinen Anteil zur Zeit seines Todes nach § 12 ergibt, Abfindungsansprüche Dritter übersteigt. Wird auf Grund einer Regelung im Gesellschaftsvertrag einer Gesellschaft mit beschränkter Haftung der Geschäftsanteil eines Gesellschafters bei dessen Tod eingezogen und übersteigt der sich nach § 12 ergebende Wert seines Anteils zur Zeit seines Todes Abfindungsansprüche Dritter, gilt die insoweit bewirkte Werterhöhung der Geschäftsanteile der verbleibenden Gesellschafter als Schenkung auf den Todesfall;
3. die sonstigen Erwerbe, auf die die für Vermächtnisse geltenden Vorschriften des bürgerlichen Rechts Anwendung finden;
4. jeder Vermögensvorteil, der aufgrund eines vom Erblasser geschlossenen Vertrags bei dessen Tode von einem Dritten unmittelbar erworben wird.

(2) Als vom Erblasser zugewendet gilt auch

1. der Übergang von Vermögen auf eine vom Erblasser angeordnete Stiftung. Dem steht gleich die vom Erblasser angeordnete Bildung oder Ausstattung einer Vermögensmasse ausländischen Rechts, deren Zweck auf die Bindung von Vermögen gerichtet ist;
2. was jemand infolge Vollziehung einer vom Erblasser angeordneten Auflage oder infolge Erfüllung einer vom Erblasser gesetzten Bedingung erwirbt, es sei denn, daß eine einheitliche Zweckzuwendung vorliegt;

3. was jemand dadurch erlangt, daß bei Genehmigung einer Zuwendung des Erblassers Leistungen an andere Personen angeordnet oder zur Erlangung der Genehmigung freiwillig übernommen werden;
4. was als Abfindung für einen Verzicht auf den entstandenen Pflichtteilsanspruch oder für die Ausschlagung einer Erbschaft, eines Erbersatzanspruchs oder eines Vermächtnisses gewährt wird;
5. was als Abfindung für ein aufschiebend bedingtes, betagtes oder befristetes Vermächtnis, für das die Ausschlagungsfrist abgelaufen ist, vor dem Zeitpunkt des Eintritts der Bedingung oder des Ereignisses gewährt wird;
6. was als Entgelt für die Übertragung der Anwartschaft eines Nacherben gewährt wird;
7. was ein Vertragserbe aufgrund beeinträchtigender Schenkungen des Erblassers (§ 2287 des Bürgerlichen Gesetzbuchs) von dem Beschenkten nach den Vorschriften über die ungerechtfertigte Bereicherung erlangt.

44 Ergänzend bestimmen:
- § 4 ErbStG, daß bei der Fortsetzung einer **Gütergemeinschaft** mit den Kindern der Anfall des Anteils des verstorbenen Ehegatten bei den Kindern erbschaftsteuerpflichtig ist,
- § 6 ErbStG, daß – abweichend vom Zivilrecht – Vorerben und Vorvermächtnisnehmer als Vollerben bzw. Vollvermächtnisnehmer besteuert werden, woraus ein doppelter erbschaftsteuerpflichtiger Erwerb für das gleiche Vermögen vom Erblasser auf den Vorerben, von diesem auf den Nacherben folgt,
- § 5 ErbStG, daß der Zugewinnausgleichsanspruch, den der überlebende Ehegatte geltend machen könnte, auch wenn er es nicht tut, bei ihm nicht als Erwerb von Todes wegen gilt, also steuerfrei ist.

45 Steuerschuldner der Erbschaftsteuer ist der Erwerber (§ 20 Abs. 1 ErbStG, für die fortgesetzte Gütergemeinschaft ergänzt durch § 20 Abs. 2 ErbStG), also die Person, die aufgrund eines der in § 3 ErbStG genannten Vorgänge **bereichert** ist.

46 An dem **steuerlichen Status** des Erwerbers als Steuerschuldner ändert sich nichts dadurch, daß für ihn die Testamentsvollstreckung angeordnet ist. Der mit Testamentsvollstreckung belastete Erbe oder Vermächtnisnehmer bleibt also Schuldner der Erbschaftsteuer. Der Testamentsvollstrecker tritt **insoweit** nicht in seine steuerliche Pflichtenstellung ein – wohl aber in andere Steuerpflichten des Erwerbers (s. u.).

b) Ausübung von Wahlrechten

47 Nicht für die Entstehung der Erbschaftsteuer dem Grunde nach, wohl aber für ihre Bestimmung der Höhe nach räumt das ErbStG zahlreiche **Wahlrechte** ein. Die dort genannten Rechtsfolgen treten nur auf Antrag ein. Wichtige Fälle sind:
- die Steuerklassenwahl bei Nacherbschaft (§ 6 Abs. 2 Satz 2 ErbStG mit Ergänzung in § 7 Abs. 2 ErbStG),
- Verzicht auf Steuerbefreiung bei unternehmerischem Vermögen (§ 13a Abs. 6 ErbStG),
- die sog. Jahresbesteuerung statt der Sofortbesteuerung vom Kapitalwert bei Renten, Nutzungen und Leistungen (§ 23 Abs. 1 ErbStG) und damit verbunden das Recht auf Ablösung der Jahressteuer mit ihrem Kapitalwert (§ 23 Abs. 2 ErbStG),
- die Verrentung der Steuerschuld für eine Familienstiftung (§ 24 ErbStG),
- die Ablösung zinslos gestundeter Erbschaftsteuer bei Nutzungs- und Rentenlasten (§ 25 Abs. 1 S. 3 ErbStG),
- die Stundung der Erbschaftsteuer bei Betriebs- und land- und forstwirtschaftlichem Vermögen (§ 28 ErbStG) und
- die Anrechnung ausländischer Erbschaftsteuer (§ 21 Abs. 1 ErbStG).

Diese Wahlrechte, die für die effektive Steuerbelastung des Erwerbers von erheblicher Bedeutung sein können, kann nur der **Erwerber** selbst ausüben, nicht der Testamentsvollstrecker (*Moench* ErbStG § 31 Rdn. 12; *Kapp/Ebeling* ErbStG § 31 Rdn. 18; *Meincke* ErbStG § 31 Rdn. 13; *Thietz/Bartram* DB 1989, 798). 48

Übt der Testamentsvollstrecker gleichwohl unzulässigerweise ein solches Wahlrecht aus, zB im Rahmen der von ihm abzugebenden Erbschaftsteuererklärung, und ergeht daraufhin ein entsprechender **Steuerbescheid,** ist streitig, ob dieser nichtig (so *Thietz/Bartram* DB 1989, 801; *Kapp/Ebeling* ErbStG § 31 Rdn. 18) oder nur anfechtbar (so *Moench* ErbStG § 31 Rdn. 12) ist. Rechtsprechung liegt nicht vor. Das FG Schleswig-Holstein hat die Frage im Urteil vom 26. 4. 1988 (nicht veröffentlicht, zitiert nach *Thietz/Bartram* DB 1989, 801) ausdrücklich offengelassen. 49

Bei Zugrundelegung der Auffassung, daß der Steuerbescheid nur anfechtbar ist, macht sich der Testamentsvollstrecker gegenüber dem Erwerber **schadensersatzpflichtig,** wenn er das Wahlrecht in einer die Steuerbelastung des Erben erhöhenden Weise ausübt und der Steuerbescheid, zB durch Zeitablauf, unanfechtbar wird. Bei Nichtigkeit des Steuerbescheides ist jederzeit eine andere Steuerfestsetzung möglich. Der Testamentsvollstrecker ist daher gut beraten, die Wahlrechtsausübung dem Erwerber zu überlassen. 50

Selbstverständlich kann der Erwerber den Testamentsvollstrecker **bevollmächtigen,** für ihn den entsprechenden Antrag zu stellen. Dann wirkt die Antragstellung durch den Testamentsvollstrecker für und gegen den Erwerber. 51

c) Entstehungszeitpunkt

Die Erbschaftsteuer entsteht grundsätzlich mit dem Tode des Erblassers (§ 9 Abs. 1 Nr. 1 ErbStG), nur in abschließend aufgezählten Sonderfällen zu einem anderen Zeitpunkt (vgl. § 9 Abs. 1 Nr. 1a bis j ErbStG). Dieser **Zeitpunkt** ist auch der maßgebende Stichtag für die Wertermittlung des der Erbschaftsteuer unterliegenden Anfalls (§ 11 ErbStG). An dieser Regelung ändert die Belastung des Erwerbers durch eine Testamentsvollstreckung nichts. Die aus der Testamentsvollstrekkung folgenden Einschränkungen des Erwerbers insbesondere hinsichtlich seiner Verfügungsmacht geben nach ständiger Rechtsprechung keinen Grund, die Steuerentstehung auf einen Zeitpunkt nach dem Erbfall zu verschieben (zB BFH vom 28. 11. 1990, BFH NV 1991, 243; 28. 6. 1995, BStBl. 1995 II S. 787; 22. 1. 1999, BFH NV 2000, 320; dagegen zB *Kapp* StuW 1993, 67). 52

Diese Rechtslage kann für den Erwerber belastend sein, wenn der **Wert** des ihm angefallenen Vermögens sinkt, bevor er die freie Verfügungsmöglichkeit darüber gewonnen hat. 53

Beispiel: A erbt ein Aktiendepot im Kurswert von 1 Mio. DM. Der Testamentsvollstrecker ist angewiesen, die Aktien nicht zu veräußern und dem Erben frühestens drei Jahre nach dem Erbfall auszukehren oder erst nach Erreichen einer bestimmten Altersgrenze des Erben. Zu diesem Zeitpunkt hat sich der Kurswert der Aktien halbiert. Für die Bemessung der Erbschaftsteuer maßgebend bleibt gleichwohl der Kurswert am Todestag, selbst dann, wenn der Verkaufserlös aller Aktien nicht ausreichen würde, um die Erbschaftsteuer zu bezahlen, der Erbe also noch aus sonstigem Vermögen nachschießen müßte.

Die Finanzverwaltung sieht in solchen Fällen auch keinen Anlaß für **Billigkeitsmaßnahmen** (vgl. zB OFD München vom 23. 8. 1990, UVR 1990, 378). Eine Konstellation wie im Beispiel lag dem Beschluß des Bundesverfassungsgerichts vom 22. 6. 1995 (BStBl. 1995 II S. 671) zugrunde. Das Gericht läßt jedoch nur erkennen, daß die Finanzbehörden über die beantragte Billigkeitsmaßnahme entscheiden müssen, nicht wie sie entscheiden müssen. 54

55 Die vorstehende Rechtslage gilt für eine Testamentsvollstreckung nach deutschem Recht. Bei der deutschen Testamentsvollstreckung vergleichbaren **ausländischen** Rechtsinstituten, insbesondere solchen, die den Erwerber in seiner Verfügungsmacht beschränken, kann der Entstehungszeitpunkt der Steuer bis zum Zeitpunkt des Erlangens der Verfügungsmacht hinausgeschoben sein (dazu Rdn. 195f.).

2. Anzeige des Erwerbs

56 Jeder der Erbschaftsteuer unterliegende Erwerb ist vom Erwerber binnen einer Frist von drei Monaten nach erlangter Kenntnis von dem Anfall dem für die Verwaltung der Erbschaftsteuer zuständigen Finanzamt **anzuzeigen** (§ 30 Abs. 1 ErbStG). Keiner Anzeige bedarf es, wenn der Erwerb auf einer von einem deutschen Gericht oder einem deutschen Notar eröffneten **Verfügung von Todes** wegen beruht und sich aus der Verfügung das Verhältnis des Erwerbers zum Erblasser unzweifelhaft ergibt (§ 30 Abs. 3 ErbStG). Daraus folgt, daß der Testamentsvollstrecker selbst nicht anzeigepflichtig ist.

Beispiel: Der Erblasser hat seine Kinder in einem handschriftlichen Testament, das in seinem Safe verwahrt ist, zu Erben eingesetzt und verschiedenen Personen Vermächtnisse ausgesetzt, sowie seinen alten Freund Rechtsanwalt F zum Testamentsvollstrecker eingesetzt, was F weiß. Als der Erblasser stirbt, liefern die Erben das Testament nicht beim Nachlaßgericht ab (vgl. § 2259 BGB). F ist nicht verpflichtet, sein Wissen dem Finanzamt mitzuteilen.

Hier besteht keine „Lücke“, weil der Testamentsvollstrecker nach Antritt seines Amtes die Steuererklärung abzugeben hat (s. folgend).

3. Erbschaftsteuererklärung

57 Das Finanzamt kann von jedem an einem Erbfall **Beteiligten** ohne Rücksicht darauf, ob er selbst steuerpflichtig ist, die Abgabe einer Erbschaftsteuererklärung verlangen (§ 31 Abs. 1 ErbStG). Als erklärungspflichtige Personen kommen danach insbesondere Erben und Miterben, Vermächtnisnehmer, Pflichtteilsberechtigte, Erbersatzanspruchsberechtigte und durch eine Auflage Begünstigte in Betracht. Jeder Erwerber ist nur für seinen Erwerb erklärungspflichtig. Bei mehreren Nachlaßbeteiligten kann eine gemeinsame Steuererklärung, muß aber nicht abgegeben werden (§ 31 Abs. 4 ErbStG).

58 Als **Sonderregelung** bestimmt § 31 Abs. 5 ErbStG: Ist ein Testamentsvollstrekker vorhanden, so ist die Steuererklärung von diesem abzugeben. Hier besteht eine Besonderheit gegenüber dem Erben ohne Testamentsvollstreckung. Dieser braucht eine Erbschaftsteuererklärung nicht unaufgefordert, sondern erst nach Aufforderung durch das Finanzamt abzugeben (zB *Meincke* ErbStG § 31 Anm. 2; BFH vom 5. 5. 1999, BFH/NV 1999, 1341) – also anders als bei vielen andere Steuern, insbesondere der Einkommensteuer. Dagegen ist nach bisher hM der Testamentsvollstrekker auch ohne besondere **Aufforderung** durch das Finanzamt stets zur Abgabe der Steuererklärung verpflichtet (BFH vom 16. 10. 1996, BStBl. 1997 II S. 73; aA *Meincke* aaO Anm. 12). Der BFH hat diese Frage kürzlich ausdrücklich „unentschieden“ gelassen (BFH vom 7. 12. 1999, BStBl. 2000 S. 234; 9. 6. 1999, BStBl. 1999 S. 529), woraus gefolgert wird, daß eine Abkehr von der bisherigen Sicht bevorsteht (*Viskorf* FR 1999, 1257). Die Verpflichtung des Testamentsvollstreckers zur Abgabe der Erbschaftsteuererklärung setzt nicht voraus, daß (auch) die Erben vom Finanzamt aufgefordert worden sind, eine Erklärung abzugeben (BFH vom

7. 12. 1999, BStBl. II 2000 S. 233). Das Finanzamt kann verlangen, daß die Steuererklärung nicht nur vom Testamentsvollstrecker, sondern auch von einem oder mehreren Erben mitunterschrieben wird.

Mit dieser Regelung macht sich der Gesetzgeber die bürgerlich-rechtlichen Befugnisse des Testamentsvollstreckers „sinnvoll zunutze" (BFH vom 14. 11. 1990, BStBl. 1991 II S. 52). Daraus folgt, immer wenn ein Testamentsvollstrecker vorhanden ist, hat er die Erbschaftsteuererklärung abzugeben. Aber: Häufig ist der **Aufgabenkreis** des Testamentsvollstreckers nicht umfassend, sondern auf die Ausführung bestimmter Anordnungen und für bestimmte Personen beschränkt. Es war lange streitig, wie weit die Verpflichtung des Testamentsvollstreckers zur Abgabe der Erbschaftsteuererklärung in diesen Fällen ging. Durch zwei BFH-Urteile vom 14. 11. 1990 (BStBl. 1991 II S. 52 und 49) ist diese Frage geklärt. Da § 31 Abs. 5 ErbStG lediglich auf den durch das bürgerliche Recht (§§ 2197 ff. BGB) bestimmten Begriff des Testamentsvollstreckers zurückgreift, kann sein Aufgabenkreis erbschaftsteuerrechtlich nicht über den Rahmen hinausgehen, der durch das bürgerliche Recht gesetzt ist (BFH aaO S. 53). Dh., daß sich die Erklärungspflicht des Testamentsvollstreckers nur auf die Personen erstreckt, für deren Erwerb er eingesetzt ist und nur auf die von ihm verwalteten Teile des Nachlasses. Der Grundgedanke dieser Rechtsprechung ist: Wenn der Testamentsvollstrecker als Erklärungspflichtiger an die Stelle des Erwerbers tritt, kann seine Verpflichtung nicht weitgehender sein als die des Erwerbers ohne die Testamentsvollstreckung wäre (*Petzold* NWB Fach 10, 636). **59**

Beispiele:

(1) Der Erblasser setzt seine Ehefrau zur Alleinerbin ein, vermacht seiner Schwester und seinen Kindern Geldbeträge und Grundstücke und ordnet Testamentsvollstreckung an. Der Testamentsvollstrecker hat eine Steuererklärung nur für die Alleinerbin abzugeben, nicht für die Schwester und die Kinder, die selbst erklärungspflichtig sind.

(2) Der Erblasser setzt seine Ehefrau als Alleinerbin ein, vermacht seinem Sohn ein Einzelunternehmen und ordnet für den Sohn Testamentsvollstreckung an. Der Testamentsvollstrecker hat die Erbschaftsteuererklärung des Sohnes als Vermächtnisnehmer abzugeben, nicht die der Ehefrau.

Vorstehende Rechtslage gewinnt auch Bedeutung, wenn der Erblasser die Testamentsvollstreckung auf bestimmte **Vermögensgruppen** beschränkt, zB sein unternehmerisches Vermögen (im Gegensatz zum Privatvermögen) oder sein Inlandsvermögen (im Gegensatz zum Auslandsvermögen). Hier sind für die Erklärungspflicht drei Möglichkeiten denkbar: **60**

- Der Testamentsvollstrecker gibt die Steuererklärung für den seiner Verwaltung unterliegenden Vermögensgegenstand ab, der Erbe für den Rest, sog. Erklärungsspaltung (so OFD Hannover vom 7. 9. 1993, StEK ErbStG 1974, § 31 Nr. 2; *Kapp/Ebeling* ErbStG § 31 Rdn. 6 und die Vorauflage dieses Buches).
- Der Erbe gibt die Steuererklärung für den gesamten Nachlaß ab (so *Mayer/Bonefeld/Daragan* Rdn. 895).
- Testamentsvollstrecker und Erbe geben die Erklärung gemeinsam ab (so *von Elsner/Geck* Stbg. 2000, 359).

Vorzuziehen ist die dritte Lösung. Es gibt nur einen Nachlaß als erbschaftsteuerpflichtigen Erwerb, nach dessen Gesamtstruktur und Umfang sich zahlreiche Rechtsfolgen des ErbStG richten, zB der Tarif. Das Finanzamt müßte die Angaben in zwei getrennten Steuererklärungen zur Anwendung des ErbStG ohnehin zusammenführen. Ein Geheimhaltungsbedürfnis für den Testamentsvollstrecker gegenüber dem Erben besteht nicht, weil letzterer ein Auskunftsrecht gegenüber dem Testamentsvollstrecker hat. Daß der Testamentsvollstrecker hierbei erfährt, was der Erbe noch an nicht der Testamentsvollstreckung unterliegendem Vermögen erworben hat, ist eine nicht vermeidbare Folge der Erblasser-Anordnung, die der Erbe tragen muß. Für die Bekanntgabe des Steuerbescheides gilt Paralleles (Rdn. 75 Bsp. 4).

61 Natürlich erstreckt sich die Erklärungspflicht des Testamentsvollstreckers auch nicht auf Gegenstände, die **nicht** in den **Nachlaß** fallen und auf die er deswegen keinen Zugriff hat, wie zB die Versicherungssumme aus einer Lebensversicherung, die nicht in den Nachlaß fällt.

62 Eine andere Frage ist, ob der Testamentsvollstrecker, wenn er von einem Nachlaßgegenstand erfährt, der kraft Testamentes nicht in seinen Verfügungsbereich fällt (zB ausländisches Bankkonto oder private Bildersammlung), dem Finanzamt nachrichtlich Mitteilung machen muß. Das ist nicht der Fall, weil der Testamentsvollstrecker nicht die Aufgabe hat, die öffentlich-rechtlichen Pflichten des Erben zu erfüllen. Soweit der Testamentsvollstrecker nicht zuständig ist, hat er daher auch eine unrichtige Erbschaftsteuererklärung nicht zu korrigieren – abzugrenzen von der Richtigstellungspflicht gemäß § 153 Abs. 1 AO (dazu Rdn. 24).

63 Manche der in der Erbschaftsteuererklärung zu machenden Angaben wird der Testamentsvollstrecker aus eigenem Wissen nicht machen können, zB über **Vorschenkungen** (§ 14 ErbStG). Dies können nur die Erben, Vermächtnisnehmer und sonstigen Erwerber selbst. Ob der Testamentsvollstrecker hierüber gegen die Erwerber einen Auskunftsanspruch hat, ist streitig (s. Rdn. 157). Um kein steuerstrafrechtliches Risiko einzugehen, wird der Testamentsvollstrecker in diesen Fällen gegenüber dem Finanzamt darlegen, welche Angaben in der Steuererklärung er aufgrund Auskunft der Erwerber und nicht aus eigener Kenntnis gemacht hat. Um die Erwerber „in die Pflicht zu nehmen", kann er sie auch auffordern, die Erbschaftsteuererklärung mitzuunterzeichnen, wozu diese jedoch nur verpflichtet sind, wenn neben dem Testamentsvollstrecker auch das Finanzamt dies fordert.

64 Zur Abgabe der Steuererklärung fordert das Finanzamt den Testamentsvollstrekker mit **Fristsetzung** auf, wobei die Frist mindestens ein Monat betragen muß. Fristverlängerungen sind möglich (§ 109 Abs. 1 AO) und in schwierig gelagerten Fällen üblich.

65 Die Steuererklärung ist auf einem amtlich vorgeschriebenen bundeseinheitlichen **Vordruck** abzugeben (§ 150 Abs. 1 S. 1 AO). Die dort zu machenden Angaben müssen den steuerlichen Vorschriften entsprechen. Deswegen wird der Inhalt der Steuererklärung vom Inhalt des Nachlaßverzeichnisses abweichen. Insbesondere gilt das für Wertangaben. Bekanntlich weichen die sogenannten Steuerwerte zahlreicher Vermögensgegenstände von ihren Verkehrswerten deutlich ab. Das gilt für Grundbesitz aller Art, aber auch für Beteiligungen an Unternehmen und den Kapitalwert von laufenden Nutzungen, Rentenrechten usw. Praktisch hilfreich beim Ausfüllen der Erbschaftsteuererklärung ist der Rückgriff auf die Vermögensteuererklärungen vergangener Jahre, weil das der Vermögensteuer und das der Erbschaftsteuer unterliegende Vermögen dem Grunde und dem Werte nach weitgehend identisch sind (vgl. § 12 ErbStG).

66 Aufgrund der Angaben in der Steuererklärung errechnet das Finanzamt die Steuer der Höhe nach. Eine **Selbstberechnung** der Steuer durch den Steuerschuldner, die das Finanzamt nach § 31 Abs. 7 ErbStG verlangen kann, kommt in der Praxis nicht vor.

67 Die Steuererklärungsformulare enthalten auch Fragen nach der Ausübung von erbschaftsteuerlichen **Wahlrechten** (s. Rdn. 47). Insoweit hat die Erklärung Gestaltungswirkung. Diese Wahlrechte kann nicht der Testamentsvollstrecker, sondern nur der Erbe selbst ausüben (Rdn. 48).

68 Über die Angaben in der Steuererklärung hinaus kann das Finanzamt von dem Steuerschuldner, im Falle einer Testamentsvollstreckung von dem Testamentsvoll-

strecker, alle **Angaben** verlangen, die für die Ermittlung des steuerpflichtigen Erwerbs erforderlich sind (§ 90 AO). Beim Abzug von **Lasten** und **Schulden** kann das Finanzamt insbesondere fragen, wer insoweit berechtigt ist. Wer behauptet, einen ihm von Todes wegen zugewiesenen Vermögensgegenstand einem anderen herausgeben zu müssen, hat insoweit die Feststellungslast. Zweifel gehen zu seinen Lasten (vgl. BFH vom 5. 4. 1989, BFH NV 1990, 234).

Gibt der Testamentsvollstrecker die Erbschaftsteuererklärung nicht bzw. nicht rechtzeitig ab, ist der Anlauf der **Frist** für die Festsetzung der Erbschaftsteuer gegenüber den Erben gem. § 170 Abs. 2 S. 1 Nr. 1 AO **gehemmt** (BFH vom 7. 12. 1999, BStBl. II 2000 S. 233). 69

Erkennt der Testamentsvollstrecker nach Abgabe der **Steuererklärung,** daß diese **unrichtig** oder unvollständig ist (zB weiterer Nachlaß „taucht auf"), muß er dies dem Finanzamt anzeigen und eine Richtigstellung vornehmen (§ 153 Abs. 1 S. 2 AO). Dadurch wird jedoch nicht erneut der Anlauf der Festsetzungsfrist ausgelöst (FG Nürnberg 6. 3. 1996, nrkr., EFG 1996, 520). 70

4. Steuerbescheid

Gemäß § 122 Abs. 1 AO ist der Steuerbescheid demjenigen bekanntzugeben, für den er **bestimmt** ist oder der von ihm **betroffen** wird. Das gilt auch für die Erbschaftsteuer. Da der Erbschaftsteuerbescheid grundsätzlich für den Erbschaftsteuerschuldner bestimmt ist, ist er diesem, also dem Erwerber, bekanntzugeben. 71

Soweit jedoch ein Testamentsvollstrecker steuererklärungsverpflichtet war, also im **zivilrechtlichen Rahmen** der Testamentsvollstreckung, und er die Steuererklärung für den Erwerber abgegeben hat, ist der Erbschaftsteuerbescheid dem Testamentsvollstrecker mit Wirkung für und gegen die Erwerber bekanntzugeben (§ 32 Abs. 1 ErbStG). Einer (weiteren) Bekanntgabe an den Erwerber bedarf es nicht. 72

Die **Rechtswirkungen** der Bekanntgabe sind: Die Steuer wird sofort oder mit Ablauf der in dem Steuerbescheid gesetzten Frist fällig (§ 220 Abs. 2 AO) und die Rechtsbehelfsfrist beginnt zu laufen (§ 355 Abs. 1 S. 1 AO). 73

Unterrichtet der Testamentsvollstrecker den Erwerber nicht und versäumt dieser deshalb die Anfechtungsfrist, ist dem Erwerber **Wiedereinsetzung** in den vorherigen Stand zu gewähren (§ 110 Abs. 3 AO), wobei ihm das Verhalten des Testamentsvollstreckers nicht zuzurechnen ist (AOAE zu § 122 Nr. 2.13.4.2.). Gleichwohl empfiehlt sich stets unverzügliche Unterrichtung der Erwerber durch den Testamentsvollstrecker, weil die Wiedereinsetzungsmöglichkeit zeitlich auf ein Jahr nach dem Ende der versäumten Frist beschränkt ist. Entsteht dem Erwerber durch die Nichtunterrichtung durch den Testamentsvollstrecker ein Schaden, hat diesen der Testamentsvollstrecker zu ersetzen. 74

Der Steuerbescheid kann dem Testamentsvollstrecker nicht mit Wirkung für und gegen den Erwerber bekanntgegeben werden, gegen den lediglich Erbschaftsteuer aufgrund des Erwerbs eines **schuldrechtlichen Anspruchs** erbrechtlicher Natur, zB Vermächtnis, Pflichtteil, Erbersatzanspruch festgesetzt wird, wenn nicht **insoweit** Testamentsvollstreckung angeordnet ist. Nur soweit der Testamentsvollstrecker für die erwähnten schuldrechtlich berechtigten Personen bestellt ist, insbesondere für einen Vermächtnisnehmer, ist ihm der Bescheid mit Wirkung für und gegen diesen bekanntzugeben. Über diese lange streitigen Fragen sind Rechtsprechung und Finanzverwaltung jetzt einig (BFH-Urteile vom 14. 11. 1990, BStBl. 1991 II S. 49 und 52; vom 6. 9. 1999, BStBl. 1999 II S. 529; AO Anwendungserlaß (AOAE) Nr. 2.13, BStBl. 2000 I S. 226; zustimmend *Moench* ErbStG 75

§ 32 Rdn. 13ff.; *Pietsch* UVR 1991, 237; aA *Martin* StVJ 1991, 124 mit verfassungsrechtlicher Begründung).

Beispiele:

(1) Der Erblasser hat seine Ehefrau zur Vorerbin und seine Kinder zu Nacherben eingesetzt und für die Vorerbin Testamentsvollstreckung angeordnet. Der Steuerbescheid gegen die Vorerbin ist dem Testamentsvollstrecker bekanntzugeben, der (spätere) Steuerbescheid gegen die Kinder diesen.

(2) Der Erblasser hat seine Ehefrau und seine Tochter zu Erben eingesetzt und für beide Testamentsvollstreckung angeordnet. Seiner Schwester hat er einen Geldbetrag vermacht. Sein Sohn fordert den Pflichtteil. Die Steuerbescheide gegen Ehefrau und Tochter sind dem Testamentsvollstrecker bekanntzugeben, gegen Schwester und Sohn diesen.

(3) Der Erblasser setzt seine Tochter als Alleinerbin ein und vermacht seinem behinderten Sohn ein größeres Wertpapiervermögen, stellt jedoch die Verwaltung dieses Vermächtnisses unter Testamentsvollstreckung. Der Erbschaftsteuerbescheid gegen die Tochter ist dieser, der gegen den Sohn ist dem Testamentsvollstrecker bekanntzugeben.

(4) Der Erblasser setzt seinen Sohn zum Alleinerben ein und ordnet Testamentsvollstreckung für das inländische, nicht aber für das ausländische Vermögen an. Der Fall ist nicht entschieden. ME ist der Erbschaftsteuerbescheid, der nicht in in- und ausländisches Vermögen zerteilt werden kann, zur Gänze sowohl dem Testamentsvollstrecker als auch dem Sohn bekanntzugeben (Parallele zur Steuererklärungspflicht in solchem Fall, s. Rdn. 60).

76 Werden Erbschaftsteuerbescheide dem Testamentsvollstrecker bekanntgegeben, obwohl sie richtigerweise anderen Personen, zB Vermächtnisnehmern oder Pflichtteilsberechtigten, bekanntzugeben gewesen wären, liegt überhaupt **keine** wirksame **Bekanntgabe** vor. Der Steuerbescheid kann nicht bestandskräftig werden und braucht deshalb auch nicht angefochten zu werden.

77 Wird der Bescheid unzulässigerweise nicht dem Testamentsvollstrecker, sondern dem Erben bekanntgegeben, wird er dadurch nicht nichtig (§ 125 AO), sondern er ist nur **anfechtbar.** Der Erbe muß Rechtsmittel einlegen.

78 Der Erbschaftsteuerbescheid muß den Steuerschuldner angeben (§ 157 Abs. 1 S. 2 AO). Tut er das nicht, mangelt ihm die **inhaltliche Bestimmtheit** (§ 119 Abs. 1 AO) und der Bescheid ist nichtig. Bei Erbschaftsteuerbescheiden unter Beteiligung eines Testamentsvollstreckers ist Steuerschuldner der Erbe, Bekanntgabeadressat jedoch der Testamentsvollstrecker. Aus dem Bescheid muß diese „Rollenverteilung" klar ersichtlich sein (AOAE Nr. 2.13.4). Fehlt der Hinweis darauf, daß einem Testamentsvollstrecker der Erbschaftsteuerbescheid in eben dieser Eigenschaft („als Testamentsvollstrecker") bekanntgegeben wird, kann das zur Nichtigkeit des Bescheides wegen Zweifeln über die Person des Steuerschuldners führen. Das ist jedoch dann nicht der Fall, wenn der Bekanntgabeadressat allen Beteiligten als Testamentsvollstrecker bekannt ist und er unter keiner denkbaren Voraussetzung als Steuerschuldner des mit dem Bescheid erfaßten Erwerbs in Betracht kommen kann (BFH vom 28. 1. 1998, BFH NV 1998, 855).

79 Wenn der **Testamentsvollstrecker** selbst als **Steuerschuldner** in Anspruch genommen wird, zB weil er Miterbe ist oder Haftungsschuldner oder aufgefordert wird, für die Zahlung der Erbschaftsteuer zu sorgen (s. Rdn. 86), ist er selbst Adressat des Steuerbescheides, und zwar nicht nach § 32 Abs. 1 ErbStG, sondern nach § 122 Abs. 1 S. 1 AO. In welcher Eigenschaft der Steuerbescheid an den Testamentsvollstrecker ergeht (gem. § 32 ErbStG für den Erben oder gem. § 122 AO an ihn selbst), muß im Steuerbescheid deutlich kenntlich gemacht werden (BFH vom 18. 3. 1986, BStBl. 1986 II S. 524).

80 Wenn sich ihm nicht Zweifel an der Richtigkeit der Angaben in der Steuererklärung aufdrängen, hat das Finanzamt erklärungsgemäß zu veranlagen, d.h. die Steuer aufgrund der Angaben in der Erklärung festzusetzen (BFH vom 11. 7. 1978,

BStBl. 1979 II S. 57). In der Praxis halten die Finanzämter den Steuerfall dadurch „offen“, daß sie fast ausnahmslos unter dem **Vorbehalt der Nachprüfung** (§ 164 Abs. 1 AO) oder **vorläufig** festsetzen (§ 165 AO). Die Steuerfestsetzung unter Vorbehalt der Nachprüfung gilt stets für den ganzen Bescheid. Bis zur Grenze der Verjährung kann er wegen aller in ihm enthaltenen Fehler tatsächlicher und/der rechtlicher Art aufgehoben oder geändert werden. Die vorläufige Festsetzung betrifft bestimmte noch nicht feststehende Tatsachen und Rechtsverhältnisse nichtsteuerrechtlicher Art. In Erbfällen wird die Steuer insbesondere dann vorläufig festgesetzt, wenn um die Erbfolge Prozesse laufen, noch nicht klar ist, ob Pflichtteilsansprüche geltend gemacht werden, ob bestimmte Vermögensgegenstände zum Nachlaß gehören. Zeitliche Grenze der Änderungsmöglichkeit ist auch hier das Ende der Festsetzungsfrist unter den Voraussetzungen des § 171 Abs. 8 AO.

5. Rechtsbehelfe

Der Erbschaftsteuerbescheid wird zwar dem Testamentsvollstrecker bekanntge- 81
geben, wirkt aber für und gegen den Erwerber (s. vorstehend). Befugt, gegen den Steuerbescheid Rechtsmittel einzulegen (Einspruch oder Klage), ist jedoch allein der Erbe, nicht der Testamentsvollstrecker. Letzterem fehlt es nach der Rechtsprechung an einer **Beschwer** (BFH vom 4. 11. 1981, BStBl. 1982 II S. 262). Demzufolge ist auch die Einspruchsentscheidung dem Erben bekannt zu geben (FM Saarland vom 25. 1. 2001, DStR 2001, 1033).

Damit der Erbe **Rechtsmittel** einlegen kann, muß der Testamentsvollstrecker 82
ihm den Steuerbescheid übermitteln. Da mit der Bekanntgabe des Steuerbescheides an den Testamentsvollstrecker der Lauf der Rechtsbehelfsfrist beginnt, kann es vorkommen, daß der Erbe Kenntnis von dem Steuerbescheid erst nach deren Ablauf erhält. In einem solchen Falle ist dem Erben **Wiedereinsetzung** in den vorherigen Stand zu gewähren, so daß er das Rechtsmittel noch wirksam einlegen kann. Ein Verschulden des Testamentsvollstreckers ist dem Erben nicht zuzurechnen, weil der Testamentsvollstrecker nicht Vertreter des Erben, sondern lediglich kraft Gesetzes Zugangsvertreter des Erben ist (BFH vom 14. 11. 1990, BStBl. 1991 II S. 49 und 52). Auch bei Wiedereinsetzung ist jedoch die Einjahresfrist des § 110 Abs. 3 AO zu beachten. Nach ihrem Ablauf kann die Wiedereinsetzung nicht mehr beantragt und das Rechtsmittel nicht mehr nachgeholt werden, außer wenn dies vor Ablauf der Jahresfrist infolge höherer Gewalt unmöglich war.

In den meisten Fällen der Rechtsmitteleinlegung soll auch die Zahlung der Erb- 83
schaftsteuer abgewendet werden. Da der Einspruch die Erhebung der Steuer nicht aufhält (§ 361 Abs. 1 AO), ist dies nur durch Antrag auf **Aussetzung der Vollziehung** des Steuerbescheides zu erreichen (§ 361 Abs. 2 AO), wenn ernsthafte Zweifel an der Rechtmäßigkeit des Bescheides bestehen. Parallel zu Einspruch und Klage kann auch den Aussetzungsantrag nicht der Testamentsvollstrecker, sondern nur der Erbe selbst stellen (FG Hamburg vom 2. 11. 1981, EFG 1982, 255).

In der Praxis empfiehlt es sich, daß die durch die Testamentsvollstreckung be- 84
schwerte Person den Testamentsvollstrecker **bevollmächtigt,** sie in Steuerangelegenheiten gegenüber den Finanzbehörden zu vertreten. Bei Übermittlungsschwierigkeiten zwischen Testamentsvollstrecker und Erwerber kann es dann nicht so leicht zu Fristversäumnissen kommen.

Wenn sich der Steuerbescheid gegen den Testamentsvollstrecker selbst richtet, 85
zB mit der Aufforderung, für die Zahlung der Erbschaftsteuer zu sorgen oder als Haftungsschuldner, kann der Testamentsvollstrecker Rechtsmittel einlegen und nur

er. Der Erbe ist insoweit nicht rechtsmittelbefugt. Ist im Steuerbescheid nicht eindeutig formuliert, ob der Erbe oder der Testamentsvollstrecker in Anspruch genommen werden soll, läßt er aber beide Auslegungen zu, so ist – neben dem Erben – ebenfalls der Testamentsvollstrecker zur Einlegung des Rechtsmittels befugt (BFH vom 18. 3. 1986, BStBl. 1986 II S. 524; vgl. für Schenkungsteuerschulden des Erblassers auch BFH vom 30. 9. 1987, BStBl. 1988 II S. 120).

6. Steuerzahlungen und -erstattungen

86 An der Steuerschuldnerschaft des Erwerbers ändert sich weder etwas durch die Anordnung einer Testamentsvollstreckung noch dadurch, daß der Erbschaftsteuerbescheid gegen den Erwerber dem Testamentsvollstrecker bekanntgegeben wird. Deswegen muß der Erwerber die Erbschaftsteuer bezahlen. Der Nachlaß haftet bis zur Auseinandersetzung für die Erbschaftsteuer (§ 20 Abs. 3 ErbStG).

Neben der Steuerzahlungspflicht des Erwerbers steht die Pflicht des Testamentsvollstreckers, „für die **Bezahlung** der **Erbschaftsteuer zu sorgen**" (§ 32 Abs. 1 S. 2 ErbStG). Dies ist eine selbständige steuerrechtliche Pflicht des Testamentsvollstreckers. Die Regelung ist für die Erbschaftsteuer lex specialis gegenüber § 34 AO. Das Finanzamt kann den Testamentsvollstrecker durch Bescheid auffordern, dieser Pflicht nachzukommen, dh die Erbschaftsteuer von ihm – für Rechnung des Erwerbers – fordern. In diesem Falle muß der Steuerbescheid jedoch erkennen lassen, daß der Testamentsvollstrecker in seiner Eigenschaft als nach § 32 Abs. 1 Satz 2 ErbStG zur Steuerzahlung verpflichtete Person in Anspruch genommen wird und nicht als Zugangsvertreter mit Wirkung für und gegen den Erben. Ist der Bescheid insoweit nicht eindeutig, ist er rechtswidrig und auf Anfechtung des Testamentsvollstreckers aufzuheben (BFH vom 18. 3. 1986, BStBl. 1986 II S. 524).

87 Gem. § 32 Abs. 1 S. 3 ErbStG hat der Testamentsvollstrecker für die Erbschaftsteuer auf Verlangen des Finanzamts aus dem Nachlaß **Sicherheit** zu leisten (vgl. auch Rdn. 95). Art, Wirkung und Einzelheiten der Sicherheitsleistung richten sich nach den §§ 241ff. AO.

88 Falls die Erbschaftsteuer weder von dem Erwerber noch vom Testamentsvollstrecker bezahlt wird, hat der Testamentsvollstrecker auf entsprechenden Duldungsbescheid die **Vollstreckung** der Steueransprüche in den Nachlaß zu dulden (§ 77 Abs. 1 AO).

89 Wenn der Testamentsvollstrecker **Steuerberater** ist und die Erbschaftsteuer nicht abführt, ist das eine Verletzung seiner Berufspflicht (§ 57 StBerG), die eine Geldbuße rechtfertigen kann (KG Berlin vom 5. 8. 1992, rkr., n.v.). Das wird auch für Rechtsanwälte, Notare und Wirtschaftsprüfer gelten.

90 Die Kehrseite der Pflicht des Testamentsvollstreckers, für die Bezahlung der Erbschaftsteuer zu sorgen, ist seine Verfügungsberechtigung und Empfangszuständigkeit für **Erstattungsansprüche** gegen das Finanzamt aufgrund überzahlter Erbschaftsteuer. Ist die Erbschaftsteuer aus dem der Testamentsvollstreckung unterliegenden Vermögen bezahlt worden, sind bei Überzahlung zwar die Erben Inhaber des Erstattungsanspruchs. Verfügungsberechtigt und damit empfangszuständig ist jedoch der Testamentsvollstrecker, an den allein das Finanzamt mit befreiender Wirkung zahlen kann (BFH vom 18. 6. 1986, BStBl. 1986 II S. 704). Zahlt das Finanzamt nicht unmittelbar an den Testamentsvollstrecker, sondern auf dessen Weisung an einen Dritten, führt auch dieser Vorgang zum Erlöschen des Erstattungsanspruches (BFH aaO).

91 Zur Abgrenzung: Die Empfangszuständigkeit des Testamentsvollstreckers ist nur gegeben, wenn der Testamentsvollstrecker die Erbschaftsteuer überzahlt hat. Haben

die Erben oder sonstigen Erwerber die Erbschaftsteuer aus Mitteln außerhalb des Nachlasses überzahlt, steht der Erstattungsanspruch allein ihnen zu, und der Testamentsvollstrecker ist insoweit weder verfügungs- noch empfangszuständig.

7. *Haftung*

Der Testamentsvollstrecker haftet für die Erbschaftsteuer persönlich, wenn er die 92
ihm nach § 32 Abs. 1 Satz 2 ErbStG obliegende Pflicht, für die Zahlung der Erbschaftsteuer zu sorgen, vorsätzlich oder grob fahrlässig verletzt und deswegen die Steuer nicht oder nicht rechtzeitig festgesetzt oder erfüllt wird (§ 69 mit § 34 Abs. 3 AO). **Einfache Fahrlässigkeit** begründet die Haftung nicht (näher *Piltz* ZEV 2001, 262). Für Berufsträger, wie Rechtsanwalt, Wirtschaftsprüfer, Steuerberater, kann der Haftungsausschluß wegen nur einfacher Fahrlässigkeit nicht praktisch werden, weil sie diese Kenntnisse haben oder haben müssen. Einem steuerlichen Laien, dem unbekannt war, daß er für die Bezahlung der Erbschaftsteuer zu sorgen bzw. dafür einzustehen hat und der deswegen den Nachlaß ohne Vorsorge für die Steuerzahlung zur Gänze auskehrt, kann dagegen das Haftungsprivileg der leichten Fahrlässigkeit zugute kommen (FG München vom 25. 10. 1999, DStRE 2000, 372). Zur Vermeidung dieses Ergebnisses informieren manche Finanzämter den Testamentsvollstrecker über seine steuerlichen Pflichten. Das Finanzamt nimmt den Testamentsvollstrecker in einem solchen Falle durch **Haftungsbescheid** in Anspruch (§ 191 Abs. 1 AO). Dazu ist nicht erforderlich, daß das Finanzamt zuerst gegen den Erben vollstreckt oder anzunehmen ist, daß die Vollstreckung dort aussichtslos sein würde (§ 219 S. 2 AO).

Ist der Testamentsvollstrecker gleichzeitig Rechtsanwalt, Notar, Steuerberater, 93
Wirtschaftsprüfer oder ähnlicher **Berufsträger** und handelt er in Ausübung seines Berufes, darf der Haftungsbescheid gegen ihn erst erlassen werden, wenn die zuständige Berufskammer sich hierzu geäußert hat (§ 191 Abs. 2 AO), bei Mehrfachqualifikation alle zuständigen Kammern (FG Rheinland-Pfalz vom 18. 1. 1985, rkr. EFG 1985, 426 für Konkursverwalter). Ein Rechtsanwalt, der als Testamentsvollstrecker tätig wird, handelt regelmäßig in Ausübung seines Berufes iSd. § 191 Abs. 2 AO (BFH vom 13. 5. 1998, BStBl. II 1998 S. 760), es bedarf keiner zusätzlichen Prüfung, ob er in dem speziellen Fall gerade als Rechtsanwalt gehandelt hat. Der BFH begründet das damit, daß die Ernennung eines Rechtsanwalts zum Testamentsvollstrecker im Zweifel wegen seiner beruflichen Stellung und seiner Rechtskenntnisse erfolgt. Das wird man für Wirtschaftsprüfer und Steuerberater im Hinblick auf deren (zwar nicht spezielle Rechts-, aber andere) spezielle Berufskenntnisse nicht anders sehen können. Zum Haftungsbescheid näher Rdn. 40.

Der Testamentsvollstrecker tut gut daran, den Nachlaß solange nicht zur Gänze 94
auszukehren, bis die Erbschaftsteuer festgesetzt und aus dem Nachlaß bezahlt worden ist anderenfalls er persönlich für die Steuer haftet, wenn er grob fahrlässig iS des § 69 AO handelt (Hess. FG vom 23. 2. 1995, Rev. EFG 1996, 666). Letzteres ist jedenfalls dann gegeben, wenn er vom Nachlaßgericht über seine Steuerpflichten belehrt wurde oder wenn er diese Kenntnisse kraft Berufes haben muß, wie zB ein Rechtsanwalt (Hess. FG vom 23. 2. 1996 aaO). Bei Zweifeln hinsichtlich der Höhe der zu erwartenden Erbschaftsteuer kann sich der Testamentsvollstrecker auch mit dem zuständigen Finanzamt in Verbindung setzen und sich von diesem beraten lassen (*Kapp* DStR 1985, 726).

In diesem Zusammenhang wirft die neue Erbschaftsbesteuerung **unterneh-** 95
merischen Vermögens ein nicht gelöstes Problem auf. Gemäß §§ 13a und 19a

ErbStG genießt unternehmerisches Vermögen (gewerbliches und landwirtschaftliches Betriebsvermögen einschließlich Personengesellschaften, Kapitalgesellschaftsanteile von mehr als 25%) erhebliche erbschaftsteuerliche Vergünstigungen: Freibetrag von TDM 500, Bewertungsabschlag von 40%, Steuerklasse I statt Steuerklasse II und III bei nicht eng verwandten Erwerbern (dazu *Piltz,* Die neue Erbschaftsbesteuerung unternehmerischen Vermögens, ZEV 1997, 61). Diese Vergünstigungen werden jedoch zunächst nur vorläufig gewährt. Wenn der Erwerber binnen fünf Jahren nach dem Erwerb das Vermögen veräußert oder bestimmte veräußerungsähnliche Tatbestände verwirklicht, fällt die Steuervergünstigung mit Wirkung für die Vergangenheit weg und die seinerzeit (teilweise) nicht erhobene Erbschaftsteuer muß nachbezahlt werden. Haftet der Testamentsvollstrecker auch für diese **nachzuzahlende Steuer?** Vom Wortlaut des Gesetzes her gibt es insoweit keine Einschränkung der Haftung. Für die Praxis empfiehlt sich daher folgendes: Bei einer Dauertestamentsvollstreckung, die sich über das fünfte Jahr nach dem Erbfall hinaus erstreckt, wird der Testamentsvollstrecker sämtliche „verdächtigen" Maßnahmen insoweit genau zu prüfen haben, regelmäßig in Abstimmung mit den Erben, und eine Reserve für die mögliche Steuernachzahlung zurückbehalten. Bei der Auseinandersetzungsvollstreckung kann man von ihm nicht verlangen, daß er soviel vom Nachlaß zurückbehält, damit eine spätere Steuernachzahlung beglichen werden kann. Praktisch würde das Steuerrecht damit jede Testamentsvollstreckung auf fünf Jahre ausdehnen. Es ist aber zu verlangen, daß der Testamentsvollstrecker den Erben auf die Sachlage hinweist (welche sich aus dem Erbschaftsteuerbescheid ergibt) und dem Finanzamt vor Auskehrung des Nachlasses (nach Bezahlung der Erbschaftsteuer) mitteilt, daß Masse für etwaige spätere Erbschaftsteuerzahlungen von ihm mit Abschluß der Testamentsvollstrekkung nicht mehr zurückbehalten werden. Ob das Finanzamt für die eventuellen zukünftigen Nachzahlungen gem. § 32 Abs. 1 S. 3 ErbStG Sicherheitsleistung verlangen kann, ist mE zu verneinen, weil der Testamentsvollstrecker dann nicht mehr im Amt sein wird.

96 Eine Haftung des Testamentsvollstreckers als Täter oder Teilnehmer einer **Steuerhinterziehung** (§ 71 AO) wird nur selten vorkommen. Man hat immerhin schon davon gehört, daß Erben oder sonstige Erwerber den Testamentsvollstrecker bitten, ein „schwarzes Konto" des Erblassers auch schwarz zu lassen, also nicht in das Nachlaßverzeichnis und die Steuererklärung aufzunehmen. Dem wird der Testamentsvollstrecker nicht folgen, auch dann nicht, wenn er ein Familienvertrauter oder Miterbe ist. Wer als Testator seine Angehörigen oder Freunde nicht in Gewissenskonflikte stürzen will, sollte sie nicht zum Testamentsvollstrecker bestellen, wenn derartige Verhältnisse vorliegen, mindestens aber eine Regelung treffen, die derartige Vermögensgegenstände von der Testamentsvollstreckung ausnimmt. Um sich keinen unnötigen strafrechtlichen Risiken auszusetzen, sollte sich der Testamentsvollstrecker von den Erwerbern stets bestätigen lassen, daß sie ihm alles, was sie über steuerrelevante Verhältnisse wußten, mitgeteilt haben, insbesondere auch Vorschenkungen.

97 Vom Testamentsvollstrecker zu beachtende Sicherungen des Erbschaftsteueranspruchs gegen **Vollstreckungsprobleme** enthält § 20 Abs. 6 S. 2 ErbStG. Danach haften Personen, in deren Gewahrsam sich Vermögen des Erblassers befindet, also auch ein Testamentsvollstrecker, die das Vermögen vorsätzlich oder fahrlässig vor Entrichtung oder Sicherstellung der Steuer ins Ausland bringen oder im Ausland wohnhaften Berechtigten zur Verfügung stellen, in Höhe des ausgezahlten Betrages für die Steuer. Die Haftung gilt nicht, wenn der Testamentsvollstrecker einen Kaufpreis für die Veräußerung eines Erbteils in das Ausland überweist (BFH vom 11. 12. 1991, BStBl. 1992 II S. 348).

Beispiel: Der Erblasser setzt drei Personen zu Erben ein, von denen eine im Ausland ansässig ist und ordnet Testamentsvollstreckung an. Die im Ausland ansässige Person verkauft ihren Erbteil an die beiden Inländer. Den Kaufpreis zahlen die Inländer auf ein Anderkonto des Testamentsvollstreckers, der sodann den Betrag ins Ausland überweist. Auch wenn die Erbschaftsteuer bei dem ausländischen Beteiligten nicht beigetrieben werden kann, haftet der Testamentsvollstrecker für sie nicht (BFH aaO).

Für die ErbSt auf eine Versicherungssumme, die nicht in den Nachlaß fällt, haf- 98
tet der Testamentsvollstrecker mangels Zugriffs nicht (*Geck* ZEV 1995, 140).

8. Andere Steuern

Der Erbfall selbst löst keine anderen Steuern als die Erbschaftsteuer aus, insbe- 99
sondere keine **Einkommensteuer,** obwohl die Erwerber durch den Erbfall „reicher" werden. Zu indirekt durch den Erbfall ausgelösten Einkommensteuerbelastungen s. Rdn. 127. Er ist auch kein umsatzsteuerpflichtiger Vorgang, weil weder eine Leistung an einen anderen noch ein sog. Eigenverbrauch vorliegen (§ 1 Abs. 1 Nr. 1 und 2 UStG). Gehören zum Nachlaß Grundstücke, so ist der durch den Erbgang bewirkte Eigentumsübergang grunderwerbsteuerfrei (§ 3 Nr. 2 Satz 1 GrEStG). Aber: Wenn durch den Erbfall die sog. Anteilsvereinigung aller Anteile an einer Gesellschaft in einer Hand eintritt (§ 1 Abs. 3 GrEStG), ist die dadurch ausgelöste **Grunderwerbsteuerpflicht** nicht ausgeschlossen (BFH 8. 6. 1988, BStBl. 1988 II S. 785). Diese Steuerbelastung begegnet in den Fällen, da der Vater seinem einzigen Kind bereits zu Lebzeiten Anteile an einer Gesellschaft mit Grundbesitz geschenkt hat und das Kind durch Erbgang den Rest der Gesellschaftsanteile erwirbt.

9. Vollstreckung

Die Rechtslage ist wie bei Rdn. 41. 100

IV. Nach dem Erbfall entstehende Steuern

Bisweilen bei der Auseinandersetzungsvollstreckung, fast immer bei der **Dauer-** 101
vollstreckung, stellt sich die Frage nach der steuerlichen Rechtsstellung des Testamentsvollstreckers in Ansehung von Steuern, die nach dem Tode des Erblassers entstehen. Das gilt vor allem für die laufenden Steuern Einkommensteuer, Vermögensteuer, Gewerbesteuer und Umsatzsteuer, kann aber auch Bedeutung bei einmaligen Steuern gewinnen, etwa der Grunderwerbsteuer. Klar ist, daß der Testamentsvollstrecker mit dem Vermögen und daraus resultierenden Erträgen, das nicht der Testamentsvollstreckung unterliegt, „steuerlich nichts zu tun hat". Es geht folgend daher nur um das Vermögen der Erwerber, das der Testamentsvollstreckung unterliegt.

1. Steuerschuldner

a) Allgemeines

Den Steuertatbestand in Ansehung des der Testamentsvollstreckung unterliegen- 102
den Vermögens und der Erträge hieraus verwirklichen grundsätzlich nur die **Eigentümer** dieses Vermögens. Sie sind deshalb Steuerschuldner, nicht der Testamentsvollstrecker.

Beispiele:

(1) Zum Nachlaß gehören Wertpapiere. Die Dividenden und Zinsen sind Einkünfte aus Kapitalvermögen (§ 20 EStG) der Erben.

(2) Zum Nachlaß gehört ein vermietetes Mehrfamilienhaus. Die Einkünfte aus Vermietung und Verpachtung (§ 21 EStG) erzielt der Erbe.

(3) Das den Einkünften in den vorstehenden Beispielen zugrundeliegende Vermögen ist in der Person des Erben vermögensteuerpflichtig.

(4) Ein Grundstück des Nachlasses wird vom Testamentsvollstrecker verkauft oder der Testamentsvollstrecker kauft mit Mitteln des Nachlasses ein Grundstück. Schuldner der Grunderwerbsteuer ist nur der Erbe.

103 Die Lage ist bei der Testamentsvollstreckung wie bei der **Nachlaßverwaltung.** Auch dort werden die Einkünfte allein dem Erben zugerechnet, nicht dem Verwalter (BFH vom 28. 4. 1992, BStBl. 1992 II S. 781; 5. 6. 1991, BStBl. 1991 II S. 820).

104 Insbesondere **Umsatzsteuer:** Die umsatzsteuerliche **Unternehmereigenschaft** ist nicht vererblich. Die dazu erforderliche persönliche Tätigkeit kann der Erbe oder die Erbengemeinschaft nur in eigener Person ausüben (Abschn. 19 Abs. 6 UStR). Der Erbe wird nur Unternehmer, wenn er selbst Umsätze iS des UStG ausführt (OFD Frankfurt vom 22. 10. 1996, DStR 1997, 71). An vorstehenden Grundsätzen ändert sich nichts durch die Anordnung einer Testamentsvollstreckung. Grundsätzlich sind die Erben Unternehmer iS des UStG, wenn der Testamentsvollstrecker in ihrem Namen Leistungen ausführt (*Birkenfeld,* Das große Umsatzsteuerhandbuch, Rdn. I 168).

Beispiel: Der Testamentsvollstrecker verkauft die Briefmarkensammlung des Erblassers für den einzigen Erben, weil deren Erlös kraft Testamentes einem Nichterben zustehen soll. Der Testamentsvollstrecker handelt dabei nachhaltig (vgl. BFH 29. 6. 1987, BStBl. 1987 II S. 744 und 16. 7. 1987, BStBl. 1987 II S. 752). Diese Umsätze werden dem Erben zugerechnet. Er kann den Vorsteuerabzug geltend machen.

105 Abgrenzung: Als Testamentsvollstrecker, der Leistungen gegenüber den Erben erbringt, ist der Testamentsvollstrecker selbst immer Unternehmer (vgl. BFH vom 13. 3. 1987, BStBl. 1987 II S. 524; 30. 5. 1996, BFH NV 1996, 938). Dazu näher 10. Kap.

106 **Verwandtschaftsabhängige Steuervergünstigungen** richten sich nicht nach dem Verhältnis zum Testamentsvollstrecker, sondern nach dem Verhältnis zu der Person, für die der Testamentsvollstrecker handelt.

Beispiel: Der Testamentsvollstrecker verkauft dem Sohn des mit Testamentsvollstreckung belasteten Erben ein Grundstück aus dem Nachlaß. Der Erwerb ist grunderwerbsteuerfrei (§ 3 Nr. 6 S. 1 GrEStG).

b) Unternehmensfortführung

107 Wenn der Testamentsvollstrecker ein Unternehmen fortführt, ist bezüglich der Steuerschuldnerschaft nach Rechtsform und Steuer zu differenzieren.

108 *aa) Einzelunternehmen.* **Einkommensteuer.** Ohne Berücksichtigung der Testamentsvollstreckung erzielt der Erbe eines Einzelunternehmens, das er fortführt, **gewerbliche Einkünfte** als Unternehmer gem. § 15 Abs. 1 Nr. 1 EStG. Erben mehrere Personen ein Einzelunternehmen, so werden sie **Mitunternehmer** des Gewerbebetriebs iS des § 15 Abs. 1 Nr. 2 EStG (BFH GS vom 5. 7. 1990, BStBl. 1990 II S. 837, 842). Beides gilt auch dann, wenn das Einzelunternehmen als Vermächtnis an einen anderen herauszugeben ist, für die Zeit bis zur Erfüllung des Vermächtnisses (vgl. BFH vom 24. 9. 1991, BStBl. 1992 II S. 330). Folglich sind

der/die Erben Steuersubjekt und Schuldner der Einkommensteuer auf den Unternehmensgewinn.

Durch die Fortführung des Einzelunternehmens durch einen Testamentsvollstrecker ändert sich an dieser Rechtslage nach herrschender Meinung nichts. Nur die Erben – nicht der Testamentsvollstrecker – werden **(Mit-)Unternehmer** und erfüllen den Tatbestand der Einkünfteerzielung des § 15 EStG (vgl. BFH vom 21. 5. 1970, BStBl. 1970 II S. 747; 1. 6. 1978, BStBl. 1978 II S. 499 für OHG; 22. 10. 1991, BFH NV 1992, 449, neun Jahre Treuhandlösung; *Schmidt* EStG § 15 Rdn. 141; *Littmann/Hellwig/Bitz* EStG § 15 Anm. 6). Das gilt sowohl bei der Fortführung im Wege der sog. Treuhandlösung wie der Vollmachtlösung (näher 5. Kap.). Diese Auffassung entspricht der Rechtslage, daß bei Stellvertretung nur der Vertretene Unternehmer ist (*Schmidt* EStG § 15 Rdn. 137), und der Regelung des § 39 Abs. 2 S. 2 AO, wonach bei Treuhandverhältnissen die Wirtschaftsgüter dem Treugeber (hier also dem Erben) zuzurechnen sind (zur Treuhand im Einkommensteuerrecht vgl. *Herrmann/Heuer/Raupach* EStG § 2 Anm. 340 „Treuhand"). Die mit der Testamentsvollstreckung verbundene Verwaltungsmacht des Testamentsvollstreckers begründet auch nicht sein wirtschaftliches Eigentum (§ 39 Abs. 2 S. 1 AO) an dem Einzelunternehmen (vgl. BFH 9. 7. 1954, BStBl. 1954 III S. 250). 109

Für den Fall der **Treuhandlösung,** wenn also der Testamentsvollstrecker das Einzelunternehmen im eigenen Namen, wenn auch für Rechnung des/der Erben fortführt, wird dagegen zum Teil eine steuerliche Mitunternehmerstellung des Testamentsvollstreckers für möglich gehalten (*Mayer/Bonefeld/Daragan* S. 448). Das läßt sich mit der Rechtsprechung begründen, wonach bei unbeschränkter Außenhaftung eines Treuhänders für Gesellschaftsverbindlichkeiten der Treuhänder auch ohne Gewinnbeteiligung wegen des Haftungsrisikos und der nicht entziehbaren Vertretungsmacht **neben** den Treugebern Mitunternehmer ist (BFH vom 17. 11. 1987, DB 1988, 996; vgl. auch BFH 11. 6. 1985, BStBl. 1987 II S. 33; offengelassen von BFH vom 21. 4. 1988, BStBl. 1989 II S. 722). Ob diese Rechtsprechung auf den Testamentsvollstrecker wegen dessen Verwaltungsbefugnis und Haftung bei der Treuhandlösung anzuwenden ist, ist zweifelhaft. Wenn der Testamentsvollstrecker als Mitunternehmer angesehen wird, so ändert das nichts an der Zurechnung aller Einkünfte des fortgeführten Einzelunternehmens bei dem/den Erben. Der Unterschied zur herrschenden Meinung ist, daß das Testamentsvollstrecker-Honorar im Falle seiner Mitunternehmerschaft nicht mehr selbständige Einkünfte gem. § 18 EStG, sondern gewerbliche Sonderbetriebseinnahmen gem. § 15 Abs. 1 Nr. 2 EStG darstellt, die auch gewerbesteuerpflichtig sind. Der Testamentsvollstrecker, der die Gewerblichkeit seines Testamentsvollstrecker-Honorars nicht riskieren will, sollte daher die Treuhandlösung vermeiden. 110

Ein Testamentsvollstrecker, der ein Einzelunternehmen an einen Vermächtnisnehmer als **Sachvermächtnis** herauszugeben hat, ist nicht dessen (Mit-)Unternehmer (vgl. BFH vom 24. 9. 1991, BStBl. 1992 II S. 330). 111

Vermögensteuer. Subjekt der Vermögensteuer ist auch für der Testamentsvollstreckung unterliegendes unternehmerisches Vermögen allein dessen **Eigentümer,** nicht der Testamentsvollstrecker. Selbst wenn man den Testamentsvollstrecker bei der Treuhandlösung neben dem Eigentümer für einen Mitunternehmer hält (s. Rdn. 110), so wird das gewerbliche Vermögen (§ 95 BewG) doch alleine dem Erben zugerechnet, weil der Testamentsvollstrecker nicht am Vermögen beteiligt ist (vgl. Abschn. 18 Abs. 1 S. 3 VStR). Beim Erwerber wird das aufgrund des Erbfalls erhöhte oder verminderte Vermögen erstmals zum 1. Januar des Jahres erfaßt, das dem Erbfall folgt. 112

Gewerbesteuer. Die persönliche Gewerbesteuerpflicht (§ 5 GewStG) trifft den Eigentümer des Unternehmens als die Person, für deren Rechnung das Gewerbe 113 betrieben wird, nicht den Testamentsvollstrecker (BFH vom 16. 2. 1977, BStBl. 1977 II S. 481). Sieht man den Testamentsvollstrecker bei der Treuhandlösung als Mitunternehmer an (s. o.), so ist sein Honorar für die Verwaltung des Unternehmens gewerbesteuerpflichtig (entschärft durch § 35 EStG nF).

114 **Umsatzsteuer.** Zur Umsatzsteuer war lange ganz überwiegende Auffassung, daß nur der Erbe des Unternehmens, nicht der Testamentsvollstrecker Unternehmer im umsatzsteuerlichen Sinne (§ 2 UStG) sei und damit Schuldner der Umsatzsteuer. Der BFH sieht das jetzt differenzierend. Bei der **Vollmachtlösung** verbleibt es bei der bisherigen Auffassung. Nur der Erbe ist Unternehmer, nicht der Testamentsvollstrecker. Anders dagegen bei der **Treuhandlösung.** Hier soll der Testamentsvollstrecker selbst Unternehmer und Umsatzsteuerschuldner sein, weil nur er nach außen als Unternehmer auftrete und nach außen nur er aus Verpflichtungsgeschäften verpflichtet sei (Abschn. 16 Abs. 5 UStR im Anschluß an BFH vom 11. 10. 1990, BStBl. 1991 II S. 191; ebenso BFH vom 28. 1. 1999, BStBl. 1999 II S. 628). Das gilt bei der Treuhandlösung für deren beide Unterarten Ermächtigungstreuhand und Vollrechtstreuhand, wie der BFH ausdrücklich festhält.

115 Die Treuhandlösung bürdet dem Testamentsvollstrecker das Risiko der Gewerblichkeit seines Testamentsvollstrecker-Honorars auf und macht ihn zum Umsatzsteuerschuldner. Wer als Testamentsvollstrecker diese beiden Rechtsfolgen scheut, sollte der Vollmachtlösung den Vorzug geben.

116 *bb) Personengesellschaften.* **Einkommensteuer.** Wird bei der Testamentsvollstreckung über einen OHG- oder Komplementär-Anteil von den Ersatzlösungen Vollmacht oder Treuhand – parallel zum Einzelunternehmen – Gebrauch gemacht, sind nach hier vertretener Auffassung in beiden Fällen nur die Erben-Gesellschafter **Mitunternehmer** und damit einkommensteuerpflichtig für das Unternehmensergebnis (so inzidenter BFH vom 1. 6. 1978, BStBl. 1978 II S. 499 für Treuhandlösung bei OHG; allgemein für Treuhandfälle BFH GS vom 25. 2. 1991, BStBl. 1991 II S. 691, 700). Wer den Treuhand-Testamentsvollstrecker neben den Erben als Mitunternehmer ansieht (s. o.), muß dessen Treuhandvergütung als gewerbliche Einkünfte iS des § 15 Abs. 1 Nr. 2 EStG qualifizieren. Das Ergebnis der Gesellschaft wird weiter allein den Erben zugerechnet.

117 Für die Testamentsvollstreckung am **Kommandit-Anteil** ist unstreitig, daß nur die Erben Mitunternehmer sind (BFH vom 16. 5. 1995, BStBl. 1995 II S. 714 – Verwaltungsvollstreckung, dazu instruktiv *Gschwendtner* DStZ 1995, 708), nicht noch daneben der Testamentsvollstrecker (*Littmann/Bitz/Meincke* EStG § 15 Anm. 35). Die Mitunternehmerschaft eines Vermächtnisnehmer-Kommanditisten unter Verwaltungstestamentsvollstreckung entfällt nicht deswegen, weil er die Gewinnanteile an einen Untervermächtnisnehmer herausgeben muß (BFH vom 16. 5. 1995 aaO m. Anm. *Söffing* NWB 3, 9675; *L. Schmidt* FR 1995, 706; und DStR 1995, 1423). Ist der Testamentsvollstrecker selbst auch Gesellschafter, so ist er aus diesem Grund Mitunternehmer, was darüber hinaus die Qualifizierung seines Testamentsvollstrecker-Honorars als gewerbliche Sondervergütung iS des § 15 Abs. 1 Nr. 2 EStG zur Folge hat. Dagegen wird der Testamentsvollstrecker, der (nur) vermächtnisweise einen Ertragsnießbrauch an einem Kommanditanteil erhält, allein deswegen noch nicht Mitunternehmer der KG (BFH vom 26. 11. 1996, BFH NV 1997, 393).

118 **Vermögensteuer.** Subjekte der Vermögensteuer sind alleine die Mitunternehmer der Personengesellschaft, nicht der Testamentsvollstrecker. Wird er bei der Treuhandlösung als Mitunternehmer angesehen, schuldet er gleichwohl keine Vermögensteuer, weil ihm das Vermögen der Gesellschaft nicht anteilig zugerechnet wird.

Gewerbesteuer. Schuldner der Gewerbesteuer ist die Personengesellschaft als solche. Der Testamentsvollstrecker wird nicht berührt. Wird der Testamentsvollstrecker bei der Treuhandlösung als Mitunternehmer angesehen, sind seine Testamentsvollstrecker-Honorare, soweit sie auf die Verwaltung der Gesellschaftsbeteiligung entfallen, gewerbesteuerpflichtig (entschärft durch § 35 EStG nF). 119

Umsatzsteuer. Subjekt der Umsatzsteuer ist die **Personengesellschaft** als solche (§ 2 UStG, Abschn. 16 Abs. 1 UStR), nicht ihre Gesellschafter. Die Rechtsprechung des BFH zur umsatzsteuerlichen Unternehmerschaft des Testamentsvollstreckers bei der Treuhandlösung für ein Einzelunternehmen (BFH vom 11. 10. 1990, BStBl. 1991 II S. 191) hat deshalb bei der Treuhandlösung für einen OHG- oder Komplementär-Anteil keinen Raum. 120

Zur Abgrenzung: Der Gesellschafter einer Personengesellschaft kann dieser seinerseits als Unternehmer iS des § 2 UStG gegenübertreten. Tut dies ein Testamentsvollstrecker für den Erben, dessen Gesellschaftsanteil er verwaltet, wird nach der o.a. Rechtsprechung der Testamentsvollstrecker und nicht der Erbe als umsatzsteuerlicher Unternehmer anzusehen sein. 121

cc) Kapitalgesellschaften. An der **Körperschaftsteuerpflicht** (§ 1 KStG), Vermögensteuerpflicht (§ 1 Abs. 1 Nr. 2 VStG), Gewerbesteuerpflicht (§ 2 Abs. 2 GewStG), Umsatzsteuerpflicht (§ 2 UStG) der Kapitalgesellschaft ändert sich durch die Tatsache, daß die Beteiligung an der Kapitalgesellschaft unter Testamentsvollstreckung steht, nichts. Indirekt kann der Testamentsvollstrecker auf die Körperschaftsteuerbelastung der Kapitalgesellschaft dann Einfluß nehmen, wenn er in Ausübung seines Verwaltungsrechts eine Ausschüttung beschließt. Die Körperschaftsteuer der Gesellschaft senkt sich dann von der sog. Tarifbelastung (Steuersatz für thesaurierte Einkünfte) von 40% auf die sog. Ausschüttungsbelastung (Steuersatz für ausgeschüttete Einkünfte) von 30% ab. Nach der Steuerreform 2001 bewirken Ausschüttungen keine Änderung des Steuersatzes mehr. 122

Die Verwaltungsbefugnisse des Testamentsvollstreckers verleihen diesem nicht das **wirtschaftliche Eigentum** an der Beteiligung (vgl. BFH vom 14. 11. 1962, BStBl. 1963 III S. 62 für die Gesellschaftsteuer). Folglich werden die Dividenden und etwaige Veräußerungsgewinne einkommensteuerlich allein dem Erben zugerechnet, ebenso wie ihm die Beteiligung vermögensteuerlich zugerechnet wird. Damit der Dividendenempfänger die von der Kapitalgesellschaft entrichtete Körperschaftsteuer auf seine Einkommensteuer auf die Dividende anrechnen kann (§ 36 Abs. 2 Nr. 3 EStG), benötigt er eine von der Körperschaft ausgestellte Bescheinigung (§ 44 KStG). Bei (offenen) Treuhandverhältnissen ist diese Bescheinigung grundsätzlich dem Treugeber auszustellen (*Dötsch/Eversberg/Jost/Witt* KStG § 44 Anm. 32). Im Hinblick auf die treuhänderähnliche Stellung des Testamentsvollstreckers ist bei einer unter Testamentsvollstreckung stehenden Beteiligung die Bescheinigung dem Gesellschafter auszustellen. 123

dd) Exkurs: Betriebsaufspaltung. Eine im unternehmerischen Mittelstand beliebte Rechtsgestaltung ist die sog. Betriebsaufspaltung. Sie ist dadurch gekennzeichnet, daß einer oder mehreren Personen Grundbesitz (oder anderes Anlagevermögen) gehört, das an eine Kapitalgesellschaft vermietet wird, an der die gleichen Personen beteiligt sind (vgl. EStR H 137 Abs. 4). Bedingung ist, daß die „hinter beiden Unternehmen stehenden Personen einen einheitlichen geschäftlichen Betätigungswillen haben" (BFH GS vom 8. 11. 1971, BStBl. 1972 II S. 63). Dieser ist gegeben, wenn die Person oder die Personen, die das sog. Besitzunternehmen (Vermietung) beherrschen, in der Lage sind, auch in der Betriebsgesellschaft (Kapitalgesellschaft) ihren Willen durchzusetzen. 124

125 Wesentliche Rechtsfolge der Betriebsaufspaltung ist u.a., daß sowohl der vermietete Grundbesitz als auch die Beteiligung an der Kapitalgesellschaft steuerliches **Betriebsvermögen** sind. Fallen die Voraussetzungen der Betriebsaufspaltung weg, zB durch nicht kongruente Rechtsnachfolge bei Besitz- und Betriebsunternehmen, werden der Grundbesitz und die Beteiligung Privatvermögen (Betriebsaufgabe iSd. § 16 EStG) mit der Rechtsfolge einer Besteuerung der stillen Reserven ohne Liquiditätszufluß.

126 Der einheitliche Betätigungswille hinsichtlich beider Unternehmen kann nicht dadurch hergestellt werden, daß sowohl das vermietete Vermögen als auch die Beteiligung an der Kapitalgesellschaft unter Testamentsvollstreckung stehen (BFH vom 13. 12. 1984, BStBl. 1985 II S. 657).

Beispiel: A ist Eigentümer eines Grundstücks, das er an eine GmbH, deren Alleingesellschafter er ist, vermietet hat. Es liegt Betriebsaufspaltung vor. A verfügt testamentarisch, daß sein Sohn die GmbH-Beteiligung, seine Tochter das Grundstück erhalten soll, und stellt beide Kinder für zehn Jahre unter Verwaltungs-Testamentsvollstreckung. Mit Ausführung der letztwilligen Verfügung endet die Betriebsaufspaltung trotz der Verwaltungsbefugnis des Testamentsvollstreckers für Grundstück und GmbH-Beteiligung. Die steuerlichen Rechtsfolgen sind in der Regel katastrophal: Besteuerung aller stillen Reserven in dem Grundstück und in der GmbH-Beteiligung.

c) Gewinnrealisierungen durch Erbfall

127 Durch den Erbfall werden die Erwerber zwar „reicher", aber diese Vermögensmehrung löst keine Einkommensteuer aus. Gleichwohl kann der Erbfall indirekt erhebliche **Einkommensteuerbelastungen** auslösen.

In vielen Testamenten werden einzelne Wirtschaftsgüter eines Betriebsvermögens anderen Personen zugewiesen als der Betrieb im Ganzen. Der Prototyp solcher Verfügungen lautet am Beispiel eines Einzelunternehmens mit Betriebsgrundstück: „Erbe wird mein Sohn. Meine Tochter erhält das Betriebsgrundstück als Vermächtnis mit der Auflage, es zum angemessenen Mietzins an meinen Sohn zu vermieten."

128 Die Ausführung dieses Testaments führt zu einer **Entnahme** (§§ 4 Abs. 1, 6 Abs. 1 Nr. 4 EStG) des Betriebsgrundstücks aus dem Betriebsvermögen mit der Folge, daß die stille Reserve in dem Grundstück (Differenz zwischen Buchwert und Teilwert, der bei Grundstücken in der Regel dem Verkehrswert entspricht) mit Einkommensteuer plus Gewerbesteuer belastet wird, die in diesem Fall der Erbe zu tragen hat. Ein vorsorglicher Testamentsvollstrecker wird sich über diese Steuerfolge der Testamentsausführung Rechenschaft ablegen und die Beteiligten hierauf hinweisen, umso mehr als diese Steuerfolge den meisten Erben unbekannt ist und sie unerwartet trifft. Wenn auch der Testator sie nicht gekannt hat, was die Regel ist, wird damit auch die vom Testator beabsichtigte Vermögensverteilung durch die Steuerbelastung nur eines Beteiligten stark verändert.

129 Ähnliche unerkannte „Entnahmekatastrophen" ergeben sich besonders häufig, wenn das **Sonderbetriebsvermögen** bei Personengesellschaften testamentarisch anderen Personen zugewiesen wird als der Gesellschaftsanteil und bei **Betriebsaufspaltungen** (Rdn. 124), wenn das Besitzunternehmen einer anderen Person zugewiesen wird als die Beteiligung an der Kapitalgesellschaft. Eine der denkbaren „Reparaturmaßnahmen" ist die Ausschlagung und vereinbarungsgemäße Neuverteilung des Erbes zwischen den Beteiligten ohne derartige Realisierungsvorgänge. Zur Frage, ob der Testamentsvollstrecker verpflichtet ist, über die einkommensteuerlichen Folgen der Testamentsausführung zu belehren, vgl. Rdn. 162ff.

d) Erbauseinandersetzung

Zu den einem Testamentsvollstrecker besonders häufig zugewiesenen Aufgaben gehört es, die Auseinandersetzung unter mehreren Erben zu bewerkstelligen, entweder in der vom Erblasser vorgegebenen Weise oder nach den Vereinbarungen der Erben oder nach dem Ermessen des Testamentsvollstreckers. Zu den aufgrund geänderter Rechtsprechung des Bundesfinanzhofs neueren Herausforderungen des Testamentsvollstreckers gehört die Beurteilung der **einkommensteuerlichen Folgen** solcher Erbauseinandersetzungen. Bis zur Entscheidung des Großen Senats des BFH vom 5. 7. 1990 (BStBl. 1990 II S. 837) war die Erbauseinandersetzung ein einkommensteuerlich irrelevanter Vorgang. Vereinfacht wurde es so angesehen, als hätten die Miterben die ihnen im Zuge der Auseinandersetzung zugewiesenen einzelnen Vermögensgegenstände unmittelbar vom Erblasser erworben. Die Zuweisung der einzelnen Vermögensgegenstände begründete insbesondere keine einkommensteuerrelevanten Veräußerungsvorgänge zwischen den Miterben, dh. es gab keine Veräußerungsgewinne auf der einen Seite und keine Anschaffungskosten auf der anderen Seite. Mangels einkommensteuerlicher Relevanz konnte ein Testamentsvollstrecker hier „kaum einen Fehler machen". 130

Seit dem BFH-Beschluß vom 5. 7. 1990 ist die Rechtslage vereinfacht wie folgt: 131
die Erbauseinandersetzung bildet mit dem Erbfall auch einkommensteuerrechtlich keine Einheit, sondern folgt diesem als selbständiger Rechtsvorgang nach. Die entscheidende unterschiedliche Konsequenz gegenüber der alten Rechtslage ist, daß die Erbauseinandersetzung nunmehr **einkommensteuerrelevante Veräußerungsvorgänge** zwischen den Miterben darstellen kann. Das führt auf der einen Seite zu (steuerpflichtigen oder steuerfreien) Veräußerungsvorgängen, auf der anderen Seite zu Anschaffungskosten. Das wirkt sich je nach Vermögensart, über die die Auseinandersetzung stattfindet, unterschiedlich aus. Zur Veranschaulichung drei

Beispiele:

(1) S und T erben je zur Hälfte ein vermietetes Mehrfamilienhaus, das sich seit mehr als zehn Jahren im Privatvermögen des Erblassers befand, im Werte von DM 2 Mio. T übernimmt das Haus und zahlt an S DM 1 Mio. Keine Besteuerung bei S, egal wie hoch die Anschaffungskosten des Hauses waren und wieviel Abschreibung vorher geltend gemacht wurde. T hat Anschaffungskosten von DM 1 Mio, von denen sie in Zukunft abschreiben kann. Falls T ein Darlehen aufnehmen muß, kann sie die Zinsen als Werbungskosten abziehen. Das ist der einkommensteuerlich günstigste Fall: Keine Besteuerung des Veräußerungsgewinns auf der einen Seite, trotzdem Abschreibung und ggf. Werbungskosten auf der anderen Seite.

(2) S und T erben je zur Hälfte ein Einzelunternehmen. Verkehrswert DM 2 Mio., Steuerbilanz-Buchwert (Eigenkapital) DM 0,4 Mio. S. übernimmt das Unternehmen zur Gänze und zahlt an T DM 1 Mio. T versteuert einen Veräußerungsgewinn von DM 0,8 Mio. (DM 1 Mio. Kaufpreis ./. DM 0,2 Mio. hälftiger Buchwert). S hat Anschaffungskosten von DM 1 Mio., die er abschreiben kann. Falls S ein Darlehen aufnimmt, kann er die Zinsen als Betriebsausgaben abziehen. Das ist der mittlere Fall: Die eine Seite muß zwar den Veräußerungsgewinn besteuern, aber die andere Seite kann abschreiben und etwaige Zinsen abziehen.

(3) S und T erben je zur Hälfte eine 100%ige GmbH-Beteiligung. Verkehrswert DM 2 Mio., Anschaffungskosten des Erblassers DM 0,4 Mio. S übernimmt die Beteiligung zur Gänze und zahlt an T DM 1 Mio. S versteuert einen Veräußerungsgewinn von DM 0,8 Mio. (DM 1 Mio. Kaufpreis ./. hälftige Anschaffungskosten). S hat Anschaffungskosten von DM 1 Mio., die er aber nicht abschreiben kann, weil das bei Beteiligungen an einer GmbH nicht möglich ist. Zinsen könnte er ggf. abziehen. Das ist der ungünstigste Fall: Die eine Seite versteuert den Veräußerungsgewinn, die andere Seite kann nicht abschreiben.

132 Durch die Einkommensteuerbelastung der Erbauseinandersetzung können sich die vom Erblasser beabsichtigten wertmäßigen Zuweisungen völlig verschieben. Vom Testamentsvollstrecker wird zu verlangen sein, daß er die **einkommensteuerlichen Folgen** der Erbauseinandersetzung entweder selbst abschätzen kann oder einen Steuerfachmann abschätzen läßt. Er könnte anderenfalls durch seine Auseinandersetzungsmaßnahmen bei den Erben ungewollte Steuerbelastungen hervorrufen, die in aller Regel nicht korrigierbar sind. Vorsorglich sollte der Testamentsvollstrecker sich über die steuerlichen Folgen seiner Auseinandersetzungsmaßnahmen immer Rechenschaft ablegen und den Erben vorher die steuerlichen Konsequenzen mitteilen, damit diese ggf. Gelegenheit haben, zusammen mit dem Testamentsvollstrecker eine weniger steuerbelastende Art der Auseinandersetzung zu bewerkstelligen.

133 Die Einzelheiten der einkommensteuerlichen Folgen der Erbauseinandersetzung können hier nicht dargestellt werden. Dazu zB die Verwaltungserlasse vom 31. 12. 1988, BStBl. 1988 I S. 546 für „Altfälle“ und vom 11. 1. 1993, BStBl. 1993 I S. 62 sowie *Schmidt* EStG § 16 Rdn. 605ff. mwN.

e) Belastung mit Erbschaftsteuer und Einkommensteuer

134 Nicht dem Gesetzeswortlaut nach, wohl aber im wirtschaftlichen Gehalt erfassen Einkommensteuer und Erbschaftsteuer bisweilen den gleichen Sachverhalt.

Beispiele:

(1) Der Freiberufler, der seinen Gewinn nach § 4 Abs. 3 EStG (Einnahmeüberschußrechnung) ermittelt, stirbt mit ausstehenden Honorarforderungen. Der Wert der Honorarforderungen unterliegt bei seinen Erben der Erbschaftsteuer. Wenn die Erben die Honorarforderungen später einziehen, unterliegen diese (noch einmal) der Einkommensteuer.

(2) Der Erblasser hat einem Vermächtnisnehmer eine lebenslange Rente ausgesetzt. Der kapitalisierte Wert der Rente unterliegt der Erbschaftsteuer. Die regelmäßigen Rentenzahlungen unterliegen (noch einmal) der Einkommensteuer.

(3) A hinterläßt seinem Erben einen Betrieb mit Steuerbilanz-Buchwert 100, Erbschaftsteuerwert 300 und Verkehrswert 500. Der Erwerb des Betriebs unterliegt mit Bemessungsgrundlage 300 der Erbschaftsteuer. Wenn der Erbe den Betrieb nach dem Erbfall für 500 veräußert, unterliegt die Differenz zwischen 100 und 500, also 400, der Einkommensteuer. Da die Einkommensteuer auf die stille Reserve von 400 von der Erbschaftsteuerbemessungsgrundlage nicht abgezogen werden darf (ständige Rechtsprechung), liegt wirtschaftlich eine doppelte Belastung mit Erbschaftsteuer und Einkommensteuer vor.

135 Milderungen derartiger doppelter Belastungen mit Erbschaftsteuer und Einkommensteuer gibt es nicht mehr, seit § 35 EStG aF abgeschafft wurde. Zur Belehrungspflicht des Testamentsvollstreckers vgl. Rdn. 162ff.

2. *Auskunft, Buchführung, Aufbewahrung*

136 Im Rahmen seines Aufgabenbereiches ist der Testamentsvollstrecker gegenüber den Finanzbehörden auskunftspflichtig (§ 93 Abs. 1).

Beispiel: Das Finanzamt hat Zweifel an den in der Steuererklärung des Erben gemachten Angaben über die Verhältnisse des von dem Testamentsvollstrecker fortgeführten Handelsgeschäfts. Auf Verlangen des Finanzamts hat der Testamentsvollstrecker die ihm möglichen Auskünfte über das Handelsgeschäft zu erteilen.

137 Ein **Auskunftsverweigerungsrecht** hat der Testamentsvollstrecker nicht, auch dann nicht, wenn er ein Angehöriger (§ 15 AO) des Erben ist (*Tipke/Kruse* § 101 AO Anm. 2). Im Rahmen einer gegen den Erwerber angeordneten Außenprü-

fung/Betriebsprüfung, in der die steuerlichen Verhältnisse des Erwerbers ermittelt werden sollen (§§ 193, 194 AO), ist der Testamentsvollstrecker auskunftsverpflichtet, soweit sein Wirkungskreis reicht. Ein Auskunftsverweigerungsrecht steht ihm auch hier nicht zu, selbst dann nicht, wenn er als Rechtsanwalt, Steuerberater, Wirtschaftsprüfer usw. gem. § 102 Abs. 1 Nr. 3b AO generell ein solches hätte. Denn die Testamentsvollstreckertätigkeit ist nicht berufstypisch, so daß ihm die als Testamentsvollstrecker erlangten Kenntnisse nicht in seiner Eigenschaft als Rechtsanwalt usw. zugegangen sind. Darüber hinaus gehen die aus §§ 34, 35 AO den Testamentsvollstrecker treffenden Pflichten vor, wozu eben auch die Auskunftspflicht gehört.

Die allgemeinen **abgabenrechtlichen Pflichten** betreffend Aufzeichnungen, 138
Buchführung, Aufbewahrung treffen den Erwerber, soweit er Steuerpflichtiger ist. Das Finanzamt kann nur den Erben, nicht aber den Testamentsvollstrecker zur Einhaltung dieser Pflichten anhalten. Das gilt aber nur für das Steuerrechtsverhältnis. Im zivilrechtlichen Verhältnis zu den Erwerbern ist der Testamentsvollstrecker gehalten, derartige Hilfspflichten zu erfüllen.

Aber: Führt der Testamentsvollstrecker ein Handelsgeschäft für den Erwerber 139
fort, hat er hinsichtlich der **Betriebsteuern** (zum Begriff Rdn. 143) die Bücher und Aufzeichnungen zu führen und aufzubewahren (*Hübschmann/Hepp/Spitaler/Boeker* § 34 AO Anm. 97).

3. Steuererklärungen

a) Bekannte Erben

Die Steuererklärungen für die von den Erwerbern geschuldeten Steuern, die 140
nach dem Tod des Erblassers in der Person der Erwerber entstehen, haben allein letztere abzugeben, also insbesondere die Einkommensteuer-, Vermögensteuer-, Gewerbesteuer- und Umsatzsteuererklärungen. Das gilt selbstverständlich für das der Testamentsvollstreckung nicht unterliegende Vermögen und seine Erträge, aber auch für das testamentsvollstreckungsbelastete Vermögen einschließlich eines vom Testamentsvollstrecker fortgeführten Unternehmens (BFH vom 25. 8. 1961, StRK Steueranpassungsgesetz § 7 R. 21; vom 7. 10. 1970, BStBl. 1971 II S. 119; vom 29. 8. 1973, BStBl. 1974 II S. 100; vom 16. 4. 1980, BStBl. 1980 II S. 650).

Bei der Testamentsvollstreckung für **minderjährige Erwerber** folgt daraus, daß 141
nicht der Testamentsvollstrecker für diese die Steuererklärung abzugeben hat, sondern der gesetzliche Vertreter der Minderjährigen.

Selbstverständlich können die Erwerber oder ihre gesetzlichen Vertreter den 142
Testamentsvollstrecker mit der Erstellung von Steuererklärungen beauftragen und ihn gegenüber dem Finanzamt als **Bevollmächtigten** bestellen. Damit wird die Steuererklärungspflicht aber nicht auf den Testamentsvollstrecker verlagert. Sie verbleibt materiell bei den Erwerbern. Sie haben die Erklärung auch zu unterzeichnen.

Eine Besonderheit besteht bei der Fortführung eines **Handelsgeschäfts** durch 143
den Testamentsvollstrecker sowohl bei der Treuhand- wie bei der Vollmachtslösung. Für die sog. Betriebsteuern haben nicht die Erwerber, sondern der Testamentsvollstrecker die Steuererklärung abzugeben. Betriebsteuern sind insbesondere die Gewerbesteuer und die Umsatzsteuer, sowie Verbrauchsteuern in Herstellungsbetrieben, zB Biersteuer und die Versicherungsteuer. Die jüngere Auffassung des BFH (vom 11. 10. 1990, BStBl. 1991 II S. 191), wonach der Testamentsvollstrekker bei der Treuhandlösung für ein Einzelunternehmen selbst umsatzsteuerlicher Unternehmer ist (nicht der Erbe), bringt bezüglich der Erklärungspflicht also nichts

neues. Keine Betriebsteuern sind die Einkommensteuer, Vermögensteuer, Körperschaftsteuer, Erbschaftsteuer, Grundsteuer, Grunderwerbsteuer, Kraftfahrzeugsteuer. Die Verpflichtung zur Abgabe der Steuererklärungen über die betrieblichen Steuern beruht auf § 34 AO (*Hübschmann/Hepp/Spitaler/Boeker* § 34 AO Anm. 96f.), nach anderer Auffassung auf § 35 AO (*Tipke/Kruse* § 34 AO Anm. 16). Die letztere Auffassung verlangt, daß der Testamentsvollstrecker als Verfügungsberechtigter aufgetreten ist, was bei der Fortführung eines Handelsgeschäfts in der Regel gegeben sein wird, weshalb beide Auffassungen praktisch zum gleichen Ergebnis kommen.

144 Wenn die Testamentsvollstreckung sich auf die Verwaltung eines **Grundstückes** bezieht, hat der Testamentsvollstrecker die Steuererklärungen für die Einheitsbewertung und für die Grundsteuer abzugeben (*Schwarz* AO § 34 Anm. 20).

145 Insgesamt weitergehend als die hM verlangen *Haegele/Winkler* (Rdn. 758), daß der Testamentsvollstrecker bei einer Dauervollstreckung „insbesondere auch Erklärungen zur **einheitlichen Gewinnfeststellung** aus Einkünften für Vermietung und Verpachtung von Nachlaßgegenständen sowie ESt-Erklärungen für Gewinne aus den seiner Verwaltung unterliegenden Anteilen an einer GmbH oder an einer Personengesellschaft abzugeben hat". Dem ist nicht zu folgen. Die Auffassung ist auch praktisch zum Teil nicht durchführbar, weil es „ESt-Erklärungen für Gewinne aus Anteilen an einer GmbH oder an einer Personengesellschaft" nicht gibt. Mit letzterer könnte die Erklärung zur gesonderten und einheitlichen Feststellung der Einkünfte der Gesellschafter einer Personengesellschaft gemäß § 180 Abs. 1 Nr. 2a AO gemeint sein. Aber auch sie haben die Erben und nicht der Testamentsvollstrecker abzugeben (BFH vom 29. 8. 1973, BStBl. 1974 II S. 100). Eine Erklärungspflicht des Testamentsvollstreckers anstelle des einzelnen Gesellschafters ließe sich allenfalls auf § 181 Abs. 2 Nr. 4 AO stützen, wenn die Geschäftsführung der Gesellschaft unrichtigerweise keine Erklärung abgibt.

b) Unbekannte Erben

146 Die vorstehenden Regeln können nicht für den Fall übernommen werden, daß die Erwerber unbekannt sind, sei es, daß sie noch nicht aufgefunden worden sind, sei es, daß von mehreren in Betracht kommenden Personen noch nicht feststeht, wer von ihnen was erhält, zB weil um die Auslegung des Testamentes gestritten wird. Die steuerliche Rechtsstellung des Testamentsvollstreckers in diesen Fällen ist ungesichert. Der BFH hat seine allgemeine Aussage, daß es in der Regel nicht Aufgabe des Testamentsvollstreckers sei, öffentlich-rechtliche Pflichten der Erben zu erfüllen, in verschiedenen Urteilen dahin eingeschränkt, daß dies jedenfalls dann gelte, wenn die Erben feststehen und die Eigentumsverhältnisse am Nachlaßvermögen geklärt seien (zB BFH vom 7. 10. 1970, BStBl. 1971 II S. 119; vom 16. 2. 1977, BStBl. 1977 II S. 481; vom 16. 4. 1980, BStBl. 1980 II S. 605). Im Urteil vom 16. 4. 1980 (aaO) hat der BFH ausdrücklich offengelassen, ob das Finanzamt nach § 34 Abs. 3 AO vom Testamentsvollstrecker verlangen kann, „einzelne Erklärungspflichten des Erben bezüglich des Nachlaßvermögens zu erfüllen". Aus beidem ist jedoch nicht zu schließen, daß der Testamentsvollstrecker die Steuererklärung für unbekannte Erben oder sonstige Erwerber abzugeben habe. Wenn er vom Finanzamt gleichwohl zur Abgabe der Steuererklärung aufgefordert wird, sollte der Testamentsvollstrecker das Finanzamt auf § 81 Nr. 1 AO verweisen. Nach dieser Vorschrift hat das Vormundschaftsgericht auf Ersuchen der Finanzbehörde für einen Beteiligten, dessen Person unbekannt ist, einen geeigneten **Vertreter** zu bestellen. Im Schrifttum wird der unbekannte oder streitige Erbe als Anwendungsfall dieser Vorschrift angesehen (*Koch/Scholtz/Helsper,* AO 1977, 4. Aufl. 1993, § 81 Anm. 4; *Tipke/Kruse* § 81 AO Anm. 7).

4. *Steuerbescheide*

Soweit die Erwerber Steuerpflichtige sind, müssen die Bescheide gegen sie gerichtet werden, nicht gegen den Testamentsvollstrecker (FG Bremen vom 8. 2. 1994, rkr EFG 1994, 562; vgl. auch BFH vom 29. 11. 1995, BStBl 1996 II S. 322). **147**

Ebenso ist die Rechtslage übrigens beim **Nachlaßverwalter.** Steuerbescheide sind nicht ihm, sondern dem Erben bekanntzugeben (BFH vom 5. 6. 1991, BStBl. 1991 II S. 820). Im Unterschied dazu sind Steuerbescheide im Fall der **Nachlaßpflegschaft** dem Nachlaßpfleger bekanntzugeben (BFH vom 30. 3. 1982, BStBl. 1982 II S. 687). **148**

5. *Rechtsbehelfe*

Die Rechtsbehelfsbefugnis steht den Erben zu, soweit die Steuerbescheide an sie zu richten sind. Der Testamentsvollstrecker ist weder klagebefugt noch befugt, die Aussetzung der Vollziehung zu beantragen (BFH vom 29. 11. 1995, BStBl. 1996 II S. 322), noch kann er selbst einen Prozeßbevollmächtigten bestellen (BFH vom 10. 7. 1991, BFH NV 1992, 223). Soweit die Steuerbescheide an den Testamentsvollstrecker zu richten sind, hat er die Rechtsbehelfsbefugnis. **149**

6. *Steuerzahlungen und -erstattungen*

Für die Bezahlung der den Erwerber treffenden Steuerschulden hat dieser selbst zu sorgen und nicht der Testamentsvollstrecker, auch dann nicht, wenn es sich um Vermögen und Erträge eines Vermögens handelt, die der Verwaltung durch den Testamentsvollstrecker unterstehen, vgl. aber Rdn. 167. Soweit der Testamentsvollstrecker für den Erwerber ein **Handelsgeschäft** fortführt, hat er die Betriebsteuern (Rdn. 143) aus dem verwalteten Vermögen zu zahlen (*Hübschmann/Hepp/Spitaler/Boeker* § 34 AO Anm. 96). **150**

Steuererstattungen sind an die Erwerber zu leisten, nur bei Betriebsteuern an den Testamentsvollstrecker (BFH vom 7. 10. 1970, BStBl. 1971 II S. 119 aE). **151**

7. *Haftung*

Soweit der Testamentsvollstrecker selbst Steuerschuldner ist (Umsatzsteuer bei Treuhandlösung, Rdn. 114), stellt sich die Haftungsfrage nicht, eben weil er selbst Steuerschuldner ist. **152**

Wenn der Testamentsvollstrecker die vom Erwerber geschuldeten, aber vom Testamentsvollstrecker verwalteten Steuern nicht abführt, haftet er hierfür (§ 69 AO). Das gilt insbesondere für die Betriebsteuern bei Fortführung eines Handelsgeschäfts durch den Testamentsvollstrecker. **153**

Zur Haftung gegenüber dem Erben für Steuern vgl. Rdn. 168. **154**

8. *Vollstreckung*

Die Rechtslage ist wie in Rdn. 41. **155**

V. Innenverhältnis Testamentsvollstrecker – Erbe

1. Steuerrechtlicher Status

156 Ebensowenig wie der Erblasser durch Anordnungen im **Testament** den gesetzlichen steuerlichen Status des Testamentsvollstreckers beeinflussen kann, können dies der Testamentsvollstrecker und die mit Testamentsvollstreckung belasteten Erwerber durch rechtsgeschäftliche **Vereinbarung** miteinander. Das Finanzamt kann sich ausnahmslos an die Personen wenden, die die Steuerpflichten nach dem Gesetz zu erfüllen haben, gleich, was sie untereinander vereinbart haben.

2. Auskunftsansprüche

a) Ansprüche des Testamentsvollstreckers

157 Der Testamentsvollstrecker kann seinen steuerlichen Pflichten vielfach nur nachkommen, wenn ihm die Erben entsprechende Auskünfte erteilen. Insbesondere gilt das für die in der Erbschaftsteuererklärung zu machenden Angaben über das Vermögen des Erblassers, bei dessen Aufnahme der Testamentsvollstrecker wesentlich auf die Mithilfe der Erben angewiesen sein wird. Fast ausnahmslos zwingend ist die **Mithilfe** der unter Testamentsvollstreckung stehenden Vermögenserwerber bezüglich Angaben von **Vorschenkungen** (§ 14 ErbStG). Ob der Testamentsvollstrecker gegen die Erwerber einen zivilrechtlichen Auskunftsanspruch hat, der ihn instand setzt, seinen steuerlichen Pflichten gegenüber dem Finanzamt nachzukommen, ist zweifelhaft. Richtigerweise ist das auf der Rechtsgrundlage der §§ 2218 mit 242 BGB zu bejahen, weil der Testamentsvollstrecker anders seine Pflichten nicht erfüllen kann (vgl. MünchKommBGB/*Brandner* § 2218 Rdn. 8: der Testamentsvollstrecker kann vom Erben Auskunft verlangen, soweit nach § 242 BGB gerechtfertigt, vgl. *Palandt/Heinrichs* § 261 Rdn. 8ff.). Kann der Testamentsvollstrecker von den Erben die Informationen nicht erhalten, wird er dieses dem Finanzamt im eigenen Interesse mitteilen.

b) Ansprüche der Erben

158 Der Testamentsvollstrecker verfügt über und verwaltet Vermögen, das den Erwerbern gehört und aufgrund dessen die Erwerber auch steuerliche Pflichten treffen, insbesondere bei einer Dauervollstreckung. Der Testamentsvollstrecker muß in diesen Fällen den Erwerbern die für die Erfüllung derer **steuerrechtlichen Verpflichtungen** erforderlichen Umstände und Zahlen bekanntgeben und etwa erforderliche Nachweise zur Verfügung stellen (*Möhring/Beisswingert/Klingelhöffer* S. 241). Bei einem vom Testamentsvollstrecker fortgeführten Handelsgeschäft sind das insbesondere die Jahresabschlüsse mit Bilanz und Gewinn- und Verlustrechnung sowie die Vermögensaufstellung. Bei Einkünften aus Kapitalvermögen und aus Vermietung und Verpachtung sind die Einnahmen und Werbungskosten mitzuteilen, bei Einkünften aus Kapitalvermögen insbesondere auch einbehaltene Kapitalertragsteuer oder ausländische Quellensteuer. Rechtsgrundlage für diesen Auskunftsanspruch ist § 2218 BGB iVm. § 666 BGB. Wenn gegen einen Erben, der unter Dauertestamentsvollstreckung steht, wegen Nichtzahlung der von ihm geschuldeten Einkommensteuer Säumniszuschläge festgesetzt werden und er wegen Überschuldung und Zahlungsunfähigkeit deren Erlaß begehrt, muß er dem Finanzamt zur Substantiierung seines Begehrens die vom Testamentsvollstrecker erstellte

Rechnungslegung vorlegen (FG Bremen vom 14. 7. 1998, EFG 1998, 1558). Notfalls muß er den Rechnungslegungsanspruch gegenüber dem Testamentsvollstrecker gerichtlich durchsetzen.

Kommt der Testamentsvollstrecker seinen Auskunftspflichten gegenüber den Erben nicht nach und erleiden diese hierdurch einen steuerlichen Nachteil, haftet der Testamentsvollstrecker den Erwerbern auf Schadensersatz (§ 2219 BGB). Der Testamentsvollstrecker tut zur Klarstellung und Abwendung von Schadensersatzansprüchen gegen ihn gut daran, die Unterrichtungen der Erwerber, deren Unterlassung ihn ersatzpflichtig machen könnte, beweiskräftig vorzunehmen, indem er sich die persönliche Übergabe quittieren läßt oder Unterlagen als Einschreiben mit Rückschein versendet. **159**

3. Einschaltung von Steuerfachleuten

Wenn der Testamentsvollstrecker nicht selbst steuerrechtliche Kenntnisse hat, insbesondere als Rechtsanwalt, Wirtschaftsprüfer, Steuerberater, wird ihn die steuerliche Seite der Testamentsvollstreckung häufig überfordern. Er ist dann berechtigt, auf Kosten des Nachlasses **steuerlichen Rat** einzuholen, weil dies zur ordnungsmäßigen Verwaltung des Nachlasses gehört (*Kipp/Coing* S. 410; MünchKommBGB/*Brandner* § 2218 Rdn. 5a, 6). Bei Fehlen eigener Fachkenntnisse ist der Testamentsvollstrecker sogar verpflichtet, fremden Rat einzuholen (OLG Stuttgart Baden-Württembergische Notarzeitung 1962, 61, für anwaltlichen Rat). Holt der Testamentsvollstrecker den Rat nicht ein und entsteht dem Erwerber daraus ein **Schaden,** hat der Testamentsvollstrecker diesen zu ersetzen (§ 2219 BGB). **160**

Beispiel: Der Testamentsvollstrecker hält sich für befugt, gegen den Erbschaftsteuerbescheid Rechtsmittel einzulegen, unterläßt dies aber, weil er den Bescheid für rechtmäßig hält und unterrichtet den Erwerber hiervon nicht. Nach Ablauf der Wiedereinsetzungsfrist (§ 110 AO) stellt sich heraus, daß der Bescheid zu Lasten des Erwerbers fehlerhaft war. Der Testamentsvollstrecker hat die zu Unrecht festgesetzte Steuer dem Erwerber zu ersetzen.

Auf der anderen Seite darf der Testamentsvollstrecker keine erkennbar **überflüssigen** und leichtfertigen **Steuerberatungskosten** erzeugen. Hierfür haftet er dem Erben auf Schadensersatz. Das ist zB der Fall, wenn ein in kaufmännischen Angelegenheiten erfahrener Testamentsvollstrecker einen Rechtsanwalt beauftragt, Einspruch gegen dem Grunde nach unstreitige Erbschaftsteuerbescheide einzulegen, lediglich um die Einspruchsfrist zu wahren und Zeit zur Übermittlung der Steuerbescheide an die Erben bzw. Vermächtnisnehmer zu gewinnen (BGH vom 19. 1. 2000, NJWE-FER 2000, 124). Einen solchen nur fristwahrenden Einspruch muß der Testamentsvollstrecker selbst einlegen. **160a**

Da der Testamentsvollstrecker das Recht zur Verwaltung des Nachlasses hat, ist er auch berechtigt, das **Mandatsverhältnis** zum bisherigen steuerlichen Berater des Erblassers zu kündigen und einen anderen Berater zu beauftragen, soweit es um die steuerlichen Belange des Nachlasses geht. Diese Konstellation führt häufig zu Querelen, wenn der bisherige Berater die Unterlagen nur zögerlich oder unter Bedingungen (meist Honorarzahlung) herausgibt, und der Testamentsvollstrecker deshalb Schwierigkeiten hat, seinen steuerlichen Pflichten bezüglich der Erbschaftsteuer und bezüglich der in der Person des Erblassers entstandenen Steuerschulden nachzukommen. Der Testamentsvollstrecker wird in solchen Fällen beim Finanzamt Fristverlängerung unter Hinweis auf die Probleme mit dem bisherigen steuerlichen Berater beantragen. **161**

4. Steuerliche Belehrungspflicht

162 Maßnahmen des Testamentsvollstreckers insbesondere im Rahmen der Erbauseinandersetzung und der Ausführung testamentarischer Anweisungen können zu erheblichen und meistens unerwarteten steuerlichen Belastungen der Beteiligten, insbesondere bei der Einkommensteuer (s. Beispiel Rdn. 124, 127), aber auch bei der Umsatzsteuer (s. Beispiel Rdn. 21) und bei anderen Steuern führen. Problematisch ist, ob ein Testamentsvollstrecker die Beteiligten über diese **Steuerfolgen** belehren muß, bevor er die Maßnahmen verwirklicht. Dabei ist zu berücksichtigen, daß die Verwirklichung von Steuertatbeständen in aller Regel nicht rückgängig gemacht werden kann, weder durch Anfechtung wegen Irrtums, weil der einseitige Irrtum über Steuerfolgen im allgemeinen nicht zur Anfechtung berechtigt (*Palandt/Heinrichs* § 242 Rdn. 150) noch durch Rückgängigmachen des Geschäfts, weil einmal verwirklichte Steuerbestände auch durch zivilrechtlich wirksame Beseitigung des Rechtsgeschäfts im allgemeinen nicht beseitigt werden können (*Tipke/Kruse* § 38 AO Rdn. 30).

163 Auf der Rechtsgrundlage des § 2218 mit § 666 BGB ist für steuerrechtskundige Testamentsvollstrecker (Steuerberater und Wirtschaftsprüfer „von Amts wegen“, Rechtsanwälte und Notare, wenn sie entsprechende Kenntnisse haben) eine Belehrungspflicht über die steuerrechtlichen Folgen der von ihnen getroffenen Maßnahmen zu bejahen (*Gräfe/Lenzen/Rainer* Steuerberaterhaftung, 3. Aufl. 1998, Tz. 263). Dies entspricht der allgemeinen Warnpflicht des sachkundigen Beauftragten (zB *Palandt/Sprau* § 665 Rdn. 12; BGH vom 20. 3. 1984, NJW 1985, 42 – Rechtsanwalt).

164 Von nicht steuerrechtskundigen Rechtsanwälten und Notaren ist die Kenntnis des Umschwungs in der steuerlichen **Erbauseinandersetzungs-**Rechtsprechung zu verlangen, auch wenn ihnen Einzelheiten nicht bekannt sind. In dieser Lage sind solche Personen verpflichtet, zur Beurteilung der Steuerfolgen den Erben die Heranziehung einer sachkundigen Person vorzuschlagen.

165 Bei Testamentsvollstreckern ohne eigene Sachkunde in diesen Fragen wird eine Belehrungs- bzw. Warnpflicht nicht zu verlangen sein. Der Pflichtenkreis des Testamentsvollstreckers kann nicht weitergehen, als es ihm subjektiv möglich ist. Allerdings entscheiden hier, wie allgemein in dieser Frage, die Umstände des Einzelfalls (MünchKommBGB/*Brandner* § 2218 Rdn. 9; *Soergel/Damrau* § 2218 Rdn. 4). Wenn sich dem steuerunkundigen Testamentsvollstrecker **Steuerzweifel** aufdrängen, muß er einen Sachkundigen herbeiziehen. Dem steuerunkundigen Testamentsvollstrecker ist in jedem Falle zu empfehlen, die Erben darauf hinzuweisen, daß er die Steuerfolgen seines Handelns nicht beurteilen kann, und die Beiziehung eines Steuerfachmannes anzuraten.

5. Geheimhaltung

166 Die Verpflichtung des Testamentsvollstreckers, Verhältnisse der Erben, die ihm aufgrund seiner Stellung als Testamentsvollstrecker bekanntwerden, geheimzuhalten, richtet sich ausschließlich nach bürgerlichem Recht. Der Testamentsvollstrecker ist keine Amtsperson iS des § 30 AO, also an das Steuergeheimnis nicht gebunden. Wenn der Testamentsvollstrecker Rechtsanwalt, Notar, Wirtschaftsprüfer oder Steuerberater ist, gilt für ihn die Pflicht zur Wahrung von **Berufsgeheimnissen** (§ 203 StGB), die sich auch auf steuerliche Verhältnisse erstreckt.

6. *Steuerschulden des Erben*

Steuerschuldner der nach dem Erbfall auf den Nachlaß und seine Erträge anfallenden Steuern ist, wie gesagt, der Erbe. Der Testamentsvollstrecker muß dem Erben die Steuern, die dieser auf die Nachlaßgegenstände und ihre Erträge zu bezahlen hat, aus dem Nachlaß zur Verfügung stellen oder auf Anweisung des Erben die Steuerschulden selbst begleichen (MünchKommBGB/*Brandner* § 2209 Rdn. 10). Das gilt auch, wenn der Erbe diese Steuern auch aus anderen Mitteln außerhalb des Nachlasses begleichen könnte (*Reimann* S. 147). **167**

Wenn der Testamentsvollstrecker aus beim Erben steuerpflichtigen Einkünften Vermächtnisse befriedigt, statt die Einkommensteuer zu bezahlen, haftet er dem Erben für die von diesem zu entrichtende Einkommensteuer gem. § 2219 BGB (BFH vom 24. 1. 1996, BStBl. 1996 II S. 287 aE). **168**

VI. Abzugsfähigkeit der Testamentsvollstrecker-Gebühren

1. *Erbschaftsteuer*

Ob und in welcher Höhe die Kosten der Testamentsvollstreckung von dem erbschaftsteuerpflichtigen Erwerb abgezogen werden können, hängt von der Art der Testamentsvollstrecker ab. Nach § 10 Abs. 5 Nr. 3 ErbStG sind als Nachlaßverbindlichkeiten abzugsfähig „die Kosten, die dem Erwerber unmittelbar im Zusammenhang mit der Abwicklung, Regelung oder Verteilung des Nachlasses oder mit der Erlangung des Erwerbs entstehen". In der gleichen Vorschrift heißt es weiter: „Kosten für die Verwaltung des Nachlasses sind nicht abzugsfähig." Daraus ergibt sich die erbschaftsteuerliche Rechtslage: **169**

- Die Kosten für die Abwicklungs-Testamentsvollstreckung **(Konstitutionsgebühr und Auseinandersetzungsgebühr)** sind abzugsfähig.
- Die Kosten für die Dauervollstreckung **(Verwaltungsgebühren)** sind nicht abzugsfähig.

Aber: Auch die Kosten der Abwicklungs-Testamentsvollstreckung sind nur insoweit als Nachlaßverbindlichkeiten abzugsfähig, als sie angemessen sind (RFH vom 28. 4. 1938, RStBl. 1938, 527, unstreitig). Die Testamentsvollstrecker-Gebühr ist **angemessen,** wenn sie sich innerhalb der hierfür entwickelten Regeln hält (vgl. näher 10. Kap. und *Schuhmann* UVR 1991, 363). Für die Angemessenheit spricht, wenn der Betrag mangels testamentarischer Anordnung des Erblassers zwischen dem Testamentsvollstrecker und den Erben vereinbart und entrichtet wurde (Hessisches FG vom 23. 10. 1990, rkr., EFG 1991, 332, dazu *Schuhmann* UVR aaO). **170**

Soweit die Testamentsvollstrecker-Vergütung das angemessene Maß übersteigt, ist der Überschuß als **Vermächtnis** zugunsten des Testamentsvollstreckers zu werten und als solches von dem erbschaftsteuerpflichtigen Erwerb abzugsfähig (§ 10 Abs. 5 Nr. 2 ErbStG). Für den Erwerber spielt die Angemessenheit deswegen unter dem Gesichtspunkt der Abzugsfähigkeit wirtschaftlich keine Rolle. Er zieht in jedem Falle ab, entweder als Vermächtnis oder als Kosten. **171**

Materielle Auswirkungen hat die Angemessenheit aber für den Testamentsvollstrecker. Als Vermächtnis ist der Betrag bei ihm erbschaftsteuerpflichtig, als Testamentsvollstrecker-Gebühr einkommensteuerpflichtig. Meist wird die Erbschaftsteuer niedriger sein. Bei Freiberuflern als Testamentsvollstrecker (Rechtsanwälte, Notare, Wirtschaftsprüfer, Steuerberater) stellt sich das Problem nur selten, weil bei **172** ihnen das gesamte Testamentsvollstrecker-Honorar, auch soweit es unangemessen (und deshalb bürgerlich-rechtlich Vermächtnis) ist, einkommensteuerpflichtig ist, seit der BFH entschieden hat, daß eine vom Erblasser als Testamentsvollstrecker-Honorar bezeichnete Vergütung den Einkünften aus selbständiger Tätigkeit auch insoweit zuzurechnen ist, als sie einen angemessenen Betrag übersteigt (BFH vom 6. 9. 1990, BStBl. 1990 II S. 1028). Diese Vermutung wird ein familienfremder Testamentsvollstrecker kaum widerlegen können. Bei einem familienangehörigen Testamentsvollstrecker, der gleichzeitig Miterbe ist, wird sie dann zu widerlegen sein, wenn das ausgesetzte Honorar die üblichen Honorare weit übersteigt.

173 Wenn die Testamentsvollstrecker-Gebühren **einkommensteuerpflichtig** sind, entfällt ihre Erbschaftsteuerpflicht als Vermächtnis, soweit sie angemessen ist. Denn insoweit ist sie „erarbeitetes" Einkommen, welches allein von der Einkommensteuer (§§ 18, 22 Nr. 3, ggf. 15 EStG) erfaßt wird – im Gegensatz zum unentgeltlichen „Einkommen", das von der Erbschaftsteuer erfaßt wird (*Tipke/Lang* Steuerrecht, 16. Aufl. 1998, S. 203). Da der BFH (aaO) das Testamentsvollstrecker-Honorar zur Gänze zu den freiberuflichen Einkünften zählt, kommt es in Ansehung des Vermächtnis-Anteils zu einer Belastung mit Erbschaftsteuer und Einkommensteuer, die nicht (mehr) zu mindern ist (näher 10. Kap.). Der Erblasser, der den Testamentsvollstrecker über dessen Entlohnung als Testamentsvollstrecker hinaus begünstigen will, sollte ausdrücklich ein Vermächtnis anordnen und nicht nur eine großzügige Testamentsvollstrecker-Entlohnung. Dann liegt auch bei einem Freiberufler ein Vermächtnis und keine einkommensteuerpflichtige Einnahme vor.

174 Soweit der Testamentsvollstrecker die **Erbschaftsteuererklärung** erstellt und hierfür ein Honorar als Rechtsanwalt, Wirtschaftsprüfer, Steuerberater verlangt oder einen Steuerfachmann mit der Vorbereitung der Erbschaftsteuererklärung beauftragt, war lange streitig, ob diese Kosten erbschaftsteuerlich abzugsfähig seien (FG Köln vom 7. 6. 1990, EFG 1991, 198; FG München vom 27. 2. 1991, FR 1991, 215; bejahend BFH vom 11. 1. 1961, BStBl. 1961 III S. 102 für den Spezialfall eines im Ausland wohnenden Erben; FG München vom 21. 10. 1982, EFG 1983, 243 für die Kosten des durch den Testamentsvollstrecker beauftragten Steuerberaters). Die Finanzverwaltung vertritt die Auffassung, daß allgemein Steuerberatungskosten für die Erstellung der Erbschaftsteuererklärung als Nachlaßregelungskosten gem. § 10 Abs. 5 Nr. 3 ErbStG abzugsfähig sind (Ländererlaß vom 25. 1. 1991, DB 1991, 525).

175 Daß Testamentsvollstrecker-Gebühren sowohl **erbschaftsteuerlich** als auch **einkommensteuerlich** abzugsfähig sind, kann richtigerweise nicht vorkommen. Denn entweder stehen sie mit dem Erbfall im Zusammenhang. Dann sind sie bei der Erbschaftsteuer abzugsfähig, nicht aber bei der Einkommensteuer. Denn der Vermögenszuwachs durch Erbfall ist nicht dem Bereich der im EStG geregelten Einkünfteerzielung zuzuordnen (zB BFH GS vom 5. 7. 1990, BStBl. 1990 II S. 837; 28. 4. 1992, BFH NV 1992, 658). Oder sie stehen mit der Einkünfteerzielung im Zusammenhang. Dann sind sie bei der Einkommensteuer, nicht aber bei der Erbschaftsteuer abzugsfähig (so *Meincke/Michel* ErbStG § 10 Anm. 63; *Petzoldt* ErbStG § 10 Anm. 66). Eine Ausnahme macht nur das Honorar für die Erstellung der Erbschaftsteuererklärung, das sowohl bei der Einkommensteuer (§ 10 Abs. 1 Nr. 6 EStG) als auch bei der Erbschaftsteuer (§ 10 Abs. 5 Nr. 3 ErbStG) abzugsfähig ist (so *Felix* KÖSDI 1987, 6783; *Noll/Schuck* DStR 1993, 1438; *Troll/Gebel/Jülicher* ErbStG § 10 Rdn. 225; *Meincke* ErbStG § 10 Anm. 45; FinMin NW vom 25. 1. 1991, DB 1991, 525; dazu *Moench* ErbStG § 10 Anm. 83). *Ebeling* (BB 1992, 325) ist der Auffassung, nach den Entscheidungen des Großen Senats des BFH zur Erbauseinandersetzung im Einkommensteuerrecht vom 5. 7. 1990 (BStBl. 1990 II S. 837) seien Testamentsvollstrecker-Gebühren, die im Rahmen der Auseinander-

setzungsvollstreckung für eine auseinanderzusetzende Erbengemeinschaft entstehen, nicht nur wie bisher bei der Erbschaftsteuer nach § 10 Abs. 5 Nr. 3 ErbStG abziehbar, sondern je nach Zugehörigkeit des auseinanderzusetzenden Vermögens zum Betriebs- oder Privatvermögen gleichzeitig als Betriebsausgaben bzw. Werbungskosten bei der Einkommensteuer. Das ist zweifelhaft. Auch ohne die Rspr. des Großen Senats hätte man aus der Sicht von Ebeling zB die Testamentsvollstrekker-Gebühr, die ein vermächtnisweiser Erwerber eines Einzelunternehmens, der kraft Testamentes die Testamentsvollstrecker-Gebühr zu zahlen hat, als Betriebsausgaben ansehen können, was bisher nicht geschehen ist. Der Erbfall ist nach wie vor ein in keine Einkunftsart fallender und daher einkommensteuerlich irrelevanter Vorgang.

Die Vorschrift des § 10 Abs. 5 Nr. 3 S. 2 ErbStG, wonach für Nachlaßrege- 176
lungskosten insgesamt ein Betrag von 20000 DM ohne **Nachweis** abgezogen werden kann, gewinnt praktische Bedeutung, wenn die tatsächlichen Kosten unter diesem Betrag liegen. Vereinfacht: Auch wenn das Testamentsvollstrecker-Honorar zusammen mit anderen Kosten unter 20000 DM liegt, darf der Erwerber immer mindestens diesen Betrag abziehen. Liegt es darüber, ist der tatsächlich geschuldete Betrag maßgebend.

2. Einkommensteuer

Ob und ggf. in welcher Höhe der Erwerber die Testamentsvollstreckungskosten 177
einkommensteuerlich abziehen kann, hängt – wie bei der Erbschaftsteuer (Rdn. 169) – von der Art und dem Zweck der Testamentsvollstreckung ab. Bisher richtet sich die Praxis an den BFH-Urteilen vom 1. 6. 1978 und 22. 1. 1980 (BStBl. 1978 II S. 499 und BStBl. 1980 II S. 351) aus. Die Grundaussage des BFH ist, daß der Vermögenserwerb durch Erbfall keine **Einkünfteerzielung** iS des EStG ist. Der Vorgang ist einkommensteuerlich irrelevant und deshalb sind auch die mit ihm zusammenhängenden Aufwendungen bei der Ermittlung der Einkünfte nicht abziehbar, weder als Betriebsausgaben noch als Werbungskosten. Im Anschluß an die zivilrechtliche Unterscheidung zwischen Auseinandersetzungs- oder Abwicklungsvollstreckung und Verwaltungs- oder Dauervollstreckung folgt daraus:

Nicht abziehbar sind 178
- die **Konstitutionsgebühr** (FG München vom 23. 4. 1991, rkr., n. v.)
- die Gebühr für die **Auseinandersetzung** (FG München aaO)
- die Gebühr für die **Verwaltung** des Nachlasses im zeitlichen Zusammenhang mit dem Erbfall, zB zwischen Konstituierung und Auseinandersetzung ein Jahr später.

Abziehbar dagegen sind die Gebühren für die **Verwaltungsvollstreckung** 179
(FG München aaO), soweit sie mit den aus dem Nachlaß zu erzielenden Einkünften in wirtschaftlichem Zusammenhang stehen, bei den sog. Gewinneinkunftsarten (§§ 13, 15, 18 EStG) als Betriebsausgaben (§ 4 Abs. 4 EStG), bei den sog. Überschußeinkunftsarten (§§ 19, 20, 21, 22 EStG) als Werbungskosten (§ 9 EStG).

Beispiel: A setzt seine Ehefrau zur Vorerbin ein, seine beiden Kinder zu Nacherben. Nacherbfall ist der Tod der Ehefrau. Der Nachlaß besteht aus einem Kommanditanteil, einer GmbH-Beteiligung von 50% und einem vermieteten Mehrfamilienhaus. Der Testamentsvollstrecker soll den Nachlaß bis zum Tode der Vorerbin verwalten und dann an die Kinder gemäß Teilungsanordnung zuweisen. – Nicht abziehbar ist die Konstitutionsgebühr beim Tod des A und die Kosten der Auseinandersetzung nach dem Tod der Ehefrau. Die zwischenzeitlichen Gebühren für die Verwaltung sind in Ansehung des Kommanditanteils als (Sonder-)Betriebsausgaben abzugsfähig, in Ansehung der GmbH-Beteiligung und des Mehrfamilienhauses als Werbungskosten abzugsfähig (ähnlich zu Vergütungen für Vormund/Betreuer BFH vom 14. 9. 1999, BStBl. 2000 II S. 69).

180 Falls die **Veräußerung** von Nachlaßgegenständen noch zu den dem Testamentsvollstrecker zugewiesenen Aufgaben gehört, sind die dabei anfallenden Testamentsvollstreckungskosten als Veräußerungskosten abziehbar, wenn sie überhaupt abzugsfähig sind. Das ist zB der Fall bei der Veräußerung von Unternehmen, Anteilen an Personengesellschaften und Beteiligungen an Kapitalgesellschaften (ab 10% (ab 2002 1%), nicht aber bei privatem Grundbesitz oder Wertpapieren. Diese Rechtslage dürfte sich nach der Wandlung der BFH-Rechtsprechung zur einkommensteuerlichen Behandlung der Erbauseinandersetzung teilweise ändern, und zwar in Richtung einer Erweiterung der einkommensteuerlichen Abzugsmöglichkeiten. Der große Senat des BFH hat entschieden, daß einkommensteuerlich die Erbauseinandersetzung dem Erbfall als selbständiger Rechtsvorgang nachfolgt und mit diesem keine rechtliche Einheit bildet (BFH GS vom 5. 7. 1990 BStBl. 1990 II S. 837). Daraus folgt, daß Abfindungszahlungen eines Erben im Rahmen der Erbauseinandersetzung und Aufwendungen für den Erwerb des Erbteils eines Miterben beim Leistenden grundsätzlich zu Anschaffungskosten führen. In gleicher Höhe entsteht bei dem weichenden Miterben ein Veräußerungserlös. Soweit der Testamentsvollstrecker bei diesen Vorgängen mitwirkt und hierfür ein Honorar erhält, gehört dieses zu den abziehbaren Veräußerungskosten, wenn diese Kosten überhaupt – auch ohne Testamentsvollstreckung – (insbesondere bei §§ 16 und 17 EStG) abzugsfähig sind. Ob die neue Rechtsprechung auch eine Abzugsfähigkeit der Kosten für kurzfristige Verwaltung nach dem Erbfall bis zur Auseinandersetzung begründet (so *Ebeling* BB 1992, 325) ist zweifelhaft (s. Rdn. 175).

181 An der einkommensteuerlichen Behandlung der Testamentsvollstreckungskosten bei **Alleinerbschaft** hat sich durch die Rechtsprechung zur Erbauseinandersetzung nichts geändert.

182 Soweit die Testamentsvollstreckungskosten nicht als Betriebsausgaben oder Werbungskosten abziehbar sind, kommt ihr Abzug als **Sonderausgaben** in Betracht, insbesondere als **Steuerberatungskosten** (§ 10 Abs. 1 Nr. 6 EStG), wenn der Testamentsvollstrecker Steuerberatungsleistungen erbringt (dazu *Noll/Schuck* DStR 1993, 1437).

183 Ein Abzug der Testamentsvollstreckungskosten als **außergewöhnliche Belastungen** (§ 33 EStG) ist in keinem Falle möglich, solange der Nachlaß zu ihrer Begleichung ausreicht, richtigerweise auch nicht, wenn das nicht der Fall ist, weil es an der Zwangsläufigkeit fehlt; der Erbe kann ausschlagen (vgl. *Herrmann/Heuer/Raupach* § 33 EStG Anm. 141 ff. und 300 „Nachlaßverbindlichkeiten“).

184 Die praktische Handhabung wird den Erwerbern erleichtert, wenn der Testamentsvollstrecker bei der Abrechnung seine Vergütung im einzelnen nach den o. a. Kategorien abziehbare bzw. nicht abziehbare Kosten aufgliedert. Dazu gehört darüber hinaus auch die Aufgliederung berufsspezifischer Vergütungen, zB wenn der Testamentsvollstrecker in seiner Eigenschaft als Rechtsanwalt einen Prozeß führt. Im Schrifttum wird folgende **Aufteilung** empfohlen (*Felix* u. a., Steuerberater und Wirtschaftsprüfer als Testamentsvollstrecker, Beirat, Pfleger, Schiedsrichter und Liquidator, 1989, S. 121):

- Konstituierungsgebühr. Darin etwaige Steuerberatungskosten, soweit nicht ohnehin gesondert abgerechnet.
- Verwaltungsgebühren für die Auskehrung des Nachlasses an die Erben.
- Verwaltungsgebühren für laufende Verwaltung während der Abwicklungs-Testamentsvollstreckung. Möglichst unterteilt nach Verwaltungsbezeichnung, so

daß eine Zuordnung zu Betriebsausgaben, Werbungskosten, Steuerberatungskosten, nichtabzugsfähigen Kosten möglich ist und die entsprechenden Konsequenzen beim Vorsteuerabzug gezogen werden können.
- Verwaltungsgebühren für Dauertestamentsvollstreckung. Zweckmäßig Unterteilung wie vorstehend.
- Gesonderte Abrechnung aller berufstypischen Arbeiten bei Testamentsvollstrekkern, die Berufsträger sind (Rechtsanwalt, Notar, WP, StB).

Das Finanzamt kann die vorgenommene Aufteilung überprüfen und bei unan- 185
gemessener **Verlagerung** in den abzugsfähigen Bereich auch korrigieren. Deswegen ist eine Dokumentation durch den Testamentsvollstrecker (Aufteilungsmaßstäbe: Wert, Zeitaufwand) empfehlenswert.

3. Vermögensteuer

Der Erbe kann bei seiner Vermögensteuerveranlagung die ihn treffende Ver- 186
pflichtung zur Zahlung der Testamentsvollstrecker-Gebühren als **Schuld** abziehen (§ 118 Abs. 1 Nr. 1 BewG), unabhängig davon, ob es die für eine Abwicklungs- oder Verwaltungs-Testamentsvollstreckung geschuldeten Gebühren sind. Bei den Gebühren für eine Dauervollstreckung ist deren Kapitalwert gemäß §§ 13 bis 15 BewG abzuziehen. Jedoch ist der Abzug nur soweit möglich, wie die Vergütung über den Wert der Testamentsvollstreckungsleistung hinausgeht (BFH vom 22. 4. 1966, BStBl. 1966 III S. 362). Die Aufteilung muß schätzungsweise erfolgen.

Beispiel: Der mit beträchtlichem Wertpapiervermögen verstorbene Erblasser hat seine Ehefrau zur Vorerbin eingesetzt und Testamentsvollstreckung bis zu deren Tod angeordnet. Für die Verwaltung des Wertpapiervermögens durch eine Bank oder einen sonstigen Vermögensverwalter wären Kosten von 10 000 DM p. a. angefallen. Der Erblasser hat eine Testamentsvollstreckungsvergütung von 30 000 DM p. a. festgelegt. Die Erbin kann nur den kapitalisierten Teil des 10 000 DM p. a. übersteigenden Testamentsvollstrecker-Honorars abziehen.

4. Gewerbesteuer

Soweit das Testamentsvollstrecker-Honorar als **Betriebsausgabe** bei der Ein- 187
kommensteuer abzugsfähig ist (Rdn. 179 f.), mindert es auch den Gewerbeertrag (§ 7 GewStG).

5. Umsatzsteuer (Vorsteuerabzug)

Wenn der Testamentsvollstrecker **Unternehmer** iS des UStG ist, was bei 188
Rechtsanwälten, Notaren, Wirtschaftsprüfern und Steuerberatern als Testamentsvollstrecker immer der Fall ist, bei anderen Personen dann, wenn sie die Tätigkeit als Testamentsvollstrecker nachhaltig ausüben (vgl. FG Bremen vom 30. 8. 1988, rkr. EFG 1989, 39; BFH vom 7. 8. 1975, BStBl. 1976 II S. 57), ist er mit dem erhaltenen Honorar umsatzsteuerpflichtig (näher 10. Kap.).

Der Erwerber kann die ihm vom Testamentsvollstrecker in Rechnung gestellte 189
Umsatzsteuer nur dann als **Vorsteuer** abziehen, wenn er selbst Unternehmer ist und aus dem unter Testamentsvollstreckung stehenden Vermögen keine steuerfreien Einnahmen erzielt (§ 15 Abs. 2 UStG). Deshalb ist der Vorsteuerabzug dann zulässig, wenn der Testamentsvollstrecker ein Einzelunternehmen in Vollmachtlö-

sung fortführt (nicht bei Treuhandlösung, siehe Rdn. 114) oder wenn der Testamentsvollstrecker für den Erwerber Immobilien verwaltet, deren Vermietung umsatzsteuerpflichtig ist.

VII. Internationale Aspekte

1. Auslandsvermögen

190 Wenn der Testamentsvollstreckung auch im Ausland belegene Vermögensteile unterworfen sind, kommen zum nationalen deutschen Steuerrecht Aspekte des ausländischen Steuerrechts (Belegenheitsstaat) und des internationalen Steuerrechts hinzu. Die materiell-rechtlichen Regeln für die deutsche Besteuerung von **Auslandserwerben** können hier nicht dargestellt werden (dazu *Schaumburg,* Internationales Steuerrecht, 2. Aufl. 1998, S. 324; *Flick/Piltz,* Der Internationale Erbfall, 1999, S. 280). Über die bei nationalen Sachverhalten zu beachtenden Fragen hinaus hat der Testamentsvollstrecker bei Auslandsvermögen insbesondere folgende steuerliche Gesichtspunkte zu beachten:

191 (1) Unterliegt der Erwerb des Auslandsvermögens überhaupt dem **deutschen Erbschaftsteueranspruch?** Die Antwort hierauf ergibt sich aus § 2 ErbStG, der regelt, unter welchen Umständen der Erwerb von Auslandsvermögen der deutschen Erbschaftsteuer unterliegt. Das ist vereinfacht dann der Fall, wenn entweder der Erblasser oder der Erwerber sog. Steuerinländer sind, d.h. im Inland Wohnsitz oder gewöhnlichen Aufenthalt haben oder beides zwar nicht im Inland haben, aber früher hatten, also ausgewandert sind, und seit der Auswanderung noch keine fünf Jahre verstrichen sind, und die betreffenden Personen noch deutsche Staatsangehörige sind. Weiter hat der Testamentsvollstrecker zu prüfen, ob das deutsche Besteuerungsrecht durch ein Doppelbesteuerungsabkommen betreffend Erbschaftsteuer ausgeschlossen hat. Doppelbesteuerungsabkommen betreffend die Erbschaftsteuer hat Deutschland mit folgenden Ländern abgeschlossen:

Dänemark (BStBl. 1995 I S. 1219)
Griechenland (BStBl. 1953 I S. 377)
Österreich (BStBl. 1955 I S. 375)
Schweden (BStBl. 1994 I S. 422)
Schweiz (BStBl. 1980 I S. 243)
USA (BStBl. 1986 I S. 478)
Israel (BStBl. 1985 I S. 99, praktisch nicht mehr von Bedeutung, da Israel 1981 die Erbschaftsteuer abgeschafft hat).

192 (2) Hat der deutsche Testamentsvollstrecker im **Ausland** nach dortigem Steuerrecht steuerliche Pflichten zu erfüllen? Zur Beantwortung dieser Frage wird die Hinzuziehung eines ausländischen Steuerfachmanns erforderlich sein.

193 (3) Falls der Auslandserwerb sowohl im Ausland als auch in Deutschland der Erbschaftsteuer unterliegt: Kann die ausländische Erbschaftsteuer auf die deutsche **angerechnet** werden? Die Antwort hierauf gibt § 21 ErbStG. Unter Haftungsgesichtspunkten für den Testamentsvollstrecker besonders wichtig ist die Vorschrift des § 21 Abs. 1 S. 4 ErbStG, wonach die ausländische Steuer nur anrechenbar ist, wenn die deutsche Erbschaftsteuer für das Auslandsvermögen innerhalb von fünf Jahren seit dem Zeitpunkt der Entstehung der ausländischen Erbschaftsteuer entstanden ist. Wenn sich die Anrechenbarkeit der ausländischen Steuer durch gestaltende Maßnahmen herbeiführen läßt, muß der deutsche Testamentsvollstrecker solche vornehmen.

Beispiel: Steuerinländer A ist Erbe eines anderen Steuerinländers B und steht mit dem gesamten Nachlaß für zehn Jahre unter Testamentsvollstreckung. Zum Nachlaß gehört auch ein von B in den USA errichteter Trust von Todes wegen, dessen Begünstigter nach dem Tod von B der A ist. Die amerikanische Erbschaftsteuer auf das Trustvermögen entsteht mit dem Tode von B. Nach deutschem Erbschaftsteuerrecht möge die Lage so sein, daß die Steuer erst mit Auskehrung des Trustvermögens an A, zB acht Jahre nach dem Tode des B, entsteht (vgl. folgend 2.). Zu diesem Zeitpunkt kann die US-Steuer wegen der 5-Jahres-Frist nicht mehr auf die deutsche Erbschaftsteuer angerechnet werden. Gemäß Art. 12 Abs. 3 Erbschaftsteuer-DBA-USA kann A verlangen, daß er bereits innerhalb von fünf Jahren nach dem Tode des B zur deutschen Erbschaftsteuer herangezogen wird und dann auf diese die US-Steuer anrechnen kann. Steht A unter Testamentsvollstreckung, muß der Testamentsvollstrecker einen entsprechenden Antrag stellen, mindestens A auf diese Rechtslage hinweisen, wenn er sich nicht schadensersatzpflichtig machen will.

Bei der „Aufbereitung" von Auslandssachverhalten für die deutsche Erbschafts- **194**
besteuerung trifft den Testamentsvollstrecker neben seiner allgemeinen Mitwirkungspflicht die sog. **erweiterte Mitwirkungspflicht** bei Auslandsbeziehungen (§ 90 Abs. 2 AO). Der Testamentsvollstrecker ist „Beteiligter" im Sinne dieser Vorschrift. Er hat deshalb alle für ihn bestehenden rechtlichen und tatsächlichen Möglichkeiten auszuschöpfen, um den Auslandssachverhalt aufzuklären und die erforderlichen Beweismittel zu beschaffen.

2. Entstehungszeitpunkt der Steuer

Nach deutschem Erbschaftsteuerrecht hindert die dem Erben aufgrund der Te- **195**
stamentsvollstreckung fehlende Verfügungsbefugnis über das Vermögen nicht die Entstehung der Steuerpflicht (§ 9 ErbStG). Befindet sich im Nachlaß Auslandsvermögen, so kann dieses **ausländischen** zivilrechtlichen **Rechtsinstituten** unterliegen, die es im deutschen Erbrecht nicht gibt (vgl. *Klein,* Ausländische Zivilrechtsformen im deutschen Erbschaftsteuerrecht, 2000). Wenn ein deutscher Testamentsvollstrecker auch für solche Auslandserwerbe als Testamentsvollstrecker berufen ist, muß er sich über die besondere deutsch-erbschaftsteuerliche Behandlung derartiger Rechtsinstitute Kenntnisse verschaffen, um nicht den Erben durch fehlerhafte steuerliche Behandlung zu schädigen.

Markantes Beispiel war die Erbeinsetzung mit Zwischenschaltung eines Trustee **196**
nach **anglo-amerikanischem** Recht. Sie wird vom deutschen Erbschaftsteuerrecht seit 1999 als Erwerb durch den Trust gewertet (§ 3 Abs. 2 Nr. 1 iVm. § 20 Abs. 1 S. 2 ErbStG), die spätere Auskehrung des Vermögens als Schenkung unter Lebenden (§ 7 Abs. 1 Nr. 8 ErbStG). Der Aufschub des Entstehungszeitpunkts der Steuer (s. Vorauflage) ist deshalb nur noch in engen Grenzen möglich, insbesondere bei einem Trust ohne Inlandsberührung im Sinne des § 2 ErbStG.

9. Kapitel

Internationale Testamentsvollstreckung

Übersicht

Formulierungsvorschlag

Literatur: *J. Basedow,* Qualifikation, Vorfrage und Anpassung im Internationalen Zivilverfahrensrecht, in *Schlosser* (Herausgeber), Materielles Recht und Prozeßrecht und die Auswirkungen im Recht des Internationalen Zivilverfahrens, S. 131; *Bassenge/Herbst,* FGG/RPflG, Kommentar, 8. Aufl. 1999; *C. Benicke,* Auswirkungen des neuen Staatsangehörigkeitsrechts auf das deutsche IPR, IPRax 2000, 171; *M. Berenbrok,* Internationale Nachlaßabwicklung, 1989; *H. Bestelmeyer,* Erbfälle mit Nachlaßgegenständen in der ehemaligen DDR, Rpfleger 1992, 321; *ders.,* Erbrecht nach Erbausschlagung und Restitutionsanspruch nach dem Vermögensgesetz – ein Kollisionsproblem, FamRZ 1994, 604; *Böhringer,* Erbscheinsverfahren nach dem Einigungsvertrag, Rpfleger 1991, 275; *H. Bungert,* Rechtskrafterstreckung eines österreichischen Einantwortungsbeschlusses, IPRax 1992, 225; *E.-M. Derstadt,* Die Notwendigkeit der Anpassung bei Nachlaßspaltung im internationalen Erbrecht, 1998; *H. Dölle,* Über einige Probleme des internationalen Rechts der freiwilligen Gerichtsbarkeit, RabelsZ 27 (1962), 201; *H. Dörner,* Probleme des neuen Internationalen Erbrechts, DNotZ 1988, 67; *ders.,* Keine dingliche Wirkung ausländischer Vindikationslegate im Inland, IPRax 1996, 26; *ders.,* Zur Beerbung eines in der Bundesrepublik verstorbenen Iraners, IPRax 1994, 33; *ders.,* Nachlaßspaltung und die Folgen, IPRax 1994, 362; *ders.,* Interlokales Erbrecht nach der Wiedervereinigung – ein schwacher Schlußstrich, IPRax 1995, 89; *K. Dreher,* Die Rechtswahl im internationalen Erbrecht, 1999; *Ekkernkamp,* Die Abwicklung deutsch-französischer Erbfälle in der Bundesrepublik Deutschland, BWNotZ 1988, 158; *Elwan/Otto,* Das Zusammenspiel von Ehegüterrecht und Erbrecht in Namibia und Südafrika – Auswirkungen auf die Abwicklung internationaler Erbfälle in Deutschland, IPRax 1995, 354; *Ferid,* Internationales Privatrecht, 3. Aufl. 1986; *Firsching,* Aktuelle Fragen des Erbscheinsrechts, DNotZ 1960, 640; *ders.,* Die Behandlung der Nachlässe österreichischer Erblasser durch deutsche Gerichte, DNotZ 1963, 329; *Flick/Piltz* (Herausgeber), Der Internationale Erbfall, 1999; *A. Fuchs,* Neues Staatsangehörigkeitsgesetz und Internationales Privatrecht, NJW 2000, 489; *P. Gotthardt,* Anerkennung und Rechtsscheinswirkung von Erbfolgezeugnissen französischen Rechts in Deutschland, ZfRV 1992, 2; *Gottheiner,* Zur Anwendung englischen Erbrechts auf Nachlässe in

Deutschland, RabelsZ 21 (1956), 36; *P. Gottwald,* Das internationale Verfahrensrecht im Entwurf eines IPR-Gesetzes, IPRax 1984, 57; *ders.,* Die Rechtstellung von Amtswaltern zwischen Territorialitäts- und Universalitätsprinzip, in: Gerechtigkeit im internationalen Privatrecht im Wandel der Zeit, 1992, S. 9; *Gottwald/Stangl,* Ausländische Wertpapierdepots im deutschen Nachlaß, ZEV 1997, 217. *Griem,* Probleme des Fremdrechtserbscheins gemäß § 2369 BGB, 1990; *U. P. Gruber,* Kollisionsrechtliche Implikationen des neuen Staatsangehörigkeitsrechts, IPRax 1999, 426; *ders.,* Ausländische Nachlaßabwickler vor deutschen Gerichten, Rpfleger 2000, 250; *U. Haas,* Die Betätigungsfreiheit ausländischer Kapitalgesellschaften im Inland, DB 1997, 1501; *C. H. Hartmann,* Innerdeutsches Kollisionsrecht für Altfälle und Vertrauensschutz, RabelsZ 1997, 454; *Hayton,* The significance of the Hague Conventions on trusts and on successions: a common law perspective, liber annicorum G. Droz, 1996, S. 121; *D. Henrich,* Die Behandlung von joint tenancies bei der Abwicklung von Nachlässen in Deutschland, FS Riesenfeld, 1983, S. 103; *ders.,* Probleme des interlokalen und des internationalen Ehegüter- und Erbrechts nach dem Einigungsvertrag, IPRax 1991, 14; *ders.,* Anmerkung zu LG Berlin FamRZ 1991, 1361; *S. Herrmann,* Erbrecht und Nachlaßverfahren in der DDR, 1989; *W. Hetger,* Sachverständige für ausländisches und internationales Privatrecht, DNotZ 1994, 88; *B. v. Hoffmann,* Internationales Privatrecht, 6. Aufl. 2000 (zitiert *v. Hoffmann*); *Holoch,* Gleichlaufzuständigkeit und Testamentsauslegung bei Nachlaßspaltung, ZEV 1997, 469; *N. Horn,* Das Zivil- und Wirtschaftsrecht im neuen Bundesgebiet, 2. Aufl. 1993, *Jayme/Stankewitsch,* Nochmals: Scheidungsfolgen und innerdeutsches Kollisionsrecht, IPRax 1993, 162; *Jansen,* FGG, Kommentar, §§ 35 bis 166, 1970; *M. Jülicher,* Probleme des deutsch-südafrikanischen Erbfalls aus zivil- und steuerrechtlicher Sicht, ZEV 1999, 466; *Kartzke,* Auslegung letztwilliger Verfügungen bei Nachlaßspaltungen, IPRax 1999, 98; *Kaufhold,* Zur Anerkennung ausländischer öffentlicher Testamente und Erbnachweise im Grundbuchverfahren, ZEV 1997, 399; *Kegel/Schurig,* Internationales Privatrecht, 8. Aufl. 2000; *Klingelhöffer,* Kollisionsrechtliche Probleme des Pflichtteils, ZEV 1996, 258; *H. Koester,* Erbrechtliche Fragestellungen nach dem Einigungsvertrag, Rpfleger 1991, 97; *B. Kopp,* Probleme der Nachlaßabwicklung bei kollisionsrechtlicher Nachlaßspaltung, 1997; *L. Kroiß,* Internationales Erbrecht, 1999; *Kropholler,* Internationales Privatrecht, 3. Aufl. 1997 (zitiert *Kropholler*); *Kryzwon,* Die Rechtswahl im Erbrecht, BWNotZ 1987, 4; *ders.,* Ausländische Erbrechtszeugnisse im Grundbuchverfahren, BWNotZ 1989, 133; *K. W. Lange,* Rechtswahl als Gestaltungsmittel bei der Nachfolgeplanung?, DNotZ 2000, 332; *P. Lichtenberger,* Zum Gesetz zur Neuregelung des Internationalen Privatrechts, DNotZ 1986, 644; *S. Lorenz,* Anmerkung zu LG München Beschluß vom 1. 8. 1989, Rpfleger 1990, 167; *M. Lucht,* Internationales Privatrecht in Nachlaßsachen, Rpfleger 1997, 133; *Mankowski/Osthaus,* Gestaltungsmöglichkeiten durch Rechtswahl beim Erbrecht des überlebenden Ehegatten in internationalen Fällen, DNotZ 1997, 10; *Mansel,* Staatsverträge und autonomes internationales Privat- und Verfahrensrecht nach der Wiedervereinigung, JR 1990, 441; *T. Meyer,* Das Erbrecht des Common Law am Beispiel der Provinz Ontario, ZEV 1998, 452; *v. Morgen/Götting,* „Gespaltene" Testamentsvollstreckung bei gesamtdeutschen Nachlässen, DtZ 1994, 199; *Pinckernelle/Spreen,* Das internationale Nachlaßverfahrensrecht, DNotZ 1967, 195; *Müller-Rottach,* Erbscheinserteilung/Geltungsvermerke/Sondererbfolge, BWNotZ 1991, 119; *v. Oertzen,* Pflichtteilsrecht bei Vererbung von deutschen Personengesellschaftsanteilen und ausländisches Erbstatut, RIW 1994, 818; *ders.,* Trust – Optionen oder Risiko für die internationale Nachlaßplanung, IStR 1995, 149 und 345; *ders.,* Ausgewählte Zivilrechtsfragen deutsch-amerikanischer Nachfolgeplanung, ZEV 1996, 210; *ders.,* Praktische Handhabung eines Erbrechtsfalls mit Auslandsberührung, ZEV 1995, 167; *Nagel,* Übersicht über die Erbschaftssteuern in der EU, ZEV 1998, 463; *v. Oertzen/Seidenfus,* Ausgewählte Zivilrechtsfragen deutsch-amerikanischer Nachfolgeplanung, ZEV 1996, 210; *A. Pentz,* Pflichtteil bei Grundeigentum im Ausland – ein Fall des ordre public, ZEV 1998, 449; *Riering,* Die Rechtswahl im internationalen Erbrecht, ZEV 1995, 404; *ders.,* Erbvertretung und gemeinschaftliches Testament im deutsch-österreichischen Rechtsverkehr, DNotZ 1995, 580; *H. Roth,* Gegenständlich beschränkter Erbschein, Fremdrechtserbschein und Testamentsvollstreckerzeugnis, IPRax 1991, 323; *A. Schneider,* Die Nachlaßabwicklung deutsch-schweizerischer Erbfälle in Deutschland und in der Schweiz, 1997; *G. Schotten,* Probleme des internationalen Privatrechts im Erbscheinsverfahren, Rpfleger 1991, 181; *ders.,* Das internationale Privatrecht in der notariellen Praxis, 1995 (zitiert: *Schotten* Rdn.); *Schurig,* Erbstatut, Güterrechtsstatut, gespaltenes Vermögen und ein Phyrrhussieg, IPRax 1990, 389; *Siehr,* Das internationale Erbrecht nach dem Gesetz zur Neuregelung des IPR, IPRax 1987, 4; *Sieker,* Trust und internationale Nachfolgeplanung, Ergänzung zu dem Beitrag von von Oertzen, IStR 1995, 344; *Solomon,* Nachlaßspaltung, Qualifikation, Pflichtteil und der Rückübertragungsanspruch nach dem Vermögensgesetz, IPRax 1995, 24; *ders.,* Das Vermögensgesetz und § 25 Abs. 2 Rechtsanwendungsgesetz der DDR – abgeschlossene Vorgänge und offene Fragen – IPRax 1997, 24; *ders.,* Der Anwendungsbereich von Art. 3 Abs. 3 EGBGB – dargestellt am Beispiel des internationalen Erbrechts, IPRax 1997, 81; *ders.,* Erbfolge und Erbgang in deutsch-österreichischen Erbfällen, ZVglRWiss. 99 (2000), 170; *F. Sturm,* Gelten die Rechtshilfeverträge der DDR fort?, FS Serick, 1992, S. 351; *R. Süß,* Die Wahl deutschen Erbrechts für inländische Grundstücke, ZNotP 2001, 173; *ders.,* Die Rückverweisung im internationalen Erbrecht, ZEV 2000, 486; *Thorn,* Das Centros-Urteil des EuGH im Spiegel der deutschen Rechtsprechung, IPRax 2001, 102; *A. Tiedemann,* Die Rechtswahl im deutschen internationalen Erbrecht, RabelsZ 1991, 17; *Ultsch,* Internationale Zuständigkeit in Nachlaßsachen – ein Beitrag zum Justizgewährungsanspruch – MittBayNotK 1995, 6; *Umstätter,* Gemeinschaftliche Testamente mit Auslandsberührung, DNotZ 1984, 532; *Witthoff,* Die Vererbung von Anteilen deutscher Personengesellschaften im Internationalen Privatrecht, 1993; *Wirner,* „Le mort saisit le vif" oder „hereditas iacens", FS Schippel, 1996, S. 981; *Witz/Bopp,* Zur internationalen Zuständigkeit deutscher Nachlaßgerichte im Erbscheinsverfahren, IPRax 1987. 83; *Zillmann,* Die Haftung der Erben im internationalen Erbrecht, 1998; *W. Zimmermann,* Das Erbscheinsverfahren und seine Ausgestaltung, ZEV 1995, 275.

Deutsch-Iranisches Abkommen: *Birmanns,* Herausgabe der Hinterlassenschaft verstorbener Iraner an Konsulat oder Botschaft durch deutsche Behörden?, IPRax 1996, 320; *H. Dörner,* Zur Beerbung eines in der Bundesrepublik verstorbenen Iraners, IPRax 1994, 33; *T. Lau,* Das Recht der gesetzlichen Erbfolge in der Islamischen Republik Iran, ZfRV 1994, 235.

Deutsch-Türkisches Abkommen: *H. Dörner,* Das deutsch-türkische Nachlaßabkommen, ZEV 1996, 90.

I. Statutfragen der Testamentsvollstreckung

1. Allgemeines zur internationalen Testamentsvollstreckung

Erbrechtliche Sachverhalte können Berührungspunkte zu verschiedenen Rechtsordnungen aufweisen. Als Anknüpfungspunkte mit dem Ausland kommen Nationalität des Erblassers, dessen letzter Wohnsitz, die Belegenheit des Nachlasses, der Ort der Errichtung der Verfügung, etc. in Betracht (vgl. *Ebenroth* Rdn. 1224; *Flick/Piltz* Rdn. 1). Nach welcher der beteiligten Rechtsordnungen sich Zulässigkeit und Umfang einer Testamentsvollstreckung richten, bestimmt sich nach deutschem Internationalen Privatrecht (IPR). 1

2. Qualifikation der Testamentsvollstreckung

Liegt eine Testamentsvollstreckung mit Auslandsbezug vor, so ist anhand der einschlägigen Kollisionsnorm das auf die Testamentsvollstreckung anzuwendende Recht zu ermitteln. Kollisionsnormen sind folglich Vorschriften des IPR, die in einem Fall mit Auslandsbezug (s. Rdn. 1) für bestimmte Rechtsfragen auf eine bestimmte Rechtsordnung verweisen, ohne selbst auf der Rechtsfolgenseite eine Sachentscheidung zu treffen (s. zur versteckten Kollisionsnorm Rdn. 90). Reichweite und Abgrenzung der einzelnen Kollisionsnormen untereinander können im Einzelfall schwierig sein (vgl. zu Abgrenzungsproblemen Rdn. 58ff.). Unter **Qualifikation** versteht man die **Einordnung/Subsumtion einer aufgeworfenen Rechtsfrage unter eine bestimmte Kollisionsnorm** (vgl. BGHZ 47, 324, 332; *Basedow* S. 132f.; *Flick/Piltz* Rdn. 100). Maßgebend für die Qualifikation ist grundsätzlich die lex fori und damit deutsches Recht (OLG Düsseldorf FamRZ 1997, 61, 62; *Kropholler* § 16; *Flick/Piltz* Rdn. 100). Dies gilt auch, soweit das zu 2 qualifizierende ausländische Rechtsinstitut im deutschen Recht kein Äquivalent hat. In einem solchen Fall ist für die Qualifikation entscheidend in welchem systematischen Zusammenhang das deutsche materielle Recht diese Frage regeln würde. Erfüllt das ausländische Rechtsinstitut, das im deutschen Recht kein Pendant hat, seinem Sinn und Zweck nach eine erbrechtliche Funktion (zB der testamentary trust des anglo-amerikanischen Rechtskreises, vgl. *v. Oertzen* IStR 1995, 149f. und Rdn. 188, 416ff.), so ist es aus deutscher Sicht erbrechtlich zu qualifizieren. In welchem systematischen Zusammenhang das ausländische Recht die Frage regelt, ist hierbei ohne Bedeutung (zur Abgrenzung von der Vorfrage vgl. Rdn. 92).

3 Da die deutschen materiellen Vorschriften die Testamentsvollstreckung erbrechtlich einordnen, beurteilen sich **Zulässigkeit der Ernennung durch Testament bzw. Zulässigkeit einer Testamentsvollstreckung, Rechtsstellung im ganzen und Einzelbefugnisse sowie die Entlassung des Testamentsvollstreckers nach dem Erbstatut** (BGH NJW 1963, 46, 47; BayObLG IPRax 1991, 343; LG Heidelberg IPRax 1992, 170, 171), dh. derjenigen Rechtsordnung, die auf die Rechtsnachfolge von Todes wegen (Erbfall) Anwendung findet (für die sonstigen Fragen, die dem Erbstatut unterliegen, vgl. ausführlich *Erman/Hohloch* Art. 25 EGBGB Rdn. 22ff.; *Staudinger/Dörner* Art. 25 EGBGB Rdn. 72ff.; *Soergel/Schurig* Art. 25 EGBGB Rdn. 22ff.). Die formellen Anforderungen an eine Verfügung von Todes wegen, durch die beispielsweise ein Testamentsvollstrecker eingesetzt wird, richten sich nach dem **Formstatut.** Für die Abgrenzung des Erbstatuts vom Formstatut vgl. Rdn. 74ff., für die Abgrenzung von anderen Statuten, s. Rdn. 58ff.

3. Erbstatut/Testamentsvollstreckerstatut nach internationalen Verträgen

4 Gemäß Art. 3 Abs. 2 EGBGB gehen Staatsverträge den autonomen erbrechtlichen Kollisionsvorschriften vor. Voraussetzung für den **Vorrang der Staatsverträge** ist, daß diese völkerrechtlich in Kraft getreten und in innerstaatliches Recht transformiert worden sind (*Palandt/Heldrich* Art. 3 EGBGB Rdn. 6). Darüber hinaus werden die Vorschriften des EGBGB nur insoweit verdrängt, als der räumliche, sachliche, zeitliche und persönliche Anwendungsbereich des Staatsvertrages im konkreten Fall eröffnet ist. Im einzelnen bestehen folgende Staatsverträge:

a) Deutsch-iranisches Niederlassungsabkommen vom 17. 2. 1929 (RGBl. 1930 II S. 1006)

Für einen Überblick über das iranische Erbrecht vgl. *Lau* ZfRV 1994, 235ff.

5 Der Staatsvertrag wurde zwischen dem Kaiserreich Persien und dem Deutschen Reich geschlossen, ist in der Bundesrepublik Deutschland am 4. 11. 1954 wieder in Kraft getreten (BGBl. 1955 II S. 829) und gilt auch nach den politischen Veränderungen von 1979 im Verhältnis zur Islamischen Republik Iran. Gemäß Art. 8 Abs. 3 des Abkommens ist sowohl für die gesetzliche als auch testamentarische Erbfolge das Heimatrecht des Erblassers für den gesamten Nachlaß maßgebend. Persönlich erfaßt der Vertrag deutsche Staatsangehörige (bzw. Gleichgestellte, vgl. hierzu Rdn. 18f.) und iranische Staatsangehörige, soweit letztere nicht Flüchtlinge iSd. Genfer Flüchtlingskonvention vom 28. 7. 1951 oder Asylberechtigte sind (vgl. hierzu Rdn. 20ff.). Das Abkommen gilt nicht für Personen, die beide Staatsangehörigkeiten besitzen (*Schotten* Rdn. 263). Für die Frage, inwieweit eine Pflicht deutscher Behörden zur Herausgabe der in der Bundesrepublik Deutschland bele-

genen Hinterlassenschaft an ein iranisches Konsulat oder die iranische Botschaft besteht, vgl. *Birmanns* IPRax 1996, 320f.

b) Deutsch-türkischer Konsularvertrag vom 28. 5. 1929 (RGBl. 1930 II S. 747, 758; 1931 II S. 538; BGBl. 1952 II S. 608)

Vgl. hierzu insbesondere *Dörner* ZEV 1996, 90ff.

Die maßgebenden Regelungen zum Erbrecht finden sich in den §§ 12ff. des Anhangs zu Art. 20 des Konsularvertrages. Die Vorschriften sind sachlich und persönlich anwendbar, wenn in einem Vertragsstaat Vermögenswerte belegen sind, die zum Nachlaß eines Angehörigen des anderen Vertragsstaates gehören. Türkische Staatsangehörige werden vom persönlichen Anwendungsbereich des Abkommens nicht erfaßt, wenn sie im Zeitpunkt des Todes die Rechtsstellung eines Flüchtlings iSd. Genfer Flüchtlingskonvention vom 28. 7. 1951 oder eines Asylberechtigten (vgl. hierzu Rdn. 20ff.) hatten. Umstritten ist, ob vom persönlichen Anwendungsbereich des Abkommens auch ein Erblasser erfaßt wird, der im Zeitpunkt des Todes sowohl die türkische als auch die deutsche Staatsangehörigkeit hatte (dafür AG Bad Homburg IPRspr. 1977 Nr. 103, S. 294; *Dörner* ZEV 1996, 90, 91; *Schotten* Rdn. 264; aA *Erman/Hohloch* Art. 25 EGBGB Rdn. 4, 57). Gemäß § 14 Abs. 1 bestimmt sich das Erbstatut bei beweglichem Nachlaß nach dem Heimatrecht des Erblassers. Für den unbeweglichen Nachlaß richtet sich das Erbstatut nach dem Recht des Landes, in dem das unbewegliche Vermögen belegen ist. Nach § 12 Abs. 3 erfolgt die Abgrenzung zwischen beweglichem und unbeweglichem Vermögen nach dem Recht des Landes, in dem sich der Nachlaß befindet. Für die Frage, was nach deutschem Recht unbewegliches Vermögen ist, vgl. Rdn. 27f. 6

c) Deutsch-sowjetischer Konsularvertrag vom 25. 4. 1958 (BGBl. 1959 II S. 33)

Der Konsularvertrag ist seit dem 24. 5. 1959 in Kraft. Nach Art. 28 Abs. 3 des Abkommens richtet sich das Erbstatut für unbewegliche Nachlaßgegenstände nach dem Recht des Belegenheitsstaates. Bzgl. des beweglichen Nachlasses verbleibt es beim autonomen Kollisionsrecht des jeweiligen Staates. Die Abgrenzung des beweglichen vom unbeweglichen Vermögen erfolgt nach dem Belegenheitsrecht (*Staudinger/Dörner* Vor Art. 25f. EGBGB Rdn. 195; *Schotten* Rdn. 265). Was aus deutscher Sicht zum unbeweglichen Nachlaß zählt, vgl. Rdn. 27f. Art. 28 Abs. 3 des Abkommens ist anwendbar, wenn in einem Vertragsstaat unbewegliches Vermögen belegen ist, das zum Nachlaß eines Angehörigen des anderen Vertragsstaates gehört, der nach dem Inkrafttreten des Abkommens verstorben ist. Umstritten ist auch hier, ob das Abkommen auf solche Erblasser Anwendung findet, die eine doppelte Staatsangehörigkeit im Zeitpunkt des Todes hatten (dafür *Schotten* Rdn. 265). Nicht anwendbar ist das Abkommen jedenfalls, wenn der Erblasser Flüchtling iSd. Genfer Flüchtlingskonvention vom 28. 7. 1951 oder Asylberechtigter war (vgl. hierzu Rdn. 20ff.). Für Erbfälle vor dem 24. 5. 1959 richtet sich das Erbstatut nach §§ 13ff. im Anhang zu Art. 22 des Deutsch-Sowjetischen Konsularvertrags vom 12. 10. 1925 (RGBl. 1926 II S. 60). Danach ist Erbstatut für das bewegliche Vermögen das Heimatrecht des Erblassers; für das unbewegliche Vermögen wird am Recht des Lageortes angeknüpft. Seit Auflösung der Sowjetunion ist die Fortgeltung des Deutsch-Sowjetischen Konsularvertrages vom 24. 5. 1959 mit folgenden ehemaligen Sowjetrepubliken vereinbart worden: Kirgistan (BGBl. 1992 II S. 1015), Russische Föderation (BGBl. 1992 II S. 1016), Kasachstan (BGBl. 1992 II S. 1120), Georgien (BGBl. 1992 II S. 1128), Armenien (BGBl. 1993 II S. 169), Ukraine (BGBl. 1993 II S. 1189), Usbekistan (BGBl. 1993 II S. 2038 und 1995 II S. 205); 7

Belarus (BGBl. 1994 II S. 2533), Tadschikistan (BGBl. 1995 II S. 255); Aserbaidschan (BGBl. 1996 II S. 2471); Moldawien (BGBl. 1996 II S. 768). Im Verhältnis zu den übrigen Nachfolgestaaten ist die Anwendung des Vertrages ungeklärt (vgl. *Staudinger/Dörner* Vor Art. 25f. EGBGB Rdn. 193; *Schotten* Rdn. 265).

d) Staatsvertrag zwischen dem Großherzogtum Baden und der Schweizerischen Eidgenossenschaft betreffend die gegenseitige Bedingungen über Freizügigkeit und weitere nachbarliche Verhältnisse vom 6. 12. 1856

8 Nach Art. 6 des Staatsvertrages findet in erbrechtlichen Streitigkeiten das Belegenheitsrecht, bei Vorhandensein von Nachlaßgegenständen in beiden Vertragsstaaten für Angehörige der Vertragsstaaten das Heimatrecht, für Nichtangehörige dagegen das Wohnsitzrecht Anwendung. Der Staatsvertrag ist durch Notenaustausch vom 7. 11. 1978 mit Wirkung zum 28. 2. 1979 gekündigt worden, findet aber aus schweizerischer Sicht weiterhin noch auf solche Erbfälle Anwendung, die sich vor diesem Datum ereignet haben (IPRG/*Schnyder* Art. 87 Rdn. 26).

e) Haager Erbrechtsübereinkommen vom 1. 8. 1989

Vgl. hierzu *Brandi,* Das Haager Abkommen von 1989 über das auf die Erbfolge anzuwendende Recht, 1996.

9 Für die Bundesrepublik Deutschland nicht in Kraft, jedoch der Vollständigkeit wegen erwähnt sei hier das **Haager Erbrechtsübereinkommen** vom 1. 8. 1989 (Text abgedruckt bei *Staudinger/Dörner* Vor Art. 25f. EGBGB Rdn. 111ff.). Ziel des Übereinkommens ist die Vereinheitlichung der erbrechtlichen Kollisionsvorschriften. Vom Anwendungsbereich der Konvention ausgeschlossen sind das auf die Form und die Testierfähigkeit anzuwendende Recht sowie alle Fragen, die dem Güterrecht zuzuordnen sind (insb. Zugewinnausgleich und Versorgungsausgleich). Für die Ermittlung des Erbstatuts knüpft das Übereinkommen am Lebensmittelpunkt des Erblassers an, der sich aus einer Verbindung von Heimat- und Aufenthaltsstatut ergibt. Hat der Erblasser seinen letzten gewöhnlichen Aufenthalt in seinem Heimatstaat, so ist dessen Recht Erbstatut. Der gewöhnliche Aufenthalt in einem anderen als dem Heimatstaat ist dagegen entscheidend, wenn der Erblasser dort die letzten fünf Jahre seines Lebens verbracht hat, es sei denn, außergewöhnliche Umstände sprechen für eine stärkere Bindung des Erblassers zu seinem Heimatstaat. In allen übrigen Fällen ist die Nationalität des Erblassers im Zeitpunkt des Todes für das Erbstatut entscheidend (vgl. *Ebenroth* Rdn. 1227).

f) Haager Übereinkommen über das auf trusts anzuwendende Recht und über dessen Anerkennung vom 20. 10. 1984

10 Das Übereinkommen ist für die Bundesrepublik Deutschland nicht in Kraft. Es bestimmt die maßgebenden Kollisionsnormen für den trust, ein im angloamerikanischen Rechtskreis wichtiges Instrument der Nachlaßplanung (vgl. hierzu Rdn. 327ff.) und regelt seine Anerkennung (vgl. hierzu ausführlich *Staudinger/Dörner* Vor Art. 25f. EGBGB Rdn. 129ff.; *Hayton,* Liber amicorum Droz, S. 121ff.).

4. Erbstatut/Testamentsvollstreckerstatut nach autonomem Recht

11 Die autonomen Kollisionsvorschriften, die zur Anwendung gelangen, soweit internationale Staatsverträge nicht bestehen, finden sich im Einführungsgesetz zum Bürgerlichen Gesetzbuch **(EGBGB).** Hat der Erblasser seine Verfügung von To-

des wegen nicht an dem nach den Vorschriften des EGBGB berufenen Recht, sondern nach einem anderen Recht ausgerichtet (Handeln unter falschen Recht), dann ist – auf materieller Ebene – der Sinngehalt der in bezug genommenen erbstatutsfremden Regeln umzudeuten, dh. bei der Ermittlung des Erblasserwillens zu berücksichtigen (BayObLGZ 1980, 42, 51; LG München IPRax 1998, 117, 118; *Staudinger/Dörner* Art. 25 EGBGB Rdn. 261, 255).

a) Intertemporales Recht

Durch das Gesetz zur Neuregelung des Internationalen Privatrechts vom 1. 9. 12
1986 ist das deutsche IPR einschließlich der erbrechtlichen Kollisionsnormen umfassend neu geregelt worden. Nach Art. 220 Abs. 1 EGBGB n.F. findet die Neuregelung des IPR auf die vor dem 1. 9. 1986 abgeschlossene Vorgänge keine Anwendung. Vorgänge sind dann **„abgeschlossen"** iSd. Art. 220 Abs. 3 EGBGB, wenn sich der Anknüpfungstatbestand vor dem 1. 9. 1986 verwirklicht hat, so beispielsweise, wenn der Erbfall vor dem Stichtag eingetreten ist (BayObLG ZEV 1997, 510; NJW 1987, 1148, 1149; IPRspr. 1994 Nr. 123, S. 263; LG München FamRZ 1998, 1067, 1068). Verfügungen von Todes wegen sowie andere erbrechtliche Rechtsgeschäfte unterliegen in jeder Hinsicht der Neuregelung, soweit sie nach dem 31. 8. 1986 vorgenommen wurden. Für die vor diesem Stichtag errichteten Verfügungen von Todes wegen gilt dagegen das alte Kollisionsrecht, soweit es um die Zulässigkeit der Errichtung und die materielle Wirksamkeit der Verfügung geht (*Staudinger/Dörner* Art. 25 EGBGB Rdn. 13; aA OLG Hamburg IPRspr. 1992 Nr. 162, S. 352f., wonach der Zeitpunkt des Erbfalls entscheidend sein soll). (Zur Rechtslage vor der Neufassung des EGBGB vgl. Rdn. 98).

b) Erbstatut nach Art. 25 Abs. 1 EGBGB

Soweit internationale Staatsverträge (vgl. Rdn. 4ff.) nicht eingreifen und der 13
Erblasser nach dem 31. 8. 1986 verstorben ist, bestimmt sich das Erbstatut gemäß Art. 25 Abs. 1 EGBGB grundsätzlich nach dem Recht des Landes, dessen Staatsangehörigkeit der Erblasser im Zeitpunkt des Todes besitzt **(Heimatrecht)** (für die Möglichkeiten einer Rechtswahl vgl. Rdn. 24ff.). Ob der Erblasser eine ausländische Staatsangehörigkeit besitzt, bestimmt sich ausschließlich nach dem Staatsangehörigkeitsrecht des betreffenden Staates und nicht nach der lex fori (*Kegel/Schurig* § 13 II 4).

aa) Deutsche Staatsangehörigkeit. Erwerb und Verlust der deutschen Staatsangehö- 14
rigkeit richten sich nach dem **Staatsangehörigkeitsgesetz** (**StAG,** bisher Reichs- und Staatsangehörigkeitsgesetz [RuStAG] vom 22. 7. 1913, zuletzt geändert mit Wirkung ab 1. 1. 2000 [BGBl. 1999 I S. 1618]; näher *Erman/Hohloch* Art. 5 EGBGB Rdn. 22ff.). Nach dem als Grundsatz weiterhin geltenden Abstammungsprinzip erwerben Kinder durch Geburt die deutsche Staatsangehörigkeit, wenn ein Elternteil diese besitzt (§ 3 Nr. 1 iVm. § 4 Abs. 1 S. 1 StAG). Sofern lediglich der Vater deutscher Staatsangehöriger und dieser nicht mit der ausländischen Mutter verheiratet ist, bedarf es gemäß § 1592 BGB (in der ab 1. 7. 1998 nach der Reform des Kindschaftsrechts geltenden Fassung) zur Begründung des Abstammungsverhältnisses zum Vater der Feststellung oder Anerkennung der Vaterschaft. Verfahrenseinleitung bzw. Anerkennungserklärung müssen gemäß § 4 Abs. 1 S. 2 StAG vor Vollendung des 23. Lebensjahres des Kindes erfolgen, damit die Abstammung zum Erwerb der deutschen Staatsangehörigkeit führt. Der Erwerb durch Legitimation (§ 3 Nr. 2 iVm. § 5 RuStAG aF) ist zum 1. 7. 1998 entfallen. In nicht von § 4 Abs. 1 S. 2 StAG erfaßten Fällen (vor dem 1. 7. 1993 geborene nichteheliche

Kinder) führt nunmehr die Erklärung des Kindes gemäß § 5 StAG zum Erwerb der deutschen Staatsangehörigkeit. Zum Erwerb führen außerdem die Adoption (§ 6 StAG), bei Kindern ausländischer Eltern in Anwendung des das Abstammungsprinzip neuerdings ergänzenden Territorialprinzips die Inlandsgeburt (§ 4 Abs. 3 StAG), bei Spätaussiedlern die Ausstellung einer entsprechenden Bescheinigung (§ 7 StAG) und bei Ausländern die nunmehr erleichterte Einbürgerung (§§ 8 bis 16, 40b StAG). Statusdeutsche wurden gemäß § 40a StAG in die deutsche Staatsangehörigkeit übergeleitet. Nach § 17 StAG wird die deutsche Staatsangehörigkeit verloren durch Entlassung, Erwerb einer ausländischen Staatsangehörigkeit, Verzicht und Annahme als Kind durch einen Ausländer. Neu sind die Verlusttatbestände des Eintritts in die Streitkräfte eines ausländischen Staates (§ 28 StAG) sowie der Erklärung nach dem im Zusammenhang mit § 4 Abs. 3 und § 40b StAG neu eingeführten Optionsmodell (§ 29 StAG).

15 *bb) Doppel- und Mehrstaater.* Besitzt der Erblasser im Zeitpunkt seines Todes mehrere Nationalitäten, so ist gemäß Art. 5 Abs. 1 S. 1 EGBGB allein die **effektive Staatsangehörigkeit** maßgebend. Letztere ist anhand von einzelfallbezogenen Indizien zu ermitteln. Das Gesetz nennt insoweit den „gewöhnlichen Aufenthalt" und den „Verlauf des Lebens". Insbesondere letzteres zwingt zu einer Gesamtbetrachtung aller objektiven persönlichen Umstände einer Person, etwa die wirtschaftlichen, beruflichen oder privaten bzw. familiären Beziehungen und Bindungen, Ausübung politischer Rechte sowie sprachliche oder kulturelle Zugehörigkeit (MünchKommBGB/*Sonnenberger* Art 5 EGBGB Rdn. 5; *Palandt/Heldrich* Art. 5 EGBGB Rdn. 2; *Staudinger/Dörner* Art. 25 Rdn. 439f.). Besitzt der Erblasser ua. auch die deutsche Staatsangehörigkeit, so ist Erbstatut deutsches Recht unabhängig davon, mit welchem Staat der Erblasser die engsten Verbindungen aufweist (Art. 5 Abs. 1 S. 2 EGBGB).

16 Die Reform des Staatsangehörigkeitsrechts wird zu einer Zunahme von Fällen mehrfacher Staatsangehörigkeit führen (im Rahmen des neu eingeführten Optionsmodells jedenfalls bis zum Zeitpunkt der Erklärung gemäß § 29 StAG). Aufgrund der von der Reform unberührten (*Erman/Hohloch* Art. 5 EGBGB Rdn. 6, 24) Vorschrift des Art. 5 Abs. 1 S. 2 EGBGB werden deutsche Gerichte bei Rechtsstreitigkeiten in entsprechend gelagerten Sachverhalten häufiger deutsches Recht anwenden können (*Gruber* IPRax 1999, 426, 427). Damit verbunden ist im Verhältnis zu Staaten, die bei einer kollisionsrechtlichen Anknüpfung an die Staatsangehörigkeit ebenfalls die eigene bevorzugen, die Gefahr hinkender Rechtsverhältnisse (*Benicke* IPRax 2000, 171, 174; kritisch *Fuchs* NJW 2000, 489, 491). Im Bereich des Erbrechts ist folglich mit einer Zunahme von Fällen mit Nachlaßspaltung zu rechnen (vgl. Rdn. 39).

17 *cc) Teilrechtsordnung.* Gehört der ausländische Erblasser einem Staat mit örtlich (zB USA, Kanada, Mexiko, Spanien, Australien) oder personell (Islamische Republik Iran, Libanon, Israel) unterschiedlichen Teilrechtsordnungen an, muß die Anknüpfung an die Staatsangehörigkeit durch eine interlokale oder interpersonelle Unteranknüpfung ergänzt werden, vgl. hierzu Rdn. 91.

18 *dd) Volksdeutsche Flüchtlinge und Vertriebene, Spätaussiedler.* Gemäß Art. 116 Abs. 1 GG sind Flüchtlinge oder Vertriebene deutscher Volkszugehörigkeit sowie deren Ehegatten und Abkömmlinge **deutschen Staatsangehörigen gleichgestellt,** soweit sie im Gebiet des deutschen Reiches nach dem Stand vom 31. 12. 1937 Aufnahme gefunden haben, ohne die deutsche Staatsangehörigkeit zu besitzen (s. hierzu OLG Celle FamRZ 1995, 1228). Nach § 40a StAG haben alle, die am 1. 8. 1999 Deutsche iS des Art. 116 Abs. 1 GG waren, an diesem Tag die deutsche

Staatsangehörigkeit kraft Gesetzes erworben, so daß die Gleichstellung mit deutschen Staatsangehörigen hinfällig geworden ist (Staatsangehörigkeit durch Überleitung).

Deutschen iSd. Art. 116 Abs. 1 GG gleichgestellt sind auch Spätaussiedler, dh. deutsche Volkszugehörige, die nach Abschluß der allgemeinen Vertreibungsmaßnahmen insbesondere aus den osteuropäischen Ländern in die Bundesrepublik gekommen sind (OLG Frankfurt FamRZ 2000, 37, 38). Als Volkszugehöriger gilt gemäß § 6 BVFG, wer sich in seiner Heimat zum deutschen Volkstum bekannt hat, sofern dieses Bekenntnis durch bestimmte Merkmale (Abstammung, Sprache, Erziehung, Kultur) bestätigt wird. Nachgewiesenen werden diese Voraussetzungen durch eine entsprechende Bescheinigung, die zwar nur deklaratorische Bedeutung hat (BVerfGE 17, 224, 226ff.), der aber eine wichtige Beweisfunktion zukommt. Die deutsche Staatsangehörigkeit durch Überleitung (Rdn. 14) hat dieser Personenkreis jedoch nur dann erworben, wenn vor dem 1. 8. 1999 die entsprechende Bescheinigung erteilt wurde (§ 40a S. 2 StAG). 19

ee) Flüchtlinge (die nicht Volksdeutsche sind), Asylberechtigte, Staatenlose. Ist jemand **Flüchtling** aufgrund begründeter Furcht vor Verfolgung wegen rassischer, ethnischer, religiöser oder politischer Gründe, so ist nach Art. 12 der Genfer Flüchtlingskonvention vom 28. 7. 1951 für das Erbstatut nicht an die Staatsangehörigkeit des Flüchtlings, sondern an das Recht am Wohnsitz bzw. gewöhnlichen Aufenthalt im Zeitpunkt des Todes anzuknüpfen. Gleiches gilt für die sogenannten Kontingentflüchtlinge, die im Rahmen einer humanitären Aktion in Deutschland Aufnahme gefunden haben (Schotten Rdn. 37). Zur strittigen Frage, ob es sich insoweit um eine Sachnorm- oder aber Gesamtnormverweisung handelt, s. *Palandt/Heldrich* Anh. II zu Art. 5 RGBGB Rdn. 78. 20

Für in der Bundesrepublik **anerkannte Asylberechtigte** gilt dies gemäß § 3 Abs. 1 AsylVfG entsprechend (BGH FamRZ 1993, 47, 48). Für Asylbewerber, deren Antrag noch nicht verbeschieden ist, ist die Genfer Flüchtlingskonvention einschlägig, wenn sie Flüchtlinge iSd. Konvention sind (BGH FamRZ 1993, 47, 48). Hat das Bundesamt den Asylantrag abgelehnt, so sind die ordentlichen Gerichte nicht gehindert, den Betroffenen als Flüchtling iSd. Genfer Flüchtlingskonvention zu behandeln (vgl. *Palandt/Heldrich* Anh. II zu Art. 5 EGBGB Rdn. 31). 21

Auch für **Staatenlose** ist nach dem New Yorker Übereinkommen über die Rechtsstellung der Staatenlosen vom 28. 9. 1954 für das Erbstatut an das Recht des Wohnsitzes des Erblassers bzw. an die Rechtsordnung des Aufenthaltslandes zur Zeit des Erbfalles anzuknüpfen. Soweit das Übereinkommen nicht anwendbar ist, insbesondere bei Palästinaflüchtlingen, die unter der Obhut der UNRWA stehen, gilt für Staatenlose Art. 5 Abs. 2 EGBGB (vgl. *Palandt/Heldrich* Anh. II zu Art. 5 EGBGB Rdn. 6). Die Vorschrift knüpft für das Erbstatut an das Recht am gewöhnlichen, hilfsweise schlichten Aufenthaltsort an. 22

Soweit der gewöhnliche Aufenthalt als Auffangtatbestand für die sonst maßgebende Anknüpfung am Heimatrecht einschlägig ist, ist hierunter der Ort zu verstehen, an dem der Betroffene seinen Daseinsmittelpunkt und damit den Schwerpunkt seiner familienrechtlichen und beruflichen Bindungen hat (BGH NJW 1993, 2048; *Palandt/Heldrich* Art. 5 EGBGB Rdn. 10). 23

c) Rechtswahl nach Art. 25 Abs. 2 EGBGB

Seit der IPR-Reform vom 1. 9. 1986 kann nunmehr der Erblasser gemäß Art. 25 Abs. 2 EGBGB für das im Inland belegene unbewegliche Vermögen (und die sich darauf beziehende Testamentsvollstreckung) in der Form einer Verfügung von Todes wegen **deutsches Recht wählen.** Praktische Bedeutung hat die 24

Rechtswahl nur für den ausländischen Erblasser, der nunmehr abweichend vom allgemeinen Erbstatut (soweit dieses nicht auf deutsches Recht zurückverweist, vgl. Rdn. 88) für inländisches unbewegliches Vermögen deutsches materielles Erbrecht wählen kann. Zu unterscheiden ist die (in vielfacher Hinsicht) beschränkte Rechtswahl nach Art. 25 Abs. 2 EGBGB von einer möglichen Rechtswahl nach dem durch Art. 25 Abs. 1 EGBGB berufenen ausländischen IPR (*Lange* DNotZ 2000, 392, 340f.). Soweit letztere dem Erblasser nämlich in größerem Umfang Parteiautonomie gewährt als Art. 25 Abs. 2 EGBGB, nimmt dies das deutsche IPR hin.

25 *aa) Vor- und Nachteile einer Rechtswahl* (vgl. ausführlich *Schotten* Rdn. 351; *Riering* ZEV 1995, 404; *Dreher,* Die Rechtswahl im internationalen Erbrecht, S. 31ff.). Die Wahl deutschen materiellen Erbrechts hat u.a. (aus deutscher Sicht) den Vorteil, daß hierdurch eine eindeutige und überschaubare Rechtsgrundlage geschaffen wird und folglich zeit- und kostenintensive Gutachten zur Ermittlung der ausländischen Rechtslage unterbleiben. Des weiteren kann die Wahl des deutschen Erbrechts dem Erblasser uU erwünschte Gestaltungsmöglichkeiten eröffnen (Erbverträge, gemeinschaftliche Testamente, Testamentsvollstreckung, Auflagen, Vor- und Nacherbschaft, etc.), die ihm nach seinem Heimatrecht in diesem Umfang nicht zur Verfügung stehen. Unter Umständen kann durch die Wahl deutschen Erbrechts dem Erben im Erbfall auch eine Rechtsposition/Verfügungsberechtigung hinsichtlich des Nachlasses verschafft werden, die vom Heimatrecht des Erblassers abweicht. Darüber hinaus vereinfacht die Anwendbarkeit deutschen Erbrechts die Erbscheinserteilung und die Grundbuchumschreibung in der Bundesrepublik Deutschland. Schließlich kann eine Rechtswahl bei gemischtnationalen Ehen zu einem Gleichklang des erb- und güterrechtlichen Ausgleichs führen. Nachteilig kann sich die Rechtswahl insoweit auswirken, als sie aus deutscher Sicht zu einer rechtlichen (vgl. hierzu Rdn. 37ff.) oder – soweit das Ausland die Rechtswahl nicht anerkennt – zu einer faktischen Nachlaßspaltung (vgl. hierzu Rdn. 48ff.) führen kann. Darüber hinaus bestehen im deutschen Recht hinsichtlich Inhalt und Umfang der Rechtswahlfreiheit einige Unklarheiten (vgl. Rdn. 26ff.), die ihren Ursprung in den Abgrenzungsschwierigkeiten zwischen beweglichem bzw. unbeweglichem Nachlaß haben. Vor- und Nachteile einer Rechtswahl, sollten daher im konkreten Fall gegeneinander abgewogen werden.

26 *bb) Die Schranken der Rechtswahl.* Die Möglichkeiten der Rechtswahl gemäß Art. 25 Abs. 2 EGBGB sind im Vergleich zu denen in Art. 5 Abs. 1, Art. 6 des Haager Erbrechtsübereinkommens vom 1. 8. 1989 (vgl. Rdn. 9) eingeschränkt. Nach dem Haager Erbrechtsübereinkommen kann der Erblasser zwischen dem Heimatrecht und dem Recht am gewöhnlichen Aufenthaltsort wählen. Erfaßt wird von der Rechtswahl der gesamte Nachlaß, wenn nicht der Erblasser seine Rechtswahl ausdrücklich auf einzelne Gegenstände bzw. Teile des Nachlasses beschränkt hat. Die Rechtswahl nach Art. 25 Abs. 2 EGBGB ist demgegenüber in dreifacher Hinsicht beschränkt:

27 *(1) Unbewegliches inländisches Vermögen.* Die Rechtswahl ist nur für das **in der Bundesrepublik Deutschland belegene unbewegliche Vermögen** eröffnet. Hat beispielsweise ein ausländischer Erblasser Grundstücke im In- und Ausland, so führt die Rechtswahl nach Art. 25 Abs. 2 EGBGB zwangsläufig zu einer Nachlaßspaltung (Rdn. 38), soweit das Heimatrecht des Erblassers nicht auf deutsches Recht zurückverweist. Die Rechtswahl ist nur bzgl. des unbeweglichen Vermögens zulässig. Der Begriff „unbewegliches Vermögen" ist zwar im Sinne des deutschen Rechts zu verstehen (vgl. *Palandt/Heldrich* Art. 25 EGBGB Rdn. 7; *Flick/Piltz* Rdn. 210), wird aber im Gesetz nirgends definiert. Auch die Gesetzesmaterialien geben über den Inhalt des Begriffs wenig Aufschluß (vgl. hierzu BT-

Drucks. 10/5632 S. 44). Inwieweit dem Begriff *„Sache“* in §§ 90ff. BGB, *„unbewegliche Sache“* in §§ 24, 848, ZPO oder *„unbewegliches Vermögen“* in §§ 810, 864 ZPO kollisionsrechtliche Bedeutung bei der Auslegung des Art. 25 Abs. 2 EGBGB zukommt, ist unklar (der BGH hat jedenfalls in BGHZ 24, 352, 357ff. für den Begriff des unbeweglichen Vermögens in § 1551 BGB aF festgestellt, daß diesem keine kollisionsrechtliche Bedeutung zukommt).

Die relativ unstreitigen Eckpunkte (siehe hierzu auch *Lange* DNotZ 2000, 332, 28
337ff.) des kontroversen Meinungsspektrums lassen sich wie folgt zusammenfassen: zum unbeweglichen Vermögen zählen Grundstücke, Gebäude und sonstige wesentliche Bestandteile, dem Grundstück gleichgestellte Rechte (Erbbaurecht und Wohnungseigentum) und solche iSd. § 96 BGB (*Palandt/Heldrich* Art. 25 EGBGB Rdn. 7). Als bewegliches Vermögen werden dagegen überwiegend schuldrechtliche Ansprüche aus einem Grundstückskauf- (BGH NotBZ 2000, 337, 338), -miet- oder -pachtvertrag qualifiziert (vgl. *Tiedemann* RabelsZ 1991, 17, 36; MünchKommBGB/*Birk* Art. 25 EGBGB Rdn. 67; *Schotten* Rpfleger 1991, 181, 186; *ders.* Rdn. 162; *Erman/Hohloch* Art. 25 EGBGB Rdn. 18; aA *Staudinger/Dörner* Art. 25 EGBGB Rdn. 486; *ders.* DNotZ 1988, 67, 95/96). Umstritten ist dagegen, ob zum unbeweglichen Vermögen zählen: Grundpfandrechte (in diesem Sinne LG Saarbrücken DNotI-Report 2000, 115; *Krzywon* BWNotZ 1987, 4, 5; *Riering* ZEV 1995, 404, 405; *Palandt/Heldrich* Art. 25 EGBGB Rdn. 7; aA *Soergel/Schurig* Art. 25 EGBGB Rdn. 4; *Schotten* Rdn. 162), vormerkungsgesicherte Ansprüche auf Übertragung oder Bestellung eines dinglichen Rechts (dagegen *Erman/Hohloch* Art. 25 EGBGB Rdn. 18), Grundstückszubehör (dafür *Erman/Hohloch* Art. 25 EGBGB Rdn. 18; *Staudinger/Dörner* Art. 25 EGBGB Rdn. 482; aA *Scholten* Rdn. 162; *Soergel/Schurig* Art 25 EGBGB Rdn. 4), Anteile an einer Güter- (dafür *Schurig* IPRax 1990, 389, 390/1) oder Erbengemeinschaft (dagegen wohl BGH NotBZ 2000, 337, 338), BGB- oder Handelsgesellschaft, zu deren Vermögensmasse auch oder überwiegend Grundstücke zählen (dagegen BFH IPRspr. 1986, Nr. 112 S. 255; *Lucht* Rpfleger 1997, 133, 139; wohl auch BGHZ 24, 352, 363 offen gelassen aber für reine Grundstücksgesellschaften; *Soergel/Schurig* Art. 25 EGBGB Rdn. 4; *v. Oertzen* IPRax 1994, 73, 79; *Riering* ZEV 1995, 404, 405; aA *Erman/Hohloch* Art. 25 EGBGB Rdn. 18; *Staudinger/Dörner* Art. 25 EGBGB Rdn. 485). Grundsätzlich wird man wohl wegen des Ausnahmecharakters des Art. 25 Abs. 2 EGBGB (*Schotten* Rdn. 261, 291) die Vorschrift eng auslegen müssen (*Schurig* IPRax 1990, 389, 391).

Art. 25 Abs. 2 EGBGB kann nicht auf bewegliches oder im Ausland 29
belegenes unbewegliches Vermögen ausgedehnt werden. Eine allgemeine Rechtswahl (zB „ich wähle für den gesamten Nachlaß deutsches Recht“) ist daher nicht statthaft (*Siehr* IPRax 1987, 4, 7). Wählt der ausländische Erblasser entgegen Art. 25 Abs. 2 EGBGB deutsches Erbrecht für den gesamten beweglichen und unbeweglichen Nachlaß, so führt dies nicht zur Nichtigkeit der gesamten Rechtswahl. Es ist vielmehr dem Willen des Erblassers zumindest für das inländische unbewegliche Vermögen im Wege einer geltungserhaltenden Reduktion Rechnung zu tragen (*Palandt/Heldrich* Art. 25 EGBGB Rdn. 7; *Süß* ZNotP 2001, 173, 178; *Tiedemann* RabelsZ 1991, 17, 24). Anders ist freilich zu entscheiden, wenn das anwendbare ausländische Erbstatut, auf das Art. 25 Abs. 1 EGBGB verweist, eine Rechtswahl für allgemein zulässig erachtet. In einem solchen Fall ist die Rechtswahl im vollen Umfang zu respektieren (*Lorenz* DNotZ 1993, 148, 155/6).

(2) Inhalt/Umfang der Rechtswahl. Die Rechtswahl erfaßt gemäß Art. 4 Abs. 2 30
EGBGB lediglich die materiellen erbrechtlichen Vorschriften des deutschen Rechts (**Sachnormverweisung** Rdn. 86) und erlaubt nicht die Wahl ausländischen Erbrechts (*Flick/Piltz* Rdn. 203). Letzteres bedeutet jedoch nicht, daß die Rechtswahl

in jedem Fall unbeachtlich ist. Unzulässig ist eine solche Rechtswahl nämlich nur nach dem deutschen IPR, nicht notwendig aber auf der zweiten Stufe, dh. nach dem von Art. 25 Abs. 1 EGBGB berufenen ausländischen IPR (vgl. auch Rdn. 29).

31 Die Rechtswahl nach Art. 25 Abs. 2 EGBGB kann nicht auf einzelne Normen beschränkt werden (zB „Erbrecht mit Ausnahme des Pflichtteilsrechts"), sondern umfaßt das gesamte Erbrecht (MünchKommBGB/*Birk* Art. 25 EGBGB Rdn. 49, 69; *Tiedemann* RabelsZ 1991, 17, 25; *Dörner* DNotZ 1988, 67, 86; *Flick/Piltz* Rdn. 212).

32 Ungeklärt ist bisher, ob das Wahlrecht für alle im Inland belegenen Grundstücke einheitlich oder auch beschränkt auf einzelne Grundstücke ausgeübt werden kann (gegen eine beschränkte Rechtswahl: *Nieder* Rdn. 455; *Schotten* Rpfleger 1991, 181, 187; *ders.* Rdn. 292; dafür die wohl hM: *Süß* ZNotP 2001, 173, 177; *Tiedemann* RabelsZ 1991, 17, 25; *Siehr* IPRax 1987, 4, 7; *Lichtenberger* DNotZ 1986, 644, 665; *Palandt/Heldrich* Art. 25 EGBGB Rdn. 8; *Erman/Hohloch* Art. 25 EGBGB Rdn. 19; *Flick/Piltz* Rdn. 214; für beschränkte Rechtswahlfreiheit im Rahmen der insoweit inhaltsgleichen Vorschrift des Art. 15 Abs. 2 Nr. 3 EGBGB LG Mainz NJW-RR 1994, 73, 74). Um dem Grundsatz der Nachlaßeinheit (vgl. Rdn. 35) weitestgehend Rechnung zu tragen, ist eine beschränkte Rechtswahl auf einzelne unbewegliche Nachlaßgegenstände wohl abzulehnen. Läßt man sie dagegen zu, so ist allerdings zu berücksichtigen, daß alle von den zeitlich unterschiedlichen Rechtswahlklauseln erfaßten Nachlaßgegenstände einen einheitlichen Nachlaß bilden (*Schotten* Rdn. 293).

33 *(3) Rechtswahl durch Verfügung von Todes wegen.* Die Rechtswahl muß durch eine **Verfügung von Todes wegen** erfolgen (so auch Art. 5 Abs. 2 Haager Erbrechtsübereinkommen vom 1. 8. 1989, vgl. Rdn. 5). Die allgemeinen Wirksamkeitsvoraussetzungen der Rechtswahlverfügung beurteilen sich nach deutschem Recht (*Tiedemann* RabelsZ 1991, 17, 26; *Süß* ZNotP 2001, 173, 174; *Dörner* DNotZ 1988, 67, 87). Der Erblasser muß testierfähig iSd. §§ 2229ff. BGB sein, wenn er die Verfügung durch Testament trifft. Er muß geschäftsfähig im Sinne seines Heimatrechts sein (Art. 7 EGBGB), wenn er die Verfügung im Wege des Erbvertrages trifft. Eine Stellvertretung ist in jedem Fall unzulässig (vgl. §§ 2064, 2274 BGB). Die formellen Anforderungen an eine Verfügung von Todes wegen richten sich nach dem Formstatut (*Erman/Hohloch* Art. 25 EGBGB Rdn. 17; vgl. hierzu Rdn. 74ff.). Die Rechtswahl kann isoliert oder im Zusammenhang mit anderen Verfügungen erfolgen (*Süß* ZNotP 2001, 173, 174). Sie kann ausdrücklich oder konkludent vorgenommen werden (*Palandt/Heldrich* Art. 25 EGBGB Rdn. 8). In der Praxis werden an eine konkludente Rechtswahl keine allzu hohen Anforderungen gestellt. Teilweise wird im Wege der ergänzenden Auslegung etwa eine konkludente Rechtswahl unterstellt, wenn die Verfügung nach dem anwendbaren ausländischen Erbstatut nichtig, nach deutschem Erbrecht dagegen wirksam wäre (LG Hamburg IPRspr. 1991 Nr. 142; *Tiedemann* RabelsZ 1991, 17, 39; siehe auch *Süß* ZNotP 2001, 173, 174f.; aA *Soergel/Schurig* Art. 25 EGBGB Rdn. 10). Da eine Rechtswahl vor der Neuregelung des EGBGB vom 1. 9. 1986 unzulässig war und die Zulässigkeit einer Verfügung sich gemäß Art. 220 Abs. 1 EGBGB nach dem Zeitpunkt ihrer Errichtung beurteilt (vgl. Rdn. 12), ist eine vor dem 1. 9. 1986 getroffene Rechtswahl unwirksam. Sie ist durch die Neufassung des EGBGB auch nicht nachträglich geheilt worden (*Staudinger/Dörner* Art. 25 EGBGB Rdn. 14; *Süß* ZNotP 2001, 173, 178; aA *Palandt/Heldrich* Art. 26 EGBGB Rdn. 8).

34 *cc) Bindungswirkung der Verfügung.* Da die Rechtswahl in der Form einer Verfügung von Todes wegen erfolgt und deren Wirksamkeitsvoraussetzungen sich nach deutschem Recht beurteilen (vgl. Rdn. 33), richten sich die Bindungswirkung und

damit auch Rücknahme bzw. Widerruf der Rechtswahl gemäß Art. 26 Abs. 5 EGBGB nach den deutschen Vorschriften über die Änderung bzw. Aufhebung von Verfügungen von Todes wegen. Folglich ist eine Rechtswahlverfügung grundsätzlich jederzeit abänderbar. **Bindungswirkung** kommt einer Verfügung von Todes wegen lediglich dann zu, wenn sie in einem Erbvertrag nach §§ 2274ff. BGB oder als wechselseitige Verfügung in einem gemeinschaftlichen Testament (§§ 2269, 2270 BGB) getroffen wird. Umstritten ist, ob auch eine Rechtswahl in der Form einer wechselseitigen Verfügung oder eines Erbvertrages Bindungswirkung entfaltet (vgl. Nachweise bei *Schotten* Rdn. 295; *Riering* ZEV 1995, 404, 406; *Palandt/Heldrich* Art. 25 EGBGB Rdn. 8). Einer Bindungswirkung steht zunächst der Wortlaut der §§ 2270 Abs. 3, 2278 Abs. 2 BGB entgegen, wonach in einem Erbvertrag oder durch eine wechselseitige Verfügung in einem gemeinschaftlichen Testament lediglich Erbeinsetzungen, Vermächtnisse und Auflagen angeordnet werden können. Eine Rechtswahlverfügung erwähnen diese Vorschriften nicht. Insoweit gebührt jedoch dem Art. 25 Abs. 2 EGBGB der Vorrang. Er sieht für die Rechtswahl ausdrücklich die Form einer Verfügung von Todes wegen vor. Hierzu gehören sowohl das gemeinschaftliche Testament als auch der Erbvertrag (vgl. *Palandt/Edenhofer* § 1937 Rdn. 1). Damit kann die Rechtswahl auch in einem Erbvertrag oder einem gemeinschaftlichen Testament getroffen werden. Streitig ist dagegen, ob die so getroffenen Rechtswahl nur unter den engen Voraussetzungen des § 2271 BGB widerrufen bzw. nach §§ 2281, 2285 BGB angefochten bzw. einvernehmlich oder durch Rücktritt §§ 2293ff. BGB aufgehoben werden kann (vgl. *Schotten* Rpfleger 1991, 181, 187; *ders.* Rdn. 295) oder ob der Erblasser durch eine spätere Verfügung von Todes wegen die Rechtswahl widerrufen kann (*Staudinger/Dörner* Art. 25 EGBGB Rdn. 514; *Palandt/Heldrich* Art. 25 EGBGB Rdn. 8).

d) Grundsatz der Nachlaßeinheit und Ausnahmen

Ziel des Art. 25 Abs. 1 EGBGB ist es, den gesamten Nachlaß einer einzigen 35
Rechtsordnung, nämlich dem Heimatrecht des Erblassers, zu unterstellen **(Grundsatz der Nachlaßeinheit),** BayObLG NJW-RR 1990, 1033. Weitere Staaten, die dem Grundsatz der Nachlaßeinheit folgen, sind: Spanien, Griechenland (BayObLG FamRZ 1998, 1198, 1201), Italien, Japan, Niederlande, Portugal, Ägypten, Schweden, Brasilien, Dänemark und im Grundsatz auch die Schweiz (vgl. *Necker,* La mission de l'exécuteur testamentaire dans les successions internationales, 1972, S. 18; *Flick/Piltz* Rdn. 115). Ebenso geht Art. 3 des Haager Erbrechtsübereinkommen vom 1. 8. 1989 (vgl. Rdn. 9) vom Grundsatz der Nachlaßeinheit aus.

Von diesem Grundsatz (ein Nachlaß – ein Erbstatut) gibt es sowohl rechtliche als 36
auch faktische Ausnahmen:

aa) Rechtliche Ausnahmen vom Grundsatz der Nachlaßeinheit. Das deutsche autono- 37
me IPR (zu den internationalen Übereinkommen s. Rdn. 4ff.) kennt **drei Ausnahmen** (vgl. Rdn. 38ff.) in denen nebeneinander verschiedene Rechtsordnungen für jeweils einen Teil des Nachlasses berufen werden. Ursachen für eine rechtliche Nachlaßspaltung können sein (*Kopp,* Probleme der Nachlaßabwicklung bei kollisionsrechtlicher Nachlaßspaltung, s. 11ff.):

(1) Rechtswahl. Wählt der ausländische Erblasser gemäß Art. 25 Abs. 2 EGBGB 38
für sein im Inland belegenes unbewegliches Vermögen deutsches Recht (vgl. Rdn. 24ff.), so führt dies zu einer Nachlaßspaltung (deutsches Recht und Heimatrecht), wenn das Heimatrecht des Erblassers nicht auf deutsches Recht zurückverweist (vgl. Rdn. 87ff.).

(2) Partielle Weiter- bzw. Rückverweisung. (vgl. zu einem derartigen Fall OLG Köln 39
IPRax 1994, 376) Die Verweisung in Art. 25 Abs. 1 auf das Heimatrecht des

Erblassers ist eine Gesamtnormverweisung (vgl. Rdn. 86). Da das internationale Privatrecht der verschiedenen Länder das Erbstatut oftmals durch voneinander verschiedene Anknüpfungspunkte (vgl. Rdn. 1) ermittelt, kann es durchaus vorkommen, daß das aus deutscher Sicht berufene Heimatrecht teilweise auf deutsches Recht zurück- (vgl. zB OLG Köln Rpfleger 1986, 224, 225) oder teilweise auf eine dritte Rechtsordnung weiterverweist (vgl. Rdn. 87). Unterstellt beispielsweise das Heimatrecht des ausländischen Erblassers das unbewegliche Vermögen einem anderen Erbstatut als das bewegliche (zB Frankreich, Großbritannien, USA, Irland, Luxemburg, Australien, Neuseeland, Südafrika, Thailand, Haiti, Rumänien, Belgien, Kanada), so kann dies zu einer Nachlaßspaltung führen. Die Abgrenzung des beweglichen vom unbeweglichen Vermögen unterliegt dem ausländischen Recht, dessen Kollisionsnorm zwischen beweglichem und unbeweglichem Vermögen unterscheidet (*Palandt/Heldrich* Einl. v. Art. 3 EGBGB Rdn. 28). Eine Nachlaßspaltung ist auch bei den Staaten möglich, die zwar das unbeweglichen Vermögen nicht schlechthin dem Belegenheitsstatut unterwerfen, wohl aber das in ihrem Land belegene dem eigenen Recht unterstellen (so zB Albanien, Indonesien, Jordanien, San Marino, Argentinien, Indien, Pakistan, Paraguay, Peru, ehemalige DDR) und für das übrige Vermögen auf eine andere Rechtsordnung verweisen.

40 *(3) Vorrang des Einzelstatuts.* (vgl. zu einem derartigen Fall BGH IPRax 1994, 375; zum Sinn und Zweck der Vorschrift s. einerseits MünchKommBGB/*Sonnenberger* Art. 3 EGBGB Rdn. 17ff. und andererseits *Dreher,* Die Rechtswahl im internationalen Erbrecht, S. 148f.) Unterliegt das Vermögen des Erblassers nach dem Recht des Staates, in dem es belegen ist, „besonderen Vorschriften" iSd. Art. 3 Abs. 3 EGBGB, so geht das Belegenheitsrecht dem allgemeinen Erbstatut vor (vgl. BayObLG IPRax 1983, 187, 189; *Flick/Piltz* Rdn. 223; ebenso die Regelung in Art. 15 des Erbrechtsübereinkommens vom 1. 8. 1989, vgl. Rdn. 9). Das Belegenheitsrecht verdrängt das einheitliche Erbstatut nur insoweit, als es besondere Regelungen bzgl. des im Staat belegenen Vermögens selbst aufweist und das Ortsrecht die in seinem Geltungsbereich belegenen Gegenstände erfassen will.

41 Besondere Vorschriften iSd. Art. 3 Abs. 3 EGBGB können (unstreitig) materielle Bestimmungen (Sachnormen) über Sondervermögen sein (*Kropholler* § 26 II 2a; *Palandt/Heldrich* Art. 3 Rdn. 13; MünchKommBGB/*Sonnenberger* Art. 3 EGBGB Rdn. 21; *Solomon* IPrax 1997, 81, 83). Hierunter fallen aus deutscher Sicht Lehen, Fideikommisse, Stamm- und Anerbengüter (vgl. MünchKommBGB/*Sonnenberger* Art. 3 EGBGB Rdn. 21) sowie die Sonderrechtsnachfolge des Hoferben (vgl. BGH NJW 1968, 1571, 1572). Für die Frage, ob die Vererbung eines Gesellschaftsanteils an einer „deutschen" Personengesellschaft „besonderen" Vorschriften iSd. Art. 3 Abs. 3 EGBGB unterliegt, vgl. Rdn. 64ff.

42 Unter Art. 3 Abs. 3 EGBGB fallen auch vom deutschen Recht abweichende ausländische Kollisionsnormen, wenn diese das eigene Recht bzw. das Ortsrecht berufen, *weil* ein bestimmter Gegenstand innerhalb dieses Staates belegen ist (vgl. *Ebenroth* Rdn. 1243ff.; *Kropholler* § 26 II 2b; *Schotten* Rdn. 15 Fn. 16; MünchKommBGB/*Sonnenberger* Art. 3 EGBGB Rdn. 22ff.; *Staudinger/Dörner* Art. 25 EGBGB Rdn. 536ff.; aA *Kegel/Schurig* § 12 II 2bbb; *Solomon* Prax 1997, 81, 87). Knüpft das ausländische Recht hingegen nicht für einzelne Vermögensgegenstände, sondern für das gesamte Vermögen oder Teile des Vermögens generell – und ohne Rücksicht auf die Belegenheit – anders an (zB letzter Wohnsitz), ist Art. 3 Abs. 3 EGBGB nicht anwendbar (OLG Zweibrücken FamRZ 1998, 263, 264; *Ebenroth/Eyles* IPRax 1989, 1, 4; *Kropholler* § 26 II 2b; *Kegel/Schurig* § 12 II 2bbb; *Staudinger/Dörner* Art. 25 EGBGB Rdn. 540; *Lucht* Rpfleger 1997, 133, 138; MünchKommBGB/*Sonnenberger* Art. 3 EGBGB Rdn. 25). Fraglich ist, ob dies auch dann gilt, wenn die ausländischen Kollisionsnormen alle (beweglichen und unbeweglichen) Nachlaßgegenstände dem jeweiligen Belegenheitsrecht unterwirft. Die überwiegende Ansicht sieht hierin wohl „besondere Vorschriften" iSd. Art. 3 Abs. 3 EGBGB (*Staudinger/Dörner* Art. 25 EGBGB Rdn. 538; *Tiedemann* S. 54f. und 125ff.; *Süß* ZEV 2000, 486, 488). Nicht eröffnet ist hingegen der Anwendungsbereich des Art. 3 Abs. 3 EGBGB überwiegender Ansicht nach, wenn das ausländische Recht für einen Teil des Nachlasses ohne Rücksicht auf seine Belegenheit anders anknüpft (MünchKommBGB/*Sonnenberger* Art. 3 EGBGB Rdn. 25: zB bewegliche Habe dem Domizilrecht des Erblassers). Die Abgrenzung der „besonderen" Regeln von den nicht zu berücksichtigenden Vorschriften iSd. Art. 3 Abs. 3 EGBGB bereitet im einzelnen Schwierigkeiten.

Eine besondere kollisionsrechtliche Bestimmung iSd. Art. 3 Abs. 3 EGBGB liegt 43 nach überwiegender Ansicht in der Anknüpfung am Belegenheitsort für das unbewegliche Vermögen bei der Ermittlung des Erbstatuts (vgl. BGH NJW 1968, 1571, 1572; IPRax 1994, 375; BayObLG Rpfleger 1997, 68; OLG Zweibrücken FamRZ 1998, 263; LG München IPRax 1998, 117; MünchKommBGB/*Sonnenberger* Art. 3 EGBGB Rdn. 24; *Staudinger/Dörner* Art. 25 EGBGB Rdn. 537; *Kropholler* § 26 II 2b; *Wehrens/Gresser* Notarius International 2000, 14, 17; aA *Solomon* IPrax 1997, 81, 84ff.). Derartige oder vergleichbare Regelungen finden sich beispielsweise in Belgien (Rdn. 133), Frankreich (Rdn. 139f.), einigen kanadischen Provinzen (für Ontario von *Flick/Oertzen* IstR 1993, 82, 83; *Meyer* ZEV 1998, 457ff.), Luxemburg (Rdn. 216), Polen (Rdn. 253), Rumänien (Rdn. 262), Südafrika (*Jülicher* ZEV 1999, 466, 467) sowie den meisten US-amerikanischen Bundesstaaten (Rdn. 386).

Beispiel (nach LG München Rpfleger 1990, 167): Stirbt ein deutscher Staatsangehöriger, 44 der u.a. bewegliches und unbewegliches Vermögen in Frankreich besitzt, so ist gemäß Art. 25 Abs. 1 EGBGB deutsches materielles Recht Erbstatut. Die französischen kollisionsrechtlichen Vorschriften unterscheiden für die Ermittlung des Erbstatuts jedoch zwischen beweglichem und unbeweglichem Vermögen. Ersteres untersteht dem Domizilrecht des Erblassers, letzteres unterfällt gemäß Art. 3 Abs. 2 franz. CC dem Ortsrecht. Die französische kollisionsrechtliche Anknüpfung für das unbewegliche Vermögen am Lageort stellt eine „besondere Vorschrift" iSd. Art. 3 Abs. 3 EGBGB dar (vgl. BayObLG NJW-RR 1990, 1033), die zu einer Nachlaßspaltung führt. Für das bewegliche Vermögen gilt folglich deutsches, für das in Frankreich belegene unbewegliche Vermögen französisches Erbrecht.

Umstritten ist, inwieweit Art. 3 Abs. 3 EGBGB in den Fällen einer funktionalen 45 Nachlaßspaltung (zum Begriff s. *Derstadt,* Die Notwendigkeit der Anpassung bei Nachlaßspaltung im internationalen Erbrecht, S. 28ff.; *Kopp,* Probleme der Nachlaßabwicklung bei kollisionsrechtlicher Nachlaßspaltung, S. 31ff.) greift (so MünchKommBGB/*Sonnenberger* Art. 3 EGBGB Rdn. 25; *Staudinger/Dörner* Art. 25 EGBGB Rdn. 539). Die Frage stellt sich insbesondere für das öster. Recht (vgl. hierzu Rdn. 223ff.) sowie für den anglo-amerikanischen Rechtskreis (für Großbritannien s. Rdn. 179ff.; für USA Rdn. 393ff.; für Südafrika s. *Jülicher* ZEV 1999, 466ff.; für die kanadische Provinz Ontario s. *Meyer* ZEV 1998, 452ff.), die eine funktionale Nachlaßspaltung kennen.

(4) Folgen der territorialen Nachlaßspaltung. Folge der rechtlichen Nachlaßspaltung 46 ist, daß jeder der Nachlaßteile als rechtlich selbständig anzusehen ist, dh. jeder Teil so behandelt wird, als ob er den gesamten Nachlaß bildet (BGHZ 24, 352, 355; BayObLG FamRZ 2000, 989, 991; NJW 1991, 1237; *Schotten* Rdn. 269; *Flick/Piltz* Rdn. 115; ausführlich *Staudinger/Dörner* Art. 25 EGBGB Rdn. 723ff.). Das jeweilige Erbstatut befindet beispielsweise selbständig über die Erbquote, Erbausschlagung, Auslegung (s. hierzu *Hohloch* ZEV 1997, 469ff.; *Kartzke* IPRax 1999, 98ff.) und Gültigkeit des Testaments (KG FamRZ 1995, 762; *Palandt/Heldrich* Art. 25 EGBGB Rdn. 9). Folge der Nachlaßspaltung ist ua. auch, daß der Erblasser

über die den verschiedenen Rechtsordnungen unterstellten Nachlaßteile unterschiedlich verfügen kann. Darüber hinaus sind Pflichtteilsrechte für jeden Nachlaßteil gesondert zu berechnen (*Dörner* IPRax 1994, 362, 363; *Pentz* ZEV 1998, 449, 451f.; zu den sich hieraus ergebenden Problemen, vgl. *Dörner* ZEV 1996, 90, 94; *Klingelhöffer* ZEV 1996, 258ff.). Auch die Rechtsstellung des Testamentsvollstreckers richtet sich jeweils nach der den Nachlaßteil beherrschenden Rechtsordnung (*Schotten* Rdn. 269; *v. Morgen/Götting* DtZ 1994, 199/200). Zu den verfahrensrechtlichen Auswirkungen der Nachlaßspaltung s. Rdn. 428.

47 Eine Ausnahme von der rechtlichen Selbständigkeit der verschiedenen Nachlaßteile gilt jedoch, soweit es um die Haftung der Erben geht (s. hierzu *Kopp,* Probleme der Nachlaßabwicklung bei kollisionsrechtlicher Nachlaßspaltung, S. 125ff.; *Zillmann,* Die Haftung der Erben im internationalen Erbrecht, S. 103ff.). Hier ist zwischen fixierten (dh. solchen, die einem Nachlaßteil eindeutig zuzurechnen sind) und nicht fixierten Nachlaßverbindlichkeiten zu unterscheiden. Für letztere haftet der gesamte Nachlaß, während für die fixierten Nachlaßverbindlichkeiten die nach der den Nachlaßteil beherrschenden Rechtsordnung berufenen Erben haften (*Hustedt* MittRhNotK 1996, 337, 352).

48 *bb) Faktische Ausnahmen vom Grundsatz der Nachlaßeinheit.* Zu einer de facto Nachlaßspaltung kann es kommen, wenn eine Rechtsordnung ihren Regelungsanspruch auf den gesamten auch im Ausland befindlichen Nachlaß erstreckt, die ausländische Rechtsordnung aber ein hiervon abweichendes Erbstatut für den gesamten Nachlaß vorsieht (*Lorenz* DNotZ 1993, 148, 154f.). Sieht das ausländische Recht dagegen nur eine abweichende Anknüpfung für einzelne in seinem Geltungsbereich belegene Gegenstände vor, so führt dies gemäß Art. 3 Abs. 3 EGBGB zu einer rechtlichen Nachlaßspaltung (*Schotten* Rdn. 270, s. hierzu Rdn. 40ff.). Zu einer faktischen Nachlaßspaltung kann es folglich nur kommen, wenn der Geltungsanspruch der verschiedenen berührten Rechtsordnungen insgesamt miteinander kollidiert. In einem solchen Fall wird sich der territorial unbeschränkte Geltungsanspruch der deutschen Rechtsordnung im anderen Staat faktisch nicht durchsetzen lassen. Damit unterliegt der in verschiedenen Staaten belegene Nachlaß faktisch, nicht aber rechtlich (vom Standpunkt des deutschen IPRs betrachtet) unterschiedlichen Rechtsordnungen. Die Ursachen für eine derartige Entscheidungsdisharmonie können unterschiedlichster Natur sein, ua:

49 *Unterschiedliche Anknüpfungskriterien für das Gesamtstatut:* **Beispiel** (nach *Lorenz* DNotZ 1993, 148, 154f.): Stirbt ein deutscher Erblasser mit letztem Wohnsitz in der Schweiz, ist auf die Erfolge aus deutscher Sicht (Art. 25 Abs. 1 EGBGB) allein deutsches Recht aus schweizerischer Sicht dagegen aufgrund des Art. 90 Abs. 1 IPRG (Wohnsitzprinzip, vgl. hierzu Rdn. 302) schweizerisches Recht anwendbar. Die abweichende schweizerische Anknüpfung ist aus deutscher Sicht unbeachtlich (*Küpper* ZEV 2000, 513, 514). Der Konflikt der beiden Rechtsordnungen wird faktisch dazu führen, daß der in der Schweiz belegene Nachlaß nach schweizerischem, der in der Bundesrepublik Deutschland belegene Nachlaß nach deutschem Recht abgehandelt wird.

50 *Mehrrechtsstaater:* **Beispiel:** Ein Erblasser, der die tschechische und die deutsche Staatsangehörigkeit hat, hinterläßt Vermögen in beiden Ländern. Zwar knüpfen beide Rechtsordnungen für das auf die Erbfolge anzuwendende Recht an der Staatsangehörigkeit an (Art. 25 Abs. 1 dt. EGBGB, Art. 17 tsch. IPR-Gesetz). Hat der Erblasser mehrere Staatsangehörigkeiten, von denen eine die eigene ist, so geht aber sowohl nach deutschem (Art. 5 Abs. 1 S. 2 EGBGB) als auch nach tschechischem Recht (Art. 33 Abs. 1 IPR-Gesetz) die eigene Staatsangehörigkeit vor. Folglich ist aus tschechischer Sicht auf die Erbfolge tschechisches, aus deutscher Sicht deutsches Recht anzuwenden, ungeachtet dessen, wo der Nachlaß belegen ist. Da sich der Geltungsanspruch der einen Rechtsordnung im Geltungsbereich der anderen nicht durchsetzen läßt, kommt es auch hier zu einer faktischen Nachlaßspaltung.

Gesamtnormverweisung (vgl. hierzu *Kropholler* § 24 Abs. 2 4 b): **Beispiel:** Ein Schweizer Erblasser mit letztem Wohnsitz in der Bundesrepublik Deutschland hinterläßt Vermögen in der Bundesrepublik und in der Schweiz. Aus deutscher Sicht verweist Art. 25 Abs. 1 EGBGB auf das schweizerische Recht (inkl. IPR-Normen, vgl. hierzu Rdn. 86). Das schweizerische Recht folgt in Art. 91 Abs. 1 IPRG dem Wohnsitzprinzip. Überwiegender Ansicht nach (vgl. im einzelnen Rdn. 307) handelt es sich hierbei aus deutscher Sicht um eine Rückverweisung auf deutsches Recht, die hier gemäß Art. 4 Abs. 1 S. 2 EGBGB abgebrochen wird. Folglich würden deutsche Gerichte auf den Fall deutsches Erbrecht anwenden. Schweizer Gerichte hingegen würden aufgrund des Art. 91 Abs. 1 IPRG, der eine Gesamtverweisung auf das deutsche Recht ausspricht, schweizerisches Recht anwenden, da das deutsche IPR die Verweisung nicht annimmt, sondern auf das Heimatrecht des Erblassers zurückverweist. Diese Verweisungskette bricht das schweizerische Recht ab, so daß ein(e) Schweizer Gericht/Behörde zur Anwendung schweizerischen Erbrechts gelangt (*Lorz* S. 289). 51

Das faktische Nebeneinander verschiedener Rechtsordnungen auf eine einheitliche Erbfolge führt zwangsläufig zu Konflikten, wenn die aus der jeweiligen Sicht berufenen Rechtordnungen Art, Inhalt und Grenzen der zulässigen letztwilligen Anordnungen unterschiedlich regeln. So kann beispielsweise im oben genannten 2. Beispiel (Mehrrechtsstaater) der Nachlaß zwar aus deutscher, nicht aber aus tschechischer Sicht einer Testamentsvollstreckung unterstellt werden (vgl. Rdn. 343). Dies hat zur Folge, daß sich die Anordnung der Testamentsvollstreckung in einem solchen Fall grundsätzlich nur für den in der Bundesrepublik Deutschland belegenen Nachlaß durchsetzen läßt. Diese Konsequenzen einer faktischen Nachlaßspaltung sind bei einer grenzüberschreitenden Nachfolgeplanung zu berücksichtigen. 52

e) Statutenwechsel

Zulässigkeit, Umfang und Wirksamkeit (Ausnahme Formwirksamkeit vgl. Rdn. 74ff.) einer Verfügung von Todes wegen unterstehen dem Erbstatut. Zwischen der Errichtung der Verfügung und dem Erbfall liegt häufig ein längerer Zeitraum, in dem sich **die Anknüpfungstatbestände für das Erbstatut ändern** können. Um dem Erblasser eine auf Dauer wirksame Verfügung von Todes wegen zu gestatten, sind Gültigkeit und Bindungswirkung (Zulässigkeit und Voraussetzungen des Widerrufs) der Verfügung von Todes wegen (Testament, gemeinschaftliches Testament, Erbvertrag) gemäß Art. 26 Abs. 5 S. 1 EGBGB an dem im Zeitpunkt der Errichtung maßgebenden Erbstatut zu messen (hypothetisches Erbstatut, vgl. *Palandt/Heldrich* Art. 26 EGBGB Rdn. 7). Ein Wechsel der Staatsangehörigkeit des Testierenden ändert somit nichts an der Gültigkeit einer ursprünglich korrekt errichteten Verfügung. Andererseits führt ein Statutenwechsel aber auch nicht zur Gültigkeit einer dem hypothetischen Erbstatut zufolge ungültigen Verfügung. 53

Fraglich ist aber, wie zu verfahren ist, wenn das ausländische Recht, auf das Art. 26 Abs. 5 S. 1 EGBGB verweist, kein Errichtungsstatut kennt und sich nach Errichtung der Verfügung von Todes wegen die Anknüpfungsmomente geändert haben, so daß nunmehr Rück- und/oder Weiterverweisungen (Rdn. 87ff.) oder aber der Vorrang des Einzelstatuts (Rdn. 40ff.) droht. Teilweise wird die Ansicht vertreten, daß die Änderungen beachtlich sind, wenn sie vom Richter der berufenen Rechtsordnung berücksichtigt würden (*Soergel/Schurig* Art. 26 EGBGB Rdn. 26). Anderer Ansicht nach sind nur solche Rück- und Weiterverweisungen bzw. Durchbrechungen des Gesamtstatuts nach Art. 3 Abs. 3 EGBGB zu beachten, die bereits im Errichtungszeitpunkt vorgelegen haben (*Palandt/Heldrich* Art. 26 EGBGB Rdn. 7; *Staudinger/Dörner* Art. 26 EGBGB Rdn. 81; *Staudinger/Hausmann* Art. 4 EGBGB Rdn. 280). 54

55 Unter **Gültigkeit der Verfügung von Todes wegen** versteht man sämtliche Wirksamkeitsvoraussetzungen einer Verfügung, die dem Erbstatut unterstehen (für die Testierfähigkeit s. aber Rdn. 56). Auf die Frage, ob die Verfügung in der richtigen Form getroffen wurde, ist Art. 26 Abs. 5 EGBGB ohne Einfluß; denn das Formstatut richtet sich unabhängig von einem Statutenwechsel stets nach Art. 26 Abs. 1 bis Abs. 4 EGBGB (vgl. Rdn. 82ff.). Nicht von Art. 26 Abs. 5 S. 1 EGBGB erfaßt sind darüber hinaus auch Inhalt und Wirkung der Verfügung, dh. Auslegung derselben und die dem Erblasser zur Verfügung stehenden Rechtsinstitute, um seinen Willen zu verwirklichen (*Staudinger/Dörner* Art. 26 EGBGB Rdn. 73). Letztere Fragen sind folglich „wandelbar" und unterliegen dem Recht des Staates, dem der Erblassers im Zeitpunkt seines Todes angehörte.

56 Für die Testierfähigkeit (ob diese dem Personal- oder aber dem Erbstatut untersteht, ist allerdings strittig, vgl hierzu LG München IPRax 1998, 117, 118; *Staudinger/Dörner* Art. 25 EGBGB Rdn. 222ff.; *Palandt/Heldrich* Art. 25 EGBGB Rdn. 16) enthält Art. 26 Abs. 5 S. 2 eine Sonderregelung für den Statutenwechsel. Danach wird – unabhängig davon, ob der Erblasser schon eine Verfügung von Todes wegen errichtet hat (str., vgl. MünchKommBGB/*Birk* Art. 26 EGBGB Rdn. 15) – die **einmal erlangte Testierfähigkeit** durch den Erwerb bzw. Verlust der Rechtstellung als Deutscher nicht beeinträchtigt. Nach *Heldrich* soll darüber hinaus Art. 26 Abs. 5 EGBGB in dem Sinne verallgemeinerungsfähig sein, daß die einmal erlangte Testierfähigkeit generell nicht durch einen Wechsel der Staatsangehörigkeit des Erblassers verlorengeht (*Palandt/Heldrich* Art. 26 EGBGB Rdn. 9; ebenso *v. Hoffmann* § 9 Rdn. 44).

57 Die mit der Reform des Staatsangehörigkeitsrechts einhergehende Zunahme von Statutenwechseln wird in diesem Bereich kaum Schwierigkeiten aufwerfen: Keine neuen Probleme ergeben sich zunächst bei einer Änderung der Staatsangehörigkeit aufgrund der nunmehr erleichterten Einbürgerung. Neu ist hingegen die Problematik der befristeten Mehrstaatigkeit aufgrund des Optionsmodells bei Inlandsgeburt von Kindern ausländischer Eltern (§ 4 Abs. 3 iVm. § 29 StAG; näher *Benicke* IPRax 2000, 171, 175ff.). Freilich ist der Zeitraum der Mehrstaatigkeit begrenzt und erstreckt sich nur kurz über das Erreichen der Volljährigkeit hinaus (vgl. § 29 Abs. 2 StAG), so daß wegen der Natur der Sache bis zu diesem Zeitpunkt nur selten *erb*kollisionsrechtlich erhebliche Tatbestände stattgefunden haben werden (*Benicke* aaO erörtert demgemäß lediglich familienrechtliche Vorgänge). Denkbar ist etwa die Fallgestaltung, daß ein aufgrund § 4 Abs. 3 StAG mehrstaatiger Minderjähriger mit Erlangen der Testierfähigkeit (§ 2229 Abs. 1 BGB) eine letztwillige Verfügung errichtet hat und nach Erreichen der Volljährigkeit gegen die deutsche Staatsangehörigkeit optiert. In diesem Fall unterliegt das Erbstatut einem Wechsel, während nur bestimmte Fragen wie auch sonst unwandelbar dem Errichtungsstatut unterfallen. Jedenfalls wurzeln die mit einem Wechsel der Staatsangehörigkeit uU einhergehenden Anpassungsprobleme (*Gruber* IPRax 1999, 426, 429) nicht im Bereich des (grds. wandelbaren) Erbstatuts, sondern etwa in der Unwandelbarkeit des Ehegüterstatuts.

5. Abgrenzung/Kollision des Erbstatuts zu/mit anderen Statuten

a) Abgrenzung zum Sachenrechtsstatut

58 Dem Erbstatut untersteht die Rechtsnachfolge von Todes wegen (vgl. Rdn. 2) und damit sämtliche Fragen, die sich auf die Verteilung des Vermögens des Erblassers beziehen. Das **Sachenrechtsstatut,** das nunmehr in Art. 43 bis 46 EGBGB geregelt ist, entscheidet hingegen über sämtliche sachenrechtlichen Fragen, insbesondere über Begründung, Fortbestehen, Übertragung und Untergang von Rechten an Sachen sowie die zulässigen Arten von Rechten an Sachen (vgl. *v. Hoffmann* § 12 Rdn. 13ff.; *Kropholler* § 54 Abs. 1 2). Während das Erbstatut gemäß Art. 25

Abs. 1 EGBGB auf das Heimatrecht des Erblassers im Zeitpunkt des Todes abstellt, knüpfte das Sachenrechtsstatut bereits bisher nach einer ungeschriebenen Kollisionsnorm des deutschen IPR grundsätzlich an die lex rei sitae an (BGH WM 1994, 2124, 2126; *v. Hoffmann* § 12 Rdn. 7; *Kropholler* § 54 Abs. 1 1); dieser Grundsatz wurde mit der IPR-Reform vom 1. 6. 1999 in Art. 43 Abs. 1 EGBGB übernommen. Ein Gleichlauf zwischen Sachenrechts- und Erbstatut kann, muß aber aufgrund der unterschiedlichen Anknüpfungskriterien nicht vorliegen.

Im **Grenzbereich zwischen Erb- und Sachenrechtsstatut** kann es – vorausgesetzt unterschiedliche Rechtsordnungen gelangen zur Anwendung – insbesondere in zwei Fällen zu Abgrenzungsproblemen kommen (vgl. *Schotten* Rdn. 336, 331 ff.; *Staudinger/Dörner* Art. 25 EGBGB Rdn. 43; *Henrich,* FS Riesenfeld, 1983, S. 108 ff.): zum einen beim Übergang der Sachenrechte auf die Beteiligten, dh. bei der Frage nach welchen Grundsätzen sich die Zuordnungsänderung an den Nachlaßgegenständen vollzieht. Zum anderen können Sachenrechts- und Erbstatut zueinander in Konflikt geraten, wenn das Erbstatut dem Erbbeteiligten dingliche Rechte an Nachlaßgegenständen zuerkennt, die dem Belegenheitsstatut fremd sind. In beiden Fällen gebührt dem Sachenrechtsstatut der Vorrang (dies ist kein Anwendungsfall des Art. 3 Abs. 3 EGBGB, vgl. *Palandt/Heldrich* Art. 3 EGBGB Rdn. 15). 59

Beispiel: (nach BGH WM 1994, 2124) Ein kolumbianischer Erblasser vermacht seinem Sohn durch Vorausvermächtnis ein in der Bundesrepublik Deutschland belegenes Grundstück. Nach kolumbianischem Recht, das hier Erbstatut ist, hat das Vermächtnis unmittelbare dingliche Wirkung (sog. Vindikationslegat). Obwohl das Erbstatut bestimmt, welche Wirkungen einem Vermächtnis zukommen, entscheidet grundsätzlich das Sachenrechtsstatut, wie ein dingliches Recht erworben werden kann. Das hier maßgebende deutsche Recht kennt im Prinzip nur einen abschließend festgelegten Katalog von Übertragungstatbeständen, nämlich § 873 bzw. § 929 BGB. Eine Ausnahme von diesem Grundsatz gilt lediglich für den Erben, der seine Rechtsstellung im Wege der Universalsukzession auch ohne sachenrechtliches Rechtsgeschäft erwirbt. Vermächtnisse mit dinglicher Wirkung gehen jedoch weit über diese im deutschen Recht zugelassene Ausnahme vom Publizitätsprinzip hinaus. Ihnen ist nach hM – bei der Kodifikation des Internationalen Sachenrechts 1999 wurde die Frage nicht entschieden – daher im Inland die Anerkennung zu versagen (BGH WM 1994, 2124, 2126; *Dörner* IPRax 1996, 26, 27; *Schotten* Rdn. 331). Das insoweit vom Sachenrechtsstatut verdrängte Erbstatut ist anzupassen, indem das ausländische Vindikationslegat in ein Vermächtnis mit obligatorischer Wirkung umgedeutet wird. 60

Beispiel: Eine US-amerikanische Staatsangehörige mit letztem domicile (vgl. Rdn. 389 ff.) im Staate New York hat ua. auch bewegliches Vermögen in der Bundesrepublik Deutschland. Sie errichtet diesbezüglich einen express-trust durch letztwillige Verfügung (vgl. hierzu Rdn. 404, 416 ff.), setzt als trustee eine Bank und als beneficiary ihren Sohn ein. Der kraft letztwilliger Verfügung errichtete trust erfüllt im anglo-amerikanischen Rechtskreis erbrechtliche Funktionen und ist daher erbrechtlich zu qualifizieren (*Ebenroth* Rdn. 1297). Errichtung und Durchführung des trust unterliegen folglich dem Erbstatut. Art. 25 Abs. 1 EGBGB verweist insoweit auf das Heimatrecht des Erblassers. Wegen der in den USA herrschenden räumlichen Rechtsspaltung und in Ermangelung eines einheitlichen interlokalen Kollisionsrechts ist auf den Fall gemäß Art. 4 Abs. 3 EGBGB das Recht der Teilrechtsordnung anzuwenden, mit der der Sachverhalt am engsten verbunden ist, dh. der Staat, in dem der Erblasser sein letztes domicile hatte. Das interlokale Kollisionsrecht des Staates New York, das auch im Verhältnis zu ausländischen Staaten Anwendung findet, knüpft für die Rechtsnachfolge von Todes wegen in den beweglichen Nachlaß am Recht des letzten Domizils an, vorliegend das Recht des Staates New York. Besonderes Kennzeichen des trusts ist die unterschiedliche dingliche Berechtigung an dem trust-Gegenstand zum einen des trustee, der Vollrechtsinhaber der zum trust gehörenden Sachen und Rechte ist, und des beneficiary, zu dessen Gunsten und in dessen Interesse der trustee das Vermögen zu verwalten hat (vgl. *v. Oertzen* IStR 1995, 149, 151; vgl. auch Rdn. 327 ff.). Das deutsche Recht als 61 maßgebendes Sachenrechtsstatut kennt die für diese Rechtsfigur typische Aufspaltung der Eigentümerstellung nicht. Da das Erbstatut dem Belegenheitsrecht aufgrund des numerus clausus der Sachenrechte nicht dingliche Rechte zuweisen kann, die letzterem unbekannt sind (*Henrich*, FS Riesenfeld, S. 108), hat auch hier das Erbstatut dem Sachstatut zu weichen (vgl. BGH IPRax 1985, 221, 224; *v. Oertzen* IStR 1995, 149, 151; *Staudinger/Dörner* Art. 25 EGBGB Rdn. 46). Das darf jedoch nicht dahin mißverstanden werden, daß die letztwillige Anordnung des trust ohne Bedeutung für das im Inland belegene bewegliche Vermögen wäre. Vielmehr hat insoweit eine Umdeutung bzw. Anpassung der letztwilligen Verfügung zu erfolgen. In Betracht kommt je nach den Umständen des Einzelfalls eine Vor-/Nacherbschaft, Erb-/Vermächtniseinsetzung des trustee belastet mit einer Auflage, Vermächtnis/Untervermächtnis oder einem Nießbrauch zugunsten des beneficiary oder eine Dauertestamentsvollstreckung durch den trustee (vgl. *v. Oertzen* IStR 1995, 149, 150; *Witthoff*, Die Vererbung von Anteilen deutscher Personengesellschaften im Internationalen Privatrecht, S. 108).

b) Abgrenzung zum Gesellschaftsstatut

62 Vom Regelungsbereich des Erbstatuts, nämlich der Rechtsnachfolge von Todes wegen, ist das **Gesellschaftsstatut** zu unterscheiden. Letzterem unterstehen nach hM ua. die Rechts- und Parteifähigkeit einer Gesellschaft, die Vertretungsverhältnisse nach außen und die Geschäftsführungsbefugnisse nach innen, die Haftungsverhältnisse sowie die Auflösung und Beendigung der Gesellschaft (MünchKommBGB/*Kindler* IntGesR Rdn. 412ff.; *Staudinger/Großfeld* Internationales Gesellschaftsrecht, Rdn. 249ff.). Anders als für das Erbstatut ist Anknüpfungskriterium für das einheitliche Gesellschaftsstatut (außerhalb staatsvertraglicher Regelungen) nach hM der tatsächliche Sitz der Gesellschaft (sog. Sitztheorie, BGHZ 53, 181, 183; BayObLG RIW 1992, 674, 675; OLG Düsseldorf NJW-RR 1995, 1124; MünchKommBGB/*Kindler* IntGesR Rdn. 312ff.; kritisch hierzu *Haas* DB 1997, 1501ff.; s. zu den umstrittenen Auswirkungen der sogenannten „Centros"-Entscheidung des EuGH [EuGHE 1999 I 1484 = NJW 1999, 2027] *Thorn* IPRax 2001, 102ff.; *Behrends* IPRax 1999, 323ff.; *Meilicke* DB 1999, 627ff.; *G.H. Roth* ZIP 1999, 861ff.; *Kindler* NJW 1999, 1093ff.; *W.H. Roth* ZGR 2000, 311ff.; *Ebke* JZ 1999, 656ff.; *Flessner* ZEuP 2000, 1ff. Der BGH hat zwischenzeitlich die Streitfrage dem EuGH zur Entscheidung vorgelegt, DStR 2000, 1064f.). Letzterer ist nicht der Ort, an dem die unternehmerische Aktivität der Gesellschaft ihre Wirkung entfaltet, sondern der Tätigkeitsort der zur Geschäftsführung berufenen Vertretungsorgane, der Ort also, an dem die grundlegenden Entscheidungen der Unternehmensleitung in laufende Geschäftsführungsakte umgesetzt werden (BGHZ 97, 269, 272; OLG Hamm NJW-RR 1995, 469, 470f.; OLG Düsseldorf NJW-RR 1995, 1124). Aufgrund des unterschiedlichen Anknüpfungskriteriums ist zwischen Gesellschafts- und Erbstatut kein notwendiger Gleichlauf gegeben. Das Auseinanderfallen beider Statute kann insbesondere dort zu Schwierigkeiten führen, wo Erb- und Gesellschaftsrecht aus deutscher Sicht eng miteinander verzahnt sind und ein Gleichlauf folglich erwünscht wäre. Dies ist etwa bei der Vererbung von Gesellschaftsanteilen an einer Personengesellschaft der Fall (vgl. hierzu 5. Kap. Rdn. 148ff.).

63 Zu einer **Kollision zwischen dem Erb- und dem Gesellschaftsstatut** kann es in diesen Fällen nur kommen, wenn der Gesellschaftsanteil vererblich ist; denn nur für den Fall, daß der Gesellschaftsanteil auch in den Nachlaß fällt, ist der Regelungsbereich des Erbstatuts (nämlich sämtliche Fragen, die sich auf die Verteilung des Vermögens des Erblassers beziehen) eröffnet. Ob aber die Gesellschaft mit dem Tod des Gesellschafters aufzulösen oder unter den überlebenden Gesellschaftern fortzuführen ist, ob in den Nachlaß nur ein Abfindungsanspruch oder aufgrund einer entsprechenden (qualifizierten) Nachfolgeklausel im Gesellschaftsvertrag der

Gesellschaftsanteil fällt, richtet sich nach dem Gesellschaftsstatut (*Schotten* Rdn. 335; *Erman/Hohloch* Art. 25 EGBGB Rdn. 35; *Lorz* S. 311; *v. Oertzen* IPRax 1994, 73, 74 f.; *ders.* RIW 1994, 818, 821; *Ebenroth* Rdn. 1281; *Flick/Piltz* Rdn. 99).

Kommt es zwischen Gesellschafts- und Erbstatut zu einem Konflikt, weil der Gesellschaftsanteil in den Nachlaß fällt und unterschiedliche Rechtsordnungen Anwendung finden, ist streitig, wie dieser zu lösen ist. Da die Vererbung von Beteiligungen an Personengesellschaften zumindest im deutschen Recht dem Grundsatz nach nicht den allgemeinen erbrechtlichen, sondern besonderen gesellschaftlichen Regeln unterliegt, wendet die überwiegende Ansicht für die Sondererbfolge in eine vom deutschen Recht beherrschte Personengesellschaft **Art. 3 Abs. 3 EGBGB** (vgl. hierzu Rdn. 40 ff.) an (*Schotten* Rdn. 335; *Palandt/Heldrich* Art. 3 EGBGB Rdn. 13: nicht aber für den Gesellschaftsanteil eines Kommanditisten; ebenso *Erman/Hohloch* Art. 3 Rdn. 16). 64

Beispiel: Ein italienischer Staatsangehöriger mit Wohnsitz in München ist Gesellschafter einer OHG mit effektivem Verwaltungssitz ebenda. Im Gesellschaftsvertrag vereinbaren die Gesellschafter, daß die Gesellschaft beim Tod eines Gesellschafters mit dessen Erben fortzusetzen ist. Erbstatut ist im vorliegenden Fall gemäß Art 25 Abs. 1 EGBGB italienisches Recht, da letzteres die Gesamtnormverweisung des deutschen Rechts annimmt (vgl. hierzu Rdn. 203). Gesellschaftsstatut dagegen ist das Recht am effektiven Verwaltungssitz der Gesellschaft und damit deutsches Recht. Zwischen beiden unterschiedlichen Statuten gibt es eine Reihe von Berührungspunkten, die Angleichungs- und Anpassungsprobleme entstehen lassen, etwa die Frage der Erben-/Gesellschafterhaftung, Anteilserwerb/Erbgang (Vonselbsterwerb oder heriditas iacens), Universal- oder Singularsukzession, etc. (*v. Oertzen* IPRax 1994, 73, 74 ff.; *Lorz* S. 305 ff.; *Witthoff,* Die Vererbung von Anteilen deutscher Personengesellschaften im Internationalen Privatrecht, S. 107 ff.). Die überwiegende Ansicht in der Literatur vermeidet diese drohenden Anpassungsprobleme, indem sie die Nachfolge in Anteile an deutschen Personengesellschaften gemäß Art. 3 Abs. 3 EGBGB im vollen Umfang dem Belegenheitsrecht unterstellt. Hinsichtlich der Erbquoten und Beteiligungen des Anteilserwerbs, aber auch Fragen der Testamentsvollstreckung an dem zu vererbenden Anteil, ist damit – soweit man der hM folgt – allein deutsches Recht maßgebend. Im übrigen, dh. für die Nachfolge in den restlichen Nachlaß, verbleibt es dagegen bei der Anwendung des italienischen Rechts (Heimatrecht des Erblassers). 65

In der Literatur stößt dieser auf Art. 3 Abs. 3 EGBGB aufbauende zwingende Gleichlauf bei einer erbrechtlichen Nachfolge in den Anteil einer deutschen Personengesellschaft zunehmend auf Widerspruch (vgl. stellvertretend *Ebenroth* Rdn. 1246, 1281; *Lorz* S. 305 ff.; *Witthoff,* Die Vererbung von Anteilen deutscher Personengesellschaften im Internationalen Privatrecht, S. 62 ff.; *v. Oertzen* RIW 1994, 818, 819 ff.) und macht einer **differenzierten Lösung** Platz, die sich an der Abgrenzung des Erb- vom Sachenrechtsstatut orientiert. Danach hat das Erbstatut dem Gesellschaftsstatut im Wege der Anpassung bzw. Angleichung nur dort zu weichen, wo es Zuordnungen oder Beteiligungen an einer Gesellschaft schafft, die dem die Gesellschaft beherrschenden Gesellschaftsstatut unbekannt oder mit diesem unvereinbar sind. Im einzelnen gilt danach folgendes: 66

aa) Anfall der Erbschaft (*v. Oertzen* IPRax 1994, 74, 76, vgl. zu den verschiedenen Systemen auch Rdn. 438 ff.). Grundsätzlich entscheidet das Erbstatut über die **Frage des Erbgangs,** dh. ob der Erbe den Nachlaß von selbst erwirbt, ob es hierfür etwa wie in Österreich einer Erbserklärung und eines gerichtlichen Beschlusses (s. Rdn. 226) bedarf, ob der Erwerb der Erbschaft (wie in Italien, s. Rdn. 200) eine Annahmeerklärung (mit Wirkung ex tunc) voraussetzt oder wie im angloamerikanischen Rechtskreis den Erwerb eines Zwischenberechtigten vorsieht (s. Rdn. 179 ff., 393 ff.). Die nach dem Gesellschaftsstatut (vorliegendes Beispiel deutsches Recht) zu beurteilende einfache bzw. qualifizierte Nachfolgeklausel setzt ih- 67 rem Sinn und Zweck nach einen unmittelbaren Übergang des Gesellschaftsanteils mit dem Erbfall voraus; denn der Nachlaß selbst kann mangels Rechtsfähigkeit nicht – auch nicht für eine kurze Übergangszeit – Gesellschafter sein. Da keine Eintrittsklausel vereinbart ist, wird der Anteil auch nicht treuhänderisch von den übrigen Gesellschaftern für eine bestimmte Übergangszeit gehalten. Um eine Kollision zwischen Erb- und Gesellschaftsstatut zu vermeiden, muß im Wege der Angleichung/Anpassung das Erbstatut dem Gesellschaftsstatut weichen (entweder durch einen vom Erbstatut abweichenden Vonselbsterwerb des Gesellschaftsanteils oder aber durch Umdeutung der Nachfolgeklausel in eine Eintrittsklausel, vgl. hierzu *Witthoff,* Die Vererbung von Anteilen deutscher Personengesellschaften im internationalen Privatrecht, S. 110ff.).

68 *bb) Gesamt- bzw. Einzelrechtsnachfolge und Ausgestaltung der Erbengemeinschaft.* Grundsätzlich entscheidet das Erbstatut darüber, ob der Nachlaß als Ganzes auf die Erben übergeht oder ob eine Einzelrechtsnachfolge möglich ist. Im ersteren Fall beherrscht das Erbstatut darüber hinaus die Frage der **Ausgestaltung der Erbengemeinschaft** (Bruchteils-, Gesamthandsgemeinschaft). Da dem Gesellschaftsstatut keine ihm unbekannte Beteiligungsstruktur an dem Gesellschaftsanteil aufgedrängt werden kann (*v. Oertzen* IPRax 1994, 74, 75; *Ebenroth* Rdn. 1281; *Staudinger/Dörner* Art. 25 EGBGB Rdn. 61) und mit der Struktur einer deutschen Personengesellschaft eine gesamthänderische Nachfolge in einen Gesellschaftsanteil durch eine Erbenmehrheit unvereinbar ist, wird insoweit das Erb- von dem Gesellschaftsstatut durch Anpassung/Angleichung verdrängt (*v. Oertzen* IPRax 1994, 74, 75; *Staudinger/Dörner* Art. 25 EGBGB Rdn. 61; *Witthoff,* Die Vererbung von Anteilen deutscher Personengesellschaften im Internationalen Privatrecht, S. 108f.).

69 *cc) Testamentsvollstreckung.* Die Testamentsvollstreckung unterliegt ebenfalls grundsätzlich dem Erbstatut (vgl. Rdn. 2f.). Letzteres bestimmt, ob der Testamentsvollstrecker durch die letztwillige Anordnung wirksam ernannt wurde, regelt Beginn und Ende des Amtes, Entgeltlichkeit der Tätigkeit sowie Umfang der Rechte und Pflichten des Testamentsvollstreckers (vgl. Rdn. 3). Nach dem Erbstatut ist grundsätzlich auch die Frage zu beantworten, ob sich dessen Verwaltungsbefugnisse auch auf den unternehmerischen Teil des Nachlasses erstrecken (*Staudinger/Dörner* Art. 25 EGBGB Rdn. 63). Da die Zulässigkeit der Testamentsvollstreckung auch Ausdruck der mitgliedschaftlichen Struktur der Gesellschaft ist, die wiederum vom Gesellschaftsstatut beherrscht wird, richtet sich die Frage, ob und unter welchen Voraussetzungen eine Gesellschafterstellung der Testamentsvollstreckung zugänglich, ob eine Zustimmung der Mitgesellschafter erforderlich ist und welche Befugnisse dem Gesellschafter innerhalb der Gesellschaft zukommen, nach dem Gesellschaftsstatut (*Lorz* S. 311; *v. Oertzen* IPRax 1994, 74, 76).

c) Abgrenzung zum Güterrechtsstatut

70 Abzugrenzen ist das Erbstatut von den güterrechtlichen Ehewirkungen (Art. 15 EGBGB). Dies gilt auch dann, wenn beispielsweise Erb- und Ehevertrag miteinander kombiniert werden. Auch in diesen Fällen scheidet eine einheitliche Anknüpfung aus (*Flick/Piltz* Rdn. 161). Dem Güterrecht sind grundsätzlich alle vermögensrechtlichen Sonderregelungen zuzuordnen, die deswegen gelten, weil der Vermögensinhaber verheiratet ist (LG München FamRZ 1978, 366; *Staudinger/Dörner* Art. 25 Rdn. 30; MünchKommBGB/*Birk* Art. 25 EGBGB Rdn. 153). Abgrenzungsschwierigkeiten zwischen beiden Stauten treten insbesondere deshalb auf, weil mit dem Tod eines Ehegatten auch der Güterstand endet und es folglich zu einer Zuweisung von Vermögensanteilen an den überlebenden Ehegatten kommen wird.

Beruht letztere auf einem (vermuteten bzw. typisierten) Willen des Erblassers, ist die Vermögenszuweisung erbrechtlich zu qualifizieren. Dient letztere aber dazu, während der Ehe erbrachte Leistungen des überlebenden Ehegatten auszugleichen oder trägt sie dem Umstand Rechnung, daß die Ehegatten ihre beiderseitigen Vermögen während der Ehe verschmolzen haben, handelt es sich um eine güterrechtlich zu qualifizierende Teilhaberegel (s. zum ganzen *Staudinger/Dörner* Art. 25 Rdn. 31ff., zur streitigen Einordnung des § 1371 Abs. 1 BGB s. ebenda; LG Mosbach JuS 1999, 296; *Kegel/Schurig* § 8 III 2. [S. 315f.]; *Derstadt* IPRax 2001, 84, 86ff.; *Mankowski/Osthaus* DNotZ 1997, 10ff.; *Flick/Piltz* Rdn. 171ff.). Zur Möglichkeit, durch entsprechende Rechtswahl die Konflikte zwischen Güterrechts- und Erbstatut zu reduzieren, s. *Mankowski/Osthaus* DNotZ 1997, 10, 12ff.

d) Abgrenzung zum Adoptionsstatut

Inwieweit die infolge einer Adoption hergestellten bzw. aufgelösten (erbrechtli- 71
chen) Beziehungen dem Adoptions- (weil Frage der Adoptionswirkung) oder aber dem Erbstatut (weil Frage der Erbberechtigung) zu unterstellen sind, ist umstritten (s. zum Meinungsstand KG FamRZ 1988, 434, 435; *Staudinger/Dörner* Art. 25 EGBGB Rdn. 162ff.; *Wandel* BWNotZ 1992, 24ff.; *K. Müller* NJW 1985, 2056ff.). Teilweise wird die Ansicht vertreten, daß der erbrechtliche Status dem Adoptionsstatut, die Ausfüllung dieses Status hingegen dem Erbstatut zu entnehmen ist (*Palandt/Heldrich* Art. 22 EGBGB Rdn. 6; *Soergel/Schurig* Art. 25 EGBGB Rdn. 28; *K. Müller* NJW 1985, 2056, 2060). Anderer Ansicht nach ergeben sich die erbrechtlichen Konsequenzen einer (nach dem Adoptionsstatut wirksamen) Adoption aus dem Erbstatut (OLG Düsseldorf FamRZ 1998, 1627, 1628; KG FamRZ 1988, 434, 435 [*Gottwald*]; *Staudinger/Dörner* Art. 25 EGBGB Rdn. 169; MünchKommBGB/*Birk* Art. 25 Rdn. 217; s. auch BGH FamRZ 1989, 378, 379). Dabei stellt sich in aller Regel ein Substitutionsproblem (s. Rdn. 97). Es stellt sich nämlich die Frage, ob das in der Sachnorm des Erbstatuts als Voraussetzung für eine Erbberechtigung formulierte Tatbestandsmerkmal (zB „Abkömmling") durch die (wirksam erfolgte) Adoption erfüllt ist (BGH FamRZ 1988, 378, 379; OLG Düsseldorf FamRZ 1998, 1627, 1629; *Staudinger/Dörner* Art. 25 EGBGB Rdn. 176). Letzteres wird man nur dann annehmen können, wenn die ausgelösten Adoptionswirkungen denen des vom Erbstatut stillschweigend vorausgesetzten Adoptionstyps funktional vergleichbar sind (BGH FamRZ 1989, 378, 379; OLG Düsseldorf FamRZ 1998, 1627, 1629; KG FamRZ 1988, 434, 435f.; *Beitzke* IPRax 1990, 38, 40). Ist die Adoption im Ausland vorgenommen worden und anzuerkennen, so ist für die Adoptionswirkungen auf das Recht abzustellen, welches auf die Adoption tatsächlich angewandt wurde (OLG Düsseldorf FamRZ 1998, 1627, 1629). Im übrigen kommt es auf das aus deutscher Sicht berufene Adoptionsstatut an. Ein Indiz dafür, daß eine funktionale Vergleichbarkeit gegeben ist, liegt vor, wenn der Adoptierte nach dem für die Adoptionswirkungen maßgebende Recht am Nachlaß zu beteiligen wäre (BGH FamRZ 1989, 378, 379).

e) Abgrenzung zum Vertragsstatut

Abgrenzungsprobleme können sich auch im Verhältnis zum Vertragsstatut 72
(Art. 27ff. EGBGB) ergeben. Erbrechtlich zu qualifizieren sind grundsätzlich sämtliche Verfügungen des Erblassers von Todes wegen, in denen der Erblasser unmittelbar Anordnungen für die postmortale Vermögensverteilung trifft (Testamente, Erbverträge, *Staudinger/Dörner* Art. 25 EGBGB Rdn. 51). Wie Rechtsgeschäfte unter Lebenden auf den Todesfall (zB Schenkung von Todes wegen oder Vertrag zugunsten Dritter auf den Todesfall) einzuordnen sind, ist umstritten (*Staudinger/*

Dörner Art. 25 Rdn. 356). Überwiegender Ansicht nach werden durch den Tod des Schenkers bedingte und noch nicht vollzogene Schenkungen erbrechtlich qualifiziert (BGH NJW 1959, 1317; OLG Düsseldorf FamRZ 1997, 61, 62; *Schotten* Rdn. 323; *Lorenz* ZEV 1996, 406, 410). Die Frage, ob die Schenkung vollzogen ist, beurteilt sich nach dem den Erwerbsvorgang beherrschenden Recht, im Falle des Eigentumserwerbs nach der lex rei sitae (OLG Düsseldorf FamRZ 1997, 61, 62). Bei einem Vertrag zugunsten Dritter auf den Todesfall ist kollisionsrechtlich zwischen dem Deckungs- und dem Valutaverhältnis zu unterscheiden (s. zum ganzen *Henrich,* FS Lorenz, 1991, S. 384ff.). Auf ersteres, dh. auf das Verhältnis zwischen Versprechendem und Versprechensempfänger (einschließlich der Leistungsbeziehung zwischen Versprechendem und Drittem) findet das Vertragsstatut Anwendung. Auf das Verhältnis zwischen Versprechensempfänger und Begünstigtem (Valutaverhältnis) kommt – wenn es sich hierbei um eine Schenkung von Todes wegen handelt – das Erbstatut zur Anwendung.

f) Feststellung des Nachlasses

73 Zum Nachlaß können nur solche Rechte und Pflichten gehören, die mit Eintritt des Erbfalls nicht erlöschen bzw. auf den Dritten übergehen. Beide Frage werden nicht vom Erbstatut beherrscht, sondern richten sich nach dem für die jeweiligen Aktiva und Passiva maßgebenden Recht (KG OLGZ 1977, 459; *Soergel/Schurig* Art. 25 EGBGB Rdn. 24; MünchKommBGB/*Birk* Art. 25 EGBGB Rdn. 197; *Staudinger/Dörner* Art. 25 EGBGB Rdn. 56, 131), dh. für Forderungen und Verbindlichkeiten nach dem Schuldstatut, für dingliche Rechte nach dem Sachenrechtsstatut und für Mitgliedschaften nach dem Gesellschaftsstatut (s. Rdn. 62ff.). Das Einzelstatut ist ebenfalls maßgebend für die Frage, ob der Erblasser Inhaber der Rechte und Pflichten war (*Staudinger/Dörner* Art. 25 EGBGB Rdn. 133; *Soergel/Schurig* Art. 25 EGBGB Rdn. 24). Nach dem Erbstatut bestimmt sich hingegen, ob im Zeitpunkt des Erbfalls vorhandene Aktiva und Passiva, dh. solche die mit dem Erbfall weder erlöschen noch auf einen Dritten übergehen, in den Nachlaß gehören (*Soergel/Schurig* Art. 25 EGBGB Rdn. 24; *Staudinger/Dörner* Art. 25 EGBGB Rdn. 133).

6. Formstatut nach dem Haager Übereinkommen über das auf die Form letztwilliger Verfügungen anzuwendende Recht vom 5. 10. 1961

a) Qualifikation des Begriffs „Formvorschrift"

74 Das Haager Übereinkommen über das auf die Form letztwilliger Verfügungen anzuwendende Recht ist seit dem 1. 1. 1966 in der Bundesrepublik Deutschland in Kraft. Das Übereinkommen bezieht sich ausschließlich auf die **Formerfordernisse** einer letztwilligen Verfügung. Was zu den Formvorschriften zählt (Qualifikation s. Rdn. 2), bestimmt sich nach der lex fori und folglich nach deutschem Recht. Zur Klarstellung bestimmt Art. 5 des Übereinkommens, daß zur Form alle Beschränkungen und Verbote in bezug auf den Erblasser oder Testamentszeugen zählen, die an Alter, Staatsangehörigkeit, Rasse, Geschlecht oder andere persönliche Eigenschaften (zB Blind-, Stumm-, Taubheit, Geistesschwäche) anknüpfen. Damit zählt beispielsweise § 2247 Abs. 4 BGB, der ein Verbot für das eigenhändige Testieren des Minderjährigen vorsieht, gemäß Art. 5 des Haager Übereinkommens zu den Formvorschriften.

75 Besondere Schwierigkeiten im Rahmen der Qualifikation bereitet das in verschiedenen Rechtsordnungen anzutreffende **Verbot der Errichtung eines ge-**

meinschaftlichen Testaments (zB Belgien, Italien, Schweiz, Griechenland, Frankreich, Polen, Portugal, Niederlande). Aus deutscher Sicht werden derartige Verbote teilweise dem Erb- (*Umstätter* DNotZ 1984, 532, 533f.), teilweise dem Formstatut unterstellt. Richtiger Ansicht nach ist für eine Qualifikation der Verbote danach zu differenzieren, welche Funktion diese *nach ihrem Heimatrecht* erfüllen (OLG Frankfurt IPRax 1986, 111/2; *Staudinger/Dörner* Art. 25 EGBGB Rdn. 309f.; *Flick/Piltz* Rdn. 101f.). Dient das Verbot dem Schutz der Testierfähigkeit, dann ist es materiell-rechtlich einzuordnen und dem Erbstatut zu unterstellen (so für Art. 589 ital. cod. civ. OLG Frankfurt IPRax 1986, 111, 112; *Flick/Piltz* Rdn. 103; vgl. auch Rdn. 195; für die entsprechende polnische Bestimmung s. Rdn. 259). Ist das Heimatrecht der Ehegatten verschieden und enthält nur das Heimatrecht eines Ehegatten ein entsprechendes materiell-rechtliches Verbot, dann ist das gemeinschaftliche Testament insgesamt unwirksam, da die Voraussetzungen für dessen Errichtungen nach beiden Rechtsordnungen kumulativ vorliegen müssen. Unter Umständen kann jedoch zugunsten des andern Ehegatten das gemeinschaftliche Testament in ein wirksames Einzeltestament umgedeutet werden. Dient das Verbot der Errichtung eines gemeinschaftlichen Testaments hingegen nicht der Sicherung des Testierwillens, sondern dazu, die Beweisbarkeit des Erblasserwillens sicherzustellen, ist das Verbot als Formfrage einzuordnen (so beispielweise das franz. Recht *Revillard,* Droit international privé et pratique notariale, Rdn. 254; vgl. auch *Riering* ZEV 1994, 224, 227f.; *Flick/Piltz* Rdn. 102) und damit dem Formstatut zu unterstellen. Letzteres gilt überwiegender Ansicht nach auch für das entsprechende schweizerische Verbot (IPG 1983 Nr. 35, S. 321ff.; *Flick/Piltz* Rdn. 102).

Fraglich ist auch, wie **Beschränkungen der Einsetzbarkeit bestimmter Personen als Testamentsvollstrecker** oder Erben zu qualifizieren sind (zB § 27 BeurkG). Da diese Beschränkungen nicht dazu dienen, die Beweisbarkeit des Erblasserwillens zu garantieren, sondern sicherstellen sollen, daß sich die Willensbildung des Erblassers einwandfrei vollzieht, sind derartige Einsetzungsbeschränkungen nicht dem Formstatut zuzurechnen (vgl. *Staudinger/Dörner* Art. 25 EGBGB Rdn. 124; *Soergel/Schurig* Art. 26 EGBGB Rdn. 20). 76

b) Anwendungsbereich

Nach Art. 6 ist der **Anwendungsbereich** der Konvention auch dann eröffnet, wenn die letztwillige Verfügung von einem Erblasser stammt, der keinem Vertragsstaat angehört. Das Übereinkommen ist folglich allseitig anzuwenden (*Palandt/-Heldrich* Art. 26 EGBGB Rdn. 1; *Riering* DNotZ 1995, 59, 581). Das Übereinkommen erfaßt gemäß Art. 1 nur **„letztwillige Verfügungen"** und findet somit nur auf (gemeinschaftliche) Testamente Anwendung, nicht aber auf Erbverträge oder Erbverzichte (vgl. *Palandt/Heldrich* Art. 26 EGBGB Rdn. 5; vgl. auch Rdn. 85). 77

Für das auf die Form letztwilliger Verfügungen anzuwendende Recht **knüpft das Übereinkommen alternativ** und gleichrangig an den Errichtungsort, die Staatsangehörigkeit, den Wohnsitz oder den gewöhnlichen Aufenthalt des Erblassers an. Soweit am Heimatrecht angeknüpft wird, um das auf die Form anwendbare Recht zu ermitteln, und die Rechtsordnung, die aufgrund der Staatsangehörigkeit anzuwenden ist, nicht vereinheitlicht ist, bestimmt Art. 1 Abs. 2 des Übereinkommens, daß die maßgebende Teilrechtsordnung nach den interlokalen Kollisionsvorschriften des betreffenden Staates zu ermitteln ist. Soweit letztere fehlen, ist die Teilrechtsordnung anzuwenden, zu der der Erblasser die engsten Beziehungen gehabt hat. Möchten etwa (Beispiel nach *Jayme* RabelsZ 1991, 303, 317f.) spanische Eheleute mit Foralrechtszugehörigkeit zu Aragon (siehe unten Rdn. 346) in der 78

Bundesrepublik Deutschland ein gemeinschaftliches Testament errichten, so ist das Testament nach Art. 1 Abs. 1 lit. b 1. Alternative des Übereinkommens u. a. dann formgültig (hierauf kommt es freilich nur an, wenn das Erbstatut das gemeinschaftliche Testament zuläßt), wenn es dem Heimatrecht des Erblassers im Zeitpunkt der letztwilligen Verfügung entspricht. Da Spanien ein Mehrrechtsstaat ist, ist nach Art. 1 Abs. 2 des Übereinkommens für die Bestimmung der anwendbaren Teilrechtsordnung auf das innerstaatliche Kollisionsrecht und damit auf die „vecindad civil" (Rechtsgebietszugehörigkeit, siehe unten Rdn. 347) abzustellen. Danach ist vorliegend im Hinblick auf die Form das Recht von Aragon anzuwenden, das insoweit recht großzügig ist. Anders ist es hingegen, soweit die Vorschriften des Haager Übereinkommens nicht an der Staatsangehörigkeit, sondern etwa am Errichtungsort anknüpfen (Art. 1 Abs. 1 lit. a). Liegt dieser Ort in Spanien, ist nicht auf die innerstaatlichen Kollisionsregeln abzustellen, um die maßgebende Teilrechtsordnung zu ermitteln, sondern unmittelbar am (Teil-)Ortsrecht (*Jayme* RabelsZ 1991, 303, 318).

79 Unter dem Errichtungs- bzw. Vornahmeort ist der Ort zu verstehen, an dem der Erblasser die letztwillige Verfügung vorgenommen hat. Auf einen etablierten Aufenthalt an diesem Ort kommt es nicht an (LG München FamRZ 1999, 1307, 1308). Errichtungsort ist daher auch der Ort, der von dem Erblasser gerade wegen der dort möglichen Form gewählt worden ist (OLG Frankfurt FamRZ 1967, 476; LG München FamRZ 1999, 1307, 1308). Maßgebender Zeitpunkt ist alternativ sowohl der Moment der Errichtung der Verfügung als auch der Zeitpunkt des Todes des Erblassers. Als zusätzliche Alternative gilt für die Verfügung über unbewegliches Vermögen auch das Formstatut des Lageortes. Was unbewegliches Vermögen ist, beurteilt sich nach dem Ortsrecht (*Palandt/Heldrich* Art. 26 EGBGB Rdn. 4). Für die Frage, was nach deutschem Recht unbewegliches Vermögen ist, vgl. Rdn. 27ff. Genügt die Verfügung den Formerfordernissen auch nur einer der durch diese Anknüpfungsmerkmale ermittelten Rechtsordnung, so ist sie formgerecht errichtet (*Palandt/Heldrich* Art. 26 EGBGB Rdn. 3).

80 Für die **Formerfordernisse des Widerrufs** einer letztwilligen Verfügung durch Testament (oder nach Art. 2 gleichgestellten Rechtshandlungen) knüpft das Übereinkommen an den gleichen Kriterien an, wie für die Errichtung einer letztwilligen Verfügung (s. Rdn. 79). Darüber hinaus ist der Widerruf auch dann formwirksam, wenn er den Erfordernissen der Rechtsordnung entspricht, nach denen sich damals die Formgültigkeit der Errichtung bemessen hat.

7. *Washingtoner Übereinkommen über ein einheitliches Recht der Form eines internationalen Testaments vom 26. 10. 1973*

81 Das Abkommen gilt nicht für die Bundesrepublik. Sinn und Zweck des Übereinkommens ist es, dem Erblasser durch einheitliches Sachrecht eine neue Testamentsform zur Verfügung zu stellen, das sogenannte internationale Testament (vgl. hierzu *Staudinger/Dörner* Vor Art. 25f EGBGB Rdn. 136ff.). Das Übereinkommen ist für das ehemalige Jugoslawien, Kanada (für die englischsprachigen Provinzen), Libyen, Niger, Portugal, Belgien, Ecuador, Italien und Zypern in Kraft getreten (vgl. *Jayme-Hausmann,* Internationales Privat- und Verfahrensrecht, S. 96 Fn. 4).

8. *Formstatut nach autonomem Recht*

82 Seit der IPR-Reform von 1986 hat nunmehr Art. 26 Abs. 1 bis 3 EGBGB die kollisionsrechtlichen Bestimmungen des für die Bundesrepublik Deutschland

am 1. 1. 1966 in Kraft getretenen Haager Übereinkommens (vgl. Rdn. 74ff.) in das EGBGB übernommen. Insoweit handelt es sich um einen in das EGBGB **inkorporierten Staatsvertrag.** Zwar ist innerhalb des allseitigen Anwendungsbereiches (vgl. Rdn. 77) des Haager Übereinkommens für autonome Formvorschriften kein Raum (vgl. für die Ausnahme in Art. 3 des Übereinkommens Rdn. 84), jedoch verstößt die Anwendung der Art. 26 Abs. 1 bis 3 EGBGB anstelle des Haager Übereinkommens dennoch nicht gegen Art. 3 Abs. 2 EGBGB (Vorrang der Staatsverträge, vgl. Rdn. 4ff.). Trotz Stellung im EGBGB haben diese Normen ihren staatsvertraglichen Charakter nicht verloren und weichen auch inhaltlich nicht von den staatsvertraglichen Regelungen ab (vgl. *Palandt/Heldrich* Art. 26 EGBGB Rdn. 1; aA MünchKommBGB/*Birk* Art. 26 EGBGB Rdn. 2, 77).

Art. 26 findet nur auf solche Verfügungen von Todes wegen Anwendung, die nach dem 31. 8. 1986 vorgenommen wurden. Auf Rechtsgeschäfte vor dieser Zeit ist zwar Art. 26 Abs. 1 bis 3 EGBGB nicht anwendbar. Inhaltlich ist dies jedoch weitgehend ohne Bedeutung, da für die Zeit ab dem 1. 1. 1966 ohnehin das inhaltsgleiche Haager Testamentsübereinkommen vom 5. 10. 1961 gilt. Etwas anderes gilt lediglich für das in Art. 26 Abs. 1 Nr. 5 EGBGB, nicht aber im Haager Testamentsübereinkommen aufgeführte alternative Anknüpfungskriterium sowie für die vor dem 1. 9. 1986 abgeschlossenen Erbverträge. Für letztere gilt Art. 11 aF EGBGB. Damit sind sie wirksam, wenn sie entweder den Formvorschriften des hypothetischen Erbstatuts oder den Voraussetzungen des Ortsrechts entsprechen. Ein vor dem 1. 9. 1986 geschlossener formungültiger Erbvertrag ist nach dem 1. 9. 1986 nicht ipso iure wirksam geworden, wenn die Form nunmehr den Voraussetzungen einer der in Art. 26 Abs. 1 Nr. 1–5 genannten Rechtsordnungen entspricht (*Staudinger/Dörner* Art. 26 EGBGB Rdn. 8). **83**

Für die Kommentierung des Art. 26 Abs. 1 bis 3 EGBGB kann auf die Ausführungen zum Haager Übereinkommen verwiesen werden (vgl. Rdn. 74ff.). Art. 26 EGBGB ergänzt das Haager Übereinkommen insoweit, als in Art. 26 Abs. 1 Nr. 5 EGBGB für das Formstatut zusätzlich auf das Recht verwiesen wird, das auf die Rechtsnachfolge von Todes wegen anzuwenden ist oder im Zeitpunkt der Verfügung anzuwenden wäre. Tatsächlich handelt es sich hier jedoch nur um eine Klarstellung; denn gemäß **Art. 3 des Haager Übereinkommens** ist ein zusätzlicher Rückgriff auf autonome kollisionsrechtliche Vorschriften der Vertragsstaaten bzgl. der Formgültigkeit letztwilliger Verfügungen nicht ausgeschlossen. Damit war vor der IPR-Reform von 1986 der Rückgriff auf Art. 11 EGBGB aF frei, wonach sich die Formwirksamkeit letztwilliger Verfügungen sowohl nach dem Erbstatut als auch nach dem Recht beurteilt, das auf die Rechtsnachfolge von Todes wegen im Zeitpunkt der Verfügung anzuwenden wäre. **84**

Gemäß Art. 26 Abs. 4 EGBGB werden die Anknüpfungsregeln des Haager Übereinkommens einschließlich des Art. 26 Abs. 1 Nr. 3 EGBGB auf Erbverträge und alle anderen Arten von Verfügungen von Todes wegen ausgedehnt. Von Art. 26 Abs. 4 EGBGB nicht erfaßt werden der Erbverzicht, die Annahme und Ausschlagung der Erbschaft oder der Auseinandersetzungsvertrag, da es sich hierbei um keine Verfügungen von Todes wegen handelt. Das Formstatut bestimmt sich insoweit nach Art. 11 EGBGB (*Riering/Bachler* DNotZ 1995, 580, 581). Soweit Art. 26 EGBGB staatsvertraglichen Charakter hat, sind sämtliche Verweisungen Sachnormverweisungen (vgl. Rdn. 86). In allen übrigen Fällen, insbesondere in Art. 26 Abs. 1 Nr. 5 EGBGB, sind Verweisungen als Gesamtnormverweisungen (vgl. Rdn. 86) zu verstehen. **85**

9. Verweisungstechniken/Vorfragen/Einzelfallgerechtigkeit

a) Gesamtnormverweisung

86 Verweisen Kollisionsvorschriften auf eine ausländische Rechtsordnung, so liegt hierin nach Art. 4 Abs. 1 S. 1 EGBGB idR eine Verweisung auf das gesamte ausländische Recht **(Gesamtnormverweisung),** einschließlich der ausländischen Vorschriften zum internationalen Privatrecht. Soweit für das Erb- bzw. Formstatut Staatsverträge (vgl. Rdn. 4ff.; 74ff.) einschlägig sind, liegt in den Verweisungen lediglich eine **Sachnormverweisung** (vgl. *Ferid* Rdn. 3–101), dh. eine Verweisung unter Ausschluß der ausländischen Kollisionsnormen, soweit das internationale Abkommen selbst nicht etwas anderes bestimmt (so zB Art. 4 des Haager Erbrechtsübereinkommen vom 1. 8. 1989, vgl. Rdn. 9).

b) Rück- und Weiterverweisung

87 Das internationale Privatrecht weist wie jede andere nationale Rechtsmaterie nationale Eigen- und Besonderheiten auf, die von Land zu Land verschieden sind (vgl. *Ferid* Rdn. 3–61ff.). Knüpfen die verschiedenen nationalen Rechtsordnungen für die Ermittlung des Erb- bzw. Formstatuts an unterschiedliche Tatbestände an (vgl. Rdn. 1), so kann eine Gesamtnormverweisung auf ausländisches Recht dazu führen, daß die maßgebende fremde Rechtsordnung nicht angewandt sein will, sondern ihrerseits auf deutsches Recht zurück- **(Rückverweisung)** oder auf das Recht eines Drittstaates weiterverweist **(Weiterverweisung)** (vgl. *Ferid* Rdn. 3–73, 1ff.; *Kropholler* § 24; *Süß* ZEV 2000, 486ff).

88 Verweist das ausländische IPR auf deutsches Recht zurück, so liegt in dieser Rückverweisung gemäß Art. 4 Abs. 1 S. 2 EGBGB eine Sachnormverweisung auf das deutsche materielle Recht, um eine endlose Verweisungsschleife zu verhindern. Nimmt die nach deutschem IPR berufene ausländische Rechtsordnung des Zweitstaates die Verweisung nicht an, sondern verweist ihrerseits wiederum auf das Recht eines Drittstaates, so beurteilt sich nach dem Recht des Zweitstaates, ob hierin eine Gesamt- oder eine Sachnormverweisung zu sehen ist. Soweit sich die ausländische Kollisionsnorm als eine Gesamtnormverweisung versteht, ist dies bei der Weiterverweisung zu berücksichtigen, so daß es zu regelrechten Verweisungsketten kommen kann.

89 Verweist die Rechtsordnung des Drittstaates nicht auf das deutsche Recht zurück und nimmt sie die Verweisung des Zweitstaates auch nicht an oder spricht sie keine Sachnormverweisung aus, so will ein Teil der Literatur die Verweisungskette beim Zweitstaat aus Praktikabilitätserwägungen abbrechen (*Kropholler* § 24 II 5; *Staudinger/Dörner* Art. 25 EGBGB Rdn. 641; aA *Süß* ZEV 2000, 486, 487). Zu beachten sind in jedem Fall im Rahmen der Rück- bzw. Weiterverweisung die ordre public-Vorschriften der aus deutscher Sicht zunächst berufenen Rechtsordnung; denn führt der ausländische ordre public zu einer Einschränkung der Rück- oder Weiterverweisung, ist diese stets beachtlich (*Kropholler* § 36 VII).

c) Versteckte Verweisung

90 Einige ausländische Rechtsordnungen haben keine geschriebenen Kollisionsnormen. So wenden beispielsweise die Gerichte in den USA das eigene materielle Recht an, wenn sie „jurisdiction" haben, dh. wenn amerikanische Gerichte international zuständig sind, den Streit zu entscheiden. Folglich laufen internationale Zuständigkeit und Anwendbarkeit des eigenen materiellen Rechts in den Vereinigten Staaten parallel. In einem solchen Fall spricht man von einer versteckten

Kollisionsnorm (*Flick/Piltz* Rdn. 95). Sind beispielsweise nach den amerikanischen Vorschriften zur internationalen Zuständigkeit nicht amerikanische, sondern deutsche Gerichte zur Streitbeilegung berufen, so liegt hierin eine **„versteckte Rückverweisung"** auf deutsches Recht, die nach Art. 4 Abs. 1 S. 2 EGBGB zu beachten ist (*Kropholler* § 25 I). Sind nach den Zuständigkeitsregeln Gerichte eines Drittstaates zuständig, so liegt hierin eine zu beachtende **„versteckte Weiterverweisung"**. Kollisionsnormen können jedoch nicht nur in Zuständigkeitsvorschriften, sondern auch in Sachnormen versteckt sein.

d) Verweisung auf Teilrechtsordnungen

Zahlreiche Staaten (meist Bundesstaaten) besitzen kein einheitliches (Internationales) Privatrecht, sondern zerfallen in verschiedene territorial begrenzte Teilrechtsgebiete (so zB USA, Kanada, Spanien, Großbritannien, Australien, Mexiko). Verweist die deutsche Kollisionsnorm nicht unmittelbar auf eine anzuwendende Teilrechtsordnung, so ist diese gemäß Art. 4 Abs. 3 S. 1 EGBGB aufgrund der **interlokalen Kollisionsnormen** des ausländischen Staates zu ermitteln (vgl. BayObLG NJW 1987, 1148, 1149). Ähnlich den IPR-Kollisionsnormen im Verhältnis verschiedener Länder zueinander, sollen die interlokalen Kollisionsnormen aufgrund bestimmter Anknüpfungsmerkmale die maßgebende Teilrechtsordnung innerhalb eines Landes ermitteln. Fehlen derartige interlokale Kollisionsnormen, so ist gemäß Art. 4 Abs. 3 S. 2 EGBGB für das Erbstatut die Teilrechtsordnung maßgebend, mit der der Erblasser die **engste Verbindung** aufweist. Im Bereich des Internationalen Erbrechts wird in diesen Fällen idR die Anknüpfung an die Staatsangehörigkeit durch die Bezugnahme auf den (letzten) gewöhnlichen Aufenthalt der betreffenden Person im Heimatstaat „verlängert" (*Palandt/Heldrich* Art. 4 EGBGB Rdn. 14; *Süß* ZEV 2000, 486, 487). 91

e) Vorfragen

Während sich die Qualifikation (vgl. Rdn. 2) mit dem Problem befaßt, wie die einzelnen Kollisionsnormen voneinander abzugrenzen sind, ist die **„Vorfrage"** ein Problem der präjudiziellen Rechtsverhältnisse. Bestimmt beispielsweise eine Rechtsordnung, auf die Art. 25 Abs. 1 EGBGB verweist, daß Kinder des Erblassers nicht Testamentsvollstrecker sein können, so ist fraglich, nach welchem Recht sich die Vorfrage richtet, wer Kind des Erblassers ist (vgl. *Ferid* Rdn. 4–48 ff.; *Lucht* Rpfleger 1997, 134, 135 f.). Enthält mithin der Tatbestand einer vom deutschen IPR zur Anwendung berufenen Sach- bzw. Kollisionsnorm oder gar die deutsche Kollisionsnorm selbst einen Rechtsbegriff, für den das EGBGB eine eigene spezielle Kollisionsnorm bereithält, so stellt sich die Frage, ob dieses präjudizielle Rechtsverhältnis (Vorfrage) nach dem für die Hauptfrage maßgebenden Recht (Erbstatut) zu beurteilen ist oder ob das maßgebende Recht nicht vielmehr durch eine selbständige Anknüpfung (wie bei einer Hauptfrage) mit Hilfe der deutschen kollisionsrechtlichen Vorschriften zu ermitteln ist (vgl. *Palandt/Heldrich* Einl. v. Art. 3 EGBGB Rdn. 29; *Kropholler* § 32 II, IV). Nach hM ist das für die Vorfrage maßgebende Recht grundsätzlich selbständig, dh. durch Anwendung der deutschen kollisionsrechtlichen Vorschriften zu ermitteln (vgl. BGH NJW 1965, 1129, 1130; *Erman/Hohloch* Art. 25 EGBGB Rdn. 9; vgl. zu den Ausnahmen auch *Kropholler* § 32 IV 2b; *Flick/Piltz* Rdn. 98; *Haas* FamRZ 1993, 610). Was die präjudiziellen Rechtsverhältnisse in deutschen Kollisionsnormen betrifft, werden diese vielfach als „Erstfragen" bezeichnet, die sich von Vorfragen unterscheiden; im Ergebnis ist diese Unterscheidung aber insofern nicht von großer praktischer Relevanz, als Erstfragen dort, wo sie als solche von Vorfragen unterschieden werden, jedenfalls 92 auch selbständig angeknüpft werden (vgl. *v. Hoffmann* § 6 Rdn. 47ff.). Die selbständige Anknüpfung der Vorfrage gewährleistet aus deutscher Sicht die einheitliche Beurteilung eines durch eine Vorfrage aufgeworfenen Problems (*Ebenroth* Rdn. 1263). Für das obige Beispiel bedeutet dies, daß die Frage, ob jemand eheliches Kind des Erblassers ist oder nicht, stets gleich und unabhängig davon beantwortet wird, in welchem Zusammenhang (Haupt- oder Vorfrage) das Problem auftaucht (vgl. *Ferid* Rdn. 4–54). Anderes gilt jedoch, wenn die betreffenden Sachnormen von einer staatsvertraglichen Kollisionsnorm (zu den erbrechtlich relevanten Staatsverträgen s. Rdn. 4ff.) berufen werden. Da es hier auf den internationalen Entscheidungseinklang ankommt, wird insoweit überwiegend unselbständig angeknüpft (*Palandt/Heldrich* Einl. v. Art. 3 EGBGB Rdn. 30).

f) Ordre public und Gesetzesumgehung

93 *aa) ordre public.* Sämtliche Verweisungen auf ausländische Rechtsordnungen im EGBGB (Verweisungen in Staatsverträgen dagegen nur, soweit diese eine ordre public-Klausel enthalten, *Dörner* ZEV 1996, 90, 91) unterliegen dem Vorbehalt des Art. 6 EGBGB. Danach sind Rechtsnormen eines ausländischen Staates nicht anzuwenden, wenn deren Anwendung zu einem Ergebnis führt, das mit wesentlichen Grundsätzen des deutschen Rechts unvereinbar ist. Eine derartige Unvereinbarkeit ist immer dann anzunehmen, wenn **die ausländische Norm in einem so schwerwiegenden Widerspruch zur deutschen Rechtsordnung steht, daß das Ergebnis der Rechtsanwendung für untragbar angesehen werden muß** (BayObLG NJW 1976, 2076). Dies ist insbesondere dann der Fall, wenn Grundrechte durch die ausländische Rechtsordnung tangiert werden. Liegt ein solcher Widerspruch vor, so stellt sich die Frage, wie die Lücke zu schließen ist (*Lorenz* IPRax 1999, 429ff). Die Lückenfüllung hat hier durch eine einzelfallbezogene Sachnorm zu erfolgen. Letztere ist dem deutschen Recht zu entnehmen, wenn das ausländische Recht selbst keine tragbare Lösung für die Rechtslücke bereit hält (vgl. *Ferid* Rdn. 3–32ff.). Nicht jede Abweichung des anzuwendenden ausländischen Rechts vom deutschen Recht begründet das Eingreifen der Vorbehaltsklausel des Art. 6 EGBGB. Vielmehr ist bei deren Anwendung größte Zurückhaltung zu üben (vgl. *Soergel/Schurig* Art. 25 EGBGB Rdn. 104; *Ebenroth* Rdn. 1251f.; MünchKommBGB/*Sonnenberger* Art. 6 EGBGB Rdn. 14). Insbesondere wird nur die ordre-public-widrige Norm selbst von der Anwendung ausgeschlossen, im übrigen bleibt das nach deutschem Kollisionsrecht berufene ausländische Recht anwendbar.

94 Kein Verstoß gegen den deutschen ordre public liegt **beispielsweise** vor, wenn nach ausländischem Erbrecht auch die unverheiratete, mit dem Erblasser in häuslicher Gemeinschaft ein Familienleben führende Frau erbberechtigt ist (vgl. BayObLG NJW 1976, 2076), wenn das berufene ausländische Recht jede Rechtsbeziehung zwischen nichtehelichem Kind zu seinem Vater verneint (LG Stuttgart FamRZ 1998, 1627) oder wenn das Erbstatut kein Pflichtteils- oder Noterbenrecht der nächsten Verwandten oder des Ehegatten vorsieht (OLG Köln FamRZ 1976, 170, 172; aA *Pentz* ZEV 1998, 449, 451; vermittelnd *Dörner* IPRax 1994, 362, 363). Zu religiös oder geschlechtsspezifischen Benachteiligungen durch das ausländische Erbstatut, vgl. OLG Hamm IPRax 1994, 49, 52f.; ablehnend *Dörner* IPRax 1994, 33, 35f. Muß nach ausländischem Recht ein Testamentsvollstrecker bei Verpflichtungsgeschäften des Erben über den Nachlaß zustimmen, so verstößt auch dies nicht gegen den deutschen ordre public (vgl. BGH NJW 1963, 46, 47). Für eine aktuelle Zusammenstellung des ordre public-Vorbehalts bei erbrechtlichen Sachverhalten s. *Soergel/Schurig* Art. 25 EGBGB Rdn. 104.

bb) Gesetzesumgehung. Unter Gesetzes- bzw. Rechtsumgehung versteht man im allgemeinen die Fälle, in denen auf die Anknüpfungsmomente der Kollisionsnorm mit dem Ziel eingewirkt wird, mißliebige Rechtsfolgen des an sich berufenen Rechts auszuschließen (s. hierzu *Kegel/Schurig* § 14 I). Dies kann im Einzelfall dazu führen, daß der Statutenwechsel wegen Rechts- oder Gesetzesumgehung unbeachtlich ist. Voraussetzung hierfür ist aber (*Kegel/Schurig* § 14 II) – neben der Umgehung des (meist zwingenden) Rechtssatzes und einer Umgehungsabsicht –, daß die hierdurch erreichte Rechtsfolge schlechthin unangemessen ist (so zB für den Ausschluß des Pflichtteilsrechts Cour d'Appel Aix en Provence Rev. Crit. 1983, 282, 286 mit zust. Anm. *Droz;* ähnlich für das deutsche Recht *Klingelhöffer* ZEV 1996, 258, 259f.). 95

g) Angleichung

Innerhalb einer Rechtsordnung ist der Inhalt der verschiedenen Rechtssätze durch sachliche Kollisionsnormen weitgehend aufeinander abgestimmt. Da das IPR oft zur Anwendung von Rechtssätzen unterschiedlicher Rechtsordnungen führt, kann es zu Normenwidersprüchen zwischen den verschiedenen zur Anwendung berufenen materiellen Privatrechten kommen, die dann eine Harmonisierung entweder auf kollisionsrechtlicher Ebene (Einschränkung oder Erweiterung des Verweisungsumfangs) oder auf materiellrechtlicher Ebene erforderlich machen (*Kegel/Schurig* § 8 I–III; *Palandt/Heldrich* Einl. v. Art. 3 EGBGB Rdn. 32; *Flick/Piltz* Rdn. 109). Sinn und Zweck der Angleichung ist es mithin, Dissonanzen der beteiligten Rechtsordnungen aufzulösen, um Ergebnisse zu verhindern, die nicht dem Gerechtigkeitsempfinden entsprechen. 96

h) Substitution

Von Substitution spricht man dann, wenn ein ausländisches Rechtsinstitut einem deutschen gleichwertig ist und dieses somit den Tatbestand einer deutschen Sachnorm ersetzen kann (MünchKommBGB/*Sonnenberger* Einl. Rdn 437ff.; *Kropholler* § 33 I 1; *Kegel/Schurig* § 1 VIII 2. e). Ob und inwieweit eine Substitution zulässig ist, wird überwiegend zweistufig geprüft (*Kropholler* § 33 II). Notwendig ist zum einen, daß die Ersetzung bestimmter tatbestandlicher Voraussetzungen der deutschen Sachnorm durch fremde Rechtserscheinungen vom Sinn und Zweck der deutschen Norm gedeckt ist. Zum anderen müssen Voraussetzungen und Wirkungen der ausländischen Institution und der entsprechenden inländischen Erscheinung gleichwertig sein (s. etwa für Fragen der Substitution, Rdn. 465). 97

10. Das EGBGB vor dem 1. 9. 1986

Vor dem Inkrafttreten der IPR-Reform waren die kollisionsrechtlichen Vorschriften zum Erbrecht in den Art. 24 bis 28 EGBGB aF geregelt. Für die Rechtslage vor dem 1. 9. 1986 s. *Staudinger/Firsching,* 12. Aufl. 1981, Internationales Erbrecht Art. 24 bis 26. Besonderheiten gegenüber der heutigen Rechtslage ergeben sich insbesondere daraus, daß nach der alten Fassung des EGBGB eine Rechtswahl (vgl. Rdn. 24ff.) stets ausgeschlossen war. Darüber hinaus richtete sich gemäß Art. 29 EGBGB das Heimatrecht eines Mehrstaaters auch dann nach der effektiven Staatsangehörigkeit, wenn er auch die deutsche besaß. 98

11. Internationales, interlokales und materielles Erbrecht im Hinblick auf die neuen Bundesländer

99 Zu unterscheiden sind insoweit Fälle mit Bezug zum Beitrittsgebiet, die Auslandsberührung aufweisen (s. hierzu Rdn. 100ff.), etwa weil ein ausländischer Erblasser mit letztem Wohnsitz im Beitrittsgebiet verstorben ist, und solchen mit rein deutsch-deutschem Bezug (s. hierzu Rdn. 110ff.).

a) Internationales Erbrecht im Hinblick auf die neuen Bundesländer

100 *aa) Intertemporales Recht.* Die ehemalige DDR ist am 3. 10. 1990 auf der Grundlage des „Vertrages zwischen der Deutschen Demokratischen Republik und der Bundesrepublik Deutschland über die Herstellung der Einheit Deutschlands" – **Einigungsvertrag** – vom 31. 8. 1990 der Bundesrepublik Deutschland beigetreten. Nach Art. 236 § 1 EGBGB gilt für die vor dem 3. 10. 1990 abgeschlossenen erbrechtlichen Vorgänge mit Auslandsberührung (für Fälle mit reinem Inlandsbezug, sog. deutsch-deutsche Fälle s. Rdn. 110) das „bisherige internationale Privatrecht". Für nicht abgeschlossene Vorgänge mit Auslandsbezug gelangen die erbrechtlichen Kollisionsnormen des EGBGB zu Anwendung. Ob ein erbrechtlicher Vorgang abgeschlossen ist, ist im Rahmen des Art. 236 § 1 ebenso zu beurteilen wie iSd. Art. 220 Abs. 1 EGBGB (*Palandt/Edenhofer* Art. 236 EGBGB Rdn. 8; vgl. auch Rdn. 12). Abgeschlossen ist mithin ein erbrechtlicher Vorgang, wenn der Erblasser vor dem 3. 10. 1990 verstorben ist. Hat der Erblasser vor dem Stichtag letztwillig verfügt, ist der Sachverhalt hinsichtlich der Zulässigkeit der Errichtung der Verfügung und deren Wirksamkeit ebenfalls „abgeschlossen" iSd. Vorschrift.

101 *bb) Zum Stichtag abgeschlossener Sachverhalt.* Von der Frage des intertemporalen Rechts ist die weitere Frage zu unterscheiden, welches Internationale Privatrecht (dasjenige der ehemaligen DDR oder dasjenige der Bundesrepublik Deutschland) auf einen vor dem 3. 10. 1990 abgeschlossenen erbrechtlichen Sachverhalt mit Auslandsbezug anzuwenden ist. Einigkeit besteht darüber, daß unter „bisherigem Internationalen Privatrecht" iSd. Art. 236 § 1 EGBGB dasjenige der ehemaligen DDR zu verstehen ist (vgl. *Hartmann* RabelsZ 1997, 454, 475). Im übrigen aber ist der Anwendungsbereich der Vorschrift umstritten. Einer Ansicht nach richtet sich die Vorschrift allein an die Gerichte des Beitrittsgebiet (*Staudinger/Dörner* Art. 25 EGBGB Rdn. 573; *Henrich* IPRax 1991, 14, 18f.). Diese haben für abgeschlossene Vorgänge mit Auslandsberührung ihr bisheriges Internationales Privatrecht, dh. das Internationale Privatrecht der ehemaligen DDR anzuwenden. Dagegen sollen die Gerichte der Altbundesländer unabhängig davon, ob der erbrechtliche Vorgang vor dem 3. 10. 1990 abgeschlossen war oder nicht, das EGBGB anwenden (Lehre von einem gespaltenen Kollisionsrecht). Anderer Ansicht nach richtet sich Art. 236 § 1 EGBGB einheitlich an alle Gerichte, sei es im Beitrittsgebiet oder in den Altbundesländern (Lehre vom einheitlichen Kollisionsrecht). Diese haben das DDR-IPR (vgl. hierzu Rdn. 102) anzuwenden, wenn der erbrechtliche Sachverhalt seinen Schwerpunkt im Beitrittsgebiet hat (*Horn,* Das Zivil- und Wirtschaftsrecht im neuen Bundesgebiet, § 6 Rdn. 167; *Jayme/Stankewitsch* IPRax 1993, 162, 164), anderenfalls verbleibt es beim EGBGB. Ungeklärt ist freilich, nach welchen Kriterien der Schwerpunkt des erbrechtlichen Sachverhalts zu ermitteln ist. Die überwiegende Ansicht (*Palandt/Edenhofer* Art. 236 EGBGB Rdn. 7; vgl. auch *Horn,* Das Zivil- und Wirtschaftsrecht im neuen Bundesgebiet, § 6 Rdn. 167) will insoweit die interlokalen Kollisionsnormen (s. hierzu Rdn. 111ff.) vorschalten, um den Schwerpunkt der erbrechtlichen Verhältnisse in den alten oder in den neuen Bundeslän-

dern zu ermitteln. Liegt folglich der Schwerpunkt in der Teilrechtsordnung-Ost, entscheidet das IPR der früheren DDR über die auf die Rechtsnachfolge von Todes wegen anzuwendende Rechtsordnung (die Frage kann freilich offen bleiben, wenn der Erblasser zu einem Zeitpunkt verstorben [vgl. Rdn. 102] ist, in dem die Normen in Ost und West noch übereinstimmten, vgl. BayObLG FamRZ 2998, 1198, 1200; OLG Brandenburg FamRZ 1998, 985, 986). Der BGH hat zu der Streitfrage ausdrücklich noch keine Stellung bezogen. Für rein innerdeutsche Fälle (vgl hierzu Rdn. 110ff.) vertritt er jedoch eine Einheitslösung (vgl. hierzu Rdn. 111), dh. daß alle Gerichte im gesamten Bundesgebiet ein einheitliches ungeschriebenes interlokales Kollisionsrecht anzuwenden haben. Daher spricht einiges dafür, daß auch für Fälle mit Auslandsbezug die Gerichte in den neuen und den alten Bundesländern das maßgebende Kollisionsrecht einheitlich zu ermitteln haben (von der Tendenz her auch BayObLG FamRZ 1995, 1354, 1355; idS ausdrücklich *Hartmann* RabelsZ 1997, 454, 506f.). Im Regelfall werden jedoch die unterschiedlichen Auffassungen zum selben Ergebnis gelangen (vgl. *Staudinger/Dörner* Art. 25 EGBGB Rdn. 574).

cc) Das IPR der ehemaligen DDR

D. Henrich, Probleme des interlokalen und des internationalen Ehegüter- und Erbrechts nach der Wiedervereinigung, IPRax 1991, 14; *S. Herrmann,* Erbrecht und Nachlaßverfahren in der DDR, 1989; *G. Janke,* Zur rechtlichen Stellung des Testamentsvollstreckers bei DDR-Erbfällen vor dem 1. 1. 1976, DtZ 1994, 364; *v. Morgen/Götting,* „Gespaltene" Testamentsvollstreckung bei gesamtdeutschen Nachlässen, DtZ 1994, 199.

(1) Erbstatut nach autonomem Recht. Die auf die Rechtsnachfolge von Todes wegen anzuwendenden autonomen IPR-Vorschriften der ehemaligen DDR finden sich im RAG **(Rechtsanwendungsgesetz).** Für die Zeit vor Inkrafttreten des RAG am 1. 1. 1976 wandte auch die DDR die EGBGB-Vorschriften an, so daß für diese Zeit zwischen bundesdeutschem und dem internationalen Privatrecht der DDR keine Unterschiede bestehen (vgl. BayObLG DtZ 1992, 284; IPRspr 1994 Nr. 123, S. 264; OLG Frankfurt Rpfleger 1991, 368, 369). Das RAG findet folglich nur für Erbfälle zwischen dem 1. 1. 1976 und der Wiedervereinigung Anwendung. **102**

Für das Erbstatut knüpft § 25 Abs. 1 RAG ähnlich wie Art. 25 Abs. 1 EGBGB am **Heimatrecht des Erblassers** an. Bei Staatenlosen ist gemäß § 5 RAG die Rechtsordnung am letzten Wohnsitz bzw. Aufenthaltsort maßgebend. Verweist das ausländische Recht ganz oder zum Teil auf das Recht der DDR zurück, ist diese Rückverweisung nach § 3 RAG beachtlich. Eine Weiterverweisung des vom RAG berufenen Rechts auf die Rechtsordnung eines Drittstaates wird dagegen ignoriert. **103**

Besonderheiten ergeben sich aus § 25 Abs. 2 RAG. Die Vorschrift verweist in Bezug auf das **Eigentum oder anderer Rechte an einem in der DDR belegenen Grundstück bzw. Gebäude** für die erbrechtlichen Verhältnisse auf das Recht der DDR. Hatte der ausländische Erblasser Grundbesitz in der ehemaligen DDR, so führt die Anwendung des § 25 Abs. 2 RAG zu einer Nachlaßspaltung (vgl. Rdn. 35ff., 113), wenn das Heimatrecht des Erblassers nicht auf das Recht der ehemaligen DDR zurückverweist (*Henrich* IPRax 1991, 14, 19). § 25 Abs. 2 RAG ist wegen seines Ausnahmecharakters nicht verallgemeinerungsfähig in dem Sinne, daß für unbewegliches Vermögen stets das Recht des Lageortes entscheidend wäre (KG OLGZ 1985, 179, 181). Lediglich für den Fall, daß das Grundstück, auf das sich Eigentum bzw. gleichgestellte Rechte beziehen, in der DDR belegen sind, soll DDR-Erbrecht Anwendung finden. Hat beispielsweise der Erblasser mit letztem Wohnsitz in der DDR in der Bundesrepublik Grundstücke hinterlassen, so richtet **104** sich das Erbstatut einheitlich für den gesamten Nachlaß gemäß § 25 Abs. 1 RAG nach dem Heimatrecht des Erblassers, soweit dieses die Verweisung annimmt.

105 Für die **Auslegung der Begriffe „Eigentum und andere Rechte am Grundstück bzw. Gebäude"** ist nicht das BGB, sondern die Rechtspraxis in der DDR zum Zivilgesetzbuch (ZGB) maßgebend (BGHZ 131, 22, 28 = FamRZ 1995, 1567ff.; OLG Hamm FamRZ 1995, 758, 760). Hierunter fallen insbesondere das Grundstückseigentum, Gebäudeeigentum, Nutzungsrechte an Grundstükken, dingliche Rechte an Grundstücken und Gebäuden sowie Guthaben, die ganz oder teilweise aus Haus- bzw. Grundstückserträgnissen entstanden sind und objektgebunden den devisenrechtlichen Bestimmungen der DDR unterlagen (vgl. OLG Hamm FamRZ 1995, 758, 760; *Herrmann,* Erbrecht und Nachlaßverfahren in der DDR, 1989, S. 56; *Köster* Rpfleger 1991, 97, 98). Für Restitutionsansprüche hinsichtlich enteigneten Grund und Bodens, vgl. Rdn. 115ff.

106 **Gesondert angeknüpft** werden nach dem RAG die Fähigkeit zur Errichtung oder Aufhebung einer letztwilligen Verfügung sowie die zulässigen Arten von testamentarischen Verfügungen, deren Anfechtung und die Rechtsfolgen von Erklärungsmängeln bei ihrer Errichtung. Maßgebend ist insoweit gemäß § 26 RAG das Recht des Staates, in dem der Erblasser im Zeitpunkt der Errichtung des Testaments seinen Wohnsitz hatte.

107 *(2) Erbstatut nach internationalen Verträgen.* Den §§ 25, 26 RAG gehen die von der ehemaligen DDR abgeschlossenen **völkerrechtlichen Verträge auf dem Gebiet des Erbrechts** vor. Diese Verträge bleiben wegen des Rückwirkungsverbots und dem Gebot des Vertrauensschutzes für die vor dem 3. 10. 1990 erfolgten Erbfälle anwendbar und gehen dem RAG vor (*Mansel* JR 1990, 441, 445). Für die Zeit nach dem 2. 10. 1990 sieht Art. 12 des Einigungsvertrages vor, daß die Bundesrepublik Deutschland hinsichtlich der von der DDR abgeschlossenen völkerrechtlichen Verträge Verhandlungen mit den jeweiligen Vertragsparteien führt, um deren Fortgeltung, Anpassung oder deren Erlöschen zu regeln bzw. festzustellen (vgl. *Mansel* JR 1990, 441, 443; *Sturm,* FS Serick, 1992, S. 355). Zwischenzeitlich sind diese Verhandlungen weitgehend mit der Feststellung abgeschlossen worden, daß die Verträge mit der Wiedervereinigung erloschen sind (*Staudinger/Dörner* Art. 25 EGBGB Rdn. 614; vgl. auch Vorauflage) und folglich auf erbrechtliche Vorgänge, die am 3. 10. 1990 noch nicht abgeschlossen waren, auch keine Anwendung finden.

108 Verträge, die zu erbrechtlichen Fragen Stellung nehmen, bestehen zu folgenden Staaten: ehemalige **CSSR:** (Vertrag vom 19. 6. 1956) nach Art. 40 Abs. 1 ist Erbstatut das Heimatrecht des Erblassers; unterliegen bestimmte Rechte für Inländer bestimmten Verfügungsbeschränkungen im Belegenheitsstaat, so richtet sich die Vererbung nach dem Belegenheitsrecht. **Polen:** (Vertrag vom 1. 2. 1957) Art. 41 (vgl. CSSR). **Ungarn:** (Vertrag vom 30. 10. 1957) Art. 44 (vgl. CSSR). **Bulgarien:** (Vertrag vom 12. 10. 1978) Art. 47 (vgl. CSSR). **Jugoslawien:** (Vertrag vom 20. 5. 1966) gemäß Art. 47 knüpft das Erbstatut an das Heimatrecht des Erblassers an. **Albanien:** (11. 1. 1959) gemäß Art. 35 richtet sich das Erbstatut bei beweglichem Vermögen nach dem Heimatrecht, bei unbeweglichem Vermögen nach dem Recht des Belegenheitsortes. **UdSSR:** (Vertrag vom 19. 9. 1979) Art. 42 (vgl. Albanien). **Mongolei:** (Vertrag vom 30. 4. 1969) Art. 44 (vgl. Albanien). **Nordkorea:** (Vertrag vom 28. 9. 1971) Art. 42 (vgl. Albanien). **Kuba:** (Vertrag vom 8. 6. 1979) Art. 32 (vgl. Albanien). **Rumänien:** (Vertrag vom 19. 3. 1982) Art. 35 (vgl. Albanien). **Vietnam:** (Vertrag vom 15. 12. 1980) Art. 45 (vgl. Albanien).

109 *(3) Formstatut.* Die autonomen Formvorschriften finden sich in § 16 RAG. Danach richtet sich die Form eines Vertrages oder anderen Rechtsgeschäftes nach dem Recht des Staates, das auf das Rechtsverhältnis Anwendung findet. Die Form ist

auch dann gewahrt, wenn die entsprechenden Vorschriften des Staates eingehalten sind, in dem der Vertrag geschlossen bzw. die einseitige Erklärung abgegeben wurde oder in dem die Wirkungen des Rechtsgeschäftes eintreten sollen. Dem autonomen DDR-Recht geht die **Haager Konvention über das auf die Form letztwilliger Verfügungen anzuwendende Recht vom 5. 10. 1961** vor (vgl. Rdn. 74ff.). Die Konvention ist in der DDR am 21. 9. 1974 in Kraft getreten.

b) Deutsch-deutsches Erbrecht im Hinblick auf die neuen Bundesländer

aa) Intertemporales Recht. Der Einigungsvertrag hat in Art. 8 eine Übergangsrege- **110**
lung für das anzuwendende Erbrecht in den ehemaligen Beitrittsgebieten getroffen, die in Art. 235 EGBGB übernommen wurde. Nach Art. 235 § 1 Abs. 1 EGBGB bleibt für die erbrechtlichen Verhältnisse „das bisherige Recht" maßgebend, wenn der (deutsche) Erblasser vor dem 3. 10. 1990 verstorben ist (vgl. BGH IPRax 1995, 114; BayObLG NJW 1991, 1237, 1238). Errichtung, Aufhebung und Bindungswirkung einer vor dem Stichtag getroffenen letztwilligen Verfügung richten sich ebenfalls nach dem „bisherigen Recht" (Art. 235 § 2 EGBGB). Letztere Vorschrift ist eng auszulegen. Inhalt und Auslegung sowie die materiellrechtlichen Wirkungen der Verfügung beurteilen sich (ebenso wie bei Art. 26 Abs. 5 EGBGB, vgl. Rdn. 53ff.) nach dem beim Erbfall geltenden Erbstatut (*Horn,* Das Zivil- und Wirtschaftsrecht im neuen Bundesgebiet, § 6 Rdn. 140). Für alle Erbfälle nach dem 2. 10. 1990 sowie für Verfügungen nach dem Stichtag gilt somit das BGB-Erbrecht im gesamten Bundesgebiet (eine Einschränkung besteht lediglich für das Erbrecht der nichtehelichen Kinder in Art. 235 § 1 Abs. 2 EGBGB).

bb) Vor dem Stichtag abgeschlossener Vorgang. Für vor dem Stichtag abgeschlossene **111**
Vorgänge ist vom intertemporalen Anwendungsbereich die Frage zu unterscheiden, welche Teilrechtsordnung (Ost oder West) hierauf anzuwenden ist. Einigkeit besteht darüber, daß unter den Begriff „bisheriges Recht" iSd. Art. 235 § 1 Abs. 1 und § 2 EGBGB das ZGB der DDR zu verstehen ist (nicht aber auch das RAG, so aber *Staudinger/Rauscher* Art. 235 § 1 EGBGB Rdn. 8, 11). Nach welchen (interlokalen) Kriterien aber die maßgebende Teilrechtsordnung zu ermitteln ist, ist gesetzlich nicht geregelt und war lange Zeit umstritten (vgl. Nachweise bei *Hartmann.* RabelsZ 1997, 454, 463ff. *Palandt/Heldrich* Art. 25 EGBGB Rdn. 23). Der BGH hat die Streitfrage nunmehr dahingehend entschieden, daß von einer einheitlichen Geltung der von ihm entwickelten Regeln zu deutsch-deutschen Erbfällen aus der Zeit vor der Wiedervereinigung für das gesamte Bundesgebiet auszugehen ist (BGH IPRax 1995, 114/115; *Soergel/Schurig* Art. 25 EGBGB Rdn. 117; *Palandt/Edenhofer* Art. 235 EGBGB § 1 Rdn. 6; *Firsching/Graf* Nachlaßrecht Rdn. 2.40).

(1) Das auf die Erbfolge anzuwendende Recht. Anknüpfungskriterium, um die maß- **112**
gebende Teilrechtsordnung ermitteln zu können, ist (entspr. Art. 25 Abs. 1 EGBGB) nicht die Staatsangehörigkeit, sondern der gewöhnlichen Aufenthaltsort des Erblassers (BGH IPRax 1995, 114, 115; OLG Hamm FamRZ 1995, 758, 759; *Staudinger/Rauscher* Art. 235 § 1 EGBGB Rdn. 6f.). Hilfsweise ist die Teilrechtsordnung anzuwenden, zu der die Person die engste Verbindung aufweist (zB wenn sich der deutsche Staatsangehörige im Ausland aufhält).

Die einheitliche Anwendung der interlokalen erbrechtlichen Kollisionsregeln **113**
steht unter dem Vorbehalt des Vertrauensschutzes. Nach Ansicht des BGH ist jeder Eingriff in die bestehenden Rechte nach Möglichkeit zu vermeiden (BGH IPRax 1995, 114, 115). In welchen konkreten Situationen die einheitlichen interlokalen Erbrechtsregeln vom Vertrauens- bzw. Bestandsschutz durchbrochen werden, läßt der BGH offen (vgl. zu den Fällen ausführlich *Dörner* IPRax 1989, 89ff.). Hatte der Erblasser seinen letzten Aufenthalt in den alten Bundesländern, wird jedenfalls die

durch die interlokalen Kollisionsvorschriften berufene Teilrechtsordnung-West entsprechend Art 3 Abs. 3 EGBGB, § 25 Abs. 2 RAG hinsichtlich der im Beitrittsgebiet belegenen Grundstücke nach einhelliger Ansicht verdrängt (BGH FamRZ 1995, 481; 1567, 1568; BayObLG FamRZ 1996, 189, 190; KG FamRZ 1996, 569, 570; 1572, 1573; *Palandt/Edenhofer* Art. 236 EGBGB Rdn. 4; *Staudinger/Rauscher* Art. 235 § EGBGB Rdn. 16). Die Rechtsnachfolge in die im Beitrittsgebiet belegenen Grundstücke und dem Grundstück gleichstehenden Rechte (s. hierzu Rdn. 104f.) untersteht dem Erbrecht des DDR-ZGB. Insoweit kommt es also zu einer Nachlaßspaltung. Problematisch sind die Fälle einer Erbengemeinschaft an einem in den neuen Ländern belegenen Grundstück, wenn einer der in den alten Ländern wohnhaften Erben verstirbt. Hier stellt sich die Frage, ob der Erbanteil an einem Nachlaß, der im wesentlichen aus Grundbesitz besteht, entsprechend Art. 25 Abs. 2 EGBGB als bewegliches Vermögen (vgl. aber Rdn. 27f.) und damit dem BGB oder aber aus Vertrauensschutzgründen dem ZGB zu unterstellen ist (*Staudinger/Rauscher* Art. 235 § 1 EGBGB Rdn. 18ff.). Letztere Ansicht ist insbesondere dann problematisch, wenn nach dem ZGB der Fiskus, nach dem BGB die 4. Ordnung zur Erbfolge berufen wäre.

114 *(2) Errichtung, Aufhebung und Bindungswirkung letztwilliger Verfügungen.* Die Errichtung, Aufhebung und Bindungswirkung letztwilliger Verfügungen, die vor dem 3. 10. 1990 vorgenommen wurden, richten sich (auch wenn der Erblasser nach dem 2. 10. 1990 verstirbt) entsprechend Art. 26 Abs. 5 EGBGB (einheitlich nach dem im gesamten Bundesgebiet geltenden interlokalen Recht) nach der Rechtsordnung, die im Zeitpunkt der Verfügung auf die Rechtsnachfolge von Todes wegen anzuwenden wäre. Hatte der Erblasser zu diesem Zeitpunkt seinen gewöhnlichen Aufenthalt im Beitrittsgebiet, findet folglich insoweit das DDR-ZGB Anwendung.

c) Restitutionsansprüche

115 § 3 Abs. 1 des Gesetzes zur Regelung offener Vermögensfragen (VermG) sieht einen Rückübertragungsanspruch für die durch die ehemaligen DDR enteigneten Grundstücke vor, um den zu DDR-Zeiten erfolgten unrechtmäßigen Entzug von Vermögenswerten zu korrigieren. Dieser Anspruch ist mit dem Inkrafttreten des VermG in der früheren DDR am 29. 9. 1990 originär in der Person des von den Enteignungsmaßnahmen betroffenen Berechtigten oder seines Rechtsnachfolgers entstanden (vgl. § 2 Abs. 1 VermG). Im Rahmen der Beurteilung der Voraussetzungen und Folgen des Anspruchs sind drei verschiedene Zeitabschnitte zu unterscheiden:

116 *aa) Der von der Enteignungsmaßnahme Betroffene verstirbt nach dem 2. 10. 1990.* Verstirbt der Betroffene nach dem 2. 10. 1990, so ist der Restitutionsanspruch nach § 3 Abs. 1 VermG mit Inkrafttreten des Gesetzes in der Person des Betroffenen originär entstanden und fällt mit dessen Ableben in seinem Nachlaß. Sämtliche erbrechtlichen Fragen (bis auf die Form) – etwa die Erbquote, Erbberechtigung, Pflichtteilsansprüche, Testamentsvollstreckung etc. – sind dem nach Art. 25 EGBGB zu ermittelnden Erbstatut zu entnehmen.

117 **Beispiel:** Der aus der ehemaligen DDR 1966 in die USA geflohene deutsche Erblasser hatte 1981 die US-amerikanische Staatsangehörigkeit angenommen und verstarb am 25. 1. 1993 mit letztem domicile in New York. Sein Grundstück in der ehemaligen DDR wurde nach seiner Flucht in das Volkseigentum der DDR überführt.

118 Der Restitutionsanspruch ist mit Inkrafttreten des VermG entstanden und am 25. 1. 1993 in den Nachlaß gefallen. Da der Erblasser nach dem 3. 10. 1990 verstorben ist, ist auf den Erbfall intertemporal das EGBGB anzuwenden (vgl.

Rdn. 100), das gemäß Art. 25 Abs. 1 EGBGB auf das Heimatrecht des Erblassers und aufgrund der dort herrschenden räumlichen Rechtsspaltung (Art. 4 Abs. 3 EGBGB, vgl. Rdn. 91) auf das Recht des Staates New York verweist. Das interlokale Erbrecht des Staates New York, das auch im Verhältnis zu ausländischen Staaten Anwendung findet, verweist bzgl. der Immobilien auf das Recht am Lageort, in Bezug auf den beweglichen Nachlaß ist dagegen das Recht am letzten domicile anzuwenden. Die Abgrenzung des beweglichen vom unbeweglichen Nachlaß überläßt das New Yorker Kollisionsrecht dem Belegenheitsrecht und damit deutschem Recht (s. Rdn. 391). Das deutsche Recht kennt die Unterscheidung zwischen beweglichem und unbeweglichem Nachlaß, insbesondere für die Frage der Rechtswahl nach Art. 25 Abs. 2 EGBGB (vgl. Rdn. 27f.). Die für Art. 25 Abs. 2 EGBGB geltende Abgrenzung ist auch in diesen Fällen der Rückverweisung zugrundezulegen (BGH NotBZ 2000, 337, 338). Da es sich bei dem Restitutionsanspruch überwiegender Ansicht zufolge um bewegliches Vermögen handelt (BGH NotBZ 2000, 337, 338 [s. dort insbesondere zur Abgrenzung zu BGHZ 24, 352ff., Rdn. 27f.]; *Solomon* IPRax 1995, 24, 28; *Süß* ZEV 2000, 486, 488), findet insoweit eine Rückverweisung (vgl. Rdn. 87) auf deutsches Recht nicht statt.

bb) Der von der Enteignungsmaßnahme Betroffene verstirbt vor dem 29. 9. 1990.

Beispiel: Der am 2. 3. 1987 in Regensburg verstorbene Erblasser E besaß ein Grundstück in der ehemaligen DDR, das im Jahr 1969 in Volkseigentum der ehemaligen DDR überführt wurde. 119

Intertemporales und interlokales Recht. Für die Frage, ob und welches Recht intertemporal im Rahmen des § 3 Abs. 1 VermG Anwendung findet, sind zwei Fragen zu unterscheiden (vgl. BGH FamRZ 1995, 1567, 1568f.): zum einen die Vorfrage, wer „Rechtsnachfolger" iSd. § 2 Abs. 1 VermG des von der enteignenden Maßnahme Betroffenen und damit originärer Inhaber des Restitutionsanspruchs geworden ist und zum anderen, welche erbrechtliche Folgen und Konsequenzen sich im übrigen aufgrund des Anspruchs nach § 3 Abs. 1 VermG ergeben. 120

(1) Rechtsnachfolger iSd. § 2 Abs. 1 VermG. Da der Restitutionsanspruch erst mit Inkrafttreten des VermG entstanden ist, ist er nie in den Nachlaß des von der Maßnahme iSd. § 1 VermG Betroffenen gefallen, soweit dieser vor dem 29. 9. 1990 verstorben ist. Der Anspruch ist vielmehr nach dem 28. 9. 1990 originär in der Person des Berechtigten entstanden. Hierzu zählt gemäß § 2 Abs. 1 VermG auch der Rechtsnachfolger des Betroffenen, dh. dessen Erbe(n). Da es sich bei der Frage, wer Rechtsnachfolger des von der Maßnahme iSd. § 1 VermG Betroffenen ist, um einen vor dem 3. 10. 1990 abgeschlossenen Vorgang handelt, ist diese Vorfrage intertemporal nach den Art. 235 § 1 bzw. Art. 236 § 1 EGBGB zu beurteilen und die maßgebende Teilrechtsordnung zu ermitteln (BGH FamRZ 1995, 1567, 1586f.; *Solomon* IPRax 1997, 24, 25f.). 121

Im vorliegenden Beispiel hatte der Erblasser seinen letzten Wohnsitz in den alten Bundesländern. Somit ist (da es sich um einen Fall ohne Auslandsbezug handelt) nach den ungeschriebenen interlokalen Kollisionsregeln das BGB-Erbrecht für die Frage maßgebend, wer Rechtsnachfolger des von der enteignenden Maßnahme Betroffenen iSd. § 2 Abs. 1 VermG ist. Fraglich war lange Zeit, ob die Rechtsnachfolge hinsichtlich der Rückübertragungsansprüche für die in den neuen Bundesländern belegenen Immobilien nach §§ 3ff. VermG ebenso wie die Rechtsnachfolge für die im Beitrittsgebiet belegenen Immobilien zu einer Nachlaßspaltung führt. 122

Der BGH hat dies mit der Begründung abgelehnt, daß die zur Nachlaßspaltung führenden Art. 3 Abs. 3 EGBGB, § 25 Abs. 2 RAG im Rahmen des § 2 Abs. 1 VermG nicht unmittelbar anwendbar seien, weil der Restitutionsanspruch nicht in 123 den Nachlaß des E gefallen, sondern in der Person des (hier nach den Regeln des interlokalen Erbrechts zu bestimmenden) Rechtsnachfolgers am 29. 9. 1990 originär entstanden sei (BGH FamRZ 1995, 1567, 1568; *Solomon* IPRax 1995, 24, 26; *Staudinger/Dörner* Art. 25 EGBGB Rdn. 900). Darüber hinaus sei § 25 Abs. 2 RAG auf den Restitutionsanspruch auch nicht entsprechend anwendbar; denn zum einen handele es sich bei dem Restitutionsanspruch nicht um ein „anderes Recht an einem Grundstück" iSd. § 25 Abs. 2 RAG und zum anderen bestünde für eine entsprechende Anwendung der Art. 3 Abs. 3 EGBGB, § 25 Abs. 2 RAG auch kein Bedürfnis. Eine Nachlaßspaltung sei weder aus dem Gesichtspunkt des Vertrauensschutzes noch der größeren Sachnähe des DDR-Erbrechts zu rechtfertigen (BGH FamRZ 1995, 1567, 1568; *Limmer* ZEV 1994, 31, 33; vgl. auch *Soergel/Schurig* Art. 25 EGBGB Rdn. 113; aA *Staudinger/Dörner* Art. 25 EGBGB Rdn. 900; *Bestelmeyer* FamRZ 1994, 604, 605/6; *ders.* FGPrax 1996, 9, 11 die mit guten Gründen die Auffassung vertreten, daß der Rechtsnachfolger so zu bestimmen ist, als hätte die Enteignung nicht stattgefunden). Folgt man der Ansicht des BGH, die den Vorteil hat, daß der Erbschein ohne weiteres auch die Person des Rechtsnachfolgers iSd. § 2 Abs. 1 VermG im Restitutionsverfahren bezeugt, ist im vorliegenden Beispielsfall die Frage, wer Rechtsnachfolger und damit originärer Inhaber des Restitutionsanspruchs ist, allein nach dem BGB-Erbrecht zu beurteilen.

124 *(2) Erbrechtliche Folgen des Restitutionsanspruchs.* Das VermG kann erbrechtliche Folgen hervorrufen, die mit der Aufteilung des Nachlasses des von der Enteignung Betroffenen im Zusammenhang stehen. So hatte der BGH etwa darüber zu entscheiden, ob die Umsetzung des VermG zu Pflichtteilsansprüchen gegen den Rechtsnachfolger des von der Enteignung Betroffenen führen kann und nach welchem Recht diese Ansprüche zu beurteilen sind. Zum ersten Aspekt hat der BGH ausgeführt, daß das VermG Pflichtteilsberechtigte nicht von den Vorteilen ausschließen möchte, die das VermG dem Rechtsnachfolger iSd. § 2 Abs. 1 VermG zukommen läßt (BGH FamRZ 1993, 1062). Für die zweite Frage, nach welchem Recht sich diese Pflichtteilsansprüche richten, ist entscheidend, ob es sich hierbei um einen abgeschlossenen Vorgang iSd. Art. 235 § 1 bzw. Art. 236 § 1 EGBGB handelt oder nicht.

125 Grundsätzlich entstehen die Ansprüche der Pflichtteilsberechtigten mit dem Tod des Erblassers und damit als Folge eines in der Vergangenheit abgeschlossenen Vorgangs. Anders ist dies jedoch im vorliegenden Fall, da die Pflichtteilsansprüche nicht mit dem Erbfall, sondern mit Inkrafttreten des VermG entstanden sind. Zwar ist das VermG einige Tage vor dem Wirksamwerden des Beitritts der neuen Länder und damit vor dem für Art 235 § 1 bzw. Art. 236 § 1 EGBGB maßgebenden Stichtag in Kraft getreten. Dennoch handelt es sich nach Ansicht des BGH insoweit nicht um einen abgeschlossenen Vorgang, da das VermG gerade im Hinblick auf den Beitritt erlassen wurde und Ansprüche nach dem VermG erst durch die Überwindung der deutschen Teilung möglich wurden (BGH FamRZ 1995, 1567, 1569). Erbrechtliche Folgen des Restitutionsanspruchs, die durch das Inkrafttreten des VermG erst ausgelöst wurden, werden somit wie nicht abgeschlossene Vorgänge behandelt. Auf derartige Vorgänge ist daher grundsätzlich das BGB-Erbrecht, soweit es sich um einen deutsch-deutschen Fall handelt, bzw. das EGBGB anzuwenden, wenn der Fall Auslandsberührung aufweist.

126 *cc) Der von der Enteignungsmaßnahme Betroffene verstirbt nach dem 28. 9. 1990 und vor dem 3. 10. 1990.* Verstirbt der von der Enteignung betroffene Erblasser nach dem 28. 9. 1990 und vor dem 3. 10. 1990, fällt der in seiner Person entstandene Restitutionsanspruch in den Nachlaß. Da der Erbfall vor dem 3. 10. 1990 eingetreten ist, bestimmt sich das auf die Rechtsnachfolge von Todes wegen intertem-

poral anzuwendende Recht grundsätzlich nach den oben beschriebenen Grundsätzen (s. Rdn. 100, 110). Da jedoch die Ansprüche nach dem VermG erst durch die Überwindung der deutsch-deutschen Teilung möglich geworden sind (vgl. Rdn. 125), sind diese seltenen Fälle, in denen der Erblasser zwischen dem 28. 9. 1990 und dem 3. 10. 1990 verstorben ist, hinsichtlich des Restitutionsanspruches intertemporal so zu beurteilen, als ob der Erblasser nach dem 2. 10. 1990 verstorben wäre. Folgt man dieser Ansicht nicht, ist jedoch zu beachten, daß es im Rahmen der Vererbung des Restitutionsanspruchs nicht zu einer Nachlaßspaltung kommen kann (vgl. Rdn. 111).

d) Der Testamentsvollstrecker im Recht der ehemaligen DDR

(Vgl. hierzu *v. Morgen/Götting* DtZ 1994, 199, 201; *Janke* DtZ 1994, 364 f.)

Seit dem 1. 1. 1976 (für die Zeit davor s. *Staudinger/Rauscher* Art. 235 § 1 Rdn. 51 f.) ist das Institut der **Testamentsvollstreckung im ZGB** geregelt. Nach § 371 Abs. 3 ZGB ist die Anordnung einer Testamentsvollsteckung zu Lasten der Erben und/oder Vermächtnisnehmer möglich. Testamentsvollstrecker kann eine natürliche, nicht aber eine juristische Person sein (*Herrmann,* Erbrecht und Nachlaßverfahren in der DDR, S. 38). Nur der Erblasser kann den Testamentsvollstrekker bestimmen. Einem Dritten oder gar dem Gericht oder einer Behörde kann er das Bestimmungsrecht nicht übertragen (*v. Morgen/Götting* DtZ 1994, 199, 201). Der Testamentsvollstrecker wird nicht im eigenen Namen und kraft eigenen Rechts tätig, sondern hat die Rechtsstellung eines Vertreters der Erben entsprechend §§ 53 ff. ZGB (KG FamRZ 1995, 1450, 1452; 1996, 569, 572; *v. Morgen/Götting* DtZ 1994, 199, 201). 127

aa) Beginn des Amtes. Der Testamentsvollstrecker muß die **Annahme** seines Amtes gegenüber den Erben erklären (*v. Morgen/Götting* DtZ 1994, 199, 201). Er kann aber auch die Übernahme des Amtes ablehnen (*Herrmann,* Erbrecht und Nachlaßverfahren in der DDR, S. 87). 128

bb) Ende des Amtes. Das **Amt des Testamentsvollstreckers endet,** wenn er seine Aufgaben erfüllt hat, entlassen wird oder selbst kündigt (*v. Morgen/Götting* DtZ 1994, 199, 201). Die Erben können die durch den Erblasser angeordnete Testamentsvollstreckung jederzeit widerrufen (*Herrmann,* Erbrecht und Nachlaßverfahren in der DDR, S. 38) mit der Folge, daß das Amt des Testamentsvollstreckers damit beendet ist (KG FamRZ 1995, 1450, 1452). Bei mehreren Erben ist es allerdings erforderlich, daß die Testamentsvollstreckung einverständlich widerrufen wird (*v. Morgen/Götting* DtZ 1994, 199, 201). Der Testamentsvollstrecker kann darüber hinaus gegenüber den Erben sein Amt durch Kündigung beenden. 129

cc) Aufgaben des Testamentsvollstreckers. Der Testamentsvollstrecker hat die testamentarischen Anordnungen auszuführen, insoweit den Nachlaß zu verwalten und über ihn zu verfügen (*Herrmann,* Erbrecht und Nachlaßverfahren in der DDR, S. 38). Gegenüber dem BGB-Testamentsvollstrecker hat er aber eine wesentlich schwächere Position (vgl. *Staudinger/Reimann* Vor §§ 2197 ff. Rdn. 114). Die Anordnung einer Testamentsvollstreckung beschränkt den Bedachten nicht, über das aus der Erbschaft Erlangte zu verfügen (*Firsching/Graf* Nachlaßrecht Rdn. 2.52). Insoweit besteht eine **konkurrierende Verfügungsbefugnis** zwischen Erben und Testamentsvollstrecker (KG FamRZ 1995, 1450, 1452). Eine Dauervollstreckung ist unzulässig (*Staudinger/Reimann* Vor §§ 2197 ff. Rdn. 114). Der Testamentsvollstrecker ist in bezug auf alle den Nachlaß betreffenden Streitigkeiten aktiv- und passivlegitimiert. Durch das Handeln als Prozeßvertreter werden aber die Erben 130 unmittelbar berechtigt und verpflichtet, da der Testamentsvollstrecker insoweit als Vertreter der Erben tätig wird (*v. Morgen/Götting* DtZ 1994, 199, 201). Im Rechtsverkehr wies sich der Testamentsvollstrecker nach dem Recht der ehemaligen DDR durch ein vom staatlichen Notariat gemäß § 32 Abs. 1 NG (Gesetz über das staatliche Notariat vom 5. 2. 1976) bescheinigtes Testamentsvollstreckerzeugnis aus (KG FamRZ 1995, 1450, 1452; *v. Morgen/Götting* DtZ 1994, 199, 201). Endete die Testamentsvollstreckung, wurde die vom Notariat ausgestellte Bescheinigung unwirksam und deshalb eingezogen (*Herrmann,* Erbrecht und Nachlaßverfahren in der DDR, S. 86).

131 *dd) Vergütung.* Eine **Vergütung** des Testamentsvollstreckers ist gesetzlich nicht vorgeschrieben. Entsprechend § 227 ZGB hat er jedoch einen Anspruch auf Ersatz seiner Aufwendungen (*v. Morgen/Götting* DtZ 1994, 199, 201). Der Erblasser kann eine Vergütung im Testament vorsehen.

II. Länderbericht

132 Verweist Art. 25 Abs. 1 EGBGB auf ausländisches Recht, so ist nach Art. 4 Abs. 1 EGBGB auch dessen IPR anzuwenden. Daher umfaßt die Darstellung der einzelnen nationalen Rechtsordnungen zum einen die autonomen und internationalen Kollisionsnormen der betreffenden Länder und zum anderen die Vorschriften zur Testamentsvollstreckung. Soweit dieser Länderbericht eine Darstellung einer nationalen Rechtsordnung nicht enthält, wird auf *Ferid/Firsching,* Internationales Erbrecht; Juris Classeur, Droit Comparé; *Ebenroth* Rdn. 1320ff.; *Staudinger/Dörner* Anh. zu Art. 25f. EGBGB; *Schotten,* Das IPR in der notariellen Praxis, 1995; *Flick/Piltz,* Der Internationale Erbfall, 1999, *Firsching/Graf* Rdn. 2108ff. verwiesen. Für eine Übersicht über die Erbschaftssteuern in der EU s. *Nagel* ZEV 1998, 463ff.

1. Belgien

R. Dechamps, Choix de la loi applicable et étendue d'application de cette loi, pactes successoraux et libéralités entre vifs, in Les régimes matrimoniaux et les successions en droit international privé, 1965, S. 63;. *Flick/Piltz,* Der Internationale Erbfall, 1999, Rdn. 425ff.;. *Hustedt,* Grundzüge des belgischen Ehegüter- und Erbrechts, MittRhNotK 1996, 337; *F. Rigaux,* Les testaments, in Les régimes matrimoniaux et les successions en droit international privé, 1965; *Staudinger/Dörner* Anh. zu Art 25f. EGBGB Rdn. 69ff.

133 Belgien hat den Napoleonischen Code Civil übernommen, daher entsprechen die Vorschriften zum IPR und zur Testamentsvollstreckung sowie deren Auslegung weitgehend dem **franz. Recht und der franz. Rspr.** (vgl. Rdn. 138ff.), so daß hierauf verwiesen werden kann. Insbesondere knüpft das belgische internationale Erbrecht – ebenso wie das französische – zur Ermittlung des Erbstatuts unterschiedlich an je nachdem, ob es sich um bewegliches und unbewegliches Nachlaßvermögen handelt (LG München FamRZ 1998, 1067, 1068). Gegenüber dem französischen Recht weist das belgische folgende Besonderheiten auf:

134 *a) Domizilbegriff.* Das **Domizil** iSd. Art. 102 belg. CC ist der Ort, an dem jemand seine Hauptniederlassung („principal établissement") hat. Dieses ist im belgischen Recht grundsätzlich nach objektiven Kriterien zu ermitteln (*Dechamps,* Les régimes matrimoniaux et les successions en droit international privé/Belgique, sec. 1, S. 64). Für die Verlegung des einmal begründeten Domizils verlangt das belgische Recht, daß der Betroffene die tatsächliche Wohnung („habitation réelle) an einem anderen Ort aufgenommen hat, und die Absicht des Betroffenen, dort seine

Hauptniederlassung („principal établissement") zu begründen (Art. 103 belg. CC). Beide Voraussetzungen müssen nebeneinander vorliegen (BayObLG FamRZ 1996, 694, 695). Der Beweis dieser Absicht muß sich aus einer ausdrücklichen Erklärung gegenüber der Behörde des Ortes, welchen der Betroffene verläßt, und des Ortes, in dem er den Wohnsitz verlegt, ergeben (Art. 104 belg. CC). Fehlt eine solche Erklärung, so hängt der Beweis der Absicht gemäß Art. 105 belg. CC von dem Umständen des Einzelfalles ab. Bei einem belgischen Staatsangehörigen werden insoweit strenge Anforderungen an eine Domizilverlegung ins Ausland gestellt (vgl. zu einem solchen Fall BayObLG FamRZ 1996, 694, 695 ff.).

b) Renvoi. Das belg. IPR ist **renvoi-freundlich** (*Dechamps,* Les régimes matrimoniaux et les successions en droit international privé/Belgique, sec. 1, S. 76 ; s. auch LG München FamRZ 1998, 1067, 1068). In Belgien sind gemeinschaftliche Testamente und Erbverträge unzulässig (vgl. *Rigaux,* Les régimes matrimoniaux et les successions en droit international privé/Belgique, sec. 2, S. 83). Zulässig ist dagegen die sogenannte „institution contractuelle" (vgl. hierzu *Hustedt* MittRhNotK 1996, 337, 348 ff.), durch die sich die Eheleute ehevertraglich oder außerhalb eines Ehevertrages zu unentgeltlichen Zuwendungen auf den Todesfall verpflichten. Daher stellt sich die Frage, ob das Verbot von Erbverträgen und gemeinschaftlichen Testamenten auch dann gilt, wenn die belgischen Kollisionsnormen auf das ausländische Recht weiter- oder zurückverweisen, die dieses Verbot nicht kennen, etwa wenn belgische Ehegatten, die seit geraumer Zeit in der Bundesrepublik leben und hauptsächlich dort Vermögen haben, ein gemeinschaftliches Testament abschließen. Zwar steht auch die Rück- oder Weiterverweisung unter dem ordre public-Vorbehalt (zu dem grundsätzlich auch das Verbot der gemeinschaftlichen Testamente und Erbverträge zu zählen ist). Weist aber der Sachverhalt keine oder nur geringe Berührungspunkte zur belgischen Rechtsordnung auf, so ist gerade im Hinblick auf die Zulässigkeit der „institution contractuelle" davon auszugehen, daß der belgische ordre public in diesen Fällen nicht tangiert wird (*Hustedt* MittRhNotK 1996, 337, 352 f.). 135

c) Droit de prélèvement. In Belgien wird das Erbstatut durch das Vorgriffsrecht **(„droit de prélèvement")** der Mitererben modifiziert. Soweit ausländisches Erbstatut zu einer Benachteiligung inländischer Miterben (unabhängig von deren Nationalität) führt, haben diese auf die in Belgien belegenen Nachlaßgüter den ersten Zugriff (vgl. hierzu *Hustedt* MittRhNotK 1996, 337, 353; *Flick/Piltz* Rdn. 455). 136

d) Internationale Verträge. Das **Haager Übereinkommen** über das auf die Form letztwilliger Verfügungen anzuwendende Recht vom 5. 10. 1961 (vgl. Rdn. 74 ff.) gilt in Belgien seit dem 19. 12. 1971. Zudem gilt in Belgien seit dem 21. 10. 1983 das Washingtoner Abkommen über ein einheitliches Recht der Form eines internationalen Testaments vom 26. 10. 1973. Durch dieses Übereinkommen hat Belgien eine zusätzliche Formvorschrift für letztwillige Verfügungen in das nationale Recht eingeführt (sog. internationales Testament, vgl. hierzu Rdn. 81). Diese Sachvorschrift kommt zur Anwendung, wenn ausländisches oder belg. Kollisionsrecht für das Formstatut auf das belgische Recht verweisen. Darüber hinaus gilt für Belgien das Basler Übereinkommen über die Errichtung einer Organisation zur Registrierung von Testamenten vom 16. 5. 1972. In diesem Abkommen verpflichten sich die Vertragsstaaten, eine Organisation zu schaffen oder zu benennen, die Testamente registriert, um das Auffinden von letztwilligen Verfügungen und damit die Rechtsverfolgung der Bedachten zu erleichtern (*Staudinger/Dörner* Vor Art. 25 f. EGBGB Rdn. 142 ff.). Die belgische Zentralstelle für Testamentsregistrierung lautet: Régistre Central des Testaments, Maison des Notaires, Rue de la Montagne 30–32, 1000 Brüssel. Testamente werden in Belgien idR beim Notar verwehrt und der o. g. Zentrale mitgeteilt. 137

2. Frankreich

B. Audit, Droit international privé, 1991; *F. Boulanger,* Les successions internationales, 1981; *Dalloz* Encyclopédie Juridique, civil, 2e édition.; *E.-M. Derstadt,* Der Zugewinnausgleich nach § 1371 BGB bei Geltung des französischen Erbrechts, IPRax 2001, 84; *B. Dostal,* Die Vererbung von Gesellschaftsanteilen im französischen Recht, ZEV 1997, 96; *A. L. Droz/M. L. Revillard,* in Juris Classeur (Droit international privé), Vol. 8, Successions, Fasc. 557 A und Liberalités Donations Trusts, Fasc. 557 B; *M. Ferid/K. Firsching,* Internationales Erbrecht, Bd. II, Frankreich; *H.Flick/D.Piltz,* Der internationale Erbfall, 1999, Rdn. 512ff.; *V. Henle,* Nachlaßspaltung im deutsch-französischen Rechtsverkehr, 1970; *J. Hérail,* donations et testaments, exécuteur testamentaire, Juris Classeur, civil, Art. 1025–1034; *P. Lagarde,* Die verfahrensmäßige Behandlung von Nachlässen, Länderbericht Frankreich, in Veröffentlichungen der Wissenschaftlichen Vereinigung für Internationales Verfahrensrecht, Bd. 8, 207; *R. Lorz,* Fragen der Testamentsvollstreckung am Kommanditanteil beim zwischenstaatlichen Erbgang, in Europäische Integration und globaler Wettbewerb, 1993, S. 489; *P. Malaurie/L. Aynés,* Droit Civil, Les successions Les liberalités, 1989; *M. Place/P. Cauchois Le Mière,* Guide pratique de la transmission du patrimoine en Europe, 1993; *M. L. Revillard,* La liquidation d'une succession internationale. Difficultés rencontrées dans la pratique notariale, Rev. crit. 1978, 251; *dies.,* Droit international privé et pratigue notariale, 3. Aufl. 1993; *W. Riering,* Das gemeinschaftliche Testament deutsch-französischer Ehegatten, ZEV 1994, 225; *Ripert/Roblot,* Traité de droit commercial, Bd. 1, 15. Aufl. 1993; *B. Sipp-Mercier,* Die Abwicklung deutsch-französischer Erbfälle in der Bundesrepublik Deutschland und in Frankreich, 1985; *Staudinger/Dörner* Anh. zu Art. 25f. EGBGB Rdn. 171ff.; *H. Wehrens/E. Gresser,* La transmission successorale pour des biens immobiliers en France, Notarius International 2000, 14; *F. Terré/Y. Lequette,* Droit Civil, Les successions, Les libéralités, 2. Aufl. 1988.

a) Erbstatut nach autonomem Recht

138 Das autonome franz. internationale Privatrecht ist **nicht oder nur lückenhaft kodifiziert** und damit im Wesentlichen eine Rechtsmaterie, die von der Rechtsprechung geprägt ist (*Boulanger,* Les successions internationales, 1981, S. 20). Hinsichtlich des Erbstatuts, das sowohl für die testamentarische als auch die gesetzliche Erbfolge (*Droz/Revillard,* JCl, DIP, succession, Fasc. 557A Rdn. 57ff.) maßgebend ist sowie u.a. auch für die Einsetzung des Testamentsvollstreckers und dessen Rechte und Pflichten (Cour cass. Rev. crit. 1984, 336, 338; *Revillard,* Droit international privé et pratique notariale, Rdn. 301), differenziert das französische Recht zwischen beweglichem und unbeweglichem Nachlaß.

139 *aa) Erbstatut für Immobilien.* Ausgangspunkt für die Bestimmung des Erbstatuts ist Art. 3 Abs. 2 Cod. civ., wonach in Frankreich belegene **Immobilien** immer franz. Recht unterliegen. Die höchstrichterliche Rspr. legt diese Bestimmung über den Wortlaut hinaus dahingehend aus, daß das Erbstatut bei Immobilien stets am Lageort anknüpft (Cour cass. Rev. crit. 1955, 698/699; Cour d'appel Paris Rev. crit. 1984, 476, 478; *Revillard,* Droit international privé of pratique notariale, Rdn. 221; *Derstadt* IPRax 2001, 84, 85f.).

140 *bb) Erbstatut für Mobilien.* Bei **Mobilien** knüpft die Rspr. am Domizilrecht des Erblassers an (Cour cass. Rev. crit. 1972, 467, 468; Cour d'appel Paris Rev. crit. 1990, 98, 99; *Sipp-Mercier,* Die Abwicklung deutsch-franz. Erbfälle, S. 18). Die **Bestimmung des Domizils** (Art. 102ff. Cod. civ.) richtet sich nach franz. Recht. Für internationale Erbfälle hat die franz. Rspr. bisher noch keinen einheitlichen Domizilbegriff geschaffen (vgl. *Sipp-Mercier,* Die Abwicklung deutsch-franz. Erbfälle, S. 20ff.; *Riering* ZEV 1994, 225, 227). Grundsätzlich sind zwei Tendenzen erkennbar:

Zum einen wird der Domizilbegriff **subjektiv** ausgelegt. Hat der Erblasser seine Heimat verlassen und sich in Frankreich niedergelassen, so wird darauf abgestellt, ob der Erblasser sein Heimat- oder Herkunftsdomizil beibehalten wollte (vgl. Nachweise bei *Droz/Revillard,* JCl, DIP, succession, Fasc. 557A Rdn. 39ff.). Indizien für einen Beibehaltungswillen sind beispielsweise die Anordnung des Erblassers, in seiner Heimat bestattet zu werden, oder die Sprache, in der das Testament abgefaßt ist. Grundsätzlich spricht eine starke Vermutung für einen Rückkehrwillen. Die Subjektivierung des Domizilbegriffs führt bei der Ermittlung des Erbstatuts vielfach zu einer Verweisung auf das Staatsangehörigkeitsrecht des Erblassers. 141

Der wohl herrschenden Ansicht nach ist das Domizil des Erblassers anhand **objektiver Kriterien** zu ermitteln (Cour cass. Rev. crit. 1964, 368, 371; wohl auch *Audit,* Droit international privé, 1991, Rdn. 864; *Revillard,* Droit inernational privé et pratique notariale, Rdn. 225). Umstände, die auf ein Domizil schließen lassen, sind beispielsweise der Ort, an dem die Steuer erklärt und bezahlt wird, Konten unterhalten werden, der Erblasser sich überwiegend aufhält, seiner Arbeit nachgeht oder seinen Lebensmittelpunkt hat (Cour cass. JCP 1982 II 19920; Cour d'appel Paris Rev. crit. 1982, 537, 542f.). Problematisch ist die Anknüpfung anhand objektiver Kriterien bei der Bestimmung des domicile von Diplomaten oder Beamten und Angestellten internationaler Organisationen, vgl. *Revillard,* Droit international et pratique notariale, Rdn. 228. 142

cc) Abgrenzung Mobilien – Immobilien. Die **Abgrenzung der Mobilien von den Immobilien** unterliegt grundsätzlich dem franz. Recht. Verstirbt ein französischer Erblasser mit letztem Wohnsitz in der Bundesrepublik Deutschland, so findet aus deutscher Sicht das Heimatrecht und damit französisches Recht Anwendung. Dieses knüpft wiederum für Mobilien und Immobilien am Domizil des Erblassers bzw. am Lagerecht an. Die Abgrenzung des beweglichen vom unbeweglichen Nachlaß erfolgt hier nach franz. Recht, sofern dieses nicht eine Qualifikationsverweisung auf ein anderes Recht vorsieht (*Ferid/Firsching,* Internationales Erbrecht/Frankreich, Rdn. 9; *Sipp-Mercier,* Die Abwicklung deutsch-franz. Erbfälle, S. 18; *Palandt/Heldrich* Einl. v. Art. 3 EGBGB Rdn. 28). Aus französischer Sicht ist für die Unterscheidung stets an der lex fori anzuknüpfen, unabhängig davon, wo der Nachlaß belegen ist (*Revillard,* Droit international privé et pratique notariale, Rdn. 224; *Staudinger/Dörner* Anh zu Art. 25f. EGBGB Rdn. 173; aA OLG Köln IPRspr. 1954/1955 S. 380, 383). 143

Das franz. Recht kennt gemäß Art. 517 Cod. civ. **drei Arten von Immobilien** (vgl. allgemein *Sipp-Mercier,* Die Abwicklung deutsch-franz. Erbfälle, S. 19ff.). Immobilien kraft Natur der Sache sind Grundstücke und Gebäude (Art. 518 Cod. civ.) und andere mit dem Erdboden festverbundene Bauwerke (Art. 519 Cod. civ.) sowie noch nicht geerntete Früchte (Art. 520 Cod. civ.) und in Bauwerken verlegte Installationen (Art. 523 Cod. civ.). Immobilien kraft Widmung sind vom Eigentümer der Immobilie mit dieser auf Dauer verbundene Gegenstände (Art. 524 Abs. 3 Cod. civ.). Zu den gewillkürten Immobilien zählen letztlich auch die Gegenstände (oder auch Tiere), die einer Immobilie zu dienen bestimmt sind (Art. 522, 524 Cod. civ.). Wegen des Bezugsobjektes fallen auch der Nießbrauch an Immobilien (nicht aber die hieraus gezogenen Früchte), Grunddienstbarkeiten, Ansprüche auf Eigentumsherausgabe einer Immobilie und staatliche Genehmigungen auf Nutzung einer Mineralwasserquelle (Art. 526 Cod. civ.) unter den Immobilienbegriff. Dagegen zählen zu den Mobilien Teilnutzungsrechte an einer Immobilie in Form der „multipropriеté" (*Revillard,* Droit international privé et pratique notariale, Rdn. 224) oder Gesellschaftsanteile an einer Gesellschaft, deren Vermögen ausschließlich oder vorwiegend aus Immobilien besteht (*Revillard,* Droit inter- 144 national privé et pratique notariale, Rdn. 224; *Wehrens/Gresser* Notarius International 2000, 14, 24 [speziell zur société civile immobilière, Art. 1845 Cod. civ.]; Cour d'appel Aix-en-Provence rev. crit. 1983, 282, 285; *Lorz,* Europäische Integration und globaler Wettbewerb, S. 493; falls die Gesellschaft jedoch nur gegründet wird, um durch ausländisches Recht die nach französischen Recht berufenen Pflichtteilsberechtigten auszuschalten, kann dies gegen den franz. ordre public verstoßen, Cour d'appel Aix-en-Provence Rev. crit. 1983, 282, 286 zustimmend Anm. *Droz*). Gegen den ordre public verstößt in der Regel auch jede Ungleichbehandlung der Erben aus religiösen oder ethischen Gründen, vgl. *Revillard,* Droit international privé et pratigue notarielle, Rdn. 231.

145 *dd) Nachlaßspaltung.* Kommt es infolge der unterschiedlichen Anknüpfung zu einer **Nachlaßspaltung,** werden die verschiedenen Nachlaßteile aus französischer Sicht als rechtlich selbständig *Revillard* betrachtet („successions" bzw. „entité dinstinctes") (vgl. *Henle,* kollisionsrechtliche Nachlaßspaltung im deutsch-französischen Rechtsverkehr, S. 36ff.; vgl. auch *Revillard,* Droit international privé et pratique notariale, Rdn. 160).

146 *ee) Verweisungstechniken.* Verweisungen auf ausländisches Recht sind idR **Gesamtnormverweisungen** (*Droz/Revillard,* JCl, DIP, succession, Fasc. 557 A Rdn. 67ff.; *Süß* ZEV 2000, 486, 487). Verweist franz. IPR auf ausländisches Recht, weil dort die Immobilie belegen ist, und verweist das ausländische Recht wiederum auf franz. Recht zurück, so nimmt das franz. Recht diese Rückverweisung an (Trib. d'Inst. Lille 28. 3. 1980 Rev. crit. 1981, 289, 290; *Revillard* Rev. crit. 1978, 251, 275). Verweist franz. IPR für das auf Mobilien anzuwendende Recht auf ausländisches Recht und verweist dieses auf franz. Recht zurück, so ist umstritten, ob diese Rückverweisung anzunehmen ist (befürwortend die wohl hM *Sipp-Mercier,* Die Abwicklung deutsch-franz. Erbfälle, S. 22f.; *Revillard,* Droit international privé et pratique notariale, Rdn. 230; *Droz/Revillard,* JCl, DIP, succession, Fasc. 557A Rdn. 74ff.).

147 *ff) Droit de prélèvement.* Modifiziert wird das Erbstatut durch das Vorwegbefriedigungsrecht **(„droit de prélèvement")** (vgl. *Revillard,* Droit inernational privé et pratique notariale, Rdn. 232) der in Frankreich wohnhaften Miterben (unabhängig von ihrer Nationalität) bzgl. des in Frankreich belegenen Nachlasses, soweit die Erben durch Anwendung des ausländischen Erbstatuts im Vergleich zum französischen Recht diskriminiert werden.

b) Formstatut

148 In Frankreich gilt die **Haager Konvention** über das auf die Form letztwilliger Verfügungen anzuwendende Recht vom 5. 10. 1961 seit dem 19. 11. 1967 (zum Anwendungsbereich und Auslegung vgl. Rdn. 74ff.). Da Erbverträge vom Anwendungsbereich der Konvention nicht erfaßt werden, bleibt es insoweit beim autonomen Recht. Danach richtet sich das Formstatut grundsätzlich nach dem Recht am Ort des Vertragsschlusses. Hiervon können die Parteien durch ausdrückliche Rechtswahl abweichen und statt dessen das jeweilige Heimatrecht oder das Erbstatut (lex causae) wählen (*Droz/Revillard,* JCl, DIP, liberalités donations trusts, Fasc. 557B (fasc. 2) Rdn. 5, 6). Frankreich verbietet gemeinschaftliche Testamente und Erbverträge (Art. 968 Cod. civ.). Das Verbot gehört zum internen franz. ordre public (*Riering* ZEV 1994, 224, 227; vgl. auch Rdn. 56). Grundsätzlich richtet sich das Verbot an In- und Ausländer gleichermaßen. Im letzteren Fall tendieren franz. Gerichte aber zu einer liberalen Einstellung (*Place/Cauchois Le Mière,* Guide pratique de la transmission du patrimoine en Europe, Rdn. 85).

c) Internationale Verträge

Vgl. hierzu *Revillard,* Droit inernational privé et pratique notariale, Rdn. 233ff.; Zwischen Frankreich und den ehemaligen Kolonien sowie vielen ehemaligen Ostblockstaaten bestehen eine Reihe von **bilateralen Verträgen** mit erbrechtlichen Bezügen, für die hier auf *Droz/Revillard,* JCl, DIP, succession, Fasc. 557A Rdn. 302 verwiesen wird. 149

Von großer praktischer Bedeutung war bisher das **Französisch-Schweizerische Abkommen vom 15. 6. 1869.** Zwar enthält der Wortlaut des Art. 5 lediglich eine Zuständigkeitsregelung für erbrechtliche Streitigkeiten, jedoch liegt nach übereinstimmender Ansicht beider Länder in dieser Vorschrift eine versteckte Kollisionsnorm (BGE 119 II 77, 80; 119 II 281, 286; Rev. crit. 1979, 755, 765; *Droz/Revillard,* JCl, DIP, succession, Fasc. 557A Rdn. 278). Danach bestimmt sich das Erbstatut für Mobilien nach dem Heimatrecht des Erblassers und für Immobilien nach dem Lagerecht. Das Abkommen ist mit dem Luganer Übereinkommen über die gerichtliche Zuständigkeit und die Vollstreckung gerichtlicher Entscheidungen in Zivil- und Handelssachen vom 25. 11. 1988 zum 1. 1. 1992 ersatzlos außer Kraft getreten und gilt nur für Altfälle, die sich vor dem 1. 1. 1992 ereignet haben (vgl. *Bucher,* Droit international privé suisse, 1992, Rdn. 1011). Eine Rechtswahl bzw. Zuständigkeitsvereinbarung ist im Anwendungsbereich des Übereinkommens nicht zulässig (*Ferid/Firsching,* Internationales Erbrecht/Schweiz, Rdn. 40). 150

Der **Anwendungsbereich des Französisch-Schweizerischen Abkommens** wird von den beiden Vertragsstaaten unterschiedlich ausgelegt. Aus franz. Sicht ist das Abkommen anwendbar, wenn ein Angehöriger eines Vertragsstaates (Erblasser) im anderen Vertragsstaat verstirbt, unabhängig davon ob der Erblasser sein letztes Domizil in einem der Vertragsstaaten oder in einem Drittstaat hatte (Note *Loussouarn* sous Cour d'appel Paris Rev. crit. 1965, 374, 377; vgl. auch Nachweise bei BGE 119 II 281, 284). Aus Schweizer Sicht ist die Kollisionsnorm nur anwendbar, wenn ein Schweizer oder ein Franzose verstirbt, der sein letztes Domizil in einem der beiden Vertragsstaaten hatte (BGE 99 II 277). Nicht anwendbar ist das Abkommen, wenn der Erblasser die Staatsangehörigkeit beider Vertragsstaaten besaß (*Bucher,* Droit international privé suisse, 1992, Rdn. 1006). Die unterschiedliche Auslegung kann zu Konflikten führen: Verstirbt beispielsweise ein Franzose mit letztem Wohnsitz in der Schweiz in Frankreich, so ist aus schweizerischer Sicht das Übereinkommen anwendbar und auf den beweglichen Nachlaß französisches Recht anzuwenden. Aus französischer Sicht findet dagegen nicht das Abkommen, sondern das autonome IPR Anwendung. Danach unterliegt der bewegliche Nachlaß dem Recht am letzten Wohnsitz des Erblassers und damit schweizerischem Recht. Fraglich ist freilich, ob das Schweizer Recht diese Verweisung annimmt. 151

In Frankreich gilt das **Basler Übereinkommen über die Einrichtung einer Organisation zur Registrierung von Testamenten** vom 16. 5. 1972 (vgl. hierzu Rdn. 137). Die Organisation und das Zentralregister befinden sich in 17, chemin des Tamaris, 13100 Aix-en-Provence. Desweiteren ist in Frankreich das **Washingtoner Übereinkommen** über ein einheitliches Recht der Form eines internationalen Testaments vom 26. 10. 1973 (vgl. Rdn. 81) am 1. 12. 1994 in Kraft getreten. 152

d) Anerkennung ausländischer Erbnachweise

(Zur Legitimations- und Schutzwirkung französischer Erbnachweise vgl. Rdn. 375). Ausländischen Erbnachweisen wird in Frankreich grundsätzlich nicht derselbe Beweiswert zugestanden wie dem französischen acte de natoriété. Die Praxis begnügt sich zumeist trotzdem damit, zumindest wenn die Urkunde unter 153

Bedingungen erstellt wurde, die denen der entsprechenden französischen Urkunde nahekommen (*Lagarde,* in Veröffentlichungen der Wissenschaftlichen Vereinigung für Internationales Verfahrensrecht, Bd. 8, S. 236/7; *Revillard,* Droit international privé et pratique notariale, Rdn. 252; vgl. auch *Gottwald/Stangl* ZEV 1997, 217, 219; *Witz/Bopp* IPRax 1987, 83, 85).

e) Der Testamentsvollstrecker im franz. Zivilrecht

Vgl. auch *Ebenroth* Rdn. 711.

154 Die Vorschriften über den Testamentsvollstrecker (**„exécuteur testamentaire"**) finden sich in Art. 1025 bis 1034 Cod. civ. Nach Art. 1025 Cod. civ. kann der Erblasser einen oder mehrere Testamentsvollstrecker einsetzen. Werden mehrere Testamentsvollstrecker eingesetzt, so werden sie gemeinschaftlich tätig (Art. 1033 Cod. civ.). Der Erblasser kann jedoch abweichend bestimmen, daß jeder für einen gewissen Aufgabenbereich zuständig sein soll. Möglich ist auch eine gestufte ersatzweise Einsetzung, daß einer im Falle der Verhinderung oder des Ablebens des anderen zuständig sein soll (*Malaurie/Aynès,* Les successions les liberalités, Rdn. 508).

155 *aa) Rechtsnatur.* Die **Rechtsnatur** der Testamentsvollstreckung ist umstritten (*Malaurie/Aynès,* Les successions les liberalités, Rdn. 507). Nach hM hat der Testamentsvollstrecker die Stellung eines Auftragnehmers mit der Besonderheit, daß der Auftrag erst mit dem Tod des Erblassers beginnt und höchstpersönlichen Charakter hat (*Malaurie/Aynès,* Les successions les liberalités, Rdn. 507; *Terré/Lequette,* Les successions les liberalités, Rdn. 415; *Ferid/Firsching,* Internationales Erbrecht/Frankreich, Bd. II, F § 2 II Rdn. 195). Die Vorschriften über den Auftrag (Art. 1998ff. Cod. civ.) finden ergänzende Anwendung, soweit die Testamentsvollstreckervorschriften Regelungslücken aufweisen.

156 *bb) Persönliche Voraussetzungen.* Der Testamentsvollstrecker muß im **Zeitpunkt der Amtsübernahme** voll geschäftsfähig sein (Art. 1028, 1030 Cod. civ.). Er muß nicht namentlich im Testament bezeichnet sein. Es ist ausreichend, wenn er aufgrund seiner Stellung oder Amtsbezeichnung bestimmbar ist (*Terré/Lequette,* Les succession les liberalités, Rdn. 416 Fn. 6; *Dalloz,* Encyclopedie Juridque, l'exécuteur testamentaire Rdn. 14). Testamentsvollstrecker können auch der Notar, der das Testament aufbewahrt oder erhält oder der Testamentszeuge sein, soweit sie für ihre Testamentsvollstreckertätigkeit kein Entgelt erhalten (*Terré/Lequette,* Les succession les liberalités, Rdn. 416 Fn. 6).

157 *cc) Beginn des Amtes.* Das **Amt des Testamentsvollstreckers beginnt,** sobald sich dieser zur Übernahme bereiterklärt. Die Annahme kann ausdrücklich oder stillschweigend erfolgen (*Hérail,* in JCl, civil, Art. 1025 bis 1034 Rdn. 20). Ihm steht frei, ob er das Amt annimmt. Einer gerichtlichen Bestellung oder Bestätigung bedarf er nicht (*Malaurie/Aynès,* Les successions les liberalités, Rdn. 508; *Sipp-Mercier,* Die Abwicklung deutsch-franz. Erbfälle, S. 41).

158 *dd) Ende des Amtes.* **Das Amt endet** mit dem Tod des Testamentsvollstreckers (Art. 1032 Cod. civ.). Wegen des höchstpersönlichen Charakters des Auftrags geht das Amt nicht auf die Erben über. Das Amt endet des weiteren mit Erfüllung der Aufgaben durch den Testamentsvollstrecker, durch Amtsniederlegung (Art. 2007 Cod. civ.), entsprechend Art. 2003 Cod. civ., durch Verlust der Geschäftsfähigkeit oder wenn der Testamentsvollstrecker in Konkurs fällt (str. *Malaurie/Aynès,* Les successions les liberalités, Rdn. 508; *Ferid/Firsching,* Internationales Erbrecht/Frankreich, Bd. II, F § 2 II Rdn. 197ff.; aA *Hérail,* in JCl, civil, Art. 1025 bis 1034

Rdn. 91). Verletzt der Testamentsvollstrecker seine Pflichten in grober Weise, so ist gewohnheitsrechtlich anerkannt, daß das Tribunal de Grande Instance ihn auf Antrag der Erben seines Amtes entheben kann (Trib. de Grande Instance 19. 5. 1962 Gaz. Pal. 1962, 2222f.). In einem solchen Fall setzt das Gericht dem Testamentsvollstrecker eine Frist, innerhalb derer er sämtliche Nachlaßgegenstände, Urkunden und sonstige Papiere an die Erben herauszugeben hat.

ee) Arten der Testamentsvollstreckung. Der franz. Code civil kennt **zwei Arten von Testamentsvollstreckern,** den mit und den ohne „saisine" (vgl. *Sipp-Mercier,* Die Abwicklung deutsch-franz. Erbfälle, S. 42ff.). Soweit der Erblasser keine anderweitige Anordnung trifft, geht das Gesetz vom Testamentsvollstrecker ohne „saisine" aus. 159

(1) Testamentsvollstrecker ohne „saisine". Die **Rechtstellung des Testamentsvollstreckers ohne „saisine"** ist erheblich eingeschränkt, um die Freiheit der Erben so wenig wie möglich zu beeinträchtigen (*Malaurie/Aynès,* Les successions les liberalités, Rdn. 506). Der Testamentsvollstrecker hat lediglich eine Überwachungs- und Sicherungsfunktion, die – soweit vermögensrechtliche Aspekte in Frage stehen – auf den beweglichen Nachlaß beschränkt ist (*Hérail,* in JCl, civil, Art. 1025 bis 1034 Rdn. 25). Der Erblasser kann die Befugnisse des Testamentsvollstreckers auf Teile des beweglichen Vermögens beschränken. Die Rechte und Pflichten des Testamentsvollstreckers richten sich nach Art. 1031 Cod. civ. (vgl. hierzu *Terré/Lequette,* Les succession les liberalités, Rdn. 417; *Sipp-Mercier,* Die Abwicklung deutsch-franz. Erbfälle, S. 42ff.). Er hat für das Anbringen von Siegeln zu sorgen, wenn die Erben minderjährig sind oder unter Vormundschaft/Betreuung stehen. Er hat ein Inventar des Nachlasses zu erstellen. Hiervon kann er jedoch vom Erblasser durch entsprechende Anordnung befreit werden (str. *Hérail,* in JCl, civil, Art. 1025 bis 1034 Rdn. 35). Er kann Vermächtnisse nicht selbst aus dem Nachlaß auskehren (*Dalloz,* Encyclopedie Juridique, l'exécuteur testamentaire, Rdn. 32ff.), darf Erbschulden nicht aus dem Nachlaß begleichen (*Dalloz,* Encyclopedie Juridique, l'exécuteur testamentaire, Rdn. 38), kann den Nachlaß nicht in Besitz nehmen und darf Forderungen nicht zum Nachlaß einziehen und auch keine Zahlungen entgegennehmen (*Hérail,* in JCl, civil, Art. 1025 bis 1034 Rdn. 48; *Dalloz,* Encyclopedie Juridique, l'exécuteur testamentaire, Rdn. 28). Er kann den Verkauf der Mobilien nur mit Zustimmung der Erben veranlassen (den Verkauf darf er selbst nicht durchführen), soweit dies erforderlich ist, um die Vermächtnisse zu erfüllen. Ist die Zustimmung der Erben nicht zu erlangen, muß der Verkauf vom zuständigen Gericht angeordnet werden. Der Verkauf erfolgt im Wege der Versteigerung, wenn die Erben sich nicht einigen (*Hérail,* in JCl, civil, Art. 1025 bis 1034 Rdn. 44). Den Verkauf von Immobilien kann der Testamentsvollstrecker dagegen nicht veranlassen (vgl. *Hérail,* in JCl, civil, Art. 1025bis 1034 Rdn. 45; str. *Dalloz,* Encyclopedie Juridique, l'executeur testamentaire, Rdn. 30f.). Da der Testamentsvollstrecker ohne „saisine" keine Verwaltungsbefugnisse hat, ist er den Erben auch nicht Rechenschaft schuldig (*Hérail,* in JCl, civil, Art. 1025 bis 1034 Rdn. 48, 104). Der Testamentsvollstrecker besitzt aktive Prozeßführungsbefugnis bei Streit um die Gültigkeit oder Ausführung der letztwilligen Verfügungen des Erblassers (*Dalloz,* Encyclopedie Juridique, l'executeur testamentaire, Rdn. 43). Der Testamentsvollstrecker besitzt keine Verwaltungs-, Verpflichtungs- oder Verfügungsbefugnis bzgl. des Nachlasses. 160

(2) Testamentsvollstrecker mit „saisine". Eine **Testamentsvollstreckung mit „saisine"** (Art. 1026 Cod. civ.) muß vom Erblasser ausdrücklich oder stillschweigend angeordnet worden sein (*Terré/Lequette,* Les succession les liberalités, Rdn. 417). Neben den Rechten und Pflichten aus Art. 1031 Cod. civ. (s. Rdn. 160) sind die 161

Befugnisse des Testamentsvollstreckers mit „saisine" insoweit erweitert, als er den beweglichen Nachlaß in Besitz nehmen und verwalten kann. Der Erblasser kann die „saisine" auch auf einen Teil des beweglichen Nachlasses beschränken (*Dalloz,* Encyclopedie Juridique, l'executeur testamentaire, Rdn. 56). Hat der Testamentsvollstrecker die „sasine", so muß er die Mobiliarvermächtnisse aus dem Nachlaß auskehren. Strittig ist jedoch, gegen wen (Erbe oder Testamentsvollstrecker mit „saisine") der Vermächtnisnehmer seinen Anspruch zu richten hat. Zur Veräußerung des beweglichen Nachlasses (oder Teile hiervon) bedarf der Testamentsvollstrecker der Zustimmung der Erben, falls der Erblasser ihm nicht ausdrücklich die alleinige Verfügungsbefugnis erteilt hat. Er ist zur Einziehung der Nachlaßforderungen und zur Entgegennahme der Zahlungen ermächtigt (*Dalloz,* Encyclopedie Juridique, l'executeur testamentaire, Rdn. 74), nicht jedoch zu ihrer gerichtlichen Geltendmachung und nicht zur Zahlung der Nachlaßverbindlichkeiten (vgl. *Sipp-Mercier,* Die Abwicklung deutsch-franz. Erbfälle, S. 42f.; *Terré/Lequette,* Les succession les liberalités, Rdn. 417). Da der Testamentsvollstecker nicht den Besitz am unbeweglichen Nachlaß hat, kann er auch nicht die Früchte und Erzeugnisse desselben verwalten und in Besitz nehmen (*Hérail,* JCl, civil, Art. 1025 bis 1034 Rdn. 57).

162 **Die „saisine" endet** durch Zeitablauf. Die maximale Dauer beträgt vom Todestag des Erblassers an gerechnet ein Jahr und einen Tag (Art. 1026 Abs. 1 Cod. civ.). Sie kann durch Anordnung des Erblassers verkürzt, nicht aber verlängert werden. Die Frist beginnt ab einem späteren Zeitpunkt zu laufen, wenn das Testament erst später aufgefunden wird oder über die Wirksamkeit vom Gericht zu klärende Zweifel bestehen (*Terré/Lequette,* Les succession les liberalités, Rdn. 417). Das Ende der sasine durch Zeitablauf ist jedoch vom Ende des Amtes als Testamentsvollstrecker zu unterscheiden. Letzteres bleibt (eben reduziert auf die Überwachungsfunktion) erhalten, bis der Testamentsvollstreckerauftrag erledigt ist (vgl. Rdn. 131) (*Hérail,* JCl, civil, Art. 1025 bis 1034 Rdn. 101). Ist eine Nachlaßverwaltung (inklusive Besitzrecht) über den **gesetzlich notwendigen Zeitraum hinaus notwendig,** so kann der Président du Tribunal den Testamentsvollstrecker als administrateur judiciaire bzgl. des Nachlasses einsetzen, was dann indirekt zur Verlängerung der Nachlaßverwaltung führt (vgl. *Sipp-Mercier,* Die Abwicklung deutsch-franz. Erbfälle, S. 43; *Hérail,* JCl, civil, Art. 1025 bis 1034 Rdn. 97). Die „saisine" kann auch auf Betreiben der Erben enden, wenn sie dem Testamentsvollstrecker einen ausreichenden Betrag für die Begleichung der Vermächtnisse zur Verfügung stellen (Art. 1027 Cod. civ.). Mit Ende der „saisine" ist der Testamentsvollstrecker den Erben gegenüber zur Rechenschaft verpflichtet. Eine Entbindung von dieser Pflicht durch den Erblasser ist nur zulässig, soweit keine Pflichtteilsberechtigten vorhanden sind (*Hérail,* JCl, civil, Art. 1025 bis 1034 Rdn. 110). Der Testamentsvollstrecker ist den Erben und Vermächtnisnehmern gegenüber für die sorgfältige Nachlaßverwaltung wie ein Auftragnehmer verantwortlich.

163 *ff) Testamentsvollstreckung und Unternehmensnachfolge.* Da es eine Dauervollstrekkung im franz. Recht nicht gibt, spielt das für das deutsche Recht streitige Problem der **Testamentsvollstreckung in den unternehmerischen Teil des Nachlasses** kaum eine Rolle. Bis zur Auseinandersetzung haftet ohnehin lediglich der Nachlaß. Bei mehreren Erben haben diese einen Vertreter zu bestellen bzw. der Erblasser kann die Erben durch Auflage verpflichten, eine bestimmte Person zu berufen bzw. kann selbst unmittelbar dem Testamentsvollstrecker diese Aufgabe zuweisen (vgl. *Ripert/Roblot,* Traité de droit commercial, 1. Bd., Rdn. 857). Ebenso verhält es sich mit Gesellschaftsanteilen an einer société civile oder einer société au nom collectif. Die socété civile löst sich, soweit nichts anderes vereinbart

ist, mit dem Tod eines Gesellschafters nicht auf (*Witthoff,* Vererbung von Personengesellschaftsanteilen im IPR, S. 26; *Dostal* ZEV 1997, 96). Anders dagegen die société au nom collectif, die im Falle des Todes eines Gesellschafters aufgelöst wird, wenn im Gesellschaftsvertrag keine Fortsetzung vereinbart wird (clause de continuation, vgl. *Ripert/Roblot,* Traité de droit commercial, 1. Bd., Rdn. 855; *Dostal* ZEV 1997, 96). Sowohl der Gesellschaftsvertrag der société au nom collectif als auch der der société civile kann die Fortsetzung mit den Erben vorsehen. Der Gesellschaftsanteil fällt dann in den Nachlaß (einfache und qualifizierte Nachfolgeklauseln sind ebenso wie im deutschen Recht möglich) (*Malaurie/Aynès,* Les successions les liberalités, Rdn. 572; *Ripert/Roblot,* Traité de droit commercial, 1. Bd., Rdn. 857f.; *Dostal* ZEV 1997, 96, 989). Mit Annahme der Erbschaft sind diese dann Gesellschafter. Der Gesellschaftsvertrag kann den Gesellschaftern ein Widerspruchrecht hinsichtlich einzelner oder aller Erben zubilligen (*Ripert/Roblot,* Traité de droit commercial, 1. Bd., Rdn. 857f.). Es erfolgt jedoch anders als im deutschen Recht keine Einzelrechtsnachfolge der Erben in den Gesellschaftsanteil nach Erbquoten (*Ripert/Roblot,* Traité de droit commercial, 1. Bd., Rdn. 857f.). Bis zur Auseinandersetzung hat jeder Erbe die Stellung eines Gesellschafters, jedoch beschränkt durch die Regeln über die Nachlaßgemeinschaft, (indivision), insbesondere haften die Erben bis zur Auseinandersetzung nur beschränkt. Dies gilt freilich im Interesse der Gläubiger nur für Altschulden, vgl. *Dostal* ZEV 1997, 96, 99. Für die notwendige Bestellung eines gemeinsamen Vertreters gilt das oben gesagte entsprechend (vgl. *Ripert/Roblot,* Traité de droit commercial, Bd. 1, Rdn. 857).

gg) Abweichende Anordnungen des Erblassers. **Über den gesetzlichen Rahmen der „saisine"** hinaus kann der Erblasser die Befugnisse des Testamentsvollstreckers erweitern (str. ist, ob für diese erweiterten Befugnisse die gleiche zeitliche Schranke wie für die „saisine" und das daraus folgende Verwaltungsrecht gilt, *Hérail,* in JCl, civil, Art. 1025 bis 1034 Rdn. 101). Er kann ihn ermächtigen, Nachlaßschulden zu begleichen (*Hérail,* in JCl, civil, Art. 1025 bis 1034 Rdn. 78; *Dalloz,* Encyclopedie Juridique, l'exécuteur testamentaire, Rdn. 39), Mobilien selbst zu verkaufen, Immobilien verkaufen zu lassen oder gar selber zu verkaufen und den Kaufpreis hierfür entgegenzunehmen (*Hérail,* in JCl, civil, Art. 1025 bis 1034 Rdn. 73). Die Gestattung des Verkaufs von Mobilien oder Immobilien ist jedoch nur zulässig, soweit keine Pflichtteilsberechtigten vorhanden sind oder str. soweit sich die Erlaubnis auf den verfügbaren Teil des Nachlasses bezieht (*Hérail,* in JCl, civil, Art. 1025 bis 1034 Rdn. 74; *Dalloz,* Encyclopedie Juridique, l'exécuteur testamentaire, Rdn. 80; *Terré/Lequette,* Les succession les liberalités, Rdn. 417; *Malaurie/Aynès,* Les successions les liberalités, Rdn. 510). Unzulässig ist es, den zeitlichen Rahmen der saisine (vgl. Rdn. 162) zu verlängern oder den Testamentsvollstrecker den Umfang oder Empfänger eines Vermächtnisses bestimmen zu lassen (*Malaurie/Aynès,* Les successions les liberalités, Rdn. 510). 164

Durch die Anordnung einer „saisine" oder einer darüber hinausgehenden Ermächtigung werden die Befugnisse des Testamentsvollstreckers denen eines Erben angenähert. Daher kann die Wirkung einer Testamentsvollstreckung auch dadurch erreicht werden, daß der **„Testamentsvollstrecker" als Alleinerbe** eingesetzt wird und sein Erbe mit den gesamten Nachlaß aufzehrenden Vermächtnissen belastet wird (*Terré/Lequette,* Les succession les liberalités, Rdn. 417; *Sipp-Mercier,* Die Abwicklung deutsch-franz. Erbfälle, S. 44). 165

hh) Vergütung und Auslagen. Die dem Testamentsvollstrecker durch sein Amt entstehenden Auslagen und Aufwendungen sind gemäß Art. 1034 Cod. civ. Nachlaßschulden und damit stets zu ersetzen, soweit sie notwendig sind (*Hérail,* in JCl, civil, Art. 1025 bis 1034 Rdn. 50). Eine **Vergütung des Testamentsvollstrek-** 166

kers sehen die Art. 1025 ff. Cod. civ. in Anlehnung an das Auftragsrecht nicht vor. Der Erblasser kann jedoch hiervon durch entsprechende Anordnung abweichen (*Terré/Lequette,* Les succession les liberalités, Rdn. 417). Meist wird der Erblasser den Testamentsvollstrecker zum Zweck der Vergütung mit einem Vermächtnis bedenken (vielfach als „diamant" bezeichnet). Lehnt der Testamentsvollstrecker die Übernahme des Amts ab, verliert er daher auch das Vermächtnis, soweit dieses als Vergütung für die Testamentsvollstreckertätigkeit gedacht war (*Hérail,* in JCl, civil, Art. 1025 bis 1034 Rdn. 20, 26, 49).

3. *Großbritannien*

Großbritannien und Commonwealth: *Cheshire/North,* bearb. von P. North/J. Fawell, Private International Law, 12. Aufl. 1992; *J. B. Clark,* The Law of succession, 1977; *H. Claudi,* Die Erbfolge nach englischem materiellen und internationalen Privatrecht, MittRhNotK 1981, 79 ff.; 115 ff.; *Dicey/Morris,* On the Conflict of Laws, 11. Aufl. 1987; *H. Doppfel,* Deutsch-englische gemeinschaftliche Testamente, DNotZ 1976, 335; *M. Ferid/K. Firsching,* Internationales Erbrecht, Großbritannien; *D. Henrich,* Anmerkung zu LG Düsseldorf, JZ 1961, 745; *D. R. Macdonald,* An introduction to the Scots Law of succession, 1990; *D. McClean,* in Morris, The conflict of laws, 4. Aufl. 1993; *M. C. Meston,* The Succession (Scotland) Act 1964, 4. Aufl. 1993; *Perry/Clark,* The law of succession, 1997; *H. Schack,* Die verfahrensmäßige Behandlung von Nachlässen im anglo-amerikanischen und internationalen Zivilverfahrensrecht, in Veröffentlichungen der Wissenschaftlichen Vereinigung für Internationales Zivilprozeßrecht, Bd. 8, S. 241; *P. Stone,* The Conflict of laws, 1995; *E. Sykes/M. Pryles,* Australian Private International Law, 1991.

a) Autonomes IPR

167 Das Vereinigte Königreich von Großbritannien ist ein **Mehrrechtsstaat** ohne einheitliches Zivil- oder internationales Privatrecht. Teile Großbritanniens sind außer England noch Nordirland, Wales, Schottland, die Isle of Man und einige weitere kleinere Inseln. Die nachfolgenden Erörterungen beziehen sich hauptsächlich auf das englische Recht, dessen Grundsätze, soweit es um das IPR geht, auf die anderen Teile des Landes übertragbar sind (*Ferid/Firsching,* Internationales Erbrecht/Großbritannien, Rdn. 6).

168 Eine umfassende Regelung des IPR durch gesetzliche Vorschriften kennt das englische Rechtssystem nicht, lediglich Teilbereiche des IPR (zB Formstatut, dazu Rdn. 189) sind durch Gesetze (statutes) geregelt. Im übrigen handelt es sich um eine Rechtsmaterie, die durch Entscheidungen der **englischen Gerichte** geprägt ist.

b) Erbstatut nach autonomem Recht

169 Das englische IPR folgt dem Grundsatz der **Nachlaßspaltung** (*Claudi* MittRhNotK 1981, 115, 126; *Cheshire/North,* Private International Law, S. 837). Der bewegliche Nachlaß untersteht dem Recht am letzten „domicile" des Erblassers, während der unbewegliche Nachlaß dem Recht des Lageortes unterliegt (BayObLG NJW 1988, 2745, 2746; IPG (1967 und 1968) Nr. 72 S. 772 und (1972) Nr. 30 S. 297; *Stone,* The conflict of laws, S. 371).

170 Der Begriff **„domicile"** ist nicht gleichbedeutend mit den Begriffen „Wohnsitz" oder „gewöhnlicher Aufenthalt" des deutschen oder kontinentaleuropäischen Rechts (*Stone,* The conflict of laws, S. 12). Der Begriff umschreibt nicht so sehr die Verbundenheit mit einem bestimmten Ort, sondern vielmehr die Zuordnung zu einem bestimmten Rechtsgebiet (IPG (1965 und 1966) Nr. 50 S. 517). Das englische Recht unterscheidet zwei Arten von domicile, das „domicile of choice"

(Wahldomizil) und das „domicile of origin" (Ursprungsdomizil). Jeder muß, darf aber auch nur ein Domizil haben (*Stone,* The conflict of laws, S. 13).

aa) Domicile of choice. Das **domicile of choice** wird kumulativ (*Stone,* the conflict of laws, S. 17) nach objektiven und subjektiven Kriterien ermittelt. Zum einen muß sich der Erblasser an einem Ort objektiv aufhalten („physical presence as an inhabitant"), ohne daß es auf die Länge des Aufenthalts wesentlich ankommt (*Cheshire/North,* Private International Law, S. 142). Fraglich ist, ob dieses objektive Moment schon dann erfüllt ist, wenn sich eine Person illegal im Inland aufhält (s. *Stone,* The conflict of laws, S. 17). Zum anderen muß der Erblasser den Willen gehabt haben, sich an dem Ort für unbegrenzte Dauer niederzulassen („intention to reside permanently") (*Stone,* The conflict of laws, S. 16). Dieser Wille muß sich nach außen niederschlagen, zB durch Stellung eines Einbürgerungsantrags, durch einen Hauskauf, Grabkauf, durch Ausübung politischer Rechte etc. (vgl. *Cheshire/North,* Private International Law, S. 142; *Stone,* The conflict of laws, S. 24ff.). Ein derartiger Verbleibwille ist abzulehnen, wenn der Betreffende sich mit dem Willen niederläßt, nach Jahren oder gar Jahrzehnten in sein Ursprungsland zurückzukehren oder wenn die Länge des Aufenthalts vom Eintritt bestimmter Ereignisse abhängig gemacht wird (*Claudi* MittRhNotK 1981, 115, 127f.). Mit Vollendung des 16. Lebensjahres kann der Jugendliche ein eigenes Wahldomizil bestimmen (*Stone,* The conflict of laws, S. 16). 171

bb) Domicile of origin. Das **domicile of origin** wird mit Geburt erworben. Es stimmt beim ehelichen Kind mit dem domicile des Vaters und beim unehelichen oder ehelichen Kind, das nach dem Tod des Vaters oder nach der Trennung der Eltern geboren wird, mit dem domicile der Mutter überein (vgl. *Cheshire/North,* Private International Law, S. 139; *Macdonald,* An introduction to Scots law of succession, S. 178). Das Ursprungsdomizil wird allein durch äußere, vom Willen des Betreffenden unabhängige Umstände erworben, insbesondere ist ohne Bedeutung, ob sich die betreffende Person jemals dort aufgehalten hat (*Claudi* MittRhNotK 1981, 115, 127). Ist das domicile des „prägenden" Elternteils unbekannt, so liegt das domicile in dem Land, in dem das Kind geboren wurde bzw. in dem Land, von dem man weiß, daß sich das Kind dort als erstes aufgehalten hat (*Stone,* The conflict of laws, S. 15). Das so ermittelte Ursprungsdomizil kann sich während der Kindheit (dh. bis zum 16. Lebensjahr) verändern, insbesondere dadurch, daß der maßgebende Elternteil seinerseits sein Domizil verändert. Das solchermaßen abgeleitete Domizil (domicile of dependency) kann jedoch später (nach dem 16. Lebensjahr) anders als das Ursprungsdomizil jederzeit wieder aufgegeben werden, auch ohne ein Wahldomizil zu begründen (*Stone,* The conflict of laws, S. 15). Das Ursprungsdomizil **(domicile of origin)** wird durch Wahl eines domicile of choice verdrängt, erlischt jedoch nicht. Wird beispielsweise das domicile of choice aufgegeben, ohne daß ein neues begründet wird, so lebt das Ursprungsdomizil wieder auf (*Cheshire/North,* Private International Law, S. 157). 172

Im Gegensatz zum US-amerikanischen Recht (vgl. Rdn. 385ff.) besteht im englischen Recht eine **starke Vermutung für die Aufrechterhaltung eines Domizils.** An den Wechsel oder an die Aufgabe eines Domizils werden strenge Anforderungen gestellt (*Stone,* The conflict of laws, S. 17f.; *Doppfel* DNotZ 1976, 335, 349). Diese Vermutung kommt auch dadurch zum Ausdruck, daß derjenige, der sich auf einen Domizilwechsel beruft, die Beweislast hierfür trägt (*Stone,* The conflict of laws, S. 18). Bei Ausländern, die sich in England niederlassen, wird grundsätzlich vermutet, daß sie ihr ausländisches Domizil aufrechterhalten und dorthin zurückkehren wollen (*Cheshire/North,* Private International Law, S. 141, 173

143ff., 155). Dies gilt selbst für den Fall, daß sie eine geraume Zeit in England wohnen (*Stone,* The conflict of laws, S. 19).

174 *cc) Unteranknüpfung.* Verweist das deutsche IPR für das Erbstatut gemäß Art. 25 Abs. 1 EGBGB auf britisches Recht, weil der Erblasser britischer Staatsangehöriger war, so ist die maßgebende Teilrechtsordnung anhand einer **Unteranknüpfung** zu ermitteln (Art. 4 Abs. 3 EGBGB). Da Großbritannien kein einheitliches interlokales Kollisionsrecht hat, ist die maßgebende Teilrechtsordnung des Mehrrechtsstaates die, zu der der Sachverhalt die engsten Beziehungen aufweist. Umstritten ist, ob die Unteranknüpfung am letzten Wohnsitz oder gewöhnlichen Aufenthaltsort des Erblassers in Großbritannien oder anhand des letzten Wahl- bzw. Ursprungsdomizils zu erfolgen hat (vgl. *Ferid/Firsching,* Internationales Erbrecht/Großbritannien, Rdn. 76; IPG (1972) Nr. 30 S. 296). In fast allen Fällen kommen beide Ansichten zum gleichen Ergebnis.

175 *dd) Abgrenzung beweglicher/unbeweglicher Nachlaß.* Über die Frage, **welche Nachlaßgegenstände zum unbeweglichen Vermögen zählen,** entscheidet das Lagerecht (*Ferid/Firsching,* Internationales Erbrecht/Großbritannien, Rdn. 9; IPG (1972) Nr. 30 S. 297; *Stone,* The conflict of laws, S. 371, ebenso die schottischen Gerichte, *Macdonald,* An introduction to the Scots law of succession, S. 179, 180). Zum unbeweglichen Vermögen rechnet das englische Recht ua. auch (vgl. *McClean,* The conflict of laws, S. 299; *Ferid/Firsching,* Internationales Erbrecht/Großbritannien, Rdn. 11ff.): leasehold inerests in land (vergleichbar einem Miet- und/oder Pachtrecht, das aber anders als das deutsche Recht dem Berechtigten ein dingliches Recht verleiht), rentcharges on land (Grundstücksbelastungen, die zur periodischen Leistung verpflichten) und mortgages on land (Grundpfandrechte, anders aber beispielsweise in Australien, *McClean,* The conflict of laws, S. 299). Dagegen zählen Beteiligungen an einer Gesellschaft, auch wenn das Gesellschaftsvermögen ausschließlich aus Grundstücken besteht, zum beweglichen Vermögen (vgl. *Witthoff,* Die Vererbung von deutschen Personengesellschaftsanteilen im IPR, S. 73).

176 Die der Abgrenzung vorgelagerte Frage, **wo der Nachlaßgegenstand belegen ist,** bemißt sich nach englischem Recht (*Ferid/Firsching,* Internationales Erbrecht/Großbritannien, Rdn. 10). Grundstücke und Rechte hieran sind in dem Land belegen, in denen die Grundstücke liegen. Ansprüche und sonstige Rechte sind dort belegen, wo sie einklagbar oder durchsetzbar sind. Anteile an Kapitalgesellschaften sind in dem Staat belegen, in denen mit Wirkung gegenüber der Gesellschaft über sie verfügt werden kann (zB Ort, an dem evtl. Registereintragung erforderlich ist). Anteile einer Personengesellschaft sind dort belegen, wo das Geschäft geführt wird bzw. sich der Sitz der Hauptverwaltung befindet (*Claudi* MittRhNotK 1981, 115, 126; *Ferid/Firsching,* Internationales Erbrecht/Großbritannien, Rdn. 10).

177 *ee) Verweisungstechniken.* Inwieweit **Rück- und Weiterverweisungen** nach dem englischen IPR zulässig sind, läßt sich nicht einheitlich für alle Rechtsgebiete sagen. Zumindest im Rahmen des Erbstatuts ist eine Weiter- bzw. Rückverweisung sowohl für bewegliche als auch unbewegliche Nachlaßgegenstände statthaft (BayObLG IPRspr. 1983 Nr. 117 S. 288; *Cheshire/North,* Private International Law, S. 71; *Ferid/Firsching,* Internationales Erbrecht/Großbritannien, Rdn. 20 und Rdn. 50; *Claudi* MittRhNotK 1981, 115, 129; *Stone,* The conflict of laws, S. 374, uneinheitlich dagegen die schottischen Gerichte; *Macdonald,* An introduction to the Scots law of succession, S. 181/2).

178 *ff) Testierfähigkeit.* Nicht vom Erbstatut erfaßt werden die an eine letztwillige Verfügung zu stellenden Formerfordernisse (vgl. hierzu Rdn. 189) und die **Te-**

stierfähigkeit. Letztere beurteilt sich bei beweglichen Nachlaßgegenständen nach dem Recht des domicile im Zeitpunkt der Errichtung der Verfügung (*Cheshire/North,* Private International Law, S. 838). Fraglich ist, wie sich ein Statutenwechsel auf die Testierfähigkeit auswirkt. Ist der Erblasser im Zeitpunkt der Verfügung nach dem maßgeblichen Recht nicht testierfähig, so kann ein nachträglicher Statutenwechsel dies nicht heilen. Ebenso wie eine nachträgliche Heilung ausscheidet, wird die einmal erworbene und ausgeübte Testierfähigkeit durch einen nachträglichen Statutenwechsel nicht berührt (*Cheshire/North,* Private International Law, S. 838f.). Soweit der Erblasser über unbewegliches Vermögen letztwillig verfügt, ist das Lagerecht für die Testierfähigkeit maßgebend (*Cheshire/North,* Private International Law, S. 852; *Claudi* MittRhNotK 1981, 115, 132f.).

c) Sonderstatut für administration

Ebenso wie das US-amerikanische Recht unterscheidet auch das englische Recht zwischen „succession" (Erbberufung) und **„administration"** (Nachlaßabwicklung im weitesten Sinne) (*Stone,* The conflict of laws, S. 369, 370). Letztere untersteht nach englischem Recht nicht dem Erbstatut; für sie ist vielmehr gesondert anzuknüpfen. **179**

aa) Sinn und Zweck der administration. Die administration erfüllt im englischen Recht den gleichen Zweck wie im US-amerikanischen Recht. Sie dient dazu, die Nachlaßforderungen einzuziehen, aus dem Nachlaß die Schulden des Erblassers zu begleichen und anschließend den Nettoerlös an die Berechtigten auszukehren (*McClean,* The conflict of laws, S. 340, *Kopp,* Probleme der Nachlaßabwicklung bei kollisionsrechtlicher Nachlaßspaltung, S. 41; ebenso im schottischen Recht, *Macdonald,* An introduction to the Scots Law of succession, S. 170ff.). Der „Nachlaßabwickler" **(„personal representative")** wird, wenn er vom Erblasser bestimmt worden ist, „executor", wenn er vom Nachlaßgericht ausgewählt wird, „administrator" genannt (anders in Schottland, dort heißt sowohl der vom Erblasser als auch der vom Gericht bestellte Verwalter executor bzw. „executor-nominate" und „executor-dative", vgl. *Macdonald,* An introduction to the Scots Law of Succession, S. 155). Ist der Nachlaß geringfügig, kann er ohne formelles Abwicklungsverfahren an die beneficiaries ausgehändigt werden (s. auch *Kopp,* Probleme der Nachlaßabwicklung bei kollisionsrechtlicher Nachlaßspaltung, S. 42). **180**

Das Amt als personal representative beginnt, wenn ihm vom probate court (in Schottland „sheriff", vgl. *Macdonald,* An introduction to the Scots Law of Succession, S. 155) ein **grant** (bzw. in Schottland eine **confirmation**) ausgestellt wird. Während der grant die Befugnisse des im Testament ernannten executors bestätigt („confirms authority"), erlangt der administrator seine Befugnisse konstitutiv mit dem grant („confers authority") (*Perry/Clark,* The law of succession, S. 328f.; *Kopp,* Probleme der Nachlaßabwicklung bei kollisionsrechtlicher Nachlaßspaltung, S. 41). Beginnt der personal representative mit der Verwaltung des Nachlasses vor Erteilung des grant oder der confirmation, so gilt dies grundsätzlich (zu den Ausnahmen vgl. *McClean,* The conflict of laws, S. 340 Fn. 1) als „vicious intromission", die sowohl strafrechtliche als auch haftungsrechtliche Konsequenzen für den personal representative hat. Zu letzteren zählt insbesondere, daß er persönlich für alle Schulden des Erblassers haftbar wird. Anders als der administrator, der seine Befugnisse konstitutiv von dem grant ableitet, kann der executor vor Erteilung des grant vorläufig alle solche Maßnahmen treffen, für die er eines Nachweises seiner Befugnisse durch den grant nicht bedarf (*Perry/Clark,* The law of succession, S. 332f.). **181**

182 Das Gericht erteilt dem executor den beantragten grant, der zur Nachlaßverwaltung berechtigt, entweder **„in common form"** (in einem nichtstreitigen Verfahren, wenn die letztwillige Einsetzung durch den Erblasser nicht bestritten wird) oder aber in **„solemn form"** (in einem streitigen Verfahren durch in-rem-judgment, dh. ein Urteil, das die Rechtsinhaberschaft inter omnes feststellt) (*Schack,* in Veröffentlichung der Wissenschaftlichen Vereinigung für Internationales Verfahrensrecht, Bd. 8, S. 245; *McClean,* The conflict of laws, S. 340; *Ferid/Firsching,* Internationales Erbrecht/Großbritannien, Rdn. 88). Dem administrator erteilt das Gericht den grant in der Form des **„letters of administration".** Bei der Auswahl des administrators befolgt das Gericht grundsätzlich die in den Non-Contentious Probate rules festgelegte Reihenfolge, die nach gesetzlicher und gewillkürter Erbfolge unterscheidet (*Schack,* Veröffentlichung der Wissenschaftlichen Vereinigung für Internationales Verfahrensrecht, Bd. 8, S. 246f.; für Schottland vergleiche hierzu *Meston,* The succession (Scotland) Act 1964, S. 98f.). Das Gericht kann von der dort niedergelegten Reihenfolge abweichen, wenn hierfür ein wichtiger Grund vorliegt (*Perry/Clark,* The law of succession, S. 312). Das Gericht kann sogar den vom Erblasser im Testament benannten executor übergehen, wenn besondere Umstände vorliegen (*Perry/Clark,* The law of succession, S. 301).

183 Anders als nach den meisten Teilrechtsordnungen der USA, geht nach englischem Recht seit dem **Land Transfer Act von 1897** und in Schottland seit dem **Succession (Scotland) Act von 1964** der gesamte Nachlaß einschließlich des unbeweglichen Vermögens als rechtlich selbständige Einheit auf den personal representative als Eigentümer über (streng getrennt von dessen Privatvermögen). Der Vermögensübergang auf den executor findet (anders freilich als beim administrator) schon vor Erteilung des grant mit dem Erbfall statt (*Perry/Clark,* The law of succession, S. 329; *Schack,* in Veröffentlichung der Wissenschaftlichen Vereinigung für Internationales Verfahrensrecht, Bd. 8, S. 246). Der letters of administration führt dagegen zu einem Rechtserwerb des „title" ex tunc (*Perry/Clark,* The law of succession, S. 330f.).

184 *bb) Anknüpfung der administration. (1) In England belegenes Vermögen eines Erblassers mit Domizil im Ausland.* Hinsichtlich des Anfalls der Erbschaft gilt, daß unabhängig davon, welches Recht auf die succession anzuwenden ist, kein in England belegenes Vermögen des Erblassers unmittelbar auf dessen Erben übergeht. Vielmehr findet insoweit **stets und zwingend ein Zwischenerwerb des personal representative** statt. Der personal representative ist zur Nachlaßverwaltung nur befugt, wenn das englische Gericht ihm einen grant erteilt hat (*McClean,* The conflict of laws, S. 341; *Macdonald,* An introduction to the Scots law of succession, S. 188). Die englischen Gerichte sind für die Erteilung des grant ua. international zuständig, wenn der Erblasser Vermögen in England hinterläßt. Hinterläßt der Erblasser Vermögen in mehreren Staaten, so hat dies aus englischer Sicht zur Folge, daß in jedem Staat ein personal representative ernannt werden kann (*Ferid/Firsching,* Internationales Erbrecht/Großbritannien, Rdn. 70), wobei die administration am letzten domicile des Erblassers domiciliary administration, die übrigen ancillary administration genannt werden.

185 Die **Bestellung eines personal representative durch ein ausländisches Gericht** wird in England nicht anerkannt. Eine Ausnahme gilt jedoch in Bezug auf Schottland, Wales und Nordirland (Administration of Estates Act 1971, *Kopp,* Probleme der Nachlaßabwicklung bei kollisionsrechtlicher Nachlaßspaltung, S. 46). Dort bestellte Nachlaßverwalter werden in England (und ebenso im umgekehrten Fall) so behandelt, als ob ein inländisches Gericht sie ernannt hätte (*McClean,* The conflict of laws, S. 341; *Macdonald,* An introduction to the Scots law of succession,

S. 189; zur vereinfachten Anerkennung von Commonwealth grants vgl. *Schack,* Veröffentlichung der Wissenschaftlichen Vereinigung für Internationales Verfahrensrecht, Bd. 8, S. 249). Für die Frage aber, wer zur Nachlaßverwaltung berufen ist (und wem das englische Gericht folglich den grant zu erteilen hat), kommt es in erster Linie darauf an, wem das ausländische Gericht am letzten domicile des Erblassers mit der Nachlaßverwaltung betraut hat. Falls das ausländische Recht am Domizil des Erblassers keinen personal representative im Sinne des englischen Rechts kennt (oder eine Bestellung nicht vorgenommen hat), ist vom englischen Gericht derjenige zu beauftragen, der nach der Rechtsordnung am letzten Domizil des Erblassers zur Nachlaßverwaltung befugt ist (*Macdonald,* An introduction to the Scots law of succession, S. 189). Das englische Gericht hat insoweit eine Ermessensentscheidung zu treffen und kann von diesem Grundsatz abweichen, wenn besondere Umstände vorliegen (*McClean,* The conflict of laws, S. 341). Um möglichst zu einem Gleichlauf zwischen der auf die succession anzuwendenden Rechtsordnung (vgl. Rdn. 169ff.) mit derjenigen zu gelangen, die über die Berechtigung zur Nachlaßverwaltung entscheidet, richtet sich letztere auch hinsichtlich der Befugnis zur Nachlaßverwaltung nach englischem Recht, wenn der im Ausland domizilierte Erblasser in England ausschließlich unbewegliches Vermögen hinterläßt (*McClean,* The conflict of laws, S. 341). Dagegen ist wiederum die lex fori und damit englisches Recht entscheidend, wenn es um die Rechte und Pflichten des personal representative geht oder um die Rangfolge der Nachlaßschulden (*Macdonald,* An introduction to the Scots law of succession, S. 189; *Schack,* Veröffentlichungen der Wissenschaftlichen Vereinigung für Internationales Verfahrensrecht, Bd. 8, S. 250; *McClean,* The conflict of laws, S. 345).

(2) Ausländisches Vermögen bei englischem Domizil des Erblassers. Seit dem Administration of Justice Act von 1932 sind die englischen Gerichte für die Erteilung des grant zuständig, wenn der Erblasser sein letztes domicile in England hatte (unabhängig davon, ob er in England Vermögen hat oder nicht) (*McClean,* The conflict of laws, S. 341). Die Frage, **wem der grant zu erteilen ist,** richtet sich nach dem Recht am letzten domicile des Erblassers, mithin nach englischem Recht. Letzteres ist (als lex fori der administration) ebenfalls maßgebend, um die Rechte und Pflichten des personal representative zu bestimmen (vgl. Rdn. 190f.). Der englische grant bewirkt zunächst, daß sämtliches Vermögen des Erblassers, das zur Zeit des Todesfalles in England belegen war, auf den personal representative übergeht. Dies gilt nach hM auch für das bewegliche Vermögen des Erblassers, das nach dem Todesfall aus dem Aus- in das Inland verbracht wurde (bestehende Rechte Dritter erlöschen hierdurch aber nicht, vgl. *McClean,* The conflict of laws, S. 344). Territorial beschränkt auf das Inland ist die administration grundsätzlich nicht (vgl. *Ferid/Firsching,* Internationales Erbrecht/Großbritannien, Rdn. 79; *Schack,* Veröffentlichungen der Vereinigung für Internationales Verfahrensrecht, Bd. 8, S. 250). Zum einen kann der personal representative auch im Ausland belegenes Vermögen in die Verwaltung einbeziehen (eine haftungsbewehrte Pflicht hierzu besteht allerdings nicht, vgl. *McClean,* The conflict of laws, S. 344). Zum anderen hat der personal representative in diesen Fällen zumindest einen „generally recognised claim", als Nachlaßverwalter im Ausland durch das zuständige Gericht bestellt zu werden (vgl. *McClean,* The conflict of laws, S. 344f.). Damit stehen die durch den grant verliehenen bzw. bestätigten extraterritoralen Befugnisse und Rechte unter dem Vorbehalt der Anerkennung im Ausland (*Schack,* Veröffentlichungen der Vereinigung für Internationales Verfahrensrecht, Bd. 8, S. 250; *Stone,* The conflict of laws, S. 369; *Kopp,* Probleme der Nachlaßabwicklung bei kollisionsrechtlicher Nachlaßspaltung, S. 50). 186

187 Aus deutscher Sicht ist umstritten (vgl. Meinungsstand bei *Kopp,* Probleme der Nachlaßabwicklung bei kollisionsrechtlicher Nachlaßspaltung, S. 55ff.), welche Auswirkungen dieser Vorbehalt der Anerkennung einer in England angeordneten administration auf das hier belegene Vermögen hat. Die herrschende Ansicht in der Literatur (höchstrichterliche Rechtsprechung fehlt bislang) sieht in dem Vorbehalt zugunsten einer ancillary administration für den in der Bundesrepublik Deutschland belegenen Nachlaß eine versteckte Rückverweisung des englischen Rechts in Bezug auf die mit der Nachlaßverwaltung zusammenhängenden Fragen auf das deutsche Recht (vgl. allgemein IPG (1967 und 1968) Nr. 72 S. 777; in diesem Sinne ausdrücklich *Staudinger/Dörner* Art. 25 EGBGB Rdn. 631f., 818; *Firsching* DNotZ 1960, 640, 643; *Berenbrok,* Internationale Nachlaßabwicklung, S. 189; vgl. im einzelnen hierzu das parallel gelagerte Problem im US-amerikanischen Rechtskreis Rdn. 401). Anderer Ansicht nach sind die Wirkungen der administration auf das im Ausland belegene Vermögen nur dann territorial beschränkt, wenn die Rechtsordnung des Staates, in dem der Nachlaß belegen ist, von der ihm zugebilligten Möglichkeit einer ancillary administration tatsächlich Gebrauch macht. Kennt aber das Recht am Lageort (wie das deutsche) das Rechtsinstitut der administration nicht, sind die extraterritorialen Wirkungen der administration (sei es durch den administrator oder durch den executor) hier zu Lande – vorbehaltlich einer notwendigen Angleichung aufgrund des Sachenrechtsstatut (vgl. Rdn. 58ff.) uneingeschränkt anzuerkennen (vgl. *Ferid/Firsching,* Internationales Erbrecht/Großbritannien, Rdn. 80f.; *Henrich* JZ 1961, 746f.; *Kegel/Schurig* § 21 IV 4 (S. 875)). Die Frage spielt freilich nur dann eine Rolle, wenn Erbstatut nicht ohnehin deutsches Recht ist. Ist der Erblasser beispielsweise deutscher Staatsangehöriger mit Vermögen in England oder besitzt er die britische Staatsangehörigkeit und hinterläßt er unbewegliches Vermögen in der Bundesrepublik Deutschland, kommt es auf den Streit nicht an.

d) Sonderstatut für trust

188 England hat das Haager Übereinkommen über das auf trusts anzuwendende Recht und über ihre Anerkennung vom 20. 10. 1984 durch den Trusts Act 1987 zum 1. 8. 1987 implementiert. Art. 2 der Konvention definiert den Begriff des trust als die von einer Person (settlor) durch Rechtsgeschäft unter Lebenden (inter vivos trust) oder für den Todesfall (testamentary trust) geschaffenen Rechtsbeziehungen, wenn Vermögen zugunsten eines Begünstigten oder für einen bestimmten Zweck der Aufsicht eines trustees unterstellt worden ist, mit der Folge, daß insoweit ein Sondervermögen entsteht, die Rechte hieran dem trustee zustehen und der trustee das Vermögen den Trustbedingungen entsprechend treuhänderisch verwaltet (*Ebenroth* Rdn. 1298). Die Kollisionsregeln in bezug auf den trust sind in Art. 6 bis 10 enthalten. Nach Art. 6 Abs. 1 untersteht der trust dem vom Begründer gewählten Recht. Soweit der settlor keine Rechtswahl getroffen hat, ist die Rechtsordnung maßgebend, die die engsten Verbindungen zum trust aufweist. Kriterien sind insoweit Ort der Verwaltung, Belegenheit des Vermögens, Ort des gewöhnlichen Aufenthalts oder der Niederlassung des trustee oder der Gegenstand des trusts, etc. (vgl. im einzelnen auch *Stone* S. 379ff.)

e) Formstatut

189 Das Formstatut bestimmt sich nach dem Wills Act von 1963 (der das Haager Übereinkommen über das auf die Form letztwilliger Verfügungen anzuwendende Recht vom 5. 10. 1961 inkorporiert, vgl. Rdn. 74ff.). Danach sind letztwillige Verfügungen formwirksam errichtet, wenn sie der Form einer der folgenden

Rechtsordnungen genügen: Ort der Errichtung, auch wenn der Erblasser sich dort nur vorübergehend aufgehalten hat, Domizilrecht im Zeitpunkt der Errichtung des Todes, Recht am gewöhnlichen Aufenthalt zum Zeitpunkt der Errichtung oder des Todes, Heimatrecht zur Zeit der Errichtung oder im Zeitpunkt des Todes. Darüber hinaus ist Großbritannien Unterzeichner des Washingtoner Abkommens über ein einheitliches Recht der Form eines internationalen Testaments vom 26. 10. 1973 (vgl. Rdn. 81).

f) Zu den Rechten und Pflichten des Testamentsvollstreckers und des trustee (vgl. **190**
grundsätzlich die Ausführungen zum US-amerikanischen Recht, Rdn. 406ff.).

Die unternehmerischen Teile des Nachlasses (Handelsunternehmen oder Gesell- **191**
schaftsanteile) erwirbt der personal representative mit dem Todesfall des Erblassers (im Fall des executors) oder rückwirkend mit Erteilung des grant (im Fall des administrators) (vgl. *Perry/Clark,* The law of succession, S. 383f.). Von der Frage des Rechtserwerbs zu trennen ist die weitere, inwieweit der personal representative befugt ist, das Geschäft bzw. das Unternehmen des Erblasser fortzuführen. Die allgemeine Regel ist, daß der personal representative das Unternehmen nicht fortführen darf. Gesellschaftsanteile an einer Kapitalgesellschaft hat er folglich zu veräußern. Anteile an einer Personengesellschaft muß er entweder an die Mitgesellschafter veräußern (im Gesellschaftsvertrag kann eine Pflicht der Mitgesellschafter zum Ankauf der Anteile für den Todesfall vereinbart werden) oder – soweit eine Einigung nicht zu erzielen ist – muß er die Liquidation der Gesellschaft betreiben (*Perry/Clark,* The law of succession, S. 384). Von diesem grundsätzlichen Fortführungsverbot gibt es zwei Ausnahmen. Der personal representative ist zum einen befugt, das Unternehmen (maximal für ein Jahr) fortzuführen, wenn dies notwendig ist, um das Unternehmen veräußern zu können (*Perry/Clark,* The law of succession, S. 384f.). Zum anderen ist dem personal representative gestattet, das Unternehmen weiterzuführen, wenn der Erblasser ihn in seinem Testament hierzu ausdrücklich ermächtigt hat (*Perry/Clark,* The law of succession, S. 385). Führt der personal representative das Unternehmen fort, haftet er den Gläubigern gegenüber persönlich und unbeschränkt für alle hierdurch entstehenden Verpflichtungen. Unter Umständen hat der personal representative aber einen Anspruch auf Aufwendungsersatz aus dem ihm zur Verwaltung obliegenden Vermögen (vgl. im einzelnen *Perry/Clark,* The law of succession, S 386f.). Alles was der personal representative aufgrund der Weiterführung des Unternehmens erlangt, gehört zum Nachlaß (*Perry/Clark,* The law of succession, S. 387f.).

4. Italien

G. Azzariti, Le successioni e le donazioni, 1982; *T. Ballerino,* Diritto Internazionale Privato, 2. Aufl. 1996; *M. Bianca,* Le successioni testamentarie, 1983; *ders.,* Diritto civile, Bd. II, la famiglia – le successioni, 2001; *J. Bortloff/E. Mutti,* Der Erwerb von in Italien belegenen Immobilien durch Erbfolge, RIW 1997, 920; *M. Boschiero,* Die Reform des italienischen IPR-Systems, ZfRV 1996, 143; *F. Capotorti/V. Starace,* La giurisprudenza italiana di diritto internazionale privato e processuale, repertorio 1967–1990, 1991; *R. Clerici,* Commentario Art. 46–50 IPRG, RDIPP 1995, 1133; *F. De Meo,* Reform des italienischen Internationalen Privatrechts, ZfRV 1996, 46; *M. Ferid/K. Firsching,* Internationales Erbrecht, Bd. Abs. 3, Italien; *M. Ghidini,* società personali, 1972; *A. Giardina,* les caractères génèreaux de la réforme, rev. crit. 1996, 1; *P. Lorefice,* Dei provvedimenti di successione, 1991; *S. Lorenz,* Rückverweisung des italienischen Erbrechts auf die lex rei sitae bezüglich der Ausgestaltung der Erbengemeinschaft, IPRax 1990, 82; *V. Maglio/K. Thorn,* Neues Internationales Privatrecht in Italien, ZVglRWiss. 96 (1997), 347, *P. Pajardi/G. La Mattina,* Successioni e donazioni, 1989; *F. Pocar,* Das neue italienische Internationale Privatrecht, IPRax 1997, 145; *I. Priemer,* Das italienische Internationale Privatrecht nach seiner Reform – Insbesondere zum Recht der Allgemeinen Ehewirkungen, Güterrecht, Erbrecht, MittRhNotK 2000, 45; *P. Rescigno,* Codice Civile, 1992; *G. L. Salaris,* Grundzüge und Besonderheiten des italienischen Erbrechts, ZEV 1995, 240; *Staudinger/Dörner,* Anh. zu Art. 25 f. EGBGB Rdn. 259 ff.; *E. Vitta/F. Mosconi,* Corso di diritto internazionale privato e processuale, 5. Aufl. 1995; *E. Witthoff,* Die Vererbung von Anteilen deutscher Personengesellschaften im Internationalen Privatrecht, 1993.

a) Erb- und Formstatut nach autonomem Recht

192 *aa) Rechtslage vor dem 1. 9. 1995.* Das internationale Privatrecht war in Italien vor dem 1. 9. 1995 nur lückenhaft geregelt. Die für das Erbstatut maßgeblichen Vorschriften finden sich in den zwischenzeitlich aufgehobenen Artt. 23, 26 disp. prel. codice civile (vgl. Art. 73 IPRG). Die Vorschriften folgen dem Grundsatz der **Nachlaßeinheit** (*Capotorti/Starace,* La giurisprudenza italiana, S. 1554) Sowohl für den beweglichen als auch unbeweglichen Nachlaß knüpft Art. 23 disp. prel. cod. civ. an das **Heimatrecht des Erblassers** im Zeitpunkt des Todes an (*Vitta/Mosconi,* Corso di diritto internazionale privato e processuale, S. 271/2). Dies gilt sowohl für die gesetzliche als auch gewillkürte Erbfolge sowie für die Erbfähigkeit (*Thieme* ZVglRWiss. 1997, 259, 274). Hat der Erblasser eine doppelte Staatsangehörigkeit, wovon eine die italienische ist, so gilt italienisches Erbrecht, anderenfalls ist die effektive Staatsangehörigkeit maßgebend (*Capotorti/Starace,* La giurisprudenza italiana, S. 1553). Erwerb und Verlust der italienischen Staatsangehörigkeit sind im Gesetz Nr. 38 vom 15. 2. 1992 neu geregelt worden.

193 Art. 23 disp. prel. codice civile geht vom **Grundsatz der Nachlaßeinheit** aus. Ein (partielles) Wahlrecht für im Inland oder sonstwo belegenes Nachlaßvermögen gibt es im alten im Gegensatz zum neuen Recht nicht. Einen Vorrang ausländischen Einzelstatuts (vergleichbar Art. 3 Abs. 3 EGBGB) ist nicht vorgesehen. Verweisungen sind nach dem alten IPR gemäß Art. 30 disp. prel. cod. civ. grundsätzlich Sachnormverweisungen. Die (partielle) Rück- bzw. Weiterverweisung des aus italienischer Sicht berufenen Rechts wird ignoriert (vgl. *Vitta/Mosconi,* Corso di Diritto internazionale privato e processuale, S. 160).

194 Die **Wirksamkeit eines Testaments** richtet sich (bis auf die Form, vgl. Rdn. 175) nach dem Erbstatut. Umstritten ist, ob für die Wirksamkeit einer Verfügung auf das Erbstatut im Zeitpunkt des Todes des Erblassers oder im Moment der Errichtung der Verfügung abzustellen ist (vgl. *Vitta/Mosconi,* Corso di diritto internazionale privato e processuale, S. 275 f.). Die wohl herrschende Ansicht stellt auf den Zeitpunkt des Todes ab, so daß ein Statutenwechsel des Erblassers zur Unwirksamkeit seiner Verfügung führen kann. Für die Testierfähigkeit stellt Art. 17 disp. prel. cod. civ. auf das Heimatrecht ab. Umstritten ist wiederum, welcher Zeitpunkt für die Testierfähigkeit maßgebend ist (vgl. *Vitta/Mosconi,* Corso di diritto internazionale privato e processuale, S. 277). Erbverträge unterstehen bis auf die Form (vgl. Rdn. 195) und die Testierfähigkeit (Art. 17 disp. prel. cod. civ.) dem Erbstatut. Nach materiellem ital. Recht sind Erbverträge unzulässig (Art. 458 cod. civ.), so daß nach ausländischem Erbstatut wirksame Erbverträge in besonderen Fällen gegen den ital. ordre public verstoßen können (*Vitta/Mosconi,* Diritto internazionale privato e processuale, S. 274/5). Umfang und Zulässigkeit der Testamentsvollstreckung richten sich nach dem Erbstatut (*Capotorti/Starace,* La giurisprudenza italiana, 1991, S. 1556; Corte cass. RDIPP 1986, 140, 143).

195 **Das Formstatut:** Italien ist nicht Vertragsstaat der Haager Konvention über das auf die Form letztwilliger Verfügungen anzuwendende Recht von 1961 (vgl. hierzu Rdn. 74 ff.). Das Formstatut richtet sich nach Art. 26 disp. prel. cod. civ. Da-

nach muß der Erblasser entweder die Formvorschriften seines Heimatrechts (zur Zeit der Verfügung oder zur Zeit des Todes), die Vorschriften am Ort der Vornahme der Verfügung, oder die des Erbstatuts einhalten. Umstritten ist die Einordnung des italienischen Verbots eines gemeinschaftlichen Testaments nach Art. 589 cod. civ. Nach herrschender Ansicht handelt es sich hierbei nicht um ein Problem der Form, sondern um eine dem Erbstatut unterstehende Frage (*Vitta/Mosconi,* Coso di diritto internazionale privato e processuale, S. 279; vgl. zum Meinungsstand *Ballarino,* Diritto Internazionale Privato, S. 523ff.).

bb) Rechtslage seit dem 1. 9. 1995. (vgl. hierzu *Boschiero* ZfRV 1996, 143; *Giardina* rev. crit, 1996, 1; *Clerici* RDIPP 1995, 1133; *Ballarino,* Diritto Internazionale Privato, 1996; *Ferid/Firsching,* Internationales Erbrecht/Italien; Gesetzestext bei *De Meo* ZfRV 1996, 46, 48; *V. Maglio/K. Thorn* ZvglRWiss. 1997, 347ff.). Das neue italienische IPR-Gesetz (abgekürzt IPRG) vom 31. 5. 1995 (Nr. 218) ist seit dem 1. 9. 1995 in Kraft (Dies gilt nicht hinsichtlich der Bestimmungen über die Anerkennung und Vollstreckung ausländischer gerichtlicher Entscheidungen und Titel, die erst im Oktober 1996 in Kraft getreten sind). Nach Art. 72 IPRG gilt das bisherige Kollisionsrecht (vgl. Rdn. 192ff.) weiterhin für die **vor dem 2. 9. 1995 abgeschlossenen Vorgänge.** Abgeschlossen ist ein Vorgang iSd. Vorschrift, wenn die Anknüpfungstatbestände vor dem 1. 9. 1995 vollendet gewesen sind (*Ferid/Firsching,* Internationales Erbrecht/Italien, Rdn. 11; *Giardina* rev. crit. 1996, 1, 18f.). Ist der Erblasser folglich vor dem 1. 9. 1995 verstorben, ist das Erbstatut nach der alten Rechtslage zu ermitteln. 196

Das neue IPRG knüpft in Art. 46 Abs. 1 IPRG für das Erbstatut ebenso wie das alte Recht an die **Staatsangehörigkeit des Erblassers** im Zeitpunkt des Todes an. Hatte der Erblasser mehrfache Staatsangehörigkeit, ist gemäß Art. 19 Abs. 2 S. 1 IPRG diejenige maßgebend, mit der der Erblasser die engste Verbindung aufweist. Hat der Erblasser ua. die italienische Nationalität, geht gemäß Art. 19 Abs. 2 S. 2 IPRG diese vor (*Thorn* ZVglRWiss. 1997, 347, 350f.). Ist der Erblasser staatenlos, ist gemäß Art. 19 Abs. 1 IPRG am Wohnsitzrecht bzw. am Recht des Staates anzuknüpfen, in dem der Erblasser seinen gewöhnlichen Aufenthalt hat. Gehört der Erblasser einem Staat mit mehreren Teilrechtsordnungen an, ist nach § 18 IPRG das Recht anzuwenden, welches der Staat, auf den die italienischen Kollisionsnormen verweist, selbst für anwendbar erklärt. Ist dies nicht möglich, etwa weil der betreffende Staat keine eigenes Kollisionsrecht hat, wendet der Richter das Recht der Teilrechtsordnung an, die mit dem Fall am engsten verbunden ist (§ 18 Abs. 2 IPRG). 197

Auch das neue Recht geht vom strikten Grundsatz der **Nachlaßeinheit** aus (*Ballarino,* Diritto Internazionale Privato, S. 502; *Thorn* ZVglRWiss. 1997, 347, 365). Anders als das alte Recht eröffnet nunmehr Art. 46 Abs. 2 IPRG dem Erblasser die Möglichkeit, das auf die Erbfolge anwendbare Recht im Wege einer ausdrücklichen Erklärung in testamentarischer Form zu wählen (vgl. *Pocar* IPRax 1997, 145, 156). Die **Rechtswahl** führt gemäß Art. 13 Abs. 2 lit. a IPRG zu einer Sachnormverweisung auf das ausländische Recht. Sie ist aber inhaltlich nach Art. 46 Abs. 2 IPRG in mehrfacher Hinsicht eingeschränkt: sie muß sich zum einen – anders als im deutschen Recht (vgl. Rdn. 20ff.) – auf den gesamten Nachlaß beziehen und ist zum anderen auf das Recht des Staates beschränkt, in dem der Erblasser seinen Wohnsitz oder gewöhnlichen Aufenthalt hat (*Thorn* ZVglRWiss. 1997, 347, 366). Darüber hinaus wird die Rechtswahl unwirksam, wenn sich der Erblasser im Zeitpunkt des Todes nicht mehr in diesem Staat aufhält. Handelt es sich bei dem Erblasser um einen Italiener, kann er durch die Rechtswahl nicht das Pflichtteilsrecht der in Italien lebenden Pflichtteilsberechtigten beeinträchtigen. Aus 198 dieser letzten Einschränkung folgt wohl im Umkehrschluß, daß (außerhalb des Anwendungsbereichs des Art. 46 Abs. 2 IPRG) ein ordre public-Verstoß nicht ohne weiteres angenommen werden kann, wenn eine ausländische Rechtsordnung kein (dem italienischen Recht vergleichbares) Pflichtteilsrecht kennt (*Ballarino,* Diritto Internazionale Privato, S. 508; anders noch Trib. di Sanremo RDIPP 1986, 341, 343).

199 Das Erbstatut ist gemäß Art. 46 Abs. 3 IPRG grundsätzlich auch für Teilung des Nachlasses maßgebend. Die an der **Erbauseinandersetzung** Beteiligten können jedoch einvernehmlich hiervon abweichen und das Recht des Staates für anwendbar erklären, in dem das Verfahren über die Erbfolge eröffnet wurde oder in dem sich ein oder mehrere Vermögensgegenstände des Nachlasses befinden. Unter das Erbstatut fallen darüber hinaus ebenso wie schon nach der alten Rechtslage Zulässigkeit und Umfang der **Testamentsvollstreckung** (*Ballarino,* Diritto Internazionale Privato, S. 508).

200 Probleme bereitet aus italienischer Sicht nach wie vor (vgl. zur alten Rechtslage *Lorenz* IPRax 1990, 82, 83) die **Abgrenzung des Erb- vom Sachenrechtsstatut.** Art. 51 Abs. 2 IPRG knüpft für den Eigentumserwerb bzw. -verlust an der lex rei sitae an. Unstreitig wird dem Erbstatut die Frage zugeordnet, wer mit welcher Quote zum Erben berufen ist, und dem Sachenrechtsstatut, ob ein bestimmter Gegenstand im Eigentum des Erblassers stand und somit in den Nachlaß fällt (*Ballarino,* Diritto Internazionale Privato, S. 527f.). Schwierigkeiten bereiten jedoch die Fälle, in denen beispielsweise das anwendbare ausländische Erbstatut einen Vonselbsterwerb des Nachlasses durch die Erben vorsieht und Nachlaßgegenstände in Italien belegen sind. Nach Art. 459 ital. cod. civ erwirbt der Erbe den Nachlaß ex tunc mit Annahme der Erbschaft, die auch stillschweigend erfolgen kann (Art. 476 cod. civ.) (vgl. *Ballarino,* Diritto Internazionale Privato, S. 530f.). Da der Modus des Erbschaftserwerbs (zumindest wenn der Nachlaß in Italien belegen ist) der lex rei sitae unterliegt (*Ballarino,* Diritto Internazionale Privato, S. 530f.), erwirbt der Erbe in diesem Fall den dort belegenen Nachlaß rückwirkend erst mit Annahme der Erbschaft (die übrigens auch im Antrag auf Erteilung eines Erbscheins im Ausland liegen kann, vgl. *Ballarino,* Diritto Internazionale Privato, S. 531). Ob der Erwerbsmodus generell der lex rei sitae unterliegt (so wohl *Ballarino,* Diritto Internazionale Privato, S. 530f.) oder nur soweit es um die Berechtigung des einzelnen Erben am Nachlaß geht (Gesamthands- oder Bruchteilsgemeinschaft) (vgl. *Lorenz* IPRax 1990, 82, 83), ist umstritten.

201 Art. 47 IPRG unterstellt die **Testierfähigkeit,** dh. die Fähigkeit, letztwillige Verfügungen zu errichten, abzuändern oder zu widerrufen, dem Recht des Staates, dem der Verfügende im Zeitpunkt der Verfügung, Abänderung oder des Widerrufs angehört.

202 Das **Formstatut** ist nun in Art. 48 IPRG geregelt. Eine letztwillige Verfügung ist danach formwirksam, wenn sie den Anforderungen am Errichtungsort der Verfügung bzw. denen des Heimatrechts des Erblassers im Zeitpunkt der letztwilligen Verfügung oder im Zeitpunkt des Todes entspricht oder den Voraussetzungen des Rechts des Wohnsitzstaates des Erblassers oder des gewöhnlichen Aufenthalts genügt.

203 Geändert hat sich durch das neue IPRG die italienische Einstellung zur **Rück- und Weiterverweisung.** Beide werden in Art. 13 Abs. 1 IPRG prinzipiell zugelassen. Rückverweisungen des fremden auf das italienische Recht (Art. 13 Abs. 1 lit. b IPRG) werden hier abgebrochen (*Thorn* ZVglRWiss. 1997, 347, 349). Hinsichtlich der Weiterverweisung ist der Wortlaut des Art. 13 Abs. 1 lit. a IPRG zweideutig (*Boschiero* ZfRV 1996, 143, 146). Danach wird die Verweisung des ausländischen IPR auf das Recht eines anderen (dritten) Staates berücksichtigt,

wenn das Recht jenes Staates die Verweisung annimmt. Fraglich ist, ob die Bestimmung die Weiterverweisung auf den 2. Grad beschränkt (*Thorn* ZVglRWiss. 1997, 347, 349 mit der Folge, daß dann der italienische Richter das Recht desjenigen Staates anwendet, auf welches italienisches IPR verweist) oder aber Weiterverweisungen in höheren Graden zuläßt (im letzteren Sinne *Ballarino,* Diritto Internazionale Privato, S. 251; *Boschiero* ZfRV 1996, 143, 146). Art. 13 Abs. 2 bis 4 IPRG schränken die grundsätzliche Zulässigkeit der Rück- und Weiterverweisung unter bestimmten Voraussetzungen wieder ein, insbesondere für den Fall der Rechtswahl (Art. 13 Abs. 2 lit. a IPRG) und hinsichtlich der Bestimmungen, die die Form von Rechtshandlungen betreffen (Art. 13 Abs. 2 lit. b IPRG). Hierbei handelt es sich um Sachnormverweisungen auf das ausländische Recht. Das italienische IPR enthält in Art. 16 Abs. 1 IPRG einen ordre public-Vorbehalt, der – anders als nach altem Recht – nicht zwischen internem und internationalem ordre public unterscheidet. Nach italienischem Recht zählen wohl die Pflichtteilsregeln zum ordre public, weil sie dem Schutz der familiären Solidarität dienen und die „struttura etico-sociale" Italiens charakterisieren (*Thieme* ZVglRWiss. 1997, 259, 275).

b) Internationale Verträge

Vgl. hierzu *Ferid/Firsching,* Internationales Erbrecht/Italien, Rdn. 15ff.

Art. 2 IPRG statuiert ausdrücklich den Vorrang internationaler Verträge. Für 204
den Schweizerisch-Italienischen Vertrag vom 22. 7. 1868 vgl. Rdn. 315. Nach dem Italienisch-Peruanischen Vertrag vom 25. 12. 1874 richtet sich das Erbstatut nach dem Heimatrecht des Erblassers im Zeitpunkt des Todes. Lediglich im Italienisch-Türkischen Vertrag vom 9. 9. 1927 wird von diesem Grundsatz abgewichen und der unbewegliche Nachlaß dem Lagerecht unterworfen. Italien ist auch Vertragsstaat des Haager Übereinkommens über die internationale Abwicklung von Nachlässen vom 2. 10. 1973 (vgl. Rdn. 420) und des Haager Übereinkommens über das auf trusts anzuwendende Recht und über ihre Anerkennung vom 1. 7. 1985 (vgl. Rdn. 10, *Bianca,* Diritto civile, II, Rdn. 269). Desgleichen gilt in Italien auch das Basler Europäische Übereinkommen über die Errichtung einer Organisation zur Registrierung von Testamenten vom 16. 5. 1972 (vgl. Rdn. 137). Das Zentralregister wird beim italienischen Justizministerium, Abteilung Zentralbüro der Notarregister (ufficio centrale degli archivi notarili), Via Arenula 70, 00186 Rom, geführt. Darüber hinaus hat Italien durch Gesetz vom 29. 11. 1990 (Nr. 387) das **Washingtoner Abkommen** über ein einheitliches Recht der Form eines internationalen Testaments vom 26. 10. 1973 ratifiziert (vgl. hierzu Rdn. 81).

c) Der Testamentsvollstrecker nach italienischem Zivilrecht

Vgl. *Ebenroth* Erbrecht Rdn. 711.

Die Vorschriften über den Testamentsvollstrecker **(„esecutore testamentare")** 205
finden sich in den Art. 700 bis 712 cod. civ. Die Testamentsvollstreckung ist als **Auftrag sui generis** einzuordnen, bei dem der Auftragnehmer, im Gegensatz zum herkömmlichen Auftrag, im eigenen Namen auftritt (*Azzariti,* Le successioni e le donazioni, S. 604). Der Erblasser kann gemäß Art. 700 cod. civ. im Testament einen oder mehrere Testamentsvollstrecker benennen. Sind mehrere Testamentsvollstrecker eingesetzt, so nehmen sie, soweit der Erblasser nichts anderes anordnet, die Aufgaben gemeinschaftlich wahr. Eine Ausnahme besteht nur für dringende Erhaltungsmaßnahmen, die keinen Aufschub dulden. Hier hat jeder Testaments-

vollstrecker eine Einzelhandlungsbefugnis. Können sich die Testamentsvollstrecker im Einzelfall über bestimmte Verwaltungs- oder andere Maßnahmen nicht einigen, so hat das Gericht nach Anhörung der Erben hierüber zu entscheiden (*Lorefice,* dei provvedimenti di successione, S. 46). Der Erblasser kann den Testamentsvollstrekker auch ermächtigen, selbst für einen Ersatz-Testamentsvollstrecker zu sorgen, wenn er sein Amt nicht oder nicht mehr ausüben kann (nicht aber nicht will) (vgl. *Rescigno,* Codice Civile, Art. 700 Rdn. 2; *Azzariti,* Le successioni e le donazioni, S. 607). Strittig ist, ob auch einem Dritten das Bestimmungsrecht eingeräumt werden kann, wer Testamentsvollstrecker sein soll (*Rescigno,* Codice Civile, Art. 700 Rdn. 2).

206 *aa) Persönliche Voraussetzungen des Testamentsvollstreckers.* Testamentsvollstrecker kann sowohl eine **juristische als auch eine natürliche Person** sein (*Azzariti,* Le successioni e le donazioni, S. 606). Einzige Voraussetzung ist nach Art. 701 Abs. 2 cod. civ., daß der Testamentsvollstrecker im Zeitpunkt der Testamentseröffnung geschäftsfähig ist (*Lorefice,* Dei provvedimenti di successione, S. 43; *Bianca,* Diritto civile, II, Rdn. 278). Umstritten ist, ob der in Konkurs Gefallene Testamentsvollstrecker sein kann (dafür: *Bianca,* Le successioni testamentarie, S. 443f.; dagegen: *Lorefice,* Dei provvedimenti di successione, S. 43). Testamentsvollstrecker kann auch der Erbe oder Vermächtnisnehmer sein (*Rescigno,* Codice Civile, Art. 701 Rdn. 3, führt dies zu einem unüberbrückbaren Interessenkonflikt, kommt eine Amtsenthebung nach Art. 710 cod. civ. in Betracht, vgl. Rdn. 208, 214). Testamentsvollstrecker kann nicht sein, wer als Notar die letztwillige Verfügung beurkundet hat (Art. 597 cod. civ.; vgl. auch Rdn. 56)

207 *bb) Beginn des Amtes.* Der Testamentsvollstrecker ist zur Annahme des Amtes nicht verpflichtet (*Lorefice,* Dei provvedimenti di successione, 1991, S. 43). Die **Annahme oder Ablehnung des Amtes** ist gegenüber der Geschäftsstelle des Amtsgerichtes (cancelleria della pretura) zu erklären, in dessen Bezirk der Nachlaß eröffnet wurde. Nach Art. 456 cod. civ. wird die Erbfolge am letzten Domizil des Verstorbenen eröffnet (*Bianca,* Diritto civile, II, Rdn. 278). Nach Art. 43 Abs. 1 cod. civ ist dies der Ort, an dem der Erblasser den Hauptsitz seiner Geschäfte und Interessen hatte (*Salaris* ZEV 1995, 240). Die Annahme des Amtes ist überdies in das Nachlaßregister einzutragen (*Bianca,* Diritto civile, II, Rdn. 278; *Lorefice,* Dei provvedimenti di successione, S. 44). Wird sie unter einer aufschiebenden oder auflösenden Bedingung erklärt, ist sie unwirksam (*Magni* Anm. zu cass. Nuova Giurisprudenza Civile Commentata 1994, 289, 293). Die Annahme kann nicht konkludent, sondern muß in der Form des Art. 702 cod. civ erklärt werden, anderenfalls ist derjenige, der für den Nachlaß handelt, Vertreter ohne Vertretungsmacht (cass. Nuova Giurisprudenza Civile Commentata 1994, 289). Das Gericht kann dem Benannten auf Antrag eines Interessierten eine Frist setzen, innerhalb derer er sich über die Annahme des Amtes erklären muß. Das Verstreichen der Frist steht einer Ablehnung des Amtes gleich.

208 *cc) Ende des Amtes.* Das **Amt endet** durch Verzicht, der auch noch nach Annahme möglich ist, soweit ein wichtiger Grund vorliegt (*Rescigno,* Codice Civile, Art. 702 Rdn. 2; *Bianca,* Diritto civile, II, Rdn. 280; *Magni* Anm. zu cass. Nuova Giurisprudenza Civile Commentata 1994, 289, 294), durch gerichtliche Amtsenthebung bei grober Pflichtverletzung nach Art. 710 cod. civ. oder durch Erledigung der Aufgaben.

209 *dd) Aufgaben des Testamentsvollstreckers.* Der Testamentsvollstrecker hat die Ausführung der letztwilligen Anordnungen des Erblassers zu überwachen (Art. 703 cod. civ.). Darüber hinaus gehört auch die **Verwaltung des beweglichen und**

unbeweglichen Nachlasses zu seinen Aufgaben (*Azzariti,* Le successioni e le donazioni, S. 610; *Bianca,* Diritto civile, II, Rdn. 279). Der Erblasser kann die Verwaltungsbefugnis auf Teile des Nachlasses beschränken oder gänzlich ausschließen (*Lorefice,* Dei provvedimenti di successione, S. 44). Grundsätzlich ist die Verwaltung auf die „laufende" beschränkt. Hierzu gehört die Begleichung der Nachlaßschulden sowie die Erfüllung der Vermächtnisse (*Bianca,* Diritto civile, II, Rdn. 279; *Bonlini,* Esecutore testamentario, S. 543). Außerordentliche Verwaltungsmaßnahmen, etwa der Verkauf von Nachlaßgegenständen, um mit dem Erlös Nachlaßschulden oder Vermächtnisansprüche zu begleichen, sind nur mit Einverständnis des Gerichts zulässig (Art. 703 cod. civ.). Letzteres entscheidet hierüber nach Anhörung der Erben (*Parardi/La Mattina,* Successioni e donazioni, S. 315). Werden die Erben nicht gehört, ist die Genehmigung rechtswidrig. Dies hindert jedoch nicht den gutgläubigen Erwerb durch Dritte (*Rescigno,* Codice Civile, Art. 703 Rdn. 3). Das Erfordernis der gerichtlichen Genehmigung ist nicht dispositiv, der Erblasser kann hiervon nicht abweichen (*Azzariti,* Le successioni e le donazioni, S. 619). Der gerichtlichen Genehmigung bedarf es aber ausnahmsweise dann nicht, wenn der Verkauf oder die Herausgabe des Nachlaßgegenstandes an einen Dritten im Testament durch den Erblasser ausdrücklich vorgesehen ist (str. *Rescigno,* Codice Civile, Art. 703 Rdn. 3; *Lorefice,* Dei provvedimenti di successione, S. 49). Während der Dauer der Nachlaßverwaltung (zum Umfang siehe aber unten Rdn. 211) durch den Testamentsvollstrecker sind die Erben vom Besitz und von der Verwaltung des Nachlasses ausgeschlossen. Hat der Erbe die Erbschaft noch nicht angenommen, kann er erhaltende Maßnahmen in bezug auf den Nachlaß treffen, auch wenn eine Testamentsvollstreckung angeordnet ist (*Bianca,* Diritto civile, II, Rdn. 279). Soweit der Erblasser nichts anderes angeordnet hat, ist dem Erben das Verfügungsrecht über einzelne Nachlaßgegenstände nicht entzogen (*Bianca,* Le successioni testamentarie, S. 456; *Azzariti,* Le successioni e le donazioni, S. 610). Grundsätzlich bestehen damit konkurrierende Befugnisse zwischen Testamentsvollstrecker und Erben. Den Erben sind jedoch insoweit Grenzen gesetzt, als sie nicht durch ihre Maßnahmen die letztwillig angeordnete Testamentsvollstrekkung unterlaufen dürfen (*Rescigno,* Codice Civile, Art. 703 Rdn. 4; *Bianca,* Diritto civile, II, Rdn. 279).

Gehört zum Nachlaß ein **Gesellschaftsanteil,** so ist zwischen Personengesell- 210
schaften (società personale) und Kapitalgesellschaften zu unterscheiden. Gemäß Art. 2284 cod. civ. haben die Gesellschafter einer società in nome collettivo (entspricht der deutschen OHG) oder società semplice (entspricht der deutschen GbR) (vorbehaltlich einer anders lautenden Regelung im Gesellschaftsvertrag) im Falle des Todes eines Mitgesellschafters den Anteil an die Erben auszubezahlen, es sei denn, daß sie es vorziehen, die Gesellschaft aufzulösen oder sie mit den Erben einverständlich fortzusetzen. Grundsätzlich haben folglich die Erben keinen Anspruch auf Übernahme des Gesellschaftsanteils, sondern nur einen Anspruch auf Abfindung, der dem Wert der Quote am Tag der Eröffnung der Erbfolge entspricht (*Salaris* ZEV 1995, 240, 241; *Witthoff,* Die Vererbung von Anteilen deutscher Personengesellschaften im IPR, S. 27). Der Gesellschaftsvertrag kann von der gesetzlichen Regelung abweichen und Fortsetzungs-/Nachfolgeklauseln vorsehen, die den Erben die Wahl überläßt, ob sie in die Gesellschaft eintreten wollen oder nicht. Für den Erwerb des Gesellschaftsanteils genügt auch in diesem Fall nicht allein die Erbenstellung, notwendig ist auch hier, daß der Erbe gegenüber den überlebenden Gesellschaftern die Fortführung beantragt (vgl. *Witthoff,* Die Vererbung von Anteilen deutscher Personengesellschaften im IPR, S. 34). Die Gesellschafter können dem Erben die Fortführung dann jedoch nicht verwehren. Auch im Falle einer Testamentsvollstreckung trifft allein der Erbe die Entscheidung, ob er die

Gesellschafterstellung annimmt oder nicht. Lehnt er den Beitritt ab, so fällt der Abfindungsanspruch (soweit dies der Gesellschaftsvertrag zuläßt) in den Nachlaß und somit unter die Testamentsvollstreckung. Tritt der Erbe der Gesellschaft bei, werden seine aus der Gesellschafterstellung entstehenden Rechte und Pflichten durch die Testamentsvollstreckung nicht beeinträchtigt (*Ghidini,* società personali, S. 504). Der Anteil an einer Kapitalgesellschaft oder derjenige eines Kommanditisten an einer Kommanditgesellschaft ist von Todes wegen übertragbar. Die Gesellschafterstellung wird hier folglich anders als bei einer Gesellschaft ohne Haftungsbeschränkung unmittelbar durch Annahme der Erbschaft erworben (*Salaris* ZEV 1995, 240, 241). Die Anordnung einer Testamentsvollstreckung ist hier ohne weiteres möglich. Fällt in den Nachlaß ein Einzelhandelsunternehmen und hat der Erbe die Erbschaft unter Vorbehalt des Inventars (Art. 484 cod. civ.) angenommen, was zu einer Beschränkung der Haftung auf den Nachlaß führt (vgl. BayObLG 1965, 423, 428; *Salaris* ZEV 1995, 240, 241), so entfällt die Haftungsbeschränkung für den Erben nicht, wenn sich die Testamentsvollstreckung im Rahmen einer normalen Verwaltung hält. Der Erbe haftet jedoch persönlich unbeschränkt für die vertraglichen Verpflichtungen, die nach dem Tod des Erblassers in seinem Namen bzw. im Namen des Unternehmens abgeschlossen werden (*Scalese,* Codice della voluntaria giurisdizione, S. 393).

211 Der Testamentsvollstrecker nimmt den gesamten Nachlaß in Besitz. Das **Besitzrecht** ist Grundlage für die Nachlaßverwaltung und kann wie diese (vgl. Rdn. 209) vom Erblasser ausgeschlossen werden. Das Besitzrecht ist nach Art. 707 cod. civ. insoweit beschränkt, als der Testamentsvollstrecker die Gegenstände an die Erben herauszugeben hat, wenn er ihrer zur Ausübung seines Amtes nicht bedarf. Des weiteren darf er die Herausgabe den Erben gegenüber nicht aus dem Grund verweigern, daß die Gegenstände zur Befriedigung von Erb- oder Vermächtnisansprüchen benötigt werden, wenn die Erben ihm hierfür ausreichend Sicherheit bieten. Nach Art. 703 Abs. 3 cod. civ. kann der Testamentsvollstrecker den Nachlaß maximal ein Jahr im Besitz haben. Nur soweit über diese Frist hinaus der Besitz des Testamentsvollstreckers dringend notwendig ist, kann das zuständige Gericht nach Anhörung der Erben das Recht zum Besitz um maximal ein weiteres Jahr verlängern. Zwar bezieht sich Art. 703 Abs. 3 cod. civ dem Wortlaut nach allein auf den Besitz des Testamentsvollstreckers. Da dieser aber unabdingbare Voraussetzung für dessen Verwaltungsbefugnisse ist, findet mit dem Ende des Besitzrechts auch das Recht zur Verwaltung des Nachlasses ein Ende. Nach Ablauf der Frist verliert der Testamentsvollstrecker aber nur das Besitz- und Verwaltungsrecht, nicht aber sein Amt (*Rescigno,* Codice Civile, Art. 703 Rdn. 1).

212 Gemäß Art. 705 cod. civ. hat der Testamentsvollstrecker eine **Inventarisierung** des Nachlasses und bei Bedarf dessen Versiegelung zu veranlassen. Von diesen Pflichten kann der Erblasser den Testamentsvollstrecker nicht entbinden (*Bianca,* Le successioni testamentarie, S. 461; *Rescigno,* Codice Civile, Art. 705 Rdn. 1). Gemäß Art. 706 cod. civ. kann der Erblasser den Testamentsvollstrecker ermächtigen, die **Erbauseinandersetzung** vorzunehmen. Der Testamentsvollstrecker muß in einem solchen Fall vor der Teilung die Erben anhören. Die Ermächtigung zur Nachlaßteilung ist unzulässig, wenn der Testamentsvollstrecker selbst Erbe oder Vermächtnisnehmer ist. Der Testamentsvollstrecker wird bei einem entsprechenden Auftrag nicht vorbereitend (vergleichbar dem schweizerischen Recht), sondern konstitutiv tätig (*Rescigno,* Codice Civile, Art. 706 Rdn. 3).

213 Im **gerichtlichen Verfahren** ist der Testamentsvollstrecker immer Partei, wenn seine Rechte und Pflichten in Frage stehen (*Bianca,* Le successioni testamentarie, S. 458). Bei Ansprüchen gegen den Nachlaß (Ansprüche der Nachlaßgläubiger, Vermächtnisnehmer oder Erbpretendenten) ist der Testamentsvollstrecker neben

den Erben notwendiger Streitgenosse (*Bianca,* Le successioni testamentarie, S. 459; *ders.,* Diritto civile, II, Rdn. 279). Machen die Erben einen Anspruch, der sich auf den Nachlaß bezieht, gerichtlich geltend, so steht es im Ermessen des Testamentsvollstreckers, ob er dem Verfahren als einfacher Streitgenosse beitritt oder nicht (*Bianca,* Le successioni testamentarie, S. 460). Umgekehrt können auch die Erben einem Aktivprozeß des Testamentsvollstreckers beitreten, der sich auf zum Nachlaß gehörige Forderungen und Gegenstände bezieht.

ee) Kontrolle über den Testamentsvollstrecker. Der Testamentsvollstrecker kann auf **214**
Antrag eines Interessierten (Erbe, Vermächtnisnehmer, Pflichtteilsberechtigter, Gläubiger) nach Art. 710, 750 cod. civ. vom Präsidenten des Gerichts am Ort, wo der Nachlaß eröffnet wurde, seines Amtes enthoben werden. Eine **Amtsenthebung** kann bei schwerer Pflichtverletzung oder Zerstörung des Vertrauensverhältnisses (nicht notwendigerweise wegen einfacher Pflichtverletzung) erfolgen, wobei der Begriff des Vertrauensverhältnisses objektiv auszulegen ist (*Rescigno,* Codice Civile, Art. 710 Rdn. 2; *Bianca,* Le successioni testamentarie, S. 470). Das Gericht kann auch eigene Ermittlungen anstellen (*Azzariti,* Le successioni e le donazioni, S. 611). Im Falle der Amtsenthebung darf das Gericht keinen Ersatz-Testamentsvollstrecker benennen, wenn dies vom Erblasser nicht ausdrücklich vorgesehen ist. Mit Ablauf der Testamentsvollstreckung hat der Testamentsvollstrecker den Erben einen Rechenschaftsbericht nach Art. 708 cod. civ. abzugeben. Er hat den Erben gegenüber für schädigendes oder fehlerhaftes Verhalten einzustehen.

ff) Vergütung. Der Testamentsvollstrecker hat **im Zweifel keinen Anspruch** **215**
auf Vergütung, sondern allenfalls Anspruch auf Ersatz seiner Auslagen (Art. 711 cod. civ.). Der Erblasser kann eine Vergütung anordnen, die dann der Nachlaß zu tragen hat (*Bianca,* Diritto civile, II, Rdn. 280). Fehlt eine solche Anordnung, werden nur solche Auslagen als Nachlaßschulden anerkannt, die objektiv notwendig sind und unmittelbar mit der Testamentsvollstreckung zusammenhängen (*Bianca,* Le successioni testamentarie, S. 471).

5. Luxemburg

M. Ferid/K. Firsching, Internationales Erbrecht, Bd. IV, Luxemburg; *A. Huss/A. Weitzel,* Conflits des lois et de jurisdictions en droit luxembourgeois, in Juris Classeur, Droit Comparé, Bd. II, Fasc. 3; *Staudinger/Dörner* Anh. zu Art. 25 EGBGB Rdn. 389ff.

Luxemburg schließt sich für das IPR und für die materiellen Vorschriften **216**
zur Testamentsvollstreckung im Prinzip dem **franz. bzw. belg. Recht** (vgl. Rdn. 138ff.) an. Luxemburg hat den Napoleonischen Code Civil übernommen (vgl. *Ferid/Firsching,* Internationales Erbrecht/Luxemburg, Rdn. 7, Grdz. B Rdn. 2). Verweisungen nach luxemburger Kollisionsrecht sind in aller Regel Gesamtnormverweisungen (*Huss/Weitzel,* JCl, Bd. II, Fasc. 3 Conflits des lois et de jurisdictions en droit luxembourgeois, Rdn. 10). Luxemburg ist Vertragsstaat des Haager Übereinkommens über des auf trusts anzuwendende Recht und über ihre Anerkennung vom 20. 10. 1984 (vgl. Rdn. 10) und des Basler Europäischen Übereinkommens über die Errichtung und Registrierung von Testamenten vom 16. 5. 1972 (vgl. Rdn. 137). Die zentrale Stelle für die Registrierung der Testamente in Luxemburg ist: Administration de l' Enregistement et Domaines (successions), 1–3 av. Guillaume, L–1651 Luxemburg. In der Praxis erkennen die Banken deutsche Erbnachweise in Verbindung mit einer Sterbeurkunde an, wenn die Auflösung von Konten oder Depots eines deutschen Erblassers in Luxemburg in Frage steht (vgl. *Gottwald/Stangl* ZEV 1997, 217, 220).

a) Formstatut

217 Das **Haager Übereinkommen** über das auf die Form letztwilliger Verfügungen anzuwendende Recht vom 5. 10. 1961 (vgl. Rdn. 74ff.) gilt in Luxemburg seit dem 5. 2. 1979. Auch in Luxemburg ist das gemeinschaftliche Testament gemäß Art. 986 cod. civ. nicht statthaft. Die luxemburger Rspr. ordnet dieses Verbot als Formfrage ein, die einem im Ausland testierenden ausländischen Erblasser nicht entgegengehalten werden kann, wenn das maßgebende ausländische Recht ein derartiges Verbot nicht kennt (Trib. Luxembourg 13. 1. 1960 Pas. XVIII 144).

b) Droit de prélèvement

218 Um **luxemburgische Staatsangehörige** vor Benachteiligung bei Anwendung ausländischen Erbstatuts im Vergleich zum nationalen Recht zu schützen, haben diese auf den in Luxemburg belegenen Nachlaß ein vorrangiges Zugriffsrecht (droit de prélèvement).

6. Österreich

G. Beitzke, Neues Österreichisches Kollisionsrecht, RabelsZ 1979 (43) 245; *Anzinger* in *Burgsteller* (Hrsg.), Internationales Zivilverfahrensrecht, 1. Auflage 2000, Rdn. 6.1ff *F. Bydlinski,* Letztwillige Verwaltungsanordnungen, JBl. 1981, 72; *K. Edlbacher,* Verfahren in Außerstreitsachen, 1984; *R. Ehn,* Der Testamentsvollstrecker, ÖNotZ 1977, 36; *M. Ferid/K. Firsching,* Internationales Erbrecht, Bd. IV, Österreich; *K. Firsching,* Österreichische Nachlässe, IPRax 1983, 166; *F. Gschnitzer,* Österreichisches Erbrecht, 2. Aufl. 1984; *ders.,* Allgemeiner Teil des bürgerlichen Rechts (inkl. IPR), 2. Aufl. 1992; *H. Hoyer,* Italienisches Legats- und Noterbenrecht, IPRax 1988, 255; *ders.,* Deutsch-Österreichische Erbfälle, IPRax 1986, 345; *G. Iro,* Ist der Testamentsvollstrecker in der Einantwortungsurkunde einzutragen?, ÖNotZ 1977, 18; *Klicka/Oberhammer,* Außerstreitverfahren, 3. Aufl. 2000; *W. Kralik,* Erbrecht, 3. Aufl. 1983; *Mayr/Fucik,* Verfahren außer Streitsachen, 1998; *C. von Oertzen/T. Mondl,* Anwendbares Erbrecht in deutsch-österreichischen Erbfällen, ZEV 1997, 240; *P. Rummel,* Kommentar zum Allgemeinen Bürgerlichen Gesetzbuch, Bd. 1, 2. Aufl. 1990, §§ 1 bis 1089 ABGB; *M. Schwimann,* Praxiskommentar zum Allgemeinen Bürgerlichen Gesetzbuch, Bd. III, §§ 531 bis 858, 1997; *ders.,* Grundriß des Internationalen Privatrechts, 1982; *ders.,* Überblick über das internationale Erbrecht Österreichs, ÖNotZ 1979, 102; *F. Schwind,* Internationales Privatrecht, 1990; *ders.,* Prinzipien des neuen österreichischen IPR-Gesetzes, StAZ 1979, 109; *D. Solomon,* Erbfolge und Erbgang in deutsch-österreichischen Erbfällen, ZVglRWiss. 99 (2000), 170–209; *R. Sprung/H. Fink,* Letztwillig angeordnete Nachlaßverwaltung im österreichischen Recht, JBl. 1996, 205, 208; *Straube,* HGB Kommentar, 2. Aufl., 1995; *O. Taucher,* Internationale Erbschaften, 1987; *H. Wirner,* „Le mort saisit le vif" oder „hereditas iacens", FS Helmut Schippel, 1996, S. 981; *Staudinger/Dörner,* Kommentar zum Bürgerlichen Gesetzbuch Anh. zu Art. 25f. EGBGB Rdn. 484ff.; *W. Zankl,* Vertretungs- und schadensersatzrechtliche Aspekte der Testamentsvollstreckung, JBl. 1998, 293; *H. Zeuner,* Die jüngste Rechtsprechung des Obersten Gerichtshofes auf dem Gebiet des Internationalen Erbrechts, ZfRV 1988, 89.

a) Erbstatut nach autonomem Recht

219 Österreich hat das internationale Privatrecht mit dem **IPRG** (Bundesgesetz über das internationale Privatrecht vom 15. 6. 1978) zum 1. 1. 1979 neu geregelt. Für die Rechtslage vor Inkrafttreten des Gesetzes fehlt eine kodifizierte Gesamtdarstellung des internationalen Privatrechts; insoweit wird hier auf *Firsching* IPRax 1983, 166, 167; *ders.* in *Staudinger* Kommentar, 12. Aufl. 1981, Art. 25 EGBGB Rdn. 90; *Johnen* MittRhNotK 1986, 57, 65 verwiesen.

aa) Erbstatut. Gemäß § 28 Abs. 1 IPRG ist Erbstatut das **Heimatrecht des Erblassers** im Zeitpunkt seines Todes. Gemäß Art. 9 IPRG bestimmt sich das Heimatrecht nach dem Staatsangehörigkeitsrecht des in Frage stehenden Staates und wird folglich unselbständig angeknüpft (*Taucher,* Internationale Erbschaften, S. 14, *Anzinger* in *Burgsteller* (Hrsg.), Internationales Zivilverfahrensrecht, Rdn. 6.28 ff.). Bei Mehrrechtsstaatern wird an die effektive Nationalität angeknüpft, es sei denn, der Erblasser besitzt auch die öster. Staatsangehörigkeit; dann geht diese vor. Auf Flüchtlinge findet die Genfer Flüchtlingskonvention vom 28. 7. 1951 (vgl. Rdn. 18) Anwendung. Für Staatenlose knüpft § 9 Abs. 2 IPRG am gewöhnlichen Aufenthalt an. 220

bb) Verweisungstechnik. Verweisungen nach dem IPRG sind grundsätzlich **Gesamtnormverweisungen** (OGH ZfRV 1988, 134, 139 = IPRax 1988, 246; *Hoyer* IPRax 1988, 255, 256). Nach § 5 IPRG sind Rück- und Weiterverweisungen ausdrücklich zugelassen. Rückverweisungen sind gemäß § 5 Abs. 2 IPRG stets Sachnormverweisungen (vgl. *Schwind,* Internationales Privatrecht, Rdn. 149). Besteht der Heimatstaat des Erblassers aus mehreren Teilrechtsordnungen, so ist nach § 5 Abs. 3 IPRG diejenige maßgebend, auf die die in der ausländischen Rechtsordnung bestehenden Regeln verweisen bzw. soweit derartige Regeln nicht bestehen, die Teilrechtsordnung, mit der der Sachverhalt die engste Beziehung aufweist. 221

cc) Nachlaßeinheit. Österreich folgt dem **Grundsatz der Nachlaßeinheit,** sowohl der unbewegliche als auch der bewegliche Nachlaß unterliegt dem Heimatrecht des Erblassers (OLG Köln FamRZ 1997, 1176; anders noch die Rechtslage vor dem 1. 1. 1979, vgl. hierzu *Johnen* MittRhNotK 1986, 57, 65). Das IPRG kennt einen Vorrang des Einzelstatuts vergleichbar dem Art. 3 Abs. 3 EGBGB für das inländische Wohnungseigentum von Ehegatten (§ 10 WEG) und bzgl. anerbenrechtlicher Regelungen für in Österreich belegene Bauerngüter (*Gschnitzer/Mähnhardt,* Allgemeiner Teil des Bürgerlichen Rechts, S. 148; *v. Oertzen/Mondl* ZEV 1997, 240). Das IPRG eröffnet nicht die Möglichkeit einer (partiellen) Rechtswahl für den Erblasser (*Schwind* StAZ 1979, 109, 114). Soweit das Heimatrecht des ausländischen Erblassers teilweise auf öster. oder das Rechts eines Drittstaates zurück- bzw. weiterverweist, kann es zu einer Nachlaßspaltung kommen. Die Nachlaßspaltung führt nicht dazu, daß der dem ausländischen Recht unterstehende Teil des Nachlasses bei der Beurteilung des den öster. Sachnormen unterstehenden Nachlaßteils völlig außer Betracht bliebe (vgl. OGH IPRax 1988, 35, 36; IPRax 1988, 37, 38/39 = ZfRV 1987, 283 (Anm. *Zeuner*); *Kralik* Erbrecht S. 23 f.). 222

b) Funktionale Nachlaßspaltung

Das öster. internationale Erbrecht kennt zwei Ausnahmen vom dem in § 28 Abs. 1 IPRG niedergelegten Heimatrechtsprinzip, nämlich zum einen die Sonderanknüpfung nach § 28 Abs. 2 IPRG sowie die nach §§ 32, 31 IPRG. 223

aa) Sonderanknüpfung für Erwerbsmodus und Erbenhaftung nach § 28 Abs. 2 IPRG. 224
Das Erbstatut wird durch § 28 Abs. 2 IPRG für die Frage des **Erwerbsmodus des Nachlasses und die Haftung für Nachlaßschulden** durchbrochen (OGH ZfRV 1988, 134, 138 = IPRax 1988, 246; *Firsching* IPRax 1983, 166, 167 f.; *Hoyer* IPRax 1988, 255, 256; *Schwind,* Internationales Privatrecht, Rdn. 364 f.; aA BayObLG IPRax 1983, 188, 189 f.). Grund für diese Sonderanknüpfung ist der zweistufige Erwerbstatbestand im materiellen öster. Erbrecht. Danach ist neben dem Erwerbsgrund (Titel, etwa durch eine Verfügung von Todes wegen) ein weiterer Erwerbsakt erforderlich (Einantwortung, Rdn. 226 ff.), damit der Erbe in die

Rechtsstellung des Erblasser einrückt. Diese Zweistufigkeit des Erwerbstatbestandes hat – in Gestalt der Sonderanknüpfung für die Frage des Erwerbsmodus und die Haftung für Nachlaßschulden – auch im österreichischen IPR ihren Niederschlag gefunden. Dabei ist unter dem Begriff „Erbschaftserwerb" die Art und Weise des Übergangs von Nachlaßvermögen auf den Rechtsnachfolger zu verstehen (*Kopp,* Probleme der Nachlaßabwicklung bei kollisionsrechtlicher Nachlaßspaltung, S. 36f.; *Solomon* ZVglRWiss. 2000, 170, 174). Der Begriff „Haftung für Nachlaßschulden" wird weit ausgelegt und erfaßt – neben der Frage der begrenzten bzw. unbegrenzten Erbenhaftung – auch die Nachlaßinsolvenz (*Solomon* ZVglRWiss. 2000, 170, 174f.).

225 *(1) Anknüpfungskriterium.* Nach § 28 Abs. 2 IPRG ist öster. Recht anzuwenden, wenn eine Verlassenschaftsabhandlung in Österreich durchzuführen ist (zu den Schwierigkeiten, die sich im deutschen Erbscheinsverfahren aufgrund dieser Sonderanknüpfung ergeben, vgl. Rdn. 338f.). Soweit öster. Gerichte folglich für die Verlassenschaftsabhandlung international zuständig sind, hat dies die Anwendung öster. materiellen Rechts auf den Erbschaftserwerb und die Haftung für die Nachlaßschulden zur Folge (*Zeuner* ZfRV 1988, 89, 94). Materielles Recht und Verfahrensrecht sind somit eng miteinander verzahnt (vgl. *Beitzke* RabelsZ 1979, 245, 252, 259).

226 *(2) Wesen und Inhalt der Verlassenschaftsabhandlung.* Die Verlassenschaftsabhandlung ist die Übergabe der Erbschaft in den rechtlichen Besitz durch gerichtliche Einantwortung (§ 797 ABGB) nach der Annahme der Erbschaft (Erberklärung §§ 799, 800 ABGB) durch die Erben (OGH ÖNotZ 1995, 278, 279; *Gschnitzer,* Österreichisches Erbrecht, S. 58). Bis zu diesem Zeitpunkt handelt es sich um einen ruhenden Nachlaß, der noch nicht dem Erben, aber auch nicht mehr dem als Rechtssubjekt nicht mehr existierenden Erblasser gehört (*Wirner,* FS Schippel, 1996, S. 982; *Bungert* IPRax 1992, 225, 227). Der ruhende Nachlaß ist eine juristische Person. Die gegenüber dem Gericht zu erklärende sogenannte unwiderrufliche Erbserklärung, die gleichzeitig als Antrag auf Einantwortung gilt, muß den in Anspruch genommenen Erbrechtstitel ausweisen (OGH ÖNotZ 1995, 278). Die in Anspruch genommene Erbquote gehört dagegen nicht zum notwendigen Inhalt der Erbserklärung (OGH ÖNotZ 1994, 210, 211). Ist von vornherein klar, daß der behauptete Erbrechtstitel zu keiner Einantwortung des Erbserklärten führen kann, kann das Gericht die Erbserklärung zurückweisen (ÖNotZ 1994, 210, 211). In allen anderen Fällen ist das Abhandlungsverfahren grundsätzlich durchzuführen.

227 Das Verlassenschaftsverfahren unterbleibt ausnahmsweise (vgl. *v. Oertzen/Mondl* ZEV 1997, 240f.), wenn der Erblasser kein Vermögen hinterlassen hat (§ 72 AußstrG), der Nachlaß unbedeutend und zu vermuten ist, daß nur die dringendsten Schulden bezahlt werden können (§ 73 Abs. 1 AußstrG) oder wenn ein nicht geringfügiger Nachlaß überschuldet ist (dann Konkursverfahren § 74 AußstrG). Das Verlassenschaftsverfahren kann nach § 72 Abs. 2, 3 AußstrG von Amts wegen eingestellt werden, wenn der Nachlaß keine Liegenschaften umfaßt und einen bestimmten Wert nicht überschreitet („Abtuung armutshalber"). Mit formeller Rechtskraft des Einantwortungsbeschlusses, der das grundsätzlich durchzuführende Abhandlungsverfahren abschließt, gehen Eigentum, Forderungen und sonstige Rechte des Erblassers auf den Erbserklärten über.

228 Die Einantwortung stellt nur die Gesamtrechtsnachfolge fest, schafft selbst jedoch keinen originären Eigentumserwerb zugunsten der Erben. Soweit der Erblasser selbst nicht Eigentümer der Nachlaßgegenstände gewesen ist, können folglich auch die Erben durch die Einantwortung nicht Eigentümer werden (OGH ÖNotZ 1996, 244, 245).

(3) Die internationale Zuständigkeit für die Verlassenschaftsabhandlung. Die **internationale Zuständigkeit** (vgl. Überblick bei *v. Oertzen/Mondl* ZEV 1997, 240, 241) der österreichischen Gerichte für eine Verlassenschaftsabhandlung richtet sich, soweit keine Staatsverträge vorgehen (vgl. Rdn. 241), nach den §§ 21ff. AußStrG (Außerstreitgesetz), die zwischen beweglichem und unbeweglichem Nachlaß unterscheiden. Gesellschaftsanteile gehören grundsätzlich zum beweglichen Nachlaß (OGH ÖNotZ 1996, 248). 229

Bei einem **öster. Erblasser** ist gemäß § 21 AußStrG die internationale Zuständigkeit für die Verlassenschaftsabhandlung in bezug auf das in Österreich befindliche unbewegliche Vermögen (*Schwind,* Internationales Privatrecht, Rdn. 364f.; *Kopp,* Probleme der Nachlaßabwicklung bei kollisionsrechtlicher Nachlaßspaltung, S. 33) und das gesamte bewegliche Vermögen unabhängig von dessen Lageort gegeben (*Klicka/Oberhammer* Außerstreitverfahren Rdn. 12; *Anzinger* in *Burgsteller,* Internationales Zivilverfahrensrecht, Rdn. 6.6f.; OGH ZfRV 1977, 294, 295; ZfRV 1994, 31; aA *Schwind* StAZ 1979, 109, 118; *Hoyer* IPRax 1988, 255f.: nur für den in Österreich belegenen beweglichen Nachlaß). Folglich ist insoweit auf den Erwerbsmodus der Erbschaft und auf die Haftung für Nachlaßschulden gemäß § 28 Abs. 2 IPRG öster. Recht anzuwenden. Hat der öster. Erblasser unbewegliches Vermögen im Ausland, so ist eine internationale Zuständigkeit nach dem AußStrG nicht gegeben. Damit wird das unbewegliche, im Ausland belegene Vermögen des österreichischen Erblassers auch nicht von § 28 Abs. 2 IPRG erfaßt (s. aber auch Rdn. 236ff.). Insgesamt besehen kommt § 28 Abs. 2 IPRG in dieser Fallkonstellation neben § 28 Abs. 1 IPRG grundsätzlich keine eigenständige Bedeutung zu (*Staudinger/Dörner* Anh zu Art. 25f. EGBGB Rdn. 493; *Solomon* ZVglRWiss. 2000, 170, 178). 230

Der in Österreich belegene **Nachlaß von Flüchtlingen, Staatenlosen oder Ausländern, deren Staatsangehörigkeit sich nicht ermitteln läßt,** ist stets von österreichischen Gerichten abzuhandeln; folglich ist insoweit auch auf den Erwerbsmodus der Erbschaft sowie auf die Haftung für Nachlaßschulden öster. Recht anzuwenden (*Ferid/Firsching,* Internationales Erbrecht/Österreich, Rdn. 26; *Anzinger* in *Burgsteller,* Internationales Zivilverfahrensrecht, Rdn. 6.20ff.). 231

War der **Erblasser Ausländer,** so ist die internationale Zuständigkeit und damit die Anwendung öster. Rechts auf den Erbschaftserwerb und die Haftung für Nachlaßschulden für den in Österreich belegenen unbeweglichen Nachlaß eröffnet (§ 22 AußstrG; s. hierzu *Dolinar,* Österreichisches Außerstreitverfahrensrecht, S. 49; *Ferid/Firsching,* Internationales Erbrecht/Österreich, Rdn. 26; *Klicka/Oberhammer* Außerstreitverfahren Rdn. 12; *Anzinger* in *Burgsteller,* Internationales Zivilverfahrensrecht, Rdn. 6.8ff.; *Kopp,* Probleme der Nachlaßabwicklung bei kollisionsrechtlicher Nachlaßspaltung, S. 33). Für den gesamten im Ausland belegenen Nachlaß, ist keine internationale Zuständigkeit nach dem AußStrG begründet, so daß insoweit eine Sonderanknüpfung nach § 28 Abs. 2 IPRG (s. aber auch Rdn. 236ff.) nicht in Betracht kommt. Gleiches gilt im Grundsatz auch für den beweglichen, in Österreich belegenen beweglichen Nachlaß. Für diesen ist nämlich grundsätzlich nach § 23 Abs. 2 AußStrG keine internationale Zuständigkeit begründet. Folglich scheidet auch – im Grundsatz – die Anwendung öster. Rechts auf den Erbanfall und die Haftung für Erbschaftsschulden aus. Es bleibt insoweit dann bei dem in Art. 28 Abs. 1 IPRG aufgestellten Grundsatz (*Schwimann* ÖstNotZ 1979, 102, 107; *ders.,* Grundriß des IPR, S. 258; *Solomon* ZVglRWiss. 2000, 170, 172; offengelassen allerdings in OGH ZfRV 1993, 35, 36). Hiervon gibt es jedoch drei Ausnahmen: 232

Hatte der **ausländische Erblasser seinen letzten Wohnsitz oder seine Niederlassung in Österreich,** so ist auf den Erwerbsmodus des Nachlasses und 233 die Haftung für Nachlaßschulden bzgl. des in Österreich belegenen beweglichen Vermögens öster. Recht anzuwenden, wenn keine Gegenseitigkeit besteht (*Dolinar,* Österreichisches Außerstreitverfahrensrecht, S. 49; *Klicka/Oberhammer* Außerstreitverfahren Rdn. 12). Die Gegenseitigkeit besteht nicht, wenn der Staat, in dem die beweglichen Nachlaßgegenstände belegen sind, für den Fall, daß der Erblasser Österreicher ist, für die in seinem Gebiet belegenen Nachlaßgegenstände seinerseits eine öster. Zuständigkeit ablehnt. Nicht immer einfach ist die Frage zu beantworten, an welchem Ort bewegliche Nachlaßgegenstände belegen sind. Aus bundesdeutscher Sicht kommt es beispielsweise bei einem Sparguthaben nicht auf den Ort an, wo das Sparbuch aufbewahrt wird, sondern auf den Ort, wo dieses geführt wird (LG Traunstein IPRspr. 1986, Nr. 111 S. 254 = WM 1987, 808).

234 Trotz **Gegenseitigkeit** (vgl. Rdn. 233) kommt öster. Recht zur Anwendung (unabhängig davon, wo der ausländische Erblasser seinen Wohnsitz hatte), wenn die maßgebliche ausländische Rechtsordnung eine eigene Zuständigkeit für den in Österreich belegenen beweglichen Nachlaß ablehnt (*Dolinar,* Österreichisches Außerstreitverfahrensrecht, S. 49; *Klicka/Oberhammer* Außerstreitverfahren Rdn. 12).

235 Schließlich unterliegt der **inländische bewegliche Nachlaß eines Ausländers mit Wohnsitz oder Niederlassung in Österreich** trotz Gegenseitigkeit bzgl. des Erbanfalls und der Haftung für Nachlaßschulden dem öster. Recht, wenn öster. Erben den Antrag stellen, die Verlassenschaftsabhandlung in Österreich vorzunehmen (*Dolinar,* Österreichisches Außerstreitverfahrensrecht, S. 49; *Klicka/Oberhammer* Außerstreitverfahren Rdn. 12).

236 *bb) Die Sonderanknüpfung nach §§ 31, 32 IPRG.* Nach § 32 IPRG gilt für dingliche Rechte an unbeweglichen Sachen auch dann die lex rei sitae (§ 31 Abs. 1 IPRG), wenn diese Rechte „in den Anwendungsbereich einer anderen inländischen Verweisungsnorm fallen". Zu letzterer zählt auch § 28 Abs. 1 IPRG mit der Folge, daß der Heimatrechtsgrundsatz – neben § 28 Abs. 2 IPRG – eine weitere Durchbrechung erfährt. Anders jedoch als § 28 Abs. 2 IPRG beziehen sich die §§ 32, 31 IPRG allein auf dingliche Rechte an unbeweglichen (für eine über den Wortlaut hinausgehende entsprechende Anwendung auf bewegliche Sachen, *Schwind* StAZ 1979, 109, 118; *Hoyer* IPRax 1988, 255f.) Sachen (dh. Erwerb und Verlust), nicht aber auf die Haftung für Nachlaßschulden (*Kopp,* Probleme der Nachlaßabwicklung bei kollisionsrechtlicher Nachlaßspaltung, S. 37f.; *Solomon* ZVglRWiss. 2000, 170, 185f.; für eine erweiternde Auslegung über den Gesetzeswortlaut hinaus allerdings *Firsching* IPRax 1981, 86, 88; *ders.* IPRax 1983, 166, 168). Die Frage, ob ein Nachlaßgegenstand beweglich oder unbeweglich ist, richtet sich gemäß § 32 Abs. 2 IPRG nach dem Lagerecht.

237 Die Sonderanknüpfung in §§ 32, 31 IPRG führt nicht dazu, daß hinsichtlich unbeweglicher Nachlaßgegenstände § 28 Abs. 1 IPRG vollständig verdrängt würde. Vielmehr regeln – ganz überwiegender Ansicht nach – diese Bestimmungen allein die Erwerbsart (Modus) der Erbschaft, nicht aber die Erbberechtigung (Titel). Letztere unterliegt weiterhin dem nach § 28 Abs. 1 IPRG zu bestimmenden Erbstatut (*Zemen* ZfRV 1987, 283, 287f.; *ders.* ZfRV 1983, 67, 73; *Schwimann,* Grundriß des Internationalen Privatrechts, S. 257; *Solomon* ZVglRWiss. 2000, 170, 181; *Kopp,* Probleme der Nachlaßabwicklung bei kollisionsrechtlicher Nachlaßspaltung, S. 38; OLG Köln FamRZ 1997, 1176, 1177). Damit wird allein der Erbschaftserwerb an unbeweglichen Nachlaßgegenständen dem Lagerecht der Immobilie unterstellt, soweit das so berufene ausländische Recht die Verweisung annimmt (OGH ZfRV 1988, 134, 138 = IPRax 1988, 246; OLG Köln FamRZ 1997, 1176, 1177).

cc) Die Sonderanknüpfung aus der Sicht des deutschen Rechtsanwenders. Für nicht in Österreich belegenes unbewegliches Vermögen ist aus deutscher Sicht die Rück- bzw. Weiterverweisung in §§ 32, 31 IPRG auf das Belegenheitsrecht zu beachten (OLG Köln FamRZ 1997, 1176, 1177; *Kopp,* Probleme der Nachlaßabwicklung bei kollisionsrechtlicher Nachlaßspaltung, S. 39; *Firsching* IPRax 1981, 86, 88; *ders.* IPRax 1983, 166, 168; *v. Oertzen* ZEV 1995, 418). Dagegen kann § 28 Abs. 2 IPRG keine Rück- bzw. Weiterverweisung für die Fälle entnommen werden, in denen die österreichischen Gerichte zur Verlassenschaftsabhandlung nicht international zuständig sind (*Solomon* ZVglRWiss. 2000, 170, 197; aA *Berenbrok,* Internationale Nachlaßabwicklung, S. 245f.). Schwierigkeiten bereiten – aus deutscher Sicht – die Durchbrechungen des Heimatrechtsgrundsatzes durch § 28 Abs. 2 IPRG und §§ 32, 31 IPRG im Hinblick auf Art. 3 Abs. 3 EGBGB (s. hierzu *Kopp,* Probleme der Nachlaßabwicklung bei kollisionsrechtlicher Nachlaßspaltung, S. 39ff.; *Solomon* ZVglRWiss. 2000, 170, 198ff.). Nach Art. 3 Abs. 3 EGBGB bezieht sich die Verweisung in Art. 25 Abs. 1 EGBGB nicht auf Gegenstände, die nicht im Heimatstaat des Erblassers belegen sind und nach dem Recht des Belegenheitsstaates „besonderen Vorschriften" unterliegen (s. Rdn. 40ff.). 238

Die überwiegende Ansicht sieht in der Sonderanknüpfung für den Erbschaftserwerb sowie die Haftung für Nachlaßschulden in § 28 Abs. 2 IPRG eine besondere Regelung iSd. Art. 3 Abs. 3 EGBGB (KG OLGZ 1984, 428, 430f.; MünchKommBGB/*Sonnenberger* Art. 3 EGBGB Rdn. 25; *Firsching* IPRax 1983, 166, 169; *v. Oertzen/Seidenfus* ZEV 1996, 210, 212; *Ferid/Firsching,* Internationales Erbrecht/Österreich, Grdz. C IV Rdn. 44; *Staudinger/Dörner* Art. 25 EGBGB Rdn. 539 und Anh. zu Art. 25f. EGBGB Rdn. 489; *Staudinger/Hausmann* Art. 3 EGBGB Rdn. 115; *v. Hoffmann* § 9 Rdn. 62a Fn. 143; aA *Kopp,* Probleme der Nachlaßabwicklung bei kollisionsrechtlicher Nachlaßspaltung, S. 40 mit dem Hinweis darauf, daß es an dem gegenständlichen Bezug zum Belegenheitsort fehle, da die internationale Zuständigkeit österreichischer Gerichte zur Verlassenschaftsabhandlung nicht immer bei Belegenheit von Nachlaßgegenständen in Österreich eröffnet sei; s. auch *Solomon* ZVglRWiss. 2000, 170, 202ff.). In jedem Fall wird man die funktionale Nachlaßspaltung aber iSv. § 3 Abs. 3 EGBGB qualifizieren müssen, soweit es um in Österreich belegenes unbewegliches Vermögen geht. Dies ergibt sich schon aus §§ 32, 31 IPRG (*Kopp,* Probleme der Nachlaßabwicklung bei kollisionsrechtlicher Nachlaßspaltung, S. 39; *Solomon* ZVglRWiss. 2000, 170, 204; zu beachten ist allerdings, daß sich die §§ 32, 31 IPRG – anders als § 28 Abs. 2 IPRG – nur auf die Frage des Erwerbsmodus, nicht aber auf die Haftung für Nachlaßschulden beziehen, Rdn. 236). 239

dd) Testierfähigkeit. Dem Erbstatut untersteht nicht die **Testierfähigkeit** des Erblassers und die Form (vgl. Rdn. 242) von Verfügungen von Todes wegen. Erstere richtet sich nach dem Heimatrecht des Erblassers im Zeitpunkt der Verfügung. Die **Wirksamkeit des Erbvertrages** (bis auf Testierfähigkeit und Form) untersteht dem Personalstatut im Zeitpunkt der Verfügung oder Zeitpunkt des Todes. 240

c) Erbstatut nach internationalen Verträgen

Die **internationalen Abkommen** beziehen sich im Wesentlichen auf die Abhandlungszuständigkeit und gehen damit den §§ 21ff. AußStrG vor. Dies ändert jedoch nichts an dem Grundsatz, daß die Anwendung öster. Rechts auf den Erwerbsmodus der Erbschaft und auf die Haftung für die Nachlaßschulden der öster. internationalen Zuständigkeit für die Verlassenschaftsabhandlung folgt (vgl. Rdn. 229ff.). Nach dem Österreichisch-Jugoslawischen Abkommen vom 16. 12. 241

1954 sind gemäß Art. 30 Abs. 1 für die Abhandlung des unbeweglichen Nachlasses die Gerichte des Lagestaates zuständig. Nach Art. 31 sind für die Abhandlung des beweglichen Nachlasses die Heimatgerichte zuständig. Gleiches gilt nach den Artt. 39, 40 des Österreichisch-Polnischen Abkommen vom 11. 12. 1963. Der Österreichisch-Ungarische Vertrag vom 9. 4. 1965 findet auf den Nachlaß eines Österreichers Anwendung, wenn dieser im anderen Vertragsstaat verstirbt oder dort Vermögen hinterläßt. Nach Art. 8 des Abkommens ist Erbstatut das Heimatrecht des Erblassers im Zeitpunkt des Todes. Die Abhandlungszuständigkeit ist in den Art. 5, 6 ebenso geregelt wie in den oben aufgeführten Verträgen.

d) Formstatut

242 In Österreich gilt seit dem 5. 1. 1964 die **Haager Konvention** über das auf die Form letztwilliger Verfügungen anzuwendende Recht vom 5. 10. 1961 (vgl. Rdn. 74ff.). Für die Form des Erbvertrages verweist §§ 8, 30 Abs. 1 IPRG auf das Heimatrecht im Zeitpunkt der Errichtung der Verfügung bzw. im Zeitpunkt des Todes des Erblassers (*Ferid/Firsching,* Internationales Erbrecht/Österreich, Rdn. 21).

e) Der Testamentsvollstrecker im öster. Zivilrecht

243 Die Testamentsvollstreckung ist im öster. Recht in § 816 ABGB geregelt. Der Testamentsvollstrecker kann vom Erblasser in einem Testament oder einem Erbvertrag ernannt werden (*Gschnitzer* Erbrecht S. 65). Der Testamentsvollstrecker (**„Exekutor“** bzw. **„Vollzieher“**) kann sowohl eine natürliche als auch eine juristische Person sein. Eine natürliche Person muß voll geschäftsfähig und darf (auch wenn sie nicht Erbin ist) nicht erbunwürdig sein (*Kralik* Erbrecht S. 273). Testamentsvollstrecker kann nicht der Notar als Gerichtskommissär sein (*Schwimann/Eccher* § 816 ABGB Rdn. 4). Die Konkurseröffnung über das Vermögen des Testamentsvollstreckers hindert die Übernahme des Amtes oder dessen Weiterführung nicht. Der Erblasser kann auch mehrere Testamentsvollstrecker nebeneinander berufen, die dann das Amt im Zweifel gemeinschaftlich ausüben (*Kralik* Erbrecht S. 273).

244 *aa) Rechtsnatur und Amtsbeginn.* Das Amt des Testamentsvollstreckers ist höchstpersönlich; es darf nicht auf einen Dritten übertragen werden (*Rummel/Welser* § 816 ABGB Rdn. 2). Mit dem Tod des Testamentsvollstreckers gehen dessen Rechte und Pflichten nicht auf seine Erben über. Da der Testamentsvollstrecker durch die letztwillige Verfügung des Erblassers mit Rechten bedacht wird, ist er entsprechend § 594 ABGB untauglicher Testamentszeuge bei mündlicher Testamentserrichtung (*Kralik* Erbrecht S. 272). Das Verlassenschaftsgericht hat dem Testamentsvollstrecker die Anordnung des Erblassers bekannt zu geben. Der Testamentsvollstrecker **erwirbt seine Stellung mit dem Erbfall,** einer Bestellung durch das Gericht bedarf es nicht (*Bydlinski* JBl. 1982, 72, 73). Er muß auch nicht ausdrücklich die Annahme des Amtes erklären. Eine Verpflichtung zur Übernahme des Amtes besteht nicht (OGH JBl. 1993, 310, 311; *Rummel/Welser* § 816 ABGB Rdn. 3). Dagegen ist die Ablehnung gegenüber dem Verlassenschaftsgericht jederzeit zulässig und auch ausdrücklich zu erklären.

245 *bb) Ende des Amtes.* **Das Amt endet** mit dem Tod des Testamentsvollstreckers, Verlust der Geschäftsfähigkeit, Erledigung der Aufgabe, aufgrund etwaiger Anordnungen (zB Befristung, Bedingung) des Erblassers oder Entlassung durch das Verlassenschaftsgericht (gegebenenfalls auf Antrag der Erben) aus wichtigem Grund (OGH ÖNotZ 1971, 12; *Ferid/Firsching,* Internationales Erbrecht/Österreich,

Rdn. 110; aA *Kralik,* Erbrecht, S. 276). Eine Entlassung des Testamentsvollstreckers soll insbesondere dann möglich sein, wenn die Gründe für das vom Erblasser in die Person des Testamentsvollstreckers gesetzte Vertrauen nachträglich entfallen sind. Die Beurteilung, ob dies der Fall ist, trifft der zuständige Richter nach freiem Ermessen (*Ehn* ÖNotZ 1977, 36, 38). Vertritt der Testamentsvollstrecker zugleich die Erben und die Vermächtnisnehmer und gerät er hierdurch in eine Interessenkollision, so hat das Gericht ihn uU seines Amtes oder einer bestimmten Aufgabe zu entheben (*Schwimann/Eccher* § 816 ABGB Rdn. 4). Der Testamentsvollstrecker kann beim Abhandlungsgericht auch seine eigene Enthebung beantragen. Auch diese wird überwiegend jedoch an das Vorliegen wichtiger Gründe geknüpft (*Sprung/Fink* JBl. 1996, 205, 216). Das Amt des Testamentsvollstreckers erlischt nicht mit der Einantwortung, vielmehr hat er die Einhaltung des Erblasserwillens über diesen Zeitpunkt hinaus zu überwachen (*Bydlinski* JBl. 1981, 72, 73). Handelt es sich nicht um einen „reinen" Testamentsvollstrecker, sondern um einen „Nachlaßverwalter" oder „verwaltenden Testamentsvollstrecker" (vgl. zu der Unterscheidung Rdn. 246), ist unklar, wie dessen Amt endet (*Sprung/Fink* JBl. 1996, 205, 216). Herrschender Ansicht nach sollen zumindest nach Einantwortung der Erben durch das Verlassenschaftsgericht diese dem Nachlaßverwalter bzw. verwaltenden Testamentsvollstrecker den Aufgabenbereich der Verwaltung und Vertretung des Nachlasses jederzeit entziehen können (OGH JBl. 1993, 310, 311; *Bydlinski* JBl. 1981, 72, 77; s. zum Streitstand *Zankl* JBl. 1998, 293, 294ff.). Der Grund hierfür liegt in der Einbettung der Testamentsvollstreckung in das allgemeine System des Auftrags- und Vollmachtsrechts (*Zankl* JBl. 1998, 293, 295). Der Erblasser kann dies freilich (mittelbar) insoweit einschränken, als er an den Widerruf im Wege von Auflagen oder Bedingungen Nachteile knüpft (vgl. hierzu Rdn. 248). Teilweise wird aber auch die Ansicht vertreten, der Erblasser könne unmittelbar mit Hilfe der erbrechtlichen Gestaltungsmittel in den Grenzen des zwingenden Rechts Umfang und Inhalt der Bindung des Erben an die Testamentsvollstreckung regeln (*Zankl* JBl. 1998, 293, 296f.). Unklar ist jedoch, ob für den Fall, daß die verwaltenden Aufgaben des Nachlaßverwalters bzw. verwaltenden Testamentsvollstreckers enden, seine Überwachungsbefugnisse wieder aufleben (*Bydlinski* JBl. 1981, 72, 77ff.). Im übrigen kann auch der Nachlaßverwalter oder der verwaltende Testamentsvollstrecker seinerseits das Auftragsverhältnis aufkündigen.

cc) Aufgaben des Testamentsvollstreckers. **Aufgabe des „reinen" Testamentsvollstreckers** ist es, dem Willen des Erblassers entweder selbst zum Durchbruch zu verhelfen bzw. die Erben zur Befolgung des letzten Willens anzuhalten (*Gschnitzer* Erbrecht 1983, S. 65; *Kralik* Erbrecht S. 273). Mangels anderer Anordnung des Erblassers hat der „reine" Testamentsvollstrecker lediglich eine Überwachungsfunktion (*Sprung/Fink* JBl. 1996, 205, 208). Er kann den widerstreitenden Willen der Erben durch Anrufung des Gerichts brechen. Er hat auf die Erben einzuwirken, um diese zur Respektierung des Erblasserwillens zu veranlassen bzw. muß selbst entsprechende Anträge beim Abhandlungsgericht stellen (OGH JBl. 1993, 310, 311; *Schwimann/Eccher* § 816 ABGB Rdn. 6). Darüber hinaus beruft § 164 AußStrG den Testamentsvollstrecker zur Mitwirkung bei den im Verlassenschaftsverfahren vom Erben vorzulegenden Testamentsnachweisen. Der „reine" Testamentsvollstrecker hat keine Verwaltungsrechte, er kann nicht über Nachlaßgegenstände verfügen oder Forderungen, die zum Nachlaß gehören, einziehen (*Kralik* Erbrecht S. 274f.; *Rummel/Welser* § 816 ABGB Rdn. 6). 246

Der Erblasser kann dem Testamentsvollstrecker oder aber einer anderen Person Verwaltungsrechte (umfassend oder festumschriebene Einzelakte) zumindest bis zur Einantwortung (offengelassen für die Zeit danach OGH ÖNotZ 1977, 139, 140) 247 überwiegender Ansicht nach auch für die Zeit danach übertragen (str. dafür: *Sprung/Fink* JBl. 1996, 205, 206ff.; *Rummel/Welser* § 816 ABGB Rdn. 10; *Iro* ÖNotZ 1977, 18, 19; *Bydlinski* JBl. 1981, 72, 73; aA *Kralik* Erbrecht S. 273). Räumt der Erblasser dem Testamentsvollstrecker derartige verwaltende Funktionen ein, wird letzterer auch **verwaltender Testamentsvollstrecker** genannt. Hat der Erblasser die Verwaltungsaufgaben einem vom Testamentsvollstrecker verschiedenen Dritten zugedacht, wird dieser auch als Nachlaßpfleger bezeichnet (*Sprung/Fink* JBl. 1996, 205, 216ff.). Der Erblasser kann dem Testamentsvollstrecker keinesfalls die Einantwortung bzw. die Vollziehung des Rechtsübergangs übertragen; denn diese ist den Verlassenschaftsgerichten exklusiv vorbehalten (*Schwimann/Eccher,* § 816 ABGB Rdn. 2; *Ferid/Firsching,* Internationales Erbrecht/Österreich, Rdn. 110).

248 Soweit die hM eine **Verwaltung des Nachlasses auch für die Zeit nach Einantwortung** der Erben für zulässig erachtet, ist die Rechtsnatur einer derartigen verwaltenden Testamentsvollstreckung ebenso umstritten wie die hierauf anzuwenden Rechtsregeln. Teilweise wird die Ansicht vertreten, daß auf den mit Verwaltungs- und Vertretungsrechten ausgestatteten Testamentsvollstrecker die Vorschriften über den Verlassenschaftskurator sinngemäß anzuwenden sind (Nachweise bei *Riering/Bachler* DNotZ 1995, 580, 594). Dies ist jedoch insoweit problematisch, als das Verlassenschaftskuratel gegenüber der Verwaltung und Benutzung der Verlassenschaft durch den erbserklärten und ausreichend ausgewiesenen Erben gemäß § 810 ABGB (und den diese Vorschrift näher ausgestaltenden § 145 AußStrG) subsidiär ist (*Sprung/Fink* JBl. 1996, 205, 209/210). Darüber hinaus erlischt die Vertretungsmacht des Verlassenschaftskurators gerade mit dem Eintritt der durch die Einantwortung bewirkten Gesamtrechtsnachfolge (OGH ÖNotZ 1995, 278, 279). Soll daher der verwaltende Testamentsvollstrecker/Nachlaßverwalter auch über den Zeitpunkt der Einantwortung hinaus den Nachlaß verwalten und vertreten können, bedarf es hierfür einer anderweitigen Rechtsgrundlage. Anderer Ansicht nach sind daher auf den verwaltenden Testamentsvollstrecker/Nachlaßverwalter die Vorschriften über den Bevollmächtigungsvertrag in §§ 1002ff. ABGB entsprechend anzuwenden (OGH JBl. 1993, 310, 311; *Bydlinski* JBl. 1981, 72, 76ff.; *Rummel/Strasser* § 1002 ABGB Rdn. 34a; *Sprung/Fink* JBl. 1996, 205, 210). Unabhängig wie das Verwaltungs- bzw. Vertretungsrecht des verwaltenden Testamentsvollstreckers zu begründen ist, steht dieses jedenfalls im Konflikt mit dem Verwaltungsrecht der Erben aus § 810 ABGB. Nach Ansicht des OGH ist eine das Verwaltungsrecht des Erben verdrängende Testamentsvollstrekkung auch bei entsprechender Anordnung des Erblassers nicht möglich (OGH JBl. 1993, 310, 311; *Iro* ÖNotZ 1977, 18, 19; aA wohl *Sprung/Fink* JBl. 1996, 205, 210f.), zulässig sei allenfalls eine konkurrierende Zuständigkeit. Darüber hinaus kann der Erbe das Mandat des „verwaltenden" Testamentsvollstrecker jederzeit widerrufen (vgl. Rdn. 245). Die Widerrufsmöglichkeiten des Erben kann der Erblasser zwar durch entsprechende letztwillige Auflagen bzw. Bedingungen einschränken (s. Rdn. 245). Derartige Einschränkungen müssen zum einen aber ausdrücklich angeordnet sein und können nicht ohne weiteres unterstellt werden (OGH JBl. 1993, 310, 311). Zum anderen dürfen Auflagen oder Bedingungen nicht das gesetzliche Pflichtteilsrecht (§ 774 ABGB) unterlaufen bzw. gegen die guten Sitten verstoßen (§§ 543, 879 ABGB). Schließlich dürfen sie nicht über den zeitlichen Rahmen hinausgehen, mit dem ein Erbe im Wege einer Nacherbschaft beschwert werden kann (*Sprung/Fink* JBl. 1996, 205, 212ff.). Wegen der idR nur obligatorisch wirkenden Beschränkung des Erben ist die „verwaltende" Testamentsvollstreckung weder ins Grundbuch noch in die Einantwortungsurkunde einzutragen (*Kralik* Erbrecht S. 275; *Iro* ÖNotZ 1977, 18, 19).

Der Erblasser kann dem Testamentsvollstrecker/Nachlaßpfleger auch die Verwaltung der **unternehmerischen Teile des Nachlasses** übertragen (*Rummel/Welser* § 816 ABGB Rdn. 10). Hält sich die Fortführung des Unternehmens im Rahmen eines „ordentlichen Wirtschaftsbetriebes" (vgl. § 145 AußStrG), so benötigt der Testamentsvollstrecker keine abhandlungsbehördliche Genehmigung (vgl. OGH SZ 43 (1970) Nr. 198 S. 699). Im Handelsregister ist sowohl der Tod des Unternehmensinhabers als auch die Vertretung und Firmenzeichnung durch den Nachlaßverwalter (bzw. verwaltenden Testamentsvollstrecker) zu vermerken. Es gelten jedoch für die Unternehmensfortführung die allgemeinen Beschränkungen der Nachlaßverwaltung (auch Dritten gegenüber) (*Straube/Schuhmann,* Kommentar zum HGB, 1995, § 32a Rdn. 9. Bis zur Einantwortung kann der infolge einer Nachfolgeklausel in den Nachlaß fallende Gesellschaftsanteil an einer OHG der Verwaltung durch einen Nachlaßverwalter bzw. verwaltenden Testamentsvollstrekker unterliegen (*Straube/Schuhmann,* Kommentar zum HGB, 1995, § 139 Rdn. 10f., 14). Für Verbindlichkeiten, die aufgrund der Fortführung des unternehmerischen Teils des Nachlasses bis zur Einantwortung durch den Testamentsvollstrecker entstehen, haftet lediglich der Nachlaß (OGH SZ 43 (1970) Nr. 198 S. 702). 249

Verletzt der Testamentsvollstrecker seine Pflichten gegenüber den Erben **haftet** er diesen gegenüber nach § 816 iVm. §§ 1009, 1012 ABGB (*Zankl* JBl. 1998, 293, 298f.). Fraglich ist, ob der Erblasser den Testamentsvollstrecker von der Haftung befreien kann. Letzteres wird in der Literatur zT angenommen (*Zankl* JBl. 1998, 293, 299). 250

Der Testamentsvollstrecker hat **im Verfahren** die Stellung einer Partei; ihm steht gegen die Beschlüsse des Abhandlungsgerichts ein Rekursrecht im eigenen Namen zu, soweit seine Aufgaben betroffen sind (*Schwimann/Eccher* § 816 ABGB Rdn. 7). Darüber hinaus ist er zur Inventarisierung zu laden (*Rummel/Welser* § 816 ABGB Rdn. 7). 251

dd) Vergütung. Im Regelfall ist die Tätigkeit des Testamentsvollstreckers **nicht zu vergüten,** es sei denn, der Erblasser trifft eine anderweitige Anordnung (*Schwimann/Eccher* § 816 ABGB Rdn. 8). Ein derartiger abweichender Wille ist anzunehmen, wenn der Erblasser Personen mit der Testamentsvollstreckung betraut, die üblicherweise entgeltlich tätig werden (Notare, Anwälte etc.) (*Kralik* Erbrecht S. 275). In jedem Fall sind dem Testamentsvollstrecker jedoch die Auslagen zu erstatten. Für die Auslagen und uU die Vergütung haftet der Nachlaß. Der Entgeltanspruch ist im ordentlichen Rechtsweg geltend zu machen (*Schwimann/Eccher* § 816 ABGB Rdn. 8). 252

7. *Polen*

I. Dudek, Gesetz über den Erwerb von Grundstücken durch Ausländer, WiRO 1996, 343; *T. Dybowski/J. Rajski,* Juris Classeur, Droit Comparé, Vol. III/Polen, 2ème cahier; *M. Ferid/K. Firsching,* Internationales Erbrecht, Bd. V, Polen; *F. Korkisch,* Neue Tendenzen im internationalen Privatrecht Osteuropas, Jahrbuch für Ostrecht 1980, 9; *D. Martiny/J. Guttzeit,* Fragen des anwendbaren Erbrechts mit deutschen und polnischen Beteiligten, NotBZ 2001, 5; *M. Pazdan,* Zur Änderung des polnischen Zivilrechts, Osteuropa Recht 1991, 15; *M. Sosniak,* précis de droit international privé polonais, 1976; *Staudinger/Dörner* Anh. zu Art. 25f. EGBGB Rdn. 528ff.

a) Erbstatut nach autonomem Recht

Die polnischen autonomen Kollisionsvorschriften zum Erbrecht, die auch das Institut der Testamentsvollstreckung erfassen (*Martiny/Guttzeit* NotBZ 2001, 5, 253

13), finden sich im IPR-Gesetz vom 12. 11. 1965. Art. 34 des IPR-Gesetzes knüpft für das Erbstatut am Recht des Staates an, dem der Erblasser im Zeitpunkt des Todes angehört hat. War der Erblasser Mehrstaater, so entscheidet gemäß Art. 2 Abs. 2 des IPR-Gesetzes grundsätzlich die effektive Staatsangehörigkeit. Ist der Erblasser auch polnischer Staatsangehöriger, so ist allein letztere maßgebend (*Martiny/Guttzeit* NotBZ 2001, 5, 6). Ist die Staatsangehörigkeit des Erblassers nicht ermittelbar, so ist für das Erbstatut gemäß Art. 2 Abs. 3 an das Wohnsitzrecht anzuknüpfen (*Dybowski/Rajski,* JCl, Droit Comparé/Polen, Heft 2, Rdn. 18). Das polnische Recht unterscheidet nicht zwischen beweglichem und unbeweglichem Nachlaß. Es gilt mithin das Prinzip der Nachlaßeinheit (*Sosniak,* Précis de droit international privé polonais, 1976, S. 204; für landwirtschaftlich genutzte Grundstükke s. aber Rdn. 255). Auch nach polnischem Recht kann es jedoch zu einer Nachlaßspaltung kommen, wenn das aus polnischer Sicht berufene ausländische Recht eine Nachlaßspaltung kennt.

254 *aa) Verweisungstechniken.* Rückverweisungen auf pol. Recht werden vergleichbar dem Art. 4 EGBGB angenommen und abgebrochen. Grundsätzlich sind **Weiterverweisungen** im pol. IPR nur zu beachten, soweit Anknüpfungsmoment der Kollisionsnorm die Staatsangehörigkeit ist. Damit sind Weiterverweisungen im Rahmen des Erbstatuts grundsätzlich zu beachten. Das polnische Recht lehnt jedoch Verweisungsketten ab. Verweist das aus polnischer Sicht berufene ausländische Recht im Rahmen des Erbstatuts auf das Recht eines dritten Staates weiter, so wird die Verweisung dort abgebrochen, unabhängig davon, ob der Drittstaat seinerseits rück- oder weiterverweist (*Sosniak,* Précis de droit international privé polonais, 1976, S. 48).

255 *bb) Sonderstatut für landwirtschaftlich genutzte Grundstücke.* **Für landwirtschaftlich genutzte Grundstücke,** die in Polen belegen sind, gilt für die Erbfolge ab intestat ein Sonderstatut (str., vgl. hierzu *Martiny/Guttzeit* NotBZ 2001, 5, 8). Insoweit richtet sich die Rechtsnachfolge von Todes wegen stets nach polnischem materiellen Recht, insbesondere nach Art. 1059 ZGB (vgl. *Pazdan* Osteuropa Recht 1991, 15, 22).

256 *cc) Wirksamkeitsvoraussetzungen für Verfügungen von Todes wegen.* Für die allgemeinen Wirksamkeitsvoraussetzungen einer Verfügung von Todes wegen knüpft Art. 35 des IPR-Gesetzes an das Heimatrecht des Erblassers im Zeitpunkt der Errichtung der Verfügung an. Nach diesem Testamentsstatut bestimmt sich insbesondere, welche Verfügungen zulässig sind, welche Wirkungen diese haben, ob Willensmängel vorliegen und deren Folgen, die Testierfähigkeit sowie Umfang und Zulässigkeit der Testamentsvollstreckung (vgl. *Korkisch* Jahrbuch für Ostrecht 1980, 9, 34; *Sosniak,* Précis de droit international privé polonais, 1976, S. 222).

257 *dd) Genehmigungspflicht für Grundstückserwerb.* Polen hat durch Gesetz vom 15. 3. 1996 (Dz. U. 1996, Nr. 45, Pos. 198; vgl. hierzu *Dudek* WiRO 1996, 343ff.; *Martiny/Guttzeit* NotBZ 2001, 5, 8) den Grundstückserwerb durch Ausländer neu geregelt. Nach wie vor ausgenommen von der Genehmigungspflicht ist der Eigentumserwerb von Grundstücken durch gesetzliche Erbfolge (Art. 7 Abs. 2). Kennt das Heimatrecht des Erblassers keine gesetzliche Erbfolge, gilt insoweit polnisches Recht. Dagegen bedarf der Eigentumserwerb im Wege gewillkürter Erbfolge der Genehmigung des Ministers des Innern, der diese im Einvernehmen mit dem Ministerium für Nationale Sicherheit erteilt (Art. 7 Abs. 3 iVm. Art. 1). Ausnahmsweise ist eine Genehmigung dann nicht notwendig, wenn der Bedachte zum Kreis der gesetzlichen Erben gehört. Der Antrag auf Genehmigung ist innerhalb eines

Jahres ab dem Erbfall zu stellen. Wird die Genehmigung nicht erteilt oder der Antrag nicht rechtzeitig gestellt, sind die gesetzlichen Erben berechtigt.

b) Erbstatut nach internationalen Verträgen

Auf dem Gebiet des internationalen Erbrechts bestehen eine Reihe von bilateralen Abkommen, insbesondere zu den ehemaligen Ostblockstaaten. Hierfür wird auf *Sosniak,* Précis de droit international privé polonais, 1976, S. 35 verwiesen. **258**

c) Formstatut

In Polen ist das Haager Übereinkommen über das auf die Form letztwilliger Verfügungen anzuwendende Recht vom 15. 10. 1961 seit dem 2. 11. 1969 in Kraft (vgl. hierzu Rdn. 56ff.). Nach Art. 942 pol. ZGB sind gemeinschaftliche Testamente und Verträge über ein künftiges Erbrecht unwirksam. Diese Verbote sind nicht dem Formstatut zuzurechnen, sondern dem Erbstatut (vgl. *Sosniak,* Précis de droit international privé polonais, 1976, S. 217; *Martiny/Guttzeit* NotBZ 2001, 5, 11). **259**

d) Zuständigkeit

Grundsätzlich erteilen polnische Gerichte einen Erbnachweis nur dann, wenn der Erblasser Pole war. Eine Ausnahme besteht jedoch für die in Polen belegenen unbeweglichen Nachlaßgegenstände, insoweit ist eine pol. Zuständigkeit stets gegeben. Bei beweglichen Nachlaßgegenständen nimmt der pol. Oberste Gerichtshof eine Notzuständigkeit an, wenn der Heimatstaat des Erblassers die Erben nicht in den Nachlaß einweist (vgl. Clunet 1989, 117, 119). Dies gilt unabhängig davon, ob der Erbe Ausländer oder Pole war. Einen dem deutschen Recht vergleichbaren Fremdrechtserbschein für die in Polen belegenen beweglichen Nachlaßgegenstände kennt das pol. Recht nicht. Soweit eine eigene pol. Zuständigkeit für die Erteilung des Erbnachweises nicht gegeben ist, können ausländische Erbnachweise anerkannt werden (vgl. pol. Oberster Gerichtshof Clunet 1989, 122). **260**

e) Der Testamentsvollstrecker im polnischen Zivilrecht

Nach pol. Recht ist die Anordnung einer Testamentsvollstreckung möglich. Auch die Einsetzung oder Berufung mehrerer Testamentsvollstrecker ist zulässig. Soweit der Erblasser nichts anderes anordnet, sind die Testamentsvollstrecker einzelberechtigt (vgl. *Ferid/Firsching,* Internationales Erbrecht/Polen, Rdn. 122, 124). Das Amt des Testamentsvollstreckers beginnt mit der Annahme gegenüber dem Gericht. Es endet mit der Erfüllung der Aufgaben bzw. durch gerichtliche Absetzung. Der Testamentsvollstrecker handelt im eigenen Namen. Soweit der Erblasser nichts anderes anordnet, verwaltet der Testamentsvollstrecker den Nachlaß und reguliert die Nachlaßschulden. Innerhalb dieser Aufgaben ist er sowohl aktiv als auch passiv legitimiert (vgl. *Ferid/Firsching,* Internationales Erbrecht/Polen, Rdn. 123). Für außerordentliche Verwaltungsmaßnahmen bedarf der Testamentsvollstrecker der nachlaßgerichtlichen Genehmigung. Die Tätigkeit des Testamentsvollstreckers ist nach pol. Recht unentgeltlich. **261**

8. Rumänien

I. Bacanu/O. Capatina/S. Zilberstein, Das Internationale Privatrecht von 1992, Jahrbuch für OstR 1993, 185; *O. Capatina,* in Juris Classeur, Droit Comparé, Vol. III, Rumänien;

ders., Das neue rumänische Internationale Privatrecht, RabelsZ 1994, 465; *M. Cismarescu*, Einführung in das rumänische Recht, 1981; *M. Ferid/K. Firsching*, Internationales Erbrecht, Bd. V, Rumänien; *P. Leonhard*, Das neue Internationale Privatrecht Rumäniens, IPRax 1994, 156; *Staudinger/Dörner*, Anh. zu Art. 25 Rdn. 548ff.)

a) Erb- und Formstatut

262 Das rumänische IPR hat durch das Gesetz zur Regelung der Verhältnisse des internationalen Privatrechts vom 22. 9. 1992 (in Kraft seit dem 30. 11. 1992) erstmals eine systematische und zusammenhängende Regelung erfahren (vgl. hierzu *Bacanu/Capatina/Zilberstein* Jahrb für OstR 1993, 185ff.; *Leonhardt* IPRax 1994, 156ff. *Capatina* RalbelsZ 1994, 465ff., 494f.). In Anlehnung an die alte Rechtslage unterscheidet auch das neue IPR-Gesetz im Rahmen des **Erbstatuts** zwischen beweglichem und unbeweglichem Nachlaß (BayObLG FamRZ 1997, 318, 319). Ersterer untersteht nach Art. 66 IPR-Gesetz dem Heimatrecht des Verstorbenen im Zeitpunkt des Todes. Für den unbeweglichen Nachlaß ist das Erbstatut IPR dagegen an das Recht am Lageort anzuknüpfen. Zum unbeweglichen Nachlaß zählt nach Art. 66 IPR-Gesetz ausdrücklich das Geschäftsvermögen. Im übrigen gehören hierher auch solche Rechte, die sich auf ein Immobiliargut beziehen, zB Grunddienstbarkeit, Nießbrauch oder ein Anspruch auf Herausgabe (*Ferid/Firsching*, Internationales Erbrecht/Rumänien, Rdn. 26 Fn. 54). Kommt es zu einer Nachlaßspaltung, ist jeder Nachlaßteil für sich als eigenständig zu behandeln. Art. 68 Abs. 1 IPR-Gesetz eröffnet dem Erblasser die Möglichkeit, durch Verfügung von Todes wegen das auf die Erbfolge anzuwendende Recht abweichend von Art. 66 zu bestimmen (*Leonhardt* IPRax 1994, 156, 157). Dem Erbstatut unterliegen nach Art. 67 IPR-Gesetz ua. der Zeitpunkt des Eintritts des Erbfalls, die zur Erbschaft berufenen Personen, die Voraussetzungen für das Antreten der Erbschaft, die Ausübung des Besitzes an Sachen des Nachlasses, der Umfang der Pflichten der Erben, für die Erbschaftsschulden aufzukommen, die Rechte des Staates an einer erbenlosen Erbschaft (*Capatina* RabelsZ 1994, 465, 495).

263 Das **Formstatut** richtet sich nach Art. 68 Abs. 3 IPR-Gesetz. Errichtung, Änderung und der Widerruf eines Testaments sind danach wirksam, wenn die Formerfordernisse beachtet werden, die entweder im Zeitpunkt der Errichtung, Änderung oder des Widerrufs oder im Zeitpunkt des Todes des Erblassers nach einer der folgenden Rechtsordnungen vorgeschrieben sind: Heimatrecht des Erblassers, Wohnsitzrecht des Erblassers, Recht des Ortes, an dem die Urkunde errichtet, geändert oder widerrufen wurde, Recht am Belegenheitsort der unbeweglichen Sache, die Gegenstand des Testaments ist oder Recht des Ortes des Gerichts oder Behörde, das/die für das Nachlaßverfahren zuständig ist. (Gemäß Art. 857, 826 ZGB sind gemeinschaftliche Testamente und wechselbezügliche Testamente nichtig.)

264 Verweist das rumänische IPR auf ausländisches Recht und verweist dieses auf rumänisches Recht zurück, nimmt letzteres diese **Rückverweisung** (Art. 4 Abs. 1 IPR-Gesetz) an. **Weiterverweisung** des ausländischen Rechts auf das Recht eines Drittstaates werden aus rumänischer Sicht hingegen nicht berücksichtigt (Art. 4 Abs. 2 IPR-Gesetz) (*Bacanu/Capatina/Zilberstein* Jahrbuch für OstR 1993, 185, 187; *Leonhardt* IPRax 1994, 156, 157). Nach Art. 151VI IPR-Gesetz sind rumänische Gerichte für Prozesse ausschließlich zuständig, die sich auf die Erbschaft nach einer Person beziehen, die ihren letzten Wohnsitz in Rumänien hatte oder aber unbewegliches Vermögen auf dem Gebiet Rumäniens betreffen.

b) Der Testamentsvollstrecker im rumänischen Zivilrecht

265 Die Testamentsvollstreckung ist in den Art. 910 bis 919 des Zivilgesetzbuches (codul civil vom 26. 11. 1864) geregelt. Danach kann **Testamentsvollstrecker**

sowohl ein Erbe als auch ein Dritter sein. Das Amt ist höchstpersönlich und nicht übertragbar (vgl. Art. 917) (*Capatina,* JCl, Droit Comparé/Rumänien, Rdn. 279). Die Bestellung mehrerer Testamentsvollstrecker ist zulässig (vgl. Art. 911, 912, 918). Im Zweifel ist dann jeder Testamentsvollstrecker berechtigt, mit Gesamtwirkung zu handeln. Das Rechtsinstitut der Testamentsvollstreckung wird im rumänischen Recht als Auftrag besonderer Art beschrieben („mandat special") (*Ferid/Firsching,* Internationales Erbrecht/Rumänien, Rdn. 149), der jedoch weitgehend dem unentgeltlichen Auftrag angepaßt ist.

aa) *Beginn und Ende des Amtes.* Das Amt des Testamentsvollstreckers beginnt mit **266**
der Annahme gegenüber dem Staatsnotar (*Ferid/Firsching,* Internationales Erbrecht/Rumänien, Rdn. 150). Der Testamentsvollstrecker wird im Rechtsverkehr durch notarielle Urkunde ausgewiesen. **Das Amt endet** mit dem Tod des Testamentsvollstreckers, der Amtsniederlegung (die nur aus berechtigten Gründen möglich ist), mit der Erfüllung der Aufgaben, durch Zeitablauf (vgl. hierzu Rdn. 267) oder durch gerichtliche Amtsenthebung auf Betreiben der Erben wegen grober Pflichtverletzung (vgl. *Capatina,* JCl, Droit Comparé/Rumänien, Rdn. 281).

bb) *Der Testamentvollstrecker mit und ohne „sezina".* Vergleichbar dem franz. ist **267**
auch im rumänischen Recht zwischen dem Testamentsvollstrecker mit und ohne **„sezina"** zu unterscheiden. Die Rolle des Testamentsvollstreckers ohne sezina, dh. ohne zusätzliche Ermächtigung durch den Erblasser, beschränkt sich auf die Rolle eines Beraters, Vermittlers und Wächters hinsichtlich der testamentarischen Anordnungen. Er darf nur erhaltende Maßnahmen bezüglich des Nachlasses durchführen. Hierzu gehört ua., daß er die Anlegung von Siegeln zur Sicherung des Nachlasses oder den Verkauf von verderblichen Nachlaßgegenständen beantragt (*Capatina,* JCl, Droit Comparé/Rumänien, Rdn. 280). Er kann den Verkauf des beweglichen Nachlasses veranlassen (nicht aber selber durchführen), wenn zur Begleichung der Vermächtnisse keine ausreichenden Barmittel vorhanden sind (*Ferid/Firsching,* Internationales Erbrecht/Rumänien, Rdn. 152). Hat der Testamentsvollstrecker die sezina, ist er berechtigt, den beweglichen Nachlaß in Besitz zu nehmen (Art. 911) und hat die Pflicht, die Vermächtnisse aus dem Nachlaß an die Berechtigten auszukehren und Nachlaßforderungen einzutreiben (*Capatina,* JCl, Droit Comparé/Rumänien, Rdn. 280). Um die Vermächtnisse erfüllen zu können, ist er berechtigt, den beweglichen Nachlaß (notfalls auch selbst) zu veräußern (*Ferid/Firsching,* Internationales Erbrecht/Rumänien, Rdn. 153). Um Nachlaßschulden begleichen zu können, bedarf der Testamentsvollstrecker, soweit eine Zustimmung der Erben nicht vorliegt, einer gesonderten ausdrücklichen Ermächtigung des Erblassers (*Ferid/Firsching,* Internationales Erbrecht/Rumänien, Rdn. 153). Ebenso wie im französischen Recht ist die sezina zeitlich auf ein Jahr begrenzt (Art. 911). Die Frist beginnt mit Eröffnung der Erbfolge zu laufen (*Capatina,* JCl, Droit Comparé/Rumänien, Rdn. 280). Nach Art. 23 des Dekrets Nr. 40/1953 betreffend das notarielle Nachlaßverfahren BOfNr. 2/22. 1. 1953 hat das für das Nachlaßverfahren zuständige staatliche Notariat dem im Testament bezeichneten Testamentsvollstrecker eine Urkunde über dessen Befugnisse auszustellen. Die Testamentsvollstreckerurkunde hat ebenso wie der vom staatlichen Notariat im Verfahren der freiwilligen Gerichtsbarkeit den Erben erteilte „Erbschein" lediglich deklaratorische, nicht aber konstitutive Bedeutung (*Capatina,* JCl, Droit Comparé/Rumänien, Rdn. 340f.).

9. *Russische Föderation**

K. Annenkow, Sistema russkogo grashdanskogo prawa,1904; *B. Antimonow/K. Grawe,* Sowjetskoje nasledstwennoje prawo, 1955; *M. Boguslawsky,* Meshdunarodnoje tschastnoje prawo, 1998; *M. Boguslawsky/S. Höfer,* Neue Entwicklungen im russischen Internationalen Privatrecht, IPRax 1998, 41; *N. Bondarew/E. Ejdinowa,* Prawo na nasledstwo i jego oformlenije, 1971; *A. Gordon,* Predstawitelstwo w grashdanskom prave, 1879; *A. Guljaew,* Russkoje grashdanskoje prawo, 1912; *A. Holmsten,* O duscheprikastschikach, in: Juriditscheskije issledowanija i statji, 1894; *P. Nikitjuk,* Nasledstwennoje prawo i prozess, 1973; *L. Luntz,* Meshdunarodnoje tschastnoje prawo, 1959–1966; *W. Rjassentzew,* Predstawitelstwo w sowjetskom grashdanskom prawe, 1948; *G. Scherschenevitsch,* Utschebnik russkogo grashdanskogo prawa, 1907; *W. Serebrowsky,* Otscherki sowjetskogo nasledstwennogo prawa, 1953; *A. Sergejew/J. Tolstoj,* Grashdanskoje prawo, Bd. III, 1998; *E. Sukhanow,* Grashdanskoje prawo, Bd. I, 1998; *J. Wlassow,* Nasledstwennoje prawo rossijskoj federazii, 1998.

a) Erbstatut nach autonomem Recht

268 Das russische Kollisionsrecht ist bisher nur in groben Zügen geregelt. Die endgültige Regelung erfolgt durch den Teil III des Zivilgesetzbuches der Russischen Föderation, der noch nicht vom Gesetzgeber beschlossen wurde (*Boguslawsky* IPRax 1998, 41, 42f.). Bisher gelten die Regelungen der Grundlagen der Zivilgesetzgebung der UdSSR und der Republiken vom 31. 5. 1991 (im weiteren – ***„Grundlagen der Zivilgesetzgebung“***) sowie des Zivilgesetzbuches der RSFSR vom 11. Juni 1964 (im weiteren – ***„ZGB RSFSR“***), soweit sie den Grundlagen der Zivilgesetzgebung nicht widersprechen.

269 Die maßgebende Kollisionsnorm für das Erbstatut ist in Art. 169 Punkt 1 der Grundlagen der Zivilgesetzgebung geregelt. Danach richten sich die erbrechtlichen Beziehungen nach dem Recht des Staates, in dem der Erblasser seinen letzten ständigen Wohnsitz hatte. Der ständige Wohnsitz ist gesetzlich nicht definiert. Lediglich Art. 20 des Zivilgesetzbuches der Russischen Föderation (Teil I vom 30. 11. 1994, Teil II vom 26. 1. 1996, im weiteren – *„ZGB RF“*) definiert den Wohnsitz als Ort, an welchem eine natürliche Person ständig oder vorrangig lebt. Eine Sonderanknüpfung sieht das Gesetz für die Testierfähigkeit vor. Letztere richtet sich nach dem Recht des Staates, in dem der Errichtende seinen ständigen Wohnsitz zur Zeit der Vornahme des Aktes hatte (Art. 169 Punkt 2 der Grundlagen der Zivilgesetzgebung).

270 Eine weitere Sonderanknüpfung sieht das Gesetz in Art. 169 Punkt 3 der Grundlagen der Zivilgesetzgebung vor. Danach richtet sich die Erbfolge in bezug auf Gebäude und anderes unbewegliches Vermögen in Rußland sowie in Rechte an diesem Vermögen nach russischem Recht. Nach russischem Recht bestimmen sich auch die Fähigkeit einer Person zur Errichtung oder zum Widerruf eines Testamentes sowie dessen Form, wenn über derartiges Vermögen oder über Rechte daran verfügt wird (Art. 169 Punkt 3 der Grundlagen der Zivilgesetzgebung). Das russische Kollisionsrecht geht mithin vom Prinzip der Nachlaßspaltung aus, wobei jedoch letztere nur einseitigen Charakter hat.

b) Formstatut nach autonomem Recht

271 Die Form eines Testamentes sowie dessen Widerruf richten sich alternativ nach dem Recht des Staates, in dem der Erblasser bei Erstellung oder Widerruf des Te-

* Dieser Abschnitt wurde von Herrn *Andreas Setzepfandt,* BBLP Beiter Burkhardt Mittl & Wegener bearbeitet.

stamentes seinen ständigen Wohnsitz hat, nach dem Recht des Vornahme- bzw. Widerrufsort oder aber nach den Gesetzen Rußlands (Art. 169 Punkt 2 der Grundlagen der Zivilgesetzgebung). Dieser Grundsatz wird für in Rußland belegene Gebäude und sonstiges unbewegliches Vermögen durchbrochen. Ein Testament, durch welches Gebäude oder anderes unbewegliches Vermögen in der Russischen Föderation vererbt werden soll sowie der Widerruf eines solchen Testamentes sind allein an den Formvorschriften des russischen Rechts zu messen (Art. 169 Punkt 3 der Grundlagen der Zivilgesetzgebung).

c) Verweisungstechniken und ordre public

Die überwiegende Ansicht in der russischen Literatur spricht sich dafür aus, daß 272
Verweisungen im russischem IPR iS einer Gesamtnormverweisung zu verstehen sind. Verweist das ausländische Recht auf russisches Recht zurück, wird die Verweisung hier abgebrochen (*Boguslawsky,* Meshdunarodnoje tschastnoje prawo, S. 92; *Luntz,* Meshdunarodnoje tschastnoje prawo. Obschtschaja tschast, S. 250ff.).

Gemäß Art. 158 der Grundlagen der Zivilgesetzgebung ist das Recht eines an- 273
deren Staates nicht anzuwenden, wenn das Ergebnis dieser Anwendung gegen den russischen ordre public verstößt (*Boguslawski,* Meshdunarodnoje tschastnoje prawo, S. 95; *Luntz,* Meshdunarodnoje tschastnoje prawo. Obschtschaja tschast, S. 235). Eine derartiger Verstoß wird nur unter eingeschränkten Voraussetzungen angenommen. Allein der Umstand, daß das politische, Wirtschafts- oder Rechtssystem des ausländischen Staates dem Rußlands widerspricht, begründet noch keinen ordre public-Verstoß.

d) Internationale Verträge

aa) Erbstatut nach internationalen Verträgen. Das Erbstatut ist in allen von der 274
UdSSR und der RF geschlossenen bilateralen Abkommen einheitlich geregelt. Das Erbrecht der Staatsangehörigen des Vertragsstaates bestimmt sich danach für bewegliches Vermögen nach dem Recht des Vertragsstaates, auf dessen Territorium der Erblasser seinen letzten ständigen Wohnsitz hatte und für unbewegliches Vermögen nach dem Recht des Vertragsstaates, auf dessen Territorium das unbewegliche Vermögen belegen ist. Sind keine Erben vorhanden, so erbt der Vertragsstaat das bewegliche Vermögen des Erblassers, auf dessen Territorium der Erblasser seinen letzten ständigen Wohnsitz hatte. Unbewegliches Vermögen des Erblassers erbt der Vertragsstaat, auf dessen Territorium dieses unbewegliche Vermögen belegen ist. Die UdSSR bzw. die RF hat mit folgenden Staaten bilaterale Abkommen geschlossen: Ägypten, Armenien, Aserbaidschan, Belarus, Bulgarien, Bundesrepublik Deutschland (s. Rdn. 7), Estland, Georgien, Iran, Kasachstan, Kyrgysstan, Nordkorea, Kuba, Lettland, Litauen, Moldova, Polen, Rumänien, die Ukraine, Ungarn, Usbekistan, Tadschikistan, Tschechoslowakei, Turkmenistan sowie Vietnam.

bb) Formstatut nach internationalen Verträgen. Rußland ist zwar nicht Vertragsstaat 275
der Haager Konvention über das auf die Form letztwilliger Verfügungen anzuwendende Recht vom 5. Oktober 1961 und auch nicht Vertragsstaat des Washingtoner Übereinkommens über ein einheitliches Recht der Form eines internationalen Testamentes vom 26. Oktober 1973, hat jedoch eine Vielzahl von multi- und bilateralen Staatsverträgen geschlossen, die u.a. die Form letztwilliger Verfügungen regeln.

Diese Staatsverträge lassen sich hinsichtlich der Regelung des auf die Form letzt- 276
williger Verfügungen anzuwendenden Rechts in vier Gruppen einteilen:

1. Gruppe: Letztwillige Verfügungen von Staatsangehörigen der Vertragsstaaten sind formwirksam, wenn sie entweder dem Recht des Vertragsstaates entsprechen, dem der Erblasser im Zeitpunkt der Testamentserrichtung bzw. des Widerrufs der Verfügung angehört hat oder aber dem Recht des Vertragsstaates entsprechen, auf dessen Gebiet der Erblasser die letztwillige Verfügung getroffen oder widerrufen hat. (Zu dieser Gruppe zählen die Staatsverträge zwischen der UdSSR bzw. der RF und Ägypten, Aserbaidshan, Estland, Georgien, Iran, Jugoslawien, Kyrgysstan, Nordkorea, Kuba, Lettland, Litauen, Moldova, Mongolei, Polen, Rumänien, Tschechoslowakei, Vietnam).

2. Gruppe: Letztwillige Verfügungen von Staatsangehörigen der Vertragsstaaten sind formwirksam, wenn sie alternativ dem Recht des Staates entsprechen, auf dessen Territorium sie vorgenommen wurden, dem Recht des Vertragsstaates entsprechen, dessen Staatsangehöriger der Erblasser bei Erstellung der letztwilligen Verfügung oder bei seinem Tod war oder wenn die Verfügung von Todes wegen dem Recht des Staates entspricht, auf dessen Territorium der Erblasser zu einem der oben genannten Zeitpunkte seinen Wohnsitz oder Aufenthalt hatte. Diese Regelungen finden auch auf den Widerruf letztwilliger Verfügungen Anwendung. (Zu dieser Gruppe zählen die Staatsverträge zwischen der UdSSR bzw. der RF und Ungarn, Bulgarien).

3. Gruppe: Letztwillige Verfügungen von Staatsangehörigen der Vertragsstaaten sind formwirksam, wenn sie alternativ dem Recht des Staates entsprechen, auf dessen Territorium sie vorgenommen werden oder dem Recht des Vertragsstaates entsprechen, dessen Staatsangehöriger der Erblasser bei Erstellung der letztwilligen Verfügung oder bei seinem Tod war oder wenn sie dem Recht des Staates entsprechen, auf dessen Territorium der Erblasser zu einem der oben genannten Zeitpunkte seinen Wohnsitz oder Aufenthalt hatte sowie für Immobilien dem Recht des Staates entsprechen, auf dessen Gebiet sich die Immobilie befindet. Diese Regelungen finden auch auf den Widerruf letztwilliger Verfügungen Anwendung. (Zu dieser Gruppe zählen die Staatsverträge zwischen der UdSSR bzw. der RF und Finnland, Griechenland, Zypern).

4. Gruppe: Dazu gehören die Staaten des GUS-Übereinkommens über Rechtshilfe und die Rechtsverhältnisse in zivil-, familien- und strafrechtlichen Angelegenheiten vom 22. Januar 1993. Danach wird eine letztwillige Verfügung des Staatsangehörigen eines Vertragsstaates als formwirksam anerkannt, wenn sie dem Recht des Vertragsstaates entspricht, dessen Staatsangehöriger der Erblasser im Zeitpunkt der Errichtung des Testamentes war oder wenn es den Formvorschriften des Vertragsstaates genügt, auf dessen Territorium die letztwillige Verfügung errichtet wurde. Diese Regelungen finden auch auf den Widerruf letztwilliger Verfügungen Anwendung. (Zu dieser Gruppe zählen die Staatsverträge zwischen der UdSSR bzw. der RF und Armenien, Belarus, Kasachstan, die Ukraine, Usbekistan, Tadschikistan sowie Turkmenistan).

e) Der Testamentsvollstrecker im russischen Zivilrecht

277 Die Rechtsquellen für die Tätigkeit des Testamentsvollstreckers finden sich in Artt. 544, 545, 554 ZGB RSFSR und Art. 182, 1012 bis 1026 ZGB RF. Die Testamentsvollstreckung wird durch den Erblasser im Testament angeordnet. Die Abfassung von Testamenten ist in Rußland nicht besonders verbreitet. Letzteres liegt ua. an den hohen Anforderungen, die das Gesetz an ein formwirksames Testament stellt. Danach muß das Testament vom Erblasser schriftlich ausgefertigt, mit Ort und Datum der Errichtung versehen, vom Erblasser eigenhändig unterzeichnet und vom Notar beglaubigt werden (Art. 540 ZGB RSFSR). In Art. 541

ZGB RSFSR sind Fälle aufgezählt, in welchen statt eines Notars eine staatliche Behörde oder bestimmte Personen (Kapitäne, Leiter von Heimen bzw. Krankenhäusern, Militärpersonen etc.) die Beglaubigung eines Testamentes vornehmen kann. Insgesamt kommt in der Praxis dem Institut der Testamentsvollstreckung nur eine geringe Bedeutung zu.

Das Gesetz kennt keine Vorschriften, wonach bestimmte Personen von einer Testamentsvollstreckung ausgenommen sind. Der Testamentsvollstrecker kann daher eine im Testament bestimmte Person mit der Testamentsvollstreckung beauftragen, die kein Erbe ist (Art. 544 ZGB RSFSR). Dann bedarf jedoch die Anordnung der Zustimmung des Betroffenen. Diese kann in Form eines Vermerks auf dem Testament oder in einem dem Testament beigefügten Antrag erfolgen (Art. 544 ZGB RSFSR). Im letzteren Fall muß die Unterschrift des Testamentsvollstreckers notariell beglaubigt werden. Der Erblasser kann aber auch einen Erben mit der Testamentsvollstreckung beauftragen. Letzteres sieht das Gesetz als allgemeine Regel vor (Art. 544 ZGB RSFSR). Auch die Einsetzung juristischer Personen als Testamentsvollstrecker wird überwiegend für zulässig gehalten (*Serebrowsky,* Otscherki sowjetskogo nasledstwennogo prawa, S. 146). Zulässig ist auch die Einsetzung mehrer Testamentsvollstrecker. Dann aber soll der Erblasser den Aufgabenbereich eines jeden Testamentsvollstreckers bestimmen. Ein Zeugnis wird dem Testamentsvollstrecker nicht erteilt. 278

Das Amt des Testamentsvollstreckers endet mit dessen Tod. Wegen des höchstpersönlichen Charakters des Amtes geht dieses nicht auf die Erben des Testamentsvollstreckers über. Des weiteren endet das Amt mit Erfüllung der Aufgaben durch den Testamentsvollstrecker sowie durch den Verlust der Handlungsfähigkeit. Ein maximaler Zeitraum für die Testamentsvollstreckung ist im Gesetz nicht vorgesehen. Teilweise wird auch die Ansicht vertreten, der Testamentsvollstrecker könne zu jeder Zeit sein Amt niederlegen (*Serebrowsky,* Otscherki sowjetskogo nasledstwenogo prawa, S. 147). Zwar sieht das russische Gesetz eine Abberufung des Testamentsvollstrecker nicht vor, jedoch wird eine solche anerkannt. Am Ende des Amtes hat der Testamentsvollstrecker auf Aufforderung durch die Erben diesen gegenüber Rechenschaft abzulegen (Art. 545 ZGB RSFSR). 279

Die Rechtsnatur des Instituts des Testamentsvollstreckers ist umstritten. Seine Grundlage bildet ein Vertragsverhältnis zwischen dem Erblasser und dem Testamentsvollstrecker. Das Gesetz spricht insoweit von einem „Auftrag“. Einigkeit besteht jedoch darüber, daß es sich hierbei nicht um einen Auftragsvertrag handelt. Es entstehen keine Rechte bzw. Verpflichtungen zwischen dem Erblasser und dem Testamentsvollstrecker, insbesondere besteht nicht die Möglichkeit, vom letzteren die Vertragserfüllung zu fordern. Unter „Auftrag“ ist in diesem Fall eine einseitige Willenserklärung des Erblassers zu verstehen, an die das Gesetz bestimmte rechtliche Folgen bei Vorliegen folgender zwei Umständen knüpft, nämlich Zustimmung dieser Person zur Einsetzung als Testamentsvollstrecker und Tod des Erblassers (*Rjassentzew,* Predstawitelstwo w sowjetskom grashdanskom prawe, S. 264ff.). Das hierdurch entstehende Vertragsverhältnis ist daher wohl am ehesten mit einem Bevollmächtigungsvertrag zu vergleichen, da sich der Testamentsvollstrecker zur Erfüllung einer ganzen Reihe von Rechtsakten verpflichtet (*Scherschenewitsch,* Utschebnik russkogo grashdanskogo prawa, S. 778). Fraglich ist allerdings, für wen der Testamentsvollstrecker dieses Amt ausübt. Teilweise wird die Ansicht vertreten, der Testamentsvollstrecker vertrete die Erben (*Guljaew,* Russkoje grashdanskoje prawo, S. 483ff.). Anderer Ansicht nach ist der Testamentsvollstrecker Vertreter des Erblassers (*Gordon,* Predstawitelstwo w grashdanskom prave, S. 243; *Annenkow,* Sistema russkogo grashdanskogo prawa, S. 207). Wiederum andere gehen davon aus, daß der Testamentsvollstrecker den Nachlaß 280 selbst als juristische Person vertritt (*Scherschenewitsch,* Utschebnik russkogo grashdanskogo prawa, S. 778).

281 Der Testamentsvollstrecker ist berechtigt, alle Handlungen vorzunehmen, die zur Testamentsvollstreckung erforderlich sind (Art. 545 ZGB RSFSR). Der Testamentsvollstrecker hat dabei sein Amt im „öffentlichen Interesse" auszuüben; denn die Testamentsvollstreckung ist nach dem gesetzlichen Leitbild ein besonderes Institut des sowjetischen Rechts, das zur Erleichterung der Willensvollziehung des Erblassers und gleichzeitig zur besten Interessensicherung der Erben, der Gläubiger des Erblassers und anderer Personen, zugunsten derer es noch Testamentsvorschriften gibt, bestimmt ist (*Serebrowsky,* Otscherki sowjetskogo nasledstwennogo prawa, S. 144ff.). Die Erben können im Falle des Nichteinverständnisses mit dem TV seine Handlungen gerichtlich bestreiten und sogar um seine Abberufung vom Amt des Testamentsvollstreckers ersuchen (*Sukhanow,* Grashdanskoje prawo, S. 546; *Serebrowsky,* Otscherki sowjetskogo nasledstwennogo prawa, S. 147). Der TV erhält grundsätzlich keine Vergütung für sein Amt. Er hat aber das Recht auf Ersatz von erforderlichen Aufwendungen, die ihm im Zusammenhang mit dem Schutz des Nachlaßvermögens sowie im Zusammenhang mit der Vermögensverwaltung entstanden sind (Art. 545 ZGB RSFSR). Der Anspruch richtet sich gegen den Nachlaß. Überwiegend wird es für zulässig gehalten, im Testament eine Vergütung aus dem Nachlaßvermögen zugunsten des Testamentsvollstrekkers vorzusehen (*Serebrowsky,* Otscherki sowjetskogo nasledstwennogo prawa, S. 146ff.).

282 Das russische Gesetz kennt zwei Arten von Personengesellschaften, nämlich die sogenannte Vollgesellschaft und die Gesellschaften auf Vertrauen (Kommanditgesellschaften) (Art. 66 ZGB RF). Stirbt ein Gesellschafter der Vollgesellschaft, geht – aufgrund des höchstpersönlichen Charakters – die Mitgliedschaft unter (Art. 76 ZGB RF). Der dem Erblasser zustehende Anteil am Gesellschaftsvermögen ist in Geld oder in Natur den Erben auszuzahlen (Art. 78 Punkt 1 ZGB RF). Der Erbe kann nur mit Zustimmung der übrigen Gesellschafter in die Vollgesellschaft eintreten (Art. 78 Punkt 2 ZGB RF). Auf den Erblasser als Gesellschafter einer Kommanditgesellschaft sind die Bestimmungen zur Vollgesellschaft anzuwenden (Art. 76 ZGB RF). Auf die Einlage des Erblassers als Kommanditisten der Kommanditgesellschaft sind die allgemeinen Bestimmungen des Nachlaßvermögens anzuwenden. Der Testamentsvollstrecker kann daher dieses Vermögen nach den Regelungen der Artt. 1012 bis 1026 ZGB RF verwalten. Gesellschaftsanteile einer Kapitalgesellschaft (Aktiengesellschaft, Gesellschaft mit beschränkter Haftung, Gesellschaft mit zusätzlicher Haftung) unterliegen der Testamentsvollstreckung. Dazu sieht das ZGB RF eine Möglichkeit der Vermögenstreuhand kraft Gesetzes vor. Aufgrund einer letztwilligen Verfügung, durch die ein Testamentsvollstrecker eingesetzt wird, kann eine treuhänderische Vermögensverwaltung bestellt werden (Art. 1026 ZGB RF). In diesem Fall stehen die Rechte eines Treuhänders dem Testamentsvollstrecker zu. Als Treuhänder kann der Testamentsvollstrecker jegliche Rechts- und Tathandlungen bezüglich der Gesellschaftsanteile der Kapitalgesellschaft im Interesse des Begünstigten (der Erben) vornehmen. Rechtsgeschäfte bezüglich der zu verwaltenden Vermögensgegenstände nimmt der Treuhänder im eigenen Namen wahr unter Hinweis darauf, daß er als treuhänderischer Verwalter handelt. Diesem Erfordernis ist genügt, wenn die andere Partei bei Handlungen, die nicht der Schriftform bedürfen, über die Vornahme in treuhänderischer Eigenschaft informiert ist, bzw. wenn in Schriftstücken nach dem Namen des Treuhänders der Vermerk „D.U." (entspricht dem Begriff „treuhänderische Verwaltung") steht (Art. 1012 ZGB RF). Da der Treuhänder im eigenen Namen handelt, ist er kein Vertreter und braucht keine Vollmacht.

f) Erbnachweise

Gemäß Art. 557 ZGB RSFSR sowie Art. 70 der Grundlagen des Notariatswesens können die zur Erbfolge berufenen Erben beim Notar einen Erbnachweis beantragen. Für die Erteilung der Erbnachweise sind die staatlichen Notare zuständig (Art. 36 der Grundlagen des Notariatswesens). Ist im Notarbezirk kein staatlicher Notar tätig, kann ein Privatnotar mit der Erteilung des Erbnachweises aufgrund eines gemeinsamen Beschlusses der Justizbehörde und der Notariatskammer beauftragt werden. Zur Einholung des Erbscheins sind die Erben nicht verpflichtet, haben jedoch Anspruch auf dessen Erteilung (Art. 557 ZGB RSFSR). Ausländische Erbnachweise (Erbscheine, Testamentsvollstreckerzeugnisse) werden in Rußland anerkannt, falls sie legalisiert sind und eine notariell beglaubigte russische Übersetzung beigefügt ist (Art. 81 der Grundlagen des Notariatswesens). 283

*10. Schweden**

N. Beckmann, Das internationale Privat- und Prozeßrecht in der Schwedischen Rechtsprechung und Literatur, RabelsZ 1960, 496; *Bogdan,* Svensk international privat- och processrätt, 4. Aufl. 1993; *Karlgren,* Kortfattad lärobok i international privat- och processrätt, 3. Aufl. 1966; *H. Liljeson,* JCl, Droit Comparé/Schweden; *Malmstrom/Saldeen,* Successionsrätt Arv, boutredning och arvskifte, 8. Aufl. 1991; *Walin,* Kommentar till Ärvdabalken Del II (18–25 Kap.), 3. Aufl. 1992; Gesetzestext bei *Ferid/Firsching,* Internationales Erbrecht/Schweden; *Staudinger/Dörner* Anh. zu Art. 25f. EGBGB Rdn. 572ff.

a) Erb- und Formstatut

aa) Erbstatut. Das schwedische IPR ist nicht zusammenhängend geregelt. Grundsätzlich bestimmt sich das **Erbstatut** nach dem Gesetz vom 5. 3. 1937 (Nr. 81) betreffend internationale Sachverhalte in Nachlaßsachen (Lag (1937:81) abgekürzt IDL) (anders jedoch, wenn der Erblasser dänischer, finnischer oder norwegischer Staatsbürger war, vgl. hierzu Rdn. 234). Maßgebend ist danach die Staatsangehörigkeit des Erblassers im Zeitpunkt des Todes (Kap. 1 § 1 IDL). War der Erblasser staatenlos, ist anstelle der fehlenden Staatsangehörigkeit auf das Recht des letzten Wohnsitzes, hilfsweise des letzten gewöhnlichen Aufenthaltsortes abzustellen (*Beckmann* RabelsZ 1960, 496, 503; KG IPRspr. 1985 Nr. 115 S. 295). Das so ermittelte einheitliche Nachlaßstatut ist grundsätzlich auf den beweglichen und unbeweglichen Nachlaß im In- und Ausland anzuwenden (*Bogdan,* Svensk international privat- och processrätt, S. 218). Eine Ausnahme gilt gemäß Kap. 1 § 2 IDL, soweit das unbewegliche Vermögen am Lageort besonderen Vorschriften unterliegt. Dann gilt insoweit (vergleichbar dem deutschen Art. 3 Abs. 3 EGBGB) das Recht am Lageort (*Liljeson,* JCl, Droit Comparé/Schweden, Rdn. 200). Dem Erbstatut unterliegen ua. der Inhalt von letztwilligen Verfügungen, Umfang der Pflichtteile, Auflagen, Erbberechtigung und die Wirkungen eines Erbvertrages, sowie die Testamentsvollstreckung. Die Testierfähigkeit unterliegt dem Heimatrecht des Erblassers im Zeitpunkt der letztwilligen Verfügung (Kap. 1 § 3 IDL). Eine spätere Änderung der Nationalität beeinflußt folglich nicht die Wirksamkeit des Testaments. Die Erbfähigkeit einer Person unterliegt dem Heimatrecht des Erben zum Zeitpunkt des Todes des Erblassers (Kap. 1 § 9 IDL). 284

bb) Sonderanknüpfung für Nachlaßabwicklung. Das Gesetz vom 5. 3. 1937 (Nr. 81) enthält in Kap. 2 spezielle Bestimmungen über die **Nachlaßabwicklung** in Fällen 285

* Dieser Abschnitt wurde von Frau *Ulrika Saltin* LLM Uppsala bearbeitet.

mit Auslandsberührung. Hatte der Erblasser seinen gewöhnlichen Aufenthalt (hemvist) in Schweden, so haben die Nachlaßverwaltung (boutredning), Güterteilung (bodelning) und die Erbauseinandersetzung (arvskifte) in Schweden nach den Vorschriften des schwedischen Erbgesetzes zu erfolgen (Kap. 2 §§ 1 Abs. 1 IDL). Zuständig ist das Gericht erster Instanz am gewöhnlichen Aufenthaltsort des Erblassers. Dieses hat den Nachlaß ohne Rücksicht auf den Lageort gemäß den schwedischen Bestimmungen abzuwickeln und zu verteilen (Kap. 2 §§ 1 Abs. 1, 5 Abs. 1 IDL) (vgl. *Liljeson,* JCl, Droit Comparé/Schweden Rdn. 202). War der Erblasser Ausländer, ist gemäß Kap. 2 § 1 II IDL eine Abgabe des Nachlaßverfahrens an das Ausland unter bestimmten Voraussetzungen zulässig. War der Erblasser schwedischer Staatsbürger mit Wohnsitz/gewöhnlichem Aufenthalt im Ausland, erfolgt die Nachlaßabwicklung für das im In- und Ausland belegene Vermögen ebenfalls nach schwedischem Recht. Auch hier kann aber unter bestimmten Voraussetzungen das Nachlaßverfahren an das Ausland abgegeben werden (Kap. 2 §§ 2, 5 IDL). Bei einem ausländischen Erblasser ohne Wohnsitz und gewöhnlichem Aufenthalt in Schweden untersteht die Nachlaßverwaltung, Güterteilung und Erbauseinandersetzung für das in Schweden belegene Vermögen schwedischem Recht (*Liljeson,* JCl, Droit Comparé/Schweden Rdn. 202). Das im Ausland belegene Vermögen ist dagegen nach ausländischem Erbstatut abzuhandeln (Kap. 2 § 6 IDL). Soweit die Abwicklung des Nachlasses schwedischem Recht unterliegt, werden einige Fragen, die hiermit im unmittelbaren Zusammenhang stehen, ebenfalls dem schwedischen materiellen Recht kraft Sachzusammenhangs unterstellt. Dies gilt ua. für die Erbenhaftung (Kap. 2 § 7 IDL), Zustellung und Anfechtung des Testaments (Kap. 2 § 8 Abs. 1 IDL), Verjährung des Erbrechts (Kap. 2 § 8 II IDL). Alle anderen Fragen unterliegen aber auch bei schwedischem Abwicklungsstatut dem Erbstatut (*Bogdan,* Svensk international privat- och processrätt, S. 216).

286 *cc) Formstatut.* In Schweden gilt seit dem 1. 7. 1976 das **Haager Übereinkommen** über das auf die Form letztwilliger Verfügungen anzuwendende Recht vom 5. 10. 1961 (s. hierzu Rdn. 74ff.).

287 *dd) Sonderregeln für interskandinavische Sachverhalte.* Die Erbfolge bei **interskandinavischen Sachverhalten** unterliegt besonderen Vorschriften: Gesetz (1935:44) betreffend den Nachlaß eines dänischen, finnischen, isländischen oder norwegischen Staatsangehörigen, der seinen Wohnsitz in Schweden hat (abgekürzt NDL), das Gesetz (1935:45) betreffend den Nachlaß von Personen, die ihren gewöhnlichen Aufenthalt in Dänemark, Finnland, Island und Norwegen haben und das Gesetz (1935:46) betreffend die Aufsicht über den ungeteilten Nachlaß eines dänischen, finnischen, isländischen oder norwegischen Staatsangehörigen in bestimmten Fällen. Das Erbstatut eines dänischen, finnischen, isländischen oder norwegischen Erblassers mit Wohnsitz in Schweden richtet sich danach nach schwedischem Recht. Hatte der Erblasser aber zur Zeit seines Ablebens seinen Wohnsitz oder gewöhnlichen Aufenthalt nicht mindestens seit fünf Jahren in Schweden, findet auf Antrag das Heimatrecht des Erblassers auf die Erbfolge Anwendung. Gemäß § 3 NDL ist der Antrag innerhalb einer Frist von sechs Monaten nach Ableben des Erblassers durch die Erben zu stellen (*Liljeson,* JCl, Droit Comparé/Schweden Rdn. 203). Das auf die Nachlaßverwaltung, Güterteilung und Erbauseinandersetzung anzuwendende Recht richtet sich bei einem interskandinavischen Sachverhalt grundsätzlich nach der Rechtsordnung am gewöhnlichen Aufenthalt des Erblassers (*Bogdan,* Svensk international privat- och processrätt, S. 217).

288 *ee) Verweisungstechniken.* Das schwedische Internationale Privatrecht kennt grundsätzlich keine **Rück- und Weiterverweisung** (*Süß* ZEV 2000, 486, 487). Ver-

weisungen des schwedischen IPR auf ausländische Rechtsordnungen sind grundsätzlich Sachnormverweisungen (Ausnahmen im Wechsel-, Scheck- und Insolvenzrecht, sowie hinsichtlich der Formgültigkeit einer im Ausland eingegangenen Ehe) (vgl. *Bogdan,* Svensk international privat- och processrätt, S. 54ff.; *Karlgren,* Kortfattad lärobok i international privat- och processrätt, S. 68ff.; IPG 1990 Nr. 47, S. 454).

b) Der Testamentsvollstrecker im schwedischen Recht

Die Vorschriften zum Testamentsvollstrecker, der im schwedischen Recht Testamentsexekutor genannt wird, sind im Erbgesetz (Ärvdabalk, abgekürzt ÄB) vom 12. 12. 1958 (Nr. 637) geregelt. Der Testamentsvollstrecker muß durch letztwillige Verfügung des Erblassers ernannt werden (*Malmström/Saldeen,* Successionsrätt Arv, boutredning och arvskifte, S. 92). **Testamentsexekutor** kann sowohl eine natürliche als auch eine juristische Person sein. Ersterer muß freilich geschäftsfähig sein, um für den Nachlaß Verträge schließen und den Nachlaß nach außen vertreten zu können. Der Erblasser kann auch mehrere Testamentsvollstrecker ernennen. Hat der Erblasser keine anderweitige Regelung getroffen, haben die Testamentsvollstrecker das Amt gemeinsam auszuüben (IPG 1985 Nr. 37 S. 336). 289

aa) Das Amt des Testamentsvollstreckers. Wird durch letztwillige Verfügung ein Testamentsvollstrecker eingesetzt, sind verschiedene zeitliche Phasen zu unterscheiden (IPG 1985 Nr. 37, S. 332). Zunächst ist zwischen **der provisorischen und der definitiven Nachlaßverwaltung** zu unterscheiden. Erstere obliegt nach Kap. 18 § 2 ÄB jedem Nachlaßbeteiligten, der mit dem Erblasser zusammenlebt oder zur sofortigen Vermögenssorge befähigt ist. Diese provisorische Phase endet, wenn der Nachlaß von sämtlichen Nachlaßberechtigten in Besitz genommen wird. Nachlaßbeteiligte sind gemäß Kap. 18 § 1 ÄB die gesetzlichen und die testamentarischen Erben sowie immer der überlebende Ehegatte. Können sich die Erben über die Verwaltung des Nachlasses nicht einigen, kann der Nachlaß auf Antrag eines Nachlaßbeteiligten unter die Verwaltung eines gerichtlich bestellten Nachlaßverwalters (Kap. 19 § 1 ÄB) gestellt werden. Die Einsetzung eines Verwalters hatte früher vor allem den Zweck, den Nachlaßbeteiligten von der persönlichen Haftung für Nachlaßverbindlichkeiten zu befreien (IPG 1984 Nr. 33 S. 325); denn für Erbfälle vor dem 1. 7. 1981 hafteten die Erbberechtigten nach Annahme der Erbschaft gemeinsam und persönlich für die Schulden des Erblassers sowie für die durch die Nachlaßverwaltung eingegangenen Schulden. Diese weitgehende persönliche Haftung der Erbberechtigten besteht jedoch für Erbfälle nach dem 1. 7. 1981 grundsätzlich nicht mehr (*Liljeson,* JCl, Droit Comparé/Schweden, Rdn. 136). 290

Der **Nachlaßverwalter** (boutredningsman) übernimmt die Verwaltung des ganzen Nachlasses (Kap. 19 § 11 Abs. 1 ÄB) und verdrängt die Verwaltung durch die Nachlaßbeteiligten (einschließlich des überlebenden Ehegatten) (IPG 1984 Nr. 33, S. 326). Der Nachlaßverwalter vertritt den Nachlaß (dödsboet) gegenüber Dritten und ist in Prozessen für den Nachlaß aktiv- und passivlegitimiert (Kap. 19 § 12 ÄB) (IPG 1984 Nr. 33, S. 326). In wichtigen Fällen hat er die Meinung der Nachlaßbeteiligten einzuholen (etwa Veräußerung von Nachlaßgegenständen, die für Nachlaßbeteiligte von besonderem Wert sind); will er ein Grundstück veräußern, muß er die schriftliche Einwilligung der Nachlaßbeteiligten einholen (IPG 1984 Nr. 33, S. 326). Die notwendige Einwilligung kann durch Genehmigung des Gerichts ersetzt werden (Kap. 19 § 13 I ÄB). 291

Da der **Testamentsvollstrecker** sein Amt nicht wie der Nachlaßverwalter einem staatlichen Auftrag, sondern dem Willen des Erblassers verdankt, kann er erst tätig werden, wenn das Testament „rechtskräftig" geworden ist (*Malmström/Saldeen,* 292

Successionsrätt Arv, boutredning och arvskifte, S. 92). „Rechtskräftig" wird das Testament, wenn die 6-monatige Anfechtungsfrist ungenutzt verstreicht bzw. eine fristgerechte Anfechtungsklage rechtskräftig abgewiesen wird. Nach alter Rechtslage fing diese Frist mit der förmlichen „Geltendmachung" des Testaments bei Gericht (bevakning) an zu laufen (Kap. 14 §§ 1–3 ÄB) (vgl. hierzu IPG 1985 Nr. 37 S. 334). Das Gesetz Nr. 308 vom 18. 5. 1989 hat die förmliche Geltendmachung abgeschafft. Die Frist beginnt nunmehr mit Kenntnis des Erbberechtigten von dem Testament Kap. 14 §§ 5, 4 ÄB. Trotz dieser Gesetzesänderung kann der Zeitraum zwischen Erbfall bis zur Rechtskraft des Testaments dazu führen, daß durch die Maßnahmen der Erbberechtigten die angeordnete Testamentsvollstreckung vereitelt wird. Daher sieht Kap. 19 § 1 ÄB vor, daß nicht nur die Erbbeteiligten, sondern auch der Testamentsvollstrecker (schon vor Rechtskraft des Testaments) die Bestellung eines Nachlaßverwalters beantragen kann. Bei der Wahl des Nachlaßverwalters ist der Testamentsvollstrecker gemäß Kap. 19 § 3 Abs. 3 ÄB vorrangig zu berücksichtigen. Auf diese Weise kann der Testamentsvollstrecker schon vor Rechtskraft des Testaments die Verwaltung des Nachlasses an sich ziehen. In der Regel wird der Testamentsvollstrecker daher mit der Geltendmachung des Testaments die Bestellung als Nachlaßverwalter beantragen. Eine Ausnahme gilt nur insoweit, als der Testamentsvollstrecker vom Erblasser nicht zur Verwaltung des gesamten, sondern nur eines Teils des Nachlasses berufen wurde oder sonstigen gegenständlichen Beschränkungen unterliegt (specialexekutor). Der „specialexekutor" muß im Gegensatz zum „generalexekutor" stets die Rechtskraft des Testaments abwarten, bevor er den Nachlaß verwalten kann (IPG 1985 Nr. 37 S. 335).

293 Das Gesetz enthält keine Regelung darüber, ob und wie der Testamentsvollstrecker sein Amt nach Rechtskraft des Testaments erwirbt. Nach überwiegender Ansicht erwirbt der Testamentsvollstrecker sein Amt automatisch, eine Verpflichtung, das Amt zu übernehmen, besteht jedoch nicht (IPG 1985 Nr. 37 S. 336). Hat er das Amt einmal (konkludent) angenommen (durch Übernahme der Verwaltung), muß er den übernommenen Auftrag durchführen und kann ihn nicht ohne weiteres kündigen (IPG 1985 Nr. 37 S. 336). Hat der Testamentsvollstrecker seinen Auftrag erfüllt, wird er auf eigenen Antrag vom Gericht entlassen (Kap. 19 §§ 19, 20 ÄB).

294 *bb) Aufgaben des Testamentsexekutors.* Dem Testamentsvollstrecker obliegt die Nachlaßverwaltung, die Erstellung eines Nachlaßverzeichnisses und die Erbauseinandersetzung.

295 Der Testamentsexekutor **verwaltet den Nachlaß** anstelle der gesetzlichen und gewillkürten Erben. Der ungeteilte Nachlaß hat Rechtspersönlichkeit (*Liljeson,* JCl, Droit Comparé/Schweden, Rdn. 149). Anders aber als der Nachlaßverwalter kann der Testamentsexekutor nicht den überlebenden Ehegatten von der Verwaltung des Nachlasses ausschließen, denn dieses Recht gebührt dem überlebenden Ehegatten aufgrund seines Ausgleichsrechts (giftorätt). Ausgleichsgut ist sämtliches Vermögen der Ehegatten, soweit es nicht durch güterrechtlichen Vertrag zum Vorbehaltsgut erklärt worden ist. Bei Tod eines Ehegatten ist das Ausgleichsgut aufzuteilen (bodelning). Bis zur Aufteilung hat der überlebende Ehegatte ein Recht, an der Verwaltung des ungeteilten Nachlasses mitzuwirken (*Agell,* Äktenskap, samboende och partnerkap, S. 129). Wird die Verwaltung des Nachlasses vom Testamentsvollstrecker und dem überlebenden Ehegatten gemeinsam ausgeübt, wird der Nachlaß gegenüber einem Dritten von beiden gemeinsam vertreten (*Walin,* Kommentar till Ärvdabalken Del II (18 bis 25 Kap.), S. 113). Ist der überlebende Ehegatte nicht mehr am Nachlaß beteiligt, so übt der Testamentsexekutor die Verwaltung alleine aus und vertritt den Nachlaß gerichtlich und außergericht-

lich nach außen. Soweit sich aus dem Testament nicht ein anderes ergibt, ist der Testamentsexekutor ermächtigt, alle für den Nachlaß erforderlichen Maßnahmen vorzunehmen (ÄB 19 § 20 I). Er kann den Nachlaß verpflichten und ohne die Einwilligung der Erben einzuholen den unbeweglichen Nachlaß veräußern. Hätte der Vertragspartner aber erkennen können, daß die Maßnahme für den Nachlaß nicht notwendig ist, ist der Vertrag für den Nachlaß nicht bindend. Wurden vom Erblasser mehrere Testamentsvollstrecker ernannt und können die sich hinsichtlich einer Verwaltungsmaßnahme nicht einigen, so ist die Frage vom zuständigen Gericht zu klären (Kap. 19 §§ 16, 20 ÄB).

Der Testamentsvollstrecker hat zu veranlassen, daß ein **Nachlaßverzeichnis** erstellt wird (Kap. 20 § 1 ÄB). In diesem Verzeichnis sind das Vermögen einschließlich der Schulden und die Erben und eine beglaubigte Kopie des Testaments aufzuführen (Kap. 20 § 2 bis 6 ÄB) (*Liljeson,* JCl, Droit Comparé/Schweden, Rdn. 151). Das Nachlaßverzeichnis dient ua. auch als Berechtigungsurkunde, soweit Verwaltungsmaßnahmen im Verhältnis zu Dritten vorzunehmen sind. 296

cc) Kontrolle über den Testamentsvollstrecker. Eine gerichtliche oder behördliche **Überwachung und Kontrolle** des Testamentsvollstreckers ist im schwedischen Recht nicht vorgesehen. Dennoch kann gemäß Kap. 19 §§ 5, 20 ÄB das Gericht einen unpassenden Testamentsvollstrecker entlassen. Die Verwaltung des Nachlasses geht dann grundsätzlich auf die Nachlaßbeteiligten über, soweit der Erblasser keine anderweitige Anordnung getroffen hat. 297

dd) Entgelt. Der Testamentsexekutor hat einen Anspruch auf Entgelt. Ist die Höhe des Entgelts im Testament nicht festgelegt, hat er Anspruch auf eine angemessene Vergütung (ÄB 19 § 20). Das Entgelt ist aus dem Nachlaß, nicht aber von den Erben persönlich zu begleichen. 298

11. Schweiz

A. Bucher, Das neue internationale Erbrecht, ZBGR 1988, 145; *ders.,* Droit international privé suisse, Tomme II, Personnes Famille Successions, 1992; *R. Dallafior,* Die Legitimation des Erben, 1990; *J. N. Druey,* Grundriß des Erbrechts, 1986; *B. Dutoit,* Commentaire de la loi fédérale du 18. décembre 1987 – Droit international privé suisse, 1996 (zitiert *Dutoit,* DIP); *M. Ferid/K. Firsching,* Internationales Erbrecht, Bd. V, Schweiz; *H. Giger,* Der Willensvollstrecker im Spannungsfeld von Erblasser und Erbe, FS Heini, 1988, S. 123; *J. Guinand,* Le pouvoir de disposition de l'exécuteur testamentaire et sa responsabilité, ZBGR 1976, 321; *H. Hanisch,* professio iuris, réserve légale und Pflichtteil, Mélanges G. Flattet, 1985, S. 473; *F. Hasenböhler,* Das Familien- und Erbrecht des IPRG, BJM 1989, 225; *H. Hausheer,* Erbrechtliche Probleme des Unternehmens, 1970; *A. Heini,* Der Grundsatz der Nachlaßeinheit und das neue internationale Erbrecht der Schweiz, Festschrift für C. Hegnauer, 1986, S. 187; *A. Heini/M. Keller/K. Siehr/F. Vischer/P. Volken,* IPRG/Kommentar, 1993 (zitiert IPRG/Kommentar/*Bearbeiter*); *H. Honsell/K. Schnyder/N. P. Vogt,* Kommentar zum Schweizerischen Privatrecht Internationales Privatrecht 1996 (zitiert IPRG/*Bearbeiter*); *F. Knoepfler/P. Schweizer,* Précis du droit international privé suisse, 1990; *H. Krzywon,* Die erbrechtlichen Bestimmungen des schweizerischen Bundesgesetzes über das internationale Privatrecht aus deutscher Sicht, BWNotZ 1989, 153; *P. Lalive,* Traité américano-suisse et professio juris ou „Rougeron resvisited", Liber amicorum A. F. Schnitzer, 1979, S. 285; *S. Lorenz,* Disharmonie im deutsch-schweizerischen internationalen Erbrecht – Koordinierungsmittel für die notarielle Praxis, DNotZ 1993, 148; *R. Lorz,* Testamentsvollstreckung und Unternehmensrecht, 1995 (zitiert *Lorz*); *ders.,* Fragen der Testamentsvollstreckung am Kommanditanteil beim zwischenstaatlichen Erbgang, in Europäische Integration und globaler Wettbewerb, 1993, S. 489; *C. v. Oertzen,* Anwendbares Erbrecht in deutsch-schweizerischen Erbfällen, ZEV 2000, 495; *A. E. Overbeck,* Das neue schweizerische

Bundesgesetz über das internationale Privatrecht, IPRax 1988, 329; *P. Piotet,* Précis du droit successoral, 1976; *ders.,* in Schweizerisches Privatrecht, Bd. IV/1 Erbrecht, 1978; *A. Schneider,* Die Nachlaßabwicklung deutsch-schweizerischer Erbfälle in Deutschland und in der Schweiz, 1997; *K. Siehr,* Die Beerbung von Schweizer Bürgern mit letztem Wohnsitz in der Bundesrepublik Deutschland, Mélanges P. Piotet, 1990, S. 531; *Staudinger/Dörner* Anh. zu Art. 25 f. EGBGB Rdn. 578 ff.; *P. Tuor/B. Schnyder/J. Schmid,* Das Schweizer Zivilgesetzbuch, 11. Aufl. 1995; *C. Wetzel,* Interessenkonflikte des Willensvollstreckers, 1985.

a) Erbstatut nach autonomem Recht

299 Die autonomen Kollisionsvorschriften zum Erbrecht finden sich in Art. 86 bis 96 IPRG **(Bundesgesetz über das Internationale Privatrecht).** Das IPRG ist zum 1. 1. 1989 in Kraft getreten und hat das NAG (Bundesgesetz vom 25. 6. 1891 über das zivilrechtliche Verhältnis der Niedergelassenen und Aufenthalter) abgelöst. Für die vor dem Inkrafttreten des IPRG abgeschlossenen Vorgänge bleibt gemäß Art. 196 Abs. 1 IPRG das NAG anwendbar, für dessen Kommentierung auf *Dutoit/Knoepfler/Mercier,* Répertoire de droit international privé suisse, Vol. 1–3, 1986 verwiesen wird.

300 Das Kollisionsrecht zum Erbrecht im **IPRG unterscheidet drei Fälle:** (aa) Erblasser mit letztem Wohnsitz in der Schweiz, (bb) Schweizer mit letztem Wohnsitz im Ausland, (cc) Ausländer mit letztem Wohnsitz im Ausland.

301 *aa) Erblasser mit letztem Wohnsitz in der Schweiz.* Nach Art. 90 Abs. 1 IPRG untersteht der Nachlaß einer **Person mit letztem Wohnsitz in der Schweiz** grundsätzlich dem schweiz. materiellen Erbrecht. Der Wohnsitz einer Person bestimmt sich nach Art. 20 Abs. 1 lit. a IPRG. Danach hat eine natürliche Person ihren Wohnsitz in dem Staat, in dem sie sich mit der Absicht des dauernden Verbleibens aufhält. Gemeint ist damit der Mittelpunkt der Lebensbeziehungen, der nach objektiven Kriterien zu ermitteln ist (*Krzywon* BWNotZ 1989, 152, 154). Eine Person kann nur an einem Ort ihren Wohnsitz iSd. des IPRG haben. In Ermangelung eines Wohnsitzes stellt das IPRG hilfsweise auf den gewöhnlichen Aufenthalt ab (Art. 20 Abs. 2 S. 2 IPRG). Das ist der Ort, an dem eine Person längere Zeit lebt, selbst wenn diese Zeit von vornherein befristet ist (Art. 20 Abs. 1 lit. b IPRG).

302 Das schweiz. Recht folgt dem **Grundsatz der Nachlaßeinheit.** Sowohl für das bewegliche als auch das unbewegliche Vermögen wird auf das Recht am letzten Wohnsitz des Erblassers abgestellt, gleichgültig ob der Nachlaß im In- oder Ausland liegt (IPRG/*Schnyder* Art. 90 Rdn. 5).

303 **Ausnahmen vom Grundsatz der Nachlaßeinheit:** Beansprucht ein ausländischer Staat, in dem Vermögen des Erblassers belegen ist, für dieses die ausschließliche Zuständigkeit, so durchbricht das Statut des Lageortes das allgemeine Erbstatut (Art. 86 Abs. 2 IPRG). Ein Land beansprucht die ausschließliche Zuständigkeit für die in seinem Gebiet belegenen Nachlaßgegenstände, wenn es diese unmittelbar dem eigenen Sachrecht unterstellt. Art. 86 Abs. 2 IPRG ist ebenso anwendbar, wenn die ausländische Kollisionsnorm allgemein am Lagerecht anknüpft und somit für die in ihrem Gebiet belegenen Nachlaßgegenstände zur Anwendung des eigenen Sachrechts gelangt (*Bucher,* Droit international privé suisse, Rdn. 940).

304 Im Gegensatz zum deutschen Recht (vgl. Rdn. 46 f.) führt die **Nachlaßspaltung nach Art. 86 Abs. 2 IPRG** nicht dazu, daß die unterschiedlichem Recht unterliegenden Nachlaßteile völlig selbständig und unabhängig voneinander sind. Beispiel (nach *Bucher,* Droit international privé suisse, Rdn. 939): Ein Erblasser mit letztem Wohnsitz in der Schweiz hinterläßt ein Grundstück in der Schweiz und ein weiteres in Frankreich, die den gesamten Nachlaß ausmachen. Einzige Nachkom-

men sind die Söhne A und B. In seinem Testament ordnet der Erblasser an, daß A das in der Schweiz und B das in Frankreich belegene Grundstück bekommen soll. Frankreich kennt die Nachlaßspaltung, so daß gemäß Art. 86 Abs. 2 IPRG auf das in Frankreich belegene Grundstück französisches Recht anzuwenden ist (vgl. Rdn. 139). Die Nachlaßspaltung führt nach schweiz. Recht nicht dazu, daß bzgl. des in der Schweiz belegenen Grundstücks der B Pflichtteilsansprüche geltend machen kann. Dem Willen des Erblassers kann aus schweiz. Sicht trotz Nachlaßspaltung im vollen Umfang Rechnung getragen werden.

Gemäß Art. 90 Abs. 2 IPRG kann der ausländische Erblasser mit letztem Wohnsitz in der Schweiz durch letztwillige Verfügung oder Erbvertrag sein **Heimatrecht als Erbstatut wählen.** Voraussetzung hierfür ist, daß der Erblasser sowohl im Zeitpunkt der Rechtswahl als auch im Zeitpunkt des Todes Ausländer war (*Bucher,* Droit international privé suisse, Rdn. 941). Hat er mehrere Staatsangehörigkeiten (wovon keine die schweizerische sein darf), so kann er unter den Heimatrechten wählen. Die Rechtswahl kann in der Form eines Testamentes oder Erbvertrages erfolgen (*Hasenböhler* BJM 1989, 225, 249). Sie kann ausdrücklich oder stillschweigend vorgenommen werden (BGE 111 II 16, 19f.); sie muß jedoch unzweideutig aus dem Dokument hervorgehen (BGE 111 II 16, 20). Eine partielle Rechtswahl (zB „ich wähle bzgl. des in der Schweiz belegenen Vermögens deutsches Recht") ist nicht zulässig (IPRG/*Schnyder,* Art. 90 Rdn. 15; *Ferid/Firsching,* Internationales Erbrecht/Schweiz, Rdn. 16), da Art. 90 Abs. 2 IPRG, anders als etwa Art. 87 Abs. 2 IPRG, eine partielle Rechtswahl nicht vorsieht und es somit beim Grundsatz der Nachlaßeinheit bleibt (*A. Bucher* ZBGR 1988, 145, 148). Problematisch ist, wie zu verfahren ist, wenn der ausländische Erblasser eine unzulässige Teilrechtswahl vornimmt. Nach wohl überwiegender Ansicht kann diese nicht in eine Vollrechtswahl umgedeutet werden (IPRG/*Schnyder* Art. 90 Rdn. 17). Beansprucht der Staat, in dem der bzw. ein Teil des Nachlasses belegen ist, die ausschließliche Zuständigkeit für sich (Art. 86 Abs. 2 IPRG, vgl. Rdn. 250), so kann hiervon auch durch Rechtswahl nicht abgewichen werden. Art. 86 Abs. 2 IPRG geht damit stets Art. 90 Abs. 2 IPRG vor. 305

bb) Schweizer verstirbt mit letztem Wohnsitz im Ausland. Gemäß **Art. 91 Abs. 1 IPRG** bestimmt sich das Erbstatut nach dem am Wohnsitzort geltenden Kollisionsrecht. Art. 91 Abs. 1 legt das anwendbare Recht nicht selbst fest. Vielmehr überläßt es – zur Förderung des internationalen Entscheidungseinklangs – die endgültige kollisionsrechtliche Zuweisung dem IPR des Wohnsitzstaates des Erblassers (IPRG/*Schnyder* Art. 91 Rdn. 4). Bei Art. 91 Abs. 1 IPRG handelt es sich folglich um eine Gesamtnormverweisung auf das Wohnsitzrecht (*Heini,* FS Hegnauer, S. 190). Die Bestimmung bereitet keine Schwierigkeiten, soweit das ausländische Kollisionsrecht auf ein bestimmtes materielles Recht oder auf die Kollisionsnormen eines Drittstaates weiterverweist (*A. Bucher* ZBGR 1988, 145, 153; *Dutoit* DIP Art. 91 Rdn. 3; aA IPRG/*Schnyder* Art. 91 Rdn. 6f., der die Weiterverweisung auf die Rechtsordnung eines Drittstaates auch für den Fall, daß sich die ausländische Verweisungsnorm als Gesamtnormverweisung versteht, als Sachnormverweisung auslegt). Für zwei Fälle (Rückverweisung durch schweiz. Recht und Rückverweisung auf schweiz. Recht) ist ungeklärt, wie die Vorschrift auszulegen ist. 306

Beispiel (1): Verstirbt ein Schweizer in der Bundesrepublik, so richtet sich das Erbstatut aus deutscher Sicht nach Art. 25 Abs. 1 EGBGB, das auf das Heimat- und folglich auf das schweizerische Recht verweist. Diese Verweisung ist eine Gesamtnormverweisung, so daß zunächst zu klären ist, ob das IPRG die Verweisung annimmt. Umstritten ist nun, ob in Art. 91 Abs. 1 IPRG eine zu beachtende Rückverweisung auf deutsches Recht liegt (gegen eine Rückverweisung: *Overbeck* IPRax 1988, 329, 332f.; zu Recht für eine zu beachtende 307

Rückverweisung: *Krzywon* BWNotZ 1989, 153, 156ff.; *Bucher,* Droit international privé suisse, 1992, Rdn. 956; IPRG/*Schnyder* Art. 91 Rdn. 19; *Lorenz* DNotZ 1993, 148, 153).

308 **Beispiel (2):** Ein Schweizer verstirbt 1992 mit letztem Wohnsitz in Frankreich und hinterläßt ua. Grundstücke in der Schweiz. Aus deutscher Sicht verweist Art. 25 Abs. 1 EGBGB auf das schweizerische Recht. Hierbei handelt es sich um eine Gesamtnormverweisung. Art. 91 Abs. 1 IPRG verweist weiter auf das Recht am Wohnort des Erblassers. Auch hierbei handelt es sich um eine Gesamtnormverweisung. Nach franz. IPR richtet sich das Erbstatut für Immobilien nach dem Lagerecht, mithin verweist das franz. Recht teilweise auf das schweiz. Recht zurück. Auch diese partielle Rückverweisung ist nach franz. Recht eine Gesamtnormverweisung. Umstritten ist nun, ob das schweiz. Recht die Rückverweisung annimmt (vergleichbar dem Art. 4 Abs. 1 S. 2 EGBGB) (so zu Recht aber entgegen dem Wortlaut des Art. 14 IPRG *Krzywon* BWNotZ 1989, 152, 156; *Knoepfler/Schweizer,* Précis du droit international suisse, Rdn. 420; IPRG/*Schnyder* Art. 91 Rdn. 6) oder aber die Rückverweisung ignoriert (in diesem Sinn wohl *Siehr,* Mélanges Piotet, S. 540).

309 Der im Ausland wohnhafte (Art. 20 Abs. 1 lit. a IPRG) Schweizer hat bzgl. des Erbstatuts gemäß Art. 91 Abs. 2, 87 Abs. 2 IPRG ein **Wahlrecht.** Er kann durch letztwillige Verfügung oder Erbvertrag das in der Schweiz gelegene Vermögen oder sein gesamtes Vermögen dem schweizerischen Recht unterstellen. Liegt lediglich die Wahl der schweizerischen Zuständigkeit vor, führt das nicht zur Anwendbarkeit des schweizerischen materiellen Rechts, wenn sich der Erblasser im Testament oder Erbvertrag gemäß Art. 91 Abs. 2 IPRG die Anwendung des Wohnsitzrechts ausdrücklich vorbehalten hat (*Bucher,* Droit international privé suisse, Bd. 2, 1992, Rdn. 958). Überwiegend wird auch hier eine Teilrechtswahl für zulässig erachtet (IPRG/*Schnyder* Art. 91 Rdn. 15). Die Rechtswahl durchbricht nicht den Vorrang des Einzelstatuts nach Art. 86 Abs. 2 IPRG (vgl. Rdn. 303f.) (IPRG/*Schnyder* Art. 87 Rdn. 13).

310 Ist aus schweiz. Sicht an sich ausländisches Recht Erbstatut, so kommt gemäß Art. 91 Abs. 2, 87 Abs. 1 IPRG dennoch schweiz. materielles Erbrecht zur Anwendung, wenn ein Schweizer mit letztem Wohnsitz im Ausland verstorben ist und sich die **Gerichte und Behörden am Wohnsitz nicht mit dem Nachlaß „befassen".** Diese Bestimmung, die eine Zuständigkeitsleere für Auslandsschweizer verhindern will, hat im Verhältnis zur Bundesrepublik keine Bedeutung (vgl. *Krzywon* BWNotZ 1989, 152, 154; *Lorenz* DNotZ 1993, 148, 152).

311 *cc) Ausländer verstirbt mit letztem Wohnsitz im Ausland.* Für diesen Fall verweist Art. 91 Abs. 1 IPRG auf das Kollisionsrecht am letzten Wohnsitz des Erblassers (für die str. Fragen der Rückverweisung vgl. Rdn. 306ff.).

312 *dd) Die „Verfügungsfähigkeit" (Testierfähigkeit).* Die Verfügungsfähigkeit des Erblassers richtet sich nach Art. 94 IPRG alternativ nach dem Wohnsitzrecht bzw. Recht am gewöhnlichen Aufenthalt oder dem Heimatrecht des Erblassers im Zeitpunkt der Verfügung. Im übrigen richten sich die Anforderungen an eine letztwillige Verfügung nach dem Erbstatut und für Erbverträge gemäß Art. 95 Abs. 1 IPRG nach dem Recht am Wohnsitz des Erblassers zur Zeit des Vertragsschlusses. Unterstellt der Erblasser im Erbvertrag den gesamten Nachlaß seinem Heimatrecht, so richtet sich die Wirksamkeit der Verfügung (mit Ausnahme der Form und Verfügungsfähigkeit) nach dem Heimatrecht.

313 *ee) Abgrenzung Erb- und Verfahrensstatut.* Das schweizerische IPRG unterscheidet in Art. 92 IPRG wie schon das NAG (vgl. Rdn. 299) zwischen dem Erbstatut und dem Eröffnungsstatut. Letzteres untersteht dem Recht am Sitz der eröffnenden schweizerischen Behörde. Die Grenzziehung zwischen Eröffnungs- und Erbstatut bereitet Schwierigkeiten (*Dutoit* DIP Art. 92 Rdn. 2; *Dallafior,* Die Legitimation

des Erben, S. 152). Die Frage wird freilich nur dann akut, wenn Erb- und Eröffnungsstatut voneinander abweichen, dh. wenn die nach Art. 86 bis 89 IPRG zuständigen schweizerischen Behörden ausländisches Recht anzuwenden haben (hauptsächlich bei der Wahl ausländischen Heimat- oder Wohnsitzrechts nach Art. 90 Abs. 2, 91 Abs. 2 IPRG). Dem Erbstatut unterliegen dann Fragen wie beispielsweise die Erbberechtigung, die Erbanteile, die Enterbung und das Pflichtteilsrecht, Arten und Wirkungen erbrechtlicher Verfügungen, Erbverzicht und Erbausschlagung, Erbgang und Erbschaftserwerb, Inhalt und legitimationsrechtliche Wirkung des Erbscheins, Haftung für Erbschaftsschulden, Rechte und Pflichten des Testamentsvollstreckers (IPRG/*Schnyder* Art. 92 Rdn. 5; *Dutoit* DIP Art. 92 Rdn. 3). Dem Eröffnungsstatut unterstehen hingegen die Eröffnung des Erbgangs, Ausstellen des Erbscheins (nicht jedoch dessen materiell- und legitimationsrechtliche Wirkungen; *Dallafior,* Die Legitimation des Erben, S. 155), die Formen der Ausschlagung, Nachlaßverwaltung und Nachlaßliquidation. Nach Art. 92 Abs. 2 S. 2 IPRG untersteht auf den ersten Blick auch die Willensvollstreckung (Testamentsvollstreckung) dem Eröffnungsstatut. Durch die Einfügung des Wortes „namentlich" in Art. 92 Abs. 2 S. 2 IPRG hat der Gesetzgeber jedoch klargestellt, daß auch die Willensvollstreckung nur insoweit dem Eröffnungsstatut unterliegt, als die bloße „Durchführung" dieser Art der Nachlaßabwicklung in Frage steht. Die Rechte und Pflichten des Willensvollstreckers gegenüber den Erben und Dritten ergeben sich folglich allein aus dem Erbstatut (*Bucher* ZBGR 1988, 145, 154; *Lorz* S. 283). Andererseits ist die behördliche Aufsicht über den Testamentsvollstrecker (vgl. hierzu Rdn. 333ff.) eine Frage des Eröffnungsstatuts (*Bucher* ZBGR 1988, 145, 154).

Beispiel: Ein kinderloser und unverheirateter deutscher Staatsangehöriger mit letztem Wohnsitz und umfangreichem Privatvermögen in der Schweiz bestimmt durch letztwillige Verfügung, daß auf seine Erbfolge sein Heimatrecht Anwendung finden soll (Art. 90 Abs. 2 IPRG). Er setzt seinen Neffen als Erben ein und ordnet eine Testamentsvollstreckung an, bis dieser das 25. Lebensjahr vollendet hat. Das Erbstatut und damit die Rechte und Pflichten des Testamentsvollstreckers richten sich aus schweizerischer Sicht nach Art. 90 Abs. 2 IPRG, der auf das materielle deutsche Erbrecht verweist. Für die Durchführung der Testamentsvollstreckung ist dagegen das Eröffnungsstatut maßgebend. Dieses ist gemäß Art. 86 Abs. 1 IPRG schweizerisches Recht, da der Erblasser seinen letzten Wohnsitz in der Schweiz hatte. Folge dieser funktionalen Spaltung von Erb- und Verfahrensstatut ist, daß der nach ausländischem Recht in der Schweiz tätige Testamentsvollstrecker im Rahmen der Durchführung seiner Amtshandlungen gemäß Art. 92 Abs. 2 IPRG dem schweizerischen Recht unterliegt (*Hanisch,* Mélanges Flattet, S. 478, 488). Zu den „Durchführungsvorschriften" gehört auch die Aufsicht über den Willensvollstrecker durch die nach Art. 518, 595 Abs. 3 ZGB (Zivilgesetzbuch) zuständige Behörde (vgl. *Bucher* ZBGR 1988, 145, 154 und Rdn. 333). **314**

b) Erbstatut nach internationalen Verträgen

Vgl. auch *Ferid/Firsching,* Internationales Erbrecht/Schweiz, Texte I Nr. 2–7.

Für das **Französisch-Schweizerische Abkommen** vom 15. 6. 1869 vgl. Rdn. 124. Nach Art. 17 Abs. 3, 4 des **Schweizerisch-Italienischen Abkommens** vom 22. 7. 1868 sind die Gerichte am letzten Wohnsitz des Erblassers im Heimatstaat für alle Erbstreitigkeiten zwischen Erben und Vermächtnisnehmern etc. (nicht aber Nachlaßgläubigern) zuständig, wenn der Erblasser Angehöriger eines der Vertragsstaaten ist und im anderen Vertragsstaat verstirbt. Nach hM enthält diese Zuständigkeitsvorschrift eine versteckte Kollisionsnorm. Mithin richtet sich das Erbstatut nach dem Recht am letzten Heimatort des Erblassers. Gemäß Art. 10 Abs. 3 des Schweizerisch-Griechischen Abkommens vom 1. 12. 1927 ist Erbstatut **315** das Heimatrecht des Erblassers im Zeitpunkt seines Todes. Das Abkommen ist entgegen seinem Wortlaut nur anwendbar, wenn der Erblasser in einem der Vertragsstaaten seinen Wohnsitz hatte. Ebenso verfährt das Schweizerisch-Iranische Abkommen vom 25. 4. 1934. Gemäß Art. VI des Schweizerisch-US-amerikanischen Abkommens vom 25. 11. 1850 knüpft das Erbstatut bei Mobilien an den Wohnsitz und für Immobilien an den Lageort an. Das Abkommen ist nur anwendbar, wenn der Erblasser im Zeitpunkt des Todes Angehöriger eines der Vertragsstaaten war und im anderen Vertragsstaat entweder seinen Wohnsitz oder Immobilien hatte. Umstritten ist, ob die Verweisungen in diesem Abkommen Sachnormverweisungen sind, so daß eine Rechtswahl der in der Schweiz lebenden US-Staatsangehörigen ausgeschlossen wäre (für zulässige Rechtswahl entgegen der Rspr. *Lalive,* liber amicorum Schnitzer, S. 288ff.). Für das **Abkommen der Schweiz mit dem Großherzogtum Baden** betreffend die gegenseitigen Bedingungen über Freizügigkeit und weitere nachbarliche Verhältnisse vom 6. 12. 1856 s. Rdn. 8.

c) Formstatut

316 Für letztwillige Verfügungen gilt gemäß Art. 93 Abs. 1 IPRG das **Haager Übereinkommen** über das auf die Form letztwilliger Verfügungen anzuwendende Recht vom 5. 10. 1961 (vgl. hierzu Rdn. 74ff.). Gemäß Art. 93 Abs. 2 IPRG sind die Vorschriften des Übereinkommens sinngemäß auf andere Verfügungen von Todes wegen (zB Erbvertrag) anzuwenden.

d) Anerkennung ausländischer Erb- und Testamentsvollstreckernachweise

317 Art. 96 IPRG enthält einen umfassenden und liberalen Katalog **anerkennungsfähiger ausländischer Rechtsakte.** Hierzu zählen neben Entscheidungen und Maßnahmen auch ausländische Urkunden, die den Nachlaß betreffen, etwa Testamentsvollstrecker- oder sonstige Erbnachweise (vgl. IPRG/*Schnyder* Art. 96 Rdn. 4; *Bucher* ZBGR 1988, 145, 158; *Dutoit* DIP Art. 96 Rdn. 1). Anerkennungsfähig sind ausländische Urkunden, wenn (Art. 96 Abs. 1 lit. a IPRG) sie im Staate des letzten Wohnsitzes des Erblassers oder im Staat, dessen Recht er gewählt hat, ergangen sind oder aber dort anerkannt werden. Soweit Grundstücke betroffen sind, werden die ausländischen Urkunden/Entscheidungen anerkannt, wenn sie im Belegenheitsstaat ergangen sind oder dort anerkannt werden (Art. 96 Abs. 1 lit. b IPRG). Beansprucht jedoch ein Staat für die in seinem Gebiet liegenden Grundstücke des Erblassers die ausschließliche Zuständigkeit (Art. 87 Abs. 2 IPRG), so werden nur dessen Entscheidungen, Maßnahmen und Urkunden anerkannt (Art. 96 Abs. 2 IPRG).

318 **Beispiel:** Ein deutscher Erblasser mit letztem Wohnsitz in der Bundesrepublik Deutschland hat ein Konto oder Depot bei einer Schweizer Bank. Der mit einem „deutschen" Testamentsvollstreckerzeugnis ausgestattete Testamentsvollstrecker ist in diesem Fall auch in der Schweiz ausreichend legitimiert. Zwar wird teilweise im Schrifttum empfohlen, soweit die Urkunde nicht zur Vorlage bei einer Behörde, sondern bei einer Privatperson bestimmt ist, ein förmliches Anerkennungsverfahren einzuleiten (IPRG/*Schnyder* Art. 96 Rdn. 4; *Dallafior,* Die Legitimation des Erben, S. 161; *Gottwald/Stangl* ZEV 1997, 217, 219), da der einzelne Bürger oftmals nicht in der Lage sein wird, die Anerkennungsvoraussetzungen inzidenter zu prüfen. Nur bei Vorliegen der Anerkennungsvoraussetzungen aber erstrecken sich die ausländischen Legitimationswirkungen auch auf das Inland. Der Praxis der schweizerischen Banken entspricht es jedoch vielfach, allein die Vorlage eines entsprechenden deutschen Testamentsvollstreckerzeugnisses für eine Verfügung über das Konto oder Depot genügen zu lassen.

Beispiel: Der deutsche Erblasser mit letztem Wohnsitz in der Schweiz unterhielt bei einer Schweizer Bank eine Konto- bzw. Depotbeziehung. Ein von einem deutschen Nachlaßgericht ausgestelltes Testamentsvollstreckerzeugnis ist in diesem Fall in der Schweiz nicht anerkennungsfähig, da es nicht von den Behörden des Wohnsitzstaates ausgestellt wurde (Art. 96 Abs. 1 lit. a IPRG). Etwas anderes gilt nur, wenn der Erblasser nach Art. 90 Abs. 2 IPRG durch letztwillige Verfügung die Erbfolge deutschem Recht unterstellt hat (Art. 96 Abs. 1 lit. a IPRG). 319

Beispiel: Ein nicht-deutscher Erblasser mit Wohnsitz in der Bundesrepublik Deutschland unterhält eine Konto- und Depotbeziehung bei einer Schweizer Bank. Diese Fälle bereiten aus schweizerischer Sicht besondere Schwierigkeiten. Die aus schweizerischer Sicht (Art. 96 Abs. 1 lit. a IPRG) für die Nachlaßeröffnung zuständigen deutschen Gerichte nehmen diese Zuständigkeit (aufgrund des nach Art. 25 Abs. 1 EGBGB maßgebenden ausländischen Erbstatuts) allenfalls beschränkt wahr, soweit Vermögenswerte in der Bundesrepublik belegen sind (vgl. Rdn. 424f., Fremdrechts-Testamentsvollstreckerzeugnis). Aufgrund der im Zeugnis ausgesprochenen inhaltlichen Beschränkung sind diese in der Schweiz nicht anerkennungsfähig. Da auch nicht-deutsche Erbnachweise (etwa aus dem Heimatstaat des Erblassers) in der Bundesrepublik Deutschland nach hM nicht anerkennungsfähig sind (vgl. hierzu Rdn. 455ff.), scheidet grundsätzlich auch deren Anerkennung in der Schweiz aus (vgl. Art. 96 Abs. 1 lit. a IPRG). Aus Schweizer Sicht besteht in diesen Fällen daher eine Notzuständigkeit am Lageort der Konto- bzw. Depotbeziehung (Art. 88 IPRG). Diese Notzuständigkeit etwa für die Erteilung eines Testamentsvollstreckerzeugnisses (vgl. hierzu Rdn. 331) beanspruchen zu wollen, dürfte dem Testamentsvollstrecker aus praktischen Gründen schwerfallen; denn die gesetzlichen Bestimmungen des schweizerischen Bankgeheimnisses führen dazu, daß die schweizerische Bank einem nicht mit entsprechendem Zeugnis ausgestatteten Testamentsvollstrecker keine Auskünfte über die Geschäftsbeziehungen des Erblassers erteilen wird. Der Testamentsvollstrecker, der aber den Nachweis über vorhandene Bankguthaben des ausländischen Erblassers nicht führen kann, wird es schwer haben, die schweizerischen Nachlaßbehörden von ihrer Zuständigkeit gemäß Art. 88 IPRG zu überzeugen. 320

e) Der Testamentsvollstrecker im schweizerischen Zivilrecht

Die Vorschriften zum Testamentsvollstrecker **(„Willensvollstrecker")** finden sich in den Art. 517, 518 ZGB (Zivilgesetzbuch). Die Einsetzung des Willensvollstreckers erfolgt gemäß Art. 517 Abs. 1 ZGB durch letztwillige Verfügung. Die Einsetzung eines Willensvollstreckers ist auch ohne Namensnennung wirksam, wenn die letztwillige Verfügung auf die darunter zu verstehende Person eindeutig und einwandfrei hinweist. Offen ist, ob und unter welchen Voraussetzungen eine nicht von vornherein individuell bestimmte Person als Willensvollstrecker eingesetzt werden kann (BGE 91 II 177, 182), weil das schweizerische Recht anders als das deutsche eine Ernennung durch das Nachlaßgericht (§ 2200 BGB) nicht vorsieht. Eine den Erblasser bindende Einsetzung durch Erbvertrag ist unzulässig (*Piotet,* Précis du droit successoral, S. 48). Willensvollstrecker kann sowohl eine natürliche als auch eine juristische Person sein. Darüber hinaus kann auch eine Behörde oder eine Gesellschaft ohne Rechtspersönlichkeit Willensvollstrecker sein, wenn sie etwa wie die schweizerische Kommanditgesellschaft handlungsfähig iSd. Art. 13 OR (Obligationenrecht) ist (vgl. Obergericht II Zürich ZBGR 1991, 338, 341f.). Gerät der Willensvollstrecker mit der Amtsübernahme in eine Interessenkollision, die die Ausübung seines Amtes wesentlich beeinträchtigt, so ist seine Einsetzung zwar nicht unwirksam, aber anfechtbar (BGE 90 II 376, 386ff.). Tritt eine derartige Kollision nachträglich auf, so kann die Aufsichtsbehörde (vgl. Rdn. 333ff.) den Willensvollstrecker seines Amtes entheben. 321

Der Erblasser kann **mehrere Personen zu Willensvollstreckern ernennen,** 322
die dann in Ermangelung einer anderweitigen Regelung die Aufgaben gemeinschaftlich zu erfüllen haben (Art. 518 Abs. 3 ZGB). Der Erblasser kann aber auch

bestimmen, daß jedem Willensvollstrecker ein bestimmter Bereich zukommt. Die Rechtsnatur der Willensvollstreckung ist umstritten (*Giger,* FS Heini, S. 130). Die Willensvollstreckung enthält Elemente des Auftrags, der Vertretung und der Treuhand (*Tuor/Schnyder/Schmid,* Das Schweizerische Zivilgesetzbuch, S. 500f.; s. auch *Bracher,* Der Willensvollstrecker insbesondere im Züricherischen Zivilprozeßrecht, S. 28ff.) Da die Willensvollstreckung überwiegend aber als mandatsähnlich qualifiziert wird, finden – soweit die Vorschriften über die Willensvollstreckung Lücken aufweisen – die Regeln zum Mandatsrecht aus dem OR ergänzende Anwendung (BGE 90 II 376, 380; *Druey,* Grundriß des Erbrechts, § 14 Rdn. 41ff.).

323 *aa) Beginn des Amtes.* Die zuständige kantonale Behörde teilt gemäß Art. 517 Abs. 2 ZGB von Amts wegen der durch letztwillige Verfügung bedachten Person mit, daß sie als Willensvollstrecker eingesetzt ist. Diese muß sich dann gegenüber der Behörde innerhalb der zweiwöchigen Frist erklären, ob sie das **Amt annimmt,** wobei das Verstreichenlassen der Frist einer Annahme des Amtes gleichsteht (Art. 517 Abs. 2 ZGB).

324 *bb) Ende des Amtes.* **Das Amt des Willensvollstreckers endet** mit Erledigung der ihm zugedachten Aufgaben, durch Rücktritt des Willensvollstreckers (analog Art. 404 OR) oder durch Entlassung durch die kantonale Behörde aus wichtigem Grund (vgl. *Tuor/Schnyder/Schmid,* Das Schweizerische Zivilgesetzbuch, S. 501). Der Willensvollstrecker kann nicht durch die Erben abberufen werden und ist nicht von deren Instruktionen abhängig.

325 *cc) Aufgaben des Testamentsvollstreckers.* Nach dem gesetzlichen Leitbild (Art. 518, 596 ZGB) obliegen dem Willensvollstrecker die Verwaltung der Erbschaft, die Einziehung der Forderungen, die Bezahlung der Schulden, die Beendigung der laufenden Geschäfte, soweit nötig die gerichtliche Feststellung der Rechte und Pflichten des Erblassers, die Ausrichtung der Vermächtnisse und die „Vornahme" der Erbteilung (*Tuor/Schnyder/Schmid,* Das Schweizerische Zivilgesetzbuch, S. 501; *Giger,* FS Heini, S. 133; Kantonsgericht Graubünden ZBGR 1995, 197, 300). In diesem dem Willensvollstrecker nach dem gesetzlichen Leitbild zugewiesenen Geschäftskreis, der freilich durch entsprechende Anordnungen des Erblassers auch eingeschränkt werden kann (*Piotet,* Précis du droit successoral, S. 50), ist ein eigenes Handeln der Erben in Nachlaßangelegenheiten ausgeschlossen (BG ZBGR 1992, 230, 232, 233; *Piotet,* Précis du droit successoral, S. 48). Im Gegensatz zum deutschen Recht kann sich der Erbe auch nicht verpflichten, über die Nachlaßgegenstände zu verfügen (*Kraiß* BWNotZ 1976, 73, 76)

326 Die **Verwaltungsbefugnis** des Willensvollstreckers setzt voraus, daß er den Nachlaß in Besitz nimmt (*Druey,* Grundriß des Erbrechts, § 14 Rdn. 38). Allerdings erlangt er an den Nachlaßgegenständen nur unselbständigen Besitz (Art. 920ff. ZGB) (*Wetzel,* Interessenkonflikte des Willensvollstreckers, Rdn. 60). Soweit er Teile des Nachlasses nicht zur Verwaltung benötigt, hat er den Besitz hieran, soweit dies sinnvoll ist, an die Erben herauszugeben (*Druey,* Grundriß des Erbrechts, § 14 Rdn. 38). Die Verwaltungsbefugnis erstreckt sich auch auf den unternehmerischen Teil des Nachlasses (*Hausheer,* Erbrechtliche Probleme des Unternehmens, 1970, S. 71f.), etwa den Anteil eines Kommanditärs (bei entsprechender Zustimmung der Mitgesellschafter) (vgl. *Lorz,* Europäische Integration und globaler Wettbewerb, S. 499). Zur ordnungsgemäßen Verwaltung des Nachlasses kann auch die Teilnahme an einer Generalversammlung einer AG gehören, wenn die Gesellschaftsanteile in den Nachlaß fallen (*Piotet,* in Schweizerisches Privatrecht, Bd. IV/1, S. 160). Zu den Aufgaben des Willensvollstreckers gehört zudem die Eintragung der Erben in das Grundbuchregister. Die Verwaltungsbefugnis schließt die

Versilberung des Nachlasses ein, soweit dies zur Erfüllung der dem Willensvollstrecker obliegenden Aufgaben notwendig ist. Eine Einschränkung gilt insoweit analog Art. 408 ZGB für unentgeltliche Verfügungen. Hierzu ist der Willensvollstrecker nur befugt, soweit sie üblich sind oder einer sittlichen Pflicht entsprechen. Zwecks Bezahlung der Nachlaßschulden darf der Willensvollstrecker auch Grundstücke veräußern (*Tuor/Schnyder/Schmid,* Das Schweizerische Zivilgesetzbuch, S. 501).

Von dieser Verwaltungsbefugnis nach innen (gegenüber den Erben), ist die **Verfügungsbefugnis des Willensvollstreckers** nach außen zu unterscheiden (*Guinand* ZBGR 1976, 321, 324). Letztere ist grundsätzlich unbeschränkt (*Giger,* FS Heini, S. 133). So kann etwa das Grundbuchamt nicht prüfen, ob der Grundstücksverkauf von der Mission des Willensvollstreckers gedeckt ist. Entscheidend ist allein, ob dem Grundbuchamt die Anordnung der Willensvollstreckung nachgewiesen werden kann (*Guinand* ZBGR 1976, 321, 324; *Wetzel,* Interessenkonflikte des Willensvollstreckers, Rdn. 95). Im übrigen ist mit Eintragung der Erben in das Grundbuch auch die Willensvollstreckung dort zu vermerken (*Wetzel,* Interessenkonflikte des Willensvollstreckers, Rdn. 94). Überschreitet der Willensvollstrecker die Grenzen des ihm übertragenen Geschäftskreises, macht er sich gegenüber den Erben schadensersatzpflichtig (vgl. Rdn. 332). 327

Die Verwaltungsbefugnis des Willensvollstreckers schließt die **Aktiv- und Passivlegitimation** bei Ansprüchen des Nachlasses bzw. gegen denselben oder bei Erbschaftsklagen (vergleichbar den dt. §§ 2018ff. BGB, *Giger,* FS Heini, S. 134) ein (BG ZBGR 1992, 230, 232/3; Kantonsgericht Graubünden ZBGR 1995, 187, 300; *Piotet,* Précis du droit successoral, S. 50). Weder aktiv noch passiv legitimiert ist der Willensvollstrecker jedoch bei Streitigkeiten bzgl. der Gültigkeit von Verfügungen von Todes wegen (zB Art. 519f. ZGB), wenn nicht seine eigene Einsetzung oder der Umfang seiner Rechte und Pflichten in Frage steht. Des weiteren kann er nicht Partei sein, wenn es um Herabsetzungsstreitigkeiten (Streit um Pflichtteile) geht (BGE 111 II 16, 18, 19). Sodann fehlt ihm die Aktivlegitimation zur Einreichung einer Teilungsklage (Art. 604 ZGB) (*Giger,* FS Heini, S. 134). 328

Der Willensvollstrecker hat dem Wortlaut des Art. 518 Abs. 2 ZGB nach die **Teilung des Nachlasses** „durchzuführen". Die Vorschrift ist eng auszulegen. Zum einen ist der Willensvollstrecker bei der Aufstellung des Teilungsplans nicht frei. Hat der Erblasser keine Teilungsanordnung getroffen, so hat der Willensvollstrecker die Teilung nach den Vorschriften des Gesetzes durchzuführen (vgl. zu diesem Problem *Wetzel,* Interessenkonflikte des Willensvollstreckers, Rdn. 63ff.). Damit hat er aber in den Punkten, in denen sich die Erben einig sind, deren Willen zu respektieren. Umstritten ist, ob die Erben auch dann nach ihrem übereinstimmenden Gutdünken teilen dürfen, wenn der Erblasser dem Willensvollstrecker anders lautende Anweisungen gegeben hat (*Tuor/Schnyder/Schmid,* Das Schweizerische Zivilgesetzbuch, S. 545f.). Für die Durchführung der Erbteilung sieht das schweizerische Recht besondere Vorschriften vor (durch behördliche Mitwirkung Art. 607ff., 634ff. ZGB oder gerichtliche Teilungsklage Art. 604 ZGB). Da die streitige Teilung allein dem Richter vorbehalten bleibt (Art. 604: Teilungsklage, vgl. *Tuor/Schnyder/Schmid,* Das Schweizerische Zivilgesetzbuch, S. 547), ist der Willensvollstrecker lediglich befugt, die Teilung im Wege eines Teilungsplanes vorzubereiten (*Druey,* Grundriß des Erbrechts, § 14 Rdn. 68). 329

Inwieweit eine **dauerhafte oder permanente Testamentsvollstreckung** zulässig ist, ist unklar. Dies hängt u.a. damit zusammen, daß die Erben nach Annahme der Erbschaft für die Schulden der Erbschaft nicht nur mit dem ungeteilten Nachlaß, sondern auch unbeschränkt (und grundsätzlich unbeschränkbar) persönlich haften (vgl. Art. 603 ZGB). Den Gläubigern steht damit – so lange eine Tei- 330 lung des Nachlasses nicht erfolgt und eine amtliche Liquidation nicht angeordnet ist – für die Beitreibung ihrer Forderungen eine doppelte Haftungsgrundlage zur Verfügung (*Tuor/Schnyder/Schmid,* Das Schweizerische Zivilgesetzbuch, S. 542). Ist eine Willensvollstreckung angeordnet, so ist für eine Klage gegen den Nachlaß allein der Willensvollstrecker passiv legitimiert. Will ein Gläubiger sich daher sowohl aus dem Vermögen des Erben als auch aus dem ungeteilten Nachlaß befriedigen, muß er sowohl den für den Nachlaß allein passiv legitimierten Testamentsvollstrekker als auch den/die Erben verklagen (BG ZBGR 1992, 230, 233). Zu den Schulden der Erbschaft gehören nicht nur die Schulden des Erblassers, sondern auch die Erbgangschulden, dh. Schulden, die nach dem Tod des Erblassers zu Lasten der Erbengemeinschaft entstehen, etwa durch die Weiterführung eines Betriebs für Rechnung der Erbengemeinschaft oder durch die Verwaltung des Nachlasses durch den Willensvollstrecker (vgl. *Tuor/Schnyder/Schmid,* Das Schweizerische Zivilgesetzbuch, S. 541; *Lorz* S. 293 ff.). Die nicht auf Liquidation, sondern auf Dauer angelegte Willensvollstreckung birgt folglich für die Erbengemeinschaft nicht unerhebliche Risiken. Unstreitig können die Erben die Auseinandersetzung des ungeteilten Nachlasses selbst vertraglich hinausschieben, indem sie etwa die Erbengemeinschaft in eine andere Gemeinschaftsform überführen oder indem sie eine „fortgesetzte Erbengemeinschaft" für bestimmte Zeit vereinbaren (vgl. Nachweise bei *Tuor/Schnyder/Schmid,* Das Schweizerische Zivilgesetzbuch, S. 542 f.). Umstritten und gesetzlich nicht geregelt ist, ob der Erblasser durch Verfügung von Todes wegen den zeitlichen Aufschub der Teilung etwa durch eine Dauervollstreckung anordnen kann. Nach überwiegender Ansicht ist dies nicht für den gesamten Nachlaß, sondern nur im Rahmen der verfügbaren Quote, dh. nicht zu Lasten der Pflichtteile zulässig (BGE 51 II 49, 55 f.; *Piotet,* in Schweizerisches Privatrecht, Bd. IV/1, S. 168; *Tuor/Schnyder/Schmid,* Das Schweizerische Zivilgesetzbuch, 542 f.; *Lorz* S. 292). Teilweise werden für die Dauervollstreckung auch die für die Nacherbeneinsetzung vorgesehenen Beschränkungen entsprechend angewandt (*Piotet,* Schweizerisches Privatrecht, Bd. IV/1, 1978, S. 168). Verfügungen des Erblassers, die hiergegen verstoßen, sind allerdings nicht per se nichtig, sondern lediglich prozessual im Wege der Herabsetzungsklage vernichtbar bzw. modifizierbar. In Höhe der Pflichtteilsquote wird der Pflichtteilsberechtigte nach erfolgreicher Herabsetzungsklage von der Testamentsvollstreckung nicht belasteter Erbe (*Lorz* S. 293).

331 Der Willensvollstrecker weist sich im Rechtsverkehr durch beglaubigte Abschrift des Testaments oder durch ein **Vollstreckerzeugnis** (kantonal ist die Bezeichnung unterschiedlich) aus (s. hierzu *Schneider,* Die Nachlaßabwicklung deutsch-schweizerischer Erbfälle in Deutschland und in der Schweiz, S. 86 ff.). Ein derartiges Zeugnis ist zwar durch Gesetz nicht vorgesehen. Jedoch hat sich in der Praxis durchgesetzt, daß der Willensvollstrecker von der nach Art. 559 Abs. 1 ZGB zuständigen kantonalen Behörde die Ausstellung eines Zeugnisses verlangen kann (BGE 91 II 177, 181; *Tuor/Schnyder/Schmid,* Das Schweizerische Zivilgesetzbuch, S. 500; *Lorz* S. 291). Das Zeugnis enthält ebenso wie der Erbschein (vgl. hierzu *Dallafior,* Die Legitimation des Erben, S. 24) nicht die Anerkennung materiellen Rechts, sondern nur eine Tatsachenfeststellung (BGE 118 II 108, 111). Wird die Willensvollstrekkung bestritten, ist die Bescheinigung nicht vorbehaltlos auszustellen, sondern die bestrittenen Punkte in der Urkunde zu vermerken (*Wetzel,* Interessenkonflikte des Willensvollstreckers, Rdn. 120 f.). Der Inhalt des Willensvollstreckerzeugnisses variiert in den verschiedenen Kantonen (vgl. hierzu *Wetzel,* Interessenkonflikte des Willensvollstreckers, Rdn. 122 f.).

332 Der Willensvollstrecker hat sein Amt korrekt und pflichtgemäß zu erfüllen. Für die Frage, inwieweit er seine Aufgaben und Pflichten delegieren kann, vgl. *Giger,*

FS Heini, S. 135ff. Seine Verantwortlichkeit den Erben gegenüber richtet sich nach **Mandatsrecht** (Art. 398f. OR) (*Tuor/Schnyder/Schmid,* Das Schweizerische Zivilgesetzbuch, S. 501; vgl zum Meinungsstand auch *Guinand* ZBGR 1976, 321, 329ff.). Ihnen gegenüber ist er nach Art. 404 OR Rechenschaft schuldig und jederzeit zur Auskunft über den Nachlaß verpflichtet (Aufsichtsamt über das Erbschaftsamt Basel-Stadt ZBGR 1992, 22, 24; *Giger,* FS Heini, S. 134).

dd) Kontrolle über den Testamentsvollstrecker. Die Tätigkeit des Willensvollstreckers untersteht in entsprechender Anwendung der Regeln über den amtlichen Erbschaftsverwalter (Art. 595 Abs. 3 ZGB) der **Aufsicht der zuständigen kantonalen Behörde** (*Druey,* Grundriß des Erbrechts, § 14 Rdn. 45; *Tuor/Schnyder/Schmid,* Das Schweizerische Zivilgesetzbuch, S. 501; kritisch *Giger,* FS Heini, S. 131). Die Behörde ist befugt, vom Willensvollstrecker Aufschluß über seine Tätigkeit zu fordern, sie kann Weisungen erteilen, von ihm getroffene Dispositionen aufheben, ihn bei mangelnder Eignung seines Amtes entheben oder gegen ihn Disziplinarmaßnahmen nach kantonalem Recht verhängen (Zürich. Kassationshof ZBGR 1995, 231, 233; Aufsichtsamt über das Erbschaftsamt Basel-Stadt ZBGR 1992, 22, 23; *Druey,* Grundriß des Erbrechts, § 14 Rdn. 46). 333

Die Aufsichtsbehörde wird grundsätzlich auf Rüge bzw. Beschwerde eines Inter- 334
essierten tätig, der sich durch die Maßnahme des Willensvollstreckers in seinen Rechten verletzt fühlt (*Tuor/Schnyder/Schmid,* Das Schweizerische Zivilgesetzbuch, S. 501; *Piotet,* Précis du droit successoral, 1976, S. 48). Die Überprüfung des Willensvollstreckers durch die Aufsichtsbehörde beschränkt sich auf die Recht- und Zweckmäßigkeit der vom Willensvollstrecker getroffenen bzw. geplanten Maßnahmen. Der Behörde stehen grundsätzlich verschiedene Maßnahmen zur Verfügung **(Weisung, Verweis, Bußgeld, Absetzung)** (*Piotet* in: Schweizerisches Privatrecht, Bd. IV/1, S. 154f.). So kann beispielsweise die Aufsichtsbehörde die vorübergehende Suspendierung der vom Willensvollstrecker eingeleiteten Verkaufsverhandlungen anordnen, wenn zu Lasten der Erben zu befürchten ist, daß eine Versilberung von Nachlaßgegenständen zur Zeit wirtschaftlich nicht opportun ist (AppG Tessin SJZ 1972, 226). Überwiegend wird auch ein Einschreiten der Aufsichtsbehörde von Amts wegen für zulässig erachtet (*Druey,* Grundriß des Erbrechts, § 14 Rdn. 49; *Tuor/Schnyder/Schmid,* Das Schweizerische Zivilgesetzbuch, S. 501).

Unklar ist, unter welchen Voraussetzungen das Aufsichtsamt den Willensvoll- 335
strecker **von seinem Amt entheben** kann. Überwiegender Ansicht nach kann das Aufsichtsamt den Willensvollstrecker aus seiner Funktion entlassen, wenn der Willensvollstrecker seiner Aufgabe nicht gewachsen ist bzw. seine Aufgaben nicht pflichtgemäß erfüllt (Zürich. Kassationshof ZBGR 1995, 231, 232ff.; Aufsichtsbehörde über das Erbschaftsamt Basel-Stadt ZBGR 1992, 22, 23), etwa weil der Willensvollstrecker ein Grundstück aus dem Nachlaß zu unverhältnismäßig günstigen Bedingungen an einen Bekannten veräußert (Zürich. Obergericht II ZBGR 1995, 237, 238ff.). Entläßt die Aufsichtsbehörde den Willensvollstrecker in einem solchen Fall aus seinem Amt, stellt sie sich nicht gegen den vermeintlichen Erblasserwillen, sondern verhilft ihm vielmehr zum Durchbruch; denn der Erblasserwille schließt idR die behördliche Aufsicht über den Willensvollstrecker ein. Problematisch sind dagegen die Fälle, in denen die Absetzung ihre Ursache in einer Interessenkollision hat, dh. wenn Grund für die Abberufung eine „Doppelstellung" des Willensvollstreckers ist, die eine parteiische und unsachgemäße Willensvollstreckung befürchten läßt. Hier läuft ein entsprechendes Begehren des Erben auf Absetzung des Willensvollstreckers durch die Aufsichtsbehörde im Grunde auf die Geltendmachung eines Ungültigkeits- bzw. Anfechtungsgrundes der letztwil-

ligen Verfügung hinaus. Derartige Streitigkeiten obliegen grundsätzlich den Zivilgerichten, nicht aber den Aufsichtsbehörden. Dennoch sind nach überwiegender Ansicht die Aufsichtsbehörden auch berufen, über derartige Absetzungsgründe zu entscheiden (Zürich. Kassationshof ZBGR 1995, 231, 232ff.; Aufsichtsbehörde über das Erbschaftsamt Basel-Stadt ZBGR 1992, 22, 24). Bei der Beurteilung derartiger Interessenkollisionen haben die Aufsichtsbehörden jedoch größte Zurückhaltung zu üben; denn von einem Willensvollstrecker kann Unparteilichkeit nicht in einem Ausmaß vorausgesetzt werden, wie dies beispielsweise für einen Richter zutrifft. Bloße Spannungen zwischen Erben und Willensvollstrecker genügen daher für die Annahme einer Interessenkollision nicht (Zürich. Kassationsgericht ZBGR 1994, 140, 142). Dies gilt um so mehr, wenn dem Erblasser die Interessenkollision bei der Anordnung der Willensvollstreckung bewußt war (Aufsichtsbehörde über das Erbschaftsamt Basel-Stadt ZBGR 1992, 22, 24; Züricher Kassationsgericht ZBGR 1995, 231, 233).

336 Der Willensvollstrecker kann auch von sich aus **Fragen der Aufsichtsbehörde vorlegen.** Der Behördenentscheid befreit den Willensvollstrecker jedoch nicht von seiner Verantwortlichkeit gegenüber den Erben. Trotz staatlicher Aufsicht ist der Willensvollstrecker kein staatlicher Amtsträger.

337 *ee) Vergütung.* Der Willensvollstrecker hat gemäß Art. 517 Abs. 3 ZGB einen **Honoraranspruch,** der zu den Nachlaßschulden gehört. Den Umfang des Anspruchs kann der Erblasser bestimmen. Soweit dieser keine Anordnungen trifft, bemißt sich die Höhe des Anspruchs nach Umfang und Schwere der Aufgabe sowie dem Wert des Nachlasses, wobei die Gebührenordnung der Erbschaftsverwalter (vgl. Rdn. 338) als Richtschnur gilt (*Ferid/Firsching,* Internationales Erbrecht/ Schweiz, Rdn. 136). Die Höhe der dem Willensvollstrecker zustehenden Vergütung beträgt zwischen 1 bis 10% des Nachlaßwertes (*Lorz,* Europäische Integration und Wettbewerb, S. 498).

338 *ff) Abgrenzung von anderen Rechtsinstituten.* Abzugrenzen ist die Willensvollstrekkung von der **Erbschaftsverwaltung.** Letztere wird nicht aufgrund letztwilliger Anordnung des Erblassers, sondern nur in den abschließend in Art. 554 ZGB aufgeführten Fällen vom Gericht angeordnet. Deren Aufgabe ist es, den Wert und die Gegenstände des Nachlasses zu erhalten und das sog. Interregnum zu überbrücken (vergleichbar der deutschen Nachlaßpflegschaft) (vgl. *Druey,* Grundriß des Erbrechts, § 14 Rdn. 56). Der von der Behörde ernannte Verwalter nimmt die Erbschaft in seine Obhut, fertigt ein Inventar an und nimmt die erforderlichen Verwaltungshandlungen vor. Der von der Behörde zu benennende Verwalter ist quasi vorgegeben, wenn der Erblasser eine Willensvollstreckung angeordnet hat. In einem solchen Fall wird dem Willensvollstrecker regelmäßig auch die Erbschaftsverwaltung übertragen (*Tuor/Schnyder/Schmid,* Das Schweizerische Zivilgesetzbuch, S. 511f.). Ausnahmsweise benennt die Behörde einen vom Willensvollstrecker verschiedenen Erbschaftsverwalter, wenn die Person des Willensvollstreckers den in Art. 554 ZGB bezeichneten Sicherungszweck gefährdet (vgl. zu einem solchen Fall Zürich. Kassationsgericht ZBGR 1995, 231, 233ff.). Ebenfalls zu unterscheiden vom Willensvollstrecker ist der **Erbenvertreter** (Art. 602 ZGB), der auf Antrag der Erben durch die zuständigen kantonalen Behörden ernannt wird. Gründe für die Einsetzung eines Erbenvertreters sind: Streit unter den Erben, Abwesenheit derselben, Handlungsunfähigkeit etc.

12. *Slowakei und Tschechien**

P. Bottata, Das Erbrecht der CSSR, Jahrbuch für Ostrecht 1987, 87; *ders.*, in *Ferid/Firsching,* Internationales Erbrecht, Bd. VI, Tschechische Republik; *Bystricki,* The new Czechoslovak Act concerning private international law and the rules of procedure relating thereto, Bulletin of Czechoslovak Law 1963, 209; *Ferid/Firsching,* Internationales Erbrecht, Bd. V, Tschechoslowakei; *Köhne,* Eigentumsordnung und Immobilienerwerb in der Tschechischen Republik, Osteuropa Recht 1996, 48; *P. Schultz,* Die Rechtsstellung des Ausländers in der Tschechoslowakei, 1979; *Staudinger/Dörner* Anh. zu Art. 25f. EGBGB Rdn. 609ff., 674ff., 533; *V. Steiner,* Juris Classeur, Droit Comparé, Vol. III, Tschechoslowakei; *Trilsch/Eckardt,* Das tschechische Erbrecht im Vergleich zum deutschen und Reformüberlegungen, ZEV 1996, 4; *Vondracek,* Commentary on the Czechoslovak Civil Code, 1988.

a) Erbstatut

Die Tschechoslowakei hat das internationale Privatrecht mit dem Gesetz (No. 339
97/1963) vom 4. 12. 1963 (in Kraft getreten am 1. 4. 1964) einheitlich geregelt. Die maßgebenden **Vorschriften zum internationalen Erbrecht** finden sich in den Art. 17 und 18 des IPR-Gesetzes. Die Tschechische Republik hat am Tage der Spaltung der früheren Tschechischen und Slowakischen Föderativen Republik (ČSFR) aufgrund eines Verfassungsgesetzes nicht nur die gesamte frühere Rechtsordnung, sondern auch alle internationalen Verpflichtungen übernommen, so daß am 1. 1. 1993 in der Tschechischen (aber auch in der Slowakischen) Republik das gleiche Recht wie am 31. 12. 1992 in der ČSFR galt (*Ferid/Firsching,* Internationales Erbrecht/Tschechische Republik, Rdn. 3).

Art. 17 des IPR-Gesetzes geht vom **Grundsatz der Nachlaßeinheit** aus (vgl. 340
Korkisch Jahrbuch für Ostrecht 1980, 9, 34). Erbstatut ist das Recht des Landes, dem der Erblasser im Zeitpunkt des Todes angehört hat. Nicht dem Erb- sondern dem Testamentsstatut unterstehen die allgemeinen Wirksamkeitsvoraussetzungen für Verfügungen von Todes wegen (Art. 18 des IPR-Gesetzes). Testamentsstatut ist das Heimatrecht des Erblassers im Zeitpunkt der Errichtung der Verfügung (vgl. *Steiner,* JCl., Droit Comparé/Tschechoslowakei, Rdn. 230). Nach dem Testamentsstatut richtet sich die Testierfähigkeit, die Zulässigkeit von Verfügungen, deren Wirkung, Erklärungsmängel und die Auslegung der Verfügung. War der Erblasser Mehrstaater, so ist für die Anknüpfung die zuletzt erworbene Staatsangehörigkeit maßgebend (*Steiner,* JCl., Droit Comparé/Tschechoslowakei, Rdn. 235). Besitzt der Mehrstaater u.a. die tschechoslowakisch (nunmehr die tschechische bzw. slowakische) Staatsangehörigkeit, so ist letztere maßgebend. Falls sich die Staatsangehörigkeit des Erblassers nicht ermitteln läßt, ist das Recht am letzten Wohnsitz bzw. gewöhnlichen Aufenthalt des Erblassers entscheidend (vgl. *Korkisch* Jahrbuch für Ostrecht, 1980, 9, 22, 23). Nach Art. 35 des IPR-Gesetzes ist dem Richter im Einzelfall überlassen, ob Rück- oder Weiterverweisungen der nach tschechoslowakischem Recht berufenen Rechtsordnung zu beachten sind (vgl. *Korkisch* Jahrbuch für Ostrecht 1980, 9, 22, 23). Gemeinschaftliche Testamente sind gemäß § 476 Abs. 3 ZGB unzulässig. International zuständig sind die tschechischen/slowakischen Gerichte für das Verfasserschutzverfahren nach einem ausländischen Erblasser, wenn der Nachlaß sich in Tschechien/der Slowakei befindet und die Gegenseitigkeit mit dem Heimatstaat des Erblassers nicht gegeben ist bzw. der

---

* Für die Hilfe bei der Bearbeitung dieses Abschnitts danke ich Herrn *Dr. Jiri Bràzda,* Ehrenpräsident der Notariatskammer der Tschechischen Republik

Heimatstaat sich mit dem Nachlaß nicht befaßt. Die internationale Zuständigkeit ist ebenfalls gegeben, wenn der Erblasser seinen Wohnsitz in Tschechien/der Slowakei hatte oder soweit der Erblasser unbewegliches Vermögen in Tschechien/der Slowakei hinterläßt.

341 Grundsätzlich gelten in Tschechien für Devisenausländer besondere Regeln hinsichtlich des Liegenschaftserwerbs (vgl. hierzu *Köhne* Osteuropa Recht 1996, 48, 74ff.). Devisenausländer ist gemäß § 1 lit. c **Devisengesetz** (DevZ) jeder, der nicht Deviseninländer ist. Deviseninländer ist jede natürliche Person, die ihren ständigen Wohnsitz im Inland hat bzw. jede juristische Person, die ihren Sitz im Inland hat. Das Erbrecht ist gemäß § 17 lit. a DevZ auch für Devisenausländer uneingeschränkt gewährleistet, dh. daß jeder Devisenausländer ein Haus oder aber ein Grundstück von einem Deviseninländer erben kann.

b) Formstatut

342 Für das auf die Form letztwilliger Verfügung anzuwendende Recht verweist Art. 18 des IPR-Gesetzes alternativ auf das Recht des Landes, dem der Erblasser im Zeitpunkt der Errichtung der Verfügung angehört hat bzw. dem Recht am Ort, wo die Verfügung erstellt wurde (*Steiner,* JCl., Droit Comaparé/Tschechoslowakei, Rdn. 231).

c) Erbrecht

343 Nach § 478 tsch. ZGB kann der Erblasser an den Erbschaftserwerb keine Bedingungen oder Verpflichtungen knüpfen. **Unzulässig** sind die Aussetzung von Vermächtnissen, die Erteilung von Auflagen, die Anordnung einer Vor- und Nacherbschaft oder die Anordnung einer Testamentsvollstreckung bzw. eines Treuhandverhältnisses (vgl. *Vondracek,* Commentary on the Czechoslovak Civil Code, S. 411, 427; *Trilsch/Eckardt* ZEV 1996, 4, 7). Erbscheine sind dem tschechischen/slowakischen Recht unbekannt.

*13. Spanien**

Brand/Balanco, Erbrechtsbrevier für Spanienfreunde, 1998; *Díaz Soler,* El contador partidor testamentario, 1996; *González Beilfuss,* Zur Reform des spanischen internationalen und interregionalen Privatrechts, IPRax 1992, 396; *Fernández Rozas/Sáchez Moreno,* Curso de derecho internacional privado, 1991; *D. Gebel,* Der Immobilienerwerb in Spanien und seine erbschaftssteuerliche Folgen, RIW 1998, 210; *Hierneis,* Das besondere Erbrecht der sogenannten Foralrechtsgebiete Spaniens, 1966; *ders.,* in *Ferid/Firsching,* Internationales Erbrecht, Bd. VI (Stand 1. 10. 1998); *B. von Hoffmann/A. Ortiz-Arce,* Das neue spanische internationale Privatrecht, RabelsZ 1975, 647; *E. Jayme,* Spanisches interregionales und deutsches internationales Privatrecht, IPRax 1989, 287; *ders.,* Rechtsspaltung im spanischen Privatrecht und deutsche Praxis, RabelsZ 1991, 303; *B. Löber,* Erben und Vererben in Spanien, 1997; *B. Löber/V.-L. Simó Santoja,* Nachlass von Ausländern in Spanien, 1976; *Machado Schiaffino,* Diccionario Jurídico Polilingüe, 1996; *Marín Castán,* Comentarios al Código Civil, 2000; *Pauster,* Das spanische Zivilgesetzbuch, 1979; *Rivas Martínez,* Derecho de sucesiones común y foral Tomo II, 1997; *E. Rodríguez Pinneau,* Estates in Spain: Inheritance According to Spanish Conflict Rules – A Judgment of the Tribunal Supremo, IPRax 1998, 135; *Staudinger/Dörner* Anh. zu Art. 25f EGBGB Rdn. 624ff.; *Vallet de Goytisolo,* Estudios de derecho sucesorio, 1989.

* Dieser Abschnitt wurde bearbeitet von *Frau Carmen López i Salaver (LL. M.),* Abogada, Mainz/Barcelona.

a) Erb- und Formstatut nach autonomen Recht

Das **spanische internationale Privatrecht** ist in Art. 8 bis 12 (Einführungstitel) des *Código Civil* (CC) vom 24. Juli 1889 geregelt (zur Reform von 1990 siehe *Beilfuss* IPRax 1992, 396ff.). Für das Erbstatut knüpft das spanische IPR nach (Art. 9 Nr. 8 CC) an dem Heimatrecht des Erblassers im Zeitpunkt des Todes an (*Löber/Santonja,* Nachlaß von Ausländern in Spanien, S. 20; *Beilfuss* IPRax 1992, S. 396; ErbBstg 1997, 20 [insbesondere auch zu den steuerrechtlichen Implikationen; siehe hierzu auch *Gebel* RIW 1998, 210ff.]). Dieses Prinzip gilt für bewegliches und unbewegliches Vermögen gleichermaßen (keine Nachlaßspaltung; *Löber/Santonja,* Nachlaß von Ausländern in Spanien, S. 20). Besitzt der Erblasser mehrere Staatsangehörigkeiten, ist nach Art. 9 Nr. 9 und Nr. 10 CC diejenige maßgebend, die mit dem gewöhnlichen Aufenthalt übereinstimmt, subsidiär die als letzte erworbene (*von Hoffmann/Ortiz-Arce* RabelsZ 1975, 647, 660). Besitzt der Erblasser auch die spanische Staatsangehörigkeit, ist diese allein maßgebend (*Staudinger/Dörner* Anh. Art. 25 EGBGB Rdn. 628; *Flick/Piltz,* Der Internationale Erbfall, 1999, Rdn. 920). Ist der Erblasser staatenlos, ist „Heimatrecht" das Aufenthaltsrecht (Art. 9 Nr. 10 CC). Nach Art. 9 Nr. 8 S. 2 CC behalten Testamente und Erbverträge beim Statutwechsel ihre Gültigkeit, wenn sie nach dem Heimatrecht des Verfügenden zur Zeit der Errichtung wirksam vorgenommen wurden. 344

In Bezug auf die Form einer letztwilligen Verfügungen findet nach Art. 11 CC iVm. Art. 732 CC wahlweise die *lex loci* oder die *lex causae* Anwendung. Hat der Erblasser über Gründstücke verfügt, richtet sich die Form nach der *lex sitae.* Art. 669 CC verbietet ausdrücklich das **gemeinschaftliche Testament** (*testamento mancomunado).* Die Vorschrift wird ganz überwiegend als materiellrechtliche und nicht als Formvorschrift eingeordnet (*Jayme* RabelsZ 1991, 303, 318). Daher ist – aus spanischer Sicht – auch das von spanischen Ehegatten im Ausland errichtete gemeinschaftliche Testament unwirksam. Letzteres gilt auch dann, wenn die Gesetze des Aufenthaltslandes – wie zum Beispiel Deutschland – dieses Testament zulassen (*Löber,* Erben und Vererben in Spanien, S. 42). Unzulässig sind darüber hinaus nach Art. 1271 CC Erbverzicht und Erbvertrag (*Löber,* Erben und Vererben in Spanien, S. 47). Zu beachten ist aber, daß einzelne Foralrechte (siehe Rdn. 346f.) sowohl das gemeinschaftliche Testament als auch den Erbvertrag – in bestimmten Grenzen – zulassen (vgl. *Jayme* RabelsZ 1991, 303, 307 und 328). 345

Spanien ist ein **Mehrrechtsstaat.** Einige spanische Provinzen (Aragón, Balearische Inseln, Katalonien, Biskaya, Alava, Galizien, Navarra) haben ein Foralrecht (Landesrecht), das den Bestimmungen des gemeinrechtlichen CC vorgeht (*Jayme* RabelsZ 1991, 303, 304ff.; *Löber/Santonja,* Nachlaß von Ausländern in Spanien, S. 20). Soweit Foralrechte betroffen sind, ist zu beachten, daß diese ihrerseits wiederum gespalten sein können (siehe hierzu *Jayme* RabelsZ 1991, 303, 306). Auf den Balearen beispielsweise hat jede Insel Varianten gewisser Grundregeln entwickelt. Zu den verschiedenen Foralrechten siehe *Rivas Martínez* (Hrsg.), Derecho de sucesiones común y foral, 1997; *Hierneis,* Das besondere Erbrecht der sogenannten Foralrechtsgebiete Spaniens, 1966. 346

Die **interlokalen Kollisionsnormen** sind in den Art. 13 bis 16 CC enthalten (abgedruckt bei *Staudinger/Dörner* Anh. zu Art. 25f. EGBGB Rdn. 630) und damit einheitlich geregelt (*Flick/Piltz,* Der Internationale Erbfall, Rdn. 921). Sie regeln das Verhältnis zwischen den Foralrechten und dem gemeinspanischen Zivilrecht sowie das Verhältnis der Foralrechte untereinander (*Jayme* IPRax 1989, 287). Anknüpfungsmoment ist die *vecindad civil,* dh. die zivile Rechtsgebietszugehörigkeit (*Beilfuss* IPRax 1992, 396, 398; *Jayme* RabelsZ 1991, 303, 306). Letztere wird nach Art. 11 Nr. 2 CC – vergleichbar der spanischen Staatsangehörigkeit – primär 347 durch die Geburt vermittelt (*Flick/Piltz,* Der Internationale Erbfall, 1999, Rdn. 922). Abkömmlinge teilen danach grundsätzlich die zivile Rechtsgebietszugehörigkeit der Eltern. Allerdings ist bei verschiedener ziviler Rechtsgebietszugehörigkeit der Eltern die Bestimmung einer einzigen zivilen Rechtsgebietszugehörigkeit für die Abkömmlinge erforderlich. Zu diesem Zweck sieht Art. 14 Nr. 3 CC vor, daß das Kind die zivile Rechtsgebietszugehörigkeit des Elternteils erwirbt, zu welchem die Abstammung zuerst bestimmt worden ist. Mangels dessen erwirbt das Kind die Rechtsgebietszugehörigkeit des Geburtsortes bzw – soweit dieses kein Foralrecht kennt – die Rechtsgebietszugehörigkeit des gemeinspanischen Rechts (*Flick/Piltz,* Der Internationale Erbfall, 1999, Rdn. 922). Wird beispielsweise das Kind einer Katalanin und eines Mallorkinen in Aragón geboren, erwirbt dieses die Rechtsgebietszugehörigkeit zu Aragón. Wird es im Ausland geboren, erwirbt es hingegen die Rechtsgebietszugehörigkeit zum gemeinspanischen Recht (*Beilfuss* IPRax 1992, 396, 398). Das Gesetz räumt den Eltern sowie dem Kind, das das 14. Lebensjahr vollendet hat, gewisse Optionsrechte hinsichtlich der Rechtsgebietszugehörigkeit ein (*Flick/Piltz,* Der Internationale Erbfall, 1999, Rdn. 922). Hiervon wird jedoch in der Praxis kaum Gebrauch gemacht (*Beilfuss* IPRax 1992, 396, 398). Schließlich kann die Rechtsgebietszugehörigkeit auch durch zweijährigen gewöhnlichen Aufenthalt im jeweiligen Gebiet erlangt werden, vorausgesetzt der Betreffende gibt eine diesbezügliche Erklärung beim Zivilregisteramt ab (Art. 14 Nr. 5 Abs. 1 CC). Ohne entsprechende Erklärung wird die Gebietszugehörigkeit zum Aufenthaltsort nach zehn Jahren begründet (Art. 14 Nr. 5 Abs. 1 CC), soweit der Betreffende in dem Zeitraum keine gegenteilige Erklärung abgegeben hat (vgl. LG Mosbach IPRax 1989, 300, 301; OLG Karlsruhe IPRax 1989, 301; *Jayme* RabelsZ 1991, 303, 306f.). Spanier, die ihren Wohnsitz ins Ausland verlegen, behalten ihre letzte Gebietszugehörigkeit (*Jayme* RabelsZ 1991, 303, 319).

348 Für **Kollisionen innerhalb eines Foralrechtsgebietes** ist nach Art. 15 Nr. 4 CC eine weitere spezifischere Kategorie unter der Rechtsgebietszugehörigkeit (*dependencia personal*) zu bilden (*Jayme* RabelsZ 1991, 303, 306f.). In solchen Fällen werden die interlokalen Kollisionsnormen analog angewendet.

349 Nach Art. 12 Nr. 1 CC richtet sich die Einordnung einer Rechtfrage unter den Tatbestand einer bestimmten Kollisionsnorm (Qualifikation) nach der *lex fori* und damit nach spanischem Recht (*von Hoffmann/Ortiz-Arce* RabelsZ 1975, 647, 653). Verweisungen auf andere Rechtsordnungen sind nach Art. 12 Nr. 2 CC grundsätzlich **Sachnormverweisungen** (*Flick/Piltz,* Der Internationale Erbfall, 1999, Rdn. 920). Weiterverweisungen des berufenen Rechts auf ein drittes Recht werden ignoriert. Umstritten ist, inwieweit Rückverweisungen des ausländischen IPR auf spanisches Recht angenommen und hier abgebrochen werden (*von Hoffmann/Ortiz-Arce* RabelsZ 1975, 647, 654f.; *José Luís Iriarte Ángel,* Comentarios al Código Civil, S. 507). Die Handhabung erfolgt nicht immer einheitlich. Während die Audiencias Provinciales dazu neigen, die Rückverweisung stets anzunehmen (AP Málaga 7. Februar 1994), beachtet das Tribunal Supremo hingegen die Rückverweisung nur dann, wenn dies im Hinblick auf den internationalen Entscheidungseinklang angezeigt ist und mit dem Sinn und Zweck der spanischen Kollisionsnorm vereinbar ist (TS Rep. Azdi Jurisp. 8212, 1996; TS 21. Mai 1999). Letzteres ist dann nicht der Fall, wenn die (teilweise) Rückverweisung des an sich berufenen Rechts zu einer Nachlaßspaltung führen würde (*Rodríguez Pinneau* IPRax 1998, 135, 137). Verweist eine Kollisionsnorm auf einen Mehrrechtsstaat, so richtet sich gemäß Art. 12 Nr. 5 CC das anwendbare Recht nach den interlokalen Bestimmungen der berufenen Rechtsordnung (*Fernández Rozas/Sánchez Lorenzo,* Curso de derecho internacional privado, S. 499; *von Hoffmann/Ortiz-Arce* RabelsZ 1975, 647, 657).

Das spanische Recht kennt einen ordre public-Vorbehalt in Art. 12 Nr. 3 CC. **350**
Danach findet das an sich berufene Recht keine Anwendung, wenn es im Widerspruch zum innerstaatlichen *ordre public* steht. Welche inländischen Rechtsnormen hierzu zählen, läßt das Gesetz offen. Die hM interpretiert den Vorbehalt aber eher restriktiv (*von Hoffmann/Ortiz-Arce* RabelsZ 1975, 647, 655). Dies gilt insbesondere dann, wenn nur geringe Bezüge zur spanischen Rechtsordnung bestehen. Zur Frage, ob das Pflichtteilsrecht Teil des spanischen ordre public ist, siehe *Rodriguez Pinneau* IPRax 1998, 135, 136.

b) Internationale Verträge

Spanien ist Vertragsstaat des Haager Übereinkommens über das auf die Form **351**
letztwilliger Verfügungen anzuwendende Recht vom 5. 10. 1961 (vgl. Rdn. 74ff.) und Vertragsstaat des Basler Übereinkommens über die Errichtung einer Organisation zur Registrierung von Testamenten (Rdn. 137). Das Übereinkommen ist seit dem 10. Juni 1988 in Kraft. Vom Anwendungsbereich des deutsch-spanischen Abkommens über die Anerkennung und Vollstreckung von gerichtlichen Entscheidungen und Vergleichen sowie vollstreckbaren Urkunden in Zivil- und Handelssachen vom 14. November 1983 werden gerichtliche Entscheidungen in Nachlaßangelegenheiten erfaßt (vgl. Rdn. 456).

c) Der Testamentsvollstrecker im spanischen Recht

Das (gemein-)spanische Erbrecht ist im CC geregelt. Es kennt zum einen die **352**
Rechtsfigur des Testamentsvollstreckers (*albacea* Art. 892 bis 911 CC, zu den historischen Ursprüngen siehe *Rivas Martínez,* Derecho de sucesiones común y foral, S. 569) und zum anderen die des „Nachlaßteilers" (*contador partidor* Art. 1057 CC. Der Begriff wird teilweise auch mit „Auseinandersetzer" oder aber deskriptiv übersetzt, nämlich als derjenige, der die Erbenauseinandersetzung betreibt, siehe zB *Daum/Blanco Ledesma,* Einführung in die spanische Rechtssprache). Bis zur Reform des CC vom 15. 1. 1986 kannte das spanische Recht in Art. 1057 Abs. 2 CC noch das Rechtsinstitut des Kommissars (*comisario*). In der Literatur ist streitig, ob der – durch die Reform – eingeführte *contador partidor* den *comisario* ersetzt hat oder der *comisario* ein von dem *contador partidor* und *albacea* unabhängiges Rechtsinstitut darstellt (siehe hierzu *Díaz Soler,* El contador partidor testamentario, S. 76ff.).

Das Gesetz definiert den Begriff der Testamentsvollstreckung nicht. Die Recht- **353**
sprechung versteht hierunter denjenigen, der – freiwillig und grundsätzlich unentgeltlich – den letzten Willen des Testators ausführt (TS Ref. EDE 1985/7477; TS Ref. EDE 1992/3645; *Rivas Martínez,* Derecho de sucesiones común y foral, S. 569; *Marín Castán,* Comentarios al Código Civil, S. 127). Nachlaßteiler iS des Art. 1057 Abs. 1 CC ist demgegenüber derjenige, dem durch Rechtshandlung unter Lebenden oder von Todes wegen die einfache Befugnis anvertraut ist, die Erbauseinandersetzung vorzunehmen. Ob und inwieweit es sich bei der Testamentsvollstreckung bzw der Nachlaßteilung um unterschiedliche Rechtsinstitute handelt, ist aufgrund der lückenhaften gesetzlichen Regelung umstritten (*Díaz Soler,* El contador partidor testamentario, S. 41ff.). In der Literatur wird die Ansicht vertreten, der Nachlaßteiler sei eine spezielle Ausprägung der Testamentsvollstreckung (*Albadalejo,* El albaceazgo, S. 333). Andere hingegen gehen von zwei eigenständigen Rechtsinstituten aus (*Díaz Soler,* El contador partidor testamentario, S. 57). Während die Rechtsprechung uneinheitlich ist (*Rivas Martínez,* Derecho de sucesiones común y foral, S. 618; TS 7. 1. 1942 oder TS 14. 2. 1905 (Einheitstheorie); anders hingegen die Urteile TS 23. 10. 1923 und vom 3. 12. 1931), tendiert die Generaldirektion des Notariats zur letztgenannten Auffassung (*Díaz Soler,* El conta-

dor partidor testamentario, S. 56; *Resoluciones* der Generaldirektion des Notariats vom 30. März 1954 und 11. Oktober 1982).

354 Der Erblasser kann entweder einen Testamentsvollstrecker oder einen Nachlaßteiler benennen (*Rivas Martínez,* Derecho de sucesiones común y foral, S. 570; *Díaz Soler,* El contador partidor testamentario, S. 56). Unstreitig kann er aber auch einem Testamentsvollstrecker zusätzlich die Befugnisse eines Nachlaßteilers einräumen. Möglich ist auch schließlich, Nachlaßteilung und Testamentsvollstreckung unterschiedlichen Personen zuzuweisen.

355 *aa) Der Testamentsvollstrecker (albacea).* Der Erblasser kann dem Testamentsvollstrecker nach Art. 894 Abs. 1 CC umfassende (*albacea universal*) oder einzelne Aufgaben (*albacea particular*) übertragen. Universaler Testamentsvollstrecker ist hM zufolge derjenige, der befugt ist, den gesamten Willen des Testators auszuführen. Der Erblasser kann auch mehrere Testamentsvollstrecker bestellen. Diese müssen dann das Amt – soweit der Erblasser nicht etwas anderes angeordnet hat oder eine dringende Maßnahme angezeigt ist, die keinen Aufschub duldet – gemeinschaftlich ausüben (*albaceas mancomunados,* Art. 895, 896 CC). Bei Meinungsverschiedenheit entscheidet die Stimmenmehrheit (Art. 895). Der Erblasser kann auch einen Ersatztestamentsvollstrecker bestellen (*substitución vulgar,* Art. 894 CC).

356 *(1) Rechtsnatur.* Unstreitig ist das Amt des Testamentsvollstreckers höchstpersönlicher Natur, weil es auf einer Vertrauensbasis begründet ist (*intuitu personae*). Nach Art. 909 CC kann der Testamentsvollstrecker daher sein Amt – ohne ausdrückliche Ermächtigung des Erblassers – nicht auf einen Dritten übertragen. Er darf jedoch Gehilfen für bestimmte Tätigkeiten heranziehen (*Marín Castán,* Comentarios al Código Civil, S. 176). Im einzelnen kann die Abgrenzung zwischen einer unzulässigen Amtsübertragung und der zulässigen Hinzuziehung eines Gehilfen Schwierigkeiten bereiten (So hat etwa das Tribunal Supremo eine Erbauseinandersetzung, die der Testamentsvollstrecker einem Gehilfen übertragen hat, für nichtig erklärt; siehe TS Ref. EDE 1999/21405). Die Rechtsnatur des Testamentsvollstreckeramtes ist umstritten (zu den verschiedenen Theorien siehe *Rivas Martínez,* Derecho de sucesiones común y foral, S. 569ff.). Nach Ansicht der Rspr. ist der Testamentsvollstrecker weder ein Mandatsträger (*mandatario*) noch ein Vertreter (*representante*), sondern ein *vir bonus,* der mit der Ausführung des Erblasserwillens beauftragt ist und dessen Interessen, die nicht ausschließlich vermögensrechtlichen Charakter haben, zu wahren hat (TS 6. 1. 1982).

357 *(2) Beginn der Amtszeit.* Der Testamentsvollstrecker wird vom Erblasser durch Testament berufen (*Marín Castán,* Comentarios al Código Civil, S. 127). Nach Art. 898 CC ist der zum Testamentsvollstrecker Berufene jedoch nicht verpflichtet, das Amt anzunehmen. Er braucht im Falle einer Ablehnung insbesondere keinerlei Gründe zu nennen. Hat er das Amt aber einmal angenommen, ist er zur Ausübung der Tätigkeit verpflichtet (Art. 899 CC). Legt der Berufene dennoch das Amt – ohne causa iusta – nieder, verliert er nach Art. 900 CC dasjenige, was ihm der Erblasser aufgrund der Verfügung von Todes wegen zugewendet hat mit Ausnahme des Pflichtteils (*Díaz Soler,* El contador partidor testamentario, S. 188ff.). Hat der Testamentsvollstrecker das Amt nicht angenommen (oder endet das Amt nach Annahme, vgl. Rdn. 359f.), obliegt die Ausführung des Willens des Erblassers den Erben (Art. 911 CC). Hierin liegt jedoch keine sekundäre Einsetzung eines Testamentsvollstreckers (*Rivas Martínez,* Derecho de sucesiones común y foral, S. 577; *Díaz Soler,* El contador partidor testamentario, S. 20). Die Vorschriften zur Testamentsvollstreckung finden daher keine entsprechende Anwendung.

358 Der zum Testamentsvollstrecker Berufene kann das Amt ausdrücklich oder konkludent annehmen (*Díaz Soler,* El contador partidor testamentario, S. 183ff.). Nach

Art. 898 Abs. 2 CC gilt das Amt von dem Berufenen als angenommen, wenn er es nicht innerhalb von sechs Tagen ablehnt. Die Frist läuft von dem Zeitpunkt an, in dem der Berufene von seiner Ernennung Kenntnis hat. War dem Berufenen der Erblasserwillen bekannt, läuft die (Sechs-Tage-)Frist mit Eintritt des Erbfalls (*Díaz Soler,* El contador partidor testamentario, S. 182ff.). Die Ablehnung muß gegenüber den Erben erfolgen. Sind solche nicht vorhanden, ist die Ablehnung gegenüber dem zuständigen Richter zu erklären.

(3) Ende der Amtszeit. Das Amt endet idR mit Zeitablauf. Die Länge der Amtszeit ist grundsätzlich vom Willen des Erblassers abhängig. Überwiegend wird die Ansicht vertreten, daß eine vom Erblasser angeordnete Testamentsvollstreckung nicht übermäßig lang sein darf (zehn Jahren werden noch als zulässig erachtet, TS Ref. EDE 1989/2820). Hat der Erblasser keine Regelung hinsichtlich der Dauer der Testamentsvollstreckung getroffen, beträgt diese gemäß Art. 904 CC maximal ein Jahr (*Marín Castán,* Comentarios al Código Civil, S. 162). Nach Art. 905 CC kann der Erblasser eine längere Amtszeit anordnen. Wollte der Erblasser die gesetzliche Frist verlängern, hat er aber die Dauer nicht ausdrücklich bestimmt, gilt diese nach Art. 905 Abs. 1 S. 2 CC als um ein Jahr verlängert. Der Richter kann in diesen Fällen jedoch eine zweite Verlängerung anordnen, wenn eine weitere Verlängerung nach den Umständen angezeigt ist, um den Willen des Erblassers zu erfüllen (Art. 905 Abs. 2 CC; *Marín Castán,* Comentarios al Código Civil, S. 165). Auch die Erben und Vermächtnisnehmer können nach Art. 906 CC eine Verlängerung der Amtszeit vereinbaren. Die Dauer richtet sich nach der getroffenen Vereinbarung. Soweit das Einverständnis der Erben zu einer Amtsverlängerung auf einem Mehrheitsbeschluß beruht, beläuft sich diese jedoch auf maximal ein Jahr. 359

Außer durch Zeitablauf endet das Amt nach Art. 910 CC mit dem Tod des Testamentsvollstreckers, mit der Erfüllung der dem Testamentsvollstrecker auferlegten Aufgaben, wenn die Ausübung der Tätigkeit dem Testamentsvollstrecker – etwa wegen eines körperlichen Gebrechens oder wegen Verlustes der Befähigung, das Amt ausüben zu können (siehe Rdn. 361) – unmöglich wird (*Albadalejo,* El albaceazgo, S. 533ff.) oder wenn der Testamentvollstrecker auf sein Amt verzichtet (*Díaz Soler,* El contador partidor testamentario, S. 463ff.). Letzteres ist nach Art. 899 CC jedoch nur möglich, wenn der Verzicht gerechtfertigt ist. Über das Vorliegen einer *iusta causa* entscheidet der Richter, demgegenüber der Amtsverzicht zu erklären ist. Schließlich kann das Amt auch durch eine gerichtliche Amtsenthebung infolge grober Pflichtverletzung des Testamentsvollstreckers enden. Die Amtsenthebung kann von jedem Nachlaßbeteiligten verlangt werden (TS 19. 2. 1908). 360

(4) Persönliche Voraussetzungen. Nach Art. 893 Abs. 1 CC kann Testamentsvollstrecker nicht sein, wer sich nicht verpflichten kann (*Marín Castán,* Comentarios al Código Civil, S. 131; *Díaz Soler,* El contador partidor testamentario, S. 146ff.). Hierunter fällt der Geschäftsunfähige (*incapacitado*), der Verschwender (*pródigo*), der Konkursschuldner (*concursado*), der Gemeinschuldner (*quebrado*) und der Erbunwürdige (*indigno para suceder*). Minderjährige können nach Art. 893 Abs. 2 CC ebenfalls nicht Testamentsvollstrecker sein und zwar auch nicht mit Ermächtigung der Eltern bzw. des Vormunds oder wenn sie für volljährig erklärt wurden (*menores emancipados*). Maßgebend für das Vorliegen der persönlichen Voraussetzungen ist der Zeitpunkt der Amtsannahme (*Díaz Soler,* El contador partidor testamentario, S. 180). Ob auch eine juristische Person – zB eine Stiftung – als Testamentsvollstrecker eingesetzt werden kann, regelt das Gesetz nicht. Nach wohl überwiegender Ansicht ist dies statthaft (*Hierneis,* Das Besondere Erbrecht der sogenannten Foralrechtsgebiete Spaniens, S. 223; *Rivas Martínez,* Derecho de sucesiones común y foral, S. 583). In der Praxis wird in aller Regel ein Anwalt oder ein Notar als 361

Testamentsvollstrecker eingesetzt. Nach Art. 138 bis 141 der Reglamento Notarial darf auch der Notar, der die letztwillige Verfügung beurkundet hat, Testamentsvollstrecker (*Notario autorizante*) sein (*Díaz Soler,* El contador partidor testamentario, S. 179).

362 *(5) Aufgaben des Testamentsvollstreckers.* Soweit der Erblasser nichts abweichendes angeordnet hat, richten sich die Aufgaben und Befugnisse des Testamentsvollstrekkers nach Art. 902, 903 CC. Danach kommt dem Testamentsvollstrecker in erster Linie eine **Überwachungsfunktion** zu (Art. 902 Nr. 3 CC; *Flick/Piltz,* Der Internationale Erbfall, S. 119ff.). Er hat – anders als nach deutschem Recht – den Nachlaß weder zu verwalten noch zwischen den Erben auseinanderzusetzen (*Hierneis,* Das Besondere Erbrecht der sogenannten Foralrechtsgebiete Spaniens, S. 224). Der Testamentsvollstrecker hat lediglich darüber zu wachen, daß die im Testament getroffenen Anordnungen ausgeführt werden. Barvermächtnisse kann er nur mit Wissen und Genehmigung der Erben an die Begünstigten auszahlen (Art. 902 Nr. 2 CC). Maßnahmen zur Erhaltung und Bewahrung des Nachlasses kann er ebenfalls nur in Absprache mit den (anwesenden) Erben treffen (Art. 902 Nr. 4 CC).

363 Nach Art. 902 Nr. 1 CC ist der Testamentsvollstrecker zuständig für die Bestellung und Bezahlung der Fürbitten sowie für die Bezahlung des Begräbnisses mit Mitteln des Nachlasses. Maßstab sind insoweit die Bestimmungen des Erblassers im Testament bzw. der Brauch vor Ort (*Rivas Martínez,* Derecho de sucesiones común y foral, S. 586). In der Praxis gestaltet sich die Wahrnehmung der Aufgabe oftmals als schwierig; denn die *ultimas voluntades* können erst fünf Tage nach dem Tod des Erblassers angefordert werden. So lange der Testamentsvollstrecker aber nicht erfährt, ob ein Testament vorliegt, kann er sein Amt weder annehmen noch ausüben.

364 Weist der Nachlaß nicht hinreichend Barmittel für die Bezahlung des Begräbnisses und/oder der Vermächtnisse auf und schießen die Erben diese Mittel auch nicht aus ihrem Vermögen vor, kann der Testamentsvollstrecker den Verkauf der beweglichen Vermögenswerte – falls diese nicht ausreichen, auch den Verkauf des unbeweglichen Nachlasses – unter Einschaltung der Erben einleiten (Art. 903 CC). Die Befugnisse des Testamentsvollstreckers sind jedoch – im Hinblick auf die Eigentümerstellung der Erben – streitig. Teilweise soll er lediglich befugt sein, den Verkauf vorzubereiten. Die hM ist demgegenüber jedoch der Ansicht, daß der Testamentsvollstrecker den Verkauf auch selber durchführen kann. Erteilen die Erben keine Einwilligung zum Verkauf, hat hierüber das zuständige Amtsgericht zu entscheiden (*Rivas Martínez,* Derecho de sucesiones común y foral sowie *Marín Castán,* Comentarios al Código Civil, S. 160). Nach Art. 1459 Nr. 3 CC ist es dem Testamentsvollstrecker verwehrt, selbst oder durch Dritte Nachlaßgegenstände zu erwerben. Dieses Verbot erstreckt sich auch auf private oder gerichtliche Versteigerungen.

365 Der Erblasser kann dem Testamentsvollstrecker nach Art. 901 CC weitergehende Befugnisse einräumen. Letzteres muß jedoch ausdrücklich geschehen. Zudem dürfen die vom Erblasser zusätzlich verliehenen Befugnisse nicht im Widerspruch mit sonstigen gesetzlichen Bestimmungen stehen (*Marín Castán,* Comentarios al Código Civil, S. 151f.). Zulässig ist es, wenn der Erblasser den Testamentsvollstrecker mit der Verwaltung des Nachlasses betraut. Der Erblasser kann dem Testamentsvollstrecker auch die Verwaltungs- und Verfügungsbefugnis über die zum Nachlaß gehörenden Gegenstände einräumen (*Hierneis,* Das Besondere Erbrecht der sogenannten Foralrechtsgebiete Spaniens, S. 224; *Rivas Martínez,* Derecho de sucesiones común y foral, S. 594). So kann der Erblasser etwa anordnen, daß der Testamentsvollstrecker Erbschaftsschulden begleichen und Nachlaßforderungen einziehen kann. Auch kann der Erblasser den Testamentsvollstrecker ermächtigen, Verpflichtungen im Zusammenhang mit der Nachlaßverwaltung einzugehen, etwa

zum Nachlaß gehörende Gegenstände zu vermieten (*Rivas Martínez,* Derecho de sucesiones común y foral, S. 594). Im Rahmen seiner Befugnisse steht dem Testamentsvollstrecker auch die Prozeßführungsbefugnis zu (*Hierneis,* Das Besondere Erbrecht der sogenannten Foralrechtsgebiete Spaniens, S. 224. Hierdurch wird allerdings die Prozeßführung der Erben nicht ausgeschlossen). Ob der Testamentsvollstrecker ermächtigt werden kann, Nachlaßgegenstände auch ohne die Einwilligung der Erben zu veräußern, ist unklar. Überwiegend wird eine solche Anordnung zumindest dann für unzulässig erachtet, wenn Noterben vorhanden sind. Letztere müssen dann in die Veräußerung einwilligen. Begründet wird dies überwiegend mit der Unantastbarkeit des Pflichtteilsrechts (*Rivas Martínez,* Derecho de sucesiones común y foral, S. 596).

Der Testamentsvollstrecker hat bei Erfüllung der ihm übertragenen Aufgaben **366** dem Willen des Erblassers und den gesetzlichen Bestimmungen Folge zu leisten (*Rivas Martínez,* Derecho de sucesiones común y foral, S. 604). Im Zweifel hat er dabei analog Art. 1719 Nr. 2 CC die *diligencia del buen padre de familia* zu beachten, was der verkehrsüblichen Sorgfalt entspricht. Im Falle einer Pflichtverletzung haftet der Testamentsvollstrecker gegenüber den Nachlaßbeteiligten nach den allgemeinen Haftungsregeln des Schuldrechts (Art. 1101ff. CC). Darüber hinaus werden insoweit auch die Bestimmungen über Mandatsträger entsprechend angewandt (Art. 1726 CC; *Díaz Soler,* El contador partidor testamentario, S. 539ff.). Sind mehrere Testamentsvollstrecker eingesetzt, können diese im Falle einer Pflichtverletzung gemäß Art. 897 CC gesamtschuldnerisch haften (*albaceas solidarios*). Letzteres gilt jedoch nur dann, wenn der Erblasser eine derartige gesamtschuldnerische Haftung angeordnet hat (*Marín Castán,* Comentarios al Código Civil, S. 135; siehe aber auch TS Ref. EDE 1991/11408).

Nach Art. 907 Abs. 1 CC hat der Testamentsvollstrecker grundsätzlich den Er- **367** ben gegenüber – am Ende seiner Amtszeit (TS 9. 2. 1906 und 4. 1. 1911) – Rechenschaft abzulegen. Der Anspruch verjährt gemäß Art. 1964 CC in 15 Jahren. Anordnungen des Erblassers, die den Testamentsvollstrecker von dieser Verpflichtung befreien, sind gemäß Art. 907 Abs. 3 CC nichtig (TS 7. 1. 1942 und 11. 4. 1967; *Rivas Martínez,* Derecho de sucesiones común y foral, S. 607).

(6) Vergütung. Die Tätigkeit des Testamentsvollstreckers ist grundsätzlich unent- **368** geltlich (Art. 908 CC). Der Erblasser kann jedoch auch eine angemessene Vergütung aussetzen. Teilweise wird die Ansicht vertreten, daß entsprechend Art. 636, 820, 817 CC eine Herabsetzung der Vergütung verlangt werden kann, wenn die Tätigkeit des Testamentsvollstreckers in Bezug auf die angeordnete Vergütung deutlich unangemessen ist (*Marín Castán,* Comentarios al Código Civil, S. 172). Sind mehrere Testamentsvollstrecker vorhanden, haben sie alle Anspruch auf die vom Testator vorgesehene Vergütung. Unabhängig davon, was der Erblasser im Einzelfall verfügt hat, kann der Testamentsvollstrecker der hM zufolge Ersatz der ihm entstandenen Kosten entsprechend den Vorschriften über den Auftrag (Art. 1728ff. CC) verlangen (*Marín Castán,* Comentarios al Código Civil, S. 172). Darüber hinaus hat er nach Art. 908 Abs. 1 CC das Recht, dem Nachlaß die Arbeiten der Nachlaßteilung in Rechnung zu stellen, soweit ihm die Aufgabe der Erbauseinandersetzung übertragen ist.

bb) Der Nachlaßteiler. Die Figur des Nachlaßteilers ist in Art. 1057 CC nur lük- **369** kenhaft geregelt. Rspr. und Literatur ziehen hilfsweise die Vorschriften über den Testamentsvollstrecker heran, soweit letztere nicht eine Verfügung von Todes wegen voraussetzen (siehe hierzu *Díaz Soler,* El contador partidor testamentario, S. 122ff.). Ergänzt werden die knappen gesetzlichen Regelungen durch die *Resoluciones* des DGRN.

370 Der Erblasser kann nach Art. 1057 Abs. 1 CC durch Rechtshandlung unter Lebenden (*Díaz Soler,* El contador partidor testamentario, S. 140: eine bestimmte Form hierfür ist nicht vorgesehen) oder von Todes wegen einer Person die Befugnis anvertrauen, die Teilung des Nachlasses vorzunehmen. Hat der Erblasser die Nachlaßteilung nicht einem Dritten zugewiesen, ist die Erbauseinandersetzung Aufgabe der Erben (Art. 1058 CC). Letztere können nach Art. 1057 Abs. 2 CC gemäß Art. 782 LEC (Ley de Enjuiciamiento Civil 1/2000 vom 7. Januar 2000) beim zuständigen Richter die Bestellung eines Nachlaßteilers (*contador partidor dativo*) beantragen (*Díaz Soler,* El contador partidor testamentario, S. 191). Der Antrag ist allerdings nur statthaft, wenn den antragstellenden Erben und Vermächtnisnehmer mindestens 50% der Erbschaft zusteht.

371 Die Aufgaben eines Nachlaßteilers umfassen die Inventarerrichtung, die Bewertung des Nachlasses, die Berechnung der Erbteile sowie die Auskehr des Nachlasses (*Marín Castán,* Comentarios al Código Civil, S. 561). Persönliche Voraussetzung des Nachlaßteilers ist nach Art. 893 Abs. 1 CC die Geschäftsfähigkeit des Berufenen. Darüber hinaus darf der Nachlaßteiler gemäß Art. 1057 CC – im Hinblick auf potentielle Interessenkonflikte – nicht „Miterbe" sein (*Díaz Soler,* El contador partidor testamentario, S. 161; schlägt der Erbe die Erbschaft aus, kann er hingegen Nachlaßteiler sein). Der Begriff „Miterbe" ist weit zu verstehen und erfaßt sowohl den überlebenden Ehegatten als auch den Pflichtteilsberechtigten (*Díaz Soler,* El contador partidor testamentario, S. 165ff.).

372 Aufgabe des Nachlaßteilers ist gemäß Art. 1057 CC die Teilung des Nachlasses (*Vallet de Goytisolo,* Estudios de derecho sucesorio, V. II S. 27ff.). Dies setzt – soweit der Erblasser verheiratet war – zunächst die **Auflösung der Gütergemeinschaft** voraus. Letzteres ist grundsätzlich die Aufgabe des überlebenden Ehegatten und der Erben. In der Praxis hat sich jedoch durchgesetzt, daß der Nachlaßteiler und der überlebende Ehegatte diese Aufgabe übernehmen, ohne daß die Erben mitwirken (*Díaz Soler,* El contador partidor testamentario, S. 295).

373 Der Nachlaßteiler hat sodann die Inventarisierung der Erbschaft sowie die Nachlaßbewertung vorzunehmen. Er hat die Schulden, Lasten und Erbschaftsschulden des Nachlasses sowie die Vermächtnisse und Pflichtteile festzustellen (*Marín Castán,* Comentarios al Código Civil, S. 562; *Díaz Soler,* El contador partidor testamentario, S. 325ff.). Danach erfolgt die Auszahlung/Auskehr (*Adjudicación*) des Nachlasses an alle Miterben entsprechend ihrer Quoten (*Díaz Soler,* El contador partidor testamentario, S. 228) gemäß den Einschränkungen der Art. 1061, 1062 CC. Art. 1061 CC verpflichtet den Nachlaßteiler zur Beachtung des Gleichbehandlungsgrundsatzes. Danach sind jedem der Miterben Sachen gleicher Art, Güte oder Gattung zuzuweisen. Soweit eine Sache unteilbar ist, kann der Nachlaßteiler nach Art. 1062 einem der Miterben den Gegenstand unter der Bedingung zusprechen, daß dieser den/die anderen – hinsichtlich des Mehrbetrages – in Geld abfindet. Beantragt jedoch einer der Miterben den Verkauf der Sache im Wege der öffentlichen Versteigerung, kommt eine ausgleichungspflichtige Zuweisung nicht in Betracht. Die vom Nachlaßteiler vorgenommene Erbauseinandersetzung ist für die Erben verbindlich, wenn dies der Erblasser ausdrücklich angeordnet hat. Wie aber zu verfahren ist, wenn es an einer derartigen ausdrücklichen Anordnung fehlt, ist umstritten (*Diez Picazo,* Sistema de derecho Civil IV, S. 590). Überwiegender Ansicht nach soll auch in derartigen Fällen die vom Dritten vorgenommene Erbauseinandersetzung grundsätzlich verbindlich sein (*Díaz Soler,* El contador partidor testamentario, S. 96ff.; siehe in diesem Sinne auch TS 19. 2. 1962; TS Ref. EDE 1988/6262; sowie die Richtlinien des DGRN vom 15. 7. 1943 und 28. 4. 1945; aA hingegen *Rivas Martínez,* Derecho de Sucesiones común y foral, S. 707).

d) Erbnachweise

Das spanische Erbrecht kennt weder ein Testamentsvollstreckerzeugnis noch einen Erbschein. Zum Nachweis der Befugnisse im Rechtsverkehr dient das Testament zusammen mit dem Nachweis über den Tod des Erblassers und die Bestätigung der Eintragung in das Register für letztwillige Verfügungen. Die Testamentsvollstreckung wird auch nicht im Grundbuch eingetragen (*Hierneis,* Das besondere Erbrecht der sogenannten Foralrechtsgebiete Spaniens, S. 223). **374**

*14. Ungarn**

Vgl. *Ferid/Firsching,* Internationales Erbrecht, Bd. VI, Ungarn.

a) Erb- und Formstatut

Das **ungarische IPR** ist in der Gesetzesverordnung Nr. 13 aus dem Jahr 1979 geregelt (IPRVO) (in Kraft seit dem 1. 7. 1979, abgedruckt bei *Ferid/Firsching,* Internationales Erbrecht/Ungarn, Texte Nr. 7). Eine Änderung der IPRVO ist geplant. Die Vorschriften zum internationalen Erbrecht beleiben aber dem Entwurf zufolge unberührt. Der IPRVO gehen völkerrechtliche Verträge vor. Staatsverträge mit erbrechtlichem Inhalt bestehen mit Österreich, Bulgarien, Tschechien und der Slowakei, Irak, Jugoslawien, Nordkorea, Polen, der Mongolei, der ehemaligen DDR (s. hierzu Rdn. 107f.), Rumänien, der Türkei und den Nachfolgestaaten der ehemaligen Sowjetunion (*Ferid/Firsching,* Internationales Erbrecht/Ungarn, Rdn. 47). **375**

Das autonome ungarische Recht folgt für das auf die erbrechtlichen Verhältnisse anzuwendende Recht dem **Grundsatz der Nachlaßeinheit.** Maßgebend ist insoweit gemäß § 36 Abs. 1 IPRVO das Personalstatut des Erblassers im Zeitpunkt seines Todes. Personalstatut ist gemäß § 11 Abs. 1 IPRVO grundsätzlich das Heimatrecht. Besitzt der Erblasser mehrere Staatsangehörigkeiten, von denen eine die ungarische ist, so ist gemäß § 11 Abs. 2 IPRVO allein die ungarische maßgebend. In allen anderen Fällen mehrfacher Staatsangehörigkeit oder für den Fall, daß der Erblasser staatenlos ist, richtet sich das Personalstatut gemäß § 11 Abs. 3 IPRVO nach dem Recht des Staates, auf dessen Gebiet der Erblasser seinen Wohnsitz hatte. Als Wohnsitz gilt nach § 12 IPRVO der Ort, an dem man ständig oder mit der Absicht der Niederlassung wohnt. Hatte der Erblasser seinen letzten Wohnsitz auch in Ungarn, so ist allein das ungarische Recht maßgebend. Ansonsten ist bei Mehrfachwohnsitz im Ausland das Recht desjenigen Staates entscheidend, zu dem der Erblasser die engsten Verbindungen hatte. Läßt sich das Personalstatut nicht nach § 11 Abs. 1 bis 3 IPRVO feststellen oder hatte der Erblasser keinen Wohnsitz, so ist nach § 11 Abs. 4 IPRVO das Recht des Landes maßgebend, in dem der Erblasser seinen gewöhnlichen Aufenthalt hatte. Hatte der Erblasser ua auch in Ungarn seinen gewöhnlichen Aufenthalt, richtet sich das Personalstatut nach ungarischem Recht. Das so ermittelte Erbstatut ist auch für die Anordnung und den Umfang einer Testamentsvollstreckung maßgebend. **376**

Für die **Form einer Verfügung von Todes wegen** (und die Form des Widerrufs) verweist § 36 Abs. 2 IPRVO alternativ entweder auf das ungarische Recht, das am Ort der Errichtung geltende Recht, das Personalstatut des Erblassers im Zeitpunkt der Errichtung der Verfügung, das am Wohnsitz bzw. am gewöhnlichen **377**

---

* Dieser Abschnitt wurde von Herrn *Prof. Dr. Miklós Kengyel,* Universität Pécs und Frau *Dr. Judit Bókai,* Präsidentin der Ungarischen Notarkammer bearbeitet

Aufenthalt geltende Recht entweder im Zeitpunkt der Errichtung der Verfügung oder im Zeitpunkt des Todes des Erblassers oder – soweit sich die Verfügung auf eine unbewegliche Sache bezieht – auf das Lagerecht.

378 Soweit das ungarische IPR auf ausländisches Recht verweist, sind die ausländischen Regeln des materiellen Rechts gemeint. Eine **Weiterverweisung** auf das Recht eines Drittstaates kennt das ungarische Recht nicht. Verweist dagegen das ausländische Recht hinsichtlich der aufgeworfenen Rechtsfrage auf ungarisches Recht zurück, ist das ungarische Recht anzuwenden.

379 Besonderheiten gelten hinsichtlich des Eigentumserwerbs an **landwirtschaftlich genutzten Grundstücken** oder Grundstücken, die unter Naturschutz stehen (vgl. §§ 7, 8, 5 Abs. 3 bis 5 Gesetz LV von 1994). Ausländischen juristischen und natürlichen Personen ist der Eigentumserwerb insoweit grundsätzlich auch im Wege der Erbfolge verwehrt. Für andere als die oben genannten Grundstücke bedarf der Eigentumserwerb nach § 1 der Regierungsverordnung Nr. 7/1996 (I.18) Korm. der staatlichen Genehmigung. Ausgenommen vom Anwendungsbereich der Verordnung ist allerdings der Rechtserwerb im Wege der Erbfolge.

b) Der Testamentsvollstrecker im ungarischen Recht

380 Das Institut der Testamentsvollstreckung ist nicht im ungarischen BGB, sondern in den §§ 77 bis 80 der Verordnung des Justizministers Nr. 6/1958 vom 4. 7. 1958 geregelt. **Das Amt des Testamentsvollstreckers beginnt,** wenn der Erblasser einen Testamentsvollstrecker in seinem Testament benannt hat und letzterer die Annahme des Amtes gegenüber dem Notar, der das Nachlaßverfahren abwickelt, erklärt hat. Eine Pflicht zur Übernahme besteht nicht. Vielmehr kann der Benannte gegenüber dem das Nachlaßverfahren abwickelnden Notar die Übernahme des Amtes innerhalb einer Frist von acht Tagen ablehnen. Die Frist beginnt mit der Benachrichtigung des Benannten durch den zuständigen Notar.

381 Nach § 79 der Verordnung gilt der Testamentsvollstrecker bezüglich der Verwaltung des Nachlaßvermögens als **Beauftragter der Erben.** Die ungarischen Regeln über den Auftrag, insbesondere hinsichtlich der Beendigung des Auftrags finden auf den Testamentsvollstrecker entsprechende Anwendung. Die Testamentsvollstreckung endet folglich durch Kündigung der Erben, Zeitablauf, wenn der Erblasser die Testamentsvollstreckung befristet hat, Tod des Testamentsvollstreckers oder mit Beendigung der Nachlaßabwicklung. Bei einer Erbenmehrheit kann der einzelne Erbe die angeordnete Testamentsvollstreckung auch für seinen Erbanteil widerrufen. Das Amt des Testamentsvollstreckers endet jedoch nicht automatisch mit Abschluß des Nachlaßverfahrens.

382 Die **Befugnisse des Testamentsvollstreckers sind begrenzt** (vgl. *Ferid/Firsching,* Internationales Erbrecht/Ungarn, Rdn. 94). Er hat die Erfüllung der vom Erblasser angeordneten Auflagen zu überwachen (deren Einhaltung kann er jedoch nicht erzwingen), kann unaufschiebbare Zahlungen aus dem Nachlaß vornehmen, die Ausstellung eines Erbscheins für die Erben beantragen, Nachlaßforderungen eintreiben und die Inventarisierung des Nachlasses betreiben. Er kann die Versicherung der zum Nachlaß gehörenden Vermögensgegenstände verlangen, wenn zu befürchten ist, daß diese entwendet, beiseite geschafft, verschwendet, beschädigt oder auf andere Weise gefährdet werden. Er darf aber in Bezug auf Nachlaßgegenstände keine Verpflichtungen eingehen und hierüber nicht verfügen. Rechtshandlungen der Erben kann er nicht widersprechen (*Ferid/Firsching,* Internationales Erbrecht/Ungarn, Rdn. 94). Eine gerichtliche Kontrolle der Tätigkeit des Testamentsvollstreckers ist im ungarischen Recht nicht vorgesehen. Handelt er jedoch sorgfaltswidrig, macht er sich gegenüber den Erben schadensersatzpflichtig. Ein

Zeugnis, mit dem sich der Testamentsvollstrecker im Rechtsverkehr ausweisen könnte, ist dem ungarischen Recht nicht bekannt.

Das Nachlaßverfahren fällt grundsätzlich (soweit es zwischen den Erben keinen Streit gibt) in die Zuständigkeit des Notars und endet mit dem Nachlaßübergabebescheid. Ausnahmsweise stellt der Notar einen Erbschein ohne Nachlaßübergabe auf Ersuchen der Erben, des Testamentsvollstreckers oder der Nachlaßgläubiger aus, wenn der Wert des beweglichen Nachlasses 300.000 Ft. nicht erreicht, der Wert des Nachlasses nicht bestimmt werden kann oder Nachlaßvermögen nicht vorhanden ist und die Antragsteller ein berechtigtes Interesse an der Durchführung des Nachlaßverfahrens haben. Der Notar stellt einen Erbschein auch dann aus, wenn ein ungarischer Staatsbürger im Ausland Vermögen hinterläßt. Nachlaßübergabebescheid oder Erbschein werden dem Testamentsvollstrecker zugestellt. 383

Die Erben sind verpflichtet, die Auslagen des Testamentsvollstreckers zu vergüten. Wurde der Testamentsvollstrecker vom Erblasser am Nachlaß beteiligt, so ist dieser Wert auf den **Vergütungsanspruch** des Testamentsvollstreckers anzurechnen. Die Vergütung erfolgt der Höhe nach unter Zugrundelegung der für Anwälte geltenden Gebührensätze. 384

15. USA

Averill, Uniform Probete Code in a nutshell, 3. Aufl. 1993; *Ferid/Firsching,* Internationales Erbrecht, Bd. VI, USA; *Firsching,* Deutsch-amerikanische Erbfälle, 1965; *ders.,* Testamentsvollstrecker – executor – trustee, DNotZ 1959, 354; *H. Kötz,* Trust und Treuhand, 1963; *McGovern/Kurtz/Rein,* Wills, Trusts and Estates, 1988; *F. G. Opton,* Decedents' Estates, Wills and Trusts in the USA, 1987; *Reuschlein/Gregory,* The Law of Agency and Partnership, 1989; *H. Schack,* Die verfahrensmäßige Behandlung von Nachlässen im anglo-amerikanischen und internationalen Zivilverfahrensrecht, in Veröffentlichungen der Vereinigung für Internationales Verfahrensrecht, Bd. 8, S. 241; *Scoles/Hay,* Conflict of Laws, 2. Aufl., 1992; *Staudinger/Dörner* Anh. zu Art. 25f. EGBGB Rdn. 742ff.; *E. Tomlinson,* Administration of Decedents' Estates, 2. Aufl. 1978; *F. Weinschenk,* Wie berate ich Erben US-amerikanischer Nachlässe?, ZEV 1998, 457; *R. Weintraub,* Commentary on the conflict of laws, 3. Aufl. 1986; *Wellman/Waggoner/Browder,* Palmer's cases on trust and succession, 3. Aufl. 1977; *Wittuhn,* Das internationale Privatrecht des trust, 1987; *Wohlgemuth,* Der Status New Yorker Erbschaftsverwalter (administrator) im deutschen Nachlaßverfahren, MittRhNotK 1992, 101.

a) Autonomes IPR

Jeder der 50 US-amerikanischen Staaten hat, dem föderativen Staatsaufbau entsprechend, sein eigenes Rechtssystem inklusive konfliktrechtlicher Regelungen (state law). Nur soweit in der Verfassung vorgesehen, wird es von Bundesrecht (federal law) überlagert (*Ferid/Firsching,* Internationales Erbrecht/USA, Rdn. 35ff.). Ein amerikanisches Kollisionsrecht gibt es weder als Kodifikation noch in der Form eines „federal common law" (einem ursprünglich auf Gewohnheitsrecht beruhenden, durch richterliche Entscheidungen fortentwickelten Recht) (*Firsching,* Deutsch-Amerikanische Erbfälle, S. 32). Mithin wendet jeder der 50 Staaten sein eigenes kodifiziertes Kollisionsrecht an bzw., soweit ein solches nicht vorhanden ist, das eigene Richterrecht (das eigene common law). Die amerikanischen Bundesstaaten wenden ihr internationales Privatrecht (vgl. etwa das IPR-Gesetz von Louisiana IPRax 1993, 56ff.) oder ihr **interlokales Kollisionsrecht** an, letzteres im Verhältnis untereinander und auch zu ausländischen Staaten (*Firsching,* Deutsch-Amerikanische Erbfälle, S. 23; Restatement of the Law, Second, Conflicts of Laws, 1971, § 10). In den Grundzügen stimmen die bundesstaatlichen Kollisionsrechte der Einzelstaaten weitgehend überein. Teilweise gestatten die Kollisionsrechte der 385

Bundesstaaten (vgl. New York) auch eine Rechtswahl (in New York können Erblasser mit einem auswärtigen Domizil das in New York belegene Vermögen dortigem Recht unterstellen (vgl. *v. Oertzen/Seidenfus* ZEV 1996, 210, 211).

b) Erbstatut

386 Sowohl die **gesetzliche als auch testamentarische Erbfolge** in den unbeweglichen Nachlaß (immovables) untersteht dem Recht des Belegenheitsortes (BGHZ 24, 352, 355 zu Kalifornien, BGH IPRax 1994, 375 zu Florida; OLG Brandenburg FamRZ 1998, 985, 986 für New York), dagegen ist für den beweglichen Nachlaß (movables) das Recht am Domizil des Erblassers im Zeitpunkt seines Todes maßgebend (*Scoles/Hay,* Conflicts of Laws, S. 797, 800f., 808f., 812ff.; vgl. OLG Karlsruhe IPRax 1990, 407, 408 zu Texas; Ausnahme aber der Bundesstaat Mississippi, vgl. *Staudinger/Dörner* Anh. zu Art. 25f. EGBGB Rdn. 749). Mithin folgen die amerikanischen Bundesstaaten dem Grundsatz der Nachlaßspaltung (*Boulanger,* Les successions internationales, S. 58ff.; *Firsching,* Deutsch-Amerikanische Erbfälle, S. 24; *Kopp,* S. 27f.).

387 Der **Begriff „Domizil"** wird (auch wenn deutsches Recht hierauf verweist, vgl. Rdn. 65; BayObLG IPRax 1985, 355) nach dem Recht des betreffenden US-Staates ausgelegt. Die Bundesstaaten unterscheiden grundsätzlich zwischen zwei Arten des Domizils: „domicile of choice" und „domicile of origin" (*Ferid/Firsching,* Internationales Erbrecht/USA, Rdn. 42). Jede Person muß und kann nur ein Domizil haben.

388 *aa) Domicile of choice.* Das **domicile of choice** wird anhand subjektiver und objektiver Kriterien ermittelt (*Boulanger,* Les successions internationales, S. 72). Maßgebend ist danach der Wille, an einem bestimmten Ort zu bleiben und dort seinen Lebensmittelpunkt aufzuschlagen. Dieser Wille muß sich nach außen manifestiert haben, zB in der Aufnahme einer Anstellung, Teilnahme am gesellschaftlichen Leben, Mitgliedschaften in Vereinen, Abschluß eines Bausparvertrages, Gründung eines Haushalts etc. (*Ferid/Firsching,* Internationales Erbrecht/USA, Rdn. 42). Die Absicht eines ständigen Verbleibens ist für die Begründung eines domicile of choice nicht Voraussetzung, die Absicht eines nur vorübergehenden Aufenthalts reicht andererseits nicht aus (vgl. IPG (1983) Nr. 36 S. 323 und eingehend *Ferid/Firsching,* Internationales Erbrecht/USA, Rdn. 42).

389 *bb) Domicile of origin.* Soweit der Erblasser kein domicile of choice hat, ist auf das **domicile of origin** abzustellen. Das domicile of origin wird durch Geburt und damit in einem Zeitpunkt erworben, in dem der Betreffende noch nicht geschäftsfähig ist. Es stimmt bei einem ehelichen Kind mit dem domicile (of choice) der Eltern überein (*Scoles/Hay,* Conflicts of Laws, S. 201). Es erlischt mit Wahl eines eigenen domicile of choice.

390 *cc) Unteranknüpfung.* Knüpft das ausländische Recht (zB Art. 25 Abs. 1 EGBGB) für die Ermittlung des Erbstatuts an die (US-amerikanische) **Staatsangehörigkeit des Erblassers** an, so ist wegen der in den USA herrschenden räumlichen Rechtsspaltung eine **Unteranknüpfung** zur Ermittlung der maßgeblichen einzelstaatlichen Rechtsordnung erforderlich (*Hay* IPRax 1988, 265, 266). Da es kein einheitliches interlokales Kollisionsrecht in den USA gibt, ist nach Art. 4 Abs. 3 EGBGB die Teilrechtsordnung anzuwenden, „mit welcher der Sachverhalt am engsten verbunden ist". Nach hM ist an das Recht desjenigen Gliedstaates anzuknüpfen, in dem der Erblasser zum Zeitpunkt seines Todes sein Domizil hatte. Hatte der Erblasser im Zeitpunkt des Todes in den USA kein domicile, so ist an den letzten gewöhnlichen Aufenthalt des Erblassers in den USA anzuknüpfen (LG

Bielefeld NJW 1957, 1074, 1075; *Palandt/Heldrich* Art. 4 EGBG Rdn. 14; MünchKommBGB/*Sonnenberger* Art. 4 EGBGB Rdn. 102). Anderer Ansicht nach ist auf das letzte domicile of choice (Wahldomizil) in den USA und in Ermangelung eines solchen an das domicile of origin (Ursprungsdomizil) abzustellen (vgl. IPG (1983) Nr. 36 S. 321). In der überwiegenden Zahl der Fälle kommen beide Ansichten zum gleichen Ergebnis (vgl. BayObLG IPRax 1982, 111, 112; IPRax 1985, 355 = IPRspr. 1983 Nr. 289 S. 290).

dd) Abgrenzung beweglicher – unbeweglicher Nachlaß. Das US-amerikanische Recht 391
unterstellt die Auslegung der Begriffe **„beweglich“ und „unbeweglich“** dem Recht des Belegenheitsortes (Qualifikationsverweisung, vgl. IPG (1984) Nr. 40 S. 403; *Süß* ZEV 2000, 486, 488; vgl. BGHZ 24, 352, 355 für Kalifornien; *v. Oertzen* RIW 1994, 818, 820; für Ohio s. BGH NotBZ 2000, 337). Belegen sind dingliche Rechte an Immobilien nach US-amerikanischer Auffassung am Lageort des Grundstücks. Miet- und Pachtzinsen sowie Gewinne und Erträge aus der Überlassung zum Gebrauch und zur Nutzung von Grundstücken und Gebäuden gelten als unbewegliches Vermögen (*Wohlgemuth* MittRhNotK 1992, 101, 108); dagegen zählt ein cooperative appartment (eine spezielle Sonderform des Wohnungseigentums) zum beweglichen Vermögen (vgl. *v. Oertzen/Seidenfus* ZEV 1996, 210, 211).

ee) Verweisungstechniken. Die Einstellung der amerikanischen Gerichte zur Zuläs- 392
sigkeit der **Rück- und Weiterverweisung** ist nicht eindeutig (vgl. *Scoles/Hay,* Conflict of Laws, S. 67 ff.; *Weintraub,* Commentary on the conflict of laws, 3. Aufl. 1986, S. 66 ff.; *Ferid/Firsching,* Internationales Erbrecht/USA, Rdn. 36 e). Nach § 8(2) und (3) des Restatement of the Law, Second, Conflict of Laws (einer systematischen Darstellung des einzelstaatlichen Richterrechts durch das American Law Institute) sind Weiter- und Rückverweisungen durch die amerikanischen Gerichte zu berücksichtigen, wenn diese nicht dem Sinn und Zweck der eigenen Kollisionsnorm zuwiderlaufen (zB wenn der Forumstaat weder zu den Parteien noch zur Sache selbst eine enge Beziehung aufweist) (vgl. *Scoles/Hay,* Conflict of Laws, S. 70 ff.). Für eine Sachnormverweisung in Nachlaßsachen dagegen IPG 1990, Nr. 47 S. 456 ff. (für New Jersey), ebenso in Louisiana, vgl. Art. 3517 IPR-Gesetz (in diesem Sinne auch *Süß* ZEV 2000, 486, 487).

c) Sonderstatut für die administration

Nach dem US-amerikanischen Verständnis erfaßt das Erbstatut nicht die 393
„administration“ (Nachlaßabwicklung und -verwaltung im weitesten Sinne) (Restatement of the Law, Second, Conflicts of Laws, 1971, §§ 314 ff.). Das hierauf anzuwendende Recht ist abweichend von der „succession“, dem auf die gesetzliche oder testamentarische Erbfolge anzuwendenden Recht, gesondert anzuknüpfen (vgl. *v. Oertzen/Seidenfus* ZEV 1996, 210, 211).

aa) Begriff der administration. Die administration wird definiert als **„process of** 394
realizing the movable assets of an estate and paying out of them debts and other claims against the estate“ (Restatement of the Law, Second, Conflicts of Laws, 1971, Introduction to §§ 314 ff.). Zu diesem Zweck wird bei der gesetzlichen Erbfolge vom zuständigen Gericht ein administrator bestellt. Der Erblasser kann jedoch selbst auch einen Nachlaßabwickler testamentarisch bestimmen, der dann „executor“ genannt wird. Oberbegriff für executor und administrator ist „personal representative“ (anders aber in Louisiana, dort lautet er „succession representative“). Beide (executor und administrator) müssen durch das Nachlaßgericht in ihr Amt eingewiesen werden.

395 *bb) Inhalt der administration.* Die administration enthält (nach deutschem Verständnis) nicht nur verfahrensrechtliche Vorschriften, sondern regelt auch materielle erbrechtliche Fragen, so zB Anfall der Erbschaft, die Haftung für die Nachlaßschulden, Rangordnung der Nachlaßgläubiger, die Rechtsstellung des personal representative. Der personal representative erwirbt die Rechtsinhaberschaft am Nachlaß (title) grundsätzlich **nur am beweglichen Nachlaß** (anders in Kalifornien und den Staaten, die den Uniform Probate Code übernommen haben, vgl. Rdn. 318. Dort geht auch der gesamte Nachlaß auf die Erben über, unterliegt aber insgesamt der Nachlaßverwaltung durch den personal representative, *Opton,* Decedents' Estates, Wills and Trusts in the USA, S. 1; *Averill,* Uniform Probate Code, S. 301). Nach dem Recht einiger Gliedstaaten unterliegt auch der den Erben anfallende Nachlaß der Verwaltung des personal representative (*Opton,* Decedents' Estates, Wills and Trusts in the USA, S. 1 f.), nach dem Recht anderer Bundesstaaten wiederum kann der personal representative beantragen, daß der unbewegliche Nachlaß durch Beschluß des Gerichtes am Ort, wo die Immobilie belegen ist, in die administration und damit in die Nachlaßverwaltung einbezogen wird (*Scoles/Hay,* Conflict of Laws, S. 860; *Schack,* Veröffentlichungen der Vereinigung für Internationales Verfahrensrecht, Bd. 8, S. 252).

396 *cc) Zuständigkeit.* **Zuständig für die Ernennung des personal representative und für das administration-Verfahren** ist grundsätzlich der probate court in dem Bezirk, in dem der Erblasser sein letztes Domizil hatte (domiciliary administration) (*Schack,* Veröffentlichungen der Vereinigung für Internationales Verfahrensrecht, Bd. 8, S. 257; *Scoles/Hay,* Conflicts of Laws, S. 859 ff.). Darüber hinaus sind die probate courts zuständig für eine sogenannte ancillary administration, dh. für die Nachlaßverwaltung an dem Ort, wo zwar nicht das letzte domicile des Erblassers, wohl aber Vermögen desselben belegen ist (*Opton,* Decedents' Estates, Wills and Trusts in the USA). Dies gilt unabhängig davon, ob die ausländische Rechtsordnung des Domizilstaates oder die die succession beherrschende Rechtsordnung ein administration-Verfahren kennen (*Scoles/Hay,* Conflicts of Laws, S. 859 ff.). Die ancillary administration ist von der gewöhnlich am Domizilort stattfindenden general bzw. domiciliary administration selbständig. Dies gilt selbst dann, wenn dieselbe Person zum (co-)administrator oder (co-)executor in beiden Verfahren ernannt wird (*Schack,* Veröffentlichungen der Vereinigung für Internationales Verfahrensrecht, Bd. 8, S. 258).

397 *dd) Anwendbares Recht.* Die **administration untersteht grundsätzlich dem Recht des Staates, dessen Gerichte für die Bestellung des personal representative zuständig sind** (*Scoles/Hay,* Conflict of Laws, S. 867; *Tomlinson,* Administration of Decedents' Estates, S. 342 f.; *Kopp,* Probleme der Nachlaßabwicklung bei kollisionsrechtlicher Nachlaßspaltung, S. 44 f.; *Necker,* La mission de l'exécuteur testamentaire dans les successions internationales, S. 256 f., 295 f.).

398 *ee) Die Sonderanknüpfung aus der Sicht des deutschen Rechtsanwenders.* Die Sonderanknüpfung für die administration bereitet aus der Sicht des deutschen Rechtsanwenders in zweifacher Hinsicht Schwierigkeiten, nämlich zum einen ob und inwieweit die Sonderanknüpfung eine (versteckte) Rück oder Weiterverweisung enthält (Rdn. 90; s. auch Rdn. 443 f.) und zum anderen ob die Sonderanknüpfung nach Art. 3 Abs. 3 EGBGB (Rdn. 40 ff.) zu berücksichtigen ist (Rdn. 398 ff.).

399 **Beispiel:** (nach *v. Oertzen/Seidenfus* ZEV 1996, 210, 213): Der US-amerikanische Erblasser, wohnhaft in New York hinterläßt bewegliches Vermögen in der Bundesrepublik. Das zuständige New Yorker Gericht bestellt den im Testament genannten executor, um das bewegliche Vermögen zu verteilen.

Art. 25 Abs. 1 iVm. Art. 4 Abs. 1 S. 2 EGBGB verweist auf das New Yorker Recht, das die Verweisung hinsichtlich des in New York belegenen unbeweglichen und hinsichtlich des weltweit belegenen beweglichen Vermögens annimmt. Fraglich ist, ob der personal representative die Verfügungs- und Verwaltungsbefugnisse einschließlich des „legal title" auch hinsichtlich des in der Bundesrepublik Deutschland belegenen beweglichen Vermögens erwirbt. Dies hängt u. a. davon ab, ob die administration aus US-amerikanischer Sicht extraterritoriale Geltung beansprucht und ob dieser Anspruch in der Bundesrepublik Deutschland anzuerkennen ist. 400

Unstreitig ist, daß eine ancillary administration aus US-amerikanischer Sicht keine über den Belegenheitsstaat hinausgehende Wirkung für sich beansprucht. Unstreitig ist auch, daß innerhalb der USA, deren Staaten alle die (ancillary und domiciliary) administration kennen, **die territoriale Reichweite der domiciliary administration** überall dort zurückweicht, wo der Belegenheitsstaat für sich eine ancillary administration in Anspruch nimmt (*McGovern/Kurtz/Rein,* Wills, Trusts and Estates, S. 598; *Ferid/Firsching,* Internationales Erbrecht/USA, Rdn. 55a ff.). Streitig ist dagegen, ob der territoriale Geltungsanspruch der US-amerikanischen domiciliary administration auch dort zurücktritt, wo der Belegenheitsstaat von seiner Kompetenz zur ancillary administration keinen Gebrauch macht, weil er, wie beispielsweise die Bundesrepublik Deutschland, ein derartiges Verfahren überhaupt nicht kennt (vgl. zum Streitstand *Kopp,* Probleme der Nachlaßabwicklung bei kollisionsrechtlicher Nachlaßspaltung, S. 55ff.; OLG Frankfurt DNotZ 1972, 543, 545; *v. Oertzen* IPRax 1994, 74, 76f.). Teilweise wird dem US–amerikanischen Recht unterstellt, es beanspruche in diesen Fällen ebensowenig eine extraterritoriale Wirkung wie für den Fall, daß der Belegenheitsstaat von seiner administration-Befugnis Gebrauch mache. Sei aber auch in diesen Fällen die territoriale Reichweite des administration Verfahrens auf den Domizilstaat beschränkt, läge hierin eine versteckte Rückverweisung für die mit der Nachlaßabwicklung zusammenhängenden Fragen auf das deutsche Recht (vgl. *Firsching* DNotZ 1959, 354, 365; KG IPRspr. 1972 Nr. 123 S. 335; *Wohlgemuth* MittRhNotK 1992, 101, 105; *Berenbrok,* Internationale Nachlaßverwaltung, S. 189; *Süß* ZEV 2000, 486, 488). Nach der Spaltungstheorie (*Firsching/Graf* Nachlaßrecht Rdn. 2.67; IPG (1967 und 1968) Nr. 74 S. 819; vgl. auch OLG Frankfurt DNotZ 1972, 543, 545) ist – selbst für den Fall, daß das Recht eines Bundesstaates ausdrücklich extraterritoriale Geltung für sein domiciliary administration Verfahren beansprucht – eine versteckte Rückverweisung zum einen für den Fall anzunehmen, daß das US-amerikanische Gericht den administrator eingesetzt hat und zum anderen, wenn der Erblasser zwar einen executor ernannt hat, diesem aber lediglich solche Aufgaben übertragen hat, die gewöhnlich auch der administrator wahrnimmt. Nach der sogenannten Anerkennungstheorie dagegen erfaßt die Handlungsbefugnis des administrators oder executors in jedem Fall auch das in der Bundesrepublik Deutschland belegene bewegliche Vermögen, wobei sich diese – vorbehaltlich einer notwendigen Angleichung (vgl. Rdn. 72, 352f.) – nach dem Recht des Einsetzungsstaates und folglich nach dem Recht des betreffenden US-amerikanischen Bundesstaates richtet (*v. Oertzen/Seidenfus* ZEV 1996, 210, 214; *Soergel/Schurig* Art. 25 EGBGB Rdn. 86; *Schack,* Veröffentlichungen der Wissenschaftlichen Vereinigung für Internationales Verfahrensrecht, Bd. 8, S. 260ff.). 401

Beispiel: Ein deutscher Erblasser mit letztem Wohnsitz in Deutschland verstirbt und hinterläßt bewegliches und unbewegliches Vermögen im Staat New York. Das nach Art. 25 Abs. 1 EGBGB zu bestimmende Erbstatut wird vorliegend infolge des Art. 3 Abs. 3 EGBGB für das in New York belegene unbewegliche Nachlaßvermögen durchbrochen (vgl. Rdn. 43). Fraglich ist, ob dies auch hinsichtlich der Nachlaßabwicklung für sämtliches 402 in den USA belegenes Vermögen gilt; denn die US-amerikanischen Bundesstaaten knüpfen in aller Regel nicht nur für die unbeweglichen Nachlaßgegenstände, sondern auch für die Nachlaßabwicklung gesondert an.

403 Grundidee der administration ist es, den lokalen Gläubigern den Zugriff auf das in ihrem Staat belegene Nachlaßvermögen zu eröffnen. Findet aber die administration in erster Linie deshalb statt, weil in dem betreffenden Staat Vermögensgegenstände belegen sind, dann handelt es sich bei der kollisionsrechtlichen Sonderanknüpfung für die Nachlaßverwaltung um „besondere Vorschriften" iS des Art. 3 Abs. 3 EGBGB (*v. Oertzen/Seidenfus* ZEV 1996, 210, 212; MünchKommBGB/*Sonnenberger* Art. 3 EGBGB Rdn. 25; *Kopp,* Probleme der Nachlaßabwicklung bei kollisionsrechtlicher Nachlaßspaltung, S. 64; aA *Firsching,* Deutsch-Amerikanische Erbfälle, S. 91 ff.).

d) Erbstatut und letztwilliger trust

404 Der Erblasser kann durch letztwillige Verfügung bzgl. des gesamten oder eines Teiles des Nachlasses einen **trust** (zum Begriff vgl. Rdn. 416 ff.) einsetzen. Die USA haben das Haager Übereinkommen über das auf trusts anzuwendende Recht und über ihre Anerkennung vom 1. 7. 1985 (vgl. Rdn. 10) gezeichnet, in Kraft getreten ist es jedoch noch nicht. Nach dem Kollisionsrecht der Einzelstaaten ist für die Anknüpfung zwischen der Errichtung des trust und dessen Verwaltung zu unterscheiden. Bzgl. der Errichtung hat der Erblasser ein Wahlrecht zwischen den Rechtsordnungen, die einen Bezug zum trust aufweisen. Trifft er keine Bestimmung, so richtet sich das Errichtungsstatut für trusts an beweglichen Gegenständen nach dem Recht am letzten Wohnsitz und nach dem Lagerecht der Immobilien, die in den trust fallen (*Wittuhn,* Das internationale Privatrecht des trust, S. 36 ff.). Auch bzgl. der Verwaltung des trust gestattet das Kollisionsrecht idR eine Rechtswahl des Erblassers. Im Zweifel gilt die Wahl eines Verwaltungsortes als stillschweigende Rechtswahl (*Wittuhn,* Das internationale Privatrecht des trust, S. 36 ff.).

e) Formstatut

405 Nach der common law-Regel richtet sich **das Formstatut** bei letztwilligen Verfügungen für unbewegliche Nachlaßgegenstände nach dem Lagerecht und für bewegliches Vermögen nach dem domicile des Erblassers im Zeitpunkt des Todes (*Scoles/Hay,* Conflict of Laws, S. 804, 812; Restatement of the Law, Second, Conflicts of Laws, 1971, § 239 S. 50 und § 263 S. 122). Die einzelstaatlichen Kollisionsnormen verweisen idR zusätzlich auch auf das Recht des Staates, in dem die Verfügung vorgenommen wurde, bzw. auf das Recht des Staates, in dem der Erblasser zur Zeit der Verfügung bzw. im Zeitpunkt des Todes sein domicile hatte (*Scoles/Hay,* Conflict of Laws, S. 805; Restatement of the Law, Second, Conflicts of Laws, 1971, § 239 S. 50 und § 263 S. 122). Die Verweisung gilt aber – wie etwa nach Art. 732502 Florida Statute – nicht für handschriftliche Testamente, die generell für unzulässig erachtet werden (*v. Oertzen/Seidenfus* ZEV 1996, 210, 213).

f) Das materielle US-Recht zur „Vollstreckung von Testamenten"

406 Ebenso wie das Kollisionsrecht ist auch das Erbrecht nicht bundesrechtlich, sondern einzelstaatlich geregelt. Es kann hier deshalb nur ein Überblick in Grundzügen gegeben werden. Zudem ist der Begriff der Testamentsvollstreckung dem Erbrecht der amerikanischen Einzelstaaten unbekannt, so daß lediglich eine Darstellung **„verwandter" Institute** gegeben werden kann.

407 *aa) Administration.* Wie oben dargestellt (vgl. Rdn. 393 ff.) untersteht nach dem Recht der Einzelstaaten der Nachlaß des Erblassers in aller Regel der **administration.** Geregelt ist die administration in den einzelnen Bundesstaaten idR im so-

genannten „Probate Code“ (*Opton,* Decedents' Estates, Wills and Trusts in the USA, S. 2), der aber im Verhältnis de Bundesstaaten zueinander teilweise erheblich abweicht. Die National Conference of Commissioners on Uniform Probate Law hat 1969 einen Entwurf für einen **„Uniform Probate Code“** (UPC) vorgestellt, der nach mehrmaliger Überarbeitung von einer Reihe von Bundesstaaten (bislang: Alaska, Arizona, Colorado, Hawai, Ideho, Maine, Michigan, Minnesota, Montana, Nebraska, New Mexiko, North Dakota, Utah, Florida) (teilweise) übernommen wurde (*Opton,* Decedents' Estates, Wills and Trusts in the USA, S. 3; *Schack,* Veröffentlichungen der Vereinigung für Internationales Verfahrensrecht, Bd. 8, S. 251).

Bei gesetzlicher Erbfolge wird der personal representative vom Nachlaßgericht **408**
(probate court) am letzten Domizil des Erblassers („administrator“ bzw. „administratrix“) durch letters of adminstration ernannt. Das Recht der einzelnen Bundesstaaten legt die Reihenfolge fest, in denen die zur Nachlaßverwaltung Befugten (Verwandte oder Gläubiger) vom Gericht zu benennen sind (*Weinschenk* ZEV 1998, 457, 458). Letztlich hat das Gericht aber einen weiten Ermessensspielraum bei der Auswahl des geeigneten administrator (*Opton,* Decedents' Estates, Wills and Trusts in the USA, S. 22). Der Erblasser kann durch eine Verfügung von Todes wegen bestimmen, daß die Nachlaßabwicklung von einer von ihm bestimmten Person vorzunehmen ist („executor“ bzw. „executrix“). Der so Berufene hat umgehend das sogenannte „probate proceeding“ einzuleiten (s. hierzu *Weinschenk* ZEV 1998, 457, 458). Bevor der executor sein Amt wahrnehmen darf, muß ihm „letters testamentary“ (zusammen mit dem probate) erteilt werden (*Schack,* Veröffentlichungen der Vereinigung für Internationales Verfahrensrecht, Bd. 8, S. 252). Besteht ein Bedürfnis für eilige Maßnahmen, kann das Gericht vor Erteilung der „letters“ einen „temporary administrator“ benennen. Die Erteilung der „letters“ bewirkt, daß das der administration unterliegende Vermögen (idR das bewegliche Vermögen vgl. Rdn. 395; bei UPC-Staaten unterliegt der gesamte Nachlaß der administration) mit Wirkung ex tunc auf den allein verwaltungs- und verfügungsberechtigten personal representative übergeht (*Schack,* Veröffentlichungen der Vereinigung für Internationales Verfahrensrecht, Bd. 8, S. 253). Er erhält insoweit eine eigentümerähnliche Stellung, da er Inhaber des „legal title“ wird („the personal representative stands in the shoes of the deceased“, *Opton,* Decedents' Estates, Wills and Trusts in the USA, S. 1). Die Erben haben lediglich ein sogenanntes equitable interest (quasi-eigentumsrechtliche Position) (vgl. BayObLG IPRax 1982, 111, 113f.; BFH IPRspr. 1988 Nr. 134 S. 279 = DB 1988, 1834; IPG (1965 und 1966) Nr. 66 S. 870ff.; (1967 und 1968) Nr. 34 S. 819ff.).

In gewissen Fällen ist die administration entbehrlich (vgl. für die Staa- **409**
ten des UPC *Averill,* Uniform Probate Court, S. 314ff.), so etwa bei einem geringfügigen Nachlaß, wenn Beträge bis zu einer gewissen Höhe vom Staat, von Versicherungen, Pensionskassen, öffentlichen Körperschaften oder Bundesbehörden geschuldet werden (im Staat New York $ 10000, Alabama $ 3000, Kalifornien, Florida und S. Dakota $ 60000, New Hampshire $ 500, vgl. *Opton,* Decedents' Estates, Wills and Trusts in the USA, S. 43; *Wohlgemuth* MittRhNotK 1992, 101, 102f.). Ein Nachlaß gilt jedoch nicht als geringfügig, wenn hierzu unbewegliches Vermögen zählt (*Opton,* Decedents' Estates, Wills and Trusts in the USA, S. 43). Liegt der Nachlaß unter einer bestimmten Höchstsumme oder sind nur wenige oder bestimmte Beteiligte vom Nachlaß betroffen, so gestatten einige der Teilrechtsordnungen ein vereinfachtes administration-Verfahren (*Opton,* Decedents' Estates, Wills and Trusts in the USA, S. 42f.; *Schack,* Veröffentlichungen der Vereinigung für Internationales Verfahrensrecht, Bd. 8, S. 254f.).

410 Die **persönlichen Voraussetzungen für einen executor oder administrator** sind identisch. Er/Sie muß über 18 Jahre alt sein und bedarf eines guten Leumunds. Gesellschaften können idR nicht personal representatives sein. Eine Ausnahme gilt für Banken oder Trust companies (*Opton,* Decedents' Estates, Wills and Trusts in the USA, S. 44). Üblicherweise muß sich der personal representative für die ordnungsgemäße Führung der Geschäfte verbürgen bzw. Sicherheit leisten. Auch dies wiederum trifft nicht für Banken und Trust companies zu. Die meisten Bundesstaaten verlangen nicht, daß der personal representative Bürger des betreffenden Bundesstaates ist oder dort seinen gewöhnlichen Aufenthalt hat. Handelt es sich aber um einen non-resident, muß dieser üblicherweise einen Vertreter oder Zustellungsbevollmächtigten im Bundesstaat benennen (*Opton,* Decedents' Estates, Wills and Trusts in the USA, S. 44). Eine Ausnahme gilt für Florida, wo non-residents nicht ernannt werden können (*v. Oertzen/Seidenfus* ZEV 1996, 210, 211; *Opton,* Decedents' Estates, Wills and Trusts in the USA, S. 44). Beschränkungen gelten auch in Indiana, wo jedoch non-residents zumindest co-personal representatives sein können. Da der Erbschaftserwerb durch die Erben bzgl. des beweglichen Nachlaßvermögens nicht automatisch mit dem Tod des Erblassers einhergeht (vgl. Rdn. 309), kann der Alleinerbe auch vom Erblasser zum executor ernannt werden (im Gegensatz dazu kann nach dt. Recht der Alleinerbe nicht auch Testamentsvollstrecker sein). Die Ernennung mehrerer personal representatives ist zulässig. Diese handeln dann grundsätzlich eigenständig. Nur für bestimmte Aufgaben ist gemeinschaftliches Handeln erforderlich (*Ferid/Firsching,* Internationales Erbrecht/USA, Rdn. 278).

411 Die **Befugnisse des personal representative** in Bezug auf den Nachlaß entstehen erst, wenn das Gerichts ihn in sein Amt eingewiesen hat (issunance of letters, vgl. *Averill,* Uniform Probate Code, S. 330f.). Der UPC stellt hierfür zwei Verfahren zur Verfügung („informal" und „formal" appointment, vgl. *Averill,* Uniform Probate Code, S. 331ff.). Die **Befugnisse des executors können durch entsprechende letztwillige Anordnung des Erblassers erweitert werden.** So kann beispielsweise der executor auch ermächtigt werden, den Nachlaß zu verpflichten und nicht lediglich abzuwickeln (vgl. BFH IPRspr. 1988 Nr. 134 S. 279). Darüber hinaus können die Rechte des executors dadurch erheblich erweitert werden, daß der executor gleichzeitig zum trustee über den Nachlaß benannt wird (*Ferid/Firsching,* Internationales Erbrecht/USA, Rdn. 270 Fn. 1).

412 Executor und administrator haben, soweit der Erblasser nichts anderes anordnet, die gleichen Rechte und Pflichten. Der **personal representative hat den Nachlaß zu sichern, die Nachlaßgläubiger zu befriedigen und den Überschuß an die Berechtigten auszukehren** (*Ferid/Firsching,* Internationales Erbrecht/USA, Rdn. 254). Er tritt im eigenen Namen auf. Für die Dauer der administration sind die Erben von jeglicher Verwaltungs- und Verfügungsbefugnis über die der administration unterliegenden Gegenstände ausgeschlossen (*McGovern/Kurtz/Rein,* Wills, Trusts und Estates, S. 593). In dieser Zeit können Schuldner der zum Nachlaß gehörenden Forderungen an die Erben nicht befreiend leisten (*McGovern/Kurtz/Rein,* Wills, Trusts und Estates, S. 594). Der personal representative hat den Nachlaß zu sammeln und zu sichern, die Pflicht innerhalb einer bestimmten Frist den Nachlaß zu inventarisieren, die Gläubiger zur Geltendmachung ihrer Forderungen aufzurufen, sie anschließend zu befriedigen und die Steuern zu bezahlen. Anschließend rechnet er mit den Erben ab. Diese Abrechnung kann auf zweierlei Arten vollzogen werden, nämlich in Gestalt einer außergerichtlichen (Regelfall) oder aber gerichtlichen Abrechnung („juicial accounting", s. hierzu *Weinschenk* ZEV 1998, 457, 458).

Er kann den **Nachlaß nicht verpflichten** und darf zum Nachlaß gehörende Unternehmen grundsätzlich nicht ohne ausdrückliche Anordnung des Erblassers oder entsprechende Verfügung des Gerichts fortführen (*Wellman/Waggoner/Browder,* Palmer's cases on trust and succession, S. 893). Der personal representative steckt insoweit in einer Zwickmühle; denn die beste Nachlaßsicherung besteht nicht stets in der Suspendierung aller Geschäftsaktivitäten eines Unternehmens. Daher gestatten eine Reihe von Bundesstaaten dem personal representative für eine begrenzte Übergangszeit die Weiterführung des Unternehmens auch ohne entsprechende Anordnung des Erblassers. Stirbt der Gesellschafter einer partnership (vergleichbar der dt. OHG oder BGB-Gesellschaft), so erlischt die Gesellschaft, soweit nichts anderes vereinbart ist. Der personal representative kann jedoch die Fortführung durch die überlebenden Gesellschafter genehmigen. An der Unternehmensführung ist der personal representative nicht zu beteiligen. Der executor bzw. administrator kann die Liquidation der Gesellschaft verlangen, darf sich aber in die Abwicklung nicht einmischen. Ist der personal representative mit dem Verlauf der Gesellschaftsliquidation nicht einverstanden, so kann er beim zuständigen Gericht beantragen, daß ein Verwalter bestellt wird. (*Reuschlein/Gregory,* The Law of Agency and Partnership, S. 370f.). 413

Der personal representative steht bei Ausführung dieser Aufgaben unter der **Aufsicht des Nachlaßgerichts** (*Ferid/Firsching,* Internationales Erbrecht/USA, Rdn. 284ff.; *Wohlgemuth* MittRhNotK 1992, 101). Nach der Rechtsordnung von Texas und New Mexico kann jedoch der Erblasser den executor von der gerichtlichen Aufsicht entbinden (*Opton,* Decedents' Estates, Wills and Trusts in the USA, S. 42, 46). Für die ordnungsgemäße Erfüllung seiner Pflichten haftet der executor den Erben gegenüber mit der Sorgfalt des sogenannten „prudent man" (*Wellman/Waggoner/Browder,* Palmer's cases on trust and succession, S. 888). 414

Der personal representative hat **Anspruch auf eine angemessene Vergütung** (teilweise auch „commission" genannt). Hat der Erblasser keine Vergütung bestimmt, haben in einigen Bundesstaaten die Beteiligten die Vergütung einvernehmlich festzusetzen. Können sie sich nicht einigen, wird diese durch den probate court auf der Grundlage der Schlußrechnung festgesetzt (idR 2 bis 5% des Nachlaßwertes) (*Opton,* Decedents' Estates, Wills and Trusts in the USA, S. 47). In anderen Staaten hat der personal representative nach einer gesetzlichen Gebührentabelle abzurechnen. Fällig wird die Vergütung mit Ende der administration. In einigen Staaten kann der personal representative jedoch auch Abschlagszahlungen bei Gericht beantragen (*Opton,* Decedents' Estates, Wills and Trusts in the USA, S. 47). 415

bb) Trust. Der **„trust"** ist ein historisch bedingtes Rechtsinstitut des common law-Rechtskreises und dient dem **Zweck einer langfristigen Vermögensplanung** (*Kötz,* Trust und Treuhand, S. 41). Es handelt sich hierbei um ein treuhänderisch verwaltetes Sondervermögen ohne eigene Rechtspersönlichkeit, das in vielen verschiedenen Formen auftreten kann (vgl. *McGovern/Kurtz/Rein,* Wills, Trusts und Estates, S. 297; *Ebenroth* Rdn. 1297). Gegenstand des Sondervermögens können eine Sachgesamtheit aber auch beliebige einzelne Gegenstände oder Rechte sein. Voraussetzung ist jedoch, daß der trust bzgl. der erfaßten Gegenstände bestimmt ist. 416

Der trust stellt sich als **Drei-Personen-Verhältnis** dar, an dem der settlor (Errichter des trusts), der trustee (Verwalter und Treuhänder) und der beneficiary (Begünstigter) mitwirken (*Wittuhn,* Das internationale Privatrecht des trust, S. 4f.). Der trust führt dazu, daß die übliche Einheit von Eigentümerstellung, Verwaltungs- und Verfügungsbefugnis eines Gutes und die Fruchtziehung bzw. der Profit 417 aufgespalten werden. Ersteres steht dem trustee zu, der sowohl eine natürliche als auch eine juristische Person sein kann. Er hat nach außen eine erga omnes wirkende Eigentümerstellung. Dem beneficiary gebühren die Früchte und der Profit aus der Verwaltung des trust. Mit Beendigung des trust hat der trustee die Gegenstände an die Begünstigten auszukehren. Ein trust kann unter Lebenden oder durch Verfügung von Todes wegen errichtet werden. Werden mehrere trustees ernannt, so haben sie im Zweifel die Aufgaben gemeinschaftlich zu erfüllen.

418 Zu den **Pflichten des trustee** gehört die sorgsame Verwaltung des trust nach den Vorgaben des settlor und im wohlverstandenen Interesse der Begünstigten. Sind die Nutznießer bzgl. einer bestimmten Verwaltungsmaßnahme einig, so ist der trustee hieran gebunden. Der trustee hat das höchstpersönliche Amt in Unabhängigkeit auszuführen und darf es nicht auf Dritte übertragen (Ausnahme: laufende Angelegenheiten). Er ist gegenüber den Begünstigten zur Loyalität und zur Rechnungslegung verpflichtet. Bei pflichtwidriger Amtsführung ist er den Begünstigten gegenüber schadensersatzpflichtig (*Wittuhn,* Das internationale Privatrecht des trust, S. 6f.). Das Amt endet durch gerichtliche Amtsenthebung bei schwerem Pflichtverstoß, Tod des trustee, rechtliche und tatsächliche Verhinderung, Kündigung oder Verlust der Geschäftsfähigkeit. Das Gericht spielt bei der Verwaltung des trust eine wichtige Rolle; denn zum einen steht der trustee unter gerichtlicher Aufsicht, zum anderen hat es auf Anfrage den trustee zu beraten. Soweit der trustee den Anweisungen des Gerichts folgt, ist er von einer Haftung befreit (*Wittuhn,* Das internationale Privatrecht des trust, S. 30).

419 Die wichtigsten Aufgaben des letztwillig errichteten trust sind folglich die Einsetzung eines unparteiischen Verwaltungstreuhänders und zum anderen die Bindung des Nachlasses für eine gewisse Dauer (*Kötz,* Trust und Treuhand, S. 97).

III. Verfahrensrecht

1. Erbscheinsverfahren

420 Die Erteilung des Erbscheins durch ein deutsches Nachlaßgericht erfolgt nach deutschem Recht unabhängig davon, welches Recht Erbstatut ist (BayObLGZ 1980, 42, 45; LG München FamRZ 1999, 1307, 108; das Haager Übereinkommen über die internationale Abwicklung von Nachlässen vom 2. 10. 1973 [Rdn. 457] ist bisher für die Bundesrepublik Deutschland nicht in Kraft getreten). Soweit Erbstatut ausländisches Recht ist, steht der Erteilung eines Erbscheins nicht entgegen, daß das ausländische Recht einen derartigen Erbnachweis nicht kennt (*Kegel/Schurig* § 21 IV 4, S. 874). Ebenso beurteilen sich die Beweiskraft und die Voraussetzungen für die Einziehung oder Kraftloserklärung des Erbscheins nach deutschem Recht (BayObLG IPRax 1991, 343, 344).

a) Internationale Zuständigkeit

421 In einem Fall mit Auslandsberührung ist in jeder Verfahrenslage die internationale Zuständigkeit von Amts wegen zu prüfen (LG München FamRZ 1999, 1307, 1308). Entgegen dem allgemein üblichen Grundsatz, daß die örtliche Zuständigkeit die internationale indiziert, sind im Erbscheinsverfahren (vorbehaltlich staatsvertraglicher Regelungen) deutsche Nachlaßgerichte generell international nur zuständig, soweit deutsches Recht Erbstatut ist (Gleichlaufprinzip) (BayObLG NJW 1987, 1148, 1149 mwN; LG München IPRax 1998, 117; *Schotten* Rpfleger 1991, 181; *Jansen* FGG § 73 Rdn. 26, 28; MünchKommBGB/*Birk* Art. 25 EGBGB Rdn. 315; krit. *Gottwald* IPRax 1984, 57, 59; *Ultsch* MittBayNot. 1995, 6ff.; für

die Frage, inwieweit der Gleichlaufgrundsatz mit Art. 12 EG vereinbar ist, s. *Pfeiffer,* Internationale Zuständigkeit und prozessuale Gerechtigkeit, 1995, S. 683ff.; *Geimer* IZPR Rdn. 246v). Im Falle einer funktionalen Nachlaßspaltung (Rdn. 45) kommt es für die Abgrenzung des Eigen- vom Fremdrechtserbschein darauf an, ob die Erbfolge deutschem Recht unterliegt. Nicht maßgebend ist dagegen etwa, welches Recht den Erbgang beherrscht (*Staudinger/Hausmann* Art. 3 EGBGB Rdn. 114).

Beispiel (nach *Geimer* MittBayNot. 1995, 230, 232): Ein deutscher Erblasser hinterläßt ein Grundstück in Wien. Die internationale Zuständigkeit deutscher Nachlaßgerichte ist zu bejahen, auch wenn hinsichtlich des Erbgangs das Sonderstatut des Lagerechts (§ 28 Abs. 2 IPRG [str.] in jedem Fall aber § 32 öster. IPRG, vgl. Rdn. 224ff.) gemäß Art. 3 Abs. 3 EGBGB dem Gesamtstatut nach Art. 25 Abs. 1 EGBGB vorgeht. Fraglich ist, welche Auswirkungen dies auf die Abfassung des Erbscheins hat (s. auch Rdn. 433ff.). 422

aa) Gleichlaufgrundsatz (Eigenrechtserbschein). Deutsches Recht ist grundsätzlich dann Erbstatut, wenn der Erblasser Deutscher oder aber ein Ausländer ist und das ausländische Recht (teilweise) auf deutsches Recht zurückverweist (vgl. Rdn. 4ff.). Ist deutsches Recht Erbstatut, so nennt man den zu erteilenden Erbschein **„Eigenrechtserbschein“.** Beurteilt sich die Erbfolge nach verschiedenen nationalen Rechten (rechtliche Nachlaßspaltung, vgl. hierzu Rdn. 37ff.), so ist für jede Nachlaßmasse gesondert (die internationale Zuständigkeit vorausgesetzt) ein selbständiger Erbschein auszustellen (*Firsching/Graf* Rdn. 2101). Beide Erbscheine können jedoch äußerlich auch in einer Urkunde zusammenfaßt werden, vgl. Rdn. 445. 423

bb) Ausländisches Erbstatut (Fremdrechtserbschein). Ausnahmsweise kann gemäß § 2369 BGB auch bei **ausländischem Erbstatut** das Nachlaßgericht einen Erbschein beschränkt auf die im Inland belegenen Nachlaßgegenstände **(„Fremdrechtserbschein“)** erteilen (für weitere Zuständigkeiten des Nachlaßgerichts in Durchbrechung der Gleichlauftheorie außerhalb der Erteilung des Erbscheins vgl. MünchKommBGB/*Birk* Art. 25 EGBGB Rdn. 318ff.). Für die Erteilung des Fremdrechtserbscheins ist gemäß § 16 Abs. 1 Nr. 6 RPflG der Richter funktionell zuständig, unabhängig davon, ob gesetzliche oder testamentarische Erbfolge vorliegt. 424

Der **Fremdrechtserbschein wird nur für den inländischen Nachlaß gewährt.** Verfahrensrechtlich genügt die „Angabe“, daß solche Gegenstände vorhanden sind, ohne daß es auf deren Art und Wert ankommt (BayObLG MittRhNotK 1995, 105). Nicht maßgebend ist dagegen, daß der gegebenenfalls schwer zu erbringende Beweis erbracht wird (vgl. Rdn. 320), daß sich in der Bundesrepublik Deutschland Vermögenswerte des Erblassers befinden (*Geimer* MittBayNot. 1995, 230, 232). Maßgebender Zeitpunkt für die Frage, ob inländischer Nachlaß vorhanden ist, ist nicht der Erbfall, sondern der Moment der Antragstellung. Der Begriff „Nachlaßgegenstand“ umfaßt Gegenstände jeglicher Art und nicht nur Sachen iSd. § 90 BGB. Bewegliche Nachlaßgegenstände befinden sich im Inland, wenn sie hier körperlich belegen sind (MünchKommBGB/*Promberger* § 2369 Rdn. 11). Für die Belegenheit von Ansprüchen ist maßgebend, ob ein deutsches Gericht für die Klage zuständig (§§ 12ff. ZPO) wäre (*Palandt/Edenhofer* § 2369 Rdn. 7). Eine Forderung ist damit insbesondere dann im Inland belegen, wenn der Schuldner einen Wohnsitz, eine Niederlassung oder Vermögen im Inland hat (*Johnen* MittRhNotK 1986, 57, 63). Gegenstände, für die im Inland ein Buch oder Register durch eine deutsche Behörde geführt wird (Grundbuch, Schiffs-, Luftfahrzeugsregister, Schuldbücher, Patentrolle, Handelsregister etc.), gelten gemäß § 2369 Abs. 2 BGB als im Inland belegen. Inhaberpapiere sind nicht nur am Verwahrungsort, sondern 425 auch am Sitz des Schuldners oder Ausstellers belegen (*Griem*, Probleme des Fremdrechtserbscheins, 1990, S. 127, 128). Für die Frage, **ob ein Gegenstand zum Nachlaß gehört,** ist nicht an das Erbstatut, sondern an das Lagerecht anzuknüpfen (*Palandt/Edenhofer* § 2369 Rdn. 7).

b) Örtliche Zuständigkeit

426 Bei ausländischen und deutschen Erblassern gleichermaßen richtet sich die örtliche Zuständigkeit des Nachlaßgerichts nach dem inländischen Wohnsitz bzw. Aufenthaltsort des Erblassers im Zeitpunkt des Todes (§ 73 Abs. 1 FGG). Fehlt bei einem deutschen Erblasser eine derartige Zuständigkeit, so ist zunächst das Amtsgericht Schöneberg in Berlin zuständig, das die Sache an ein anderes Gericht aus wichtigem Grund und mit bindender Wirkung abgeben kann (§ 73 Abs. 2 FGG). Bei ausländischen Erblassern ist in Ermangelung der oben genannten Zuständigkeit jedes Nachlaßgericht örtlich zuständig, in dessen Bezirk Nachlaßgegenstände belegen sind.

c) Inhalt des Erbscheins

427 *aa) Eigenrechtserbschein.* Soweit **deutsches Recht Erbstatut** ist, muß der Erbschein die Gesamtrechtsnachfolge, den Namen und den Todestag des Erblassers sowie die Namen der Erben enthalten. Die Aufnahme des Berufungsgrundes in den Erbschein ist nicht erforderlich, aber üblich. Aufzunehmen sind dagegen Verfügungsbeschränkungen der Erben, insbesondere die Testamentsvollstreckung (§ 2364 BGB).

428 Strittig ist, ob eine rechtliche Nachlaßspaltung (s. Rdn. 37ff.) im Eigenrechtserbschein zu vermerken ist. Überwiegend werden hier zwei Fälle unterschieden: Bezieht sich die rechtliche Nachlaßspaltung auf den in der Bundesrepublik Deutschland belegenen Nachlaß, dh. kommen auf den hier belegenen Nachlaß unterschiedliche Rechtsordnungen zur Anwendung, so ist eine gegenständliche Beschränkung in den Eigenrechtserbschein aufzunehmen (OLG Köln IPRspr 1992, Nr. 158 (S. 339f.); *Schurig* IPRax 1990, 389, 393; *Schotten* Rdn. 348; *Dörner* IPRax 1994, 362, 364).

429 **Beispiel:** Ein französischer Erblasser mit letztem „domicile“ in Frankreich hinterläßt bewegliches Vermögen und Grundstücke in der Bundesrepublik. Art 25 Abs. 1 EGBGB verweist auf das Heimatrecht. Letzteres knüpft für Mobilien am letzten „domicile“ des Erblassers an, was zur Anwendung des französischen Rechts führt. Für Immobilien verweist das französische IPR zurück auf das Recht am Lageort. Die Rückverweisung wird hier nach Art. 4 Abs. 1 S. 2 EGBGB abgebrochen. Der in Deutschland belegene (bewegliche und unbewegliche) Nachlaß unterliegt hier verschiedenen Rechtsordnungen.

430 **Beispiel:** Der italienische Erblasser trifft für seinen in der Bundesrepublik Deutschland belegenen unbeweglichen Nachlaß eine Rechtswahl iSd. Art. 25 Abs. 2 EGBGB. Damit kommt für den hier belegenen unbeweglichen Nachlaß deutsches Recht zur Anwendung. Für das übrige Vermögen richtet sich die Rechtsnachfolge gemäß Art. 25 Abs. 1 EGBGB nach dem italienischen Heimatrecht, das die Verweisung in Art. 46 Abs. 1 IPRG (vgl. Rdn. 197) annimmt.

431 Bezieht sich dagegen die Nachlaßspaltung auf im Ausland belegenen Nachlaß, ist streitig, ob in den Eigenrechtserbschein eine territoriale Beschränkung aufzunehmen ist, daß das im Ausland befindliche (dem ausländischen Erbstatut unterliegende) Vermögen nicht eingeschlossen ist (für eine derartige Beschränkung BayObLG Rpfleger 1997, 68, 69; OLG Köln DNotZ 1993, 171, 172f.; *Soergel/Schurig* Art. 25 EGBGB Rdn. 62; *Hohloch* ZEV 1997, 469, 471; *Ebenroth* Rdn. 1316; aA *Pa-*

landt/Edenhofer § 2353 Rdn. 5; *Schotten* Rdn. 342; *Johnen* MittRhNotK 1986, 57, 64; *Zimmermann* ZEV 1995, 275, 282).

Beispiel: Ein deutscher Erblasser hinterläßt Grundstücke in Frankreich. Nach Art. 25 Abs. 1 EGBGB ist Erbstatut deutsches Recht. Dem Gesamtstatut geht jedoch gemäß Art. 3 Abs. 3 EGBGB das Einzelstatut vor, wenn das Vermögen des Erblassers nach dem Recht des Staates, in dem es belegen ist, „besonderen Vorschriften" unterworfen ist. Das ist aufgrund der französischen Sonderanknüpfung für Immobilien der Fall (vgl. Rdn. 139), so daß insoweit französisches Recht Anwendung findet. Nach wohl hM ist dann in den deutschen Eigenrechtserbschein die Beschränkung aufzunehmen, daß er sich nicht auf den in Frankreich belegenen unbeweglichen Nachlaß bezieht. 432

Ist eine territoriale (ausländische) Nachlaßspaltung hM zufolge im Erbschein zu vermerken, dann muß dies auch für eine funktionale Nachlaßspaltung gelten. 433

Beispiel: Ein deutscher Erblasser hinterläßt ua. ein Grundstück in Wien. Auf die Erbfolge findet hier nach Art. 25 Abs. 1 EGBGB deutsches Erbrecht Anwendung. Lediglich für den Erbschaftserwerb (str. auch für die Haftung für Nachlaßschulden) findet für in Österreich belegene Immobilien (§ 28 Abs. 2 IPRG [str.] in jedem Fall aber § 32 öster. IPRG, vgl. Rdn. 224ff.) gemäß Art. 3 Abs. 3 EGBGB österreichisches Recht Anwendung. Ist die Einantwortung in Österreich noch nicht erfolgt, fehlt dem Erben insoweit die Erbenstellung und damit eine Voraussetzung für die Erbscheinserteilung. Dies ist im Erbschein zu vermerken. 434

bb) Fremdrechtserbschein (s. Muster bei *Kroiß*, Internationales Erbrecht, Rdn. 303f.): Handelt es sich um einen **Fremdrechtserbschein,** so ist zunächst die territoriale Geltungsbeschränkung im Erbschein anzugeben („Unter Beschränkung auf den im Inland befindlichen (beweglichen) Nachlaß ..."). Zwingend anzugeben ist, nach welchem Recht sich die Erbfolge richtet (*Palandt/Edenhofer* § 2369 Rdn. 11; MünchKommBGB/*Birk* Art. 25 EGBGB Rdn. 333). Das maßgebende ausländische Recht hat das Nachlaßgericht von Amts wegen zu ermitteln; § 293 ZPO gilt nicht (LG Frankenthal Rpfleger 1981, 324; OLG Köln Rpfleger 1989, 66, 67). In welcher Form es dieser Pflicht nachkommt, steht in seinem pflichtgemäßen Ermessen, insbesondere kann es amtliche Auskünfte aus dem betreffenden Land oder Rechtsgutachten von wissenschaftlichen Instituten oder sonstigen Sachverständigen einholen (vgl. die Zusammenstellung der Sachverständigen zum internationalem und ausländischem Privatrecht bei *Hetger* DNotZ 1994, 88ff.). Unzureichende Ermittlung durch das Nachlaßgericht ist Gesetzesverletzung (BGH FamRZ 1982, 471, 473; OLG Köln Rpfleger 1989, 66, 67). 435

Umstritten ist, ob und wie die oft abweichenden Verhältnisse und Begriffe des ausländischen Erbrechts im Erbschein zu vermerken sind (vgl. *Staudinger/Schilken* § 2369 Rdn. 31). Teilweise wird die Ansicht vertreten, daß auch dem deutschen Recht unbekannte Rechtsinstitute und Umstände im Fremdrechtserbschein als solche aufzuführen sind (so *Kegel/Schurig* § 21 IV 4; *Gottheiner* RabelsZ 1956, 36, 70ff.; *Palandt/Edenhofer* § 2369 Rdn. 11). Nach hM sind dagegen nur die nach deutschem Recht eintragungsfähigen Umstände in den Erbschein aufzunehmen, da der Fremdrechtserbschein bis auf seinen beschränkten Wirkungsbereich dem normalen Erbschein entspricht (vgl. OLG Hamm IPRax 1994, 49, 55; LG München FamRZ 1998, 1067, 1068; *Johnen* MittRhNotK 1986, 57, 64f.; *Schotten* Rpfleger 1991, 181, 189; *Staudinger/Schilken* § 2369 Rdn. 31; MünchKommBGB/*Promberger* § 2369 Rdn. 17; *Firsching/Graf* Rdn. 2103). Der Sinn und Zweck des Erbscheins, zum einen dem Erben seine Verfügungsmacht nachzuweisen und zum anderen den Rechtsverkehr zu schützen, wird nur gewahrt, wenn der Erbschein sich in deutschen Rechtskategorien ausdrückt. Daher sind Rechtskonzepte des ausländischen Erbstatuts, die dem deutschen Recht fremd sind, an das deutsche Recht anzuglei- 436 chen (*Pinckernelle/Spreen* DNotZ 1967, 195, 204f.; *Staudinger/Schilken* § 2369 Rdn. 31). Sie sind nur dann in den Erbschein aufzunehmen, wenn sie auch in einen Eigenrechtserbschein (vgl. Rdn. 427) aufzunehmen wären.

437 Folgt man der hM, ergeben sich Angleichungsprobleme insbesondere dann, wenn das ausländische Erbstatut anders als das deutsche Recht den Anfall der Erbschaft nicht im Wege des Vonselbsterwerbs vorsieht oder wenn das ausländische Recht die Verwaltung des Nachlasses durch einen Dritten anordnet.

438 *(1) Anfall der Erbschaft.* Die Erteilung eines Fremdrechtserbscheins setzt voraus, daß derjenige, der im Erbschein als „Erbe" bezeichnet ist, den Nachlaß auch tatsächlich erworben hat. Schwierigkeiten bereiten hier insbesondere die Fälle, in denen die berufene ausländische Rechtsordnung keinen dem deutschen Recht vergleichbaren „Vonselbsterwerb" der Erbschaft durch den Erben kennt, sondern (vergleichbar dem österreichischen Recht, s. Rdn. 226ff.) ein besonderes Verfahren vorsieht, um den Erben in seinen rechtlichen Besitz einzuweisen, vergleichbar dem italienischen Recht einen privatrechtsgestaltenden Akt (Annahme der Erbschaft) voraussetzt, um die Erbschaft anzutreten (*Geimer* MittBayNot. 1995, 230, 233; *Ballarino,* Diritto internazionale privato, S. 528) oder aber wie etwa im angloamerikanischen Rechtskreis einem Dritten (vorübergehend) die Verwaltung und Rechtsinhaberschaft am Nachlaß überträgt. Da der Fremdrechtserbschein nach § 2369 BGB lediglich den Anfall der Erbschaft bezeugen, nicht aber selbst rechtserzeugende Wirkungen aussprechen kann (vgl. *Wirner,* FS Schippel, S. 935ff.), können sich hier Angleichungsprobleme ergeben:

439 **Beispiel:** Verstirbt ein österreichischer Erblasser mit Wohnsitz und Vermögen in der Bundesrepublik Deutschland, so verweist Art. 25 Abs. 1 EGBGB auf das österreichische Recht, das die Verweisung grundsätzlich annimmt (§ 28 Abs. 1 IPRG, vgl. Rdn. 193). Der Fremdrechtserbschein kann zugunsten des Erben aber nur ausgestellt werden, wenn dieser die Erbschaft (vergleichbar einem deutschen Erben) erworben hat. Der Erbschaftserwerb vollzieht sich nach österreichischem Recht durch Erbserklärung und Einantwortung (vgl. Rdn. 226), soweit die österreichischen Gerichte zur Verlassenschaftsabhandlung international zuständig sind. Für bewegliches Vermögen eines österreichischen Erblassers sind – unabhängig, wo das Vermögen belegen ist – die österreichischen Gerichte für die Verlassenschaftsabhandlung international zuständig (LG Köln MittRhNotK 1990, 285), so daß sich der Erbschaftserwerb für den beweglichen in der Bundesrepublik Deutschland belegenen Nachlaß nach österreichischem Recht beurteilt. Für den Erbschaftserwerb am unbeweglichen Nachlaß verweist dagegen § 28 Abs. 2 IPRG bzw. §§ 32, 31 IPRG auf das deutsche Recht zurück. Da der in der Bundesrepublik Deutschland belegene bewegliche Nachlaß zunächst ein „ruhender Nachlaß" iSd. österreichischen Rechts ist, stellt das deutsche Gericht den Fremdrechtserbschein insoweit nur aus, wenn Erbserklärung und Rechtskraft der österreichischen Einantwortungsurkunde nachgewiesen werden (vgl. LG Köln MittRhNotK 1990, 285; *Wirner,* FS Schippel, S. 987; *Staudinger/Dörner* Anh. zu Art. 25f. EGBGB Rdn. 497; *Riering/Bachler* DNotZ 1995, 580, 592, ebenso die Praxis der ital. Gerichte cass. RDIPP 1994, 393; s. zum ganzen auch *Kopp,* Probleme der Nachlaßabwicklung bei kollisionsrechtlicher Nachlaßspaltung, S. 100ff.). Dies wird vielfach als nicht praxisgerecht empfunden. Das BayObLG hat beispielsweise in einem Fall auf die Einantwortung (nicht aber auf die Erbserklärung) „verzichtet", in dem der verstorbene österreichische Erblasser weder Wohnsitz noch Vermögen in Österreich hatte und die Gefahr bestand, daß ein Abhandlungsverfahren durch die österreichischen Gerichte (vgl. hierzu Rdn. 225ff.) nicht stattfinden würde (MittRhNotK 1995, 105, 106; vgl. auch LG Köln MittRhNotK 1990, 285, 286). Teilweise wird darüber hinaus generell die Erbserklärung des Erben für ausreichend erachtet, um in der Bundesrepublik Deutschland einen Fremdrechtserbschein beantragen zu können (*Riering/Bachler* DNotZ 1995, 580, 597f.). Die Erbserklärung kann jedenfalls auch vor einem deutschen Nachlaßgericht abgegeben werden (BayObLG MittRhNotK 1995, 105, 106; OLGZ 1971, 34, 44; LG Köln MittRhNotK 1990, 285, 286).

Beispiel (nach *v. Oertzen* ZEV 1996, 210, 213f.): Ein US-amerkanischer Erblasser, wohnhaft in New York hinterläßt neben seinem Vermögen in New York auch bewegliches Vermögen in der Bundesrepublik Deutschland. Letzteres soll seinem deutschen Neffen zukommen, den er als „Erben" (iSv. beneficiary) eingesetzt hat. Der Erblasser ordnet eine execution an und räumt dem personal representative weitgehende Befugnisse ein (vgl. hierzu Rdn. 407ff.). Fraglich ist, ob der Neffe in dem Fremdrechtserbschein als Erbe zu vermerken ist, auch wenn der executor den Nachlaß noch nicht freigegeben hat. Die Rechtsnachfolge in den in der Bundesrepublik Deutschland belegenen beweglichen Nachlaß richtet sich gemäß Art. 25 Abs. 1 iVm. Art. 4 Abs. 3 S. 2 EGBGB nach dem Recht des Staates New York, das die Verweisung in Bezug auf die succession insoweit annimmt, weil es hinsichtlich des beweglichen Nachlasses am letzten domicile des Erblassers anknüpft. Ungeachtet des Streits, ob in Bezug auf die vom Erblasser angeordnete execution inklusive Erbgang eine Rückverweisung auf deutsches Recht vorliegt (s. Rdn. 401), herrscht über das Ergebnis jedenfalls Einigkeit. Die „beneficiaries" (bei der gesetzlichen Erbfolge die distributees) sind im deutschen Fremdrechtserbschein als Erben zu bezeichnen, auch wenn nach dem Erbrecht des Staates New York der bewegliche Nachlaß mit dem Todesfall des Erblassers nicht auf die Erben, sondern auf den allein verwaltungs- und verfügungsberechtigten executor übergeht, der Inhaber des „legal title" wird (*Kropholler* § 51 V 2b; *Johnen* MittRhNotK 1986, 57, 70f.; MünchKommBGB/*Birk* Art. 25 EGBGB Rdn. 336; *v. Oertzen* ZEV 1996, 210, 214; für das englische Recht differenzierend *Ferid/Firsching,* Internationales Erbrecht/Großbritannien, Rdn. 91ff.). 440

(2) Verwaltungsbefugnisse Dritter. Unstreitig ist in einem Eigenrechtserbschein die Testamentsvollstreckung zu vermerken (§ 2364 BGB). Fraglich ist dagegen, ob die von dem ausländischen Erbstatut angeordneten Verwaltungsbefugnisse Dritter in einem Fremdrechtserbschein aufzuführen sind. Folgt man der überwiegenden Ansicht (s. Rdn. 436), daß auch in den Fremdrechtserbschein nur die nach deutschem Recht eintragungsfähigen Umstände aufzunehmen sind, so sind Verwaltungsrechte Dritter nur zu vermerken, wenn sie einer deutschen Testamentsvollstreckung vergleichbar sind (OLG Köln NJW 1983, 525, 526; BayObLGZ 1974, 460, 466; OLG Frankfurt DNotZ 1972, 543, 544; LG München FamRZ 1998, 1067, 1068; MünchKommBGB/*Promberger* § 2369 Rdn. 26; *Sipp-Mercier,* Die Abwicklung deutsch-französischer Erbfälle, 1985, S. 71; *Ekkernkamp* BWNotZ 1988, 158, 162). 441

Mithin ist eine nach ausländischem Recht angeordnete Testamentsvollstreckung in den Erbschein aufzunehmen, wenn sie die Verwaltung des Nachlasses und die Geltendmachung der Rechte dem „Testamentsvollstrecker" ganz oder zumindest teilweise vorbehält (LG München FamRZ 1998, 1067, 1068; MünchKommBGB/*Birk* Art. 25 EGBGB Rdn. 341; *Necker,* La mission de l'exécuteur testamentaire dans les successions internationales, 1972, S. 162f.). Eine lediglich beaufsichtigende Testamentsvollstreckung, die den Erben in seiner Verfügungsmacht nicht beschränkt, ist dagegen nicht in den Erbschein aufzunehmen (vgl. BayObLG FamRZ 1991, 986, 987). Zu vermerken ist die Testamentsvollstreckung daher, wenn Erbstatut schweizerisches (vgl. Rdn. 321f.) (BayObLG Rpfleger 1991, 363, 364 = IPRax 1991, 343; *Schneider,* Die Nachlaßabwicklung deutsch-schweizerischer Erbfälle in Deutschland und in der Schweiz, S. 94) Recht ist. Soweit französisches Recht Erbstatut ist, ist im Erbschein die Testamentsvollstreckung nur zu vermerken, wenn der „exécuteur testamentaire" die „saisine" (vgl. Rdn. 161f.) hat (*Sipp-Mercier,* Die Abwicklung deutsch-französischer Erbfälle, 1985, S. 71). Gleiches gilt für den nach Fristablauf (vgl. Rdn. 162) eingesetzten personengleichen „administrateur judiciaire" des französischen Rechts (*Sipp-Mercier,* Die Abwicklung deutsch-französischer Erbfälle, 1985, S. 72). Ebenso ist zu verfahren, wenn Erbstatut belgisches (vgl. Rdn. 133ff.) oder luxemburger Recht (Rdn. 216; s. auch LG München FamRZ 1998, 1067, 1068) ist. Nicht einzutragen ist wegen der lediglich 442 beaufsichtigenden Funktion die Testamentsvollstreckung nach italienischem Recht (vgl. Rdn. 205 ff.) oder, weil sie den Erben nicht in seiner Verfügungsbefugnis über den Nachlaß beschränkt, die Testamentsvollstreckung nach ehemaligem DDR-Erbrecht (§ 371 Abs. 3 ZGB, vgl. Rdn. 127 ff.) (KG FamRZ 1996, 569, 572; *Köster* Rpfleger 1991, 97, 98) oder ungarischem Recht (vgl. Rdn. 380 ff.; vgl. auch BayObLGZ 1965, 377, 392). Der Testamentsvollstrecker nach österreichischem Recht (vgl. Rdn. 243 ff.) ist im Erbschein nur zu vermerken, wenn der Erblasser dem Testamentsvollstrecker im Testament besondere Verwaltungsrechte eingeräumt hat (vgl. BGH ZfRV 1977, 133, 135; OLG München IPRspr. 1970, Nr. 93 S. 294 ff.; s. auch *Firsching/Graf* Rdn. 2103). Soweit trotz Angleichung die Befugnisse der nach fremdem Recht angeordneten Testamentsvollstreckung vom deutschen Leitbild abweichen, ist dies im Erbschein zu vermerken (BGH ZfRV 1977, 133, 135; *Pinckernelle/Spreen* DNotZ 1967, 195, 208).

443 Umstritten ist insbesondere die Behandlung der **„administration"** des angloamerikanischen Rechtskreises (vgl. Rdn. 179 ff.; 393 ff., für Namibia und Südafrika vgl. *Elwan/Otto* IPRax 1995, 354, 359). Findet deutsches Recht Anwendung (etwa auch dann, weil man in bezug auf die administration von einer Rückverweisung auf deutsches Recht ausgeht, vgl. Rdn. 187, 393 ff., so auch für Namibia und Südafrika *Elwan/Otto* IPRax 1995, 354, 359), ist dieses dem deutschen Recht unbekannte Rechtsinstitut nicht anzugleichen (vgl. Rdn. 96, so zB auch für Namibia und Südafrika *Elwan/Otto* IPRax 1995, 354, 359), sondern umzudeuten. Es ist der Wille des Erblassers zu ermitteln und zu klären, ob der Erblasserwille mit dem deutschen Rechtsinstitut der Testamentsvollstreckung vereinbar ist. Dies wird man in jedem Fall dann annehmen müssen, wenn der Erblasser einen Dritten in seiner letztwilligen Verfügung mit der Verwaltung des Nachlasses betraut hat **(executor)** (stets für Qualifizierung des personal representative als Testamentsvollstrecker: LG Hamburg IPRspr. 1977, Nr. 104 S. 298; KG IPRspr. 1972, Nr. 123 S. 335; DIV-Gutachten StAZ 1992, 596, 597; MünchKommBGB/*Birk* Art. 25 EGBGB Rdn. 337, 341; *Pinckernelle/Spreen* DNotZ 1967, 195, 204; differenzierend, ob executor oder administrator: OLG München IPRspr. 1966 und 1967, Nr. 176 S. 576; ablehnend: *Lucht* Rpfleger 1997, 133, 138; *Staudinger/Firsching* § 2369 Rdn. 46, 47, der allein den executor und diesen auch nur dann als Testamentsvollstrecker einordnet, wenn der Erblasser diesem eine Rechtsstellung verliehen hat, die über diejenige eines administrator hinausgeht).

444 Kommt deutsches Recht nicht zur Anwendung (insbesondere weil man eine versteckte Rückverweisung in den Fällen der administration ablehnt, vgl. Rdn. 187, 398 ff.), so stellt sich die Frage, ob das dem deutschen Recht unbekannte Rechtsinstitut der „administration" des anglo-amerikanischen Rechtskreises im Fremdrechtserbschein an das deutsche Rechtsinstitut der Testamentsvollstreckung angepaßt bzw. angeglichen werden kann. Dies bereitet keine Schwierigkeiten, wenn der Erblasser letztwillig einen **„executor"** eingesetzt hat. Hat jedoch nicht der Erblasser den Verwalter ernannt, sondern das Nachlaßgericht, so stößt die Angleichung mit dem deutschen Rechtsinstitut der Testamentsvollstreckung auf Schwierigkeiten, weil der „administrator" (vgl. Rdn. 180, 408 ff.) seine Befugnisse nicht vom Erblasser ableitet (vgl. BFH IPRspr. 1977, Nr. 102 S. 291; *Johnen* MittRhNotK 1986, 57, 70; für eine analoge Anwendung zu Recht *Kegel/Schurig* § 21 IV 4 (S. 875); MünchKommBGB/*Promberger* § 2369 Rdn. 26). Unstreitig ist der executor dann an einen deutschen Testamentsvollstrecker im Erbschein anzupassen, wenn ihm durch den Erblasser weitergehende Rechte verliehen worden sind, insbesondere, wenn er als letztwilliger **„trustee"** (vgl. Rdn. 188, 404, 416 ff.) eingesetzt wurde (vgl. BFH IPRspr. 1988, Nr. 134 S. 279; OLG Frankfurt DNotZ 1972, 543, 545; MünchKommBGB/*Birk* Art. 25 EGBGB Rdn. 340).

cc) Doppelzeugnis. Bei Nachlaßspaltung im Inland, etwa wenn das aus deutscher Sicht berufene Heimatrecht des Erblassers für den in der Bundesrepublik belegenen unbeweglichen Nachlaß auf deutsches Recht zurückverweist, können der Eigenrechtserbschein (für das im Inland belegene unbewegliche Vermögen) und der Fremdrechtserbschein (für das im Inland belegene bewegliche Vermögen) in einer Urkunde zusammengefaßt werden (MünchKommBGB/*Birk* Art. 25 EGBGB Rdn. 348; *Flick/Piltz* Rdn. 337). 445

d) Innerdeutsches Nachlaßverfahren

Seit dem 3. 10. 1990 (für die Zeit davor s. *Staudinger/Dörner* Art. 25 EGBGB Rdn. 936ff.) gilt im gesamten Bundesgebiet ein einheitliches Verfahrensrecht im Rahmen der Nachlaßgerichtsbarkeit. Das zur Erteilung **zuständige Nachlaßgericht** ergibt sich daher seit dem 3. 10. 1990 einheitlich für die gesamte Bundesrepublik nach § 73 FGG, unabhängig davon, wo der Erblasser Nachlaßgegenstände hinterläßt und welche (deutsche) Teilrechtsordnung auf den Erbfall Anwendung findet (LG Berlin FamRZ 1991, 1361 (m. Anm. *Henrich*); BayObLG DNotZ 1992, 444; *Staudinger/Schilken* Vor §§ 2353ff. Rdn. 47). 446

aa) Erblasser verstirbt nach dem 2. 10. 1990. Verstirbt der Erblasser nach dem 2. 10. 1990, so gelten keine nachlaßverfahrensrechtlichen Besonderheiten, da für die bis zu diesem Zeitpunkt nicht abgeschlossenen Vorgänge das BGB-Erbrecht für innerdeutsche und das EGBGB für Sachverhalte mit Auslandsberührung gilt. 447

bb) Erblasser verstirbt vor dem 3. 10. 1990. Hier sind grundsätzlich zwei Fallgruppen zu unterscheiden, nämlich ob für den abgeschlossenen Vorgang schon ein Erbschein, sei es im Osten oder im Westen, vor dem 3. 10. 1990 erteilt worden ist (s. Rdn. 451f.) oder nicht (s. Rdn. 449f.). 448

(1) Erbschein noch nicht erteilt. Auch soweit auf den abgeschlossenen Vorgang aufgrund der interlokalen bzw. internationalen Kollisionsregeln das ehemalige DDR-Erbrecht zur Anwendung kommt, hat das zuständige Nachlaßgericht auf Antrag keinen Fremdrechts-, sondern vielmehr einen Eigenrechtserbschein nach § 2353 BGB zu erteilen (LG Berlin FamRZ 1991, 1361, 1362; *Bestelmeyer* Rpfleger 1992, 229, 231; *Palandt/Edenhofer* § 2353 Rdn. 8); denn durch den Beitritt ist das ehemalige DDR-Recht in das bundesdeutsche inkorporiert worden, so daß in jedem Fall „deutsches" materielles Erbrecht zur Anwendung gelangt. 449

Kommt es zu einer Nachlaßspaltung (s. Rdn. 113f.), weil ein deutscher Erblasser mit letztem Wohnsitz in den Altbundesländern u.a. unbewegliches Vermögen im Beitrittsgebiet hinterläßt, kommen folgende **inhaltliche Gestaltungsmöglichkeiten** des Eigenrechtserbscheins nach § 2353 BGB in Betracht (vgl. *Bestelmeyer* Rpfleger 1992, 229, 231; *Köster* Rpfleger 1991, 97, 101): (i) Ein Erbschein in Anwendung des BGB-Erbrechts mit dem klarstellenden Beschränkungsvermerk, daß sich der Erbschein nicht auf den in der ehemaligen DDR belegenen unbeweglichen Nachlaß erstreckt (*Staudinger/Schilken* Vor §§ 2353ff. Rdn. 47), oder (ii) ein Erbschein in Anwendung des DDR-Erbrechts mit dem Vermerk, daß der Erbschein nur für den in der ehemaligen DDR belegenen unbeweglichen Nachlaß gilt (vgl. LG Berlin Rpfleger 1992, 61, 62; KG Rpfleger 1992, 158, 159), oder (iii) beide vorgenannten Erbscheine in der Form eines Doppel- oder Sammelerbscheins (Notariat Stuttgart-Botnang FamRZ 1994, 658, 659; *Palandt/Edenhofer* § 2353 Rdn. 7; *Staudinger/Schilken* Vor §§ 2353ff. Rdn. 48). 450

(2) Erbschein ist vor dem 3. 10. 1990 schon erteilt worden. Erbscheine der Altbundesländer und des Beitrittsgebiets gelten grundsätzlich nach der Wiedervereinigung für das gesamte Bundesgebiet fort, soweit sie inhaltlich richtig sind (*Müller/Rottach* 451

BWNotZ 1991, 119f.; *Böhringer* Rpfleger 1991, 275, 276f.; *Köster* Rpfleger 1991, 97, 100; *Staudinger/Dörner* Art. 25 EGBGB Rdn. 951, 954). Dies trifft für folgende Fälle zu: deutscher Erblasser mit letztem Wohnsitz in den Altbundesländern ohne unbeweglichen Nachlaß in der ehemaligen DDR (BRD-Eigenrechtserbschein und/oder DDR-Fremdrechtserbschein), deutscher Erblasser mit letztem Wohnsitz in der DDR (DDR-Eigenrechtserbschein und/oder BRD-Fremdrechtserbschein). Anders ist die Rechtslage, wenn ein vor dem 3. 10. 1990 im Beitrittsgebiet erteilter Erbschein inhaltlich von der nach bundesdeutschem Kollisionsrecht zu ermittelnden Rechtslage abweicht. Dann ist nach hM der von dem staatlichen Notariat ausgestellte Erbschein unrichtig und einzuziehen, da insoweit dem interlokalen Kollisionsrecht der Altbundesländer der Vorrang gebührt. Derartige Ausnahmefälle treten dann auf, wenn der Erblasser trotz letzten Wohnsitzes in den Altbundesländern **gegen seinen Willen als Staatsbürger der ehemaligen DDR vom RAG in Anspruch genommen** wurde (vgl. *Henrich* FamRZ 1991, 1361, 1363; *Köster* Rpfleger 1991, 97, 101; *Staudinger/Dörner* Art. 25 EGBGB Rdn. 951). Soweit nur ein gegenständlich beschränkter Erbschein – sei es von einem Nachlaßgericht der Altbundesländer (für den dort belegenen Nachlaß eines Erblassers mit letztem Wohnsitz in der ehemaligen DDR) oder von einem staatlichen Notariat der früheren DDR (für den dort belegenen beweglichen Nachlaß eines Westdeutschen) – erteilt wurde, sind diese Erbscheine nach der Wiedervereinigung nicht unrichtig geworden, bleiben aber weiterhin hinsichtlich ihrer Legitimationswirkung auf den in ihnen zum Ausdruck kommenden räumlichen Geltungsbereich beschränkt.

452 Hat in Fällen einer Nachlaßspaltung ein **Nachlaßgericht in den Altbundesländern schon einen Erbschein erteilt,** ist unstreitig die Erteilung eines gegenständlich beschränkten Erbscheins für das im Beitrittsgebiet belegene unbewegliche Vermögen zulässig. Mit dem zusätzlichen „Teilerbschein" wird für das im Beitrittsgebiet belegene unbewegliche Vermögen nach DDR-Erbrecht bezeugt (KG FamRZ 1996, 1572, 1573; OLG Hamm FamRZ 1995, 758, 759). Streitig ist, ob der Eigenrechtserbschein, der schon vor dem 3. 10. 1990 von dem zuständigen Westgericht erteilt wurde, als unrichtig einzuziehen ist, wenn er keinen Hinweis darauf enthält, daß er sich nicht auf das in der früheren DDR belegene Grundstück bezieht (vgl. LG Berlin Rpfleger 1992, 61, 62; *Staudinger/Rauscher* Art. 235 § 1 Rdn. 90ff.; *Bestelmeyer* Rpfleger 1992, 229, 332; *Henrich* FamRZ 1991, 1361, 1362; *Staudinger/Schilken* Vor §§ 2353ff. Rdn. 47). Folgt man der wohl hM (s. Rdn. 431) ist der Erbschein unrichtig und einzuziehen (*Staudinger/Rauscher* Art. 235 § 1 EGBGB Rdn. 92). Ein vor dem Beitritt der DDR im Beitrittsgebiet ausgestellter Erbschein für den dort belegenen unbeweglichen Nachlaß gibt die Erbfolge insoweit richtig wieder und gilt daher fort (*Staudinger/Rauscher* Art. 235 § 1 EGBGB Rdn. 94).

2. Testamentsvollstreckerzeugnis

453 Für das Testamentsvollstreckerzeugnis gilt das oben für den Erbschein gesagte (vgl. Rdn. 420ff.) entsprechend, insbesondere ist zwischen einem **Eigenrechts- und einem Fremdrechts-Testamentsvollstreckerzeugnis** (vgl. §§ 2368 Abs. 3, 2369 BGB) zu unterscheiden. Der Inhalt des Fremdrechts-Testamentsvollstreckerzeugnisses richtet sich nach § 2369 BGB. Ist Erbstatut ausländisches Recht, so ist ein Testamentsvollstreckerzeugnis nur zu erteilen, wenn die Testamentsvollstrekkung nach ausländischem Recht dem Testamentsvollstrecker deutschen Rechts funktionell vergleichbar ist (*Staudinger/Dörner* Art. 25 EGBGB Rdn. 860, 862; *Staudinger/Schilken* § 2368 Rdn. 39; vgl. auch Rdn. 441ff.). Grundsätzlich nicht

dem deutschen Testamentsvollstrecker vergleichbar ist der administrator des angloamerikanischen Rechtskreises (MünchKommBGB/*Birk* Art. 25 EGBGB Rdn. 356), da er seine Verfügungsbefugnis nicht vom Willen des Erblassers ableitet (s. Rdn. 443f.). Dennoch will eine in der Literatur im Vordringen befindliche Ansicht dem administrator zu Recht ein „Erbschaftsverwalterzeugnis" entsprechend § 2368 BGB ausstellen (freilich unter der Voraussetzung, daß sich die Befugnisse nach dem maßgebenden ausländischen Erbstatut auch hier auf das Inland erstrecken, *Schack,* in Veröffentlichungen der Wissenschaftlichen Vereinigung für Internationales Verfahrensrecht e.V. Bd. 8, S. 262; *Gottwald* in: Gerechtigkeit im Internationalen Privatrecht im Wandel der Zeit, S. 24; *Pinckenelle/Spreen* DNotZ 1967, 195, 214; *Soergel/Schurig* Art. 25 EGBGB Rdn. 72). Nicht notwendig für die Erteilung eines Testamentsvollstreckerzeugnisses ist, daß der Testamentsvollstrecker die Verwaltungs- und Verfügungsbefugnis anstelle des Erben ausübt. Vielmehr kann auch derjenige Testamentsvollstrecker ein Zeugnis nach § 2368 BGB beantragen, der mit der Verwaltungs- und Verfügungsbefugnis des Erben konkurriert (so für den Testamentsvollstrecker nach DDR-Erbrecht KG FamRZ 1995, 1451, 1452; vgl. auch für den Testamentsvollstrecker ungarischen Rechts, dessen Rechtsstellung des eines Beauftragten ähnelt, BayObLGZ 1965, 377, 388ff.). Das Testamentsvollstreckerzeugnis muß das anwendbare ausländische Recht bezeichnen, die Inlandsbeschränkung erwähnen und die Befugnisse des Testamentsvollstreckers nach dem ausländischen Recht konkret aufführen (MünchKommBGB/*Birk* Art. 25 EGBGB Rdn. 357). Für die Erteilung des Testamentsvollstreckerzeugnisses ist stets der Richter gemäß § 16 Abs. 1 Nr. 6 RPflG funktionell zuständig.

3. Entlassung des Testamentsvollstreckers trotz ausländischen Erbstatuts

Nach ständiger Rechtsprechung sind deutsche Nachlaßgerichte international nur dann zuständig, soweit deutsches Erbstatut zur Anwendung gelangt (Gleichlaufprinzip, vgl. Rdn. 332). Deutsche Nachlaßgerichte können mithin grundsätzlich nicht einen dem ausländischen Erbstatut unterliegenden Testamentsvollstrecker seines Amtes entheben. Die Rechtsprechung läßt jedoch in drei Ausnahmefällen eine Durchbrechung des Gleichlaufprinzips zu (vgl. *Ebenroth* Rdn. 1315; *Staudinger/Dörner* Art. 25 EGBGB Rdn. 801ff.; *Ultsch* MittBayNot. 1995, 6): Nachlaßgerichte sind auch bei ausländischem Erbstatut international zuständig für die Erteilung eines gegenständlich beschränkten Erbscheins/Testamentsvollstreckerzeugnisses (§§ 2369, 2368 Abs. 3 BGB), für Maßnahmen, die zur Sicherung des Nachlasses dienen und iS einer Notzuständigkeit oder eines Fürsorgebedürfnisses für solche Maßnahmen, die notwendig sind, um die Erben nicht rechtsschutzlos zu stellen. Im Rahmen dieser letzten Fallgruppe hat sich die Rechtsprechung im Einzelfall für zuständig erachtet, den nach ausländischem Recht ernannten Testamentsvollstrecker abzuberufen (OLG Hamm OLGZ 1973, 289, 291ff.; OLG Frankfurt OLGZ 1977, 180, 184f.; vgl. auch BayObLGZ 1965, 377, 383f.; s. auch *Martiny/Guttzeit* NotBZ 2001, 5, 13). Voraussetzung hierfür ist jedoch, daß das maßgebende ausländische Recht die Möglichkeit einer Entlassung des Testamentsvollstreckers vorsieht (BayObLGZ 1965, 377, 384; *Staudinger/Reimann* § 2227 BGB Rdn. 38). **454**

4. Die Anerkennung ausländischer Entscheidungen in Nachlaßsachen

Ob ausländische Entscheidungen in Nachlaßsachen im Inland anzuerkennen sind, beurteilt sich primär nach internationalen Übereinkommen (vgl. Rdn. 422f.), soweit diese nicht eingreifen, nach autonomem Recht (vgl. Rdn. 458ff.). **455**

a) Anerkennung ausländischer Entscheidungen in Nachlaßsachen nach internationalen Verträgen

456 *aa) Staatsverträge.* Nicht anwendbar auf ausländische Entscheidungen in Nachlaßsachen ist das EWG-Übereinkommen über die gerichtliche Zuständigkeit und die Vollstreckung gerichtlicher Entscheidungen in Zivil- und Handelssachen (EuGVÜ) vom 27. 9. 1968 des Abkommens. Letzteres nimmt in Art. 1 Abs. 2 Nr. 1 nämlich Entscheidungen auf dem Gebiet des Erbrechts vom Anwendungsbereich aus. Ebensowenig erfaßt die das EuGVÜ für die meisten Mitgliedsstaaten ersetzende Verordnung (EG) Nr. 44/2001 vom 22. 12. 2000 über die gerichtliche Zuständigkeit und die Anerkennung und Vollstreckung von Entscheidungen in Zivil- und Handelssachen (ABl. EG 2001 Nr. L 12/1) Nachlaßentscheidungen (Art. 1 Abs. 2). Bilaterale Übereinkommen über die Anerkennung ausländischer Entscheidungen bestehen zwischen der Bundesrepublik und der Schweiz, Italien, Belgien, Österreich, Großbritannien, Griechenland, Niederlande, Tunesien, Norwegen, Israel, Spanien, Türkei, Iran und der ehemaligen Sowjetunion (vgl. Nachweise bei *Krzywon* BWNotZ 1989, 133, 134f.; *Pinckernelle/Spreen* DNotZ 1967, 195, 219f.). Inwieweit in den Anwendungsbereich dieser Abkommen auch die Anerkennung von Entscheidungen in Nachlaßsachen fällt, ist unklar. Gemäß § 17 der Anlage zu Art. 20 des Deutsch-Türkischen Konsularvertrages (vgl. Rdn. 6) werden Erbscheine und Testamentsvollstreckerzeugnisse des anderen Staates im Inland anerkannt, soweit sie bewegliches Vermögen betreffen (*Kaufhold* ZEV 1997, 399, 403). Die Bedeutung der Vorschrift ist gering, da die Anerkennung im Inland nicht zu weitergehenden Wirkungen führen kann als im Entscheidungsstaat. Im türkischen Recht hat der Erbnachweis jedoch wesentlich schwächere Wirkungen als nach deutschem Recht (vgl. *Dörner* ZEV 1996, 90, 96). Das Abkommen mit der Schweiz erfaßt keine FG-Entscheidungen (*Krzywon* BWNotZ 1989, 133, 134), wohl aber das Abkommen mit Italien (BGH NJW 1983, 2775, 2776; aA MünchKommZPO/*Gottwald* IZPR, B 5e) Art. 1 Rdn. 2; *Erman/Hohloch* Art. 25 EGBGB Rdn. 55). Im übrigen werden von den Abkommen Entscheidungen in FG-Sachen dann erfaßt, wenn die Entscheidung im echten Streitverfahren über Ansprüche der Parteien rechtskraftfähig entscheidet (*Krzywon* BWNotZ 1989, 133, 135; *Staudinger/Dörner* Art. 25 Rdn. 868). Unter den Deutsch-Österreichischen Vertrag fallen damit österreichische Einantwortungsbeschlüsse (LG Hamburg IPRax 1992, 251, 252; *Hoyer* IPRax 1986, 345, 347), da sie der Rechtskraft fähig sind (OGH SZ 42 Nr. 110 S. 355f.).

457 *bb) Das Haager Übereinkommen über die internationale Abwicklung von Nachlässen vom 2. 10. 1973.* Das Haager Übereinkommen über die internationale Verwaltung von Nachlässen vom 2. 10. 1973 (Text des Abkommens abgedruckt in *Staudinger/Dörner* Vor Art. 25f. EGBGB Rdn. 121ff.) ist für die Bundesrepublik Deutschland noch nicht in Kraft. Es sieht einen internationalen formblattmäßigen Erbnachweis vor (vgl. Muster im Anhang der Konvention), der sowohl in der Sprache des Ausstellungslandes als auch in englisch bzw. französisch abgefaßt wird. Diese Urkunde weist den zur Verwaltung des Nachlasses Befugten samt dessen Rechte und Pflichten aus. Der mit dieser Urkunde ausgestattete Berechtigte kann in jedem Vertragsstaat, in dem bewegliche Nachlaßgegenstände belegen sind, unter Vorlage der Urkunde Rechte an dem beweglichen Nachlaß geltend machen. Die Anerkennung des Erbnachweises in einem anderen Vertragsstaat als dem Ausstellungsstaat kann nur unter den engen Voraussetzungen der Art. 13 bis 17 versagt werden. Gemäß Art. 23 kann ein Dritter von dem in der Urkunde ausgewiesenen Berechtigten gutgläubig erwerben.

b) Anerkennung ausländischer Entscheidungen in Nachlaßsachen nach autonomem Recht

458 *aa) Anerkennung nach § 328 ZPO oder § 16a FGG.* Die Anerkennung ausländischer Entscheidungen nach autonomem Recht erfolgt grundsätzlich nach § 328 ZPO, die auf dem Gebiet der freiwilligen Gerichtsbarkeit nach § 16a FGG. Streitig ist, nach welchen Kriterien zwischen dem Anwendungsbereich des § 328 ZPO und § 16a FGG zu unterscheiden ist. Während eine Minderansicht wohl danach differenzieren möchte, ob der Entscheidung ein streitiges (dann § 328 ZPO) oder ein nichtstreitiges Verfahren (dann § 16a FGG) zugrundeliegt (vgl. *Schack,* Veröffentlichungen der Wissenschaftlichen Vereinigung für Internationales Verfahrensrecht, Bd. 8, S. 264; *Ferid/Firsching,* Internationales Erbrecht/Großbritannien, Rdn. 87f.; *Gotthardt* ZfRV 1991, 2, 6), stellt die wohl überwiegende Ansicht darauf ab, ob für den Fall, daß die Entscheidung von einem deutschen Gericht gefällt wird, diese der freiwilligen Gerichtsbarkeit zuzuordnen wäre (BGH NJW 1975, 1072; BayObLGZ 1973, 345, 350; LG München IPRax 1998, 117, 118; *Griem,* Probleme des Fremdrechtserbscheins nach § 2369 BGB, S. 33f.; *Kropholler* § 60 II 6). Die unterschiedlichen Auffassungen führen in der Sache kaum zu unterschiedlichen Ergebnissen, da der 1986 eingefügte § 16a FGG dem § 328 ZPO nachempfunden ist (freilich mit Ausnahme des Gegenseitigkeitserfordernisses, § 328 Abs. 1 Nr. 5 ZPO). Folgt man der herrschenden Ansicht, ist beispielsweise die Anerkennung der von einer ausländischen Stelle vorgenommenen Bestellung eines Erbschafts-/Nachlaßverwalters oder Testamentsvollstreckers (vgl. *Staudinger/Dörner* Art. 25 EGBGB Rdn. 870; *Gottwald,* Gerechtigkeit im Internationalen Privatrecht im Wandel der Zeit, S. 24) oder das von einem ausländischen Gericht ausgestellte Erbrechts-/Testamentsvollstreckerzeugnis (vgl. *Kegel/Schurig* § 21 IV 4 (S. 876); MünchKommBGB/*Birk* Art. 25 EGBGB Rdn. 361; *Soergel/Schurig* Art. 25 EGBGB Rdn. 74) grundsätzlich an § 16a FGG zu messen. Hingegen ist ein ausländisches Urteil, das ein Testament zwischen den einzig in Betracht kommenden Erbprätendenten für voll gültig erklärt, nach § 328 ZPO anzuerkennen.

459 *bb) Anerkennungsfähige Entscheidungen iSd. § 16a FGG.* Anerkennungsfähig sind nach § 16a FGG nur ausländische „Entscheidungen". Umstritten ist, wann eine „Entscheidung" iSd. Vorschrift vorliegt. Einer Ansicht nach sollen **nur solche Akte anerkennungsfähig** sein, die rechtskraftfähig sind (vgl. BayObLG NJW-RR 1991, 1089, 1099; *Geimer,* FS Ferid, S. 117; grundsätzlich auch *Firsching/Graf* Nachlaßrecht Rdn. 2.67). Anerkennungsfähig wären danach in jedem Fall solche ausländischen Entscheidungen wie etwa die österreichische Einantwortung (vgl. Rdn. 226) oder der englische probate in solemn form (vgl. Rdn. 182). Anderer Ansicht nach ist auf der Grundlage der Gesetzesmaterialien zu § 16a FGG der „Entscheidungsbegriff" weiter zu fassen (vgl. insbesondere *Gotthardt* ZfRV 1991, 2, 6f.; in diesem Sinne auch das schweizerische Recht in Art. 96 Abs. 1 IPRG, vgl. Rdn. 317ff.). Eine Entscheidung iSd. § 16a FGG liegt mithin vor, wenn diese „bestimmt und geeignet ist, eine rechtliche Wirkung für die Beteiligten (durch Begründung, Aufhebung oder Feststellung von Rechten oder durch sonstige Auswirkungen auf rechtlich geschützte Interessen) zu äußern" (BT-Drucks. 10/504 S. 93). Anerkennungsfähig sind danach beispielsweise Bestellungen bzw. Einsetzung zum „Nachlaßverwalter" bzw „Nachlaßabwickler" durch eine ausländische Stelle (*Gruber* Rpfleger 2000, 250, 251) etwa nach schwedischem Recht (vgl. Rdn. 298ff.) oder in Form des englischen probate in common form (vgl. Rdn. 182), weil hierdurch für den Beteiligten Verwaltungs- und Verfügungsbefugnisse begründet werden, die sich auch auf im Ausland befindliches Vermögen erstrecken (*Schack,* Veröffentlichungen der Wissenschaftlichen Vereinigung zum Internationalen Verfahrensrecht, Bd. 8, S. 268; *Ferid/Firsching,* Internationales Erbrecht/Großbritannien,

Rdn. 87; *Staudinger/Dörner* Art. 25 EGBGB Rdn. 870; *Gottwald,* Gerechtigkeit im internationalen Privatrecht im Wandel der Zeit, S. 22ff.). Somit sind die infolge der ausländischen gerichtlichen/behördlichen Bestallung dem Nachlaßverwalter/Testamentsvollstrecker nach ausländischem Recht verliehenen Befugnisse auch bei uns im Inland nach Maßgabe des § 16a FGG anzuerkennen, soweit sich die Befugnisse auch auf den in der Bundesrepublik Deutschland belegenen Nachlaß beziehen (streitig für administrator, vgl. Rdn. 186f., 398ff.) (*Pickernelle/Spreen* DNotZ 1967, 195, 214). § 16a FGG setzt nicht voraus, daß die Entscheidung von einem Gericht erlassen wurde. Es können vielmehr auch Akte ausländischer Verwaltungsbehörden oder Notariate anerkannt werden, wenn sie auf dem Gebiet der freiwilligen Gerichtsbarkeit ergangen sind (*Kropholler* § 60 II 5).

460 Eine andere Frage ist, ob ausländische Erbrechtszeugnisse (Erbscheine/Testamentsvollstreckerzeugnisse) anerkennungsfähige Entscheidungen iSd. § 16a FGG sind. Dies ist insbesondere für die Fälle umstritten, in denen dem ausländischen Zeugnis – wie im Regelfall üblich – vergleichbar dem deutschen Erbschein/Testamentsvollstreckerzeugnis ein rein deklaratorischer Charakter zukommt und die Erben- bzw. Testamentsvollstreckerstellung nicht bindend feststellt. Die wohl überwiegende Ansicht lehnt eine Anerkennung derartiger „deklaratorischer" Zeugnisse ab (KG NJW 1954, 1331, 1332; BayObLG NJW-RR 1991, 1089, 1099; BayObLGZ 1965, 377, 383; *Staudinger/Dörner* Art. 25 EGBGB Rdn. 874; *Siehr* IPRax 1987, 4, 7; *Krzywon* BWNotZ 1989, 133, 134f.; *Ferid* Rdn. 9 bis 102; *Pinckernelle/Spreen* DNotZ 1967, 195, 215; *Schneider,* Die Nachlaßabwicklung deutsch-schweizerischer Erbfälle in Deutschland und in der Schweiz, S. 60). Dagegen will eine im Vordringen befindliche Ansicht zu Recht auch derartige Zeugnisse anerkennen (*Gotthardt* ZfRV 1991, 2, 6f.; *Gottwald,* in: Gerechtigkeit im Internationalen Privatrecht im Wandel der Zeit, S. 28 Fn. 48; *Soergel/Schurig* Art. 25 EGBGB Rdn. 74; *Kegel/Schurig* § 21 IV 4 (S. 876); *Palandt/Heldrich* Art. 25 Rdn. 22; *Zimmermann* ZEV 1995, 275, 282; *Dölle* RabelsZ 1962, 201, 236; *Beitzke* MDR 1954, 321, 324). Für die letztgenannte Ansicht spricht zum einen, daß die Rechtsprechung seit jeher DDR-Erbscheine anerkannt hat, die ebenso deklaratorische Wirkung haben wie der westdeutsche Erbschein (KG OLGZ 1985, 179/180; OLG Karlsruhe OLGZ 1981, 399, 403: „Zwar werden Erbscheine der DDR und Ostberlins wie Urteile ... in der Bundesrepublik Deutschland grundsätzlich anerkannt ..."). Zum anderen spricht hierfür aber auch, daß im Rahmen des § 16a FGG die Frage, ob eine ausländische Entscheidung einer erneuten Sachentscheidung durch inländisches Gericht entgegensteht, überhaupt nicht unmittelbar geregelt wird (*Kaufhold* ZEV 1997, 399, 401). Dies belegt auch die Gesetzesbegründung zu § 16a FGG, die für eine weite Auslegung des Begriffs „Entscheidung" spricht; denn danach fallen auch solche Akte der freiwilligen Gerichtsbarkeit unter § 16a FGG, die geeignet sind, „sonstige Auswirkungen auf rechtlich geschützte Interessen zu äußern" (BT-Drucks. 10/504 S. 93). Dies wird man jedoch stets dann annehmen müssen, wenn von dem Zeugnis eine gewisse Legitimations- oder Beweisfunktion oder ein öffentlicher Glaube ausgeht (*Gotthardt* ZfRV 1991, 2, 7).

461 *cc) Anerkennungsversagungsgründe.* Die in § 16a FGG aufgeführten Anerkennungsversagungsgründe entsprechen denen für ausländische Urteile in streitigen Zivilsachen nach § 328 ZPO. Nach § 16a Nr. 1 FGG kann der ausländischen Entscheidung in Nachlaßsachen die Anerkennung versagt werden, wenn kein Gericht des Erlaßstaates bei Anwendung der deutschen Zuständigkeitsvorschriften im Zeitpunkt der Entscheidung international zuständig gewesen wäre (Spiegelbildprinzip). Fraglich ist aber freilich, was unter der spiegelbildlichen Anwendung der deutschen Zuständigkeitsregeln zu verstehen ist. Ist die internationale Zuständigkeit ausländischer Stellen etwa dann gegeben, wenn diese in Anwendung ihrer Kollisionsvorschriften ihr eigenes materielles Erbrecht zur Anwendung bringen oder muß neben dem verfahrensrechtlichen Kerngehalt des Spiegelbildprinzips auch Art. 25 Abs. 1 EGBGB entsprechend angewandt werden (in diesem Sinne zu recht *Gruber* Rpfleger 2000, 250, 253). Ob das ausländische Gericht nach der lex fori zuständig war, spielt jedenfalls keine Rolle (*Bassenge/Herbst* FGG, 8. Aufl. 1999, § 16a FGG Rdn. 4).

Die Anerkennung ist gemäß § 16a Nr. 2 FGG ausgeschlossen, wenn einem Beteiligten, der sich zur Hauptsache nicht geäußert hat und sich hierauf beruft, das verfahrenseinleitende Schriftstück nicht ordnungsgemäß oder nicht so rechtzeitig mitgeteilt worden ist, daß er seine Rechte wahrnehmen konnte. Nach § 16a Nr. 3 FGG ist eine Anerkennung ausgeschlossen, wenn die ausländische Entscheidung mit einer inländischen oder vorher anerkannten ausländischen Entscheidung im Widerspruch steht oder wenn das ausländische Verfahren mit einem vorher hier rechtshängig gewordenen unvereinbar ist. Schließlich ist die Anerkennung zu versagen, wenn die ausländische Entscheidung gegen den inländischen ordre public verstößt. Im Gegensatz zur Rechtslage vor Einführung des § 16a FGG (vgl. *Ferid/Firsching,* Internationales Erbrecht/Großbritannien, Rdn. 87) kann die Anerkennung nicht aus dem Grund versagt werden, daß das ausländische Gericht nicht die Rechtsordnung angewandt hat, die nach deutschem IPR zur Entscheidung in der Sache berufen wäre; denn die Anerkennungsversagungsgründe in § 16a FGG sind abschließend (*Gotthardt* ZfRV 1991, 2, 5; *Griem,* Probleme des Fremdrechtserbscheins gemäß § 2369 BGB, S. 62ff.). 462

dd) Wirkungen der Anerkennung. **Folge der Anerkennung** ist, daß sich die Wirkungen der ausländischen Entscheidung auf das Inland erstrecken. Anzuerkennen ist grundsätzlich mit den Wirkungen des ausländischen Verfahrensrechts (*Kegel/Schurig* § 21 IV 4 (S. 876); *Griem,* Probleme des Fremdrechtserbscheins gemäß § 2369 BGB, 52ff.). 463

Voraussetzung einer territorialen Wirkungserstreckung ist zunächst, daß das ausländische Recht extraterritorialen Geltungswillen für sich beansprucht. Letzteres ist insbesondere für den personal representative des anglo-amerikanischen Rechtskreises fraglich (s. Rdn. 459). 464

Schwierigkeiten im Rahmen der Wirkungserstreckung bestehen auch dann, wenn die ausländische „Entscheidung“ vergleichbar dem deutschen Erbschein keine verfahrensrechtlichen Wirkungen zeitigt, sondern in erster Linie materiellrechtliche Funktionen (Beweisfunktion [§ 2365 BGB], öffentlicher Glaube [§ 2366 BGB] und Legitimationsfunktion [§ 35 GBO]) erfüllt. Teilweise wird in diesen Fällen (insbesondere bei ausländischen Erbrechtszeugnissen) die Anerkennung der „Tatbestandswirkungen“ der ausländischen Entscheidung als reines „Substitutionsproblem“ angesehen. Ausgangspunkt der Substitution ist der materiellrechtliche Zweck der jeweiligen deutschen Normen (insbesondere § 35 GBO), die auf ein Erbrechtszeugnis Bezug nehmen (s.o.). Anschließend ist die Funktion des in Frage stehenden Zeugnisses im ausländischen Recht festzustellen und zu entscheiden, ob beide (deutsche Norm und ausländische Funktion des Erbnachweises) zueinander in Einklang gebracht werden können. Darüber hinaus wird vielfach verlangt, daß die tätig gewordene ausländische Stelle im Hinblick auf Qualifikation und Verfahrensweise inländischen Nachlaßgerichten entsprechen (*Kaufhold* ZEV 1997, 399, 402; *Soergel/Schurig* Art. 25 EGBGB Rdn. 74; *Erman/Hohloch* Art. 25 EGBGB Rdn. 55; so wohl auch MünchKommBGB/*Birk* Art. 25 EGBGB Rdn. 360 und *Griem,* Probleme des Fremdrechtserbscheins gemäß § 2369 BGB, S. 63ff.). Fraglich ist, ob für die Substitution weiterhin erforderlich ist, daß die ausländische Stelle 465 dasjenige Recht angewendet hat, das aus der Sicht des deutschen IPR berufen ist (in diesem Sinne etwa *Staudinger/Dörner* Art. 25 EGBGB Rdn. 875; aA *Kaufhold* ZEV 1997, 399, 402, die darauf hinweist, daß damit im Wege der Substitution und der damit verbundenen inhaltlichen Überprüfung die Anerkennung ad absurdum geführt wird. In der Sache dürfte es zwischen beiden Ansichten jedoch aufgrund des Spiegelbildprinzips [Rdn. 461] – abgesehen von den Fällen der Notzuständigkeiten – nicht zu unterschiedlichen Ergebnisse kommen, vgl. auch *Gruber* Rpfleger 2000, 250, 253). Richtiger Ansicht nach sind die materiellrechtlichen Wirkungen des Erbrechtszeugnisses jedoch untrennbar mit den Entscheidungswirkungen verbunden. Folglich sind unter den Voraussetzungen des § 16a FGG auch die bestehenden materiellrechtlichen Wirkungen des Erbzeugnisses nach ausländischem Recht wie etwa der Gutglaubensschutz, die Legitimationswirkung und die Beweisfunktion im Inland anzuerkennen (*Gotthardt* ZfRV 1991, 2, 7, so auch das schweizerische Recht in Art. 96 IPRG, vgl. hierzu *Dallafior,* Die Legitimation des Erben, S. 153ff.).

466 Das **Rechtsschutzbedürfnis,** für den in der Bundesrepublik Deutschland belegenen Nachlaß einen deutschen Erbschein mit den Wirkungen des deutschen Rechts zu beantragen, wird – aufgrund der anders gearteten Legitimations- und Beweisfunktion – in keinem Fall durch den ausländischen Erbnachweis ausgeschlossen (BayObLGZ 1965, 377, 383; NJW-RR 1991, 1089, 1099; KG IPRspr. 1970, Nr. 88 S. 274; OLG Karlsruhe OLGZ 1981, 399, 404; *Kegel* § 21 IV 3 (S. 780); *Gottwald,* Gerechtigkeit im Internationalen Privatrecht im Wandel der Zeit, S. 24; MünchKommBGB/*Birk* Art. 25 EGBGB Rdn. 364; *Soergel/Schurig* Art. 25 EGBGB Rdn. 74).

c) Überblick über ausländische Erbnachweise

Vgl. insbesondere *Ebenroth* Rdn. 1078ff.; *Dallafior,* Die Legitimation des Erben, 1990.

467 *aa) Schweiz.* Die **Erbbescheinigung des schweizerischen Rechts** kann von den gewillkürten (Art. 559 Abs. 1 ZGB) oder den gesetzlichen Erben beantragt werden (*Ebenroth* Rdn. 1984; *Kaufhold* ZEV 1997, 399, 404), jedoch nicht vor Ablauf eines Monats seit der Eröffnung der letztwilligen Verfügung. Die Zuständigkeit für die Ausstellung von Erbbescheinigungen ist kantonal geregelt (*Schneider,* Die Nachlaßabwicklung deutsch-schweizerischer Erbfälle in Deutschland und in der Schweiz, S. 42). Der Erbbescheinigung kommt lediglich deklaratorische Bedeutung zu. Darüber hinaus wird sie unter dem Vorbehalt der Ungültigkeits- und Herabsetzungsklage ausgestellt (*Dallafior,* Die Legitimation des Erben, S. 25; *Kaufhold* ZEV 1997, 399, 404). Die Erbbescheinigung enthält darüber hinaus die Angabe aller Erben der Erbengemeinschaft, nicht aber die Erbquote der einzelnen Erben. Inwieweit die Pflichtteilserben anzugeben sind, ist umstritten (*Schneider,* Die Nachlaßabwicklung deutsch-schweizerischer Erbfälle in Deutschland und in der Schweiz, S. 43). Gesetzlich nicht vorgesehen, aber in der Praxis üblich ist sowohl die Angabe der Ernennung des Willensvollstreckers als auch dessen Namen in der Erbbescheinigung (*Schneider,* Die Nachlaßabwicklung deutsch-schweizerischer Erbfälle in Deutschland und in der Schweiz, S. 44).

468 Die Erbbescheinigung dient ua. der Umschreibung im Grundbuch zugunsten des Erben bzw. der Erbengemeinschaft (*Kaufhold* ZEV 1997, 399, 404). Streitig ist dagegen, ob das Vertrauen Dritter auf die Richtigkeit der Erbbescheinigung geschützt ist (die Frage stellt sich jedoch nicht beim Erwerb von Grundstücken, da nach erfolgter Umschreibung im Grundbuch der gute Glaube ohnehin schon nach Art. 973 ZGB geschützt ist). Das schweizerische Bundesgericht hat hierzu noch

nicht abschließend Stellung genommen (offengelassen in BGE 95 II 109, 118). Die überwiegende Ansicht in der Literatur befürwortet wohl einen Schutz des guten Glaubens Dritter (*Druey,* Grundriß des Erbrechts, § 15 II 3; *Dallafior,* Die Legitimation des Erben, S. 27f.; s. auch *Kaufhold* ZEV 1997, 399, 404; *Schneider,* Die Nachlaßabwicklung deutsch-schweizerischer Erbfälle in Deutschland und in der Schweiz, S. 47f.).

bb) Österreich. Anders als der Erbschein nach deutschem oder schweizerischem Recht ist Sinn und Zweck der **Einantwortungsurkunde** des österreichischen Rechts nicht, den Rechtsverkehr zu erleichtern. Vielmehr dient die Einantwortung in erster Linie der Übergabe der Erbschaft in den rechtlichen Besitz (vgl. Rdn. 226) und damit dem Erbschaftserwerb. Trotzdem sind nach § 824 ABGB Dritte in ihrem Vertrauen geschützt, daß die in der Einantwortungsurkunde als Berechtigte Bezeichneten auch die bescheinigte Erbenqualität erworben haben (*Dallafior,* Die Legitimation des Erben, S. 72ff.; *Ebenroth* Rdn. 1085). 469

cc) Frankreich. Im französischen Recht stehen den Erben verschiedene Bescheinigungen zur Verfügung, ihre Erbberechtigung „nachzuweisen". Zu nennen sind hier insbesondere der **acte de notoriété** und **das certificat d'héritier** (*Dallafior,* Die Legitimation des Erben, S. 97; *Gotthardt* ZfRV 1991, 2, 3). Letzteres hat sich im früheren Elsaß-Lothringen erhalten und ist mit dem deutschen Erbschein identisch, da die §§ 2353 bis 2368 BGB aufgrund des Art. 74 des Gesetzes vom 1. 6. 1924 als lokales Recht weiter gelten (*Witz/Bopp* IPRax 1987, 83, 85). Das certificat d'héritier wird vom tribunal d'instance erteilt. Der acte de notariété dagegen ist in Nachlaßsachen gesetzlich nicht vorgesehen, hat sich aber in der Praxis als Beweismittel für unstreitige Sachverhalte eingebürgert (*Lagarde,* Veröffentlichungen der Wissenschaftlichen Vereinigung für Internationales Verfahrensrecht, Bd. 8, S. 213; vgl. auch *Gottwald/Stangl* ZEV 1997, 217, 219f.). Es handelt sich hierbei idR um eine von einem Notar errichtete Urkunde über erbrechtliche Verhältnisse auf der Grundlage zweier Zeugenaussagen (sachants) und einer Reihe amtlicher Dokumente (*Gotthardt* ZfRV 1991, 2, 3; *Dallafior,* Die Legitimation des Erben, S. 98f.). Anders als vom deutschen Erbschein geht vom acte de notariété nur ein mittelbarer Vertrauensschutz zugunsten Dritter aus. Grundsätzlich ist das Vertrauen Dritter in die Berechtigung des Veräußernden bei Mobilien durch Art. 2279 cod. civ. ausreichend geschützt, wenn der Veräußernde Besitzer der Sache ist („la possession vaut titre", vgl. *Dallafior,* Die Legitimation des Erben, S. 87). Außerhalb des Anwendungsbereichs der Vorschrift schützt die franz. Rechtsprechung den Dritten, der auf die Verfügungsbefugnis des Scheinerben vertraut, nach der Theorie des „héritier apparent". Der Dritte erwirbt danach das Recht vom Scheinerben, wenn er gutgläubig war und einem allgemeinen Irrtum („erreur commune et invincible") aufgesessen ist. Dies ist insbesondere dann anzunehmen, wenn der Scheinerbe durch einen acte de notariété ausgewiesen ist; denn dann ist der Irrtum des Dritten unvermeidlich (vgl. *Gotthardt* ZfRV 1991, 2, 4; *Dallafior,* Die Legitimation des Erben, S. 87f., 100f.; *Ebenroth* Rdn. 1078). Ein Dritter, der Erbschaftsgegenstände in Händen hält – etwa eine Bank – kann den in der Urkunde als Erben Bezeichneten die Gegenstände ohne weiteres herausgeben, ohne sich gegenüber dem wahren Berechtigten haftbar zu machen. Der Notar macht sich jedoch schadensersatzpflichtig, falls er die Urkunde ausgestellt hat, ohne ein Mindestmaß an eigenen Nachforschungen betrieben zu haben (*Lagarde,* in Veröffentlichungen der Wissenschaftlichen Vereinigung für Internationales Verfahrensrecht, Bd. 8, S. 213). 470

dd) Italien. Das italienische Erbrecht sieht kein besonderes Legitimationsmittel für den Erben vor. Letzterer hat daher die Tatsachen zu beweisen, aus denen sich seine 471

Erbeneigenschaft ableitet. Die Praxis hat dem Mangel eines besonderen Legitimationsnachweises durch die Weiterentwicklung des **atto di notarietà** abgeholfen, einer von mehreren Personen unter Eid abgegebene Erklärung über Tatsachen und Umstände. Es besteht kein Schutz des guten Glaubens in die Richtigkeit der im atto di notarietá vermerkten Erklärungen. Ähnlich wie in Frankreich vollzieht sich auch im italienischen Recht der Schutz der gutgläubigen Dritten über die Theorie des Scheinerben (*Dallafior,* Die Legitimation des Erben, S. 135), wobei dem atto di notarietà auch hier im Rahmen des objektiv zu bewertenden guten Glaubens des Dritten Bedeutung zukommt. In den Provinzen Bozen, Trient, Triest und Görz sowie in einigen Gemeinden der Provinzen Udine, Belluno, Vicenza und Brescia gibt es den Erbschein (certificato di eredità), eine Bescheinigung, aus der die Erbeigenschaft des Gesuchstellers, die Erbquote, die Nachlaßwerte, eventuelle Beschränkungen der Erbeinsetzung, Vermächtnisse, etc. hervorgehen und die vom Bezirksgericht am Ort der Eröffnung des Erbgangs ausgestellt wird. Der Schutz Dritter ist im italienischen Recht materiellrechtlich mit der Theorie des Scheinerben verwirklicht. Jedoch ist in den oben genannten Provinzen der materiellrechtliche Schutz insoweit eingeschränkt, als nur Erbscheinsinhaber als Scheinerben in Betracht kommen (*Dallafior,* Die Legitimation des Erben, S. 139).

IV. Checkliste, Formulierungsvorschläge und Beispielsfälle

1. *Checkliste für Fälle mit Auslandsberührung*

a) Checkliste zur Sachverhaltserfassung (nach v. Oertzen ZEV 1995, 167f.)

472 Um eine umfassende Nachfolgeplanung vornehmen zu können, bedarf es einer genauen Sachverhaltsermittlung. Hierzu dient der nachfolgende von *v. Oertzen* entwickelte Fragenkatalog:

473 *aa) Fragen zum Erbstatut aus deutscher Sicht.* Welche Staatsangehörigkeit hat der Erblasser? (vgl. Rdn. 4ff., 13ff.) Hat er uU mehrere Staatsangehörigkeiten? (vgl. Rdn. 15f.) Hat er unter anderem auch die deutsche? (vgl. Rdn. 15; uU Problem der faktischen Nachlaßspaltung, vgl. Rdn. 50) Ist er volksdeutscher Flüchtling oder Vertriebener (Rdn. 18f.) oder Flüchtling, Asylbewerber oder Staatenloser? (vgl. Rdn. 20ff.)

474 *bb) Fragen zum Ehe- und Güterrechtsstatut* (vgl. hierzu *Schotten* S. 87ff.).

475 *cc) Fragen zum Nachlaß.* Befindet sich Vermögen im Ausland und wenn ja, wo? (Problem: rechtliche oder faktische Nachlaßspaltung, vgl. Rdn. 35ff.) Fällt das Vermögen mit dem Todesfall in den Nachlaß (Abgrenzung zu anderen Statuten, insb. Gesellschaftsstatut oder Güterrechtsstatut vgl. Rdn. 58ff., gilt hierfür etwa eine Sonderrechtsnachfolge, wie beispielsweise bei der anglo-amerikanischen joint tenancy, vgl. hierzu *Henrich,* FS Riesenfeld, S. 108ff.; problematisch auch bei Sparkonten oder Bankdepots im Namen oder zugunsten Dritter, vgl. *Soergel/Schurig* Art. 25 EGBGB Rdn. 24).

476 *dd) Sonstige Berührungspunkte zum Ausland.* Wo ist der Wohnsitz/gewöhnliche Aufenthaltsort des Erblassers (gegebenenfalls mehrere Wohnsitze)? (Problem: rechtliche oder faktische Nachlaßspaltung, vgl. Rdn. 35ff.). Staatsangehörigkeiten/Wohnsitze/gewöhnliche Aufenthaltsorte der nahen Angehörigen, bzw. der als Erben/Vermächtnisnehmer/Testamentsvollstrecker vorgesehenen Personen (uU hat dies Relevanz für Erbfähigkeit, vgl. Rdn. 231; Relevanz für Schutzbestimmungen

wie zB das droit du prélèvement, vgl. zB Rdn. 136, 147, 218, Gefahr des forum shopping).

b) Instrumente der Nachlaßplanung (vgl. *Schotten* Rdn. 350ff.; *v. Oertzen* ZEV 1995, 167).

aa) Instrumente auf kollisionsrechtlicher Ebene. Denkbar sind hier faktische Einwirkungen auf das für das Erbstatut maßgebende Anknüpfungskriterium (zB aus deutscher Sicht Änderung der Staatsangehörigkeit, Problem des Statutenwechsels, vgl. Rdn. 53f.; aus ausländischer Sicht uU Wechsel des Wohnsitzes, etc.) und rechtliche Gestaltungsmöglichkeiten (insbesondere Rechtswahl, vgl. Rdn. 24ff., beachte insoweit auch die Belehrungspflichten des Notars nach § 17 Abs. 1 BeurkG, *Schotten* Rdn. 350), um auf das maßgebende Erbstatut Einfluß zu nehmen. Folgt ein ausländisches Kollisionsrecht nicht dem Grundsatz der Nachlaßeinheit (vgl. Rdn. 35ff.), sondern knüpft es beispielsweise für die Rechtsnachfolge in Immobilien ua. am Lagerecht an, kann unter Umständen durch Gründung einer Gesellschaft, in die die Grundstücke eingebracht werden, das Anknüpfungskriterium gewandelt werden (s. etwa zum französischen Recht *Wehrens/Gresser* Notarius International 2000, 14, 24; vgl. auch Rdn. 144). 477

bb) Instrumente auf sachrechtlicher Ebene. Gilt für den gesamten Nachlaß deutsches Erbrecht, stehen alle Möglichkeiten zur Verfügung, die das deutsche Recht zur Rechtsgestaltung von Todes wegen vorsieht. Gilt für den Nachlaß ausländisches Recht, so richten sich die Gestaltungsmöglichkeiten nach diesem Recht. Für den Fall einer rechtlichen Nachlaßspaltung (s. Rdn. 37ff.) gelten für die von den verschiedenen Rechtsordnungen beherrschten selbständigen Nachlaßteile die jeweiligen Gestaltungsmöglichkeiten. Sinnvoll ist es, diese unterschiedlichen Gestaltungsmöglichkeiten auch in unterschiedlichen Verfügungen wahrzunehmen, die sich den Voraussetzungen und Eigentümlichkeiten (zB Verbot gemeinschaftlicher Testamente) der jeweiligen Rechtsordnung folgend auf den von ihr beherrschten Nachlaßteil beziehen (*Schotten* Rdn. 355; *v. Oertzen* ZEV 1995, 167, 172). Werden jedoch nicht nur einzelne Nachlaßteile, sondern auch inhaltliche Fragen von unterschiedlichen Rechtsordnungen beherrscht (zB Titulus und Erwerbsmodus zB im deutsch-amerikanischen Erbfällen, vgl. Rdn. 438ff.), bedürfen die verschiedenen Verfügungen einer besonderen Abstimmung untereinander (vgl. hierzu *v. Oertzen* ZEV 1995, 167, 172). 478

cc) Alternative Instrumente zur Rechtsgestaltung. Einfluß auf das Erbstatut kann hier durch entsprechende güterrechtliche oder durch gesellschaftsrechtliche Gestaltungen genommen werden (vgl. *Schotten* Rdn. 356ff.; *Süß,* ZNotP 2001, 173, 181: Mobilisierung unbeweglichen Vermögens durch Einbringung in eine Gesellschaft; vgl. auch Rdn. 62ff.). Das gewünschte Ergebnis der Nachfolgeplanung kann darüber hinaus durch Rechtsgeschäfte unter Lebenden (Sparkonto bzw. Bankdepot zugunsten Dritter, Einrichtung von Oder-Konten, Schenkungen von Todes wegen, vgl. zur kollisionsrechtlichen Anknüpfung insoweit *Soergel/Schurig* Art. 25 EGBGB Rdn. 24) oder im Wege post- oder transmortaler Vollmachten ergänzt oder gestützt werden, um den Erben/Berechtigten zügige Handlungsfähigkeit oder dem Testamentsvollstrecker größere Rechtsmacht für das im Ausland belegene Vermögen zu verschaffen (vgl. hierzu und zur kollisionsrechtlichen Anknüpfung derartiger Vollmachten *v. Oertzen* ZEV 1995, 167, 170). Möglich ist beispielsweise auch eine Auflage oder Bedingung zu Lasten der Erben, den Testamentsvollstrekker bzgl. im Ausland belegenen Vermögens mit einer entsprechenden rechtsgeschäftlichen Vollmacht auszustatten (*v. Oertzen* ZEV 1995, 167, 171). Unter wel- 479 chen Voraussetzungen sich der anglo-amerikanische trust als Instrument der Nachfolgeplanung für einen deutschen Erblasser eignet, vgl. *Ebenroth* Rdn. 1295ff.; kritisch *v. Oertzen* IStR 1995, 149ff., 345ff.; beachte auch *Sieker* IStR 1995, 344f.

c) Konflikte im Rahmen der Nachlaßplanung

480 *aa) Faktische Nachlaßspaltung* (vgl. Rdn. 48ff.). Eine faktische Nachlaßspaltung führt zu einer Entscheidungsdisharmonie zwischen den verschiedenen vom Erbfall betroffenen Staaten, in denen Nachlaßvermögen belegen ist. Der jeweilige universelle Geltungsanspruch der einen Rechtsordnung findet seine Grenze dort, wo er im Geltungsbereich der anderen nicht anerkannt wird. Hieraus können eine Vielzahl von Konflikten resultieren. Unter Umständen läßt sich der Erblasserwillen, der sich an Rechtskonzepten der einen Rechtsordnung ausrichtet, im Geltungsbereich der anderen nicht durchsetzen, weil sie dort keine Entsprechung haben oder gar unzulässig sind. Faktische Nachlaßspaltungen bergen zudem stets die Gefahr des forum shoppings, dh. daß die von der Nachlaßplanung Betroffenen versuchen werden, im Geltungsbereich der jeweils für sie günstigeren Rechtsordnung ihre Interessen am Nachlaß durchzusetzen.

481 Läßt sich die Gefahr des forum shoppings nicht durch entsprechende Gestaltungen auf kollisionsrechtlicher Ebene (vgl. Rdn. 477) verhindern, bleibt allein die Möglichkeit, im Rahmen der Nachlaßplanung die international „ungünstigere" Regelung als gemeinsamen Nenner zu nehmen, damit die verschiedenen Rechtsordnungen nicht gegeneinander ausgespielt werden können (*v. Oertzen* ZEV 1995, 167, 171). Dies gilt jedoch nicht unbedingt hinsichtlich der Anordnung einer Testamentsvollstreckung, deren Art und Umfang im Ausland nicht anerkannt wird. Hier kann durch entsprechenden Einsatz alternativer Instrumente der Nachlaßgestaltung (vgl. Rdn. 483) ein befriedigendes Ergebnis erreicht werden.

482 *bb) Rechtliche Nachlaßspaltung* (vgl. Rdn. 37ff.). Die rechtliche Nachlaßspaltung kann für bestimmte Nachlaßteile neue erwünschte Gestaltungsräume eröffnen oder aber dem Export des Erblasserwillens, so wie er sich in den Rechtsinstituten des Hauptstatuts äußert, im Wege stehen. Im letzteren Fall ist zu untersuchen, inwieweit durch den Einsatz entsprechender Gestaltungsinstrumente (vgl. Rdn. 477ff.) die rechtliche Selbständigkeit der Nachlaßteile (teilweise) überwunden werden kann.

483 *cc) Form des Testaments.* Maßgebend ist insoweit, ob der „Zielstaat" des Testaments Vertragsstaat des Haager Übereinkommens über das auf die Form letztwilliger Verfügungen anzuwendende Recht (vgl. Rdn. 74ff.) ist. Ist dies der Fall, kann die Verfügung sich ohne weiteres der hier gültigen Testamentsformen bedienen. Andernfalls sollte die Verfügung auch die Formvoraussetzungen erfüllen, die nach den Kollisionsnormen des ausländischen „Zielstaates" zur Anwendung gelangen (*v. Oertzen* ZEV 1995, 167, 172).

2. Formulierungsvorschlag für eine Rechtswahl nach Art. 25 Abs. 2 EGBGB

a) Durch einseitige Erklärung

484 „Die Erbfolge in mein gesamtes im Inland belegenes unbewegliches Vermögen unterstelle ich dem deutschen Recht."

b) Durch Erbvertrag (wenn beide Erblasser ausländische Staatsangehörige sind) (vgl. *Schotten* Rdn. 361)

485 „Jeder von uns wählt für die Erbfolge in sein gesamtes im Inland belegenes Vermögen das deutsche Recht."

(Da streitig ist, ob die Rechtswahl mit erbvertraglicher Bindungswirkung getroffen werden kann (vgl. Rdn. 34), ist es zweckmäßig, einen entsprechenden Vorbehalt aufzunehmen, vgl. *Schotten* Rdn. 361 Fn. 407)

„Wir nehmen diese Rechtswahl gegenseitig an und treffen sie – soweit rechtlich zulässig – mit erbvertraglich bindender Wirkung. Anderenfalls trifft jeder von uns die Rechtswahl einseitig und mit rein testamentarischer Wirkung."

3. Beispielsfälle

a) Deutsch-Schweizerischer Erbfall

Ein schweiz. Staatsangehöriger ist Gesellschafter einer OHG mit Sitz in München und ist gleichfalls dort wohnhaft. Er hat Vermögen in der Schweiz und in der Bundesrepublik Deutschland. Der Erblasser will für sein gesamtes Vermögen (einschließlich Gesellschaftsanteil) eine Testamentsvollstreckung anordnen. 486

Da internationale Verträge bzgl. des Erbstatuts zwischen der Bundesrepublik und der Schweiz nicht bestehen, ist auf das autonome bundesdeutsche IPR abzustellen. **Art. 25 Abs. 1 EGBGB** geht für das Erbstatut vom Grundsatz der Nachlaßeinheit (vgl. Rdn. 35ff.) aus und knüpft für den gesamten Nachlaß an die Staatsangehörigkeit des Erblassers an. 487

Zu einem Konflikt zwischen Gesellschafts- und Erbstatut (vgl. Rdn. 62ff.) könnte es vorliegend kommen, wenn der OHG-Anteil in den Nachlaß fällt. Für die Frage, ob die Gesellschaft mit dem Tod des Gesellschafters aufzulösen oder mit den überlebenden Gesellschaftern fortzuführen ist bzw. ob der Gesellschaftsanteil aufgrund einer einfachen oder qualifizierten Nachfolgeklausel in den Nachlaß fällt, ist zunächst allein das Gesellschaftsstatut maßgebend. Letzteres knüpft nach überwiegender Ansicht am Sitz der Gesellschaft an und verweist folglich auf deutsches Recht. 488

Fällt der OHG-Anteil aufgrund einer entsprechenden gesellschaftsrechtlichen Regelung in den Nachlaß, stellt sich die weitere Frage, welchem Recht die Nachfolge in den OHG-Anteil unterliegt. Streitig ist insoweit, ob die Nachfolge in den hier belegenen Gesellschaftsanteil nach Art. 3 Abs. 3 EGBGB gesondert anzuknüpfen ist oder ob die Nachfolge auch insoweit dem allgemeinen Erbstatut unterliegt, das – soweit Gesellschafts- und Erbstatut auseinanderfallen – für gewisse Fragen dem Gesellschaftsstatut anzupassen ist (vgl. Rdn. 64ff.). Der Meinungsstreit kann vorläufig dahingestellt bleiben, da vorliegend Gesellschaftsstatut und Erbstatut nicht voneinander abweichen. Für letzteres verweist Art. 25 Abs. 1 EGBGB zwar auf das schweizerische Recht. Hierbei handelt es sich jedoch um eine **Gesamtnormverweisung** (vgl. Rdn. 86), bei der auch das schweiz. Kollisionsrecht zu berücksichtigen ist. Nach Art. 91 Abs. 1 schweiz. IPRG bestimmt sich das Erbstatut für einen im Ausland verstorbenen Schweizer nach dem Wohnsitz- und folglich nach deutschen Recht (vgl. Rdn. 306). Bei dieser Gesamtnormverweisung handelt es sich um eine zu beachtende Rückverweisung (vgl. Rdn. 308), die gemäß Art. 4 Abs. 1 S. 2 EGBGB zur Anwendung deutschen materiellen Rechts führt (vgl. Rdn. 87). Inwieweit eine Testamentsvollstreckung an einem OHG-Anteil zulässig ist, richtet sich folglich allein nach deutschem Recht. 489

Dieses Ergebnis kann der Erblasser durch **Rechtswahl** beeinflussen. Art. 91 Abs. 2, 87 Abs. 2 schweiz. IPRG gestattet ihm, das in der Schweiz belegene Vermögen dem schweiz. materiellen Erbrecht zu unterstellen. Er kann auch bestimmen, daß sein gesamter Nachlaß (einschließlich des in der Bundesrepublik Deutschland befindlichen Nachlasses) dem schweiz. Erbrecht untersteht (vgl. Rdn. 309). Diese Rechtswahl durchbricht jedoch nach Art. 86 Abs. 2 schweiz. 490

IPRG nicht ein nach dem Belegenheitsrecht geltendes Sonderstatut. Würde der Erblasser folglich für seinen gesamten Nachlaß schweizerisches Recht wählen, würde die im deutschen Recht strittige Frage nach der für die Vererbung von OHG-Anteilen geltenden Anknüpfung wieder aufbrechen (vgl. Rdn. 64ff.). Aufgrund der mit dem Meinungsstreit einhergehenden Rechtsunsicherheit kann die Wahl des schweizerischen Rechts für den gesamten Nachlaß (auch in der Bundesrepublik belegenen Nachlaß) nicht empfohlen werden. Sollte der Erblasser dennoch so verfahren, hat er darüber hinaus noch die Möglichkeit für seine in der Bundesrepublik belegenen Immobilien nach Art. 25 Abs. 2 EGBGB deutsches Recht zu wählen.

491 Sowohl die Rechtswahl nach schweizerischem als auch nach deutschem Recht muß **in der Form einer Verfügung von Todes** wegen erfolgen (vgl. Rdn. 309, 33). Geschieht die Rechtswahl in der Form eines Testamentes, so findet das Haager Übereinkommen über das auf die Form letztwilliger Verfügungen anwendbare Recht vom 5. 10. 1961 Anwendung (vgl. Rdn. 74ff.). Ausreichend ist folglich (wegen des Wohnsitzes des Erblassers in der Bundesrepublik Deutschland), wenn der Erblasser die Rechtswahl in der Form des § 2247 BGB vornimmt. Die Rechtswahl kann auch in Form eines Erbvertrages erfolgen, auf den sowohl nach schweiz. als auch nach deutschem Recht das Haager Übereinkommen entsprechend anzuwenden ist. Demnach ist die Rechtswahl auch wirksam, wenn die deutsche Formvorschrift für den Erbvertrag eingehalten wird (§ 2276 BGB). Die Testierfähigkeit richtet sich nach dem Erbstatut und damit nach schweiz. Recht (inkl. IPR). Art. 94 schweiz. IPRG stellt für die Testierfähigkeit wahlweise auf das Wohnsitzrecht, das Recht am gewöhnlichen Aufenthaltsort oder auf das Heimatrecht ab (vgl. Rdn. 312).

492 Will der Erblasser eine Testamentsvollstreckung anordnen, so richtet sich Zulässigkeit und Inhalt der Anordnung nach dem oben ermittelten Erbstatut (vgl. Rdn. 2).

493 Gemäß Art. 96 Abs. 1 IPRG können **ausländische Erbscheine** (und Testamentsvollstreckerzeugnisse) in der Schweiz anerkannt werden, wenn der Erblasser seinen Wohnsitz im Ausstellungsstaat hatte, der Erblasser das Recht des Ausstellungsstaates als Erbstatut gewählt hat, oder der ausländische Erbnachweis im Wohnsitzstaat des Erblassers anerkannt wurde (vgl. Rdn. 317ff.)

b) Deutsch-Österreichischer Erbfall

494 Ein in Passau wohnhafter deutscher Staatsangehöriger hat in der Bundesrepublik und in Österreich Vermögen. Er betreibt in Österreich auf einem eigenen Grundstück ein Einzelhandelsunternehmen. Er will für sein gesamtes Vermögen (einschließlich Handelsunternehmen) Testamentsvollstreckung anordnen.

495 Da internationale Abkommen bzgl. des Erbstatuts zwischen der Bundesrepublik Deutschland und Österreich nicht bestehen, richtet sich das auf die Rechtsnachfolge von Todes wegen anzuwendende Recht nach **Art. 25 Abs. 1 EGBGB** und damit nach deutschem Recht. Zulässigkeit und Umfang der Testamentsvollstreckung beurteilen sich somit nach deutschem Recht.

496 Das einheitliche Nachlaßstatut wird hM zufolge gemäß Art. 3 Abs. 3 EGBGB im Hinblick auf die kollisionsrechtliche Sonderanknüpfung in § 28 Abs. 2 IPRG für (die Haftung für Erbschaftsschulden und) **den Erbschaftserwerb** der in Österreich belegenen Nachlaßgegenstände durchbrochen, soweit eine Verlassenschaftsabhandlung in Österreich durchzuführen ist (str., vgl. Rdn. 224ff.). Bzgl. des in Österreich belegenen unbeweglichen Nachlasses ist eine internationale Zuständigkeit für die Verlassenschaftsabhandlung gegeben. Unabhängig aber um den Streit hinsichtlich der Einordnung des § 28 Abs. 2 IPRG (vgl. Rdn. 239) stellen die §§ 32, 31 IPRG für den in Österreich belegenen unbeweglichen Nachlaß besondere Vorschriften iS des Art. 3 Abs. 3 EGBGB dar (vgl. Rdn. 238f.). Damit geht vorliegend – zumindest für den Erbschaftserwerb – das Einzelstatut dem deutschen Gesamtstatut gemäß Art. 3 Abs. 3 EGBGB vor. Die Abgrenzung, ob es sich um bewegliche oder unbewegliche Nachlaßgegenstände handelt, richtet sich gemäß § 32 Abs. 2 öster. IPRG nach dem Lagerecht und damit nach österreichischem materiellen Recht. Das Einzelhandelsunternehmen zählt, auch wenn es auf einem Grundstück betrieben wird, nicht zum unbeweglichen Nachlaß.

Für den **beweglichen Nachlaß** sind jedoch die öster. Verlassenschaftsgerichte ausnahmsweise dann zuständig, wenn der ausländische Erblasser eine Niederlassung im Inland hatte und keine Gegenseitigkeit mit der Bundesrepublik besteht (vgl. Rdn. 229ff.). Niederlassung ist jede mit selbständiger Vertretungs- bzw. Geschäftsführungsbefugnis ausgestattete Unternehmenseinheit. Maßgebend ist, ob der Erblasser bzgl. einer solchen Unternehmenseinheit Geschäftsführungskompetenz hat. Dies kann hier bejaht werden. Andererseits ist zwischen der Bundesrepublik Deutschland und Österreich die Gegenseitigkeit gegeben, da die deutsche Rechtsordnung beim Tod eines österreichischen Staatsbürgers dem österreichischen Recht sowohl die Klärung der Haftungsfrage für Nachlaßschulden als auch die Art des Erwerbsmodus für die in der Bundesrepublik belegenen Nachlaßgegenstände überläßt. Damit ist die Verlassenschaftsabhandlung nur für das in Österreich belegene Grundstück durchzuführen. Lediglich hierfür wird das deutsche Erbstatut nach Art. 3 Abs. 3 EGBGB für die Frage des Erbschaftserwerbs und der Haftung für Nachlaßschulden vom österreichischen Sonderstatut durchbrochen. 497

In allen Fällen, in denen der bewegliche, in Österreich belegene Nachlaß dort nicht abgehandelt werden kann, findet zur Sicherung der inländischen Gläubiger ein Ausfolgerungsverfahren (§§ 137ff. AußStrG) statt (*Zeuch* Anm. zu OGH ZfRV 1990, 153, 156; *Schwimann* ÖNotZ 1979, 102, 104). Gemäß § 138 AußStrG hat das Ausfolgegericht Vorkehrungen zum Schutz der inländischen Gläubiger zu treffen und daher von Amts wegen Sorge dafür zu tragen, daß die Ausfolgung des in Österreich belegenen Nachlasses erst dann erfolgt, wenn deren Befriedigung erfolgt ist (OGH ÖNotZ 1996, 248). Von den deutschen Erben ist dem Gericht die Sterbeurkunde und der deutsche Erbschein vorzulegen, worauf das Gericht nur noch in eine formelle Prüfung eintritt. Das Gericht bestimmt eine Frist, innerhalb der die Gläubiger ihre Ansprüche gegen den Nachlaß geltend machen bzw. vorhandene Titel vollstrecken können. Der Zweck des Ausfolgerungsverfahrens beschränkt sich allein auf die Sicherung der Gläubiger. Soweit hierfür Amtshandlungen erforderlich sind, die vom Gericht nicht durchzuführen sind, ist insoweit der Gerichtskommissär hinzuzuziehen (OGH ÖNotZ 1996, 248, 249). Bei Überschuldung des Nachlasses ist uU ein Nachlaßkonkursverfahren durchzuführen (*Schwimann* ÖNotZ 1979, 102, 105). 498

Sind die Ansprüche der österreichischen bzw. in Österreich lebenden Gläubiger befriedigt oder gesichert, so sind nach Entrichtung der Gebühren und Steuern die Maßnahmen der Nachlaßsicherung aufzuheben (Versiegelung, Sperrung von Konten und Depots etc.) und der Nachlaß an die Personen herauszugeben („ausgefolgert“ vgl. § 139 AußStrG), die hierzu von dem deutschen zuständigen Nachlaßgericht durch Ausfertigung eines Erbscheins/Testamentsvollstreckerzeugnisses legitimiert worden sind (*Schwimann* ÖNotZ 1979, 102, 105). Hat der ausländische Erblasser ein Depot oder ein Sparkonto bei einer österreichischen Bank, wird letztere folglich den Nachlaß nur gegen Vorlage eines entsprechenden Gerichtsbeschlusses des zuständigen Bezirksgerichts an die Erben herausgeben, der im Ausfolgerungsverfahren ergangen ist (so die Praxis der österr. Banken, vgl. *Gottwald/Stangl* ZEV 1997, 217, 218). 499

10. Kapitel
Die Vergütung des Testamentsvollstreckers und ihre Besteuerung

Übersicht

Literatur: *Crezelius,* Zusammentreffen von Einkommensteuer und Erbschaftsteuer, BB 1979, 1342; Deutscher Notarverein, Empfehlungen des Deutschen Notarvereins für die Vergütung des Testamentsvollstreckers, Notar 2000, 2 = ZEV 2000, 181; *Eckelskemper,* Die Vergütung des Testamentsvollstreckers, MittRhNotK 1981, 147; *Freshfields/Bruckhaus/Deringer,* Unternehmenssteuerreform – Die Neuregelungen des Steuersenkungsgesetzes für Kapitalgesellschaften und ihre Anteilseigner, NJW 2000, Beilage zu Heft 51; *Glaser,* Die Vergütung für die Tätigkeit des Testamentsvollstreckers, DB 1979, 877; *ders.,* Das Honorar des Testamentsvollstreckers, MDR 1983, 93; *Johanssen,* Die Rechtsprechung des BGH auf dem Gebiet des Erbrechts, WM 69, 1402; *Kanzler,* Der Rechtsanwalt als Konkursverwalter oder zu den Gefahren einer gemischten Tätigkeit, Finanzrundschau (FR) 1994, 114; *Keller,* Vergütung und Kosten im Insolvenzverfahren, 2000; *Keuk,* Doppelbelastung mit Erbschaftsteuer und Einkommensteuer?, DB 1973, 634; *Kirchhof,* Die Steuer als Ausdruck der Staatsverfassung; Bürger-Richter-Staat, FS Horst Sendler, 1991; *Kirnberger,* Die steuerliche Behandlung der Testamentsvollstreckervergütung, Diss. 1998; *ders.,* Testamentsvollstreckervergütung und Umsatzsteuer, ZEV 1998, 342; *ders.,* Besteuerung der Testamentsvollstreckervergütung als Einkommen oder Vermögensanfall von Todes wegen, ZEV 2001, 267; *Klingelhöffer,* Anm. zu OLG Köln, ZEV 1994, 118; *Kohler,* Letztwillige Schiedsklauseln, DNotZ 1962, 125; *Kroschel/Wellisch,* Steuersystematische Überlegungen zu § 35 EStG, BB 1999, 2533 *Leipold,* Erbrecht 1995 (Rechtsprechungsbericht) JZ 1996, 287; *Lichtenberger,* Muß die VOB/B öffentlich beurkundet werden?, NJW 1984, 159; *J. Mayer,* Ausgewählte erbrechtliche Fragen des Vertrages zugunsten Dritter, DNotZ 2000, 905; *Meincke,* Zur Abstimmung von Einkommensteuer und Erbschaftsteuer, in: Die Steuerrechtsordnung in der Diskussion, FS Klaus Tipke, 1995; *Möhring/Seebrecht,* Zur Höhe und Erstattungsfähigkeit der für die Vergütung des Testamentsvollstreckers und Vormundes zu zahlenden Umsatzsteuer, BB 1977, 1057; *Möhring/Seebrecht,* Steuerrechtliche Fragen zu den Vergütungen für Testamentsvollstrecker und Vormund, BB 1977, 1561; *v. Morgen,* Die Testamentsvollstreckervergütung bei Erbteilsvollstreckungen, ZEV 1996, 170 und Anm. zu BGH, ZEV 1997, 116; *Mümmler,* Aus der Kostenpraxis des Rechtsanwaltes, JurBüro 1989, 22; *Muscheler,* Anm. zu OLG Hamburg, ZEV 1996, 184; *Nägele,* Das vermeintliche Testamentsvollstreckeramt, Diss. Konstanz 1986; *Petzold,* Erbschaftsteuer- und Schenkungsteuergesetz, 2. Aufl. 1986; *Piltz,* Die Unternehmensbewertung in der Rechtsprechung, 1994; *Plaßmann,* Die Vergütung für die Tätigkeit des Testamentsvollstreckers, JW 1935, 1830; *Reich,* Steuerreform 2000 – Zehn wichtige notarrelevante Änderungen, DNotZ 2000, 885; *Reimann,* Zur Festsetzung der Testamentsvollstreckervergütung, ZEV 1995, 57; ders., Die Testamentsvollstreckervergütung nach den Empfehlungen des Deutschen Notarvereins, DNotZ 2001, 344; Buchbesprechung zu *Mayer/Bonefeld/Daragan* Praxishandbuch Testamentsvollstreckung, 2000 und *Zimmermann,* Die Testamentsvollstreckung, 2001, MittBayNot. 2001, 301; *Reithmann,* Anm. zu OLG Düsseldorf, DNotZ 1985, 626, 628; *Schaumburg,* Umsatzsteuer und Zivilrecht, NJW 1974, 1734; *Schuhmann,* Zur Angemessenheit des Testamentsvollstreckerhonorars im Erbschaftsteuerrecht, UVR 1991, 363; *Skibbe,* Zur Kumulation von Testamentsvollstreckeraufgaben in einer Hand, FS Hans Erich Brandner, 1996; *Stauf,* Umfang und Grenzen der Verweisungsmöglichkeiten nach § 13a BeurkG und der eingeschränkten Vorlesungspflicht nach § 14 BeurkG, RNotZ 2001, 129; *Tiling,* Die Vergütung des Testamentsvollstreckers, ZEV 1998, 331; *Tschischgale,* Die Vergütung des Testamentsvollstreckers, JurBüro 1965, 89; *Wagner,* Überblick zu den Neuregelungen der Insolvenzrechtlichen Vergütungsverordnung (InsVV), NZI 1998, 23; *Wilke,* Drei Jahre Rechtsprechung des Bundesfinanzhofes zu den Vorschriften der §§ 1 bis 3 des Umsatzsteuergesetzes, Umsatzsteuer- und Verkehrsrecht (UVR) 1994, 97.

I. Die gesetzliche Grundlage – § 2221 BGB/Mögliche Gesetzesanalogie zur Insolvenzrechtlichen Vergütungsverordnung (InsVV)

1. Vorrang des Erblasserwillens

Gemäß § 2221 BGB kann der Testamentsvollstrecker für seine Arbeit eine angemessene Vergütung verlangen, wenn der Erblasser nichts anderes bestimmt hat. Daraus ergeben sich zunächst **Vorrang und Maßgeblichkeit des Erblasserwillens**. Hat der Erblasser die Höhe und Zahlungsweise, möglicherweise auch die Frage nach dem Schuldner der Vergütung, festgelegt oder eine Vergütung ganz ausgeschlossen, findet eine (zivil-)gerichtliche Überprüfung nicht statt. Wenn der Testamentsvollstrecker mit der Vergütungsregelung nicht einverstanden ist, bleibt ihm lediglich die Möglichkeit, entweder die Testamentsvollstreckung abzulehnen, gegebenenfalls zu kündigen oder mit den Erben eine **Vereinbarung** über die Höhe und die Art und Weise der Vergütung auszuhandeln (*Soergel/Damrau* § 2221 Rdn. 2; *Palandt/Edenhofer* § 2221 Rdn. 1). 1

2. Vereinbarungen mit den Betroffenen

Nach *Tiling* (ZEV 1998, 331) ist eine derartige Vereinbarung auch dann gegenüber dem Nachlaß wirksam, wenn sie mit der Vergütungsanordnung des Erblassers nicht übereinstimmt. Einschränkend wird man jedoch hinzufügen müssen, daß darauf zu achten ist, daß eine solche **Vereinbarung mit dem richtigen Betroffenen** abzuschließen ist; gegebenenfalls sind auch die Vermächtnisnehmer und die Nacherben einzubeziehen, da sich eine solche Vereinbarung nicht als unzulässiger Vertrag zu Lasten Dritter auswirken darf. Ansonsten ergibt sich die Zulässigkeit aus dem Grundsatz der Vertragsfreiheit (ähnlich *J. Mayer* in *Mayer/Bonefeld/Daragan* Rdn. 486). Die Kündigung ist beispielsweise dann aktuell, wenn der Testamentsvollstrecker durch eine später aufgefundene Verfügung von Todes wegen mit Regelungen zur Vergütung konfrontiert wird, die für ihn weniger günstig sind als diejenigen, auf die er sich bisher berufen konnte. 2

3. Formaspekte

Sofern keine Vereinbarung mit den Betroffenen getroffen wurde, ist nur die im **Rahmen einer Verfügung von Todes wegen** getroffene Bestimmung zur Vergütung für die Beteiligten rechtlich erheblich. Dies ergibt sich daraus, daß die Testamentsvollstreckung als solche nur durch letztwillige Verfügung – Testament oder einseitige Verfügung im gemeinschaftlichen Testament oder Erbvertrag – angeordnet werden kann und dem Erblasser hinsichtlich der Ausgestaltung der Amtsführung des Testamentsvollstreckers ein weiter Spielraum offensteht, dessen Ausfüllung nur dann sinnvoll und zweckmäßig erscheint, wenn sie ausschließlich in der vorerwähnten Form erfolgt (BayObLG Rpfleger 1980, 152; *Soergel/Damrau* § 2221 Rdn. 2). In der Praxis wird dieses **leicht übersehen;** es finden sich immer wieder zB maschinengeschriebene Briefe an den Testamentsvollstrecker, in denen die Höhe und anderweitige Gesichtspunkte der Vergütung enthalten sind; solche Briefe, auch mündliche Absprachen, können allenfalls eine Auslegungshilfe sein. Teilweise wird auch die einfache **Verweisung** auf eine der üblichen **„Tabellen"** für **nicht unproblematisch** gehalten (*J. Mayer* in *Mayer/Bonefeld/Daragan* Rdn. 484; *Zimmermann* notar-info 2000, 2). Dem ist jedoch zu widersprechen: Bei den veröffent- 3 lichten Tabellen handelt es sich um allgemein zugängliche Informationen, auf die einfach Bezug genommen werden kann. Dies ist zB für veröffentlichte Indizes (Lebenskostenindex, DIN-Normen, Diskontsatz, heute Basiszinssatz) allgemeine Meinung (*Lichtenberger* NJW 1984, 159; *Reithmann* DNotZ 1984, 628; *Limmer* in *Eylmann/Vaasen* § 9 Rdn. 16). Es ist kein Grund ersichtlich, weshalb die vorgeschlagenen Tabellen anders zu würdigen sein sollten (ähnlich auch *Stauf* RNotZ 2001, 129). Auf jeden Fall ist zu bedenken, daß Verfügungen von Todes wegen geltungserhaltend auszulegen sind.

4. Keine gesetzliche Ermächtigung zum Erlaß einer Vergütungsordnung

4 Eine **gesetzliche Ermächtigung** zum Erlaß einer **Vergütungsordnung** besteht **nicht.** Eine auf dem Gesetz beruhende Regelung der Vergütungsfrage, wie sie zB in der Insolvenzrechtlichen Vergütungsverordnung (InsVV) für den Insolvenzverwalter enthalten ist, dürfte auch wohl künftig nicht zu erwarten sein. Das Gesetz gibt auch keinerlei Hinweise, wie nach dem unterschiedlichen Inhalt der Tätigkeiten des Testamentsvollstreckers im einzelnen zu verfahren ist. Aus seinem Wortlaut – **angemessene Vergütung** – ist lediglich ein **Differenzierungsgebot** zu entnehmen dh. daß die Berechnungsgrundlage für die Vergütung sich nach dem konkreten Aufgabenbereich des Testamentsvollstreckers zu richten hat (BGH DNotZ 1964, 173). Das bedeutet mit anderen Worten: Für das gesamte Spektrum der möglichen Aufgaben eines Testamentsvollstreckers, von denen ein Großteil im vorangegangenen Teil dieses Buches beschrieben wird, ist die jeweils angemessene – angepaßte, maßgeschneiderte – Vergütung zu finden. Eine Einheitsvergütung kann es also nicht geben. Die oftmals geäußerte Enttäuschung, daß es keine gesicherten Erkenntnisse hinsichtlich der einzelnen Gebührenarten sowie einer Wechselwirkung hinsichtlich ihrer jeweiligen Höhe gebe (*Klingelhöffer* ZEV 1994, 118; *Palandt/Edenhofer* § 2221 Rdn. 6) ist also gewissermaßen verfehlt, weil die Hoffnung auf eine solche Präzision genausowenig aufgehen kann, wie die Quadratur des Kreises.

5. Mögliche Analogie zur InsVV – Grundgedanken derselben

5 In diesem Zusammenhang ist zunächst festzuhalten, daß der **Gesetzgeber** für den Insolvenzverwalter gemäß § 63 InsO eine **Wertgebühr** und nicht eine Vergütung nach dem Zeitaufwand vorgegeben hatte.

6 Wertgebühren werden ganz allgemein und etwas schlagwortartig formuliert damit begründet, daß mit ihnen zum einen eine gewisse Binnensubvention und damit ein für jedermann finanzierbarer Zugang zum Rechtssystem eröffnet werden und zum anderen die **Bedeutung der Sache für den die Leistung Nachsuchenden eine gewisse Repräsentation** erfahren soll. Außerdem ermöglichen sie im Rahmen einer Mischkalkulation zwischen zahlreichen Verfahren dem Leistenden angemessene Einkünfte.

7 Wenn auch der erste und der letzte Gesichtspunkt bei der Testamentsvollstrekkung etwas zurücktreten, bleiben diese Argumente dennoch **hinreichend tragfähig,** um auch für die Testamentsvollstreckung grundsätzlich eine **Wertgebühr** für angemessen zu halten; insoweit kann man also die **bisherige Tradition** bei der Vergütung des Testamentsvollstreckers als indirekt **bestätigt** ansehen. Grundsätzlich anderer Ansicht ist allerdings *Zimmermann* (Rdn. 712), der im Hinblick darauf,

daß bei **Vermögensbetreuern** (§§ 1896ff. BGB) überwiegend vom **Zeitaufwand** ausgegangen wird, dieses auch für den Testamentsvollstrecker vorschlägt. Die Stundenabrechnung sei im Einzelfall angemessener und löse viele Probleme der Abrechnung nach Tabellen, zB die Aufteilung der Vergütung auf mehrere Testamentsvollstrecker, die Vergütung bei vorzeitiger Kündigung, die Aufteilung der Vergütung für steuerliche Zwecke. Auch wenn der Ansatz *Zimmermanns* in Teilbereichen eine gewisse Plausibilität aufweist – teilweise wird dieser Ansatz auch hier übernommen, vgl. Rdn. 75 – so schafft er doch wieder eigene **Folgeprobleme:** Wie hoch soll zB der Stundensatz sein? *Zimmermann* geht bei einem Anwalt von **mindestens 60,– DM + USt** aus, gibt aber auch zu, daß der Stundensatz **200,– oder 300,– DM + USt** betragen kann. Dies bedeutet eine **Spreizung** vom ein- bis zum fünffachen, womit die **Problematik mehr als deutlich** wird. Im übrigen wird die Bedeutung der Sache „Testamentsvollstreckung" besser durch eine **Wertgebühr** repräsentiert. Der Testamentsvollstrecker ist **mehr Repräsentant des Erblassers** als ein von den Erben/Vermächtnisnehmern nach Stunden bezahlter Arbeitnehmer. Hier liegen die Nuancen beim Vermögensbetreuer doch um einiges anders. Die Leistung des Testamentsvollstreckers spiegelt sich in erster Linie in **Verantwortung und Risiko,** in Erfolg und Mißerfolg; diesen Gesichtspunkten entspricht eine Wertgebühr mehr als eine Vergütung nach Stundenaufwand (*Reimann* MittBayNot. 2001, 301).

Im Hinblick auf mögliche Analogien sind nun die **Grundgedanken und** 8
Wertungen der InsVV zu vergegenwärtigen, deren Text am Ende dieses Kapitels wiedergegeben wird. Die InsVV sieht vor, daß sich die Gebühren des Insolvenzverwalters nach dem **Wert der Masse** richten, auf die sich die Schlußrechnung bezieht. Der vielfach gemachte Vorschlag, die Vergütung nach dem Wert des **Aktivvermögens** zu Beginn des Verfahrens zu berechnen, so wie es zuvor für die Vergütung des Vergleichsverwalters gemäß § 8 Abs. 1 der seinerzeit geltenden Vergütungsordnung vorgesehen war, fand **keinen Eingang** in die „neue" InsVV. Ebenso wurde die „alte" Sonderregelung in § 1 Abs. 2 der Vergütungsordnung **nicht** übernommen; nach dieser Vorschrift war Berechnungsgrundlage für die Vergütung der **Gesamtbetrag der Konkursforderungen,** wenn dieser geringer als der Wert der Masse war. Denn der Gesichtspunkt, daß ein **Masseüberschuß** häufig auf einer **besonderen Leistung** des Insolvenzverwalters beruht, sollte **honoriert** und nicht vernachlässigt werden. Mit der Methode, auf das **Aktivvermögen** abzustellen, käme man zu der **unerwünschten Folge,** daß Vermögenswerte, die für die spätere Vergütung nicht mehr zur Verfügung stehen, für diese **in jedem Falle zu berücksichtigen** sein würden. Dieses Ergebnis verbietet sich aber, wenn die Verfahren durchführbar bleiben sollen und die **Befriedigungsaussichten** der Gläubiger **nicht unzumutbar gemindert** werden sollen. Andererseits sollen die Gegenstände, auf die sich die **Tätigkeit des Insolvenzverwalters erstreckt,** in die **Berechnungsgrundlage** einbezogen werden, wie es sich insbesondere in § 1 Abs. 2 Nr. 1 InsVV zeigt: Mit Absonderungsrechten belastete Massegegenstände sind – wenn auch limitiert – zu berücksichtigen, wenn ihre Verwertung – entgegen der Regel im bisherigen Recht – durch den Verwalter erfolgt. Wird das Verwertungsrecht im Einzelfall hingegen nicht vom Insolvenzverwalter ausgeübt, werden die mit dem Absonderungsrecht belasteten Gegenstände auch nicht in die Berechnungsgrundlage einbezogen. Dieser Grundgedanke, die **tätigkeitsbezogenen Werte in die Berechnungsgrundlage** hineinzunehmen, zeigt sich weiter deutlich in § 1 Abs. 2 Nr. 2 – Abfindung von Aus- und Absonderungsrechten. Wiederum wird auch deutlich, daß die Masse nicht zu sehr belastet werden soll: die aus der Masse abfließende Leistung wird vom Sachwert der nun der Masse uneingeschränkt zur Verfügung stehenden Gegenstände abgezogen. Schon hier sei aller-

dings angemerkt, daß die **Bearbeitung – nicht die Verwertung** – von Aus- und Absonderungsrechten gemäß § 3 Abs. 1a InsVV zu einem **Vergütungszuschlag** führt.

9 **Die InsVV löst das Gebot, die Höhe der Gebühren im wesentlichen tätigkeitsbezogen – angemessen und vertretbar - zu gestalten durch ein System von Zu- und Abschlägen zur Regelvergütung;** sich aus dem Wertgebührensystem möglicherweise ergebende extrem hohe Gebühren sollen durch eine im Vergleich zum früheren Recht verstärkte Degression verhindert werden (vgl. dazu: Insolvenzrechtliche Vergütungsverordnung (InsVV) einschließlich Begründung, zitiert bei *Keller* S. 199ff.; *Wagner* NZI 1998, 23). Eine **Definition des Regelverfahrens,** auch **Normalverfahren** genannt, auf das die Regelsätze gemäß § 2 InsVV anzuwenden sind, enthält die InsVV indessen **nicht.** Die einzelnen Tatbestände für ein Normalverfahren sollen sich aus den tatsächlichen Gegebenheiten und dem Erhebungen der Konkursstatistik ergeben. Im übrigen kann auf ein Normalverfahren nur negativ geschlossen werden: Bei Nichtvorliegen der in § 3 Abs. 1 InsVV aufgeführten Tatbestände liegt ein solches vor (*Keller* Rdn. 103 mwN).

10 Es gilt nun im Hinblick auf den Grundsatz der **Einheit der Rechtsordnung,** die in der InsVV enthaltenen **Regelungen bzw. Wertungen** für die nähere Bestimmung der Angemessenheit der Testamentsvollstreckervergütung unter Berücksichtigung der bisher in Rechtsprechung und Literatur gefundenen Ergebnisse bzw. des Streitstandes **fruchtbar** zu machen. Dazu kann man den in der InsVV rechtstechnisch beschrittenen Weg einfach übernehmen: Auch im Rahmen der Testamentsvollstreckervergütung wird zunächst überlegt, welche Berechnungsgrundlage (auch: Bemessungsgrundlage) paßt und wie von einem gedachten **Normalfall** aus **weiter differenziert** wird.

II. Die von Rechtsprechung und Literatur zur Feststellung der angemessenen Vergütung entwickelten Gesichtspunkte

11 Die in der Rechtsprechung und Literatur bisher entwickelten Kriterien für die Berechnung (Bemessung) der Vergütung kann man etwa wie folgt zusammenfassen:
1. Umfang und Wert des Nachlasses
2. Besonderheiten der sich daraus ergebenden Tätigkeiten und Geschäfte
3. Dauer der Testamentsvollstreckung
4. Einbringung besonderer Kenntnisse und Erfahrungen des Testamentsvollstreckers
5. Zahl und Alter der Beteiligten
6. Erfolg der Tätigkeit des Testamentsvollstreckers
7. Steuerbelastung der Vergütung mit Umsatzsteuer (BGH NJW 1963, 487; NJW 1967, 2400; WM 1972, 101; KG NJW 1974, 752; *Haegele/Winkler* Rdn. 573; *Zimmermann* Rdn. 695, der zusätzlich noch auf den Interessenausgleich zwischen Erben und Testamentsvollstrecker verweist).

1. Die Berechnungsgrundlage der Vergütung und die einzelnen Vollstreckungshandlungen

a) Mögliche Aufgaben des Testamentsvollstreckers

12 Für die Ermittlung der Berechnungsgrundlage der Vergütung ist zunächst darauf zu schauen, **welche Aufgaben** dem Testamentsvollstrecker obliegen; Unterschie-

de könnten sich zum einen vom **Sachgegenstand** ergeben, als der Testamentsvollstreckung unterworfene Teil der Erbschaft
- gegenständlich beschränkt sein kann, zB nur einen Erbteil oder nur bestimmte Gegenstände wie etwa bei einer Vermächtniserfüllung betrifft,
- zeitlichen Schwankungen hinsichtlich Größe und Zusammensetzung unterliegen kann,
- im Lauf der Zeit andere, auch mehrere Personen betreffen kann.

und zum anderen aus der **Aufgabenstellung** (zB Verwaltungstätigkeit nur für einen bestimmten Gegenstand).

b) Gesetzliche Regelung

Das Gesetz regelt diesbezüglich in **§ 2203 BGB** den wohl tatsächlich häufigsten Fall der Testamentsvollstreckung, die sog. **Abwicklungsvollstreckung;** dabei wird der Nachlaß konstituiert und – wenn mehrere Erben vorhanden sind – unverzüglich danach auseinandergesetzt. Die Verwaltung des Nachlasses gemäß § 2205 BGB ist insoweit nur notwendiges Mittel zur Abwicklung. In **§ 2209 S. 1 Halbs. 1 BGB** wird die sog. **Verwaltungsvollstreckung** und in **§ 2209 S. 1 Halbs. 2 BGB** die sog. **Dauervollstreckung** geregelt. Zur Verdeutlichung mag das folgende Schema dienen (unter leichter Abwandlung übernommen von *Tiling* ZEV 1998, 331): 13

Übersicht 1:

Vollstreckungshandlungen
Abwicklungsvollstreckung (§ 2203 BGB) – Konstituierung – Auseinandersetzung und – die dafür erforderliche Verwaltung des Nachlasses
Verwaltungsvollstreckung (§ 2209 S. 1 Halbs. 1 BGB) – daneben keine Konstituierung und – keine Auseinandersetzung
Dauervollstreckung (§ 2209 S. 1 Halbs. 2 BGB) – nach Konstituierung und nach Auseinandersetzung oder – nach Konstituierung und vor Auseinandersetzung – daneben ggf. weitere Aufgaben wie Ausführung der letztwilligen Verfügungen (§ 2203 BGB), zB Erledigung von Auflagen oder Vermächtnissen, – Auseinandersetzung (§ 2204 BGB)

c) Maßgeblichkeit des Bruttowertes

Ist die Testamentsvollstreckung **nicht gegenständlich beschränkt,** umfaßt sie also den gesamten Nachlaß, ist vom **Bruttowert** auszugehen. Ein **Schuldenabzug** hat also **nicht** zu erfolgen, **wenn** die **Regulierung** der Schulden von der Testamentsvollstreckung **erfaßt** wird; dieses leuchtet eigentlich auch unmittelbar ein, da dieser Teil der Arbeit dem Testamentsvollstrecker regelmäßig besonders viel Mühe macht (BGH NJW 1967, 2402; RGRK/*Kregel* § 2221 Rdn. 5 mißverständlich aber im Verhältnis zu Rdn. 6; *Haegele/Winkler* Rdn. 592). Die Mindermeinung, nach der vom Nachlaßwert nach Abzug der Schulden außer derjenigen, die durch letztwillige Verfügung begründet wurden, auszugehen sei (zB *Erman* in früheren Auflagen vgl. 6. Aufl. 1975, § 2221 Rdn. 2 mwN), wird inzwischen wohl nicht 14 mehr vertreten. Die im RGRK/*Kregel* § 2221 in Rdn. 6 vertretene „Berechnungsmethode" ist wohl versehentlich nicht an die Ausgangsthese in Rdn. 5 angepaßt. Die Vergütung ermäßigt oder erhöht sich, wenn sich die Zusammensetzung und der Wert des der Testamentsvollstreckung unterliegenden Vermögen des Erblassers oder der Aufgabenbereich des Testamentsvollstreckers zB im Verlauf einer langandauernden Vermögensvollstreckung verändern (RGRK/*Kregel* § 2221 Rdn. 6; *Soergel/Damrau* § 2221 Rdn. 10).

d) Berücksichtigung von Voreempfängen/Verträgen zugunsten Dritter

15 **Vorausempfänge,** die bei der **Erbschaftssteuer** und der **Ausgleichung** oder **Anrechnung** auf den Pflichtteil noch zu berücksichtigen sind, sind dem anfänglichen Bruttowert **hinzuzurechnen,** denn sie berühren mindestens die Konstituierung des Nachlasses und bilden häufig einen Streitgegenstand zwischen den Erben bzw. Vermächtnisnehmern. **Entsprechendes** gilt für **Verträge zugunsten Dritter,** insbesondere solcher auf den Todesfall, zB Versicherungen und Guthaben bei Banken, die zur Auszahlung an die Bezugsberechtigten gelangen (zum Thema, welche beachtlichen Probleme Verträge zugunsten Dritter dem Testamentsvollstrecker bringen können, vgl. *J. Mayer* DNotZ 2000, 905; Rechtsprechung und Literatur unter Vergütungsgesichtspunkten scheint es insoweit nicht zu geben).

16 Auch unter Berücksichtigung der neuen **InsVV ändert** sich an der **Maßgeblichkeit des Bruttowerts** nichts; denn die dortige besondere Behandlung der Aus- und Absonderungsrechte (§ 1 Abs. 2 Nr. 1, 2 InsVV) beruht darauf, daß diese Gegenstände gerade nicht uneingeschränkt der Masse zur Verfügung stehen (vgl. im einzelnen oben. Rdn. 8), so daß sie nur limitiert zu berücksichtigen sind. Auch unter anderen Gesichtspunkten ergibt sich kein Grund, eine Begrenzung bei der Bemessungsgrundlage einzuführen. Da es einzig und allein Sache des Erblassers ist, eine Testamentsvollstreckung anzuordnen oder nicht, wobei er, wie bereits gesagt, eine Vergütung für den Testamentsvollstrecker auch ausschließen kann, ist **§ 1836 Abs. 1 S. 3 BGB nicht analog anzuwenden.** Schließt der Erblasser bei der Anordnung der Testamentsvollstreckung die Vergütung nicht aus, so kann daraus gefolgert werden, daß die Vergütung des Testamentsvollstreckers auch bei wirtschaftlich schwieriger Lage des Nachlasses zu zahlen ist. Das Amt des Vormundes/Betreuers ist grundsätzlich ein Ehrenamt, das des Testamentsvollstreckers dagegen nicht, wie ein Vergleich der § 1836 Abs. 1 S. 1 und § 2221 BGB zeigt.

e) Erbteils-/Vermächtnisvollstreckung

17 Umfaßt die Testamentsvollstreckung nur einen **Erbteil,** ist vom **Bruttowert dieses Erbteiles** auszugehen (*v. Morgen* ZEV 1997, 117). Bei einer reinen **Vermächtnisvollstreckung** ist der **Wert des Vermächtnisgegenstandes** maßgeblich.

f) Zeitliche Aspekte

18 Deshalb ist an dieser Stelle nochmals der konkrete Ablauf einer Testamentsvollstreckung zu vergegenwärtigen. Hier kann man **drei Positionen** unterscheiden: **Konstituierung/Erfassung, Verwaltung und Auseinandersetzung des Nachlasses,** mit den diese vorbereitenden Maßnahmen zur teilweisen oder gänzlichen Beendigung der Erbengemeinschaft, wobei diese Tätigkeiten teilweise kumulativ oder alternativ gegeben sein können und die einzelnen Phasen teilweise mehr oder

weniger ineinandergreifen und sich die Reihenfolge der Verwaltung und Auseinandersetzung auch umkehren können. Beendet ist die Testamentsvollstreckung mit der Freigabe des gesamten Nachlasses (*Tiling* ZEV 1998, 331).

Unter **Konstituierung** versteht man die Tätigkeit des Testamentsvollstreckers 19 den der Testamentsvollstreckung unterliegenden Nachlaß in **Besitz** zu nehmen, ein **Nachlaßverzeichnis** mit allen seiner Verwaltung unterliegenden Aktiva und Passiva aufzustellen, die vom Erblasser herrührenden und unmittelbar mit dem Erbfall zusammenhängenden **Verbindlichkeiten** zu regeln sowie die **Erbschaftsteuerschuld** zu begleichen (vgl. zum letzteren auch §§ 31 und 32 ErbStG). Dieser Zeitabschnitt gilt als beendet, wenn der Testamentsvollstrecker diese Arbeiten für den Nachlaß erledigt hat und dadurch die Grundlage für die weitere laufende Verwaltung des Nachlasses oder – je nach Aufgabenstellung des Testamentsvollstreckers – für die Auseinandersetzung geschaffen hat (RG JW 1936, 3889; BayObLG BB 1973, 114 = BayObLGZ 1972, 379; *Soergel/Damrau* § 2221 Rdn. 12; *Haegele/Winkler* Rdn. 577).

g) Gebührenarten

Vor dem Hintergrund des oben beschriebenen Ablaufschemas interpretiert *Tiling* (ZEV 1998, 331) Rechtsprechung und Literatur so, daß sich **neben der Regelvergütung** gemäß § 2221 BGB **zwei Arten von Gebühren** für den Testamentsvollstrecker herausgebildet hätten: die **Konstituierungsgebühr** und die **Verwaltungsgebühr.** Ob darüber hinaus eine **Auseinandersetzungsgebühr** als zusätzliche Gebühr entstehen könne, sei **umstritten.** Im Hinblick auf den nicht einheitlichen Sprachgebrauch definiert Tiling die Begriffe: Unter **Regelvergütung** versteht er diejenige für die **Abwicklungsvollstreckung im Normalfall,** unter **Konstituierungsgebühr** die besondere Gebühr, die bei einer **besonders schwierigen Konstituierung** anfällt. Solche Schwierigkeiten, die nur durch eine besonders umfangreiche und verantwortungsvolle Arbeit des Testamentsvollstreckers zu bewältigen sind, können nach Tiling darin liegen, daß die tatsächliche Inbesitznahme und die Ermittlung des Nachlasses mit dem anschließenden Nachlaßverzeichnis, die Regelung von Verbindlichkeiten und die Bewertung der Nachlaßgegenstände schwierige und zeitraubende Probleme bereiten. Für die Berechnung der Konstituierungsgebühr ist gleichfalls der Brutto-Nachlaßwert im Zeitpunkt der Erbfalls heranzuziehen. 20

Eine **Verwaltungsgebühr** fällt an, wenn eine der Formen der Testamentsvollstreckung nach § 2209 BGB vorliegt, mit anderen Worten, wenn die **Verwaltung nicht in der Konstituierung und Auseinandersetzung aufgeht,** wobei neben der Berechnungsmethode nach dem Bruttowert auch eine ertragsabhängige Vergütung zulässig sein soll. 21

Eine **Auseinandersetzungsgebühr** soll nur dann entstehen, wenn sich **nach** 22 vorausgegangener **Konstituierung und länger dauernder Verwaltungsvollstreckung** eine schwierige Auseinandersetzung anschließt, zB weil sich die Zahl der Erben inzwischen beträchtlich erhöht hat. Hierbei soll die Regelvergütung nicht unwesentlich erhöht werden, wobei es auf die Schwierigkeiten der Auseinandersetzung ankomme (wie *Tiling* auch OLG Köln NJW-RR 1994, 269 = FamRZ 1994, 228; *Haegele/Winkler* Rdn. 580, 590). Auch Tiling betont, daß letztlich aber immer der Grundsatz der einheitlichen Gesamtgebühr zu beachten sei. Zur Verdeutlichung seien die von *Tiling* aufgestellten Tabellen wiedergegeben:

Übersicht 2:

Vollstreckungshandlungen	**Gebührentatbestände**
Abwicklungsvollstreckung umfaßt – Konstituierung – Auseinandersetzung und – dafür erforderliche Verwaltung des Nachlasses	Regelmäßige Vergütung + ggf. Konstituierungsgebühr
Verwaltungsvollstreckung daneben keine Konstituierung und keine Auseinandersetzung	Verwaltungsgebühr
Dauervollstreckung – nach Konstituierung und nach Auseinandersetzung oder – nach Konstituierung und vor Auseinandersetzung – daneben ggf. weitere Aufgaben wie Ausführung der letztwilligen Verfügungen (§ 2203 BGB) und Auseinandersetzung (§ 2204 BGB)	Verwaltungsgebühr + ggf. Auseinandersetzungsgebühr (str.)

Übersicht 2.1:
Normalfall: Erst Konstituierung und Auseinandersetzung, dann Verwaltung

Vollstreckungshandlungen	*Abwicklungsvollstreckung (§§ 2203 bis 2207 BGB)* – Konstituierung – Auseinandersetzung – Verwaltung (§ 2205 BGB)	*Dauervollstreckung (§ 2209 S. 1 Halbs. 2 BGB)* – Verwaltung
Gebührentatbestände	regelmäßige Vergütung (§ 2221 BGB)	Verwaltungsgebühr

Übersicht 2.2.:
Sonderfall: Erst Konstituierung, dann Verwaltung, dann Auseinandersetzung

Vollstreckungs-Handlungen (§ 2207 BGB)	*Abwicklungsvollstreckung (§§ 2203 S. 1 Halbs. 2 BGB)* – Konstituierung – Verwaltung (§ 2205 BGB)	*Dauervollstreckung (§ 2209)* Verwaltung	*Auseinandersetzung* Auseinandersetzung
Gebührentatbestände	regelmäßige Vergütung (§ 2221 BGB) Zusätzlich Konstituierungsgebühr, bei besonders schwieriger Konstituierung	Verwaltungsgebühr	Auseinandersetzungsgebühr (str.)

Hierbei dürfte wohl zu ergänzen sein, daß eine besonders schwierige Konstituierung auch in den in der Übersicht 2.1. angesprochenen Fällen vorkommen kann und dieser Gesichtspunkt in der Darstellung lediglich versehentlich unterblieb. Zu *Tilings* Lösungsansatz ist jedoch allgemein kritisch anzumerken, daß es für die Praxis – weil zu schematisch – viele Fragen für den Einzelfall offenläßt.

Zur Bedeutung der Wechselbeziehung zwischen der Berechnungsgrundlage und der Vollstreckungshandlung wurden in der Rechtsprechung bereits einige Fälle entschieden. Soll die Tätigkeit des Testamentsvollstreckers im Rahmen der **Konstituierung** des Nachlasses abgegolten werden, ist als **maßgebliche Berechnungsgrundlage** der **Wert** des Nachlasses **im Zeitpunkt des Todes** des Erblassers anzusehen. Spätere Wertveränderungen sind ohne Einfluß (BGH NJW 1963, 380). Wenn die für die Konstituierung typische besonders arbeitsreiche und verantwortungsvolle Tätigkeit nicht geleistet wurde, kann auch keine Vergütung dafür verlangt werden (BayObLG BB 1973, 114). Ist die **Konstituierung** eines Nachlasses **bereits durchgeführt,** kann ein Testamentsvollstrecker, der erst danach sein Amt angetreten hat, **für diese Tätigkeit keine Vergütung** fordern. Ihm verbleibt lediglich das Honorar für die verwaltende Tätigkeit. (KG NJW 1974, 753; *Haegele/Winkler* Rdn. 593f.). **23**

Bei der **Verwaltungstestamentsvollstreckung** ist zu berücksichtigen, ob sich die **Schwierigkeiten** und der **Umfang** der Testamentsvollstreckung in dem Verlauf **geändert** haben; dann ändert sich die Bemessungsgrundlage (*Staudinger/Reimann* § 2221 Rdn. 17; *Soergel/Damrau* § 2221 Rdn. 32). Dies kann zB der Fall sein, wenn der Testamentsvollstrecker Gegenstände, derer er zur Erfüllung seiner Obliegenheit nicht mehr bedarf, den Erben gemäß § 2217 BGB überlassen hat. **24**

Folgt die **Auseinandersetzung erst Jahre später,** ist für diese Tätigkeit der Wert des Nachlasses im **Zeitpunkt der Auseinandersetzung** maßgeblich. Steigerung oder Minderung des Wertes von Grundstücken, Kursänderungen von Wertpapieren sind zu berücksichtigen (BGH DNotZ 1964, 174; KG NJW 1974, 752; *Erman/Schmidt* § 2221 Rdn. 6). Ebenso sind besondere Schwierigkeiten bei der Auseinandersetzung oder die spätere, besonders geschickte Veräußerung von zum Nachlaß gehörenden Grundstücken beachtlich. **25**

Inwiefern bei der Verwaltungstestamentsvollstreckung **Wertschwankungen** hinsichtlich des der Testamentsvollstreckung unterliegenden Nachlasses zu beachten sind, ist in der Rechtsprechung und Literatur kaum erörtert. Bloße Konjunkturschwankungen wird man jedoch für unbeachtlich halten können. **26**

2. Die Nachlaßbewertung

Ausgangspunkt für die Feststellung des Wertes ist der **gemeine Wert** (Verkehrswert), nicht der Einheitswert (bei Grundstücken, Betrieben). Vom Erblasser letztwillig angeordnete Bewertungen sind aber auch bei der Feststellung des Nachlaßwertes für die Vergütung des Testamentsvollstreckers zu beachten (*Soergel/Damrau* § 2221 Rdn. 10; *Haegele/Winkler* Rdn. 591). **27**

3. Die Tabellen-Diskussion

a) Die „Rheinische Tabelle"

Bereits im Jahre 1925 hat der Verein für das Notariat in Rheinpreußen versucht, die erwähnten **allgemeinen Gesichtspunkte** in einer **Zahlentabelle** auszudrükken. Diese soll hier **wörtlich wiedergegeben** werden gemäß der Veröffentlichung in JW 1935, 1831 = DNotZ 1935, 623: **28**

„Es wird empfohlen, als Gebühr für die Tätigkeit des Notars als Testamentsvollstrecker im Regelfall wie folgt zu berechnen: **29**

	RM Bruttowert	
1. bei einem Nachlaßwert bis zu	20 000,–	4%
2. darüber hinaus bis zu	100 000,–	3%
3. darüber hinaus bis zu	1 000 000,–	2%
4. darüber hinaus		1%

Diese Sätze gelten für **normale Verhältnisse und glatte Abwicklung.** Folgt dagegen eine längere Verwaltungstätigkeit, zB beim Vorhandensein von Minderjährigen oder verursacht die Verwaltung eine besonders umfangreiche und zeitraubende Tätigkeit, so kann eine höhere Gebühr als angemessen erachtet werden, auch eine laufende, nach dem Jahresbetrag der Einkünfte zu berechnende Gebühr gerechtfertigt sein."

Wie es der Wortlaut **„bis zu, darüber hinaus bis zu"** als Verständnis nahelegt, sind die jeweiligen **Prozentsätze von dem Mehrwert zu berechnen.** Soweit ersichtlich ist am derartigen Verständnis der Tabelle bisher auch nicht gezweifelt worden. Auch die InsVV folgt diesem Schema der Berechnung der jeweiligen Prozentsätze vom Mehrwert (§ 2 Abs. 1 InsVV). Bereits *Plaßmann* (aaO) hat dieses Schema in dem folgenden, hier wiederholten Beispiel dargelegt; bei einem Nachlasse von 500 000,– RM Bruttowert sind als Gebühr zu berechnen:

4% von 20 000,– RM (= 800,– RM)
3% von 80 000,– RM (= 2400,– RM)
2% von 400 000,– RM (= 8000,– RM)
Gesamtvergütung: 11 200,– RM

30 **Diese Empfehlungen** – teilweise wird sogar von Richtlinien gesprochen – haben bzw. hatten sich gegen eine Reihe konkurrierender Versuche **in der Praxis durchgesetzt,** zumindest die größte Beachtung gefunden (BGH NJW 1967, 2400).

31 *b) Bisherige Tabellen*

*aa) Übersicht**

Brutto-Nachlaßwert in DM	Rheinisches Notariat	Möhring	Tschischgale Regelfall	Tschischgale Schwieriger Fall	Berliner Praxis
bis zu 20 000	4%	7,5%	5%	6%	6,0**%
(darüber hinaus) bis zu 100 000	3%	5,4%	3,75%	4,5%	3,0%
(darüber hinaus (bis zu 1 Mio.	2%	3,6%	2,5%	3%	2,4%
(darüber hinaus) bis zu 2 Mio.		1,8%			1,2%
darüber hinaus	1%	1%	1,25%	1,5%	1,0%

32 *bb) Möhring'sche Tabelle.* Besonderer Erwähnung bedarf die von *Möhring* (Vermögensverwaltung in Vormundschafts- und Nachlaßsachen, 6. Aufl. 1981, S. 272 ff.) entwickelte Tabelle, inzwischen leicht modifiziert von *Möhring/Beisswingert/Klingelhöffer* S. 224 ff. Danach berechnet sich die Vergütung des Testamentsvoll-

* Aufgrund der stark abweichenden Eingangssätze – einige Banken übernehmen nur Testamentsvollstreckungen, wenn der Nachlaßwert eine oder mehrere Millionen übersteigt – werden die von Banken zugrundegelegten Vergütungssätze nur exemplarisch und gesondert dargestellt, vgl. unten S. 596.

** Bis 5000 DM gilt ein Prozentsatz von 10%.

streckers wie folgt: Die Möhring'sche Tabelle bewegt sich **zwischen 7,5% aus der Aktivmasse** des verwalteten Vermögens bei Kleinnachlässen und **2,81%** aus der Aktivmasse des verwalteten Vermögens für Großnachlässe. Die Tabelle wurde erstellt bis zu einer Größenordnung von zwei Millionen DM Aktivmasse; die Vergütung beträgt dann DM 56 220,–. Die „neue“ Möhring'sche Tabelle unterscheidet sich von der „alten“ darin, daß die letztgenannte bei Nachlässen mit einem Aktivwert von über 10 Millionen DM nicht mehr anwendbar sein wollte, während die „neue“ Tabelle bei Nachlässen mit einer Aktivmasse über zwei Millionen DM die Testamentsvollstreckervergütung dadurch ermittelt, daß aus dem über zwei Millionen DM liegenden Wert 1% errechnet und dieser Betrag dem Vergütungssatz für zwei Millionen DM hinzugerechnet wird.

Diese Möhring'sche Tabelle ist wohl **im Vordringen begriffen;** so wird sie zB empfehlend zitiert von *Haegele/Winkler* (Rdn. 582) und *Reimann* (S. 159). In der Rechtsprechung wurde zu ihrer Anwendung gesagt, es sei nicht offensichtlich unangemessen gewesen, diese Tabelle benutzt zu haben (OLG Köln NJW-RR 1987, 1415). In der unstreitigen Praxis wird sie wohl recht häufig von den Erben akzeptiert. *Möhring/Beisswingert/Klingelhöffer* rechtfertigen das Aufgeben der Tabelle des Vereins für das Notariat in Rheinpreußen mit dem Hinweis, die vorgeschlagenen Korrekturen seien so groß, daß man im Ergebnis nur noch von einer formalen nicht aber materiellen Anwendung sprechen könne. Nach ihrer Auffassung dürfte der tiefere Grund für das Festklammern an dieser Tabelle in der Befürchtung liegen, sonst den Boden unter den Füßen zu verlieren. 33

cc) Tschischgale'sche Tabelle. Durch **Rechtsprechung** (OLG Frankfurt OLG-Report 2000, 86) **bestätigt** wurde in jüngster Zeit die von *Tschischgale* (JurBüro 1965, 89, 92) entwickelte Tabelle; diese geht von höheren Prozentsätzen aus und differenziert zwischen Regelfällen und schwierigen Fällen der Testamentsvollstreckung: 34

dd) Sog. Berliner Praxis. Die Berliner Praxis zeichnet sich dadurch aus, daß sie im **unteren Bereich mehrere Progressionsstufen** beinhaltet, die sich durch höhere Prozentsätze als in den sonstigen Tabellen auszeichnen. 35

ee) Deutscher Notarverein. Der Deutsche Notarverein hat neuerdings eigene Empfehlungen zur Anpassung des Testamentsvollstreckervergütung vorgelegt (ZEV 2000, 181 = Notar 2000, S. 2), welche der allgemeinen Kostensteigerung wie auch der Zunahme komplizierter Testamentsvollstreckungen Rechnung tragen sollen. Die neuen Vergütungsempfehlungen sehen daher neben einem festen Vergütungsgrundbetrag verschiedene Zuschläge für besondere Tätigkeiten des Testamentsvollstreckers vor. Die empfohlenen Beträge verstehen sich jeweils exklusive Umsatzsteuer. 36

Die fortentwickelte Rheinische Tabelle des Deutschen Notarvereins sieht folgende Vergütungsgrundbeträge vor: 37

	Euro Bruttowert	
1. bei einem Nachlaßwert bis zu	250 000,–	4,0%
2. bis	500 000,–	3,0%
3. bis	2 500 000,–	2,5%
4. bis	5 000 000,–	2,0%
5. über	5 000 000,–	1,5%

wobei jedoch **mindestens der höchste Betrag der Vorstufe** zu Grunde gelegt werden soll. Bei einem Nachlaß von 260 000 Euro ergibt sich folglich ein Grundbetrag von 10 000 Euro (= 4,0% aus 250 000 Euro), nicht 7800 Euro (= 3,0% aus 260 000 Euro).

38 Der feste Vergütungsgrundbetrag deckt bei einer einfachen Testamentsvollstreckung sämtliche Stadien von der Konstituierung über die Verwaltung bis zur Abwicklung ab. **Erschwernisse** bei Verwaltung oder Abwicklung werden über **Zuschläge** zum Vergütungsgrundbetrag berücksichtigt. Neben dem Vergütungsgrundbetrag sehen die Neuempfehlungen Zuschläge bei **fünf Fallgruppen** erschwerter Testamentsvollstreckung vor; außerdem wird die Testamentsvollstreckung in **Unternehmen eigenständig** gewürdigt (vgl. auch *Reimann* DNotZ 2001, 344). Die Einzelheiten zeigt das folgende Schema:

39 BERECHNUNG DER TESTAMENTSVOLLSTRECKERVERGÜTUNG
(nach den neuen Vergütungsempfehlungen des Deutschen Notarvereins)

Vergütungsgrundbetrag	
bis 250 000 Euro: 4%	Jeweils aber mindestens der höchste Betrag der Vorstufe
bis 500 000 Euro: 3%	
bis 2 500 000 Euro: 2,5%	
bis 5 000 000 Euro: 2%	
über 5 000 000 Euro: 1,5%	

ZUSCHLÄGE

A) ABWICKLUNGSVOLLSTRECKUNG

FALLGRUPPE	BEISPIELE	ZUSCHLAGS-HÖHE	FÄLLIGKEIT
Aufwendige Grundtätigkeit	Aufwendige Konstituierung, insbesondere aufgrund: • besonderer Maßnahmen zur Ermittlung, Sichtung, Inbesitznahme des Nachlasses • Erstellung des Nachlaßverzeichnisses • Bewertung des Nachlasses • Regelung von Nachlaßverbindlichkeiten	$^2/_{10}$ bis $^{10}/_{10}$ des Grundbetrages	
Auseinandersetzung	Auseinandersetzung • Aufstellung des Teilungsplans • Vollzug des Teilungsplans • Erfüllung von Vermächtnissen	$^2/_{10}$ bis $^{10}/_{10}$ des Grundbetrages	Mit der 2. Hälfte des Vergütungsgrundbetrages
Komplexe Nachlaßverwaltung	Auslandsvermögen Gesellschaftsbeteiligung Beteiligung an Erbengemeinschaft Hohe/verstreute Schulden Rechtsstreitigkeiten Beteiligtenbezogene Schwierigkeiten	$^2/_{10}$ bis $^{10}/_{10}$ des Grundbetrages	Mit der 2. Hälfte des Vergütungsgrundbetrages

Fallgruppe	Beispiele	Zuschlagshöhe	Fälligkeit
Aufwendige oder schwierige Gestaltungsaufgaben	Umstrukturierung/Umschuldung des Nachlasses Verwertung des Nachlasses	$^{2}/_{10}$ bis $^{10}/_{10}$ des Grundbetrages	Mit der 2. Hälfte des Vergütungsgrundbetrages
Steuerangelegenheiten	Erbfallunabhängige Steuerangelegenheiten Ausländische Steuerangelegenheiten	$^{2}/_{10}$ bis $^{10}/_{10}$ des Grundbetrages	Bei Abschluß der Tätigkeit
	B) Dauertestamentsvollstreckung		
Normalfall der Dauertestamentsvollstreckung		Der höhere Wert von a) $^{1}/_{3}$–$^{1}/_{2}$ des Nachlaßbruttowertes bzw. b) 2–4% des Nachlaßbruttoertrags (jeweils im Bezugsjahr)	Nach Ablauf des üblichen Rechnungslegungszyklus
Testamentsvollstreckung über Geschäftsbetrieb/Unternehmen	a) Übernahme der Ausübung der Unternehmerstellung bei Personengesellschaften	10% des jährlichen Reingewinns	Mit branchenüblicher Fälligkeit
	b) Tätigkeit als Organ einer Kapitalgesellschaft GmbH & Co. KG, Stiftung & Co, ebenso bei Ermächtigungstreuhand	Branchenübliches Gehalt und branchenübliche Tantieme	
	c) Lediglich beaufsichtigende Tätigkeit (bspw. Aufsichtsratsvorsitz, Beiratsvorsitz)	Branchenübliche Vergütung eines Aufsichtsrats- bzw. Beiratsvorsitzenden	

ff) Banken. Auch die Banken bieten zunehmend Dienste als Testamentsvollstrecker an. Aus Erhebungen bei verschiedenen Banken lassen sich folgende Angaben zum Gebührenniveau machen. Je nach **Zielgruppe** weisen die Gebührentabellen der Banken **unterschiedliche Eingangs- und Progressionsstufen** auf. Bei Nachlaßwerten von einer Million bis zu fünf Millionen liegen die Gebührensätze jedoch relativ eng beeinander. Nach den bekannt gewordenen Daten schwanken sie bei einem Nachlaßwert von einer Million zwischen 3,6 und 4,1%, bei einem 40

Nachlaßwert von zwei Millionen zwischen 2,5 und 3,3%, bei einem Nachlaßwert von drei Millionen zwischen 2,2% und 2,7%, bei einem Nachlaßwert von fünf Millionen zwischen 1,9% und 2,2%. Diese Gebührensätze beziehen sich auf die normale Abwicklungsvollstreckung.

41 Zur besseren Vergleichbarkeit mag folgende **Vergleichsrechnung** dienen:

	1 Mio.	**2 Mio.**	**3 Mio.**	**5 Mio.**
Banken	36000–41000	50000–66000	60000–81000	95000–110000
Rheinische Tabelle (alt)	18048	28048	38048	48040
Rheinische Tabelle (überarbeitet vom Deutschen Notarverein)*	35000	60000	85000	135000
Möhring'sche Tabelle	38220	56220	66220	88220
Tschischgale'sche Tabelle	26500	39000	51500	76500
Berliner Praxis	25200	37200	47200	67200
Eigener Vorschlag**	28500	53500	76000	116000

c) Die Diskussion um eine Erhöhung der „Rheinischen Tabelle"

42 *aa) Auffassung der Rechtsprechung und eines Teiles der Literatur: keine Erhöhung.* Der BGH (NJW 1967, 2402), das OLG Köln (NJW-RR 1987, 1098 und 1994, 269 = FamRZ 1994, 228 = MittRhNotK 1993, 328 = ZEV 1994, 118), *Johanssen* (WM 1969, 1410) und *Erman/Schmidt* (§ 2221 Rdn. 7); unentschieden *Soergel/Damrau* § 2221 Rdn. 5, 9, 10; MünchKommBGB/*Brandner* § 2221 Rdn. 9) vertreten die Auffassung, es lasse sich **nicht mit Rücksicht auf die geänderten Zeitverhältnisse sagen, daß die Richtsätze wesentlich erhöht werden müßten.** Die gestiegenen Schwierigkeiten bei der Testamentsvollstreckung würden im wesentlichen dadurch aufgefangen, daß heute auch höhere Nachlaßwerte (zB durch gestiegene Grundstückspreise und Aktienkurse) bei der Testamentsvollstreckung anfielen; im übrigen könne jede Besonderheit des Einzelfalles abweichend von den vorgesehenen Regelsätzen gewürdigt werden. Teilweise wird ergänzend hinzugefügt, die **Rheinische Tabelle** gelte jedenfalls dann, wenn der Wert des Nachlasses **wesentlich** durch **Immobilienvermögen** bestimmt werde. Nach Auffassung des OLG Köln kommt auch eine weitere Degression bei Anwendung dieser Tabelle für Nachlaßwerte über 1 Mio DM nicht Betracht.

43 *bb) Spezialschrifttum: Erhöhung.* Hingegen ist im **Spezialschrifttum** überwiegend die Auffassung vertreten worden, es seien im Hinblick auf die komplizierter gewordenen Verhältnisse – man sehe sich einmal die Entwicklung im Arbeitsrecht, Mietrecht, Wirtschafts- und Steuerrecht an, um nur den juristischen Sektor ins Auge zu fassen – **allgemein gewisse Zuschläge** zu diesen Sätzen zu machen. Die Vorschläge bewegen sich zwischen einem Zuschlag von 20% bis zu 40–50% (so zB *Haegele/Winkler* Rdn. 581). Im einzelnen werden auch noch unterschiedliche Vorschläge zu den einzelnen Degressionsstufen gemacht. Die Vorschläge sollen hier nicht alle wiedergegeben werden, sie bringen über den Hinweis auf die geänderten

* Von Euro auf DM gerundet umgerechnet.

** Der Übersichtlichkeit halber vorweggenommen.

Verhältnisse hinaus meist auch keine nähere Begründung. Nachweise finden sich in allen Kommentaren zum BGB, s. ferner *Haegele/Winkler* Rdn. 581 Fn. 2 und 4; *Eckelskemper* MittRhNotK 1981, 148 Fn. 8.

d) Stellungnahme zur Erhöhungsdiskussion

Dem BGH und der ihm folgenden Literaturmeinung ist schon in dem Punkt, **daß es gar nicht notwendig sei, die Richtsätze anzupassen, weil man ja ohnehin jeden Einzelfall für sich würdigen könne, nicht zu folgen; denn Folge dieser Auffassung ist, daß man gar keine Richtsätze mehr braucht,** weil man sie ihrer Funktion, eine bestimmte unstreitige Basis zu liefern, von der aus man die Differenzierungen betreibt, enthebt; oder nochmals im „Soziologendeutsch" ausgedrückt: Richtsätze können ihre Aufgabe, Komplexität zu reduzieren, nur erfüllen, wenn die Abweichungen nicht in jedem Einzelfall akut werden. Insofern ist bezeichnend, daß der Verein für das Notariat in Rheinpreußen seine Richtsätze in der Inflationszeit auch angepaßt hatte (vgl. *Plaßmann* aaO). 44

Gegen den BGH und die ihm folgenden Stimmen in der Literatur ist weiter einzuwenden, daß der Gesichtspunkt, der Testamentsvollstreckung würden nunmehr immer höhere Werte unterliegen, in den erwähnten Richtlinien dadurch beachtet wird, daß die „Gebühren" nicht proportional steigen, sondern die Steigerung gestaffelt und ermäßigt wird. Die **Argumentation des BGH** läuft – ohne daß dies richtig zum Ausdruck kommt – darauf hinaus, daß bei generell vorliegenden hohen Werten die **„Gebührensätze"** der Richtlinien des Vereins für das Notariat in Rheinpreußen **eigentlich zu hoch** und nur deshalb **gerechtfertigt** seien, weil auch die **Schwierigkeiten** bei der Tätigkeit als Testamentsvollstrecker **generell größer** geworden seien. Diese Schlußfolgerung wird aber nicht gezogen. 45

Bereits für das Jahr 1967 war die recht **pauschale Verweisung** auf die gestiegenen Nachlaßwerte **kaum geeignet**, eine **Anpassung** der Richtsätze des Vereins für das Notariat in Rheinpreußen zu **verweigern,** zum heutigen Zeitpunkt – mehr als zweieinhalb Jahrzehnte später – ist sie es aber erst recht nicht mehr. Zur Begründung sei darauf hingewiesen, daß 46

- der **Lebenskostenindex** (Basis 1991 = 100) von 21,6 im Jahre 1925 auf 43,3 im Jahre 1967 und auf 120,6 Punkte im Jahre 2000 (Statistisches Bundesamt Sonderbeitrag der Fachserie 17 Reihe 7 S. 1 sowie Zeitreihennummer 005386001),
- der **Preisindex** für den Neubau von Wohngebäuden insgesamt (Basis 1995 = 100) von 7,8 im Jahre 1925 auf 24,3 im Jahre 1967 und auf 98,4 Punkte im Jahre 1999 (Statistisches Bundesamt, Zeitreihennummer 004880),
- der **Index** der Bruttostundenverdienste der Arbeiter seit 1925 (Basis 1991 = 100) von 3,5 auf 22,7 im Jahre 1967 und auf 127,0 Punkte im Jahre 1999 gestiegen ist (Statistisches Bundesamt VI B 7–10, Übersicht S W – I sowie Zeitreihennummer 005729001).

Die Veränderung der Bruttostundenverdienste der Angestellten dürfte sich in ähnlicher Größenordnung bewegen.

Die Veränderungen seit 1967 bis heute sind also größer als von 1925 bis 1967. Dieses sollte in der Rechtsprechung – auch des BGH – zum Anlaß genommen werden, die bisherige Position zu überdenken. In diesem Sinne äußern auch *Winkler* (*Haegele/Winkler* Rdn. 584 Fn. 3) und *Schuhmann* (UVR 1991, 366) unter Hinweis auf die verflossene Zeit die Hoffnung, daß auch der BGH in einem neueren Verfahren zu einem dem Testamentsvollstrecker günstigeren Ergebnis kommt. 47

48 Wenn man oben beschriebene Entwicklung betrachtet, fällt auf, daß die **Löhne** bei weitem am **stärksten** gestiegen sind. Dafür sind insbesondere zwei Faktoren maßgeblich, einmal die gestiegene Produktivität der Wirtschaft, bedingt durch die umfassende Technisierung und Rationalisierung des gesamten Arbeitsprozesses, zum anderen der Wandel der Wertüberzeugungen. Es wird allgemein akzeptiert und für gerecht gehalten, daß auch die Arbeitnehmer des Produktivitätsfortschrittes teilhaftig wurden und daß ihnen in weiten Teilen ein Nachholbedarf zustand, der zu befriedigen war.

49 Diese Gesichtspunkte sind für die Testamentsvollstreckergebühr in mehrfacher Hinsicht bedeutsam:

50 – Auch wenn für die Testamentsvollstreckergebühr kein solcher Nachholbedarf wie für die normalen Arbeitnehmergehälter bestand, ist **nicht einzusehen,** daß die **Entwicklung** in dieser Hinsicht an der **Testamentsvollstreckergebühr völlig vorbeilaufen** soll.

51 – Bei auch nur mittelmäßig vielschichtigen oder sonstwie komplizierten Nachlässen braucht der Testamentsvollstrecker ein **funktionierendes Büro,** um seine Aufgaben sachgerecht erfüllen zu können. Auch aus diesem Grunde und nicht nur wegen des Vertrauens in die Kompetenz und Integrität der Person werden Testamentsvollstrecker häufig unter den Anwälten, Steuerberatern, Wirtschaftsprüfern und Notaren gesucht. Die **teuerste Komponente eines funktionierenden Büros** machen aber die **Personalkosten** aus. Über deren Höhe scheinen vielfach falsche Vorstellungen zu herrschen, deshalb sei hier der Hinweis angebracht, daß seit 1925 nicht nur die Bruttolöhne, sondern auch die Lohnnebenkosten gestiegen sind. Mit den Sätzen von 1925 lassen sich diese Kosten einfach nicht mehr auffangen. Auch aus der Wirtschaft wird man zu diesen Sätzen kaum fähige Testamentsvollstrecker finden, vgl. *Reimann* S. 160. Hierbei sollte man bedenken, daß es nicht nur im Interesse des Erblassers und der Erben liegt, „gute Leute" für Testamentsvollstreckungen zu gewinnen, sondern auch der Allgemeinheit, da sonst wirtschaftliche Werte der Volkswirtschaft verlustig gehen können.

52 – **Anspruchshaltung und Unfähigkeit mancher Erben** gehen bisweilen eine **eigenartige Allianz** ein. Manche Erben erwarten vom Testamentsvollstrecker „Service" und zwar zu möglichst niedrigen Kosten, am besten kostenlos. Häufig machen es sich die Erben aus Eigeninteresse und die Gerichte aus mangelnder praktischer Erfahrung überhaupt nicht klar, wie mühsam, arbeitsaufwendig und teilweise auch nervenaufreibend die Tätigkeit eines Testamentsvollstreckers bisweilen sein kann. Eine Testamentsvollstreckung, bei der die Erben Kinder des Erblassers aus verschiedenen Ehen nach streitiger Ehescheidung sind, kann den Testamentsvollstrecker durchaus wieder mit der „schmutzigen Wäsche" aus dem Scheidungsverfahren befassen. Beim Vorbereiten eines Teilungsplanes bzw. Teilungsvertrages können derartige psychologische Kategorien eine geradezu „riesige" Rolle spielen, obwohl hinterher alles immer ganz einfach aussieht, ähnlich wie bei einem endlich geschlossenen gerichtlichen Vergleich. Wie auch *Möhring/Beisswingert/Klingelhöffer* (S. 222) hervorheben, ist es immer wieder überraschend, wie schwierig es ist, den Gerichten den Umfang einer Tätigkeit plausibel zu machen.

53 – Letztlich ist noch unbedingt auf die gestiegene **Belastung** der Vergütung des Testamentsvollstreckers mit **Steuern** – ggf. Umsatz-, Einkommens- und Erbschaftsteuer (!) – zu verweisen. Diese Belastung ergibt sich zum einen aus Tariferhöhungen – der Spitzensteuersatz betrug 1925 nur 40% (vgl. § 55 EStG 1925 RGBl. I S. 200), der Umsatzsteuersatz bewegte sich über lange Zeit um 4%, und zum anderen aus Änderungen in der Finanzrechtsprechung, wie noch im einzelnen im Kapitel Steuerrecht ausgeführt wird.

Diese **Gesichtspunkte muß auch die Zivilrechtsprechung zur Kenntnis nehmen,** wenn sie nicht einmal mehr den Vorwurf *Kirchhofs* (S. 69) bestätigen will, daß sie entscheidungserhebliche steuerliche Gesichtspunkte einfach ausblende, obwohl es kaum einen wirtschaftlichen Vorgang gebe, der ohne steuerrechtliche Kenntnisse rechtlich verstehbar wäre. 54

Auch die **Gebühren** der **Gerichte, Rechtsanwälte, Insolvenzverwalter** und **Sachverständigen** sind unabhängig von dem Gesichtspunkt, daß Mehreinnahmen auch dort aufgrund gestiegener Werte zu verzeichnen waren, **erhöht** worden. Insbesondere sah sich der Gesetzgeber bei der Neuregelung der Insolvenzverwaltervergütung zu einer erheblichen Anpassung der Vergütungssätze im Vergleich zu den ursprünglichen – nicht zu der im Rahmen einer „ausufernden" Auslegung tatsächlich geübten Praxis, die wohl im wesentlichen fortgeschrieben wurde – veranlaßt. 55

Zusätzliche Schwierigkeiten werden in den letzten Jahren in der rechtlichen, insbesondere steuerrechtlichen Bewältigung einer Testamentsvollstreckung über die Zahl der zu beachtenden Gesetze hinaus durch die häufigen **Gesetzesänderungen** verursacht. Hinzu kommt eine dementsprechend umfangreiche, zum Teil widersprüchliche Rechtsprechung (vgl. dazu den Beitrag *Kirchhofs* aaO, in dem er die Kompliziertheit des Steuerrechtes geradezu geißelt und den bemerkenswerten Satz prägt: „Das Steuerrecht verliert seine Geltung kraft Unkenntnis"). Eine ähnliche Entwicklung zeichnet sich allmählich im Mietrecht ab, zumindest im Bereich des Wohnungsmietrechts und dort, wo öffentliche Förderung eine Rolle spielt. Mit Steuerrecht und Mietrecht hat ein Testamentsvollstrecker häufig zu tun! 56

e) Eigener Tabellenvorschlag

aa) Grundsätzliches. Wenn sich aus den obigen Ausführungen auch ergibt, daß die **Sätze des Vereins für das Notariat aus Rheinpreußen überholt** sind, stellt sich im Hinblick auf die Kritik von *Möhring/Beisswingert/Klingelhöffer* gleichwohl die Frage, **ob an diese Tabelle überhaupt noch angeknüpft** werden kann. Dafür spricht aber: die **prägende Kraft der Tradition,** von der man in diesem Zusammenhang durchaus sprechen darf, sollte man nicht einfach aufgeben. Geht man über die Weiterentwicklung einer solchen hinaus, kommt man in noch größere Begründungsschwierigkeiten, als man sie bei der Fortentwicklung auch schon hat. 57

Schon *Weirich* hatte daher in älteren Auflagen vorgeschlagen, die Stufenwerte der Tabelle entsprechend dem **Geldwertschwund** anzupassen. Nach *Weirich* ergab sich demnach für die Vergütung des Testamentsvollstreckers folgende Tabelle: 58

1. bei einem Nachlaßwert bis zu	DM 90000,–	4%
2. für einen Mehrbetrag bis zu	DM 450000,–	3%
3. für einen weiteren Mehrbetrag bis zu	DM 4500000,–	2%
4. für Werte darüber hinaus		1%
Diese Zahlen stammen aus dem Jahre 1991.		

bb) Tabellenvorschlag. Im Hinblick darauf, daß sich die **Lebenshaltungskosten seit 1925** inzwischen mehr als **verfünffacht** haben und die Tabelle eine längere Zeit gelten soll, währungsrechtlich aber nicht ohne weiteres indiziert werden kann, wurde hier bislang folgende Tabelle vertreten, die sich eng an die ursprüngliche Rheinische Tabelle anlehnte. Diesem Vorschlag hat sich Weirich (Rdn. 857) inzwischen angeschlossen. Danach berechnet sich die Vergütung: 59

1. bei einem Nachlaßwert bis zu	DM 100 000,–	4%
2. für einen Mehrbetrag bis zu	DM 500 000,–	3%
3. für einen weiteren Mehrbetrag bis zu	DM 5 000 000,–	2%
4. für Werte darüber hinaus		1%

Im Hinblick auf die **Strukturverschiebungen** im Wert der Nachlässe soll hier jedoch eine **weitere Zwischenstufe bei 2 500 000 DM** eingefügt werden, so daß sich folgende Neufassung ergibt:

1. bei einem Nachlaßwert bis zu	DM 100 000,–	4,0%
2. für einen Mehrbetrag bis zu	DM 500 000,–	3,0%
3. für einen Mehrbetrag bis zu	DM 2 500 000,-	2,5%
4. für einen weiteren Mehrbetrag bis zu	DM 5 000 000,–	2,0%
5. für Werte darüber hinaus		1,0%

Nach der **Umstellung auf Euro ist folgende Tabelle** zugrundezulegen:

1. bei einem Nachlaßwert bis zu	Euro 50 000,–	4,0%
2. für einen Mehrbetrag bis zu	Euro 250 000,–	3,0%
3. für einen Mehrbetrag bis zu	Euro 1 250 000,-	2,5%
4. für einen weiteren Mehrbetrag bis zu	Euro 2 500 000,–	2,0%
5. für Werte darüber hinaus		1,0%

60 Das System der **Berechnung** der Prozentsätze **vom jeweiligen Mehrwert** soll entgegen dem Vorschlag des Deutschen Notarvereins **beibehalten** werden; dessen Berechnungsmethode führt im Hinblick auf die Notwendigkeit einer Kontrollrechnung nicht zu einer Vereinfachung und weiter zu einer versteckten Verschiebung der Grenzen, wie folgendes Beispiel zeigt: Da zumindest immer der Höchstbetrag der Vorstufe erreicht werden soll, kann erst bei einem Nachlaßwert von 333 333 Euro die in der Tabelle angegebene dreiprozentige Verfügung zugrundegelegt werden. Bei Nachlaßwerten zwischen 250 000 Euro und 333 333 Euro ist hingegen der Höchstwert der Vorstufe maßgeblich. Entsprechende Verschiebungen ergeben sich bei allen folgenden Stufen (aA *Reimann* DNotZ 2001, 344). Neben der Tradition spricht auch die Neufassung der InsVV für die Beibehaltung der bisherigen Berechnungsmethode.

61 Hinsichtlich der vorgeschlagenen Erhöhung ist anzufügen, daß diese **bei arbeitsintensiven Testamentsvollstreckungen die gestiegenen Lohnkosten nur unzulänglich auffängt** und deshalb bei solchen Testamentsvollstreckungen höhere Vergütungen gerechtfertigt sind. Auch ist die **Umsatzsteuer** bei diesem Vorschlag, die alte Tabelle zeitgemäß fortzuentwickeln, in den genannten Zahlen **nicht enthalten.**

62 *cc) Idealer Normalfall einer Testamentsvollstreckung.* Der Anpassungsvorschlag bezieht sich auf den **idealen Normalfall,** so wie die Tabellensätze wortgemäß für normale Verhältnisse mit glatter Abwicklung gelten. Gemäß den Richtlinien des Vereins für das Notariat in Rheinpreußen gelten die Tabellensätze für normale Verhältnisse und glatte Abwicklung. Es wird also vorausgesetzt, daß der Nachlaß aus sich heraus keine schwierigen Verhältnisse aufweist, wie zB durch Vermögen im Ausland, auch **nicht besonders vielgestaltig** ist, die Zahl der Beteiligten (Erben, Vermächtnisnehmer, Auflagenbegünstigte, Gläubiger etc.) sich in Grenzen hält, der Nachlaß **einigermaßen geordnet** ist und die Testamentsvollstreckung folglich zügig durchgeführt werden kann. Damit ist insbesondere der typische bürgerliche, auch noch gehoben bürgerliche, Nachlaß angesprochen, der vielleicht wie folgt aussehen mag:

Der Erblasser hat eine **Immobilie, einige Wertpapiere, Guthaben bei zwei oder drei Banken und/oder Sparkassen,** vielleicht wird auch noch eine Versicherungssumme zur Auszahlung fällig, die (ausnahmsweise) in den Nachlaß fällt oder sonstwie zu berücksichtigen ist. Weiter ist ein Auto vorhanden, der Hausrat ist häufig wenigstens zum Teil veraltet, es gibt einige wenige wertvolle Stücke, meistens Bilder und Teppiche, gelegentlich auch Antiquitäten. Außer den auf den **Immobilien ruhenden relativ geringen Restschulden sind keine Erblasserschulden** vorhanden, häufig ist der Nachlaß sogar schuldenfrei. Wenn ein solcher Nachlaß an Hand der vorhandenen Unterlagen und sichtbaren Gegenstände erfaßt werden kann, die Bedachten bekannt und kooperativ sind und keine Verteilungsprobleme auftreten, dann hat der Testamentsvollstrecker mit den Sätzen der obigen Tabelle seine vollständige Vergütung erlangt. Die kurzzeitige Verwaltung bis zur Auseinandersetzung des Nachlasses einschließlich der Vorbereitung dazu sind miterfaßt. 63

Die im Vergleich zur hiesigen Tabelle stärkeren Gebührenerhöhungen des **Deutschen Notarvereins gehen möglicherweise von einer durchschnittlich komplizierteren Nachlaßstruktur** aus. Hier wird hingegen versucht, unter starker Anlehnung an die alte Rheinische Tabelle, welche in der Rechtsprechung allgemein akzeptiert war, über eine stärkere Ausdifferenzierung der Fallgruppen zu der im Einzelfall angemessenen Erhöhung zu kommen. Die gelegentlich von Praktikern zu hörende Klage, in dem unteren Bereich der Nachlaßwerte bis etwa 250000 Euro/ca. 500000 DM stimme das **Verhältnis von Aufwand und Ertrag nicht** – Banken nehmen zum Teil solche Testamentsvollstreckungen erst gar nicht an – müßte bei richtiger **Berücksichtigung** der im Folgenden beschriebenen und zur **Vergütungserhöhung führenden Fallgruppen auszuräumen** sein. Leider existiert insoweit keine Rechtstatsachenforschung (Rückäußerungen an den Verfasser sind insofern erwünscht). 64

f) Zur Anwendung der Tabellen, insbesondere der Rheinischen Tabelle

Erstaunlicherweise besteht **keine Einigkeit** hinsichtlich der Frage, ob die in der Rheinischen Tabelle **genannten Sätze sich nur auf die Konstituierung und/oder auch auf die folgenden Phasen einer Testamentsvollstreckung beziehen.** So wurde bzw. wird die These vertreten, es habe sich die Übung herausgebildet, der Testamentsvollstrecker könne neben der Vergütung aus § 2221 BGB eine besondere Gebühr für die Konstituierung als einmalige Sondervergütung verlangen, wenn er insofern eine besonders umfangreiche und verantwortungsvolle Tätigkeit entfalten müsse (*Palandt/Edenhofer*, 52. Aufl. 1992, § 2221 Rdn. 5; *Glaser* DB 1979, 877 und MDR 1983, 93, wobei die Berufung auf die angezogene Rechtsprechung mE nicht richtig ist, dort ist zwar die Rede von einer Konstituierungsgebühr, aber nicht losgelöst von § 2221 BGB). Nach der Auffassung *Glasers* bezieht sich die Tabelle des Vereins für das Notariat in Rheinpreußen auf die Verwaltungsgebühr, wobei seine Ausführungen nicht ganz eindeutig sind. Unter dem Gliederungspunkt 2) spricht er wieder davon, es handle sich bei der Verwaltungsgebühr, auf die sich die besagte Tabelle beziehe, um eine grundsätzlich einmalige Gebühr. *Haegele/Winkler* (Rdn. 580) und *Palandt/Edenhofer* (aaO) gehen davon aus, daß sich die Tabelle auf die Konstituierung bezieht. Nach *Haegele/Winkler* (Rdn. 590) umfaßt die Konstituierung nicht die Auseinandersetzung des Nachlasses. Für eine entsprechende Tätigkeit des Testamentsvollstreckers ist nach der dort vertretenen Auffassung stets eine angemessene Erhöhung der normalen Vergütung vorzunehmen. Eine Entlohnung der Verwaltung kommt (Rdn. 595) nur bei einer längeren Verwaltungstätigkeit in Frage. 65

66 Die oben wiedergegebene ursprüngliche **„Rheinische Tabelle"** mit den begleitenden Ausführungen **differenziert ganz offensichtlich nicht zwischen Konstituierung, Verwaltung und Auseinandersetzung des Nachlasses** (unter Abwicklung wird teilweise auch eine kurze Verwaltungsphase verstanden); vielmehr liegt der Tabelle der ideale Normalfall zugrunde, in dem ein einfach strukturierter Nachlaß erfaßt und für die regelmäßig kurze Zeit bis zur Auseinandersetzung verwaltet wird, dh. der Testamentsvollstrecker verwaltet in diesem Fall, indem er konstituiert und auseinandersetzt.

67 Das **Gesetz enthält nur eine Vergütungsregelung** (so auch OLG Köln NJW-RR 1995, 202 = ZEV 1995, 70), neben dem Gesetz kann es Vergütungsansprüche nur aufgrund vertraglicher Vereinbarungen geben. Die **Frage** kann – und hier sollte man sich die obigen Ausführungen zur Angemessenheit noch einmal vergegenwärtigen! – **nur dahingehen, wie man richtig differenziert und ob man die einzelnen Tätigkeiten,** die den erwähnten Gebühren zugrunde liegen, **gesondert bewertet** und gegebenenfalls auch Tabellen als Hilfsmittel zur Feststellung der letztlich einheitlichen Vergütung, von der das Gesetz ausgeht, entwickeln soll (ähnlich MünchKommBGB/*Brandner* § 2221 Rdn. 11 bis 13 und *Soergel/Damrau* § 2221 Rdn. 12). Methodisch muß ein wichtiges Ziel aller Rechtsregeln und Rechtsanwendung, nämlich **„Reduktion von Komplexität"** (um das von *Niclas Luhmann* geprägte vielzitierte Schlagwort zu benutzen) erreicht werden, andererseits darf diese Reduktion nicht „grob gestrickt" ausfallen, da sie sonst ihre Überzeugungskraft einbüßt. Daraus folgt, gewissermaßen zwanglos: Wenn die **Verwaltung** des Nachlasses nach seiner Konstituierung nicht nur ein kurzfristiges Durchgangsstadium bis zur endgültigen Auseinandersetzung bedeutet, sie vielmehr **eigenes Gewicht entfaltet,** ist sie **für sich gesehen zu bewerten und zu vergüten;** die Vergütung für die Konstituierung ist dann konsequenterweise gegenüber dem normalen Tabellensatz herabzusetzen, wenn nicht anderweitige Erhöhungsgesichtspunkte eingreifen (so auch im Ergebnis *Möhring/Beisswingert/Klingelhöffer* S. 229; wie hier inzwischen *Palandt/Edenhofer* § 2221 Rdn. 7). **Entsprechendes gilt für die Auseinandersetzung** und für die sie vorbereitenden Tätigkeiten. Es ist letztlich unergiebig, abstrakt die Frage zu diskutieren, anhand welcher Richtlinien oder denkbaren Gebührenbegriffe, wie Regelgebühr, Konstituierungsgebühr, Verwaltungsgebühr, Auseinandersetzungsgebühr, die Vergütung zu ermitteln ist. Es dient nicht der begrifflichen Klarheit, wenn das OLG Köln (NJW-RR 1994, 269 = FamRZ 1994, 228 = MittRhNotK 1993, 328 = ZEV 1994, 118m. Anm. *Klingelhöffer*) ausführt, neben der von ihm so bezeichneten Regelvergütung gemäß der „Rheinischen Tabelle" komme bei einer normal verlaufenden Abwicklung eine Konstituierungsgebühr nicht in Betracht, dem Verwalter im Hinblick auf die mehrjährige Dauer der Testamentsvollstreckung insofern eine besondere Gebühr ($^1/_3$% jährlich bezüglich des jeweiligen Bruttonachlaßwertes) aber keine Auseinandersetzungsgebühr zuspricht, sondern auf die Regelvergütung einen Zuschlag von 50% macht, weil die Abwicklung und die Aufteilung des Nachlasses durchaus einen Umfang erreicht hatte, der über dem Durchschnitt lag. Denn eine Auseinandersetzungsgebühr käme allenfalls dann in Betracht, wenn die Auseinandersetzung selbst anspruchsvoll und mit besonderen Schwierigkeiten verbunden sei. Die Schwierigkeiten hätten nicht die eigentliche Auseinandersetzung, sondern vorangehende Tätigkeiten bei der Abwicklung und Veräußerung des Nachlasses bzw. der einzelnen Nachlaßgegenstände betroffen. Da die eigentliche Auseinandersetzung sich darauf beschränkt habe, die Erlöse entsprechend den Erbquoten auszukehren, könne der Testamentsvollstrecker für diese Tätigkeit keine besondere Gebühr verlangen. Diese Argumentation tut den zweiten Schritt vor dem ersten. Das Gericht hätte sich zunächst mit der Frage befassen

müssen, welche Arten der Testamentsvollstreckervergütung – gemeint ist wohl: welche besonderen Aktivitäten des Testamentsvollstreckers – vorlagen, um dann Ausführungen zur Höhe der Vergütung zu machen (*Klingelhöffer* aaO in seiner Urteilsanmerkung). Bei einer solchen Vorgehensweise wäre man ohne weiteres zu dem Phasenschema wie zuvor dargestellt gekommen und hätte prüfen können, ob unter dem Gesichtspunkt der Angemessenheit eine an das konkrete Geschehen angelehnte Vergütung in Betracht gekommen wäre, was das Gericht sachlich im Ergebnis ja auch getan hat und zwar auch mit einer letztlich zu billigenden Schwerpunktbildung. Zu befürchten ist jedoch, daß seine Ausführungen insbesondere zur Auseinandersetzungsgebühr, vielleicht auch zur Konstituierungsgebühr, im Verhältnis zur Regelvergütung zu Unsicherheiten führen.

Bereitet der Testamentsvollstrecker die – vielfach mit besonderen Schwierigkeiten verbundene – **Auseinandersetzung** vor, und entwickelt er dazu einen **Teilungsplan oder besondere Aktivitäten** betreffend den Verkauf der Nachlaßgegenstände, so ist auch diese Tätigkeit gemäß den allgemeinen Kriterien – Aufwand bzw. Schwierigkeit, Erfolg, Einbringen besonderer Kenntnisse – **zu würdigen.** Laut *Haegele/Winkler* (Rdn. 590) ist auf die Sätze des Vereins für das Notariat in Rheinpreußen ein Zuschlag von 70 bis 80% zu machen, auf jeden Fall die Normalvergütung nicht unwesentlich zu erhöhen. In seiner bereits dargelegten Entscheidung (NJW-RR 1994, 269) geht das OLG Köln ebenfalls diesen Weg und gibt einen Zuschlag von 50%, wobei es die Prozentquote nicht näher begründet. Nach *Möhring/Beisswingert/Klingelhöffer* (S. 229, 230) fällt die Grundgebühr in diesen Fällen doppelt an. Diese Auffassung erscheint im Hinblick auf das Differenzierungsgebot nicht unbedenklich; in der Regel dürfte die Konstituierung doch aufwendiger sein als die Auseinandersetzung. In weiten Kreisen praktizierte Richtlinien sind nicht bekannt geworden (*Soergel/Damrau* § 2221 Rdn. 9). Keine gesonderte Gebühr/Abschlußgebühr ist zu erheben für die Schlußrechnung und Herausgabe des Nachlasses an die Erben (*Möhring/Beisswinger/Klingelhöffer* S. 2221, wo das Wort Auseinandersetzung allerdings irreführend gebraucht wird, erst aus dem „Zusammenlesen" mit S. 229, 230 ergibt sich, was gemeint ist). 68

g) Dauertestamentsvollstreckung

Im Rahmen der **Dauerverwaltungsvollstreckung** werden vielfach **2% bis 4%** vom **Jahresbetrag** der Einkünfte oder **1/3% bis 1/2% des Nachlaßbruttowertes** – je nach Schwierigkeitsgrad der Verwaltung – als Vergütung genannt (OLG Köln 22 U 186/87, S. 23, nicht veröffentlicht, *Haegele/Winkler* Rdn. 595; *Möhring/Beisswingert/Klingelhöffer* S. 229, die ausführen, insofern bestünde Einigkeit). Die seitens der **Banken** verlangten Gebühren (soweit bekannt) bewegen sich **in ähnlichen Größenordnungen.** Nach *Soergel/Damrau* (§ 2221 Rdn. 9) beziehen sich die oben genannten Werte nur auf solche Nachlässe, bei denen es sich hauptsächlich um Konten und Wertpapiere handelt. Gerade im Bereich der Verwaltungstestamentsvollstreckung ist es vielfach aber auch angemessen, auf die üblichen **Honorare der Berufsgruppe** zu schauen, die die Tätigkeit ausübt, die der Testamtentsvollstrecker bei seiner Tätigkeit innehat, wie zB bei Hausverwaltungen. Dort bewegen sich die Vergütungen je nach dem Aufwand, der stark von der Zusammensetzung der Mieter abhängt, zwischen 3% und 8% der Nettojahresmieten. Aber auch insofern ergibt sich überhaupt kein einheitliches Bild, teilweise werden auch die Sollmieten zu Grunde gelegt, teilweise wird auch besonders beachtet, ob die sogenannten Umlagen auch vollständig eingebracht werden konnten. Hieraus wird deutlich, daß auch die Marktbeobachtung keine eindeutige Auskunft über die Angemessenheit der Vergütung gibt. Das OLG Köln hat in seiner zuvor zitierten, 69 nicht veröffentlichten Entscheidung auf S. 18 ff. den Rückgriff auf den Zeitaufwand und den Stundensatz einer bestimmten Berufsgruppe – konkret: Wirtschaftsprüfer/je Stunde DM 250,– zuzüglich 10% Anteil Mitarbeiter und 3% allgemeine Büroauslagen sowie die Umsatzsteuer – nicht für unangemessen erachtet.

h) Folgerungen: Fallgruppenorientierte Zuschläge

70 Der Versuch, über eine **Differenzierung in drei Gebührentatbestände** zu einer angemessenen Testamentsvollstreckervergütung zu gelangen, wird der **Komplexität der Testamentsvollstreckung nicht gerecht.** Wie bereits in der Vorauflage dargelegt und vom Deutschen Notarverein in ähnlicher Form empfohlen und von der **InsVV** auf gesetzlicher Grundlage für den dortigen Bereich normativ geregelt, sollten unter Berücksichtigung derselben **Fallgruppen** gebildet werden, nach denen jeweils **Zu- und Abschläge** bei der Vergütung gemacht werden.

71 Zuschläge sind gerechtfertigt, wenn die Tätigkeit des Verwalters im Vergleich zum Normalfall hinsichtlich Qualität und Quantität besonderen Umfang annimmt. Dies war auch schon in den Richtlinien anerkannt und wurde nun auch in den Neuempfehlungen des Deutschen Notarvereins übernommen. Zudem ist die Kombination von Grundvergütung und Zuschlägen ein Regelungsmuster, das auch vom Gesetzgeber im Rahmen der Regelung der Insolvenzverwaltervergütung zu Grunde gelegt wurde (§§ 2f. InsVV). Dabei weisen die **Zuschlagstatbestände der InsVV zT deutliche Parallelen zu den hier entwickelten Fallgruppen auf.**

72 Bei jeglichen Empfehlungen für die Höhe von Zuschlägen ist jedoch ein Ausgleich zu finden zwischen dem Gebot der Komplexitätsreduzierung trotz vielgestaltiger Erschwernisgründe auf der einen Seite und dem Differenzierungsgebot bei der Testamentsvollstreckervergütung andererseits. Die Erschwernisse, welche Zuschläge rechtfertigen, können ihre Ursache zum einen in der Komplexität des Nachlasses selbst, zum anderen in der Zusammensetzung der am Nachlaß Beteiligten haben. Wie auch im Bereich der InsVV darf dabei die Abweichung zum Normalfall nicht nur marginal sein, sondern muss in solcher Weise signifikant sein, daß für den unbefangenen Beobachter erkennbar ein Abweichen vom Regelfall auffällt ist (*Keller* Rdn. 107).

73 Bei **Zusammentreffen mehrerer Erschwerungsgründe** sind diese gesondert zu bewerten; die Vergütungen sind zu addieren. Die **Gesamtobergrenze** wird hier **vielfach bis 12%** des Nachlaßwertes gesehen (Hessisches FG vom 23. 10. 1990, EFG 1991, 333; *Möhring/Beisswingert/Klingelhöffer* S. 230).

Erste Obergruppe: Nachlaßbezogene Erschwernisse

1. Fallgruppe: Ungeordneter Nachlaß

74 Es ist leider festzustellen, daß die Unterlagen vieler Erblasser ungeordnet bzw. nicht vollständig sind. Häufig sind Einheitswertbescheide, Mietverträge, Bankunterlagen etc. nicht vollständig oder nicht auf dem neuesten Stand.

75 Für die Berechnung des Zuschlages sollte man hier die Normalvergütung, soweit sich das Fehlen der Unterlagen nur im gesteigerten **bürokratischen Aufwand** niederschlägt, nach **Stundensätzen** erhöhen. Hiermit ist kein Systembruch verbunden; **auch** in der **InsVV** wird **teilweise nach Stundensätzen** vergütet.

2. Fallgruppe: Vielgestaltiger Nachlaß

Nachlässe, in denen die unterschiedlichsten Gegenstände vorhanden sind, machen **nicht nur bei der rein tatsächlichen Erfassung,** sondern auch bei der **Bewertung,** die der Testamentsvollstrecker im Rahmen der von ihm abzugebenden Erbschaftsteuererklärung vorzunehmen hat, häufig **besondere Schwierigkeiten.** Wie sind zB Sammlungen (Briefmarken, Münzen, Mineralien, Bilder) oder Bibliotheken zu bewerten? Hier wird der Testamentsvollstrecker, wenn die von ihm erwarteten Werte es rechtfertigen, häufig einen Gutachter einschalten müssen, um nicht eine falsche Erbschaftsteuererklärung abzugeben. Außerdem ist die **Bewertung** häufig für die **Auseinandersetzung bedeutsam.** Hier ist zu differenzieren: Möglicherweise gibt es einen Teil des Nachlasses, dessen Konstituierung keine Schwierigkeiten macht, zB Immobilienbesitz, bei dem Grundbuch-, Steuer- und Vertragsunterlagen geordnet vorhanden sind. Dieser Bereich geht ohne Besonderheiten in die Berechnung der Vergütung ein. 76

Die Erhöhung der Vergütung berechnet sich folglich dadurch, daß für den oder die Spezialbereich(e) jeweils ein Zuschlag zu machen ist, so als ob dieser nochmals für sich einen Nachlaß abgeben würde, wobei der Zuschlag je nach Arbeitsaufwand und Verantwortung die Höhe der normalen Gebühren erreichen kann. Beispiel: Der Erblasser hinterläßt ein Vermögen von DM 1300000,–, wovon DM 1000000,– auf Immobilienbesitz und DM 300000,– auf eine Briefmarkensammlung und eine Münzsammlung, sowie auf Bilder entfallen. Hier ist die Vergütung zunächst einmal von dem Wert von DM 1300000,– zu berechnen und zusätzlich noch einmal von dem Wert von DM 300000,– mit dem Ergebnis, daß sich die Vergütung des Testamentsvollstreckers entsprechend dem Sonderaufwand von DM 32000,– um bis zu DM 10000,– auf DM 42000,– erhöht. 77

3. Fallgruppe: Mit Rechtsproblemen belasteter Nachlaß

Ein weiterer Erschwernistatbestand liegt vor, wenn ein **Nachlaß mit Rechtsproblemen** belastet ist. Dies ist **häufig** der Fall, wenn eine Bereinigung nicht durch den Erbfall bedingter **Steuerangelegenheiten** erforderlich ist. Gleiches gilt, wenn **Verträge zugunsten Dritter** zu würdigen und gegebenenfalls zu widerrufen sind (**Wettlaufproblem!,** *Mayer/Mayer* Rdn. 595; ausführlich *Mayer* DNotZ 2000, 905). Darüber hinaus ist dieser Erschwernistatbestand gegeben, wenn – auf aktiver oder passiver Seite – eine mehr oder weniger vielfältige Prozeßführung, sei es aus zivilrechtlichen oder aus steuerrechtlichen Gründen, erforderlich ist. Der Mehraufwand des Testamentsvollstreckers wird regelmäßig nicht dadurch aufgefangen, daß sich die Berechnungsgrundlage der Vergütung erhöht oder ungeschmälert bleibt. Die Höhe des Zuschlages hängt vom Gewicht der Problematik im Einzelfalle ab. Häufig überschneidet sich diese Fallgruppe auch mit der Fallgruppe B. 3 – Rdn. 103. 78

4. Fallgruppe: Auseinandersetzungsplan und Vollzug; hierbei anfallende Gestaltungsaufgaben

Der Erschwernistatbestand der Aufstellung eines **Auseinandersetzungsplans** und des **Vollzugs** findet eine ziemlich genaue Entsprechung **in § 3 Abs. 1 lit. e sowie § 6 Abs. 2 InsVV,** wonach der Insolvenzverwalter eine den Regelsatz übersteigende Vergütung erhält, wenn er einen Insolvenzplan ausgearbeitet hat bzw. eine gesonderte Vergütung erhält, wenn er die Erfüllung des Insolvenzplans überwacht. 79

80 Nicht jede Auseinandersetzung gestaltet sich einfach. Wie bereits in der zweiten Fallgruppe gesagt, sind Bewertungsfragen nicht nur für die Erbschaftsteuererklärung, sondern regelmäßig auch für eine Auseinandersetzung der Erben bedeutsam und zwar immer dann, wenn eine Realteilung erfolgt und der Erblasser keine verbindlichen Regelungen vorgegeben hat. Hier ist zu bedenken, daß die Diskussion von **Bewertungsfragen** immer Zeit kostet, ebenso die Vorbereitung der Unterlagen für eine etwaige Begutachtung, weiter das Bereitstellen der zur Begutachtung anstehenden Objekte bzw. das Verschaffen der Zugangsmöglichkeit. Hat der **Testamentsvollstrecker Schulden** zu regulieren, sind stets dann, wenn die Verbindlichkeiten nicht alsbald aus dem Erlös der Veräußerung von Nachlaßgegenständen ausgeglichen werden, **Verhandlungen mit den Gläubigern** notwendig. Gegenstand dieser Verhandlungen kann das **Belassen der Kredite** sein, auch Regelungen betreffend die Art und Weise der Rückführung und häufig auch die **Auflösung der gesamtschuldnerischen Haftung der Erben** im Rahmen der Erbauseinandersetzung einschließlich der Konkretisierung von Sicherungsvereinbarungen insbesondere bei Grundschulden. Hierbei können beachtliche zunächst auch vom Erblasser nicht vorhersehbare Probleme auftreten, wie folgendes Beispiel zeigt: Ein Erblasser hinterläßt vier Erben, die zu gleichen Teilen berufen sind. Zum Nachlaß gehören u. a. vier Immobilien, die alle noch mit Grundschulden belastet sind, die aber gemäß den Sicherungsverträgen nicht bestimmte Forderungen der Kreditgeber sichern, sondern alle Forderungen gegen die Erblasser/Schuldner. Alle Kredite weisen günstige Konditionen auf, da sie in einer Niedrigzinsphase aufgenommen wurden und haben noch eine lange Laufzeit. Beim Erbfall herrscht eine Hochzinsphase. Gemäß den Anordnungen des Erblassers soll der Immobilienbesitz dergestalt auseinandergesetzt werden, daß jeder Erbe eine Immobilie erhält; eine konkrete Teilungsanordnung oder ein Vermächtnis bzw. Vorausvermächtnis hat er jedoch nicht verfügt, sondern nur die Auflage gemacht, der Immobilienbesitz dürfe zehn Jahre nicht veräußert werden. Über die Bewertung der Immobilien werden die Erben sich nach einigen Diskussionen einig, ebenso ist an Hand des zeitlichen Ablaufs leicht erkennbar, welcher Kredit zur Anschaffung welcher Immobilie gedient hat bzw. sonst wie in eine bestimmte Immobilie geflossen ist. Die Kreditgeber zeigen sich bis auf eine Ausnahme bereit, dem jeweiligen Zuweisungsempfänger die alten günstigen Kredite zu belassen, den Sicherungsvertrag zu konkretisieren und die gesamtschuldnerische Haftung aufzulösen. Der von dem Ausnahmefall betroffene Erbe wendet nun ein, daß die Ausnahme seitens des Kreditgebers nicht wegen seiner Person, sondern aus Gründen, die in der Beschaffenheit des Objektes und der allgemeinen Geschäftspolitik dieses Kreditinstitutes lägen, gemacht worden sei. Er wolle deshalb den von ihm zu leistenden höheren Aufwand ausgeglichen haben. Schließlich seien die Erben zu gleichen Teilen berufen worden und die Auflage müsse letztlich alle gleich belasten, denn die §§ 2166ff. BGB gälten nur für Vermächtnisse. Nach **längeren Verhandlungen mit dem Kreditinstitut und den anderen Erben** gelingt es dem Testamentsvollstrecker, eine von allen akzeptierte Lösung zu finden. Für diese aufwendige und rechtlich anspruchsvolle Tätigkeit steht dem Testamentsvollstrecker auch unter dem Aspekt einer gewissen Erfolgshonorierung eine gesonderte Vergütung zu. Ähnliches gilt, wenn der Testamentsvollstrecker besondere **Sicherungsmaßnahmen** ergreifen mußte (vgl. dazu das instruktive Beispiel bei *Möhring/Beisswingert/Klingelhöffer* S. 230).

81 An diesem Beispiel zeigt sich deutlich, daß auch die Erledigung einer Regelaufgabe selbst schon besondere Anforderungen an den Testamentsvollstrecker stellen kann; diese können sich auf das Niveau wie auch auf den schlichten Umfang der Tätigkeit erstrecken. Eine Erhöhung der Regelvergütung bei der Auseinandersetzung empfiehlt sich entgegen Tiling also nicht nur dann, wenn die Auseinanderset-

zung nach einer Verwaltungstätigkeit im engeren Sinn erfolgt. **Auch im Bereich der InsVV ist anerkannt, daß auch Regelaufgaben besonders Gewicht haben können,** das zur Erhöhung der Vergütung führt (*Keller* Rdn. 105 mwN). Es zeigt sich, daß das flexible System der Fallgruppenbildung dem System fester Gebührentatbestände überlegen ist.

Der Zuschlag ist in den Fällen der Aufstellung eines Auseinandersetzungsplans und des Vollzugs idR nach der zur Fallgruppe 2 vorgestellten Methode zu ermitteln, da sich die Schwierigkeiten nicht stets auf den gesamten Nachlaß beziehen müssen, sondern sich auch nur auf einzelne Gegenstände erstrecken können; häufig wird jedoch der Zuschlag die volle Höhe der Tabellengebühr erreichen. **82**

5. Fallgruppe: Konstituierung und Verwaltung bzw. Auseinandersetzung fallen auseinander

Wie bereits gesagt, ist die Tabellenvergütung für den Normalfall herabzusetzen, wenn der Konstituierung eine längere Verwaltungsphase und spätere Auseinandersetzung folgt. Hier dürften in der Regel etwa **15% Herabsetzung der Gesamtvergütung angemessen sein, um lediglich die Konstituierungsarbeiten abzugelten.** Zur Verwaltungsvergütung sei auf die obigen Ausführungen verwiesen. Fallgruppen lassen sich hier kaum bilden, es sei nur betont, daß die genannte Gebühr von 2% bis 4% vom Erlös bei Hausverwaltungen auf jeden Fall für die Durchschnittsimmobilie zu niedrig ist und nur bei der Verwaltung von Geld und Wertpapiervermögen angemessen ist. **83**

Hinsichtlich der Vergütung der **Auseinandersetzung nach einer längeren Verwaltungsphase** kommt es zunächst einmal darauf an, in welchem Umfang die im **Rahmen der Konstituierungsarbeiten gefundenen Ergebnisse noch ohne weiteres aktuell** und damit für den Testamentsvollstrecker **verwertbar** sind. Das wird in der heutigen schnellebigen Zeit häufig nicht mehr der Fall sein und das nicht nur bei Wertpapiervermögen; 4 bis 5 Jahre dürften für jeden Vermögensgegenstand eine Schallmauer darstellen und damit eine Neubewertung erforderlich machen, selbst bei Immobilienvermögen. Hinsichtlich der Vergütung für die im Zusammenhang mit einer solchen Auseinandersetzung erbrachten Leistungen gilt das oben Gesagte entsprechend. Als weiterer Gesichtspunkt, der die Vergütung erhöht, kann hinzukommen, daß der Testamentsvollstrecker durch gute Arbeit den **Nachlaß** in seinem Wert **nicht nur erhalten,** sondern auch **gemehrt** hat, gegebenenfalls auch im Hinblick auf die Auseinandersetzung – sei es durch Realteilung – sei es durch Veräußerung und Teilung des Erlöses – eine **längere Marktbeobachtung** betrieben und einschlägige **Geschäftsverbindungen angeknüpft und gepflegt** hat. In einem solchen Fall ist die volle Testamentsvollstreckergebühr nochmals zu entrichten. **84**

Dieser Fall findet eine Entsprechung in **§ 3 Abs. 1 lit. c InsVV,** der den Fall regelt, daß der Insolvenzverwalter mit erheblichem Arbeitsaufwand die **Masse vermehrt** hat und daher einen Vergütungszuschlag erhält. Die dort beschriebenen Begrenzungen ergeben sich aus den allgemeinen Limitationsgesichtspunkten in der InsVV und spielen für die Testamentsvollstreckervergütung keine Rolle. **85**

6. Fallgruppe: Testamentsvollstreckung bei Unternehmen

Wenn ein Testamentsvollstrecker einen **Betrieb weiterführt,** stellt sich das Problem der Bewertung des Nachlasses in besonderer Schärfe. Vorbehaltlich an- **86** derweitiger Anordnung des Erblassers oder eines anderen Aufgabenkreises des Testamentsvollstreckers ist der **Verkehrswert** des der Testamentsvollstreckung unterliegenden Vermögens Bezugsgröße für die Vergütung des Testamentsvollstreckers. Die Bewertung von Unternehmen ist jedoch sowohl im Grundsätzlichen wie im einzelnen außerordentlichen **streitig.**

87 Der Streit hat seine Wurzel in der unterschiedlichen Auffassung über eine vorzugsweise Berücksichtigung entweder des **Substanz- oder des Ertragswertes** (vgl. dazu *Piltz,* Die Unternehmensbewertung in der Rechtsprechung).

88 Die Wertansätze in der **Handels- und Steuerbilanz** sind **nur einzelne Faktoren** für die Bewertung des Unternehmens im Ganzen. **Auch gesellschaftsrechtliche Bewertungsregelungen** für den Abschichtungsanspruch eines ausscheidenen Gesellschafters oder dessen Erben können **nicht unmittelbar erheblich** sein, es sei denn, der Erblasser habe eine solche Berücksichtigung bei der Regelung der Vergütung des Testamentsvollstreckers angeordnet (BGH DNotZ 1974, 170).

89 Das LG Hamburg (MDR 1959, 761) hat in einem Fall, in dem ein Testamentsvollstrecker erfolgreich die Funktion eines Unternehmers ausgeübt hatte, eine Vergütung von **10% des Reingewinns für angemessen erachtet.** Das LG hat in seiner Begründung ausgeführt, die in den verschiedenen Versuchen, Richtlinien für die Vergütung des Testamentsvollstreckers aufzustellen, entwickelten Vergütungssätze seien an Nachlässen orientiert gewesen, die vorwiegend aus Geld, Wertpapieren und Grundvermögen bestanden hätten und deren Betreuung damit durch eine verwaltende Tätigkeit dargestellt wurde. Wenn vom Testamentsvollstrecker dagegen **unternehmerische Tätigkeit** gefordert wurde, könne die Beurteilung der Angemessenheit der Vergütung nicht vom Standpunkt einer angestellten Arbeitskraft erfolgen, die ihre Entlohnung auch ohne einen im Betrieb erwirtschafteten Überschuß erhalte, und auch nicht von dem Standpunkt der sicheren Erwartung von Zinsen aus angelegten Geldern oder Wertpapieren oder regelmäßig fließenden Grundstückseinnahmen.

90 Die unternehmerische Leistung und das Streben nach Gewinn im Gegensatz zur Erhaltung des Kapitals und des Flusses seiner Zinsen erfordere die angemessene **Vergütung vom Reingewinn her festzusetzen.** Im übrigen erfordere nicht nur die Tätigkeit des Testamentsvollstreckers als Unternehmer, sondern auch das Interesse der Erben eine solche Anknüpfung. Anderenfalls könne die Steigerung von Unkosten und die Aufblähung des Verwaltungsapparates den für einen arbeitenden Betrieb lebensnotwendigen Gewinn verringern, ohne die anhand des Bruttogewinns zu ermittelnde Testamentsvollstreckervergütung zu berühren.

91 **Wie das LG Hamburg** bei der Bewertung der Vergütung ausgerechnet zu den besagten **10%** kam, ist in der Veröffentlichung **nicht angegeben;** gesagt ist lediglich, daß der Reingewinn naturgemäß erheblich unter dem Bruttogewinn liege, und daß, wenn bei diesem als Bezugsgröße 1 bis 4% als angemessen angesehen würden, hier 10% angemessen seien.

92 Der **BGH** (DNotZ 1964, 171) hat es unter Hinweis auf die Entscheidung des LG Hamburg in einem **obiter dictum** ebenfalls für angemessen gehalten, dem Testamentsvollstrecker, der das Unternehmerrisiko trage, einen **namhaften Hundertsatz des Gewinns** zuzusprechen.

93 Außer den Neuempfehlungen des Deutschen Notarvereins hat bislang kein „Tabellenvorschlag" die Besonderheiten einer Unternehmenstestamentsvollstreckung explizit berücksichtigt. Die Neuempfehlungen des Deutschen Notarvereins differenzieren: Für den Fall der Übernahme und Ausübung der Unternehmerstellung bei Personengesellschaften folgen die Empfehlungen der vom LG Hamburg vertretenen Vergütung von 10% des Reingewinns. Wird der Testamentsvollstrek-

ker als Organ einer Kapitalgesellschaft, GmbH & Co. KG, Stiftung & Co tätig, so soll ihm das branchenübliche Gehalt eines Geschäftsführers bzw. Vorstandsmitglieds zzgl. branchenüblicher Tantieme zustehen. Gleiches gelte bei Ermächtigungstreuhand oder Handeln als Bevollmächtigter der in ihre Rechte Eingesetzten.

Den obigen Ansätzen ist zu folgen; die Vergütung bei Testamentsvollstreckung in Unternehmen hat sich auszurichten an der Stellung des **Testamentsvollstreckers im Unternehmen;** hier ist insbesondere die Frage **entscheidend,** ob der Testamentsvollstrecker lediglich **verwaltende** oder auch **geschäftsführende** Tätigkeiten entfaltet. Darüber hinaus muß die Vergütung auch die Risiken des Testamentsvollstreckers widerspiegeln. 94

Zu diesem Zweck sind die verschiedenen Konstellationen einer Testamentsvollstreckung am Unternehmen zu vergegenwärtigen: Bei der Testamentsvollstreckung am einzelkaufmännischen Unternehmen, BGB-Gesellschaft, oHG sowie einer Komplementär-Beteiligung an einer KG ist der Testamentsvollstrecker idR lediglich **beaufsichtigend** tätig, im **Innenbereich** der Gesellschaft hat er – abgesehen von der Ersatzlösungen der Treuhandschaft oder Bevollmächtigung – hingegen **keine Funktion.** Bei der Kommanditbeteiligung hängt die Möglichkeit einer Beteiligung des Testamentsvollstreckers in der Gesellschaft von der Ausgestaltung des Gesellschaftsvertrags ab. Bei **Kapitalgesellschaften** schließlich kann der Testamentsvollstrecker auch **in der Gesellschaft Funktionen** ausüben. Darüber hinaus kann er als **Organ** in die Gesellschaft integriert werden; in letzterem Fall hat der Testamentsvollstrecker geschäftsführende Funktionen. 95

Hinsichtlich der **Risiken** einer Testamentsvollstreckung im Unternehmensbereich ist zu differenzieren. Zum einen besteht das Risiko des Testamentsvollstreckers, **keinen Reingewinn** zu erwirtschaften und damit **keine Vergütung** zu erhalten, wenn diese nach der Verfügung von Todes wegen in einer Beteiligung am Gewinn besteht. Zweitens existiert auch das **Haftungsrisiko** des Testamentsvollstreckers gegenüber den Erben für eine eventuell **verfehlte Unternehmensführung;** denn mit Unternehmerrisiko bezeichnet man doch sonst wohl allgemein das besondere Verbundensein des Unternehmers mit dem Schicksal des Unternehmens, nämlich das eingesetzte Kapitel verlieren zu können und unter Umständen für Schulden des Unternehmens persönlich haften zu müssen. Drittens besteht zusätzlich die Möglichkeit der **persönlichen Haftung** des Testamentsvollstreckers, wenn dieser ein Unternehmen als **Treuhänder** führt. Von dem Risiko, eingesetztes Kapital zu verlieren, ist der Testamentsvollstrecker allerdings regelmäßig nicht betroffen. Auch ohne persönliche Haftung des Testamentsvollstreckers als Unternehmer kann man jedoch als Pendent zu dem typischen Unternehmerrisiko die Haftung des Testamentsvollstreckers gegenüber den Erben wegen Verletzung seiner Pflichten ansehen. Etwaige mit den Erben getroffene **Vereinbarungen zu Haftungsfragen,** auch der Abschluß einer **Versicherung** auf Kosten des Nachlasses, sind demnach bei der Berechnung der Vergütung zu **berücksichtigen.** 96

Vor diesem Hintergrund ist bei der Testamentsvollstreckung im Unternehmensbereich wie folgt zu verfahren: Zunächst ist klarzustellen, daß der **Vergütungsanspruch auch dann besteht,** wenn das Unternehmen **keinen Gewinn** abwirft. Der Vergütungsanspruch des Testamentsvollstreckers ist ein gesetzlich gewährter, der prinzipiell nicht gewinnabhängig ist, es sei denn, der Erblasser hat etwas anderes angeordnet. 97

Darüber hinaus rechtfertigt bereits die bloße Tatsache, daß sich die Testamentsvollstreckung auf ein Unternehmen bzw. einen Unternehmensanteil bezieht im Hinblick auf den **komplexeren Nachlaßgegenstand** eine gegenüber anderen Fällen **erhöhte Vergütung.** Im Hinblick auf das Differenzierungsgebot ist der „Zuschlag" bei einer rein **beaufsichtigenden Testamentsvollstreckung niedri-** 98

ger anzusetzen als bei Fällen, in denen der Testaments auch die Rechte des Gesellschafters in der Gesellschaft wahrnimmt. Bei einer beaufsichtigenden Tätigkeit kommt eine Ausrichtung des Zuschlags an der Vergütung von **Aufsichtsratsmitgliedern** im betreffenden Bereich in Betracht. Übt der Testamentsvollstrecker dagegen in der Gesellschaft **verwaltende Tätigkeiten** aus, so wird man sich an den Bezügen **leitender Angestellter** zu orientieren haben.

99 Wird der Testamentsvollstrecker dagegen **geschäftsführend tätig,** so hat sich die Vergütung an den Gehältern eines **Geschäftsführers oder Vorstands** im betreffenden Bereich zu orientieren; auch diese Vergütung ist grundsätzlich gewinnunabhängig. Hat der Testamentsvollstrecker allerdings besonders erfolgreich gewirtschaftet, so ist dies auch in den unterschiedlichen Varianten in Form einer Gewinnbeteiligung zu berücksichtigen; diese ist allerdings an den **Gewinnbeteiligungen (beispielsweise Tantiemen) im jeweiligen Bereich auszurichten.**

100 Vor einer Vergütung, die sich **ausschließlich** in einer **Gewinnbeteiligung** zeigt, ist zu **warnen.** Es besteht die Gefahr des **„Raubbau-Treibens“,** in dem der Testamentsvollstrecker den Gewinn – insbesondere bei kurzfristigen Testamentsvollstreckungen – zu Lasten einer gesunden Gesamtstruktur des Unternehmens hochtreibt. Außerdem besteht die Gefahr, daß der berufene Testamentsvollstrecker bei mangelnden Gewinnaussichten – Unternehmen beim oder durch Erbfall in der Krise – die Testamentsvollstreckung nicht antritt (*J. Mayer* in *Mayer/Bonefeld/Daragan* Rdn. 508). Hat der Testamentsvollstrecker gar die Aufgabe, ein Unternehmen zu **restrukturieren** und somit schwierige unternehmerische Gestaltungsaufgaben zu lösen, bietet es sich an, insoweit die Vergütung an die des **Insolvenzverwalters** anzulehnen, **der diese Aufgaben erfüllt.**

Zweite Obergruppe: Beteiligtenbezogene Erschwernisse

1. Fallgruppe: Beteiligung Minderjähriger, Behinderter, Betreuter

101 Hier ist nicht nur mit dem Betroffenen – falls er die erforderliche Einsichtsfähigkeit besitzt – sondern notwendig auch mit den Sorgeberechtigten oder Betreuer und gegebenenfalls auch mit dem **Vormundschaftsgericht** zu sprechen bzw. zu korrespondieren; dieses bedeutet einen besonderen Aufwand. Soweit die Beteiligung Minderjähriger nichts mit den sonstigen Verhältnissen des Nachlasses zu tun hat, bietet es sich an, diesen gesonderten **Aufwand nach Stundensätzen** abzurechnen, wobei es hier wiederum auch auf die Person des Testamentsvollstreckers ankommt.

Eine **Erhöhung** der Vergütung ist auch bei **Erbteilsvollstreckung** vorzunehmen (*von Morgen* ZEV 1997, 116); denn im Hinblick darauf, daß diese vom Bruttowert des Erbteils ausgehend zu berechnen ist, wird der **Mehraufwand** sich mit den **anderen Beteiligten auseinandersetzen** zu müssen, im Vergleich zur „Totalvollstreckung“ erst durch eine Erhöhung erfaßt. Dieses gilt sinngemäß bei der Vermächtnisvollstreckung. In der **InsVV** findet diese Fallgruppe eine gewisse Entsprechung in **§ 3 Abs. 1 lit. a – Bearbeitung von Aus- und Absonderungsrechten.**

2. Fallgruppe: Vielzahl von Beteiligten

102 Gelegentlich gibt es Erblasser, die ihre Wohltaten nach dem Gießkannensystem verteilen und eine **Vielzahl von Personen und Institutionen** bedenken, wobei

häufig die zur Zeit der Testamentsabfassung gemachten Anschriften oder Namen (Heirat) inzwischen nicht mehr stimmen. Zu einem solchen Fall ist in jüngerer Rechtsprechung eine Entscheidung ergangen: Bei einem Brutto-Nachlaßwert von DM 588000,–, bei drei letztwilligen Verfügungen und 55 Vermächtnissen wurde eine Vergütung von 5% des Wertes zuerkannt (Hessisches FG, 23. 10. 1990, EFG 1991, 333). Diese Summe liegt sogar über dem Satz der *Möhring'schen* Tabelle. Zu einem ähnlichen Ergebnis wäre man auch gekommen, wenn man wegen der Vielzahl der Bedachten pro Person pauschal einen Sonderaufwand von DM 250,– (125 Euro) angenommen hätte, was hier für derartige Fälle empfohlen wird. Nach Stundensätzen für den jeweiligen Aufwand abzurechnen, empfiehlt sich nicht, da dieses mit Sicherheit zu wechselseitigen Vorhaltungen und Unfrieden führt.

Im Rahmen der **InsVV** ist anerkannt, daß eine **besonders hohe Zahl von Gläubigern eine Gebührenerhöhung** rechtfertigt (*Keller* Rdn. 123 mwN).

3. Fallgruppe: Zerstrittene Erben/Vermächtnisnehmer

Testamentsvollstreckungen werden häufig in den Fällen angeordnet, in denen Streit zwischen den Erben und/oder Vermächtnisnehmern besteht und der Erblasser sich erhofft, **durch die Testamentsvollstreckung diesen Streit zu entschärfen.** Wenn es dem Testamentsvollstrecker gelingt, nach Anhörung der Beteiligten einen Teilungsplan aufzustellen, der allgemein akzeptiert wird, bietet es sich an, diesen besonderen Aufwand ähnlich zu würdigen, wie es die **Kostenordnung für die Vermittlung der Auseinandersetzung durch einen Notar** tut, vorausgesetzt, der Schlichtungsaufwand ist vergleichbar hoch. Auch hier ist wieder das Gesamtbild im Auge zu behalten: Die Bereinigung von Konflikten ist – auch in steigender Tendenz mit den Nachlaßwerten – in einem gewissen Umfang bereits durch die analog steigende Vergütung miterfaßt. Auch dann, wenn dem Testamentsvollstrecker die Schlichtung nicht gelingt und Prozesse unter den Erben bzw. Vermächtnisnehmern geführt werden, steht dem Testamentsvollstrecker wegen des damit verbundenen Aufwandes eine Erhöhung der Vergütung zu. 103

In der **InsVV** entspricht dieser Fallgruppe **§ 3 Abs. 1 lit. d** – erhebliche Beanspruchung des Insolvenzverwalters durch die Bearbeitung **arbeitsrechtlicher Fragen** bezüglich Insolvenzgeld, Kündigungsschutz und Insolvenzplan. Ähnlich wie in Fallgruppe A.3. (Rdn. 78) kann hier nur auf das Ausmaß des Streites abgestellt werden. 104

4. Schlußbetrachtung

Die Höhe der Zuschläge hängt **naturgemäß vom Ausmaß der Erschwerung ab.** Insofern läßt sich die richtige Höhe des Zuschlages am ehesten dadurch gewinnen, daß man dann, **wenn sich nicht eine Beurteilung nach dem Zeiteinsatz anbietet,** die **Erschwerungspunkte im Verhältnis zur normalen Konstituierung (bürgerlicher Haushalt) gewichtet** und von daher „zu den Zahlen kommt“. Insoweit kann man z.T. allerdings nur auf den Einzelfall verweisen: Ein Nachlaß kann zB in sehr unterschiedlichem Ausmaß mit Rechtsproblemen belastet sein, Streit zwischen den Erben und Vermächtnisnehmern mehr oder weniger heftig sein und eine mehr oder weniger große Bedeutung für den Gesamtnachlaß haben. Graphisch dargestellt ergibt sich folgende Betrachtung: 105

Berechnung der Testamentsvollstreckervergütung
(Eckelskemper'sche Tabelle mit Fallgruppen)

Vergütungsbetrag		
bis	50 000 Euro	4%
bis	250 000 Euro	3%
bis	1 250 000 Euro	2,5%
bis	2 500 000 Euro	2%
über	2 500 000 Euro	1%

Zuschläge

Fallgruppe	Beispiele	Zuschlags-Höhe
	A. Nachlaßbezogene Erschwernisse	
1. Ungeordneter Nachlaß	• ungeordnete Unterlagen • unvollständige Bankunterlagen bzw. sonstige Dokumente	Stundensätze für den zusätzlichen Aufwand
2. Vielgestaltiger Nachlaß	• Besondere Sammlungen als Nachlaßgegenstand (Münzen, Mineralien)	max. doppelte Vergütung i. d. R. begrenzt auf den speziellen Nachlaßgegenstand
3. Mit Rechtsproblemen belasteter Nachlaß	• Erbfallunabhängige Steuerprobleme • Prozeßführung	je nach Umfang und Bedeutung für den Nachlaß
4. Auseinandersetzungsplan und Vollzug; hierbei anfallende Gestaltungsaufgaben	Vorbereitung eines Auseinandersetzungsplans inkl. Bewertungsprobleme	max. doppelte Vergütung i. d. R. begrenzt auf die betroffenen Nachlaßgegenstände
5. Konstituierung und Verwaltung bzw. Auseinandersetzung fallen auseinander	• Notwendigkeit neuer Bewertungen aufgrund Zeitablaufs seit der Konstituierung	max. doppelte Vergütung
6. Testamentsvollstreckung bei Unternehmen	a) beaufsichtigte Tätigkeit	a) Orientierung an der Vergütung von Aufsichtsratsmitgliedern in der jeweiligen Branche
	b) geschäftsführende Tätigkeit	b) Orientierung an der Vergütung von Vorstandsmitgliedern im betreffenden Bereich, evtl. Gewinnbeteiligung
	B. Beteiligtenbezogene Erschwernisse	
1. Beteiligung Minderjähriger, Betreuter		Stundensätze für Sonderaufwand
2. Vielzahl von Beteiligten		Sonderaufwand von 125 Euro pro Beteiligten

FALLGRUPPE	BEISPIELE	ZUSCHLAGS-HÖHE
3. Zerstrittene Erben/ Vermächtnisnehmer	• Schlichtungsbemühungen des TV • Prozeßführung unter den Beteiligten	je nach Streitgegenstand und Zahl der Beteiligten

Abschließend bleibt darauf hinzuweisen, daß **jede von den Einzelumständen absehende Schematisierung zu vermeiden** ist und alle Richtlinien nur als Anhalt für Normalfälle herangezogen werden dürfen (OLG Düsseldorf MittRhNotK 1996, 172 im Anschluß an BGH NJW 1962, 2402). 106

In diesem Sinne ist auch die hier vorgeschlagene **Fallgruppenbildung** zu verstehen. Andererseits bedarf es dieser **„archimedischen Punkte"**, weil sonst der unvermeidliche dezisionistische Teil der Vergütungsfestsetzung ins Beliebige abgleitet. Deshalb ist auch die von *Reimann* (ZEV 1995, 57) angedachte Möglichkeit, zwischen den verschiedenen vorgeschlagenen Tabellen, die zu unterschiedlich hohen Vergütungen kommen, immer diejenige auszuwählen, die für den Schwierigkeitsgrad der anstehenden Testamentsvollstreckung die passendste zu sein scheint, unter methodischen Gesichtspunkten bedenklich. Bildlich gesprochen wird damit das Fenster der Beliebigkeit zu weit aufgestoßen. Obwohl sich die **Rheinische Tabelle** auf die Testamentsvollstreckung durch **Notare** bezieht (Wortlaut!), gilt das Verbot, starr zu schematisieren, auch hier (*Palandt/Edenhofer* § 2221 Rdn. 4). Nach Meinung des **OLG Köln** (NJW-RR 1995, 202 = ZEV 1995, 71) sind die auf Notare zugeschnittenen Richtlinien auch bei solchen Personen anzuwenden, die über eine **vergleichbare Sachkunde** verfügen, zB Rechtsanwälte, Steuerberater, Wirtschaftsprüfer – nicht jedoch ohne weiteres bei anderen Personen. Das OLG Köln meint, dies ergebe sich aus der Auffassung des BGH (vgl. Rdn. 5), daß für die Höhe der Vergütung auch die „Verwertung besonderer Kenntnisse und Erfahrungen und auch die Bewährung einer sich im Erfolg auswirkenden Geschicklichkeit maßgeblich" sei. Fehle es daran, würde die Gewährung einer Vergütung gemäß den Richtlinien zu einem nicht angemessenen Ergebnis führen. Das Gericht wertete das Einholen anwaltlichen Rates in erheblichem Umfang negativ als einen die Vergütung mindernden Faktor. 107

Diese **einschränkende Anwendung** der „Rheinischen Tabelle" **geht aber an der tatsächlichen Entwicklung vorbei,** die diese Tabelle genommen hat. Obwohl sie vom Text (vgl. *Plaßmann* aaO) ursprünglich für den Notar als Testamentsvollstrecker gedacht war, ist sie auch über vergleichbare Berufe hinaus angewandt worden. In der gesichteten Rechtsprechung und Literatur ist die Meinung, die Rheinische Tabelle berücksichtige bereits die Qualifikation des Testamentsvollstreckers, so nicht vertreten worden. So heißt es zB bei *Haegele/Winkler* (Rdn. 635) ganz lapidar: Die berufliche Eigenschaft des Testamentsvollstreckers ist für die Bemessung der Testamentsvollstreckervergütung ohne Bedeutung. 108

Das **Problem mangelnder Kompetenz** des Testamentsvollstreckers ist eher unter **Haftungsaspekten** und unter dem Gesichtspunkt, ob das Heranziehen von **Hilfspersonen gerechtfertigt** war und ob ein solches Tun – daneben – die Vergütung gegebenenfalls senkt, zu berücksichtigen. 109

5. Die wettbewerbsrechtliche Problematik derartiger Tabellenveröffentlichungen

Zwischenzeitlich war die Diskussion um die auf den Sätzen des Vereins für das Notariat in Rheinpreußen beruhende Tabelle mit erhöhten „Gebührenansätzen" aus 110 einem anderen Grunde fragwürdig geworden: Das Bundeskartellamt hat nämlich derartige **Veröffentlichungen von Tabellen** zur Vergütung des Testamentsvollstreckers für gegen das **Gesetz gegen Wettbewerbsbeschränkungen** (GWB) verstoßende Empfehlungen gehalten (vgl. dazu *Eckelskemper* MittRhNotK 1981, 149).

111 Nachdem die Zuständigkeit beim Bundeskartellamt jedoch auf eine andere Kammer übergegangen ist, vertritt das Bundeskartellamt diese Auffassung – zumindest zur Zeit – **nicht mehr,** weil davon ausgegangen wird, daß ein Erblasser die Person des Testamentsvollstreckers nicht primär unter dem Gesichtspunkt der Gebühren – teuer oder billig –, sondern gemäß dem Vertrauen auf diese Person auswählt.

III. Das Verhältnis von Auslagenersatz und Vergütung

1. Der Umfang des Auslagenersatzanspruches

112 Gemäß den §§ 2218, 670 BGB hat der Testamentsvollstrecker einen auf **Aufwendungsersatz** gerichteten Anspruch gegen den Erben – unbeschadet des Rechtes desselben, die Beschränkung seiner Haftung auf den Nachlaß herbeizuführen. Dieser Anspruch steht **neben dem Anspruch auf Vergütung** gemäß § 2221 BGB und ist im Gegensatz zu diesem sofort fällig (*Kipp/Coing* § 73 IV 2, S. 415); außerdem sind spezielle Verjährungsfristen zu beachten (*Staudinger/Reimann* § 2218 Rdn. 28).

113 Zu den zu ersetzenden Aufwendungen gehören die tatsächlichen Ausgaben (Reiseauslagen, Postgebühren etc.). Grundsätzlich zu erstatten sind auch die Kosten für **Hilfspersonen** des Testamentsvollstreckers, so zB die Kosten des Rechtsanwalts zur Prozeßführung, des Steuerberaters zur Erstellung einer Steuererklärung oder einer Bilanz sowie die Leistung **eigener berufsmäßiger Dienste** des Testamentsvollstreckers (allgemeiner Rechtsgedanke, in § 1835 Abs. 2 BGB sowie nunmehr in § 5 InsVV enthalten; *Haegele/Winkler* Rdn. 635, 636). **§ 4 InsVV ist insoweit nicht analog** anwendbar, da in der InsVV für die **Progressionseingangsstufen** die Gebühren um ein **Vielfaches höher** angesetzt sind; nur deshalb sind die allgemeinen Geschäftskosten des Insolvenzverwalters einschließlich der Gehälter seiner Angestellten und der allgemeinen Bürokosten nicht erstattungsfähig.

114 **Dienste,** die sozusagen **jeder leisten kann,** sind jedoch durch die **allgemeine Vergütung** des Testamentsvollstreckers abgegolten; so kann zB ein Rechtsanwalt für den Schriftwechsel, den er als Testamentsvollstrecker führt, keine Schreibgebühren wie ein Anwalt und für das Einnehmen von Nachlaßgeldern keine Gebühren nach der BRAGO verlangen, wenn nicht ein Sachzusammenhang mit einer spezifisch anwaltlichen Tätigkeit besteht oder wenn der Erblasser nicht ausdrücklich anders verfügt hat. Denkbar ist aber auch, daß durch Auslegung zu ermitteln ist, daß die festgesetzte Vergütung diese Berufsdienste mit umfassen soll (*Erman/Schmidt* § 2221 Rdn. 17; *Palandt/Edenhofer* § 2218 Rdn. 6; *Kipp/Coing* § 73 IV 2, S. 414). Dieses kann zum Beispiel dann der Fall sein, wenn der Erblasser die Berufsgruppe gezielt gewählt hat, weil es auf solche Tätigkeiten ankommen würde (*Reimann* ZEV 1995, 59).

2. Die Auswirkungen des Bemühens von Hilfspersonen auf die Höhe der Vergütung des Testamentsvollstreckers

115 Ob der Testamentsvollstrecker – kostenträchtig – Hilfspersonen heranziehen darf, ist zunächst eine Frage der Auslegung der Verfügung von Todes wegen und danach eine Frage der ordnungsgemäßen Amtsführung.

Wenn sich demgemäß keine Befugnis zum Heranziehen von Hilfspersonen ergibt, kann der Testamentsvollstrecker Ersatz solcher Aufwendungen nicht verlangen; ihm könnte die **Einrede der unzulässigen Rechtsausübung** entgegengehalten werden: auf Schadensersatz in Anspruch genommen, müßte er das Erhaltene wieder herausgeben. Auf dieser Linie liegt auch ein Urteil des BGH (BB 1967, 186), dem der Sachverhalt zugrunde lag, daß ein als Vermögensverwalter tätiger Rechtsanwalt für einfache Steuerangelegenheiten einen Steuerberater hinzugezogen hatte; der BGH erkannte auf eine Minderung der Vergütung, da man von einem Rechtsanwalt erwarten könne, daß er einfache Steuersachen selbst bearbeite. 116

Für den Fall, daß der Einsatz von **Hilfspersonen** zulässig ist und einer ordnungsgemäßen Testamentsvollstreckung entspricht, insofern möglicherweise sogar notwendig ist, kann die Mitarbeit von Hilfspersonen auch **Auswirkungen auf die Höhe der Vergütung** haben, wenn damit die für die Bestimmung der Angemessenheit der Vergütung maßgeblichen Kriterien berührt werden. Wann das der Fall ist, läßt sich nur jeweils im Einzelfall bestimmen. 117

Besteht zB der Nachlaß im Wesentlichen aus Grundbesitz und die Tätigkeit des Testamentsvollstreckers hauptsächlich darin, **Hausverwalter** zu beschäftigen und diese zu überwachen, so ist die – angemessene **Vergütung geringer, als wenn der Testamentsvollstrecker den Grundbesitz selbst verwaltet.** Allerdings ist im Einzelfall Vorsicht und genaue Prüfung geboten, ob und wie die für die Bestimmung der Angemessenheit der Vergütung maßgeblichen Gesichtspunkte wirklich beeinflußt werden. So wird im Beispielsfalle die etwaige Tätigkeit des Testamentsvollstreckers für die Konstituierung des Nachlasses von der Hausverwaltung nicht berührt. Im übrigen verbleiben dem Testamentsvollstrecker trotz der Hausverwaltung noch andere mit dem Grundbesitz zusammenhängende Aufgaben. 118

In diesem Zusammenhang ist darauf hinzuweisen, daß es – vorbehaltlich anderer Anordnungen des Erblassers – **nicht zu den Aufgaben eines Testamentsvollstreckers** gehört, ein **umfangreiches Grundvermögen selbst zu verwalten.** Hat er eine solche Verwaltung durch Vertrag mit den Erben übernommen, stehen der diesbezügliche Anspruch und der Anspruch auf die Testamentsvollstreckervergütung nebeneinander (*Haegele/Winkler* Rdn. 635 Fn. 2). 119

IV. Die Fälligkeit der Vergütung

1. Allgemeine Gesichtspunkte

Die Vergütung ist grundsätzlich erst mit der **Beendigung** der Testamentsvollstreckung **in einer Summe** fällig. Bei länger andauernder Verwaltung, insbesondere **Dauervollstreckung** gemäß § 2209 BGB, kann der Testamentsvollstrecker **periodisch Teilzahlungen** – in der Regel jährlich – auf die angemessene Vergütung verlangen. Dabei ist die Vorschrift des § 2218 Abs. 2 BGB zu beachten: verlangt der Erbe jährliche Rechnungslegung, so entspricht es auch der Angemessenheit der Vergütung, wenn diese jährlich nachträglich bezahlt wird. Bei der Bemessung der einzelnen Beträge ist der **Umfang der gerade erbrachten Leistungen** zu beachten (*Soergel/Damrau* § 2221 Rdn. 12; *Staudinger/Reimann* § 2221 Rdn. 17 mwN). 120

Im übrigen ist bei einer **länger dauernden Vollstreckung** dem Testamentsvollstrecker vorbehaltlich einer anderen Anordnung des Erblassers das Recht zuzubilligen, nach **Abschluß einer bestimmten Periode seiner Tätigkeit,** zB der 121

Konstituierung oder Auseinandersetzung, für die geleistete Arbeit die Vergütung dafür insgesamt **abzurechnen** (*Soergel/Damrau* und *Staudinger/Reimann* aaO). Denn es ist dem Testamentsvollstrecker nicht zuzumuten, über mehrere Jahre vorzuleisten: der Nachlaß kann ohne Verschulden des Testamentsvollstreckers entwertet werden, ebenso können die Vermögen der Erben im übrigen verfallen. Außerdem ist die zeitnahe Erledigung etwaiger Probleme vorteilhaft: wie soll zB nach Jahren noch festgestellt werden, wie dieser oder jener Gegenstand des Nachlasses seiner Zeit zu bewerten war? Weiter ist dem Testamentsvollstrecker aus Gründen seiner Absicherung und auch aus Gründen der Rechtssicherheit das Recht zuzugestehen, von dem oder den Erben zu diesem Zeitpunkt eine Erklärung zu verlangen, ob sie die Testamentsvollstreckung als ordnungsgemäß und die entnommene Vergütung als angemessen anerkennen.

2. Das Recht des Testamentsvollstreckers, seine Vergütung dem Nachlaß zu entnehmen

122 Die Befugnis des Testamentsvollstreckers, seine Vergütung dem Nachlaß selbst zu entnehmen, ist inzwischen **im Grundsatz unbestritten;** denn der Vergütungsanspruch ist, auch wenn es sich um eine Dauervollstreckung handelt, rechtlich als Nachlaßverbindlichkeit einzuordnen, und aus dem Schlußhalbsatz des § 181 BGB, der auf den Testamentsvollstrecker zumindest entsprechend anzuwenden ist, ergibt sich das Recht des Testamentsvollstreckers zum „Selbstkontrahieren" (BGH NJW 1957, 948; 1963, 1616; WM 1972, 102; *Staudinger/Reimann* § 2221 Rdn. 18; *Haegele/Winkler* Rdn. 623).

a) Berechtigung auch zur Entnahme der Schlußvergütung

123 Die Interpretation des BGH-Urteils NJW 1957, 947f. läßt möglicherweise die Deutung zu, der Testamentsvollstrecker sei zwar befugt, während der Dauer seiner Tätigkeit Teilbeträge seiner Gesamtvergütung dem Nachlaß zu entnehmen, nicht jedoch die gesamte Vergütung bei Ende seines Amtes, da in einer solchen Handlungsweise eine Festsetzung der Testamentsvollstreckergebühren liegen könnte. Dieser Deutung ist insofern zu widersprechen, als die **Entnahme der Vergütung – auch der Schlußvergütung – und die Festsetzung derselben nicht miteinander gleichzusetzen sind.** Dem Testamentsvollstrecker das Recht zum Selbstkontrahieren durch Entnahme von Teilbeträgen seiner Vergütung, nicht jedoch durch Entnahme der Gesamtvergütung zuzugestehen, ist unter dem Gesichtspunkt, daß die Vergütung eine Nachlaßverbindlichkeit darstellt, widersprüchlich. Wenn man den Erben gegen unberechtigte Entnahme schützen wollte, müßte man dem Testamentsvollstrecker diese Befugnis gänzlich nehmen. **Voraussetzung** für die berechtigte Entnahme auch der **Schlußvergütung** ist allerdings gemäß § 2218 iVm. § 666 BGB die **Rechnungslegung** des Testamentsvollstreckers (MünchKommBGB/*Brandner* § 2221 Rdn. 20; *Palandt/Edenhofer* § 2221 Rdn. 12).

b) Befugnis zur Entnahme bzw. Veräußerung einzelner Nachlaßgegenstände

124 Das Recht des Testamentsvollstreckers, seine Vergütung dem Nachlaß zu entnehmen, gibt ihm **nicht** ohne weiteres das **Recht,** zu diesem Zweck **einzelne Nachlaßgegenstände** zu veräußern; maßgeblich ist insofern, ob diese Art der Geldbeschaffung im konkreten Fall einer ordnungsgemäßen Verwaltung des Nachlasses entspricht (BGH NJW 1963, 1616).

c) Kein Recht des Testamentsvollstreckers, die Höhe seiner Vergütung endgültig selbst zu bestimmen

Der Testamentsvollstrecker, der seine Vergütung selbst aus dem Nachlaß entnimmt, trägt allerdings das Risiko, daß der entnommene Betrag ihm auch in vollem Umfange geschuldet wird; denn der Testamentsvollstrecker hat keine richterlichen oder schiedsgerichtlichen Befugnisse. Auch die **Anordnung des Erblassers,** der Testamentsvollstrecker solle in der **Eingehung von Verbindlichkeiten** für den Nachlaß **nicht beschränkt** sein, ist **nicht in dem Sinne zu verstehen,** daß der Testamentsvollstrecker damit für sich eine **Vergütung festsetzen** kann, die gerichtlich nicht mehr auf ihre Angemessenheit überprüft werden kann, obwohl die Testamentsvollstreckervergütung eine Nachlaßverbindlichkeit ist. Mittestamentsvollstrecker können eine solche Bestimmung ebenfalls nicht vornehmen (BGH NJW 1957, 948; 1963, 1616; RGRK/*Kregel* § 2221 Rdn. 3). 125

Anerkennung in der Rechtsprechung dürfte jedoch eine in der Verfügung von Todes wegen enthaltene **besondere Ermächtigung** des Testamentsvollstreckers finden, seine **Vergütung selbst zu bestimmen,** da der Erblasser auf diese Weise von seinem in § 2221 BGB niedergelegten Recht zur Bestimmung der Vergütung – wenn auch nur mittelbar – Gebrauch macht. Diese Möglichkeit hat der BGH selbst angedeutet (NJW 1957, 948). In dieser Entscheidung hatte der BGH es als zulässig angesehen, daß einem Testamentsvollstrecker seitens des Erblassers die Befugnis zugewiesen wurde, die Vergütung eines später hinzutretenden Testamentsvollstreckers zu bestimmen. Allerdings ist auch insofern die gerichtliche Kontrolle nicht auszuschließen: **Überschreitet** der Testamentsvollstrecker bei ihm vom Erblasser gestatteter eigener Bestimmung seiner Vergütung die **Grenzen billigen Ermessens,** so dürfte über § 2165 BGB der **§ 319 BGB** zur Anwendung kommen (*Haegele/Winkler* Rdn. 614); denkbar ist auch, § 315 BGB für anwendbar zu halten. 126

Wenn der Erblasser von seinem Recht zur Bestimmung der Vergütung nur mittelbar Gebrauch machen will, ist es jedoch in der Regel **zweckmäßiger,** dies nicht in die Hand des Testamentsvollstreckers oder eines Mittestamentsvollstreckers, sondern **in die Hand einer nicht selbst interessierten Person zu legen.** 127

Die **Vergütung** für eine **anderweitige Schiedstätigkeit** des Testamentsvollstreckers, dem auch diese Tätigkeit übertragen ist, ist von der Testamentsvollstreckung **unabhängig** (*Kohler* DNotZ 1962, 134). 128

Wegen seines Rechtes zur Entnahme der Vergütung hat der Testamentsvollstrecker **kein Recht auf einen Vorschuß** – demgemäß ist § 669 BGB in § 2218 BGB nicht erwähnt (BGH WM 1971, 101). 129

Die **Entnahme einer unangemessen hohen Vergütung** kann unter Umständen sowohl eine strafrechtlich zu ahnende **Untreue,** als auch eine den Testamentsvollstrecker zum **Schadensersatz** verpflichtende Handlung wie ein **Entlassungsgrund** gemäß § 2227 BGB sein. Insofern kommt es jedoch stets auf die Umstände des Einzelfalles an (vgl. dazu unter dem Aspekt des Entlassungsgrundes: OLG Köln NJW-RR 1987, 1097 und 1414; BayObLG Rpfleger 1980, 152). 130

Der Vergütungsanspruch des Testamentsvollstreckers kann **verwirkt** sein, wenn **er eigene Interessen zu Lasten der Erben** verfolgt (*Haegele/Winkler* Rdn. 647). 131

V. Zur Frage des Zurückbehaltungsrechts des Testamentsvollstreckers

Wegen seines Rechtes auf Entnahme der Vergütung wird die Frage nach dem Zurückbehaltungsrecht des Testamentsvollstreckers wohl selten praktische Bedeutung erlangen; sie **kann aber bedeutsam** sein im Hinblick auf die **nicht ganz** 132

zweifelsfreie Berechtigung des Testamentsvollstreckers, die **Schlußvergütung zu entnehmen.** Insofern wird man sagen können: Solange der Testamentsvollstrecker die Schlußrechnung noch nicht erbracht hat, steht ihm kein Zurückbehaltungsrecht am Nachlaß zu, vielmehr erst danach. Auch gegenüber dem Auskunftsanspruch steht ihm kein Zurückbehaltungsrecht zu (*Staudinger/Reimann* § 2221 Rdn. 24).

133 Ebenso steht dem Testamentsvollstrecker nach dem oben Gesagten, daß er **nicht ohne weiteres einzelne Nachlaßgegenstände** veräußern darf, um aus dem Erlös seine Vergütung zu erwirtschaften, ein **Zurückbehaltungsrecht hinsichtlich einzelner Gegenstände nicht zu.** Dies gilt insbesondere, wenn die Erben einen Anspruch auf Überlassung gemäß § 2217 haben (*Palandt/Edenhofer* § 2221 Rdn. 15). Ansonsten gelten die allgemeinen Regeln.

VI. Schuldner der Vergütung

134 Auch hinsichtlich der Frage, wer **Schuldner** der Vergütung ist, kann der **Erblasser sowohl im Außen- wie im Innenverhältnis eine Festlegung treffen.** Die Frage nach der Kostenlast ist vor allem dann bedeutsam, wenn nicht der gesamte Nachlaß der Testamentsvollstreckung unterliegt, oder diese nur für einen bestimmten Zeitraum im Interesse einzelner Erben angeordnet ist. Der Erblasser sollte diese Frage im Hinblick auf den Frieden unter den Erben und/oder Vermächtnisnehmern regeln. Liegt eine testamentarische Regelung – auch nicht im Wege der Auslegung ermittelbar – nicht vor, ist die Lösung des Problems streitig.

135 Gemäß dem anstehenden Interesse wird man folgendes sagen können: In dem Falle der zeitweiligen Testamentsvollstreckung, in dem es um die sog. **Nacherbenvollstreckung** geht – bei der es ja nur um die Wahrung der Rechte der Nacherben geht – sind **Schuldner die Nacherben** (*Zimmermann* Rdn. 725).

136 Hat der Erblasser aber eine **zeitweilige Testamentsvollstreckung** angeordnet, zB bis auch der jüngste Erbe volljährig ist, und für den Zeitraum bis dahin die Erbauseinandersetzung ausgeschlossen, so hat der Erblasser damit deutlich gemacht, daß er trotz des Einzelinteresses des Minderjährigen den Nachlaß als Ganzes sieht. Damit sind **alle Erben Schuldner** der Vergütung.

137 Auch bei einer **Vermächtnisvollstreckung,** die sich auf die **Verschaffung** eines Einzelgegenstandes bezieht, ist **in der Regel der Vermächtnisnehmer** Schuldner der Vergütung, weil die Erfüllung des Vermächtnisses primär in seinem Interesse liegt (*Skibbe* S. 775; anders *Muscheler* ZEV 1996, 185; *Zimmermann* Rdn. 726 mit dem Argument, die Vergütung sei eine Nachlaßverbindlichkeit und damit seien die Erben die Belasteten).

138 Ausnahmen sind jedoch denkbar, zB in dem Falle, in dem der Erblasser **Erben und Vermächtnisnehmer wirtschaftlich gleich bedenken** will und nur aus praktischen Gründen (Verfahrensvereinfachung, Kostenersparnis) etwa ein Kind zum Erben und die anderen als Vermächtnisnehmer einsetzt. In diesem Falle sind alle Beteiligten als Kostenschuldner anzusehen.

139 Im Falle des **Nießbrauchvermächtnisses** ist zu unterscheiden: Handelt es sich um den Nießbrauch an einem **Einzelgegenstand,** zB an einem Miethaus, ergibt sich aus § 1047, daß der **Nießbraucher nicht Schuldner** der Vergütung ist, soweit es um die Verschaffung des Nießbrauches geht. Die mit der **Verwaltung des Nießbrauchgegenstandes** im Zusammenhang stehende Vergütung (sofern zum Aufgabenbereich des Testamentsvollstreckers gehörend), ist **Sache des Nießbrauchers.** Besteht hingegen der Nießbrauch an einem **Bruchteil des Nachlasses,** so ergibt sich aus den §§ 1088, 1089, daß der **Nießbraucher anteilig Kosten-**

schuldner ist, und zwar auch, soweit die Konstituierung des Nachlasses betroffen ist (OLG Düsseldorf OLGZ 1975, 341; *Staudinger/Reimann* § 2221 Rdn. 14).

Streitig ist auch die Frage nach der **Schuldnerschaft** bei der Testamentsvollstreckung bezüglich eines **Erbanteils.** Insofern wird teilweise (OLG Hamburg NJW-RR 1996, 457 = ZEV 1996, 184m. abl. Anm. *Muscheler*; MünchKomm-BGB/*Brandner* § 2221 Rdn. 3) vertreten, nur der von der Testamentsvollstreckung betroffene Erbe sei Schuldner der Vollstreckung. Das OLG Hamburg begründet dies damit, daß nur zwischen dem Erben, dessen Nachlaßanteil verwaltet werde, und dem Testamentsvollstrecker ein gesetzliches Schuldverhältnis bestehe; nur jener habe die Vergütung zu erbringen, da diese ein Entgelt für die in der Testamentsvollstreckung liegende Leistung zugunsten dieses Erben darstelle. Die Auffassung des OLG Hamburg, ein gesetzliches Schuldverhältnis bestehe nicht zu allen Erben, ist jedoch nicht mit der Vorschrift des § 2038 Abs. 1 S. 2 BGB in Einklang zu bringen. Danach sind, alle Miterben verpflichtet, an solchen Maßnahmen mitzuwirken, die zur ordnungsgemäßen Verwaltung des Nachlasses erforderlich sind. Bei der Erbteilstestamentsvollstreckung trifft den Testamentsvollstrecker diese Pflicht persönlich, der von ihm „vertretene" Miterbe ist rechtlich dazu überhaupt nicht in der Lage. Verletzt der Testamentsvollstrecker seine Mitwirkungspflicht, wird er schadensersatzpflichtig. **Wegen der gesamthänderischen Bindung der Erben untereinander verwaltet jeder von ihnen den gesamten Nachlaß, jeweils beschränkt durch die Kompetenzen der anderen Miterben** (vgl. *Muscheler* aaO; *v. Morgen* ZEV 1996, 170; *Haegele/Winkler* Rdn. 639). Demgemäß haftet die **Erbengemeinschaft gesamtschuldnerisch** für die Testamentsvollstreckervergütung. Diese Auffassung ist inzwischen vom BGH (ZEV 1997, 118) bestätigt worden, der hervorhebt, daß die Miterben bei der gewöhnlichen Verwaltung ebenso wie bei der Verfügung über Nachlaßgegenstände auf die Mitwirkung des Erbteilstestamentsvollstreckers ausgewiesen seien. Die Erbteilsvollstrekkung ist anders als die Vermächtnisvollstreckung nicht gegenständlich beschränkt, sie bezieht sich vielmehr auf den gesamten Nachlaß (*v. Morgen* ZEV 1997, 117). Im übrigen ist die Testamentsvollstreckung auch tatsächlich in solchen Fällen idR eine Leistung, die dem gesamten Nachlaß zugute kommt (*v. Morgen; Muscheler* aaO). 140

Im Rahmen des **Gesamtschuldnerausgleiches** wird allerdings in manchen Fällen der betroffene Erbe zum Ausgleich verpflichtet sein, was sich jedoch nicht als Regel aufstellen läßt (*v. Morgen* ZEV 1997, 117; *Muscheler* aaO). Jeder **Miterbe** kann im übrigen gemäß § 2046 Abs. 1 S. 1 BGB die **Vorabberichtigung** der Testamentsvollstreckervergütung aus dem ungeteilten Nachlaß verlangen (*Haegele/Winkler* Rdn. 639). 141

VII. Prozessuale Fragen

Zuständig zur **Streitentscheidung** ist das **Prozeßgericht.** Eine Zuständigkeit des Nachlaßgerichtes ist nicht gegeben und kann vom Erblasser auch nicht angeordnet werden. Eine derartige Anordnung des Erblassers kann aber möglicherweise so ausgelegt werden, daß ein Mitglied des Nachlaßgerichts als Privatperson die Vergütung entsprechend § 317 BGB festlegen soll (BGH WM 1972, 102; *Haegele/Winkler* Rdn. 620). 142

Der Testamentsvollstrecker muß in einer Klage auf Festsetzung oder Leistung seiner Vergütung deren Höhe grundsätzlich im **Klageantrag beziffern;** eine Ausnahme kann nur zugestanden werden, wenn eine Bezifferung nicht möglich oder nicht zumutbar ist (hM, vgl. *Haegele/Winkler* Rdn. 621). In diesen seltenen Fällen ist allerdings die Angabe eines Mindestbetrages und der Bemessungsgrundlage er- 143 forderlich (MünchKommBGB/*Brandner* § 2221 Rdn. 7; *Lange/Kuchinke* § 31 VII 3, S. 674).

144 Nach anderer Auffassung (*Erman/Schmidt* § 2221 Rdn. 5) kann der Testamentsvollstrecker auch einen unbezifferten Leistungsantrag stellen, der jedoch die Bemessungsgrundlage und eine **Größenangabe** mit einem **Spielraum von 20%** nach oben und unten enthalten muß.

145 In diesem Zusammenhang ist noch bemerkenswert, daß die Entscheidung über die Angemessenheit der Vergütung in erster Linie **Sache der Tatsacheninstanz** ist. In der Revisionsinstanz kann diese Frage nur beschränkt nachgeprüft werden (*Haegele/Winkler* Rdn. 621 Fn. 4).

146 Bei **Nachlaßinsolvenz** ist die Testamentsvollstreckervergütung, soweit sie nicht ein Vermächtnis enthält, vorweg zu bereinigen, § 324 Abs. 1 Nr. 6 InsO. Dies gilt auch, wenn sich die Testamentsvollstreckung auf einen oder mehrere Erbteile beschränkt. Soweit die Vergütung unangemessen hoch ist, und damit ein Vermächtnis enthält, fällt sie im Konkurs unter die minderberechtigten Ansprüche nach § 327 Abs. 1 Nr. 2 InsO. Am Nachlaßvergleichsverfahren ist die Vergütung des Testamentsvollstreckers nicht beteiligt (*Haegele/Winkler* Rdn. 642ff. mwN).

VIII. Sonderprobleme

1. Die Vergütung bei Vorhandensein mehrerer Testamentsvollstrecker

147 Beim Vorhandensein mehrerer Testamentsvollstrecker hat sich inzwischen die Meinung durchgesetzt, daß die **Vergütung weder schematisch zu teilen noch zu vervielfältigen** ist. Für die Vergütung eines jeden Testamentsvollstreckers ist dessen Tätigkeit an Hand der aufgezeigten Maßstäbe zu werten. Zu prüfen ist, ob der Aufgabenbereich und das Maß der Verantwortung der der üblichen Einzel-Testamentsvollstreckung entsprechen, oder ob Erleichterungen oder Erschwerungen gegeben sind. Im Anschluß daran ist zu prüfen, ob das Vorhandensein eines oder mehrerer Mittestamentsvollstrecker die Tätigkeit erleichtert, sei es unter dem Aspekt der Arbeitsaufteilung oder der Erleichterung der Verantwortung (BGH NJW 1967, 2400f.; *Staudinger/Reimann* § 2221 Rdn. 29; *Soergel/Damrau* § 2221 Rdn. 11). Denn mehrere Testamentsvollstrecker führen ihr Amt gemäß § 2224 BGB gemeinschaftlich, die Tätigkeit eines jeden – mögen sie intern auch den Wirkungskreis untereinander aufteilen – die Befugnisse und Verantwortung erstrecken sich auf das Ganze.

2. Vergütung und Auslagenersatz des sogenannten vermeintlichen Testamentsvollstreckers

a) Allgemeine Erwägungen

148 Fraglich ist, ob und in welcher Höhe dem sogenannten vermeintlichen Testamentsvollstrecker Vergütung und Auslagenersatz zustehen. Laut *Möhring/Beiss/Wingert/Klingelhöffer* (S. 238) soll es in der Praxis keineswegs selten sein, daß der Testamentsvollstrecker aufgrund eines unwirksamen Testaments tätig wird oder irrig glaubt, als Testamentsvollstrecker eingesetzt zu sein.

149 Da eine Testamentsvollstreckung immer nur aufgrund einer den Formvorschriften für Verfügungen von Todes wegen entsprechenden **Willenserklärung des Erblassers** entstehen kann – auch die Bestimmung des Testamentsvollstreckers durch einen Dritten, das Gericht oder den Testamentsvollstrecker selbst nach

§§ 2198, 2199, 2200 BGB hat letztlich ihren Ausgangspunkt in der entsprechenden Verfügung von Todes wegen des Erblassers – kann die Situation der vermeintlichen Testamentsvollstreckung nur in folgenden Fällen entstehen:

(1) Die Testamentsvollstreckung war **von Anfang an ganz oder teilweise unwirksam** angeordnet (zB bei Geschäftsunfähigkeit des Erblassers).

(2) Ein **überholendes Ereignis** macht die Testamentsvollstreckung von vornherein – ganz oder teilweise – unwirksam (zB: in einem später aufgefundenen Testament ist die Anordnung der Testamentsvollstreckung zurückgenommen; Ausschlagung der Erbschaft; erfolgreiche Anfechtung der Verfügung).

(3) Das Amt des Testamentsvollstreckers hat zunächst bestanden, es ist von einem bestimmten Zeitpunkt an ganz oder teilweise **erloschen** und der Testamentsvollstrecker hatte davon – zB von einer auflösenden Bedingung, vgl. § 2210 S. 2 BGB – keine Kenntnis (s. a. 1. Kap. Rdn. 231 ff.).

Der zuletzt beschriebene Fall ist im Gesetz in den §§ 2218, 674 BGB geregelt: 150
Zugunsten des Testamentsvollstreckers gilt das Amt als fortbestehend, bis er vom Erlöschen des Amtes Kenntnis erlangt hat oder das Erlöschen kennen muß (*Palandt/Edenhofer* § 2221 Rdn. 3). **Fahrlässiges Nichtwahrnehmen der Beendigung** seines Amtes führt demnach zur **Nichtanwendbarkeit der Vergütungsregelung** in §§ 2218, 670 BGB. Die entsprechende Anwendung des § 674 BGB – über die Verweisung des § 2218 BGB – ist jedoch nicht mehr möglich, wenn der Testamentsvollstrecker gemäß § 2227 BGB vom Nachlaßgericht entlassen worden ist und diese Verfügung ihm gemäß § 15 FGG ordnungsgemäß bekannt gemacht ist; denn die Entlassung entspricht dem Widerruf des Auftrages, und für diesen Fall gilt § 674 BGB nicht (*Kipp/Coing* § 75 VII 4, S. 420).

b) Die Rechtsprechung des BGH

Der BGH hat in mehreren Entscheidungen zur Problematik der Ansprüche des 151
vermeintlichen Testamentsvollstreckers Stellung genommen.

In der Entscheidung vom 6. 7. 1977 (NJW 1977, 1726 = DNotZ 1978, 490) 152
betreffend Aufwendungsersatz, lehnt der BGH die entsprechende Anwendbarkeit der §§ 674, 2218 BGB mit der Begründung ab, daß **die Erben der Testamentsvollstreckung widersprochen** hätten. Jede Testamentsvollstreckung schränkt nach Auffassung des BGH die Rechtsstellung der Erben in so starkem Maße ein, daß diesen die Beschränkungen aus der Testamentsvollstreckung nur zugemutet werden könnten, wenn die Testamentsvollstreckung auf dem rechtswirksamen geäußerten Willen des Erblassers beruht oder die Erben die Tätigkeit des Testamentsvollstreckers akzeptiert hätten. Das Interesse des Erblassers an der Verwirklichung einer nicht rechtswirksam angeordneten Testamentsvollstreckung müsse demgegenüber zurücktreten. Der schwächere Schutz des Erblasserwillens ergebe sich bereits daraus, daß der vom Erblasser ernannte Testamentsvollstrecker die Übernahme der Testamentsvollstreckung grundlos ablehnen und damit die Verwirklichung des Erblasserwillens unmöglich machen könne. Wenn ein **Testament** hinsichtlich der **Anordnung der Testamentsvollstreckung auslegungsbedürftig** sei, liege das **Risiko** beim **Testamentsvollstrecker,** wenn er gegen den Willen der Erben versuche, sein Testamentsvollstreckeramt zu behaupten. Für den Fall, daß die Erben die Testamentsvollstreckertätigkeit **akzeptiert** hatten, bejahte der BGH in einer anderen Entscheidung (NJW 1963, 1615) das Zustandekommen eines **Geschäftsbesorgungsvertrages** zwischen Testamentsvollstrecker und Erben.

In einer weiteren Entscheidung (BGH NJW 1964, 1316) hatte der **BGH** eben- 153
falls **Aufwendungsersatzansprüche** des vermeintlichen Testamentsvollstreckers **abgelehnt, obwohl** in diesem Fall dem Testamentsvollstrecker, der aufgrund irri-

ger Auslegung der Verfügung von Todes wegen vermeinte, berufen zu sein, bereits ein **Testamentsvollstreckerzeugnis** durch das Nachlaßgericht erteilt worden war. Der BGH hat in diesem Zusammenhang zunächst festgestellt, für den Streit zwischen Erben und Testamentsvollstrecker um den Bestand des Testamentsvollstreckeramtes sei das Prozeßgericht und nicht das Nachlaßgericht zuständig. Die verfahrensrechtliche Frage, ob in diesem Falle, in dem die Ernennung des Testamentsvollstreckers nicht durch den letzten Willen des Erblassers gedeckt war, die Ernennung nichtig oder nur aufhebbar sei, und ob das Prozeßgericht zur Entscheidung über die Wirksamkeit der nachlaßgerichtlichen Verfügung berufen sei, ließ der BGH offen. Er führte aus, wenn das Testament nicht einmal die Auslegungsmöglichkeit bieten würde, daß eine – noch unerfüllte – Testamentsvollstreckungsaufgabe bestehe, sei die Ernennungsverfügung bestenfalls formell wirksam, materiell aber ohne Inhalt, vergleichbar mit der Bestellung eines Vormundes für eine nicht existierende Person, so daß eine Bindung des Prozeßgerichts an die Verfügung des Nachlaßgerichts nicht gegeben sei.

154 Allerdings räumte der BGH für den Fall, daß eine solche Auslegung in Betracht käme, die Möglichkeit einer Bindung des Prozeßgerichts an die der Erbscheinserteilung zugrunde liegende Testamentsauslegung seitens des Nachlaßgerichts ein. Der **BGH versagte** also den Aufwendungsersatzanspruch letztlich mit dem Argument des **fehlenden Vertrauensschutzes** für den vermeintlichen Testamentsvollstrecker: eine dem Testamentsvollstreckerzeugnis beizulegende Vermutung (§ 2368 Abs. 3 iVm. § 2365 BGB) sei im konkreten Fall widerlegt, und öffentlicher Glaube (§ 2368 Abs. 3 iVm. § 2366 BGB) komme dem Zeugnis nur gegenüber einem rechtsgeschäftlich erwerbenden Dritten, nicht gegenüber dem Erben zu. Damit ist der für die rechtliche Wertung letztlich maßgebende Gesichtspunkt angesprochen.

c) Kritik an der BGH-Rechtsprechung und eigene Stellungnahme

155 Die Rechtsprechung des BGH wird der Problemlage in dem Rechtsverhältnis Erblasser – Testamentsvollstrecker – Erbe nicht gerecht; denn zum Testamentsvollstrecker wird regelmäßig nur berufen, wer das **besondere Vertrauen des Erblassers** genießt. Auf Grund des ihm entgegengebrachten Vertrauens fühlt ein Testamentsvollstrecker sich verpflichtet, dem Willen des Erblassers zum Erfolg zu verhelfen, unter Umständen auch im Konflikt mit den Erben. Deshalb erscheint es nicht angemessen, den Testamentsvollstrecker auf die Möglichkeit zu verweisen, bei Bedenken gegen die Verfügung von Todes wegen das Risiko zu meiden und das Amt nicht anzutreten. Die **Erteilung des Testamentsvollstreckerzeugnisses** durch das Nachlaßgericht muß den Testamentsvollstrecker im Hinblick auf die Prüfungspflichten des Nachlaßgerichts gemäß §§ 2368, 2359ff. BGB **grundsätzlich vom Vorwurf befreien, sich fahrlässig ihm nicht zustehende Befugnisse anzumaßen.**

156 Es ist zwar einzuräumen, daß es auch gegenüber gerichtlichen Entscheidungen keine Erlaubnis zum völlig kritiklosen Befolgen derselben oder Vertrauen auf ihren Bestand gibt. Solange es **sich jedoch nicht um gegenstandslose Scheinentscheidungen oder nichtige Entscheidungen handelt, sind sie aber wirksam und beachtlich** (*Leipold* JZ 1996, 287 [295)]. Ein **Widerspruch der Erben** kann deshalb nur insoweit **bedeutsam** sein, als er den Testamentsvollstrecker auf einen solchen Gesichtspunkt **hinweist.** Derartige Vorbringen der Erben müssen stets unter dem Gesichtspunkt des möglichen Gegensatzes zwischen ihnen und dem Testamentsvollstrecker geprüft werden; sie sind keineswegs stets geeignet, die Gegenstandslosigkeit oder Nichtigkeit des Testamentsvollstreckerzeugnisses nahezulegen.

Den Interessen der Erben ist damit hinreichend gedient, daß dem Testamentsvollstrecker bereits leichte Fahrlässigkeit schadet. Eine **verfehlte Auslegung** seitens des **Nachlaßgerichts,** die vom Wortlaut der Verfügung von Todes wegen nicht mehr gedeckt wird, macht die Verfügung des Nachlaßgerichts **noch nicht zu einer nichtigen Entscheidung.** *Schelter* (DNotZ 1978, 495) und *Haegele/Winkler* (Rdn. 633) kommen – allerdings mit teilweise anderer Begründung – zu einem entsprechenden Ergebnis. 157

Auch im allgemeinen Schuldrecht ist anerkannt, daß das **Vertrauen** anderer an einem Rechtsverhältnis Beteiligter auf das Bestehen einer bestimmten Rechtslage schutzwürdig ist (MünchKommBGB/*Roth* § 242 Rdn. 322). Wenn der Erblasser eine solche Situation im Verhältnis zum Testamentsvollstrecker geschaffen hat, muß der Erbe diese gegen sich gelten lassen (*Palandt/Edenhofer* § 2221 Rdn. 3; *Zeuner* S. 733f. – *Zeuner* hebt aber noch einschränkend hervor, es müsse eine wirksame Verfügung des Erblassers vorliegen; *Nägele* S. 96; vgl. auch RG JW 1937, 3187 für einen unwirksam bestellten Vermögensverwalter). 158

Für diese rechtliche Behandlung der Problematik des vermeintlichen Testamentsvollstreckers sprechen auch **praktische Gesichtspunkte:** Legt man die Auffassung des BGH zugrunde, ist zu befürchten, daß sich die **Feststellungsklagen** betreffend die Testamentsvollstrecker-Eigenschaft **häufen.** Im übrigen könnte es fast keinem Testamentsvollstrecker mehr zugemutet werden, ohne Einwilligung der Erben sein Amt anzutreten. Da aber durch die Testamentsvollstreckung die Befugnisse der Erben eingeschränkt werden und zwischen Erben und Testamentsvollstrecker daher oft gegensätzliche Interessen bestehen, dürfte dieser Weg erst die Einwilligung der Erben herbeizuführen, häufig nicht gangbar sein. **Anzustreben ist eine vertragliche Regelung der Unsicherheiten aber auf jeden Fall.** 159

IX. Die Besteuerung der Testamentsvollstreckervergütung

1. Einkommensteuer

a) Die Einkunftsart

aa) § 18 Abs. 1 Nr. 3 EStG als Ausgangsnorm. Gemäß dem Wortlaut des § 18 Abs. 1 Nr. 3 EStG ist die Vergütung des Testamentsvollstreckers eine Einkunft aus **„sonstiger selbständiger Arbeit".** Mit dieser Vorschrift sollen nach vielfach vertretener Ansicht vorwiegend solche Tätigkeiten erfaßt werden, die nicht selten nur gelegentlich ausgeübt werden (so zB *Schmidt/Wacker* EStG § 18 Rdn. 140). Es ist mittlerweile jedoch anerkannt, daß **auch die berufsmäßige Ausübung** einer Tätigkeit im Sinne dieser Vorschrift von ihr erfaßt wird (*Kanzler* FR 1994, 114; Nachweise zur Rechtsprechung bei *Kirnberger* S. 39, Fn. 139); die Vorschrift ist daher die **Ausgangsnorm** für die Einkommensbesteuerung der Testamentsvollstreckung (*Kirnberger* S. 45). Fehlt jedoch jedwede Absicht zur planmäßigen entsprechenden Betätigung und besteht keinerlei Absicht zur Wiederholung bei sich bietender Gelegenheit, liegen nur Einkünfte im Sinne des § 22 Nr. 3 EStG vor (*Daragan* in *Mayer/Bonefeld/Daragan* Rdn. 821). 160

bb) Abweichende Zuordnung zu § 15 EStG. Auch eine nach § 18 Abs. 1 Nr. 3 EStG zu erfassende Tätigkeit wird vorwiegend von der **persönlichen Arbeitsleistung** des Steuerpflichtigen bestimmt (*Schmidt/Wacker* EStG § 18 Rdn. 147). Das bedeutet, daß auch ein **Kaufmann,** der **gelegentlich** eine **Testamentsvollstreckung** übernimmt, mit der Testamentsvollstreckervergütung **keine gewerblichen Einkünfte** erzielt, auch wenn er im Rahmen seiner Tätigkeit einen Betrieb zu 161 überwachen hat, vorausgesetzt, seine persönliche Arbeitsleistung bleibt maßgeblich. Eine **Ausnahme** könnte sich jedoch dann ergeben, wenn der Testamentsvollstrecker ein Unternehmen (möglicherweise auch) als **Treuhänder** fortführt; denn dadurch könnte der Testamentsvollstrecker in die Rolle eines Unternehmers, ggf. Mitunternehmers rücken (vgl. dazu im einzelnen 8. Kap. Rdn. 110). In Folge der (Mit-)Unternehmerstellung könnte die Vergütung eine gewerbliche werden.

162 Die finanzgerichtliche **Rechtsprechung** war insofern bisher sehr **zurückhaltend.** Erst wenn die Tätigkeit und die sich darauf beziehende Vergütung des Testamentsvollstreckers soweit vom Bild eines freien Berufes oder einer sonstigen selbständigen Tätigkeit abwichen, daß eine derartige Zuordnung nicht mehr zu rechtfertigen war, wurden Einkünfte aus Gewerbebetrieb angenommen (Nachweise zur Rechtsprechung bei *Kirnberger* S. 49ff.). Im Hinblick auf die treuhänderische Bindung des Testamentsvollstreckers an Erben oder Vermächtnisnehmer wurde **sogar bei der sog. Vollrechtstreuhand** die Fremdnützigkeit und Pflichtgebundenheit derselben hervorgehoben und zB in der Entscheidung des BFH vom 16. 5. 1995 (BStBl. II S. 714) der **anfallende Gewinn zB dem Vermächtnisnehmer** zugerechnet. Eine andere Betrachtungsweise wurde bei **Erfolgshonorierung** nach der Art einer **Maklerentlohnung** angelegt. Hier wurde verneint, daß eine rein erfolgsabhängig gezahlte Maklerprovision geeignet sei, die Tätigkeit der Testamentsvollstreckung als solche abzugelten (BFH vom 5. 10. 1989, BFH NV 1990, 372; vgl. auch *Kirnberger* S. 53).

163 Soweit ersichtlich, wurde die Frage, ob ein Testamentsvollstrecker, der für seine Tätigkeit im Unternehmen bzw. in der Gesellschaft einen **Anteil am Gewinn** des Unternehmens oder der Gesellschaft erhält (also nicht die sich auch an anderweitigen Kriterien orientierende klassische Testamentsvollstreckervergütung bezieht) gewerbliche Einkünfte erzielt, noch nicht entschieden. *Kirnberger* (S. 54) meint, bei erfolgsabhängiger Vergütung ließen sich in der Rechtsprechung Tendenzen erkennen, diese Einkünfte als gewerbliche anzusehen. Die Auffassung von *Daragan* (in *Mayer/Bonefeld/Daragan* Rdn. 829), wonach bei der Treuhandlösung das Testamentsvollstreckerhonorar eine Sonderbetriebseinnahme gemäß § 15 Abs. 1 Nr. 2 EStG darstellt, ist in ihrer Allgemeinheit zu undifferenziert.

164 *cc) Abweichende Zuordnung zu § 18 Nr. 1 EStG und das Problem der Vervielfältigungstheorie.* Bei **Rechtsanwälten, Steuerberatern und Wirtschaftsprüfern** gehören die Tätigkeiten iS des § 18 Abs. 1 Nr. 3 EStG **in der Regel** zur freiberuflichen Tätigkeit iS des **§ 18 Abs. 1 Nr. 1 EStG,** wenn sie gelegentlich wahrgenommen oder nur einen geringfügigen Umfang haben (*Schmidt/Wacker* EStG § 18 Rdn. 142; ohne diese Einschränkung BFH ZEV 1998, 358, allerdings im Falle eines steuerlichen Haftungsbescheides gegen einen Rechtsanwalt), so daß auch gemäß § 18 Abs. 1 Nr. 1 S. 3 EStG fachlich vorgebildete Arbeitskräfte eingesetzt werden dürfen, wenn der **Berufsträger** auf Grund eigener Fachkenntnisse **leitend und eigenverantwortlich** tätig ist, ohne daß die Tätigkeit bzw. die Einkünfte als gewerbliche qualifiziert werden.

165 Nach *Haegele/Winkler* (Rdn. 656) kommt es dabei nicht darauf an, ob es sich um eine einmalig übernommene Verwaltung handelt, die vermögensverwaltende Tätigkeit also nicht nachhaltig ausgeübt wurde. Selbst wenn ein Rechtsanwalt seine anwaltschaftliche Tätigkeit zugunsten einer umfangreichen Vermögensverwaltung aufgäbe, würde dieses an der vorstehenden Beurteilung nichts ändern.

166 Ob die Finanzrechtsprechung dem jedoch folgen würde, erscheint zweifelhaft. Nach der Entscheidung des BFH vom 6. 9. 1990 (BStBl. II S. 1029) muß die an sich unter § 18 Abs. 1 Nr. 3 fallende Tätigkeit **im Rahmen eines freien Berufes**

im Sinne der Nr. 1 EStG ausgeübt werden, wenn sie der Hauptberufstätigkeit zugerechnet werden soll.

Im Hinblick darauf, daß die in **§ 18 Abs. 1 Nr. 3 EStG** erfaßten Tätigkeiten ihrer Natur nach einer kaufmännischen Beschäftigung näherstehen als die in § 18 Abs. 1 Nr. 1 EStG genannten freien Berufe, gilt für jene Tätigkeiten die sog. **Vervielfältigungstheorie.** Nimmt eine solche Tätigkeit einen Umfang an, der die ständige Beschäftigung mehrerer Angestellter oder aber die Einschaltung von Subunternehmern erfordert, und werden diesen Personen nicht nur untergeordnete, insbesondere vorbereitende oder mechanische Tätigkeiten übertragen, so beruht sie nicht mehr auf der persönlichen Arbeitskraft des Berufsträgers und ist deshalb steuerrechtlich als gewerblich zu qualifizieren. Nur für **die freien Berufe** im Sinne des § 18 Abs. 1 Nr. 1 („Katalogberufe") ist die **Vervielfältigungstheorie** aufgrund des Steueränderungsgesetzes vom 30. Juli 1960 **nicht mehr anzuwenden** (BFH vom 11. 8. 1994 BStBl. II S. 936; *Schmidt/Wacker* EStG § 18 Rdn. 23 und 147), denn eine dem § 18 Abs. 1 Nr. 1 S. 3 EStG entsprechende Regelung fehlt in § 18 Abs. 1 Nr. 3 EStG. Hierbei reicht es bereits aus, wenn **mehr als ein qualifizierter Mitarbeiter** beschäftigt wird (so auch *Stuhrmann* in *Kirchhof/Söhn* § 18 Rdn. B 215). 167

Das Finanzgericht Hamburg hielt in seiner Entscheidung vom 13. 4. 1988 (EFG 1989, 21), welche die Tätigkeit eines Notars als Testamentsvollstrecker betraf, es für die Zurechnung von Einkünften aus der Testamentsvollstreckertätigkeit zu denen aus § 18 Abs. 1 Nr. 1 für ausreichend, daß diese Tätigkeit für den betreffenden freien Beruf zwar nicht berufstypisch, aber berufsüblich sei. Dabei ging das Gericht davon aus, daß es für sich von der Allgemeinkundigkeit im Sinne von § 291 ZPO ausgehen dürfe, daß Testamentsvollstreckungen im Notarberuf als Nebentätigkeit üblich seien. Es verwies in diesem Zusammenhang auch auf § 8 Abs. 3 BNotO, wonach die Übernahme u. a. des Amtes des Testamentsvollstreckers nicht der Genehmigung durch die Aufsichtsbehörde bedarf. Das Gericht stellte aber die **weitere Forderung** auf, daß im Hinblick auf die Zurechenbarkeit der Einkünfte zu § 18 Abs. 1 Nr. 1 EStG der Testamentsvollstreckertätigkeit in einem **engen sachlichen, insbesondere wirtschaftlichen Zusammenhang mit der eigentlichen freien berufstypischen Berufstätigkeit** der rechts- und wirtschaftsberatenden Berufe stehen müsse. 168

Einen solchen Zusammenhang sah das Gericht dadurch als gegeben an, daß der Erblasser **schon zu seinen Lebzeiten von dem später zum Testamentsvollstrecker berufenen Notar betreut** worden war, und der Erblasser im Hinblick auf die Zusammensetzung des Nachlasses – er bestand fast ausschließlich aus Grundvermögen – auf die Berufserfahrung eines einschlägig spezialisierten Juristen Wert legte. Zu dem geforderten wirtschaftlichen Zusammenhang führte das Gericht aus, dieser zeige sich darin, daß die Grundstückskaufverträge zwischen dem Nachlaßverwalter und dem Erwerber durchweg in der Sozietät des Testamentsvollstreckers (Notars) beurkundet wurden – wenn auch aus standesrechtlichen Gründen nicht von dem Testamentsvollstrecker (Notar) selbst. 169

Abgesehen davon, daß auch das „sozietätsinterne" Beurkunden auch seinerzeit nicht unproblematisch war (vgl. OLG Oldenburg DNotZ 1990, 431) und inzwischen gemäß § 3 Abs. 1 Nr. 4 BeurkG auch rechtlich nicht mehr zulässig ist, wirft die Entscheidung einige Fragen auf: ist sie so zu verstehen, daß eine Testamentsvollstreckung durch einen Freiberufler nur dann zu Einkünften iS von § 18 Abs. 1 Nr. 1 EStG führt, wenn der Betreffende schon zu dessen Lebzeiten für den Erblasser tätig war, besondere konkrete Gründe für gerade seine Berufung vorlagen und auch noch wirtschaftliche Verflechtungen vorliegen? Der Auffassung, daß die Tätigkeit eines Freiberuflers als Testamentsvollstrecker nur dann zu Einkünften nach 170

§ 18 Abs. 1 Nr. 1 EStG führt, wenn sich seine Tätigkeit als Fortsetzung seiner bisherigen (beratenden) Tätigkeit darstellt, scheint Kirnberger zuzuneigen, wobei seine Ausführungen nicht eindeutig sind (vgl. *Kirnberger* einerseits S. 83, andererseits S. 85).

171 Diese enge Auffassung ist **abzulehnen;** mit einer solchen Handhabung würde man den **Kreis der als Testamentsvollstrecker in Frage kommenden Freiberufler unnötig einengen.** Mit dem aufgestellten Erfordernis des wirtschaftlichen Zusammenhangs, so wie er in der Entscheidung dargestellt ist, wird ein Weg in die falsche Richtung gewiesen: Notartätigkeit – auch die in der Sozietät geübte – und Testamentsvollstreckertätigkeit haben ja ihren eigenen Pflichten zu folgen und sollten sich gerade möglichst wenig verflechten. Der Notar hat seine Tätigkeit neutral und unabhängig zu verrichten.

172 Der Bundesfinanzhof hat (obwohl er auch diese Entscheidung des Finanzgerichts Hamburg zitiert) auf diese Gesichtspunkte auch nicht zurückgegriffen. In seiner Entscheidung vom 11. 8. 1994 (BStBl. II S. 936) hat er allerdings deutlich gemacht, daß Einkünfte eines Steuerberaters oder Wirtschaftsprüfers aus einer Tätigkeit als **Testamentsvollstrecker oder Insolvenzverwalter** nur dann zu den Einkünften aus freiberuflicher Tätigkeit iS des § 18 Abs. 1 Nr. 1 EStG führen, wenn diese Tätigkeit nach dem **Gesamtbild der Umstände tatsächlich eine sonstige selbständige Tätigkeit** im Sinne des § 18 Abs. 1 Nr. 3 EStG darstellt, nicht dagegen, wenn die **Grenze zur Gewerblichkeit** unter dem **Blickwinkel der Vervielfältigungstheorie** überschritten ist. Der Bundesfinanzhof räumte ein, man möge zwar die Meinung vertreten können, es sei hinsichtlich der Grenze zur Gewerblichkeit unschädlich, wenn sich ein Steuerberater zur Ausübung seiner Tätigkeit als Testamentsvollstrecker oder Insolvenzverwalter der im Rahmen seiner Steuerkanzlei beschäftigten und für diese Beschäftigung fachlich vorgebildeten Arbeitskräfte bediene. Jedoch sei die Grenze zur Gewerblichkeit jedenfalls dann überschritten, wenn die Tätigkeit als Insolvenzverwalter – um einen solchen ging es in dem der Entscheidung zu Grunde liegenden Sachverhalt – einen solchen Umfang angenommen habe, der allein hierfür die **Einschaltung von Subunternehmern** erforderlich mache und diese Personen **nicht nur untergeordnete, insbesondere vorbereitende und mechanische Arbeiten erledigten.**

173 Dieses könnte insbesondere der Fall sein, wenn der Insolvenzverwalter weniger mit der Abwicklung in Konkurs gegangener Unternehmen als mit der Sanierung notleidender Betriebe befaßt sei. Im Hinblick darauf, daß der Bundesfinanzhof an mehreren anderen Stellen in dieser Entscheidung Konkursverwalter und Testamentsvollstrecker gleichstellte, kann davon ausgegangen werden, daß die letztgenannten Aspekte auch für den Testamentsvollstrecker zumindest entsprechend gelten. Im Rahmen der Testamentsvollstreckung dürfte die Verwaltungsvollstreckung zumindest dann analog der Sanierung notleidender Betriebe zu werten sein, wenn der Testamentsvollstrecker einen **Betrieb fortführt.** Ein Notar, Rechtsanwalt, Steuerberater, Wirtschaftsprüfer, der für einen solchen Fall in seinem Büro einen **speziell dafür zusammengefaßten Mitarbeiterstab** unterhält, läuft deshalb **Gefahr,** von der Rechtsprechung insoweit als **gewerblich** Tätiger **qualifiziert** zu werden. Entsprechendes dürfte auch dann gelten, wenn ein Freiberufler sein Büro nur noch auf Testamentsvollstreckungen ausrichtet unabhängig davon, ob es sich um eine oder mehrere oder eine unbestimmte Vielzahl von Vollstreckungen handelt. Hier kann es dann keinen Unterschied mehr machen, ob es sich um Abwicklungs- oder Verwaltungsvollstreckungen handelt.

174 In dem von *Haegele/Winkler* bemühten Beispiel des Anwalts, der seine anwaltliche Tätigkeit zu Gunsten einer umfangreichen Vermögensverwaltung aufgibt, müßten demgemäß Einkünfte nach § 18 Abs. 1 Nr. 3 EStG angenommen werden,

sofern er nicht allein oder nur mit untergeordnet tätigen Hilfskräften, die auch nicht zu zahlreich sein dürfen, agiert; denn auch in diesem Fall kann sich nach dem Gesamtbild der Umstände eine als gewerblich zu beurteilende Tätigkeit ergeben.

Im einzelnen ist die **Abgrenzung zweifelhaft;** die Rechtsprechung zeigt **175** durchaus **unterschiedliche Schwerpunktbildungen** (vgl. die Analyse bei *Kirnberger* S. 56ff.). Die Tendenz geht jedoch in eine einschränkende Richtung (*Schmidt/Wacker* EStG § 18 Rdn. 97 mit Nachweisen zur neueren Rechtsprechung). Laut *Kirnberger* (S. 63) ist Hintergrund für die zunehmend **restriktivere Sicht die Ungleichbehandlung** von verschiedenen Testamentsvollstreckern im Zusammenhang mit der Vervielfältigungstheorie. Allenfalls der Umfang der Hilfsarbeiten werde bei Freiberuflern (noch) großzügiger gesehen als bei anderen Testamentsvollstreckern.

Im Hinblick darauf, daß die allgemeine **Tätigkeit der Freiberufler** von der **176** Tätigkeit als **Testamentsvollstrecker trennbar** ist (vgl. für einen Anwalt – wenn auch zu Fragen der Umsatzsteuer entschieden: BFH 13. 3. 1987, BFHBl. II S. 524; die Rechtsprechung ist widersprüchlich, vgl. Rdn. 188), sind für natürliche Personen die aus jeder Tätigkeit herrührenden Einkünfte getrennt als freiberufliche und als gewerbliche Einkünfte zu ermitteln (vgl. auch *Schmidt/Weber-Grellet* EStG § 15 Rdn. 97 bis 100; *Schmidt/Wacker* EStG § 18 Rdn. 17 und Rdn. 50 mit weiteren Beispielen).

dd) Abfärbetheorie für Personengesellschaften. Ist jedoch eine **Personengesellschaft** **177** **teils freiberuflich oder vermögensverwaltend** und auch **teils gewerblich** tätig (wofür bereits die gewerbliche Tätigkeit nur eines Gesellschafters für Rechnung der Gesellschaft genügt), gilt die Tätigkeit der Personengesellschaft, soweit diese von der Absicht getragen ist, Einkünfte zu erzielen, nach § 15 Abs. 3 Nr. 1 EStG **„in vollem Umfang" als Gewerbebetrieb** (sog. Abfärbe- oder Infektionstheorie – *Schmidt/Schmidt* EStG § 15 Rdn. 185; *Schmidt/Wacker* EStG § 18 Rdn. 142 am Ende).

Es ist anerkannt, daß eine Gesellschaft bürgerlichen Rechts und auch eine Part- **178** nerschaft im Sinne des Partnerschaftsgesellschaftsgesetzes, eine „andere Gesellschaft" im Sinne des § 15 Abs. 3 Nr. 1 EStG sein können (*Schmidt/Schmidt* EStG § 15 Rdn. 186). Nach der bisher hM führte jede, auch eine **geringfügige gewerbliche Tätigkeit** der Personengesellschaft zur **Umqualifizierung der nicht gewerblichen Einkünfte in gewerbliche** (BFH 10. 81994, BStBl. 1995 II S. 171; *Schmidt/Schmidt* EStG § 15 Rdn. 188 jeweils mwN). In dieser Entscheidung setzte sich der BFH auch mit den verfassungsrechtlichen Bedenken auseinander, die ihre Wurzel darin finden, daß die Rechtsprechung des BFH dem Einzelunternehmer bei sog. gemischter Tätigkeit die Möglichkeit einer gesonderten Beurteilung trennbarer Einkunftsarten eröffnet, während ebendies durch die nunmehr ausdrückliche gesetzliche Regelung in § 15 Abs. 2 Nr. 1 EStG der Personengesellschaft versagt wird.

Der BFH räumte ein, durch diese gesetzliche Regelung sei zwar der Grundsatz **179** berührt, daß Einzelunternehmer und Mitunternehmer soweit wie möglich gleich zu behandeln seien, was letztlich auf dem aus Art. 3 Abs. 1 GG abzuleitenden Grundsatz der Steuergerechtigkeit beruhe, erachtete die gesetzliche Regelung aber dennoch **nicht für verfassungswidrig,** weil die Steuerpflichtigen die Möglichkeit hätten, für **trennbare Unternehmenstätigkeiten jeweils gesonderte, auch personengleiche Personengesellschaften zu errichten** (ebenso *Schmidt/Wacker* EStG § 18 Rdn. 44). Die beiden Personengesellschaften müssen nach außen als solche erkennbar sein. Möglich ist auch der Weg, daß ein Gesellschafter die gewerbliche Tätigkeit auf eigene Rechnung übernimmt – eventuell unter Herabsetzung seines Gewinnanteils an der Gesellschaft (*Schmidt/Schmidt* EStG § 15 Rdn. 193). Auch hier wird man fordern müssen, daß dieses von vorneherein nach außen erkennbar war. Hierbei ist darauf hinzuweisen, daß keine Tochtergesellschaft gegründet werden darf, sondern eine Parallelgesellschaft zu errichten ist (zu den Einzelheiten vgl. Schreiben des BMF vom 14. 5. 1997 in BStBl. I S. 566; wirtschaftliche und organisatorische Trennung; getrennte Aufzeichnungen).

180 Als für die gesamte Arbeitsgestaltung der Testamentsvollstreckung wichtiges Ergebnis bleibt festzuhalten, daß der **Einzelfreiberufler, insbesondere aber Sozietäten, die oben dargelegte Rechtsprechung beachten müssen, um den „Gefahren einer gemischten Tätigkeit"** (*Kanzler* FR 1994, 114) richtig zu begegnen.

181 Unter dem Aspekt der **Verhältnismäßigkeit** ist noch zu beachten: Nach *Schmidt/Wacker* (EStG § 18 Rdn. 44) ist bei nur **zeitweilig** – zB versehentlich in den Sozietätsbereich einbezogenen – gewerblichen Geschäften nicht von einer Gewerblichkeit des ganzen Jahressozietätsgewinns auszugehen; vielmehr können auch **kurze Gewinnermittlungszeiträume** (abgekürzte Wirtschaftsjahre) zur Erfassung des gewerblichen Gewinns geboten sein. Gemäß dem Urteil des BFH vom 11. 8. 1999 (BStBl. 2000 II S. 229) ist jedenfalls bei einem Anteil von 1,25% der originär gewerblichen Tätigkeit im Verhältnis zur sonstigen Tätigkeit die umqualifizierende Wirkung des § 15 Abs. 3 Nr. 1 EStG abzulehnen. Nach *Schmidt/Wacker* EStG § 18 Rdn. 44 soll diese **„Bagatellgrenze"** bei höchstens 2% Umsatzanteil und einer absoluten Einnahme von höchstens dem Ertragsfreibetrag gemäß § 11 Abs. 1 S. 3 Nr. 1 GewStG liegen.

182 *ee) Kein Freibetrag für Freiberufler.* Nicht mehr bedeutsam ist die Differenzierung der Einkunftsarten im Hinblick auf einen Freibetrag, der nur den Freiberuflern zusteht: Die einen solchen Freibetrag regelnde Vorschrift des § 18 Abs. 4 EStG ist mit Wirkung ab 1990 aufgehoben. (Art. 1 Nr. 19, Nr. 73 lit. a StRefG 1990 BStBl. 1988 I S. 224; diese Aufhebung wird bei *Haegele/Winkler* übersehen; Rdn. 654 ist in dieser Hinsicht berichtigungsbedürftig). Bedeutsam war die Abgrenzung jedoch unter dem Gesichtspunkt des **§ 32c EStG,** in dem für gewerbliche Einkünfte eine Tarifbegrenzung vorgesehen ist (dazu *Kirnberger* S. 47), wobei darauf hinzuweisen ist, daß diese Vorschrift für den Veranlagungszeitraum 2001 bereits nicht mehr gilt (vgl. Rdn. 241). Unter der Geltung des **§ 35 nF EStG** werden sich in der Diskussion allerdings die Schwerpunkte voraussichtlich verschieben – die **Gewerblichkeit kann vorteilhaft** werden (vgl. *Schmidt/Wacker* EStG § 18 Rdn. 0).

183 *ff) Verfahrensrecht.* **Verfahrensrechtlich** wirkt sich die unterschiedliche Einordnung noch unter dem Blickwinkel des § 193 Abs. 1 AO und dem Abschnitt H 142 zu den Einkommensteuer-Richtlinien aus: Auch wenn die steuerlichen Verhältnisse eines Testamentsvollstreckers in gleichem Maße prüfungsbedürftig sind wie diejenigen eines freiberuflich Tätigen, kann eine **Außenprüfung** nicht auf § 193 Abs. 1 AO gestützt werden (BFH vom 5. 11. 1981, BStBl. 1982 II S. 184; wegen vor dem Erbfall entstandener Steuern des Erblassers kann allerdings eine Außenprüfung beim Testamentsvollstrecker angeordnet werden (FG Baden-Württemberg vom 12. 2. 1990, EFG 1990, 400). Nur für Freiberufler gilt hinsichtlich der **Aufzeichnungs- und Buchführungspflichten** Abschnitt H 142 zu den Einkommensteuer-Richtlinien. Bei Einkünften aus gewerblicher Tätigkeit ist für die Buchführungspflicht § 141 AO beachtlich.

184 *gg) Kapitalgesellschaft als Testamentsvollstrecker: gewerbliche Einkünfte.* Übernimmt eine **Kapitalgesellschaft,** deren **Einkünfte aus Gewerbebetrieb** gelten (vgl. § 8

Abs. 2 KStG), eine Testamentsvollstreckung, so ist die Vergütung auch in diesem Sinne einzuordnen.

b) Zur Anwendbarkeit des § 34 Abs. 1, 2 Nr. 4 EStG

aa) Die Auffassung der Rechtsprechung und Verwaltung: grundsätzlich keine Anwendbarkeit. Auch nach der **Neufassung** des § 34 EStG ist die alte **Streitfrage,** ob die Vergütung des Testamentsvollstreckers, die wie oben bereits ausgeführt, grundsätzlich in einem Betrag zum Ende der Testamentsvollstreckung ausgezahlt wird, gemäß § 34 Abs. 1, 2 Nr. 4 EStG tarifbegünstigt ist, **erhalten** geblieben. 185

Der **BFH, die Finanzverwaltung** und ein Teil der Literatur bejahten bzw. bejahen die Möglichkeit dieser Tarifbegünstigung bei Einkünften aus selbständiger Arbeit nur dann, wenn 186

(1) der Steuerpflichtige sich mehr als **zwölf Monate** ausschließlich der einen Sache gewidmet hat, oder

(2) der Steuerpflichtige mehr als zwölf Monate eine von seiner übrigen Tätigkeit ausreichend **abgrenzbare Sondertätigkeit,** die nicht zum regelmäßigen Gewinnbetrieb gehört, ausgeübt hat, und dafür die Vergütung in einem Veranlagungszeitraum erhält (Abschnitt R 200 Abs. 3 Einkommensteuer-Richtlinien). Gelegentlich wird auch von dem Erfordernis einer mehrjährigen Tätigkeit gesprochen. Dieses bedeutet aber nur, daß die Tätigkeit in zwei Kalenderjahren/Veranlagungszeiträumen ausgeübt worden sein muß; es ist nicht erforderlich, daß sie sich jeweils auf das ganze Jahr erstreckt (*Schmidt/Seeger* EStG § 34 Rdn. 40).

Zur Begründung dieser Einschränkung wird ausgeführt, bei Einkünften aus **selbständiger Arbeit** sei es **nicht außergewöhnlich,** daß in den laufenden Einnahmen **neben gleichmäßigen auch schwankende Einnahmen** enthalten seien; durch diese Art der Einnahmeerzielung werde der nach § 34 EStG angestrebte Tarifausgleich bereits bewirkt. Voraussetzung für die Anwendung des § 34 EStG sei insgesamt – wie die Überschrift zeige – daß die Einkünfte außergewöhnlicher Art seien (Nachweise bei *Schmidt/Seeger* EStG § 34 Rdn. 38 und 47; *Raupach* in *Herrmann/Heuer/Raupach* § 34 Rdn. 27 e). 187

Die Tätigkeit eines **Wirtschaftsprüfers als Testamentsvollstrecker** ist vom BFH (28. 6. 1973, BStBl. II S. 729) nicht als eine solche vom übrigen Praxisbetrieb **klar abgrenzbare Sondertätigkeit** beurteilt worden. Das Berufsbild umfasse die treuhänderische Tätigkeit nicht nur bei Konkurs- oder Vergleichsverwaltung, sondern auch bei einer Testamentsvollstreckung. Für einen Rechtsanwalt als Testamentsvollstrecker hatte der RFH (RStBl. 1936, S. 652) bereits in dieser Weise entschieden: die Testamentsvollstreckung falle nicht aus dem üblichen Rahmen des Anwaltsberufes und könne nicht als Ausübung eines Sonderberufes angesehen werden; hier sei auf die Widersprüchlichkeit der Rechtsprechung verwiesen (vgl. Rdn. 176). 188

bb) Kritik in der Literatur: Ausgleich progressionsbedingter Härten gerecht. Diese Auffassung ist **vielfach kritisiert** worden; insbesondere ist betont worden, die ratio legis der Vorschrift sei, **progressionsbedingte Härten auszugleichen;** dieses Ziel werde dadurch, daß bei Einkünften aus selbständiger Arbeit naturgemäß Schwankungen gegeben seien, nur unvollständig erreicht. Einkünfte, die eine Entlohnung für eine Tätigkeit darstellen, seien nach dem System des EStG keine außerordentlichen Einkünfte. Für Art. 34 Abs. 3 EStG aF wurde vertreten, daß die Überschrift zur Vorschrift des § 34 EStG für den Abs. 3 – im Gegensatz zu den anderen Absätzen – unzutreffend sei. Aus diesem Grund böten weder Sinn noch Wortlaut der Vorschrift einen Grund für eine einschränkende Auslegung im vorbeschriebenen Sinn. 189

190 Die Differenzierung der Finanzverwaltung, wonach bei Einkünften aus nichtselbständiger Arbeit die beschriebene enge Auslegung nicht praktiziert wird, sondern die Tarifbegünstigung gewährt wird, wenn die zusammengefaßte Entlohnung für mehrjährige Tätigkeit bezahlt wird und für diese Zahlungsweise wirtschaftliche Gründe bestehen, überzeuge nicht, sondern stoße unter dem **Aspekt der Gleichbehandlung auf Bedenken.** Bedenken wegen einer möglichen mißbräuchlichen Ausnutzung der Vorschrift bestünden nicht, da es Sache des Steuerpflichtigen sei, den Nachweis zu erbringen, daß es wirtschaftlich vernünftigen Gründen entspreche, wenn die Zahlung der Vergütung in einer Summe erfolge (so zB *Raupach* in *Herrmann/Heuer/Raupach* § 34 Rdn. 27 e und f).

191 Teilweise wird auch die Auffassung vertreten, daß das zuvor genannte Urteil des BFH **jedenfalls dann bedenklich** sei, wenn die **Tätigkeit** als Testamentsvollstrecker **über mehrere Jahre die einzige – steuerbare – Tätigkeit** darstelle (*Borggreve* in *Littmann/Bitz/Hellwig* § 34 Rdn. 41).

192 Bei Kenntnis des Standpunktes der Finanzverwaltung und der Rechtsprechung lassen sich die **Schwierigkeiten jedoch steuern:** Nach Ansicht des BFH (BStBl. 1972 II S. 530) ist § 34 Abs. 3 EStG (aF)/§ 34 Abs. 2 Nr. 4 EStG auf jeden Fall dann nicht anwendbar, wenn auf das Endhonorar bereits vereinbarungsgemäß ins Gewicht fallende auf mehrere Jahre verteilte **Teilzahlungen** geleistet wurden. Es wird deshalb **nicht als Umgehung** anzusehen sein, wenn der Testamentsvollstrecker bei einer Dauervollstreckung **in periodischen Abständen seine Vergütung** entnimmt und dementsprechend versteuert, um die steuerlichen Nachteile zu vermeiden, die ihm anderenfalls drohen können.

193 Die Hoffnung, daß auch in der Rechtsprechung Bewegung in diese Problematik kommen hat jedoch getrogen. In seinem Urteil vom 7. 5. 1991 (EFG 1992, 77) war das Finanzgericht München zu dem Ergebnis gekommen, daß § 34 Abs. 3 EStG (aF) bei zusammengeballter Vergütung auch für selbständig Tätige gelte, ohne daß insoweit eine abgrenzbare Sondertätigkeit vorliegen müsse; dem ist der BFH nicht gefolgt. In seinem Urteil vom 17. 2. 1993 (BFH NV 1993, 593), in dem es u.a. um Anwaltshonorare für mehrjährige Prozesse ging, hat der **BFH an seiner alten Auffassung festgehalten.** Die Überschrift zu § 34 EStG (aF) – außerordentliche Einkünfte – gelte für alle Absätze. Außerordentlich seien Einkünfte nicht schon deshalb, weil der Steuerpflichtige eine Entlohnung für eine Tätigkeit enthielte, die sich über mehrere Jahre erstrecke: bei einem Freiberufler sei dieses nicht ungewöhnlich. Ein Freiberufler erziele typischerweise der Höhe nach schwankende Einkünfte, für die sich der nach der Vorschrift gewollte Tarifausgleich in anderer Weise vollziehe. **Im Zusammenhang mit dem Steueränderungsgesetz 1961 ergebe sich, daß der Gesetzgeber sich der diesbezüglichen Rechtsprechung angeschlossen** habe. Möglicherweise hat dieser Gesichtspunkt den BFH bewogen, sich in seiner Entscheidung mit den Gegenargumenten bzw. dem vorinstanzlichen Urteil kaum zu beschäftigen.

194 *cc) Entwicklungshinweis.* Im Hinblick auf die Testamentsvollstreckervergütung ist aber möglicherweise das letzte Wort noch nicht gesprochen, wenn man an die inzwischen doch andere Schwerpunkte setzende Rechtsprechung zu § 18 Abs. 1 Nr. 1 bzw. Nr. 3 EStG denkt. So heißt es bei *Schmidt/Seeger* (EStG § 34 Rdn. 47) auch nur, grundsätzlich nicht abgrenzbar von der Ausübung eines freien Berufes seien die Tätigkeiten, die – isoliert betrachtet – als sonstige selbständige Tätigkeit gemäß § 18 Abs. 1 Nr. 3 EStG erfaßt würden. Eine umfassende Anwendung des § 34 Abs. 3 aF befürwortet auch Kirnberger (S. 99). Es dürfte wohl **nicht angehen,** unter dem Aspekt der **Gewerblichkeit eine Trennbarkeit der Tätigkeiten zu bejahen** und sie unter dem **Aspekt des § 34 EStG zu verneinen.**

c) Die betriebliche Veranlassung – auch bei einer überhöhten Vergütung?

aa) Der – weite – Begriff der Betriebseinnahme. Unter dem Blickwinkel des Einkommensteuerrechts ist die zivilrechtliche Struktur der Vergütung zumindest grundsätzlich unbeachtlich; denn auch im Rahmen des § 18 EStG gelten die allgemeinen gesetzlichen Vorschriften und die dazu in Rechtsprechung und Lehre herausgebildeten Auslegungen, mithin also auch, daß **Betriebseinnahme** letztlich jeder **wirtschaftliche Vorteil** ist, den der Steuerpflichtige **aus betrieblichen Gründen** erlangt. Betriebseinnahmen sind alle Zugänge in Geld oder Geldwert, die durch den Betrieb veranlaßt sind (BFH 6. 9. 1990, BStBl. II S. 1029 = FR 1991, 13 m. Anm. *Söffing*; *Schmidt/Heinicke* EStG § 4 Rdn. 440, der von „notwendigen Betriebseinnahmen" spricht). **Bei entsprechender Veranlassung sind also auch Zuwendungen ohne Rechtspflicht Betriebseinnahmen** (*Schmidt/Heinicke* EStG § 4 Rdn. 442). 195

Demgemäß hat das Finanzgericht Berlin (vom 11. 2. 1986, EFG 1986, 603) in einem Falle, in welchem dem Steuerpflichtigen eine **Eigentumswohnung** unter der **Bedingung vermacht** worden war, daß er die **Testamentsvollstreckung** übernehme, mit diesem Vermögensvorteil eine **Einkunft** aus selbständiger Arbeit im Sinne des **§ 18 EStG** angenommen. Da im Einkommensteuerrecht der objektive Wertzugang maßgeblich ist, entfiel über die beschriebene Betrachtungsweise die Möglichkeit, dem Testamentsvollstrecker die zu diesem Zeitpunkt noch in den Einheitswerten liegende Begünstigung zukommen zu lassen. Dieser Gesichtspunkt ist auch unter dem **heutigen Recht bedeutsam,** soweit in der Grundbesitzbewertung noch **Begünstigungsfaktoren** enthalten sind. 196

Diese Rechtsprechung hat der BFH in dem zuvor erwähnten Urteil bestätigt. Dem Urteil des BFH lag die Frage zugrunde, ob eine **besonders hohe Konstituierungsgebühr,** die ein dem Erblasser und dessen Familie freundschaftlich eng verbundener Steuerberater erhielt, nicht in der Form **aufzuteilen** sei, daß nur **1% als übliches Honorar** und die **restlichen 3% als Vermächtnis** anzusehen sei. In seiner letztwilligen Verfügung hatte der Erblasser von einem Honorar für die Konstituierung gesprochen und eine Bewertungsregelung getroffen. Das besagte Honorar sollte 4% vom steuerlichen Nachlaßwert (28 368 533,– DM), mithin 1 134 720,– DM betragen. 197

In beiden Urteilen wird unter dem Aspekt des weiten Begriffs der Betriebseinnahmen ausdrücklich eine **Aufteilung der Vergütung** in einen der **Einkommensteuer** unterliegenden **entgeltlich erworbenen** Teil und einen der **Erbschaftsteuer** unterliegenden **unentgeltlichen Teil abgelehnt.** Von einer solchen Aufteilbarkeit war sogar die Finanzverwaltung (OFD Hamburg, Steuererlasse in Karteiform – StEK – EStG § 18 Nr. 65) im Anschluß an die im Zivilrecht vertretene Auffassung ausgegangen, nach der eine Vergütung, die über die Angemessenheit im Sinne des § 2221 BGB hinausgeht, als Vermächtnis anzusehen sein kann (vgl. zu Einzelheiten zu diesem Aspekt das Kapitel Erbschaftsteuer). In beiden Urteilen wird unter Anziehung der Rechtsprechung zu Geschenken, die zB ein dankbarer Patient seinem Arzt neben dem Honorar zukommen läßt, betont, daß die Frage der Entgeltlichkeit oder Unentgeltlichkeit nicht entscheidend sei, sondern daß es für die Subsumtion unter den Begriff der Betriebseinnahme ausreiche, wenn ein tatsächlicher oder wirtschaftlicher Zusammenhang mit einer Einkunftsart vorliege; dann sei die Einnahme den jeweiligen Einkünften zuzurechnen. 198

Der BFH führt weiter aus, es bestehe eine **Vermutung** dafür, daß eine vom Erblasser als **Testamentsvollstreckerhonorar bezeichnete Vergütung tatsächlich und rechtlich mit der Testamentsvollstreckung zusammenhänge;** denn im Gegensatz zum „normalen" (Einschub vom Verfasser) Vermächtnis sei sie 199 dadurch gekennzeichnet, daß der Testamentsvollstrecker sie nur erhalte, wenn er sein Amt ausübe. Das Hinzutreten privater Gründe für eine besonders hohe Vergütung ändere daran nichts.

200 Nach der Auffassung des **FG Berlin** ist eine entgeltliche Testamentsvollstreckervergütung, die dem § 18 EStG unterliegt, nur dann **nicht anzunehmen, wenn ein Übermaß an Vergütung als freiwillige Vergütung gewollt** ist. Wann ein solches Übermaß vorliegt, wird allerdings nicht ausgeführt.

201 In der einkommensteuerrechtlichen Literatur sind die Meinungen geteilt; teilweise folgt man dem BFH, vorwiegend mit dem Argument, die Vergütung habe ihre Ursache vollständig in der Testamentsvollstreckertätigkeit und unterliege deshalb vollständig der Einkommensteuer. Nur wenn es **ausnahmsweise eindeutig feststellbar** sei, daß der Erblasser einen Teil der **Vergütung unabhängig von der Tätigkeit** als Testamentsvollstrecker diesem habe zuwenden sollen, sei der bürgerlich-rechtlichen Beurteilung zu folgen und insoweit ein **nicht einkommensteuerbarer Zufluß** anzunehmen (*Stuhrmann* in *Kirchhof/Söhn* § 18 Rdn. 227; *Steinhoff* in *Littmann/Bitz/Hellwig* § 18 Rdn. 333, der hervorhebt, insbesondere bei persönlichen Beziehungen zwischen Erblasser und Testamentsvollstrecker sei eine solche Betrachtungsweise denkbar).

202 *bb) Kritik – keine Einnahmeerzielungsabsicht, also keine Betriebseinnahme.* Es scheinen sich jedoch die Stimmen zu mehren, die eine Aufteilung in einen – der Einkommensteuer unterliegenden – entgeltlichen und einen – der Erbschaftsteuer unterliegenden – unentgeltlichen Teil befürworten (vgl. *Kirnberger* S. 135 mwN und ZEV 2001, 267). **Entscheidend** für die Zurechnung eines Vermögenszuwachses zur Einkommensteuer sei, ob die erhöhte Leistungsfähigkeit unmittelbar **Ausfluß einer auf die Erzielung von Einnahmen gerichteten Tätigkeit** sei; es müsse eine **planvolle Ausnutzung** einer **Einkommensquelle** vorliegen, um zur Einkommensteuer zu kommen. Dieser Gesichtspunkt sei bei der **Zuwendung des überhöhten Teils** einer Testamentsvollstreckervergütung **nicht gegeben** (*Kirnberger* S. 132f.). Eine **unangemessen hohe Vergütung** wird angenommen, wenn die angemessene Vergütung um **50% überschritten** wird (*Kirnberger* S. 26, 123). Im Hinblick darauf, daß die Tabellen nur Mindestsätze darstellen, wird man davon ausgehen müssen, daß die Angemessenheit nach der in der anerkannten juristischen Fachliteratur und/oder in der Wirtschaftspraxis beachteten Tabelle beurteilt werden darf, die die höchsten Vergütungssätze auswirft.

203 *cc) Kein Abzug der Erbschaftsteuer.* Die **Erbschaftsteuer** als solche wie die **Zinsen,** die für einen Kredit, der zu ihrer Befriedigung aufgenommen wurde, aufzuwenden sind, können **nicht** als **Betriebsausgaben** oder Werbungskosten abgezogen werden, da es sich bei der Erbschaftsteuer um eine Personensteuer im Sinne des § 12 Nr. 3 EStG handelt (*Schmidt/Drensek* EStG § 12 Rdn. 52).

d) Einkünfte auch bei einer unangemessen niedrigen Vergütung

204 Auch der Testamentsvollstrecker, der für eine unangemessen niedrige Vergütung tätig wird, erzielt Einkünfte im Sinne des EStG (*Kirnberger* S. 140).

2. Erbschaftsteuer

a) Gesetzliche Grundlagen

205 Der **Erbschaftsteuer** unterliegt – unter anderem – nach § 1 Abs. 1 Nr. 1 ErbStG der **Erwerb von Todes wegen;** was als Erwerb von Todes wegen gilt, ist

in § 3 ErbStG aufgezählt. Hinsichtlich der Testamentsvollstreckervergütung kommen insoweit drei Möglichkeiten in Betracht:

- Erwerb durch Vermächtnis (§ 3 Abs. 1 Nr. 1 Alt. 3 ErbStG)
- Sonstiger Erwerb, auf den die für Vermächtnisse geltenden Vorschriften des bürgerlichen Rechts Anwendung finden – § 3 Abs. 1 Nr. 3 ErbStG)
- Erwerb infolge Vollziehung einer Auflage seitens des Erblassers oder Erfüllung einer vom Erblasser gesetzten Bedingung (§ 3 Abs. 2 Nr. 2 ErbStG)

b) Angemessene Testamentsvollstreckervergütung kein (gesetzliches) Vermächtnis, auch nicht als Teil einer insgesamt überhöhten Vergütung

206 Gemäß der Legaldefinition in § 1939 BGB kann der Erblasser durch Testament – nach allgemeiner Auffassung auch in einem Erbvertrag – jemandem einen Vermögensvorteil zuwenden, ohne diesen zum Erben einzusetzen. Durch das **Vermächtnis** erhält der Bedachte ein **Forderungsrecht** (Anspruch) gegen den oder die Beschwerten (Erfüllungsverpflichteten). **Diese Grundstruktur weist auch die Vergütungsforderung des Testamentsvollstreckers** auf, sei es, daß der Erblasser selbst die Vergütung geregelt hat, sei es, daß er dies nicht getan hat und der **Vergütungsanspruch** sich lediglich **aus dem Gesetz** (§ 2221 BGB) ergibt. In letzterem Fall könnte ein sog. **gesetzliches Vermächtnis** vorliegen; solche werden erbschaftsteuerlich gemäß § 3 Abs. 1 Nr. 3 ErbStG erfaßt (*Meincke* § 3 Rdn. 71). Ein steuerbarer Vorgang gemäß § 3 Abs. 2 Nr. 2 ErbStG ist bei der Testamentsvollstreckervergütung nicht anzunehmen, da diese Vorschrift einschränkend auszulegen ist und nur die Fälle erfaßt, die zivilrechtlich nicht unmittelbar mit dem Erbfalle verbunden sind, wirtschaftlich solchen Fällen aber gleichstehen (*Kirnberger* S. 107). Die Vorschrift regelt nicht die Steuerpflicht des vom Erblasser Bedachten, sondern des Dritten. Dieser ist nicht Erbe oder Vermächtnisnehmer, nicht ihm wird die Erfüllung der Bedingung oder Auflage anheimgegeben, sondern dem Erben oder Vermächtnisnehmer, der unter einer Auflage oder Bedingung bedacht ist (*Meincke* § 3 Rdn. 96). Der Testamentsvollstrecker erhält seine Vergütung aber wegen **seiner** Tätigkeit.

207 Spezielle Ausführungen zur erbschaftsteuerrechtlichen Einordnung der angemessenen Testamentsvollstreckervergütung sind außer bei *Kirnberger* (S. 102ff.) nicht bekannt geworden. Hinsichtlich der **unangemessen hohen Testamentsvollstreckervergütung** findet sich indes in Rechtsprechung und Literatur häufig die Aussage: Eine letztwillig festgesetzte unangemessen hohe Vergütung ist als ein – möglicherweise durch die Annahme der Testamentsvollstreckung bedingtes – **Vermächtnis** anzusehen, wobei **teilweise hervorgehoben** wird, daß das Vermächtnis **nur** in dem die angemessene Vergütung **übersteigenden Teil** derselben liege (BayObLG Rpfleger 1982, 227; *Palandt/Edenhofer* § 2221 Rdn. 1; *Haegele/Winkler* Rdn. 626; *Nieder* Rdn. 945; *Kapp/Ebeling* § 10 Rdn. 137 (Lieferung Oktober 1999)). Teilweise wird diese Einschränkung jedoch nicht gemacht, zumindest nicht ausdrücklich (so zB *Gebel* in *Troll/Gebel/Jülicher* § 12 Rdn. 224, Lieferung März 1999, *Moench/Kien-Hümbert* § 31 Rdn. 13). *Kirnberger* (S. 106f.) folgend ist eine einfach angemessene Vergütung trotz der Gemeinsamkeit zum Vermächtnis, die in dem Forderungscharakter liegt, nicht als Erwerb von Todes wegen durch Vermächtnis – auch nicht unter dem Gesichtspunkt des gesetzlichen Vermächtnisses – anzusehen, denn wie auch § 2221 BGB zum Ausdruck bringt, ist die Testamentsvollstreckervergütung **Gegenleistung zur Leistung des Testamentsvollstreckers. Leistungsaustauschverhältnisse sind aber nicht Gegenstand des ErbStG.** Auch wenn die Testamentsvollstreckervergütung zivilrechtlich eine Vermögenszuwendung aus dem Nachlaß ist, so hängt sie doch nicht unmittelbar mit dem Erbfall zu-

sammen, sondern mit der Tätigkeit des Testamentsvollstreckers. Dieser Grundgedanke greift auch dann ein, wenn der Testamentsvollstrecker eine unangemessen hohe Vergütung erhält. Wegen der in dieser enthaltenen Leistungs- und Gegenleistungskomponente ist **nicht etwa die gesamte überhöhte Vergütung als Vermächtnis** zu werten, sondern nur der Teil, der die Höhe der angemessenen Vergütung **übersteigt** (*Kirnberger* S. 134 und ZEV 2001, 267, der nicht von einem bedingten Vermächtnis, sondern von einem auflagenbelasteten Vermächtnis ausgeht; 8. Kap. Rdn. 172f.).

208 Wenn der Betrag der Testamentsvollstreckervergütung zwischen dem Erben und dem Testamentsvollstrecker **vereinbart und auch entrichtet** wurde, spricht dies allerdings grundsätzlich für die **Angemessenheit** der Vergütung (*Moench* § 13 Nr. 31). Erhält ein **Miterbe** als Testamentsvollstrecker eine **überhöhte Vergütung,** kann insoweit ein **Vorausvermächtnis** vorliegen. **Zahlen Erben von sich aus** eine überhöhte Vergütung **oder belassen** sie dem Testamentsvollstrekker, der eine zu hohe Vergütung entnommen hat, diese, kommt eine **freigebige Zuwendung** gemäß § 7 Abs. 1 Nr. 1 ErbStG in Betracht (*Gebel* in *Troll/Gebel/Jülicher* § 12 Rdn. 224). Im übrigen kann die Angemessenheit nur anhand der verschiedenen veröffentlichten Tabellen geprüft werden, wobei jedoch stets die Besonderheiten des Einzelfalles zu berücksichtigen sind (Hessisches FG, 23. 10. 1990, EFG 1991, 332). Wie bereits zur Einkommensteuer ausgeführt kommt eine **unangemessen hohe Vergütung in Betracht, wenn die „Normalvergütung" um 50% überschritten wird.** Damit sind die **Gefahren deutlich:** Der dem Testamentsvollstrecker besonders **wohl gesonnene Erblasser** sorgt dafür, daß die besonders **(unangemessen) hohe Vergütung nicht nur der Einkommensteuer, sondern auch noch der Erbschaftssteuer und möglicherweise der Umsatzsteuer und Gewerbesteuer unterliegt;** denn Einkommensteuer und Erbschaftsteuer schließen sich nicht aus, was sich bisher eindeutig aus dem Vorhandensein des § 35 EStG ergab (so auch *Kirnberger* ZEV 2001, 267). Nach dieser Vorschrift war auf Antrag eine Steuerermäßigung zu gewähren für den Fall, daß bei der Ermittlung des Einkommens Einkünfte berücksichtigt wurden, die im Veranlagungszeitraum oder in den vergangenen vier Veranlagungszeiträumen als Erwerb von Todes wegen der Erbschaftsteuer unterlegen haben. **Auch nach Streichung des § 35 EStG** werden Finanzverwaltung und Rechtsprechung wohl bei dieser Auffassung bleiben. Hiervon gehen auch Kroschel und Wellisch (BB 1999, 2533) aus, wenn sie dafür plädieren, eine vergleichbare Vorschrift wieder in das EStG einzuführen. Auch sie räumen allerdings ein, ein Angehen des Problems an der Wurzel, dh. im Erbschaftssteuerrecht sei die systematischere Vorgehensweise.

c) Kein Abzug der Einkommensteuer – „Stand der Dinge" in Rechtsprechung und Literatur

209 Die Rechtsprechung (Nachweise bei *Meincke* § 10 Rdn. 32) hat bisher **latente Einkommensteuerlasten** – anders als bereits entstandene Einkommensteuerschulden – bei **Ermittlung des der Erbschaftsteuer unterliegenden Reinvermögens** (Bereicherung des Erwerbers im Sinne von § 10 ErbStG) **nicht als abzugsfähig anerkannt,** weil das Stichtagsprinzip den Abzug künftiger Verbindlichkeiten ausschließt und die in der Person des Erben oder sonstigen Erwerbers entstehende künftige Einkommensteuerschuld dem Grunde und der Höhe nach von den persönlichen Verhältnissen des Erwerbers, insbesondere dessen übrigen Einkünften, abhängt. Umgekehrt kann der Erwerber die von ihm geschuldete Erbschaftsteuer nicht einkommensmindernd geltend machen, insbesondere weder

als Betriebsausgaben oder Werbungskosten noch als Sonderausgaben oder außergewöhnliche Belastungen abziehen (vgl. auch Rdn. 203). Nur bei Bezügen im Sinne von § 23 ErbStG kommt ein Abzug als Sonderausgabe in Frage, wenn das Wahlrecht dergestalt ausgeübt wurde, die Erbschaftssteuer jährlich nach dem Jahreswert der Bezüge zu entrichten. **Bis zur Streichung** durch das StEntlG 1999 **erfolgte über § 35 EStG ein allerdings äußerst bescheidener Härteausgleich.** Diese kurz beschriebene Rechtsprechung zum Verhältnis Einkommensteuer/Erbschaftsteuer ist von der Literatur – man könne fast sagen: selbstverständlich – schon lange stark kritisiert worden, zB von *Keuk* DB 1973, 634ff. und *Crezelius* BB 1979, 1342ff.; vgl. ferner *Meincke,* 11. Aufl., Einführung Rdn. 3; *ders.*, FS Tipke, S. 391ff.; *Petzold* Einführung Rdn. 12ff.), wobei als Ausgangsfall der des verstorbenen Freiberuflers betrachtet wurde, in dessen Nachlaß sich noch nicht beglichene Honorarforderungen befinden. Rechtsprechung, die sich im Hinblick auf die „zu hohe" Testamentsvollstreckervergütung ausführlich und konkret und dem Blickwinkel der Erbschaftsteuer mit dem Verhältnis Erbschaftsteuer/Einkommensteuer befaßt, scheint bisher nicht vorhanden zu sein; in dem oben erwähnten Urteil des BFH vom 6. 9. 1990 BStBl. II S. 1029 findet sich erstaunlicherweise nur ein Hinweis auf § 10 Abs. 5 Nr. 3 ErbStG, der jedoch mit der einkommensteuerlichen Behandlung der Vergütung des Testamentsvollstreckers gar nichts zu tun hat. Auch ist nicht ersichtlich, inwieweit sich die Verwaltungsmeinung entgegen der beschriebenen Meinung der OFD Hamburg (Rdn. 198) geändert hat (*Kirnberger* S. 129, Fn. 559). In der Literatur ist dieses Thema inzwischen aufgegriffen worden. *Söffing* beschränkt sich allerdings in seiner Anmerkung zu dem vorerwähnten BFH-Urteil (FR 1991, 15) auf die Aussage, es **sei geboten, keine die üblichen Sätze übersteigende Vereinbarung zur Testamentsvollstreckervergütung zu treffen bzw. anzuordnen; der die normalen Sätze übersteigende Betrag** müsse vielmehr als **Vermächtnis** dem Testamentsvollstrecker zugewandt werden. Dann bestehe kein wirtschaftlicher und tatsächlicher Zusammenhang mit Einkünften aus selbständiger Tätigkeit.

Dieses erscheint im Hinblick auf die vorerwähnte Entscheidung des Finanzgerichts Berlin zweifelhaft. So fügt *Söffing* dann auch einschränkend hinzu, der Zusammenhang sei jedenfalls dann nicht gegeben, wenn ein außerhalb der Testamentsvollstreckertätigkeit liegender Grund für das Vermächtnis – wie im Urteilsfall die persönlichen Beziehungen mit dem Erblasser – erkennbar sei. *Meincke* (Steuerberaterkongreßreport, 1992, S. 239), hielt zunächst eine Doppelbesteuerung für denkbar, weil ein Vermächtnis nicht deswegen von der Erbschaftsteuer ausgenommen sei, weil es einkommensteuerlich zu den Einkünften aus selbständiger Arbeit gerechnet werde; man werde abwarten müssen, wie sich der II. Senat des BFH zu dieser Frage verhalte. Bereits vor Streichung des § 35 EStG befürwortete er jedoch vorsichtig („spricht manches dafür") einen **Vorrang der Einkommensteuer** und begründete dieses u.a. mit einer Vergleichbarkeit zur verdeckten Gewinnausschüttung, die man auch ausschließlich unter dem Gesichtspunkt der Einkünfte aus Kapitalvermögen und nicht unter dem der Schenkungsbesteuerung betrachte; auch dürfte der Veranlassungszusammenhang nicht ignoriert werden (FS Tipke, S. 391). Inzwischen hat sich *Meincke* – der der Streichung des § 35 EStG offenbar eine größere Bedeutung zumißt, wenn er ausführt „§ 35 EStG würde jedoch als Argument inzwischen außer Kraft gesetzt" (§ 10 Rdn. 32) – eindeutig dahingehend geäußert, daß bei der überhöhten Testamentsvollstreckervergütung eine Doppelbelastung desselben Erwerbs mit Einkommen- und Erbschaftsteuer verfehlt wäre. Unter Hinweis darauf, daß der **BFH auch den überhöhten Teil der Vergütung den Einkünften aus selbständiger Arbeit zuordne, soll im Zweifel die Erbschaftsteuer zurücktreten müssen** (§ 3 Rdn. 47a). 210

211 Nach *Ebenroth* (Rdn. 686) ist es Sache des **Testamentsvollstreckers, die Vermutung zu widerlegen.** Soweit ihm dieses gelänge, sei der als Vermächtnis zu wertende Honoraranteil nicht einkommensteuerpflichtig; er unterliege dann allerdings der Erbschaftssteuer. Nach *Kirnberger* (S. 134) ist der die angemessene Vergütung übersteigende Teil – und nur dieser – der Erbschaftsteuer zu unterwerfen. Nach seiner Auffassung kann die **Darlegungsart** hinsichtlich der Überhöhung der Vergütung je nach der Interessenlage **sowohl den Steuerpflichtigen wie auch die Finanzbehörde** treffen. Ähnlich der Auffassung *Söffing* hält er es für **hilfreich,** wenn der **Erblasser** in diesem Zusammenhang seine **Gründe im Zusammenhang mit den Zuwendungen offenlegt** (ZEV 2001, 267).

3. Umsatzsteuer

a) Testamentsvollstrecker – Unternehmer im Sinne des UStG?

212 *aa) Nachhaltige Tätigkeit.* Gemäß § 1 UStG unterliegen der Umsatzsteuer Lieferungen und sonstige Leistungen, die ein Unternehmer gegen Entgelt im Rahmen seines Unternehmens ausführt. Nach § 2 Abs. 1 UStG ist Unternehmer, wer eine gewerbliche oder berufliche Tätigkeit selbständig ausübt. Gewerblich oder beruflich ist jede **nachhaltige Tätigkeit zur Erzielung von Einnahmen,** auch wenn die Absicht, Gewinn zu erzielen fehlt (§ 2 Abs. 1 S. 3 UStG). Unstreitig ist inzwischen, daß der Testamentsvollstrecker eine Leistung erbringt (Kirnberger ZEV 1998, 342).

213 Dem Begriff der Nachhaltigkeit wohnen **zeitliche und zahlenmäßige Elemente** inne; sowohl eine Tätigkeit, die von sich aus auf eine bestimmte Dauer angelegt ist wie eine, die sich in gleicher oder ähnlicher Weise wiederholt, sind als nachhaltig anzusehen. Hinzukommen muß nach der neueren Rechtsprechung des BFH – der Begriff der Nachhaltigkeit war teilweise sehr weit ausgedehnt worden – noch ein Moment der **Geschäftsmäßigkeit.** In Anlehnung an Art. 4 Abs. 1 der 6. EG-Richtlinie, die unter „wirtschaftlichen Tätigkeiten" alle Tätigkeiten eines Erzeugers, Händlers oder Dienstleistenden einschließlich der Tätigkeiten der Urproduzenten, der Landwirte sowie der freien Berufe und der diesen gleichgestellten Berufe zuzüglich von Leistungen, die die Nutzung von körperlichen oder nicht körperlichen Gegenständen zur nachhaltigen Erzielung von Einnahmen zum Gegenstand haben, versteht, kommt es in zunehmendem Maße auch in der Praxis des deutschen Umsatzsteuerrechtes zu einer entsprechenden Einschränkung der Begriffe des Unternehmers bzw. der Nachhaltigkeit (*Heidner* in *Bunjes/Geist* § 2 Rdn. 5ff. mwN). Letztlich ist die Frage nach der Nachhaltigkeit im Sinne des UStG nach dem **Gesamtbild der Verhältnisse** zu entscheiden. Einzelne Merkmale, die im Einzelfall mit unterschiedlicher Gewichtung zu berücksichtigen sein können, sind in den **Umsatzsteuerrichtlinien** aufgeführt in Abschnitt 18 Abs. 2 S. 4, die sich im wesentlichen auf das Urteil des BFH vom 18. 7. 1991, BStBl. II S. 776 stützen. Danach ist es unter anderem ein Kriterium für das Vorliegen einer nachhaltigen Tätigkeit, daß mehrere gleichwertige Handlungen unter Ausnutzung derselben Gelegenheit oder desselben dauernden Verhältnisses vorgenommen werden (vgl. dazu auch *Heidner* in *Bunjes/Geist* § 2 Rdn. 39 und 51; *Wilke* UVR 1994, 97).

214 Auch ohne die Absicht eines sich planmäßig wiederholenden Handelns kann sich im Einzelfall aus der Abwägung der für oder gegen die Nachhaltigkeit sprechenden Kriterien ergeben, daß die **Nachhaltigkeit trotz eines nur einaktigen Tätigwerdens** vorliegt (*Heidner* in *Bunjes/Geist* § 2 Rdn. 54).

bb) Entwicklung der Rechtsprechung – Nachhaltigkeit idR auch bei nur einmaliger Testamentsvollstreckung. Hinsichtlich der Leistungen des Testamentsvollstreckers hat sich die **Rechtsprechung dahingehend entwickelt,** daß die Übernahme einer Testamentsvollstreckung gegen Vergütung auch in den Fällen, in denen nur eine einzige Testamentsvollstreckung durchgeführt wird, **regelmäßig als nachhaltig** und damit als unternehmerische Tätigkeit im Sinne des § 1 UStG angesehen wird. Auch wenn Tatbestandsmerkmal der Nachhaltigkeit an sich eine Wiederholung von Handlungen voraussetzt, kann dieses Merkmal auch dann erfüllt sein, wenn sich jemand mit einer **einmaligen Übernahmehandlung in ein auf längere Zeit angelegtes Rechtsverhältnis** begibt, das durch eine Vielzahl der durch die Aufgaben des Rechtsverhältnisses bedingten Handlungen bestimmt wird. Unter Hinweis auf die vielfältigen Aufgaben des Testamentsvollstreckers auch im Rahmen einer Abwicklungsvollstreckung, bei der keine längere Verwaltung des Nachlasses erfolgte, wird die Nachhaltigkeit der Testamentsvollstreckertätigkeit auch bei dieser Art der Testamentsvollstreckung als regelmäßig gegeben angesehen (BFH vom 26. 9. 1991, BFH NV 1992, 418 = UR 1993, 194; BFH vom 30. 5. 1996, UR 1997, 143; FG Bremen vom 30. 8. 1988, EFG 1989, 39; FG Düsseldorf vom 20. 3. 1980, EFG 1980, 466). Die Ansicht des Finanzgerichtes Hamburg (Urteil vom 21. 10. 1983, EFG 1984, 316), nach der die **Auseinandersetzung eines durchschnittlichen bürgerlichen Haushaltes keine nachhaltige Tätigkeit** im Sinne des UStG ist, wurde vom BFH in seinem vorerwähnten Urteil vom 30. 5. 1996 (UR 1997, 143) wegen der Unbestimmtheit des bezeichneten Gegenstandes **nicht gefolgt.** Nicht der Nachlaßwert für sich allein, sondern Umfang und Verschiedenartigkeit des Nachlasses, die den Arbeitsaufwand und die sonstigen Schwierigkeiten hinsichtlich der Auseinandersetzung sowie die Dauer der Tätigkeit bestimmen, sind entscheidend dafür, ob eine nachhaltige Tätigkeit zu bejahen ist (BFH; FG Hamburg aaO). Zur Umsatzsteuer bei der sog. Treuhandlösung – ein Testamentsvollstrecker führt ein Unternehmen als Treuhänder – vgl. auch im einzelnen 8. Kap. Rdn. 110, eine nachhaltige Tätigkeit wird man in diesem Fall immer bejahen müssen). 215

In dem vom Finanzgericht Hamburg entschiedenen Fall handelt es sich um einen Nachlaß mit erheblichem Wert, wobei in der Veröffentlichung allerdings keine Zahlen genannt werden. Er bestand im wesentlichen aus Mobiliar, einem unbebauten Grundstück, Wertpapieren und Darlehnsforderungen. Das Mobiliar wurde innerhalb von zwei Tagen unter die Erben verteilt, der nicht verteilbare Rest wurde kurzfristig versteigert. Auch die **Veräußerung des Grundstückes** erforderte beim Verkauf an einen Nachbarn, der ein Angebot gemacht hatte, keine **besondere Initiative.** Die Wertpapiere wurden anhand eines Depotauszuges restlos verteilt – eine solche Rechenoperation wirft auch bei einem erheblichen Wertpapiervermögen keine Schwierigkeiten auf. Beim Einzug der Darlehnsforderungen konnte der Testamentsvollstrecker sich damit begnügen, die Tilgung bei den Schuldnern einzufordern. Alle Auseinandersetzungshandlungen waren in etwa in einem **dreiviertel Jahr** abgeschlossen. Im Erbschaftssteuerverfahren fielen zwei Schreiben an das Finanzgericht an, die Erbschaftssteuererklärung als arbeitsintensive Tätigkeit war einem Steuerberater übertragen worden. Dessen Handlungen, die im Sinne des UStG unternehmerisch sind und der Umsatzsteuer unterliegen, konnten nach Auffassung des Gerichts nicht dem Testamentsvollstrecker zugerechnet werden, um dessen Tätigkeit als nachhaltig zu qualifizieren. Trotz des erheblichen Nachlaßwertes sah das FG Hamburg bei der vorliegenden Beschaffenheit des Nachlasses keine Abweichung zur Nachlaßstruktur bei einem bürgerlichen Haushalt. 216

In der Entscheidung des Finanzgerichts Bremen, in der eine nachhaltige Tätigkeit des Testamentsvollstreckers bejaht worden war, hatte dieser **elf Grundstücke** 217 einschließlich landwirtschaftlich genutzter Flächen bei einem Gesamtwert von 13 Millionen DM auseinanderzusetzen, wofür er eine Vergütung von 440000,– DM erhielt. Dem Urteil des FG Düsseldorf lag ein Fall zugrunde, in dem der Testamentsvollstrecker einen Nachlaß zu bearbeiten hatte, zu dem eine **Beteiligung an einer GmbH & Co. KG, zwei Häuser und zwei Eigentumswohnungen sowie Wertpapiere und Bankguthaben** gehörten, wobei der Wert 3,5 bis 4 Millionen betrug. Zum Aufgabenbereich des Testamentsvollstreckers gehörten die Konstituierung des Nachlasses, die Abgabe der Erbschaftssteuererklärung, die Regulierung von – wenn auch unbedeutenden – Nachlaßverbindlichkeiten, die Erfüllung von Vermächtnissen und die Führung eines sich über Jahre hinziehenden Prozesses über die Gültigkeit eines Ergänzungstestamentes.

218 In den Urteilen des BFH ging es in der älteren Entscheidung um eine Abwicklungsvollstreckung mit einem sehr hohen Nachlaßwert (ca. 46 Mio. DM, die Zahl wird nur in der UR-Veröffentlichung genannt) und grundsätzlich ähnlicher Strukturierung des Nachlasses, die allerdings etwas **vielfältiger** war als der Nachlaß, der der Entscheidung des FG Düsseldorf zugrunde lag. Diese Testamentsvollstreckung war insofern schwierig, als **zwei Prozessse zur Abwehr unbegründeter Ansprüche** zu führen waren, davon einer durch drei Instanzen. Insgesamt waren drei Testamentsvollstrecker tätig, der Kläger jedoch federführend. Er hatte im Rahmen der Prozesse die Verbindung zu dem Rechtsanwalt durch Besprechungen, Telefonate und Korrespondenz gehalten und (zu seiner Rückendeckung) auch den Kontakt zu den Erben gepflegt. Bei der jüngeren Entscheidung lag ein Nachlaßwert von ca. 1,7 Mio. DM zugrunde, mit der Besonderheit, daß Stückländereien und Grundstücke **in drei ungeteilten Erbengemeinschaften** zu werten waren, um die Auseinandersetzung durchzuführen; diesbezüglich lag ein Verkehrswert von ca. 25000 DM vor. Mit dem Verfahren der Auseinandersetzungsversteigerung beauftragte der Testamentsvollstrecker einen Rechtsanwalt. Während die Vorinstanz der Meinung war, aufgrund dieser **„Ausgliederung“** einer schwierigen Tätigkeit sei die Nachhaltigkeit entfallen, jedoch erhalten geblieben wäre, wenn der Kläger die Tätigkeit selbst ausgeübt hätte, vertrat der BFH die Ansicht, auf die Ausgliederung komme es nicht an, da auch diese Tätigkeiten zum Verantwortungsbereich des Testamentsvollstreckers gehörten. Er wies die Sache zurück mit der Maßgabe, daß das Finanzgericht die Tätigkeit des Testamentsvollstreckers unter **Einbeziehung der ausgegliederten Tätigkeit und der Verwertung beruflicher Kenntnisse und Erfahrungen des Testamentsvollstreckers** – dieser war zuvor als Bürovorsteher in einer Anwaltskanzlei tätig – erneut unter dem Aspekt der Nachhaltigkeit zu prüfen.

219 *cc) Kritik in der Literatur – Nachhaltigkeit nur bei Wiederholung.* In der Literatur wird hingegen neuerdings verstärkt die Auffassung vertreten, daß die **einmalige Testamentsvollstreckung grundsätzlich nicht unter die Umsatzsteuer falle** (*Kirnberger* ZEV 1998, 342; *Haegele/Winkler* Rdn. 657); dies ergäbe sich für die Abwicklungsvollstreckung daraus, daß die Vergütung des Testamentsvollstreckers nicht in Teilen für die einzelnen Teilleistungen, sondern für die Erfüllung der Gesamtheit der Aufgaben des Testamentsvollstreckers gewährt werde. Es gelte das Prinzip der Einheitlichkeit der Leistungen: ebenso wie jemand, der einmalig eine Sachgesamtheit verkauft, umsatzsteuerlich nicht so behandelt wird, als verkaufe er nacheinander einzelne Teile, könne man die Testamentsvollstreckung – bezogen auf die Vergütung – auch nicht in ihre Einzelakte zerlegen. Letztlich seien diese Gesichtspunkte auch für die Verwaltungsvollstreckung maßgeblich; die **Dauer einer Tätigkeit begründe Nachhaltigkeit** nur dann, wenn sie **immer wieder für steuerbare Umsätze** herangezogen werde (*Kirnberger* S. 112, 113); insbeson-

dere soll dies für den nicht wiederholt tätig werdenden, familienangehörigen Testamentsvollstrecker gelten (*Kirnberger* ZEV 1998, 342).

dd) Eigene Stellungnahme – Nachhaltigkeit nur bei Bündelung auch externen Wissens und Könnens. Es bleibt abzuwarten, wie weit sich diese Kritik in der Praxis durchsetzt. Bisher ist im Bereich der Testamentsvollstrecker in der Rechtsprechung die von *Heidner* (vgl. Rdn. 213) behauptete Tendenz die Begriffe des Unternehmers bzw. der Nachhaltigkeit einschränkend auszulegen, nicht erkennbar geworden. Auch wenn die Auffassung Kirnbergergs, bei einer einmal betriebenen Testamentsvollstreckung liege keine nachhaltige Tätigkeit und damit keine Unternehmereigenschaft vor, den Vorteil klarer Abgrenzung bietet, wird die Rechtsprechung jedoch, trotz aller Kritik daran, den Unternehmerbegriff als Typus ansehen. Auf jeden Fall sollte dem Gesichtspunkt der Geschäftsmäßigkeit mehr Beachtung zukommen. Bei einer einmaligen Testamentsvollstreckung, wobei in der Person des Testamentsvollstreckers keine Wiederholungsmöglichkeiten erkennbar sind, muß für die Nachhaltigkeit im Sinne des UStG entweder die **Beschäftigung von Hilfskräften oder Subunternehmen, mindestens aber in der Person des Testamentsvollstreckers die Bündelung von auswärtigem Beraterwissen nach methodischen Grundsätzen vorliegen.** Auf dieser Linie liegt das Urteil des BFH vom 24. 11. 1992 (UR 1993, 196), das sich zwar nicht mit der Tätigkeit eines Testamentsvollstreckers, sondern mit der vergleichbaren Tätigkeit eines Erben befaßt, der innerhalb von drei Jahren mit Geschick und Kenntnissen unter Ausnutzung seiner Beziehungen im Kunst- und Antiquitätenhandel die Sammlung des Erblassers verkaufte und sich dabei auch gelegentlich als Kunsthändler bezeichnete. Bei der Zurückverweisung an das Finanzgericht betonte der BFH, bei der näheren Aufklärung und Würdigung habe das FG insbesondere auf folgende Umstände zu achten: Zahl der Verkäufe und der verkauften Gegenstände, Dauer der Verkaufstätigkeit, Höhe der Erlöse, Werbung, Benutzung des elterlichen Ladenlokals, Auftreten des Klägers nach außen, Verwertung von Kenntnissen und Kontakten aus dem Kunst- und Antiquitätenhandel sowie Ausbildung des Klägers. Hier wird das systematische Zusammenführen von know how und Gelegenheit angesprochen. Um eine solche Bündelung von Wissen, auch auswertigen Beraterwissen nach methodischen Grundsätzen anzunehmen, reicht es idR nicht aus, in einem Prozeß Kontakt zu einem Anwalt zu unterhalten, auch wenn einer von mehreren Testamentsvollstreckern federführend ist. Dies muß insbesondere gelten, wenn der Testamentsvollstrecker den Prozeß auf der **Passivseite** führt, denn sonst könnte diesem die **Unternehmereigenschaft und die Charakterisierung seiner Tätigkeit als nachhaltig von außen aufgedrängt werden.** Zusätzlich zu dem ihm lästigen Prozeß würde er möglicherweise noch mit der Umsatzsteuer bestraft. Gerade dann, wenn man den Unternehmerbegriff als Typusbegriff ansieht (*Heidner* in *Bunjes/Geist* § 2 Rdn. 7), darf man einzelne Merkmale, die man zu seiner Beschreibung herausgearbeitet hat, nicht wieder verabsolutieren; zum Typ des Unternehmers gehört mehr Aktivität als die in der Verteidigung liegende. Deshalb sind die Entscheidungen, in denen die Unternehmereigenschaft insbesondere wegen aufwendiger Abwehrprozesse des Testamentsvollstreckers bejaht wurde, auch als zumindest falsch gewichtet anzusehen. Auch eine Informationsbeschaffung zum Wert von Grundstücken bedeutet noch keine Systematisierung von zunächst auswärtigem Wissen; etwas anderes dürfte gelten, wenn ein Testamentsvollstrecker Grundstücke baureif macht und dann anschließend verwertet oder ein Verfahren betreibt, um einem Patent zur Anerkennung zu verhelfen und dieses anschließend zu verwerten. 220

221 *ee) Sozietät Leistender im Sinne des UStG.* Auch wenn eine **Sozietät** nicht zivilrechtlich wirksam zum Testamentsvollstrecker berufen werden kann, kommt sie als **Leistender im Sinne des Umsatzsteuergesetzes** in Betracht, da dieses darauf abstellt, wer die Leistung tatsächlich gegenüber dem (den) Erben ausführt. Leistungen eines Sozietätsmitgliedes, die dieses im eigenen Namen – sei es auch mit Hilfe der anderen Sozietätsmitglieder – gegenüber dem (den) Erben erbringt, bleiben jedoch diesem Einzelnen zuzurechnen. Entscheidend ist, welche Willensrichtung deutlich erkennbar wird (*Zeuner* in *Bunjes/Geist* § 1 Rdn. 74).

b) Der Rahmen des Unternehmens – die Erfassung der sog. Hilfs- und Nebengeschäfte und die Problematik der umsatzsteuerlichen Behandlung des Auslagenersatzes

222 Ist jemand – im beschriebenen umsatzsteuerlichen Sinn – Unternehmer, so werden auch alle **„Hilfs- und Nebengeschäfte", ohne daß diesbezüglich eine besondere Nachhaltigkeit gegeben sein muß, als im „Rahmen des Unternehmens"** ausgeführt angesehen (allg. Meinung, *Heidner* in *Bunjes/Geist* § 2 Rdn. 125).

223 Ein solches Hilfs- und Nebengeschäft ist bereits dann gegeben, wenn es wenigstens mittelbar mit dem Gegenstand des eigentlichen Unternehmens zusammenhängt. Im Unternehmensbereich der **Rechtsanwälte, Steuerberater, Wirtschaftsprüfer und Notare** gilt deshalb eine Tätigkeit als Testamentsvollstrecker als mit der **hauptberuflichen Tätigkeit zusammenhängend** und dann stets **im Rahmen des Unternehmens** ausgeführt (*Möhring/Seebrecht* BB 1977, 1057; *Haegele/Winkler* Rdn. 657 mwN; diesen Aspekt bezüglich der Umsatzsteuer des Rechtsanwalts als Testamentsvollstrecker hat *Mümmler* – JurBüro 1989, 22 – offensichtlich übersehen, wenn er die allgemeinen Fragen der Nachhaltigkeit für einen Rechtsanwalt(!) als Testamentsvollstrecker erörtert). Damit wird in diesem Bereich auch die sonst nicht als nachhaltig begriffene Testamentsvollstreckung von der Umsatzsteuer erfaßt. Aber auch hier ist eine Ausnahme zuzulassen: Ist der Testamentsvollstrecker aus den besagten Berufsgruppen einer der Erben oder Vermächtnisnehmer und führt er eine Testamentsvollstreckung aus, die sonst nicht der Umsatzsteuer unterliegen würde, so darf er für seine Berufszugehörigkeit insbesondere dann nicht mit der Umsatzsteuer „bestraft" werden, wenn er die Testamentsvollstreckung ohne Rückgriff auf die Mittel seiner Praxis führt. In diesem Fall haben die privaten Beziehungen Vorrang, das sogenannte **Eigenleben** des Handelnden ist vom unternehmerischen Bereich abzugrenzen (*Heidner* in *Bunjes/Geist* § 2 Rdn. 122).

224 Unter Berücksichtigung der beschriebenen Grundsätze zur Vergütung entspricht es allgemeiner Meinung, daß diese die Tätigkeit des Testamentsvollstreckers als solche abgelten soll und **nicht eine lediglich angemessene Entschädigung** für Zeitversäumnis im Rahmen einer ehrenamtlichen Tätigkeit darstellt (KG NJW 1973, 763, 764 für den vergleichbaren Fall der Vergütung des Pflegers oder Vormundes; *Schaumburg* NJW 1974, 1737; *Möhring/Seebrecht* BB 1977, 1057 mwN). Die an eine ehrenamtliche Tätigkeit anknüpfende Steuerbefreiung des § 4 Nr. 26 UStG greift deshalb nicht ein. Diese Vorschrift ist nur für den Fall bedeutsam, daß der Testamentsvollstrecker seine Tätigkeit – der Erblasser kann dies anordnen – unentgeltlich ausübt, jedoch in der in § 4 Nr. 26b UStG beschriebenen Weise entschädigt wird.

225 Für die umsatzsteuerrechtliche Behandlung des **Auslagenersatzes** gilt im übrigen folgendes: Zu prüfen ist, ob die Tätigkeit des Testamentsvollstreckers, die zum Aufwendungsersatzanspruch führt, **unternehmerischer Natur** ist. Nur wenn das der Fall ist, kann ein steuerbarer Umsatz bejaht werden. Die Umsatzsteuer gehört

dann zu den zu ersetzenden Aufwendungen. Denn sonst wäre der Unternehmer und nicht der Endabnehmer mit der Umsatzsteuer belastet, was dem Gesetzeszweck des Umsatzsteuergesetzes widerspricht, und der Aufwendungsersatz wäre im Ergebnis nicht vollständig (*Schaumburg* NJW 1974, 1737; *Möhring/Seebrecht* BB 1977, 1057). Zu beachten ist jedoch, daß die Umsatzsteuer dann lediglich ein **durchlaufender Posten** ist, wenn die Möglichkeit zum **Vorsteuerabzug** besteht und insofern gar keine Aufwendung bedeutet (*Schaumburg* NJW 1974, 1737).

c) Umsatzsteuer bei überhöhter Vergütung

Neben der eigentlichen Vergütung gehört zum Entgelt im Sinne des UStG **„alles, was der Leistungsempfänger aufwendet, um die Leistung zu erhalten,** jedoch abzüglich der Umsatzsteuer" – § 10 Abs. 1 S. 2 UStG. Gemäß diesem weiten Entgeltbegriff könnte von interessierter Seite erwogen werden, mit ähnlichen Gedankengängen wie zum Begriff der Betriebseinnahme bei einer „überhöhten Vergütung" zu einer Umsatzsteuerbelastung der gesamten Vergütung zu gelangen. Diese Besorgnis wurde bereits in der Vorauflage geäußert. Im Gegensatz zur Einkommensteuer sind insofern einschlägige Entscheidungen nicht bekannt. In der Literatur ist dieses Thema inzwischen von Kirnberger aufgegriffen worden (*Kirnberger* S. 135; *ders.* ZEV 1998, 342; ZEV 2001, 267). Er **verneint eine Umsatzsteuerbelastung des Teiles** einer überhöhten Testamentsvollstreckervergütung, der die **Angemessenheitsgrenze übersteigt**. Wenn das **Motiv** für die Festsetzung einer überhöhten Testamentsvollstreckervergütung in erster Linie in einer besonderen **Verbundenheit** des Erblassers mit dem Testamentsvollstrecker liege, müsse dieser Gesichtspunkt beachtet und für den überhöhten Teil der Vergütung auch ihre Unentgeltlichkeit akzeptiert werden, weil der Erblasser mit diesem Teil der Vergütung **nicht auf einen Leistungsaustausch** ausgerichtet sei. 226

d) Umsatzsteuer bei unangemessen niedriger Vergütung

Bei einer **unangemessen niedrigen** oder gar unentgeltlichen Tätigkeit kann nach *Daragan* (in *Mayer/Bonefeld/Daragan* Rdn. 829) eine fiktive Leistung nach § 3 Abs. 9a S. 1 Nr. 2 UStG vorliegen. In der Regel wird ein Testamentsvollstrecker jedoch in solchen Fällen nur auf Grund einer besonderen **Verbundenheit** mit dem Erblasser tätig, so daß entsprechend den obigen Ausführungen zur überhöhten Vergütung die **Steuerbarkeit** des die Angemessenheit der Vergütung unterschreitenden Teiles derselben zu **verneinen** ist. 227

e) Steuersatz

Der **historischen Perspektive** halber sei noch angefügt: hinsichtlich des anzuwendenden Steuersatzes ist die alte Streitfrage, ob für Testamentsvollstreckungen, die von Mitgliedern von Berufsgruppen, die dem halben Steuersatz unterlagen, ausgeführt wurden, der halbe Steuersatz auch insofern anzuwenden war, durch die Gesetzesänderung für ab dem 1. 1. 1982 anfallende Vergütungen gegenstandslos geworden. 228

f) Abwälzbarkeit der Umsatzsteuer auf die Erben (Vermächtnisnehmer)

aa) Vorrang der Auslegung der Verfügung von Todes wegen. In vielen Verfügungen von Todes wegen ist keine Bestimmung zur Umsatzsteuer enthalten. Unter Umständen kommt jedoch eine **ergänzende Auslegung der Verfügung** von Todes wegen in Betracht. So ist in diesem Zusammenhang daran zu erinnern, daß bei ei- 229 nem einfachen Bezug auf die Tabelle des Vereins für das Notariat in Rheinpreußen die Umsatzsteuer zumindest nicht als im vollen Umfang als impliziert begriffen werden sollte, da diese **Tabelle ursprünglich in einer Situation gedacht und praktiziert wurde, in welcher der Umsatzsteuersatz um 4% lag** (so auch *Zimmermann* Rdn. 710).

230 Ferner ist bei der Auslegung zu bedenken, daß bei der **Auswahl eines Freiberuflers** als Testamentsvollstrecker dem Testator idR **bewußt gewesen** sein dürfte, daß zu den Gebühren, die zB ein Anwalt oder Steuerberater erhebt, **zusätzlich die Umsatzsteuer** von Seiten des Leistungsempfängers zu zahlen ist. Dieses kann, ggf. neben anderen Gesichtspunkten, ein Hinweis darauf sein, daß der Testator davon ausging, daß die Erben bzw. Vermächtnisnehmer die Umsatzsteuer zu tragen haben und die Verfügung von Todes wegen im Wege der ergänzenden Auslegung dahingehend zu interpretieren ist. Andererseits kann die Auslegung auch zu dem Ergebnis führen, daß der Testator anordnen wollte, daß die gesamte Vergütung das **Endergebnis** der Belastung der Erben und Vermächtnisnehmer darstellen sollte. Hier kann die verfügte Höhe der Vergütung ein Auslegungshinweis in die eine oder andere Richtung sein. Es ist immer wieder darauf hinzuweisen, daß die Auslegung der konkreten Verfügung von Todes wegen am Anfang zu stehen hat und danach erst die allgemeineren Überlegungen anzustellen sind.

231 *bb) Allgemeine Überlegungen zur Brutto- oder Nettovergütung.* Nach der bisher herrschenden Meinung ist die vereinbarte oder festgesetzte Vergütung eine **Bruttovergütung** (KG NJW 1974, 753; OLG Frankfurt OLG Report 2000, 86; für den vergleichbaren Fall des Vormundes: BGH NJW 1975, 210; OLG Köln NJW-RR 1994, 269, das fälschlich davon ausgeht, diese Auffassung sei einhellig; *Haegele/Winkler* Rdn. 660; *Mümmler* JurBüro 1989, 22 jeweils mwN); der Testamentsvollstrecker also **nicht berechtigt ist, die von ihm zu entrichtende Umsatzsteuer auf den Erben abzuwälzen.** Begründet wird dies vor allem mit den Argumenten, Entgelt im zivilrechtlichen Sinn sei die vom Schuldner zu zahlende Endsumme, es schließe also die Umsatzsteuer mit ein, wenn vom Testator nicht etwas anderes bestimmt oder mit den Erben nicht etwas anderes vereinbart sei. Das Steuerrecht weise in § 10 Abs. 1 S. 2 UStG nur aus steuertechnischen Gründen einen anderen Entgeltbegriff aus. Aus §§ 2218, 670 BGB ergebe sich auch nicht, daß die Umsatzsteuer als Aufwendungsersatz beansprucht werden könne. Die geleistete Umsatzsteuer sei keine Aufwendung; denn sie werde nicht im Interesse des Nachlasses, sondern zur Erfüllung der persönlichen Steuerschuld des Testamentsvollstreckers erbracht.

232 Der umsatzsteuerpflichtige Testamentsvollstrecker sei allerdings berechtigt, die Umsatzsteuer als **Kalkulationsfakto**r auszuweisen. Nach der Ansicht *Mümmlers* (JurBüro 1989, 22) ist damit der Streit um die Abwälzbarkeit der Umsatzsteuer auf die Erben nur von theoretischer Natur; wenn sie auch nicht isoliert begehrt werden könne, so sei sie doch bei der Bemessung der Amtsvergütung zu berücksichtigen. Entscheidend bleibe nur, daß diese Beachtung tatsächlich auch effektiv sei.

233 Hier setzen jedoch die **Besorgnisse des Praktikers** ein: Bei der **steuerrechtlichen Abstinenz der Zivilgerichte** (vgl. *Kirchhof* S. 69) kann nicht davon ausgegangen werden, daß diese Beachtung auch letztlich effektiv erfolgt. Es ist zu befürchten, daß mit der **Erhöhung der Umsatzsteuer,** die im Rahmen der EG ja beliebt ist, die **Vergütung** des Testamentsvollstreckers **ständig nach unten** verändert wird und das, obwohl die Vermögenseinkünfte in der heutigen Zeit gegenüber anderen Einkunftsarten in vielerlei Hinsicht eine durchaus günstige, ja privilegierte Stellung haben! Wenn dem Testamentsvollstrecker die Möglichkeit eröffnet

wird, die Umsatzsteuer als Teil seiner Kalkulationsgrundlagen (KG aaO) zu betrachten, so verdeckt man damit das Problem nur. Außerdem entsteht gegenüber dem Erben möglicherweise der Eindruck eines besonders hohen Honorars, da er vielleicht gar nicht weiß, daß darin die an den Staat abzuführende Umsatzsteuer enthalten ist. Das Gebot klarer und geordneter Abrechnung erfordert ein Ausweisen der Umsatzsteuer, wozu der Testamentsvollstrecker steuerrechtlich – vgl. § 14 UStG – ohnehin berechtigt bzw. verpflichtet ist. Auch rein sprachlich kann man Beträge, die sofort an das Finanzamt abzuführen sind, kaum als Vergütung bezeichnen (dazu *Möhring/Beisswingert/Klingelhöffer* S. 236).

Wenn nach dem **Gesetzeszweck des UStG letztlich der Endabnehmer** be- 234
lastet werden soll, so sollte man dies auch zum Ausdruck kommen lassen. Es wäre wünschenswert, wenn auch die Zivilrechtsprechung diese Gesichtspunkte verstärkt aufgreifen würde – zeitweise bzw. teilweise ist dieses ja auch geschehen (vgl. LG Mönchengladbach NJW 1971, 146; OLG Hamburg NJW 1972, 1427 für den Fall des Vormundes/Pflegers mit dem Argument, der Gegenmeinung könne nicht der Vorwurf eines unsachgemäßen Haftens am Wortlaut erspart bleiben; wie hier jetzt auch MünchKommBGB/*Brandner* § 2221 Rdn. 14a). Auch in der Literatur wird daher zunehmend die Auffassung vertreten, daß der Testamentsvollstrecker berechtigt ist, die Umsatzsteuer neben der Vergütung zu fordern (*Tiling* ZEV 1998, 336, *Kirnberger* S. 120; *ders.* ZEV 1998, 344). Dies entspricht auch der Regelung anderer Vergütungsordnungen, welche bereits einen Anspruch auf Ersatz der Umsatzsteuer gewähren; insbesondere ist auf die Neuregelung in § 7 InsVV sowie auf § 1 Abs. 1 aE des Gesetzes über die Vergütung von Berufsvormündern (BVormVG) zu verweisen. Die Empfehlungen des Deutschen Notarvereins gehen ebenfalls von einer zusätzlichen Erhebung der Umsatzsteuer aus (vgl. dazu auch *Reimann* DNotZ 2001, 344; *Zimmermann* Rdnr. 710).

cc) Praxishinweise. Gleichwohl wird man in der **Praxis** zumindest zunächst der 235
herrschenden Meinung Rechnung zu tragen haben; deshalb folgende **Empfehlungen** bzw. Bemerkungen:

Es ist für den Testamentsvollstrecker stets ratsam, die anfallende bzw. gezahlte 236
Umsatzsteuer darzustellen bzw. nachzuweisen. Im Prozeß sollte der Testamentsvollstrecker dem Gericht nahebringen, daß er die berechtigte Erwartung haben darf, daß das Gericht die Umsatzsteuer bei seiner Entscheidungsfindung effektiv beachtet, und dies auch in den Gründen zum Ausdruck kommen muß.

Jeder Testator, der eine Regelung zur Vergütung trifft, sollte **klarstellen,** ob 237
darin die **Umsatzsteuer enthalten ist oder nicht.**

Im Hinblick auf die schwierige Prognose, wenn eine Testamentsvollstreckung als 238
nachhaltig anzusehen ist – es läßt sich auch schwer vorhersagen, wie weit sich der oben erwähnte restriktive Kurs fortsetzt – sollte versucht werden, die **Auffassung des Finanzamtes zum konkreten Fall** zu erfahren. Denn wenn der Testamentsvollstrecker nach einem verlorenen Finanzgerichtsprozeß nach Jahren dem (den) Betroffenen das Thema „Umsatzsteuer" anträgt, wird er wenig Verständnis finden. Auf jeden Fall sollte der Testamentsvollstrecker das Thema Umsatzsteuer mit dem Betroffenen gründlich erörtern und möglichst auch eine diesbezügliche Einigung erzielen.

g) Errechnung der Umsatzsteuer aus einer Bruttovergütung

Ist eine Testamentsvollstreckervergütung als Gesamtvergütung inklusive Um- 239
satzsteuer zu verstehen, so ist es erforderlich, aus der Bruttovergütung die Umsatzsteuer **herauszurechnen.** Hierfür bietet sich folgende Verfahren an (*Heidner* in *Bunjes/Geist* § 12 Rdn. 9ff.)

Zur exakten Berechnung des Steuerbetrags ist folgende Formel anzuwenden:

$$\text{Steuerbetrag} = \frac{(\text{Bruttowert} \times \text{Steuersatz})}{(100 + \text{Steuersatz})}$$

Daneben kann der Steuerbetrag auch mittels einer Faktors berechnet werden. Auf der Grundlage eines Steuersatzes von 16% ist zur Berechnung des Steuerbetrags aus der Bruttovergütung selbige mit dem Faktor 0,1379 zu multiplizieren.

h) Kleinunternehmerregelung

240 Abschließend bleibt noch auf § 19 UStG – Kleinunternehmer – hinzuweisen. Die Besteuerung mit der Umsatzsteuer unterbleibt, soweit bestimmte Umsatzgrenzen nicht erreicht werden.

4. Gewerbesteuer

241 Insbesondere über die sogenannte **Vervielfältigungstheorie** kann **Gewerbesteuerpflicht** entstehen, möglicherweise auch im Falle der Unternehmensfortführung als Treuhänder. Ein Testamentsvollstrecker, der die Gewerblichkeit seiner Tätigkeit nicht mehr riskieren will, sollte die Treuhandlösung vorsichtshalber meiden. Die Gewerbesteuer ist insbesondere bei hohen Hebesätzen wegen der Beschränkung des Anrechnungsbetrages auf das 1,8 fache des Gewerbesteuermeßbetrages **wirtschaftlich nicht völlig abgeschafft.** Bei Mitunternehmerschaft können sich besondere Probleme ergeben (vgl. *Reich* DNotZ 2000, 885; *Freshfields/Bruckhaus/Deringer* NJW 2000, Beilage zu Heft 51, S. 21ff.).

5. Eigene Stellungnahme zum Verhältnis der Steuerarten

242 Die Rechtsprechung sollte zu dem ursprünglich von der Finanzverwaltung eingeschlagenen Weg **zurückkehren,** bei einer unangemessen hohen Vergütung eine **Aufspaltung** in einen – der Einkommensteuer und ggf. auch der Umsatzsteuer unterliegenden – **entgeltlichen Teil und einen** – nur der Erbschaftsteuer unterliegenden – **unentgeltlichen Teil vorzunehmen** (so auch *Staudinger/Reimann* § 2221 Rdn. 56f., wo auch mit einem gewissen Erstaunen festgestellt wird, daß der BFH nicht zum Konkurrenzverhältnis Einkommensteuer/Erbschaftsteuer Stellung genommen hat). Entgegen früher vertretener Auffassung (vgl. *Eckelskemper* MittRhNotK 1981, 164) und Stimmen in der Literatur (zB *Möhring/Seebrecht* BB 1977, 1562) sollte diese Aufspaltung aber auch dann vorgenommen werden, wenn der Erblasser die Vergütung in einem Vermächtnis oder in einer Erbbeteiligung enthalten sein läßt; denn die Besteuerung sollte nicht davon abhängen, wie der Erblasser die Vergütung „einkleidet". Allein vom Idealtypus gedacht, sollten die letztlich entgeltlich gewollten Dinge auch der Einkommensteuer und die unentgeltlich gewollten der Erbschaftsteuer unterliegen. Hier ist auch aus steuerlicher Sicht die Auslegung der Verfügung von Todes wegen gefordert. Es wird in vielen Fällen nicht zu gerechten Ergebnissen führen, wenn man an den Wortlaut, ohne diesen zu hinterfragen, einfach Vermutungen anknüpft. Zu der von der Rechtsprechung bemühten Parallele zu den Schenkungen ist zu sagen, daß sie doch nicht so zwingend ist, wie sie es auf den ersten Blick zu sein scheint: Es macht schon einen Unterschied, ob man über – meistens dann auch wiederholte Schenkungen – sich jemandem zu Lebzeiten, wie zB den in der Rechtsprechung genannten Arzt „erkenntlich" zeigt oder ob man jemandem nach seinem Tode etwas

zukommen läßt; denn einmal hat man den Vorteil, den anderen für sich eingenommen oder besonders motiviert zu haben, noch selbst, zum anderen aber eben nicht mehr. Auch im Hinblick auf Abgrenzungs- und Mißbrauchsgesichtspunkte weisen beide Fälle erhebliche Unterschiede auf allein durch die Beteiligung außenstehender Personen, nämlich der Erben oder Vermächtnisnehmer. Die unterschiedliche Behandlung des Erwerbs von Todes wegen und der Schenkungen war auch dem EStG nicht fremd: in § 35 EStG aF waren Schenkungen ausgeklammert.

Für die hier vertretene Auffassung spricht auch folgende **Ergebnisbetrachtung:** 243
Wenn bei einer überhöhten Testamentsvollstreckervergütung alle Steuerarten zum Zuge kommen, muß man wirklich die Frage stellen, was dem Testamentsvollstrekker von seiner Vergütung noch bleibt. Zur Veranschaulichung mag folgendes **stark überschlägig gestaltetes Schema** (in Anlehnung an *Kirnberger* ZEV 1998, 342) dienen:

TV Vergütung (brutto)	100
./. Umsatzsteuer (vgl. Formel Rdn. 239)	– 13,8
	86,2
./. Gewerbesteuer (höchste Progression unterstellt: – 18,75%)	– 16,6
Einkommensteuerbemessungsgrundlage	**69,6**
./. Einkommensteuer (höchste Progression unterstellt: – 48,5%)	– 33,8
Gewerbesteueranrechnung nach § 35 EStG n. F. (9% bezogen auf $^5/_6$ von 86,2)	+ 6,5
	42,3

Als weitere Steuerbelastung kommt ggf. noch die Kirchensteuer, der Solidaritätszuschlag und die Erbschaftsteuer hinzu; für letztere läßt sich nur schwerlich ein Wert angeben, da diese ggf. stark von dem Verwandtschaftsverhältnis des Testamentsvollstreckers zum Erblasser abhängt. Insgesamt können diese zusätzlichen Steuern leicht zu einer weiteren Belastung von **15%** der Ausgangsvergütung führen.

Dem Testamentsvollstrecker verbliebe also bei einer **unangemessen hohen** 244
Vergütung etwa **ein Viertel bis ein Drittel** der vom Erblasser angeordneten Vergütung. Bei Vorrang der einkommensteuerlichen Betrachtungsweise verbliebe ihm entsprechend mehr. Bei der hier befürworteten Aufspaltung in einen der Einkommensteuer unterliegenden Teil in Höhe der angemessenen Vergütung und in einen der Erbschaftsteuer unterliegenden Teil in Höhe des die Angemessenheit übersteigenden Teiles käme man wegen der unterschiedlichen Steuersätze und der gemilderten Progression zu beachtlich günstigeren Ergebnissen für den Testamentsvollstrecker.

Die uneingeschränkte Herrschaft des **Grundsatzes, die Steuereinnahmen zu** 245
optimieren, führt vor allem bei Erbeinsetzungen oder Vermächtnissen, die mit der Bedingung oder Auflage, daß eine Testamentsvollstreckung geführt wird, versehen sind, zu **Schwierigkeiten, teils sogar zu unhaltbaren Ergebnissen,** wie folgender Fall zeigt: Ein Erblasser hat zwei Kinder, die er zu 55% und 45% zu Erben einsetzt. Das eine der Kinder beruft er zum Testamentsvollstrecker über den Anteil des anderen, weil dieses im Hinblick auf das „Geldausgeben" immer ein Sorgenkind war; er wendet dem Testamentsvollstrecker-Kind seinen, den höheren, Erbteil nur unter der Bedingung zu, daß dieses die Testamentsvollstreckung im Hinblick auf die Sorgen des Erblassers auch tatsächlich ausführt. Soll dieses Kind

dann, insbesondere wenn es zufällig Freiberufler ist, seinen Erbteil der Einkommensteuer, der Erbschaftsteuer, der Gewerbesteuer und auch noch der Umsatzsteuer zu unterwerfen haben?

246 Zumindest muß in den Fällen, in denen der Testamentsvollstrecker aus dem Kreis der **gesetzlichen Erben kommt, ein Vorrang der erbschaftsteuerlichen Betrachtungsweise gelten;** eine entgeltliche Vergütung ist nur anzunehmen, wenn sie eindeutig zu ermitteln ist, und dann auch nur in dieser Höhe. Es geht nicht an, daß man mit dem weiten Begriff der Betriebseinnahme bzw. einem ausgedehnten Begriff der Nachhaltigkeit alle anderen Gesichtspunkte unterdrückt (im Ergebnis so auch *Zimmermann* Rdn. 747; *Kirnberger* ZEV 2001, 267).

X. Schlußfolgerungen für die Praxis

247 Die **Konsequenzen,** die für die Praxis bei einer Testamentsvollstreckung zu ziehen sind, ergeben sich **aus den vorstehenden Ausführungen.** Ergänzend sollen noch folgende Hinweise gegeben werden:

1. Belegung der Tätigkeit seitens des Testamentsvollstreckers

248 Es empfiehlt sich für den Testamentsvollstrecker, über seine Tätigkeit im einzelnen **Buch zu führen,** damit er Umfang und Schwierigkeit der Testamentsvollstreckung mit klaren Einzeltatsachen belegen kann; für die Bestimmung der angemessenen Vergütung ist der Vergleich zu ähnlichen Tätigkeiten im Berufs- und Wirtschaftsleben von Bedeutung.

2. Klarstellungen, gleichzeitig Checkliste des Testators

249
1. Regelung des Tätigkeitsbereiches
2. Klarstellung, ob entgeltliche oder unentgeltliche Tätigkeit, auch ob eine bestimmte Zuwendung nicht der Testamentsvollstreckertätigkeit zuzuordnen ist, sondern aufgrund der persönlichen Beziehung erfolgt
3. Bewertungsmaßstäbe bei problematischen Nachlässen (zB Kunstgegenstände, Betriebsvermögen, hier Entscheidung für eine bestimmte Bewertungsmethode)
4. Auswahl einer bestimmten Tabelle zur Vergütung oder Festlegung eines bestimmten Betrags
5. Gewichtung einzelner Abschnitte der Testamentsvollstreckung und des Verhältnisses der einzelnen anfallenden Gebühren zueinander
6. Bestimmung der Fälligkeit (periodische Zahlungen, insbesondere bei Verwaltungsvollstreckung)
7. Regelung der gesonderten Vergütung etwaiger Berufsdienste
8. Regelung der Umsatzsteuer
9. Regelung, wer Schuldner der Vergütung ist sowie anteilige Kostentragung unter den Miterben/Vermächtnisnehmern

Im übrigen bleibt darauf hinzuweisen, daß niemand die Zukunft kennt und daher in vielen Fällen die **Anbindung der Testamentsvollstreckervergütung** an eine **Vergleichsgröße,** die der Entwicklung der Verhältnisse in der Zukunft Rechnung trägt, einer starren Regelung vorzuziehen ist. Es ist allerdings nicht einfach, unter Berücksichtigung der Besonderheiten des Einzelfalles Vergleichsgrößen zu finden, anhand derer sich die Vergütung ohne Probleme ermitteln läßt.

So wird man zwar zB für die Bemessung der Vergütung eines Testamentsvollstreckers, dessen Tätigkeit vorwiegend aus der Verwaltung von **Haus- und Grundbesitz** besteht, vom Haus- und Grundbesitzerverein, in dessen örtlichen Bereich der verwaltete Grundbesitz liegt, eine **Auskunft** über das **ortsübliche Entgelt für Hausverwaltungen** erhalten können. 250

Die Ermittlung einer marktüblichen Vergütung für einen Testamentsvollstrekker, der als **Geschäftsführer einer GmbH fungiert,** stellt sich jedoch ungleich **schwieriger** dar. Wie die von Unternehmensberatungsfirmen, der Presse und sonstigen Interessierten durchgeführten **„Gehaltsstrukturuntersuchungen"** zeigen, gibt es im einzelnen erhebliche Unterschiede. 251

Erkennbar sich **abzeichnende Besonderheiten und Schwierigkeiten der Testamentsvollstreckung** sollten unter dem Blickwinkel der hier vorgeschlagenen Fallgruppen bei der „Berechnung", die der Testator anstellt, durch eine Analyse des Aufwandes gewürdigt werden. 252

Formulierungsbeispiel 253

Der ganze Nachlaß unterliegt der Testamentsvollstreckung.

Der Testamentsvollstrecker erhält eine Vergütung sowie nicht als Vergütung für seine Testamentsvollstreckertätigkeit, sondern aufgrund seiner langjährigen Freundschaft folgende Gegenstände: ...

Da der Nachlaß im Vergleich zum Normalfall voraussichtlich folgende die Tätigkeit des Testamentsvollstreckers erschwerende/erleichternde Besonderheiten aufweisen wird, sind bei der Bestimmung der Vergütung folgende Bezugswerte zugrunde zu legen.

Für den bei der Testamentsvollstreckergütung zugrunde zu legenden Wert meiner Gemäldesammlung soll die Stellungnahme des Kunsthändlers K maßgeblich sein.

Für den bei der Vergütung zugrunde zu legenden Wert meines Betriebsvermögens soll das Gutachten des Wirtschaftsprüfers W maßgeblich sein.

Im Hinblick darauf, daß Miterben aus zwei Ehen vorhanden sind und Verteilungsfragen problematisch werden könnten, erhält der Testamentsvollstrecker einen Zuschlag von x Euro pro Stunde an zusätzlichem Arbeitsaufwand.

Die Höhe der Vergütung ist ausgehend von der Tabelle ... zu berechnen.

Im Hinblick darauf, daß die Auseinandersetzung bezüglich des Geschäftshauses erst in ... Jahren erfolgen soll, ist diese gesondert zu vergüten; auszugehen ist von dem dann vorhandenen Verkehrswert. Die zwischenzeitliche Verwaltung wird mit ... Prozent der jährlichen Nettomieteinnahmen vergütet. Im Hinblick auf den großen Zeitabstand ist die Konstituierungsgebühr unabhängig von der Auseinandersetzungsgebühr.

Die Verwaltungsgebühr ist jährlich fällig, die anderen Gebühren sind fällig mit Erledigung der jeweiligen Tätigkeit.

Anwaltliche Tätigkeiten im Zusammenhang mit der Testamentsvollstreckung werden gesondert vergütet.

Die Umsatzsteuer ist zusätzlich zu entrichten.

Schuldner der Vergütung ist im Verhältnis zum Testamentsvollstrecker der Erbe/die Erbengemeinschaft. Im Innenverhältnis der Erben/Vermächtnisnehmer ist die Vergütung wie folgt zu tragen: ...

254
Anhang

Insolvenzrechtliche Vergütungsverordnung (InsVV)

vom 19. August 1998, BGBl. I S. 2205.

Auf Grund des § 65 in Verbindung mit § 21 Abs. 2 Nr. 1, § 73 Abs. 2, § 274 Abs. 1, § 293 Abs. 2 und § 313 Abs. 1 der Insolvenzordnung vom 5. Oktober 1994 (BGBl. I S. 2866) verordnet das Bundesministerium der Justiz:

Erster Abschnitt. Vergütung des Insolvenzverwalters

§ 1. Berechnungsgrundlage. (1) Die Vergütung des Insolvenzverwalters wird nach dem Wert der Insolvenzmasse berechnet, auf die sich die Schlußrechnung bezieht. Wird das Verfahren nach Bestätigung eines Insolvenzplans aufgehoben oder durch Einstellung vorzeitig beendet, so ist die Vergütung nach dem Schätzwert der Masse zur Zeit der Beendigung des Verfahrens zu berechnen.

(2) Die maßgebliche Masse ist im einzelnen wie folgt zu bestimmen:

1. Massegegenstände, die mit Absonderungsrechten belastet sind, werden berücksichtigt, wenn sie durch den Verwalter verwertet werden. Der Mehrbetrag der Vergütung, der auf diese Gegenstände entfällt, darf jedoch 50 vom Hundert des Betrages nicht übersteigen, der für die Kosten ihrer Feststellung in die Masse geflossen ist. Im übrigen werden die mit Absonderungsrechten belasteten Gegenstände nur insoweit berücksichtigt, als aus ihnen der Masse ein Überschuß zusteht.
2. Werden Aus- und Absonderungsrechte abgefunden, so wird die aus der Masse hierfür gewährte Leistung vom Sachwert der Gegenstände abgezogen, auf die sich diese Rechte erstreckten.
3. Steht einer Forderung eine Gegenforderung gegenüber, so wird lediglich der Überschuß berücksichtigt, der sich bei einer Verrechnung ergibt.
4. Die Kosten des Insolvenzverfahrens und die sonstigen Masseverbindlichkeiten werden nicht abgesetzt. Es gelten jedoch folgende Ausnahmen:
   a) Beträge, die der Verwalter nach § 5 als Vergütung für den Einsatz besonderer Sachkunde erhält, werden abgezogen.
   b) Wird das Unternehmen des Schuldners fortgeführt, so ist nur der Überschuß zu berücksichtigen, der sich nach Abzug der Ausgaben von den Einnahmen ergibt.
5. Ein Vorschuß, der von einer anderen Person als dem Schuldner zur Durchführung des Verfahrens geleistet worden ist, und ein Zuschuß, den ein Dritter zur Erfüllung eines Insolvenzplans geleistet hat, bleiben außer Betracht.

§ 2. Regelsätze. (1) Der Insolvenzverwalter erhält in der Regel
von den ersten 50000 Deutsche Mark der Insolvenzmasse 40 vom Hundert

von dem Mehrbetrag bis zu	100 000 Deutsche Mark	25 vom Hundert,
von dem Mehrbetrag bis zu	500 000 Deutsche Mark	7 vom Hundert,
von dem Mehrbetrag bis zu	1 000 000 Deutsche Mark	3 vom Hundert,
von dem Mehrbetrag bis zu	50 000 000 Deutsche Mark	2 vom Hundert,
von dem Mehrbetrag bis zu	100 000 000 Deutsche Mark	1 vom Hundert,

von dem darüber hinausgehenden Betrag 0,5 vom Hundert.

(2) Die Vergütung soll in der Regel mindestens 1000 Deutsche Mark betragen.

§ 3. Zu- und Abschläge. (1) Eine den Regelsatz übersteigende Vergütung ist insbesondere festzusetzen, wenn

a) die Bearbeitung von Aus- und Absonderungsrechten einen erheblichen Teil der Tätigkeit des Insolvenzverwalters ausgemacht hat, ohne daß ein entsprechender Mehrbetrag nach § 1 Abs. 2 Nr. 1 angefallen ist,
b) der Verwalter das Unternehmen fortgeführt oder Häuser verwaltet hat und die Masse nicht entsprechend größer geworden ist,
c) die Masse groß war und die Regelvergütung wegen der Degression der Regelsätze keine angemessene Gegenleistung dafür darstellt, daß der Verwalter mit erheblichem Arbeitsaufwand die Masse vermehrt oder zusätzliche Masse festgestellt hat,
d) arbeitsrechtliche Fragen zum Beispiel in bezug auf das Insolvenzgeld, den Kündigungsschutz oder einen Sozialplan den Verwalter erheblich in Anspruch genommen haben oder
e) der Verwalter einen Insolvenzplan ausgearbeitet hat.

(2) Ein Zurückbleiben hinter dem Regelsatz ist insbesondere gerechtfertigt, wenn
a) ein vorläufiger Insolvenzverwalter im Verfahren tätig war,
b) die Masse bereits zu einem wesentlichen Teil verwertet war, als der Verwalter das Amt übernahm,
c) das Insolvenzverfahren vorzeitig beendet wird oder das Amt des Verwalters vorzeitig endet, oder
d) die Masse groß war und die Geschäftsführung geringe Anforderungen an den Verwalter stellte.

§ 4. Geschäftskosten. Haftpflichtversicherung. (1) Mit der Vergütung sind die allgemeinen Geschäftskosten abgegolten. Zu den allgemeinen Geschäftskosten gehört der Büroaufwand des Insolvenzverwalters einschließlich der Gehälter seiner Angestellten, auch soweit diese anläßlich des Insolvenzverfahrens eingestellt worden sind. Unberührt bleibt das Recht des Verwalters, zur Erledigung besonderer Aufgaben im Rahmen der Verwaltung für die Masse Dienst- oder Werkverträge abzuschließen und die angemessene Vergütung aus der Masse zu zahlen.

(2) Besondere Kosten, die dem Verwalter im Einzelfall, zum Beispiel durch Reisen, tatsächlich entstehen, sind als Auslagen zu erstatten.

(3) Mit der Vergütung sind auch die Kosten einer Haftpflichtversicherung abgegolten. Ist die Verwaltung jedoch mit einem besonderen Haftungsrisiko verbunden, so sind die Kosten einer angemessenen zusätzlichen Versicherung als Auslagen zu erstatten.

§ 5. Einsatz besonderer Sachkunde. (1) Ist der Insolvenzverwalter als Rechtsanwalt zugelassen, so kann er für Tätigkeiten, die ein nicht als Rechtsanwalt zugelassener Verwalter angemessenerweise einem Rechtsanwalt übertragen hätte, nach Maßgabe der Bundesgebührenordnung für Rechtsanwälte Gebühren und Auslagen gesondert aus der Insolvenzmasse entnehmen.

(2) Ist der Verwalter Wirtschaftsprüfer oder Steuerberater oder besitzt er eine andere besondere Qualifikation, so gilt Absatz 1 entsprechend.

§ 6. Nachtragsverteilung. Überwachung der Erfüllung eines Insolvenzplans. (1) Für eine Nachtragsverteilung erhält der Insolvenzverwalter eine gesonderte Vergütung, die unter Berücksichtigung des Werts der nachträglich verteilten Insolvenzmasse nach billigem Ermessen festzusetzen ist. Satz 1 gilt nicht, wenn die Nachtragsverteilung voraussehbar war und schon bei der Festsetzung der Vergütung für das Insolvenzverfahren berücksichtigt worden ist.

(2) Die Überwachung der Erfüllung eines Insolvenzplans nach den §§ 260 bis 269 der Insolvenzordnung wird gesondert vergütet. Die Vergütung ist unter Berücksichtigung des Umfangs der Tätigkeit nach billigem Ermessen festzusetzen.

§ 7. Umsatzsteuer. Zusätzlich zur Vergütung und zur Erstattung der Auslagen wird ein Betrag in Höhe der vom Insolvenzverwalter zu zahlenden Umsatzsteuer festgesetzt.

§ 8. Festsetzung von Vergütung und Auslagen. (1) Die Vergütung und die Auslagen werden auf Antrag des Insolvenzverwalters vom Insolvenzgericht festgesetzt. Die Festsetzung erfolgt für Vergütung und Auslagen gesondert. Der Antrag soll gestellt werden, wenn die Schlußrechnung an das Gericht gesandt wird.

(2) In dem Antrag ist näher darzulegen, wie die nach § 1 Abs. 2 maßgebliche Insolvenzmasse berechnet worden ist und welche Dienst- oder Werkverträge für besondere Aufgaben im Rahmen der Insolvenzverwaltung abgeschlossen worden sind (§ 4 Abs. 1 Satz 3).

(3) Der Verwalter kann nach seiner Wahl anstelle der tatsächlich entstandenen Auslagen einen Pauschsatz fordern, der im ersten Jahr 15 vom Hundert, danach 10 vom Hundert, der gesetzlichen Vergütung, höchstens jedoch 500 Deutsche Mark je angefangenen Monat der Dauer der Tätigkeit des Verwalters beträgt.

§ 9. Vorschuß. Der Insolvenzverwalter kann aus der Insolvenzmasse einen Vorschuß auf die Vergütung und die Auslagen entnehmen, wenn das Insolvenzgericht zustimmt. Die Zustimmung soll erteilt werden, wenn das Insolvenzverfahren länger als sechs Monate dauert oder wenn besonders hohe Auslagen erforderlich werden.

Zweiter Abschnitt. Vergütung des vorläufigen Insolvenzverwalters, des Sachwalters und des Treuhänders im vereinfachten Insolvenzverfahren

§ 10. Grundsatz. Für die Vergütung des vorläufigen Insolvenzverwalters, des Sachwalters und des Treuhänders im vereinfachten Insolvenzverfahren gelten die Vorschriften des Ersten Abschnitts entsprechend, soweit in den §§ 11 bis 13 nichts anderes bestimmt ist.

§ 11. Vergütung des vorläufigen Insolvenzverwalters. (1) Die Tätigkeit des vorläufigen Insolvenzverwalters wird besonders vergütet. Die Vergütung soll in der Regel einen angemessenen Bruchteil der Vergütung des Insolvenzverwalters nicht überschreiten. Art, Dauer und Umfang der Tätigkeit des vorläufigen Insolvenzverwalters sind bei der Festsetzung der Vergütung zu berücksichtigen.

(2) Hat das Insolvenzgericht den vorläufigen Insolvenzverwalter als Sachverständigen beauftragt zu prüfen, ob ein Eröffnungsgrund vorliegt und welche Aussichten für eine Fortführung des Unternehmens des Schuldners bestehen, so wird er gesondert nach dem Gesetz über die Entschädigung von Zeugen und Sachverständigen entschädigt.

§ 12. Vergütung des Sachwalters. (1) Der Sachwalter erhält in der Regel 60 vom Hundert der für den Insolvenzverwalter bestimmten Vergütung.

(2) Eine den Regelsatz übersteigende Vergütung ist insbesondere festzusetzen, wenn das Insolvenzgericht gemäß § 277 Abs. 1 der Insolvenzordnung angeordnet

hat, daß bestimmte Rechtsgeschäfte des Schuldners nur mit Zustimmung des Sachwalters wirksam sind.

(3) § 8 Abs. 3 gilt mit der Maßgabe, daß an die Stelle des Betrags von 500 Deutsche Mark der Betrag von 250 Deutsche Mark tritt.

§ 13. Vergütung des Treuhänders im vereinfachten Insolvenzverfahren. (1) Der Treuhänder erhält in der Regel 15 vom Hundert der Insolvenzmasse. Ein Zurückbleiben hinter dem Regelsatz ist insbesondere dann gerechtfertigt, wenn das vereinfachte Insolvenzverfahren vorzeitig beendet wird. Die Vergütung soll in der Regel mindestens 500 Deutsche Mark betragen; sie kann in Abhängigkeit von der Tätigkeit des Treuhänders bis auf 200 Deutsche Mark herabgesetzt werden.

(2) §§ 2 und 3 finden keine Anwendung.

Dritter Abschnitt. Vergütung des Treuhänders nach § 293 der Insolvenzordnung

§ 14. Grundsatz. (1) Die Vergütung des Treuhänders nach § 293 der Insolvenzordnung wird nach der Summe der Beträge berechnet, die auf Grund der Abtretungserklärung des Schuldners (§ 287 Abs. 2 der Insolvenzordnung) oder auf andere Weise zur Befriedigung der Gläubiger des Schuldners beim Treuhänder eingehen.

(2) Der Treuhänder erhält

von den ersten 50 000 Deutsche Mark	5 vom Hundert,
von dem Mehrbetrag bis 100 000 Deutsche Mark	3 vom Hundert,
von dem darüber hinausgehenden Betrag	1 vom Hundert.

(3) Die Vergütung beträgt mindestens 200 Deutsche Mark für jedes Jahr der Tätigkeit des Treuhänders.

§ 15. Überwachung der Obliegenheiten des Schuldners. (1) Hat der Treuhänder die Aufgabe, die Erfüllung der Obliegenheiten des Schuldners zu überwachen (§ 292 Abs. 2 der Insolvenzordnung), so erhält er eine zusätzliche Vergütung. Diese beträgt regelmäßig 25 Deutsche Mark je Stunde.

(2) Der Gesamtbetrag der zusätzlichen Vergütung darf den Gesamtbetrag der Vergütung nach § 14 nicht überschreiten. Die Gläubigerversammlung kann eine abweichende Regelung treffen.

§ 16. Festsetzung der Vergütung. Vorschüsse. (1) Die Höhe des Stundensatzes der Vergütung des Treuhänders, der die Erfüllung der Obliegenheiten des Schuldners überwacht, wird vom Insolvenzgericht bei der Ankündigung der Restschuldbefreiung festgesetzt. Im übrigen werden die Vergütung und die zu erstattenden Auslagen auf Antrag des Treuhänders bei der Beendigung seines Amtes festgesetzt. Auslagen sind einzeln anzuführen und zu belegen. Soweit Umsatzsteuer anfällt, gilt § 7 entsprechend.

(2) Der Treuhänder kann aus den eingehenden Beträgen Vorschüsse auf seine Vergütung entnehmen. Diese dürfen den von ihm bereits verdienten Teil der Vergütung und die Mindestvergütung seiner Tätigkeit nicht überschreiten.

Vierter Abschnitt. Vergütung der Mitglieder des Gläubigerausschusses

§ 17. Berechnung der Vergütung. Die Vergütung der Mitglieder des Gläubigerausschusses beträgt regelmäßig zwischen 50 und 100 Deutsche Mark je Stunde. Bei der Festsetzung des Stundensatzes ist insbesondere der Umfang der Tätigkeit zu berücksichtigen.

§ 18. Auslagen. Umsatzsteuer. (1) Auslagen sind einzeln anzuführen und zu belegen.

(2) Soweit Umsatzsteuer anfällt, gilt § 7 entsprechend.

Fünfter Abschnitt. Übergangs- und Schlußvorschriften

§ 19. Anwendung des bisherigen Rechts. Auf Verfahren nach der Konkursordnung, der Vergleichsordnung und der Gesamtvollstreckungsordnung sind weiter die bisherigen Vergütungsvorschriften anzuwenden.

§ 20. Inkrafttreten. Diese Verordnung tritt am 1. Januar 1999 in Kraft.

11. Kapitel

Rechtsanwälte, Notare, Steuerberater, Wirtschaftsprüfer, vereidigte Buchprüfer und Kreditinstitute als Testamentsvollstrecker

Übersicht

Literatur: *Bork,* Testamentsvollstreckung durch Banken, WM 1995, 225; *Feuerich/Braun*, Bundesrechtsanwaltsordnung, 5. Aufl. 2000; *Kerscher/Tanck/Krug*, Das erbrechtliche Mandat, 2. Aufl. 2000; *Schaub,* Testamentsvollstreckung durch Banken, FamRZ 1995, 845; *ders.*, Testamtensvollstreckung durch Banken, Notar 1999, 93; *Stracke,* Testamentsvollstreckung und Rechtsberatung, ZEV 2001, 250; *Vortmann,* Testamentsvollstreckung durch Banken, ZBB 1994, 259; *ders.*, Banken als Testamentsvollstrecker, WM 1995, 1745; *Werkmüller,* Vollmacht und Testamentsvollstreckung als Instrumente der Nachfolgegestaltung bei Bankkonten, ZEV 2000, 305; Wirtschaftsprüfer-Handbuch, herausgegeben vom Institut der Wirtschaftsprüfer in Deutschland, Band 1: 12. Aufl. 2000, Band 2: 11. Aufl. 1998.

I. Einführung

1 Testamentsvollstrecker kann jede inländische oder ausländische natürliche oder juristische Person sein, sofern nicht die Einschränkungen des § 2201 BGB die

Übernahme des Amtes verhindern (vgl. 2. Kap. Rdn. 179). Die Übernahme des privaten Amtes als Testamentsvollstrecker wird zunehmend als attraktive Erwerberquelle entdeckt, weil die Durchführung von Testamentsvollstreckungen nicht selten mit namhaften Vergütungen honoriert wird (*Henssler* ZEV 1994, 261; *Schaub* FamRZ 1995, 845). Es verwundert nicht, daß gerade **Rechtsanwälte, Notare, Steuerberater** und **Wirtschaftsprüfer** häufig zu Testamentsvollstreckern ernannt werden, denn sie genießen nicht nur das Vertrauen der Erblasser, sondern erscheinen wegen ihrer Sachkunde, ihrer Berufsverschwiegenheit, ihren sonstigen Berufspflichten und nicht zuletzt wegen ihrer gesetzlich vorgesehenen Haftpflichtversicherung als besonders geeignet, das Amt zu übernehmen. In den letzten Jahren haben aber auch Banken und Kreditinstitute ihr Angebot deutlich erweitert; vielfach umfaßt es die Übernahme und Durchführung von Testamentsvollstreckungen. Für die Übertragung von Testamentsvollstreckungen wird in aufwendigen Broschüren Werbung betrieben. Zudem versuchen auch Bürovorsteher, Berufsbetreuer und Personen im Sinne des HeimG auf dem „Markt" der Testamentsvollstreckungen Fuß zu fassen. Allerdings erschweren die in jüngster Zeit ergangenen Urteile zur Reichweite des **Rechtsberatungsgesetzes** die ungehinderte Durchsetzung des Erblasserwillens.

II. Rechtsanwälte als Testamentsvollstrecker

1. *Berufsrecht*

a) Grundsätze

Die Übernahme des Amtes eines Testamentsvollstreckers durch Rechtsanwälte unterliegt vorbehaltlich der Grenzen des Berufsrechts keinen Einschränkungen; sie ist berufsrechtlich zulässig. Die Tätigkeit als Testamentsvollstrecker ist **anwaltliche Tätigkeit** im Sinne von § 3 Abs. 1 BRAO und stellt zudem eine berufstypische Tätigkeit dar (BFH ZEV 1998, 358 m. Anm. *Henssler*; *Mayer/Bonefeld/Daragan* Rdn. 563; *Zimmermann* Rdn. 92; *Kerscher/Tanck/Krug* § 20 Rdn. 136; *Haegele/Winkler* Rdn. 656). 2

Auch Rechtsanwaltsgesellschaften mbH im Sinne von § 59c BRAO und die nach anwaltlichem Berufsrecht neuerdings zulässigen Rechtsanwaltsaktiengesellschaften (BayObLG NJW 2000, 1647; dazu *Kempter/Kopp* NJW 2000, 3449) können ebenso wie anwaltliche Partnerschaftsgesellschaften im Sinne von § 1 Abs. 1 PartGG zu Testamentsvollsteckern berufen werden. Ebenso ist es möglich, das Amt des Testamentsvollstreckers einer Sozietät von Rechtsanwälten zu übertragen, die in Form einer Gesellschaft bürgerlichen Rechts organisiert sind (zur Rechtsfähigkeit von Gesellschaften bürgerlichen Rechts BGH NJW 2001, 1056). 3

b) Berufsrechtliche Grenzen

Gemäß **§ 45 Abs. 2 Nr. 1 BRAO** darf ein Rechtsanwalt nicht als Testamentsvollstrecker tätig werden, wenn er in diesem Amt Angelegenheiten zu besorgen hätte, mit denen er bereits als Rechtsanwalt gegen den Träger des zu verwaltenden Vermögens befaßt war. Träger des zu verwaltenden Vermögens in diesem Sinne ist der Erblasser, dessen Willen der Testamentsvollstrecker verwirklichen soll. Das Tatbestandsmerkmal „Angelegenheit" meint wie in § 3 BeurkG den Lebenssachverhalt; bereits teilweise Identität der Lebenssachverhalte sperrt den Rechtsanwalt für die Übernahme des Testamentsvollstreckeramtes, soweit die Identität reicht (*Henssler/Prütting/Eylman* § 45 Rdn. 23ff.; *Feuerich/Braun* § 45 Rdn. 7). § 45 4

Abs. 3 BRAO erstreckt dieses Verbot auf die mit dem Rechtsanwalt in **Sozietät** oder in sonstiger Weise zur gemeinsamen Berufsausübung verbunden oder verbunden gewesenen Rechtsanwälte und auch auf Angehörige anderer Berufe, die mit dem Rechtsanwalt eine Berufsverbindung unterhalten oder unterhalten haben. Gemeint sind Berufsträger im Sinne von § 59a BRAO, zu denen auch Wirtschaftsprüfer und Steuerberater zählen. Zu den Berufsausübungsgemeinschaften in diesem Sinne zählen auch Anstellungsverhältnisse, freie Mitarbeiterverhältnisse und Bürogemeinschaften, § 3 Abs. 2 BORA.

5 Die Einbeziehung auch beendeter Berufsausübungsgemeinschaften in den Anwendungsbereich des anwaltlichen Tätigkeitsverbotes erfordert in jedem Einzelfall eine sorgfältige Prüfung, ob in einer früheren Sozietät oder sonstigen Berufsausübungsgemeinschaft in entgegensetztem Interesse gegen den Erblasser gearbeitet worden ist. Streit besteht über die Frage, ob der Rechtsanwalt, der wegen einer früheren Zugehörigkeit zu einer Berufsausübungsgemeinschaft das Amt des Testamentsvollstreckers nicht antreten kann, automatisch auch die Berufsträger, die derzeit mit ihm in einer beruflichen Verbindung stehen, an der Übernahme des Amtes hindert (so BGH NJW 2001, 1572; das BVerfG hat die Vollziehung dieser Entscheidung einstweilen ausgesetzt, vgl. BVerfG NJW 2001, 1562). Nach richtiger Ansicht ist diese fast uferlose Erweiterung des Kreises der ausgeschlossenen Berufsträger abzulehnen (vgl. zu dieser sog. **Infektionstheorie** *Mihm* S. 89; *Hartung/Holl* § 3 Rdn. 68ff.; *Feuerich/Braun* § 3 BORA Rdn. 3). Das Tätigkeitsverbot besteht nur in der Person des Kanzleiwechslers, allerdings wohl unabhängig davon, ob er mit der Angelegenheit persönlich befaßt war (AnwG Köln AnwBl. 2000, 200 zu § 3 Abs. 2 BORA; *Hartung/Holl* § 3 Rdn. 70).

6 Wenn der anwaltliche Testamentsvollstrecker nach Übernahme des Amtes erkennt, daß er dem Tätigkeitsverbot des § 45 BRAO unterliegt, hat er unverzüglich alle Beteiligten davon zu unterrichten und das Amt niederzulegen, § 3 Abs. 3 BORA.

7 Gemäß § 14 Abs. 2 Nr. 8 BRAO ist die Zulassung zur Rechtsanwaltschaft zu widerrufen, wenn der Rechtsanwalt eine Tätigkeit ausübt, die mit seinem Beruf, insbesondere seiner Stellung als unabhängiges Organ der Rechtspflege, nicht vereinbar ist oder das Vertrauen in seine Unabhängigkeit gefährden kann. Die Vorschrift knüpft an § 7 Nr. 8 BRAO an, nach der die Zulassung zur Rechtsanwaltschaft zu versagen ist, wenn der Bewerber eine mit dem Rechtsanwaltsberuf **unvereinbare Tätigkeit** ausübt. Weiter bestimmt § 43a Abs. 1 BRAO, daß der Rechtsanwalt keine Bindungen eingehen darf, die seine berufliche Unabhängigkeit gefährden. Die Testamentsvollstreckung unterfällt diesen Einschränkungen in aller Regel nicht; Befürchtungen hinsichtlich der Zulassung zur Rechtsanwaltschaft bei der Übernahme auch einer unter Umständen bedeutenden Testamentsvollstreckung sind unbegründet (einschränkend *Mayer/Bonefeld/Daragan* Rdn. 566). Eine inkompatible Tätigkeit übt der Testamentsvollstrecker schon deshalb regelmäßig nicht aus, weil die Testamentsvollstreckung originäre anwaltliche Tätigkeit ist. Auch die Übernahme einer leitenden Tätigkeit in einem Unternehmen, die möglicherweise zudem mit einer persönlichen Haftung verbunden ist, tangiert die Zulassung zur Rechtsanwaltschaft nicht. Die Ausübung einer kaufmännisch erwerbswirtschaftlichen Tätigkeit berechtigt nämlich für sich genommen keine Versagung der Zulassung, und damit auch nicht den Widerruf der Zulassung (*Henssler/Prütting/Henssler* § 7 Rdn. 78; *Feuerich/Braun* § 7 Rdn. 115ff.; *Mayer/Bonefeld/Daragan* Rdn. 567; aA *Kerscher/Tanck/Krug* § 20 Rdn. 137).

8 Ein Rechtsanwalt, der als Testamentsvollstecker kaufmännisch erwerbswirtschaftlich als Leiter eines Unternehmens oder in ähnlicher Position tätig wird, muß allerdings dafür Sorge tragen, daß er gleichwohl in der Lage bleibt, den **Anwalts-**

beruf zwar in einem beschränkten, aber doch nennenswerten Umfang und jedenfalls mehr als bloß gelegentlich **auszuüben.** Die Zulassung zur Rechtsanwaltschaft dürfte in Gefahr sein, wenn dem Berufsträger neben seiner Tätigkeit als Testamentsvollstrecker, die sich nicht (nur) als Rechtsbesorgung darstellt, kein Freiraum für sonstige Anwaltstätigkeit verbleibt (BGH AnwBl. 1993, 536; *Henssler/Prütting/Henssler* § 7 Rdn. 85, 88; *Kleine-Cosack* NJW 1993, 1289, 1292).

2. Testamentsvollstreckung als anwaltliche Tätigkeit

a) Grundsatz

Für Rechtsanwälte und für Rechtsanwaltsgesellschaften ist die Übernahme einer Testamentsvollstreckung **berufliche Betätigung** im Sinne des § 3 BRAO und damit typische Berufsausübung. Etwas anderes gilt nur dann, wenn der Rechtsanwalt etwa von Verwandten erkennbar als Privatperson berufen wird (*Zimmermann* Rdn. 92). Mit der Einsetzung eines Rechtsanwalts als Testamentsvollstrecker versichert sich der Erblasser der Rechtskenntnisse und beruflichen Fähigkeiten, aber auch der Verschwiegenheit des Rechtsanwalts. Aus der Einordnung der Testamentsvollstreckung als anwaltliche Tätigkeit ergeben sich weitreichende Konsequenzen. Der anwaltliche Testamentsvollstrecker unterliegt allen **berufsrechtlichen Pflichten** eines Rechtsanwalts, die in der BRAO und in der BORA verankert sind (*Henssler* ZEV 1998, 359). Dies gilt insbesondere für die Generalklausel in § 43 BRAO sowie für die in § 43a BRAO geregelten Grundpflichten. Zu nennen sind insbesondere seine Pflicht zur Verschwiegenheit (§ 43a Abs. 2 BRAO, § 2 BORA) und das Verbot der Vertretung widerstreitender Interessen (§ 43a Abs. 4 BRAO, § 3 BORA). § 43a Abs. 5 BRAO verlangt von einem Rechtsanwalt auch in seiner Eigenschaft als Testamentsvollstrecker besondere Sorgfalt im Umgang mit ihm anvertrauten Vermögenswerten. Zur Verwaltung von Fremdgeldern hat er Anderkonten zu führen, § 4 Abs. 1 BORA. Bei der Konkretisierung der Berufspflichten ist den Besonderheiten der Testamtensvollstreckung Rechnung zu tragen (*Henssler* ZEV 1998, 359). 9

Der Testamentsvollstrecker-Rechtsanwalt unterliegt dem **Sanktionssystem** des anwaltlichen Berufsrechts. Pflichtenverstöße bei der Amtsausübung können durch eine Rüge der Rechtsanwaltskammer nach § 74 BRAO oder im anwaltsgerichtlichen Verfahren nach § 113 BRAO verfolgt und geahndet werden (*Feuerich/Braun* § 113 Rdn. 16; *Mayer/Bonefeld/Daragan* Rdn. 563). 10

Die berufstypische anwaltliche Tätigkeit, die in der Testamentsvollstreckung zu sehen ist, hat auch eine strafrechtliche Konsequenz: Der Testamentsvollstrecker-Rechtsanwalt macht sich gem. § 203 Abs. 1 Nr. 3 StGB strafbar, wenn er ein ihm anvertrautes fremdes Geheimnis unbefugt offenbart. 11

b) Berufspflichten nach Beendigung der Testamentsvollstreckung

Nach der Beendigung der Testamtensvollstreckung unterliegt der Rechtsanwalt dem Tätigkeitsverbot des § 45 Abs. 1 Nr. 3 BRAO, wonach er nicht gegen den Träger des von ihm verwalteten Vermögens in Angelegenheiten vorgehen soll, mit denen er als Testamentsvollstrecker bereits befaßt war. Träger des verwalteten Vermögens in diesem Sinne sind die Personen, deren Rechte und Berechtigungen er bei der Ausübung seines Amtes zu beachten hatte. Der Begriff der Angelegenheit ist nicht anders auszulegen als bei § 45 Abs. 2 Nr. 1 BRAO; gemeint ist der Lebenssachverhalt (vgl. Rdn. 4). Um auch nicht den Anschein der Wahrnehmung widerstreitender Interessen aufkommen zu lassen, empfiehlt es sich, daß sich 12 der Rechtsanwalt nach Beendigung der Testamentsvollstreckung jeglicher anwaltlicher Tätigkeit im Umfeld des Nachlasses enthält. Nach § 45 Abs. 3 BRAO gilt auch dieses Tätigkeitsverbot für die mit dem Testamentsvollstrecker-Rechtsanwalt beruflich verbundenen oder verbunden gewesenen Personen gleich welcher Berufszugehörigkeit (vgl. Rdn. 4f.). Ein unter Mißachtung des anwaltlichen Tätigkeitsverbotes eingegangener Anwaltsvertrag ist wegen Verstoßes gegen ein gesetzliches Verbot gem. § 134 BGB nichtig; Gebührenansprüche bestehen nicht (OLG Hamm DNotZ 1989, 635; *Sandkühler* in: Beck'sches Notarhandbuch K II Rdn. 119).

3. Versicherungsschutz

13 Gemäß § 51 Abs. 1 und Abs. 4 BRAO sind Rechtsanwälte verpflichtet, bei einem im Inland zum Geschäftsbetrieb befugten Versicherungsunternehmen eine Berufshaftpflichtversicherung mit einer Mindestversicherungssumme von 500000,00 DM für jeden Versicherungsfall, begrenzt auf die vierfache Jahressumme, zu unterhalten. Da die Ausübung des Amtes eines Testamentsvollstreckers regelmäßig berufstypische Anwaltstätigkeit ist, ist grundsätzlich davon auszugehen, daß auch diese Tätigkeit dem Versicherungsschutz aus der Berufshaftpflichtversicherung unterfällt. Indes definiert § 51 BRAO den Umfang der Versicherung nicht. Zudem sind seit der Änderung des VVG im Jahre 1994 die Allgemeinen Versicherungsbedingungen der einzelnen Versicherer nicht mehr vom Bundesaufsichtsamt für das Versicherungswesen zu genehmigen, sondern nur noch bei diesem einzureichen und von diesem auf Mißbrauch hin zu prüfen, § 81 Abs. 1 VVG. Der Testamentsvollstrecker-Rechtsanwalt hat deshalb keine Gewißheit, daß die Tätigkeit als Testamentsvollstrecker dem Versicherungsschutz aus dem Versicherungsvertrag unterfällt.

14 Die deutschen Versicherer haben diese Problematik entschärft, indem sie anwaltsübliche Nebentätigkeiten, zu denen auch die Testamentsvollstreckung zählt, über die Risikobeschreibung der AVB insofern in die Deckung des Versicherungsvertrages einbezogen haben, als sie nicht überwiegend ausgeübt werden. Ein Rechtsanwalt, der überwiegend als Testamentsvollstrecker tätig ist, muß daher den Umfang des Versicherungsschutzes auch dann mit dem Versicherer klären, wenn das Versicherungsunternehmen seinen Sitz in Deutschland hat. Zur Vorsorge empfiehlt sich eine Nachfrage bei dem Versicherungsunternehmen indes auch schon vor der erstmaligen Übernahme einer Testamentsvollstreckung. Individuelle Vereinbarungen sind notwendig, wenn der Versicherungsvertrag mit einem ausländischen Versicherer abgeschlossen wird, der im Inland zum Geschäftsbetrieb befugt ist (vgl. 12. Kap. Rdn. 136ff.; *Henssler/Prütting/Stobbe* § 51 Rdn. 40).

15 Ausgeschlossen ist die Beschränkung der Haftung des Rechtsanwalts gem. § 51a BRAO, denn er übernimmt die Testamentsvollstreckung durch Berufung in das Amt, nicht aber, wie von § 51a BRAO vorausgesetzt, durch Abschluß eines Anwaltsvertrages (vgl. *Henssler/Prütting/Stobbe* § 51a Rdn. 25, 26; *Junge-Ilges* S. 40). Allerdings können die Erben den Testamentsvollstrecker außer für Vorsatz, § 276 Abs. 2 BGB, von der Haftung freistellen, denn zwischen ihnen und dem Testamentsvollstrecker besteht ein gesetzliches Schuldverhältnis (vgl. 2. Kap. Rdn. 89; *Palandt/Edenhofer* § 2219 Rdn. 1). Eine Befreiung von der Haftung bereits durch den Erblasser ist nicht möglich, § 2220 BGB.

4. *Testamentsvollstreckervergütung*

Die Honorierung des Rechtsanwalts, der als Testamentsvollstrecker tätig wird, bestimmt sich primär nach dem Willen des Erblassers, im übrigen nach § 2221 BGB (vgl. hierzu 10. Kap.). Die BRAGO ist gemäß § 1 Abs. 2 BRAGO nicht anwendbar, es sei denn, der Erblasser hat sie – ausdrücklich oder stillschweigend – für maßgeblich erklärt. Etwas anderes kann allerdings gelten, wenn der Testamentsvollstrecker in seiner Eigenschaft als Rechtsanwalt für eine Prozeßführung oder eine aufwendige Vertragsverhandlung gesondert mandatiert wird. Will er sich selbst das Mandat erteilen, setzt dies voraus, daß er ausdrücklich von § 181 BGB befreit ist oder ein ordnungsgemäßes Geschäft der Testamentsvollstreckung führt, § 2216 BGB, was zu einer stillschweigenden Befreiung vom Verbot des Selbstkontrahierens führen kann (eingehend *Zimmermann* Rdn. 92; *Palandt/Edenhofer* § 2205 Rdn. 30; *Mayer/Bonefeld/Daragan* Rdn. 568). Für Tätigkeiten, die ein Testamentsvollstrecker üblicherweise ohne Einschaltung eines Rechtsanwalts erledigen würde, kann auch der anwaltliche Testamentsvollstrecker keine gesonderte Vergütung verlangen; dies gilt zB für einfache Mahnschreiben (*Zimmermann* Rdn. 92). 16

III. Notare als Testamentsvollstrecker

1. *Berufsrecht*

a) Grundsatz

Testamentsvollstrecker kann jede natürliche Person sein, so daß auch Notare nicht gehindert sind, das Amt des Testamentsvollstreckers zu übernehmen. Dabei spielt es keine Rolle, in welcher Notariatsverfassung das Notaramt ausgeübt wird. Testamentsvollstrecker können zur hauptberuflichen Amtsausübung bestellte Notare im Sinne des § 3 Abs. 1 BNotO ebenso sein wie Anwaltsnotare gem. § 3 Abs. 2 BNotO oder beamtete Notare in Baden-Württemberg (im Rahmen des Nebentätigkeitsrechts). Anwaltsnotare übernehmen allerdings eine Testamentsvollstreckung regelmäßig als originäre anwaltliche Tätigkeit (vgl. Rdn. 2). 17

b) Verhältnis zwischen Testamentsvollstreckung und notarieller Tätigkeit

Für das Verständnis des Notarrechts ist die Unterscheidung zwischen Amt und Beruf des Notars grundlegend. Der Notarberuf kann nur im Rahmen öffentlich-rechtlicher Amtstätigkeit ausgeübt werden (*Bohrer* Rdn. 10 f). Der Notar ist Träger eines öffentlichen Amtes (§ 1 BNotO) und unterliegt in seiner Amtsführung öffentlich-rechtlichen Regeln. Seine Kompetenzen als Amtsträger sind in den §§ 20 bis 24 BNotO abschließend geregelt. Die Übernahme einer Testamentsvollstreckung zählt nicht zu den Aufgaben der Notare; sie ist keine berufstypische amtliche Tätigkeit (*Eylmann/Vaasen/Hertel* § 24 BNotO Rdn. 5; *Eylmann/Vaasen/Baumann* § 8 BNotO Rdn. 23; *Schippel/Reithmann* § 24 Rdn. 12; *Mayer/Bonefeld/Daragan* Rdn. 570; *Zimmermann* Rdn. 95; *Haegele/Winkler* Rdn. 656, Fn. 7; *Stracke* S. 175 ff.). Die Annahme, Ausführung und Beendigung des Testamentsvollstreckeramtes richtet sich ausschließlich nach bürgerlich-rechtlichen Vorschriften. 18

Die Testamentsvollstreckung ist erlaubte Nebentätigkeit, die privatrechtlich neben dem Amt des Notars ausgeübt wird. Sie ist, auch wenn eine Vergütung gewährt wird, gem. § 8 Abs. 4 BNotO nicht genehmigungsbedürftig. Auch eine Anzeigepflicht gegenüber den Dienstaufsichtsbehörden besteht nicht. Die Genehmigungsfreiheit besteht jedoch nicht unbegrenzt. Wird der Testamentsvollstrecker- 19

Notar kaufmännisch erwerbswirtschaftlich zB als Leiter eines Unternehmens tätig oder übernimmt er die Vollhaftung in einer Personengesellschaft, bedarf er der Genehmigung gem. § 8 Abs. 3 Nr. 1 BNotO. Ob eine solche Tätigkeit im Hinblick auf § 8 Abs. 3 S. 2 BNotO genehmigungsfähig wäre, kann jeweils nur unter Berücksichtigung der Umstände des Einzelfalls entschieden werden. Unzutreffend dürfte nach richtigem Verständnis des notariellen Berufsrechts (vgl. *Jaeger* ZNotP 2001, 2, passim; *Jaspert/Rinne* ZNotP 2000, 450, 454) die Auffassung sein, daß die Führung eines Unternehmens oder eine vergleichbare quasi-gewerbliche Tätigkeit als Nebentätigkeit eines Notars von vornherein nicht genehmigungsfähig sei (in dieser Richtung aber *Mayer/Bonefeld/Daragan* Rdn. 569). Abzustellen ist jeweils auf die Art der wirtschaftlichen Tätigkeit im Verhältnis zur Stellung und zu den Pflichten des Notars nach dem Leitbild der BNotO und des BeurkG (*Schippel* § 8 Rdn. 24ff.). Die Genehmigung muß versagt werden, wenn die Nebentätigkeit mit dem öffentlichen Amt des Notars nicht vereinbar ist, oder das Vertrauen in seine Unabhängigkeit oder Unparteilichkeit gefährden kann. Allerdings gebietet die Abwägung unter dem Maßstab der Berufsfreiheit auch die Prüfung, ob die Versagung der Genehmigung durch die Erteilung von Auflagen gem. 8 Abs. 3 S. 4 BNotO vermeidbar ist (*Jaspert/Rinne* ZNotP 2000, 450, 454). In Betracht kommen zB Mitwirkungsverbote im Einzelfall oder für bestimmte Arten von Geschäften. A priori nicht genehmigungsfähig dürfte nach den Beschlüssen des BGH vom 31. 7. 2000 (BGH DNotZ 2000, 951; hierzu *Jaspert/Rinne* ZNotP 2000, 450, 454) die Tätigkeit in der Führung eines Unternehmens sein, dessen Geschäftszweck der gewerbliche Immobilienhandel oder die Vermittlung von Immobilien ist.

20 Weitere Beschränkungen der Genehmigungsfähigkeit ergeben sich aus der Verpflichtung des Notars, sein Amt grundsätzlich im Hauptberuf oder in Verbindung mit dem Rechtsanwaltsberuf und gegebenenfalls mit anderen in § 8 Abs. 2 S. 2 genannten Berufen auszuüben. Hieraus ergibt sich auch die Pflicht zur Amtsausübung und zur Amtsbereitschaft (*Arndt/Lerch/G. Sandkühler* § 14 Rdn. 6; *Schippel* § 8 Rdn. 26, § 14 Rdn. 1; *Eylmann/Vaasen/Baumann*, § 8 BNotO Rdn. 18). Die Genehmigung muß daher versagt werden, wenn die Nebentätigkeit den Notar in solchem Maße in Anspruch nimmt, daß er praktisch an der Ausübung des Notaramtes gehindert ist. Sind ausnahmsweise dennoch Gründe vorhanden, dem Notar die notwendige Genehmigung zu erteilen, muß diese mit einer Auflage im Sinne des § 8 Abs. 3 S. 4 BNotO versehen werden, daß der Notar sein Amt nicht persönlich ausübt, sondern für die Dauer der Nebentätigkeit einen Vertreter gem. § 39 Abs. 1 BNotO bestellen läßt (*Schippel* § 8 Rdn. 26).

21 Keine Genehmigungspflicht besteht, wenn sich die Tätigkeit des Notars als Testamentsvollstrecker auf die Aufsicht über die Tätigkeit des Geschäftsführers eines Wirtschaftsunternehmens beschränkt (*Schippel* § 8 Rdn. 41).

22 Auch für die als solche genehmigungsfreie Testamentsvollstreckung gilt, daß sie den Notar nicht so sehr beanspruchen darf, daß er das Notaramt nicht mehr ausüben kann. Tritt dieser Zustand ein, muß er das Amt des Testamentsvollstreckers niederlegen oder in Absprache mit der Dienstaufsichtsbehörde einen Vertreter bestellen lassen.

c) Rechtsfolgen

23 Die Ausübung des Testamentsvollstreckeramtes ist keine notarielle Amtstätigkeit (BayObLG DNotZ 1972, 372). Daraus ergeben sich folgende Konsequenzen: Die als Testamentsvollstrecker zu beachtenden Verpflichtungen sind keine Amtspflichten im Sinne von § 19 BNotO. Privatgeheimnisse, die der Notar in seiner Funktion als Testamentsvollstrecker erfährt, unterliegen nicht dem Schutz der §§ 18

BNotO, 203 StGB. Der Testamentsvollstrecker-Notar unterliegt nicht den notariellen Sanktionsmechanismen bei Pflichtverletzungen. Der Ausspruch einer Ermahnung durch die Notarkammer gem. § 75 Abs. 1 BNotO kommt ebensowenig in Betracht wie die Erteilung einer Mißbilligung durch die Aufsichtsbehörde gem. § 94 Abs. 1 BNotO. Auch die Verhängung einer Disziplinarmaßnahme gem. § 97 BNotO setzt die Verletzung von Amtspflichten durch den Notar voraus, § 95 BNotO. Allerdings ist nicht ausgeschlossen, daß auch bei der Ausübung notarfremder Tätigkeiten notarrechtliche Grundsätze, insbesondere das allgemeine Redlichkeitsgebot gem. § 14 Abs. 1 S. 1 BNotO, verletzt werden. Insoweit dürfte der Notar dem notariellen Disziplinarrecht unterliegen (*Eylmann/Vaasen/Stockebrand* § 95 BNotO Rdn. 13f.; *Arndt/Lerch/G. Sandkühler* § 95 Rdn. 14; *Bohrer* Rdn. 102 und 340). Verletzt ein Notar seine Pflichten in seiner Funktion als Testamentsvollstrecker, kann er nach den allgemeinen zivilrechtlichen Regeln schadensersatzpflichtig sein. Ein Schadensersatzanspruch aus § 19 BNotO scheidet indes aus.

2. Beurkundungsrechtliche Fragen

a) Einsetzung des Protokollnotars als Testamentsvollstrecker

Der Notar darf sich in einem von ihm beurkundeten Testament nicht selbst zum Testamentsvollstrecker berufen. § 27 iVm. § 7 Nr. 1 BeurkG erklärt die Einsetzung eines Notars als Testamentsvollstrecker in einer von ihm selbst beurkundeten letztwilligen Verfügung als unwirksam. Nichts anderes gilt für den Ehegatten des Notars und für seine in § 7 genannten Angehörigen (*Zimmermann* Rdn. 94, 111; *Haegele/Winkler* Rdn. 92; *Reimann* DNotZ 1994, 659, 661). Die **Unwirksamkeit** tritt auch dann ein, wenn der Testamentsvollstrecker keine Vergütung erhalten soll, da § 7 BeurkG nicht auf den wirtschaftlichen, sondern auf den rechtlichen Vorteil der Ernennung zum Testamentsvollstrecker abstellt (*Bengel/Reimann* in: Beck'sches Notar-Handbuch Kap. C Rdn. 43; *Eylmann/Vaasen/Baumann* § 27 BeurkG Rdn. 4). Die insoweit unwirksame Willenserklärung des Testators führt materiell-rechtlich zur Nichtigkeit seiner Anordnung, § 125 BGB. Die Unwirksamkeit der Berufung des Testamentsvollstreckers läßt die Wirksamkeit der übrigen Anordnungen des Testators unberührt, denn § 7 BeurkG beschränkt („insoweit") das Verdikt der Unwirksamkeit auf die beurkundeten Willenserklärungen, die darauf gerichtet sind, einen rechtlichen Vorteil zu verschaffen. In wieweit die Teilnichtigkeit auch die übrigen Verfügungen von Todes wegen ergreift, richtet sich bei Testamenten nach § 2085 BGB, bei Erbverträgen nach § 2298 BGB (*Reimann* DNotZ 1994, 659, 661). 24

Unerheblich ist, ob der Notar weiß, daß der Testator ihn zum Testamentsvollstrecker berufen hat. Die entsprechende Anordnung ist daher auch dann unwirksam, wenn eine Verfügung von Todes wegen durch Übergabe einer verschlossenen Schrift nach § 2232 BGB errichtet wird (*Bengel/Reimann* in: Beck'sches Notar-Handbuch Kap. C Rdn. 43). Erkennt der Notar, daß der Erblasser ihn zum Testamentsvollstrecker berufen will, muß er den Beurkundungsauftrag zurückweisen, denn er darf gem. § 14 Abs. 2 BNotO, § 4 BeurkG keine nichtigen – auch nicht teilnichtigen – Willenserklärungen protokollieren (*Arndt/Lerch/G. Sandkühler* § 14 Rdn. 68; *Bengel/Reimann* in: Beck'sches Notar-Handbuch Kap. C Rdn. 43; *Haegele/Winkler* Rdn. 93). 25

b) Berufung des Urkundsnotars zum Testamentsvollstrecker durch Dritte

Die Mitbeurkundung des bloßen **Wunsches** des Erblassers, ein von ihm benannter Bestimmungsberechtigter (§ 2198 BGB) oder das Nachlaßgericht (§ 2200 26

BGB) möge den Urkundsnotar zum Testamentsvollstrecker ernennen, ist wirksam, da der bloße Wunsch den Bestimmungsberechtigen oder das Nachlaßgericht nicht bindet und daher nicht darauf gerichtet ist, dem Urkundsnotar einen rechtlichen Vorteil zu verschaffen (OLG Stuttgart DNotZ 1990, 430 m. Anm. *Reimann*; *Mayer/Bonefeld/Daragan* Rdn. 578; *Haegele/Winkler* Rdn. 92; *Zimmermann* Rdn. 111; *Reimann* DNotZ 1994, 659, 664; aA *Eylmann/Vaasen/Baumann* § 27 BeurkG Rdn. 4). Geht indes der Erblasser über die Äußerung eines bloßen Wunsches hinaus, indem er den Bestimmungsberechtigten verbindlichen Anordnungen unterwirft, die bewirken, daß nur der Urkundsnotar zum Testamentsvollstrecker ernannt werden kann, greift das Begünstigungsverbot des § 27 iVm. § 7 BeurkG ein (*Mayer/Bonefeld/Daragan* Rdn. 578; *Reimann* DNotZ 1990, 433, 435; *ders.* DNotZ 1994, 659, 664).

c) Der Notar als Bestimmungsberechtigter?

27 Umstritten ist die Wirksamkeit einer Anordnung des Erblassers, die dem Urkundsnotar das Bestimmungsrecht gem. § 2198 Abs. 1 BGB überträgt (für die Wirksamkeit MünchKommBGB/*Brandner* § 2198 Rdn. 3; früher *Reimann* DNotZ 1990, 433, 435; *Staudinger/Reimann* 12. Aufl. § 2198 Rdn. 3). Nach richtiger Auffassung führt eine solche Anordnung freilich zu einer sachlichen Beteiligung des Notars an der Urkunde durch die Zuweisung eines Gestaltungsrechts. Ob das Gestaltungsrecht einen rechtlichen Vorteil im Sinne von § 7 BeurkG darstellt, ist zweifelhaft; indes unterliegt der Notar insoweit dem (relativen) **Mitwirkungsverbot** des § 3 Abs. 1 S. 1 Nr. 1 BeurkG. Die Übertragung des Bestimmungsrechts auf den Urkundsnotar in einer von ihm beurkundeten letztwilligen Verfügung ist daher nicht unwirksam, der beurkundende Notar verstößt jedoch gegen notarielle Kernpflichten. Die Pflicht des Notars, den sichersten Weg zu wählen, gebietet es, solche Gestaltungen zu unterlassen (so auch *Mayer/Bonefeld/Daragan* Rdn. 578; im Ergebnis jetzt ebenso *Reimann* DNotZ 1994, 659, 664; *Staudinger/Reimann* 13. Bearbeitung § 2198 Rdn. 3, der allerdings Unwirksamkeit nach § 7 BeurkG annimmt; Unwirksamkeit wegen § 27 BeurkG erkennt *Zimmermann* Rdn. 94).

d) Berufung des Urkundsnotars durch Ergänzungstestament

28 Der Erblasser, der den Urkundsnotar zum Testamentsvollstrecker ernennen will, wird alle Anordnungen über die Testamentsvollstreckung in die Urkunde aufnehmen, außer der Benennung der Person des Testamentsvollstreckers. Die Benennung kann er sodann in einem privatschriftlichen Testament oder in einem Testament, das von einem anderen Notar beurkundet wird, vornehmen (*Zimmermann* Rdn. 94; *Haegele/Winkler* Rdn. 93; *Mayer/Bonefeld/Daragan* Rdn. 578; *Bengel* in *Dittmann/Reimann/Bengel* § 27 BeurkG Rdn. 10). Ein **privatschriftliches Ergänzungstestament** sollte sicherheitshalber nicht mit dem beurkundeten Testament gem. § 34 BeurkG verschlossen werden, da der Umschlag als „Zubehör" der Testamentsurkunde angesehen wird (amtliche Begründung zum BeurkG BT-Drucks. 5/3282, 35, 36; *Bengel/Reimann* in: Beck'sches Notar-Handbuch, Kap. C Rdn. 44; *Reimann* DNotZ 1994, 659, 663).

e) Berufung des Notarsozius zum Testamentsvollstrecker

29 Streitig ist die Frage, ob auch die Ernennung einer Person zum Testamentsvollstrecker gem. § 27 iVm. § 7 BeurkG unwirksam ist, die mit dem beurkundenden Notar zur gemeinsamen Berufsausübung verbunden ist (vgl. zum Streitstand: *Eylmann/Vaasen/Baumann* § 27 BeurkG Rdn. 5; *Keidel/Winkler* § 27 Rdn. 10; *Haegele/*

Winkler Rdn. 92). Der BGH (DNotZ 1997, 466, m. Anm. *Reimann*) geht selbst dann von der Wirksamkeit der Ernennung aus, wenn der beurkundende Notar im Rahmen der **Berufsausübungsgemeinschaft** an derTestamentsvollstreckervergütung beteiligt ist (kritisch *Eylmann/Vaasen/Baumann* § 27 BeurkG Rdn. 5; *Zimmermann* Rdn. 111).

In der Praxis wird diese Gestaltung gleichwohl nicht mehr vorkommen, denn § 3 Abs. 1 S. 1 Nr. 4 BeurkG in der Fassung des Gesetzes zur Neuregelung der BNotO und anderer Gesetze vom 31. 8. 1998 (BGBl. I S. 2585) statuiert ein **Mitwirkungsverbot** in Angelegenheiten einer Person, mit der sich der Notar zur gemeinsamen Berufsausübung verbunden oder mit der er gemeinsame Geschäftsräume hat. Die Berufung zum Testamentsvollstrecker ist bereits eine Angelegenheit der berufenen Person; diese ist an der Urkunde sachlich beteiligt (*Sandkühler* in: Beck'sches Notar-Handbuch Kap. K II Rdn. 54; *Mihm* S. 101f.; *Arndt/Lerch/G. Sandkühler* § 16 Rdn. 23). Der Notar darf daher die Ernennung einer Person zum Testamentsvollstrecker, mit der er sich zur gemeinsamen Berufsausübung verbunden oder mit der er gemeinsame Geschäftsräume hat, nicht beurkunden, unabhängig davon, welchen Beruf diese Person ausübt. Ein Verstoß gegen dieses (relative) Mitwirkungsverbot führt allerdings nicht zur Unwirksamkeit der Ernennung, sondern ist disziplinarrechtlich zu ahnden (*Mayer/Bonefeld/Daragan* Rdn. 578; *Bengel/Reimann* in: Beck'sches Notar-Handbuch Kap. C Rdn. 44, *Sandkühler* in: Beck'sches Notar-Handbuch Kap. K II Rdn. 59; *Schippel* § 16 Rdn. 33; *Eylmann/Vaasen/Eylmann* § 3 BeurkG Rdn. 34; *Mihm* S. 101f.; *Vaasen/Starke* DNotZ 1998, 661, 669 mit Fn. 22). **30**

§ 3 Abs. 1 S. 1 Nr. 4 BeurkG erfaßt sämtliche Ausprägungen gemeinsamer Berufsausübung und der Innehabung gemeinsamer Geschäftsräume; hierzu zählen Sozietäten im Sinne von Gesellschaften bürgerlichen Rechts, Partnerschaftsgesellschaften, Rechtsanwaltsgesellschaften mbH, nach außen verlautbarte Kooperationen, Anstellungs- und freie Mitarbeiterverhältnisse sowie Bürogemeinschaften im engeren Sinne (*Sandkühler* in: Beck'sches Notar-Handbuch Kap. K II Rdn. 56; *Mihm* S. 101). **31**

Die Überlassung des Bestimmungsrechts im Sinne des § 2198 ist auch eine Angelegenheit des Bestimmungsberechtigten (vgl. Rdn. 27). Daher unterliegt auch die Protokollierung einer solchen Anordnung zugunsten einer Person im Sinne des § 3 Abs. 1 S. 1 Nr. 4 BeurkG dem Mitwirkungsverbot (*Mayer/Bonefeld/Daragan* Rdn. 578 mit Fn. 1304). Folgt man dem nicht, sollte zumindest zur Vermeidung des Anscheins der Parteilichkeit eine solche Gestaltung unterbleiben (vgl. hierzu Abschnitt II Nr. 1 der Richtlinienempfehlungen der Bundesnotarkammer DNotZ 1999, 258, die von den Notarkammern im wesentlichen inhaltsgleich umgesetzt worden sind). Aus dem gleichen Grund sollte die Beurkundung einer letztwilligen Verfügung unterbleiben, nach der einem außenstehenden Bestimmungsberechtigten die Möglichkeit eingeräumt wird, eine Person zum Testamentsvollstrecker zu bestimmen, die mit dem Urkundsnotar zur gemeinsamen Berufsausübung verbunden ist oder mit ihm gemeinsame Geschäftsräume hat. **32**

f) Sonstige Mitwirkungsverbote

Der Testamentsvollstrecker ist **Verwalter kraft Amtes,** nicht aber Vertreter der Erben. Bei Geschäften des Testamentsvollstreckers, die den Nachlaß betreffen, handelt er daher in eigenen Angelegenheiten (1. Kap. Rdn. 11; *Arndt/Lerch/G. Sandkühler* § 16 Rdn. 20; *Sandkühler* in: Beck'sches Notar-Handbuch Kap. K II Rdn. 59; *Schippel/Vetter* § 16 Rdn. 34; *Mihm* S. 101). Aus diesem Umstand folgt zunächst, daß selbstverständlich der zum Testamentsvollstrecker bestellte Notar die **33**

Veräußerung von Immobilien aus dem Nachlaß oder sonstige beurkundungspflichtige Geschäfte nicht selbst protokollieren darf, § 3 Abs. 1 S. 1 Nr. 1 BeurkG. Weiter ist die Beurkundung solcher Geschäfte auch durch einen Notar, mit dem sich der Testamentsvollstrecker zur beruflichen Zusammenarbeit verbunden hat oder mit dem er gemeinsame Geschäftsräume unterhält, gem. § 3 Abs. 1 S. 1 Nr. 4 BeurkG unzulässig.

34 § 3 Abs. 1 S. 1 Nr. 7 BeurkG stellt ein Mitwirkungsverbot in Angelegenheiten auf, in denen der Notar selbst oder eine Person im Sinne des § 3 Abs. 1 S. 1 Nr. 4 BeurkG außerhalb der Amtstätigkeit in derselben Angelegenheit bereits tätig war oder ist. Daraus ergeben sich weitreichende Mitwirkungsverbote auch nach **Beendigung der Testamentsvollstreckung.** Der Notar, der das Amt des Testamentsvollstreckers niedergelegt oder beendet hat, darf gleichwohl keine Amtsgeschäfte in Angelegenheiten vornehmen, mit denen er als Testamentsvollstrecker befaßt war. Die Übertragung einer Immobilie aus dem Nachlaß darf er deshalb auch dann nicht beurkunden, wenn er zuvor das Amt des Testamentsvollstreckers niedergelegt hat. Ein Notar, der mit dem ehemaligen Testamentsvollstrecker in einer Berufsausübungsgemeinschaft oder durch gemeinsame Räume verbunden ist, darf in solchen Angelegenheiten ebenfalls keine Amtstätigkeit entfalten. Das Mitwirkungsverbot nach **Vorbefassung** gem. § 3 Abs. 1 S. 1 Nr. 7 BeurkG betrifft auch Notare, die zur hauptberuflichen Amtsausübung bestellt sind und diejenigen Amtsträger, die mit ihnen eine Bürogemeinschaft unterhalten (*Schippel/Vetter* § 16 Rdn. 49).

3. Versicherungsschutz

35 Gemäß § 19a Abs. 1 und Abs. 3 BNotO sind Notare verpflichtet, bei einem im Inland zum Geschäftsbetrieb befugten Versicherungsunternehmen eine Berufshaftpflichtversicherung mit einer Mindestversicherungssumme von einer Million DM für jeden Versicherungsfall, begrenzt auf die doppelte Jahressumme, zu unterhalten. Durch das Gesetz vom 10. 9. 1994 (Art. 8 des Gesetzes zu dem Übereinkommen vom 15. 4. 1994 zur Errichtung der Welthandelsorganisation und zur Änderung anderer Gesetze, BGBl. II S. 1438) wurde § 19a BNotO neu gefaßt. Entfallen ist die Genehmigung Allgemeiner Versicherungsbedingungen durch das Bundesaufsichtsamt für das Versicherungswesen. Versicherungsverträge gem. § 19a BNotO müssen daher in jedem Einzelfall auf die Übereinstimmung mit den gesetzlichen Vorgaben überprüft werden, da das Bundesaufsichtsamt für das Versicherungswesen lediglich eine Mißbrauchskontrolle der eingereichten Bedingungen vornimmt (Mitteilung der BNotK DNotZ 1995, 721).

36 Soweit erkennbar, legen deutsche Versicherungsunternehmen den Versicherungsverträgen im Sinne des § 19a BNotO Allgemeine Versicherungsbedingungen zugrunde, die von der 70. Vertreterversammlung der BNotK gebilligt wurden (abgedruckt in DNotZ 1995, 722). Nach der **Risikobeschreibung** zu diesen Allgemeinen Versicherungsbedingungen ist im Rahmen des Vertrages die Tätigkeit als Testamentsvollstrecker mit versichert (vgl. die Risikobeschreibung DNotZ 1995, 732f.). Soweit der Versicherungsnehmer aus einem anderen Versicherungsvertrag Deckungsschutz für dieses Risiko in Anspruch nehmen kann, geht diese anderweitige Deckung mit der Maßgabe vor, daß Leistungen aus der anderweitigen Dekkung angerechnet werden. Dies betrifft insbesondere Anwaltsnotare, die als Testamentsvollstrecker tätig werden. Vor der Übernahme einer Testamentsvollstreckung als Notar ist zu empfehlen, den Versicherungsvertrag der Berufshaftpflichtversicherung daraufhin zu überprüfen, ob und wenn ja in welchem Umfang Dekkungsschutz für die Tätigkeit als Testamentsvollstrecker gewährt wird.

Im Rahmen der von den Notarkammern gem. § 67 Abs. 3 Nr. 3 BNotO pflichtgemäß abgeschlossenen Versicherungsverträge zur Ergänzung der Haftpflichtversicherung nach § 19a BNotO („**Gruppenanschlußversicherung**") ist die Testamentsvollstreckung Gegenstand des Versicherungsschutzes. Im Rahmen der Gruppenanschlußversicherung werden maximal eine Million DM für jeden Versicherungsfalls, begrenzt auf den vierfachen Betrag der Mindestversicherungssumme für alle innerhalb eines Versicherungsjahres von einem Notar verursachten Schäden, vorgehalten. Unter Einschuß der Gruppenanschlußversicherung stehen somit vorbehaltlich einer individualvertraglich vereinbarten höheren Deckungssumme mindestens zwei Millionen DM im Einzelfall zur Verfügung. **37**

Nicht gedeckt sind Schäden, die ein Notar als Testamentsvollstrecker vorsätzlich oder durch einen wissentlichen Verstoß gegen ihm obliegende Pflichten verursacht. Die von allen Notarkammern gem. § 67 Abs. 3 Nr. 3 BNotO unterhaltenen **Vertrauensschadenversicherungen** decken ausschließlich Schäden, die im Rahmen der Berufstätigkeit als Notar im Sinne der §§ 20 bis 24 BNotO verursacht worden sind (*Reimann* DNotZ 1994, 659, 669). **38**

Auch eine Leistung aus dem von den Notarkammern gem. § 67 Abs. 4 Nr. 3 BNotO gebildeten **Vertrauensschadenfonds** ist nach den Grundsätzen für die Leistungen aus dem Vertrauensschadenfonds in den genannten Fällen ausgeschlossen, denn Voraussetzung einer Leistung, die ohnehin ohne rechtliche Verpflichtungen erbracht wird, ist, daß der Notar in Ausübung des Notaramtes gehandelt und eine ihm gegenüber dem Geschädigten obliegende notarielle Amtspflicht verletzt hat. Die Testamentsvollstreckung ist dagegen Nebentätigkeit außerhalb der notariellen Amtstätigkeit (vgl. Rdn. 18). **39**

4. Testamentsvollstreckervergütung

Ist ein Notar als Testamentsvollstrecker tätig, gelten für die Vergütung die allgemeinen Grundsätze. Die KostO ist nicht anwendbar, es sei denn, sie wurde vom Erblasser für maßgeblich erklärt. **40**

IV. Steuerberater, Steuerbevollmächtigte und Steuerberatungsgesellschaften als Testamentsvollstrecker

1. Berufsrecht

a) Grundsätze

Als Ausfluß der Testierfreiheit steht es dem Erblasser frei, jede natürliche oder juristische Person zum Testamentsvollstrecker zu ernennen (2. Kap. Rdn. 179). Nach erbrechtlichen Vorschriften unterliegt der Testator keinen gesetzlichen Einschränkungen bei der Auswahl des Testamentsvollstreckers. Es steht ihm frei, einen Steuerberater (§ 35 StBerG), einen Steuerbevollmächtigten (§ 42 StBerG) oder eine Steuerberatungsgesellschaft (§ 49 StBerG) mit der Durchsetzung seines letzten Willens zu betrauen. **41**

Auch das spezifische Berufsrecht der steuerberatenden Berufe hindert den Erblasser nicht daran, einen Steuerberater, Steuerbevollmächtigten oder eine Steuerberatungsgesellschaften zu seinem Testamentsvollstrecker zu berufen. Diese verstoßen mit der Übernahme des Amtes nicht gegen die in den §§ 57ff. StBerG (in der Fassung vom 24. 6. 2000, BGBl. I S. 874, 895) verankerten allgemeinen und besonderen Berufspflichten. **42**

b) Berufsrechtliche Grenzen

43 Allerdings ist gem. § 57 Abs. 4 Nr. 1 StBerG eine gewerbliche Tätigkeit mit dem Beruf des Steuerberaters und des Steuerbevollmächtigten nicht vereinbar. Gewerbliche Tätigkeit in diesem Sinne ist zB die Führung eines Einzelunternehmens oder die Übernahme der vollen persönlichen Haftung in einer Personengesellschaft (*Gehre* § 57 Rdn. 90; *Kuhls/Meurers* § 57 Rdn. 379; *Streck* DStR 1991, 592, 593; *Mayer/Bonefeld/Daragan* Rdn. 581; *Zimmermann* Rdn. 96).

2. Testamentsvollstreckung als berufliche Tätigkeit

44 Für den Steuerberater (die folgenden Ausführungen gelten in gleicher Weise für Steuerbevollmächtigte und Steuerberatungsgesellschaften) ist die Übernahme einer Testamentsvollstreckung **berufliche Betätigung,** es sei denn, er wird aufgrund zB verwandtschaftlicher Nähe zum Erblasser erkennbar als Privatmann tätig. Nach § 57 Abs. 3 Nr. 3 StBerG ist eine treuhänderische Tätigkeit mit dem Beruf des Steuerberaters vereinbar. Die Testamentsvollstreckung als typische Form treuhänderisch gebundener Tätigkeit (1. Kap. Rdn. 11) unterfällt dieser Vorschrift zwanglos (*Gehre* § 57 Rdn. 105; *Kuhls/Meurers* § 57 Rdn. 379; *Streck* DStR 1991, 592; *Mayer/Bonefeld/Daragan* Rdn. 582; *Zimmermann* Rdn. 96). Eine Konkretisierung erfährt § 57 Abs. 3 StBerG durch die Berufsordnung der Bundessteuerberaterkammer (BOStB) vom 2. 7. 1997. Nach § 39 Abs. 1 Nr. 6 BOStB ist die Wahrnehmung des Amtes als Testamentsvollstrecker mit dem Beruf eines Steuerberaters kompatibel. Allerdings sind gem. § 39 Abs. 2 BOStB Erlaubnisvorschriften in anderen Gesetzen zu beachten (vgl. zum Vorbehalt des RBerG Rdn. 48).

45 Die Einordnung der Testamentsvollstreckung als berufliche Betätigung der Steuerberater zieht die Beachtung aller **berufsrechtlichen Pflichten** nach dem StBerG und der BOStB nach sich. Zu nennen sind die Generalklauseln in § 57 Abs. 1 und 2 StBerG sowie die Pflicht zur Vermeidung von Interessenskollisionen, § 6 BOStB und die Pflicht zur Verschwiegenheit, § 9 BOStB (die zudem durch § 203 StGB abgesichert ist). § 44 BOStB verpflichtet den Steuerberater, ihm anvertraute fremde Vermögenswerte mit besonderer Sorgfalt zu behandeln und fremdes Geld oder fremde Wertpapiere auf einem Anderkonto oder in einem Anderdepot zu verwahren. Der Steuerberater als Testamentsvollstrecker unterfällt dem **Sanktionssystem** seines Berufsrechts. Er unterliegt dem Rügerecht der Steuerberaterkammer gem. § 81 StBerG und der in den §§ 89ff. StBerG geregelten Berufsgerichtsbarkeit (*Mayer/Bonefeld/Daragan* Rdn. 582; *Streck* DStR 1991, 592, 595).

3. Versicherungsschutz

46 Steuerberater sind nach § 67 StBerG verpflichtet, eine **Berufshaftpflichtversicherung** zu unterhalten; näheres regeln die §§ 51ff. DVStB. Abschnitt 3 der Risikobeschreibung zu den dem Bundesaufsichtsamt für das Versicherungswesen vorliegenden Allgemeinen Versicherungsbedingungen (AVB-S) schließen Testamentsvollstreckungen in den Deckungsschutz mit ein. Dies gilt aber nur, soweit diese Tätigkeit nicht überwiegend ausgeübt wird. Auf die Ausführungen zur Berufshaftpflicht der Rechtsanwälte und die dort gegebenen Hinweise kann im übrigen verwiesen werden (Rdn. 13f.).

4. Testamentsvollstreckervergütung

Der Steuerberater, der als Testamentsvollstrecker tätig wird, hat im Rahmen des Erblasserwillens einen Anspruch auf eine angemessene Vergütung (§ 2221 BGB). Ansprüche nach der StBGebV kommen nicht in Betracht, es sei denn, der Erblasser hätte es angeordnet (*Zimmermann* Rdn. 97; *Mayer/Bonefeld/Daragan* Rdn. 586; *Streck* DStR 1991, 592, 595). Etwas anderes kann nur gelten, wenn der Testamentsvollstrecker in seiner Eigenschaft als Steuerberater zB eine Steuererklärung vorbereitet. Die Selbstmandatierung setzt voraus, daß er ausdrücklich von § 181 BGB befreit ist oder ein ordnungsgemäßes Geschäft der Testamentsvollstreckung führt, § 2216 BGB, was zu einer stillschweigenden Befreiung vom Verbot des **Selbstkontrahierens** führen kann (*Zimmermann* Rdn. 97; *Palandt/Edenhofer* § 2205 Rdn. 30; *Mayer/Bonefeld/Daragan* Rdn. 586). Für Tätigkeiten, die ein Testamentsvollstrecker üblicherweise ohne Einschaltung eines Steuerberaters erledigen würde, kann auch der Steuerberater-Testamentsvollstrecker keine gesonderte Vergütung verlangen. 47

5. Erlaubnispflicht nach dem RBerG?

Mit seinem rechtskräftigen Urteil vom 30. 5. 2000 hat das OLG Düsseldorf entschieden, daß die geschäftsmäßige Übernahme von Testamentsvollstreckungen durch Steuerberater im Lichte des RBerG unzulässig sei (MittBayNot. 2001, 88m. Anm. Schaub = ZEV 2000, 458m. Anm. *Grunewald* = BRAK-Mitteilungen 2000, 266). Die Wahrnehmung des Testamentsvollstreckeramtes sei auch nicht als bloße Annextätigkeit zu sonstigen verwaltenden Tätigkeiten erlaubt. Damit hat das OLG Düsseldorf der bisher herrschenden Auffassung in der Literatur (vgl. *Zimmermann* Rdn. 98, 125f.; *Mayer/Bonefeld/Daragan* Rdn. 43; *Haegele/Winkler* Rdn. 88a; aA *Stracke* S. 242ff.; *Henssler* ZEV 1994, 261) eine Absage erteilt und zugleich die Rechtsauffassung des OLG Karlsruhe in dessen Urteil vom 27. 5. 1993 (NJW-RR 1994, 236 = ZEV 1994, 300) zur Unzulässigkeit der Testamentsvollstreckung durch Sparkassen (vgl. hierzu Rdn. 84) bestätigt. Die Entscheidung wird kontrovers diskutiert („sorgfältig begründet", *Schaub* MittBayNot. 2001, 90 – „manifeste Begründungsdefizite", *Kleine-Cosack* BB 2000, 2109); es zeichnet sich jedoch ab, daß das Urteil des OLG Düsseldorf Gefolgschaft in der Judikatur finden wird (vgl. die rechtskräftige Entscheidung des LG Münster vom 30. 11. 2000 – 24 O 188/00 [unveröffentlicht]), zumal auch der BGH in seinem Urteil vom 28. 9. 2000 (NJW 2001, 70 = MittBayNot. 2001, 91) zur umfassenden Geschäftsbesorgung in sog. Erwerbermodellen deutlich gemacht hat, daß er an einer konsequenten Anwendung des RBerG festhält. Im einzelnen: 48

a) Erlaubnisvorbehalt nach Art. 1 § 1 Abs. 1 S. 1 RBerG

Die Besorgung fremder Rechtsangelegenheiten, einschließlich der Rechtsberatung, darf geschäftsmäßig – ohne Unterschied zwischen haupt- und nebenberuflicher oder entgeltlicher oder unentgeltlicher Tätigkeit – nur von Personen betrieben werden, denen dazu von der zuständigen Behörde die Erlaubnis erteilt ist, Art. 1 § 1 Abs. 1 RBerG (in der Fassung des Dritten Gesetzes zur Änderung der Bundesnotarordnung und anderer Gesetze vom 31. 8. 1998, BGBl. I S. 2585, 2597). Dabei spielt die berufsrechtliche Zulässigkeit der Tätigkeit **keine Rolle.** Die Besorgung fremder Rechtsangelegenheiten verfolgt das Ziel, konkrete fremde Rechte zu verwirklichen oder konkrete fremde Rechtsverhältnisse zu gestalten 49 oder zu verändern (*Henssler/Prütting/Weth* Art. 1 § 1 RBerG Rdn. 12; *Rennen/Caliebe* Art. 1 § 1 Rdn. 18 jeweils mwN). Von der Besorgung fremder Rechtsangelegenheiten abzugrenzen ist eine Tätigkeit **wirtschaftlicher Art,** die durch das RBerG nicht berührt wird. Zur Abgrenzung erlaubter wirtschaftlicher Betätigung von Rechtsbesorgung ist auf den Kern und den **Schwerpunkt** der Tätigkeit abzustellen, weil die Erledigung wirtschaftlicher Angelegenheiten vielfach auch mit Vorgängen rechtlicher Natur untrennbar verknüpft ist. Es ist zu prüfen, ob die Tätigkeit **überwiegend** auf wirtschaftlichem Gebiet liegt und die Wahrnehmung wirtschaftlicher Belange bezweckt oder ob die rechtliche Seite der Angelegenheit im Vordergrund steht und es wesentlich um die Klärung rechtlicher Verhältnisse geht (BGH GRUR 1998, 956, 957). Dabei ist abzustellen auf den jeweiligen **Einzelfall.**

50 Nicht jede Testamentsvollstreckung ist nach ihrer Zielrichtung zugleich die Besorgung fremder Rechtsangelegenheiten (*Kleine-Cosack* BB 2001, 2109, 2112; aA OLG Düsseldorf MittBayNot. 2001, 88 = ZEV 2000, 458; *Stracke* S. 14ff.). Zwar sind dem Testamentsvollstrecker von Gesetzes wegen in §§ 2203–2206 BGB umfangreiche Befugnisse eingeräumt (1. Kap. Rdn. 61ff.) und das Amt des Testamentsvollstreckers wird oft dadurch geprägt, daß er unter Beachtung des Erblasserwillens konkret und unmittelbar die Rechtsverhältnisse der Erben untereinander und zu Dritten wie Nachlaßgläubigern und -schuldnern gestaltet. Indes muß diese Besorgung von Rechtsangelegenheiten nicht automatisch im Mittelpunkt der Amtswahrnehmung stehen. Mindestens ebenso häufig ist Schwerpunkt einer Testamentsvollstreckung die **Vermögensverwaltung** und damit eine Betätigung auf wirtschaftlichem Gebiet. Der Steuerberater, dem eine Testamentsvollsteckung angetragen ist, muß daher vor der Übernahme des Amtes prüfen, wo voraussichtlich der Schwerpunkt seiner Tätigkeit als Testamentsvollstrecker liegen wird. Ist sie auf eine wirtschaftliche Tätigkeit im Rahmen der Vermögensverwaltung fokussiert, steht das RBerG der Amtsübernahme nicht entgegen; andernfalls sind die weiteren Voraussetzungen des RBerG zu prüfen:

51 Die Rechtsangelegenheiten sind für den Testamentsvollstrecker in der Regel fremd, weil er das Amt nur als Treuhänder nach den Weisungen des Erblassers im Interesse der von diesem begünstigten Personen ausübt. Etwas anderes gilt nur, wenn der Testamentsvollstrecker selbst als Miterbe oder Vermächtnisnehmer am Nachlaß beteiligt ist (*Zimmermann* Rdn. 125); dann kommt das RBerG nicht zur Anwendung.

52 Sollte sich die undifferenzierte Auffassung des OLG Düsseldorf durchsetzen, unterliegen alle Testamentsvollstreckungen dem Anwendungsbereich des Art. 1 § 1 Abs. 1 RBerG; Testamentsvollstrecker müßten sich auf einen **Erlaubnistatbestand** stützen können (OLG Düsseldorf MittBayNot. 2001, 88 = ZEV 2000, 458, 459; OLG Karlsruhe NRW-RR 1995, 236 = ZEV 1994, 300; *Henssler* ZEV 1994, 261, 262; *Lang* NJW 1999, 2332; *Schaub* FamRZ 1995, 845, 846; *ders.* Notar 1999, 93, 94ff. und unten Rdn. 92). Etwas anderes muß allerdings auch unter dieser Prämisse dann gelten, wenn sich die Testamentsvollstreckung auf ganz praktische Tätigkeiten wie zB die Übergabe einiger Gegenstände an einen Vermächtnisnehmer oder die Überwachung der Grabpflege beschränkt (*Zimmermann* Rdn. 125; in diese Richtung auch *Kleine-Cosack* BB 2000, 2109, 2112, der freilich nicht auf die Art der Abwicklungstätigkeit, sondern unsystematisch auf die Größe des Nachlasses abstellt).

b) Erlaubnis nach Art. 1 § 3 RBerG

53 Durch das RBerG nicht berührt wird nach Art. 1 § 3 Nr. 2 RBerG die Berufstätigkeit der Notare sowie der Rechtsanwälte. Steuerberater und Steuerbevollmächtigten die zugleich den Beruf des Rechtsanwalts ausüben, sind mithin an der Übernahme des Testamentsvollstreckeramtes nicht gehindert.

Nach **Art. 1 § 3 Nr. 6 RBerG** wird durch das RBerG weiterhin nicht berührt die Tätigkeit als Zwangsverwalter, Konkursverwalter oder Nachlaßpfleger sowie die Tätigkeit sonstiger für ähnliche Aufgabe **behördlich eingesetzte** Personen. Auf diesen Ausnahmetatbestand können sich Steuerberater indes nicht erfolgreich berufen, wenn sie gem. § 2197 BGB vom Erblasser oder gem. § 2198 BGB von einem Dritten eingesetzt worden sind, da es dann an einer behördlichen Einsetzung fehlt (MittBayNot. 2001, 88 = ZEV 2000, 458, 459, *Schaub* MittBayNot. 2001, 90; *ders.* Notar 1999, 97f.; *Henssler* ZEV 1994, 261; *Rennen/Caliebe* Art. 1 § 3 Rdn. 49; *Henssler/Prütting/Weth* Art. 1 § 3 RBerG Rdn. 34f.; *Kerscher/Tanck/Krug* § 20 Rdn. 153 jeweils mwN; aA *Altenhoff/Chemnitz* Rdn. 435f.; *Erbs/Kohlhaas/Senge* R 55 § 3 Rdn. 19). Der Umstand, daß der privat ernannte Testamentsvollstrecker die Annahme seines Amts gegenüber dem Nachlaßgericht erklären muß, § 2202 Abs. 2 BGB, steht der behördlichen Einsetzung in sein Amt nicht gleich (aA *Zimmermann* Rdn. 126). Denn das Nachlaßgericht hat keine Möglichkeit, den Testamentsvollstrecker nach seiner Eignung auszuwählen und von sich aus die Tätigkeit eines unfähigen oder aus anderen Gründen ungeeigneten Testamentsvollstreckers zu verhindern. Auch die nachträgliche Befugnis des Nachlaßgerichtes, den Testamentsvollstrecker gem. § 2227 BGB zu entlassen, ähnelt nicht einer behördlichen Einsetzung, was schon daraus folgt, daß das Nachlaßgericht nur auf Antrag der Beteiligten tätig werden kann (OLG Düsseldorf MittBayNot. 2001, 88 = ZEV 2000, 458, 459; *Schaub* MittBayNot. 2001, 90). 54

Noch nicht gerichtlich entschieden ist die Frage, ob etwas anderes gilt, wenn das Nachlaßgericht den Testamentsvollstrecker auf **Ersuchen** des Erblassers gem. § 2200 BGB ernennt. Das Nachlaßgericht kommt dem Ersuchen des Erblassers nach pflichtgemäßen Ermessen nach. Bei der Auswahl des Testamentsvollstreckers ist das Gericht so frei wie der Erblasser, sofern dieser keine Weisungen erteilt hat. Einem bloßen Ersuchen des Erblassers, eine bestimmte Person zu berufen, muß das Nachlaßgericht nicht folgen. Das Gericht wird mithin in originärer gerichtlicher Funktion tätig (vgl. 2. Kap. Rdn. 169f. mwN). Es hat die Möglichkeit, den Testamentsvollstrecker nach seiner Eignung auszuwählen und von sich aus die Tätigkeit eines unfähigen oder aus anderen Gründen ungeeigneten Testamentsvollstreckers zu verhindern. Ernennt das Gericht auf Ersuchen des Erblassers einen Steuerberater, kommt dies einer behördlichen Einsetzung gleich (*Henssler/Prütting/Weth* Art. 1 § 3 RBerG Rdn. 38; *Rennen/Caliebe* Art. 1 § 3 Rdn. 49, *Schaub* MittBay-Not. 2001, 91; *Zimmermann* Rdn. 126; *Henssler* ZEV 1994, 261, 264; *Kleine-Cosack* BB 2000, 2109, 2114). 55

Andererseits beruhen sowohl die Anordnung der Testamentsvollstreckung als auch die Legitimation des Testamentsvollstreckers als solchem letztlich nicht auf gerichtlichem Beschluß, sondern auf der letztwilligen Verfügung des Erblassers. Hinzu tritt der Umstand, daß ein vom Nachlaßgericht berufener Testamentsvollstrecker anders als die in Art. 1 § 3 Nr. 6 RBerG Genannten nicht der dauerhaften – auch fachlichen – Überwachung seiner Tätigkeit unterliegt und seine Entlassung von Amts wegen ausgeschlossen ist, § 2227 BGB. Dies mag gegen die Anwendung des Erlaubnistatbestandes sprechen (so *Stracke* S. 145ff.; vgl. auch *Schaub* Notar 1999, 93, 98). 56

Das RBerG verfolgt indes vornehmlich den – **präventiven** – Zweck, die Rechtsuchenden vor fachlich ungeeigneten und unzuverlässigen Personen zu schützen und die reibungslose Abwicklung des Rechtsverkehres zu sichern. Zwar soll der Anwalts- und Notarstand auch vor dem Wettbewerb von Personen geschützt werden, die keinen standesrechtlichen, gebührenrechtlichen oder ähnlichen 57 im Interesse der Rechtspflege gesetzten Schranken unterliegen. Das Gesetz dient aber **nicht** dem Schutz vor Konkurrenz an sich (BVerfG NJW 1998, 3481, 3483; *Kleine-Cosack* BB 2000, 2109, 2111). Mit diesen Zwecksetzungen ist das RBerG mit Art. 12 GG vereinbar (BVerfG NJW 1998, 3481, 3483; 2000, 1251). Da Steuerberater einen verfaßten Beruf ausüben, kann ihnen der Gedanke des Konkurrenzschutzes im Zusammenhang mit der Übernahme von Testamentsvollstreckungen nicht entgegengehalten werden. Der präventive Zweck des RBerG wird durch die pflichtgemäße Prüfung der Person des in Aussicht genommenen Testamentsvollstreckers durch das Nachlaßgericht in vollem Umfang erreicht; einer ständigen Überwachung bedarf es im Anschluß an die Ernennung nicht mehr. Auch Rechtsanwälte und Notare unterliegen nach ihrer Zulassung bzw. Ernennung keiner ständigen behördlichen Überwachung ihrer fachlichen Arbeit, sondern üben ihre Berufe frei von Weisungen aus.

58 Festzuhalten bleibt also, daß nach der hier vertretenen Auffassung ein Steuerberater, der auf Ersuchen des Erblassers durch das Nachlaßgericht als Testamentsvollstrecker eingesetzt wird, mit der Übernahme des Amtes nicht gegen den eventuellen Erlaubnisvorbehalt des RBerG verstößt, sondern analog Art. 1 § 3 Nr. 6 RBerG als für seine Aufgaben (behördlich) eingesetzt angesehen werden muß.

c) Erlaubnis nach Art. 1 § 5 Nr. 2 RBerG

59 Nach der Neufassung vom 31. 8. 1998 (BGBl. I S. 2585, 2597) verbieten die Vorschriften des RBerG nicht, daß u.a. Steuerberater und Steuerbevollmächtigte in Angelegenheiten, mit denen sie beruflich befaßt sind, auch die rechtlichen Angelegenheiten übernehmen, soweit diese mit ihren Aufgaben in **unmittelbarem Zusammenhang** stehen und diese Aufgaben ohne die Rechtsberatung nicht sachgemäß erledigt werden können. Zweck der Neuregelung war es, Berufe, die sich sachgerecht nicht immer ohne gleichzeitige Rechtsberatung oder sonstige Rechtsbesorgung ausüben lassen, von dem Erlaubniszwang des Art. 1 § 1 RBerG freizustellen. Die Ausübung des Berufs des Steuerberaters soll nicht deshalb unmöglich gemacht oder unangemessen erschwert werden, weil mit ihm nach seiner Eigenart eine rechtliche Tätigkeit verbunden ist. Voraussetzung ist, daß die rechtliche Tätigkeit im Verhältnis zur Haupttätigkeit des Berufsträgers nur eine Hilfs- oder Nebentätigkeit darstellt. Die Rechtsbesorgung darf nicht selbstständig neben die eigentlichen Berufsaufgaben treten oder gar im Vordergrund stehen. Wird die Besorgung fremder Rechtsangelegenheit als **Hauptgeschäft** betrieben, so entfällt die Möglichkeit der Anwendung des Art. 1 § 5 RBerG (BGH NJW 2001, 70, 71 mwN; OLG Düsseldorf MittBayNot. 2001, 88, 89 = ZEV 2000, 458, 460; *Henssler/Prütting/Weth* Art. 1 § 5 RBerG Rdn. 19; *Rennen/Caliebe* Art. 1 § 5 Rdn. 3ff.). Selbst wenn die rechtliche Tätigkeit lediglich den Charakter einer Hilfstätigkeit hat, ist sie dem Steuerberater nur erlaubt, wenn seine eigentlichen beruflichen Aufgaben ohne die Rechtsberatung nicht sachgemäß erledigt werden könnten.

60 Die Angehörigen der steuerberatenden Berufe leisten umfassende Hilfe in Steuersachen, § 33 StBerG, und sind damit auf einem Teilgebiet der allgemeinen Rechtsberatung im Sinne vom § 3 BRAO tätig. Wegen der zunehmenden steuerrechtlichen Durchdringung weiter Lebensbereiche kann diese Tätigkeit sehr umfassend sein. Die Tätigkeit kann eine zu Lebzeiten des Erblassers ausgeübte umfängliche Vermögensverwaltung einschließen. Auch im Verhältnis zu einer umfangreichen treuhänderischen Tätigkeit stellt die Testamentsvollstreckung jedoch kein notwendiges Hilfsgeschäft dar, sondern sie ist nach Ziel, Richtung und Umfang eine eigenständige, neue Haupttätigkeit (OLG Düsseldorf MittBayNot. 2001, 88, 89 = ZEV 2000, 458, 460; *Stracke* S. 242ff.). Auch eine Aufspaltung der Te-

stamentsvollstreckung in eine verwaltende Haupttätigkeit und eine rechtsbesorgende Nebentätigkeit scheidet aus, wenn die Testamentsvollstreckung durch die rechtliche Betätigung geprägt wird.

Gegen die Anwendung des Art. 1 § 5 Nr. 2 RBerG spricht aber nichts, wenn sich die Testamentsvollstreckung als **Fortsetzung** einer lebzeitigen, treuhänderischen Vermögensverwaltung in einem anderen rechtlichen Gewand darstellt, die rechtliche Tätigkeit tatsächlich nur als Nebentätigkeit erfordert (*Henssler* ZEV 1994, 261, 265; *Kerscher/Tanck/Krug* § 20 Rdn. 156). Denn der Erblasser könnte das gleiche Ergebnis erreichen, indem er den Vermögensverwaltungsvertrag mit einer Laufzeit über seinen Tod hinaus vereinbart (*Schaub* MittBayNot. 2001, 91). 61

d) Erlaubnis nach Art. 1 § 5 Nr. 3 RBerG

Auch der Erlaubnistatbestand des Art. 1 § 5 Nr. 3 RBerG führt nicht zur allgemeinen Zulässigkeit der geschäftsmäßigen Testamentsvollstreckung durch Steuerberater (aA *Kleine-Cosack* BB 2000, 2109, 2115). Danach dürfen u.a. Vermögensverwalter die mit der Verwaltung in unmittelbarem Zusammenhang stehenden Rechtsangelegenheiten zulässigerweise erledigen. **Vermögensverwalter** im Sinne der Vorschrift ist derjenige, der selbstständig das gesamte Vermögen eines anderen oder Teile davon, nicht aber bloß einzelne Vermögensstücke, verwaltet (*Henssler/Prütting/Weth* Art. 1 § 5 RBerG Rdn. 53). Diese Voraussetzung wird bei den Angehörigen steuerberatenden Berufe kaum einmal vorliegen. Auch hier gilt im übrigen, daß nur die mit der Verwaltung im unmittelbaren Zusammenhang stehenden Rechtsangelegenheiten im Wege der Annexkompetenz erledigt werden dürfen. Die Haupttätigkeit, die die rechtsbesorgende Tätigkeit rechtfertigt, muß mithin eine reine Verwaltungstätigkeit sein. Daran fehlt es in aller Regel im Falle einer Testamentsvollstreckung. 62

e) Geschäftsmäßigkeit der Rechtsbesorgung

Geschäftsmäßig im Sinne von Art. 1 § 1 RBerG handelt, wer die Tätigkeit mit Wiederholungsabsicht übernimmt (*Henssler/Prütting/Weth* Art. 1 § 1 RBerG Rdn. 26; *Rennen/Caliebe* Art. 1 § 1 Rdn. 56ff. mwN). In diesem Sinne ist geschäftsmäßig tätig, wer **beabsichtigt** – sei es auch nur bei sich bietender Gelegenheit –, die Tätigkeit in gleicher Weise zu wiederholen und dadurch zu einem wiederkehrenden oder dauernden Bestandteil seiner Beschäftigung zu machen. Es kommt nicht darauf an, ob diese Absicht durchführbar ist oder durchgeführt wird (*Henssler/Prütting/Weth* Art. 1 § 1 RBerG Rdn. 32 mwN). Ein Steuerberater, der die Testamentsvollstreckung als Teil seiner beruflichen Tätigkeit betrachtet, handelt daher geschäftsmäßig und kann bereits mit der ersten Übernahme einer durch die Besorgung von Rechtsangelegenheiten geprägten Testamentsvollstreckung vorbehaltlich seiner Berufung durch das Nachlaßgericht gegen das RBerG verstoßen. Ihm wird es daher verboten sein müssen, im Geschäftsverkehr zu **Wettbewerbszwecken** seine Dienste als Testamentsvollstrecker anzubieten (kritisch *Kleine-Cosack* BB 2109, 2115), da er nicht jede Testamentsvollstreckung übernehmen darf (vgl. Rdn. 50). Der Unterlassungsanspruch ergibt sich aus § 1 UWG (OLG Düsseldorf MittBayNot. 2001, 88 = ZEV 2000, 458 bezüglich eines Steuerberaters, der Testamentsvollstreckungen als einen seiner „Tätigkeitsschwerpunkte" bezeichnete; vgl. auch *Henssler/Prütting/Weth* Art. 1 § 1 RBerG Rdn. 63). 63

f) Unzulässige Einschränkung der Testierfreiheit?

Als Ausfluß seiner Testierfreiheit steht es dem Erblasser frei, jede natürliche oder juristische Person zu seinem Testamentsvollstrecker zu berufen. Die Testierfreiheit 64 gerät freilich in ein **Spannungsverhältnis** zu den Einschränkungen des RBerG, wenn die Person des Vertrauens ein Angehöriger der steuerberatenden Berufe ist, der – ohne Rechtsanwalt oder Notar zu sein – die Testamentsvollstreckung nicht nur ausnahmsweise aus Gefälligkeit oder altruistischen Motiven, sondern zumindest auch geschäftsmäßig übernimmt (vgl. zu dieser Abgrenzung *Henssler/Prütting/Weth* Art. 1 § 3 RBerG Rdn. 35) und dem Erlaubnisvorbehalt wegen des Charakters der angedienten Testamentsvollstreckung unterfällt. Je nach persönlicher Beziehung zwischen dem Testamentsvollstrecker und dem Verstorbenen mag dieser Konflikt bei der vereinzelten Übernahme von Testamentsvollstreckungen durch den Steuerberater zugunsten der Testierfreiheit aufgelöst werden. In den Fällen aber, in denen sich Anhaltspunkte für die geschäftsmäßige, als berufliche Betätigung verstandene Testamentsvollstreckung ergeben, kann den Anordnungen des Erblassers uU nicht Folge geleistet werden; der Erlaubniszwang des Rechtsberatungsgesetzes geht der Testierfreiheit vor (OLG Düsseldorf MittBayNot. 2001, 88, 89 = ZEV 2000, 458, 459; *Henssler/Prütting/Weth* Art. 1 § 3 RBerG Rdn. 35; *Henssler* ZEV 1994, 261, 265; *Schaub* Notar 1999, 93, 97; *ders.* MittBayNot. 2001, 90; aA *Chemnitz* AnwBl. 1992, 550, 551; *Kleine-Cosack* BB 2109, 2110).

g) Vermeidungsstrategien

65 Zusammenfassend bleibt festzuhalten, daß die Angehörigen der steuerberatenden Berufe, die nicht zugleich Rechtsanwälte oder Anwaltsnotare (vgl. § 8 Abs. 1 BNotO) sind, von der geschäftsmäßigen Übernahme von Testamentsvollstreckungen je nach dem Charakter der Testamentsvollstreckung ausgeschlossen sein können. Dies gilt nach der hier vertretenen Auffassung aber nicht, wenn der Steuerberater auf Ersuchen des Erblassers durch das Nachlaßgericht zum Testamentsvollstrecker ernannt wird. Desgleichen besteht keine Erlaubnispflicht, wenn sich die Testamentsvollstreckung als Fortsetzung einer lebzeitigen Vermögensverwaltung in einem anderen rechtlichen Gewand darstellt (vgl. hierzu auch Rdn. 104ff.). Ein Erblasser ist daher gut beraten, wenn er vorsichtshalber auch einen **Ersatztestamentsvollstrecker** ernennt, der nicht an den Klippen des RBerG scheitern wird.

6. Beurkundungsrechtliche Schlußfolgerungen

66 Ein Notar, dem die Beurkundung einer letztwilligen Verfügung gerichtet auf die Berufung eines Angehörigen der steuerberatenden Berufe zum Testamentsvollstrecker angetragen wird, steht vor dem Problem, die Mandatsbeziehung des Erblassers zu seinem Steuerberater nur schwer bewerten zu können. Er wird nicht entscheiden können, welchen Schwerpunkt die Tätigkeit haben wird und ob der in Aussicht genommene Testamentsvollstrecker diese Tätigkeit altruistisch oder geschäftsmäßig bzw. in Fortsetzung einer lebzeitigen Vermögensverwaltung übernehmen wird. Zwar wäre die Beurkundung allemal wirksam, weil nicht die Anordnung der Testamentsvollstreckung gegen das RBerG verstoßen kann, sondern erst deren Übernahme durch den Steuerberater. Dennoch gebietet es die **Belehrungspflicht** des Notars (§ 17 BeurkG), seinen Klienten auf die Probleme hinzuweisen. Andernfalls muß der Notar schlimmstenfalls befürchten, daß er in Anlehnung an das Urteil des BGH vom 28. 9. 2000 (BGH NJW 2001, 70) auf Schadensersatz in Anspruch genommen werden könnte. Unproblematisch ist allerdings die Protokollierung eines Ersuchens des Erblassers an das Nachlaßgericht, es möge einen Steuerberater zum Testamentsvollstrecker berufen.

V. Wirtschaftsprüfer und vereidigte Buchprüfer als Testamentsvollstrecker

1. *Berufsrecht*

a) Grundsätze

Als Ausfluß der Testierfreiheit steht es dem Erblasser frei, einen Wirtschaftsprüfer (§ 1 WPO), eine Wirtschaftsprüfungsgesellschaft (§ 27 WPO) oder einen vereidigten Buchprüfer (§ 128 WPO) zum Testamentsvollstrecker zu berufen. Das Berufsrecht der prüfenden Berufe steht der Ernennung grundsätzlich nicht entgegen. Wirtschaftsprüfer, Wirtschaftsprüfungsgesellschaften und vereidigte Buchprüfer verstoßen mit der Übernahme des Amtes nicht gegen die in den §§ 43 ff. WPO (in der Fassung vom 19. 12. 2000, BGBl. I S. 1769) geregelten allgemeinen und besonderen Berufspflichten (WP-Handbuch I/*Kaminski* A Rdn. 26; *Reimann* WPK-Sonderheft 1996, 5, 6; WP-Handbuch II/*Reimann* H Rdn. 334 ff.; WP-Handbuch II/*Müller* H Rdn. 1, 3, 4, 5; *Zimmermann* Rdn. 99). 67

b) Berufsrechtliche Grenzen

Gem. § 43 Abs. 2 WPO dürfen Wirtschaftsprüfer keine Tätigkeit entfalten, die mit ihrem Beruf oder mit dem Ansehen des Berufs unvereinbar sind. Hierzu zählen gem. § 43 a Abs. 3 Nr. 1 WPO gewerbliche Tätigkeiten. Nach der Verweisung in § 130 Abs. 1 WPO unterliegen vereidigte Buchprüfer denselben Berufspflichten wie Wirtschaftsprüfer. Daher ist ihnen die Dauertestamentsvollstreckung in Form der Übertragung eines Einzelunternehmens auf den Wirtschaftsprüfer oder vereidigten Buchprüfer oder die Übernahme der vollen persönlichen Haftung bei einer Personengesellschaft ebenso untersagt wie einem Steuerberater (WP-Handbuch I/*Kaminski* A Rdn. 38; WP-Handbuch II/*Müller* H Rdn. 1 mwN). 68

2. *Testamentsvollstreckung als berufliche Tätigkeit*

Für den Wirtschaftsprüfer (und in gleicher Weise für einen vereidigten Buchprüfer) ist die Übernahme des Amtes des Testamentsvollstreckers in der Regel **berufliche Betätigung,** es sei denn, er wird aufgrund zB verwandtschaftlicher Nähe zum Erblasser erkennbar als Privatperson tätig. Nach § 2 Abs. 3 Nr. 3 WPO ist der Wirtschaftsprüfer zur treuhänderischen Verwaltung befugt. Hierzu zählt auch die Testamentsvollstreckung als typische Form treuhänderischer Tätigkeit (*Mayer/Bonefeld/Daragan* Rdn. 42; *Reimann* WPK-Sonderheft 1996, 5, 6; WP-Handbuch II/*Reimann* H Rdn. 334 ff.). 69

Übernimmt ein Wirtschaftsprüfer eine Testamentsvollstreckung im Rahmen seiner beruflichen Betätigung, muß er alle **berufsrechtlichen Pflichten** nach der WPO und der Berufssatzung der Wirtschaftsprüferkammer beachten. Dies sind neben der Generalklausel in § 43 WPO insbesondere die Pflicht zur Vermeidung von Interessenskollisionen, § 3 der Berufssatzung und die Pflicht zur Verschwiegenheit, § 9 der Berufssatzung. § 8 der Berufssatzung verpflichtet den Wirtschaftsprüfer, ihm anvertraute fremde Vermögenswerte gewissenhaft zu verwalten und fremdes Geld oder fremde Wertpapiere auf einem Anderkonto oder auf den Namen des Treugebers anzulegen. 70

Ein Wirtschaftsprüfer-Testamentsvollstrecker hat insbesondere darauf zu achten, daß er die in § 43 Abs. 1 WPO verankerte **Unparteilichkeit** wahrt. Gem. § 49 71

WPO muß er seine Tätigkeit versagen, wenn bei der Durchführung des Auftrags die Besorgnis der Befangenheit besteht. Insbesondere die Vornahme von Prüfungen und die Erteilung gesetzlich vorgesehener Bestätigungsvermerke in Angelegenheiten, die Gegenstand der Testamentsvollstreckung sind oder waren, muß der Wirtschaftsprüfer bzw. vereidigte Buchprüfer daher ablehnen.

72 Der Wirtschaftsprüfer als Testamentsvollstrecker unterfällt dem **Sanktionssystem** seines Berufsrechts. Er unterliegt dem Rügerecht der Wirtschaftsprüferkammer gem. § 63 WPO und der in den §§ 67ff. WPO geregelten Berufsgerichtsbarkeit.

3. Versicherungsschutz

73 Wirtschaftsprüfer sind nach § 54 WPO, § 17 der Berufssatzung verpflichtet, eine Berufshaftpflichtversicherung zu unterhalten; näheres regelt die WPBHV vom 18. 12. 1998. Abschnitt II Nr. 2 der Risikobeschreibung zu den dem Bundesaufsichtsamt für das Versicherungswesen vorliegenden Allgemeinen Versicherungsbedingungen (AVB-W) schließen Testamentsvollstreckungen in den **Deckungsschutz** mit ein. Anders als bei Rechtsanwälten und Steuerberatern gilt der Dekkungsschutz auch dann, wenn diese Tätigkeit überwiegend ausgeübt wird. Auf die Ausführungen zur Berufshaftpflicht der Rechtsanwälte und die dort gegebenen Hinweise kann im übrigen verwiesen werden (Rdn. 13f.).

4. Testamentsvollstreckervergütung

74 Es gilt primär der Erblasserwille. Ansonsten hat der Testamentsvollstrecker einen Anspruch auf angemessene Vergütung (§ 2221 BGB). Die Gebührenordnung für Wirtschaftsprüfer im Sinne des § 55 WPO ist keine primäre Rechtsquelle für das Testamentsvollstreckerhonorar, es sei denn, der Erblasser hätte sie für maßgeblich erklärt. Etwas anderes kann allenfalls dann gelten, wenn der Wirtschaftsprüfer steuerlichen Beistand leistet. Die Selbstmandatierung setzt voraus, daß er ausdrücklich von § 181 BGB befreit ist oder ein ordnungsgemäßes Geschäft der Testamentsvollstreckung führt, § 2216 BGB, was zu einer stillschweigenden Befreiung vom Verbot des Selbstkontrahierens führen kann (*Zimmermann* Rdn. 97; *Palandt/Edenhofer* § 2205 Rdn. 30; *Mayer/Bonefeld/Daragan* Rdn. 586). Für Tätigkeiten, die ein Testamentsvollstrecker üblicherweise ohne Einschaltung eines Wirtschaftsprüfers erledigen würde, kann auch der Wirtschaftsprüfer-Testamentsvollstrecker keine gesonderte Vergütung verlangen.

5. Erlaubnispflicht nach dem RBerG

75 Ebenso wie die Angehörigen der steuerberatenden Berufe sind Wirtschaftsprüfer und vereidigte Buchprüfer von der Diskussion um die Anwendung des RBerG auf die Übernahme von Testamentsvollstreckungen betroffen (vgl. Rdn. 48ff.).

a) Erlaubnisvorbehalt nach Art. 1 § 1 Abs. 1 S. 1 RBerG

76 Die Übernahme einer Testamentsvollstreckung kann mit der Besorgung fremder Rechtsangelegenheiten im Sinne von Art. 1 § 1 Abs. 1 RBerG verbunden sein. Wirtschaftsprüfer und vereidigte Buchprüfer unterliegen daher ebenso wie die Angehörigen der steuerberatenden Berufe im Einzelfall dem **Erlaubnisvorbehalt** gem. Art. 1 § 1 RBerG (vgl. Rdn. 50).

b) Erlaubnis nach Art. 1 § 3 Nr. 6 RBerG

Wird der Wirtschaftsprüfer auf Ersuchen des Erblassers durch das **Nachlaßgericht** zum Testamentsvollstrecker berufen, ist die Übernahme des Amtes nach der hier vertretenen Auffassung auch dann zulässig, wenn der Betroffene Testamentsvollstreckungen geschäftsmäßig übernimmt (vgl. Rdn. 54). 77

c) Erlaubnis nach Art. 1 § 5 Nr. 2 RBerG

Art. 1 § 5 Nr. 2 Rechtsberatungsgesetz (in der Fassung des Dritten Gesetzes zur Änderung der Bundesnotarordnung und anderer Gesetze vom 31. 8. 1998, BGBl. I S. 2585) erlaubt es, daß öffentlich bestellte Wirtschaftsprüfer und vereidigte Buchprüfer in Angelegenheiten, mit denen sie beruflich befaßt sind, auch die rechtliche Bearbeitung übernehmen, soweit dies mit den Aufgaben des Wirtschaftsprüfers oder Buchprüfers in unmittelbarem Zusammenhang steht und diese Aufgaben ohne die Rechtsberatung nicht sachgemäß erledigt werden können. Eine Differenzierung zwischen Wirtschaftsprüfern bzw. vereidigten Buchprüfern einerseits und Steuerberatern bzw. Steuerbevollmächtigten andererseits nimmt das RBerG insoweit nicht vor, so daß auf die bisherigen Ausführungen (vgl. Rdn. 59) mit dem Hinweis verwiesen werden kann, daß Testamentsvollstreckungen **nicht** zu den eigentlichen beruflichen Aufgaben der Wirtschaftsprüfer und vereidigten Buchprüfer zählen (eingehend zu den Aufgaben der Wirtschaftsprüfer *Rennen/Caliebe* Art. 1 § 5 Rdn. 52ff.; *Stracke* S. 194ff.; *Henssler/Prütting/Weth* Art. 1 § 5 RBerG Rdn. 46ff.; aA *Reimann* WPK-Sonderheft, 5). 78

d) Erlaubnis nach Art. 1 § 5 Nr. 3 RBerG

Aus den ebenfalls bereits genannten Gründen (vgl. Rdn. 62) ist auch Art. 1 § 5 Nr. 3 RBerG nicht geeignet, Wirtschaftsprüfer und Buchprüfer vom Erlaubniszwang des RBerG auszunehmen. 79

e) Schlußfolgerungen und Vermeidungsstrategien

Das RBerG in seiner derzeitigen Fassung untersagt Wirtschaftsprüfern und vereidigten Buchprüfern ebenso wie Steuerberatern die geschäftsmäßige Durchführung von Testamentsvollstreckungen, die ihren Schwerpunkt auf der Besorgung von Rechtsangelegenheiten haben. Da das Gesetz nur die **geschäftsmäßige** Besorgung fremder Rechtsangelegenheiten ohne Erlaubnis verbietet, ist die gelegentliche Übernahme auch eines solchen Testamentsvollstreckeramtes aus altruistischen Motiven zulässig. Der Erlaubnisvorbehalt greift nicht ein, wenn der Wirtschaftsprüfer auf Ersuchen der Erblassers durch das Nachlaßgericht gem. § 2200 BGB zum Testamentsvollstrecker berufen wird. Von einer erlaubten Tätigkeit wird man auch dann ausgehen können, wenn sich die Testamentsvollstreckung als Fortsetzung einer lebzeitigen, treuhänderischen Vermögensverwaltung (§ 2 Abs. 3 Nr. 3 WPO) in einem anderen rechtlichen Gewand darstellt, die rechtliche Tätigkeiten tatsächlich nur als Nebentätigkeit erfordert. Denn der Erblasser könnte das gleiche Ergebnis erreichen, indem er den Vermögensverwaltungsvertrag mit einer Laufzeit über seinen Tod hinaus vereinbart (*Schaub* MittBayNot. 2001, 91). 80

VI. Sonstige Personen als Testamentsvollstrecker

Dem Erblasser steht es frei, jede natürliche oder juristische Person, die nicht einer der bisher genannten Berufsgruppen angehört, zum Testamentsvollstrecker zu 81 bestellen (zur Berufung von Kreditinstituten zu Testamentsvollstreckern vgl. Rdn. 82ff.). Nach dem Grundsatz der Testierfreiheit bestehen daher auch keine Einschränkungen bei der Ernennung von Bürovorstehern, Berufsbetreuern oder Heimleitern bzw. Beschäftigten in Heimen zu Testamentsvollstreckern. Indes verfügen auch diese Personen nicht über die erforderliche Erlaubnis nach Art. 1 § 1 Abs. 1 RBerG, geschäftsmäßig fremde Rechtsangelegenheiten zu besorgen. Die Übernahme von Testamentsvollstreckungen mit Wiederholungsabsicht und damit geschäftsmäßig ist diesen Personen daher per se verboten. § 14 HeimG untersagt darüber hinaus Heimleitern und Heimmitarbeitern testamentarische Zuwendung anzunehmen, wenn insoweit mit dem Erblasser Einvernehmen bestand (*Reimann* in *Dittmann/Reimann/Bengel* Teil A Rdn. 62). Daher dürfte die Übernahme einer Testamentsvollstreckung, bei der der Erblasser die Vergütung nicht ausgeschlossen hat, gegen das Verbot des § 14 HeimG verstoßen (*Zimmermann* Rdn. 115).

VII. Kreditinstitute als Testamentsvollstrecker

1. Testamentsvollstreckung als Bankgeschäft

82 Das in den letzten Jahren deutlich erweiterte Angebot von Banken und Kreditinstituten umfaßt vielfach auch die Übernahme und Durchführung von Testamentsvollstreckungen. Die **besondere geschäftspolitische Bedeutung** dieses Geschäftszweiges wird durch Hinweise in Aufklärungs- und Informationsbroschüren sowie durch das Bereithalten speziell ausgebildeter Mitarbeiter für diese Tätigkeiten signifikant (zu den Motiven im einzelnen vgl. *Schaub* FamRZ 1995, 845f.; *Vortmann* ZBB 1994, 259, 266; *ders.* WM 1995, 1745).

83 Trotzdem wird man die Übernahme von Testamentsvollstreckungen **nicht zum unmittelbaren Geschäftsfeld** der Banken **zählen** können. Kreditinstitute als kaufmännische Unternehmen – § 1 Abs. 2 HGB – betreiben berufstypisch die in **§ 1 KWG** aufgezählten Geschäfte (*Schaub* Notar 1999, 93, 94; *Stracke* ZEV 2001, 250, 256). Die **Übernahme und Durchführung von Testamentsvollstreckungen** ist **dort nicht erwähnt.** Zwar nennt § 1 Abs. 3 Nr. 11 KWG als Tätigkeit der Bank auch die Vermögensanlage – allerdings nur in Bezug auf Wertpapiere oder auf Vermögen, das in Terminkontrakten, Optionen etc. angelegt ist. Damit ist keine umfassende Vermögensverwaltung, wie sie vom Testamentsvollstrecker jedenfalls bei der Dauervollstreckung typischerweise – zB durch Verwalten von Immobilien, Halten von Unternehmensbeteiligungen usw. – ausgeführt wird, gemeint (*Stracke,* Die geschäftsmäßige Rechtsberatung durch Testamentsvollstrecker, 1999, S. 255ff.; *ders.* ZEV 2001, 250, 256).

84 Aber auch wenn ein derartiger unmittelbarer geschäftspolitischer Zusammenhang nicht zu konstatieren ist, ist die Übernahme und Durchführung von Testamentsvollstreckungen jedenfalls dann als unproblematisch anzusehen, wenn hierdurch nicht gegen Verbotsgesetze verstoßen wird. Durch das **Urteil** des **OLG Karlsruhe vom 27. 5. 1993** (NJW-RR 1994, 236 = WM 1994, 688 = ZEV 1994, 300), das die **Übernahme von Testamentsvollstreckungen** als **unvereinbar mit den Vorschriften des RBerG** ansieht, ist die Diskussion zu einem lange Zeit für unstreitig gehaltenen Thema entfacht worden. Mit dieser Entscheidung hat das OLG Karlsruhe die Übernahme von Testamentsvollstreckungen durch eine Sparkasse als dem Art. 1 § 1 RBerG unterfallende erlaubnispflichtige Tätigkeit angesehen, für die ein Ausnahmetatbestand im Sinne der Vorschriften des Rechtsberatungsgesetzes nicht eingreife. Die Entscheidung ist in der **Literatur** überwiegend auf **Kritik** gestoßen (vgl. *Bork* WM 1995, 225; *Henssler* ZEV 1994, 216; *Lang* NJW 1999, 2332;

Schaub FamRZ 1995, 845; *Vortmann* ZBB 1994, 259; *ders.* WR 1995, 1745; *Zeller* WuB VIII D Art. 1 § 1 RBerG 1.94 S. 732; *Werkmüller* ZEV 2000, 305, 307).

2. Zulässigkeit der Ernennung der Bank zum Testamentsvollstrecker

Ohne daß dies in der Entscheidung des OLG Karlsruhe NJW-RR 1995, 236, die zur Geltendmachung von Unterlassungsansprüchen nach § 13 Abs. 2 Nr. 2 UWG erging, hinreichend deutlich zum Ausdruck kommt, bleibt festzuhalten, daß die **Ernennung einer Bank** oder eines Kreditinstitutes **zum Testamentsvollstrecker** ohne weiteres **zulässig** ist. Zum Testamentsvollstrecker kann jede juristische Person ernannt werden (vgl. 2. Kap. Rdn. 180) **ohne** daß in Bezug auf Banken oder Kreditinstitute gesetzliche **Einschränkungen** gegeben wären. **85**

Das **RBerG,** das zur verfassungsmäßigen Ordnung gehört (BVerfG NJW 2000, 1251) ist **Berufsordnungsgesetz** und regelt u. a. die berufsrechtliche Befugnis zur Besorgung fremder Rechtsangelegenheiten (BVerfG NJW 1976, 1349; *Rennen/Caliebe* RBerG Art. 1 § 1 Rdn. 1f.; *Altenhoff/Chemnitz* RBerG Art. 1 § 1 Rdn. 10; *Chemnitz* AnwBl. 1964, 243). Sollte ein **Verstoß gegen Vorschriften des RBerG** festgestellt werden, so ist **hiervon** lediglich die **Übernahme und Durchführung der Testamentsvollstreckungsmaßnahme im konkreten Einzelfall betroffen.** Dies ist nicht anders als wenn der Testamentsvollstrecker zur gesetzeskonformen Aufgabenerfüllung bestimmter Erlaubnisse – etwa gewerberechtlicher Art – bedarf. Werden dieser Erlaubisse nicht erteilt, ist lediglich die Durchführung der Aufgabe im konkreten Einzelfall nicht möglich, gleichwohl bleibt die Testamentsvollstreckeranordnung als solche wirksam. Ebendies gilt, wenn der Erblasser die Durchführung bestimmter Aufgaben durch den Testamentsvollstrecker anordnet und gleichzeitig feststeht, daß dies nicht ohne Verstoß gegen Vorschriften des Rechtsberatungsgesetzes geschehen kann. Hier wird man regelmäßig bereits durch Testamentsauslegung zum Ergebnis kommen, daß in diesem Fall eine Aufgabendelegation durch den Testamentsvollstrecker an Dritte dem Erblasserwillen entspricht. Aber auch dann, wenn dieses Auslegungsergebnis nicht gewonnen werden kann, wäre lediglich die entsprechende Aufgabenzuweisung unbeachtlich, ohne daß dies an der Wirksamkeit der Testamentsvollstreckeranordnung selbst etwas ändern würde. **86**

3. Die Ausführung der Testamentsvollstreckung durch die Bank und ihre Vereinbarkeit mit dem Rechtsberatungsgesetz

a) Erlaubniszwang nach Art. 1 § 1 Abs. 1 S. 1 RBerG

Die **Besorgung fremder Rechtsangelegenheiten,** einschließlich der Rechtsberatung und der Einziehung fremder oder zu Einziehungszwecken abgetretener Forderungen, **darf geschäftsmäßig** – ohne Unterschied zwischen haupt- und nebenberuflicher oder entgeltlicher oder unentgeltlicher Tätigkeit – **nur von Personen betrieben werden, denen** dazu von der zuständigen Behörde die **Erlaubnis erteilt ist,** Art. 1 § 1 Abs. 1 S. 1 RBerG. **87**

Eine **Rechtsbesorgung** liegt vor, wenn eine Tätigkeit darauf gerichtet und dazu geeignet ist, konkrete fremde Rechte zu verwirklichen oder konkrete fremde Rechtsverhältnisse zu gestalten (BGH NJW 1989, 2125 = FamRZ 1989, 859; NJW 1987, 3003, 304; OLG Düsseldorf DStR 2000, 2006 = ZEV 2000, 458 m. Anm. *Grunewald* = MittBayNot. 2001, 88 m. Anm. *Schaub;* dazu *Best* DStR 2000, 2000; *König,* Rechtsberatungsgesetz – Grundfragen und Reformbedürftigkeit, **88**

1993, S. 27ff., 34ff.; *Wertenbruch* NJW 1995, 223, 225). **Abzugrenzen** ist die Rechtsbesorgung **von** einer **Tätigkeit wirtschaftlicher Art,** die durch das Rechtsberatungsgesetz nicht berührt wird. Die Abgrenzung ist deshalb nicht unproblematisch, weil wirtschaftliche Geschäfte häufig mit der Besorgung von Rechtsangelegenheiten verknüpft sind. Nach hM (BGH AnwBl. 1994, 254; NJW 1987, 3005; OVG Münster AnwBl. 1990, 103) sind vom Rechtsberatungsgesetz auszunehmen nur solche Tätigkeiten wirtschaftlicher Art, bei denen sich die damit notwendig verbundene rechtliche Beratung in jedermann geläufigen Formen abspielt und daher ihrer Art nach – wie etwa alltägliche Barkaufgeschäfte – nicht mehr als Betätigung auf rechtlichem Gebiet empfunden wird.

89 Die gesetzlich definierten **Aufgaben des Testamentsvollstreckers,** zu denen beispielsweise die Inbesitznahme des Nachlasses, die Regulierung von nachlaßbezogenen Rechtsverhältnissen, die Auseinandersetzung unter Miterben etc. gehören, **betreffen konkret und unmittelbar die Rechtsverhältnisse der Erben zu den Nachlaßgläubigern sowie untereinander.** Sie sind damit – unbeschadet der Tatsache, daß sie sich im konkreten Einzelfall lediglich als Annex- oder Hilfstätigkeit zu vorwiegend wirtschaftlicher Betätigung des Testamentsvollstreckers darstellen können –, Rechtsbesorgung im Sinne des Rechtsberatungsgesetzes (in diesem Sinne auch OLG Karlsruhe NJW-RR 1995, 236 = WM 1994, 688 = ZEV 1994, 300; BGH NJW 1989, 2125 = FamRZ 1989, 859; *Bork* WM 1995, 225, 232ff.; *Henssler* ZEV 1994, 261, 262f.; *Schaub* FamRZ 1995, 845, 846).

90 Der Testamentsvollstrecker besorgt auch **fremde Rechtsangelegenheiten.** Er ist Träger eines privaten Amtes, das er zwar im eigenen Namen und kraft eigenen Rechts ausübt, jedoch fremdnützig, vor allem im Interesse der Erben im Rahmen der letztwilligen Anordnungen des Erblassers. Entscheidend ist dabei, daß er im wirtschaftlichen Interesse der Erben tätig wird (BGH NJW 1974, 50; OLG Schleswig AnwBl. 1989, 245; *Rennen/Caliebe* RBerG Art. 1 § 1 Rdn. 12). Ein mittelbares Eigeninteresse des Testamentsvollstreckers an der Erledigung der Rechtsangelegenheiten – zB im Hinblick auf die Vergütung – beseitigt die Fremdheit nicht (BGH NJW 1967, 1562, 1563; OLG Karlsruhe NJW 1988, 838).

91 Die Aufnahme von Testamentsvollstreckertätigkeiten in die Angebotspalette der Banken zeigt, daß diese regelmäßig mit Wiederholungsabsicht und damit **geschäftsmäßig** handeln. Die Rechtsbesorgung wird bereits beim ersten Mal geschäftsmäßig betrieben, wenn beabsichtigt ist, die Tätigkeit bei sich bietender Gelegenheit zu wiederholen. Auf Gewerbsmäßigkeit oder Gewinnerzielungsabsicht kommt es hier nicht an (vgl. BGH NJW-RR 1987, 875, 876; NJW 1986, 1050, 1051; OLG Karlsruhe AnwBl. 1982, 244; eingehend auch *Gross* AnwBl. 1989, 155ff.; *Bork* AG 1994, 159, 160).

92 Die **Durchführung von Testamentsvollstreckungen** durch Banken **unterfällt** daher **regelmäßig dem Erlaubniszwang nach Art. 1 § 1 Abs. 1 S. 1 RBerG** mit der Folge, daß ihnen grundsätzlich diese Tätigkeit verboten ist, es sei denn, sie können sich auf besondere Erlaubnisvorbehalte berufen.

b) Die Ausnahmevorschriften des Rechtsberatungsgesetzes

93 *aa) Art. 1 § 3 Nr. 6 RBerG.* Durch das Rechtsberatungsgesetz nicht berührt wird die Tätigkeit als Zwangsverwalter, Insolvenzverwalter oder Nachlaßpfleger sowie die Tätigkeit sonstiger, für ähnliche Aufgaben behördlich eingesetzter Personen (Art. 1 § 3 Nr. 6 RBerG). **Ähnliche Aufgaben** wie der **Insolvenzverwalter, Zwangsverwalter und Nachlaßpfleger,** deren Aufgabe es ist, fremdes Vermögen in Besitz zu nehmen, zu verwalten und uU zu verwerten (vgl. §§ 1960 BGB, 152 ZVG, 80, 148ff. InsO), **übt** der **Testamentsvollstrecker** aus.

Weitere Voraussetzung der Ausnahmevorschrift ist, daß die – natürliche oder juristische – **Person behördlich eingesetzt** ist. **Hieran fehlt es beim Testamentsvollstrecker,** der vom Erblasser durch Testament ernannt wird (§ 2197 BGB). Der Erblasser kann zwar die Bestimmung der Person des Testamentsvollstreckers einem Dritten überlassen, § 2198 BGB, oder das Nachlaßgericht ersuchen, einen Vollstrecker zu ernennen, § 2200 BGB. Aber auch im letzteren Fall liegt keine behördliche Einsetzung vor, da sowohl die Anordnung der Testamentsvollstreckung selbst als auch die Legitimation der Person des Testamentsvollstreckers letztlich nicht auf gerichtlichem Beschluß, sondern auf der letztwilligen Verfügung des Erblassers beruht (*Bork* WM 1995, 225, 228f.; *Schaub* FamRZ 1985, 845, 847; *Stracke* ZEV 2001, 250, 251f.). 94

Dem Nachlaßgericht, das bei der Ernennung des Vollstreckers nach § 2200 BGB nur den Erblasserwillen bezüglich der Person des Testamentsvollstreckers vervollständigt, kommt dabei eine anders geartete Rolle zu als bei **Insolvenzverwalter, Zwangsverwalter und Nachlaßpfleger,** deren **Auswahl** letztlich **im Aufgabenbereich des Gerichts** liegt. Zudem werden Zwangsverwalter, Insolvenzverwalter oder Nachlaßpfleger vom Gericht in ihrer **laufenden Geschäftstätigkeit** überwacht werden (vgl. §§ 150, 153 ZVG; §§ 56, 58 InsO; §§ 1960 Abs. 2, 1962, 1915, 1789, 1837 BGB), während dies beim **Testamentsvollstrecker** nicht der Fall ist (vgl. *Reimann* FamRZ 1995, 588). 95

Die Ausnahmevorschrift des Art. 1 § 3 Nr. 6 RBerG rechtfertigt sich aber gerade im Hinblick auf den **Normzweck des Rechtsberatungsgesetzes,** das den Schutz des rechtsuchenden Publikums vor unqualifizierter Beratung sowie den Erhalt der Funktionsfähigkeit der Rechtspflege und den Schutz der Anwaltschaft vor Wettbewerb durch Personen, die nicht den gleichen standesrechtlichen Beschränkungen unterliegen, bezweckt (*Altenhoff/Chemnitz* RBerG Art. 1 § 1 Rdn. 2; *Rennen/Caliebe* RBerG Art. 1 § 1 Rdn. 2; BGH NJW 1969, 313; MDR 1970, 656; AnwBl. 1974, 254; BayObLG BB 1994, 2433, 2435). In abstrahierender und vom konkreten Einzelfall losgelöster Sicht ist eine derartige Qualitätssicherung aber nur dann gegeben, wenn das Gericht auf Auswahl und Tätigkeit der Zwangsverwalter, Konkursverwalter oder Nachlaßpfleger vergleichbaren Personen einen dominierenden Einfluß hat. Dies ist beim Testamentsvollstrecker nicht der Fall, so daß sich auch im Hinblick auf den Normzweck des Rechtsberatungsgesetzes eine **Gleichstellung des Testamentsvollstreckers mit den in Art. 1 § 3 Nr. 6 RBerG genannten Personen verbietet** (*Schaub* FamRZ 1995, 845, 847). 96

bb) Art. 1 § 5 Nr. 1 RBerG. Nach Art. 1 § 5 Nr. 1 RBerG steht den **Vorschriften des Rechtsberatungsgesetzes nicht entgegen, daß kaufmännische** oder sonstige gewerbliche **Unternehmer** für ihre Kunden **rechtliche Angelegenheiten erledigen, die mit einem Geschäft ihres Gewerbebetriebs in unmittelbarem Zusammenhang stehen.** Auch hierdurch läßt sich die Testamentsvollstreckung durch Banken nicht unmittelbar rechtfertigen, da Banken und Kreditinstitute berufstypisch nur die in § 1 KWG aufgezählten Geschäfte betreiben, worunter die Testamentsvollstreckung nicht fällt. 97

Andererseits ist nicht zu verkennen, daß die **lebzeitige Vermögensverwaltung spezifisches Bankgeschäft** ist. Warum diese Tätigkeit nach dem Tod des Kunden, wenn sie in der Form der Testamentsvollstreckung durchgeführt wird, rechtlich verboten sein soll, ist schwer einzusehen (in diesem Sinne auch *Vortmann* ZBB 1994, 259, 265; *Henssler* ZEV 1994, 261, 265). Stichhaltig ist dieses Argument dort, wo sich die Testamentsvollstreckung tatsächlich lediglich auf das bereits Gegenstand lebzeitiger Kundenbeziehung bildende Vermögen des Erblassers bezieht. 98

Hier stellt sich die **Testamentsvollstreckung als Fortsetzung der Vermögensverwaltung mit anderen rechtlichen Mitteln und in anderem rechtlichen Gewand** dar.

99 Dort aber, **wo die Testamentsvollstreckung** – wie häufig – **hierüber hinausgeht,** weil sie sich nicht nur auf das der Bank vom Erblasser bereits anvertraute Vermögen, wie zB Bargeld, Wertpapiere, Sparbriefe, Aktien etc. erstreckt, sondern auch sonstige Vermögensbestandteile, wie zB Verwaltung von Immobilien, Wahrnehmung von Lizenz- und Patentrechten usw., umfaßt, können diese Aufgaben weder zu Lebzeiten des Erblassers als genuine Bankaufgaben bezeichnet werden, noch kann ihnen diese Qualifikation nach dem Tod des Erblassers in der Form der Testamentsvollstreckung zuerkannt werden (im einzelnen *Schaub* FamRZ 1995, 845, 848).

100 *cc) Art. 1 § 5 Nr. 3 RBerG.* **Ausnahmsweise dürfen** nach Art. 1 § 5 Nr. 3 RBerG schließlich **Vermögensverwalter, Hausverwalter und ähnliche Personen, die mit der Verwaltung in unmittelbarem Zusammenhang stehenden Rechtsangelegenheiten zulässigerweise erledigen.** Ungenanntes Tatbestandsmerkmal der Vorschrift ist, daß der genannte Personenkreis **zwei Geschäfte besorgt,** und zwar ein **zu** seiner eigentlichen **Berufsaufgabe gehörendes Hauptgeschäft und** ein **notwendiges Hilfsgeschäft,** das an sich nach Art. 1 § 1 RBerG erlaubnispflichtig ist (vgl. nur BGH NJW 1989, 2125 = FamRZ 1989, 859). Der Grund hierfür liegt darin, daß sich zahlreiche Berufe ohne gleichzeitige rechtliche Beratung nicht immer sachgemäß ausüben lassen. Dem Unternehmer soll die Ausübung seines Berufs nicht durch Art. 1 § 1 RBerG unmöglich gemacht werden, weil hiermit gleichzeitig eine rechtliche Tätigkeit verbunden ist (BGH NJW 1954, 1295; *Rennen/Caliebe* RBerG Art. 1 § 5 Rdn. 2).

101 Entscheidend ist, daß es sich bei dem zur eigentlichen Berufsaufgabe gehörenden **Hauptgeschäft** um ein **wirtschaftliches Geschäft,** bei der **rechtlichen Beratung** um ein **notwendiges Hilfsgeschäft** handelt. Ob sich eine derart **trennscharfe Abgrenzung** in wirtschaftliches Hauptgeschäft und rechtliches Hilfsgeschäft **bei der Testamentsvollstreckung** ziehen läßt, ist **fraglich,** da je nach der Ausgestaltung der Aufgabenstellung **im Einzelfall** die wirtschaftlichen Tätigkeiten im Vordergrund stehen, im anderen Fall die rechtsbesorgenden Aufgaben dominieren können, zB wenn der Testamentsvollstrecker Gesellschafterrechte für den Erben ausübt, Forderung gegen den Nachlaß reguliert oder abwehrt, Steuererklärungen hierfür abgibt etc.

102 Damit ist es **nicht in jedem Fall gerechtfertigt, Testamentsvollstreckung als Vermögensverwaltung per se unter** den Ausnahmetatbestand des **Art. 1 § 5 Nr. 3 RBerG zu subsumieren** (*Schaub* FamRZ 1995, 845, 848; aA *Bork* WM 1995, 225, 231 f.; *Vortmann* ZBB 1994, 259, 265). Entscheidend ist vielmehr die Überlegung, daß zwar zur eigentlichen Berufsaufgabe von Banken nicht die Testamentsvollstreckung, jedoch die Vermögensanlage in dem in § 1 Abs. 3 Nr. 11 KWG genannten Sinne gehört (hierzu Rdn. 83). **Ist** aber diese **vermögensverwaltende Tätigkeit mit den hierzu gehörenden rechtlichen Hilfsgeschäften zu Lebzeiten des Kunden zulässig, muß es auch die Testamentsvollstreckung durch die Bank nach seinem Tode sein.**

103 Im Ergebnis läßt sich feststellen, daß umso weniger **Bedenken gegen die Testamentsvollstreckertätigkeit im Lichte des Rechtsberatungsgesetzes** erhoben werden können, je enger sich im Einzelfall das Ausmaß der Testamentsvollstreckung und der Aufgabenkreis des Testamentsvollstreckers am Umfang der bereits zum Erblasser vorhandenen Kundenbeziehung orientieren. Lediglich dann, **wenn die Tätigkeit** der Bank **nach dem Tod des Erblassers einen gänzlich**

anders gearteten Umfang annimmt, können die Verbotsnormen des Rechtsberatungsgesetzes greifen.

4. Vermeidungsstrategien

Solange der Gesetzgeber das Rechtsberatungsgesetz nicht dahingehend novelliert, daß er die Testamentsvollstreckertätigkeit vom gesetzlichen Erlaubnisvorbehalt dispensiert, kann eine problemlos und umfassende Testamentsvollstreckung durch Banken mitunter nur auf **Umwegen** erreicht werden (vgl. *Schaub* Notar 1999, 93, 100ff.). **104**

a) Antrag auf Erlaubniserteilung

Art. 1 § 1 S. 2 RBerG bestimmt, daß für die Besorgung fremder Rechtsangelegenheiten die Erlaubnis erteilt werden kann, sieht aber gleichzeitig eine **Sachgebietsbeschränkung** vor, wonach die Erlaubnis nur für bestimmte Berufsgruppen erteilt werden kann. Eine Erlaubniserteilung für den Testamentsvollstrecker ist hier nicht vorgesehen. **105**

Im übrigen würde die **Erlaubnis** bei juristischen Personen nach § 3 der 1. AVO RBerG **nur** zur Berufsausübung durch die in der Erlaubnis **namentlich bezeichneten Personen** ermächtigen, mit dem Nachteil, daß sie bei Wegfall der bestimmten Bankmitarbeiter ergänzt werden müßte. Dieses Verfahren ist schwerfällig. **106**

b) Ernennung der Bank als Mitvollstrecker

Zwar unterliegt die Bank auch als Mittestamentsvollstrecker dem Erlaubniszwang des Art. 1 § 1 Abs. 1 RBerG. Wird aber der **Aufgabenbereich** im Rahmen der Testamentsvollstreckung **so festgelegt, daß sich die Testamentsvollstreckung lediglich auf bankspezifische Tätigkeiten bezieht,** werden die Ausnahmevorschriften des Art. 1 § 5 Nr. 1 und Nr. 3 RBerG Platz greifen (vgl. Rdn. 97–103). Im Ergebnis bedeutet dies, daß der Bank als Testamentsvollstrecker in etwa die Aufgabe zugewiesen werden sollte, die sie bereits bei bestehenden Geschäftsbeziehungen mit dem Erblasser im Rahmen von Treuhand- oder Verwaltungsverträgen übernommen hatte. **107**

c) Testamentsvollstrecker-GmbH der Bank

Mit der Gründung einer Tochter-**GmbH** durch die Bank, deren **Unternehmensgegenstand** die **Durchführung einer speziellen Testamentsvollstrekkung** ist, ließe sich das Merkmal des gewerbsmäßigen Handelns im Sinne des Art. 1 § 1 RBerG vermeiden, so daß die Tätigkeit der Testamentsvollstrecker-GmbH im Hinblick auf das RBerG ohne weiteres erlaubnisfrei wäre. Diese Gestaltungsvariante ist jedoch **in der Praxis** sowohl für die Bank als auch für den Erblasser mit derart **überwiegenden Nachteilen** (hierzu im einzelnen *Schaub* FamRZ 1995, 845) verbunden, daß sich nur in Ausnahmefällen eine derartige Lösung empfehlen dürfte. **108**

d) Beauftragung Dritter mit Rechtsbesorgungstätigkeiten

Insbesondere bei komplexen Nachlässen wird der Testamentsvollstrecker mit Rechtsangelegenheiten ständig konfrontiert werden, so sind zB bei betrieblichen Beteiligungen Arbeitsprozesse zu führen, Patent-, Lizenz-, Warenzeichenrecht etc. **109** zu sichern, bei nachlaßzugehörigem Immobilienbesitz sind Mietverhältnisse zu gestalten, Forderungen einzuziehen etc. Ungeachtet dessen, daß Banken mangels eigener spezieller Ressourcen mit der Durchführung dieser rechtsberatenden und rechtsgestaltenden Aufgaben oftmals Dritte mandatieren, empfiehlt sich auch zur Vermeidung von Konfliktlagen mit dem RBerG die **Aufgabendelegation** an Rechtsanwälte, Notare, Steuerberater etc. (zur Beauftragung Dritter durch den Testamentsvollstrecker ausführlich 6. Kap. Rdn. 8ff.). Denn das **Rechtsberatungsgesetz** verbietet der Bank lediglich die eigenständige Ausführung dieser Tätigkeiten, **hindert** sie aber **nicht daran,** die Aufgaben an Dritte zu vergeben.

5. Die Haftung der Bank als Testamentsvollstrecker

110 Betreibt die Bank zulässigerweise Testamentsvollstreckung, ergeben sich im Hinblick auf die haftungsrechtliche Situation des Testamentsvollstreckers dadurch Besonderheiten, daß für die Bank nicht nur für die die haftungsrechtlichen Grundsätze bei der Vermögensanlage durch den Testamentsvollstrecker (hierzu 5. Kap. Rdn. 420ff.) gelten, sondern **verschärfte Sorgfaltsanforderungen** an die Bank gestellt werden müssen. Während nämlich bei der Testamentsvollstreckung durch Nicht-Banken der Vollstrecker den Erben nach § 2219 BGB haftet und seinerseits die Bank aus schuldhafter Anlageberatung- oder Prospekthaftung in Anspruch nehmen kann, fallen hier Anlageberater und Testamentsvollstrecker zusammen, so daß sich eine **verschärfte Haftung** der Bank **aus dem Gesichtspunkt der fehlerhaften Anlageberatung und Prospekthaftung** rechtfertigt (*Schaub* FamRZ 1995, 845, 850).

111 Geschuldet wird daher eine **anleger- und objektgerechte Anlageberatung** (vgl. BGHZ 123, 126 = NJW 1993, 2433 = BB 1993, 1903 – „Bond", dazu EWiR 1993, 857 *(Köndgen)* und *Schwark* WuB I G.4.–9.93; OLG Düsseldorf BB 1997, 1550; vgl. auch OLG Nürnberg ZIP 1998, 380 = WM 1998, 378; dazu EWiR 1998, 225 *(Schwark);* OLG Braunschweig NJW-RR 1998, 626 m. Anm. *Horn/Balzer* WuB I G.1.–2.98). Die Bank kann sich dabei aber nicht generell auf die Anlageziele und die Risikoakzeptanz des Erblassers – wie dies als Einwand bei der Haftung aus Anlageberatung anerkannt ist (BGH NJW 1993, 2433; *Arendts* WM 1993, 229, 232; *ders.* ZAP 1994, 1103, 1104) – berufen, sondern muß **in eigener Verantwortung über Risiko und Rentabilität der Anlageform entscheiden.** Denn selbst dann, wenn sich der Erblasser zu Lebzeiten für besonders risikoreiche Formen der Vermögensanlage entschieden hätte (zur Bedeutung von im Vermögensverwaltungsvertrag vereinbarten Anlagenrichtlinien für die Haftung des Vermögensverwalters BGH ZIP 1997, 2149), ist für die Bank als Testamentsvollstrecker nur die in der letztwilligen Verfügung getroffene oder dort angedeutete Anlageentscheidung des Erblassers maßgebend. Fehlen dort – was regelmäßig anzunehmen ist – entsprechende Anordnungen – ist die **Bank als Testamentsvollstrecker zu pflichtgemäßem Handeln angehalten,** so daß **besonders risikoreiche und verlustträchtige Anlageformen nur ausnahmsweise gebilligt** werden können (vgl. 5. Kap. Rdn. 420ff.). Im übrigen müßte die Bank als Testamentsvollstrecker die Befolgung etwaiger testamentarischer Anordnungen unter Hinweis auf § 2216 Abs. 2 S. 2 BGB ablehnen.

112 Umgekehrt sind allerdings persönliche Faktoren dann **zu berücksichtigen, wenn** der **Erblasser** eine **„konservative" Anlagementalität** zeigt, insbesondere dann, wenn der ausdrückliche oder mutmaßliche Erblasserwille dahin geht, regelmäßige Beträge für die Altersversorgung der Erben oder für deren laufenden Un-

terhalt, die Ausbildung etc. zu erwirtschaften. Mit diesen Zielsetzungen verträgt sich eine riskante Anlage nicht.

An **objektbezogenen Kriterien für die Wahl der Anlageform** sind die 113
nach Steuern zu erzielenden **Renditen,** bei kurz- oder mittelfristigen Anlagen Kursschwankungen oder die Handelbarkeit des Wertpapiers zu berücksichtigen. Wichtig ist auch eine eingehende **Bonitätsprüfung** der Emittenten der Wertpapiere, wobei allein das Vertrauen auf Jahresabschlüsse und Börsenzulassungsprospekte nicht genügt, da hierdurch zeitnahe Informationen über die Bonität nicht vermittelt werden (*Arendts* ZAP 1994, 1103, 1107).

Steht bei der Nachlaßverwaltung die **Altersversorgung oder Unterhaltssi-** 114
cherung der Erben **im Vordergrund,** darf die **Anlage nur in bonitätsmäßig einwandfreien Papieren** erfolgen, wie zB Pfandbriefen, Kommunalobligationen, Festgeld, festverzinsliche Wertpapiere. Wegen der hiermit verbundenen Kursschwankungen sind Aktien mit größeren Risiken behaftet. Hinzu kommt, daß sie wegen der Depotgebühren für eine kurzfristige Anlage oder bei kleineren Geldbeträgen nicht geeignet sind. Haftungsträchtige Anleihen bonitätsmäßig schlecht eingestufter Emittenten („Junk-Bonds"), Optionsscheine (vgl. OLG Düsseldorf BB 1997, 1550) und Investmentzertifikate dürften sich allenfalls zur Beimischung in Portfolios eignen, da hiermit eine Risikostreuung verbunden ist.

Ohne sachliche Notwendigkeit ist die Bank auch **nicht berechtigt,** vorhan- 115
dene **Depots häufig umzuschichten,** um dadurch erhöhte Provisionen (sog. „Churning") zu erzielen (*Schäfer,* Haftung für fehlerhafte Anlageberatung und Vermögensbetreuung, 1993, S. 23; *Arendts* ZAP 1994, 1103, 1111). Die Bank ist auch gehalten, die gewählte **Anlageform in ihrem Verlauf zu überwachen** und bei negativer Entwicklung entsprechende Vermögensumschichtungen vorzunehmen.

12. Kapitel
Die Haftung des Testamentsvollstreckers

Übersicht

Formulierungsvorschlag

Literatur: *Borgmann/Haug,* Anwaltshaftung, 3. Aufl. 1995; *Kiethe/Hektor,* Haftung für Anlageberatung und Vermögensverwaltung DStR 1996, 547; *Naegele,* Das vermeintliche Testamentsvollstreckeramt, Diss. Konstanz 1986; *Vortmann,* Banken als Testamentsvollstrecker, WM 1995, 1745; *Zugehör,* Handbuch der Anwaltshaftung, 1999.

I. Haftungsgrundlagen

1 Die Haftung des Testamentsvollstreckers ist in § 2219 BGB geregelt:

„(1) Verletzt der Testamentsvollstrecker die ihm obliegenden Verpflichtungen, so ist er, wenn ihm ein Verschulden zur Last fällt, für den daraus entstehenden Schaden dem Erben und, soweit ein Vermächtnis zu vollziehen ist, auch dem Vermächtnisnehmer verantwortlich.

(2) Mehrere Testamentsvollstrecker, denen ein Verschulden zur Last fällt, haften als Gesamtschuldner."

Zwischen dem Testamentsvollstrecker und dem Erben oder Vermächtnisnehmer wird hier ein **gesetzliches Schuldverhältnis** begründet. Da zwischen Testamentsvollstrecker und Erben regelmäßig keine vertraglichen Beziehungen bestehen und daher jede vertragliche Haftung ebenso ausscheidet wie etwa eine Haftung aus culpa in contrahendo, und da auch die in § 2218 BGB in bezug genommenen

Vorschriften des Auftragsrechts mit Ausnahme des § 644 Abs. 1 BGB keine Haftungsregelung enthalten, war die Begründung des gesetzlichen Haftungsverhältnisses in § 2219 BGB erforderlich. Dies gilt auch, wenn **Angehörige rechts- und steuerberatender Berufe** oder juristische Personen wie etwa **Banken** zu Testamentsvollstreckern bestellt werden; berufsrechtliche Haftungsnormen (zB § 51b BRAO, § 19 BNotO, § 68 StBerG, § 51a WPO, für Banken § 676c BGB) finden hier keine Anwendung. Die Haftung einer Bank kann allerdings aus dem Gesichtspunkt der fehlerhaften Anlage – und Prospekthaftung verschärft sein (vgl. 11. Kap. Rdn. 110ff.). 2

Wenn der zum Testamentsvollstrecker berufene Rechtsanwalt in einem Prozeß für den Nachlaß als Prozeßbevollmächtigter tätig wird oder der Steuerberater-Testamentsvollstrecker die Steuererklärung fertigt, kommt zwar ein mandatsvertragliches Rechtsverhältnis in Betracht. Die Abgrenzung ist aber doch sehr schwierig. Entwirft der Rechtsanwalts-Testamentsvollstrecker einen Vertrag oder berücksichtigt der Steuerberater steuerliche Gesichtspunkte bei der Verwaltung des Nachlasses, so wäre die Annahme eines (sich selbst) gegebenen Mandats fernliegend. Da eine Grenze nicht einwandfrei zu ziehen ist, scheint es geboten, **jede Tätigkeit des Testamentsvollstreckers** auch als solche einzuordnen und der Haftung für eigene Tätigkeit nach § 2219 BGB zu unterwerfen. Praktische Bedeutung hat die Frage wohl nur für die Verjährung (s. Rdn. 77ff.). 3

Ist eine **juristische Person,** zB Bank, Treuhandgesellschaft oder auch eine Rechtsanwaltsgesellschaft nach §§ 59c ff. BRAO zum Testamentsvollstrecker bestellt, haftet sie über § 31 BGB für ihre Organe und „verfassungsmäßig berufenen Vertreter" (weit auszulegen, vgl. *Palandt/Heinrichs* § 31 Rdn. 6ff., zur Haftung der Bank als Testamentsvollstrecker s. *Vortmann* WM 1995, 1745, der auch die Informationspflicht gegenüber dem Erben betont sowie 11. Kap. Rdn. 110ff.). 4

Das Gesetz legt die **klassischen Voraussetzungen einer Haftung** als Tatbestandsmerkmale fest. Der Testamentsvollstrecker muß die ihm obliegenden Verpflichtungen verletzt haben. Es muß ihm ein Verschulden zur Last fallen und aus dieser schuldhaften Pflichtverletzung muß kausal ein Schaden entstehen. Der Haftungsumfang ist nicht begrenzt, wohl aber der Kreis der Haftungsgläubiger. Lediglich der Erbe, bei mehreren Erben alle Miterben, oder bei der Vermächtnisvollziehung der Vermächtnisnehmer können Ansprüche aus § 2219 BGB gegen den Testamentsvollstrecker geltend machen (s. im einzelnen Rdn. 11 bis 17). 5

Neben der Haftungsnorm sieht § 2227 BGB als weitere Sanktion für Pflichtverletzungen die **Entlassung aus dem Amt** des Testamentsvollstreckers durch das Nachlaßgericht vor. Die Tatbestände decken sich aber nicht. Wichtige Gründe, die zur Entlassung des Testamentsvollstreckers führen können, müssen keineswegs zur Haftung führen, beispielsweise persönliche Spannungen oder gar Feindschaft zwischen Testamentsvollstrecker und Erben. 6

§ 2219 BGB ist der **Kontrapunkt für die freie Stellung** des Testamentsvollstreckers. Die Haftungsgefahr soll ein Instrument der Verantwortungssicherung sein (MünchKommBGB/*Brandner* § 2219 Rdn. 1). Freilich ist die Sanktion der persönlichen Haftung mit dem eigenen Vermögen für jedes Verschulden eine nicht unerhebliche Hypothek für die Tätigkeit des Testamtentsvollstreckers. Er hat nicht selten eine **Vielfalt von schwierigen Entscheidungen** zu treffen, ohne aber in die Zukunft sehen zu können. Er soll die oft mit großer Vehemenz vorgetragenen Wünsche der Erben berücksichtigen und gleichzeitig den nicht immer so ganz klaren Willen des Erblassers vollziehen. Häufig muß er sein Amt im Spannungsfeld zwischen Erben, Pflichtteilsberechtigten und sonstigen Bedachten ausüben, all dies noch unter Beachtung der steuerlichen Haftung nach § 69 AO. 7

8 Der Normzweck der Vorschrift des § 2219 BGB kann daher **nicht eine rigorose Strafvorschrift** sein, er hat den notwendigen Schutz von Erben und Vermächtnisnehmern gegen Willkür und klare Fehlentscheidungen zum Gegenstand.

9 Die Haftungsnorm des § 2219 BGB läßt die mögliche Haftung des Testamentsvollstreckers aus **unerlaubter Handlung** unberührt. Freilich ist die Haftung nach § 2219 umfassender, weil sie auch die Haftung für Vermögensschäden bei Fahrlässigkeit umfaßt. Der Erbe oder der geschützte Vermächtnisnehmer wird daher auf die §§ 823ff. BGB kaum zurückgreifen müssen. Gegenüber Dritten kommt aber die Deliktshaftung unbegrenzt in Betracht (s. dazu weiter Rdn. 18ff.).

10 Den Testamentsvollstrecker kann aus der Führung seines Amtes eine **steuerliche Haftung** nach § 69 AO treffen. Dazu sei auf Kapitel 8 verwiesen. Die Gefahr dieser Haftung kann für die Amtsführung des Testamentsvollstreckers von erheblicher Bedeutung sein und wird auch bei Prüfung der zivilrechtlichen Haftung berücksichtigt werden müssen.

II. Testamentsvollstreckerhaftung gegenüber wem?

1. Haftung gegenüber Erben

11 § 2219 Abs. 1 BGB begrenzt die Haftung des Testamentsvollstreckers eindeutig dahin, daß er lediglich **dem Erben verantwortlich** ist. Damit wird dem Umstand Rechnung getragen, daß es sich um ein Einzelrechtsverhältnis handelt. Die Begrenzung der Aktivlegitimation für Regreßansprüche entspricht der Regelung des § 1833 BGB für das Haftungsverhältnis zwischen Vormund und Mündel und für den Nachlaßpfleger, der ebenfalls für Pflichtverletzungen grundsätzlich nur dem Erben haftet (*Palandt/Edenhofer* § 1960 Rdn. 24). Die Haftung des Nachlaßverwalters ist demgegenüber weiter, er haftet auch den Nachlaßgläubigern (§ 1985 Abs. 2 BGB).

12 Der **Nacherbe** wird erst Erbe, wenn der Nacherbfall eintritt. Während der Vorerbschaft hat er grundsätzlich nur die Rechte aus § 2127 BGB. Gleichwohl hat der Testamentsvollstrecker des Vorerben auch den Interessengegensatz zwischen Vor- und Nacherben zu berücksichtigen, insbesondere darf er nicht zugunsten des Vorerben die Substanz mindern (BGH NJW-RR 1988, 386). Insoweit käme eine unmittelbare Haftung aus § 2219 BGB gegenüber dem Nacherben – neben der Haftung des Vorerben – in Betracht (ebenso wohl *Haegele/Winkler* Rdn. 562). Bei der **Nacherbenvollstreckung** nach § 2222 BGB gilt § 2219 BGB entsprechend. Für die Erfüllung der Pflichten des Nacherben nach § 2210 BGB ist der Testamentsvollstrecker auch dem Vorerben verantwortlich (*Staudinger/Reimann* § 2222 Rdn. 25).

13 Auch der **Schlußerbe** eines gemeinschaftlichen Testaments ist nicht Erbe im Sinne des § 2219 BGB. Ist Testamentsvollstreckung über den Nachlaß des Erstversterbenden angeordnet, so können sich daraus für den Schlußerben keine eigenen Rechte aus § 2219 BGB gegen den Testamentsvollstrecker ergeben (zu Pflichten des Verwaltungsvollstreckers gegenüber dem Schlußerben in einem Einzelfall BayObLG 1997, 908).

14 **Mehrere Erben** sind Gesamtgläubiger, wenn der Schaden dem Nachlaß insgesamt zugefügt worden ist (s. auch BGH NJW 1997, 1362 zur Haftung des Erbteil-Testamentsvollstreckers). Wurde aber nur ein Miterbe in seinem Erbanteil geschädigt, so steht der Anspruch ihm allein zu. Er kann ihn dann auch nur allein geltend machen. Im übrigen gehört der Anspruch des Erben aus § 2219 BGB zum Nachlaß (§ 2041 BGB). Bei fortdauernder Testamentsvollstreckung steht die Aktivlegitima-

tion für Ersatzansprüche gegen den früheren Testamentsvollstrecker dem Nachfolger im Amt des Vollstreckers zu, der Erbe selbst wäre nach § 2212 BGB daran gehindert.

2. *Haftung gegenüber Vermächtnisnehmer*

Neben dem Erben haftet der Testamentsvollstrecker auch noch dem **Vermächtnisnehmer,** soweit er ein Vermächtnis zu vollziehen hat, also nur aus diesem begrenzten Rechtsverhältnis. Das gilt auch für Unter- und Nachvermächtnisse. Die Haftung gegenüber dem Vermächtnisnehmer ist nicht auf den Fall einer Vermächtnisvollstreckung nach § 2223 BGB beschränkt. Die Haftung des Testamentsvollstreckers tritt aber auch gegenüber dem Vermächtnisnehmer nur unter den in § 2219 BGB festgelegten Voraussetzungen ein. 15

Der Gesetzeswortlaut sieht vor, daß der Testamentsvollstrecker „auch" dem Vermächtnisnehmer haftet. An eine Gesamtgläubigerschaft zwischen Erben und Vermächtnisnehmer ist hier aber wohl nicht gedacht. Das Wort „auch" ist überflüssig und irreführend (*Staudinger/Reimann* § 2219 Rdn. 17). 16

Der Vermächtnisnehmer kann aus dem gleichen Schuldverhältnis, wegen dessen er gegen den Testamentsvollstrecker Ansprüche geltend macht, auch gegen den Erben oder einen sonstigen Beschwerten Forderungen haben. Er ist in diesem Falle nicht gehindert, **zunächst gegen den Testamentsvollstrecker** vorzugehen, insbesondere dann, wenn durch dessen Fehler das Vermächtnis in der ursprünglichen Form nicht mehr vollzogen werden kann. Er muß nicht zunächst die Ersatzansprüche gegen den Erben geltend machen (BGH LM BGB § 2258 Nr. 1). 17

3. *Haftung gegenüber Dritten*

Gegenüber sonstigen Personen, mögen sie am Nachlaß beteiligt sein oder nicht, haftet der Testamentsvollstrecker aus § 2219 BGB allenfalls dann, wenn es sich um Rechtsnachfolger von Erben oder Vermächtnisnehmern handelt. Ein gesetzliches Schuldverhältnis gegenüber Nachlaßgläubigern, Nachlaßschuldnern, Pflichtteilsberechtigten (s. dazu BayObLG FamRZ 1997, 905, 909) oder aus einer Auflage Begünstigten besteht aus § 2219 BGB nicht. Hinsichtlich der Auflage kann der Erbe bei unterlassener Vollziehung möglicherweise Ansprüche aus § 2219 BGB erheben, muß dann aber den Erlös daraus an den aus der Auflage Berechtigten weitergeben (*Muscheler* S. 180ff.). 18

Indessen kommt eine Haftung des Testamentsvollstreckers für **unerlaubte Handlungen** gem. §§ 823ff. BGB gegenüber jedermann in Betracht. Die Haftung wird nicht dadurch gemindert, daß der Testamentsvollstrecker die unerlaubte Handlung bei der ihm obliegenden Verwaltung des Nachlasses begangen hat. Der Erbe haftet daneben grundsätzlich nicht. § 831 BGB ist nicht anwendbar (*Soergel/Damrau* § 2219 Rdn. 8). Wird aber durch die unerlaubte Handlung des Testamentsvollstreckers auch der Erbe gegenüber dem Geschädigten haftbar, dann kann er einen **Befreiungsanspruch** gegen den Testamentsvollstrecker haben (*Staudinger/Reimann* § 2219 Rdn. 28 will diesen Anspruch auch ohne Verschulden des Testamentsvollstreckers geben). 19

Handelt der Testamentsvollstrecker für den Nachlaß, **ohne wirksam bestellt zu sein,** oder kann er nach Beendigung der Testamentsvollstreckung eine von ihm erteilte Vollmacht nicht außer Kraft setzen oder ist seine Verfügung unentgeltlich und damit unwirksam, so kommt **gegenüber dem Geschäftsgegner** eine Haftung als vollmachtloser Vertreter nach § 179 BGB in Betracht, gegebenenfalls auch 20 eine Haftung wegen Verschuldens bei Vertragsschluß (culpa in contrahendo, s. OLG Hamm NJW 1994, 666, vgl. auch Rdn. 25 sowie 1. Kap. Rdn. 91 und 231ff.).

21 Muscheler spricht sich für eine gesamtschuldnerische Haftung von Erben und Testamentsvollstrecker gegenüber Dritten für culpa in contrahendo (S. 195) und positive Vertragsverletzung (S. 208) bei Verträgen aus, die der Testamentsvollstrecker selbst abgeschlossen hat. Damit wird die Regelung der rein internen Haftung des § 2219 BGB aber durchbrochen, so daß dieser Auffassung nicht zugestimmt werden kann. Beachtlich ist jedoch die Ansicht von Muscheler (S. 226ff.), daß bei Schädigung von Nachlaßgläubigern durch den Testamentsvollstrecker der Anspruch des Erben aus § 2219 BGB in seinem Umfang **nach den Prinzipien der Drittschadensliquidation** bemessen wird, also den Einwand des Mitverschuldens des Erben und oder des beim Erben fehlenden Schadens ausschließen. Die Gläubiger können diesen Anspruch des Erben in Verfolgung des Anspruchs gegen ihn pfänden und sich zur weiteren Realisierung überweisen lassen. Soweit der Testamentsvollstrecker nach § 69 AO in Anspruch genommen wird, besteht eine Haftung nur **gegenüber dem Finanzamt.** Inwieweit der Testamentsvollstrecker sich wegen einer solchen steuerlichen Inanspruchnahme wieder an den Nachlaß oder nach dessen Verteilung an die Erben und sonstigen Begünstigten halten kann, hängt vom Einzelfall ab.

III. Zeitliche Begrenzung der Haftung

1. Keine zeitliche Begrenzung durch das Gesetz

22 Die Haftungsbestimmung des § 2219 BGB setzt **keinen ausdrücklichen zeitlichen Rahmen.** Als Haftungsschuldner ist aber „der Testamentsvollstrecker" genannt, zunächst also wohl eine bestehende Testamentsvollstreckung vorausgesetzt. Damit allein ist indessen die Frage nach der zeitlichen Begrenzung der Haftung nicht abschließend beantwortet. Denn es ist denkbar, daß ein Testamentsvollstrecker schon vor Aushändigung der Urkunde tätig wird, daß er die Vollstreckung über deren formelles Ende hinaus fortführt oder daß er gar nicht wirksam bestellt wurde.

2. Tätigkeit vor Annahme des Amtes

23 Das Amt des Testamentsvollstreckers beginnt im Zeitpunkt der Annahme, die gegenüber dem Nachlaßgericht erklärt werden muß (§ 2202 Abs. 1 und 2 BGB). Zwischen Erbfall und der Annahmeerklärung vergeht vielfach eine gewisse Zeit, in welcher der Testamentsvollstrecker bereits von seiner Einsetzung durch den Erblasser weiß, aber mit der Annahmeerklärung etwa bis zur Testamentseröffnung wartet. Vielfach wird er in solchen Fällen schon **vorläufige Maßnahmen treffen.** Rechtsgeschäfte und Verfügungen können nach dem formellen Amtsbeginn gem. §§ 177, 180 BGB oder § 185 Abs. 2 S. 1 BGB durch Genehmigung wirksam gemacht werden (*Palandt/Edenhofer* § 2202 Rdn. 1). Der Testamentsvollstrecker wird hier als solcher und nicht als Privatperson oder Geschäftsführer für die Erben tätig. Ungeachtet des Umstands, daß sein Amt formell noch nicht begonnen hat, wird man eine Haftung nach § 2219 BGB auch für diese **vorzeitigen Handlungen** des Testamentsvollstreckers annehmen müssen. Hat der Testamentsvollstrecker bei seiner vorzeitigen Tätigkeit im ausdrücklichen Auftrag der Erben gehandelt, käme freilich ihm gegenüber insoweit auch ein Anspruch nach dem Recht der Leistungs-

störungen in Betracht. Im Haftungsausmaß wäre kein Unterschied, allenfalls kämen verschiedene Verjährungsfristen in Betracht (s. Rdn. 78ff.).

3. Tätigkeit nach Beendigung des Amtes

Nach **Beendigung des Amtes** vorgenommene Rechtshandlungen des Testamentsvollstreckers sind grundsätzlich unwirksam (siehe 7. Kap. Rdn. 63ff.). Gleichwohl sind Fälle denkbar, in denen der Testamentsvollstrecker das Amt – verschuldet oder unverschuldet – trotz Beendigung fortführt. Auch in diesem Fall hat er seine Pflichten gegenüber Erben oder Vermächtnisnehmern ebenso zu erfüllen, wie wenn er bestellter Vollstrecker wäre. Für die Haftung bei Pflichtverletzungen sollte daher nichts anders gelten, als bei bestehender Vollstreckung; aA *Zimmermann* Rdn. 761, der Haftung nach allgemeinen Vorschriften annimmt. 24

Hat der Testamentsvollstrecker Vollmacht erteilt, so erlischt sie mit Beendigung des Amtes (KGJ 41, 79). Der Testamentsvollstrecker muß sich bemühen, die Vollmacht (und evtl. das Testamentsvollstreckerzeugnis) ehestens zurückzuerlangen. Schließt der Bevollmächtigte nämlich noch einen Vertrag, so läuft der Testamentsvollstrecker Gefahr, in eine Haftung nach § 179 BGB zu geraten (RG DNotZ 1933, 303 = DRiZ 1933 Nr. 295). 25

4. Haftung nach Tod des Testamentsvollstreckers

Stirbt der Testamentsvollstrecker vor Beendigung der Testamtensvollstrekkung, so muß das Amt unter Umständen durch seine Erben einstweilen weitergeführt werden (§§ 2218 Abs. 1, 673 S. 2 BGB; *Staudinger/Reimann* § 2225 Rdn. 13; s. auch 6. Kap. Rdn. 258ff.), soweit nicht ein Mittestamentsvollstrecker eingesetzt ist und die Geschäfte nach § 2224 Abs. 2 BGB fortführen kann. Soll auch **der Erbe des Testamentsvollstreckers** nach § 2219 BGB haften? Zwar gilt nach dem Wortlaut der §§ 2218 Abs. 1, 673 BGB das Testamentsvollstreckeramt in der Person seines Erben als fortbestehend. Anders als der noch nicht, nicht wirksam oder nicht mehr bestellte Testamentsvollstrecker, der aus freien Stücken und meist auf eigenen Wunsch tätig ist, wird seinem Erben die Fortführung eines Amtes aufgedrängt. Gleichwohl wird man sich mit der Anwendung der insgesamt ja eingeschränkten Haftung nach § 2219 BGB für den Erben des Testamentsvollstreckers abfinden können, wenn bei Bemessung seines Pflichtenumfangs und insbesondere bei der Bewertung des Verschuldens in der gebotenen Weise großzügig verfahren wird (s. auch 6. Kap. Rdn. 260; *Zimmermann* Rdn. 762 will § 671 Abs. 2 – gemeint wohl § 673 Abs. 2 BGB – analog anwenden; *J. Mayer* in *Mayer/Bonefeld/Daragan* Rdn. 460 hält § 2219 BGB auf Grund der Erbschaftsannahme und der Universalsukzession für unbeschränkt anwendbar – aber nicht jeder Hinterbliebene etwa von Notaren und Anwälten erkennt bei Annahme der Erbschaft, welche Pflichten auf ihn zukommen können). 26

5. Haftung des vermeintlichen Testamentsvollstreckers

War die Bestellung des Testamentsvollstreckers **unwirksam** (siehe zB OLG Zweibrücken FamRZ 2000, 323), ohne daß dies bemerkt wurde, so ändert dies an der Verantwortlichkeit nach § 2219 BGB nichts. So hat das RG in JW 1937, 3187 für den Gesamtgutsverwalter der fortgesetzten Gütergemeinschaft nach hamburgischem Recht entschieden: „Es wäre in einem solchen Falle kein Grund dafür ein- 27 zusehen, daß er für seine Tätigkeit anders verantwortlich sein oder andere Ansprüche auf Vergütung haben sollte als ein wirksam bestellter Gesamtgutsverwalter. Von einem solchen unterscheidet er sich allein durch die Unwirksamkeit der Bestellung, während er im übrigen die Befugnisse eines ordnungsmäßig bestellten Verwalters ausüben konnte und wollte, auch ausgeübt hat, dabei das Maß seiner Pflichten auch bloß nach denjenigen eines ordnungsmäßig bestellten bestimmen konnte und bestimmen mußte". Das RG stellt dann auch zutreffend auf die schützenswerten Belange der Beteiligten ab.

28 Wenn es auch zweifelhaft sein mag, wieweit der vermeintliche Testamentsvollstrecker wirksam für den Nachlaß tätig werden kann, lassen sich diese für den früheren Gesamtgutsverwalter aufgestellten Grundsätze zwanglos auf den Testamentsvollstrecker übertragen.

29 Ein weiteres Beispiel gibt BGH WM 1967, 25 ff. Der Testamentsvollstrecker war in der damaligen **sowjetischen Besatzungszone** aus seinem Amt entlassen worden, nachdem er das Land als politischer Flüchtling verlassen hatte. In West-Berlin wurde ihm erst nach längerem Verfahren vom Kammergericht das Testamentsvollstrecker-Zeugnis wieder erteilt. Er war aber durchgehend wie ein Testamentsvollstrecker tätig gewesen und haftete den Erben wegen verschiedener Fehler nach § 2219 BGB.

30 Für die **Haftung des vermeintlichen Testamentsvollstreckers** aus § 2219 BGB kann es nicht entscheidend sein, ob nicht wirksam Testamentsvollstreckung angeordnet oder ob der Testamentsvollstrecker als Person unwirksam bestellt war (*Staudinger/Reimann* Rdn. 20; *Naegele* S. 67 ff.; s. auch *Johannsen* BGB LM § 2218 Nr. 6).

31 **Genehmigt** der **nachfolgende Testamentsvollstrecker** die Handlungen des vermeintlichen, so billigt er sie und setzt sich damit gegenüber dem Erben selbst der Haftung des § 2219 BGB aus (*Staudinger/Reimann* § 2219 Rdn. 21; *Naegele* S. 70 ff., der Gesamtschuldnerschaft beider Testamentsvollstrecker annimmt; zum vermeintlichen Testamentsvollstrecker s. auch 1. Kap. Rdn. 231 ff. und 10. Kap. Rdn. 148 ff.).

IV. Voraussetzungen der Haftung

1. Objektive Pflichtverletzung

32 Der Testamentsvollstrecker haftet, wenn er seine Pflichten schuldhaft verletzt. Die Prüfung der Haftung setzt also zunächst voraus, daß die angeblich schädigende Handlung oder Unterlassung im Tatbestand präzise erfaßt und sodann an der Frage gemessen wird, ob sie mit den jeweiligen Pflichten des Testamentsvollstreckers vereinbar war. Es muß eine **objektive Pflichtverletzung** vorliegen, andernfalls kommt eine Haftung von vornherein nicht in Betracht.

33 Die Pflichten des Testamentsvollstreckers ergeben sich zunächst aus dem Gesetz. Die **Generalklausel** findet sich in § 2216 BGB. Danach ist der Testamentsvollstrecker zur ordnungsmäßigen Verwaltung des Nachlasses verpflichtet. Anordnungen, die der Erblasser für die Verwaltung getroffen hat, sind von dem Testamentsvollstrecker zu befolgen. Er hat allerdings die Möglichkeit, bei einer erheblichen Gefährdung des Nachlasses diese letztwilligen Anordnungen durch das Nachlaßgericht außer Kraft setzen zu lassen. Neben der Pflicht zur ordnungsgemäßen Verwaltung treten als weitere Aufgaben die Übernahme des Nachlasses, die Auseinandersetzung, die Rechnungslegung und Herausgabe und vieles andere mehr. Im einzelnen sei dazu auf 3. bis 6. Kap. verwiesen.

Die andere Quelle, aus der die Pflichten des Testamentsvollstreckers abgelesen werden können, ist der **Wille des Erblassers.** Er wird sich in erster Linie in der letztwilligen Verfügung dokumentieren. Es muß dem Testamentsvollstrecker aber auch möglich sein, einen nicht ausdrücklich im Testament niedergelegten Willen nachzuweisen, wenn er ihm bekannt war (vgl. BayObLGZ 1976, 67). Als Beweismittel kommen Schriftstücke wie Briefe oder sonstige Aufzeichnungen, aber auch Zeugenaussagen über mündliche Äußerungen des Erblassers in Betracht. Beweislast und damit Beweisrisiko liegen hier freilich beim Testamentsvollstrecker. Zu einer Erweiterung oder Abänderung der in den letztwilligen Verfügungen zum Ausdruck gebrachten Anordnungen im Sinne von **vermuteten Absichten** des Erblassers ist der Testamentsvollstrecker jedoch nicht befugt (BayObLG NJW-RR 2000, 298), die Grenze wird nicht immer leicht zu ziehen sein (s. zur eigenverantwortlichen Auslegung der letztwilligen Verfügung durch den Testamentsvollstrecker auch 3. Kap. Rdn. 104f., einschränkend 3. Kap. Rdn. 133ff.; ferner Rdn. 95). 34

Der **Erblasser** hat regelmäßig mit der Einsetzung des Testamentsvollstreckers ein **bestimmtes Ziel** im Auge gehabt. Möglicherweise sollte durch die Autorität des Testamentsvollstreckers naheliegender Streit zwischen den Erben vermieden werden, vielleicht auch die Auseinandersetzung vereinfacht oder die Verwaltung des Nachlasses in kundige Hände gelegt werden. Wollte der Erblasser den Erben oder vielleicht auch den Vorerben auf jeden Fall von der Verfügung oder Verwaltung des Nachlasses fernhalten, so ist dies auch Richtschnur für den Testamentsvollstrecker. Wurde er aber in erster Linie wegen seiner besseren Fähigkeiten als Vermögensverwalter eingesetzt, so wird er sich leichter entscheiden können, nicht benötigte Teile des Nachlasses an die Erben freizugeben. Freilich wird niemand den Testamentsvollstrecker in Regreß nehmen, wenn er gegen den Willen des Erblassers, aber im vollen **Einverständnis mit dem Erben** handelt. Das ändert jedoch nichts an dem Umstand, daß er objektiv seine Pflicht gegenüber dem Erblasser insoweit nicht oder nicht vollständig erfüllt hat; die Pflichtverletzung bleibt eben hier ohne Sanktionen (vgl. 4. Kap. Rdn. 50; 5. Kap. Rdn. 447ff.; 6. Kap. Rdn. 61ff.). 35

Ohnehin wird es sich für den Testamentsvollstrecker häufig empfehlen, das Einverständnis mit dem Erben oder Vermächtnisnehmer auch über § 2206 BGB hinaus zu suchen und beweiskräftig festzuhalten. Er kann sich dadurch spätere Regreßauseinandersetzungen und Beweisschwierigkeiten ersparen. 36

Formulierungsvorschlag: 37

Alfred und Bernhard B. als Erben des Conrad B. erklären hiermit ihr Einverständnis mit dem Vorschlag des N. N. als Testamentsvollstrecker nach Conrad B., das zum Nachlaß gehörende Mietshaus in M. in Eigentumswohnungen aufzuteilen und diese anschließend zu verkaufen. Der Reinerlös soll dem Nachlaß zufließen und zum Erwerb von Anteilen eines offenen Immobilienfonds nach Wahl des Testamentsvollstreckers verwendet werden.

Oder: Alfred und Bernhard B. als Erben und Dietrich B. als Vermächtnisnehmer des Conrad B. erklären sich hiermit einverstanden, daß zur Erfüllung des dem Dietrich B. ausgesetzten Vermächtnisses statt der im Testament angeordneten Barzahlung das zum Nachlaß gehörige Meißner Eßservice mit 32 Teilen ausgehändigt wird. Von einer Schätzung des Werts durch einen Sachverständigen wird im Hinblick auf die eigene Sachkunde der Beteiligten einvernehmlich abgesehen.

Der Wille des Erblassers wird regelmäßig an den **Gegebenheiten zum Zeitpunkt der Errichtung der letztwilligen Verfügung** orientiert sein, spätestens nach den Gegebenheiten in dem Zeitpunkt, zu dem er letztmals zu Änderungen 38 eines niedergelegten Willens in der Lage war. Die Gegebenheiten können sich nach dem Tod ändern, teils allmählich, teils schlagartig. Die deutsche Wiedervereinigung mag als Beispiel für unerwartete neue Ereignisse dienen. Aber auch nicht vorhergesehene Schwankungen im Wert von Vermögensanlagen aller Art, unter Umständen sogar die schleichende Geldentwertung und die Steigerung des Lebensstandards, stellen Perspektiven dar, die der Erblasser möglicherweise nicht bedacht hat und vielleicht auch nicht bedenken konnte. Mißt man die Pflichten des Testamentsvollstreckers am Willen des Erblassers, so wird man auch zu berücksichtigen haben, wie sich dieser Wille in Kenntnis der **nachträglich eingetretenen oder offenbar gewordenen Umstände** dargestellt hätte. Das wird nicht immer leicht sein (vgl. zB BGH NJW-RR 1992, 775). Ohne konkrete Anhaltspunkte aus dem früheren Verhalten des Erblassers wird ein Gericht die allgemeine Lebenserfahrung zu Hilfe nehmen müssen. Die Darlegungs- und Beweislast wird den Kläger treffen, der den Testamentsvollstrecker einer Pflichtverletzung beschuldigt. Wer Umfang und Verletzung der Pflicht vorträgt, muß deren Grund und Ableitung darlegen.

39 Bei Prüfung des Pflichtenumfangs wird auch zu berücksichtigen sein, daß dem Testamentsvollstrecker jedenfalls bei der Verwaltungsvollstreckung ein wirtschaftliches Ermessen eingeräumt wird, ohne das er sein Amt vielfach auch gar nicht ausüben könnte. Die Grenzen des wirtschaftlichen Ermessens werden durch die Grundsätze der Wirtschaftlichkeit gezogen, wobei die Grundsätze ordnungsmäßiger Verwaltung zu beachten sind (BayObLG ZEV 1998, 348 = NJWE-FER 1998, 110 = FamRZ 1998, 987; der Beschluß erging im Verfahren um die Entlassung eines Testamentsvollstreckers; das Gericht hielt es nicht mehr für ordnungsgemäße Verwaltung, wenn der Testamentsvollstrecker „Risikogeschäfte abschließt, die nach ihrer Größenordnung im Falle des Mißlingens den Bestand des Nachlasses insgesamt in Frage stellen“).

2. Verschulden

40 Neben der Pflichtverletzung ist Voraussetzung der Haftung, daß dem Testamentsvollstrecker ein **Verschulden** zur Last fällt. Das ist in § 2219 BGB ausdrücklich geregelt. Eine Garantiehaftung oder Gewährleistung trifft den Testamentsvollstrecker also grundsätzlich nicht. Ob ein Verschulden vorliegt, ist stets aus der Sicht des Zeitpunktes zu beurteilen, in welchen die behauptete Fehlleistung des Testamentsvollstreckers fällt (siehe Rdn. 53). Der Begriff des Verschuldens ist in § 276 BGB definiert. Diese Vorschrift ist aufgrund des gesetzlichen Schuldverhältnisses zwischen Erben und Testamentsvollstrecker anzuwenden (BayObLG ZEV 1998, 348 = NJWE-FER 1998, 110 = FamRZ 1998, 987). Der Testamentsvollstrecker hat danach **Vorsatz und Fahrlässigkeit** zu vertreten. Ist ihm keine dieser beiden Verschuldensformen nachzuweisen, so kommt eine Haftung nicht in Betracht.

a) Vorsatz

41 **Vorsatz** ist das Wissen und Wollen des rechtswidrigen Erfolges. Der Beweggrund ist regelmäßig ohne Bedeutung. Für die Annahme des Vorsatzes genügt es, daß der Testamentsvollstrecker seine Pflichten bewußt und gewollt verletzt. Er muß sich der Rechtswidrigkeit seines Tuns oder Unterlassens bewußt sein; der durch die Pflichtverletzung ausgelöste Schaden selbst muß aber nicht vom Vorsatz erfaßt sein. Irrt der Testamentsvollstrecker über seine Pflichten, so handelt er nicht vorsätzlich, sondern allenfalls fahrlässig, wenn er nämlich seine Pflichten hätte richtig erfassen können.

b) Formen der Fahrlässigkeit

Die Fahrlässigkeit ist die mildere Form des Verschuldens. Fahrlässig handelt nach § 276 BGB, wer die im Verkehr erforderliche Sorgfalt außer acht läßt. Dabei werden einzelne Fahrlässigkeitsformen unterschieden: 42

Die bewußte Fahrlässigkeit, wenn der Handelnde den Eintritt des Schadens für möglich hält, aber fahrlässig darauf vertraut, er werde nicht eintreten (anders als der „bedingte Vorsatz", bei dem der als möglich erkannte rechtswidrige Erfolg zwar nicht angestrebt, aber billigend in Kauf genommen wird). 43

Grobe Fahrlässigkeit, wenn die im Verkehr erforderliche Sorgfalt in besonders schwerem Maße verletzt wird. Das ist nach der Rechtsprechung zu bejahen, wenn schon einfachste, ganz naheliegende Überlegungen nicht angestellt werden und das nicht beachtet wird, was im gegebenen Fall jedem einleuchten mußte (BGH NJW 1980, 886). 44

Einfache, leichte, gewöhnliche **Fahrlässigkeit,** wenn die im Verkehr erforderliche Sorgfalt verletzt ist, ohne daß die erschwerenden Umstände etwa der groben Fahrlässigkeit gegeben sind. Die weitere Unterscheidung in mittlere und leichteste Fahrlässigkeit ist für die Haftung des Testamentsvollstreckers unerheblich. Soweit eine Differenzierung wünschenswert ist, muß sie über den Begriff der erforderlichen Sorgfalt gefunden werden. 45

c) Erforderliche Sorgfalt

„Die im Verkehr erforderliche" Sorgfalt ist nicht notwendig die übliche (BGH NJW 1965, 1075), auf eine allgemein verbreitete Handhabung könnte sich der Testamentsvollstrecker daher nicht ohne weiteres zu seiner Entschuldigung berufen. Aus einer **Üblichkeit** kann indessen rückgeschlossen werden, wie der Verkehr die Sorgfaltsanforderungen allgemein eingeschätzt hat. 46

Bei Beurteilung der Testamentsvollstreckerhaftung ist zudem im besonderen Maße zu fragen, welche **Sorgfaltspflichten** und welcher Sorgfaltsmaßstab gerade im konkreten Fall, bei der konkreten Person und bei den konkreten Umständen anzuwenden sind. Von einem Handwerker oder einer Hausfrau kann nicht erwartet werden, daß sie schwierige rechtliche, wirtschaftliche oder steuerliche Fragen übersehen. Es ist nicht einmal ohne weiteres zu verlangen, daß überhaupt eine mögliche Zweifelsfrage erkannt wird. Von einem Rechtsanwalt oder Notar müssen grundlegende Rechtskenntnisse erwartet werden, aber nicht unbedingt steuerrechtliche Kenntnisse und auch keine Erfahrungen in wirtschaftlichen Fragen, etwa der Führung eines Betriebes. Dagegen ist von einem Kaufmann zu verlangen, daß er zumindest allgemeine wirtschaftliche Kenntnis und auch die besondere Kenntnis seiner eigenen Branche einsetzt. 47

Für die Beurteilung der Fahrlässigkeit, also für die Anwendung der im Verkehr erforderlichen Sorgfalt, ist daher auf eine **subjektive** und nicht auf eine objektive Betrachtung abzustellen. Es geht nicht um die Frage, wie ein Testamentsvollstrecker von optimaler Erfahrung oder auch von durchschnittlicher Befähigung gehandelt hätte. Maßstab der Beurteilung muß sein, welche Sorgfalt man gerade von diesem Testamentsvollstrecker im Hinblick auf seine Vorbildung, seine berufliche Tätigkeit und sein Alter bei gewissenhafter Amtsführung erwarten darf (vgl. BGH WM 1967, 25: Sorgfalt eines ordentlichen Hausvaters; zu verschärften Anforderungen an eine Bank als Testamentsvollstrecker vgl. 11. Kap. Rdn. 110ff.; *J. Mayer* in *Mayer/Bonefeld/Daragan* Rdn. 467 hält nur den objektiven Sorgfaltsmaßstab für anwendbar). 48

Das bedeutet grundsätzlich nicht, daß der Testamentsvollstrecker lediglich die **diligentia quam in suis** anzuwenden braucht. Die gleiche Sorgfalt wie in eigenen Dingen mag vielfach genügen. Sie kann aber nicht als Entschuldigung für 49

Fehler dienen, die bei gewissenhafter Amtsführung auch diesem Testamentsvollstrecker nicht hätten unterlaufen dürfen. Genügt die Sorgfalt in eigenen Dingen nicht den Anforderungen, die an diesen Testamtentsvollstrecker zu stellen sind, so muß er sich in seiner Amtsführung entsprechend stärker bemühen.

d) Vorhersehbarkeit des Erfolges

50 Eine weitere Voraussetzung für die Annahme der Fahrlässigkeit ist, daß der (schädliche) **Erfolg** vorhergesehen werden kann (BGHZ 39, 281, 285; NJW-RR 1996, 981). Das bedeutet nicht, daß dem Testamentsvollstrecker alle Konsequenzen seines jeweiligen Handelns oder Unterlassens deutlich vor Augen stehen müßten; in diesem Fall wäre ja Vorsatz anzunehmen. Wesentlich ist, ob ein fähiger und kundiger Beobachter – hier ist nun ein objektiver Maßstab anzulegen, nicht auf die jeweilige konkrete Person abzustellen – auf Grund des gegebenen Tatbestandes den schädigenden Erfolg allgemein vorhersehen konnte.

e) Auswahl von Beratern

51 Kann der Testamentsvollstrecker den an sein Amt gestellten Anforderungen nicht selbst nachkommen, will er aber auch das Amt nicht ablehnen oder niederlegen, so muß er sich **kundiger Berater** bedienen. Das gilt auch für Angehörige rechts- und steuerberatender Berufe, von denen nicht ohne weiteres verlangt werden kann, daß sie wirtschaftliche und kaufmännische Entscheidungen aus eigener Kenntnis und Erfahrung treffen. Verwaltungsvollstreckungen werden ja regelmäßig nur bei größeren Vermögen angeordnet. Die Führung eines kaufmännischen oder landwirtschaftlichen Betriebes, die Betreuung eines Wertpapierdepots, die Wahrnehmung von Gesellschafterrechten, die Verwaltung von Immobilien aller Art etc. läßt sich aus eigener Sachkenntnis vielfach nicht bewältigen (vgl. BGH NJW-RR 1993, 849). Dies gilt auch für Nachlässe mit Auslandsberührung, insbesondere, wenn ausländisches Recht eine Rolle spielen kann. Dem Testamentsvollstrecker muß es in solchen Fällen auch gestattet sein, den Nachlaß mit Kosten für die Beratung zu belasten.

52 Der Testamentsvollstrecker haftet den Erben für die **gewissenhafte Auswahl** des Beraters. Fällt ihm insoweit kein Verschulden zur Last, so muß er für die Fehler des Beraters grundsätzlich nicht einstehen. Eine Haftung wäre hier nur denkbar, wenn der Testamentsvollstrecker den Fehler des Beraters bei zumutbarer Aufmerksamkeit hätte erkennen können und in der Lage gewesen wäre, den Fehler und seine Folgen rechtzeitig zu verhindern. Den Testamentsvollstrecker kann aber keine höhere Überwachungspflicht gegenüber dem Berater treffen als jede andere Person, die einen fachlichen Berater und Vertreter einschaltet. Im Regelfall beschränkt sich die Haftung daher auf das Auswahlverschulden.

f) Ex-ante-Betrachtung

53 Bei Prüfung der Frage, ob im Einzelfall dem Testamentsvollstecker Fahrlässigkeit zur Last gelegt werden kann, muß im besonderen Maße der Versuchung einer rückwirkenden Betrachtungsweise (ex post-Betrachtung statt richtig **ex ante-Betrachtung**) widerstanden werden. Es liegt nahe, daß bei eingetretenem Schaden nachträglich ein Weg gefunden werden kann, durch den dieses Ergebnis hätte vermieden werden können. Zu fragen ist aber, ob dem Testamentsvollstrecker im entscheidenden Zeitpunkt dieser Weg hätte bekannt und bewußt sein müssen, wenn er die erforderliche Sorgfalt angewendet hätte. Ob ein Grundstück, eine Aktie, eine Geschäftsverbindung, ein Produktionsprogramm im Wert und der Be-

wertung fällt oder steigt, ist hinterher wohl leicht festzustellen. Kaum jemals läßt sich die Entwicklung aber mit Sicherheit vorhersagen. Die Ungewißheit der Zukunft und das wirtschaftliche Risiko, denen sich auch der Erbe stellen müßte, können nicht zu Lasten des Testamentsvollstreckers gehen.

3. Kausalität

Der Fehler des Testamentsvollstreckers muß für den beim Erben oder Vermächtnisnehmer eingetretenen Schaden **ursächlich** sein. Es ist daher jeweils zu prüfen, welchen Verlauf die Dinge bei pflichtgemäßem Verhalten genommen hätten und wie die Vermögenslage des Erben oder Vermächtnisnehmers sein würde, wenn der Testamentsvollstrecker die Pflichtverletzung nicht begangen, sondern pflichtgemäß gehandelt hätte. Erforderlich ist also ein Vergleich der durch den Fehler tatsächlich entstandenen Vermögenslage mit der Vermögenslage, die aller Voraussicht nach ohne den Fehler eingetreten wäre. 54

Läßt der Testamentsvollstrecker etwa eine dem Nachlaß zustehende Forderung schuldhaft verjähren, so haftet er gleichwohl nicht, wenn sich die Forderung nicht hätte durchsetzen lassen. **Die Vermögenslage des Erben** hat sich dann durch die Verjährung des Anspruchs nicht verschlechtert. Verfügt aber der Testamentsvollstrecker zu Unrecht unentgeltlich über einen werthaltigen Nachlaßgegenstand zugunsten eines Dritten, so vermindert sich der Nachlaß; der Vergleich der Vermögenslagen ergibt eine Verschlechterung für den Erben. 55

Der ursächliche Zusammenhang zwischen dem Fehler des Testamentsvollstreckers, beispielsweise der falschen rechtlichen Beurteilung, und der Verletzung des Rechtsguts, etwa der eingetretenen Verjährung eines Anspruchs, zählt zur **haftungsbegründenden** Kausalität. Für die **haftungsausfüllende** Kausalität ist dann entscheidend, ob und inwieweit der behauptete Schaden auf dem festgestellten Haftungsgrund beruht, ob etwa der verjährte Anspruch bei rechtzeitiger Geltendmachung hätte realisiert werden können. Insoweit hat der Geschädigte die Beweiserleichterung des § 287 ZPO (ständige Rechtsprechung, siehe zB BGH NJW 2000, 730 und 737 sowie Rdn. 134f.). 56

Zunächst muß rein nach dem logischen Ablauf geprüft werden, ob die Schädigung auch eingetreten wäre, wenn man sich die schädigende Handlung des Testamentsvollstreckers wegdenkt. Dies allein genügt aber nicht, um haftungsrechtlich den Ursachenzusammenhang zu bejahen. Entscheidend ist nämlich weiter, ob die Schädigung dem Testamentsvollstrecker als Schädiger auch zuzurechnen ist. Es muß also auch ein **„Zurechnungszusammenhang"** bestehen. Er setzt einmal voraus, daß die Ursächlichkeit noch „adäquat" ist, daß also die Möglichkeit des Schadeneintritts nicht außerhalb aller Wahrscheinlichkeit liegen darf. Zum andern muß der Schaden nach seiner Art und Entstehung unter den **Schutzzweck der Haftungsnorm** des § 2219 BGB fallen. Die Beeinträchtigung der Vermögenslage des Erben oder des Vermächtnisnehmers muß aus dem Bereich der Gefahren stammen, zu deren Abwendung die gesetzliche Haftungsbestimmung geschaffen wurde. Die Norm des § 2219 BGB soll den Erben vor Fehlern des Testamentsvollstreckers schützen. Sie ist das Gegenstück zur freien Stellung des Testamentsvollstreckers. Will man im konkreten Fall auf den Schutzzweck der Haftungsnorm abstellen, muß man deswegen vom Sachverhalt her auch erfassen, ob der Testamentsvollstrecker tatsächlich sein Amt grundlos ohne oder gegen die Erben, womöglich sogar willkürlich ausgeübt hat (s. auch Rdn. 7). 57

Der haftungsrechtliche Zusammenhang kann wieder entfallen, wenn der Geschädigte selbst in ungewöhnlicher oder unsachgemäßer Weise in den schadens- 58 trächtigen Geschehensablauf eingegriffen und dadurch eine weitere Ursache gesetzt hätte, die den Schaden endgültig herbeiführte. Eine derartige **Zweithandlung des Geschädigten** schließt den zurechenbaren Kausalverlauf indessen dann nicht aus, wenn für sie ein rechtfertigender Anlaß bestand oder wenn die Zweithandlung durch das haftungsbegründende Ereignis herausgefordert wurde und eine nicht ungewöhnliche Reaktion auf dieses Ereignis darstellt (BGH NJW 1988, 1143).

59 In der jüngeren Rechtsprechung hat sich bei Prüfung der Ursächlichkeit ferner die Frage nach dem **rechtmäßigen Alternativverhalten** durchgesetzt (vgl. *Borgmann/Haug* Anwaltshaftung Kap. V Rdn. 43ff.; BGH NJW 1996, 311; *Kiethe/Hektor* DStR 1996, 547, 551). Ihm liegt die Überlegung zugrunde, ob der Testamentsvollstrecker bei pflichtgemäßem Handeln den Schaden ebenso herbeigeführt hätte, wie er ihn durch die schuldhafte Pflichtverletzung ausgelöst hat. Das kann etwa der Fall sein, wenn der Testamentsvollstrecker schuldhaft eine Nachlaßforderung übersieht und sie dadurch verjährt, er aber auch bei pflichtgemäßem Verhalten die Forderung nicht geltend gemacht hätte, etwa weil dies beweisbar im Widerspruch zum Willen des Erblassers gestanden wäre oder eine gerichtliche Verfolgung sich wegen Vermögenslosigkeit des Schuldners oder zweifelhafter Rechtslage nicht hätte rechtfertigen lassen. Ebenso wäre es, wenn der Testamentsvollstrecker pflichtwidrig bestimmte Wertpapiere mit Verlust ge- oder verkauft hätte, der Verlust aber beim pflichtgemäßen Kauf oder Verkauf anderer Positionen ebenso eingetreten wäre. Der Erbe, der auch bei pflichtgemäßem Handeln des Testamentsvollstreckers nicht bessergestanden wäre, soll dann keinen Schadensersatzanspruch haben. Die Beweislast für den Einwand, ein gleicher Schaden wäre auch bei pflichtgemäßem Handeln eingetreten, trifft hier den Testamentsvollstrecker. Die Rechtsprechung legt hier allerdings noch einen zusätzlichen Maßstab an:

Ob ein Schaden, der auch bei rechtmäßigem Alternativverhalten entstanden wäre, dem Testamentsvollstrecker haftungsmäßig zuzurechnen ist, muß aus dem **Schutzzweck der Norm** abgeleitet werden. Im einzelnen sei dazu etwa auf *Palandt/Heinrichs* Vor § 249 Rdn. 105ff. verwiesen. Die Praxis wird sich mit dieser Einschränkung schwer tun, doch sollte der Normzweck des § 2219 BGB (siehe Rdn. 7, 8 und 57) regelmäßig die Berücksichtigung des Kausaleinwandes zugunsten des Testamentsvollstreckers nicht ausschließen. Freilich trägt er die Beweislast für die Behauptung, daß auch ein pflichtgemäßes Verhalten den Schaden nicht verhindert hätte (BGH NJW 1991, 167).

V. Haftung mehrerer Testamentsvollstrecker

60 Das Gesetz bestimmt in § 2219 Abs. 2 BGB: „Mehrere Testamentsvollstrecker, denen ein Verschulden zur Last fällt, haften als Gesamtschuldner." Gedacht ist hier schon nach dem Wortlaut an die **Mitvollstrecker** nach § 2224 BGB, nicht an nacheinander tätige Testamentsvollstrecker. Sonst würde der Testamentsvollstrekker, der nach der Entlassung seines Vorgängers ihn in Anspruch nehmen muß, mit ihm gesamtschuldnerisch haften; ein offensichtlich nicht gemeintes Ergebnis. Es geht ausschließlich um die Mitvollstreckung, bei der beide oder auch die mehreren Testamentsvollstrecker das Amt gemeinschaftlich führen.

61 Der Erblasser kann bestimmen, daß jeder der Testamentsvollstrecker (nur) ein **bestimmtes Tätigkeitsgebiet** betreuen soll. Das kann sich auch ohne eine solche ausdrückliche Anordnung aus den Umständen ergeben. Werden beispielsweise zur Testamentsvollstreckung über einen landwirtschaftlichen Betrieb ein Landwirt und ein Rechtsanwalt berufen, so kann darin die Anordnung liegen, daß der Anwalt die rechtlichen und evtl. die steuerlichen Vorgänge bearbeitet, der Landwirt sich dage-

gen ausschließlich um die wirtschaftliche Betriebsführung zu kümmern hat. In diesem Fall wäre keine gemeinschaftliche Amtsführung gegeben, so daß eine gesamtschuldnerische Haftung ausscheiden müßte.

62 Im übrigen hat die interne Aufteilung der Aufgaben jedoch keine Wirkung nach außen, es bleibt im Grundsatz bei der gemeinschaftlichen Amtsführung und damit bei gegebenen Voraussetzungen bei der gesamtschuldnerischen Haftung (*Staudinger/Reimann* § 2219 Rdn. 18 und § 2224 Rdn. 13; MünchKommBGB/*Brandner* § 2219 Rdn. 5, § 2224 Rdn. 7).

63 Voraussetzung für die **gesamtschuldnerische Haftung** muß aber sein, daß alle in Anspruch genommenen Mitvollstrecker ein Verschulden trifft, sei es auch nur bei der Überwachung des oder der anderen Vollstrecker. Das Gesetz verlangt ausdrücklich, daß den Testamentsvollstreckern (in der Mehrzahl) ein Verschulden zur Last fällt. Insoweit weicht die Haftungsregelung beim Vormund ab, denn dort wird für die gesamtschuldnerische Haftung vorausgesetzt, daß mehrere nebeneinander „verantwortlich" sind; das kann auch auf die reine kausale Verursachung hin ausgelegt werden (§ 1833 BGB). Soweit *Staudinger/Reimann* § 2224 Rdn. 18 gesamtschuldnerische Haftung auch dann annimmt, wenn nur einen von mehreren Vollstreckern ein Verschulden trifft, kann ihm nicht gefolgt werden. Es ist nichts dafür ersichtlich, daß das Gesetz hier eine Gefährdungs- oder Garantiehaftung einführen wollte (wie hier wohl auch *Palandt/Edenhofer* § 2219 Rdn. 1).

64 Im **Innenverhältnis** haften nach § 426 BGB mehrere Vollstrecker im Grundsatz zu gleichen Teilen. Tatsächlich wird aber in vielen Fällen auf Grund der jeweiligen Umstände eine abweichende interne Verteilung geboten sein. Das gilt insbesondere dann, wenn bei einem Vollstrecker das Verschulden nur in der unzureichenden Überwachung des anderen Vollstreckers gesehen wird. In diesem Fall kann in analoger Anwendung des § 1833 Abs. 2 S. 2 BGB der Testamentsvollstrecker im Innenverhältnis allein haften, dem der eigentliche Fehler unterlaufen ist.

VI. Haftung für Dritte

1. Grundsatz: Höchstpersönliche Amtsführung

65 Das Amt des Testamentsvollstreckers ist **höchstpersönlich.** Er kann es nicht im Ganzen auf einen anderen übertragen. Will er das Amt einem anderen übergeben, so kommt allenfalls in Betracht, daß er sein Amt niederlegt und mit Ermächtigung des Erblassers gem. § 2199 Abs. 2 und 3 BGB einen Nachfolger ernennt (*Staudinger/Reimann* § 2218 Rdn. 8). Überträgt der Testamentsvollstrecker unerlaubterweise die Wahrnehmung seiner Aufgaben einem Dritten, so haftet er bei Eintritt eines Schadens allein aus dieser Übertragung der Befugnisse. Es ist unerheblich, ob ihn auch anderweitig ein Verschulden trifft (*Staudinger/Reimann* § 2218 Rdn. 12; *Kipp/Coing* § 73 II 5).

2. Möglichkeiten der Delegation

66 Für einzelne Verrichtungen, aber auch für ganze Teilaufgaben darf der Testamentsvollstrecker indes **Dritte** beschäftigen (s. auch Rdn. 51, 52). Hier ist dann zu differenzieren:

a) Gehilfen

67 § 2218 BGB verweist auf die Vorschriften des Auftragsrechts und damit auf § 664 BGB. Danach haftet der Testamentsvollstrecker für das **Verschulden eines**

Gehilfen wie für eigenes Verschulden; dies ergibt sich einwandfrei aus der Weiterverweisung auf § 278 BGB. Der Begriff des Gehilfen ist in § 664 BGB nicht definiert. Offensichtlich sind hier nur Personen erfaßt, die der Testamentsvollstrecker nicht mit eigenverantwortlicher Tätigkeit betraut, also ausschließlich Hilfskräfte. In erster Linie würde es sich dabei um Büroangestellte oder Buchführungskräfte handeln, aber auch kaufmännische oder juristische Hilfsarbeiter sind in der Funktion des Gehilfen denkbar. Dem Testamentsvollstrecker wird es regelmäßig gestattet sein, Gehilfen zur Unterstützung zuzuziehen. Seine eigene Verantwortung wird dadurch nicht geschmälert.

b) Fachleute

68 Im Grundsatz darf der Testamentsvollstrecker nicht eigene Verantwortungsbereiche an andere Personen übertragen. Dieser Grundsatz kann aber dann keine Anwendung finden, wenn der Testamentsvollstrecker durch das Ausmaß der für die Vollstreckung notwendigen Tätigkeit oder durch die Schwierigkeit der Materie gezwungen ist, **sach- und fachkundige Personen** zuzuziehen, denen Teilbereiche seiner Tätigkeit in eigener Verantwortung übertragen werden.

69 Bei dieser Übertragung einzelner Obliegenheiten an Fachleute erschöpft sich die Verpflichtung des Vollstreckers darin, einen geeigneten Fachmann zu finden und rechtzeitig zu beauftragen, ihn vollständig zu informieren, ihn zu honorieren und soweit möglich, zu überwachen. Der Testamentsvollstrecker haftet in solchen Fällen lediglich für die **sorgfältige Auswahl, Information** und im Rahmen seiner Möglichkeit **Beaufsichtigung** des von ihm eingeschalteten Dritten (*Staudinger/Reimann* § 2218 Rdn. 9; MünchKommBGB/*Brandner* § 2219 Rdn. 4, § 2218 Rdn. 5). Ist eine juristische Person zum Testamentsvollstrecker bestellt worden und überträgt sie die Ausführung einer rechtlich **selbständigen Tochtergesellschaft,** so kann es sich insoweit nur um eine **Gehilfin** handeln, für die nach § 278 BGB gehaftet wird.

c) Vollmacht, Prokura

70 Die Haftungsgrundsätze bei der Übertragung einzelner Obliegenheiten auf Fachleute gelten auch für den Fall, daß der Testamentsvollstrecker erlaubterweise einem Dritten **Vollmacht, Prokura** oder sogar **Generalvollmacht** erteilt. Soweit es sich nicht ebenfalls wieder kraft Berufszugehörigkeit um Fachleute bestimmter Gebiete handelt, muß der Testamentsvollstrecker hier im besonderen Maße die Vertrauenswürdigkeit und die fachlichen Fähigkeiten des Bevollmächtigten prüfen. Wendet er diese Sorgfalt nicht an, so kann dies nicht nur ein Grund zu seiner Entlassung, sondern ebenso ein Haftungsgrund sein. Das gleiche gilt, wenn der Testamentsvollstrecker erst nachträglich Kenntnis von Umständen erhält, die Zweifel an der Vertrauenswürdigkeit oder der Fachkunde des Bevollmächtigten wecken und er die Vollmacht nicht unverzüglich widerruft.

d) Erben

71 Der Testamentsvollstrecker kann auch den **Erben oder einen der Miterben als Mitarbeiter** in einer der hier genannten Funktionen heranziehen. Versagt der Erbe, wird er schwerlich dem Testamentsvollstrecker vorhalten können, er hätte schuldhaft einen nicht ausreichend qualifizierten Helfer eingesetzt. Die anderen Miterben jedoch oder ggf. der Vermächtnisnehmer können in diesem Fall beim Testamentsvollstrecker Regreß nehmen, wenn durch die Einschaltung eines Miterben ein Schaden entstanden ist und dem Testamentsvollstrecker daran ein nach

§ 2219 BGB haftungsbegründendes Verschulden trifft. Regelmäßig werden in einem solchen Fall die Miterben Schadenersatzleistung an den Nachlaß verlangen. Hier müßte ein **Mitverschulden** des vom Testamentsvollstrecker zu seiner Hilfe herangezogenen Miterben regreßmindernd bewertet werden (Rdn. 73ff.).

VII. Haftung für Auswahl des Mitvollstreckers oder Nachfolgers

In § 2199 BGB ist bestimmt, daß der Erblasser den Testamentsvollstrecker 72 ermächtigen kann, einen oder mehrere Mitvollstrecker oder einen Nachfolger zu ernennen. Verletzt der Testamentsvollstrecker bei dieser Ernennung schuldhaft die ihm obliegende Verpflichtung zur **sorgfältigen Auswahl des Mitvollstreckers oder Nachfolgers,** so haftet er im Rahmen des § 2219 BGB dem Erben oder dem Vermächtnisnehmer für einen daraus entstehenden Schaden. Freilich wird man hier keinen sehr strengen Sorgfaltsmaßstab anlegen dürfen. Es ist sicher oft schwierig zu entscheiden, ob eine Person gerade für die Aufgaben der jeweiligen Testamentsvollstreckung geeignet ist oder nicht. Stellt sich später mangelnde Eignung heraus, darf daraus nicht ohne weiteres rückwirkend auf ein schuldhaftes Verhalten des ernennenden Testamentsvollstreckers geschlossen werden.

VIII. Mitverschulden des Geschädigten

Nimmt der Erbe oder der Vermächtnisnehmer den Testamentsvollstrecker in 73 Anspruch, muß er sich ggf. den **Einwand des Mitverschuldens** nach § 254 BGB entgegenhalten lassen. Der Einwand kann sich auf Grund und Höhe des Anspruchs beziehen. Den Sachverhalt, der den Mitverschuldenseinwand begründen soll, muß der Testamentsvollstrecker beweisen. Er kann sich auf den gesamten Anspruch oder auf Teile davon beziehen und führt im Erfolgsfall zu einer prozentualen Minderung bis zum Fortfall der Haftung.

Ein Mitverschulden kann immer in dem Umstand liegen, daß der **Erbe** einer 74 Maßnahme oder Unterlassung des Testamentsvollstreckers **zugestimmt** hat. Hier wird aber stets genau zu prüfen sein, ob der Erbe fahrlässig gehandelt hat. Wesentlich ist, ob er über alle Tatumstände ebenso informiert war wie der Testamentsvollstrecker selbst, und ob er die wirtschaftlichen und rechtlichen Folgen seiner Entscheidung zu beurteilen imstande war. In diesem Fall kann die Haftung des Testamentsvollstreckers ganz entfallen (s. Rdn. 36).

Ein Mitverschulden kommt ebenso in Betracht, wenn der Erbe der Vollstrek- 75 kertätigkeit **entgegenarbeitet** und dadurch einen Schaden mit (wenn nicht überwiegend) verursacht oder vergrößert. Auch wenn der Erbe den Testamentsvollstrecker nicht über alle Umstände unterrichtet, die für dessen Tätigkeit von Bedeutung sein können, kann er sich bei einem dadurch verursachten Schaden dem Mitschuldeinwand aussetzen. Schließlich kommt ein **Mitverschulden** in Betracht, wenn der Erbe eine pflichtwidrige Maßnahme oder Unterlassung durch rechtzeitige **Klage gegen den Testamentsvollstrecker** oder durch Antrag auf dessen Entlassung hätte verhindern können und dies schuldhaft nicht getan hat (MünchKommBGB/*Brandner* § 2219 Rdn. 2).

Soweit der Testamentsvollstrecker auf Grund seiner Tätigkeit **Dritten gegen-** 76 **über** haftet (s. Rdn. 18ff.), steht ihm der Mitschuldeinwand der §§ 254, 846 BGB ohne Einschränkung zur Seite. Voraussetzung ist natürlich auch hier, daß der Sachverhalt den Einwand zuläßt. Im Falle der steuerlichen Haftung nach § 69 AO wird jedoch eine derartige Haftungsminderung nicht in Betracht kommen.

IX. Verjährung

77 § 2219 BGB sieht keine gesonderte Verjährungsvorschrift für die Haftung des Testamentsvollstreckers vor. Da es sich um ein gesetzliches Schuldverhältnis handelt, gilt nach allgemeiner Meinung **die Verjährungsfrist des § 195 BGB von 30 Jahren** (*Staudinger/Reimann* § 2219 Rdn. 22; MünchKommBGB/*Brandner* § 2219 Rdn. 15; *Haegele/Winkler* Rdn. 569; *Zimmermann* Rdn. 779; *Muscheler* S. 228, hält die deliktische Verjährung für „unangebracht, weil der Testamentsvollstrecker Größe und Zusammensetzung des verwalteten Vermögens" kenne. Das trifft jedoch weder bei unübersichtlichen Vermögensverhältnissen noch nach dem Ende des Amtes und schon gleich nicht nach dem Tod des Testamentsvollstreckers zu. Der Einwand der Verwirkung hilft nur in seltenen Fällen).

78 Die Rechtsprechung sollte jedoch Gelegenheit nehmen, zu überprüfen, ob nicht die vom BGH in der Entscheidung vom 17. 1. 1985 (NJW 1985, 1161) entwickelten Grundsätze zur Verjährung von Ersatzansprüchen gegen den Konkursverwalter auch auf die Haftung des Testamentsvollstreckers übertragen werden könnten. Auch die Regreßansprüche des § 82 KO aF unterlagen nach früherer einhelliger Ansicht der 30jährigen Verjährung des § 195 BGB, da das Gesetz keine verkürzte Frist vorgesehen hatte. Der BGH hat jedoch entschieden, daß auf Ersatzansprüche der Beteiligten gegen den Konkursverwalter nach § 82 KO aF (für den Insolvenzverwalter vgl. jetzt § 60 InsO) die **Verjährungsfristen des § 852 BGB** entsprechende Anwendung finden. Dies führt zu einer Verjährungsfrist von drei Jahren vom Zeitpunkt der Kenntnis des Schadens und des Schädigers ab; im Falle von Verhandlungen über den Schadenersatz tritt eine Hemmung ein, bis der eine oder der andere Teil die Fortsetzung der Verhandlungen verweigert (§ 852 BGB Abs. 2 BGB).

79 Der BGH hat **verschiedene Überlegungen** angeführt, um seine begrüßenswerte Entscheidung zu rechtfertigen:

– § 852 BGB soll auf alle Ansprüche angewendet werden, die ihrem Wesen und Inhalt nach dem deliktischen Schadensersatzanspruch vergleichbar sind und für die keine Sondervorschriften über die Verjährung gelten. Die haftungsrechtliche Verjährung soll vereinheitlicht werden, weil für alle diese Ansprüche eine rasche Klärung erforderlich ist.
– § 82 KO aF führt zu einer Sonderrechtsbeziehung, die nicht auf einem Vertrag beruht, aber den Kreis der Berechtigten einschränkt. Das schließt die Vergleichbarkeit mit der Deliktshaftung nicht aus, wie im einzelnen ausgeführt wird. Insbesondere schließt auch die Anwendbarkeit des § 278 BGB bei der Konkursverwalterhaftung nicht aus, daß Merkmale deliktischer Haftung bestehen und sogar überwiegen.
– Mit der Haftung aus § 82 KO aF wird der Zweck verfolgt, das Vermögen von Personen zu schützen, die mit der Amtsführung des Konkursverwalters in Berührung kommen. Zum Ausgleich für den dem Konkursverwalter zugewiesenen Einfluß ist ihm die persönliche Haftung auferlegt. Die Merkmale deliktsähnlicher Haftung überwiegen damit.
– Durch die Anwendung des § 852 BGB soll die Verjährungsfrist der Verjährung der Haftung des Rechtsanwalts (§ 51 BRAO) und des Steuerberaters (§ 68 StBerG) angenähert werden, damit innerhalb der jeweiligen beruflichen Tätigkeit nicht verschiedene Verjährungsfristen gelten.

80 Mit einer einzigen Ausnahme treffen alle diese Argumente auch für die Haftung des Testamentsvollstreckers zu. Die Ausnahme besteht lediglich im **Kreis der anspruchsberechtigten Personen,** der bei § 82 KO aF größer ist als bei § 2219

BGB. Dies würde aber den deliktsrechtlichen Bestandteil der Haftung des Testamentsvollstreckers nicht schmälern, so daß kein durchschlagender Grund erkennbar ist, um die vom BGH bei der Konkursverwalterhaftung gefundenen Grundsätze über die Verjährung nicht auch auf die Haftung des Testamentsvollstreckers anzuwenden. Auch hier gilt ja ganz besonders die Regel, daß der Zugriff auf Zeugen und schriftliche Unterlagen immer problematischer wird, je mehr Zeit seit dem angeblichen Verstoß vergangen ist. Für den Betroffenen wird es dadurch zunehmend schwieriger, sich substantiiert gegen Haftungsvorwürfe zur Wehr zu setzen. Eine zeitliche Schranke, die in § 852 BGB durch die Voraussetzung der Kenntnis ohnehin weit hinausgeschoben sein kann, ist deswegen nach aller praktischen Erfahrung dringend geboten (ebenso *Zugehör* NJW 1995, Beilage zu Heft 21, S. 7 und Handbuch der Anwaltshaftung Rdn. 1184; *Pickel,* Die Haftung des Testamentsvollstreckers und seine Versicherung, S. 198ff.; *Nägele* S. 65f.; zweifelnd *Staudinger/Reimann* § 2219 Rdn. 22; s. auch *Klumpp* ZEV 1994, 70).

Für die **Zeit ab 1. 1. 2002** wird die Schuldrechtsreform, die bei Drucklegung allerdings noch im Gesetzgebungsverfahren ist, die **dreijährige Verjährung** als Regelverjärung einführen. Die Frist beginnt, wenn der Geschädigte **Kenntnis** von den anspruchsbegründenden Umständen hat oder diese ihm nur durch grobe Fahrlässigkeit unbekannt geblieben sind. Auch ohne Kenntnis des Geschädigten wird die Verjährung zehn Jahre nach Fälligkeit, also wohl ab Entstehung des Schadens, eintreten. Diese Regelung wird auch für Haftungsansprüche gegen den Testamentsvollstrecker gelten. 80a

Für Ansprüche, die vor Inkrafttreten der Schuldrechtsreform entstanden sind, wird voraussichtlich die **Übergangsvorschrift** des Art. 169 Abs. 2 EGBGB einschlägig werden: Ist die Verjährungsfrist nach neuem Recht kürzer als nach bisherigem Recht, so wird die kürzere Frist ab Inkrafttreten des neuen Rechts berechnet, läuft sie aber ohnehin früher ab, so bewendet es dabei. Wird auch nach bisherigem Recht die oben vertretene Ansicht der Verjährungsdauer zugrunde gelegt, so ändert sich lediglich die von 30 auf nun 10 Jahre verkürzte absolute Verjährungsfrist. 80b

X. Befreiung von der Haftung durch Erblasser und Erben

Der Erblasser kann den Testamentsvollstrecker nicht **von der Haftung** gegenüber Erben und Vermächtnisnehmer aus § 2219 BGB **befreien.** Dieses Befreiungsverbot ist in § 2220 BGB ausdrücklich festgelegt. Eine entsprechende Bestimmung des Erblassers innerhalb oder außerhalb seiner letztwilligen Verfügung wäre demnach unwirksam, der Testamentsvollstrecker könnte sich nicht darauf berufen. Das gilt auch für den Versuch, das Verbot des § 2220 BGB zu umgehen. Insbesondere ein Befreiungsvermächtnis, das den Testamentsvollstrecker durch ein eigenes Vermächtnis von der Haftung freistellt, hätte im Streitfall keine Wirkung zugunsten des Testamentsvollstreckers. 81

Ebensowenig wie eine vollständige Haftungsbefreiung kann der Erblasser auch nicht wirksam eine **Haftungsbeschränkung** zugunsten des Testamentsvollstreckers verfügen. Die Anordnung des Erblassers, daß der Testamentsvollstrecker nur für Vorsatz und grobe Fahrlässigkeit haften solle, wäre deshalb ebenso unwirksam wie der völlige Haftungsausschluß. Auch hier bleibt es sich gleich, in welcher Weise der Erblasser die Haftungserleichterung anordnen wollte, auch ein eingeschränktes Befreiungsvermächtnis muß also unbeachtlich bleiben. 82

Das **Befreiungsverbot wird damit gerechtfertigt,** daß der Erbe nicht der Willkür eines Testamentsvollstreckers ausgeliefert sein soll (*Staudinger/Reimann* § 2220 Rdn. 1). Das wird freilich der Sachlage vielfach nicht gerecht. In aller Re- 83 gel will der Erblasser die Testamentsvollstreckung nicht als Instrument der Willkür gegenüber dem Erben anordnen, sondern zum Schutz und zur Erhaltung des Nachlasses, zur Verhütung von Streit und letztlich auch zum wohlverstandenen Besten des Erben. In den allermeisten Fällen wird der Testamentsvollstrecker auch fern jeder Willkür diese Intentionen des Erblassers im Auge behalten. In solchen Fällen ist das Verbot der Haftungsbefreiung durch den Erblasser eine Härte, die gerade bei schwierigen Nachlaßabwicklungen und begrenzten Fachkenntnissen des Testamentsvollstreckers von der Sache heraus nicht zwingend geboten ist. Über den Wortlaut des Gesetzes kann man sich nicht hinwegsetzen, eine strenge Auslegung des Wortlautes könnte in manchen Fällen aber zu **ungerechten Ergebnissen** führen.

84 Es ist zweifelhaft, ob ein unwirksames Befreiungsvermächtnis oder eine anderweitige Befreiungsverfügung des Erblassers als Auflage nach **§§ 2192 ff. BGB** gewertet werden könnte. Die Auflage würde dem Testamentsvollstrecker keinen einklagbaren Anspruch gewähren. Gemäß § 2194 BGB könnte jedoch ein Miterbe oder der Erbe gegenüber dem Vermächtnisnehmer den Vollzug der Auflage verlangen, so daß auf diese Weise doch eine Haftungsbefreiung des Testamentsvollstreckers erreicht werden könnte. Das würde dem klaren Wortlaut des § 2220 BGB widersprechen und deshalb **ein unwirksames Umgehungsgeschäft** sein. Alle derartigen letztwilligen Anordnungen können daher nur als Wünsche und Bitten an den Erben gewertet werden.

85 Erbe und Vermächtnisnehmer selbst können indessen **auf Haftungsansprüche** gegenüber dem Testamentsvollstrecker **verzichten** oder ihm Haftungserleichterungen gewähren. § 2220 BGB steht dem nicht entgegen; Erbe und Vermächtnisnehmer können auf den Schutz dieser Vorschrift verzichten. Eine Haftungsbeschränkung mag etwa dann in Betracht kommen, wenn die Erben eine bestimmte Person dazu bewegen wollen, die oft recht undankbare Aufgabe der Testamentsvollstreckung zu übernehmen (s. auch *Staudinger/Reimann* § 2219 Rdn. 15f.).

86 Hat der Erbe dem Testamentsvollstrecker für die ganze Amtsführung oder Teile davon eine Entlastungserklärung erteilt (vgl. dazu 6. Kap. Rdn. 332ff.), so entfällt insoweit eine etwaige Haftung aus § 2219 BGB. Dies gilt jedenfalls dann, wenn der Erbe über die Amtsführung des Testamentsvollstreckers informiert war oder sich hätte informieren können. Mit dem Einwand, der Testamentsvollstrecker dürfe sich nicht auf eine durch seine falsche Belehrung herbeigeführte Entlastungserklärung berufen, kann der Erbe nicht gehört werden (BGH vom 4. 12. 1968, Az. III ZR 93/66).

XI. Aufrechnung mit Honoraransprüchen des Testamentsvollstreckers

87 Grundsätzlich **verwirkt** der Testamentsvollstrecker **seinen Vergütungsanspruch** aus § 2221 BGB durch fehlerhafte Entscheidungen nicht. Das könnte nur dann der Fall sein, wenn er gegen die ihm obliegende Treuepflicht verstößt, indem er sich bewußt über die Interessen des Erben hinwegsetzt, seine Amtspflichten völlig vernachlässigt oder sich auf Gebieten betätigt, die ihm offensichtlich nicht überantwortet sind (BGH BB 1976, 814 und DNotZ 1979, 164). Trifft dies nicht zu, so kann der Testamentsvollstrecker **gegenüber einem Regreßanspruch** des Erben oder Vermächtnisnehmers mit einem noch nicht ausgeglichenen Vergütungsanspruch **aufrechnen.** Im Haftpflichtprozeß müßte dann auch über die Höhe der Vergütung mit entschieden werden. Neben dem Honorar des § 2221 BGB kann natürlich auch ein Anwaltshonorar oder eine Vergütung für andere Leistungen, zB

Handwerkerleistungen, in Betracht kommen, wenn der Testamtentsvollstrecker hierüber eigens abrechnen darf. Auch Aufwendungen, deren Ersatz er nach §§ 2218, 670 BGB vom Erben fordern kann, lassen sich gegenüber Regreßansprüchen zur Aufrechnung stellen.

Nimmt der **Vermächtnisnehmer den Vermächtnisvollstrecker** in Anspruch, so kann dieser mit fälligen Honoraransprüchen aufrechnen, denn insoweit ist der Vermächtnisnehmer Honorarschuldner. Macht ein Miterbe wegen eines nur ihm entstandenen Schadens Ansprüche geltend, so wird der Testamentsvollstrecker nur mit dem Anteil seines Vergütungsanspruchs aufrechnen können, welcher der Erbquote des Miterben entspricht (vgl. dazu auch BGH NJW 1997, 1362). 88

Wird der Testamentsvollstrecker während seiner Tätigkeit in Regreß genommen, so hängt die Aufrechnung auch von der Frage ab, ob der **Honoraranspruch schon fällig** ist. Grundsätzlich wird das erst nach Ende seiner Tätigkeit der Fall sein. Bei längerer Vollstreckung sind aber Teilbeträge in regelmäßigen Zeitabschnitten zu entrichten, so daß sich mindestens insoweit fällige Forderungen zur Aufrechnung gegenüberstehen (s. im einzelnen 10. Kap. Rdn. 120ff.). Im übrigen ist es dem Testamentsvollstrecker unbenommen, sein Amt niederzulegen und damit die Vergütung oder zumindest die Abschlußvergütung fällig zu stellen und die Aufrechnung zu ermöglichen. 89

Für die Aufrechnung gelten die Vorschriften der §§ 387ff. BGB, etwa der Ausschluß der Aufrechnung gegen eine Forderung aus vorsätzlicher **unerlaubter Handlung** (§ 393 BGB). 90

XII. Einzelfälle aus der Rechtsprechung

1. Allgemeine Grundsätze

Der Testamentsvollstrecker darf sich **nicht mit einem mäßigen Erfolg** begnügen, wenn bei vernünftiger Betrachtung der gegebenen Verhältnisse unter Berücksichtigung seiner Kenntnisse und Fähigkeiten ein **höherer Preis** (etwa: durch freihändigen Verkauf statt Versteigerung) zu erzielen wäre. Die Art der Verwertung von Nachlaßgegenständen liegt pflichtgemäß im Ermessen des Testamentsvollstreckers. Auf berechtigte Wünsche und Bedenken der Erben muß er jedoch eingehen (BGH WM 1960, 1419). 91

Der Testamentsvollstrecker hat alles zu tun, was von einem **nicht im eigenen Interesse tätigen Verwalter** verlangt werden kann und hat alles zu unterlassen, was sich für Erben oder Vermächtnisnehmer nachteilig auswirken könnte. Die Möglichkeit, Vorteile für den Nachlaß zu gewinnen, hat er grundsätzlich wahrzunehmen. Das Gesetz stellt jedoch die Entscheidung, ob eine **Maßnahme wirtschaftlich geboten** ist, weitgehend in das **Ermessen des Testamentsvollstrekkers** und läßt die Berücksichtigung eines subjektiven Moments insoweit zu, als der pflichtgetreue Testamentsvollstrecker sich nicht mit einem mäßigen Erfolg begnügen darf, wenn sich die Möglichkeit zu einem besseren Ergebnis bietet und er nach Veranlagung und Kenntnissen diese auch zu erkennen und zu verwirklichen weiß. 92

Der Erbe muß auch Aufwendungen des Testamentsvollstreckers gelten lassen, die dieser etwa auf Grund eines rechtlichen Irrtums gemacht hat, sofern er zu seiner Auffassung auch bei Anwendung der ihm obliegenden Sorgfalt eines **ordentlichen Hausvaters** kommen konnte (BGH NJW 67, 443). 93

An die Ordnungsmäßigkeit der Verwaltung durch den Testamentsvollstrecker sind stets strenge Anforderungen gestellt worden. Jedoch muß der Testamentsvollstrecker bei der Verwaltung des Nachlasses **weithin nach seinem Ermessen** 94 entscheiden. Nur wenn er die Grenzen des ihm eingeräumten Ermessens überschreitet, würde er gegen seine Pflicht zur ordnungsgemäßen Verwaltung des Nachlasses verstoßen. Das schließt es aus, den Testamentsvollstrecker, der ein erhebliches Vermögen verwaltet, bei Anlageentscheidungen zugleich an den sog. „sichersten Weg" zu binden (BGH NJW 1987, 1070 = FamRZ 87, 377).

95 Eine schuldhafte Pflichtverletzung des Testamentsvollstreckers liegt nicht vor, wenn er nach sorgfältiger Ermittlung aller erkennbar erheblichen Anhaltspunkte zu einer immerhin **vertretbaren Auslegung** der letztwilligen Verfügung gelangt ist und auf dieser Grundlage die beanstandete Verfügung aus Nachlaßmitteln vorgenommen hat (BGH NJW-RR 1992, 775).

96 Erfüllt der Testamentsvollstrecker die Vermächtnisse ungekürzt und reicht der Nachlaß dann **nicht mehr zur Befriedigung der Steuerschulden** aus, sodaß der Erbe die Steuern aus eigenem Vermögen zahlen muß, so kann der Erbe den Testamentsvollstrecker nach näherer Maßgabe des § 2219 BGB wegen schuldhafter Verletzung seiner Pflichten in Haftung nehmen (BFH BStBl. 1996 II S. 287, 289).

2. Grundstücksverwaltung und -verwertung

97 Veräußert der Testamentsvollstrecker gegen den vermutlichen Willen des Erblassers ohne wirtschaftliche und rechtliche Notwendigkeit ein Grundstück aus dem Nachlaß in **Zeiten erheblicher Preissteigerungen,** so hängt es von den Umständen des Falles ab, ob er sich auf Wertgutachten verlassen darf (RGZ 130, 131).

98 Der Testamentsvollstrecker kann nicht ohne weiteres für den Verkauf eines Grundstücks in der **Inflationszeit** haftbar gemacht werden, wenn er nicht unbedingt als sachwidrig zu erachten ist. Das kann der Fall sein, wenn das Grundstück auf viele Jahre als schwere Last für den Besitzer erscheint (RGZ 130, 131, 135).

99 Der Testamentsvollstrecker handelt pflichtwidrig, wenn er beim Verkauf eines Grundstücks (hier: durch Bomben zerstörtes Mietshaus ohne Einnahmen als einziger Nachlaßgegenstand) sich den **Kaufpreis nur zum kleinen Teil auszahlen** läßt und der weitaus größte Teil für die Erfüllung der „Insitzverpflichtung" gegenüber einer Vermächtnisnehmerin verwendet, so daß die Erben gegenüber der Vermächtnisnehmerin erheblich benachteiligt sind (BGH VersR 65, 608).

100 Ein Notar als Testamentsvollstrecker mußte zwecks Erbteilung ein Grundstück verwerten und setzte dafür eine **freiwillige Versteigerung** (§ 22 Abs. 3 RNotO, jetzt § 20 Abs. 3 BNotO) an. Er erteilte den Zuschlag, obwohl vorher freihändig ein höherer Preis angeboten worden war. Der Testamentsvollstrecker wurde zu Schadenersatz verurteilt, weil er einmal die Bekanntmachungsfrist unnötig kurz angesetzt und zum anderen dem gegenüber dem freihändigen Angebot zu niedrigen Meistgebot nicht den Zuschlag versagt hatte (OLG Saarbrücken JZ 1953, 509 m. zust. Anm. *Keidel*).

101 Der Testamentsvollstrecker hatte ein Grundstück über dem Schätzpreis verkauft. Vorher hatte er die Erben erfolglos aufgefordert, ihm günstigere Angebote zu benennen. Allerdings hatte eine **Miterbin** einen **Makler eingeschaltet.** Dieser hatte angeblich einen Interessenten, der das letzte vorliegende Angebot erhöhen würde. Er nannte den Namen des Interessenten aber nicht, sondern erklärte, notfalls werde er selbst zu dem von ihm gebotenen Preis einsteigen. Der Makler fragte auch den Testamentsvollstrecker, wie hoch denn dessen „Anteil" sein müsse, um mit ihm ins Geschäft zu kommen. Der Testamentsvollstrecker sah daraufhin von weiteren Verhandlungen mit dem Makler ab. Die Regreßklage der Erben gegen den Testamentsvollstrecker blieb ohne Erfolg. Das Landgericht entschied, der Testamentsvollstrecker hätte den Makler für nicht ausreichend seriös halten und deswegen

ohne weitere Prüfung das Geschäft abschließen dürfen. Das Berufungsgericht ließ die Klage schon am fehlenden Nachweis eines Schadens scheitern (OLG Oldenburg vom 29. 11. 1991, Az. 6 U 178/91).

Der Testamentsvollstrecker hatte ein Grundstück aus dem Nachlaß verkauft, ohne Inserate aufzugeben oder einen Makler einzuschalten. Nach vorheriger Mitteilung an die Erben verkaufte er an einen von zwei Interessenten, der das höhere Angebot abgegeben hatte. Die Erben warfen dem Testamentsvollstrecker vor, er hätte das Grundstück mittels **Makler oder Anzeigen** erheblich teurer verkaufen können. Die Klage der Erben wurde aber abgewiesen, weil ein Gutachten den Wert des Grundstücks nur 1% über dem Verkaufspreis ermittelte. Eine mögliche Pflichtwidrigkeit des Testamentsvollstreckers habe deswegen den Schaden nicht kausal herbeigeführt (LG München II vom 14. 3. 1991, Az. 9 O 4864/87). **102**

Ein Testamentsvollstrecker (hier auch Miterbe) macht sich haftpflichtig, wenn er über einen **Strohmann** das Nachlaßgrundstück günstig an **sich selbst verkauft,** weil er bei steigenden Immobilienpreisen den Sachwert unter Auszahlung der anderen Erben für sich in Anspruch nehmen wollte (BGH DRiZ 1969, 281). **103**

Gehört ein Grundstück zum Nachlaß, so gehört die **Verkehrssicherungspflicht** zu den Obliegenheiten des Testamentsvollstreckers. Ihm obliegt daher auch die Vorsorge für das Streuen bei Schnee- und Eisglätte. Hierzu kann er eine zuverlässige Person bestellen, er muß sie aber überwachen. Dem Geschädigten haftet er nach § 823 BGB (LG Bochum VersR 1957, 307). **104**

Zu einer ordnungsgemäßen Verwaltung im Sinne von § 2216 Abs. 1 BGB gehört auch die **Kontrolle** desjenigen, dem das unter Testamentsvollstreckung stehende Vermögen überlassen ist. Der Testamentsvollstrecker muß daher die **Kosten einer Grundstücksverwaltung** auf ihre Angemessenheit prüfen, auch wenn diese im Einverständnis mit den Erben von einem Dritten ausgeübt wird (BGH NJW-RR 1999, 574 = ZEV 1999, 26 = FamRZ 1999, 435). **105**

Verkauft ein Testamentsvollstrecker entgegen der im Testament niedergelegten Verwaltungsanordnung des Erblassers aus dem Nachlaß ein Grundstück, um den Nachlaß liquide zu machen, so begeht er eine grobe Pflichtverletzung, wenn er nicht zuvor ein Verfahren nach § 2216 Abs. 2 S. 2 BGB durchführt oder wenigstens den vermutlich vermögenden **Erben vorher unterrichtet** und anhört (BayObLG NJW-RR 2000, 298 – entschieden im Abberufungsverfahren). **106**

3. Verwaltung von Geld, Wertpapier- und Beteiligungsvermögen

Zum Nachlaß gehörte ein Einzelhandelsgeschäft mit alteingeführter Firma. Der Testamentsvollstrecker **wandelte** dieses Geschäft mit erheblichem finanziellem Gründungsaufwand **in eine GmbH** um, auch damit seine persönliche Haftung beschränkt wurde. Dies wurde als Pflichtverletzung angesehen und der Testamentsvollstrecker zu Schadenersatz verurteilt, zumal er habe erkennen müssen, daß er durch die Errichtung der GmbH steuerliche Vorteile nicht werde erreichen können. Dem Testamentsvollstrecker wurde neben der erheblichen Vermögensschädigung des Nachlasses auch zur Last gelegt, daß er bei Gründung der GmbH und Änderung der Firma sich nicht mit dem Vormund der minderjährigen Erbin, dem Gegenvormund und dem Vormundschaftsgericht ins Benehmen gesetzt habe (BGH LM BGB § 2219 Nr. 4, auszugsweise auch MDR 1958, 670). **107**

Gehören **Anteile an einer GmbH** zum Nachlaß, muß der Testamentsvollstrecker alle nach Gesetz und Gesellschaftsvertrag gegebenen Möglichkeiten zur Überwachung der Geschäftsführung gewissenhaft wahrnehmen. Welche einzelnen Kontrollmaßnahmen dabei von ihm zu ergreifen sind, hängt im wesentlichen vom **108** gegebenen Fall ab, wobei der Wille des Erblassers von wesentlicher Bedeutung sein wird. Hat ein Testamentsvollstrecker nur einen Anteil zu verwalten, wird er gegen den Willen der Mehrheit der übrigen Gesellschafter nur unter besonderen Umständen ein Recht zur Einsichtnahme und auf Auskunftserteilung beanspruchen können. Verwaltet er aber **sämtliche Anteile,** wird er eine **eingehende Prüfung der Geschäftsführung** anstellen müssen. Im gegebenen Einzelfall wurde dem Testamentsvollstrecker sogar die gewissenhafte Durchsicht des Hauptjournals mit seinen Belegen zur Pflicht gemacht (BGH NJW 1959, 1820).

109 Wenn es sich als wirtschaftlich sinnvoll erweist, kann der Testamentsvollstrecker verpflichtet sein, ältere Papiere aus dem Nachlaßbestand abzustoßen und aus dem Erlös ein **günstiges Bezugsrecht** für junge Aktien auszuüben (BGH WM 1967, 25; insoweit in NJW 1967, 443 nicht abgedruckt).

110 Ein Testamentsvollstrecker, dem vom Erblasser auch die Ausübung von Stimmrechten für Gesellschaftsanteile übertragen ist, kann jedenfalls dann eine GmbH in eine AG **umwandeln,** wenn dadurch **keine weitergehenden Verpflichtungen** begründet werden, als sie für den Erben vorher schon bestanden haben (BayObLGZ 1976, 67).

111 Ein Testamentsvollstrecker ist auch bei sinkenden Kursen nicht ohne weiteres verpflichtet, **Aktien** des von ihm verwalteten Nachlasses **gegen festverzinsliche Schuldverschreibungen** auszutauschen. Aktienwerte werden immer Schwankungen unterworfen sein. Wer sein Geld in Aktien anlegt, wird nicht auf die fortgesetzten Börsenmanöver Rücksicht nehmen, sondern sein Anlagebestreben auf lange Sicht einrichten und danach seine Aussichten bewerten. Es verstieß im gegebenen Fall nicht gegen die anwaltliche Testamentsvollstreckerpflicht, wenn der Testamentsvollstrecker auf Grund eigener Überlegungen aus seiner langen Anwaltstätigkeit und der durch Wirtschaftsauf- und -abstieg gesammelten Erfahrungen heraus sich nicht zum Verkauf entschloß, sondern die Beibehaltung der Aktien für wirtschaftlich zweckmäßig hielt (OLG Köln AG 1964, 308).

112 Der Testamentsvollstrecker steht bei der **Anlage von Nachlaßvermögen grundsätzlich so frei,** wie der Vormundschaftsrichter den Vormund äußerstenfalls stellen darf. Ihm sind deshalb nur solche Anlagen verwehrt, die nach Lage des Falles den Grundsätzen einer wirtschaftlichen Vermögensverwaltung zuwiderlaufen. Die Situation des Testamentsvollstreckers ist mit der eines rechtlichen Beraters nicht zu vergleichen. Er muß in **eigener Verantwortung selbständig** entscheiden, unter Umständen gegen den Willen aller Erben. Die Eingehung eines **kalkulierten Wagnisses** ist nicht von vornherein ausgeschlossen. Rein spekulative Anlagen, mit denen bei großem Risiko eine hohe Wertsteigerung oder eine besonders hohe Rendite erstrebt wird, sind aber jedenfalls dann ausgeschlossen, wenn sie den gesamten Nachlaß oder einen sehr hohen Teil davon erfassen. „Dem Testamentsvollstrecker engere Grenzen zu setzen, besteht derzeit kein Anlaß." Ein Verlust bei der einen oder anderen Position stellt ebensowenig eine Pflichtverletzung dar wie der Kauf von Aktien bei fallenden Kursen. Ein etwaiger Schaden kann nur aus dem Anlageverhalten des Testamentsvollstreckers insgesamt beurteilt und bewertet werden (BGH NJW 87, 377 = FamRZ 1987, 377; ähnlich BayObLG Rpfleger 1998, 246).

113 Der Testamentsvollstrecker veräußerte **Automobil-Aktien bei fallenden Kursen,** um Nachlaßverbindlichkeiten zu regulieren. Er hatte vorher weder einen Auseinandersetzungsplan vorgelegt, noch die Erben hierzu angehört. Diese hatten sich aber auch nicht gemeinsam gegen einen Aktienverkauf geäußert. Das OLG wies daher die Schadenersatzklage gegen den Testamentsvollstrecker ab, der BGH nahm die Revision der Erben nicht an (OLG Hamm vom 22. 9. 1988, Az. 10 U 7/88).

Wenn ein Testamentsvollstrecker Mittel, auf die er möglicherweise **kurzfristig** 114
zur Tilgung von Nachlaßverbindlichkeiten angewiesen ist, bis zu deren Erledigung vorübergehend bei der Bank, über die er auch andere Nachlaßangelegenheiten abwickelt, zu den **günstigsten, dort gebotenen Konditionen** anlegt, handelt er nicht ermessensfehlerhaft, sofern er nicht aufgrund besonderen Insiderwissens oder geschäftlicher Erfahrungen bessere Anlagemöglichkeiten kennt oder darauf von den Erben ausdrücklich aufmerksam gemacht wird (BGH NJW-RR 1995, 577).

Die längere Anlage von Geld auf einem **Sparkonto mit gesetzlicher Kündi-** 115
gungsfrist zum Eckzinssatz stellt eine Pflichtverletzung dar, wenn das Geld nicht laufend benötigt wird und günstigere Sparformen wie Sparbriefe zur Verfügung stehen (AG Bremen WM 1993, 1959 – entschieden zur Haftung des Pflegers).

Wenn ein Testamentsvollstrecker Mittel, auf die er möglicherweise kurzfristig 116
zur Tilgung von Nachlaßverbindlichkeiten angewiesen ist, bis zu deren Erledigung vorübergehend bei einer Bank, über die er auch andere Nachlaßangelegenheiten abwickelt, zu den **günstigsten dort angebotenen Konditionen,** so handelt er nicht ermessensfehlerhaft, sofern er nicht aufgrund besonderen Insiderwissens oder geschäftlicher Erfahrungen bessere Anlagemöglichkeiten kennt oder darauf von den Erben ausdrücklich aufmerksam gemacht wird. Für die Verwaltung solcher Gelder muß sich der Testamentsvollstrecker **nicht von sich aus** vorab einen Überblick verschaffen, **welches Geldinstitut** bei gleicher Sicherheit **die höchsten Zinsen zahlt** (BGH NJW-RR 1995, 577 =WM 1994, 1465.

4. Andere Haftungsfälle

Der Testamentsvollstrecker kann schadenersatzpflichtig sein, wenn er gegen eine 117
Klage, mit der nur ein Teil des Pflichtteils eingeklagt wird, ohne verständlichen und sachlichen Grund eine negative **Feststellungswiderklage mit einem hohen Streitwert** erhebt (hier: über 1,2 Mio. RM). Das gilt besonders, wenn nach Rücknahme der Pflichtteilsklage der Antrag aus der Widerklage aus eigensüchtigen Motiven des Testamentsvollstreckers oder aus feindseliger Gesinnung aufrechterhalten wird (RG JW 1936, 3388).

Der Testamentsvollstrecker hat für den Schaden einzustehen, den er durch eine 118
erkennbar überflüssige, leichtfertige oder durch eigene persönliche Interessen beeinflußte **Prozeßführung** verursacht. Er darf auch nicht einen erkennbar aussichtslosen Rechtsstreit führen, um für eine beabsichtigte Amtshaftungsklage den Einwand der anderweitigen Ersatzmöglichkeit (§ 839 Abs. 1 S. 2 BGB) auszuschließen; die Unmöglichkeit der anderweitigen Ersatzerlangung hätte er auch in jedem Amtshaftungsprozeß selbst einführen können. Jedoch fallen die Kosten eines verlorenen Prozesses, den der Testamentsvollstrecker für den Nachlaß geführt hat, dann dem Nachlaß zur Last, wenn und soweit der Testamentsvollstrecker die **Führung des Rechtsstreits nach den Grundsätzen einer ordnungsmäßigen Verwaltung** als gerechtfertigt ansehen durfte (BGH WM 1967, 25, 29; OLG Hamburg DNotZ 1939, 127, 130; der Testamentsvollstrecker war hier selbst Rechtsanwalt. Wäre er nicht fachkundig gewesen und hätte rechtlichen Rat eingeholt, so hätte er für einen unzutreffenden Rat wohl allenfalls dann einzustehen gehabt, wenn er dies hätte erkennen können).

Es kann zu den Pflichten eines Testamentsvollstreckers gehören, **kostspielige** 119
und überflüssige gerichtliche **Streitverfahren** zu verhindern (BayObLG FamRZ 1997, 905, 909). Der Testamentsvollstrecker haftet für **überflüssige Anwaltskosten,** wenn er bei einer Vielzahl von Vermächtnisnehmern gegen die jeweiligen Erbschaftssteuerbescheide durch einen Anwalt zur Fristwahrung Einsprüche einle-

gen läßt, obwohl sachlich keine Einwendungen erkennbar sind. Notfalls hätte er die lediglich fristwahrenden Einsprüche selbst einlegen müssen (BGH NJWE-FER 2000, 124 = ZEV 2000,195).

120 Ein Testamentsvollstrecker ist nicht deswegen haftbar, weil er nicht einen Teil seines Honorares noch vor der **Währungsreform** vom 20. 6. 1948 in Reichsmark entnommen hat, sondern erst später in DM. Es komme nicht auf die Frage an, ob ein anderes Handeln zumutbar gewesen sei, sondern darauf, ob das Vorgehen des Testamentsvollstreckers mit den Anforderungen unvereinbar sei, die an einen ordnungsgemäßen Verwalter zu stellen seien, ob also sein Vorgehen pflichtwidrig gewesen sei. Dies war zu verneinen, da die voraussichtliche Dauer seiner Tätigkeit noch nicht zu übersehen war und die endgültige Höhe seiner Vergütung damals noch nicht feststand (BGH VersR 1964, 1100).

121 Ist dem Vermächtnisnehmer nur ein Anteil an bestimmten Vermögensgegenständen zugewendet worden, so stellt es keine Pflichtverletzung des Testamentsvollstreckers gegenüber dem Vermächtnisnehmer dar, wenn er der Erbin die **Nutzungen aus anderen Nachlaßgegenständen** allein zuwendet (BGH WM 1964, 950).

122 Der Testamentsvollstrecker handelt pflichtwidrig, wenn er Forderungen für den Nachlaß **nicht oder nur verspätet geltend macht,** etwa weil er auch anwaltlicher Vertreter des Schuldners ist. Hat er auf diese Weise in besonderer Weise vorsätzlich oder grob fahrlässig gegen seine Amtspflichten verstoßen, so kann auch sein Anspruch auf Vergütung verwirkt sein (BGH DNotZ 1980, 164).

123 Ist für einen Nachlaß **Vor- und Nacherbfolge** angeordnet, so hat der Testamentsvollstrecker den Interessengegensatz zwischen Vor- und Nacherbe zu berücksichtigen. Er darf weder die dem Vorerben gebührenden Nutzungen schmälern, noch die Substanz zum Nachteil des Nacherben mindern oder gefährden. Dabei muß er die Bestimmungen der §§ 2124 bis 2126 BGB beachten, die den Ausgleich von Erhaltungskosten und anderen Aufwendungen zwischen Vor- und Nacherben regeln (BGH NJW-RR 1988, 386).

124 Verkauft der Testamentsvollstrecker einen Nachlaßgegenstand gegen fortlaufende monatliche Zahlungen mit **Wertsicherungsklausel,** so stellen diese Zahlungen Surrogate des zu verwaltenden Nachlasses dar. Der Testamentsvollstrecker haftet den Erben auf Schadenersatz, wenn er die nach der Wertsicherungsklausel mögliche **Anpassung** der Zahlungen nicht verlangt. Mindestens muß der Testamentsvollstrecker die Ansprüche aus der Wertsicherungsklausel ausdrücklich und so eindeutig dem Erben freigeben, daß der (hier rechtsunkundige) Erbe ohne weiteres erkennen kann, daß er die Ansprüche selbst erheben muß (OLG Frankfurt vom 19. 11. 1991, Az. 8 U 245/90).

125 Unterläßt es der Testamentsvollstrecker, mögliche **Nachforderungen** gegen Mieter geltend zu machen, so haftet er dem Erben oder dessen Erben nicht, wenn er im **Einvernehmen mit dem Erben** gehandelt hat (OLG Hamburg vom 28. 10. 1971, Az. 3 U 49/1971).

5. Haftung gegenüber Dritten

126 **Verletzt** der Testamentsvollstrecker schuldhaft und widerrechtlich das **dingliche Anwartschaftsrecht** eines Dritten durch anderweitigen Verkauf einer zum Nachlaß gehörenden Maschine, so haftet er aus unerlaubter Handlung gegenüber dem Geschädigten unmittelbar (BGH WM 1957, 514 = LM BGB § 823 (Ad) Nr. 1).

127 Gehört zum Nachlaß ein **Kraftfahrzeug** und wird damit ein Unfall verursacht, so kommt eine Haftung des Testamentsvollstreckers als Fahrzeughalterhalter in Betracht (RGZ 159, 344).

XIII. Der Haftpflichtprozeß

1. *Aktivlegitimation*

Wird gegen den Testamentsvollstrecker wegen Verletzung seiner Pflichten aus § 2219 BGB **Haftpflichtklage** erhoben, so ist zu unterscheiden: 128
- Ist der Nachlaß als solcher geschädigt und ein neuer Testamentsvollstrecker bestellt, so kann nur er die Klage erheben.
- Ist der Nachlaß als solcher geschädigt, aber kein neuer Testamentsvollstrecker bestellt, so kann der Erbe oder die Erbengemeinschaft den Anspruch gerichtlich verfolgen, und zwar auch schon, während der in Anspruch genommene Testamentsvollstrecker im Amt ist (RGZ 138, 132). Die Klage eines einzelnen Miterben kann sich in diesem Fall gem. § 2039 BGB nur auf Leistung an die Erbengemeinschaft richten.
- Ist ein einzelner Miterbe geschädigt, etwa weil er bei der Erbauseinandersetzung einen zu geringen Anteil erhalten oder sonstwie benachteiligt wurde, so kann er die Klage erheben.
- Erhebt der Vermächtnisnehmer Ansprüche gegen den Testamentsvollstrecker, so ist nur er zur Klage befugt.

2. *Gerichtliche Zuständigkeit*

Die örtliche und die sachliche gerichtliche **Zuständigkeit** für eine Haftpflichtklage gegen den Testamentsvollstrecker richtet sich nach den allgemeinen Vorschriften. 129

a) Sachliche Zuständigkeit

Für die sachliche Zuständigkeit ist der **Gegenstandswert** der Klage entscheidend. Mehrere in einer Klage geltend gemachte Ansprüche werden zusammengerechnet (§ 5 ZPO); das kann etwa der Fall sein, wenn Schadenersatzklage und Auskunfts- oder Herausgabeklage miteinander verbunden werden. Nach dem Rechtsstand von 2001 sind die Amtsgerichte zuständig für Ansprüche, deren Gegenstand an Geld oder Geldeswert die Summe von 5000 Euro (10000,–DM) nicht übersteigt (§ 23 Nr. 1 GVG). Für darüber hinausgehende Ansprüche ist das Landgericht zuständig (§ 71 Abs. 1 GVG). Wenn die Haftpflichtansprüche den Betrag von 750 Euro (1500 DM) nicht übersteigen, ist vorweg zu prüfen, ob nach dem Recht des für die Klage zuständigen Bundeslandes vor einer Klage die **außergerichtliche Schlichtung** beantragt werden muß (§ 15a EGZPO). 130

b) Örtliche Zuständigkeit

Die örtliche Zuständigkeit für eine Klage gegen den Testamentsvollstrecker richtet sich nach dessen **Wohnsitz** (§ 13 ZPO). War eine juristische Person Testamentsvollstrecker, so wird der örtliche Gerichtsstand durch ihren Sitz bestimmt. Als Sitz gilt, wenn sich nichts anderes ergibt, der Ort, wo die Verwaltung geführt wird (§ 17 Abs. 1 S. 1 und 2 ZPO). Der besondere und der erweiterte Gerichtsstand der Erbschaft nach §§ 27, 28 ZPO ist für Schadenersatzansprüche gegen den Testamentsvollstrecker nicht einschlägig. 131

Hat der Testamentsvollstrecker seinen **Wohnsitz** (bei juristischen Personen den Sitz) **im Ausland,** so könnte noch der inländische **Gerichtsstand des Vermögens** (§ 23 ZPO) in Betracht kommen. Ein fälliger Anspruch auf Testamentsvoll- 132 streckervergütung könnte ein solcher Vermögenswert sein (vgl. allgemein *Baumbach/Lauterbach* § 23 ZPO Rdn. 13). Art. 3 des EWG-Übereinkommens über die gerichtliche Zuständigkeit untersagt zwar die Anwendung des § 23 ZPO gegenüber Personen, die ihren Wohnsitz im Hoheitsgebiet eines der Vertragsstaaten haben. Das Abkommen ist aber gem. Art. 1 Nr. 1 ausdrücklich nicht anzuwenden auf das Gebiet des Erbrechts einschließlich des Testamentsrechts. Auseinandersetzungen zwischen Erben und Testamentsvollstrecker gehören sicherlich zu diesem Gebiet, so daß es bei der Zuständigkeit des § 23 ZPO bleiben muß.

3. Passivlegitimation

133 Die Klage – wie auch ein der Klage stattgebendes Urteil – richtet sich gegen den Testamentsvollstrecker als **natürliche oder juristische Person,** nicht „als Testamentsvollstrecker über das Vermögen des N.N.". Im Haftpflichtprozeß wird der Beklagte nicht als Partei kraft Amtes für den Nachlaß in Anspruch genommen, sondern allein in seiner Person. Im Verurteilungsfalle kann er auch nicht auf den Nachlaß zurückgreifen, er haftet allein mit seinem eigenen Vermögen, zu dem auch der Deckungsanspruch aus einer Haftpflichtversicherung zählen kann. Auch die **Zwangsvollstreckung** kann sich damit nur gegen das eigene Vermögen des Testamentsvollstreckers, nicht gegen den Nachlaß richten. Das gilt für Hauptsache und Zinsen ebenso wie für die Kosten.

4. Haftpflichtprozeß

134 Der **Gang des Haftpflichtprozesses** richtet sich nach den allgemeinen Verfahrensregeln. Die Darlegungs- und Beweislast für die klagebegründenden Tatsachen liegt beim Kläger. Er muß also **darlegen und beweisen,** daß der Testamentsvollstrecker pflichtwidrig gehandelt hat, daß ihn ein Verschulden trifft und daß auf dieser schuldhaften Pflichtverletzung ursächlich ein Schaden beruht. Für die sog. haftungsausfüllende Kausalität, also dem Zusammenhang zwischen der Pflichtverletzung und dessen weiteren Folgen, hat das Gericht des Schadenersatzprozesses die Möglichkeit des erleichterten Beweises nach § 287 ZPO. Beispiel: Der Testamentsvollstrecker hat zu Unrecht Nachlaßgegenstände veräußert. Der daraus abgeleitete Schaden für den Nachlaß zählt zur haftungsausfüllenden Kausalität (ständige Rechtsprechung, siehe etwa BGH NJW 2000, 730 und 737). Der Testamentsvollstrecker seinerseits hat die Beweislast für etwaige Rechtfertigungsgründe, für den Einwand des Mitverschuldens oder für die Behauptung, der Schaden wäre auch bei pflichtgemäßem Verhalten des Testamentsvollstreckers eingetreten (s. auch Rdn. 59).

135 Der **Anscheinsbeweis** dürfte im Regreßprozeß gegen den Testamentsvollstrekker keiner der beiden Parteien zu Gebote stehen. Er kommt bei typischen Geschehensabläufen in Betracht. Der Beweispflichtige braucht in diesen Fällen nur den Tatbestand darzutun, der nach der Lebenserfahrung auf einen bestimmten Ablauf hinweist (siehe im einzelnen *Baumbach/Lauterbach* ZPO Anh. zu § 286 Rdn. 15ff.) Solche Geschehensabläufe werden aber bei der Amtsführung des Testamentsvollstreckers selten sein. Es geht hier nicht um Ratschläge, die regelmäßig befolgt werden, oder um Entscheidungen, die in der gleichen Situation regelmäßig nur in ganz bestimmter Weise getroffen werden. Standardisierte Vorgänge wird es in diesem Bereich regelmäßig nicht geben.

XIV. Haftpflichtversicherung

Gegen die Gefahren der Regreßhaftung kann der Testamentsvollstrecker sich durch Abschluß einer Haftpflichtversicherung schützen. Bei umfangreichen Nachlässen und bei der Notwendigkeit der Klärung schwieriger Fragen kann der Abschluß einer Versicherung schon zum Schutze des Erben geboten sein. **136**

In erster Linie werden Erben oder Vermächtnisnehmer Ansprüche gegen den Testamentsvollstrecker wegen angeblich erlittener Vermögensschäden erheben. Gegen diese Gefahr kann der Testamentsvollstrecker eine **Vermögensschaden-Haftpflichtversicherung** abschließen. **137**

1. Vermögensschäden

Sie bietet dem Versicherungsnehmer **Deckung** für den Fall, daß er wegen eines bei der Ausübung seiner Tätigkeit – von ihm selbst oder einer Person, für die er einzutreten hat – begangenen Verstoßes von einem anderen auf Grund **gesetzlicher** Haftpflichtbestimmungen privatrechtlichen Inhalts für einen **Vermögensschaden** verantwortlich gemacht wird. In neueren Bedingungen wird die Beschränkung auf den privatrechtlichen Inhalt der Ansprüche fallen gelassen; im (auch zeitlichen) Geltungsbereich dieser Bedingungen wären dann gesetzliche Haftpflichtbestimmungen öffentlich-rechtlichen Inhalts ebenfalls vom Deckungschutz umfaßt. Ansprüche, die nur **vertraglich** begründet wurden, also über die aus dem Gesetz abgeleiteten hinaus, sind dagegen nicht gedeckt (vgl. Rdn. 146). **138**

Gegenstand des Versicherungsschutzes sind also grundsätzlich nur Vermögensschäden. Sie werden negativ definiert als Schäden, die weder Personenschäden noch Sachschäden sind noch sich aus solchen Schäden herleiten. Geld und geldwerte Zeichen werden zu den Sachen gezählt (§ 1 Abs. 1 AVB). **139**

2. Teilweise Einbeziehung von Sachschäden

Bei den in Deutschland im allgemeinen verwendeten Versicherungsbedingungen für die Vermögensschaden-Haftpflichtversicherung sind allerdings in begrenztem Umfang doch Haftpflichtansprüche wegen unmittelbarer oder mittelbarer **Sachschäden in die Versicherung einbezogen.** Es handelt sich um Schäden an Akten oder anderen für die Sachbehandlung in Betracht kommenden Schriftstücken sowie – wohl wichtiger – an sonstigen beweglichen Sachen, die das Objekt der versicherten Betätigung des Versicherungsnehmers bilden (§ 1 Abs. 2 Nr. 1 AVB). Dem Testamentsvollstrecker sind der Nachlaß oder Teile des Nachlasses anvertraut. Das grenzt die Objekte der versicherten Betätigung ein: Die Schäden müssen an beweglichen Sachen entstanden sein, die Gegenstand der Testamentsvollstreckung sind (s. hierzu auch Rdn. 142 aE und Rdn. 150). **140**

Dieser partielle Einschluß von Sachschäden wird, da eigentlich der Vermögensschaden-Haftpflichtversicherung fremd, auch wieder erheblich eingegrenzt. Zum einen sind **Sachschäden** ausgeschlossen, die entstehen durch Abhandenkommen von Geld, geldwerten Zeichen, Wertsachen, Inhaberpapieren und in blanko indossierten Orderpapieren; das Abhandenkommen von Wechseln fällt nicht in diesen Ausschluß. **141**

Zum anderen sind **von der Einbeziehung** der Sachschäden in die Versicherung **ausgeschlossen** Ansprüche wegen Sachschäden, die entstehen aus Anlaß der Ausübung **technischer Berufstätigkeit** oder der **Verwaltung von Grundstük-** **142**

ken (§ 1 Abs. 1 Nr. 2 AVB). Dieser letztere Ausschluß kann von gravierender Bedeutung sein. Zum Nachlaß zählen zuweilen ganz oder teilweise leerstehende Häuser, die zumindest vorübergehend vom Testamentsvollstrecker verwaltet werden müssen. Ereignet sich hier etwa durch Frosteinwirkung **ein Leitungswasserschaden,** so tritt auch bei Schäden an beweglichen Sachen dafür die Vermögensschaden-Haftpflichtversicherung nicht ein. Der Testamentsvollstrecker muß sich gegen dieses Risiko beizeiten **anderweitig schützen.** Hierfür bietet sich in erster Linie die Leitungswasserversicherung an. Deren Eintrittspflicht kann unter Umständen voraussetzen, daß beispielsweise bei unbewohnten Gebäuden vor Beginn der Frostperiode das Wasser abgelassen wird. Es kann auch eine Bürohaftpflichtversicherung in Betracht kommen, wenn sie die hier gegebenen Risiken einschließt. Der Testamentsvollstrecker wird sich über den jeweiligen Deckungsumfang der Versicherungen genau informieren müssen.

3. Einschluß des Testamentsvollstreckerrisikos in Berufshaftpflichtversicherung

143 Bei Rechtsanwälten, Notaren, Anwaltsnotaren, Rechtsbeiständen, Wirtschaftsprüfern und Steuerberatern ist das Risiko der Tätigkeit als Testamentsvollstrecker schon in die **Berufshaftpflichtversicherung mit eingeschlossen.** Für diese Berufe ist die Pflichtversicherung eingeführt. Die Angehörigen dieser Berufe, die ja vielfach zu Testamentsvollstreckern bestellt werden, haben deswegen grundsätzlich über ihre Berufshaftpflichtversicherung im Rahmen der vorgeschriebenen oder selbst gewählten Deckungssummen bereits Versicherungsschutz auch für die Tätigkeit als Testamentsvollstrecker. Inwieweit die in diesem Kapitel angeführten sachlichen und persönlichen Ausschlüsse sowie die Regelungen zu Selbstbehalten und eingeschlossenen Sachschäden für die einzelnen Berufsgruppen zutreffen, muß den jeweiligen Bedingungen entnommen werden. Eine ins Einzelne gehende Auflistung der unterschiedlichen Regelungen würde in dieser Darstellung den Rahmen sprengen. Im Haftpflichtfall ist dann entscheidend, welche Bedingungen und insbesondere auch welche Deckungssumme zum Zeitpunkt des Versicherungsfalles (Rdn. 152) gegolten haben (vgl. dazu 11. Kap. Rdn. 13, 14; aber Deckung wird neuerdings auch bei überwiegender Testamentsvollstrecker-Tätigkeit geboten; Rdn. 35ff., 46, 73).

4. Besondere Bedingungen bei gesonderter Versicherung

144 Wird das Risiko der Testamentsvollstreckung **unabhängig von anderen Berufsrisiken** versichert, werden häufig zu den Allgemeinen Bedingungen der Haftpflichtversicherung für Vermögensschäden (AVB) noch Besondere Bedingungen vereinbart, die etwa folgendermaßen lauten:

1. Abweichend von § 3 Abs. 2 Nr. 2 der Allgemeinen Versicherungsbedingungen zur Haftpflichtversicherung für Vermögensschäden (AVB) kann im Versicherungsschein die Höchstleistung des Versicherers für alle Versicherungsfälle eines Versicherungsjahres auf ein Mehrfaches der vereinbarten Versicherungssumme begrenzt werden.

2. § 3 Abs. 2 Nr. 3 Abs. 1 AVB erhält folgenden Wortlaut:

„Von der Summe, die vom Versicherungsnehmer auf Grund richterlichen Urteils oder eines vom Versicherer genehmigten Anerkenntnisses oder Vergleichs zu bezahlen ist (Haftpflichtsumme), ersetzt der Versicherer im Rahmen der gewählten Höchstversicherungssumme

von den ersten	10000,– DM	80%,
vom Mehrbetrag bis	40000,– DM	90%,
von Beträgen, die	40000,– DM übersteigen,	100%.“

3. In Ergänzung des § 4 AVB sind vom Versicherungsschutz ausgeschlossen Haftpflichtansprüche
a) wegen Schäden aus einer kaufmännischen Kalkulations-, Spekulations- oder Organisationstätigkeit;
b) wegen Schäden, die dadurch entstanden sind, daß Versicherungsverträge nicht oder nicht ordnungsgemäß abgeschlossen, erfüllt oder fortgeführt werden.
DM-Beträge müssen ab 1. 1. 2002 entsprechend in Euro umgerechnet werden.

Es werden aber auch Versicherungen angeboten, die einen einheitlichen Selbstbehalt von 10% vorsehen, sodaß die Versicherungsleistung unabhängig von der Höhe 90% des Haftpflichtbetrages beträgt, natürlich begrenzt durch die Deckungssumme. Der Selbstbehalt ist ferner auf 5000 DM (2500 Euro) begrenzt, was bei höheren Schadenszahlungen durchaus ins Gewicht fallen kann (s. dazu auch Rdn. 150f.).

5. Persönliche Ausschlüsse

Neben den obengenannten sachlichen Ausschlüssen gibt es persönliche Ausschlüsse, wie sie wohl die meisten Versicherungsbedingungen enthalten. Einige im Einzelfall vielleicht **wichtige Ausschlüsse** seien erwähnt: **145**

- Die Haftung aus einer **Garantieerklärung** oder einer sonstigen Zusage, die die gesetzliche Haftung erweitert (hier also des § 2219 BGB). **146**
- Die Schadenverursachung durch **wissentliches Abweichen** von Gesetz, Vorschrift, Anweisung des Auftraggebers oder durch sonstige wissentliche Pflichtverletzung. Auftraggeber wäre hier wohl der Erblasser. Weicht der Testamentsvollstrecker wissentlich von den im Testament niedergelegten Vorgaben des Erblassers ab, so kann er dadurch seinen Versicherungsschutz gefährden. Das Einverständnis mit dem Erben würde daran nichts ändern, doch würde dadurch regelmäßig die Haftung ausgeschlossen (s. Rdn. 36ff. und 74). **147**
- Ansprüche von **Angehörigen.** Wer eine Testamentsvollstreckung aus dem Familienkreis übernimmt, muß sich vergewissern, ob denkbare Ansprüche der Erben oder Vermächtnisnehmer nicht durch die Bedingungen ausgeschlossen sind; in diesem Fall müßte er sich um eine gesonderte Vereinbarung mit dem Versicherer bemühen. **148**
- Aus der Tätigkeit als **Leiter privater Unternehmungen.** Hier ist die Tätigkeit als Geschäftsführer oder Vorstand gemeint, nicht die überwachende Tätigkeit des Testamentsvollstreckers. Die Testamentsvollstreckung über Gesellschaftsanteile wird regelmäßig nicht unter diese Ausschlußklausel fallen, da der Testamentsvollstrecker hier nicht als Leiter des Unternehmens tätig wird. Die Tätigkeit des Testamentsvollstreckers als Leiter eines landwirtschaftlichen Betriebes könnte hier einschlägig sein, nicht aber, wenn für die laufende Arbeit ein Verwalter eingesetzt ist. Denkbar wäre eine „Manager-Versicherung", die für Organe vieler Kapitalgesellschaften und Genossenschaften auch auf dem deutschen Markt angeboten wird. **149**

6. Eigenleistung des Versicherungsnehmers im Schadenfall

Die Vermögensschaden-Haftpflichtversicherung sieht eine **Selbstbeteiligung** **150**
des Versicherungsnehmers im Schadenfall vor. Sie ist schon in Rdn. 143 angeführt. Der Versicherer trägt 80% der Haftpflichtsumme bis zu einem Betrag von 5000 Euro (DM 10000,–) sowie 90% der darüber hinausgehenden Haftpflichtsumme bis zur Grenze der Höchstversicherungssumme, in neuen Bedingungen teilweise auch

durchgehend 90% (siehe ferner Sonderregelungen für einzelne rechts- und steuerberatende Berufe und Besondere Bedingungen, Rdn. 143 und 144). Der Mindestselbstbehalt für jeden Schadenfall, der teilweise in den Bedingungen vorgesehen ist, beträgt im allgemeinen 50 Euro (DM 100,–), kann aber im Einzelfall höher sein. Zum Höchstselbstbehalt s. Rdn. 151 aE. Soweit Sachschäden gedeckt sind, übernimmt der Versicherer in einigen Bedingungen lediglich 75% der Haftpflichtsumme, wegen der Deckungssumme vgl. Rdn. 152 und 153.

151 Vor der Berechnung des Selbstbehalts ist noch zu berücksichtigen, daß der Regreßanspruch gegen den Testamentsvollstrecker meist in Höhe des sog. **Honorar- oder Gebühreneinwurfs** nicht gedeckt ist. Dieser Regelung liegt die Überlegung zugrunde, daß derjenige, der in Anspruch genommen wird, zunächst die aus seiner Tätigkeit eingenommene Vergütung zur Abdeckung des von ihm verursachten Schadens einsetzen muß. Hier gilt aber eine Sonderregelung für Sachen, die sich als Gesamtheit von Einzelangelegenheiten darstellen, wie dies bei einer Testamentsvollstreckung im allgemeinen der Fall sein wird. Wenn der Verstoß nicht den Verlust des ganzen Nachlasses zur Folge hat, tritt hinsichtlich des Honorareinwurfs eine im Verhältnis vom Verlust zur Vermögensmasse stehende oder sonst den Umständen oder der Billigkeit entsprechende Kürzung ein. Da im allgemeinen auch ein gravierender Verstoß nicht den Verlust des ganzen der Testamentsvollstreckung unterliegenden Vermögens zur Folge haben wird, sondern lediglich eine teilweise Schädigung, würde auch das Honorar nur zu einem entsprechenden Teil einzuwerfen sein. Selbstbehalt und Gebühreneinwurf zusammen, also die gesamte Eigenleistung des Testamentsvollstreckers bei einer durch die Versicherung abgedeckten Haftpflichtzahlung, sind nach oben auf den Betrag von 2500 Euro (5000 DM) begrenzt.

7. *Der Versicherungsfall*

152 **Der Versicherungsfall** bei der Vermögensschaden-Haftpflichtversicherung ist **der Verstoß,** der Haftpflichtansprüche gegen den Versicherungsnehmer zur Folge haben könnte (§ 5 Nr. 1 AVB). Der Verstoß kann also etwa die Fristversäumnis, der unzweckmäßige oder ungünstige Verkauf von Nachlaßgegenständen, die unrichtige Auszahlung von Nachlaßgeldern etc. sein. Nicht entscheidend ist für den Versicherungsfall, wann der Schaden eintritt oder gar, wann er erkannt wird. Beides kann wesentlich später als der Verstoß sein. Für den Testamentsvollstrecker ist es von entscheidender Bedeutung, daß er für Verstöße in der Laufzeit des Versicherungsvertrages **auch nach dessen Ende geschützt ist.** Er muß damit rechnen, daß er mit Ansprüchen lang nach Beendigung des Amtes, vielleicht seiner Berufstätigkeit überhaupt oder gar erst nach seinem Tod überzogen wird (ein Beispiel: BGH NJWE-FER 2000, 124). Mit Verträgen, deren Deckung für noch nicht bekannte Schadenfälle mit Vertragsende aufhört, etwa weil sie die Anspruchserhebung als Versicherungsfall definieren (sog. claims-made Deckung), ist dem Testamentsvollstrecker nicht gedient.

153 Es ist auch von wesentlicher Bedeutung, **wie** der Testamentsvollstrecker **im Zeitpunkt des Verstoßes versichert** war. Spätere Änderung der Bedingungen oder spätere Änderung der Versicherungssumme haben nur dann rückwirkende Bedeutung, wenn dies eigens wirksam vereinbart ist. Der Testamentsvollstrecker, auch wenn er Angehöriger der rechts- und steuerberatenden Berufe ist, sollte daher von Anfang an darauf achten, ob die Versicherungssumme dem Umfang und dem persönlichen wie sachlichen Risiko der Testamentsvollstreckung entspricht. Es empfiehlt sich auch in der Folgezeit eine regelmäßige Überprüfung der Versicherungssumme daraufhin, ob möglicherweise eine rückwirkende Erhöhung geboten ist. Ist allerdings mittlerweile ein Versicherungsfall bekanntgeworden, so gilt die Erhöhung dafür nicht, wohl aber für noch nicht bekannte Verstöße (§ 2 Abs. 2 S. 2 VVG).

Für die in den Deckungsschutz eingeschlossenen **Sachschäden** verringert sich 154
die gewählte Versicherungssumme bei einigen Bedingungen auf ein Viertel. Wurde also eine Versicherungssumme von 1 Mio. vereinbart, so gilt für Sachschäden hier lediglich die Höchstdeckung von 250 000,– (s. auch Rdn. 149 aE). Diese Einschränkung bezieht sich je nach den für den Zeitpunkt des Versicherungsfalls vereinbarten Bedingungen evtl. nicht auf Akten und anderen für die Sachbehandlung kommenden **Schriftstücken.**

8. Versicherungsschutz für Kosten des Haftpflichtprozesses

Der Haftpflichtversicherer ist neben der Hauptsache auch für die Kosten eines 155
gegen den Versicherungsnehmer anhängig gewordenen, einen gedeckten Haftpflichtanspruch betreffenden **Haftpflichtprozesses eintrittspflichtig.** Der Kostenaufwand wird nicht auf die Höchstversicherungssumme angerechnet, kann also die Leistungen des Versicherers über die Höchstversicherungssumme hinaus erhöhen. Übersteigt der Klageanspruch die Versicherungssumme, so trägt der Versicherer die Kosten nur nach der der Versicherungssumme entsprechenden Wertklasse des Gegenstandswertes. Das gilt nicht nur für die eigenen, sondern auch für die gegnerischen Kosten und die Gerichtskosten. Ist der Testamentsvollstrecker zugleich Rechtsanwalt und vertritt sich im Haftpflichtprozeß selbst oder läßt sich durch einen Sozius vertreten, so werden ihm seine eigenen Gebühren nicht erstattet, wohl aber die gegnerischen und die Gerichtskosten.

9. Versicherungsschutz für grenzüberschreitende Tätigkeit

Die Regreßgefahr erhöht sich, wenn der **Testamentsvollstrecker grenz-** 156
überschreitend tätig wird (vgl. *Raiser,* Die Haftung des deutschen Rechtsanwalts bei grenzüberschreitender Tätigkeit, NJW 1991, 2049). Das ist immer der Fall, wenn der Testamentsvollstrecker im Ausland oder in fremden Rechtsgebieten tätig ist, gleichgültig, ob er dies im Ausland oder im Inland tut. Grundsätzlich wird in der Vermögensschaden-Haftpflichtversicherung kein Versicherungsschutz geboten für Haftpflichtansprüche, welche vor **ausländischen Gerichten** geltend gemacht werden, außerdem für Ansprüche aus der Verletzung oder Nichtbeachtung **ausländischen Rechts** und einer **Tätigkeit** im **Ausland.** Für Anwälte, Notare, Steuerberater und Wirtschaftsprüfer gelten insoweit wieder eigene unterschiedliche Bedingungen. Sonderregelungen können auch für das Recht der Staaten der Europäischen Union gelten. Der Testamentsvollstrecker wird vor einer grenzüberschreitenden Tätigkeit zweckmäßigerweise prüfen, nach welchen Bedingungen und mit welchem Umfang er Auslandsdeckung genießt und, soweit erforderlich, ausreichenden Deckungsschutz suchen.

10. Entnahme der Versicherungsprämie aus dem Nachlaß

Die Prämie für die nach den Umständen gebotenen Versicherungen und auch 157
für eigene Haftpflichtversicherungen kann sich der Testamentsvollstrecker **aus dem Nachlaß wieder vergüten.** Die Verträge sind auch im Interesse des Erben

oder Vermächtnisnehmers abgeschlossen, der Testamentsvollstrecker sollte nicht gezwungen sein, die Prämie aus dem Privatvermögen oder auch aus dem von ihm durch die Vollstreckung verdienten Honorar zu entnehmen. Es handelt sich hier um Aufwendungsersatz nach §§ 2218, 670 BGB (aA *Haegele/Winkler* Rdn. 566 und *Muscheler* S. 229; soweit dabei die Meinung vertreten wird, diese Aufwendungen wären aus dem Honorar zu decken, würde dies dann wohl zu einer entsprechenden Anhebung des Honorars führen, für den Nachlaß also wirtschaftlich keinen Vorteil bringen; vgl. auch 10. Kap. Rdn. 96).

11. Versicherungsschutz für Ansprüche aus § 69 AO

158 Der Versicherer hat für **Ansprüche des Finanzamts aus § 69 AO** nur einzutreten, wenn dies den Bedingungen entspricht. Es handelt sich nicht um eine Inanspruchnahme auf Grund gesetzlicher Haftpflichtbestimmungen „privatrechtlichen Inhalts". Das Finanzamt geht hier als Behörde vor, gegen seine Festsetzungen sind die Rechtsmittel des Finanzverfahrens und des Finanzgerichtsverfahrens gegeben. Diese Forderungen haben rein öffentlich-rechtlichen Charakter und unterliegen nur dann dem Deckungsschutz der Vermögensschaden-Haftpflichtversicherung, wenn die Bedingungen die Deckung nicht auf Haftpflichtansprüche privatrechtlichen Inhalts beschränkt (s. auch BGH ZIP 1982, 326, 332; s. Rdn. 138).

159 Liegt der Versicherungsfall (Rdn. 152) schon etwas zurück und liegen daher ältere Versicherungsbedingungen zugrunde, könnten bei Rechtsanwälten oder Notaren Ansprüche aus § 69 AO in den Deckungsschutz einbezogen sein. Doch ist auch hier unsicher, ob der Einschluß der Haftung aus § 69 AO in den Deckungsbereich **nur die reine Anwaltstätigkeit** betraf oder auch die durch Besondere Bedingungen mit eingeschlossene Deckung für die Testamentsvollstreckung. Die Tätigkeit als Testamentsvollstrecker wird nämlich nicht durchweg als berufstypische Tätigkeit eines Rechtsanwalts angesehen (verneinend BFH BStBl. 1981 II S. 412; ZIP 1986, 174; NJW 1988, 224; eingeschränkt NJW 1990, 2085; EGH 14, 93; *Borgmann/Haug* Anwaltshaftung Kap. II Rdn. 24, vgl. auch EGH Baden-Württemberg NJW 1991, 2298; bejahend BFH ZEV 1998, 358 m. im Ergebnis zust. Anm. *Henssler* = NJW 1998, 2999; s. 11. Kap. Rdn. 5).

Sachverzeichnis

Die römischen Zahlen bezeichnen die Kapitel, die arabischen die Randnummern.